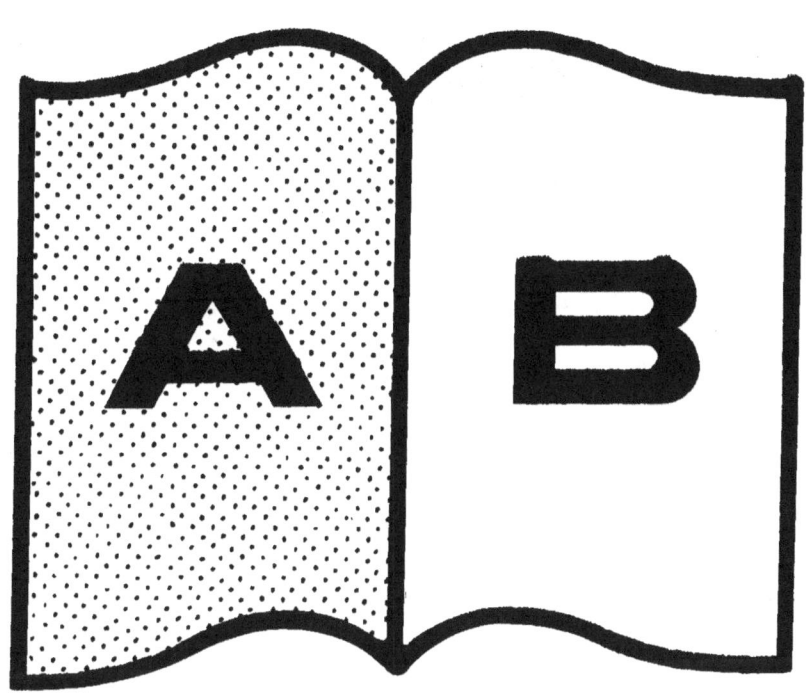

Contraste insuffisant

**NF Z 43**-120-14

*Un jeune officier avait été insulté par le peuple. (Page 4.)*

# BIBI-TAPIN

(2ᵉ SÉRIE DU TAMBOUR DE LA 32ᵉ)

### Par ERNEST CAPENDU

## QUATRIÈME PARTIE
### LA GUERRE DES VAUTOURS

#### I. — UNE AVENTURE NOCTURNE.

« Mariette ! cria une voix douce.
— La citoyenne m'a appelée ? répondit une grosse servante joufflue, à la physionomie bonasse, en poussant la porte d'une chambre à coucher élégante.
— Oui, Mariette ; quelle heure est-il ?
— Neuf heures viennent de sonner, madame.
— Oh ! comme il est tard. J'ai été bien paresseuse ce matin, Mariette. Et ma fille, où donc est-elle ?
— Mademoiselle n'est pas encore levée, probablement, car je ne l'ai pas vue ce matin.
— Comment ! Amélie n'est pas encore levée, elle qui, d'ordinaire, est toujours debout la première de la maison !
— Madame veut-elle que j'aille frapper à la porte de mademoiselle ? demanda la grosse servante.
— Non ; donne-moi ma robe de chambre ; le déjeuner est-il prêt ?
— Oui, madame.
— Eh bien ! dresse-le sur le plateau ; je veux le porter moi-même chez Amélie ; cela lui fera honte.
— Oh ! dit Mariette en riant, mademoiselle va être bien en colère. Elle qui jamais ne manque de venir réveiller madame.
— Allons, fais vite, que je la surprenne au lit.
— Oui, madame. »

Ce dialogue avait lieu un matin du mois d'octobre 1799, dans une jolie petite maison bâtie entre cour et jardin sur la rue Saint-Lazare, et dont le terrain se prolongeait jusqu'aux limites de la rue de la Victoire, à peu de distance de l'hôtel Bonaparte. Cette petite maison, isolée au milieu des chantiers de bois qui l'entouraient, ressemblait à une fraîche oasis au milieu d'un sombre désert. C'était sans doute quelque ancien temple des plaisirs secrets de quelque grand seigneur de la cour de Louis XV, que la révolution française avait transformé en honnête logis. Depuis deux ans, habitait dans cette maison madame Geoffrin, veuve encore jeune d'un fournisseur des armées de la République. Madame Geoffrin avait quarante-trois ans, un fils de vingt-cinq ans et une fille de dix-huit ans. Riche, aimable et aimée, elle était estimée de tous, et sa maison passait dans le quartier pour l'une des plus élégantes de Paris. On vantait surtout l'attachement de madame Geoffrin pour ses enfants, et l'amour de ceux-ci pour leur mère.

La petite maison de la rue Saint-Lazare avait deux étages et les combles. Le rez-de-chaussée était consacré aux appartements de réception (bien qu'à cette époque personne ne reçût) ; le premier était habité par madame Geoffrin et sa fille, dont les deux appartements étaient séparés par la salle à manger et le petit salon ; le second était consacré au logement de M. Ferdinand, le fils de madame Geoffrin, et, dans les combles, étaient les chambres des domestiques, dont tout le personnel se composait d'un cuisinier, d'un cocher et d'une femme de chambre. Encore, à l'époque où nous pénétrons dans la maison, ce personnel était-il réduit d'un tiers, car le cocher avait été chassé l'avant-veille et il n'était pas remplacé. C'était un loueur de voitures voisin qui prenait soin des chevaux.

Quand Mariette eut passé à sa maîtresse une élégante robe du matin, elle courut prendre un petit plateau d'argent sur lequel étaient deux tasses de chocolat et des gâteaux légers, et le présenta à madame Geoffrin. Celle-ci se chargea du petit plateau et Mariette ouvrit la porte de la chambre. Cette porte donnait accès dans un cabinet de toilette qui communiquait avec un couloir contournant la salle à manger.

La maison avait un corps principal et deux ailes. Le salon, la salle à manger et l'escalier d'honneur occupaient le corps principal ; une chambre à coucher et un cabinet de toilette étaient situés dans chaque aile. L'escalier était éclairé sur la cour, ainsi que la chambre à coucher. La salle à manger, le salon et les cabinets de toilette donnaient sur le jardin. Pour éviter qu'on ne fût obligé de traverser constamment le palier, soit la salle à manger et le salon pour communiquer d'une aile à l'autre, l'architecte avait établi un couloir qui, prenant entre les deux grandes pièces et la cage de l'escalier, avait une porte intérieure sur chacun des cabinets de toilette, lesquels avaient à leur tour une petite porte de dégagement donnant sur le palier de l'escalier. Entre ces deux portes, toujours sur le palier, était pratiquée une autre porte plus vaste servant d'entrée principale sur le couloir qui, à cet endroit, formait vestibule devant la salle à manger. De chaque côté de ce vestibule on avait ménagé deux cabinets noirs formant office.

Traversant le cabinet de toilette, ce fut par ce couloir que madame Geoffrin se rendit chez sa fille. Après avoir longé le salon et la salle à manger, elle atteignit la porte donnant dans le logement d'Amélie. Mariette, précédant sa maîtresse, posa sa main sur le bouton de la porte pour ouvrir.

« Non, dit vivement madame Geoffrin à voix basse, n'ouvre pas ; frappe doucement. »

Mariette obéit ; elle heurta légèrement.

« Oh ! la dormeuse, dit madame Geoffrin après un assez long silence. On dévaliserait la maison qu'elle n'entendrait seulement pas. Allons, ouvre la porte, Mariette. »

Mariette ouvrit et on pénétra dans un élégant cabinet de toilette de jeune fille. Tous les objets étaient à leur place ; rien n'était dérangé. Une portière de velours, retombant à droite, cachait une ouverture communiquant avec la chambre à coucher.

« Décidément, dit en riant madame Geoffrin, Amélie dort comme la Belle au bois dormant.

— Ah ! dit Mariette, mademoiselle aura eu faim cette nuit ; elle est allée chercher des confitures dans l'office. »

Et elle désignait une petite table sur laquelle on voyait un pot de confitures entamé, du pain, un verre et une carafe d'eau.

« C'est cela qu'elle dort si bien ! dit madame Geoffrin. Elle aura soupé avant de se coucher. Mais vois donc, Mariette, si cette enfant donne signe de vie. Elle ne nous entend seulement pas. Soulève la portière, que je passe ! »

Mariette s'avança vivement pour obéir, elle écarta le rideau et madame Geoffrin franchit le seuil de la chambre ; mais elle n'avait pas fait un pas dans la pièce que le plateau, s'échappant de ses mains, roula sur le parquet avec fracas. Un effroyable cri de douleur s'échappa à la fois de la poitrine des deux femmes.

« Ma fille ! mon enfant ! s'écria la mère en se précipitant.

— Ma...de...moiselle, » balbutia Mariette paralysée par une terreur subite.

La chambre dans laquelle venaient d'entrer les deux femmes était plus longue que large et percée à son extrémité par deux fenêtres donnant sur le jardin. Un lit, une commode, un clavecin, quelques fauteuils bas composaient un ameublement de bon goût. Des tentures de soie à bouquets tapissaient la chambre et formaient rideaux. Un tapis moelleux recouvrait le plancher.

Rien n'était plus frais, plus charmant, plus élégant que ce petit réduit dans l'aménagement duquel on devinait la tendresse intelligente d'une mère et le soin minutieux d'une enfant heureuse et fière de son luxe.

Ce n'était certes pas la vue de cette coquette chambre qui avait pu arracher un double cri de terreur aux deux femmes, mais au milieu de la pièce, sur le tapis, entre le lit et la cheminée, gisait un corps étendu. Ce corps était celui d'une jeune fille de dix-sept à dix-huit ans, jolie dans l'acception charmante du mot. La jeune fille était vêtue comme elle avait dû l'être la veille, ce qui indiquait que l'accident inconnu dont elle avait été victime avait eu lieu avant qu'elle eût commencé sa toilette de nuit.

Son visage avait la pâleur de celui d'un cadavre, son corps était roidi, ses mains glacées, mais elle ne portait sur elle aucune trace de la plus légère violence. Ses vêtements étaient intacts, la chambre elle-même était dans un ordre parfait, rien n'indiquait un crime tenté.

Ni madame Geoffrin, ni Mariette n'avaient certes pu faire ces réflexions. Se précipitant sur le corps inanimé de son enfant, la pauvre mère l'avait saisi dans ses bras en le pressant contre sa poitrine et en poussant des cris déchirants.

« Ma fille ! mon enfant ! disait-elle avec des sanglots dans la gorge. Que lui est-il arrivé ? Un médecin !... des secours !... Mais appelle donc, Mariette, appelle donc ! »

Et comme la pauvre servante, suffoquée par l'effroi, ne pouvait tenter un mouvement, la mère se releva d'un bond, courut à la cheminée et arracha les deux cordons de sonnette appendus de chaque côté de la glace. Un effroyable carillon retentit au dehors. Cette action avait rendu Mariette à elle-même. Elle se précipita pour ouvrir la fenêtre.

« Plaçons mademoiselle à l'air sur un fauteuil, dit-elle.

— De l'eau, du vinaigre, de l'éther ! donne vite ! s'écriait madame Geoffrin.

— Eh ! mon Dieu, qu'y a-t-il ? demanda une voix émue.

— Ta sœur ! répondit madame Geoffrin.

— Aurélie !... Elle est malade ? »

Et un jeune et élégant cavalier bondit jusqu'au fauteuil sur lequel madame Geoffrin et la servante venaient de placer le corps de la jeune fille.

« Ah ! mon Dieu, qu'est-il donc arrivé à mademoiselle ? demanda un valet en entrant à son tour.

— Joseph ! un médecin !... Courez chercher un médecin ! » ordonna madame Geoffrin.

Le valet se précipita.

« Mais que s'est-il passé ? demanda le jeune homme en s'agenouillant devant sa sœur, dont il avait saisi les mains inertes et glacées.

— Le sais-je ! répondit madame Geoffrin en prodiguant ses secours à Amélie, dont elle bassinait les tempes, nous l'avons trouvée là, étendue dans sa chambre.

— Ah ! les couleurs commencent à revenir ! » s'écria Mariette avec un accent joyeux.

Une légère contraction des muscles agita les coins de la bouche fine et mignonne d'Amélie.

« Elle revient à elle ! dit Ferdinand.

— Mon Dieu, mon Dieu ! disait madame Geoffrin, mais que lui est-il arrivé ? Elle ne s'est pas couchée !... Ma pauvre enfant !... Elle aurait pu mourir là... sans secours... à deux pas de moi. »

Amélie redressa un peu la tête, ses yeux fermés jusqu'alors s'entr'ouvrirent.

« Amélie, ma fille, d'où souffres-tu ? demanda la pauvre mère avec une expression de tendresse indicible.

— Ma sœur, qu'as-tu ?... parle !... réponds-nous ! » ajouta Ferdinand, toujours à genoux devant la jeune fille.

Amélie ne répondit pas, elle ne paraissait même pas avoir entendu. Ses yeux sans regards erraient autour d'elle, son visage n'exprimait aucune pensée. La vie revenait, le sang recommençait à circuler, mais le cerveau de la jeune fille n'avait évidemment pas repris ses fonctions.

Sur un geste de madame Geoffrin, Mariette et Ferdinand s'étaient écartés pour laisser l'air circuler librement autour de la malade. Celle-ci, affaissée sur elle-même, ne paraissait pas avoir repris conscience de sa situation.

Tout à coup ses yeux s'animèrent, puis ses traits se crispèrent et une douloureuse expression d'horrible anxiété se peignit sur son joli visage. Faisant un effort, elle porta les mains en avant comme pour écarter quelque rêve affreux et un cri expira sur ses lèvres.

Madame Geoffrin se précipita vers Amélie.

« Qu'as-tu, mon enfant! s'écria-t-elle.

— Grâce!... pitié! balbutia Amélie d'une voix suppliante.

— Que dis-tu? demanda Ferdinand avec étonnement.

— Oh! poursuivit Amélie, je les entends... ils montent... Ma mère!... mon frère!... ils vont les tuer!... au sec... »

La voix expira sur ses lèvres, et la jeune fille se renversa en arrière avec des tressaillements convulsifs.

« Amélie, m..is qu'as-tu donc? s'écria madame Geoffrin avec désespoir; parle! réponds-moi! ne reconnais-tu pas ta mère?...

— Au secours! reprit Amélie en se redressant, ils vont nous tuer tous!... A moi!... ma mère!... oh! ils la tuent!

— Mais elle est folle! s'écria Ferdinand avec un accent déchirant.

— Tais-toi ! » dit vivement sa mère.

Puis, revenant vers Amélie, elle la prit doucement dans ses bras et la forçant à appuyer sa tête sur son épaule, elle se mit à la bercer tendrement comme on berce un enfant malade.

« Amélie, chère fille, dit-elle d'une voix caressante, tu n'as rien à redouter; que parles-tu de tuer? n'es-tu pas auprès de ta mère... Tiens! regarde, voici ton frère Ferdinand que tu aimes tant.

— Ferdinand! s'écria Amélie, c'est lui qu'ils vont tuer !... mon frère... au secours !... je les entends... ils montent... ils... Au secours !... je... »

La jeune fille se renversa en arrière en proie aux spasmes nerveux les plus caractérisés. Madame Geoffrin et Mariette s'élancèrent pour la secourir. En ce moment la porte s'ouvrit et Joseph entra précipitamment.

— Voilà le médecin ! » s'écria-t-il.

Un homme, vêtu sévèrement, pénétrait effectivement dans la pièce.

« Corvisart ! dit madame Geoffrin avec un cri de joie; oh! c'est le ciel qui vous envoie !

— Eh bien! qui donc est malade ici? répondit le savant praticien en posant son chapeau et ses gants sur un meuble. J'ai rencontré Joseph tout effaré... C'est cette chère enfant?... Que lui est-il donc arrivé? »

Et le médecin s'approcha d'Amélie toujours en proie aux spasmes nerveux qui agitaient convulsivement tout son être.

Tandis que le docteur examinait attentivement la jeune fille, madame Geoffrin lui racontait en quelques mots ce qui s'était passé depuis son entrée dans la chambre et l'état encore inexpliqué et inexplicable dans lequel elle avait trouvé Amélie.

« Et hier soir, elle n'était pas malade?

— Nullement, répondit madame Geoffrin.

— Elle ne s'est plainte d'aucune douleur dans la tête?

— D'aucune.

— Elle a bien dîné ?

— Parfaitement, et avant de se coucher elle a même dû souper, car nous avons retrouvé dans le cabinet de toilette du pain et des confitures.

— A-t-elle été contrariée hier ?

— Pas le moins du monde, répondit Ferdinand auquel s'adressait plus directement le docteur. Elle était d'une humeur charmante quand elle m'a dit bonsoir. Contrariée ! elle, Amélie !... vous savez bien que c'est l'enfant gâté de la maison, docteur ! tout le monde l'adore ici ! »

Le docteur quitta la jeune fille, et allant vers une petite table où se trouvaient papier, encre et plumes, il écrivit rapidement une ordonnance qu'il tendit à Joseph :

« Allez à la pharmacie ! » dit-il.

Joseph partit comme un trait.

« Qu'envoyez-vous chercher ? demanda madame Geoffrin avec inquiétude.

— Des antispasmodiques, répondit le docteur, des calmants. Cette enfant est sous l'influence d'une surexcitation nerveuse extraordinaire. »

Ferdinand entraîna Corvisart dans un angle de la pièce.

« Docteur, dit-il avec émotion, est-ce que vous pensez que cela soit grave ?

— Je ne le pense pas, répondit Corvisart; cependant je n'ose affirmer : il y a perturbation complète dans l'organisme. Cet évanouissement, qui a dû durer des heures entières, puisque votre sœur ne s'est point couchée et que, par conséquent, l'attaque a dû avoir lieu vers minuit ou une heure, a pu déterminer quelque crise dangereuse.

— Que craignez-vous ?

— Un épanchement au cerveau peut-être. »

Ferdinand fit un geste de désespoir.

« J'indique le péril, dit vivement Corvisart, mais je ne désespère pas de le conjurer.

— Mais à quoi attribuez-vous cette attaque ?

— A quelque émotion morale des plus violentes, bien certainement.

— Quelle émotion a-t-elle pu avoir ?

— Docteur! cria madame Geoffrin, le calme revient un peu. »

Corvisart quitta Ferdinand pour se rapprocher de la malade ; le jeune homme se promenait dans la chambre en réfléchissant. En passant devant un fauteuil, ses yeux tombèrent sur un journal déployé qui s'y trouvait ; machinalement il s'empara de cette feuille, et à demi absorbé dans ses réflexions, il s'appuya contre le chambranle de la cheminée. Au même instant Joseph rentrait avec les médicaments demandés par Corvisart.

« Il faut coucher cette enfant-là, reprit le docteur d'une voix impérieuse, et laisser peu de monde autour d'elle. Ce que j'ordonne avant tout, c'est le repos le plus absolu. Venez, Ferdinand, nous reviendrons tout à l'heure, quand votre mère nous appellera. »

Le médecin prit le bras du jeune homme.

« Ah! fit celui-ci en froissant le journal qu'il tenait, je devine ce qui s'est passé ; ma sœur aura lu hier soir quelques-unes de ces abominables histoires de meurtres dont sont remplies les feuilles publiques et, son imagination aidant, la peur des chauffeurs lui aura tourné la tête.

— Les chauffeurs! répéta Corvisart en sortant avec le jeune homme ; vous savez ce qui s'est passé cette nuit ?

— Où cela?

— Parbleu ! à deux pas de chez vous, dans une maison de la rue de la Victoire dont les jardins sont mitoyens avec le vôtre : à côté de l'hôtel Bonaparte.

— Et que s'est-il passé?

— Toute une famille a été massacrée ! Deux ménages : pères, mères et enfants !

— Ah ! mon Dieu ! vous en êtes sûr ?

— J'ai été appelé ce matin par la justice pour examiner les cadavres ; je sortais de cette maison quand j'ai rencontré Joseph.

— Et quels étaient ces malheureux ?

— Des fabricants de drap d'Elbeuf, arrivés à Paris depuis quelques heures.

— Et ils ont été assassinés par les chauffeurs, cette nuit ?

— Cette nuit même, ainsi qu'on vient de le constater. »

En ce moment Joseph vint rejoindre les deux hommes qui étaient entrés dans la salle à manger.

« Monsieur, dit-il à son jeune maître, voilà qui est bizarre : je ne peux plus parvenir à ouvrir la serrure de la porte du cabinet de toilette de mademoiselle donnant sur le grand carré, ni celle du vestibule non plus. On dirait que ces serrures ont été abîmées, qu'on a cherché à les forcer. »

Corvisart regarda Ferdinand, qui était demeuré tout stupéfait.

## II. — AMÉLIE.

Avec cette vigilance inquiète qui n'appartient qu'à la mère, madame Geoffrin prodiguait à sa fille ses soins empressés et intelligents. Mariette l'aidait en fille dévouée à ses maîtresses. Amélie, plus calme, mais toujours en proie à cette surexcitation morale qui l'empêchait d'avoir conscience de ce qui se passait autour d'elle, Amélie paraissait être encore sous l'impression de la terreur profonde qu'elle avait manifestée depuis qu'elle avait recouvré l'usage de la parole.

Des mots sans suite s'échappaient de ses lèvres, et tous ces mots décelaient la pensée d'un crime soit accompli, soit à accomplir. Madame Geoffrin se perdait en conjectures pour deviner ce qui pouvait se passer dans l'esprit de sa fille.

« Tu ne me reconnais donc pas? lui disait-elle en la portant dans son lit et en la pressant sur sa poitrine. Comment! mon Amélie ne veut plus me reconnaître?

— Ma mère! répéta la jeune fille. Oh! si je l'appelais... Mais non... elle aurait peur... elle aussi... elle les entendrait...

— Qui entendrait-elle? demanda madame Geoffrin.

— Eux... ils montent...

— Mais qui donc?

— Les chauffeurs!

— Les chauffeurs! répéta madame Geoffrin en pâlissant; que parles-tu de chauffeurs?

— Silence! dit Amélie en posant son doigt sur ses lèvres, ils vont nous entendre... ils nous surprendront... ils nous tueront... Il faut appeler... mais non... je ne puis pas... je... Ah!... »

La jeune fille fit un effort comme pour parler, elle se dressa sur son séant, mais aucun son ne sortit plus de ses lèvres. Les veines de son cou se gonflèrent; son visage prit des teintes violacées; ses yeux parurent près de jaillir de leur orbite; elle étouffait.

« Docteur! docteur! » appela madame Geoffrin en proie à la plus horrible frayeur.

Le docteur arriva suivi de Ferdinand. En ce moment Amélie poussait un cri rauque et elle éclatait en sanglots. Des larmes abondantes ruisselèrent sur son visage; son corps se courba comme brisé et elle retomba sur son lit.

« Bravo! dit Corvisart, voilà une heureuse crise; voilà des larmes qui valent mieux que tous mes antispasmodiques.

— Vous croyez? dit madame Geoffrin avec inquiétude.

— Eh oui, parbleu! Laissez-la pleurer! Qu'elle sanglote, qu'elle gémisse, qu'elle verse des larmes surtout, et ce ne sera rien! Tenez, les nerfs de la face se détendent, le front se dégage, les veines du col sont moins gonflées. Allons! ce ne sera rien, et ma petite Amélie pourra aller danser ce soir, si elle le veut, au pavillon de Hanovre! »

Et le bon docteur se promenait par la chambre en se frottant les mains avec une expression de joie indiquant tout le degré d'affection qu'il portait à la jeune malade.

Amélie pleurait toujours avec une abondance extrême. Madame Geoffrin et Ferdinand étaient à son chevet, épiant l'instant où la jeune fille pourrait les reconnaître et leur parler. Enfin, Amélie redressa lentement la tête; ses regards, vagues encore, errèrent çà et là, tout humides des larmes qui inondaient le visage; puis ils se fixèrent sur madame Geoffrin. Tout à coup ils s'animèrent; les larmes furent taries subitement, et Amélie jeta ses deux bras autour du cou de sa mère.

« Maman! dit-elle avec un élan de tendresse, comme les enfants chéris en trouvent seuls.

— Ma fille! Ah! tu me reconnais, enfin! s'écria madame Geoffrin en joignant ses larmes à celles de son enfant.

— Amélie, chère sœur! dit Ferdinand en se glissant dans la ruelle du lit pour se rapprocher de sa sœur sans cependant déranger sa mère.

— C'est cela, pleurez tous, murmura Corvisart en se promenant. Je ne connais pas de meilleur exutoire que les larmes. Sans les larmes, les trois quarts des fortes émotions détermineraient des congestions cérébrales. Décidément la nature fait bien les choses. »

Et s'approchant du lit:

« Eh bien! dit-il à la jeune fille, vous vous sentez dégagée, n'est-ce pas? La respiration est plus libre, la tête moins serrée. Donnez-moi votre main, mon enfant. Un peu de fièvre, mais ce n'est rien. Du repos, du calme, et nous n'y penserons plus.

— Mais, dit madame Geoffrin, que s'est-il passé? qu'as-tu donc ressenti?

— Est-ce que tu as eu peur cette nuit? demanda Ferdinand.

— Peur! » répéta Amélie en frémissant.

Elle était redevenue fort pâle et ses mains se prirent à trembler.

« Parle, réponds-nous, reprit madame Geoffrin mue par une nouvelle inquiétude.

— Voyons, Amélie, dis-nous tout, ajouta Ferdinand.

— Sans doute, dit le docteur. Quoi qu'il vous soit arrivé, chère enfant, vous n'avez plus rien à craindre maintenant.

— Oh! fit Amélie en enfermant sa tête dans ses mains, quelle nuit affreuse!

— Mais que s'est-il passé? reprit madame Geoffrin.

— Interrogez-la, souffla le docteur à l'oreille de la mère, sans quoi le désordre qui règne dans son esprit l'empêchera d'exprimer ses idées d'une manière suivie. »

Madame Geoffrin prit les mains d'Amélie.

« Hier au soir, dit-elle d'une voix caressante, nous avons passé la soirée dans ma chambre; tu te le rappelles?

— Oui, ma mère, répondit la jeune fille.

— Ton frère avait fait de la musique; tu étais heureuse; tu ne souffrais pas alors?

— Oh! non, ma mère!

— Il était minuit quand Ferdinand nous quitta pour remonter chez lui. Les domestiques étaient couchés, et tu voulus toi-même remplir les fonctions de ma femme de chambre et me mettre au lit; tu te souviens?

— Parfaitement!

— Nous causâmes longtemps ensemble; enfin tu me quittas pour gagner ta chambre; te rappelles-tu quelle heure il était alors?

— Il était une heure du matin, maman, dit Amélie d'une voix sourde.

— Eh bien! dit vivement Ferdinand, à partir de ce moment qu'as-tu fait? »

Amélie couvrit son visage de ses deux mains.

« Mais parle donc! s'écria sa mère.

— Attendez, dit la jeune fille, je me souviens! Oh! oui, je me souviens! Mon Dieu! que j'ai souffert! »

Et elle retomba dans un profond silence, que Corvisart fit signe de ne pas troubler. Enfin Amélie redressa lentement la tête; ses regards étaient moins brillants et son visage était plus calme.

« Il était une heure du matin effectivement lorsque je vous quittai, ma mère, commença-t-elle en se dressant sur son séant. Je me le rappelle parfaitement, attendu qu'en rentrant dans ma chambre je regardai l'heure à la pendule. Je n'avais pas sommeil et je me mis à regarder mes albums. Je les feuilletais depuis longtemps déjà, lorsque je me sentis avoir faim. Je pris une lumière et j'allai regarder dans le cabinet de toilette pour voir si quelquefois Mariette n'avait pas eu la pensée de me préparer à souper; mais elle l'avait oublié sans doute, car mes regards ne rencontrèrent pas la moindre collation. Je songeais à me coucher quand, mon estomac criant de plus en plus famine, je me déterminai à aller chercher des provisions dans l'office.

Je traversai donc le couloir et je me rendis d'abord dans la salle à manger. Là, je pris une assiette, un verre, une carafe d'eau; puis je passai dans l'office, où je pris des confitures...

— Après? après?... dit madame Geoffrin en voyant sa fille s'arrêter.

— Fort embarrassée, reprit Amélie, car, outre toutes mes provisions, j'avais encore un bougeoir à tenir, plus un journal que j'avais trouvé dans la pièce et dont je m'étais emparée pour me distraire, je revins sur mes pas, étouffant le bruit de mes allées et venues afin de ne pas t'éveiller, bonne mère, et je regagnai le cabinet de toilette, dans lequel je posai mon souper sur ma petite table.

M'installant convenablement, je commençai mon repas avec un appétit magnifique, et j'entamai la lecture de mon journal. Comme de coutume, la feuille était remplie d'histoires de chauffeurs.

On racontait des histoires horribles et on disait que les assassinats les plus affreux se commettaient non-seulement autour de Paris, mais à Paris même. On affirmait qu'aux Halles, en plein jour, un jeune officier avait été arrêté et insulté par le peuple furieux, parce que, avait-on prétendu, il ressemblait à l'un des portraits représentant les chefs des chauffeurs. On disait que les bons citoyens devaient veiller sur eux. Les chauffeurs, traqués de toutes parts, avaient reflué dans la capitale comme dans le lieu le plus capable de les cacher et de leur offrir un refuge assuré. Je lus là, avec un vif intérêt, deux colonnes de réflexions sur cette bande de monstres sanguinaires.

Le fameux Rémouleur, l'un des chefs, avait été manqué, disait-on, la semaine précédente, dans la rue Saint-Lazare, dans un endroit que j'ai reconnu à la description pour être situé à deux pas de notre maison. Cela me fit frémir, et dès lors me remit en mémoire tous les récits que j'avais entendu faire sur cette bande infernale.

Impatientée de l'effroi que je commençais à ressentir, je rejetai le journal et je m'efforçai de donner un autre cours à mes idées. Je pensai à toi, ma mère, à mon frère, à Caroline, mon amie que j'avais quittée si triste hier matin, sans pouvoir connaître la cause de sa tristesse. Bref, j'étais parvenue à me distraire et je continuais mon repas, que j'avais aux deux tiers achevé, lorsque le silence profond qui régnait autour de moi fut troublé tout à coup.

— Oh ! mon Dieu ! dit madame Geoffrin en levant les bras vers le ciel.

— Quelle sorte de bruit entendais-tu ? demanda Ferdinand.

— Un bruit de pas assourdis par la distance. J'écoutai plus attentivement, et je distinguai mieux encore le même bruit, qui me sembla cette fois provenir de la cuisine située sous le vestibule.

— De la cuisine ? dirent à la fois Mariette et Joseph, qui, s'étant rapprochés insensiblement, écoutaient avec un intérêt profond.

— Tu te souviens, ma mère, poursuivit Amélie, dont les idées paraissaient devenir de plus en plus nettes, tu te souviens que tu avais chassé avant-hier Jérôme, notre cocher, en lui reprochant d'introduire des amis dans sa chambre après que nous étions couchés et en l'accusant de voler des provisions à la cuisine et du vin à la cave pour souper là-haut avec ses invités ?

— Sans doute, et cela est vrai ! dit madame Geoffrin.

— Les reproches que tu avais faits à Jérôme en le mettant à la porte m'étaient restés présents dans la pensée. En entendant le bruit, que je crus parti de la cuisine, je me rappelai toute cette affaire, et, que Mariette et Joseph me pardonnent, je les accusai involontairement de continuer ce genre d'existence reproché à Jérôme.

— Ah ! mademoiselle ! firent à la fois les deux domestiques.

Amélie les calma du geste.

« Laissez-moi dire, poursuivit-elle, puisque maintenant j'ai reconnu mon erreur.

— Continue ! continue ! dit vivement Ferdinand.

— Convaincue que je ne me trompais pas, j'écoutai plus attentivement ; mais le bruit avait cessé. « Je me serai trompée », me dis-je en reprenant mon repas interrompu. Mais je ne portais pas la seconde fois à mes lèvres que le même bruit qui avait éveillé mon attention retentit de nouveau, toujours dans la direction de la cuisine.

« Ah ! dis-je en me levant et obéissant toujours à la même pensée, cette fois, je suis certaine d'avoir entendu ! »

Je m'approchai de la porte donnant sur le carré et j'écoutai, retenant mon haleine. Mes soupçons se changèrent aussitôt en certitude, car des pas réguliers, retenus comme le sont ordinairement ceux de gens qui craignent d'être entendus, devinrent très-distincts pour mon oreille. Il était positif qu'on montait l'escalier de pierre du premier : je ne pouvais plus en douter.

Je vous assure qu'alors je ne ressentais aucune crainte. Absolument dominée par la pensée que j'allais surprendre nos domestiques en faute, je posai la main sur le premier verrou de ma porte et je le fis glisser avec une extrême précaution. On montait toujours.

« C'est cela, me dis-je, ils vont regagner leurs chambres : ils ne savent pas que je suis là, je vais les surprendre ! Ah ! c'est ainsi qu'on obéit aux ordres de ma mère ! »

J'appuyai la main sur le second verrou et j'allais le tirer également lorsqu'un bruit de verre cassé retentit soudainement : c'était évidemment la petite lanterne de l'escalier accrochée au mur, que l'on avait heurtée, fait tomber et brisée ; mais tous les domestiques connaissaient parfaitement l'endroit où était accrochée cette petite lanterne ; comment pouvaient-ils s'y être heurtés, même dans l'obscurité la plus profonde, eux qui devaient avoir tant d'intérêt à ne faire aucun bruit ? Puis, cet accident arrivé eût dû exciter leur rire, et ils n'entendais rien. Mais si ce n'était pas eux, alors qui était-ce donc qui s'était introduit chez nous ? Ces réflexions m'avaient traversé l'esprit dix fois plus vite que je ne mets à vous les dire. Oh ! chère mère, si tu savais ce que je souffris alors !

— Pauvre enfant ! s'écria madame Geoffrin.

— Après ? après ? demanda le docteur, qui depuis quelques instants semblait prendre au récit d'Amélie un intérêt plus vif.

— Oh ! continua Amélie, j'eus peur ! tout mon sang se portait à mon cœur et j'étouffais ! Un bourdonnement assourdit mes oreilles... mes yeux se voilèrent... En un instant toutes les pensées que m'avait suggérées la lecture du journal me revinrent à l'esprit ; je me pris à trembler, et d'un geste rapide, sans me rendre compte de ce que je faisais, je repoussai les verrous dans leur gâche.

— Mais il fallait venir me prévenir ! dit madame Geoffrin.

— Il fallait m'appeler ! s'écria Ferdinand.

— Il fallait nous sonner, mademoiselle ! ajouta Joseph.

— Je fus sur le point de réveiller toute la maison, poursuivit Amélie, mais une réflexion me retint : je me rappelai que dans l'affaire du Croissy, jugée dernièrement, les chauffeurs avaient posé une sentinelle armée dans la cour et à chaque porte, avec mission de tuer tous ceux qui s'élanceraient pour sortir. Je venais de lire que la semaine dernière, à Étampes, dans une expédition faite par la bande de Jean le Roux, il y avait eu deux personnes tuées en tentant seulement d'appeler au secours.

J'eus peur, si je te réveillais brusquement, ma mère, que tu n'appelasses sur-le-champ mon frère et les domestiques, et que, les chauffeurs étant alors dans l'escalier, je ne fusses cause de la mort de Ferdinand, de Mariette et de Joseph.

J'étais donc toujours là, écoutant avec une anxiété profonde ; mais je n'entendais plus rien. Tout paraissait être de nouveau plongé dans le calme le plus parfait. Je respirai plus librement en me demandant si je ne m'étais pas trompée, si j'avais bien réellement entendu des pas, si je n'étais pas le jouet de quelque illusion trompeuse... Je passai dans ma chambre pour voir l'heure.

« Et quelle heure était-il ? demanda le docteur avec un intérêt de plus en plus marqué.

— Deux heures du matin.

— C'est bien cela ! » murmura-t-il.

Puis, reprenant à voix haute :

« Après ? demanda-t-il.

— Tremblante et incertaine, continua Amélie, je ne savais que croire, quel parti prendre, quand le retentissement sourd de plusieurs pas me donna la preuve qu'on redescendait maintenant l'escalier du second étage. La terreur me saisit de nouveau... cependant je ne perdis pas encore la tête : j'avais conscience de la situation...

### III. — LE RÊVE.

— Après ? après ? dit vivement madame Geoffrin.

— Oh ! reprit Amélie, cette fois j'étais bien certaine que le bruit n'était pas produit par mon imagination exaltée, il était réel. J'entendais distinctement descendre, avec précaution, mais j'entendais descendre, et je ne pouvais plus supposer dès lors que ce fussent les domestiques, car ils auraient bien remonté dans leurs chambres, mais ils ne fussent certainement pas descendus au milieu de la nuit.

Ce que je distinguais, c'était le bruit des pas de trois ou quatre hommes. Ils atteignirent le palier, ils s'arrêtèrent devant une porte. Autant que j'en pus juger, ils tinrent là conférence. J'étais éperdue, haletante, collée contre ma porte, que je m'attendais à voir attaquer de minute en minute. Je vécus deux siècles durant les quelques instants qui s'écoulèrent...

— Ces hommes causaient entre eux alors ? demanda le docteur.

— Oui, répondit Amélie.

— Et que se disaient-ils ?

— Je ne pouvais entendre distinctement ; les paroles étaient échangées à voix très-basse ; cependant je pus surprendre quelques phrases, qui ne s'effaceront jamais de ma mémoire.

— Ainsi, disait l'un des hommes, nous serons venus ici pour rien, et tandis que les camarades feront le grand coup là-bas, nous ne nous serons pas seulement amusés ici ?

— Eh ! répondit un autre, ces serrures sont plus solides que celles de Brest !

— Ensuite, continua Amélie, l'homme prononça encore quelques paroles à voix plus basse, mais je n'entendais plus qu'un bourdonnement confus. Je saisis au passage des mots isolés comme ceux-ci : « Tard... le jour... mère... rien ici... là-haut... porte de la petite...

— Non, demain, » dit enfin celui qui paraissait être le chef. Puis, répondant à une volonté énergiquement exprimée par les autres :

« Eh bien ! tout de suite, ajouta-t-il, mais faites vite ! »

Au même instant, j'entendis le bruit causé par plusieurs morceaux de fer qu'on devait poser sur les dalles du carré.

J'étais là dans un état d'anxiété que je ne saurais dépeindre. Encore je voulus appeler, mais encore la terrible réflexion que c'était vouer à la mort ou Ferdinand ou l'un de nos serviteurs arrêta le cri prêt à jaillir de mes lèvres. Collée contre la porte, n'osant tenter un mouvement, je demeurai immobile, foudroyée, paralysée par la terreur.

J'entendais un outil de fer essayant de forcer la serrure de la porte de la salle. Au même instant la porte sur laquelle j'étais appuyée éprouva une légère secousse et un bruit sec m'avertit qu'une fausse clef cherchait à faire jouer le pêne.

Que se passa-t-il alors en moi ? je ne puis me l'expliquer encore. Il me semblait qu'un cercle de fer rouge entourait ma tête. On ne doit pas souffrir plus quand la raison vous abandonne.

Qu'allais-je faire ? je l'ignore... M'élancer sans doute dans la chambre de ma mère, crier, appeler, nous perdre tous, lorsque tout à coup un son aigu retentit, déchirant le silence de la nuit.

Ce coup de sifflet parut impressionner vivement les bandits, car ils cessèrent subitement leur travail. Ils semblèrent écouter, un second coup de sifflet retentit encore ; je les entendis ramasser précipitamment leurs outils et descendre avec une agilité extraordinaire. Quelques secondes après, je n'avais pas changé de situation, j'étais toujours appuyée contre la porte, mais j'avais la certitude que le péril était passé.

— Mais pourquoi alors n'être pas accourue près de moi ? dit madame Geoffrin.

— J'allais le faire, ma mère, répondit Amélie. Je respirais plus librement, et machinalement je rentrais dans ma chambre, quand il me sembla voir briller une lueur à travers les rideaux de ma fenêtre. Encore sous l'impression de la terreur profonde que je venais d'éprouver, je m'élançai, j'écartai les rideaux...

— Et ? » dit Ferdinand en voyant sa sœur s'arrêter subitement.

Amélie était redevenue extrêmement pâle, et elle ensevelit son visage dans ses deux mains comme si elle eût craint que ses yeux ne rencontrassent quelque hideux tableau.

« Qu'avez-vous donc vu ? demanda le docteur.

— Oh ! murmura Amélie, c'était horrible !

— Parle vite, chère enfant, confie-nous tout, » dit madame Geoffrin avec une anxiété nouvelle et en attirant sur son épaule la tête de sa fille bien-aimée.

Amélie fit un effort pour surmonter l'émotion qui s'était emparée d'elle.

« Notre jardin était sombre, reprit-elle, mais là-bas, à droite, dans la direction des maisons de la rue de la Victoire, je vis briller un grand feu rouge par une fenêtre ouverte. On eût dit que toute une pièce était embrasée, puis se détachant sur cette lueur rouge, des ombres circulaient.

Alors... Oh ! je n'oublierai jamais cela !... c'était affreux !...

C'était un rêve, n'est-ce pas, ma mère ?... Je crus voir une femme agenouillée, des enfants près d'elle, puis un sabre nu au-dessus de sa tête... Et tout à coup le sabre s'abaissa, la femme tomba !... Je crus entendre un cri, je crus voir ruisseler le sang, et les enfants, eux aussi, tombaient frappés.

Folle, je reculai ; je voulus appeler, mais il me sembla que ma langue était paralysée... Un mot, écrit en caractères de feu, dansait autour de moi dans la chambre ; ce mot était celui de : *Chauffeurs!*... Enfin, je fis un effort, mais mon pied glissa, je tombai...

Depuis ce moment, ajouta Amélie après un court silence, je ne me rappelle plus rien, mais absolument rien. »

Madame Geoffrin, Ferdinand et le docteur se regardaient tous trois avec des expressions de physionomie différentes. Ferdinand et le docteur paraissaient se comprendre et échanger une série de pensées mystérieuses, madame Geoffrin était stupéfaite, elle ne savait que croire. Mariette et Joseph, qui avaient tout entendu, se tenaient à peu de distance du lit ; Joseph faisant de gros yeux et parlant bas à la camériste, laquelle ouvrait une bouche énorme.

Quant à Amélie, replongée dans les pensées qui la faisaient si cruellement souffrir, elle avait les sourcils contractés et le front chargé de nuages.

« Oh ! dit-elle enfin, tout cela est un affreux rêve, n'est-ce pas, maman ? Je n'ai pas vu ces horribles scènes.

— Eh ! sans doute, dit vivement le docteur. Vous avez soupé sans en avoir l'habitude, et rien ne charge plus l'estomac que les repas du soir ; et puis vous allez boire de l'eau pure ; mais l'eau de Paris est exécrable, chère enfant ; vous aurez eu une mauvaise digestion, et vous savez que rien n'engendre le cauchemar comme une digestion pénible. Je m'explique parfaitement ce qui s'est passé. Vous avez lu en mangeant ces abominables histoires dont les journaux sont remplis. Cela vous aura monté la tête, vous vous serez assoupie sans vous en apercevoir, puis le malaise causé par la digestion pénible vous aura réveillée. Encore sous l'impression des cauchemars qui vous avaient assiégée, vous aurez pris une lumière ordinaire pour une lueur sinistre, vos rêves pour d'horribles réalités. La peur aura fait son effet, qui, joint à l'embarras de votre estomac, lequel embarras avait surexcité votre système nerveux, vous a causé une sorte de petite congestion qui heureusement a cédé d'elle-même. C'est bien simple... Allons, je vous quitte maintenant que vous allez mieux. Du calme, du repos, ne parlez plus de tout cela, n'y pensez plus surtout... Eh ! eh ! laissez les vilains rêves de côté, vous êtes entourée d'assez aimables et excellentes réalités. »

Et saisissant Ferdinand par le bras, le docteur l'entraîna vivement ;

« Et voilà pourquoi votre fille est muette ! murmura-t-il à son oreille. Il ne faut pas que votre sœur puisse croire à la réalité de ce qu'elle a vu, sans cela l'impression serait trop profonde ; elle demeurerait flagrante, et il lui faut un calme absolu pour la remettre. »

Ferdinand fit signe qu'il avait compris.

« Venez-vous avec nous, madame ? » demanda Corvisart en engageant du geste madame Geoffrin à quitter la chambre.

L'excellente mère comprit que le docteur voulait lui parler, et après avoir embrassé sa fille, elle se dirigea vers la porte du cabinet de toilette, sur le seuil de laquelle paraissait l'attendre Corvisart. En voyant sortir madame Geoffrin, le docteur s'effaça pour la laisser passer devant lui, mais à peine eut-elle quitté la pièce :

— Ah ! dit-il, comme quelqu'un qui se souvient, j'oubliais ma trousse. »

Et il revint précipitamment vers une petite table placée près du lit et sur laquelle se trouvait tout ouvert l'un de ces étuis de cuir garnis de petites fioles, tels qu'en portent d'ordinaire les médecins. Amélie était étendue sur sa couche et ses yeux suivaient machinalement le docteur. Mariette était alors à l'autre bout de la chambre que madame Geoffrin venait de quitter. Corvisart se pencha vivement vers Amélie, comme pour remonter le drap sur l'un de ses bras demi-nus :

« Dans votre rêve, dit-il à voix basse et en parlant rapidement, la vue de l'horrible scène que vous nous avez racontée était-elle la seule et unique cause de l'émotion terrible que vous éprouviez ? »

Amélie regarda le docteur avec des yeux démesurément ouverts ; un nuage pourpre s'étendait sur son visage.

« Vous ne me comprenez pas ? » demanda Corvisart.

La jeune fille ne répondit pas. Corvisart se pencha vers elle plus encore :

« Puisqu'il faut que je m'explique nettement, reprit-il, je vous demande, chère enfant, si parmi les voix que vous avez entendues à travers la porte, ou que du moins vous avez cru entendre, vous n'avez pas pensé reconnaître un organe qui... »

Amélie, de cramoisie qu'elle était, devint d'une pâleur livide. Sa main, saisissant celle du docteur, l'étreignit avec une force extraordinaire.

« Je ne me trompe pas ? » reprit le médecin.

Et comme Amélie ne répondait pas encore :

« Avouez que vous avez cru reconnaître la voix dont je vous parle, continua-t-il.

— Oui ! balbutia la jeune fille avec un soupir de douleur.

— Et... dans celui qui menaçait la pauvre femme...

— Oh ! fit Amélie en portant les mains à son visage.

— Vous voyez bien que vous avez rêvé ! dit Corvisart en se redressant. Allons ! ne pensez plus à ce vilain cauchemar, et reposez-vous ! »

Et posant un doigt sur ses lèvres, le docteur adressa un geste amical à la jeune malade, puis il fit un pas pour s'éloigner, mais Amélie le retint en étendant la main :

« Docteur ! dit-elle d'une voix émue, répétez-moi encore que tout cela est un rêve !

— Mais je vous le répéterai tant que vous le voudrez, par la raison toute simple que c'est effectivement un rêve dont vous avez ressenti les effets !

— Vous ne me trompez pas ?

— Pourquoi voulez-vous que je vous trompe ?

— Ainsi c'est un rêve ! dit Amélie avec un soupir de soulagement.

— Eh oui, un cauchemar ! Allons, n'y pensez plus et reposez-vous. Buvez cela, chère enfant ! »

Et prenant une des petites fioles que Joseph avait rapportées, le docteur en versa quelques gouttes dans un verre d'eau sucrée qu'il présenta à la malade. Amélie prit le verre et en but le contenu.

« C'était un rêve ! » répéta-t-elle en se laissant retomber sur sa couche.

Le docteur lui adressa un doux sourire, puis il traversa la pièce et passa dans le cabinet de toilette.

« Madame et M. Ferdinand sont dans la salle à manger ! » dit Joseph, qui attendait là.

Le docteur désigna du doigt une autre porte située à gauche et qui, on le devinait à sa disposition, devait donner sur le carré.

— C'est cette porte dont la serrure est abîmée ? demanda-t-il à voix basse.

— Oui, répondit Joseph, on a voulu la forcer, j'en réponds. »

## IV. — UNE CONSTATATION.

Le docteur quittait Joseph et il allait s'engager dans le couloir, quand il parut frappé par une réflexion subite. Il s'arrêta et, revenant sur ses pas, il conduisit le valet dans l'embrasure de la fenêtre donnant sur la cour.

« Tu vas descendre explorer le vestibule, examiner la porte d'entrée de la maison et celle donnant sur le jardin, dit-il.

— Oui, citoyen ! répondit Joseph.

— Examine avec attention surtout, vois s'il n'y a aucune empreinte de pied dans la terre du jardin, s'il y a une empreinte, respecte-la. Si tu trouvais des traces d'effraction aux portes du rez-de-chaussée, tu le constaterais. S'il n'y a aucune trace de cette nature, regarde le sol du jardin devant la maison et assure-toi s'il a été foulé là, afin de savoir si on est entré de ce côté ou par la cour.

— Oui, citoyen.

— Eh bien docteur ? que faites-vous donc ? demanda madame Geoffrin en apparaissant.

— Je donnais une consultation à Joseph, » répondit en souriant le médecin.

Et adressant un signe d'intelligence au valet, il suivit madame Geoffrin dans la salle à manger. Ferdinand était là, inquiet, soucieux, rêveur.

« Ce n'est rien ce qu'a Amélie, n'est-ce pas docteur ? demanda vivement madame Geoffrin.

— Non, des calmants et du repos, répondit Corvisart. Quelques gouttes de laurier-cerise sur un morceau de sucre et qu'elle dorme.

— Pauvre enfant ! Et vous croyez que c'est un rêve qui aura pu...

— Moi ? interrompit le docteur. Je crois à la réalité. »

Madame Geoffrin tressaillit et pâlit.

«Comment ! dit-elle, ce que vous disiez tout à l'heure ?...

— C'était pour tranquilliser Amélie.

— Vous croyez qu'elle n'a pas rêvé ? qu'elle a vu et entendu tout ce qu'elle nous a raconté ! Mais alors, des voleurs se seraient introduits dans cette maison, cette nuit !

— Demandez à Joseph, qui ne peut ouvrir ni la porte de la salle ni celle du cabinet de toilette de votre fille, par la raison toute simple qu'on a tenté de les forcer cette nuit. »

Madame Geoffrin fit un geste d'effroi.

« Mais cette scène de massacre à laquelle elle croit avoir assisté.

— Elle y a assisté en effet ! Cette nuit, dans la maison dont le jardin est mitoyen avec le vôtre, on a, ainsi que je disais à votre fils, assassiné deux ménages, les pères, les mères et deux enfants ! »

— Et qui a commis ces crimes ?

— Et parbleu ! les chauffeurs, encore les chauffeurs, toujours les chauffeurs ! s'écria Corvisart avec colère. Ce qui m'exaspère contre ces brigands, c'est qu'ils ont un médecin dans leur bande !

— Comment ! dit madame Geoffrin, avec stupeur, êtes-vous certain...

— De ce que je vous dis ? Que trop certain, chère dame. J'ai été réveillé ce matin, par les magistrats qui m'envoyaient quérir pour aller constater le crime : j'ai tout vu, j'ai inspecté tous les corps, ceux des femmes, ceux des hommes et ceux des deux petits enfants.

— Deux maris, deux femmes et deux enfants assassinés ! » répéta madame Geoffrin en levant les bras au ciel.

Puis, changeant de ton brusquement et ramenée à d'autres pensées par l'égoïsme si naturel de sa tendresse maternelle :

« Mais si Amélie n'a pas rêvé, reprit-elle, si elle a bien entendu ce qu'elle a cru entendre, c'étaient des assassins qui étaient dans cette maison, ici !

— Tout le fait supposer, répondit le docteur.

— Des assassins ! Et ma pauvre fille aurait pu..... Oh ! docteur, ne me donnez pas une telle pensée !

— Mais, dit Ferdinand en se rapprochant, si ce sont des bandits qu'Amélie a entendus cette nuit, comment ont-ils pu s'introduire dans la maison ? chaque soir les portes sont soigneusement fermées, et il n'y a eu aucune tentative d'effraction.

— C'est ce que Joseph nous dira tout à l'heure, car je l'ai envoyé explorer le rez-de-chaussée.

— C'est ce que je puis vous dire tout de suite, docteur, répondit Ferdinand ; car je viens de descendre à l'instant pour aller examiner la porte donnant sur la cour et celle ouvrant sur le jardin.

— Eh bien ?

— Elles ne portent pas la moindre trace de violence.

— Vous les avez examinées ?

— Minutieusement.

— Et les fenêtres de la cuisine, celles du vestibule ?

— Rien non plus ; les contrevents sont solides et ils n'ont point été touchés.

— On est entré cependant.

— A l'aide de fausses clefs, alors.

— Ou d'intelligences dans la place, » dit le docteur en baissant la voix.

Ferdinand fit un geste de dénégation.

« Oh ! dit madame Geoffrin, y pensez-vous, docteur ? Mais ce serait accuser ceux qui nous entourent. Mariette et Joseph sont d'excellents serviteurs. Mariette, est avec moi depuis quinze années ; elle a élevé ma fille. Joseph est à notre service depuis douze ans ; mon mari avait en lui une confiance absolue ; ce sont des serviteurs fidèles ; j'ai traversé avec eux les terribles années par lesquelles nous venons de passer, et ils nous ont donné des témoignages du plus sincère attachement. Les laisser accuser serait de l'ingratitude.

— Eh ! fit Corvisart avec impatience, je n'accuse ni Mariette, ni Joseph ; mais vous avez eu d'autres domestiques, entre autres le cocher que vous avez chassé ces jours derniers.

— Jérôme ?

— Oui ; pourquoi est-il sorti de chez vous ?

— C'est mon fils qui l'a renvoyé.

— Il soignait mal les chevaux, dit Ferdinand. Je lui en ai fait l'observation, et, comme ses réponses étaient inconvenantes, je lui ai donné sur-le-champ son compte. »

Le docteur réfléchissait.

« Est-ce que vous accusez Jérôme ? reprit madame Geoffrin.

— Je n'accuse personne directement, répondit Corvisart ; je cherche. Il est évident que l'on s'est introduit cette nuit chez vous, Amélie ne s'est point trompée ; elle a parfaitement entendu. D'ailleurs les deux serrures du premier étage à demi forcées sont des témoignages irrécusables ; et cependant au rez-de-chaussée aucune trace d'effraction, paraît-il, ne décèle le passage des malfaiteurs ; donc, pour s'introduire chez vous, ces malfaiteurs connaissaient les lieux et avaient pu se procurer des moyens d'accès.

— Mais dit Ferdinand, si ces hommes, qui ne peuvent être que des voleurs, se sont introduits ici cette nuit, pourquoi n'ont-ils tenté de rien voler ? Ils ignoraient que ma sœur fût aux écoutes. Ils se sont retirés sans accomplir le moindre méfait.

— Cela est vrai : il y a là un point obscur qui m'intrigue vivement, et c'est ce point qu'il faudrait éclaircir.

— Comment ? » demanda madame Geoffrin.

Le docteur ne répondit pas.

« Croyez-vous donc, docteur, dit Ferdinand, que ceux qui se sont introduits ici fussent les mêmes que les assassins de cette famille dont vous nous parliez ?

— Je ne sais si ce sont les mêmes hommes, mais évidemment ceux d'ici et ceux de là-bas devaient faire partie de la même bande.

— Et quelle est donc cette famille que l'on a assassinée ? demanda madame Geoffrin.

— On ne sait pas exactement encore, répondit le docteur. C'étaient des gens de province nouvellement arrivés à Paris : deux hommes, deux femmes jeunes encore et deux petits enfants.

— Quoi ! s'écria Ferdinand, les malheureux ont péri sans pouvoir opposer aucune résistance, sans appeler au secours.

— Sans doute ; ils ont été surpris dans leur sommeil. J'ai été appelé pour assister au procès-verbal que l'on dressait de ces meurtres ; j'ai constaté la mort des malheureux.

— Toujours les chauffeurs ! » dit Ferdinand.

Madame Geoffrin joignit les mains avec une expression de douloureuse commisération.

« Sait-on au moins d'où venaient ces malheureux ?

— Des fabricants de drap d'Elbeuf arrivés hier au soir seulement à Paris avec leurs marchandises. On a tout dévalisé, pas une pièce de drap n'est restée, et ce qu'il y a de plus étonnant, c'est qu'il a fallu absolument une énorme voiture pour emporter d'un seul coup ces marchandises ; et les voisins ont déclaré n'avoir rien entendu. Il est juste de dire que les plus proches voisins sont encore assez éloignés de cette maison ; mais que diable ! une voiture fait du bruit en arrivant et en s'en allant.

— Et, dit madame Geoffrin, cette maison où a été accompli cet horrible forfait est celle située rue de la Victoire, et dont les jardins sont mitoyens avec le nôtre ?

— Précisément ; la maison appartenait au citoyen Richardin, celle qu'il louait d'ordinaire à ces deux fameux capitaines corsaires, les citoyens Bonchemin et le Bienvenu.

— Mais les deux marins étaient à Paris hier encore, avec leurs femmes et leurs enfants, dit Ferdinand.

— Oui, oui ; et voyez comme le hasard est quelquefois terrible ; hier, à trois heures de l'après-midi, les citoyens Bonchemin et le Bienvenu étaient effectivement encore à Paris, et rien n'annonçait leur départ, lorsqu'à cinq heures du soir, par suite de nouvelles importantes arrivées brusquement, ils envoyèrent chercher des chevaux de poste ; à cinq heures et demie, ils remettaient les clefs de la maison au citoyen Richardin, et tandis que tout le monde les croyait encore à Paris, ils roulaient au galop sur la route du Havre, emmenant avec eux femmes, enfants et domestiques. Au moment où le père Richardin apprenait ainsi le subit départ de ses locataires, il avait auprès de lui un de ses amis intimes :

« Allons ! dit le propriétaire, demain il me faudra remettre l'écriteau.

— Inutile, répondit l'autre, tes locataires viennent de partir, eh bien ! dans une demi-heure tu en auras d'autres.

— Comment ?

— Il vient d'arriver aujourd'hui même à Paris deux négociants d'Elbeuf que je connais fort bien. Ils sont avec leurs femmes et leurs enfants ; ils voulaient trouver une maison meublée pour eux seuls, et en attendant ils sont descendus à l'hôtel. Je vais les prévenir, ils seront enchantés, et je les ramène avec moi. »

Qui fut dit fut fait. Une heure après les négociants d'Elbeuf étaient installés dans la maison que venaient de quitter les corsaires. Comme les citoyens Bonchemin et le Bienvenu, ils avaient avec eux leurs femmes et deux enfants, ce qui faisait que l'installation des précédents locataires convenait merveilleusement aux nouveaux.

— Et, s'écria madame Geoffrin, ce sont ces malheureux qui, la nuit même, quelques heures après leur installation, étaient assassinés ?

— Oui, madame.

— Mais ceux qui les ont frappés ont peut-être cru frapper ces capitaines corsaires ?

— Cette supposition est admissible, car le départ des premiers et l'arrivée des derniers se sont opérés dans un espace de temps si rapproché, qu'à part le propriétaire et l'obligeant ami, personne ne pouvait deviner le changement survenu. Cependant tout a été volé, pillé, saccagé et emporté, ainsi que je vous l'ai dit, ce qui détruit toute supposition de haine et de vengeance particulières.

— Est-on au moins sur la piste des coupables ? demanda Ferdinand.

— On a cru être un instant sur la piste d'un seul ; tous les autres avaient disparu sans qu'on pût même apercevoir leur ombre.

— Et celui dont vous parlez ?

— Oh ! celui-là a échappé aussi, mais il a été poursuivi au moins. Il paraîtrait que, le crime accompli (c'est-à-dire voilà ce qu'on suppose), il paraîtrait, dis-je, que, le crime accompli, les marchandises enlevées, les assassins disparus, un seul d'entre eux demeura dans la maison. Pourquoi faire ? on l'ignore, mais enfin il est certain que celui-là sortit le dernier et bien après les autres. Au moment où il atteignait la rue en franchissant le mur, une ronde de soldats passait. En voyant un homme s'élancer la nuit du haut d'un mur, les soldats, bien qu'ignorant absolument encore le crime horrible qui venait d'être commis, les soldats le prirent naturellement pour un malfaiteur et ils voulurent l'arrêter. L'homme s'échappa ; on le poursuivit, et on allait l'atteindre, lorsque tout à coup il disparut sous la porte d'une maison voisine. Les soldats pénétrèrent à leur tour dans la maison. Le fugitif, toujours poursuivi, gagna les toits, sur lesquels il s'aventura. La chasse redoubla d'ardeur, en dépit des difficultés et des périls. Le poursuivi franchissait les passages difficiles avec une hardiesse et une agilité merveilleuses : il courait de maison en maison. Enfin, arrivé sur le toit de l'hôtel voisin de celui du citoyen Chivry, le banquier, votre ami, il disparut brusquement. Avait-il pénétré dans l'intérieur par le trou de quelque lucarne, était-il tombé soit dans la rue, soit dans le jardin, voilà ce que tout d'abord il fut impossible d'établir. Toujours était-il que l'on ne trouvait plus aucune trace du fugitif. Les soldats laissèrent deux des leurs sur le toit ; les autres descendirent ; ils interrogèrent la rue ; ils ne trouvèrent rien. Ils se firent ouvrir la porte de l'hôtel, même celle de celui du citoyen Chivry ; ils fouillèrent les jardins, les maisons, des caves aux greniers, et pas le moindre fugitif. L'homme avait absolument disparu.

— Et on ne l'a pas retrouvé depuis ?

— Non.

— Voilà qui est extraordinaire !

— Et pas le moindre indice qui puisse mettre sur les traces de ces meurtres ! s'écria Ferdinand.

— La police n'a effectivement rien trouvé ! dit Corvisart, mais je crois cependant que j'ai été plus heureux qu'elle.

— Comment ? firent à la fois la mère et le fils en regardant le docteur.

— Ce matin, après avoir constaté l'état des cadavres, et comme je dressais procès-verbal, j'étais assis, pour écrire, dans un large fauteuil sur lequel avait dû bien certainement se prélasser quelques heures plus tôt l'un des assassins, car ce fauteuil portait encore les empreintes fraîches de doigts sanglants. »

Madame Geoffrin fit un geste d'horreur.

« J'avais fini d'écrire mon procès-verbal, reprit froidement Corvisart avec cette indifférence du médecin en matière d'événements dramatiques, qui n'est certes pas de l'inhumanité, mais le résultat de l'habitude prise en présence des douleurs humaines ; j'avais fini d'écrire, quand, par un faux mouvement, je répandis sur mes doigts une partie du contenu de l'encrier : je voulus prendre mon mouchoir pour m'essuyer, et je passai la main derrière moi pour atteindre la poche de mon habit, mais mes doigts s'égarèrent et entrèrent dans la doublure crevée du fauteuil. Je sentis un petit corps qui glisser sous mes doigts, je le saisis et le ramenai vivement à mes yeux. C'était un mignon portefeuille brodé. Ce portefeuille trouvé là pouvait devenir un indice précieux, je voulus le remettre au magistrat qui présidait l'enquête, lorsque mes yeux, en interrogeant toujours ce petit portefeuille, firent jaillir un souvenir de mon esprit. Par un geste plus rapide encore que celui à l'aide duquel je l'avais pris, je fis disparaître le portefeuille dans ma poche. »

Madame Geoffrin fit un geste d'horreur. (Page 8.)

Madame Geoffrin et son fils se regardaient avec une expression de profond étonnement.

« Je ne vous comprends pas, docteur, » dit enfin la mère d'Amélie.

Corvisart rapprocha son siége de celui de sa cliente, et lui prenant les mains avec un geste empreint d'une amitié sincère :

« Chère madame, reprit-il, avec toute autre que vous j'agirais moins brutalement que je ne vais le faire avec vous, mais je vous connais et vous me connaissez. Si je sais que vous êtes ce qu'on peut appeler une *femme forte*, comme dans l'Écriture, vous savez que je suis sincèrement attaché à votre famille, donc...

— Docteur, vous m'effrayez ! interrompit madame Geoffrin. Est-ce que l'état de ma fille...

— N'a rien d'alarmant, je vous en donne ma parole d'honneur ! dit Corvisart. Il s'agit d'Amélie, il est vrai, mais indirectement. Quant à sa santé, n'ayez aucune crainte.

— Mais que voulez-vous donc dire, docteur ? demanda Ferdinand. Je suis comme ma mère, je ne vous comprends pas. »

Corvisart réfléchit quelques instants comme un homme qui dresse un plan dans sa tête.

« Combien y a-t-il de temps que vous recevez M. de Charney ? demanda-t-il brusquement.

— Charney ? répéta madame Geoffrin.

— Annibal ? s'écria Ferdinand.

— Oui.

— Mais à quel propos, docteur, venir parler de M. de Charney ?

— A propos de ce portefeuille. »

Et le docteur tira de sa poche le petit meuble dont il avait parlé et qu'il présenta à madame Geoffrin ; celle-ci le prit avec une expression d'étonnement indicible. C'était un charmant carnet, fort mignon et qui portait brodé en relief, à la main, un A et un C entrelacés.

« N'est-ce pas vous-même qui avez brodé ces chiffres, reprit le docteur, et ce portefeuille n'est-il pas celui que vous avez offert à M. Annibal de Charney, il y a juste aujourd'hui quinze jours, pour l'anniversaire de sa rentrée en France ?

— Ce portefeuille !... répéta madame Geoffrin.

— C'est celui que j'ai trouvé dans la doublure du fauteuil en dressant mon procès-verbal.

— Eh bien ! dit Ferdinand, qu'est-ce que vous concluez de là, docteur ? M. de Charney n'a-t-il pu être volé par ceux qui ont assassiné ensuite, ou ne pouvait-il connaître les victimes, qui, par un hasard quelconque, se seraient trouvées en possession de ce portefeuille.

— Votre sœur a failli avoir un épanchement au cerveau, dit vivement Corvisart, non pas par suite seulement de la terreur qu'elle a éprouvée en entendant les bandits, mais bien parce que parmi les voix de ces bandits elle a cru reconnaître celle de M. de Charney, parce que dans l'assassin qui égorgeait une pauvre femme elle a reconnu les traits de celui qu'elle nommait d'avance son époux, comprenez-vous ?

— Docteur ! » s'écria Ferdinand en bondissant.

Madame Geoffrin voulut faire un mouvement, mais ses forces l'abandonnèrent, tant l'émotion qu'elle ressentait était grande. Son visage était devenu d'une pâleur de marbre ; le docteur, qui avait gardé les mains de madame Geoffrin dans les siennes, les serra énergiquement et les secoua afin d'attirer le sang qui refluait vers le cerveau et la poitrine.

« Allons ! de la force, dit-il ; vous savez que je suis brutal, mais je suis pour les appréciations violentes. Après tout, Amélie ne sait rien puisqu'elle croit maintenant avoir rêvé, et M. de Charney n'est pas encore votre gendre.

— Docteur! s'écria Ferdinand, si ce que vous dites est vrai, je tuerai cet homme-là !
— Bah ! fit Corvisart, si ce que je dis est vrai, comme je le crois, le bourreau vous épargnera cette besogne.
— Ma pauvre enfant ! s'écria madame Geoffrin en dominant sa faiblesse avec cette énergie si belle de la mère quand il s'agit de son enfant, ma pauvre enfant !... mais elle l'aime !... »

## V. — UNE RÉVÉLATION.

Calmant du geste Ferdinand, qui parcourait la pièce à pas précipités, le docteur revint vers madame Geoffrin.

« Ai-je donc eu tort de vous parler ainsi que je l'ai fait ? dit-il.
— Non, répondit madame Geoffrin ; mais il faut m'expliquer votre pensée tout entière, docteur ; il ne faut pas que vous me quittiez avant que nous ayons jeté un jour lumineux sur cette affaire à laquelle le bonheur de ma fille est attaché. Passons dans ma chambre, nous serons mieux qu'ici pour causer. Ferdinand, conduis le docteur. Je vais voir si Amélie repose, si elle n'a besoin de rien, et je reviens immédiatement. »

Et madame Geoffrin, forte, énergique, redressant sa noble tête comme le soldat en face du péril, adressa un geste expressif au docteur et s'éloigna en marchant sur la pointe des pieds pour se diriger vers la chambre de sa fille.

« Docteur, dit Ferdinand en se rapprochant du médecin, donnez-moi votre parole d'honneur que vous me direz la vérité toute entière, à moi.
— Mon cher enfant, répondit Corvisart, je vous donne ma parole d'honneur que cette vérité, je la dirai tout entière à votre mère dans un instant. Seulement, quoi que je vous dise, ne prononcez pas un mot devant votre sœur qui puisse lui faire supposer qu'elle n'a point été le jouet d'un rêve. La vérité brutale pourrait la tuer, elle, car votre mère a raison, Amélie aime cet homme.
— Et cet homme est un misérable?
— Je le crois! répondit nettement le docteur.
— Quoi! s'écria le jeune homme avec une indignation croissante, ce misérable se sera introduit dans notre maison, il aura capté notre confiance, il aura compromis peut-être le bonheur de ma sœur, et.....
— Et il aura fait son métier de bandit, interrompit le docteur.
— Mais c'est impossible !
— C'est ma conviction profonde. »

Les deux hommes entraient dans la chambre de madame Geoffrin au moment où la mère d'Amélie venait les rejoindre.

« Elle dort, dit-elle au docteur ; son sommeil est un peu agité, mais sa respiration est calme et légère.
— Ce ne sera rien ; dans quelques heures elle sera remise, répondit le médecin.
— Mettez-vous dans ce fauteuil et causons, mon ami, je vous écoute, et n'oubliez pas, mon bon docteur, que c'est à une mère, seule dépositaire maintenant du bonheur de ses enfants, que vous allez parler.
— Permettez-moi de répéter la question que je vous ai déjà faite, répondit le docteur. Combien y a-t-il de temps que vous recevez M. de Charney ?
— Près de quatre mois.
— Vous ne le connaissiez pas avant cette époque?
— Je l'avais rencontré quelquefois chez deux ou trois de mes amies.
— Qui vous l'a présenté ?
— A bien prendre... personne, répondit madame Geoffrin avec un peu d'embarras. Je l'avais vu à chaque bal de madame Tallien ; il avait souvent fait danser ma fille ; il était fort aimable avec moi, empressé même à me combler de politesses et d'attentions. Il connaissait presque tous les invités de madame Tallien, et tous le traitaient en familier de la maison. Le voyant danser si fréquemment avec Amélie, je demandai qui il était. On me dit qu'il se nommait de Charney et que c'était madame Tallien qui l'avait fait rayer de la liste d'émigration.
— Permettez-moi de vous dire, chère madame, répondit le docteur, que cette excellente Notre-Dame de Thermidor a fait rayer tant de monde de la liste des émigrés, que ce service rendu ne peut compter pour une grande recommandation pour celui qui l'a reçu.
— Cela est vrai ; aussi continuai-je mon enquête. J'appris alors que les Charney étaient une excellente famille de la Saintonge, jadis fort riche, ruinée par la révolution, comme tant d'autres, et dont M. Annibal de Charney était l'unique représentant.
— Les personnes qui vous donnaient ces renseignements avaient-elles connu jadis M. de Charney ? l'avaient-elles vu en émigration?
— Non, je dois le dire ; mais ce n'est pas étonnant, puisque lorsque la révolution avait éclaté le père de M. de Charney n'était pas en France. Grand voyageur, il explorait alors les montagnes du Liban en compagnie de son fils, encore enfant. La révolution les surprit loin de leur patrie, dont elle leur fermait les portes. M. de Charney père mourut en terre sainte. Ce fut alors que son fils se décida à braver tous les dangers pour revoir cette France après laquelle tous ses vœux aspiraient. Vous comprenez dès lors que M. de Charney pouvait être personnellement inconnu de presque tout le monde. Il avait huit ans lorsque son père était parti avec lui, en 1778, et il est rentré en France à vingt-huit ans. Il trouva en arrivant sa fortune détruite, ses biens confisqués. Heureusement son père avait emporté avec lui une somme de deux cent mille livres qu'il avait placée chez un banquier de Venise, de sorte que le fils put être à même de mener une existence convenable.
— C'est M. de Charney lui-même qui vous a raconté tout cela ? dit le docteur avec un peu d'ironie.
— Oui ; mais ces assertions m'ont été confirmées par plusieurs personnes dignes de foi. Beaucoup avaient connu jadis M. de Charney père, toutes savaient qu'il devait les voyages et qu'il était effectivement parti, après la mort de sa femme, avec son jeune fils pour la Syrie et la Turquie. Que M. de Charney soit mort là-bas, le doute n'est pas permis, car son fils, en déposant dernièrement chez maître Raguideau, mon notaire, ses papiers de famille, y a déposé également l'acte de décès dressé par les autorités européennes de Syrie. M. Annibal avait une quantité énorme de titres, de papiers, de contrats ; or qui pourrait être en possession de tous ces titres, si ce n'est le véritable héritier de la famille ?
— Mais quelqu'un qui les aurait volés !
— Oh ! docteur, vous supposez...
— Chère madame, interrompit le docteur, je suppose que l'homme dont je vous parle est l'un des assassins de la nuit dernière ; je puis bien supposer dès lors qu'il a commis jadis d'autres crimes. Mais nous discuterons cela tout à l'heure ; veuillez continuer. M. Annibal de Charney était donc l'unique représentant d'une vieille famille de Saintonge, et il était riche de deux cent mille livres. Je reconnais que dans l'étrange état où se trouve notre société de 1799, société dans laquelle se mêlent les éléments les plus bizarres et les plus opposés, il vous soit difficile, à vous comme à tout autre, de démêler la vérité individuelle de chaque condition sociale.
— Permettez, docteur, répondit madame Geoffrin, je n'ai pas agi tout à fait aussi légèrement que vous paraissez le supposer.
— Cependant vous avez reçu M. de Charney chez vous.
— C'est moi qui lui ai ouvert les portes de la maison de ma mère ! dit Ferdinand ; M. de Charney, je dois l'avouer, m'a rendu un véritable service d'ami.
— Je sais cela, dit le docteur ; il vous a tiré d'embarras un jour à propos du payement d'une dette de jeu, une folie de jeune homme.
— Et le lendemain il me servait de témoin dans un duel, et pour unique récompense de ces deux actes de dévouement, il me demanda à être présenté à ma mère. Or ma mère le connaissait pour l'avoir rencontré déjà chez madame Tallien.
— Je reconnais que tout cela a été mené fort adroitement ; mais, permettez-moi de vous le dire, Ferdinand, vous avez eu tort, grand tort de laisser courir dans les salons ces propos relatifs à un prochain mariage entre M. de Charney et votre sœur.
— Ces bruits, je ne les ai pas propagés ! dit Ferdinand en rougissant.
— Non, mais vous ne les avez pas démentis.
— Pouvais-je les démentir alors que je voyais en M. de Charney un parti avantageux pour ma sœur, alors que je devinais l'amour naissant d'Amélie pour lui ?

— Il y a dans toute cette histoire une effrayable fatalité ! dit le docteur.

— Mais, mon ami, dit madame Geoffrin, depuis que M. de Charney vient chez moi, vous l'y avez vu souvent ; vous m'avez plusieurs fois témoigné, avec votre franchise ordinaire, que M. de Charney n'avait pas le don de vous plaire, mais jamais vos confidences n'ont été plus loin.

— Elles ne le pouvaient pas, puisque je n'en savais pas davantage ; M. de Charney me déplaisait plus que je n'aurais su le dire. Pourquoi ?... je n'en savais rien : c'était une antipathie naturelle dont j'ignorais la cause ; en une heure cette cause devait m'être révélée. Ce matin, au moment même où l'on m'envoyait chercher pour me rendre sur les lieux où avaient été accomplis les crimes de la nuit dernière, on me remit une lettre ; cette lettre, que voici, est d'un de mes amis, chirurgien de marine, dont le navire vient de croiser sur les côtes de Syrie. Je lui avais écrit à propos de ce M. de Charney, le priant de s'efforcer d'obtenir des renseignements sur le père d'Annibal, et de m'envoyer ces renseignements dans le plus bref délai.

— Eh bien ? demanda madame Geoffrin.

— Eh bien ! ces renseignements sont simples, mais significatifs : MM. de Charney père et fils ont péri sur mer, dans l'hiver de 1791, devant Beyrouth.

— Ont péri ! s'écria madame Geoffrin.

— Ont péri avec le navire qu'ils montaient et qui s'est perdu corps et biens !

— C'est impossible ! s'écria Ferdinand.

— Mon ami, reprit le docteur, qui pensait que j'attachais une grande importance à ces événements, a joint aux détails précis que me donne cette lettre les deux actes mortuaires de MM. de Charney père et fils, actes dressés par les autorités du pays et visés par les consuls européens. Après la perte du navire, les cadavres ont été rejetés sur la plage, et mon ami a visité lui-même le tombeau contenant les restes des deux derniers de Charney. Sont-ce là des documents authentiques et des preuves palpables ? »

Ferdinand et sa mère se regardaient sans mot dire.

« En prenant connaissance de cette lettre, continua le docteur, j'avais résolu, chère madame Geoffrin, de me rendre chez vous ce matin même, dès que je serais libre. Comprenez-vous maintenant ce qui a dû se passer en moi lorsque, après avoir constaté un crime horrible, je trouvai fortuitement ce portefeuille qui pouvait mettre sur les traces de l'un des coupables ? Comprenez-vous ce que je ressentis lorsque tout à l'heure, après avoir écouté le récit d'Amélie et tandis que vous passiez dans la salle avec Ferdinand, je fis avouer à votre fille que la cause de sa crise nerveuse avait été que, dans son prétendu rêve, elle avait cru reconnaître parmi les voix des bandits la voix de l'homme qu'elle aime ? »

Ferdinand se leva précipitamment et boutonna son habit avec un geste fébrile.

« Où vas-tu ? lui demanda sa mère ?

— Chez M. de Charney ! répondit le jeune homme.

— Ferdinand ! s'écria madame Geoffrin, mon fils ! n'augmente pas nos douleurs !

— Il faut savoir la vérité de la bouche de cet homme, et je la saurai !

— C'est-à-dire que vous ne saurez rien ! dit Corvisart en haussant les épaules.

— Mais... »

La porte de la chambre, qui s'ouvrit tout à coup, interrompit Ferdinand.

« Madame ! dit Mariette en avançant la tête.

— Ma fille ? dit madame Geoffrin en se précipitant.

— Non, madame ; mademoiselle dort toujours et elle est très-calme.

— Qu'est-ce donc alors ?

— C'est madame et mademoiselle Chivry qui demandent si madame peut les recevoir.

— En ce moment, impossible, Mariette. Priez ces dames de m'excuser, mais les préoccupations les plus graves... l'accident arrivé à Amélie...

— Je n'accepte pas ces excuses, dit une voix fraîche et bien timbrée. Je force votre porte, chère amie, et vous me remercierez de ma hardiesse, car je viens vous apporter une heureuse nouvelle. »

Mariette s'était écartée, et deux dames fort élégamment mises franchirent le seuil de la porte, le sourire sur les lèvres. Madame Geoffrin lança un regard rapide au docteur en lui désignant Ferdinand, puis elle alla au-devant de ses visiteurs.

## VI. — LE DÉSHONNEUR.

Les deux dames qui venaient d'entrer étaient, ainsi que l'avait annoncé Mariette, la mère et la fille. La mère pouvait avoir trente-huit ans, la fille seize ou dix-sept. Jolies toutes deux, une grande ressemblance existait entre elles, et cette ressemblance était encore augmentée par l'habitude qu'elles avaient prise d'avoir constamment des toilettes identiquement semblables.

« Pardonnez-nous, à Caroline et à moi, de forcer votre porte, chère amie, dit madame Chivry en s'avançant vers madame Geoffrin, qu'elle embrassa avec une effusion véritable, mais on serait coupable envers des amies telles que vous si on ne leur offrait pas la primeur des heureuses nouvelles. Mais avant tout, qu'a donc Amélie ? Elle est souffrante, a dit Mariette à ma fille ?

— Oh ! ce n'est rien, répondit madame Geoffrin. Une mauvaise nuit...

— Cependant vous avez craint un accident sérieux, puisque voici le docteur.

— Je passais devant la maison, répondit Corvisart, c'est pourquoi je suis monté.

— Alors, si Amélie n'est qu'indisposée légèrement, notre bonheur n'a plus de tache, nous pouvons nous y livrer sans crainte. Oh ! chère amie, comme la joie fait du bien au cœur !

— La joie ! répéta madame Geoffrin.

— Eh oui ! vous avez l'air tout affecté ?

— C'est qu'au moment où vous arrivez, madame, dit Ferdinand, le docteur nous racontait l'horrible crime accompli dans notre rue même, et ma mère en est encore sous l'impression.

— Ne me parlez pas de cela ! interrompit madame Chivry. Cet événement est affreux. Ma fille et moi en eussions certes fait une maladie, sans un autre événement...

— Mais quel autre événement ? demanda madame Geoffrin.

— Je vais vous faire mes confidences.

— Je demande à ces dames la permission de les quitter, dit Corvisart en prenant son chapeau.

— Non ! non ! restez, docteur ! s'écria madame Geoffrin.

— Oh ! je puis parler devant vous ! ajouta madame Chivry. »

Et après avoir pris le siège que lui présentait Ferdinand :

« Hier, reprit madame Chivry, alors que nous sommes venues vous voir, n'avez-vous pas remarqué l'expression douloureuse qui était peinte sur le visage de ma fille ?

— Oui, dit madame Geoffrin, je me rappelle. Amélie elle-même avait remarqué l'air de souffrance de Caroline ; elle l'avait pressée d'interrogations, mais Caroline a refusé de parler, déclarant qu'elle n'avait rien à dire.

— Hélas ! ma pauvre enfant ne voulait rien me confier à moi, sa mère ! Depuis le matin, je la voyais triste, rêveuse ; ses yeux étaient rougis, des soupirs douloureux s'échappaient de sa poitrine ; je la pressai de questions, mais en vain...

— Je ne pouvais parler, dit Caroline, qui regardait sa mère ; j'avais peur de faire passer dans ton cœur la douleur qui torturait le mien !

— Mais qu'y avait-il ? demanda madame Geoffrin.

— Il y avait, ma pauvre amie, que tandis que je vivais heureuse et confiante dans l'avenir, tandis que, croyant notre fortune assurée, je prodiguais peut-être un peu follement l'argent, la ruine était sur notre tête !

— Ah ! mon Dieu ! fit madame Geoffrin.

— Ruiné !... M. Chivry ruiné !... s'écria Ferdinand en s'avançant vivement et en couvrant de son regard la jeune fille, dont le visage devint rouge comme une cerise en juin.

— Oui, reprit madame Chivry, nous étions menacés de rouler dans un abîme. Mon mari, pour ne pas m'effrayer, ne m'avait rien dit, mais des pertes énormes éprouvées coup sur coup ces jours derniers allaient engloutir avec elles notre maison de banque. J'étais dans l'ignorance la plus absolue, ne soupçonnant pas même l'ombre d'un danger dans l'avenir. Caroline était comme moi, lorsque, hier matin, elle surprit une conversation entre son père et le caissier, conversation qui l'éclaira tout à coup.

— Oh! dit la jeune fille avec émotion, je vivrais cent ans qu'il me semblerait toujours entendre la voix de mon père alors qu'elle prononça ces mots terribles : « Ainsi nous ne pourrons payer demain, il faudra déclarer ma maison en faillite! » Je ne sais ce que répondit le caissier, poursuivit la jeune fille, je n'entendis point ; mes oreilles bourdonnaient et un flot de sang venait de me passer sur les yeux en écoutant cette terrible nouvelle; je crus que j'allais tomber, et ce ne fut qu'à l'aide d'un miracle d'énergie que je pus me contenir.

Mon père était alors dans son cabinet ; il ignorait que je fusse aux écoutes ; un hasard m'y avait conduite. Derrière le cabinet de mon père, il y a une petite pièce noire servant de chambre de débarras et dans laquelle ma mère et moi mettons de côté les toilettes défraîchies. D'ordinaire pour entrer dans cette pièce, nous passions par le cabinet de mon père afin d'avoir du jour, car de l'autre côté elle n'ouvre que sur un couloir obscur. Ce matin, ma mère me demandait un ruban que je ne pouvais retrouver. Convaincue que la femme de chambre l'avait mis par mégarde dans la chambre noire, je voulus y aller.

« Ton père travaille à cette heure, tu vas le déranger, » me dit ma mère.

Je répondis que je passerais par le couloir, et, dans la crainte de troubler mon père, je marchai doucement avec des précautions infinies... Ce fut alors que le ciel me permit d'entendre l'horrible vérité.

Immobile, clouée sur place, je compris tout aux explications que mon père et son caissier eurent alors ensemble. J'étais revenue de ma première surprise si douloureuse et je ne perdais pas un mot.

Des pertes récemment éprouvées ruinaient subitement mon père au moment même où notre maison semblait le plus prospère. Dans son malheur cependant il ne pensait qu'à nous, le nom de ma mère, le mien revenaient sans cesse sur ses lèvres.

« Qu'elles ignorent absolument ce désastre, dit-il à son caissier, je le veux. Il faut leur éviter ce chagrin aussi longtemps que je pourrai leur cacher la situation. »

Ensuite mon père donna à son commis plusieurs ordres dont je ne compris pas parfaitement la portée ; enfin, il lui ordonna de passer la journée à dresser un état exact de la situation.

« Il faut que cet état soit fait aujourd'hui, dit mon père d'une voix impérative ; travaillez jusqu'à minuit s'il le faut, je vous attendrai ici toute la nuit. Apportez-le-moi dès qu'il sera terminé.

— Demain il serait temps, balbutia le caissier, qui paraissait très-ému.

— Non, non, pas demain! répondit vivement mon père, cette nuit ; allez, je compte sur vous. »

Le caissier sortit.

« Demain, répéta mon père quand il fut seul, il ne serait plus temps. »

Puis je l'entendis marcher, s'arrêter et décrocher quelque chose de la muraille. Un frisson me parcourut des pieds à la tête, une sueur froide inonda mes tempes ; je me rappelai qu'il y avait un trophée d'armes dans le cabinet de mon père et entre autres des pistolets que ma mère et moi lui avions donnés.

— Oh! pauvre enfant, que tu as dû souffrir ! dit madame Geoffrin, qui, entraînée peu à peu par l'émouvant récit de la jeune fille, commençait à oublier ses propres douleurs pour ressentir celle des autres.

— J'eus la force de revenir auprès de ma mère sans rien laisser deviner, reprit Caroline. Je ne voulais rien dire, je savais combien ma mère aimait mon père, et je craignais de lui porter un coup trop douloureux. Puis mon père avait formulé la défense absolue de nous instruire ; je croyais qu'en prévenant ma mère je désobéirais à mon père. Au reste, mille pensées contraires surgissaient à chaque instant dans mon cerveau... Ma mère me crut malade, elle m'interrogea, je ne répondis rien ; elle voulut me distraire, elle m'amena auprès d'Amélie, ma meilleure amie... A elle non plus je ne voulais rien dire..... Oh! je souffrais cruellement, je vous le jure.

— Pauvre chère petite ! dit madame Geoffrin.

— Mais à moi, s'écria Ferdinand, ne pouviez-vous pas tout m'apprendre ?... Ah ! c'est mal, Caroline, ce que vous avez fait là ! N'êtes-vous plus la sœur de ma sœur, et ne suis-je pas votre frère?

— Mon père était menacé d'être ruiné, répondit Caroline, je voyais la misère...

— Et vous doutiez de nous ? interrompit Ferdinand ; mais c'est encore pire cela !

— Non ! non !... mais je ne voulais pas parler, Ferdinand ! je ne le pouvais pas !... »

Caroline baissait les yeux sous les regards du jeune homme ; madame Geoffrin et madame Chivry, assises l'une près de l'autre, se serrèrent doucement la main en regardant leurs enfants. Le docteur, qui voyait tout et comprenait tout, laissa glisser sur ses lèvres un sourire approbateur.

« Mais enfin, qu'est-il arrivé? reprit madame Geoffrin.

— Le soir venu, dit madame Chivry, je pressai Caroline de questions, car je ne pouvais deviner ce qu'elle éprouvait, et je la voyais souffrir en dépit de ses efforts pour me cacher ses souffrances. Elle ne voulait pas parler... Mon mari vint auprès de nous ; Caroline se maintint : il paraissait préoccupé, mais je l'avais vu si fréquemment tourmenté par les affaires que je ne l'interrogeai même pas sur ce qu'il pouvait avoir, tant l'état de ma fille m'alarmait.

« Ne dis rien à mon père ! » me dit vivement Caroline en me serrant les mains.

Mon mari nous annonça qu'il allait sortir, et comme Caroline lui demandait de rester avec une insistance que je ne comprenais pas, il lui donna, en souriant, sa parole d'honneur d'être rentré avant dix heures du soir. Caroline alors parut lui octroyer la permission de s'absenter.

A peine mon mari fut-il parti que je voulus interroger ma fille, elle me prit les mains et m'entraîna dans le cabinet de son père. Courant au trophée d'armes, elle prit les pistolets que nous avions donnés à M. Chivry pour l'anniversaire de notre mariage, et après les avoir examinés :

« Ah ! s'écria-t-elle, ils sont chargés ! »

Je crus ma fille folle ; je demeurai stupéfaite, effrayée... La pauvre enfant comprit le mal qu'elle me faisait, et, s'élançant à mon cou, elle m'embrassa en sanglotant. Alors eut lieu une scène que je n'essayerai pas de vous décrire : Caroline m'avoua tout !...

Eh bien ! ma chère amie, continua madame Chivry en prenant les mains de madame Geoffrin, vous allez me comprendre : l'état dans lequel j'avais vu mon enfant m'avait tellement effrayée, qu'en apprenant qu'il s'agissait de notre ruine je poussai un soupir de soulagement. La voix de Caroline me rappela à la situation.

« Mon père !... il veut se tuer ! » dit-elle.

Alors je compris toute l'horreur de l'événement qui nous menaçait. Caroline et moi résolûmes de tout faire pour conserver celui que nous aimions de toutes les forces de notre cœur. Mille pensées différentes nous passaient par la tête, et nous ne trouvions rien.

« Il faut veiller, il ne faut pas le perdre de vue une seule minute, dès qu'il sera rentré, » dîmes-nous enfin.

La chambre noire dont vous parlait Caroline était une excellente cachette. Lorsque mon mari revint, il passa quelques heures auprès de nous ; vingt fois nous fûmes sur le point de laisser éclater l'horrible secret que nous avions surpris, mais chaque fois la crainte de rapprocher l'instant fatal dont nous redoutions si anxieusement les suites retint la parole sur nos lèvres. Enfin mon mari nous embrassa, nous souhaita le bonsoir et passa dans son cabinet... Caroline et moi courûmes nous blottir dans la chambre noire ; nous avions eu le soin, avant de quitter le cabinet de M. Chivry, de laisser entr'ouverte la porte donnant dans cette chambre, de sorte qu'en entrant par l'autre côté nous pûmes, sans être entendues, voir par l'entre-bâillement ce qui se passait dans le cabinet.

Mon mari se promenait à grands pas, paraissant plongé dans les réflexions les plus tristes ; il s'arrêta devant son bureau, il feuilleta quelques papiers, et il recommença sa promenade en poussant de profonds soupirs dont les échos nous déchiraient le cœur. Caroline et moi demeurions immobiles, haletantes, souffrant toutes les tortures les plus cruelles.

Une heure s'écoula ; il était plus de minuit. On frappa à la porte du cabinet : mon mari alla ouvrir et son caissier entra ; il remit à M. Chivry un volumineux dossier.

« Merci, mon brave Louis, dit mon mari en prenant les papiers. Vous avez dépouillé tous les livres ?

— Tous, répondit le caissier.

— Le bilan est exact?

— J'en réponds.

— Et il se balance par un passif de ?... »
Louis ne répondit pas.
« Dites-moi la vérité! reprit mon mari.
— La situation n'est pas mauvaise, reprit enfin le caissier; l'actif dépasse le passif de deux cent quatre-vingt mille livres.
— Oui, répondit mon mari avec un sourire amer, mais vous portez dans cet actif trois cent cinquante mille francs de traites qui reviendront demain impayées et qu'il faudra rembourser. Or, toutes mes ressources réunies me donnent deux cent quatre-vingt-cinq mille livres : différence, soixante-cinq mille francs. Donc... la faillite!... »
— Monsieur! s'écria Louis effrayé de l'accent avec lequel mon mari avait prononcé ce dernier mot.
— Connaissez-vous un moyen d'éviter le désastre?
— On pourrait réunir les créanciers, obtenir...
— Un arrangement! interrompit mon mari. Jamais.
— Cependant...
— J'ai autour de moi trop d'ennemis intéressés à ma ruine, vous le savez, pour espérer obtenir un peu d'indulgence. Je m'humilierais sans résultat, Louis ! »
Le caissier baissa la tête.
« Allez, mon ami, reprit M. Chivry en le conduisant jusqu'à la porte de son cabinet, j'ai besoin d'être seul pour travailler. »
Louis sortit comme un homme qui n'a plus conscience de lui-même. Mon mari revint vers son bureau ; il examina minutieusement et longuement le dossier que lui avait apporté le caissier, puis, reprenant sa marche saccadée par la chambre :
« Il n'existe aucun moyen de conjurer le désastre!... dit-il en levant les bras au ciel. Pauvre père ! »
Vous dire ce que nous pûmes souffrir alors, continua madame Chivry en interrompant son récit, serait vouloir entreprendre de vous exposer toutes les tortures que le cœur peut supporter. J'aime mon mari, Caroline adore son père... et ce père, ce mari, nous le voyions, là, devant nous, roulant dans son esprit les pensées les plus sinistres, et nous suivions en frémissant son regard qui allait se briser sur les canons brillants des pistolets accrochés à la muraille, ces pistolets que nous savions avoir été chargés !
— Oh ! dit madame Geoffrin avec une émotion que partageaient le docteur et Ferdinand, je vous comprends, chère et pauvre amie !
— Ensuite ? ensuite ? demanda Ferdinand ; comment s'est terminée cette scène ?
— Nous demeurions là dans une angoisse inexprimable, reprit Caroline en voyant sa mère trop émue pour continuer. Mon père avait repris ses livres, qu'il feuilletait ; il était tard, bien tard, la nuit s'avançait, quand tout à coup des cris retentirent dans la rue. Mon père ne parut pas entendre. Les cris allèrent en augmentant. Ma mère et moi étions sous le coup d'une trop effrayante catastrophe pour que notre attention fût éveillée, lorsque la porte du cabinet de mon père s'ouvrit doucement et le concierge de l'hôtel parut sur le seuil.
« Monsieur ! » dit-il.
Il était très-pâle, très-ému, et il pouvait à peine parler.
« Qu'est-ce ? » demanda mon père en tressaillant.
Et, reconnaissant Antoine :
« Que voulez-vous ? reprit-il, pourquoi me déranger à cette heure ?
— Monsieur m'excusera, dit Antoine, mais c'est la police qui...
— La police ? s'écria mon père.
— Oui, monsieur ; il y a là des agents qui demandent à entrer dans l'hôtel.
— Et pourquoi ?
— Ils poursuivent un malfaiteur, un homme qu'ils ont vu sauter du haut d'un mur ; il s'est sauvé dans la maison voisine ; il a couru sur les toits, les agents ont perdu sa trace et ils demandent à visiter le jardin et la maison.
— Toute la maison, excepté la chambre de ma femme et de ma fille et cette pièce, j'ai veillé toute la nuit ; vous leur direz que je réponds qu'aucun malfaiteur ne s'est introduit dans cette partie de l'hôtel. Allez, Antoine, et que sous aucun prétexte, vous m'entendez, personne ne vienne me troubler. »
Antoine sortit, et nous pûmes entendre le bruit lointain de la visite domiciliaire qui commençait.
« — Ah ! ah ! » fit le docteur en lançant un expressif coup d'œil à madame Geoffrin.
Celle-ci était devenue très-pâle et elle redoublait d'attention.

« Mon père avait recommencé sa promenade, reprit Caroline, il parcourait de nouveau la pièce. Les instants s'écoulaient, et bientôt la visite domiciliaire opérée chez nous fut terminée, car nous n'entendions plus aucun bruit.
— On n'avait trouvé aucune trace du malfaiteur? demanda Corvisart.
— Nous ne saurions le dire, répondit madame Chivry ; à peine avions-nous compris les paroles d'Antoine ; ce n'est que plus tard qu'elles nous sont revenues de la mémoire, mais alors nous ignorions même si la visite des agents avait un but. Cinq heures du matin venaient de sonner ; la situation, en se prolongeant, atteignait à son apogée d'horreur; le timbre de la pendule, en retentissant, parut réveiller mon mari du douloureux sommeil dans lequel il était plongé ; il fit un pas en avant et se dirigea vers la partie de la muraille à laquelle était accroché le fatal trophée.
Caroline et moi nous nous étreignîmes les mains avec une anxiété que rien ne saurait rendre... le sang s'était arrêté dans ses veines, notre cœur ne battait plus...
M. Chivry venait de décrocher un pistolet !... »

VII. — LE BON ANGE.

« J'allais m'élancer, continua madame Chivry au milieu de l'attention des auditeurs, quand les doigts de Caroline me clouèrent sur place. Mon mari venait de s'asseoir de nouveau devant son bureau, et il avait posé le pistolet tout armé près de lui.
Il avait pris un papier qu'il relisait à mi-voix :
« Ceci est mon testament ! » commença-t-il.
Puis, après avoir achevé cette lecture qui nous glaçait d'épouvante, il reprit le dossier que lui avait apporté son caissier.
« Les diamants de ma femme ne figurent pas à l'actif, dit-il à voix haute. Louis a eu raison : ces diamants viennent de sa mère, ils sont à elle, et mes créanciers n'ont aucun droit sur ces bijoux, non plus que sur une somme de vingt-trois mille francs léguée par sa marraine à ma fille et dont je ne suis que le dépositaire. J'avais dit à Louis de mettre cette somme en or à part, l'a-t-il fait ?... »
Mon mari prit ses clefs et se dirigea vers sa caisse ; cette caisse, vous le savez, est située à gauche dans le cabinet de M. Chivry ; c'est une petite pièce éclairée par un châssis vitré pratiqué dans la toiture et que défendait un fort grillage placé extérieurement ; cette pièce n'a pas d'autre ouverture que ce châssis et la porte donnant dans le cabinet de mon mari. Là se trouve scellée à la muraille une caisse de fer, dont M. Chivry s'est amusé une fois à montrer les habiles combinaisons à votre fille.
Mon mari avait l'habitude d'ouvrir cette caisse, que bien qu'il fit nuit, il passa dans la petite pièce sans lumière. Nous l'entendîmes introduire la clef dans la serrure, et une exclamation s'échappa de ses lèvres.
« Louis a oublié de refermer la caisse, dit-il ; le pauvre homme est comme moi, en présence du désastre il a perdu la tête ! »
M. Chivry revint avec un grand portefeuille de cuir noir et une lourde sacoche qu'il traînait sur le tapis. Il ouvrit le portefeuille et compta les valeurs en billets de la banque d'Angleterre qu'il contenait. Après les avoir examinées, il s'arrêta comme frappé de surprise.
« Impossible ! » murmura-t-il.
Et il se remit à compter.
« Mais il n'y a que huit mille livres sterling ! s'écria-t-il; deux cent mille francs argent de France !... C'est impossible ! impossible !... »
Et il se remit encore à compter en froissant les papiers d'une main convulsive :
« Il y en a bien dix mille ! s'écria-t-il. Deux cent cinquante mille francs !... Cinquante mille francs de plus que... »
Il s'interrompit pour se lever et courir à un énorme registre placé sur un bureau spécial.
« Voilà le compte de caisse à jour ! reprit-il. Il y a bien porté seulement à mon actif deux cent mille francs en banknots ! Que signifie cette erreur ? A-t-elle été commise sur le compte du numéraire ? »
Il revint à la sacoche, l'ouvrit précipitamment et en tira des rouleaux d'or.
« Cinquante mille francs, dit-il en comptant. Cinquante-

cinq... soixante... soixante-dix... quatre-vingts... quatre-vingt-dix... cent... cent cinq... mais je suis fou!... Il n'y avait que quatre-vingt-cinq mille francs en or ; je les ai comptés hier soir! »

Et M. Chivry, les cheveux hérissés, les yeux hagards, se dressa avec un geste qui nous frappa d'épouvante.

« Ce compte de caisse! reprit-il encore en revenant au registre, il est précis!... il est juste! J'avais en caisse seulement deux cent quatre-vingt-cinq mille francs pour faire face à une échéance de trois cent cinquante mille francs!... Oui! deux cent quatre-vingt-cinq mille! j'en suis certain, je ne puis douter, et cependant là... il y a... trois cent cinquante-cinq mille francs?... C'est impossible! je suis fou... je suis... »

Mon mari s'arrêta. Caroline et moi étions à bout de forces, poursuivit madame Chivry. D'un même élan, nous bondîmes dans la chambre :

« Tu es sauvé, m'écriai-je.

— Dieu a permis un miracle! » dit Caroline en tombant à genoux devant son père.

Mon mari nous regardait avec une stupéfaction profonde. Sans nous demander compte de notre présence ; tout entier à l'impression qu'il ressentait, il nous saisit les mains :

« Comptez! comptez! » nous dit-il en désignant du geste les billets de banque et les rouleaux d'or.

Caroline et moi nous nous mîmes à l'œuvre.

« Dix mille livres sterling! dit Caroline avec un accent de triomphe.

— Deux cent cinquante mille francs! m'écriai-je à mon tour. Mon ami, tu as été victime d'une illusion terrible... tu es plus riche que tu ne le croyais...

— Non! non! dit M. Chivry, ne pouvant en croire ses yeux, vous me trompez! »

Et il recompta lui-même.

« Que signifie cela! » dit-il en constatant que jusqu'alors il avait compté juste.

En ce moment, un léger bruit retentit dans la caisse. Mon mari saisit un flambeau et s'élança comme un trait. Nous le suivîmes; mais nous n'avions pas fait trois pas en avant, qu'un cri retentissant nous paralysait...

M. Chivry ressortait de la caisse entraînant après lui un homme qu'il tenait par la main. La lumière éclairait en plein le visage de cet homme : Caroline et moi poussâmes un même cri.

« Monsieur! monsieur! qu'êtes-vous venu faire ici? demanda mon mari d'une voix frémissante.

— Un acte de justice, monsieur, répondit le personnage. Ne me remerciez pas! les honnêtes gens se doivent entre eux aide et secours, et en se prêtant ce secours et cet aide, ils ne font qu'accomplir strictement un devoir.

— Quoi! s'écria M. Chivry, c'est vous qui avez placé dans ma caisse...

— Le complément de la somme nécessaire à votre échéance de ce matin? Oui, monsieur, je l'avoue.

— Mais, monsieur, je ne vous ai rien demandé.

— Je le sais. Je sais aussi que vous n'eussiez jamais demandé rien à personne. D'ailleurs où serait le mérite de vous rendre un service si vous l'eussiez demandé? »

Mon mari était stupéfait; ma fille et moi ne pouvions trouver une parole.

« Pardonnez-moi, monsieur, d'avoir agi ainsi que je l'ai fait, reprit notre sauveur d'une voix douce et fière, et, en sollicitant mon pardon, permettez-moi d'obtenir celui d'un autre. Je connaissais votre position désespérée et la noblesse de votre caractère, qui vous eût fait préférer la mort au déshonneur commercial. Je savais en outre que vous eussiez refusé d'accepter tout service venant d'un étranger, et je ne suis que cela pour vous. Jadis mon père a eu de grandes obligations au vôtre; vous l'ignoriez peut-être, mais je le connaissais, moi. En apprenant le malheur qui vous menaçait, je résolus de vous sauver malgré vous, et pour vous épargner à tous deux un combat de générosité toujours pénible, je voulus employer la ruse. L'un de vos domestiques, gagné par moi et auquel j'avouai tout, me donna la facilité de pénétrer cette nuit dans votre hôtel. Ce brave domestique, agissant comme un bandit vulgaire, avait pris l'empreinte de la serrure de votre caisse et avait étudié ses combinaisons. J'avais fait faire une clef, et certain d'ouvrir la porte, **nous voulions profiter cette nuit du moment où vous vous**
retireriez dans votre chambre, pour aller déposer ces valeurs dans votre caisse. Mon cœur battait doucement. Je jouissais par avance de votre surprise alors que demain vous eussiez cru constater votre impossibilité de faire face à vos échéances... J'avais fait promettre, au valet de ne pas vous quitter d'une minute et de me faire part de vos moindres impressions. Il m'avait juré une discrétion absolue... Malheureusement vous ne quittâtes pas ce cabinet. Nous attendions toujours : la nuit s'écoulait... Impatienté et craignant une résolution fatale de votre part, je demandai à mon compagnon s'il n'y avait pas d'autre moyen de pénétrer dans votre caisse que par votre cabinet. Il me répondit qu'il n'existait d'autre ouverture que celle pratiquée dans la toiture. Je résolus de passer par là. Il alla prendre la clef servant à ouvrir la grille et le châssis vitré... Nous montâmes sur le toit par sa chambre, et je réussis à m'introduire chez vous sans bruit... Ce fut en ce moment que des agents de police poursuivirent un malfaiteur jusque dans les jardins de votre hôtel. J'avoue qu'alors ma position me sembla critique. J'étais porteur d'une somme importante, celle que je voulais déposer dans votre caisse, et je m'introduisais, la nuit, furtivement dans une maison qui n'était pas la mienne... J'entendis la défense que vous fîtes de laisser pénétrer dans cette partie de votre hôtel, et je profitai du bruit que fit votre concierge en sortant, pour ouvrir votre caisse et y placer cette somme qui vous sauve et qui me permet d'accomplir en vœu de reconnaissance fait jadis par mon père. J'espérais disparaître comme j'étais venu, sans me laisser soupçonner... Le hasard en a ordonné autrement. Je n'ai maintenant qu'une chose à ajouter, c'est que je vous supplie à deux genoux, monsieur, de ne pas repousser ce que d'autres nommeraient peut-être une bonne action et que j'appelle, moi, un acte de justice... »

— Et que fit votre mari? demanda madame Geoffrin en voyant madame Chivry s'arrêter.

— Il fit ce qu'il devait faire pour remercier la Providence : il se jeta dans les bras du bon ange qui venait de lui apparaître. Ma fille et moi pleurions en nous agenouillant...

— Mais cet homme, ce sauveur mystérieux, quel est-il? »

Madame Chivry se leva; et prenant madame Geoffrin dans ses bras :

« Ce sauveur, dit-elle avec des larmes dans la voix, celui auquel nous devons, moi, la vie d'un époux, Caroline la vie d'un père ; ce cœur généreux qui voulait laisser dans l'ombre son action sublime ; celui-là enfin qui est pour nous un envoyé du ciel, c'est celui que votre fille adore et qui adore votre fille, c'est celui que vous nommerez bientôt votre fils et que Ferdinand appellera son frère; c'est M. de Charney enfin! Me pardonnerez-vous maintenant d'avoir forcé votre porte? »

⁂

Une heure après, madame Geoffrin était seule avec le docteur. Ferdinand avait reconduit madame et mademoiselle Chivry.

« Docteur, dit madame Geoffrin après un long silence, persistez-vous encore, après ce que vous venez d'entendre, dans ce que vous m'avez dit?

— Oui, » répondit nettement Corvisart.

Madame Geoffrin demeura immobile.

« Que ferez-vous? demanda le médecin en se rapprochant d'elle.

— Je verrai M. de Charney ce soir même, répondit madame Geoffrin.

— Chez vous?

— Non; après ce que vous m'avez dit, je ne le puis recevoir jusqu'à ce que les doutes nés dans mon esprit soient éclaircis.

— Chez lui?

— Pas davantage.

— Où donc alors?

— Croyez-vous qu'Amélie soit assez forte ce soir pour pouvoir s'habiller et pour supporter un peu de fatigue?

— Je le crois.

— Alors nous irons au pavillon de Hanovre ; car là je suis certaine de rencontrer M. de Charney.

— Que Ferdinand ne fasse aucune imprudence.

— Je veillerai sur lui; vous retrouverai-je au pavillon?

— Sans doute, dit Corvisart. Vous pouvez avoir besoin de moi. »

## VIII. — LE PAVILLON DE HANOVRE.

Grâce aux facilités de communication de toutes sortes qui existent de nos jours, tout le monde connaît Paris, et tous les Parisiens connaissent, sur le boulevard des Italiens, ce pavillon formant le coin de la rue Louis-le-Grand, et désigné sous le nom du pavillon de Hanovre. Chacun sait également que ce pavillon célèbre faisait partie jadis de l'hôtel de Richelieu, lequel hôtel s'étendait depuis la rue du même nom jusqu'au pavillon indiqué ; ses jardins ayant pour limites, d'une part les boulevards, de l'autre la rue Neuve-des-Petits-Champs. Dans l'inventaire de la fortune du duc de Richelieu, le père du duc de Fronsac, d'amoureuse mémoire, ces terrains et cet hôtel, moins le pavillon, qui n'existait pas, ont été estimés quatre cent dix mille livres. Or le vieux duc est mort en 1713, il y a maintenant cent quarante-sept ans (c'est-à-dire l'existence de deux hommes de soixante-dix ans). En admettant que la succession eût été directe, sans division des biens légués, voit-on ce que ces quatre cent dix mille livres de terrain produiraient aujourd'hui ? Le quadrilatère formé par le boulevard des Italiens, la rue Neuve-des-Petits-Champs, la rue Richelieu et la rue Louis-le-Grand ! qui pourrait estimer pareil chiffre ?

En 1785 cependant, là étaient encore des jardins.

Quelque trente ans plus tôt, en 1757, à son retour des guerres de Hanovre, après que le duc eut rançonné sans pitié ce malheureux pays qu'il avait fait ravager par ses troupes, il lui prit fantaisie de faire construire, avec le produit des lauriers d'or et d'argent qu'il venait de cueillir, un élégant pavillon, petite maison au bout de son parc. Les *Nouvelles à la main*, pour lancer un trait satirique au maréchal, donnèrent au bâtiment nouveau le nom de pavillon de Hanovre, afin d'en faire bien ressortir l'origine. Pour appuyer leur dire, les mordantes *Nouvelles* racontaient une piquante anecdote : « Lors de la guerre de Hanovre, disaient-elles, le maréchal-duc venait de prendre une ville fortifiée ; le bourgmestre, pour éviter le pillage, et dans l'intention d'obtenir la clémence du vainqueur, s'empressa de porter au duc les clefs de la ville. Ces clefs, il faut le savoir, étaient en or massif et toutes garnies de pierreries superbes. C'était un don fait jadis à la cité par un empereur d'Allemagne. Le duc, à la vue de ces joyaux magnifiques, salua, remercia, et tendit à la fois les deux mains pour prendre les clefs. « Hélas ! s'écria le bourgmestre, en pareille occasion, M. de Turenne se contenta de prendre la ville..... il nous laissa les clefs ! — Je vous crois, répondit froidement le maréchal ; mais ce M. de Turenne est véritablement un homme inimitable ! » C'étaient ces clefs d'or, ajoutait la chronique scandaleuse, qui avaient servi de base au pavillon de Hanovre. »

Le duc mort, la révolution venue, le pavillon demeura abandonné et désert. On avait construit tout autour de lui ; à peine lui restait-il un pauvre petit jardin. Des brocanteurs, des marchands de tous genres avaient envahi ses salons dorés. Il avait vu passer les sanglantes années de la Terreur, et les années turbulentes du Directoire, sans sortir de l'obscurité dans laquelle il était plongé depuis la mort de son célèbre propriétaire, lorsque, vers la fin de 1797, cette obscurité temporaire se dissipa soudain pour faire place à une zone lumineuse.

Il est difficile de se faire aujourd'hui, en 1862, une idée juste de ce qu'était la société française, il y a soixante-quatre ans, vers la fin de 1797 et au commencement de 1798. Cette société, qui se composait d'éléments de tous genres, portait en elle tous les germes de rivalité, de haine, de mésintelligence. En effet, l'époque de la Terreur était voisine encore ; chacun pouvait se rappeler avoir vu l'échafaud fonctionner, et les bourreaux de la veille se trouvaient forcément en contact avec les parents, les amis de ceux qui avaient été leurs victimes.

La tranquillité paraissait être momentanément revenue ; mais cette tranquillité devait-elle durer ? Voilà ce que personne ne croyait, attendu que chacun avait intérêt à ne pas y croire. Un des grands malheurs du gouvernement directorial, c'est que jamais on n'eut foi en lui, et l'on comprendra aisément ce doute perpétuel, si l'on fait seulement l'énumération des partis existant alors et ayant intérêt à le propager. Jacobins furieux et maugréant dans l'ombre ; royalistes pleins d'espoir ; citoyens, émigrés, mécontents de tous genres et de toutes sortes. Si l'on n'avait plus peur de l'échafaud, on craignait à chaque instant quelque bouleversement, quelque émeute, et toute la société brillante d'alors, composée de munitionnaires enrichis, de hauts fonctionnaires, de riches négociants, d'émigrés rentrés, n'osait engager l'avenir en affichant hautement un parti pris dans ses relations.

Savait-on quel parti triompherait le lendemain ? Il fallait donc se conserver des amis partout ; mais comment réunir ces amis qui se haïssaient entre eux, et comment accueillir les uns et cacher les autres ? De cet état de choses, ou plutôt de gêne sociale, résultait forcément une continuation de cette fermeture générale des salons qui avait eu lieu au commencement de la république.

A part quelques maisons comme celle de madame Tallien, aucune réunion particulière n'avait lieu ; et cependant toute cette jeunesse ardente, sevrée de plaisirs depuis longtemps, toute cette génération échappée aux proscriptions et à la guillotine, avait hâte de réparer le temps perdu. Chacun ressentait les accès de cette fièvre d'amusements, de bals, de réunions, mais personne n'osait se risquer à donner une fête, à cause de l'embarras des choix des invitations.

Il y avait alors à Paris un maître de danse et de ballets nommé Despréaux, que son mariage avec mademoiselle Guimard avait jadis rendu célèbre. Ce Despréaux avait de l'esprit : il faisait bien mieux de jolies chansons qu'il n'apprenait à bien battre un entrechat, quoique cependant il enseignât très-bien la *bonne grâce*, a dit l'un de ses contemporains. Despréaux comprit le parti qu'il y avait à tirer de la situation ; il se dit que tous ces gens qui avaient soif de plaisirs, et qui ne pouvaient se trouver ensemble dans une maison particulière, se réuniraient sans danger dans un endroit public, et il songea à donner des fêtes par abonnement.

Sa tentative eut un plein succès, si grand même, qu'il fut obligé de changer de local pour s'agrandir. Un autre bal s'établit en concurrence avec celui de Despréaux : ce fut celui de Thélusson, ayant lieu à l'hôtel Thélusson situé au bout de la rue Cérutti, en face du boulevard, où il y avait alors une immense arcade. Despréaux, furieux de la concurrence, résolut de la combattre par la grandiose d'un établissement nouveau, et il alla bravement s'installer au pavillon de Hanovre, dont il fit restaurer les salons.

L'opération réussit en plein ; le nouveau bal obtint et conserva la vogue, si bien même que, une année et demie après sa fondation, en octobre 1799, il jouissait du privilége de réunir la plus belle société de Paris.

A cette époque, où Paris était un foyer d'intrigues incessantes, on n'abandonnait pas la capitale pour la campagne, même en plein été, et encore moins en plein automne. Donc ce même jour d'octobre 1799, où nous venons d'assister aux scènes rapportées dans les précédents chapitres, il y avait bal au pavillon de Hanovre, et la réunion était aussi nombreuse, aussi choisie, aussi brillante qu'elle pouvait l'être.

A dix heures, au moment où le bal était dans tout son éclat, une voiture élégante vint s'arrêter devant la porte du pavillon de Hanovre. La portière s'ouvrit, un homme descendit lentement, avec des précautions infinies, et parut hésiter longtemps avant de mettre ses souliers pointus en contact avec le pavé légèrement humide. Enfin il se décida. Cet homme portait le costume complet des *Inco-yables* du temps.

Se retournant, il tendit le poing à une personne restée dans l'intérieur de la voiture ; cette personne descendit à son tour. C'était une femme d'une taille au-dessus de la moyenne, mais d'une harmonie parfaite dans la structure. C'était la Vénus du Capitole, mais plus belle encore que l'œuvre de Phidias, car on y retrouvait la même pureté de traits, la même perfection dans les formes et sur le visage, une expression charmante, une réflexion du miroir magique de l'âme qui disait tout ce qu'il y avait dans cette âme de bonté et d'aimables sentiments.

La parure consistait en une simple robe de mousseline des Indes, drapée à l'antique et rattachée sur les épaules par deux camées ; une ceinture d'or serrait la taille et était également fermée par un camée ; un large bracelet d'or arrêtait et fermait la manche au-dessus du coude. Les cheveux, d'un noir de velours, étaient courts et frisés tout autour de la tête, à la Titus. Un châle de cachemire rouge (parure extrêmement rare alors) était drapé sur les épaules d'une façon gracieuse et pittoresque.

Le camp des chauffeurs.

Telle qu'elle était, cette femme était si belle, qu'un murmure d'admiration éclata dans la foule des curieux qui se pressaient auprès de la porte du pavillon pour jouir du coup d'œil des danseurs et des danseuses à leur arrivée. Parmi ces curieux il en était de plus ardents que les autres à jouir du spectacle ; ces deux hommes, de taille différente, l'un gros et court, l'autre long et maigre, se pressaient à la queue l'un de l'autre ; le long maigre fendant la foule en se glissant comme un coin pointu, le gros court maintenant l'écart pratiqué à l'aide de sa corpulence. Tous deux ouvraient des yeux énormes et des bouches effrayantes de capacité.

En voyant descendre de voiture l'élégant incroyable et sa belle compagne, le long maigre donna un vigoureux coup de coude dans l'estomac du gros court, sans doute pour mieux appeler son attention.

« Eh ! dit-il, c'est le citoyen Trénis, vois-tu, Gorain ?
— Et la belle citoyenne Tallien, répondit l'autre.
— Une cliente de la maison !
— Est-ce que c'est toi qui lui as vendu ces beaux bas de soie à jours, Gervais ?
— Oui, compère ; elle en a acheté une douzaine pas plus tard qu'hier. Et les bas rayés du citoyen Trénis sortent de chez moi ! Dieu ! qu'il est beau quand il danse le citoyen Trénis !
— Regarde donc, Gervais, ces beaux bijoux que la citoyenne a aux deux bras et à la taille. Sais-tu que c'est en or !
— Et ses boucles d'oreilles en diamants !
— Et ses bagues !
— Et son cachemire !
— Eh bien ! sais-tu ? ce n'est pas prudent de sortir de chez soi avec un tas de bijoux comme cela. Si j'étais à la place de la citoyenne, j'aurais des bijoux faux pour aller me promener, et j'aurais toujours les autres sous clef.
— Bah ! dit Gervais, qu'est-ce qu'elle risque en plein Paris ? qu'est-ce qu'elle a à redouter ?

— Et les chauffeurs ! » dit une voix railleuse.

Les deux bourgeois firent un bond sur eux-mêmes comme si une même flèche les eût atteints à la fois. Tous deux tournèrent la tête, mais ils ne virent rien qui pût leur déceler d'où étaient parties les paroles prononcées. La foule qui les entourait paraissait prendre son unique plaisir à contempler les danseurs et les danseuses. Gervais et Gorain se regardèrent.

« As-tu entendu ? dit Gorain.
— Oui, répondit Gervais, et toi aussi ?
— On a dit : Et les chauffeurs !
— Brrr... rien que ce nom-là me donne le frisson !
— Et à moi donc ! j'en ai encore la chair de poule ! C'est que... tu ne sais pas ?
— Quoi donc ? »

Gorain se rapprocha de son ami.

« On m'a dit ce matin qu'il y avait une bande de chauffeurs à Paris.
— A Paris ! répéta Gervais avec stupeur. O mon Dieu ! je suis bien fâché d'être sorti ce soir ! Qui est-ce qui t'a dit cela ?
— C'est mon cousin Magloire. Il le tenait de son propriétaire, qui a un cousin qui est locataire dans une maison où habite le neveu d'un homme attaché à la police. Il lui a raconté des choses qui lui ont fait dresser les cheveux !
— Ne me dis pas cela, Gorain, ça me fait mal dans les jambes.
— Nous rentrerons de bonne heure.
— C'est cela. Mais c'est égal, cet autre imbécile qui va parler des chauffeurs quand on est là à s'amuser ; ça m'a bouleversé.
— A propos de chauffeurs, reprit Gorain en baissant la voix, tu ne sais pas l'idée qui m'est venue ?
— Qu'est-ce que c'est ? parle vite.
— Eh bien ! je crois que notre pauvre ami le marquis Camparini a péri victime des chauffeurs.

Le bal du pavillon de Hanovre.

— Notre ami ! répéta Gervais en se redressant. Et qu'est-ce qui peut te suppposer cela ?
— Dame ! voilà plus de deux ans qu'on n'a eu de ses nouvelles, n'est-ce pas ? La dernière fois c'était en 97, et nous sommes en 99, c'est-à-dire non, en l'an VIII, enfin n'importe. Et depuis ce temps-là, rien du tout. Eh bien ! je crois qu'il aura été massacré par les chauffeurs, moi.
— Et ce bon Chivasso aussi alors ?
— Ça ne m'étonnerait pas.
— Le fait est que c'est réellement extraordinaire que depuis plus de deux ans on n'ait jamais entendu parler d'eux. Au reste, on ne peut pas se plaindre, les affaires vont toujours et les fournitures ne manquent pas. C'est égal, ce pauvre Camparini, je voudrais tout de même savoir...
— Gare donc ! » cria une voix rude qui coupa soudainement la parole au pauvre Gervais.
Un fiacre arrivait et s'arrêtait devant la porte du pavillon de Hanovre, manquant d'écraser Gervais, lequel dans la chaleur de la conversation s'était imprudemment avancé.

## IX. — LES RENCONTRES.

La portière du fiacre s'ouvrit et une femme de trente à trente-cinq ans, petite, leste, légère, avenante, parée avec un luxe de couleurs heurtées peut-être un peu trop remarquable, s'élança sur le pavé. Le commissionnaire qui avait ouvert la portière et aidé la dame à descendre, attendait respectueusement. Celle-ci ouvrit un énorme ridicule qu'elle portait au bras droit, et prenant quelques pièces de monnaie, elle les lança au cocher en lui disant d'une voix claire et joyeuse :
« Tiens ! attrape et va boire un coup. »
Puis s'adressant au commissionnaire :
« Eh ! *charabia*, continua-t-elle, prends mon châle qui est dans la voiture et mets-le au vestiaire, et tâche de ne pas l'abîmer. »
L'effet que produisirent ces paroles prononcées par une bouche assez jolie, amena un sourire sur toutes les physionomies curieuses qui s'avançaient pour mieux voir. La dame ne parut nullement embarrassée de cette attention générale attirée sur elle. Défripant sa jupe avec un geste dégagé, elle fit une demi-pirouette sur elle-même et s'apprêta à entrer ; mais ce mouvement avait mis son visage en pleine lumière, car la voiture en s'éloignant l'avait complétement dégagée.

« Ah ! fit Gorain en regardant la femme gracieuse et pimpante aux manières lestes et dégagées, c'est la citoyenne générale Lefebvre ! »
La générale se retourna vivement.
« Tiens, dit-elle en souriant et en se campant devant les deux bourgeois, c'est cet imbécile de Gorain et cette flèche pointue de Gervais. Qu'est-ce que vous faites là comme deux nigauds ?
— Dame... balbutia Gorain intimidé.
— Nous vous admirions, dit Gervais, heureux de la réponse qu'il venait de trouver.
— Ah ! je m'en moque bien de votre admiration, répondit la citoyenne Lefebvre ; je la mets dans mon sac avec toutes les autres qu'on m'envoie depuis que Lefebvre a des graines d'épinard étoilées sur les épaules. Est-ce que vous allez au bal aussi tous les deux ?
— Oh ! non, citoyenne, répondit Gervais : nos moyens ne nous permettent...
— Que de rester à la porte ; compris, gros papa ! Eh bien ! je vais danser, moi ; je vais faire mon entrée au milieu de toutes ces mijaurées qui me reluquent comme un événement. Tiens, à propos, continua la citoyenne en changeant de ton, et ma *jolie mignonne* ? Comment va-t-elle, la chère petite ?
— Bien, très-bien, dit Gervais. Elle se porte comme un charme, un vrai charme. Elle grandit à vue d'œil.
— Cette bêtise ; il faut bien qu'elle soit grande puisqu'elle va avoir ses dix-huit ans. Un beau brin de fille. Dis à ta femme de me l'amener un de ces quatre matins.
— Je n'y manquerai pas, citoyenne. »
D'autres voitures arrivaient successivement, déposant

sur les marches du péristyle de nombreux danseurs et de jolies danseuses.

« Ah ! fit madame Lefebvre avec une exclamation joyeuse, et en quittant les deux bourgeois pour courir au-devant d'une jeune et charmante femme qui s'apprêtait à pénétrer dans le bal en compagnie d'une ravissante jeune fille au visage rose et blanc entouré d'une profusion de cheveux blonds, regardant timidement avec de grands et beaux yeux bleu foncé, et offrant dans tout son ensemble l'image de la plus gracieuse sylphide. Ah ! la générale Bonaparte et son chérubin de fille. Ça va bien, ma belle citoyenne ; et vous aussi, ma jolie mademoiselle Hortense ?

— Bonsoir, madame Lefebvre, dit madame Bonaparte avec ce sourire plein de charmes qui était l'un de ses plus séduisants attraits ; nous sommes heureuses de vous rencontrer. Vous entrez avec nous ?

— Volontiers ! s'écria la bonne et excellente femme, touchée de la gracieuse réception de la compagne de l'illustre héros. Ah ! vous êtes bien la meilleure des meilleures, vous ; et toutes les pimbêches de là dedans vont en avaler leur mouchoir de rage en nous voyant toutes les deux bras dessus, bras dessous. C'est pas l'embarras, allez, si je vous aime bien, moi, Lefebvre aime joliment votre homme ! C'est don dien, quoi ! Ah ! qu'il aura de la satisfaction, jour du ciel ! quand son général Bonaparte aura quitté ce guesardo du pays d'Égypte, où il te moissonne à deux pas du ciel ! quand son général Bonaparte aura quitté ce guesardo du pays d'Égypte, où il te moissonne des lauriers en veux-tu en voilà pour revenir en France ! A propos, citoyenne, y a-t-il longtemps que vous n'avez reçu des nouvelles du citoyen général en chef ? »

Tandis que madame Lefebvre parlait avec sa volubilité ordinaire, madame Bonaparte et sa fille donnaient un dernier coup d'œil à leur toilette, rajustant un pli, drapant leurs châles, faisant enfin ce que l'on peut nommer pour une femme au moment d'entrer dans une réunion nombreuse son branle-bas de combat, car ce sont des ennemis dont elle va affronter le feu des regards. Cette petite scène avait lieu dans le vestibule même du pavillon, à deux pas du vestiaire. Les danseurs, arrivant sans interruption, n'avaient cessé de passer devant le groupe des trois femmes. Au moment où la citoyenne Lefebvre formulait sa dernière question, un officier d'état-major et un jeune homme élégant, donnant le bras chacun à une jeune et jolie femme, faisaient irruption à leur tour sous le portique du sanctuaire voué à Terpsychore, ainsi que l'on disait dans le style mythologique de l'époque.

« Des nouvelles de mon mari ? reprit madame Bonaparte en répondant à madame Lefebvre, tout en rendant un gracieux salut au petit groupe des deux hommes et des deux jolies femmes qui s'inclinaient devant elle, voici précisément le colonel Bellegarde qui m'en a apporté de fraîches il y a quelques jours.

— Le colonel Bellegarde ! Il arrive d'Égypte ?

— Oui, mon mari l'avait envoyé porter des dépêches au Directoire, et il a eu le bonheur d'échapper aux croiseurs anglais. »

Madame Lefebvre se pencha vers madame Bonaparte.

« C'est sa femme qui lui donne le bras ? demanda-t-elle à voix basse.

— Oui.

— La petite dont j'ai entendu raconter l'histoire jadis, la fille du ci-devant marquis de Cantegrelles ?

— Précisément.

— Et qu'est-ce que c'est que les deux autres qui les suivent ?

— C'est M. de Signelay et sa femme, la sœur de madame Bellegarde.

— Ah ! celui qui a filé dedans les *Plombs* à la barbe des Vénitiens ?

— Précisément.

— Tiens ! je suis contente de les voir, moi ! Elles sont gentilles, les petites.

— Venez-vous ! » dit madame Bonaparte en entraînant sa charmante fille et la loquace générale.

Les quatre personnages que venait de désigner madame Bonaparte s'étaient respectueusement effacés pour la laisser passer. Ce mouvement, qui fit tourner la tête aux deux jeunes femmes, éclaira en plein leur jolie tête et permit à la foule des curieux, toujours amassée au dehors, plus nombreuse et plus compacte de minute en minute, d'admirer les traits élégants et purs de ces gracieux visages.

« Cré mille millions de n'importe quoi ! murmura une voix partant derrière Gorain. Ma colonelle est tout de même une crâne particulière ! Et qu'elle vous est astiquée ! C'est pire qu'un obélisque du Caire ! »

Gorain se retourna brusquement, mais il ne vit tout d'abord qu'une masse de grosseur respectable recouverte d'un habit d'uniforme sanglé à la taille par une ceinture dorée. Le gros bourgeois avait les yeux juste à la hauteur du quatrième bouton placé au-dessus de cette ceinture. Levant vivement la tête, il aperçut au-dessus de lui une paire de moustaches formidables dont les extrémités acérées serpentaient dans les airs : au-dessus des moustaches un petit nez, plus haut de petits yeux, et sur le tout, le surmontant comme le chapiteau d'une colonne, un tricorne remarquablement doré et d'une grandeur colossale. Le pauvre Gorain avait l'air d'un Lilliputien en présence de Gulliver.

A côté du gigantesque soldat se tenait un grenadier de taille ordinaire, au teint cuivré, bronzé, aux allures martiales et la physionomie empreinte de cette expression de bonté moqueuse particulière au soldat parisien.

« Pour lors, major, dit le grenadier, le colonel doit se la passer agréablement depuis notre retour. Avec un camarade de chambrée comme ça, le fleuve de la vie est, sûr et certain, un ruban d'aimable queue de longueur ! Pauvre petite femme ! Elle doit être plus contente ici qu'en Égypte.

— Un peu que je le présuppose avantageusement, Gringoire ! répondit le major. Et dire que si dans les temps, moi, Rossignolet qui te parle, j'avais épousé la veuve Anacharsis, qu'avait déjà eu trois maris, je serais à cette heure comme le colonel, avec un obélisque premier choix. Ah ! la veuve Anacharsis en avait un joli brin de cantinière. Pas plus grosse que ma canne, mais aussi solide qu'elle, et jamais un petit verre de refus ! Te la rappelles-tu, vieux, à Aboukir quand elle allait porter la goutte aux blessés sous le feu des Turcs ?

— Aboukir ! les Turcs ! dit Gorain à Gervais. Entends-tu, compère ? Les citoyens sont de l'armée d'Égypte !

— Un peu qu'on en arrive, estimable gros bonhomme ! » répondit Rossignolet en posant sa main sur la tête du gros bourgeois.

Pour se bien rendre compte de l'effet de ces paroles dites par Gorain : « Les citoyens sont de l'armée d'Égypte ! » il faut se reporter à cette époque de notre histoire où s'accomplissent les événements que nous retraçons. En 1799, un nom était dans toutes les bouches prononcé avec crainte par les uns, avec admiration par les autres, avec admiration et avec respect par tous : ce nom c'était celui du général Bonaparte. L'enthousiasme extraordinaire provoqué jadis par les réveils de la campagne d'Italie avait son pendant, son enthousiasme causé par les brillants succès de l'expédition d'Égypte s'augmentait encore de tout le côté fantastique que lui prêtaient la distance et le charme particulier à l'Orient.

Les dépêches reçues récemment et contenant le récit des affaires de Syrie, des batailles du Mont-Thabor et d'Aboukir, où pour la première fois on avait vu une armée entière anéantie complètement, avaient excité au plus haut point les élans patriotiques de la France, et avaient confirmé dans cette idée que le héros de Castiglione et de Rivoli devait être vainqueur partout où il se présenterait pour combattre les ennemis.

Par opposition à ces brillants succès obtenus au loin, des revers sans nombre avaient depuis un an abattu la France. L'Italie était perdue, la guerre rallumée à l'intérieur ; un gouvernement désordonné, des partis ingouvernables, qui ne voulaient plus subir l'autorité et qui n'étaient cependant plus assez forts pour s'en emparer ; partout une espèce de dissolution sociale, et, pour achever, le brigandage infestant les grandes routes, telle était la situation. L'inattendue et heureuse victoire de Zurich assurait bien un répit de quelques mois, mais ce répit ne pouvait qu'être court, chacun le sentait. La masse entière de la population voulait, à tout prix, du repos, de l'ordre, la fin des disputes, l'unité des volontés ; elle avait peur des émigrés, des jacobins, des chouans, de tous les partis, et elle ne voyait qu'une espérance dans l'avenir, qu'un moyen de salut.

« Que fait Bonaparte ?... disait-on. Quand vient-il ?... Qu'il nous sauve ! »

Du général en chef, l'admiration publique, l'amour même, s'étaient étendus jusqu'à l'armée : un soldat d'Égypte, un soldat du général Bonaparte était un véritable héros. L'exclamation de Gorain était donc toute naturelle, et l'espèce de saisissement auquel se sentaient en proie les deux bourgeois en se voyant en présence du major et du grenadier s'expliquait parfaitement.

« De l'Égypte! répéta Gervais comme n'en pouvant croire ses oreilles. Vous arrivez de l'Égypte?

— En droite ligne, estimable citoyen! répondit Gringoire.

— Après cela, reprit Gervais par manière de réflexion, je suis bien revenu de chez les sauvages, moi qui vous parle!

— Cela prouve qu'on peut revenir de loin, » dit une voix.

Gorain, Gervais et Gringoire se retournèrent. Un homme, vêtu comme l'étaient d'ordinaire les riches financiers de l'époque se tenait derrière eux.

## X. — LE BAL.

On a dit et on a pu dire souvent en France que l'on *dansait sur un volcan*; mais si ce mot a pu être justement appliqué, c'est certes durant la seconde moitié de cette année 1799 à laquelle nous sommes arrivés. Le volcan était constamment prêt à éclater, on sentait les frémissements du sol politique, on devinait les courants de lave qui allaient déborder, on attendait de jour en jour quelque catastrophe nouvelle, et cependant chaque soir on dansait. Entre le passé sanglant et l'avenir incertain, gros de menaces, on avait quelques instants de répit et on en profitait ardemment. Tandis que le Directoire chancelait, que les chauffeurs désolaient les provinces et les environs de Paris, que les étrangers menaçaient de nouveau la France, il fallait voir ces réunions brillantes composées de jolies femmes et de jeunes fous, de *merveilleuses* et d'*incroyables*. Là le plaisir régnait en maître, on oubliait tout, on dansait. Ainsi, ce soir-là où nous pénétrons au pavillon de Hanovre, la joie et l'entrain étaient remarquables. Là trônaient les *beaux* du jour, à la tête desquels était Trénis, le fameux danseur; là se disputaient le sceptre de la beauté et de la grâce les jolies femmes si renommées du temps.

Tandis qu'à la porte du pavillon Gorain et Gervais s'extasiaient à la vue des deux soldats de l'armée d'Égypte, l'animation était extrême à l'intérieur. Une danse venait de finir, et le tumulte inséparable de ce moment où les danseurs reconduisent les dames, les groupes s'enchevêtrant les uns dans les autres, celles-ci se retrouvant pas leurs places, ceux-là cherchant leurs amis dont la danse les a un moment séparés, ce tohu-bohu offrait un coup d'œil difficile à qualifier. L'un des angles du salon était cependant moins embarrassé, c'était le plus éloigné de l'orchestre. Dans cet angle, cinq hommes étaient assis causant sans paraître se préoccuper le moins du monde du bruit qui se faisait autour d'eux; trois de ces hommes, nous les connaissons depuis longtemps : c'étaient le colonel Maurice Bellegarde, le vicomte de Signelay et le comte d'Adore. L'incroyable, vêtu en incroyable dans toute la ridicule fantaisie du costume, pouvait être un homme de quarante ans environ. Quant au cinquième, qui affectait une contenance sévère, c'était un personnage sec et maigre, à l'œil vitreux, au sourire faux et à l'expression de la physionomie cauteleuse. L'incroyable jouait d'une main avec son énorme lorgnon, chiffonnait son jabot de l'autre, et, se renversant sur son siège :

« Vous di-ez tout ce que vous voud-ez, t-ès-zer, disait-il suivant la gracieuse manière de parler à la mode, mais ze ne comp-ends pas qu'un Signelay, allié aux meilleu-es familles de F-ance, aille chez un Ba-as! Ma petite pa-ole ve-te, c'est scandaleux!

— Mon cher monsieur de Roquefenille, répondit en riant le comte d'Adore, ce n'est pas à vous à dire du mal de Barras, car enfin c'est lui qui vous a fait rayer de la liste d'émigration.

— Ce d-ôle n'a-t-il pas été t-op heu-eux de -end- e se-vice à un homme de ma so-te? dit l'incroyable. T-ès-zer, on ne t-ouve pas tous les jou-s occasion d'obliger des gens comme moi!

— Enfin il vous a obligé.

— Z- ne lo to-ce pas à en êt-e -econnaissant!

— En vérité!

— Mais ze ne comp-ends pas plus que des hommes comme Signelay dînent chez un Ba-as qui ne comp-ends qu'un Bellega-de fasse pa-tie d'une a-mée épublicaine! Je -pète que c'est scandaleux! ma pa-ole panac-ée! Heu-eusement tout cela va fini-.

— Bah! fit Maurice en souriant, vous croyez?

— Pa-bleu! en doutez-vous? Demandez au zor G-afeld, l'envoyé de Sa Mazesté l'empe-eu d'Aut-iche. Ah! mais, pa-don! continua l'incroyable en s'interrompant, z'ape-çois là-bas ma-ame de Damas. Venez-vous, G-afeld? »

Le baron autrichien se leva en lançant un coup d'œil d'intelligence au comte d'Adore et suivit l'incroyable qui se faufilait au milieu des groupes.

« Il y a trois ans, dit Signelay en haussant les épaules, j'ai entendu cet homme-là émettre des vœux pour l'anéantissement de nos armées. Aujourd'hui le voilà en incroyable! et il me reproche d'aller chez Barras auquel il doit sa radiation.

— Hélas! de pareilles gens abondent! dit le comte, et ce sont eux qui déshonorent l'émigration. Enfin, vous avez vu Barras?

— Oui, répondit Signelay.

— Et que vous a-t-il dit?

— Rien encore de bien sérieux. Il m'a promis de s'occuper activement de cette affaire. »

Maurice haussa les épaules.

« Barras promet, dit-il, mais il ne tiendra pas. Malheureusement Jacquet est absent.

— Où est-il? demanda Maurice.

— On l'ignore, ou du moins Fouché n'a pas voulu me le dire.

— Tout nous manque à la fois, au moment où depuis deux années dont la première fois nous retrouvons un faible indice! dit le vicomte.

— Il faut agir de nous-mêmes! dit le comte.

— Mais comment? puisque Maurice a perdu la trace de celui qu'il a cru reconnaître.

— De celui que j'ai reconnu! dit le colonel avec force, je suis certain de ce que j'avance.

— Raconte-nous cet événement, reprit le comte; peut-être en l'écoutant une idée surgira-t-elle.

— C'est bien simple, dit Maurice. C'était ce tantôt, vers trois heures, je sortais de chez madame Bonaparte et j'allais quitter la rue de la Victoire, quand je me croise subitement avec un homme vêtu en élégant du jour et dont la monstrueuse cravate cachait la moitié du visage. Au moment même où nous passions l'un près de l'autre, sans faire attention à lui, mon pied porta à faux, je glissai, je faillis tomber, je fis un effort pour me retenir et, sans me rendre compte de mon mouvement, je m'accrochai à l'un des bouts de la cravate du passant. Naturellement la cravate céda, je ne tombai pas, mais je compromis outrageusement la toilette du citoyen. Tout contrarié de ce dont je venais d'être involontairement l'auteur, je relevai la tête pour formuler des excuses, quand une exclamation s'arrêta sur mes lèvres. La surprise me rendit immobile. Quand je voulus m'élancer, il était trop tard!... L'homme avait disparu sous la porte d'une maison voisine de celle de l'hôtel Chivry, et en dépit de toutes mes recherches je ne pus le retrouver, ni même obtenir un indice de son passage. Sans doute, il connaissait les êtres de cette maison; sans doute, ses moyens de fuite étaient assurés.»

— Et, dit le comte, tu as reconnu...

— Le marquis Chivasso, le propriétaire de la Maison-Noire, l'homme dont j'avais cru voir jadis le cadavre!

— Êtes-vous certain? demanda Signelay.

— Parfaitement certain, je vous le répète, répondit Maurice, je l'ai reconnu sans hésiter, bien que je le crusse mort. D'ailleurs lui aussi m'a reconnu, puisqu'il a profité du moment de stupéfaction profonde dans lequel j'étais plongé pour se sauver. Il a compris que je le reconnaissais. Si ce n'était pas vrai, pourquoi se fût-il sauvé? Quel autre avait à redouter mon regard?

— Cela est vrai! dit le comte en secouant la tête. Et dire que dans un pareil moment Jacquet est absent! »

Puis après un court silence et se tournant vers le vicomte:

« Et vous Signelay, reprit M. d'Adore, vous persistez, n'est-ce pas, à dire que cet homme est le même que celui que vous avez vu?

— Je ne sais si Maurice s'est trompé, répondit le vicomte, mais ce que je puis affirmer c'est que, d'après le portrait que j'ai tracé de l'homme, ce Chivasso est le même que celui que j'ai vu auprès de Camparini durant cette nuit où nous avons sauvé Uranie, où Maurice a été si cruellement blessé et où tout un pan de muraille s'est écroulé entre nous et le malheureux enfant qui a failli être la seule victime des monstres.

Dans de telles circonstances tout frappe, les moindres détails demeurent gravés dans la pensée. A l'heure où je vous parle, je vois encore cet homme, je le vois mieux même que son horrible compagnon, car il se trouvait placé en face de moi et en pleine lumière. Eh bien ! encore une fois, je le répète, le portrait qu'a tracé Maurice est identiquement le même que celui de cet homme dont je vous parle et, si le colonel ne s'est pas trompé, c'est lui qu'il a rencontré aujourd'hui rue de la Victoire ! »

Le comte réfléchissait.

« Nous pourrions avoir de précieux renseignements à cet égard, dit-il enfin, par Lucile et par Uranie, si elles voulaient… »

Maurice et le vicomte interrompirent à la fois M. d'Adore par un même geste.

« Parler de cela à Lucile et à Uranie ! dit le colonel, impossible, mon ami. Ne connaissez-vous plus la profondeur des traces que les terribles événements de leur vie ont laissées dans leur âme ? Vous savez bien que des accès nerveux les prennent toutes deux au plus léger souvenir de cette époque.

— Oui, dit le comte, il ne faut rien leur dire, mais il faudrait agir ; nous mettre sur les traces de celui-là, ce serait peut-être nous mettre sur les traces de ce Camparini, dont on n'a pu même soupçonner l'existence depuis deux années ; et, retrouver Camparini, ce serait rendre enfin à Charles et à Henri l'honneur qu'ils ont perdu, ce serait venger ma femme et ma fille ! »

Une nouvelle danse venait de finir et le bruit et le tumulte régnaient dans le salon. Deux jeunes femmes, reconduites par leurs danseurs, traversèrent la foule, se dirigeant vers l'endroit où causaient les trois hommes. Après avoir salué leurs deux cavaliers, les jeunes femmes prirent place sur les fauteuils entre Maurice et Léopold.

« Qu'as-tu donc, Lucile ? demanda le commandant en remarquant le trouble apparent de la jeune femme assise près de lui.

— Oh ! dit-elle, je viens d'apprendre un événement qui m'a toute bouleversée.

— Quoi donc ?

— Encore un horrible attentat commis par les chauffeurs !

— Où donc ?

— A Paris même. C'est madame Tallien, qui vient de raconter cela à madame Bonaparte.

— Quoi ! fit Léopold, les chauffeurs ont osé pénétrer dans Paris ?

— Il paraîtrait ! »

Maurice, Léopold et le comte échangèrent un rapide coup d'œil.

« Cela est horrible, dit Maurice à Lucile, mais il ne faut pas cependant le faire mal ni t'effrayer outre mesure.

— Oh ! dit la jeune femme, c'est que tu ne sais pas tout !

— Quoi donc encore ?

— Le crime a été accompli à deux pas de l'hôtel de madame Bonaparte.

— Rue de la Victoire ! s'écria Maurice.

— Presque ; c'est dans une maison dont les jardins sont mitoyens avec ceux de l'hôtel de madame Geoffrin, rue Saint-Lazare, et dont les derrières communiquent avec une autre maison située rue de la Victoire, et on prétend que c'est par cette dernière maison que les assassins ont pénétré. »

Maurice regarda encore ses deux compagnons.

« Cette maison, dit Maurice, est située entre l'hôtel de madame Bonaparte et la chaussée d'Antin ?

— Précisément.

Le comte se pencha vers Maurice.

« Je crois, dit-il à voix basse, que tu ne t'es pas trompé dans ta rencontre ! »

## XI. — LE CITOYEN THOMAS.

Le personnage dont la brusque entrée en conversation avait fait tourner la tête à Gorain, à Gervais et au grenadier était un homme de haute taille et de très-forte corpulence. Sa physionomie, sans être belle, était agréable : le teint du visage était blanc et rose, les sourcils blonds, les cheveux presque blancs, le regard doux et paterne ; le nez, violacé et fortement bourgeonné, attestait un culte fidèle, de la part de son propriétaire, pour ces plaisirs de la table que l'illustre Grimod de la Reynière avait continué à fêter en dépit des orages terribles de la Révolution. En voyant les regards étonnés braqués sur lui, le gros homme avait souri doucement, béatement, et, tirant une tabatière de sa poche, il avait offert une prise aux deux bourgeois et aux deux militaires.

« Peste ! avait-il dit en souriant toujours, un citoyen qui revient de chez les sauvages, et deux autres qui arrivent d'Egypte ! Voilà des amis que l'on ne rencontre pas souvent, et le jour où on a cette bonne fortune, on doit se féliciter… Au reste, je ne sais pas si je me trompe, mais je dois avoir devant moi le brave citoyen Gervais, l'excellent bonnetier de la rue Denis ?

— Lui-même, citoyen, lui-même, répondit Gervais à la fois flatté et inquiet de se voir reconnaître par un homme qu'il ne connaissait pas.

— Mon fournisseur !

— Ah ! citoyen, j'ai l'honneur de…

— De m'avoir vendu ces bas que je porte, mais oui. C'est cette excellente madame Gervais qui m'a fait l'article en personne !

— Pardon, citoyen, dit Gervais, mais je ne savais pas… je ne connaissais pas… je ne…

— Oh ! cela n'a rien d'étonnant ! Je suis entré chez vous en passant, sans donner mon nom. D'ailleurs à quel titre serais-je connu, moi, tandis qu'un négociant de votre importance ! l'un des gros bonnets du quartier Denis !… »

Gervais se rengorgeait comme un dindon faisant la roue.

« Le fait est que je suis assez connu ! » dit-il en regardant fixement Gorain.

Le gros personnage avait un air de bonhomie tel qu'aucun des quatre interlocuteurs ne songea à trouver mauvais qu'il se fût ainsi immiscé dans la conversation.

« Et, reprit-il avec son éternel sourire, vous avez rencontré les citoyens qui arrivent d'Egypte ? Ah ! c'est une belle recommandation, cela, citoyens militaires ! Il y a longtemps que vous êtes revenus en France ?

— Il y a comme qui dirait deux décades, répondit Gringoire.

— Et pourquoi avez-vous quitté l'armée ? sans indiscrétion.

— Pour suivre en France notre colonel qui avait une mission du général en chef.

— Votre colonel, qui donc ?

— Le citoyen Maurice Bellegarde ! répondit Rossignolet.

— Le citoyen Bellegarde ! s'écria le gros bonhomme avec un sentiment d'admiration profonde. L'un des plus braves officiers de notre armée ! Un garçon que j'ai vu pas plus haut que cela !

— Tu connais le colonel, citoyen ? demanda Gringoire.

— Lui, très-peu ; mais j'ai beaucoup connu son père, un homme charmant. Ah ! voilà une rencontre qui est bizarre ! Moi qui ai tant de plaisir à entendre parler de ce cher Bellegarde ! »

Puis changeant de ton brusquement et avec un redoublement de bonhomie :

« Mes chers camarades, et vous, estimables citoyens, poursuivit la pratique de Gervais, faites-moi l'amitié d'accepter un verre de vin chaud au café voisin ; cela scellera notre connaissance, et me permettra d'écouter les récits que ces deux braves doivent avoir à nous faire. »

Gervais regarda Gorain, lequel regarda Gervais ; un embarras naïf se peignait sur leurs physionomies ; ils étaient partagés entre le désir d'accepter la proposition et l'inconvénient d'aller s'attabler avec un inconnu ; mais l'homme ne leur laissa pas le temps de la réflexion, et prenant Gervais sous un bras et Rossignolet de l'autre :

« Venez, venez ! dit-il en les entraînant. Quand nous continuerions à regarder les talons de ceux qui entrent au bal, nous n'en serions pas plus avancés pour cela. »

Gorain et Gringoire suivirent instinctivement ; tous cinq pénétrèrent dans la salle d'un café situé sur le boulevard ; le maître de l'établissement vint au-devant d'eux en homme reconnaissant sa pratique habituelle.

« Bonsoir, citoyen Thomas ! dit-il au gros personnage. Vous voulez une table ?… prenez celle-ci. Que faut-il servir aux citoyens ?

— Un punch premier choix ! répondit Thomas en s'asseyant, et ne ménagez ni le sucre, ni la cannelle, ni le rhum !

— Voilà un bourgeois qui est un fier particulier ! dit Rossignolet à Gringoire.

— S'il veut payer du punch comme ça pour entendre des histoires, répondit le grenadier, on lui en racontera toute l'année. »

Gorain et Gervais s'étaient assis et ils demeuraient muets, regardant leur amphitryon et ne sachant trop quelle contenance tenir. On apportait le punch, Thomas servit ses invités ; les cinq verres se heurtèrent avec un ensemble parfait.

« Comme cela, dit Thomas en se tournant vers les soldats, vous êtes revenus avec ce brave colonel Bellegarde ? Ah ! j'ai eu de ses nouvelles par les bulletins ; il paraît qu'il a fait des merveilles à Saint-Jean d'Acre, aux Pyramides, au Mont-Thabor.

— Toujours du même au même ! répondit Rossignolet : gloire et victoire sur toute la ligne !

— Ah ! c'est un gaillard qui ira loin, ma foi ! Et vous ne l'avez pas quitté depuis son arrivée à Paris ?

— Mais non.

— Alors nous sommes voisins, car je demeure, moi, rue Gaillon, et le colonel habite rue Neuve-des-Petits-Champs. Encore un verre de punch ! A notre bonne rencontre ! »

Les cinq hommes trinquèrent de nouveau.

« Ce brave colonel Maurice Bellegarde ! reprit encore Thomas. Il est marié ; il a une petite femme charmante. J'ai jadis entendu raconter bien des histoires sur ce mariage. Il a connu, je crois, la citoyenne durant les campagnes d'Italie. On m'a dit qu'il adorait sa femme, et que depuis son retour en France ils ne se quittaient jamais.

— Ça c'est vrai ! dit Gringoire ; ils ne se quittent pas plus à Paris qu'ils ne se quittaient en *Égypte*, ousque la colonelle faisait le plus bel ornement du Caire !

— Bah ! dit Gorain, cette dame a été en Égypte avec son mari ?

— Et qu'elle voulait même faire l'expédition de Syrie, dit Rossignolet, qu'il a fallu que le colonel se fâche tout rouge pour l'en empêcher ! Ah ! c'est une crâne particulière que cette jolie petite femme-là !

— Ils habitent, je crois, avec le citoyen Signelay ? reprit Thomas.

— Oui et non, dit Gringoire, M. de Signelay demeure dans un appartement voisin.

— Ah ! oui, je vois cela d'ici ! dit Thomas d'un air entendu ; deux appartements qui se touchent, l'un sur la rue, l'autre sur la cour.

— C'est pas ça du tout, bourgeois ! Les appartements sont sur la rue tous les deux, à preuve que Rossignolet et moi y avons notre chambre.

— Ah ! vous habitez tous deux aussi avec le colonel. De sorte que quand il sort, c'est vous qui gardez la citoyenne ?

— Un peu, l'ancien ! répondit le major ; et le premier particulier qui serait assez je ne sais quoi pour la regarder tant seulement de travers, je lui ferais avaler ma canne de la pomme à l'embout !

— Cet excellent colonel ! reprit Thomas, comme j'ai du plaisir à parler de lui ; et cependant, je suis certain que s'il me voyait il ne me reconnaîtrait pas et qu'il ne sait même pas mon nom ! Après cela, il était si petit quand je l'ai rencontré avec son père. C'est égal, il faudra que j'aille le voir. Voyons ! j'irai... »

M. Thomas leva les yeux au ciel comme s'il eût cherché dans sa pensée.

« C'est aujourd'hui le... quel jour sommes-nous ?

— 17 vendémiaire, dit Gorain.

— Eh bien ! j'irai après-demain, le 19.

— Après-demain ? reprit Rossignolet en riant ; faut rayer cela de ton calendrier, l'ancien.

— Pourquoi ?

— Parce que après-demain le colonel n'y sera pas.

— Et où sera-t-il ?

— Il va à la campagne avec son épouse, sa belle-sœur et son beau-frère.

— Où donc ?

— A Saint-Cloud.

— Tiens ! dit Gorain, moi aussi j'y vais après-demain.

— Chez le citoyen Adoré ? demanda Gringoire.

— Ah bah ! fit Gorain avec un étonnement manifeste.

— Ah ! c'est fâcheux, fit Thomas ; et vous êtes sûrs tous deux que c'est après-demain que le colonel s'absente avec sa femme et ses amis ?

— Sûr et certain, à preuve, c'est que le colonel a chargé Gringoire de lui retenir une voiture pour ce jour-là.

— Une voiture ! répéta Thomas, il faut une voiture au colonel ?

— Mais oui.

— Ah ! comme cela se trouve : mon frère est justement loueur de voitures, il faut aller chez lui.

— Tiens ! tout de même, répondit Gringoire.

— Il se fera un plaisir de donner ce qu'il a de plus beau au colonel ; je lui en parlerai demain, je lui dirai de le bien traiter. Est-ce dit ?

— C'est dit, l'ancien ! fit Gringoire en tapant dans la main que Thomas lui tendait.

— Alors, camarade, viens me prendre demain matin chez moi, rue Gaillon n° 3 ; nous irons ensemble chez mon frère qui demeure à côté, et tu choisiras la voiture toi-même. Ah ! je suis enchanté de faire quelque chose pour le colonel. Allons, vos verres, mes amis ! Un second bol ! »

Pendant que Thomas et les soldats causaient ainsi, Gervais avait pris sur une table voisine un journal du jour qu'il s'était amusé à parcourir.

« Ah ! mon Dieu, fit-il tout à coup avec une émotion visible.

— Quoi ! Qu'est-ce que c'est ? demanda Gorain.

— Encore ces damnés chauffeurs ! On dit dans le journal qu'il y en a en ce moment une bande dans Paris et dans les environs de Paris.

— Bah ! dit Thomas en souriant, les journaux mettent cela pour remplir leurs colonnes. Tout le monde parle des chauffeurs, mais personne ne les a vus.

— Je crois bien, dit Gorain, ils sont toujours masqués.

— Un verre de punch, citoyens ! s'écria Thomas en remplissant les verres. Buvons à la victoire et à la gloire de l'armée française !

— Hou ! fit Gervais en repoussant le journal pour prendre son verre, j'aime mieux ne pas lire cela ; non, ça m'empêcherait de dormir. »

Les verres se choquèrent de nouveau et le punch fut fêté par les buveurs.

« Donc, camarade, c'est convenu, reprit Thomas en s'adressant à Gringoire, demain matin je t'attends à huit heures pour aller retenir la voiture ?

— Convenu, » dit le grenadier.

Une heure après, et le troisième bol de punch vidé à la satisfaction générale, les deux soldats se levèrent pour prendre congé de leurs nouveaux amis. Gervais et Gorain voulurent les imiter ; mais Thomas les retint de la main avec une insistance tellement aimable, que les deux bourgeois n'osèrent passer outre.

« A demain matin, dit Thomas.

— A demain, » répétèrent Gringoire et Rossignolet.

Les soldats partis, Thomas, Gorain et Gervais demeurèrent attablés en face les uns des autres ; Thomas redemanda un quatrième bol de punch.

« Eh bien ! citoyen, dit brusquement Thomas en s'adressant à Gorain, es-tu aussi content du dernier envoi que tu as reçu que tu l'avais été de l'avant-dernier ? Les affaires vont-elles toujours ? Les belles pièces de drap d'Elbeuf valent-elles les toiles de Flandre ? »

## XII. — ONZE HEURES.

A onze heures, le tumulte élégant qui régnait dans le bal du pavillon de Hanovre avait atteint à son apogée. L'entraînant plaisir de la danse faisait tourner toutes les têtes, emportait dans des tourbillons parfumés un flot de danseurs et de danseuses. Comme tous les lieux publics, le salon du pavillon de Hanovre, ouvrant ses portes à tous ceux qui, sans distinction de rang, d'opinion, de caste, avaient un écu de trois livres à la disposition de son caissier, le pavillon de Hanovre recevait des sociétés aussi mêlées, mélangées, disparates, que cette étrange époque pouvait en fournir ; mais si l'accès du temple était ouvert à tous, une fois dans ce temple, tous ne jouissaient pas indistinctement et indifféremment du droit de fouler en tous sens le terrain glissant. Des lignes de démarcation invisibles et infranchissables étaient établies dans ce salon : parquant ceux-ci dans tel angle, celles-là dans tel coin, enfermant chaque société privée dans des triples lignes de circonvallation que ne pouvait renverser l'amour même du plaisir. Le bal public se subdivisait en une infinité de petits bals privés, et à l'exception de quelques cavaliers qui, comme l'illustre Trénis, avaient droit d'aller chercher dans les différents camps les meilleures partenaires, danseurs et danseuses demeuraient immuablement fidèles au cercle qu'avait formé l'esprit de parti des familles.

Cela allait si loin même que, depuis l'ouverture du pavillon, certaine société ayant choisi dès d'abord la partie du salon qui lui convenait le mieux, n'avait plus voulu se déplacer dans l'avenir; de là des disputes, des tracasseries, des duels et un redoublement de haine entre les gens différant d'opinion. Presque toutes ces sociétés étaient rivales; une seule dominait toutes les autres et était reconnue sans conteste pour être la société reine. C'est que celle-là comptait dans ses rangs les femmes les plus jolies, les plus recherchées, les plus élégantes, et qu'à la tête de ces femmes étaient encore la compagne d'un héros, la charmante madame Bonaparte, ses belles-sœurs qui lui faisaient déjà cortège, sa fille, cette ravissante enfant que la générale Lefebvre trouvait tellement adorable que, suivant son expression : « Elle avait envie de la croquer, » et la belle madame Tallien, et la spirituelle madame Hamelin, et tant d'autres.

Madame Bonaparte, femme de l'illustre général que la France adorait, qu'elle appelait, qu'elle attendait, dont elle chantait les nouveaux triomphes en Orient, madame Bonaparte était déjà réellement, à cette époque, la première des dames de Paris; aussi était-elle le centre d'une véritable cour.

Au pavillon de Hanovre, personne n'eût osé prendre la place qu'elle avait l'habitude de se réserver; on l'attendait avec impatience, on la contemplait avec plaisir et curiosité, on l'accueillait avec enthousiasme alors que quelque nouvelle victoire du général en chef de l'armée d'Égypte augmentait la splendeur de l'auréole qui bordait son front. Ce soir-là, comme de coutume, madame Bonaparte avait près d'elle sa fille Hortense; à ses côtés madame Tallien, madame Hamelin et plusieurs autres élégantes fort à la mode. Mesdames Signelay et Bellegarde venaient de se joindre au cercle formé autour de la femme du héros. La conversation était animée et avait pour sujet le terrible drame accompli rue de la Victoire. Madame Hamelin, arrivée depuis quelques instants, avait apporté de fraîches nouvelles récoltées chez Barras et relatives à ces crimes monstrueux.

« Et l'un a été poursuivi jusque dans les jardins de l'hôtel Chivry ? dit madame Bonaparte en frissonnant.

— C'est-à-dire qu'on a perdu sa trace en arrivant à cet hôtel, répondit madame Hamelin.

— C'est donc cela que nous ne voyons ce soir ni madame Chivry ni Caroline, dit madame Tallien ; elles ont dû avoir la nuit dernière une peur abominable lors de cette visite domiciliaire.

— Et on n'a pas d'autres détails? demanda madame Bonaparte.

— Voilà tout ce que Fouché m'a raconté, répondit madame Hamelin; mais si nous voulons en savoir plus long, voici le docteur qui pourra nous instruire, c'est lui qui a fait la constatation du crime.

— Corvisart! dit madame Bonaparte, où donc est-il ?

— Là-bas, je viens de l'apercevoir.

— Citoyen Trénis, allez donc prévenir le docteur que nous désirons lui parler. »

Trénis, qui se tenait nonchalamment appuyé sur le fauteuil de madame Hamelin, se redressa vivement et se glissa à travers la foule dans la direction indiquée. Quelques instants après, il revenait auprès des dames tenant par le bras le docteur déjà célèbre. Celui-ci se laissait entraîner tout en interrogeant du regard la profondeur du salon et en paraissant chercher quelqu'un ou quelque chose.

« Eh bien ! docteur, dit en souriant madame Bonaparte, il faut donc nous envoyer chercher pour vous conduire à nous ?

— Pardonnez-moi, madame, répondit Corvisart, je cherchais madame Geoffrin et sa fille.

— Elles ne sont pas encore ici.

— Mademoiselle Amélie était un peu indisposée ce matin, répondit Corvisart, mais une indisposition légère qui ne pouvait l'empêcher de venir ce soir, et je m'étonne que ces dames ne soient pas encore arrivées. Et M. de Charney, je ne le vois pas non plus, n'est-il donc pas venu ?

— Ah ! dit la générale Lefebvre qui venait de se joindre au groupe des dames, vous êtes encore bon, vous, papa Corvisart, vous savez bien que le petit Charney est cousu à la jupe de la robe d'Amélie. Puisqu'elle n'est pas ici, il ne peut pas y être.

— Voici madame Geoffrin et sa fille et son fils ! dit Trénis, qui debout dominait la foule.

— Alors le freluquet de Charney n'est pas loin ! » ajouta madame Lefebvre.

Les dames se resserraient pour faire place aux nouvelles venues. Madame Geoffrin et Amélie furent accueillies par toutes comme des intimes. Madame Geoffrin portait le front haut, elle avait le regard assuré et la joue couverte d'une rougeur fiévreuse. Amélie était pâle, elle avait les traits tirés et elle paraissait souffrir encore. Les dames s'empressèrent autour d'elles. Corvisart se pencha rapidement au milieu du petit cercle, et tandis qu'Amélie, occupée auprès de mademoiselle Hortense qui l'accueillait avec sa grâce adorable, avait l'attention détournée :

« Mesdames, dit vivement et à voix basse le docteur, pas un mot, je vous prie, devant cette jeune fille, des assassinats de cette nuit.

— Pourquoi? demanda madame Hamelin, tandis que toutes les dames regardaient Corvisart avec un muet étonnement.

— Parce qu'elle a assisté de sa fenêtre à l'un des actes de ce drame horrible, parce que je lui ai persuadé qu'elle avait rêvé et que la révélation de la vérité pourrait lui porter un coup dangereux. »

Et le médecin se redressa en posant un doigt sur ses lèvres. Madame Bonaparte appela sa fille, qui vint aussitôt près d'elle, et lui parla bas.

« Et M. de Charney, l'avez-vous vu ? demanda madame Geoffrin en regardant fixement le docteur Corvisart, lequel était venu s'appuyer sur le bras du fauteuil de la veuve.

— Pas encore, répondit-il.

— Alors, docteur, ne quittez pas Ferdinand. »

Et du regard madame Geoffrin désigna son fils qui, le front soucieux, les sourcils contractés, la main frémissante et convulsive, paraissait étranger à tout ce qui se passait autour de lui. Le docteur adressa à la mère un signe indiquant qu'il avait compris l'intention de sa recommandation et, se dirigeant vers Ferdinand, il passa familièrement son bras sous celui du jeune homme. Ferdinand tressaillit comme s'il eût été touché par un fer rouge.

« Vous pensez à mademoiselle Chivry ? dit en souriant le docteur.

— Non, répondit Ferdinand. J'aime Caroline, cela est vrai et je l'avoue avec d'autant plus de franchise qu'une union est résolue entre nos familles, mais ce n'est pas à elle que je pensais pas à elle. Je pensais à cet homme qui, si vous ne vous êtes pas trompé dans vos suppositions, a poussé ma pauvre sœur dans un abîme insondable, car elle l'aime, docteur, elle l'aime plus que vous ne le croyez, plus que je ne pouvais le supposer moi-même. Je l'ai interrogée ce soir même sans qu'elle se doutât de l'importance que je mettais à ses réponses, et mon cœur s'est serré en comprenant l'élan du sien. Aussi, docteur, si cet homme a compromis à jamais le bonheur et le repos de ma sœur, fût-il le dernier des misérables, il ne mourra que de ma main !

— Silence ! dit le docteur, et calmez-vous ! Votre sœur et votre mère peuvent vous entendre... D'ailleurs, je reconnais que je puis m'être trompé moi-même... Votre mère est une femme de grand sens et d'une intelligence peu commune, laissez-lui éclairer la situation, laissez-lui la responsabilité des démarches à... »

Des doigts serrant convulsivement son bras interrompirent le docteur.

« Voici Annibal ! » murmura Ferdinand à l'oreille du médecin.

Celui-ci se pencha et distingua à travers les rangs de la foule un homme qui s'avançait en souriant vers le groupe formé par les dames. Ferdinand fit un mouvement comme pour s'élancer, mais Corvisart le cloua sur place en lui saisissant la main.

« Du calme, il le faut ! dit énergiquement le médecin. Que direz-vous ? que ferez-vous ? »

Ferdinand se mordit les lèvres.

« Cet homme a été mon ami ! murmura-t-il. Oh ! je donnerais sans regret dix ans de ma vie pour qu'il pût l'être encore ! »

Le docteur s'était penché vers madame Geoffrin :
« Voici M. de Charney ! » lui glissa-t-il à l'oreille.

Madame Geoffrin se redressa.

« Demeure auprès de ces dames, Amélie, dit-elle à sa fille, je vais aller saluer quelques amies avec le docteur. »

Et se levant avec un geste plein de majesté, madame Geoffrin passa son bras sous celui du docteur.

« Reste auprès de ta sœur ! » dit-elle d'une voix impérieuse à son fils.

## XIII. — LES ASSOCIÉS.

C'était à cette même heure où madame Geoffrin allait bravement au-devant de l'homme dont elle avait voulu faire son gendre, et qu'elle soupçonnait maintenant d'un crime abominable, que la conversation rapportée dans l'un des précédents chapitres avait lieu dans le café voisin du pavillon de Hanovre.

En entendant les paroles prononcées par Thomas, Gorain et Gervais étaient demeurés stupéfaits.

« Hein ? avait fait Gorain en se redressant vivement et en dilatant ses petits yeux ronds comme s'il eût été soudainement mis en présence de quelque effrayant phénomène.

— Eh ! eh ! avait répondu Thomas en souriant, tu vois bien que nous nous connaissons. Sur ce un verre de punch. Allons, compère !

— Quoi ! balbutia Gervais, tandis que Gorain semblait ne plus pouvoir parler, quoi !... tu serais... toi... citoyen...

— Un membre de la grande association dont vous êtes tous deux de si honorables représentants ? Pourquoi donc pas ? Je suis munitionnaire en second, tout comme vous ! A votre santé, mes excellents confrères !

— Mais... dit Gorain.

— Vous refusez de me faire raison ?

— Nullement : je suis flatté ! balbutia le gros bourgeois dont les idées commençaient à ne plus être très-nettes. Extrêmement flatté ! mais le saisissement, le...

— Un confrère ! disait Gervais.

— Mais oui ! répondit Thomas.

— Et tu le dis comme cela...

— Pourquoi, diable, m'en cacherais-je ? Cela n'est ni déshonorant à annoncer ni pénible à pratiquer. D'ailleurs personne que vous ne peut m'entendre. Eh ! eh ! il me semble que nos bénéfices sont assez gentils depuis trois années. Cela ne t'a-t-il pas permis à toi, Gervais, d'acheter, rue Denis, la maison que tu occupes ? et à toi, Gorain, d'aller passer les vacances, l'été, à la jolie petite maison de Saint-Cloud dont tu t'es rendu acquéreur ? »

Les deux bourgeois se regardaient mutuellement avec une expression d'ébahissement comique.

« Ah ! voilà qui est fort ! dit Gorain.

— Voilà qui est curieux ! ajouta Gervais.

— Mais non, dit Thomas ; c'est très-naturel. Nous sommes nombreux, vous le savez bien, car enfin vous ne pouvez avoir la prétention d'être les seuls privilégiés. Or, en ma qualité de confrère, je vous connais. Mais, encore un peu de punch ! vos verres, citoyens !

— Ah ! tu en es ! dit Gorain en trinquant avec ses compagnons. Alors, tu connais notre ami Camparini ?

— Et ce bon Chivasso ? ajouta Gervais que le punch attendrissait singulièrement.

— Sans doute ! sans doute ! répondit Thomas avec une visible grimace de dédain.

— Eh bien ! mais, reprit Gorain, dont les petits yeux flamboyaient, tu peux peut-être nous dire ce qu'ils sont devenus ! Il y a plus de deux ans, depuis la fin de la campagne d'Italie du général Bonaparte, qu'on n'a entendu parler d'eux.

— Peuh ! fit Thomas avec une indifférence affectée. Je crois que Chivasso est en Égypte, lui, pour s'occuper des fournitures de l'armée.

— Et cet excellent Camparini ?

— Ma foi ! je ne sais trop où il est, et je ne m'en inquiète guère.

— Oh ! mon Dieu, dit Gervais avec une naïveté comique, ce que j'en disais, ce n'est pas que je m'en tourmente beaucoup, c'était pour parler !

— Moi aussi, dit Gorain que le punch rendait expansif. Tu comprends ? Camparini nous a fait entrer dans les munitionnaires en second ; autrefois nous avions besoin de lui, mais maintenant que nous sommes bien au courant, maintenant que nous allons tout seuls, il peut bien être devenu ce qu'il a voulu : ça nous est tout à fait égal !

— J'aime la franchise ! dit Thomas. Ce que vous me dites là me donne de vous la plus haute estime, chers confrères.

— Ah ! tu en es ! reprit Gorain. Eh bien ! puisque tu en es, dis-moi donc un peu pourquoi on fait si drôlement les affaires quand on est munitionnaire.

— Comment ?

— Tiens ! par exemple, l'avant-dernière opération, les toiles ! on les a apportées, l'autre décade, la nuit, à Saint-Cloud dans ma maison ! Remarque que c'est toujours la nuit que l'on apporte des marchandises. Et puis, on est encore revenu les chercher la nuit pour les expédier je ne sais où.

— Sans doute !

— Eh bien ! pourquoi cela ? Quand j'étais dans les affaires, moi, j'achetais au grand jour et je vendais au grand jour !

— Cela est vrai ! mais tu n'étais pas munitionnaire en second ! Tu n'avais pas une foule de concurrents, de rivaux, toujours prêts à te voler tes fournitures. Les munitionnaires en titre peuvent agir ouvertement, eux, mais nous autres, il faut bien prendre des précautions.

— Mais, dit Gervais, on apporte toujours des marchandises sans que nous en achetions, et on les emporte sans que nous les vendions. De sorte que nous faisons des affaires, Gorain et moi, depuis près de trois années, sans avoir vu un seul acheteur ni un seul vendeur.

— C'est vrai ! dit Gorain.

— Êtes-vous contents des bénéfices ? demanda Thomas.

— Oh, oui ! dirent les deux bourgeois avec un même élan.

— Alors, conformez-vous aux lois de l'entreprise.

— C'est égal ! reprit Gervais. C'est ennuyeux d'être munitionnaire en second, d'avoir une belle position sociale, de gagner de l'argent, et de ne pas pouvoir s'en flatter auprès de ses amis. Comment ! il ne faut même pas que ma femme, mon épouse légitime, la citoyenne Gervais, sache ce que je fais ! Et même cela me vaut une foule de scènes désagréables à propos desquelles je ne sais comment expliquer !

— Et moi, ajouta Gorain, ça me vexe d'avoir une maison à Saint-Cloud avec un jardin, et de ne pas pouvoir dire que je suis propriétaire à la campagne ! Je l'avoue, ça m'agace. Comment ! les voisins croient même que la maison appartient à un autre ! J'ai été obligé de l'acheter sous un autre nom que le mien ! »

Thomas écouta les doléances des deux bourgeois sans chercher à les interrompre.

« Depuis trois ans que vous êtes munitionnaires en second, dit-il, avez-vous été contents des affaires ?

— Je ne me plains pas à cet égard ! dit Gorain.

— Et toi, Gervais ?

— Dame ! je suis content, c'est vrai.

— Vos bénéfices ont été réalisés sans grand mal.

— Pour ça, c'est encore vrai ; nous ne voyons jamais personne que le citoyen Ambroise : c'est lui qui apporte les marchandises, et c'est lui qui vient les rechercher.

— Touchez-vous votre argent régulièrement ?

— Très-régulièrement.

— Alors donc de quoi vous plaignez-vous ? Ne vaut-il pas mieux jouir modestement de bénéfices plutôt que d'aller éblouir les autres qui vous envieraient ? Laissez aller les choses, faites votre fortune tout à la sourdine, et ensuite vous brillerez ! Les lois de l'association sont ainsi : il faut un mystère absolu, et cela se comprend. Si les gros fournisseurs en titre connaissaient nos marchés secrets, ils se plaindraient, ils crieraient, ils jetteraient feu et flamme, et on nous barrerait la route.

— C'est juste ! dit Gervais.

— Donc, silence ! et continuons à faire nos petites affaires. En ce moment, citoyen Gorain, ta maison de Saint-Cloud est pleine ?

— Oui, dit Gorain ; les draps arrivés cette nuit...

— Depuis que le citoyen Adore a acheté la maison dont le jardin est mitoyen avec le tien, as-tu été à Saint-Cloud ?

— Oh ! non.

— Le jour ?

— Oh ! non ; tu sais bien que je ne puis y aller que la nuit pour recevoir les marchandises ou les livrer : toujours les lois de l'association ! c'est damnant de ne pouvoir pas faire à sa tête ! Enfin, j'y vais la nuit !...

— Alors on ne t'a pas vu de la maison voisine?
— Jamais; pourquoi?
— Écoute, Gorain, reprit Thomas en se rapprochant; les plaintes que tu formulais tout à l'heure sont justes. Si, nous autres de l'association, nous comprenons qu'il faille agir avec mystère, ainsi que je vous l'expliquais, nous comprenons aussi qu'il soit pénible pour toi de ne jamais jouir des avantages de ta propriété.
— Ah! fit Gorain avec contentement.
— Puis, dit encore Thomas, toi et Gervais n'êtes jamais en relation avec nous autres, et il est temps que vous y soyez mis. Aussi suis-je chargé de vous annoncer une nouvelle heureuse.
— Laquelle? demandèrent à la fois les deux amis.
— De munitionnaires en second de deuxième classe que vous êtes, vous passez munitionnaires en second de première classe!
— Bah! dit Gorain; qu'est-ce que ça veut dire?
— Ça veut dire que vos bénéfices seront chaque fois augmentés d'un quart.
— Superbe! s'écria Gervais.
— Et à partir de quand serons-nous munitionnaires en second en premier? demanda Gorain.
— Pour vous concéder ce titre avantageux, reprit Thomas, le président de l'association a décidé qu'il se rendrait chez toi, Gorain, à Saint-Cloud, avec dix des principaux membres.
— Quand cela?
— Après-demain, 19 vendémiaire.
— Après-demain! répéta Gorain.
— Oui ; tu leur donneras à dîner à tous dans ta maison à Saint-Cloud.
— Et moi aussi? demanda Gervais.
— Et toi aussi; à cette occasion, poursuivit Thomas, l'association t'autorise, citoyen Gorain, à déchirer le voile qui couvre ta propriété : tu peux aller dès après-demain à Saint-Cloud t'installer dans ta maison avec Gervais, tu peux t'en dire hautement le propriétaire. Il faudra même que tu rendes une visite à tes voisins, et notamment au citoyen Adore. Fais-toi bien voir, ne crains pas de te montrer ni d'être fier de ta propriété : elle est bien à toi, n'est-ce pas?
— Oh! oui, s'écria Gorain avec explosion.
— Alors tu n'as rien à craindre de personne, et je te répète que l'association t'autorise à jouir enfin pleinement de ce qui t'appartient. »
Gorain était rouge comme un homard cuit ; l'émotion, la joie, le punch, se réunissaient pour l'impressionner vivement.
« C'est entendu, tu nous attendras à dîner après-demain? reprit Thomas.
— Dès demain je commencerai mes préparatifs, répondit Gorain.
— Et moi je dirai à ma femme que je vais faire un petit voyage, dit Gervais, pour pouvoir accompagner l'ami Gorain.
— C'est cela, à merveille! reprit Thomas ; allez vous installer demain, montrez-vous, faites-vous voir, et allez rendre ensemble les visites de voisinage : n'oubliez pas le citoyen Adore.
— Nous commencerons par là! dit Gorain.
— Alors, continua Thomas, à après-demain, à Saint-Cloud. »
Appelant le garçon, Thomas paya la dépense faite, et, adressant un geste amical aux deux amis, il quitta le café.
« Gervais! s'écria Gorain, je nage dans la joie!... je vais donc enfin jouir de ma maison de campagne!... je pourrai inviter des amis à venir visiter ma maison de campagne! Tiens! je ne donnerais pas ma soirée pour une pièce de trente sols!
— Le fait est, dit Gervais, que ce sera bien agréable ; nous irons là le dimanche, sans ma femme! Dis donc, si nous nous rafraîchissions encore? As-tu soif?
— Non.
— Cependant je voudrais finir la soirée gaiement; ce diable de punch m'a rendu tout guilleret!
— Une idée!
— Quoi?
— Allons au bal du pavillon de Hanovre!
— Ça va!... j'inviterai à danser la générale Lefebvre!
— C'est cela! »
Et se prenant bras dessus, bras dessous, les deux amis, chancelant légèrement, quittèrent à leur tour le café pour se diriger vers le bal en question. Au moment d'entrer, Gervais se pencha à l'oreille de Gorain :
« Tu ne le diras pas à ma femme! » murmura-t-il.

## XIV. — LE MAITRE D'ARMES.

En sortant du café M. Thomas tourna à droite, et s'éloignant rapidement du pavillon de Hanovre, il gagna la rue Richelieu ou, pour parler le langage du temps, la rue de la Loi, qu'il descendit d'un pas assuré ; puis, continuant sa route après avoir traversé la rue Saint-Honoré, il atteignit ce dédale de voies obscures, petites, étroites, sinueuses, aujourd'hui disparues, et qui serpentaient comme des sentiers, dans cet amas de constructions élevées entre la place du Carrousel et le Palais-Royal, voies dont l'une devait plus tard devenir trop fameuse par l'horrible attentat qui y était commis.

Ce fut précisément dans cette rue Saint-Nicaise que M. Thomas s'engagea. Il s'arrêta devant la porte basse d'une haute et noire maison; cette porte n'était que poussée sans être fermée. M. Thomas entra dans une allée obscure, et prenant un rat de cave dans sa poche et un briquet, il fit feu et lumière.

Un escalier se présentait devant lui. M. Thomas en gravit rapidement les marches humides et boueuses, et sans s'arrêter, avec une vigueur de jarrets remarquable pour un homme d'une obésité aussi prononcée, il atteignit le cinquième étage de la maison que traversait dans sa longueur un grand corridor percé d'innombrables petites portes, surmontées chacune d'un numéro d'ordre peint en noir sur le fond jaune du bois.

A mesure que M. Thomas s'enfonçait dans ce corridor, un bruit sourd et régulier parvenait de plus en plus distinctement à son oreille. On entendait une voix qui, sur un même ton monotone, paraissait psalmodier des paroles bizarres comme un écolier répétant une leçon. Puis c'étaient des soupirs énormes, des hum! sonores, des ouf! attestant un grande fatigue et un exercice des plus violents, des claquements secs comme si quelque objet à surface plate fût tombé brusquement sur le carreau, et enfin des secousses imprimées à tout le plancher qui frémissait.

Thomas était alors devant une porte dont la clef se trouvait sur la serrure. Le bruit de plus en plus violent qui retentissait partait évidemment de l'autre côté de cette porte. Venant frapper et avec l'aisance d'un homme qui est certain d'être bien accueilli, il fit jouer la clef dans la serrure et, poussant la porte, il s'arrêta sur le seuil d'une pièce assez vaste.

Cette pièce présentait la forme exacte d'un triangle rectangle dont le plafond eût été l'hypoténuse, c'est-à-dire qu'à son entrée elle était assez élevée, mais le plafond s'en allait en fuyant avec une déclivité telle qu'il arrivait à former à l'extrémité un angle aigu avec le plancher. L'ameublement était d'une simplicité d'anachorète : une grande planche, placée sur deux tréteaux et surmontée d'une paillasse éventrée, à la toile muticolore, formait à la fois lit, canapé, sofa, et armoire, selon le goût des appréciateurs, car le dessous vide contenait quelques hardes, des chaussures jetées là avec un abandon et un sans-gêne plus qu'artistique.

Une table en bois blanc à quatre pieds, dont un cassé, un chaise dépaillée complètaient le mobilier. Trois des côtés des murailles étaient ornés d'arabesques de fantaisie, de paysages, de batailles tracées au charbon avec une verve qui pouvait à la grande rigueur faire oublier le trait. Le quatrième côté voyait s'étaler une demi-douzaine de pipes dont les tons marrons et noirs décelaient le fréquent usage. Après les pipes était une sorte de trophée composé de fleurets attachés en croix, de deux épées fines et aiguës, de masques et de gants d'armes. Une chandelle coupée en deux et collée sur cette muraille éclairait la pièce en lançant dans l'espace sa spirale de fumée nauséabonde qui léchait le mur et y imprimait son passage.

Le plafond était percé d'une grande fenêtre à tabatière dont la branche de fer, alors que cette fenêtre était fermée, s'avançait menaçante et perpendiculaire.

Un homme était debout dans l'endroit de la pièce le plus élevé, il se tenait le dos tourné à la porte et dans la position

M. de Charney.

d'un homme qui fait des armes. Son vêtement était des plus simples et des moins élégants. Un pantalon de cotonnade grossière rayé rouge et blanc, et tel qu'en portaient les soldats déguenillés de l'armée d'Italie avant ses brillants succès, recouvrait ses jambes et était serré à la taille par un mauvais mouchoir à carreaux. Les pieds nus disparaissaient enfouis dans de gros chaussons de lisière. Une chemise de toile épaisse, au col renversé, recouvrait le torse, boursouflant autour des hanches.

Au moment où le citoyen Thomas ouvrit la porte de la chambre, l'homme était, suivant l'expression technique, le corps bien assis sur les hanches ; il avait la jambe gauche repliée sur elle-même, soutenant tout le poids du torse, la droite à demi étendue, le bras gauche arrondi, la main retombant à la hauteur de l'œil ; le droit, le coude au corps, la main armée d'un gros gant rembourré et tenant un léger fleuret à la pointe garnie de son bouton. La tête renversée en arrière, le torse bien effacé, l'homme était là, paraissant absorbé dans la contemplation de la muraille qu'il avait devant lui et sur laquelle se voyaient trois petits ronds noirs.

Comme Thomas entrait, il exécutait deux appels du pied, c'est-à-dire qu'il ébranlait le plancher avec deux vigoureux coups de talon.

« Une!... deux ! fit-il d'une voix vibrante. Bien menacer... Une!... Glisser rapidement la pointe en étendant le bras... Deux !... Un petit battement et tirez droit. »

Et, se fendant à fond avec un choc du pied sur le carreau qui souleva un nuage de poussière, l'homme frappa à la muraille avec la pointe de son fleuret, précisément sur l'un des trois ronds noirs; il demeura immobile.

« Bravo ! » dit Thomas en frappant ses mains l'une dans l'autre.

L'homme se retourna.

« Tiens ! papa Thomas, dit-il en saluant avec la pointe de son arme.

— Bonsoir, Alcibiade, répondit Thomas en fermant la porte ; tu étudies quelques nouveaux coups ?

— Et de soignés encore.

— Est-ce que tu as une nouvelle affaire ?

— Dame, on ne peut jamais savoir, faut toujours s'entretenir la main.

— Et tu as trouvé un coup ?

— Qui touche toujours. »

Thomas sourit dédaigneusement.

— Il n'y a pas de coup qui touche toujours, dit-il.

— Eh bien ! dit Alcibiade, je parie que j'en touche trois de suite n'importe qui, les trois premières fois !

— Je parie que non !

— Qu'est-ce que tu paries ?

— Une bouteille d'eau-de-vie si je perds, et rien si je gagne.

— Ça me va.

— Alors, donne-moi un fleuret, un gant et mets un masque. »

En achevant ces mots, Thomas avait rapidement mis bas son habit, et, retroussant ses manches, il laissa voir des bras herculéens dont les nerfs se tendaient comme des ressorts d'acier. Il prit le masque, le gant et le fleuret que lui tendait Alcibiade.

« Allons ! dit-il, la bouteille d'eau-de-vie est dans la poche de mon habit ; gagne-la. »

Les deux hommes tombèrent en garde. Alcibiade, avec ce

aplomb, cette régularité de mouvements, cette pureté de pose qui sont particuliers au maître d'armes ; M. Thomas, avec une aisance, une grâce, une élégance même qui surprenaient étrangement dans ce gros et gras personnage.

Les deux fers se choquèrent légèrement.

« Tu y es ? » demanda Alcibiade.

Pour toute réponse, Thomas fit un léger battement. Alors Alcibiade s'écrasa sur lui-même ; il rapprocha insensiblement son pied gauche de son talon droit, et froissa le fer de son adversaire. Alors, avec la rapidité de l'éclair, il fit un menacé de dégagement en gagnant la main, dégagea réellement, fit un battement, et il se fendit, sa jambe gauche faisant sant ressort.

« Touché ! cria Thomas.
— Et d'une ! dit Alcibiade ; à l'autre. »

Les deux hommes retombèrent en garde. Alcibiade exécuta une deuxième fois, puis une troisième, le même coup avec le même bonheur.

« Bravo ! dit Thomas.
— Crois-tu le coup infaillible ? demanda Alcibiade.
— Oui, pour une première fois, ainsi que tu le disais ; mais maintenant tu ne me toucherais plus.
— Tiens, un malin comme toi, c'est pas étonnant. Faut même que j'aie une drôle de vitesse pour t'avoir gagné la main.
— Autre chose, dit Thomas ; en garde. »

Les deux fleurets se croisèrent de nouveau.

« Tu y es ? demanda Thomas.
— Oui, » répondit Alcibiade.

Il s'écoula un quart de seconde. Thomas se fendit avec la soudaineté de la foudre.

« Tonnerre ! cria Alcibiade en bondissant en arrière, qu'est-ce que c'est que ce coup-là ?
— Un petit coup dessous que je vais te mettre dans la main en échange du tien, répondit Thomas.
— Cré mille je ne sais quoi ! avec ton coup et le mien on peut tuer bien des gens, sais-tu ?
— Eh ! eh ! je le crois.
— C'est dommage qu'on n'ait pas une affaire. »

Thomas sourit en clignant de l'œil.

« On pourrait en avoir une… ou deux, dit-il.
— Quand ? demanda Alcibiade.
— Eh ! eh ! ce soir… demain… après-demain. Cela dépendrait des circonstances… et de nous. »

Alcibiade se rapprocha curieusement.

« Et, dit-il, il y aurait quelque chose à gagner ?
— Bah ! ta poche est donc vide ?
— Pas même un assignat de dix livres.
— Et tu voudrais la remplir mieux que cela, hein ?
— Dame ! tu penses…
— Eh bien ! cela peut se faire, mon garçon. Avec ton coup et le mien, on peut rendre tant de services aux amis, qu'on peut considérer sa fortune comme faite.
— Bah ! Tu dis vrai ?
— Tu parlais d'un assignat de dix livres tout à l'heure, reprit Thomas après un silence. Que dirais-tu de dix beaux louis d'or ?
— Dix louis d'or ! s'écria Alcibiade en ouvrant des yeux énormes ; il y a donc encore des gens qui ont des louis d'or ?
— Il y en a peu, mais il y en a.
— Et où les trouve-t-on ceux-là ?
— Où il faudrait les trouver, dit Thomas en appuyant sur le mot, c'est à une longueur d'épée. Alors, ton coup… et le mien…
— Et on a gagné les dix louis ?
— Juste.
— Je voudrais bien jouer ce jeu-là. »

Thomas regarda fixement Alcibiade.

« S'il s'agissait d'un brave ? dit-il.
— Je le préférerais, répondit résolûment Alcibiade. J'aime à frapper ceux qui se défendent.
— S'il s'agissait d'un adroit tireur ?
— Bah ! je m'en moque.
— D'un officier…
— Qu'est-ce que cela me fait, je ne suis plus soldat.
— Mais, reprit Thomas, d'un officier supérieur ayant à Paris des amis nombreux et des relations puissantes… 
— Alors, dit Alcibiade, ça vaudrait plus de dix louis d'or.
— On pourrait aller à vingt.

— Vingt louis ?
— Et même… trente, si, après avoir réussi ton coup avec l'officier en question, tu te sentais assez solide pour réussir le mien avec son témoin.
— Ah ! ah ! partie double.
— Ça te va-t-il ?
— J'aimerais autant quarante louis pendant qu'on y est.
— Tu n'es pas sûr de tuer…
— Et si je tuais ? demanda Alcibiade.
— Alors tu les aurais.
— Tope là, papa Thomas, et passe-moi ta bouteille d'eau-de-vie. Je te vais montrer un autre petit coup que je garde pour la grande circonstance… Tu vas voir… Après cela tu pourras compter d'avance tes quarante louis, ou que je ne sache plus distinguer un contre de quarte d'un contre de tierce ! »

## XV. — L'EXPLICATION.

M. de Charney était un homme de trente ans environ, à la tournure élégante, aux manières distinguées, aux traits expressifs : c'était un fort beau cavalier dans toute l'acception du mot, car la mâle beauté de son visage s'alliait merveilleusement avec l'ensemble de sa personne, dont les justes proportions décelaient la force, la vigueur et l'élasticité.

Mis avec recherche suivant les modes si extraordinaires du temps, il portait ce ridicule costume des incroyables avec une grâce et une aisance qui l'eussent presque fait paraître supportable. M. de Charney était fort bien vu de la société parisienne, dont il ne faisait partie, au reste, que depuis peu de temps. Revenu de l'émigration à la fin de l'année précédente, il n'avait pas tardé à se placer dans les rangs de petit cortège des hommes marchant à la tête de la société et la gouvernant tyranniquement au nom de la mode.

Fort riche, pour cette époque de misère générale, généreux, jetant volontiers l'argent par les fenêtres, s'il comptait autour de lui beaucoup d'envieux, il comptait aussi près de lui de nombreux amis. Redouté des uns, recherché par les autres, il avait su se créer une position indépendante et heureuse, et tous ceux qui connaissaient le projet de son prochain mariage avec Amélie ne pouvaient qu'approuver hautement le choix fait par madame Geoffrin.

Celle-ci, depuis le peu de temps qu'elle connaissait M. de Charney, n'avait eu qu'à se féliciter de sa pensée d'union. Amélie aimait son futur mari ; Ferdinand semblait porter la plus vive amitié à son futur beau-frère, et Annibal se montrait auprès de madame Geoffrin tellement empressé, tellement attentionné, qu'il était évident qu'il voulait être pour elle le meilleur des gendres. Madame Geoffrin avait accueilli les propositions de M. de Charney non-seulement sans inquiétude, mais encore avec une joie véritable, lorsque les foudroyantes et inattendues révélations du docteur étaient venues glacer d'effroi le cœur de la pauvre mère.

Madame Geoffrin était une femme d'esprit et d'énergie. Après avoir réfléchi longuement, elle avait pris son parti, elle s'était tracé un plan, et ce plan elle voulait le suivre jusqu'au bout.

Laissant sa fille auprès de ses amies, chargeant le docteur de veiller sur Ferdinand, madame Geoffrin avait été elle-même au-devant de l'homme qu'elle soupçonnait et dont elle voulait placer la conduite en pleine lumière.

En voyant madame Geoffrin se diriger vers lui, M. de Charney s'était glissé rapidement au milieu des rangs serrés de la foule, et, la saluant avec le plus aimable sourire, il lui offrit galamment son bras :

« Que m'a-t-on appris ce soir ? s'écria M. de Charney après les premiers compliments : que mademoiselle Amélie avait été malade ce matin ! Et je n'en ai rien su !
— Une indisposition ! répondit madame Geoffrin.
— Mais une indisposition pouvait avoir des suites graves ; et tandis que je nageais en pleine quiétude, mademoiselle Amélie…
— Elle va bien ce soir, interrompit madame Geoffrin. La preuve, c'est qu'elle est ici.
— Oh ! en ce cas, je vais la saluer…
— Tout à l'heure ! dit madame Geoffrin en arrêtant son compagnon. J'ai à causer avec vous. »

Annibal regarda madame Geoffrin avec une expression de profonde surprise.

« Mon Dieu, chère madame, dit-il, qu'avez-vous donc ? Votre voix me semble altérée, et il y a sur votre visage une visible expression de souffrance.

— Je souffre en effet, répondit madame Geoffrin, évidemment fort embarrassée de commencer l'entretien auquel cependant elle était loin de renoncer.

— Qu'avez-vous ? demanda Annibal.

— J'ai... que cet événement de cette nuit m'a bouleversée !

— Quel événement ?

— Ces horribles assassinats commis à deux cents pas de ma maison.

— Ah ! chère madame ! dit Annibal en se frappant le front, ne me parlez pas de cette abominable affaire !

— Pourquoi donc ?

— Parce que, hélas ! je connaissais la malheureuse famille qui a péri cette nuit.

— Vous connaissiez cette famille ! dit violemment madame Geoffrin.

— Parfaitement, presque intimement même.

— Depuis longtemps ?

— Depuis mon retour en France. Mon père avait autrefois beaucoup d'amis en Normandie. A ma rentrée en France, je voulus aller voir si quelques-uns de ceux dont il m'avait si souvent parlé étaient encore vivants et encore dans la province. Malheureusement presque tous étaient morts. Les descendants de l'un d'eux, ruinés par la Révolution, s'étaient faits commerçants. Ils étaient maintenant à la tête de l'une des plus fortes fabriques de draperie de la ville d'Elbeuf. J'allai les visiter : je me nommai ; ils connaissaient mon nom comme je connaissais le leur, et je reçus dans cette maison le meilleur accueil.

— Et vous devintes amis ? demanda madame Geoffrin.

— Les liens de cette amitié se resserrèrent même fort vite. Cette famille intéressante se composait des deux frères, Louis et Arnold de Courmont, qui avaient épousé jadis les deux sœurs, Sophie et Élisabeth Romilly.

— Ce sont ceux-là qui sont venus de Paris ?

— Hélas ! oui, madame.

— Les malheureux qui ont été assassinés cette nuit ?

Le jeune homme fit un signe douloureusement affirmatif.

« Et vous les avez revus depuis leur arrivée à Paris ? demanda madame Geoffrin.

— Hier soir, en vous quittant, j'allai leur faire visite.

— Mais vous ne nous avez pas parlé de cette intention en venant nous voir.

— Par une excellente raison, madame, c'est que j'ignorais même à ce moment que mes amis fussent à Paris : je les croyais à Elbeuf ; c'est en sortant de chez vous qu'un hasard me fit rencontrer Arnold ; il m'apprit l'arrivée à Paris de la famille et son installation dans la rue de la Victoire ; il voulut à toutes forces, et bien qu'il fût tard, que je montasse quelques minutes pour serrer les mains à Louis et saluer ces dames.

— Vous y allâtes ?

— Sans doute, avec empressement même. Nous causâmes longuement ; je racontai à mes amis ma joie, mon bonheur, la façon dont j'étais accueilli par vous ; je leur dépeignis la grâce de mademoiselle Amélie, l'amour dont je brûlais pour elle, enfin j'ouvris mon cœur... Pauvres amis ! ils avaient dans les yeux des larmes de joie en m'écoutant. Je caressais les têtes blondes de leurs beaux enfants, et je rêvais délicieusement en embrassant ces boucles soyeuses et dorées. Pour prouver à ces dames combien vous êtes pour moi excellente, par vanité peut-être, je l'avoue, je leur montrai ce délicieux portefeuille brodé que vous avez bien voulu m'offrir il y a peu de temps...

— Ce portefeuille ! reprit madame Geoffrin en tressaillant.

— Sans doute, reprit Annibal. Ai-je donc mal fait ? Ces dames le prirent, le regardèrent, louangèrent le travail et trouvèrent le portefeuille tellement à leur goût, tellement charmant, qu'elles déclarèrent toutes deux vouloir en broder un pour chacun de leurs maris, et elles me prièrent de leur laisser mon portefeuille comme modèle.

— Vous avez laissé ce portefeuille à ces dames ?

— Mais oui ; me blâmez-vous ?

— Non... je ne puis... »

Et madame Geoffrin poussa un profond soupir de soulagement.

« Et, poursuivit Annibal, quand j'appris aujourd'hui cet horrible attentat dont avaient été victimes ces amis que j'avais laissés hier pleins de vigueur, de jeunesse et de santé, j'ai eu le cœur brisé !... Toute cette journée je l'ai passée dans les angoisses les plus pénibles, et je dois même vous avouer, madame, que c'est sous le coup de cette impression douloureuse que je suis demeuré chez moi sans sortir pour vous aller faire visite. Oh ! si j'eusse pu prévoir que mademoiselle Amélie fût malade !... »

Madame Geoffrin qui, depuis quelques instants, paraissait en proie à une émotion violente, respira avec une expression de satisfaction sincère.

« Ne parlons plus de cela, dit-elle, mais parlons d'un autre événement accompli durant cette même nuit, et à propos duquel j'ai quelques explications à vous demander.

— Qu'est-ce donc ? dit Annibal.

— J'ai vu ce matin madame Chivry.

— Ah ! fit Annibal en rougissant légèrement.

— Oui ; elle m'a raconté tout ce qui s'était passé chez son mari la nuit dernière... Je sais quel rôle vous avez joué dans cette maison...

— Et vous me blâmez ?

— Moi !... s'écria madame Geoffrin. J'aime madame Chivry, et je partage le sentiment de reconnaissance que lui a inspiré votre admirable conduite. Seulement...

— Seulement... quoi ? demanda M. de Charney en voyant madame Geoffrin s'arrêter. Quelle réticence mettez-vous à votre éloge ?

— Comment avez-vous connu la situation précaire de M. Chivry ?

— De la façon la plus simple ; voici la vérité : le valet qui m'a aidé à accomplir ce que vous voulez bien regarder comme une bonne action était venu m'avertir de la situation pénible de son maître. »

Madame Geoffrin regarda Annibal, lequel supporta ce regard profond et incisif en homme dont la conscience n'est nullement timorée ou inquiète. Sans doute la mère d'Amélie fut satisfaite de cette inspection sévère, car elle sourit doucement, et, s'appuyant davantage sur le bras de son cavalier :

« Et vous aimez ma fille ? dit-elle.

— De toute mon âme, de tout mon cœur, de toutes mes forces ! répondit Annibal.

— Vous la rendrez heureuse ?

— Autant qu'il dépendra de moi !

— Vous serez toujours un frère pour Ferdinand ?

— Toujours.

— Alors, mon ami, voulez-vous me rendre un service ?

— A vos ordres, madame.

— Allez prendre dans la voiture un flacon que j'ai oublié dans l'une des poches.

— Je vais vous reconduire à votre place et ensuite je cours.

— Non, je regagnerai fort bien ma place, seule. Allez immédiatement. »

Annibal s'inclina, et il allait quitter le bras de madame Geoffrin quand celle-ci le retint doucement, comme poussée par une réflexion subite.

« Annibal, dit-elle en hésitant un peu.

— Madame ? fit le jeune homme avec empressement.

— N'avez-vous pas eu, dans votre existence passée, quelque événement dramatique ayant laissé des traces profondes dans votre mémoire ? »

Et madame Geoffrin regarda le jeune homme avec une fixité singulière.

Annibal ne chercha pas à fuir ce regard qui se rivait sur lui ; au contraire, il en soutint le poids en homme essayant de deviner une pensée secrète.

« A quel événement voudriez-vous faire allusion ? demanda-t-il.

— Je ne sais... je parle d'un événement... imprévu, ou terrible... une fâcheuse rencontre en voyage... une tempête... un naufrage... »

Annibal saisit les mains de madame Geoffrin.

« Par grâce, taisez-vous ! dit-il, ne prononcez jamais ce mot devant moi. »

Madame Geoffrin, qui avait toujours ses regards fixés sur son compagnon, le vit tressaillir et pâlir.

— Qu'avez-vous ? demanda-t-elle.

— J'ai, madame, reprit Annibal, qu'un mot de vous vient d'évoquer de douloureux souvenirs.

— Quoi ! ce dernier mot que j'ai prononcé...

— Réveille en mon âme les plus poignantes souffrances,

car ce mot me rappelle une catastrophe dont la pensée seule me fait frissonner. »

Madame Geoffrin regarda Annibal avec une expression d'anxiété qu'elle ne put cacher.

« Naufrage! reprit Annibal en levant les yeux au ciel. Hélas! c'est un naufrage qui m'a fait orphelin!

— Ah! dit madame Geoffrin, c'est dans un naufrage qu'a péri votre père?

— Oui, madame, il y a huit ans maintenant, c'était en 1791; mais les huit années qui se sont écoulées n'ont pu effacer l'horrible souvenir qui me déchire le cœur... J'ai vu mon pauvre père arraché de mes bras par une mer furieuse, j'ai vu tous mes efforts échouer pour le sauver... j'ai vu son courage..., j'ai compté les minutes de son agonie... Oh! que ne suis-je mort réellement alors, ainsi que longtemps on l'a cru.

— Comment, dit madame Geoffrin, on vous a cru mort?

— Oui, madame, répondit simplement Annibal, et cette croyance pouvait être basée sur de prétendues preuves matérielles. Quelques jours après le sinistre, les vagues rejetèrent des cadavres sur la côte de Beyrouth. Quelques personnes qui étaient présentes et qui avaient connu mon père déclarèrent reconnaître son corps. Près de ce corps était un autre cadavre dépouillé de vêtements et qui avait eu la tête fracassée sans doute par quelque choc contre les rochers du rivage. On prit ce cadavre pour le mien, et, comme les naufragés échappés déclarèrent aussi m'avoir vu emporté par la mer, on me crut mort, tandis qu'une balancelle égyptienne m'avait recueilli et m'emmenait à Alexandrie. Ce ne fut que quelques mois après que j'appris cette constatation de mon décès par les autorités turques. Il me fallut alors faire les plus grandes démarches pour obtenir une révision de cette déclaration...

— Et cette révision vous l'obtîntes? demanda madame Geoffrin.

— Oui, madame; j'ai même chez moi, ici, à Paris, tous les actes relatifs à cette affaire.

— Il faudra me les montrer.

— Demain, je vous les porterai. Mais ensuite je vous demanderai de ne jamais réveiller ces souvenirs, ils me font trop de mal. »

Et Annibal, s'inclinant de nouveau, s'éloigna rapidement. Madame Geoffrin, traversant la foule, revint vers l'endroit où l'attendaient le docteur et son fils:

« Eh bien? demanda Ferdinand.

— Le docteur s'était trompé; du moins, je l'espère, répondit madame Geoffrin. »

Ferdinand poussa un soupir de satisfaction. Le docteur demeura impassible.

« Comment? demanda-t-il simplement.

— Ce qui vous avait le plus frappé, docteur, dit madame Geoffrin, c'est ce portefeuille que vous avez trouvé dans cette maison?

— Je vous l'avoue, madame.

— Ce portefeuille s'y trouvait de la façon la plus naturelle du monde.

— En vérité! »

Madame Geoffrin répéta minutieusement ce que lui avait raconté M. de Charney. Au fur et à mesure que parlait sa mère, Ferdinand paraissait respirer plus librement: il était évident que le jeune homme avait attendu cette explication avec une anxiété profonde.

« Ah! dit-il enfin, je savais bien qu'Annibal était un brave cœur et que j'avais raison d'avoir confiance en lui.

— Eh bien, docteur, qu'en pensez-vous? » demanda madame Geoffrin à Corvisart.

Celui-ci s'inclina en signe qu'il était heureux de s'être trompé.

« Croyez, dit-il, que je n'aurai jamais reconnu une erreur avec autant de plaisir, mais... vous a-t-il parlé de la catastrophe arrivée à la famille de Charney?

— Oui, il m'a raconté en quelques mots et avec une émotion extrême l'horrible naufrage dans lequel a péri son père et à la suite duquel lui-même a passé pour mort...

— Comment, passé pour mort?

— Oui; demain il m'apportera tous les papiers relatifs à cette affaire. Venez et vous serez convaincu, j'en suis certaine!

— Je l'espère, dit le docteur, et je voudrais, je vous le répète, m'être absolument trompé.

— Je le sais, docteur! c'est pourquoi j'ai voulu vous apporter aussi promptement le résultat de cette explication. Ferdinand, continua madame Geoffrin en s'adressant à son fils, M. de Charney va revenir, sois pour lui un ami empressé, car s'il doit ignorer toute sa vie que nous avons un moment douté de lui, nous devons nous souvenir, nous, afin de réparer notre erreur d'un moment. »

Et saluant délicatement le docteur du bout de ses doigts mignons, madame Geoffrin prit le bras de son fils et regagna la partie du salon occupée par le groupe des femmes à la mode.

Corvisart, demeuré seul et isolé au milieu de la foule, parut réfléchir un moment. Puis, secouant la tête et faisant claquer ses doigts en homme voulant rejeter une pensée qui l'obsède, il tourna lestement sur ses talons, traversa le salon, gagna la porte de sortie et quitta le bal. S'enveloppant dans un long manteau dont les plis retombaient à l'italienne sur son épaule, le docteur traversa le boulevard et atteignit à la hauteur d'un rang de voitures qui stationnaient le long de la rue Basse-du-Rempart.

Comme il allait faire signe à l'un des cochers, une ombre se dressa brusquement devant lui et lui barra le passage. C'était un homme qui, venant de traverser également le boulevard, était passé derrière l'une des voitures stationnaires et qui se présentait inopinément devant Corvisart.

« Bonsoir! » dit le personnage dont l'obscurité de la nuit empêchait absolument de distinguer les traits.

Sans doute Corvisart reconnut l'homme au timbre de la voix, car il ne manifesta aucun étonnement. Ses sourcils se froncèrent et il fit un geste de mauvaise humeur:

« Que le diable vous emporte! dit-il.

— Comment! demanda l'autre.

— Ma foi! comme il voudra!

— Qu'est-ce que vous avez donc, docteur?

— J'ai, que vous m'avez fait faire une belle sottise avec vos confidences.

— Je ne vous comprends pas! »

Corvisart prit l'homme par le bras et l'attira en arrière:

« Quel rôle m'avez-vous fait jouer auprès de madame Geoffrin à propos de M. de Charney? demanda-t-il brusquement.

— Pardieu! le rôle d'un ami! répondit l'autre.

— Dites donc celui d'un sot ou d'un calomniateur. Il n'y a rien de vrai dans ce que vous m'avez fait répéter.

— Vous croyez?

— Parbleu! M. de Charney a, de lui-même et avant qu'on l'interrogeât, raconté tout à madame Geoffrin. Le portefeuille brodé a été laissé par lui durant une visite faite quelques heures avant l'accomplissement du crime. »

L'homme secoua la tête:

« Je comprends! je comprends! dit-il.

— Vous comprenez que vous m'avez fait faire une sottise? dit le docteur.

— Je comprends ce qu'il faut que je comprenne, mon cher monsieur Corvisart.

— Eh bien! vous êtes diantrement heureux alors, car je ne comprends absolument rien, moi, mon cher monsieur Jacq...

— Silence! interrompit vivement l'autre. Oubliez-vous que je suis à deux cents lieues de Paris en ce moment? »

## XVI. — LES CHAUFFEURS.

« Tu ne le diras pas à ma femme, » avait murmuré Gervais à l'oreille de Gorain au moment où les deux amis franchissaient le seuil de la porte du pavillon de Hanovre.

Sous l'empire des hallucinations bachiques que provoquaient les bols de punch absorbés au café, les deux amis se sentaient lourds de jambes et légers d'esprit. En quittant l'atmosphère chargée de l'établissement dans lequel les avait conduits M. Thomas, en passant sans transition de cette température élevée de la salle à celle assez basse de l'air libre, l'ivresse croissante des deux amis était devenue plus pleine encore.

Bras dessus, bras dessous, ils s'étaient dirigés vers le pavillon de Hanovre en se préoccupant assez peu de la règle de la brièveté des chemins. Décrivant force zigzags, s'arrêtant pour reprendre l'équilibre, s'appuyant l'un sur l'autre, ils avaient parcouru, sans souci de la ligne directe, la distance qui les séparait du sanctuaire des plaisirs.

La vue des illuminations, de la foule des curieux rassemblés devant la porte, rappela cependant les deux bourgeois à eux-mêmes et au respect qu'ils avaient pour leur propre individu. Se roidissant par un suprême effort et s'étayant l'un sur l'autre, ils parvinrent à reconquérir une contenance à peu près présentable.

Après avoir traversé la foule, ils avaient atteint le vestibule servant d'entrée. Là était le bureau au guichet treillagé que tout établissement public a possédé, possède et possédera tant que l'argent sera une puissance de premier ordre, c'est-à-dire tant que les hommes seront hommes.

Ici, en dépit des fumées qui leur montaient au cerveau et noyaient cet organe, les deux amis parurent reprendre tout à fait conscience de la situation présente. Gorain, voyant du coin de l'œil le bras gauche de Gervais s'arrondir et la main se diriger vers le gousset de la veste, Gorain demeura immobile et poussa doucement, mais avec persistance, son ami en avant.

Gervais fit un pas comme pour gagner le guichet du bureau ; mais soit réflexion, soit instinct naturel, il s'arrêta devant une grande affiche collée sur le mur et annonçant les divertissements de la soirée, et il se mit à la lire avec une attention profonde. En même temps, la main déjà enfoncée dans la poche de la veste en retira simplement un mouchoir.

Gorain paraissait toujours attendre ; Gervais semblait l'avoir complètement oublié. Quelques regards furtifs, lancés rapidement et courant comme des traits provocateurs de l'un et de l'autre au bureau placé à deux pas, furent tout ce que se permirent les deux amis, qui avaient certes alors l'apparence de deux adversaires.

Enfin Gorain s'approcha doucement de Gervais toujours planté devant l'affiche, et dont l'attention paraissait de plus en plus concentrée.

« Eh bien ! compère, dit-il, nous n'entrons donc pas ?
— Quoi ? demanda Gervais d'un air naïf.
— Je dis : Nous n'entrons donc pas ?
— Où cela ?
— Tiens, au bal ; est-ce que tu as déjà oublié ?
— Nous entrerons quand tu voudras. J'étais là occupé à lire.
— Alors entrons tout de suite.
— Entrons, » répéta Gervais sans bouger.

Gorain regarda encore du coin de l'œil son interlocuteur, puis ce regard se reporta sur le bureau et un soupir s'échappa de la poitrine du gros bourgeois.

Des danseurs arrivaient en cet instant ; Gervais et Gorain obstruant l'entrée du bureau, le groupe des nouveaux venus attendait. Un inspecteur de l'établissement, qui avait plusieurs fois déjà lancé un coup d'œil d'impatience sur les deux amis, s'approcha vivement.

« Voyons, citoyens, dit-il d'une voix brusque, entrez-vous ou sortez-vous ?
— Nous... nous entrons, balbutia Gorain en regardant Gervais.
— Eh bien ! prenez vos billets alors.
— Prenons, entends-tu, Gervais ?
— Oui, oui, dit Gervais ; passe devant.
— Non, après toi.
— Mais avancez donc ! » reprit l'inspecteur.

Gorain, poussé par Gervais, se décida enfin à arriver devant le guichet.

« Combien est-ce ? demanda-t-il en se penchant.
— Six livres, répondit la buraliste.
— Pour deux ?
— Non, citoyen, par personne.
— Six livres ! dit Gorain.
— Six livres ! » répéta Gervais.

Ils hésitaient encore et cette fois plus que jamais. Gervais parut frappé d'une inspiration subite.

« Il est bien tard, citoyenne, dit-il d'une voix aimable. La soirée est avancée ; est-ce que ça ne pourrait pas passer pour moitié, hein ?
— Voulez-vous un seul billet ? demanda froidement la buraliste.
— Allons, dépêchez-vous donc ! cria-t-on derrière eux.
— Paye, » dit Gervais.

Gorain fouilla dans sa poche.

« Je n'ai pas de monnaie, balbutia-t-il.
— Et moi, ajouta Gervais, je n'ai qu'une pièce d'or ; je ne peux pas changer. Tu comprends, qu'est-ce que dirait ma femme ?

— Allons donc, allons donc, décidez-vous ! cria-t-on encore.
— Ah ! tant pis, on ne meurt qu'une fois, » dit enfin Gorain en jetant un écu de six livres sur la tablette.

La buraliste lui renvoya un carton qu'il prit. Il passa. Gervais demeura un moment indécis ; puis enfin il se décida à payer et il rejoignit son ami.

« Tu n'es guère généreux, dit-il d'une voix aigre.
— Ni toi, » répondit Gorain.

Le bruit de la musique coupa court à la dispute naissante ; les deux amis entraient dans la salle, et la chaleur étouffante qui y régnait, faisant une nouvelle transition avec l'air frais du dehors, apporta de nouveaux troubles dans le cerveau déjà ébranlé des dignes amis.

Se reprenant bras dessus, bras dessous, ils s'engagèrent dans le grand salon ; mais repoussés par les danseurs, ils se virent contraints à longer les murailles, passant derrière les banquettes. Ces banquettes étaient garnies de la foule faisant galerie : c'étaient les parents des danseurs, les jeunes gens fatigués, les hommes et les femmes ne dansant plus ou ne voulant plus danser. Tout ce monde causait, riait, échangeait des saluts et des nouvelles.

Tout à coup Gervais, qui marchait le premier, car les deux amis ne pouvaient circuler de front, Gervais tressaillit.

« Qu'as-tu donc ? lui demanda Gorain.
— Je viens d'entendre parler des chauffeurs, répondit Gervais en frissonnant.
— Et moi aussi.
— Il paraît que décidément ils sont à Paris ?
— Chut ! écoute donc ! »

Les deux bourgeois s'arrêtèrent. Ils étaient en ce moment derrière ce groupe de jeunes et charmantes femmes qui attiraient sur elles toute l'attention des hommes et tous les regards jaloux des rivales : ce groupe était celui que présidait la gracieuse madame Bonaparte.

Madame Geoffrin était revenue prendre place près de sa fille. Son fils et M. de Charney, appuyés sur les dossiers de leurs sièges, formaient le dernier plan et se tenaient comme une barrière entre les dames et le flot tumultueux des danseurs et des danseuses.

Lucile et Uranie, Maurice, Léopold et le comte d'Adoce étaient venus également se joindre à la société d'élite dont ils faisaient partie, et qui avait établi son siège le plus loin possible de l'orchestre.

La conversation, extrêmement animée jusqu'alors, venait de cesser presque subitement, et toute l'attention avait paru se concentrer sur madame Tallien.

« Mais qui vous a donné tous ces détails ? avait demandé madame Geoffrin.
— Le secrétaire de Barras ! répondit madame Tallien.
— Vous l'avez donc vu ?
— Il me quitte à l'instant, je viens de danser avec lui. Il est venu ici uniquement pour cette danse que je lui avais promise hier. Il est fort occupé en ce moment, mais il a voulu tenir parole : il est arrivé, nous avons dansé, et il est reparti.
— Et il vous a donné tous ces détails ?
— En dansant !
— Ainsi, dit Lucile, ce sont encore les chauffeurs ?
— Oui, ma chère, les chauffeurs ; et puis les chauffeurs, et toujours les chauffeurs ! Je crois qu'ils finiront par assassiner tout Paris ! »

C'était en entendant ces paroles que les deux bourgeois s'étaient brusquement arrêtés. On a vu déjà quelle impression ce nom de chauffeurs produisait sur Gervais. Gorain n'était pas beaucoup plus rassuré à l'endroit de ces bandits malheureusement trop célèbres. Tous deux avaient donc frissonné en entendant l'opinion émise par madame Tallien, et qui, au fond, était la leur.

Pour bien se rendre compte aujourd'hui de l'effet produit à une autre époque par ce seul nom : les chauffeurs, il faut que le lecteur se reporte à ces temps de désordre où l'organisation intérieure, toujours menacée, toujours ébranlée, était impuissante à conjurer le mal que causait sa faiblesse.

Fouché, qui depuis quelques mois à peine avait pris enfin les rênes de la police, avait trop à faire encore pour constituer solidement ce corps utile appelé à rendre de si grands services au gouvernement et à l'humanité ; il avait tout à instituer, et les moyens et le temps lui avaient jusqu'alors manqué pour agir. La gendarmerie existait à peine de nom : aucune route n'était surveillée, aucune ramification n'existait entre les grands centres pour sauvegarder les citoyens. Jamais, depuis la destruction de la féodalité, aucune époque de notre histoire n'avait présenté plus de chances de succès aux organisations de malfaiteurs que celle de ce gouvernement toujours chancelant du Directoire. Aussi les malfaiteurs s'étaient-ils emparés largement de la belle place qu'ils pouvaient prendre. Crimes, incendies, meurtres, pillages étaient accomplis, chaque nuit, sur tous les points de la France en même temps, et un même nom désignait tous les coupables, le nom de *chauffeurs*.

Aussi ce que ce nom prononcé soulevait de terreurs, d'angoisse, d'inquiétude et de curiosité serait impossible à comprendre aujourd'hui. Les crimes cités étaient tellement hardis, tellement nombreux, tellement atroces, qu'aucune barrière ne paraissait être assez forte pour se préserver de l'atteinte des bandits et des assassins.

Toutes les classes s'occupaient de cette association formidable ; aussi doit-on comprendre maintenant, aux mots prononcés par madame Tallien, et l'attention extrême des membres de la société élégante qui l'entouraient, et la terreur ressentie subitement par les deux bourgeois qui avaient entendu en passant.

Madame Geoffrin s'était vivement retournée vers sa fille ; Amélie était extrêmement pâle. La mère, inquiète, fit un signe à madame Tallien ; celle-ci s'arrêta au moment où elle allait reprendre la parole, mais Amélie s'aperçut de ce qui se passait entre les deux dames :

« Laissez raconter, ma mère, dit-elle vivement. Je suis guérie maintenant de la terreur que m'avait causée ce maudit rêve. »

Et, se tournant gracieusement vers M. de Charney placé derrière madame Geoffrin :

« Vous connaissez cette histoire, demanda-t-elle en regardant fixement le jeune homme.

— Oui, répondit Annibal, mais je n'en connais pas parfaitement tous les détails. »

Amélie sourit en poussant un soupir de soulagement.

« Oh ! murmura-t-elle, ce n'était pas sa voix ! Quelle hallucination étrange m'a dominée !...

— Moi, dit madame Lefebvre, voulez-vous que je vous dise ma façon de penser sur cette affaire ? Eh bien ! mes chères amies, c'est que ces brigands de monstres, de scélérats, qui ont fait le coup, et à qui je voudrais qu'on le torde... le cou, ne sont pas plus chauffeurs que je ne suis chauffeuse !

— Comment ! s'écria-t-on.

— C'est des Autrichiens déguisés !

— Des Autrichiens ! répétèrent les dames en riant.

— Oui ! reprit madame Lefebvre, je sais ce que je dis, quoi ! Si j'ai pas des manières de langue dorée, j'ai pas la berlue, et je ne suis pas plus bête qu'une autre...

— Mais, ma chère amie, interrompit madame Bonaparte avec sa gracieuse bonté, personne ne vous accuse de manquer de finesse. Mais vous nous parlez des Autrichiens quand il s'agit des chauffeurs.

— Je parle Autrichien parce qu'il faut parler Autrichien.

— Mais pourquoi faut-il parler Autrichien ? demanda madame Geoffrin.

— Parce que, ma petite mère, il n'y a que des Autrichiens qui peuvent avoir, à cette heure, des ducats dans leurs poches et des grimoires ousque le bon Dieu n'y comprendrait rien. »

Tous se regardaient avec étonnement : personne évidemment ne comprenait ce que voulait dire la générale.

## XVII. — LE DUCAT.

Madame Lefebvre lançait autour d'elle un coup d'œil protecteur.

« Ah ! reprit-elle, vous n'y comprenez goutte, hein ? Je vais vous dévider mon chapelet : j'ai la manie de faire une trotte tous les matins, vous savez, histoire de me dégourdir les jambes...

— Et d'aller porter des secours aux malheureux, interrompit madame Bonaparte ; pourquoi cacher vos bonnes actions ?

— C'est bon ! dit madame Lefebvre, chacun fait à sa guise. Donc je me promenais ce matin et je passais rue de la Victoire dans l'instant où la police et la justice faisaient leur affaire dans la maison du crime ; je ne savais rien : je m'arrête, je m'informe, et un imbécile qui était là me raconte tout.

« C'est les chauffeurs ! que me dit mon imbécile.

— C'est les chauffeurs ! que je réponds.

Et, ma foi ! j'avais le cœur serré, je ne pouvais pas rester là indéfiniment ; j'allais m'en aller quand un groupe de gamins qui se promenaient dans les jardins de la maison arrive dans la rue en poussant des cris de joie. L'un d'eux tenait à la main quelque chose qu'il secouait en l'air.

Comme il passait devant moi, le petit polisson me bouscule : je lui envoie une taloche, il crie, et je reconnais le petit d'une ravaudeuse à laquelle je donne de l'ouvrage.

« Qu'est-ce que tu fais là, *faignant* ? que je lui dis.

— Tiens ! citoyenne, qu'il me répond, je me promène donc !

— Tu te promènes, que je reprends en lui tirant les oreilles, et ta pauvre mère travaille pour te nourrir ; je lui dirai ! »

Là-dessus il se met à beugler sans pleurer.

« Oh ! citoyenne, ne dis rien à maman, qu'il crie, et je te donnerai, moi, quelque chose qui vient des chauffeurs !

— Qu'est-ce que tu me chantes ? » que je lui dis avec étonnement.

Alors le gamin me raconte qu'il s'est introduit avec ses polissons d'amis dans le jardin et dans la cour de la maison que visitaient les magistrats, et tandis qu'on faisait les constatations des crimes. Tout en jouant, en s'amusant, le gamin marche sur quelque chose de dur ; il se baisse, il le ramasse, et il trouve une pièce d'or enveloppée dans un papier. Là-dessus ses camarades l'entourent, l'applaudissent et lui crient qu'il a trouvé un trésor appartenant aux chauffeurs qui l'auront perdu, pour sûr, en se sauvant.

Était-ce aux chauffeurs ou n'était-ce pas à eux ? poursuivit madame Lefebvre, je n'en savais rien, mais enfin ça pouvait être un indice, que je me promettais de remettre au citoyen Fouché. Là-dessus, je prends la pièce et l'étui de papier que je le fourre dans ma poche.

« Je verrai ça, que je dis au galopin ; retourne auprès de ta mère ; si t'as trouvé une pièce d'or, j'en donnerai deux à la pauvre femme. »

Comme on commençait à me reluquer de l'œil, je m'en vais en me disant que demain j'irai voir Fouché. Rentrée chez moi, je regarde la pièce et je reconnais un ducat, tel que Lefebvre, mon homme, m'en avait rapporté dans les temps.

« Tiens ! que je me dis, c'est une monnaie d'or autrichienne ! »

Et je roulais le papier qui l'enveloppait pour le jeter quand je remarque qu'il y avait un tas de machines écrites dessus ; je l'observe, je veux lire, mais bernique, de l'hébreu ! J'appelle Gustine, ma cuisinière, une Auvergnate.

« Regarde, que je lui dis, ça doit être du *patoqués* de ton pays ; c'est de l'allemand ou de l'auvergnat, pour sûr. »

Gustine n'y comprend rien ; elle appelle Alcindor, mon cocher, qui est Alsacien.

« Lis ! que je lui dis : qu'est-ce que c'est que ça ?

— C'est de l'allemand, citoyenne, qu'il me répond ; je reconnais la chose, mais je ne sais pas lire. »

Là-dessus j'ai repris mon papier que je donnerai à Fouché un jour ou l'autre ; mais ce qu'il y a de sûr et de certain, c'est que la monnaie que voici est un ducat d'Autriche, et que le grimoire est griffonné en charabia allemand ; donc l'iroquois à qui ça appartient est Autrichien, c'est clair.

« Ce ne serait pas positivement une raison, dit en riant madame Bonaparte.

— Vous nous montrerez la pièce et le papier, madame ? dit Amélie.

— Volontiers, mon enfant, je les ai là. »

Et madame Lefebvre tira de sa poche un petit paquet qu'elle passa à la jeune fille. Amélie déplia le papier et en tira une pièce d'or ; madame Lefebvre ne s'était pas trompée, la pièce d'or était bien un ducat frappé aux armes de l'empereur d'Autriche et le papier était recouvert de caractères allemands tracés à la main.

Pièce et papier passèrent de main en main et furent l'objet de l'attention de toutes les dames.

« Si ce papier et cette pièce proviennent de l'un des assassins, comme il y a effectivement à le supposer, puisque aucune des victimes n'était autrichienne, dit observer madame Tallien, cela peut devenir un précieux indice ; c'est peut-être une trouvaille merveilleuse qu'a faite là votre petit vaurien, ma chère générale.

— Oui, dit madame Bonaparte, mais il faudrait savoir ce qui est écrit sur ce papier.

— Qui sait l'allemand parmi ces messieurs ? demanda madame Tallien.

— Mon mari, répondit vivement Lucile.

— Le colonel sait l'allemand ?

— Fort peu, répondit Maurice, mais peut-être suffisamment pour contenter votre légitime curiosité, madame, et voici M. d'Adore qui, en tout cas, est plus savant que moi. »

On passa avec empressement le papier au jeune officier. Tous les regards étaient fixés sur lui et sur le comte d'Adore qui, se penchant sur l'épaule de Maurice, lisait également le papier que tenait celui-ci. On attendait avec une sorte d'anxiété sans prononcer une parole.

Gorain et Gervais, toujours debout à la même place, attendaient également sans bouger ; la physionomie des deux bourgeois était tellement insignifiante niaise, tellement insignifiante que personne n'avait daigné faire attention à leur présence. Dans le salon, on dansait toujours avec un redoublement d'entrain et de gaieté.

La foule, qui faisait cercle autour des danseurs, formait un triple rang adossé au groupe des jeunes femmes et de leurs cavaliers. Sur le dernier rang, sur celui le plus voisin du groupe des causeurs, à deux pas de Maurice, se dandinait un incroyable, vêtu avec le suprême ridicule qu'exigait la mode et qui était arrivé depuis quelques instants à peine.

A côté de cet incroyable se tenait un grand et gros homme richement vêtu, à la physionomie souriante et bonasse. Les yeux de Gorain, en se levant machinalement et en parcourant les groupes, s'arrêtèrent sur ce gros homme.

« Tiens ! fit le bourgeois en poussant son ami Gervais du coude, voici le citoyen Thomas ! »

Maurice lisait toujours. Les yeux du jeune colonel étaient devenus ardents, ses joues s'étaient empourprées et il mordait la moitié de ses moustaches avec une émotion visible. Le comte d'Adore, lui, était devenu pâle et ses traits crispés décelaient une tension violente du cerveau.

« Eh bien ? » demanda madame Geoffrin.

Maurice releva la tête, toute trace de préoccupation avait disparu sur son visage.

« Oh ! dit-il en souriant, ce sont des phrases insignifiantes et sans suite. Un brouillon de lettre évidemment.

— Alors ça ne vaut rien ? dit madame Lefebvre.

— Pas grand'chose, je le crains fort. Cependant il serait bon de remettre au citoyen Fouché ce papier, quelque insignifiant qu'il soit, et cette pièce d'or. Je verrai probablement Fouché ce soir. Voulez-vous, citoyenne, que je me charge de la commission ?

— Ma foi, oui, colonel ! répondit madame Lefebvre. Vous en savez aussi long que moi maintenant. Dites-lui tout. »

Maurice mit dans sa poche la pièce d'or et le papier en échangeant un rapide regard avec le comte d'Adore. Léopold, auquel celui-ci venait de parler bas rapidement, interrogeait de l'œil le jeune colonel.

« Décidément, je crois que tantôt je ne me suis pas trompé, murmura Maurice de façon à n'être entendu que de ses deux amis.

— Tu vas ce soir chez le citoyen Fouché, mon ami ? demanda Lucile.

— Oui, répondit Maurice, j'ai à lui parler. Léopold te ramènera avec ta sœur. »

Le colonel se penchait vers sa femme pour lui répondre quand un coup de coude le heurta assez violemment à la hanche : Maurice se redressa vivement. L'incroyable, qui se tenait tout à l'heure près de lui, passait en ce moment ; c'était très-évidemment cet homme qui l'avait heurté.

« Eh bien ! on ne demande pas pardon ? » dit Maurice avec colère.

L'incroyable, soit qu'il n'eût pas entendu, soit qu'il n'accordât aucune attention à la remarque du jeune officier, continuait lentement, très-lentement sa marche.

« Qu'est-ce que c'est que ce maladroit ? » dit Maurice en faisant un pas.

Le comte d'Adore et Léopold le retinrent par un même mouvement.

« Il ne vous a pas heurté avec intention ! dirent-ils en le contenant.

— Mon ami ! » dit Lucile qui s'était levée vivement.

L'incroyable s'éloignait toujours avec sa même lenteur provocante. M. Thomas était demeuré à la même place. Quant à M. de Charney, il s'était constamment occupé de madame Geoffrin, d'Amélie et de Ferdinand, paraissant absolument étranger à tout ce qui se passait autour de lui.

## XVIII. — LA PROVOCATION.

« Enfin, reprit madame Tallien, que ce soit des Français ou des étrangers qui soient coupables, ce crime horrible n'en est pas moins accompli en plein Paris, dans un des quartiers les plus fréquentés, c'est épouvantable !

— Toute une famille disparue ! ajouta Lucile.

— Est-ce que quelqu'un connaissait ces pauvres gens ? demanda madame Bonaparte.

— M. de Charney était lié avec eux ! » dit madame Geoffrin.

Tous les regards se tournèrent vers le jeune homme, qui causait alors avec Amélie.

« Vous connaissiez cette famille ? demanda madame Tallien.

— Oui, madame, répondit Charney. Louis et Arnold de Courmont étaient les fils d'un ancien ami de mon père ; je les ai connus étant enfant, mais ce n'est que depuis ma rentrée en France que je m'étais lié plus intimement avec eux. Ils avaient épousé leurs deux cousines, les deux sœurs, Sophie et Élisabeth Romilly. Ruinés comme tant d'autres, ils avaient eu recours à l'industrie pour refaire leur fortune. Ils avaient deux enfants, Louis un fils, et Arnold une fille.

— Et, de toute cette famille, il ne reste plus personne ?

— Personne ! dit M. de Charney.

— Pardonnez-moi, dit une voix, nous espérons qu'il sur vivra quelqu'un. »

Tous les regards s'étaient reportés à la fois vers un petit jeune homme mal peigné, mal mis et portant sur ses habits les plus étranges parfums, qui venait d'arriver depuis quelques minutes à peine. Il avait les yeux brillants, le cou court, les joues pâles. Ce petit jeune homme avait sur la physionomie une expression de bonté, de finesse, de sarcasme et de dédain qui donnait à cette physionomie mobile une animation extraordinaire ; ses regards étaient presque fascinateurs.

« Ah ! dit madame Bonaparte avec son doux sourire, c'est vous, Dupuytren ! comment se fait-il que vous vous soyez décidé à quitter le travail pour venir au bal ?

— Oh ! répondit le jeune médecin en souriant, je ne viens pas ici pour danser.

— Mais que disiez-vous, qu'il survivrait quelqu'une des victimes ?

— Oui, madame, l'un des enfants.

— Comment, l'un des enfants ! Mais Corvisart nous disait, il y a quelques instants à peine, que tous avaient péri.

— Corvisart a pu dire cela, madame, car au moment où il constatait le décès des cinq autres victimes, la petite fille était dans un tel état qu'il y avait tout à penser qu'elle ne survivrait pas une heure.

— Et elle a survécu cependant ? s'écria le comte d'Adore.

— Oui : mais, je le répète, le docteur Corvisart pouvait ne pas supposer possible cette sorte de résurrection. Une heure après le départ de Corvisart, l'enfant tombait même dans un état d'atonie tel que ceux qui étaient présents parurent croire à la mort. Tous les symptômes de la vie avaient effectivement disparu.

— Quel âge a cette enfant ? demanda madame Geoffrin.

— Trois ans.

— Pauvre petite !

— On allait faire la constatation légale, lorsqu'un signe d'existence s'est subitement manifesté.

— Et qui a constaté ce signe ?

— Moi, j'assistais les officiers municipaux en l'absence du docteur Corvisart. Les deux hommes et les deux femmes venaient d'être ensevelis, et ceux-là étaient bien morts, j'en réponds ; on allait passer aux enfants, lorsqu'en examinant le corps de la petite fille, je remarquai une chaleur imperceptible autour du cœur. Une lueur d'espoir traversa mon esprit, je fis cesser le travail et je m'emparai de la pauvre créature. Je la traitai comme un noyé, frictions et insufflation ; une heure après un traitement énergique, j'eus la joie de sentir la chaleur revenir aux extrémités : le sang circulait.

Crimes, incendies, meurtres, pillages, étaient accomplis, chaque nuit par les chauffeurs. (Page 30.)

— Et l'enfant est sauvé? dit madame Geoffrin.
— Je l'espère, madame.
— Mais c'est une cure merveilleuse que vous aurez faite là ! »
Dupuytren inclina la tête en souriant, il ne repoussait pas l'épithète.
« Hélas ! dit madame Geoffrin avec un soupir, est-ce un bienfait que vous avez accompli là, monsieur Dupuytren, rendre la vie à une pauvre enfant sans parents, sans famille, sans personne qui puisse veiller sur elle ! Quelle existence de douleurs et d'abandon !
— Cette petite ne sera pas seule, madame, répondit Dupuytren. D'abord, elle m'aura, moi qui lui aurai donné une seconde fois l'existence, et, bien que je ne sois pas riche, je ne lui faillirai pas. Puis elle a un oncle, paraîtrait-il, une sorte d'original dont j'ai vaguement entendu parler par les magistrats chargés d'instruire l'affaire.
— Et que fait cet oncle? quel est-il ? demanda madame Tallien.
— Ma foi, madame, je ne sais pas.
— Qu'avez-vous donc, cher monsieur de Charney, demanda madame Geoffrin avec empressement, vous pâlissez.
— Une affreuse migraine, madame, qui vient de me prendre subitement, répondit Charney en s'inclinant.
— Je vais chez Fouché, » dit Maurice à l'oreille du comte et de Léopold.
Puis, serrant la main de celui-ci :
« Tu ramèneras ma femme, ajouta-t-il ; au reste, je ne rentrerai pas tard.
— Vous venez toujours après-demain à Saint-Cloud, chez moi, dit le comte à voix haute et en voyant Lucile se retourner.
— Mais sans doute ; j'ai même chargé l'un de mes soldats de s'occuper d'une voiture. »
Maurice échangea un dernier salut avec ses amis et quitta le petit groupe. Le bal était alors à l'apogée de sa splendeur; la danse emportait dans sa furie des tourbillons de femmes vêtues de mousseline légère ; la foule, brillante et joyeuse, se pressait sur tous les points du vaste salon et en obstruait les issues.

Maurice se glissait avec précaution au milieu de ce flot mouvant, et déjà il avait parcouru les deux tiers de la distance qu'il lui restait à franchir pour atteindre le vestibule, lorsque la route lui fut barrée par une demi-douzaine d'hommes jeunes et élégants qui causaient à voix très-haute et en affectant ce parler ridicule des incroyables, en gens heureux d'attirer l'attention publique.

Parmi ces causeurs étaient M. de Roquefeuille, ou, pour parler comme lui, le citoyen *Ocquefeuille*, et le baron autrichien, ce comte de Grafeld alors en mission à Paris. Trois hommes, portant l'uniforme d'officier de l'armée française, se tenaient près des deux amis. Quant au sixième personnage, c'était cet incroyable qui avait heurté si violemment Maurice quelques instants auparavant.

Dans la position prise par chacun des causeurs, le citoyen Roquefeuille, l'un des officiers et le baron de Grafeld, tournant absolument le dos à Maurice, ne pouvaient le voir venir. Les deux autres officiers étaient placés en face de ces messieurs; l'incroyable, debout, à droite, se dandinant sur ses hanches et jouant avec ses paquets de breloques, pouvait parfaitement remarquer le colonel qui s'avançait dans sa direction.

« Oui, citoyens, disait le baron, j'ai eu l'honneur d'assister à la signature du traité de Leoben, et cette scène restera toujours présente à ma pensée. Les ambassadeurs autrichiens furent bien beaux !
— Pa-bleu ! dit l'incroyable, on a donné tout le mé-ite de ça à Bonapa-te...
— Oui, reprit le baron en s'adressant aux officiers, on ne parle que de lui et de son armée ; ainsi il est incontestable,

J'ai eu l'honneur d'assister à la signature du traité de Léoben. (Page 32.)

citoyens, que le Directoire n'a pas su reconnaître vos services : vous devriez être colonels au moins maintenant.
— Ce-tainement, dit Roquefeuille. Je ne comp-ends pas que des hommes comme vous ne soient enco-e que capitaines; c'est scandaleux, ma pa-ole d'honneu !
— Les citoyens qui ont toujou-s fait pa-tie de l'a-mée d'Allemagne, ajouta l'autre incroyable en braquant son gigantesque lorgnon. Ah! s'ils avaient été jadis de l'a-mée d'Italie... s'ils avaient fait pa-tie de l'expédition d'Ézypte...
— Ah çà! dit l'un des officiers en rougissant, est-ce que tu crois, citoyen, que l'on ne s'est battu qu'en Italie et en Égypte ?
— Oh! ze ne dis pas cela, ze- ami ! Ze sais qu'on s'est battu pa-tout; mais on ne pa-le que des soldats d'Italie et d'Ézypte... Ceux-là ont toute la faveu-... ceux-là ont tous les g-ades. Aussi il est honteux de voir de b-aves zens comme vous avec des g-ades infé-ieu-s, tandis qu'un tas de f-eluquets, de -ien du tout sont do-és su- toutes les coutu-es... »

En achevant ces mots, l'incroyable, qui se dandinait plus que jamais en promenant son lorgnon autour de lui, s'arrêta et fixa Maurice. Le colonel, demeuré stationnaire depuis quelques instants, avait tout entendu. Son visage s'était empourpré. S'avançant brusquement au milieu du groupe et s'approchant de l'incroyable avec des regards menaçants:
« Je fais partie de l'armée d'Égypte, citoyen, dit-il d'une voix vibrante.
— Ap-ès? fit l'incroyable en se renversant en arrière.
— Vous me regardiez en prononçant vos insolentes paroles; est-ce donc à moi qu'elles s'adressaient ?
— Peut-êt-e, répondit l'incroyable sur le même ton insultant.
— Drôle ! » s'écria Maurice.
Et le colonel, emporté par un mouvement de colère, leva le bras droit. L'un des officiers, en se précipitant, empêcha le soufflet de descendre sur la joue de l'incroyable. Le citoyen Roquefeuille et le baron s'interposaient avec empressement. La scène s'était accomplie si vite, que ni M. Roquefeuille ni Grafeld n'avaient certes pu reconnaître Maurice avant qu'elle eût eu lieu.

« Mon colonel, dit l'officier avec respect et en s'efforçant de calmer Maurice.
— Vous avez empêché ma main de descendre sur la joue de cet insolent, dit Maurice ; mais ce soufflet, je le tiens pour donné.

— Et ze le p-ends, citoyen, dit l'incroyable avec un sang-froid extraordinaire en tel événement ; ze le p-ends pas pou le' ga-der, mais pou- le le -end-e avec la pointe de mon épée ; tu comp-ends ?

— Demain, dit Maurice, au lever du jour.

— Demain la place est p-ise, répondit l'incroyable avec son même aplomb ; mais ap-ès-demain, à neuf heu-es, au bois de Boulogne, si tu veux ?

— Après-demain soit, » dit Maurice.

Et se tournant vers M. de Roquefeuille :

« Voulez-vous être mon témoin ? ajouta-t-il.

— À vos ordres, colonel, répondit le comte, qui, en présence d'une affaire d'honneur, se débarrassait de tous ses ridicules pour être un vrai gentilhomme français. J'aurai l'honneur de m'entendre avec les témoins de monsieur, et demain j'irai vous voir.

— Non, dit vivement Maurice, je passerai chez vous. »

Puis, se penchant à l'oreille du comte :

« Pas un mot devant ma femme, devant ma belle-sœur, ni devant Signelay, ajouta-t-il. Qu'ils ignorent tous trois cette affaire ; vous me le promettez ?

— Parbleu !

— Alors, demain à deux heures, je serai chez vous.

— Très-bien, » dit Roquefeuille en serrant la main du colonel.

Celui-ci s'éloigna ; la provocation qui venait d'avoir lieu s'était faite si rapidement, que pas un des assistants entourant le petit groupe n'avait pu l'entendre. D'ailleurs, on dansait en ce moment, et le bruit de l'orchestre, l'entrain de la valse, détournaient l'attention de tous pour tout ce qui n'était pas musique ou danse.

Maurice venait d'atteindre le vestiaire ; il prit son manteau au vestiaire, et le jetant sur ses épaules :

« Après-demain ! murmura-t-il en frappant du pied avec impatience. J'ai oublié que c'était le 19, et que nous devions aller à Saint-Cloud, chez M. d'Adore ! Au diable l'insolent qui dérange nos projets !... nous devions partir de bonne heure... Gringoire a dû s'occuper de la voiture, et... Je ne puis cependant rien dire à Lucile ! reprit Maurice après un silence. Si je remettais le duel au lendemain ?... Non ! cela ne se peut ! »

Maurice avait atteint le boulevard, et il marchait dans la direction de la rue de Richelieu.

« Je prétexterai un ordre du ministre ! dit-il. Je partirai le matin avant eux. Signelay accompagnera seul Lucile et Uranie, et je les rejoindrai chez Adore, une fois la leçon donnée à cet insolent !

— Ouf ! fit une voix sonore.

— Prenez donc garde ! » dit Maurice en s'arrêtant brusquement.

Un homme, marchant tête baissée et comme absorbé dans des réflexions profondes, venait de heurter le colonel. L'homme releva le front ; un réverbère voisin éclairait suffisamment les deux visages.

« Corvisart ! dit Maurice avec étonnement.

— Le colonel Bellegarde ! dit le médecin comme un homme qui est encore sous l'empire d'un songe et qui n'est pas complètement réveillé.

« Qu'avez-vous donc, docteur ? vous paraissez tout bouleversé.

— Pardieu ! ou le serait à moins ! Vous savez la nouvelle ?

— Quelle nouvelle ? Je ne sais rien ! »

Corvisart se pencha vers Maurice et lui parla rapidement à voix basse. Le colonel fit un bond en arrière :

« Impossible ! s'écria-t-il d'une voix étranglée.

— J'ai dit comme vous, répondit Corvisart, mais il paraît que cela est ! »

Maurice serra les mains du docteur :

« Ah ! dit-il, c'est la Providence qui a voulu que je vous rencontre cette nuit !

— Où allez-vous ? demanda Corvisart.

— Chez Fouché.

— Et maintenant, y allez-vous encore ?

— Plus que jamais ! »

\* \*

Au moment où Maurice quittait le bal, son adversaire chargeait l'un des trois officiers qui étaient près de lui de s'entendre avec M. de Roquefeuille, puis, prenant le bras d'un autre officier et le saluant avec un geste superbe, il s'éloigna, de l'air le plus martial.

Mais il n'avait pas fait deux pas en avant, qu'une main respectueuse se posait délicatement sur son bras :

« Citoyen ! dit une voix aimable, sans moi, tu perdais ta bourse ! »

L'incroyable se retourna : M. Thomas était devant lui, le saluant jusqu'au parquet et lui présentant de sa main droite une bourse de soie verte dans laquelle rutilaient une dizaine de pièces d'or.

« Merci, mon brave ! dit l'incroyable en enlevant lestement la bourse qu'il glissa prestement dans sa poche.

— Un bien honnête citoyen ! » dit l'officier en souriant.

M. Thomas salua modestement. Comme il relevait la tête, un homme qui venait de se glisser derrière lui lui parla rapidement à l'oreille. Thomas demeura immobile et comme foudroyé, puis, se remettant :

« Impossible ! » dit-il.

L'homme qui venait de parler à M. Thomas était de taille moyenne, élancée, élégante. Sa personne, richement vêtue suivant la mode des incroyables, ne manquait pas d'une certaine distinction. Quant à son visage, il était impossible d'en distinguer les traits. Une perruque rousse, avec des cheveux plats tombant jusque sur les sourcils, et des oreilles énormes de chien descendant sur le collet de l'habit, dérobaient absolument le haut du visage, tandis qu'au bas de ces cravates indescriptibles, véritable rempart, avec son nœud menaçant, montait jusqu'au-dessus du nez, et atteignait presque le bord des paupières inférieures. Deux yeux vifs, d'un bleu foncé, se distinguaient seuls.

« Impossible ! » avait dit Thomas.

L'autre murmura encore quelques paroles à voix extrêmement basse.

« Tu en es sûr ? reprit Thomas en rapprochant ses épais sourcils.

— J'ai entendu, te dis-je ! répondit l'homme à la cravate immense.

— Qui disait cela ? »

L'homme prononça un nom à l'oreille de Thomas. Celui-ci tressaillit encore :

— Lui aussi est à Paris ? dit-il.

— Oui !

— Depuis quand donc ?

— Depuis ce soir seulement. »

Thomas parut réfléchir longuement.

« Voici qui serait bien grave ! dit-il.

— Quels ordres ?

— Aie des nouvelles plus détaillées, et demain, où tu sais ! Jusque-là, pas un mot !

Les deux hommes se séparèrent en échangeant un signe mystérieux. L'incroyable disparut du côté de la porte de sortie, M. Thomas continua sa promenade. Le bal continuait plus animé et plus bruyant.

## XIX. — LE MINISTÈRE DE LA POLICE.

Le ministère de la police était de création récente. Sur la proposition du Directoire, qui demandait qu'on réunît dans une même main, pour obtenir une pression plus grande, la surveillance politique pour déjouer les complots et contenir les séditieux, et les attributions de la police municipale pour toute l'étendue de la République, le conseil des Cinq-Cents avait voté la création d'un septième ministère.

Le premier ministre de la police générale avait été Armand-Gaston Camus, entré en fonctions le 2 janvier 1796, et démissionnaire le 4 du même mois.

À ce ministre de deux jours avait succédé Merlin de Douai qui garda ses fonctions trois mois ; puis vinrent Cochon de Lapparent, Lenoir la Roche, Sotin de la Coindière, Dondeau, le Carlier, Pierre Duval, Bourguignon-Dumolard, qui cessa ses fonctions le 20 juillet 1799.

En trois années et six mois, le ministère de la police générale avait donc vu neuf fois changer de main son portefeuille ; chaque ministre n'avait pas, en moyenne, exercé même cinq mois. Si l'on réfléchit à l'importance d'un tel ministère, si l'on pense à ce qu'il faut de soins, d'étude, d'attention, d'habitude, d'exercice enfin pour faire un bon ministre de la police, on comprendra combien cette succession de pouvoirs éphémères avait dû être peu compatible avec les services à rendre.

Qu'avait pu faire chacun de ces ministres? C'est à peine s'il avait pu être installé, et cependant, durant ces trois années et demie, on avait vu naître et éclater conspirations sur conspirations : la conspiration Babeuf, celle de Brottier et la Ville-Heurnois, l'événement du 18 fructidor, et tant d'autres faits qui provoquaient l'anarchie et semaient l'inquiétude.

Le Directoire, qui avait beaucoup espéré dans la création de ce ministère et qui n'en recevait aucun secours, cherchait un homme intelligent, capable, fort et énergique. Cet homme il crut l'avoir trouvé, et il le trouva en effet : ce fut Fouché.

Fouché fut nommé ministre de la police le 20 juillet 1799. Il trouva le ministère presque entièrement dépourvu d'organisation, et bien loin de valoir même l'ancienne administration des lieutenants de police que Fouché avait eue jadis en si profond mépris. Il fallait tout faire, tout créer, tout organiser, tout inventer pour mettre ce grand rouage politique à la hauteur de la mission qu'il lui convenait de remplir. Fouché entreprit de tout faire, tout créer, tout organiser, tout inventer.

C'était un travail inouï, presque au-dessus des conceptions d'un cerveau humain. Fouché l'entreprit sans inquiétude de l'avenir; car cet homme étrange, ce personnage sur lequel on devait répandre plus tard tant de bruits de nature aussi contradictoire, se sentait là enfin dans l'élément qui lui était propre, et il envisageait ce réseau formidable d'intrigues qu'il fallait nouer et dénouer avec cette calme assurance des montagnards basques en présence des Pyrénées.

Fouché est l'incarnation de la police, comme Talleyrand l'incarnation de la diplomatie, comme Ney l'incarnation de la bravoure. Chacun de ces trois hommes, arrivés tous trois à l'apogée de leur carrière, avaient débuté cependant dans une voie qui n'était pas la leur, et ils n'avaient senti leurs instincts puissants se développer en eux qu'alors que leur pied avait foulé la véritable route à suivre.

À l'époque où nous sommes arrivés, il y avait donc près de trois mois seulement que Fouché était ministre, et il en était encore aux premières pièces de la grande et utile machine qu'il voulait monter. Ce soir-là, où nous venons de passer la soirée au bal du pavillon de Hanovre, le ministre de la police était seul dans son cabinet.

La soirée était très-avancée; plusieurs bougies étaient allumées sur la cheminée; deux lampes étaient placées sur un bureau chargé de papiers de tous genres, de toutes formes et de toutes écritures. Une grande clarté régnait dans la pièce plongée dans un profond et lugubre silence.

Fouché, le front penché, l'œil voilé, les mains derrière le dos, se promenait dans une pose toute méditative. Le tapis qui couvrait le parquet absorbait complètement le bruit de ses pas. On entendait le tintement régulier et sec du mouvement de la pendule.

Onze heures sonnèrent. Fouché s'arrêta, et, revenant vers son bureau, il prit deux liasses de papiers qu'il examina avec une extrême et minutieuse attention ; puis, les laissant retomber, il attira un journal qu'il déplia. Ce journal était le *Journal de Paris*, feuille critique de l'époque rédigée par Peltier.

Fouché se laissa tomber sur son fauteuil, et, se penchant pour permettre à la lampe d'éclairer en plein le journal, il se mit à lire :

« Des monstres, commença-t-il à demi-voix, revêtus souvent de l'uniforme national qu'ils volent et qu'ils souillent, répandus dans toute la France, suspendent les femmes, les enfants, les vieillards, sur des brasiers ardents, et, par une gradation lente, leur arrachent la vie au milieu d'inexprimables tortures, moins encore animés, dans leur barbarie, par l'appât du gain que pour se donner du plaisir.

« Un père attaché à un poteau, la tête placée sous le sabre, voit sa fille de onze ans exposée sous ses yeux à toutes les tortures.

« Trois monstres se présentent à la porte d'une maison : « Monsieur? — Il n'y est pas, mais madame y est. » Ils montent; peu de temps après on les voit ressortir; le mari rentre, il trouve sa femme, sa servante, son enfant, un enfant de trois mois, égorgés, et la tête de cette pauvre petite créature, dans les mouvements convulsifs de sa mort, était restée attachée à la mamelle de la mère. Je m'arrête ; je sens mon cœur défaillir. S'il en coûte tant à l'âme pour se retracer de pareilles horreurs, combien il est affreux d'en être le témoin ou la victime !

« Comment s'imaginer qu'au sein de Paris, sous les yeux des deux conseils et du Directoire, quand le cri des victimes retentit de toutes parts, on voie chaque jour, chaque heure, chaque moment, les citoyens assassinés avec une impunité sacrilège ?...

« Quel humiliant spectacle, lorsque le besoin pressant de conserver sa vie, lorsqu'un sentiment d'indignation devrait s'emparer de tous les cœurs et chacun de nous demander à grands cris des armes, de voir le Parisien occupé, en tremblant, à acheter des cadenas, des barres, des verrous pour s'enfermer au crépuscule et croire avoir donné une grande preuve de courage lorsque, avant de se coucher, il a osé, tout seul, regarder sous son lit.

« Dans un tel ordre de choses, n'est-ce pas un crime capital de la part des deux conseils et du gouvernement de différer plus longtemps de réarmer les propriétaires? Craindraient-ils ces derniers plutôt que les brigands? Quelle sanglante dérision d'arracher au sommeil le laboureur et l'habitant des villes, pour les livrer sans défense à des assassins endurcis, et les faire marcher dans les boues, armés d'un bâton ou d'un fusil sans chien.

« Mais déjà on ébranle mes volets ; je crois entendre marcher autour de ma demeure, le bruit du fusil retentit dans le lointain, la nuit qui approche m'avertit qu'il faut quitter la plume pour placer les barres, et les verrous et, deux pistolets sous l'oreiller, chercher le sommeil qui nous fuit ! »

Fouché, en achevant cette lecture, rejeta avec colère le journal qu'il avait froissé. Puis, après avoir de nouveau parcouru la pièce à grands pas, il s'arrêta encore :

« On écrit de pareilles choses en l'an VIII de la République, dit-il en frappant du talon avec rage, je suis ministre de la police et je dois dire cependant : Cet écrivain a raison ! »

Et après un silence de quelques instants durant lequel les yeux de Fouché lancèrent des jets d'étincelles :

« Partout des crimes, reprit-il, pas un département n'est excepté! Les rapports abondent, et rien ! pas une arrestation sérieuse... des bandits insignifiants coffrés çà et là, mais qui ne peuvent donner aucun indice ! Ce sont les chefs qu'il nous faut ! Ces chefs, quels sont-ils ?... où sont-ils ?... »

Fouché sonna, un homme, sorte de secrétaire intime, entre-bâilla la porte.

— A-t-on envoyé chez Jacquet? demanda Fouché.
— Oui, citoyen! répondit l'autre.
— Y avait-il une lettre?
— Non, citoyen.
— Qu'a dit Marianne?
— Elle n'a rien dit, elle ne sait rien ! »

Fouché fit un signe, le secrétaire se retira :

« Voilà encore cette disparition de Jacquet ! reprit Fouché demeuré seul. Depuis quinze jours aucune nouvelle ! Et ce Bamboula qui devait, affirmait-il, me... »

Un léger coup frappé à la porte du cabinet interrompit Fouché.

« Entrez ! » dit-il.

Le secrétaire passa de nouveau la tête par l'entre-bâillement de la porte :

« Le citoyen Talleyrand ! » dit le secrétaire.

Une expression d'étonnement mêlée d'inquiétude se peignit sur la physionomie du ministre, mais se remettant aussitôt :

« Introduisez ! » dit-il.

M. de Talleyrand entra. Le diplomate, alors à peu près inconnu, bien qu'il eût déjà été au pouvoir, avait en 1799 quarante-cinq ans, c'est-à-dire qu'il était à cet âge où l'intelligence de l'homme est dans toute sa force et toute sa vigueur.

L'infirmité dont il était atteint (Tout le monde sait que M. de Talleyrand boitait. Dans son extrême jeunesse, il avait fait une chute grave à la suite de laquelle il était devenu boiteux : cet accident avait désolé ses parents, et, bien qu'il fût l'aîné de la famille, on avait résolu dès lors de lui faire suivre la carrière habituellement réservée aux cadets.), cette infirmité, par un singulier hasard, ne messeyait pas au diplomate. Elle donnait à sa démarche quelque chose de cauteleux qui s'harmonisait parfaitement avec l'expression fine et spirituelle de sa physionomie d'ordinaire finement froide et spirituellement sceptique.

Fouché s'avança vers le diplomate avec cette brusquerie familière qui était le masque dont il revêtait habituellement sa manière d'être, alors qu'il croyait avoir à lutter de ruse, d'adresse et d'audace.

Talleyrand salua gracieusement le ministre de la police, prit le siége qui lui était offert et, clignant doucement les yeux :

« Vous travaillez tard, cher ! dit-il en désignant les montagnes de papiers qui recouvraient le bureau.
— Je travaille toujours ! répondit Fouché.
— Même quand vous ne faites rien ?
— Surtout quand je ne fais rien !
— Je vous crois : c'est lorsqu'on ne travaille pas que l'on travaille certes le plus. J'en sais quelque chose, depuis que j'ai quitté le ministère pour rentrer dans la vie privée. »

Fouché regarda profondément Talleyrand :
« Ah ! dit-il, vous travaillez beaucoup ?
— Beaucoup, répondit Talleyrand avec une bonhomie parfaitement feinte ; mais que fais-je comparé à ce que vous devez faire dans le poste que vous avez accepté. C'est un travail de création que vous avez entrepris. Êtes-vous satisfait de votre œuvre ?
— Pas autant que je le voudrais l'être, répondit Fouché en secouant la tête. La police n'a jamais existé, et cependant il faut qu'elle existe pour la sécurité des citoyens : je la crée, cela est vrai ; je la créerai, cela est sûr, mais quand aurai-je achevé l'édifice ? Si je n'avais qu'à construire encore ; mais, avant de construire, il faut que je démolisse : la pierre d'achoppement est dans les voies tracées, et qu'il faut cesser de parcourir. Ah ! si je n'avais pas eu de prédécesseurs !
— Voilà une phrase que ne répéteront certes pas ceux qui viendront après vous ! »

Fouché s'inclina devant cette flatterie, puis, redressant brusquement la tête :
« Est-ce au besoin de me complimenter que je dois l'honneur de votre visite ? demanda-t-il tout à coup.
— Oui et non, répondit Talleyrand.
— Comment ? »

Les deux hommes se regardèrent durant quelques instants sans mot dire, la prunelle ardente de Fouché lançant des éclairs qui se brisaient sur l'expression terne des yeux du diplomate.
— Et les chauffeurs ? demanda Talleyrand.

Fouché sourit avec une légère grimace :
« On est sur leur trace, » répondit-il.

Puis, changeant de ton :
« Citoyen Talleyrand, dit-il plus brusquement encore que la première fois, convenons une bonne fois d'une chose : ne jouons jamais la comédie entre nous... nous nous connaissons trop pour cela ! Il y a quinze jours que je ne vous ai vu, je ne vous attendais pas ce soir, vous n'êtes pas homme à vous déranger sans motif, vous êtes venu... pourquoi ? »

Talleyrand avait écouté cette petite tirade sans sourciller, avec son impassibilité habituelle. Quand Fouché eut formulé si nettement sa dernière question, il sourit doucement, et, se baissant comme pour mieux examiner l'un des cachets de ses montres :
« A-t-on des nouvelles du général Bonaparte ? demanda-t-il.
— Pas depuis le dernier courrier, répondit Fouché.
— Vous en êtes sûr ?
— Parfaitement sûr.
— Mais le dernier courrier annonçait une expédition qu'il préméditait dans la haute Égypte ?
— Oui.
— Cette expédition, il l'a probablement faite ?
— Cela est en effet présumable.
— A moins que... »

Talleyrand s'arrêta en regardant Fouché en dessous.
« A moins que ? reprit Fouché. Vous pouvez continuer : je vous donne ma parole d'honneur que je ne sais pas où vous voulez aller !
— Je dis que le général a dû effectivement faire son expédition du sud, à moins que les dernières et désastreuses nouvelles d'Europe que vous lui avez expédiées ne lui aient fait naître la pensée que son génie pouvait être nécessaire en cet moment à la mère patrie.
— Pour cela, répondit Fouché avec une indifférence affectée, il faudrait que ces dernières nouvelles fussent parvenues jusqu'au général, et vous n'ignorez pas que les croiseurs anglais nous interceptent toute communication depuis trois mois. Le général ne connaît ni la perte de l'Italie ni le péril de nos frontières du midi...
— Mais si, par un hasard quelconque, il avait connu cette situation terrible du pays avant que la nouvelle de la victoire de Zurich fût venue calmer son inquiétude ?
— Hein ? » fit Fouché avec un tressaillement si brusque qu'il faillit renverser une petite table placée près de lui.

Talleyrand demeurait souriant et impassible.

## XX. — LA NOUVELLE.

Fouché, un moment dominé par l'émotion que pouvait causer à un homme alors au pouvoir une supposition de l'importance de celle faite par Talleyrand, Fouché s'était remis cependant avec une rapidité merveilleuse.

« Eh bien ! reprit-il, lors même que, par l'un de ces hasards quelconques auxquels vous faites allusion, le général Bonaparte eût appris les désastres éprouvés par la République sans avoir connaissance de la dernière victoire de ses armées, que penseriez-vous ?
— Vous connaissez le général ? dit Talleyrand.
— Sans doute.
— Il adore sa patrie, il est passionné pour la gloire de la France...
— Je le sais.
— Ne s'indignerait-il pas d'être loin de cette patrie alors qu'elle aurait un tel besoin de la puissance de son bras ? »

Fouché regarda Talleyrand avec une telle fixité que le rusé diplomate rougit légèrement en dépit de sa puissance sur lui-même.

« Que savez-vous ? demanda nettement le ministre en se rapprochant de son interlocuteur.
— Rien ; je suppose...
— Et le résultat de vos suppositions ?
— Tout Paris suppose comme moi, vous ne l'ignorez pas, et on se dit : « S'il allait revenir !... »

Fouché devint pâle, tant son émotion était vive.
« S'il allait revenir ! » répéta-t-il.

Puis, après un silence d'une éloquence indicible :
« Citoyen Talleyrand, reprit-il, je me rappelle parfaitement qu'au retour de Campo-Formio, après avoir salué le vainqueur de l'Italie, vous dîtes de lui ces paroles, qui se sont gravées dans ma mémoire : « Loin de redouter ce qu'on voudrait appeler son ambition, je sens qu'il nous faudra peut-être un jour la solliciter ! » Répéteriez-vous aujourd'hui la même phrase ?
— Certes ! et je soulignerais surtout sa dernière partie.
— Solliciter l'ambition de Bonaparte ! répéta Fouché.
— N'est-ce pas votre avis ? Le général Bonaparte est, ainsi que le disait Junot, l'un de ces hommes dont la nature est avare, il faut le reconnaître. La Grèce a eu son Alexandre, Rome a eu son César, la France a son Bonaparte... Vous êtes trop intelligent pour ne pas me comprendre.
— Mais, dit Fouché d'une voix frémissante, il faudrait qu'il fût revenu.
— Ah ! vous voilà à désirer la réalité de ma supposition.
— Mais cette supposition, quel événement vous la fait faire ?
— Une lettre que j'ai reçue ce soir, lettre écrite par un Anglais avec lequel j'ai conservé d'amicales relations et qui, en ce moment, est à bord de l'escadre de la Méditerranée.
— Et cette lettre vous dit que ?...
— Pour jouer un mauvais tour au général Bonaparte, Sidney Smith, voyant qu'il ignorait ce qui se passait en Europe, s'est fait un malin plaisir de lui envoyer d'un seul coup un paquet de journaux.
— Alors ?
— Je ne sais rien de plus ; la lettre ne dit rien de l'effet produit par l'envoi, mais cet effet, je le sais, je le sais pas, je le devine. Avant peu, j'en réponds, le général Bonaparte sera en France. »

Fouché demeurait comme atterré ; ses yeux étaient fixes et il paraissait plongé dans un océan de réflexions.

Le silence le plus profond régnait dans la pièce ; Talleyrand attendait, suivant du coin de l'œil sur la physionomie de son interlocuteur la progression des pensées et les fluctuations des idées qui se faisaient jour dans son esprit.

« Vous êtes venu me faire part de vos suppositions, reprit Fouché en redressant le front.
— N'êtes-vous pas ministre de la police, répondit Talleyrand, et par conséquent n'êtes-vous pas celui qui doit être instruit le premier ? »

Fouché allait répondre lorsqu'un coup discret frappé à la porte arrêta la parole sur ses lèvres.

« Entrez ! » dit-il.

Le même secrétaire qui s'était déjà montré passa la tête, puis, glissant son corps long et étroit par l'entre-bâillement de la porte, il s'avança à pas discrets.

« Qu'est-ce donc ? » demanda Fouché.

Le secrétaire se pencha et lui parla bas à l'oreille ; Fouché se leva brusquement.

« Citoyen, dit-il à Talleyrand, je te prie de m'excuser si je te laisse seul quelques instants, il s'agit d'affaires de service. »

Talleyrand fit un geste amical ; Fouché sortit rapidement suivi par le secrétaire. Talleyrand resta seul ; le diplomate demeura assis dans le vaste fauteuil qu'il avait choisi ; il ne fit pas un mouvement : ses paupières à demi baissées voilaient complètement son regard. Un quart d'heure s'écoula, Talleyrand ne bougea pas.

Sommeillait-il ? réfléchissait-il ?... lui seul eût pu le dire. Tout à coup la porte se rouvrit et Fouché rentra ; le ministre de la police générale avait le visage un peu animé ; cependant il paraissait parfaitement calme et absolument maître de lui-même.

Il reprit sa place en attirant son siège près de celui de son visiteur.

« Reprenons la conversation où nous l'avons interrompue, dit-il de sa voix brève. Vous disiez : Si Bonaparte allait revenir !... »

Talleyrand cligna doucement des yeux.

« Je faisais une supposition, répondit-il, mais ce n'était qu'une supposition.

— Sans doute ; cependant cette supposition vaut la peine d'être pesée... discutée... et... considérée... »

Fouché s'arrêta comme s'il eût attendu en vain une interruption de son interlocuteur, mais celui-ci ne dit mot. Un profond silence régna dans la pièce ; les deux hommes, affectant une contenance froide, se regardaient furtivement du coin de l'œil : ils s'étudiaient, ils se sondaient, non pas comme deux ennemis prêts à s'attaquer, mais comme deux associés supputant chacun la force de l'autre avant de proposer le traité qui doit les lier entre eux.

Chacune de ces deux natures, si éminemment nées pour l'intrigue et la ruse, se montrait alors sous le jour qui lui était propre. Talleyrand, en homme de l'ancienne cour, en diplomate empreint du vernis aristocratique, affectait les formes douces, polies, insinuantes, il ne provoquait pas, il attendait avec patience. Fouché, plus bouillant, plus ardent, tout échauffé encore de ses luttes récentes, témoignait plus d'impatience et plus de brusquerie.

Le premier, assis et jouant avec sa tabatière, paraissait jouir d'une douce quiétude et ne pas avoir la moindre préoccupation. Le second s'était levé et parcourait la chambre à grands pas. Talleyrand semblait maintenant aussi peu désireux de poursuivre l'entretien qu'il avait semblé tout d'abord vouloir le provoquer.

Fouché laissa échapper de ses lèvres un énergique juron.

« Morbleu ! s'écria-t-il, quel jeu jouons-nous en ce moment ?

— Un jeu dans lequel il s'agit de se faire donner les atouts, répondit Talleyrand.

— Cela est facile à dire, mais serait-ce facile à faire ? Voyons, très-cher, le plus court chemin d'un point à un autre est la ligne droite : ne prenons donc pas les routes de traverse pour arriver au but. Si vous êtes venu à moi ce soir, c'est que vous pensez que le moment est arrivé de nous entendre, c'est que vous avez besoin de moi pour servir la cause que vous voulez faire triompher. »

Talleyrand fit un signe qui pouvait passer pour être affirmatif.

« Mais, continua Fouché en se rapprochant, quelle est cette cause ? Par le temps qui court, pas mal sont en présence. Croyez-vous que celle du général Bonaparte soit celle du Directoire ?

— Et vous, le croyez-vous ? demanda Talleyrand en regardant cette fois fixement son interlocuteur.

— Non.

— Alors ?...

— Alors vous supposez que si le général revenait en France, il se trouverait immédiatement en opposition avec les directeurs, qu'un parti se formerait autour de lui, que les directeurs pourraient s'effrayer de la puissance de ce parti, ou que si ce parti, comptant sur ses propres forces, pouvait agir...

— Je suppose cela effectivement.

— Et vous concluez ?...

— Que la patrie est en péril et qu'il faut une main ferme pour la sauver.

— Une main, répéta Fouché en soulignant le mot une. Une main...

— Oui, » dit Talleyrand en se levant.

Fouché s'approcha du diplomate.

« Très-cher, dit-il, je crois que nous nous entendrons. Reste à savoir si lui voudra nous entendre. »

Talleyrand sourit finement.

« Il nous entendra, dit-il, car j'aurai une phrase magique à prononcer à son oreille : « La France a besoin de vous ! » Mais il faut qu'il revienne.

— Il reviendra ! » dit Fouché.

Talleyrand le regarda encore fixement en dépit de son habitude.

« Vous croyez ?

— J'en suis sûr ! dit Fouché.

— Alors quand nous reverrons-nous ?

— Demain, à cette même heure, ici, je vous attendrai. »

Talleyrand salua gracieusement et quitta le ministre. Fouché le regarda sortir.

« Cet homme a une police mieux faite que la mienne, murmura-t-il quand il fut seul ; cela est à noter. »

Et courant ouvrir une autre porte :

« Venez ! » dit-il.

Un homme entra et jeta son chapeau sur un siège : cet homme, c'était Jacquet.

« Répète la nouvelle ! dit vivement Fouché.

— Le 5 fructidor, répondit Jacquet, le général Bonaparte a quitté l'Égypte ; il s'est embarqué avec Berthier, Lannes, Murat, Andréossy, Marmont, Berthollet et Monge sur les deux frégates le *Muiron* et la *Carrère*, et il a fait voile pour la France.

— Quand as-tu appris cela ?

— Ce soir même.

— Par qui ?

— Par le corsaire le Bienvenu.

— Le Bienvenu !... Mais il était encore à Paris hier.

— C'est un jeune homme qui lui est tout dévoué et sur lequel il peut compter comme sur lui-même qui lui a apporté cette nouvelle.

— Où est le Bienvenu ?

— En bas, il m'attend en voiture.

— Et le jeune homme ?

— Il est avec lui.

— Fais-les monter. »

Jacquet s'élança et disparut. Fouché se mit à parcourir la pièce à grands pas.

« Parti d'Égypte le 5 fructidor ! répéta-t-il, il devrait être arrivé maintenant... Peut-être l'est-il ?... Mais non, le télégraphe eût joué, je saurais... »

Fouché sonna violemment ; son secrétaire entra.

« Y a-t-il des dépêches télégraphiques ? demanda-t-il.

— Aucune ! répondit le secrétaire.

— S'il en vient une cette nuit, à quelque heure que ce soit, qu'on me réveille. »

Le secrétaire referma la porte.

« S'il n'avait pu traverser les croisières, reprit Fouché, s'il avait été tombé aux mains des Anglais !... Il devrait être arrivé... Le général Bonaparte en France !... Oh ! la France entière l'acclamerait. »

Jacquet entrait en ce moment, s'effaçant pour livrer passage à deux hommes qui s'inclinèrent devant Fouché.

L'un de ces deux hommes était l'intrépide corsaire que nous connaissons de longue date, l'autre était un jeune homme revêtu de l'uniforme des sous-officiers de l'infanterie française.

« Le citoyen le Bienvenu, le citoyen Niorres ! » dit Jacquet au ministre.

Celui-ci fit signe au corsaire de s'avancer.

« Racontez-moi en détail ce que vous savez ! » dit-il en l'invitant à s'asseoir.

Le Bienvenu se retourna vers le jeune homme, et le poussant doucement en avant :

« Ce n'est point à moi à parler, dit-il, c'est à ce jeune soldat, car je ne pourrais que vous répéter ses propres paroles.

— Qui es-tu? dit Fouché.
— Niorres, ancien tambour de la 32e, sergent-major au même corps.
— Tu es bien jeune cependant.
— Les campagnes comptent double : j'étais à Lodi, à Castiglione, à Arcole...
— Et tu arrives d'Égypte? demanda Fouché.
— Oui, citoyen, répondit le jeune homme. Le général Bonaparte m'avait fait entrer à l'école de Mars jadis, mais quand l'expédition d'Égypte a été formée, j'ai obtenu de quitter l'école et de suivre le général.
— Quand as-tu quitté l'Égypte?
— Le 6 fructidor dernier.
— Le lendemain du jour où, d'après toi, le général Bonaparte aurait lui-même quitté l'Égypte?
— Oui, citoyen.
— Tu as assisté à ce départ?
— J'étais avec les guides d'escorte qui ont accompagné le général jusqu'à la mer.
— Raconte-moi cela?
— J'étais à Alexandrie, reprit l'enfant après un court silence, il était tard et j'avais de quitter le général Lannes auquel je servais de secrétaire, lorsqu'un planton me rappela par son ordre ; je remontai.

« Niorres, me dit le général, tu ne vas pas retourner au quartier; tu demeureras ici et tu ne me quitteras pas jusqu'à nouvel ordre. »

Je venais de copier plusieurs lettres, plusieurs proclamations qui toutes annonçaient le départ du général en chef et, sans doute, le général Lannes craignait que je ne commisse quelque sotte indiscrétion.

A minuit, le général monta à cheval, sans escorte, je le suivis. Nous gagnâmes le palais, un peloton de guides était sous les armes. Bientôt le général en chef monta à cheval à son ordre et nous sortîmes de la ville...

— Après? dit Fouché en voyant l'enfant s'arrêter.
— Nous suivîmes la plage au galop, reprit le jeune soldat, et nous gagnâmes un endroit écarté et désert. Plusieurs canots attendaient et, au loin sur la mer, on apercevait la mâture des frégates.

Le général allait partir, j'avais le cœur serré... Le colonel Bellegarde était parti déjà, Rossignolet et Grangeier avaient aussi quitté l'armée. Depuis un mois au moins je n'avais plus d'amis, et voilà que mon général, celui que j'adore comme mon Dieu, allait aussi retourner en Europe, et moi j'étais condamné à rester... ! Bien loin de la patrie.

J'avais des larmes dans les yeux, et je ne sais pas comment cela se fit, mais quand le général s'avança pour monter dans le canot, j'étais devant lui.

« Que veux-tu? me demanda-t-il.
— Vous suivre, mon général.
— Impossible.
— Mon général, m'écriai-je, j'ai encore là, sur moi, la pièce d'or que je vous ai prise dans la main à Cherusa, le morceau de rouge du drapeau de la 32e que j'ai reçu et les baguettes d'honneur que vous m'avez données, je vous rends tout pour pouvoir vous suivre.
— Qui es-tu? dit le général, car il faisait noit et il ne pouvait distinguer les traits de mon visage.
— Niorres, réponds-je, ci-devant Bibi-tapin, le tambour de la 32e. »

Le général appela le général Berthier et il lui parla tout bas, ensuite :

« Je ne puis t'embarquer, me dit-il avec une voix douce, et je le regrette, mais bientôt tu reviendras en France.
— Général, dis-je tout ému, s'il y avait de la place à bord, vous me prendriez donc?
— Oui, répondit le général.
— Alors, vous ne me refuseriez pas mon concours pour vous accompagner?
— Non, mon ami. »

Là-dessus, je saisis la main du général et je la baisai ; j'avais tiré mon plan, comme dit Rossignolet.

Quelques instants après, les frégates le Muiron et la Carrère mettaient à la voile, et elles disparaissaient dans la nuit. Il y avait là, devant moi, deux chebecks, la Revanche et la Fortune qui, je le savais, devaient escorter les frégates.

Je connais les marins : j'avais remarqué une embarcation égyptienne amarrée près de moi : je saute dedans et je cours sur les chebecks qui appareillaient. J'accoste la Revanche.

« Prenez-moi à bord ! »

On m'ordonne de retourner à terre.

« Le général m'a donné mon congé ; s'il avait eu de la place, il m'eût emmené avec lui. »

On ne m'écoute pas ; je vais à la Fortune : même réponse.

« Vous ne voulez pas m'embarquer?
— Non ! » me répond-on.

Alors, je saisis une hache que j'avais découverte dans l'embarcation et je m'écrie :

« Un homme à la mer ! »

En même temps, je crevais l'embarcation qui sombrait sous moi :

« Un homme à la mer ! » On sait ce que ce cri-là signifie pour les matelots. Quelques instants après j'étais recueilli, et le commandant de la Revanche me faisait mettre aux fers pour m'apprendre à l'avoir contenu à me recevoir à bord. Mais cela m'était bien égal : je suivais mon général, j'allais avec lui.

Comment se fit la traversée? je n'en sais rien ! j'ai toujours été aux fers. Enfin, un matin, on me fit monter sur le pont, puis descendre dans une chaloupe et on me conduit à terre.

J'ignorais où j'étais, quand j'entendis des cris d'amour et de triomphe et je vis la frégate le Muiron à deux encablures. J'étais en Corse : les frégates venaient de relâcher et les paysans s'accouraient acclamer mon général.

L'officier qui était dans le canot m'avait mis à terre en me disant que j'étais tout ce qu'on pouvait faire pour moi et que j'avais à m'arranger comme je voudrais.

Un moment, j'eus la pensée d'aller à bord du Muiron, mais je réfléchis que le général avait refusé de m'embarquer et qu'il me punirait peut-être. Je ne savais que faire, quand il me vint dans l'idée de fréter une barque de pêche avec l'argent que j'avais apporté. Je trouvai la barque et le pêcheur et nous mîmes à la voile pour Toulon.

Ma barque était bonne voilière : partis avant les frégates, nous sommes arrivés également avant elles à Toulon. Je suis certain que le général débarquera le lendemain ou le surlendemain, je m'élançai sur un cheval de poste et j'accourus à Paris, où je suis arrivé ce soir.

— A quelle heure? demanda Fouché.
— A neuf heures.
— Quel jour as-tu quitté Marseille?
— Le 15 vendémiaire.
— Il y a quatre jours alors, car nous sommes aujourd'hui le 19.
— Oui, citoyen. »

Fouché réfléchit longuement, puis revenant vers le jeune homme :

« Tu ne me trompes pas? dit-il. Tu as bien dit la vérité? »

Le jeune soldat devint cramoisi :

« Pourquoi donc mentirais-je? » s'écria-t-il.
— Je ne te parle pas. — Bienvenu.
— Mais, dit Fouché, s'il a quitté Toulon le 15 et que le général ait débarqué le lendemain ou même le sur-lendemain, le télégraphe devrait déjà en avoir apporté la nouvelle. »

Fouché n'achevait pas, que la porte s'ouvrait :

« Citoyen, dit le secrétaire en tendant un pli cacheté : dépêche télégraphique ! »

Fouché se saisit avidement du pli, en brisa le cachet, ou déchira l'enveloppe, puis, après l'avoir parcouru, il rentra à son bureau, écrivit rapidement quelques lignes et tendit la lettre au secrétaire qui sortit aussitôt.

« A l'hôtel Talleyrand et qu'on brûle le pavé ! » dit-il d'une voix brève.

Quelques instants après, le Bienvenu et le jeune soldat quittaient l'hôtel du ministère de la police générale.

———

Fouché et Jacquet étaient seuls, face à face. Fouché assis dans un fauteuil, les jambes étendues, les yeux fixes, le front plissé, les veines du front tendues, les bras croisés sur la poitrine dans la pose d'une méditation profonde.

Jacquet était en face de lui, debout, les mains appuyées sur le dossier d'un fauteuil sur lequel il était le corps à demi penché. Son petit œil resplendissait d'intelligence était rivé sur son compagnon.

Il y avait plus d'un quart d'heure que le Bienvenu et le jeune soldat avaient quitté le cabinet, que les deux hommes étaient seuls, et pas une parole n'avait été échangée, pas un geste n'avait été accompli.

Enfin Fouché releva la tête, son regard rencontra celui de Jacquet rivé sur le sien : ils demeurèrent encore tous deux immobiles ; le fluide jaillissant des prunelles formait un courant magnétique qui mettait si bien les pensées en communication, que sans s'être dit un mot, les deux hommes paraissaient admirablement se comprendre :

« Le voudra-t-il ? dit enfin Fouché.

— Il le voudra ! répondit Jacquet avec un accent affirmatif des plus convaincus.

— Combien donc le Directoire peut-il avoir à vivre ?

— Pas un mois... pas quinze jours peut-être.

— Il ne trouverait aucun appui ?

— Aucun.

— Consentirait-il à être nommé directeur ?

— Non, certes ! le titre est trop décrié pour qu'il l'accepte... D'ailleurs un cinquième !... qu'est-ce que cela pour son génie ?

— Que crois-tu donc qu'il veuille ?

— Ce qu'il ne veut pas encore ; mais ce que les circonstances, les événements et les hommes le forceront bientôt à vouloir. »

Fouché secoua doucement la tête :

« Talleyrand disait, reprit-il, qu'il fallait une main ferme pour faire le bonheur de la France.

— Talleyrand avait raison ! dit Jacquet.

— Eh bien... supposons que la France soit promptement heureuse...

— Et que nous contribuions à son bonheur.

— Que deviendrons-nous ? »

Ce fut au tour de Jacquet à regarder fixement Fouché :

« Ce que nous deviendrons ? répéta-t-il. Notre route n'est-elle pas tracée ?

— Oui, si la route nous demeure ouverte !

— Et qui pourrait nous la fermer ? Jamais à aucune époque la France n'a senti le besoin d'avoir une police mieux organisée que maintenant. Or, cher maître, je ne suis pas louangeur, vous le savez, et il y a longtemps que nous nous connaissons, mais il n'existe pas, je vous le jure, un homme au monde aussi capable que vous d'organiser cette police. Celui que nous voulons servir a une trop haute intelligence et trop de connaissance du cœur humain pour ne pas vous avoir estimé à votre juste valeur. D'ailleurs, en présence des événements actuels, votre administration n'est-elle pas d'une utilité incontestable ? Que le général Bonaparte prenne enfin les rênes du gouvernement et quel sera son premier désir, son premier soin, sa première pensée ? Donner au pays tranquillité, repos et sécurité. Or, comment le pays peut-il devenir calme, tranquille et sûr avec les bandes de chauffeurs, de compagnons de Jéhu, d'enfants du Soleil qui le ravagent, si la police n'est pas avant tout et partout puissante, une, intelligente et fidèle. Un bon ministre de la police est un héros trop rare à rencontrer, pour que le jour où on a le bonheur de le trouver on ne sache pas le maintenir à sa place, surtout lorsque le génie du général Bonaparte à un tempérament comme lui, ce sont des hommes comme vous qu'il faut ! »

Fouché avait fait comme s'essayer d'interrompre Jacquet ici.

« Oui, dit... je sais de tout ça, mais pour que le général comprenne l'importance que je mérite et qu'il une fois au pouvoir il sache m'apprécier, il faudrait au moins que j'eusse accompli quelque acte remarquable depuis mon administration, et depuis que je suis au ministère, qu'ai-je fait, organisé et ordonné... Voilà tout ! La France est-elle aujourd'hui ses routes et ses rues plus sûres que par le passé ? Non ! il faut savoir l'avouer. Les chauffeurs sont partout et en pied à tous les maîtres, et nous sommes non-seulement impuissants à les empêcher d'achever leurs forfaits, mais encore à les châtier et à les arrêter... Ah ! si je tenais un bout du fil de cette ténébreuse association !... »

Jacquet sourit :

« Si, dans quinze jours, dit-il, je vous mettais à même de dévider en partie du peloton, que feriez-vous ? »

Fouché tressaillit.

« Je ferais ce que tu voudrais, dit-il.

— Votre parole ?

— Ma parole.

— C'est bien, je la retiens et je vous la rappellerai en temps et lieu. »

Fouché s'était levé.

« Qu'as-tu donc fait depuis quinze jours ? dit-il.

— J'ai fait la route de Paris à Poitiers, répondit Jacquet.

— Et tu as appris ?

— Que Camparini n'était pas mort.

— Mais où est-il ?

— Voilà ce que j'ignore encore.

— Et ce qu'il faut savoir.

— C'est-à-dire ce qu'il *faudrait* savoir, dit Jacquet en appuyant sur le mot.

— Tu ne le sauras donc pas ? Et Bamboula, que fait-il ?

— Il suit la piste, mais quoique bien rusé, je ne le crois pas de force.

— Quoi ! s'écria Fouché avec véhémence. Il existe en France, sous mon ministère, un homme, l'organisateur d'une immense association d'assassins ; cet homme je saurai qui il est, je l'aurai touché du doigt, et je ne m'en emparerai pas !... Et je veux que le général Bonaparte ait confiance en ma force !

— Avez-vous confiance en moi ? demanda brusquement Jacquet.

— Oui, répondit Fouché, mais...

— Alors, occupez-vous des affaires politiques et laissez-moi, à partir de cette heure, liberté d'action entière pour ce qui concerne les chauffeurs.

— Et tu me réponds ?...

— De tout. Je demande un mois, liberté d'action absolue et vingt signatures en blanc.

— Et si dans un mois tu n'as pas réussi ?

— Vous direz que je vous ai trompé et vous agirez en conséquence. »

Fouché regarda Jacquet.

« Prends garde ! dit-il, c'est un jeu dangereux que tu vas jouer là !

— Acceptez-vous ? j'accepte !...

— Soit ! »

Et le ministre, s'asseyant devant son bureau, se mit à signer de grandes feuilles blanches qu'il tendit à mesure à Jacquet.

## XXI. — LA MAISON DU QUAI DES LUNETTES.

Le lecteur se souvient de cette maison du quai des Lunettes, où s'est accomplie l'une des dernières scènes de la troisième partie de ce récit, cette maison dans laquelle nous avons assisté à l'un de ces deux serments solennels proférés à la même heure ?

Ce soir-là, où nous venons de pénétrer dans le cabinet du ministre de la police, deux heures environ après qu'avait eu lieu la conversation rapportée dans le précédent chapitre, cette même pièce que nous connaissons était éclairée par une lampe placée sur le manteau de la cheminée. Deux hommes étaient assis devant cette cheminée, dans laquelle s'éteignait un feu que personne ne prenait soin de ranimer. Ces deux hommes, c'étaient les deux vaillants corsaires Bon-chemin et le Bienvenu.

Un troisième personnage marchait dans la pièce, la parcourait rapidement, mais se tenant dans l'ombre. Tout à coup celui-ci s'avança vers les deux autres, se plaçant sous le rayonnement de la lampe, qui éclaira alors en plein le visage de Jacquet.

« Pardieu ! s'écria-t-il en continuant une conversation évidemment commencée depuis longtemps, et qui atteignait alors son grand intérêt ; perdieu ! le doute n'est pas permis un seul instant, la chose est claire, lumineuse, apparente comme la flamme de cette lampe ; les assassinats de la rue de la Vrillière sont pour moi des preuves flagrantes, incontestables et indéniables.

— Mais, s'écria Henri, puisque vous nous avez fait prévenir à temps, vous aviez des craintes relativement à cette nuit horrible !

— Sans doute.

— Et vous vous êtes borné à nous faire quitter la maison.

— Pour faire plus, il eût fallu vous voir, et je n'avais ni le temps ni le pouvoir.

— Mais il fallait au moins, mon cher Jacquet, dit Charles avec reproche, nous mettre à même de veiller. »

Jacquet haussa les épaules.

« Croyez-vous donc que j'aie agi en enfant ? dit-il. Je vous répète encore que, littéralement, le temps m'a fait faute. D'ailleurs, je ne savais rien ou à peu près rien. Lucien n'avait pu m'éclairer qu'à demi ; lui-même ignorait la plus grande partie de la vérité.

— Lucien, répéta Henri ; devons-nous donc avoir confiance en cet homme ?

— Je ne sais ; mais ce qu'il y a de certain, cependant, c'est que vous, vos femmes et vos enfants, lui devez la vie. »

Charles fronça le sourcil.

« Je n'aime pas ce Lucien, dit-il.

— Ni moi, dit aussitôt Jacquet ; mais je l'emploie parce qu'il peut nous être fort utile, et il vient de nous donner les preuves de cette utilité ; vous ne pouvez l'oublier.

— Soit ; mais jadis, lors de notre retour d'Italie, vous-même avez douté de lui.

— Cela est vrai ; et j'avoue que je n'aurai jamais en lui une confiance bien grande.

— Alors...

— Il peut nous être utile, je le répète, et il l'a prouvé et il le prouvera ; rapportez-vous-en à moi. Cet homme a entre les mains tous les secrets du *Roi du bagne*, et c'est pour cela que Camparini ne l'a pas tué alors qu'il l'avait en son pouvoir ; mais ces secrets, qui font la puissance de Lucien en face de son ennemi, il a refusé obstinément jusqu'ici de me les confier. A-t-il voulu trahir en Italie ? Je le crois, sans cependant en avoir jamais eu de preuves certaines. Voudrait-il trahir maintenant en jouant le dévouement à la cause de la police ? Je n'affirme ni ne nie ; mais pourtant sa conduite d'hier parle en sa faveur. Sans lui, aucun de vous n'existerait plus à cette heure.

— Que vous a-t-il fait dire ? comment vous a-t-il prévenu ? demanda Charles. Et, encore une fois, pourquoi, au lieu de nous dire tout simplement ce qu'il en était, nous avoir fait croire à une fausse nouvelle, à un ordre prétendu envoyé par le ministre de la marine ?

— Tout s'enchaîne, reprit Jacquet, et une chose est une conséquence de l'autre. Voici ce qui a eu lieu.

Hier matin, vous le savez, je n'étais pas encore arrivé à Paris ; j'avais quitté Orléans dans la nuit, et je courais la poste en pressant mes postillons, car le ministre m'attendait dans son cabinet à cinq heures, et je n'avais que strictement le temps d'arriver. Je franchissais rapidement la distance, et je venais d'atteindre Corbeil. En quittant la ville, au détour d'un bouquet de bois, à un endroit convenu enfin, je remarquai le signal indique qu'il faut s'informer avant de passer outre. J'arrête la voiture, je descends, et, dans la cachette ordinaire, je trouve cette lettre écrite en chiffres. »

Et Jacquet, déployant le papier qu'il avait pris dans sa poche, lut à voix haute :

« Danger, menace. — *Ramicinap*, Paris. — Introuvable. — *Enbielunev* et *Nonchembi* tués la nuit prochaine. — Certain. — Faut-il agir ? »

Charles et Henri se regardaient sans comprendre.

« *Ramicinap*, reprit Jacquet, est l'anagramme de Camparini, comme *Enbielunev* et *Nonchembi* sont les anagrammes de la Bienvenu et de Bonchemin. De quel genre était le danger qui vous menaçait ? Je l'ignorais ; mais ce danger existait et il fallait le conjurer. Je ne pouvais rien par moi-même. Cependant j'étais certain qu'il en donnant l'ordre d'agir vous seriez sauvés. Aussi m'empressai-je de répondre par le signe convenu, qui voulait dire d'agir sans perdre une seconde. La note était de Lucien ; j'étais certain qu'il vous préserverait.

— Quelle heure était-il alors que vous donniez cet ordre ? demanda Henri.

— Il était près de midi, répondit Jacquet.

— Deux heures et demie pour venir de Corbeil à Paris avec un bon cheval : c'est bien cela. A trois heures un homme se présentait à notre domicile et me remettait cette lettre signée Mahurec, qui nous paraît être écrite entièrement par le vieux gabier, lettre qui nous recommandait de partir pour Cherbourg dans le plus bref délai, sans perdre un moment, une minute, en nous disant qu'un ordre du ministre de la marine venait d'arriver d'appareiller immédiatement. Mahurec terminait en nous conjurant de prendre la poste une heure après avoir reçu la missive : il nous disait que le salut de l'équipage entier de notre corsaire dépendait de la promptitude avec laquelle nous arriverions à Cherbourg. J'envoyai immédiatement prévenir Charles.

— À mon tour, je pris connaissance de l'épître, dit le Bienvenu, et convaincu, comme Henri, qu'elle était bien de Mahurec, connaissant tous deux le sens parfait du marin, son dévouement sans bornes, nous n'hésitâmes pas un seul instant à suivre le conseil qu'il nous donnait, bien que nous ne devinâmes pas le motif qui l'avait guidé. Bref, nous partîmes.

— À quelle heure ? demanda Jacquet.

— Nous quittions Paris à six heures moins vingt minutes. En deux heures tout avait été préparé, et ce départ avait lieu avec une telle promptitude, que personne autre que le propriétaire de la maison que nous habitions ne pouvait le connaître.

— C'est bien cela, dit Jacquet. Arrivé à Paris moi-même à trois heures, je dus me rendre au ministère, je n'en sortis qu'à cinq heures et demie : à six heures moins quelques minutes, j'étais chez vous. Vous veniez de partir, mais malheureusement votre maison était alors déserte et rien n'indiquait qu'elle dût être habitée quelques instants après.

— Nous roulions sur la route de Cherbourg, reprit Henri, et nous avions fait plus de vingt lieues déjà, nous avions couru toute la nuit, lorsqu'au lever du jour nous rencontrâmes Mahurec à Évreux. En nous apercevant, nous poussâmes tous trois un même cri :

— Où vas-tu ? demandai-je.

— À Paris, me répondit le gabier.

— Pourquoi ?

— Pour vous voir.

— Mais cette lettre que tu nous as adressée, cette lettre arrivée hier de Cherbourg ? »

Et je froissais la lettre que je plaçais sous les yeux de Mahurec. Le vieux gabier n'avait pas l'air de comprendre. Tournant et retournant le papier, il finit par me le rendre en nous disant tout simplement :

« Connais pas !

— Comment ! s'écria Charles. Tu ne connais pas cette lettre signée de ton nom, écrite par toi ?

— Moi ? dit le gabier. Je vois bien mon nom là, mais ce n'est pas moi qui l'y ai tracé. Toute cette écriture-là n'est pas la mienne. »

Charles et moi nous regardions avec une stupéfaction profonde. Que signifiait la mystification dont nous étions victimes ?

Nous donnâmes l'ordre de reprendre la route de Paris, où nous arrivâmes dans la matinée. Ce fut alors que nous apprîmes l'horrible événement accompli dans la maison que nous habitions encore la veille.

« Ainsi, dit Charles en voyant Henri s'arrêter, ce faux avis auquel nous devons l'existence provenait de Lucien ?

— Oui, dit Jacquet.

— Encore une fois, pourquoi ne nous avoir pas dit la vérité ?

— Parce que vous eussiez refusé de fuir sans doute, si vous eussiez connu le danger. D'ailleurs, ainsi que Lucien me l'a expliqué, il ignorait de quelle nature était le péril qui vous menaçait. Il n'avait été averti que d'une chose : tout avait été préparé pour vous faire tuer à Paris la nuit même. Où, comment, dans quelles circonstances deviez-vous être frappés ? Lucien l'ignorait. Que ce qu'il devait faire, c'était vous sauver d'abord, et pour être certain de réussir, il n'avait rien trouvé de mieux que ce qu'il a fait. Avouez que le piège était habile ? Si j'eusse été à Paris, Lucien n'eût pas agi de la sorte, il m'eût prévenu, mais j'étais absent ; il avait à tout hasard fait parvenir le billet à Corbeil, puis il avait agi de lui-même dès qu'il avait reçu ma réponse qui lui donnait carte blanche.

— Je comprends ! dit Charles.

— Bref ! il vous a sauvés.

— Oui, dit Henri, mais de malheureuses victimes ont péri à notre place.

— Qui aurait pu deviner ce qui a eu lieu ? s'écria Jacquet. Lucien, en vous faisant quitter Paris, pouvait-il prévoir ce hasard fatal qui ferait que, moins d'une heure après votre départ, alors que chacun ignorait ce départ même parmi vos plus intimes, une famille ayant avec la vôtre tant de points de similitude arriverait juste pour s'installer dans votre appartement ? Il y a dans ce hasard épouvantable une combinaison tellement étrange d'un impitoyable destin, que parfois je me prends à douter et je me demande si la pensée des hommes n'est pour rien dans cet incompréhensible événement.

— Comment ? dirent à la fois les deux marins.

— Le sais-je ? Je n'explique pas mes pensées, car si j'admets qu'on ait voulu vous tuer, comme tout l'indique, je ne

J'étais à Castiglione. (Page 38.)

puis admettre qu'on ait voulu en même temps tromper ou se tromper... Il y a là un point obscur qui... »

Jacquet s'arrêta. Frappant violemment du pied le parquet :

« Je rêve ! dit-il. Parlons sagement. Si Lucien vous a sauvés, un hasard fatal en a fait périr d'autres. Les assassins ont été trompés !

— Mais était-ce bien à nous qu'on en voulait? dit Henri.

— Oui, ma conviction, en dépit de certaines hésitations que j'ai ressenties, est que c'était vous, vos femmes et vos enfants que l'on voulait frapper. Les meurtriers n'ont évidemment reconnu leur erreur qu'après les crimes accomplis, et pour détourner nos soupçons, à nous, ils ont volé alors, ils ont enlevé les marchandises, les pièces de drap, espérant donner ainsi de faux indices. »

Jacquet s'arrêta. Charles et Henri se regardaient en silence.

« Encore notre implacable ennemi! dit Charles en serrant le poing.

— Toujours Camparini, toujours le *Roi du bagne !* dit froidement Jacquet.

— Mais ce misérable est comme le dragon de la Fable : à chaque tête coupée il lui en repousse une nouvelle. Combien de fois déjà avons-nous cru l'abattre ! Toujours il nous échappe alors que nous croyons le tenir, et toujours il reparaît plus fort, alors que nous le croyons plus faible !

— La lutte vous fatiguerait-elle et y renonceriez-vous ? demanda Jacquet.

— Y renoncer ! reprit le marin avec véhémence. Ne serait-ce pas renoncer à recouvrer l'honneur pour ces noms de nos pères que la justice humaine a flétris. Y renoncer ! Jamais! Dussions-nous lutter vingt ans encore, nous lutterons jusqu'au bout ! »

Quatre coups frappés à intervalles inégaux, comme un signal convenu, retentirent sur le bois de la porte. Les trois hommes gardèrent aussitôt le silence :

« Entrez ! » dit Jacquet.

La porte s'ouvrit doucement et un homme enveloppé dans un ample manteau, apparut sur le seuil encadré par le chambranle.

L'homme, en entrant, jeta son manteau sur un siége, et un visage horriblement couturé, défiguré, apparut aux lumières.

« Lucien ! dit Jacquet. Est-ce moi que tu cherches ?

— Oui, répondit Lucien, en saluant les deux marins.

— Qu'y a-t-il?

— Décidément l'enfant est sauvée !

— La petite fille ? s'écria Jacquet avec une extrême animation.

— Oui.

— Quel enfant? quelle petite fille? demanda Charles.

— L'une des victimes de la nuit dernière. Celle que le docteur Dupuytren a recueillie alors qu'on allait l'ensevelir.»

Et se retournant vers Lucien :

« Elle vivra? demanda-t-il.

— Oui ; du moins Dupuytren l'affirme, répondit Lucien.

— Oh! s'écria Henri, si cette malheureuse enfant est sauvée, Charles et moi réclamons le droit d'en prendre soin. Elle sera la sœur de nos enfants. C'est un devoir que nous accomplirons, puisque ses parents auront péri, frappés à notre place.

— Vous ne pouvez accomplir cette bonne action, répondit Lucien, vous venez trop tard.

— Comment, dit Jacquet. Dupuytren est pauvre, il ne peut se charger d'un enfant.

— Un autre s'est offert cette nuit même.

— Qui donc?

— M. Annibal de Charney.

— De Charney! s'écria Jacquet. Celui qui doit épouser mademoiselle Geoffrin?

— Précisément !

— Ah ! voilà qui est étrange !

— Comment? dit Charles. Nous ne comprenons pas. Qu'est-ce que M. de Charney a à faire dans cette histoire?

— Explique-toi ! » dit Jacquet à Lucien.

Et les petits yeux de l'intelligent agent brillaient d'un feu rapide. De nouvelles pensées devaient germer dans ce cerveau actif, toujours en ébullition. Lucien le regarda du coin de l'œil en lui adressant un signe d'intelligence.

« Voici ce qui a eu lieu, reprit-il. Cette nuit, il y a deux heures à peine, le docteur Dupuytren rentrait à son domicile, venant de quitter un malade auprès duquel on l'avait appelé en toute hâte. Chez lui, on lui annonça qu'un visiteur l'attendait depuis longtemps....

— Comment as-tu appris ce que tu vas nous raconter? demanda brusquement Jacquet dont l'œil perçant ne quittait pas Lucien, sur lequel se concentrait également l'attention de Charles et d'Henri.

— Comment je sais ce que je vais vous dire? répéta Lucien sans la moindre hésitation. J'étais moi-même chez Dupuytren. Une pensée que je vous communiquerai tout à l'heure m'était venue. Je m'étais rendu chez le docteur avant qu'il fût rentré, et l'on m'avait fait attendre dans une pièce voisine de celle dans laquelle se trouvait l'autre visiteur. Une mince cloison sépare ces deux pièces. Le domestique m'avait oublié sans doute, car il ne prévint pas Dupuytren à son retour, de sorte que j'assistai à la scène entière que je vais vous rapporter, sans même que le médecin soupçonnât à ce moment ma présence. »

Jacquet fit un petit signe de satisfaction.

« Après? dit-il.

— J'ignorais qui pouvait être le visiteur attendant, poursuivit Lucien, et sa présence même m'inquiétait fort peu, pensant que c'était quelque parent ou ami de malade, lorsqu'au retour de Dupuytren, aux premières paroles échangées dans la pièce voisine, je tressaillis brusquement. Je venais de reconnaître la voix de M. de Charney.

Dès les premiers mots, je compris que Dupuytren connaissait déjà son visiteur pour l'avoir sans doute rencontré jadis dans le monde.

« Mon cher docteur, commença tout d'abord M. de Charney, je veux avant tout vous féliciter de la cure merveilleuse que vous avez accomplie : cette petite fille déclarée morte, reconnue vivante par vous et sauvée par vous....

— Bah! interrompit Dupuytren, est-ce pour me parler de cela que vous vous dérangez à deux heures du matin?

— Précisément, » répondit M. de Charney.

Dupuytren le regarda sans doute avec étonnement, car M. de Charney reprit presque aussitôt :

« Vous vous demandez pourquoi je viens chez vous, cette nuit, vous parler de cette enfant lorsque, dans tous les cas, je pouvais remettre à demain ma visite? Vous allez me comprendre. Vous avez fait une bonne action ce tantôt, je désire en faire une autre cette nuit, et, comme ces deux bonnes actions ont entre elles bon nombre de points de contact, il faut qu'elles soient accomplies ensemble dans les vingt-quatre heures. Comprenez-vous?

— Pas du tout! dit Dupuytren.

— Il s'agit de la petite fille que vous avez arrachée à la mort. Vivra-t-elle?

— Je l'espère, je crois même pouvoir en répondre.

— Cette enfant est maintenant absolument seule au monde, reprit M. de Charney; père et mère, oncle et tante ont disparu du même coup, et, d'après les informations que j'ai fait prendre, elle n'a aucun parent qui puisse se charger d'elle dans l'avenir.

— Eh bien! dit Dupuytren, je ne l'abandonnerai pas.

— Docteur, dit Charney, vous n'êtes pas riche.

— Je le deviendrai.

— Vous allez vous créer une charge.

— Elle n'est pas lourde.

— Maintenant, oui; mais elle le sera plus tard! Réfléchissez! Une jeune fille sur laquelle il va falloir veiller, vous qui médecin, n'avez pas de loisirs; à qui il faudra donner l'éducation, que vous devrez marier un jour.... Paris, vous êtes garçon, mais vous pouvez vous marier, avoir des enfants, etc...

— Et je dois jeter celle-ci à l'eau? interrompit Dupuytren avec impatience.

— Non, reprit de Charney d'une voix insinuante, mais vous pourriez vous décharger sur un autre des soins et des soucis que vous avez acceptés.

— Abandonner cette pauvre petite?

— L'abandonner? non pas, mais la placer en mains sûres?

— Et quelles seraient ces mains sûres?

— Les miennes, ou plutôt celles de madame Geoffrin, ma future belle-mère.

— Madame Geoffrin! répéta Dupuytren avec étonnement. Est-ce vous ou elle êtes les parents éloignés de cette enfant?

— En aucune façon.

— Des amis?

— Je connaissais effectivement beaucoup le père et l'oncle de cette malheureuse petite créature, et c'est à ce titre que je désirerais veiller sur elle.

— Mais, que diable, mon cher! je puis vous retourner les objections que vous me faisiez tout à l'heure au sujet de cette enfant : vous allez vous marier...

— Raison de plus. Mon cher ami, voici en deux mots la situation : d'une part, ainsi que je vous l'ai dit, j'étais l'ami du père de la petite; de l'autre, vous savez que la nuit dernière, mademoiselle Geoffrin, que je dois bientôt nommer ma femme, a assisté à une partie de l'accomplissement des crimes.

— Corvisart m'a raconté cela.

— Tout d'abord on lui a fait croire qu'elle avait rêvé pour calmer sa surexcitation nerveuse ; mais il est impossible de prolonger cette croyance. Ces crimes accomplis ont trop de bruit pour espérer qu'ils n'arriveront pas aux oreilles d'Amélie. Elle connaîtra donc un jour la vérité. Or, l'enfant qu'elle croit avoir vu massacrer avec sa mère est précisément cette petite fille sauvée par vous. Comprenez-vous, maintenant? Je veux que le jour où Amélie apprendra la vérité, je puisse lui venir dire : Non-seulement l'enfant que vous croyez mort existe encore, mais j'ai mis cet enfant à l'abri de tous besoins, et cela pour qu'il vous soit reconnaissant un jour, pour qu'il vous bénisse; car, ce que j'aurai fait pour cet enfant, je ne l'aurai fait que parce que votre regard s'est abaissé sur lui, que parce que la mort qui le menaçait vous a fait souffrir et vous a fait pleurer.

— Diable! dit Dupuytren en riant, cela est de la chevalerie toute pure.

— Me blâmez-vous donc?

— Je ne puis vous blâmer de vouloir faire une bonne action, quel que soit le motif qui vous guide.

— J'ai parlé à madame Geoffrin, elle a eu l'air de m'approuver; je suis convaincu qu'elle se chargera de cette petite fille; moi j la prends entièrement à ma charge dès cet instant. Vous consentez, n'est-ce pas, docteur? »

Dupuytren ne répondit pas tout d'abord.

« Mais, dit Charles avec étonnement, comment avez-vous pu retenir ainsi mot par mot une conversation aussi longue? »

Lucien sourit en regardant Jacquet.

« J'avais mon carnet, dit-il, et je prenais des notes.

— Enfin, que dit Dupuytren? demanda Jacquet.

— Il dit, après avoir réfléchi, que, n'étant pas riche lui-même, il n'avait pas le droit de refuser à une pauvre enfant les secours inattendus de la Providence; qu'il consentait donc, dans les bornes de ce qu'il pouvait faire, à remettre l'enfant à M. de Charney et à madame Geoffrin; mais cependant qu'il ne voudrait la petite fille que lorsqu'elle serait absolument remise et dans un état de santé complètement satisfaisant. Jusque-là, il ne voulait pas s'en séparer. »

M. de Charney ne parut pas insister davantage à cet égard, et il se retira en recevant les vœux de Dupuytren d'un sa bouche a tion et la promesse formelle de lui remettre l'enfant si aucun parent ne se présentait pour le réclamer alors que toute trace de maladie serait disparue.

« Mais c'est très-beau ce qu'a fait là M. de Charney! s'écria Henri avec émotion ; c'est décidément un homme d'un grand cœur!

— Oui, dit Jacquet en réfléchissant.

— Le digne fils de son père! » ajouta Charles.

Jacquet et Lucien redressèrent la tête à la fois de côté.

« Son père, dit Jacquet; est-ce que vous l'aviez connu?

— Fort peu, dit Charles, mais suffisamment cependant pour pouvoir nous le rappeler. Nous faisions notre première campagne à bord du navire sur lequel M. de Charney se rendit de Smyrne à Alexandrie.

— Il avait avec lui son fils?

— Oui; mais c'était un tout jeune enfant. Il avait à peine alors trois ou quatre ans, car c'était en 1776, il y a bientôt vingt-deux ans.

— Et vous n'avez jamais revu M. de Charney père depuis cette époque?

— Jamais; ni même le fils jusqu'au jour où nous rencontrâmes celui-ci à Paris, il y a quelques mois à peine.

— De sorte que vous ne pouviez le reconnaître?

— Naturellement. Entre un enfant de quatre ans et un homme de vingt-six, il y a toute une immensité.
— Je crois cependant que M. de Charney est plus âgé que cela ; du moins il en a l'air.
— Cela est vrai, dit Henri ; mais il a passé toute sa jeunesse dans les pays chauds et a accompli de rudes voyages ; cela a pu le vieillir avant l'âge.
— Enfin, vous ne l'eussiez pas reconnu ?
— Non. Ce fut lui qui un soir, chez madame Geoffrin, nous rappela ce voyage à bord de notre navire, voyage dont son père lui avait parlé plus tard.
— Et, reprit Jacquet après un silence, vous n'avez jamais entendu parler d'une catastrophe arrivée au père et au fils ?
— Un naufrage ?
— Oui.
— Si fait. Un de nos amis, à Charles et à moi, poursuivit Henri, nous disait encore dernièrement qu'il avait vu sombrer sous ses yeux, sans pouvoir le secourir, le navire sur lequel étaient embarqués MM. de Charney père et fils. En entendant prononcer leur nom, il manifesta même un étonnement assez grand, car il les croyait morts tous deux.
— Ah ! dit Jacquet, il les croyait morts.
— Oui ; mais il s'était trompé, puisque le fils existe.
— Cependant si le navire a péri corps et biens.
— Mon cher Jacquet, dit Henri en souriant, en fait de naufrage, il ne faut jamais rien mettre en doute ; tout peut arriver. D'ailleurs, il faut bien que le jeune Charney se soit sauvé, puisqu'il existe et que même il s'est accompli une excellente action.
— Cela est vrai, » dit Jacquet en regardant Lucien.
Puis, changeant de ton brusquement :
« Vous ne vouliez adopter cette petite fille, reprit-il, vous voilà entravés dans votre bonne intention.
— Nous le regrettons, répondit Charles, car nous avons pu vous oublier que c'est la main qui voulait nous frapper qui a fait cette petite fille orpheline, et à ce sujet, citoyen Lucien, il faut que nous te remercions, car Jacquet nous a appris ce que tu avais fait pour nous. Seulement, pourquoi nous avoir trompés ?
— Vous ne fussiez pas partis.
— Peut-être.
— Mais, reprit Jacquet, pourquoi avoir été chez Duprey en cette nuit ? »
Lucien se pencha à l'oreille de Jacquet et lui parla bas.
« Bien, reprit l'agent de Fouché en se redressant à la fête, tu as bien fait. Maintenant tu es libre. Demain à l'heure ordinaire, où tu sais. »
Lucien salua et sortit.
« Il est tard, reprit Jacquet en s'adressant aux deux maris ; ces dames doivent être inquiètes et je n'ai plus rien à vous dire.
— Mais cependant, s'écria Charles, si ces assassinats ont été dirigés contre nous, ainsi que tout le témoigne, devons-nous rester dans l'inaction ?
— Non ; bientôt nous agirons.
— Quand donc ?
— Je vous le dirai. Cette nuit j'ai besoin d'être seul ; mais soyez convaincus, messieurs, que je n'abandonne pas votre cause, et que je tiendrai en tous points notre serment. Où est Mathieu ?
— Là-haut. »
Henri fit un geste comme pour désigner le faîte de la maison.
« Bien, » dit Jacquet en tendant ses deux mains aux deux amis.
Quelques minutes après, Jacquet était seul. Il se promena longtemps en silence ; puis s'arrêtant en tenant son menton dans sa main :
« Décidément, dit-il, il faut voir clair ici. Le moment est venu d'employer les sacrements puissants. Ah! maître Capa-portal, Jacquet n'a pas dit encore son dernier mot ; mais je crois qu'il va le dire. »
Et quittant la chambre, Jacquet monta sur l'escalier dont il gravit les marches dans la direction des étages supérieurs.

## XXII. — LES HALLES DE PARIS.

Les halles de Paris, ce marché qui sert à approvisionner chaque jour quinze cent mille bouches, ce vaste caravansérail qui expédie de son centre aux quatre coins du monde ce qui sert de réceptacle à tout ce que la terre produit de meilleur, est digne aujourd'hui, grâce à l'intelligente préoccupation de l'édilité parisienne, du grand renom qu'il possède dans l'univers.

Certes, Paris possède bien des merveilles, mais il n'en est pas, parmi ces merveilles, de plus merveilleuse, pour ainsi dire, que ses halles.

Durant dix-huit heures par jour (de minuit à six heures du soir) les halles offrent le spectacle le plus vif, le plus animé, le plus bizarre que l'imagination puisse rêver.

Chaque nuit, en effet, vers une heure du matin, trois à quatre mille maraîchers franchissent les portes de Paris, presque tous en voitures, d'autres à cheval, quelques retardataires à âne ; ce sont en général les femmes qui font l'office des maraîchers. Donc tous arrivent, se bousculent, se pressent, cherchent à se distancer, à se devancer : c'est un véritable *steeple-chase*, c'est à qui envahira les places réservées sur le *carreau des halles*, et abandonnées par l'autorité au premier occupant.

Ceux qui ne peuvent s'établir sur le marché, refoulés dans les rues voisines, s'emparent des trottoirs, s'y installent et y déposent leurs marchandises. Les *deux ou trois mille voitures* qui, on le comprend, mettraient absolument obstacle à la circulation, sont conduites à distance sur trente places affectées à leur stationnement ; les chevaux, les ânes sont enfermés dans les auberges et les écuries qui avoisinent les halles.

Alors surviennent les voitures des chemins de fer apportant la marée, la pêche, les provisions de province.

À trois heures du matin en été, à cinq heures en hiver, la *criée*, la vente en gros commence. Alors éclate un tumulte indescriptible, mais exempt de désordre ; la *bourse*, dans ses fureurs, ne donnerait qu'une idée imparfaite de cette animation dont on ne peut réellement se faire une idée si l'on n'a pas assisté à ce curieux spectacle, et ce tumulte va croissant, chacun se pressant, se hâtant, car le jour va venir... le jour est venu.

Tout à coup (à huit heures en été, à neuf heures en hiver) un son de cloche retentit, parcourant le marché dans toute son étendue, dominant tous les bruits : c'est le glas funèbre de la *vente à la criée*. L'impitoyable cloche arrête tout, suspend tout, et chasse toute cette population des campagnes qui ne connaît la grande ville que de nuit.

Maraîchers, paysans, voituriers s'éloignent avec leurs voitures et leurs paniers vides. Alors surviennent les tombereux, les boueurs, les balayeurs ; pailles, débris de légumes, immondices de tous genres causés par ce marché de nuit qui a vu réunis plus de vingt-cinq mille vendeurs et acheteurs, tout disparaît. Les halles font leur toilette, elles font leur montres.

Puis, sur ce *carreau* qui vient de voir chasser les maraîchers, arrivent, envahissent, triomphants, les revendeurs qui s'établissent sous ces gigantesques parapluies d'invention récente et qui forment toiture. Alors la vente au détail commence et se prolonge jusqu'à six heures du soir.

Quelque chose de singulier, c'est que les halles, cet endroit où s'amoncelle tout ce qui est nécessaire à la vie, sont précisément établies sur un champ de morts. Là où sont les halles était autrefois le plus vaste cimetière de Paris, le cimetière des Innocents.

Halles et cimetière ont d'abord vécu fraternellement côte à côte, se gênant mutuellement ; il est vrai, les lois naturelles voulaient que les vivants triomphassent dans la lutte.

Les halles de Paris ont, à cette heure, sept cent quatre-vingts ans d'existence ; elles furent fondées en 1183, et ce fut la dépouille des juifs chassés de France qui, donnant à Philippe-Auguste les moyens d'augmenter les produits de son fisc, lui permit, à l'instigation de l'un de ses sergents, de construire deux halles *dans Paris*, dans une partie du territoire de Champeaux, où son aïeul Louis le Gros avait déjà établi jadis un marché.

Il acheta des administrateurs de la Maladrerie ou *Léproserie* de Saint-Lazare ou Saint-Lazare son fonds qu'il transféra dans ces halles ; il les fit entourer d'une clôture de murailles percées de portes que l'on fermait pendant la nuit, et il fit établir des étaux couverts afin de mettre les marchandises à l'abri.

À cette époque, Paris était *la Cité*, c'est-à-dire que Paris était à peu près encerclé par la Seine ; les halles se trouvaient donc, ainsi que je l'ai dit, absolument en dehors de la capitale. Le cimetière, situé également hors Paris et ne gênant pas encore les halles, fut conservé : il devait l'être longtemps encore.

Quelques années plus tard, au commencement du treizième siècle, on eut l'idée d'ériger une fontaine dans le Paris qui venait de reculer son enceinte et de s'étendre au delà des halles. Cette fontaine, qui devait être la rivale de celle des Lazaristes, fut appelée fontaine des Innocents, du nom de l'église des Innocents, à laquelle elle était adossée ; elle était alors d'architecture fort simple. La fontaine construite, après force labeurs, on s'aperçut qu'il n'y manquait qu'une chose, c'était l'eau ; on s'était inquiété de tout pour construire cette fontaine, excepté de la façon dont on la ferait couler.

Pour le moment elle demeura à sec, et ce ne fut que cinquante-cinq ans après son édification, en 1280, qu'elle commença à recevoir de l'eau provenant de l'aqueduc du pré Saint-Gervais.

Une particularité curieuse de l'histoire de la fontaine des Innocents, c'est qu'elle a constamment été condamnée à manquer d'eau et à changer de place ; on pourrait l'appeler la fontaine voyageuse.

Adossée à l'église des Innocents lors de sa première construction, elle fut déplacée en 1550 ; on l'enleva morceau par morceau pour la bâtir au coin des rues aux Fers et de Saint-Denis. On avait chargé l'architecte Pierre Lescot, abbé de Clagni, de cette délicate opération.

Non-seulement Pierre Lescot réussit dans sa reconstruction, mais encore, prenant goût à son œuvre, il voulut y laisser des traces de sa main et il en enrichit l'ornementation. Or, Pierre Lescot était un homme de talent et de goût ; il alla demander conseil à Jean Goujon, lequel, en bon camarade, se chargea de la sculpture des bas-reliefs.

La fontaine ainsi reconstruite manqua d'eau, mais fit, avec raison, la gloire des habitants du quartier des halles.

Les choses allèrent ainsi longtemps encore, cimetière, marché et fontaine existant pour ainsi dire dans un même enclos. Cependant la population, toujours croissante, faisait sentir l'insuffisance des marchés existants et le besoin d'un emplacement nouveau, et, d'autre part, le cimetière des Innocents commençait à faire crier fort les habitants de ce quartier devenu progressivement, lui, le centre de la capitale.

Dans les derniers temps, ce cimetière était le réceptacle des morts de la population de *vingt-deux* paroisses, et les vapeurs qui s'en exhalaient ne pouvaient qu'être funestes à la santé des vivants.

En 1724, en 1725, en 1737, les habitants du quartier portèrent plaintes sur plaintes à propos de ces exhalaisons dangereuses, mais les ministres de Louis XV avaient autre chose à faire que de s'occuper de l'assainissement de Paris. En 1746, en 1755, les réclamations recommencèrent plus acharnées.

Le Parlement commença à s'émouvoir (il y avait trente années que l'on réclamait), et il chargea des chimistes, nommés *ad hoc*, de faire leur rapport. Les chimistes mirent à leur tour *vingt-cinq* ans à opérer. (Qu'on ne croie pas que j'invente à plaisir, je cite des dates exactes, et je renvoie les incrédules à la bibliothèque de l'hôtel de ville.)

Une circonstance devait hâter la décision à prendre. Au mois de juillet 1780, un habitant de la rue de la Lingerie, dont la maison était contiguë au cimetière des Innocents, descendant dans sa cave, fut frappé d'une odeur si insupportable qu'il ne put y pénétrer. Des personnes plus courageuses ayant pris diverses précautions y entrèrent, et reconnurent que, le mur ayant cédé à l'effort des terres, des cadavres corrompus s'étaient éboulés dans la cave. La chose fit naturellement scandale, et les chimistes Cadet de Vaux et Fontane ayant adressé un rapport dans lequel ils prouvaient que le cimetière des Innocents était le plus méphitique de Paris, il fut résolu de le convertir en marché et on décida la démolition des galeries et édifices gênant le plan adopté.

Ce ne fut qu'en 1786 que l'on commença la translation des restes recueillis dans le cimetière. Malheureusement, cette translation eut lieu en pleine canicule, ce qui causa des maladies et des épidémies. Ainsi qu'on le voit, on s'occupait fort peu de la santé publique alors. C'est durant l'époque de ces translations qu'eut lieu une de ces scènes émouvantes qui se gravent dans l'esprit des spectateurs et frappent les cerveaux faibles.

Pour éviter les attroupements, on faisait d'ordinaire ces transports de cadavres et d'ossements la nuit. (On les entassait dans les carrières du sud de Paris, notamment dans celle qui est située au-dessous de la maison dite de la *Tombe-Issoire.*) Un soir, pendant qu'à la lueur des flambeaux on chargeait une voiture de terre et d'ossements, la foule des curieux entourait les travailleurs. Tout à coup, dans le sein de la terre, au moment où on allait enlever les ossements, on voit une tête de mort, dépouillée de chair, s'agiter, se détacher et faire plusieurs bonds en avant.

Qu'on juge de l'effroi des fossoyeurs, de l'épouvante des spectateurs, du saisissement de tous enfin ! Les plus intrépides n'osent avancer, on ne sait que faire... la tête s'agite toujours... On court chercher le curé de Saint-Eustache, afin qu'il fasse cesser par des exorcismes ce miracle sinistre.

La foule s'amassait, la terreur était à son comble, tous les voisins étaient réveillés et aux fenêtres... quand la tête fait un dernier bond, et un gros rat prisonnier dans le crâne s'élance au dehors. Beaucoup nièrent le rat, même parmi ceux qui l'avaient vu, et le quartier enregistra un prodige de plus dans les annales du fameux cimetière.

Les ossements transportés, le sol fut renouvelé, défoncé, exhaussé et pavé, mais il avait fallu démolir l'église des Innocents et la belle fontaine des Innocents adossée à cette église : force fut donc de songer pour elle à un second déménagement, car les cris furent unanimes : on reconnut qu'il fallait conserver ce monument précieux de la sculpture du seizième siècle.

Un ingénieur de la ville, nommé Six, proposa d'ériger une nouvelle fontaine au centre même du nouveau marché qui devait prendre le nom de marché des Innocents, et d'orner cette fontaine de l'architecture et des bas-reliefs dont était enrichie l'ancienne : proposition qui fut aussitôt adoptée.

Vers cette même époque où l'on venait d'agrandir les halles par l'adjonction des terrains du cimetière, des lettres patentes (21 août 1784) portaient que le marché au poisson de gros et à la marée serait transféré également près des Petits-Carreaux, et l'emplacement choisi pour cela fut celui de la grande cour des Miracles.

Enfin de l'autre côté du nouveau marché des Innocents, entre les rues de la Fromagerie, de la Cordonnerie et de la Tonnellerie, venait encore de s'agrandir la halle à la viande.

Si les halles de Paris n'étaient pas précisément à la fin du dernier siècle ce qu'elles sont aujourd'hui, on peut voir néanmoins qu'elles pouvaient avoir déjà une importance d'autant plus grande, que Paris n'était alors que la moitié à peu près de notre Paris actuel.

Déjà, à cette époque, l'ordonnance de la cloche chassant les maraîchers et les paysans était en pleine vigueur, et elle était d'autant plus nécessaire, que les voies servant de débouché au marché étaient d'une étroitesse dont quelques-uns de mes lecteurs doivent se souvenir.

Neuf heures du matin venaient de sonner, la cloche avait retenti et le déménagement général des approvisionnements de légumes, d'œufs, de volailles, de lait, de beurre, de fromages et autres denrées, richesses des champs, commençait sur une grande échelle.

Aux maraîchers allaient succéder les petits marchands du Carreau, les femmes à éventaires, les *placeuses*, comme on les appelait.

Ce moment du départ des uns et de l'installation des autres, était un moment de tumulte indescriptible, car aux disputes des maraîchers et des paysans qui accrochaient leurs voitures, enchevêtraient ânes et chevaux les uns dans les autres, se joignaient les disputes des petits détaillants se bousculant pour occuper les meilleures places; aux derniers cris des vendeurs en gros, se mêlaient les premiers glapissements des vendeurs en détail appelant la pratique : c'était un bruit, un tapage, un brouhaha à rendre le sens de l'entendement sourd le plus obstiné.

Neuf heures du matin venaient de sonner, et déjà accouraient de toutes parts ménagères et cuisinières, restaurateurs et rôtisseurs, toute cette population enfin qui, non-seulement mange elle-même, mais encore fait manger les autres.

A ces acheteurs, à ces vendeurs, se joignaient les porteurs et les marchandes à éventaires, les marchands ambulants et les garçons des cabarets voisins qui allaient, venaient, couraient, portant les déjeuners de ceux-ci et de ceux-là.

Ce matin-là le temps était beau, le ciel pur et le pavé presque praticable : à la pointe Saint-Eustache, au débouché des rues Montmartre et Montorgueil, sur cette petite place de laquelle devait partir plus tard la rue de Rambuteau, la foule était plus pressée, plus compacte et plus bruyante. On venait d'y terminer la vente des huîtres à la criée, et marchands et marchandes s'en allaient emportant leurs bourriches.

L'une des premières boutiques de la rue Montorgueil, à droite, était et est encore occupée par un marchand de vin. A la porte de cet établissement, dont l'intérieur ne désemplissait pas depuis le commencement de la nuit précédente, s'élevait une pile de bourriches artistement arrangées les unes sur les autres.

A côté des bourriches, obstruant la moitié de la porte d'entrée, était une petite table sur laquelle on voyait de grands plats blancs, des torchons bien propres et un long couteau à lame courte, tel que ceux qui servent à ouvrir les huîtres.

Derrière la table se dressait une chaise de paille montée sur deux pieds énormes comme les fauteuils des petits enfants et garnie, comme eux, à la hauteur de sa dernière traverse, d'une planche pour y poser les pieds. Sur cette chaise trônait une femme jeune et jolie, qui de son poste dominait la foule, comme un président domine la cour sur son fauteuil.

### XXIII. — LA BELLE ÉCAILLÈRE.

Ce matin-là, Gorain et Gervais, suivant une vieille habitude interrompue jadis par l'absence prolongée du second, mais reprise depuis son retour, Gorain et Gervais faisaient ce qu'ils nommaient leur petite tournée sur le carreau, c'est-à-dire que les deux dignes amis s'en allaient bras dessus bras dessous, lorgnant les bons morceaux, chaque poche de l'habit pourvue d'une serviette dûment pliée, mais qui au besoin faisait enveloppe pour enfermer les provisions acquises ; en d'autres termes, les bons bourgeois faisaient leur marché eux-mêmes.

Il y avait quelque vingt ans qu'ils se livraient à cette promenade matinale, aussi étaient-ils connus sur le carreau de la halle ! La *Poule d'eau* et le *Hareng sec*, tels étaient les sobriquets dont les marchandes peu respectueuses s'étaient plu à affubler les deux bourgeois ; bien entendu que la rondeur des formes de Gorain lui avait valu le premier des deux surnoms, tandis que la sèche maigreur de Gervais expliquait l'autre.

Gervais et Gorain faisaient donc ce matin-là leur petite promenade quotidienne, lorgnant les légumes, flairant la marée, palpant les volailles, enlevant les lapins par les oreilles, et se livrant à des réflexions pleines de sens, tandis que les quolibets, les propos engageants ou insultants pleuvaient sur eux de tous côtés ; mais tous deux supportaient le feu des dames de la halle sans paraître émus le moins du monde.

« Eh ! gros papa ! à la face rubiconde ! criait une marchande à Gorain, viens me voir, mon bibi ! j'ai des brochets frais comme l'œil, et des turbots plus grands que ton mari ! Viens, mon bijou ! t'es une pratique ! »

La marchande qui parlait ainsi, en envoyant des baisers à Gorain, était une énorme commère, pouvant peser de deux cent cinquante à trois cents livres, avec des jupes venant à mi-jambe et découvrant des pieds dont les souliers eussent pu, à la rigueur, être convertis en chaloupe de sauvetage.

Cette remarquable personne était marchande ambulante ; elle poussait devant elle une petite charrette tout encombrée de poissons plus ou moins vivants.

« A la barque ! à la barque ! Hareng frais ! Hareng au glace ! Hareng nouveau ! Soles, carrelets, brochets et turbots ! » hurla la marchande en poussant sa charrette dans les jambes de Gervais qui fallit être atteint. De la raie toute en vie ! de la moule aux cailloux !

— Prends donc garde, citoyenne ! dit le bourgeois avec humeur.

— De quoi, que je prenne garde ! s'écria la marchande en s'arrêtant et en posant ses deux poings sur l'endroit de son corps où avaient pu jadis se dessiner ses hanches. Le citoyen est fragile, il paraît. Le fait est qu'il a l'air casuel. »

Gorain s'était reculé, et il allait reprendre le bras de Gorain, quand une autre voiture à bras poussée par une femme aussi maigre et sèche que l'autre était grasse et énorme, lui barra subitement la route :

« Des choux, des poireaux, des carottes ! glapit la marchande. Navets, panais et flageolets ! Veux-tu une salade, citoyen ? »

Et la marchande, saisissant un paquet de mâches, le plaçait sous les yeux de Gorain, tandis que l'autre, empoignant un poisson par les ouïes, le balançait à la hauteur du nez de Gervais en criant :

« Flaire-moi cela, que je dis ! Tu n'en as jamais mangé de pareil ! Un directeur s'en lécherait les doigts.

— Œufs frais ! A la coque ! Les gros œufs à la coque ! hurla une troisième voix.

— Un sou le tas, les reinettes ! Bons calvilles rouges ! » vociféra un quatrième organe.

Gorain et Gervais voulurent tenter un mouvement de retraite ; ils ne purent l'effectuer. Ils étaient pris entre trois voitures et l'énorme éventaire de la marchande de pommes de reinette et de calvilles rouges. Il fallait attendre que le passage fût libre ; mais aucune des marchandes ne paraissait disposée à abandonner le terrain avant d'avoir vendu une partie de ses marchandises.

« Eh ! citoyen sans mollets ! criait l'une, veux-tu des œufs ?

— Des calvilles plus rouges que ton nez, père Poule d'eau ! disait l'autre.

— Hareng nouveau, l'ancien !

— Mâches, céleris, betteraves !

— Mais, citoyenne, disait Gorain, nous ne voulons rien ! nous sommes venus pour nous promener...

— Laisse donc ! on te connaît ! Je t'ai vendu des sardines avant-z'hier !

— Un sou le tas, les reinettes ! hurlait la marchande en prenant cinq pommes qu'elle enfonça dans la poche de Gorain.

— Flaire donc cela, ma cocotte ! » continuait la marchande de marée en présentant toujours son poisson sous le nez de Gervais.

Celui-ci, impatienté, repoussa la main et le poisson.

« Il n'est pas frais ! dit-il.

— Pas frais ? hurla la grosse femme, avec des éclairs de colère dans les yeux. Il est plus frais que toi, citoyen Hareng sec ! Il a de plus beaux yeux que les tiens ! Pas frais, grand escogriffe ! on t'en donnera des pas frais comme ça ! Ah ! il n'est pas frais ! Eh bien ! tiens ! tu vas sentir s'il est frais, mon turbot ? »

Et levant le poisson qu'elle tenait toujours par les ouïes, la ménagère fit le geste de souffleter le malheureux bourgeois avec la queue de l'animal. De pareilles scènes étaient alors tellement communes aux halles, que personne n'y faisait attention. Gervais avait voulu reculer pour éviter le soufflet, mais ce mouvement, lui faisant perdre l'équilibre, le fit tomber assis dans la charrette remplie d'œufs frais. La marchande poussa un cri déchirant et, saisissant Gervais par le collet de son habit, elle acheva de le faire tomber dans sa voiture dont le contenu faisait déjà omelette.

Gervais, effrayé, battit l'air de ses grands bras, et, rencontrant l'épaule de Gorain, il s'y cramponna avec l'énergie du désespoir. Celui-ci, tiré en arrière et glissant sur le pavé gras, voulut se retenir à son tour, et, comme point d'appui, il ne rencontra que l'éventaire de la marchande de pommes, auquel il donna une secousse si violente qu'il fit chavirer les marchandises.

La marchande, furieuse, voulut s'avancer sur Gorain qu'elle heurta en pleine poitrine avec son éventaire : le malheureux bourgeois, tiré en arrière par Gervais, poussé de l'avant par la marchande, ne tenant plus pied sur le pavé gras, roula dans la boue en recevant en guise de grêle toutes les pommes, reinettes, calvilles et autres, qui pleuvaient sur lui.

La scène avait été courte, mais elle menaçait de tourner au tragique pour les deux bourgeois. Gervais, toujours maintenu couché sur le dos dans la petite charrette, se débattait et, dans ses efforts, augmentait encore la casse des œufs frais qui lui servaient de matelas.

Les marchandes hurlaient, vociféraient, criaient tandis que le malheureux Gorain tentait, mais en vain, de se relever.

L'accident avait eu lieu précisément en face de l'endroit où se tenait la belle écaillère. En voyant Gervais dans la charrette aux œufs et Gorain sur le pavé, la belle enfant avait ri d'abord de tout son cœur ; mais en entendant les menaces des marchandes, en voyant les mains puissantes de ces mégères levées sur les pauvres bourgeois, elle quitta son siège élevé et elle courut vers le lieu du sinistre :

« Allons! allons! cria-t-elle, laissez relever ces deux citoyens!
— De quoi te mêles-tu, toi, l'écaillère? hurla la marchande de poisson.
— Qu'est-ce que veut mam' Pimbêche! cria la marchande d'œufs. Elle va me payer ma marchandise, peut-être!
— Au secours! à moi! disait Gervais.
— Laissez ces citoyens : ils vous indemniseront! reprit l'écaillère.
— Je lâcherai celui-là quand il m'aura payée d'abord!
— Va donc ouvrir tes coquilles!
— Laissez ces citoyens! vous dis-je!
— Veux-tu filer! cria la marchande de poisson en brandissant toujours son turbot menaçant dont la queue fouettait les airs.
— De quoi! cria une voix formidable. Qui est-ce qui ose menacer Rosette?
— Elle a dit qu'il fallait laisser les citoyens! dit une autre voix non moins puissante, non moins menaçante, et on va les laisser, sinon on fera connaissance avec les poings à Cassebras!
— Et mes pommes! cria la marchande à l'éventaire, qui me les payera?
— Et mes œufs? vociféra l'autre. Il y en a pour dix livres au moins!
— On s'entendra plus tard! Pour le quart d'heure, lâchez, mes amours! La citoyenne Rosette l'a dit!»

Ces mots n'étaient pas achevés, que les quatre marchandes étaient brusquement écartées par quatre mains herculéennes. Gorain se relevait aidé par Rosette, tandis que Gervais était enlevé à bras tendu du milieu des œufs brisés. Le pauvre bourgeois avait le dos de son habit et le fond de sa culotte méconnaissables. Les jaunes et les blancs des œufs brisés coulant tout autour de lui formaient des dessins de l'effet le plus bouffon et le plus bizarre.

Un éclat de rire formidable de tous les curieux amassés par l'accident, accueillit le premier pas que fit Gervais en avant.

« Faut le mettre dans la poêle avec du lard! cria un gamin.

L'hilarité redoubla et plus l'hilarité redoublait, plus le pauvre bourgeois se sentait mal à l'aise. Enfin il fit un effort pour échapper à la foule, mais la marchande d'œufs et la marchande de pommes lui barrèrent le passage.

« Mes œufs! mon argent!
— Mes pommes! paye-les!... »

Les cris allaient recommencer quand la foule s'écarta pour livrer passage à un homme qui se glissa lestement au premier rang.

« Laissez partir les citoyens, mes petites mères, dit le nouveau venu avec un accent joyeux. Ils payeront! D'ailleurs, je réponds pour eux! »

Le nouveau venu se trouvait alors précisément en face de la grosse marchande de marée. En achevant sa phrase, il lui adressa un clignement d'yeux significatif et il fit un geste rapide que la volumineuse personne parut parfaitement comprendre.

Gorain avait fait un pas en avant et, tendant les mains à l'obligeant citoyen :

« Le citoyen Thomas! notre nouvel ami! s'écria-t-il. Nous sommes sauvés! »

## XXIV. — LA POINTE SAINT-EUSTACHE.

Quelques instants après la scène qui venait d'avoir lieu, Gorain et Gervais étaient assis dans une petite pièce faisant fonction de cabinet de société, tributaire de cette boutique de marchand de vin de la pointe Saint-Eustache, à la porte de laquelle trônait la belle écaillère. Les deux bourgeois prenaient chacun un verre de vin blanc pour se remettre de leur émotion, et M. Thomas s'empressait autour d'eux en ami attentif.

« La! la! disait M. Thomas, buvez encore un coup, cela vous rendra gaillards! Ce n'est rien, vous en serez quittes, toi, citoyen Gervais, pour faire détacher ton habit,- toi, citoyen Gorain, pour faire brosser ta culotte, et ça ne vous coûtera pas plus d'un écu de six livres chacun.
— Six livres d'œufs! s'écria Gervais.
— Six livres de pommes! ajouta Gorain.

— Je sais bien que c'est un peu cher, continua Thomas toujours impassible, mais la voiture a été cassée, l'éventaire a été déchiré... bref, il vous faut payer les pots cassés.
— Et vous avez donné les deux écus? demanda Gervais en soupirant.
— Certainement! Ne fallait-il pas vous débarrasser de ces mégères.
— Alors c'est six livres que nous vous devons chacun? »

La porte du cabinet s'ouvrit et un garçon marchand de vin parut sur le seuil.

« Qu'est-ce qu'il faut servir aux citoyens? demanda-t-il.
— Mais... dit Gorain en regardant Gervais avec inquiétude.
— Rognons sautés?... continua le garçon, omelette au lard?... un poisson?...
— Rien... rien... dit Gervais; nous allons nous retirer...
— Comment! vous retirer! s'écria M. Thomas; vous n'allez pas déjeuner ici?
— Mais... firent à la fois les deux bourgeois.
— Allons donc! je vais déjeuner et je vous invite. Quand on a la chance de rencontrer des citoyens tels que vous, on ne s'en sépare qu'à la dernière minute. »

Gorain et Gervais sourirent avec un peu d'embarras, mais avec une satisfaction évidente cependant.

« Garçon! reprit Thomas du ton d'un homme habitué à se faire servir, des côtelettes, une omelette aux rognons, une friture et une bourriche d'huîtres pour remercier Rosette. Cinq couverts dans ce cabinet!

On va servir! cria le garçon en se précipitant au dehors.

— Allons! c'est convenu, le déjeuner vous remettra tout à fait, continua Thomas en s'adressant aux deux bourgeois qui croyaient devoir faire semblant d'hésiter.
— Cependant, dit Gorain, je crois...
— Ma femme m'attend... peut-être, ajouta Gervais.
— Laisse donc! elle ne vous grondera pas; d'ailleurs, vous lui direz que vous avez déjeuné avec une pratique, car je suis votre pratique, papa Gervais.
— Mais tu as dit cinq couverts : vous attendez donc des convives?
— Deux militaires; eh! parbleu! vous les connaissez : ce sont les deux soldats de l'armée d'Égypte qui ont servi de liens entre nous.
— Ah! ils vont venir?
— Oui, je vais même au-devant d'eux; attendez-moi un instant, je vais vous faire envoyer de quoi vous laver et vous brosser. »

Et Thomas sortit rapidement en adressant un geste amical aux deux bourgeois. Ceux-ci, demeurés seuls, se regardèrent naturellement; Gervais avait le dos de son habit dans un état difficile à décrire; les œufs, cassés par le poids de son corps, avaient absolument transformé la couleur du drap. Gervais avait un habit vert clair : le jaune et le blanc des œufs mélangés sur ce fond vert présentaient la teinte d'une omelette aux fines herbes. Quant à Gorain, sa culotte neuve était couverte d'une épaisse couche de boue blanchâtre qui en métamorphosait également la nuance.

« Qu'est-ce que dira mon épouse? se demanda Gervais avec une mine piteuse; je crois que cela tache, les œufs!
— Une culotte toute neuve!... disait Gorain en soupirant; il n'y a pas plus de trois mois que je la porte, et... ah! mon Dieu!
— Quoi?
— Elle est déchirée!... je ne m'en étais pas aperçu tout d'abord.
— Le fait est que tu ne pouvais pas voir la déchirure; mais, bah! tu y feras remettre un fond, tandis que mon habit...
— Il n'est pas déchiré, lui.
— Et dire que ces taches-là vont encore me coûter un écu de six livres! Au moins si j'avais eu les œufs! »

Gorain fit la grimace.

« Au fait, reprit-il, nous devons six livres au citoyen Thomas! il faudra les lui rendre?
— Dame!... oui.
— Dis donc, Gervais, sais-tu que ce n'est pas juste, cela!
— Quoi donc?
— Que je paye six livres, car enfin ce n'est pas ma faute si j'ai fait tomber les pommes de la marchande : c'est parce que tu t'es cramponné à moi.
— Il fallait me retenir et ne pas tomber toi-même.
— **Mais tu me tirais.**

— Je ne pouvais pas faire autrement.
— Enfin, c'est de ta faute si l'accident est arrivé !
— Par exemple ! c'est toi qui as voulu marchander le poisson.
— Mais non !
— Je te dis que si ; d'ailleurs, je ne voulais pas venir à la halle ce matin, c'est toi qui m'as emmené.
— C'est toi qui es venu me chercher !
— Voilà de l'eau et une brosse ! cria le garçon en entrant et en déposant sur un tabouret les objets qu'il tenait à la main. Dans cinq minutes, citoyens, le couvert sera mis ; les huîtres s'ouvrent. »

Gorain et Gervais échangèrent un double regard flamboyant, et, se tournant brusquement le dos, ils se mirent en mesure de remédier aux suites de l'accident si inopinément survenu.

Gervais avait ôté son habit, et, trempant une serviette dans l'eau, il s'apprêtait à se livrer à un nettoyage en règle, lorsqu'une idée subite parut lui traverser l'esprit.

« Il faut que j'ôte ce qu'il y a dans les poches, » murmura-t-il.

Fouillant alors dans une des deux poches de derrière, il en retira une serviette, une tabatière et un petit pain (depuis son voyage aux Antilles, Gervais était homme de précaution). Posant le tout sur une table, il passa à l'autre poche qui contenait un mouchoir qu'il déposa également près des autres objets.

« Tiens ! dit-il avec un léger étonnement, où donc l'ai-je mise ? »

Il fouilla de nouveau dans les deux poches.

« Il n'y a plus rien, continua-t-il. Il me semblait bien cependant... c'est que je l'aurai mise dans la poche de côté... »

Retournant l'habit, Gervais fouilla dans la poche indiquée ; il parut que cette poche était absolument vide, car la main se retira entièrement libre. Gervais se gratta la tête.

« Ah ! par exemple, » dit-il avec une inquiétude croissante.

Et, rejetant son habit sur une chaise, il fouilla dans les poches de sa veste.

« Eh bien !... eh bien !... » faisait-il à chaque mouvement, avec une anxiété de plus en plus vive.

Pendant ce temps, Gorain, sans se préoccuper de son ami, attaquait sa culotte à coups redoublés de brosse et de torchon, et s'entourait d'un nuage de poussière comme Jupiter d'un nuage d'or.

« Ah ! voilà qui est fort, répétait Gervais ; voilà qui... Mais qu'est-ce que j'ai fait de ce papier ? De l'air mis dans ma poche de derrière... j'en suis sûr... j'en donnerais ma tête à couper. »

Et, reprenant son habit, Gervais le fouilla de nouveau sans paraître se soucier du nettoyage à faire. Convaincu que ni les poches, ni les doublures ne renfermaient l'objet qu'il semblait chercher avec une anxiété si vive, il passa une nouvelle et minutieuse inspection des vêtements qu'il portait sur lui.

« Mais... j'en suis sûr... répétait-il tandis que son front pâlissait, que ses joues se creusaient et que la sueur perlait à la racine de ses cheveux. J'avais quand je suis sorti... je... Et je ne le trouve plus. »

Et courant vers son compagnon qui brossait et essuyait toujours avec un entrain que lui eût envié l'un des anciens travailleurs du Pont-Neuf.

« Gorain ! Gorain ! appela-t-il.
— Quoi donc ? dit Gorain en se retournant avec une mauvaise humeur évidente. (Le digne bourgeois était fort rancunier, ou plutôt *rancuneux*, comme l'appelait Gervais.)
— Cette lettre... tu sais, Gorain ; cette lettre, répétait Gervais avec émotion.
— Quelle lettre ?
— Celle d'avant-hier dans la nuit. La lettre du munitionnaire en chef, du président.
— Pour les draps ? dit Gorain.
— Chut !... pas si haut. Oui, la lettre pour les draps qui sont à Saint-Cloud.
— Eh bien ? parle donc ; tu me fais dresser les cheveux.
— Je l'avais ce matin ?
— Sans doute. Nous l'avons relue sous ma porte en sortant de chez moi.
— Je ne te l'ai pas donnée ?

— Non ; tu l'as gardée. Tu sais bien que cela a été convenu depuis que j'ai perdu les deux autres.
— Je l'ai mise dans la poche de mon habit, j'en suis sûr.
— Eh bien ?
— Elle n'y est plus.
— Elle n'y est plus ! s'écria Gorain.
— Cherche toi-même. »

Gorain saisit l'habit et le fouilla d'une main frémissante, sans se préoccuper de se tacher lui-même aux œufs écrasés qui empoissaient le dos.

« Elle n'y est pas, dit-il ; mais dans tes autres poches.
— Elle n'y est pas, répondit Gervais d'une voix dolente.
— Déshabille-toi.
— Et si on arrivait ; d'ailleurs, je te dis que je ne l'ai pas.
— Mais, dit Gorain, il nous faut cette lettre : c'est elle qui nous dit d'aller à Saint-Cloud, qui nous amène l'arrivée des draps, qui nous donne l'ordre d'emmagasiner ; c'est la preuve enfin que nous sommes bien les dépositaires de ces marchandises en notre qualité de munitionnaires secrets. Il faut ce papier : c'est pour nous un gage de fortune. D'ailleurs, on ne sait pas ce qui peut arriver : s'il y avait un changement de gouvernement, cette lettre-là serait une preuve que nous n'étions qu'intermédiaires officieux.
— Elle sera tombée, s'écria Gervais, quand ces maudites marchandes nous ont entrepris.
— Allons vite, alors, nous la retrouverons peut-être dans la rue, car cette lettre, Gervais, c'est la preuve de notre association secrète avec nos confrères les munitionnaires, et tu sais combien on nous a recommandé le mystère.
— Allons ! » dit Gervais en se précipitant.

## XXV. — ROSETTE.

Lorsqu'il avait quitté les deux bourgeois quelques instants auparavant, M. Thomas avait traversé la grande salle, en adressant au maître du cabaret assis dans son comptoir un geste amical.

« J'ai des amis à déjeuner chez toi, lui dit-il, de bons et francs buveurs. Donne-nous de ton beaune première qualité... Tu sais ?... du bon coin ! »

Le marchand de vin sourit en signe d'intelligence et le citoyen Thomas se dirigea vers la porte sur le seuil de laquelle se dressait l'établissement de Rosette la *belle écaillère*, occupant à lui seul toute une moitié de l'entrée.

Après avoir secouru les deux bourgeois qu'elle voyait menacés, l'écaillère avait repris à la fois sa place et ses fonctions.

C'était une fort belle personne que Rosette, et le surnom de *la belle écaillère*, que lui donnaient sept mois de l'année ses admirateurs des halles, était parfaitement mérité par son charmant visage comme celui de *la jolie bouquetière* que lui avaient décerné durant l'été les incroyables du boulevard de Coblentz.

Rosette pouvait avoir vingt-deux ans ; elle était de taille moyenne, sa constitution physique était forte, énergique, nerveuse. Elle avait de belles épaules, une taille fine, la jambe ronde et le pied leste ; le bras était potelé et la main peut-être un peu épaisse, mais Rosette avait la peigne si vigoureuse, que l'épaisseur des doigts devenait une qualité aux yeux de la foule de ses admirateurs.

Le visage était joli : la coupe en était élégante, de beaux cheveux noirs, des sourcils et des cils noirs, des yeux bruns, grands et largement ouverts, un nez légèrement aquilin, un menton rond, une bouche vermeille aux lèvres épaisses s'ouvrant sur des dents éblouissantes, des joues rebondies au teint de lis et de roses, suivant le style de l'époque, formaient effectivement un ensemble bien digne de captiver l'attention des connaisseurs les plus difficiles.

Puis, sur ce charmant visage, il y avait une telle expression de bonté, de naïveté, de franchise et d'énergie qu'on sentait la sympathie naître au premier coup d'œil.

Rosette portait d'ordinaire un simple foulard français noué autour de ses beaux cheveux (le bonnet à la Charlotte Corday n'était arboré que les dimanches et les jours de fête). Elle avait un caraco rayé brun et blanc, une jupe de cotonnade rouge. Un grand tablier à bavette en toile blanche lui couvrait la poitrine et était noué à la taille par un long ruban de fil. Des bas de laine bleue modelaient une jambe que la jupe ne cachait qu'à demi et le pied était chaussé de sabots blancs. De grandes boucles d'oreille en argent, un mouchoir de couleur vive autour du cou et suivant la décolleture du corsage de la robe, un couteau d'écaillère attaché à une chaîne passée dans la ceinture du tablier, complétaient le costume.

Rosette était la plus jolie fille du carreau et elle le savait ; aussi les mauvaises langues de la halle l'accusaient-elles d'être abominablement coquette.

Rosette pouvait paraître avoir vingt-deux ans, ai-je dit plus haut, elle devait avoir l'âge qu'elle paraissait, mais personne n'eût pu l'affirmer, pas même elle.

Où était née Rosette ?... on n'en savait rien ; quels étaient ses parents ?... elle ne le savait pas davantage. Il y avait vingt ans au moins que l'on connaissait Rosette sur le carreau des halles ; on l'avait vue tout enfant suivant une vieille marchande des quatre-saisons qui lui distribuait, à parts à peu près égales, les bourrades et les caresses, les taloches et les gâteaux, mais cette femme n'était pas sa mère.

Rosette était un de ces enfants perdus comme le siècle dernier en a tant produit.

La mère Michaud, la marchande des quatre-saisons, passait un matin, allant à la halle, dans la rue de la Parcheminerie-Saint-Jacques (la mère Michaud habitait le quartier Saint-Marcel), quand elle crut entendre des vagissements s'échappant d'un paquet gisant au coin d'une borne.

La marchande ramassa le paquet, le détacha, et une pauvre petite créature tendit vers elle ses petits bras, du moins la mère Michaud crut remarquer ce mouvement qui la toucha fort.

Quoiqu'il fût tôt, la mère Michaud n'était pas précisément à jeun : elle s'était arrêtée dans un cabaret de la place Maubert où elle rencontrait chaque jour des amis à elle, et on avait (suivant l'expression) *bu le coup du matin*, c'est-à-dire qu'à cinq on avait absorbé un litre d'eau-de-vie.

La mère Michaud n'avait pas le cœur dur, même à jeun ; aussi quand elle avait ce qu'elle nommait poétiquement un commencement de *coup de soleil*, devenait-elle d'un sentimentalisme à rendre des points à feu Werther, de lamentable mémoire.

En voyant l'enfant, elle se prit à pleurer, puis elle l'embrassa, et elle finit par la coucher délicatement sur une salade ; ensuite elle continua sa route.

Arrivée à la halle, elle raconta sa trouvaille : toutes les marchandes l'entourèrent ; alors eut lieu l'une de ces scènes si communes dans les quartiers populeux et qui prouve bien qu'en dépit des détracteurs de l'espèce humaine, la société vaut *encore mieux* qu'on ne se plaît à le dire.

On fit la quête et chacun donna pour l'enfant trouvé. Bref, le soir Rosette (on l'avait nommée ainsi à cause de ses fraîches couleurs), Rosette parée, pomponnée, arrangée, fut remportée par la mère Michaud qui la nomma sa fille, et qui depuis fut pour elle une mauvaise mère, il est vrai, mais enfin une mère.

Rosette grandit parce qu'elle devait grandir, elle se porta bien parce que la nature l'avait douée d'une excellente santé, elle ne fut pas sotte parce qu'elle était née spirituelle, et enfin elle aima la mère Michaud parce qu'elle avait un cœur excellent ; mais l'éducation ne fut absolument pour rien dans le développement de ces bonnes qualités.

Quand Rosette eut six ans et qu'elle put trotter toute seule, la mère Michaud lui attacha à la taille un petit éventaire sur lequel s'épanouissaient quelques bouquets de violette ornés de plusieurs roses et l'envoya aux abords du jardin des Tuileries.

Rosette vendit ses bouquets et rapporta son argent, ce que la mère Michaud trouva digne d'éloges.

A partir de ce jour, Rosette continua à travailler, et à si bien travailler même que la mère Michaud résolut de consacrer quelques heures de plus au cabaret, puisque son enfant lui en donnait le loisir par sa conduite et son travail.

Plus Rosette rapporta d'argent, plus longues furent les stations de la mère Michaud, de sorte que le lendemain d'un jour où Rosette avait rapporté cinq écus en monnaie, la mère Michaud mourut pour avoir trop fêté cette excellente journée.

Rosette oublia les taloches reçues et pleura sa mère adoptive. Elle avait quinze ans alors, et l'hiver étant venu, les fleurs n'étant plus de vente, Rosette, qui avait quelques économies, se décida à aborder la vente des huîtres.

Rosette traita avec le marchand de vin dont la boutique lui parut être un emplacement des plus convenables ; elle acheta tout ce qui était nécessaire, et, n'abandonnant pas son commerce des fleurs qu'elle réserva pour l'été, elle se fit écaillère durant les mois où les huîtres se vendent.

A l'époque où nous sommes arrivés, il y avait sept ans déjà que Rosette continuait son commerce avec un succès qui désolait ses concurrentes.

La grâce de ses traits lui avait valu le titre de la *belle écaillère*, mais si sa réputation de beauté était grande, sa réputation de vertu était plus grande encore. Jamais un propos léger n'avait été tenu sur le compte de Rosette, et elle était tellement inattaquable que ses ennemies mêmes lui rendaient justice ; les mauvaises langues n'avaient point prise sur cette jeune fille, seule au monde cependant, belle, fêtée et courtisée.

Au moment où Thomas s'avançait vers elle, Rosette avait sur la table une bourriche éventrée, près d'elle un plat énorme, et puisant à pleine main dans la bourriche, elle faisait sauter les écailles des huîtres avec une merveilleuse dextérité.

Porte à porte avec la boutique du marchand de vin étaient, à gauche, la boutique d'un marchand de beurre et d'œufs en gros et, à droite, celle d'un marchand de salaisons.

Devant chacune de ces boutiques était un homme adossé à la muraille et fumant gravement sa courte pipe. L'un les mains enfoncées dans la ceinture de laine rouge qui lui serrait la taille, l'autre les bras croisés philosophiquement sur la poitrine.

Ces deux hommes étaient tous deux de grande taille et vigoureusement charpentés. Le premier, celui adossé à la boutique du marchand de beurre et d'œufs, avait un torse herculéen, des bras et des jambes énormes ; c'était, dans toute l'acception du mot, un véritable fort de la halle dont, au reste il portait le costume adopté par toute la corporation.

Le visage n'était ni beau ni laid : l'expression générale était la franchise et la bonté, mais les sourcils touffus, roux, épais, retombant et se croisant au-dessus de la racine du nez (signe certain, suivant Lavater, d'une jalousie effrénée) donnaient de la dureté à l'ensemble. Au moment surtout où nous arrivions sur le carreau des halles, cette expression était plus énergique, car les sourcils étaient plus rapprochés encore par le froncement du front et un nuage épais obscurcissait la physionomie dans son ensemble.

Le second personnage faisait un pendant presque parfait avec le premier : revêtu comme lui du costume des forts de la halle, taillé comme lui en Hercule, ils eussent pu de loin être pris l'un pour l'autre, si le premier n'eût eu la chevelure et la barbe du plus beau roux qu'un admirateur de cette nuance biblique pût désirer, tandis que le second avait les cheveux et la barbe d'un magnifique noir d'ébène.

Une autre différence, mais momentanée celle-là, était que l'expression de la physionomie du second était aussi joyeuse, aussi gaie, aussi heureuse que celle de l'autre était assombrie, triste, inquiète et rêveuse.

Tous deux fumaient, le premier les yeux rivés sur les murs de l'église qui lui faisaient face, le second la tête à demi tournée à gauche. Tout à coup l'homme placé devant la boutique du marchand de beurre appuya la tête à droite : son regard sombre s'abattit sur celui qui lui faisait pendant ; celui-là regardait Rosette toujours en train d'ouvrir ses huîtres.

Il y avait dans ce regard une telle expression de tendresse, d'amour, de joie, de bonheur, qu'il attira par le fluide magnétique qui s'échappait de cette prunelle ardente, Rosette leva la tête, et ses yeux rencontrèrent ceux de son voisin de droite : alors, un sourire doux et aimable s'épanouit sur les lèvres de la belle écaillère et elle adressa, à celui qui la contemplait, un signe de tête qui prouvait entre eux une certaine intelligence.

L'homme aux épais sourcils fit entendre un grognement sourd, et il serra si violemment entre ses dents le tuyau de sa pipe de terre, que le tuyau se brisa et le fourneau tomba aux pied de son propriétaire. En ce moment M. Thomas apparaissait sur le seuil de la porte. Son œil si vif avait saisi d'un seul coup tous les détails de cette triple pantomime.

« Eh bien ! ma belle enfant, dit M. Thomas en donnant une petite tape familière sur l'épaule de Rosette, à quand les noces ? Est-ce toujours pour après-demain ?

— Toujours, citoyen Thomas, répondit Rosette en rougissant.

— Et tu m'invites, n'est-ce pas, petite, moi une de tes

Ah! il n'est pas frais! Eh bien! tiens! tu vas sentir s'il est frais, mon turbot. (Page 38.)

meilleures pratiques? J'espère qu'il y aura des bourriches éventrées ce jour-là? J'en paye une demi-douzaine, mais à la condition que ce n'est pas toi qui les éventreras.

— Dame, citoyen, répondit Rosette avec un peu d'hésitation, demandez à Spartacus; s'il veut... moi je veux bien.

— J'aimerais assez à voir que Spartacus ne voulût pas de ma compagnie.

— Eh! que si que j'en veux bien, citoyen Thomas, dit le colosse de droite en souriant. Le repas se fricotte dans la rue des Deux-Écus, au *Vainqueur de Lodi*. Nous acceptons les bourriches, tu sais!

— Convenu, après-demain, j'amènerai quelques amis. Nous irons vous voir marier à la municipalité. Qu'est-ce qui est ton témoin, Rosette; c'est toujours Cassebras?

— Mais oui. »

Un grognement plus sourd que le premier se fit de nouveau entendre.

« En attendant, ouvre vite les huîtres, Rosette, reprit Thomas; je vais chercher mes amis et nous allons déjeuner. »

Thomas franchit alors le seuil de la boutique, et, passant devant le personnage au visage sombre et aux grognements répétés, il l'appela à lui du geste et de la voix.

« Viens, Cassebras, lui dit-il, j'ai besoin de toi. »

Cassebras fit entendre encore un troisième grognement, et se détachant avec un effort de la muraille contre laquelle il était appuyé, il suivit Thomas en affectant de ne pas tourner la tête vers la boutique du marchand de vin.

Thomas traversa la rue Montorgueil et gagna la rue Montmartre, dans laquelle il s'engagea, Cassebras le suivant pas à pas.

« Attends-moi là, » dit Thomas à Cassebras.

Et, traversant encore la rue, Thomas se dirigea vers un groupe de marchandes qui stationnaient à l'angle de la rue Jean-Jacques-Rousseau. Ces marchandes étaient précisément les quatre mégères qui avaient assailli, quelques instants auparavant, les malheureux bourgeois.

En apercevant Thomas qui se dirigeait droit vers elles, la marchande de poissons et la marchande de pommes qui lui faisaient face reprirent aussitôt leurs cris de vente avec un ensemble parfait.

« Un sou le tas, la reinette ! criait l'une ; calville rouge !
— A la barque ! à la barque ! Moules aux cailloux ! » hurlait la femme colosse.

Thomas passait devant la charrette et paraissait examiner le poisson.

« Un beau turbot ? un hareng frais, mon beau citoyen ? » dit la marchande d'une voix doucereuse.

Thomas s'approcha plus encore comme pour mieux examiner.

« Combien ce turbot ? » demanda-t-il à voix haute.

Puis, se baissant un peu :

« Tu as le papier ? dit-il à voix rapide et basse.
— Ça, mon bijou, répondit la marchande, pour un autre ça serait deux écus ; pour toi, ça ne sera que cinquante sols. Regarde un peu, le sang est encore aux yeux. »

Puis levant le poisson et s'approchant de l'acheteur comme pour lui faire mieux examiner :

« C'est fait, dit-elle.
— Donne, dit Thomas qui reprit aussitôt à voix haute : cinquante sols ; trop cher. J'en donne trente-cinq.
— De quoi, trente-cinq ! s'écria la marchande en glapissant ; as-tu fini, beau muscadin ! Vas-en pêcher comme ça avec ta canne ! Ça veut acheter du poisson et ça n'a pas le sol dans sa poche ! Va-t'en acheter des pommes, v'là la marchande ! »

Et, rejetant son poisson dans la charrette avec un geste de colère, la marchande de marée fit mine de continuer sa route.

« Demain soir à la plaine de Grenelle, » dit rapidement Thomas.

Mais sa voix fut couverte par celle de la mégère qui hurlait à tue-tête :

« A la barque ! à la barque ! Hareng frais ! Hareng qui glace ! Moules aux cailloux ! Barbue, turbot et cabillot ! »

Thomas s'était retourné vers la marchande de pommes : il jeta une pièce de douze sols sur l'éventaire et il avança la main pour prendre plusieurs fruits.

« Laisse donc, beau citoyen, dit la marchande, je vais te les envelopper ! »

Prenant un papier froissé et placé devant elle, la marchande enveloppa les pommes choisies et les remit à Thomas, qui jeta sur le papier servant d'enveloppe un regard rapide : ce papier avait l'apparence d'une lettre écrite d'une écriture fine et serrée.

« Merci, citoyenne, » dit Thomas.

Il traversa de nouveau la rue pour rejoindre Cassebras à l'endroit où il l'avait laissé. Le fort de la halle était demeuré immobile à la même place, le front plus couvert de nuages, les sourcils de plus en plus contractés, l'air pensif.

Thomas l'enveloppa d'un regard scrutateur, et l'expression de sa physionomie indiqua une certaine satisfaction intérieure ; on eût dit qu'il fût heureux de l'apparence de tristesse qu'il remarquait sur le visage de Cassebras.

Lui frappant rudement sur l'épaule :

« Viens ! » lui dit-il.

Cassebras le suivit machinalement, sans avoir évidemment conscience de ce qu'il faisait. Thomas le conduisit dans un débit de liqueurs, d'eau-de-vie et de bière, formant l'une des boutiques de la rue Tiquetonne. Sans doute Thomas était connu dans l'établissement, car le maître le salua au passage, sans ne lui demander ce qu'il désirait. Thomas, toujours suivi de Cassebras, gagna une petite pièce éclairée sur la cour. Un énorme ballot était au milieu de cette pièce.

« Te sens-tu de force à porter cela à toi seul ? » demanda Thomas.

Cassebras s'approcha, appuya son épaule contre le ballot, et le soulevant d'un côté :

« On en a porté de plus lourds, répondit-il.
— C'est pourtant un joli poids.
— Mes crochets sont solides.
— Je te préviens que la course est longue.

— Où faut-il porter cela ?
— Plus loin que le Champ de Mars.
— C'est bien, on ira tout de même.
— Cependant, dit Thomas en souriant ironiquement, il faut prendre garde à te fatiguer.

Cassebras le regarda sans paraître comprendre la recommandation.

« N'es-tu pas de noces après-demain ? continua Thomas.
— Hou ! fit Cassebras pour toute réponse.
— Tu dois être content ? Ton ami Spartacus qui épouse la belle écaillère... »

Cassebras ne répondit pas.

« C'est un joli brin de fille, et Spartacus est un heureux coquin ! »

Un rugissement sourd sortit à demi étouffé de la poitrine du fort de la halle.

« Il paraît qu'ils s'aiment beaucoup, continua l'impitoyable Thomas en suivant de l'œil l'émotion peinte qui se reflétait sur le visage du fort de la halle. Je sais même certain qu'ils s'adorent. Rosette a l'air folle de ton ami... Au reste, tu as pu en juger tout à l'heure... As-tu remarqué le coup d'œil tendrement amoureux qu'ils échangeaient ?... »

Et comme Cassebras baissait la tête sans répondre, et frappait sourdement ses poings crispés l'un contre l'autre :

« Tu es témoin à la municipalité, dit Thomas. C'est bien cela ! Tu vas être témoin, et il appuya sur le mot) du bonheur de ton ami ! »

Cassebras se retourna violemment en redressant la tête ; son visage était empourpré, ses yeux étaient injectés.

« Tais-toi ! dit-il d'une voix sourde.
— Pourquoi ? demanda tranquillement le citoyen Thomas.
— Parce que... si tu continues... je pourrais peut-être bien t'étrangler ! »

Thomas sourit ironiquement.

« Oh ! oh ! dit-il. C'est une envie que tu te passerais peut-être difficilement. Tu es fort, je le sais ; mais en fait de jeu des muscles, je ne cède pas ma part aux autres... Tiens ! regarde !... »

Et Thomas fit un pas vers le ballot debout au milieu de la chambre :

« Tu connais le poids de ce fardeau ! » dit-il.

Se baissant à demi, il entoura de ses deux bras le volumineux ballot qui devait certes peser un poids énorme, et, se raidissant sur ses jambes, il l'enleva et fit en le portant le tour de la chambre.

« Qu'en penses-tu ? » ajouta-t-il en remettant le ballot en place, et sans paraître le moins du monde fatigué par ce tour de force.

Cassebras ne répondit pas, mais, s'approchant du ballot à son tour, il le saisit d'une seule main par un angle et l'enleva à bout de bras sans hésiter ; puis, tenant le fardeau suspendu derrière lui, il fit deux fois le tour de la pièce, le maintenant toujours d'une seule main.

« Je ferais le tour de la halle avec ! » dit-il simplement.

Thomas ne put retenir un cri d'admiration pour cette puissance si extraordinaire des muscles.

« Je parierai tout ce qu'on voudra, dit-il, qu'il n'y a pas en France un seul homme pouvant exécuter ce que tu viens de faire. C'est prodigieux. Eh quoi, Cassebras ! un gaillard de ta force se laisse couper l'herbe sous le pied par un Spartacus ! »

Cassebras fit un mouvement.

« Je le sais que tu aimes Rosette, continua Thomas, et je m'intéresse à toi, ainsi sois franc avec un ami. Voyons ! tu laisseras accomplir ce mariage-là ? »

Cassebras baissa la tête.

« Tu aimes Rosette ! » continua Thomas.

Un gémissement plaintif sortit de la poitrine du fort de la halle.

« Tu aimes Rosette, poursuivit Thomas en appuyant sur les mots, tu l'aimes, et elle va en épouser un autre, et toi, qui assommerais cet autre d'un coup de poing, tu laisseras accomplir ce mariage !
— Elle l'aime ! murmura Cassebras.
— Raison de plus pour l'assommer !
— Si j'assommais Spartacus, Rosette me détesterait...
— Bah ! les femmes sont tellement étranges !
— Elle me détesterait, elle me maudirait, elle ne voudrait plus me voir ! dit Cassebras en secouant la tête.
— Qu'en sais-tu ?

— Elle me l'a dit hier, alors que je lui disais en souriant jaune et en la regardant :
« Si Spartacus mourait avant la noce, tout de même ?... »
— Si Spartacus mourait, qu'elle m'a répondu en devenant pâle, je resterais fille.
— Ah ! que je lui ai fait, c'est que tout à l'heure, en chargeant ma voiture, j'ai failli laisser tomber un saumon de plomb sur Spartacus. Un peu plus, il était écrasé comme un colimaçon. »
Rosette est devenue rouge, et puis pâle, et puis verte, et puis elle m'a dit :
« Je t'aime bien, Cassebras ; je te regarde comme un vrai ami ; mais vois-tu, si tu avais été cause même involontairement de la mort de Spartacus, je t'aurais maudit et je n'aurais jamais pu te revoir, même dans cinquante ans ! »
Voilà ce qu'elle a dit, poursuivit Cassebras. Tu penses ! si j'assommais Spartacus tout exprès...
— Elle ne te verrait plus, c'est possible ! répondit Thomas en regardant fixement le colosse, mais au moins il ne l'épouserait pas, lui ! »
Les yeux de Cassebras lancèrent un double éclair :
— Oui, dit-il, mais elle serait malheureuse, elle ! Elle pleurerait !
— Eh ! vaut mieux que tu pleures, toi ! dit ironiquement Thomas.
— Oui ! répondit simplement le fort de la halle.
— Mais enfin, reprit Thomas après un silence, pourquoi l'aime-t-elle ? Spartacus a tort, va, il n'est pas plus beau que toi, et tu es beaucoup plus fort que lui.
— C'est vrai...
— Est-ce qu'il est plus riche ?
— Dame ! répondit Cassebras, je n'ai rien, moi ! J'envoie tous les mois trente livres à ma pauvre bonne femme de mère qui est infirme. Spartacus est tout seul, lui, il n'a plus de parents : il a pu faire des économies... C'est vrai qu'il a cinq cents livres en or, à lui !
— Cinq cents livres en or ! s'écria Thomas. Ah ! parbleu ! je comprends maintenant pourquoi la belle écaillère a préféré ton ami Spartacus à toi !
— Rosette n'est pas avare ! dit Cassebras avec énergie.
— Non, mais enfin, sans être avare, elle a pu, puisque vous lui faisiez la cour tous les deux, préférer celui qui avait le plus d'argent. Suppose que tu sois placé, toi-même, entre deux femmes à marier, sans que tu te sentes de préférence plus pour l'une que pour l'autre, que l'une soit riche et l'autre pauvre, laquelle prendrais-tu ? La riche, n'est-ce pas ? Et cependant tu n'es pas avare, mais tout le monde en ferait autant ! »
Cassebras lança un regard sombre sur son interlocuteur.
« Et, reprit Thomas en regardant fixement Cassebras, veux-tu connaître ma pensée tout entière ? Eh bien ! je suis convaincu à cette heure, j'en donne ma parole, que, si tu avais mille francs en or à offrir en dot à Rosette... elle pourrait bien faire fi des cinq cents livres de Spartacus ! »

## XXVI. — CASSEBRAS.

Le visage de Cassebras s'était illuminé d'un fugitif rayon d'espérance en entendant les paroles prononcées par son interlocuteur, mais ce moment d'espoir fut court. Thomas tenait toujours son regard rivé sur le fort de la halle.
« Tu es de mon avis, n'est-ce pas ? » reprit-il.
Puis après un léger temps :
« Après cela, continua-t-il, je ne sais pas trop pourquoi je te parle ainsi, car c'est exactement comme si je ne te disais rien... Quand je t'affirmerai, comme je le crois, que Rosette t'épouserait après-demain à la place de Spartacus si tu étais plus riche, à quoi cela avancera-t-il ? Tu ne peux pas devenir riche en quarante-huit heures, n'est-ce pas ? Et le mariage a lieu après-demain. »
Cassebras paraissait plus préoccupé que jamais. Thomas l'examinait toujours avec la même fixité.
« Pour cela faire, reprit-il, il faudrait un de ces coups du hasard qui ne se présentent jamais... que dans les livres...
— Peut-être ! murmura Cassebras.
— Hein ? quoi ? qu'est-ce que tu veux dire ? s'écria Thomas avec étonnement.

— Je veux dire que si j'avais voulu devenir riche... plus riche que Spartacus... je pourrais l'être aujourd'hui...
— Oui, mais tu n'as pas voulu et maintenant tu ne pourrais plus !...
— Oh ! si... si je voulais bien.
— Qu'est-ce que tu me chantes là ? Tu aurais pu devenir riche, épouser la femme que tu aimes et tu as refusé ?
— Oui.
— Laisse-moi donc tranquille, tu te moques de moi !
— Si je voulais, j'aurais à cette heure quinze cents livres en or.
— Toi ?
— Oui, moi, qui te parle, et si je voulais encore je les aurais ce soir. »
Thomas ouvrait des yeux énormes.
« Eh bien ! s'écria-t-il, pourquoi ne les prends-tu pas ?
— Parce que celui qui me les a proposées, ces quinze cents livres, est un canaille, répondit nettement Cassebras, parce que, pour gagner cet argent, il faudrait faire une mauvaise action.
— Ah ! fit simplement Thomas.
— Oui, une canaillerie !
— Et tu aimes mieux laisser Rosette épouser Spartacus ?
— Oui, quitte à me jeter à l'eau ensuite.
— Eh bien ! mais, c'est très-bien cela, mon garçon. Et qui est-ce qui t'avait proposé cette canaillerie, comme tu dis ?
— Un brigand, qui a dû passer sa jeunesse au bagne et qui me proposait de m'enrôler pour faire un mauvais coup.
— Qu'est-ce que tu lui as répondu ?
— Qu'il s'en aille ou que j'allais l'étrangler en deux temps.
— Allons, décidément, tu es un brave garçon, reprit Thomas, et j'irai voir comment tu rempliras les fonctions de témoin le jour du mariage de Rosette et de Spartacus. En attendant, parlons de mes affaires. Tu vois ce ballot ? Il s'agit de venir le prendre ici demain soir, à la nuit, vers huit heures, et de me le porter rue Vidal, 12, à Grenelle. On te payera ta course là-bas. Tu as bien compris ? »
Cassebras fit un signe affirmatif.
« Allons, bonne chance, et apprête-toi à danser à la noce. Ah ! la vertu est une belle chose. Mais quinze cents livres en or, par le temps qui court... un commencement de fortune !... c'est une belle chose aussi... Tout le monde n'en ferait pas autant que toi... Rosette est si jolie !... Enfin, ça te regarde. »
Et Thomas, faisant signe à Cassebras de le suivre, quitta la petite pièce.
« Demain soir, dit-il au maître de la boutique, ce grand garçon-là viendra prendre mon ballot ; tu le lui remettras. »
Les deux hommes se quittèrent sur le seuil de la boutique : Cassebras suivit la rue Tiquetonne pour aller rejoindre la rue Montorgueil, et Thomas descendit la rue Montmartre dans la direction de la pointe Saint-Eustache.
Il n'avait pas fait cinquante pas, qu'un homme, qui examinait des comestibles devant une boutique, se retourna en l'apercevant et passa familièrement son bras sous le sien.
« Eh bien ! dit l'homme, est-il disposé ?
— Pas plus qu'avant-hier quand tu lui as parlé.
— Le sot !
— Il faut cependant à tout prix que nous enrôlions cet homme. Il vaut à lui seul dix autres ! C'est une de ces recrues qu'il ne faut jamais abandonner ! Ah ! s'il eût épousé Rosette et qu'on eût pu les avoir tous les deux, lui si fort, elle si belle ! Quelles ressources on eût eues avec eux !
— Oui, mais il n'épousera pas Rosette !
— Et s'il ne cède pas à tes instigations dans cette circonstance, il ne cédera jamais.
— Alors nous ne l'aurons pas !
— Si fait, Rosette mariée le jettera dans nos mains.
— Comment cela ?
— La jalousie est encore un plus puissant levier que l'amour. Rosette mariée et heureuse, il faudra retourner le fer dans la plaie faite au cœur de Cassebras, il faudra ne lui laisser pas un seul instant de repos ni de trêve, on arrivera à exalter son cerveau qui n'est pas bien fort... Il étranglera Spartacus dans un moment de colère... Alors, il viendra forcément à nous !... Tu comprends ?
— À merveille !
— Cependant, tant que le mariage ne sera pas fait, il

faudra essayer encore. Il viendra demain soir à Grenelle, fais tout préparer en conséquence.

— Quels ordres pour aujourd'hui ?

— Dans une heure tu les auras... où tu sais... En attendant voici la lettre que la Grinchue a reprise dans la poche de Gervais, mets-la avec les autres ; ces lettres-là peuvent être dans l'avenir de la dernière importance. »

Les deux hommes atteignaient alors les abords de la halle aux légumes, un tumulte étourdissant y régnait, mais ce tumulte n'était pas celui qui y était habituel : il ne s'agissait ni de vente ni d'achat.

Les trois quarts des petites boutiques étaient veuves d'acheteurs et désertes de vendeurs.

Des groupes se formaient de tous les côtés, groupes bruyants où chacun se faisait orateur. Hommes et femmes allaient, venaient, couraient, s'agitaient, se parlaient, s'interrogeaient, s'arrêtaient, et on levait les bras au ciel, et on poussait des exclamations sonores, et tous les visages rayonnaient, animés par un reflet d'espérance.

Évidemment une grande nouvelle, une de ces nouvelles importantes qui intéressent tout un peuple, venait de prendre naissance subitement. On sait avec quelle rapidité merveilleuse les nouvelles circulent à Paris. Au moment où Thomas et son compagnon arrivaient à la hauteur de la pointe Saint-Eustache le premier souffle de la nouvelle passait, et ils n'avaient pas fait deux pas en avant que l'agitation de la foule les atteignait, les dépassait et se propageait derrière eux avec la promptitude d'une traînée de poudre qui s'enflamme.

En même temps que dans les rues, dans les halles, sur la place, l'agitation, l'animation, atteignaient à leur paroxysme, les fenêtres des maisons s'ouvraient, des têtes apparaissaient à tous les étages, et la rumeur s'élevait du pavé des rues aux greniers des édifices, et partout la même expression rayonnait sur tous les visages, et partout les exclamations joyeuses se croisaient, se choquaient, s'entremêlaient.

Tout à coup cependant un doute parut se manifester : l'élan joyeux s'arrêta, une vague inquiétude se peignit dans tous les regards, et ces mots circulaient de bouche en bouche :

« Si ce n'était pas vrai ! »

La même pensée venant presque à la fois dans tous les esprits, une sorte de silence solennel, effrayant, se fit brusquement au sein de cette foule en rumeur.

En ce moment deux soldats, se tenant bras dessus, bras dessous, l'un vêtu de l'uniforme des tambours-majors en petite tenue, l'autre des grenadiers d'infanterie, débouchèrent par la rue Coquillière arrivant à l'angle de la rue du Four et à la hauteur du marché des Prouvaires, alors en ébullition complète : ces deux soldats paraissaient ivres de joie, et ils chantaient à tue-tête, en levant les bras vers le ciel :

> Soldat français,
> Qu'a du succès,
> Vive la gloire
> Et la victoire !...

En les apercevant, la foule entière se rua vers eux poussée par un même élan, et toutes les bouches interrogèrent en même temps.

« Oui ! oui ! il est en France ! le télégraphe l'annonce ! » répondirent les soldats.

Et faisant voltiger leurs chapeaux dans les airs :

« Vive Bonaparte ! » crièrent-ils à pleins poumons.

Alors ce fut un même cri qui jaillit à la fois de toutes les poitrines, de tous les cœurs, de toutes les bouches, l'un de ces cris comme en pousse de siècle en siècle toute une grande nation qui est unanime pour fêter et acclamer le héros qu'elle aime, un de ces cris résultant d'un élan devant lequel s'effacent toutes les préoccupations, toutes les joies, toutes les douleurs.

« Vive Bonaparte ! répéta Paris tout entier à la même heure.

— Vive Bonaparte ! » répétait la France entière ; villes, villages, campagnes et montagnes s'unissaient pour saluer à la fois le retour de celui qu'on appelait d'avance le sauveur.

Et ce cri qui tonnait, frénétiquement poussé, à l'est et à l'ouest, au sud, au nord, au centre, ce cri était incessant sur la route de Fréjus à Paris, et il poursuivait, dans son enthousiasme indicible, une voiture bien simple emportée au galop de quatre chevaux de poste, et au fond de laquelle se tenait assis un jeune homme vêtu d'une redingote grise et entouré de trois officiers portant l'uniforme de généraux.

Durant quelques instants ce fut, dans le quartier des halles, un bruit tellement effrayant que les voitures s'arrêtèrent, « les chevaux refusant de marcher, » dit un contemporain.

Thomas avait écouté : il n'avait pas crié, lui. Saisissant le bras de son compagnon et le serrant fortement :

« Le retour du général va changer probablement la face des choses ! dit-il. Cet homme au pouvoir, c'est notre ruine, car sa main sera puissante, et sa première préoccupation sera de terrasser le *chauffage !* Vois les jacobins et les royalistes, et fais tout pour animer et surexciter les esprits ! Quant à nos affaires particulières, il faut agir sans retard maintenant. Je verrai ce soir Alcibiade... Songe à ce qui doit se passer demain !... »

Et quittant brusquement son compagnon, Thomas s'élança au milieu de la foule. Bientôt il atteignit l'endroit où se tenaient, fêtés, entourés, les deux soldats qui, arrivant tous deux d'Égypte, étaient devenus les idoles de la foule.

Chacun les tirait, voulant à toutes forces les entraîner déjeuner, quand Thomas se fit jour jusqu'à eux.

« Eh ! dit-il, les citoyens sont mes convives ! Ils venaient me retrouver ; je ne les cède à personne, entendez-vous ? »

Et, saisissant sous chaque bras Rossignolet et Gringoire, Thomas les entraîna dans la direction de la rue Montorgueil, vers le cabaret de la *Belle Écaillère*.

« Eh bien ! en voilà une nouvelle ! dit Thomas en jouant une joie extrême ; c'est le plus beau jour de ma vie !

— Nous allons revoir notre général ! criait le major avec des larmes dans les yeux.

— Vive Bonaparte ! hurlait Gringoire.

— Vive Bonaparte ! répétait la foule.

— Et vous avez appris cela ce matin ? demanda Thomas.

— En quittant ton frère, le loueur de voitures, répondit Gringoire.

— Nous étions dans la rue Gaillon, quand un quidam a passé en criant : « Le général Bonaparte est en France ! » ajouta Rossignolet.

— Pour lors nous avons couru chez le colonel. Il savait tout déjà : son ami, le corsaire Bonchemin, venait de lui apprendre la chose.

— Ah ! dit Thomas, le citoyen Bonchemin était revenu déjà ?

— Oui.

— Mais, à propos de mon frère le loueur de voitures, vous êtes-vous entendus ensemble ? Je vous ai laissés ce matin sans pouvoir assister à votre entretien.

— Parfaitement, dit Gringoire ; ça a même l'air d'un crâne lapin que ton frère, et aimable pour le soldat : nous avons bu le vin blanc ensemble...

— Et vous êtes convenus pour la voiture ?

— De tout ; elle sera, demain à midi, à la disposition de ces dames et du colonel : il n'y a plus rien à dire.

— Tu as prévenu le colonel ?

— Naturellement.

— Et il a dit...

— Que c'était bien.

— Entrez, citoyens, le déjeuner nous attend. »

Les trois causeurs étaient alors arrivés à la porte du cabaret. Rosette n'était plus à son poste ; elle avait cessé d'ouvrir les huîtres. En apercevant Thomas, elle courut à lui tout effarée :

« C'est-il vrai, citoyen, demanda-t-elle, que le général Bonaparte soit à Paris ?

— Pas encore, répondit en riant Thomas, mais il y sera bientôt.

— Ah ! quel bonheur ! Vive Bonaparte !

— Vive Bonaparte ! crièrent les soldats.

— Vive Bonaparte ! répéta encore la foule.

— Cré mille millions de n'importe quoi ! dit Rossignolet en caressant sa moustache qui descendait jusqu'au creux de l'estomac, et il est sûr et certain que v'là z'une petite mère qui ferait z'une cantinière comme la 32e n'en a pas évue depuis un laps. Mille millions de toutes sortes de choses, je consentirais, si j'étais plus jeune, à devenir coquillage, comme qui dirait huître, pour être ouvert par la blanche main de la citoyenne. »

Et le major se redressait, se recarrant, se balançant sur ses hanches, faisant valoir enfin toutes les grâces de son aimable personne, dardait sur Rosette des yeux qui eussent mis le feu à un canon.

« Le citoyen soldat est bien aimable, dit Rosette en saluant.

— Aimable est la devise du soldat victorieux, ma belle enfant, reprit le major en se dandinant de plus en plus, comme victoire et gloire sont ses rimes favorites avec *amour* et *toujours!* quand il a la chance d'entre-percevoir, entre deux moissons de lauriers, un beau brin de cantinière ficelée dans votre joli genre. Et, en ayant l'honneur d'être le vôtre, je vous demanderai de m'obtempérer la permission pour cueillir sur votre joue la fleur que je vois s'y épanouir. »

Et, retroussant sa moustache des deux mains, Rossignolet s'avança pour embrasser Rosette ; mais celle-ci se rejeta brusquement en arrière.

« Eh ! minute, » cria Spartacus en s'avançant.

Thomas se jeta vivement de côté pour laisser passer le fort de la halle, qu'il poussa presque vers Rossignolet ; mais une autre et plus subite intervention venait de faire cesser le danger pour la belle écaillère.

Une tête s'était avancée entre le visage de Rosette et les lèvres tendues du major, et une joue à la peau rude et basanée avait failli recevoir le baiser destiné à Rosette.

« Cré mille millions de n'importe quoi ! cria Rossignolet avec colère, ce n'est pas ça que je veux embrasser !

— Hein ? » fit une grosse voix.

Cassebras dressa son énorme personne devant le gigantesque major ; pour un amateur de la force physique dans ce qu'elle a de majestueux, ces deux hommes pouvaient être réellement beaux à contempler.

« Tu dis ? fit Rossignolet d'un ton menaçant.

— Je dis... répondit Cassebras en approchant ses épais sourcils de ceux tout aussi épais du major ; je dis que... »

Une clameur formidable, accompagnée de cris déchirants, interrompit la phrase commencée et qui peut-être allait provoquer un orage.

« Arrêtez ! arrêtez ! » hurlait-on.

La foule amassée sur la chaussée de la rue s'écarta avec précipitation, et l'on vit déboucher, roulant avec fracas, une voiture de maître entraînée par un cheval emporté.

Un cocher était sur le siège de la voiture, essayant en vain de retenir l'animal furieux ; une femme, qui, saisie par la terreur, avait voulu s'élancer sans doute, était demeurée suspendue, accrochée par sa robe, menacée à chaque instant d'être atteinte par la roue et presque traînée sur le pavé. Une autre femme, le corps à demi sorti par la portière ouverte, poussait des cris déchirants.

« Arrêtez ! arrêtez ! » criait-on.

Mais personne n'osait affronter le choc du cheval emporté.

C'était un spectacle terrifiant, épouvantable. La foule, tout à l'heure animée, follement bruyante, était là stupéfiée par la frayeur, silencieuse, paralysée, attendant une sanglante catastrophe.

Le véhicule entraîné, qui causait une anxiété si vive, était un léger carrosse, perché haut sur roues comme les voitures de l'époque, à grands ressorts et réellement construit pour facilement verser. L'ensemble était coquet, élégant, et décelait un équipage de bonne maison.

Deux chevaux avaient été évidemment attelés à cette voiture ; mais, par suite d'un accident encore inconnu, un de ces chevaux avait été dételé et était demeuré libre. C'était l'autre, le seul restant, qui emportait le carrosse dans sa course affolée. La flèche était brisée ; sans doute son extrémité supérieure était demeurée attachée au harnais de l'autre cheval. Ce qui en restait présentait sa brisure menaçante, et le bois déchiqueté, labourant les flancs du cheval, excitait encore sa furie.

Ce qu'il y avait de terrible, c'est que le cheval demeuré seul tirait inégalement le véhicule et occasionnait les secousses effrayantes auxquelles la caisse ne pouvait résister longtemps. Le cocher, pâle comme un linge, ses mains tenant les guides enroulées, faisait des efforts surhumains. Mais ce qui, du premier coup, avait atterré la foule, c'était la situation si épouvantablement critique de la femme suspendue le long de la roue.

## XXVII. — LE CHEVAL EMPORTÉ.

Une des portières du carrosse était demeurée ouverte, et, obéissant aux secousses terribles imprimées à la voiture, cette portière battait, se refermant et s'ouvrant d'elle-même avec un grand bruit : sans doute la femme, perdant la tête, obéissant à un accès de terreur folle et au sentiment de la conservation, avait voulu fuir le danger.

Sans calculer le péril, elle avait probablement ouvert cette portière, et elle s'était élancée au dehors ; mais dans ce mouvement sa jupe flottante, enlevée par le vent, s'était accrochée à l'un des porte-lanternes, et la malheureuse était demeurée suspendue dans le vide, entre les deux roues, ses pieds frôlant le pavé...

Dans la voiture, ai-je dit, était une seconde femme, le corps à demi sorti par la portière ouverte ; cette femme voulait saisir d'une main le corsage de la robe de l'autre femme, tandis qu'elle se cramponnait de l'autre main aux coussins de la banquette, mais la portière, battant avec violence, l'empêchait de prêter un secours efficace. Elle poussait des cris déchirants.

Le cheval, de plus en plus furieux, de plus en plus affolé, précipitait sa course avec un redoublement d'énergie... La foule s'était écartée en poussant des hurlements d'effroi... Personne n'osait se précipiter à la tête de l'animal qui bondissait avec des élans prodigieux. Descendant la rue Montorgueil, il courait droit vers la halle aux légumes.

En ce moment une petite voiture à bras de marchand des quatre-saisons, conduite par un enfant de dix à douze ans, se trouvait au milieu de la rue, à la hauteur du cabaret de la *Belle Écaillère*, et dans la direction prise par l'animal emporté... En voyant le cheval arriver sur lui, l'enfant fit un effort, il voulut se garer et garer sa voiture en se jetant avec elle à gauche ; mais il n'eut pas le temps d'accomplir son mouvement... le cheval furieux arrivait avec la rapidité de la foudre qui éclate...

La petite charrette, prise en travers, fut renversée, roulée, effondrée, brisée, et l'enfant envoyé à quelques pas en avant. Le cheval, sans s'arrêter, poursuivit sa course.

Un double cri d'effroi jaillit de toutes les poitrines oppressées. Dans la secousse, la robe de la jeune femme suspendue avait achevé de se déchirer, et la malheureuse était précipitée sous la roue de derrière au moment même où le cheval venait de bondir par-dessus l'enfant renversé, sur lequel allait passer l'une des roues de devant. Le double péril était tel qu'il fallait un coup de foudre pour conjurer son imminence...

En contemplant cette scène émouvante qui s'était accomplie avec la rapidité de l'éclair, Rosette était devenue tremblante, son visage si frais s'était décoloré, et elle avait poussé un cri déchirant en se voyant les yeux de ses deux mains réunies.

Spartacus était près d'elle ; lui aussi était très-ému. La pantomime expressive de Rosette parut l'animer soudain d'une inspiration subite. S'élançant en avant avec un bond tel qu'il franchit sans toucher le sol la moitié de la chaussée, il tomba en face du cheval emporté, et il saisit le mors des doigts de ses deux mains réunies.

Le cheval, surpris, se cabra avec un effort si puissant, qu'il enleva Spartacus ; mais, retombant sur ses pieds de devant, il renversa du même coup le fort de la halle, qui roula sous ses sabots ferrés. Le dévouement de Spartacus allait retarder la mort des deux êtres menacés, mais sans l'éviter.

Cette fois la situation était affreuse : la femme, l'enfant et le courageux Spartacus allaient périr à la fois, foulés, écrasés, martyrisés... Le cheval se ruait en avant...

La foule poussa un cri d'épouvante... Mais aussitôt un cri de joie et d'admiration s'échappa de toutes les bouches... Le cheval avait bien tenté de bondir en avant, mais il était demeuré immobile, comme si une force invincible l'eût subitement cloué sur place, comme si le véhicule fût tout à coup devenu tellement lourd qu'il ne pût le traîner...

Spartacus, roulant de côté au moment où il allait être foulé aux pieds du cheval si celui-ci eût fait un seul pas en avant, n'avait reçu qu'une légère atteinte au bras. L'enfant renversé se tenait étendu devant la roue qui frôlait sa poitrine. La jeune femme avait une partie de sa robe engagée sous la roue de derrière mais, si elle ne pouvait se soustraire à la mort menaçante, elle était encore saine et sauve.

De chaque côté de la voiture, deux hommes étaient placés devant chacune des deux grandes roues de derrière. Le corps à demi ployé, les pieds arc-boutés en avant, les bras tendus, les mains cramponnées aux jantes des roues, ces deux hommes demeuraient immobiles. La tension des muscles de leurs membres était si grande, si puissante, qu'à travers la culotte et les manches de l'habit on pouvait distinguer les nerfs se dessinant comme de grosses cordes.

Ces deux hommes, c'étaient ceux qui tout à l'heure se regardaient avec des éclairs de menace dans les yeux, c'étaient le major Rossignolet et le fort de la halle Cassebras... Au moment où Spartacus s'élançait à la tête du cheval, Rossignolet et Cassebras bondissaient eux-mêmes en avant. Sans se consulter, tous deux se fiant sur leurs forces physiques si peu communes, avaient eu la même pensée, celle de sauver les malheureux menacés, en contraignant la voiture à une immobilité momentanée qui permit de se rendre maître du cheval et surtout qui empêchât les roues de faire un seul tour en avant, car là était effectivement le point essentiel.

En dépit de ses efforts, peut-être qu'un seul n'eût pas été assez puissant pour lutter ainsi avec un cheval furieux ; mais tous deux réunis avaient pu opérer le miracle.

La foule s'était précipitée. Le cheval avait été saisi, maîtrisé, entouré ; Spartacus s'était relevé on avait dégagé l'enfant et la jeune femme avec des soins infinis. L'enfant était étourdi, mais il n'avait pas perdu l'usage de ses sens : la femme, elle, était complétement évanouie.

L'autre femme, celle demeurée jusqu'alors dans la voiture, s'était élancée à terre. Courant vers sa compagne, elle la saisi dans ses bras avec des gémissements affreux.

« Ma fille ! mon enfant ! ma Caroline ! criait-elle, elle est morte !

— Mais non, citoyenne, ne te désole pas ; elle n'est qu'évanouie, » dit une voix émue.

Rosette s'était avancée perçant la foule ; et tendant la main à Spartacus qui venait de se relever :

« Fais le transporter dans la maison du marchand de vin, on va le soigner, reprit l'écaillère.

— Un médecin ! demandait la malheureuse femme.

— Me voici, madame Chivry, et tout à vos ordres, dit une autre voix.

— Dupuytren ! » cria la pauvre mère.

Le jeune docteur prenait dans ses bras le corps inanimé de la jeune fille, et l'emportait son précieux fardeau vers la boutique que venait de désigner Rosette.

Spartacus suivait le petit cortège que la foule formait autour du médecin. Rosette lui avait repris la main.

« C'est bien ce que tu as fait, dit-elle.

— Il a contribué à sauver la vie de mon enfant ; je ne l'oublierai jamais, » dit madame Chivry avec un accent attendri.

Pendant ce temps le cheval avait été dételé, et il paraissait maintenant aussi calme, aussi stupide qu'il semblait affolé quelques instants auparavant. Le danger passé, la voiture définitivement stationnaire, Rossignolet et Cassebras s'étaient redressés, abandonnant les roues. Dans ce même mouvement, ils se trouvèrent en présence, face à face ; car en détellant le cheval on venait de faire faire au véhicule un pas en avant.

Les deux hommes demeurèrent silencieux et immobiles se contemplant tous deux avec des regards empreints d'une naïve admiration. L'un et l'autre étaient évidemment stupéfaits d'avoir rencontré ainsi, inopinément, une force à peu près égale à la sienne. C'est chose si rare, qu'elle vaille la puissance des muscles, que l'étonnement manifesté par les deux colosses était assez naturel.

Rossignolet fit enfin un pas en avant ; et tendant la main à Cassebras :

« Veux-tu ? lui dit-il. Tu as l'air d'un rude lapin et tu me plais. Quel biceps, comme on dit en Italie, dans le grand monde. Je crois qu'à nous deux nous emporterions les tours Notre-Dame !

— C'est bien possible, répondit en souriant Cassebras, et en acceptant la main qui lui était offerte.

— Ah ! fit Rossignolet avec un soupir, quel malheur que deux autres gaillards ne soient point ici : Malacre et le Mancot et nous deux. Ceci mille millions de n'importe quoi, à nous quatre nous démolirions Paris s'il le fallait ! »

M. Thomas était demeuré simple spectateur de l'évènement. En assistant à la preuve si étrangement convaincante de la force musculaire des deux hommes, il n'avait pu retenir une exclamation admirative.

« Ils sont à peu près de même force ! murmura-t-il. Ce qu'il faudrait, c'est faire disparaître, par un moyen quelconque, le major qui peut devenir gênant et s'attacher l'autre qui peut être si utile. J'y songerai... j'y... »

Thomas s'arrêta ; et se frappant brusquement dans les mains :

« Parbleu ! ajouta-t-il en souriant, j'ai mon idée. »

## XXVIII. — LA BOUTIQUE DE LA RUE SAINT-DENIS

Le lecteur se rappelle sans doute ce logis de la rue Saint-Denis communiquant par un escalier en colimaçon intérieur avec un magasin du rez-de-chaussée, lequel magasin portait pour enseigne une gigantesque paire de bas blancs se croisant en croix de Saint-André, et se détachant sur un fond brun foncé ? Au-dessus de l'enseigne, sur le haut de la porte, on lisait cette inscription ainsi disposée

GERVAIS.

*Bonnetier, chemisier, culottier.*

C'est dans cette boutique que nous avons pénétré jadis lors des prémices de la conspiration des *Œufs rouges*, alors que Gervais, revenu des Antilles si inopinément, surprenait sa femme, laquelle tombait évanouie sans qu'on ait jamais pu savoir au juste si c'était de joie ou de contrariété.

Depuis cette époque jusqu'à celle à laquelle nous sommes arrivés, aucun changement ne s'était manifesté dans l'aménagement intérieur, ni même dans le personnel de l'établissement. Il y avait toujours le même vitrage à petits carreaux derrière lequel se balançaient des paires de bas posées à cheval sur des cordes tendues, flanquées à droite et à gauche de gilets de flanelle et de bonnets de coton, tandis que des chemises à jabots, des cravates d'incroyable, des maillots, des culottes à mille raies formaient le bas de la montre.

A droite en entrant était le comptoir de madame Gervais, comptoir-bureau, derrière lequel trônait la respectable citoyenne, dont le regard inquisiteur dominait de là le magasin entier de sa porte d'entrée à son arrière-boutique.

A la suite de ce bureau venait un long comptoir tout chargé de marchandises. En face, de l'autre côté, un second comptoir orné de deux aunes suspendues au plafond : derrière ce comptoir, se tenait d'ordinaire, la plume à l'oreille, suivant l'usage, Antoine, le fidèle commis de madame Gervais.

Tous les jours, à l'exception des dimanches et fêtes, la boutique était ouverte à huit heures du matin et fermée à huit heures du soir. Ce jour où nous venons d'assister dans les halles à l'émotion produite par l'annonce du débarquement du général Bonaparte en France, et deux heures environ après l'accident du cheval emporté, la boutique de madame Gervais était, par hasard, absolument veuve de clients.

Antoine, occupé à refaire des paquets de bas et de gilets de coton, paraissait complétement absorbé dans son œuvre. La citoyenne Gervais venait, profitant de la minute de liberté que lui laissaient par hasard les affaires, de monter dans sa chambre.

Sa place ordinaire, derrière le comptoir-bureau, n'était pas vide cependant : une jeune et gracieuse personne l'occupait ; c'était une jeune fille de dix-sept ans au moins, mignonne, mince, fluette, à la taille élancée, avec cette simplicité de bon goût qui est l'apanage de certaines femmes de la bourgeoisie. Sans être jolie, cette jeune fille avait dans toute sa personne un charme réellement fascinateur.

D'admirables cheveux blonds retombaient en boucles soyeuses sur les épaules et encadraient un front blanc et pur ; ses yeux étaient fort beaux, grands, bien fendus, et le regard qui s'échappait de ces prunelles d'un bleu verdâtre ressemblait à une douce et amicale caresse. Les sourcils étaient longs et touffus, l'ovale du visage parfait, les dents mignonnes et belles. La beauté de l'ensemble eût certes été réelle, si certaines cicatrices indélébiles n'eussent nui au contour et au velouté des joues et du menton. Et cependant l'expression générale de la physionomie était si charmante et si intelligente que l'on trouvait une grande séduction dans cette tête blonde empreinte d'un poétique cachet d'innocence.

Cette jeune et gracieuse enfant, le lecteur la connaît depuis longtemps, car il a suivi toutes les péripéties du terrible drame dont sa première jeunesse a été victime : cette jeune fille, c'est Rose, la fille du malheureux teinturier Bernard, de la rue Saint-Honoré, c'est la *jolie mignonne* enfin, la protégée de la générale Lefebvre et la fille adoptive de l'excellente madame Gervais.

Depuis que la citoyenne Lefebvre, dans la crainte que la vertu de la jeune fille fût battue en brèche par le bataillon des mirliflores et des muscadins pommadés, suivant ses expressions qu'elle recevait chez elle, avait placé Rose chez la citoyenne Gervais, Rose n'avait pas quitté le magasin de la rue Saint-Denis.

Tout d'abord la générale avait voulu pourvoir aux besoins de l'enfant en payant une pension à la citoyenne Gervais; mais peu à peu madame Gervais s'était prise d'une telle affection pour la jeune orpheline, Rose avait déployé un tel tact dans les affaires, elle avait si bien surveillé la maison, si parfaitement contenté les acheteurs et les acheteuses, que non-seulement madame Gervais n'avait plus voulu recevoir la pension payée par la générale, mais encore elle avait elle-même offert à la jolie mignonne une juste rétribution de ses peines. Rose avait donc des appointements. Il y avait alors quatre aides accomplies que Rose était installée chez madame Gervais, et chacun la considérait comme la fille de la maison.

Rose se tenait donc assise dans le comptoir, un grand registre ouvert devant elle, mais la jeune fille n'écrivait ni ne lisait; la tête légèrement inclinée, elle écoutait avec un intérêt bien grand sans doute, car ses beaux yeux étincelaient et se mouillaient tour à tour, tandis que ses joues pâlissaient ou rougissaient et que l'expression générale de sa physionomie reflétait la joie ou la crainte.

Assis près de Rose, sur un siège plus bas que celui de la jeune fille, était un beau et grand garçon revêtu de l'uniforme de sergent-major des grenadiers de l'infanterie française. Ce jeune homme avait de grands yeux expressifs, aux prunelles noires et éblouissantes; son front était large, haut, bien découvert; une forêt de cheveux noirs relevés aux tempes et enroulés en queue par derrière le cou recouvrait le crâne; la peau du visage était brunie comme celle des Européens devenus habitants des pays chauds. Un léger duvet, à peine visible, recouvrait la lèvre supérieure et faisait deviner une moustache naissante.

Ce jeune homme, c'était l'enfant perdu des Antilles, c'était Bibi-Tapin, le tambour de la 32e, c'était le citoyen Niorres enfin, le sergent-major de la 1re du 2e de la *terrible demi-brigade*.

Ainsi, ils étaient là, en présence, causant doucement entre eux, se souriant l'un à l'autre, ces deux pauvres enfants, orphelins tous deux dès leur berceau et dont nous avons suivi pas à pas la pénible existence depuis le moment où Camparini, le terrible *Roi du bagne*, les avait mêlés, les innocentes créatures, à ses plus odieuses intrigues.

La bonne cause heureusement avait triomphé, le doigt de Dieu avait protégé les faibles, et cette jeune fille, ce jeune homme, qui devaient servir d'instruments au vol prémédité de deux fortunes, avaient échappé enfin à tous les périls amassés sur leur tête.

Le jour où nous les retrouvons, ils étaient loin, bien loin certes de se rappeler un douloureux passé. Bi i-Tapin ou plutôt Louis-Auguste-Charles Niorres, car désormais il avait droit de se faire appeler ainsi, causait avec des gestes expressifs et Rose écoutait attendrie.

Si la jeune fille paraissait plus jeune qu'elle ne l'était réellement, le soldat paraissait, lui, plus vieux que son âge : la fatigue, les voyages, les dangers, toute une enfance passée sous les climats brûlants de l'équateur donnaient à Louis, pour l'apparence physique et pour l'expérience morale, vingt ans au moins.

« Oui, disait-il, il a fait cela !

— Mais, ni Rose avec admiration et en levant les bras au ciel, c'est un dieu que cet homme !

— Et un bon Dieu pour ceux qui l'approchent !... Ah ! ma petite Rose, si comme moi vous aviez vu cinquante fois le général Bonaparte sur le champ de bataille, ou au milieu du bivac avec ses soldats, si vous aviez pu l'approcher au point de deviner quelquefois la pensée qui illuminait sa physionomie, vous ressentiriez pour lui ce que je ressens, moi, et ce que bien d'autres ressentent, de l'adoration.

— Oh ! alors, je comprends pourquoi Paris est si heureux de la nouvelle de son retour.

— Et Paris le connaît à peine !

— Et c'est vous, Louis, qui avez le premier apporté cette bonne nouvelle en France ?

— Oui, Rose.

— Oh ! comme vous devez être fier.

— Dame ! oui.

— Je crois bien ! s'écria la jeune fille. Il faut bien que vous soyez fier, vous, puisque, moi, je suis fière rien que de vous connaître.

— Vrai ? dit Louis avec émotion.

— Vrai, » répondit Rose sans baisser les yeux.

Les deux jeunes gens se regardèrent quelques instants avec cette naïve assurance qui n'appartient qu'à l'innocence dans la plus chaste acception du mot.

« Oh ! reprit le jeune soldat avec des éclairs dans les yeux, vrai, ma petite Rose, vous êtes fière de me connaître ? Si vous saviez comme ça me fait un drôle d'effet ce que vous me dites là !... ça me remue en dedans comme le jour où mon général m'a nommé caporal !... ça me...

— Racontez-moi encore une histoire de votre général, interrompit Rose, qui avait rougi légèrement.

— Une histoire d'Égypte ? demanda Louis.

— Oui.

— Dame ! il y en a beaucoup que je ne vous ai pas encore dites.

— N'importe laquelle ! Mais, ajouta la jeune fille, une qui vous concerne cependant.

— Eh bien ! fit le soldat après avoir réfléchi, voulez-vous que je vous dise comment le général et moi nous avons soupé un jour en tête-à-tête et comment j'ai manqué ensuite d'être fusillé ?

— Fusillé !... vous ! s'écria Rose avec émotion.

— Oui. Figurez-vous qu'un jour, c'était au départ de l'expédition de Syrie, Lannes m'avait pris pour secrétaire, de sorte que j'étais monté et que je suivais souvent l'état-major avec le colonel Bellegarde.

Le général en chef part un matin pour aller visiter les bords de la mer Rouge, à l'endroit où nous avions failli périr quelques jours plus tôt. Nous le suivions. Le général avait un excellent cheval arabe d'une vitesse extraordinaire; suivant son habitude, il se mit à courir sans s'inquiéter s'il était suivi ou non...

Tout d'abord cela n'alla pas mal, et puis les chevaux d'escorte ralentirent, et le général courait toujours. J'avais un cheval qui valait presque celui du général ; je poussai ma bête et j'allais, ne voyant que mon général et sans trop m'inquiéter non plus de ce qui se passait derrière nous.

Il y avait longtemps que nous galopions, quand je me retourne, plus personne !... nous étions absolument seuls, en plein désert, et le soleil déclinait rapidement à l'horizon. Le général explorait le terrain : il regardait. Je m'approche tout doucement sans oser rien dire, mais je commençais à être inquiet, car enfin nous pouvions être surpris par un parti d'Arabes.

Enfin, accablé par la fatigue et la chaleur, le général met pied à terre sous un bouquet de palmiers.

« Eh bien ! dit-il avec étonnement, où est donc l'escorte ?

— Je ne sais pas, dis-je en souriant.

— J'ai faim ! » ajouta-t-il après un moment de silence.

Je fouillai dans mon portemanteau, mais je n'osais rien dire, car je ne croyais pas pouvoir offrir mes provisions au général ; nos cantines avaient été vidées depuis le commencement de l'expédition de Syrie, et je n'avais qu'un morceau de jarret d'âne bien ficelé dans une musette de toile, et puis trois ou quatre petits biscuits arabes plus durs que des pierres.

« J'ai faim et j'ai soif ! » répéta le général avec impatience et comme se parlant à lui-même.

Je m'enhardis :

« Mon général, lui dis-je, si vous voulez de mes provisions... j'ai un petit morceau d'âne, des biscuits et un peu d'eau dans cette outre.

— Donne ! » me dit-il.

Je le servis aussitôt. Il était assis au pied d'un palmier, et son cheval et le mien mangeaient les écorces des arbres.

« Assieds-toi ici, » me dit le général.

J'obéis, car le général n'aime pas à répéter deux fois la même chose.

« Allons, soupons ! ajouta-t-il.

— Mon général, dis-je vivement, mangez toute la viande, je n'ai pas faim ; je n'ai croqué pendant que nous galopions. »

Ce n'était pas vrai : je n'avais pas mangé depuis le matin, mais il y avait bien peu d'âne et je voulais que le général mangeât tout. Il me força à prendre un biscuit ; nous mangeâmes, puis il me demanda à boire et je lui passai l'outre.

Il but, mais il fit une diable de grimace !... l'eau était saumâtre, et la chaleur et le ballottement l'avaient à peu près gâtée. Enfin la nuit venait, et mon inquiétude redoublait : le général n'y pensait pas, lui.

« A cheval, me dit-il, et quand nous serons au Caire, tu me rappelleras que je te dois un souper. »

Nos chevaux s'étaient un peu reposés ; nous revînmes sur nos pas sans trop savoir où nous allions. La nuit était noire quand je reconnus quelques cavaliers de l'escorte qui nous cherchaient avec inquiétude et qui appelaient à grands cris. Nous revînmes au quartier. J'avais une faim épouvantable : depuis le matin je n'avais mangé qu'un seul biscuit et bu qu'une gorgée d'eau. Il n'y avait pas de cantine et rien à manger sous la tente.

— Ah, mon Dieu ! dit Rose avec intérêt, comment avez-vous pu faire ?

— J'étais là assez embarrassé, reprit Louis, quand tout à coup il me pousse une idée. »

## XXIX. — SOUVENIRS D'ÉGYPTE.

« Quelle idée ? demanda Rose.

— Je me rappelai, reprit le jeune soldat, qu'en rentrant au campement, j'avais aperçu, à peu de distance, une tente arabe. C'étaient des ennemis, puisque c'étaient des habitants du pays. Ma foi, je me souvins de la maraude de la 32e lors des guerres d'Italie. Je pars ; je me glisse dans la nuit ; je sors du campement et j'atteins la tente, espérant y trouver un peu de nourriture. Effectivement, je crois apercevoir dans l'ombre un amas de provisions. J'avance et je reconnais des sacs de *bêches* (sortes de petites pâtes cuites au soleil dans les sables) ; à côté, il y avait des outres pleines d'*araqui*, boisson du pays faite avec du miel, des dattes et des oignons. Ma foi, j'avais faim ; je regarde : il n'y avait personne ici, et c'était en pays ennemi. Cependant, comme je ne suis pas malheureux, je prends une pièce d'or dans ma poche, je la mets sur un sac bien en évidence, puis j'éventre ce sac, je prends quelques poignées de bêches, j'emporte une petite outre, et, ne voulant pas manger un cam dans la crainte d'être surpris, je vais m'asseoir sous un bouquet d'arbres voisins, et je me mets à manger. J'avais tellement faim, que je n'en voyais plus clair...

— Après ? après ? dit Rose en voyant Louis s'arrêter.

— J'étais donc là à manger le produit de ma maraude, reprit le soldat, quand tout à coup je sens une main se poser sur mon épaule et j'entends une grosse voix qui me crie : « Que fais-tu là, pillard ? » Je me relève d'un bond, la main sur la poignée de mon sabre : j'avais en face de moi un garde-magasin des vivres de l'armée. « Je ne suis pas un pillard, lui dis-je. J'avais faim, les cantines sont vides, et j'ai pris quelques poignées de bêches pour me rassasier. »

Il faut vous dire, ma chère Rose, continua Louis en s'interrompant, que tous ces fournisseurs ou employés de fournisseurs, que les soldats appellent des *riz-pain-sel*, sont ordinairement fort mal avec l'armée active. Nous les accusons de vivre à nos dépens et de nous affamer, et nous n'avons pas pour eux une bien grande estime, attendu qu'ils ne se battent jamais. Mon garde-magasin était enchanté de surprendre un sous-officier en faute, car il paraît que je m'étais trompé, c'était bien une tente arabe que j'avais vue, mais cette tente servait d'abri à un garde-magasin en chef. Je voulus m'expliquer, mais le garde-magasin ne me laissa pas dire un mot. « Connu, dit-il avec un ton méprisant ; tu mourais de faim, n'est-ce pas ? Vous dites tous la même chose quand on vous pince ; mais cette fois je te tiens, toi, et je t'arrête comme voleur. »

— Oh ! fit Rose avec indignation.

— J'étais bouleversé, reprit Louis. Le mot m'avait fait monter le sang aux oreilles, et il n'était pas achevé, qu'un vigoureux soufflet me vengeait de l'insulte faite. En même temps je mettais le sabre à la main. »

Rose joignait les mains avec effroi.

« Le garde-magasin était brave, reprit Louis, il faut lui rendre cette justice ; nous nous battîmes sur l'heure, sans témoins, et... je lui envoyai un coup de pointe qui lui perça la poitrine. La nuit même il portait plainte contre moi, et il racontait à sa manière la cause de notre duel. Le lendemain j'étais arrêté. La colonne se remettait en marche ; on ne put me juger qu'à Jaffa, au moment du siège. Le duel était absolument défendu à l'armée d'Égypte. Mon affaire était donc parfaitement claire... J'allais être jugé et probablement condamné à être fusillé.

— Ah ! mon Dieu ! s'écria Rose ; mais il fallait réclamer !
— A qui ?
— Il fallait dire que, si vous aviez pris des provisions, c'est que vous mouriez de faim, et que vous mouriez de faim parce que vous aviez abandonné votre souper au général.

— Quand j'aurais dit cela, je n'en avais pas moins provoqué et blessé en duel un garde-magasin ; et l'ordre du jour du général, à propos des duels, était précis ; il les défendait absolument, et cela depuis le duel où son aide de camp, le général Junot, avait failli être tué. Je m'attendais donc à ce qui devait m'arriver, et cela m'attristait, quand on donna l'assaut à la ville. Retenu prisonnier, je devais rester à la garde du camp. J'entendais le bruit du combat. Je devins fou, je crois. Sans savoir comment cela se fit, je m'étais échappé, j'avais pris un fusil, et, rejoignant la 32e au moment où elle s'élançait, j'arrivais le troisième sur la brèche avec Rossignolet et Romulus. Nous demeurâmes là une heure sous une grêle de balles ; je voulais me faire tuer. La mort ne voulut pas de moi. Le soir je revins au camp me constituer prisonnier ; mais le général Lannes, qui m'aime et qui m'avait vu, avait été tout raconter au général Bonaparte. Le général me fit appeler ; il avait l'air bien en colère. « Tu mérites d'être fusillé pour t'être battu en duel, me dit-il ; je te fais grâce cette fois, mais ne recommence plus. »

— Oh ! le bon général ! s'écria Rose. Et votre adversaire ?
— Lui ! dit le soldat ; il a été désolé de la grâce qui m'a été faite ; il espérait que je serais fusillé. Aussi depuis ce temps il me hait, il me déteste, et, bien qu'il y ait déjà plusieurs mois écoulés depuis cet événement, il m'a toujours en horreur.

— Comment le savez-vous ?
— Il est à Paris ; je l'ai rencontré ce matin en venant ici, et j'ai bien vu, au regard qu'il me lançait, qu'il ne m'avait pas pardonné d'être toujours vivant.

— Le vilain homme ! »

En ce moment la porte du magasin s'ouvrit et un fort de la halle s'avança dans la boutique. Il salua Rose avec une sorte de timidité.

« Bonjour, citoyen Cassebras, dit la jeune fille en souriant.
— Bonjour, mam'selle Rose, répondit le colosse en soupirant.
— Qu'est-ce qui vous amène ? »

Cassebras soupira plus fort.

« C'est Rosette, vous savez, qui m'envoie vous demander comme ça si ses bas de soie qu'elle veut pour... enfin si c'est prêt.
— Les bas qu'elle s'est achetés pour son mariage ? »

Cassebras répondit par un grognement.

« Mais certainement, ils sont prêts ! Antoine, donnez-moi le paquet que j'ai préparé hier. »

Antoine obéit, et Rose tendit à Cassebras le petit paquet que venait de lui remettre le commis.

« Faut-il payer ? demanda Cassebras.
— Non, répondit la *jolie mignonne* en riant. C'est un cadeau que je fais à Rosette pour son mariage ; vous le lui direz de ma part. »

Cassebras poussa encore un nouveau soupir plus fort que les deux premiers ; puis il salua gauchement et sortit.

« Quelle mine piteuse ! dit Louis en souriant.
— Pauvre garçon ; je sais ce qu'il a, dit Rose.
— Et qu'a-t-il ?
— Madame Gervais m'a dit hier qu'il aimait une femme qui allait se marier à un autre.
— Ah ! fit Louis en devenant sérieux, il doit avoir bien du chagrin.
— N'est-ce pas ? dit vivement Rose.
— Oui, le pauvre garçon est à plaindre, et si je pouvais faire quelque chose pour lui...
— Vous êtes bon !
— Dame, il doit souffrir.
— Le fait est, dit Rose avec une naïveté charmante, que ce doit être affreux d'aimer quelqu'un et de voir cette personne en aimer un autre.
— Moi, dit résolument le petit soldat, je ne pourrais pas voir cela.
— Comment ?
— Je me tuerais ou je tuerais l'autre.

Cassebras dressa son énorme personne devant le gigantesque major. (Page 53.)

— Oh! fit Rose avec effroi.
— Oui, reprit Louis avec fermeté, si je devais me marier avec une femme qui m'en préférât un autre pour mari, je serais impitoyable, je le sens.
— Mon Dieu, dit Rose, vous faites de gros yeux; vous me faites peur.
— Vous ne comprenez pas cela?
— Dame... je ne sais pas...
— Tenez! dit Louis avec précipitation, supposez que je vous aime, Rose !
— Oh! fit Rose en devenant écarlate.
— Qu'est-ce que cela fait! supposez!... D'ailleurs reprit le jeune soldat en souriant, je vous aime bien, allez !
— Oh! et moi aussi! répondit naïvement la jeune fille. Je vous regarde presque comme un frère. Ainsi, tandis que vous étiez en Égypte, tous les soirs et tous les matins je priais le bon Dieu pour vous !
— Vrai! dit Louis.
— Pas un seul jour ne s'est écoulé sans que mes vœux montassent vers le ciel. Et n'est-ce pas naturel? Si nous ne sommes pas frère et sœur par le sang, ne le sommes-nous pas par le malheur. N'est-ce pas aux mêmes mains que nous devons l'abandon dans lequel nous avons été plongés au moment où nous entrions dans la vie?

— Oh! fit le soldat avec un geste de menace et en lançant vers le ciel un regard de flammes, comme s'il eût voulu le prendre à témoin du serment qu'il faisait tacitement.
— Nos parents qui veillent de là-haut sur nous, poursuivit Rose d'une voix attendrie, s'unissent aussi dans leurs prières pour notre bonheur à tous deux.
— Oh! s'écria le jeune soldat, si vous avez prié pour moi, ma bonne petite Rose, je jure, moi, de veiller sur vous dans l'avenir comme le ferait le frère le plus dévoué! Entendez-vous, ma jolie petite sœur? »
Rose releva la tête en souriant :
« Votre sœur! répéta-t-elle.
— Mais oui! ne venez-vous pas de dire, vous-même, que nous étions frère et sœur par le malheur?...
— Par le malheur oui, mais là s'arrêtent nos liens de parenté, et le malheur ne nous menace plus. Je n'oublie pas la distance qui sépare la pauvre orpheline d'un humble artisan du descendant d'une noble famille! »
Louis se mit à rire :
« Regardez donc ce qu'il y a écrit sur la boutique du mercier en face, dit-il : *Liberté, égalité, fraternité!* Il y a *égalité*, ma petite sœur! La République a décrété qu'il n'y avait pas plus de noble famille qu'il n'y a d'humble artisan. Il y a des honnêtes gens, et voilà. D'ailleurs, il est bien mis

le descendant de la noble famille ! Regardez donc mon uniforme : voilà un habit qui demande un remplaçant.
— Mais votre fortune ?
— Elle est toujours sous séquestre et on jurerait que le diable en personne se mêle des procès que mes amis soutiennent pour moi. Allez, ma petite Rose, vous pouvez bien m'appeler votre frère, et puis, j'aurais des millions dans ma poche et une couronne de prince sur la tête, que je vous prendrais encore les deux mains comme ça, en disant : Venez, petite sœur, que je vous embrasse ! »
Et attirant à lui la jeune fille, Louis déposa sur son front un sonore baiser.
— Eh bien, à la bonne heure, mon fiston ! ne te gêne pas ! dit une voix sonore.
— La citoyenne Lefebvre ! » s'écria Rose en se levant.
La générale, qui venait d'entrer, s'avança en menaçant Louis du doigt :
« Ah ! petit conscrit, continua-t-elle, c'est comme ça qu'on embrasse les jeunes filles !
— Oui, dit le soldat, c'est comme ça qu'on embrasse les jeunes filles quand on est leur frère.
— Eh bien ! je le dirai à l'amoureux de Rose !
— L'amoureux de Rose ! répéta Louis en fronçant les sourcils.
— Mon amoureux ! s'écria la jolie mignonne en ouvrant des yeux énormes.
— Eh oui, ton amoureux ! Tu sais bien de qui je veux parler, petite futée ! Tu as donc oublié le lieutenant Delmas, l'officier d'ordonnance à Lefebvre !
— Lieutenant ! murmura Louis. Moi aussi, je deviendrai lieutenant, et pas dans longtemps encore.
— Qu'est-ce que tu marmottes ? demanda la générale.
— Je dis que je serai lieutenant aussi un jour, et peut-être mieux que cela !
— Attends donc qu'il te pousse des moustaches, blanc-bec ! ma parole ! il n'y a plus d'enfants à cette heure. »
Et traversant la boutique :
« La mère Gervais est-à-haut ? reprit la générale.
— Oui, citoyenne, je vais la faire prévenir ! dit vivement Rose.
— Inutile, petite, ne la dérange pas. Je vais la surprendre. »
Et madame Lefebvre, qui connaissait parfaitement les êtres du logis, grimpa lestement l'escalier en colimaçon communiquant avec le premier étage. Madame Gervais était dans sa chambre, occupée à ranger du linge :
« Bonjour, mère Gervais ! dit la citoyenne Lefebvre en ouvrant la porte.
— Votre servante, citoyenne générale, répondit la marchande en s'avançant vers sa visiteuse.
— Tu ne sais pas ce que je viens de voir en bas ?
— Où ? dans la rue ?
— Non ! dans la boutique ! Cherche un peu !
— Quoi donc ?
— Ton freluquet de sergent-major qui embrassait la jolie mignonne !
— Hein ? quoi ? fit madame Gervais.
— Ne te fâche pas, la mère ! C'était fraternellement qu'ils s'embrassaient, ces enfants.
— N'importe ! je ne veux pas que Rose...
— Épouse le petit Niorres quand l'enfant sera colonel ?
— Comment ? que voulez-vous dire ?
— Je veux dire, reprit madame Lefebvre en se prélassant dans un fauteuil, que je ne suis pas plus bête qu'une autre et qu'avec mon air de n'y pas toucher, je vois clair quand les autres ont la berlue. Veux-tu que je te dise une nouvelle ? Louis et Rose ont un grain l'un pour l'autre. Ils ne s'en doutent pas seulement eux-mêmes, les pauvres enfants, et celui qui les avertirait les surprendrait joliment, mais j'ai remarqué, j'ai vu ! Ils commencent à s'aimer, et si nous les laissons faire, dans quinze jours ils s'aimeront tout à fait !
— Mais il ne faut pas les laisser faire ! dit vivement madame Gervais.
— Pourquoi ça ?
— Ma œuvre ! Rose séduite !
— Ta ! ta ! ta ! Il ne s'agit pas de séduction, mais d'épousailles !
— Mais M. Niorres est trop jeune pour Rose.
— Deux ans de moins qu'elle, ce n'est pas une affaire. Et puis, il ne s'agit pas de les marier tout de suite : il faut que le petit ait des moustaches et un beau grade ! Enfin, on verra, j'ai mon idée ! J'en parlerai à madame Bonaparte. »

## XXX. — LA GRANDE NOUVELLE.

Tandis que la générale Lefebvre gravissait le petit escalier, Rose avait repris sa place derrière le bureau-comptoir.
« Ah ! mademoiselle ! lui cria Antoine.
— Quoi donc ? demanda Rose.
— Voilà M. Thomas, notre nouvelle pratique, qui passe de l'autre côté de la rue... Tenez ! avec ces deux soldats !... Faut-il l'appeler pour lui dire que ses gilets sont prêts ?
— Non, dit Rose. Il viendra quand il voudra.
— Tiens ! reprit Louis. Le citoyen dont parle Antoine est avec deux soldats de ma demi-brigade : Rossignolet le tambour-major, et Grégoire, un grenadier. »
Les trois hommes que venait de signaler Antoine disparaissaient en tournant l'angle d'une rue voisine. En ce moment, un jeune homme recouvert d'un costume de fantaisie décelant l'homme de mer, entra dans la boutique. Ce jeune homme avait la physionomie expressive, les yeux vifs, pas de barbe et la teinte de la peau cuivrée comme celle d'un sauvage.
« Fleur-des-Bois ! » dit Louis en tressaillant.
Et quittant vivement Rose à laquelle il adressa un geste amical, le jeune soldat passa de l'autre côté du comptoir. La Caraïbe lui prit le bras, et sans mot dire elle l'entraîna dans la rue à la grande stupéfaction de Rose et d'Antoine, qui demeurèrent les yeux et la bouche ouverts, se regardant mutuellement.
« Que veux-tu ? demanda Louis à la Caraïbe.
— Fils adoptif de ma sœur, dit Fleur-des-Bois, qu'as-tu fait du poignard que je t'ai confié jadis à ton départ pour l'Égypte, du poignard dont la lame imprégnée du suc du mancenillier ne pardonne pas ?
— Ce poignard, je l'ai toujours ! répondit Louis.
— Donne-le-moi ! »

Ce soir-là il y avait petite réunion d'intimes chez madame Geoffrin. Maurice, sa femme, sa belle-sœur et Signelay étaient arrivés depuis quelques instants, et l'attention était concentrée sur madame Chivry, qui racontait le terrible événement dont le matin même sa fille avait failli être victime.

« C'est cependant le général Bonaparte qui a failli, bien involontairement, il est vrai, être la cause de notre mort à Caroline et à moi, dit en souriant madame Chivry.
— Cela donne un démenti au proverbe qui dit : « Petites causes et grands effets, » ajouta madame Geoffrin, car la cause première de votre accident est une grande cause s'il en fut jamais.
— C'est celle de la France ! ajouta Maurice.
— Aussi, la frayeur épouvantable que nous avons eue, dit madame Chivry, s'est-elle presque effacée devant cette cause.
— Mais comment l'accident est-il arrivé ? demanda Amélie à Caroline.
— Ma chère, répondit la jeune fille, nous venions, avec ma mère, de faire des emplettes au Fidèle-Berger ; nous allions ensuite rue Saint-Jacques, et la voiture suivait la rue des Lombards, quand tout à coup nous entendîmes des cris assourdissants et un vacarme épouvantable.
— C'était l'annonce aux halles de l'arrivée prochaine du général Bonaparte, interrompit Lucile.
— Précisément. Ma mère et moi nous nous regardions avec inquiétude, lorsque les chevaux, effrayés par les cris et le bruit, s'élancèrent au galop. Le cocher les maîtrisait encore cependant, quand au coin de la rue Saint-Denis l'un des deux chevaux s'abattit en donnant une secousse épouvantable à la voiture. L'autre bondit par-dessus et continua à nous entraîner. Ce fut alors qu'en proie à la terreur la plus folle je voulus sauter sur le pavé. Vous savez le reste.
— Et ce pauvre homme qui s'est élancé à la tête du cheval ? dit Amélie.
— Oh ! à Caroline, il m'a sauvé celui-là, car sans lui les deux autres arrivaient trop tard, et la roue m'écrasait !
— Ne dites pas cela ! s'écria Amélie en pâlissant.
— J'ai donné notre adresse à ce brave homme, dit madame Chivry, et il m'a promis de venir nous voir demain, et j'espère bien le récompenser ainsi qu'il le mérite. Enfin

cet accident, qui pouvait devenir si épouvantable et qui s'est heureusement terminé, ne doit pas faire tache dans cette journée qui est une journée de joie pour la France entière. Bonaparte en France ! bientôt à Paris ! Quelle nouvelle !

— D'après les récentes dépêches du télégraphe, dit le comte d'Adore, il paraît que l'enthousiasme est universel.

— Oui, ajouta Maurice ; les habitants de Fréjus, en apprenant l'arrivée du général, se sont mis dans les embarcations ; en un instant, la mer en fut couverte ; on criait : « Vive Bonaparte !... Le sauveur de la France est arrivé dans notre rade ! » Peuple, fonctionnaires publics, citoyens de tout âge, chacun se pressait, se bousculait. Il paraît même qu'en dépit des officiers de la Santé, toutes les lois sanitaires ont été violées. La foule encombrait les navires qu'elle avait l'air de prendre à l'abordage. Pour mettre le général en quarantaine, il eût fallu y mettre la population entière.

— De sorte que le général a pu débarquer sans obstacle ?

— Quel jour pense-t-on qu'il devra arriver à Paris ? demanda madame Chivry.

— Cela est difficile à établir d'une manière précise, répondit Maurice ; cependant, en faisant la part des événements, des retards qu'occasionnera bien positivement cet enthousiasme effréné, le général ayant débarqué le 17 vendémiaire, il y a tout lieu de supposer, ainsi que je crois vous l'avoir dit déjà, qu'il sera à Paris le 24 ou le 25.

— C'est Fouché qui vous a donné ces nouvelles ? demanda madame Geoffrin.

— Oui, je l'ai vu ce matin.

— A propos, lui avez-vous remis ce ducat et cette lettre trouvés hier par madame Lefebvre ? »

Maurice échangea un regard avec le comte d'Adore.

« En telles circonstances, répondit-il, je n'ai pu lui parler de cet incident.

— Mesdames, dit Corvisart en entrant comme un coup de foudre, je vous apporte la nouvelle de la chose la plus extraordinaire que les annales de la médecine aient à enregistrer.

— Qu'est-ce donc ? demanda-t-on de toutes parts.

— Vous savez quel enthousiasme cause l'arrivée du général Bonaparte ? Eh bien ! Baudin, le député des Ardennes, a ressenti une telle joie de cet événement qu'il est mort subitement : la joie l'a tué.

— Ah ! voilà qui est fort étrange ! dit l'Uranie.

— Et madame Bonaparte, l'avez-vous vue ? demanda madame Geoffrin à Maurice.

— Oui, elle est partie au-devant de son mari avec sa fille et l'un de ses beaux-frères.

— Mesdames, reprit Corvisart, avez-vous vu la nouvelle gravure à propos de l'état de l'Europe ? Cela s'appelle le Triomphe des armées françaises.

— Non, qu'est-ce que c'est ? » demanda-t-on.

Corvisart tira un papier de sa poche, le déplia et le présenta aux dames. C'était une gravure assez grossière, telle qu'on en faisait à profusion à cette époque ; cette gravure représentait des généraux français qui, après avoir déchiré la carte de l'Europe, la reconstituaient avec de grandes modifications.

Sur le premier plan on voyait le général Bonaparte tenant dans sa main gauche toute l'Italie et une partie de l'Autriche, et dans sa main droite l'Égypte et la Syrie ; des couronnes de laurier et des symboles de paix faisaient le fond du tableau.

« Et cet autre papier, qu'est-ce que c'est ? demanda Amélie en désignant une seconde feuille que le docteur venait de tirer de sa poche.

— C'est un couplet, toujours à propos du retour du général.

— Donnez, docteur. »

Et s'emparant du papier, la jeune fille débita de sa voix fraîche des vers où le retour de Bonaparte était célébré comme un miracle qui était vraiment nécessaire au salut de la France.

Le comte d'Adore avait emmené Maurice dans un angle de la pièce.

« Comment se fait-il, lui demanda-t-il à voix basse et en le regardant fixement, que vous soyez encore à Paris ?

— Moi ? dit Maurice avec un peu d'embarras.

— Oui, vous, Maurice Bellegarde, attaché à l'état-major du général Bonaparte, comment se fait-il que vous ne soyez pas sur la route de Lyon ? »

— Mais... je ne sais...

— Craindriez-vous d'être mal accueilli par votre général ?

— Oh ! certes non.

— Alors, je ne vous comprends pas.

— Des affaires importantes...

— Quelle affaire peut être plus importante que celle de courir au-devant du héros qui nous revient !

— Mon Dieu !... je ne croyais pas...

— Maurice, interrompit le comte, je vous croyais si bien parti, qu'en vous trouvant ce soir ici j'ai failli pousser un cri de surprise.

— Mais, demain, ne devons-nous pas dîner chez vous à Saint-Cloud ? »

Le comte haussa les épaules :

« Allons donc ! dit-il, vous me la donnez belle ! Vous voulez me cacher quelque chose.

— Mais je vous assure...

— Je vous assure que je dis vrai !

— Cependant...

— Pourquoi n'êtes-vous pas parti ? » interrompit encore le comte avec autorité.

Maurice fronça les sourcils avec impatience :

« Je vous le dirai demain, chez vous ! répondit-il enfin.

— Pourquoi pas ce soir ? demanda le vieillard avec insistance.

— Parce que je ne puis parler ce soir...

— Mais...

— N'insistez pas, mon ami, je vous le demande au nom de votre affection pour moi ! »

Maurice prononça ces quelques mots avec un tel accent, que M. d'Adore s'inclina sans poursuivre l'entretien ; il comprenait qu'insister davantage eût été une indiscrétion.

Quittant Maurice qui se dirigea vers un groupe formé par Ferdinand et de Charnes, il alla prendre Léopold par le bras, et, l'entraînant doucement :

« Qu'a donc Maurice ? lui demanda-t-il.

— Je l'ignore, répondit le vicomte ; mais depuis ce matin je remarque son air soucieux.

— Il ne vous a rien confié ?

— Rien absolument.

— Il faut veiller sur lui, Léopold, cette rencontre qu'il a faite hier m'inquiète.

— Quoi ! vous craindriez...

— J'ai appris à tout craindre de ces monstres. Ainsi, encore une fois, surveillez Maurice ! »

Léopold retint le comte en lui prenant la main :

« Maurice vous a-t-il dit pourquoi il n'avait pas remis à Fouché le ducat et le papier ? demanda-t-il.

— Oui, répondit le comte ; Jacquet est revenu, et il lui a confié les deux objets.

— Jacquet est revenu !

— Oui ! Maurice ne vous l'avait pas dit ?

— Non !

— Bah ! fit le comte avec étonnement. Voilà qui est singulier ! Pourquoi vous aurait-il caché cela ?

— Je l'ignore... »

Maurice avait pris place auprès des deux jeunes gens :

« Mon cher Ferdinand, dit-il au fils de la maison, un de mes amis aura à me communiquer ce soir quelque nouvelle importante pour moi. Comme nous voulions faire honneur à l'invitation de madame votre mère, nous sommes venus ; mais, comme il faut que cette nouvelle me parvienne ce soir même, j'ai pris la liberté de faire dire à mon ami de venir me demander ici, madame votre mère m'excusera sans doute...

— Comment ! donc, colonel, dit Ferdinand. N'êtes-vous pas un ami de la maison, et par conséquent cette maison n'est-elle pas un peu beaucoup la vôtre ?

— Alors vous auriez l'obligeance de dire à l'un de vos domestiques de venir me prévenir à part, dès que cet ami viendra me demander ?

— Je vais donner l'ordre, dit vivement Ferdinand en s'éloignant.

— Madame, disait Lucile, vous savez que le général Bonaparte ne quitte pas sa redingote grise qui, lors de mon départ d'Égypte, commençait à devenir fameuse parmi les soldats. Avec cela il porte d'ordinaire un sabre de Mameluk suspendu à un cordon de soie, suivant la mode orientale.

— Le télégraphe annonce aussi, ajouta Léopold, qu'à Lyon on jouera ce soir, sur le théâtre, une petite pièce de circonstance, composée en deux heures, apprise en quatre, et qui s'intitule : *le Héros de retour.* »

La porte du salon s'ouvrit en ce moment :

« Le docteur Dupuytren ! annonça-t-on.

— Ah ! qu'avez-vous donc, docteur, vous voilà tout pâle ! dit madame Geoffrin.

— J'avoue que je suis sous le coup de l'une des émotions les plus violentes que j'aie jamais ressenties, répondit le jeune savant. Je viens d'être à même de juger ce que pouvait être l'amour du peuple.

— Comment ? demanda-t-on.

— Je sors de l'Opéra : on jouait le *Léonidas*, de Gresnick et Persuis ; il y avait foule, la salle était comble. On avait disposé à toutes les loges des trophées de drapeaux. Dans toutes les bouches circulait la grande nouvelle ; enfin la toile se leva, et l'on commença le premier acte. En ce moment, les vers composés jadis par Arnault, lors du retour d'Italie du général Bonaparte, revinrent à la mémoire des spectateurs, car l'orchestre commençait l'air sur lequel ils furent chantés et qui se trouve au premier acte de l'opéra.

— Ce couplet qui commence ainsi, demanda Amélie :

> Aucune gloire désormais
> Ne vous sera donc étrangère ?
> Et vous saurez faire la paix
> Comme vous avez fait la guerre !

— C'est cela même, continua le docteur. Les applaudissements éclatèrent, entremêlant les chants, quand une porte de loge s'ouvrit avec fracas et une femme belle comme une déesse fit son entrée dans la salle. Tous les regards s'étaient à la fois tournés vers elle... Aussitôt les acclamations les plus frénétiques éclatèrent et mille cris répétés de « Vive Bonaparte ! » firent vibrer les échos de la salle. La belle jeune femme parut si émue qu'elle n'osa avancer.

— C'était madame Leclerc, la sœur du général ? dit madame Chivry.

— Oui, madame. Elle paraissait changée en statue, et elle n'était que plus belle, drapée dans son manteau grec. La splendide beauté de cette sœur d'un héros redoubla alors l'enthousiasme du public, et les cris éclatèrent plus furieusement encore... Madame Leclerc voulut saluer, elle posa sa main sur son cœur, mais l'émotion la dominait et elle tomba évanouie. Je courus auprès d'elle et je la fis emporter au foyer... Ce nouvel incident avait centuplé l'enthousiasme. On voulut continuer l'opéra, mais il n'y avait *plus moyen*, personne n'écoutait.

« Plus d'opéra ! cria une voix ; l'hymne de Méhul !

— L'hymne de Méhul ! » répéta-t-on avec une sorte de fureur.

Alors les chanteurs arrivèrent pour exécuter le chœur, et ce fut toute la salle qui chanta avec eux :

> Gloire au vainqueur de l'Italie,
> Gloire au héros de l'univers !
> Il fait d'une même patrie
> Dépendre vingt peuples divers !
> Vous qu'immortalisa l'histoire,
> Cédez à ce jeune Français !
> Vous combattiez pour la victoire,
> Et lui combattra pour la paix !

Vous dépeindre alors l'enthousiasme fou du public quand les chanteurs, après avoir achevé, crièrent ensemble : « Vive Bonaparte ! » serait chose impossible. Il faut avoir vu pareille scène pour la comprendre ! Quant à moi, je ne crois pas qu'il y ait eu dans l'histoire de l'antiquité et dans celle des temps modernes *un exemple d'amour frénétique comparable à* celui que donne depuis un jour la France entière à ce jeune général, qui est certes un dieu pour elle.

— Et le général Bonaparte est digne de cet amour ! » s'écria Maurice avec élan.

En ce moment le domestique se glissa dans le salon et vint parler bas à Ferdinand. Celui-ci s'approcha doucement de Maurice.

« Si vous voulez monter dans ma chambre, lui dit-il à voix basse, votre ami qui vient d'arriver vous attend ; j'avais donné l'ordre de l'y introduire pour que vous soyez plus libres de causer. »

Maurice remercia du geste le jeune homme, puis il quitta discrètement le salon sans que personne remarquât son absence

## XXXI. — LE TÉMOIN.

En pénétrant dans la chambre de Ferdinand, le colonel se trouva en présence de M. de Roquefeuille qui l'attendait. Le ridicule incroyable de la veille avait repris ses allures de gentilhomme ; le mot *duel* avait eu le don de le rappeler à lui-même.

« Mon cher colonel, dit-il du ton le plus sérieux, je viens vous rendre compte de mes démarches de la journée.

— Je vous écoute, monsieur, répondit Maurice en présentant un siège à son interlocuteur, qui le prit et se plaça en face du colonel.

— Le capitaine Volnac, votre second témoin, et moi, commença M. de Roquefeuille, nous nous présentâmes aujourd'hui à trois heures, ainsi que cela était convenu, au domicile du capitaine Almant, le témoin de votre adversaire ; là nous rencontrâmes le citoyen Surville qui devait également l'assister. Entrant aussitôt en matière, après les présentations d'usage, nous déclarâmes, le capitaine Volnac et moi, que nous venions demander, en votre nom, satisfaction pour les paroles blessantes échappées hier au soir au citoyen de Mesnard.

— Ah ! mon adversaire s'appelle ainsi ? dit Maurice avec indifférence.

— Oui, colonel, du moins c'est là le nom qui nous fut donné hier.

— Et que fait-il ?

— Rien ; c'est un émigré rentré, du moins à ce qu'il nous a dit lui-même.

— Au reste, peu importent son nom et son état social ! Veuillez continuer, je vous prie.

— Le capitaine Volnac et moi, reprit M. de Roquefeuille, déclarâmes que dans le cas où satisfaction complète serait refusée, nous exigerions réparation par les armes. Les témoins du citoyen de Mesnard déclarèrent, à leur tour, n'avoir pas reçu la mission d'accéder à notre première demande. Dès lors, les choses n'avaient qu'une marche à suivre. »

Le colonel fit un signe d'approbation.

« Il ne restait plus, poursuivit M. de Roquefeuille, qu'à régler les conditions de la rencontre, et nous nous entendîmes rapidement. Rendez-vous est pris pour demain, 20 vendémiaire, au bois de Boulogne, à la porte de Boulogne, à dix heures du matin.

— Très-bien, cher monsieur, dit Maurice ; nous serons exacts, et maintenant il ne me reste qu'à vous remercier.

— Comment donc, colonel ! trop heureux de vous servir de second en pareille circonstance. Voulez-vous que nous arrivions ensemble sur le terrain, ou préférez-vous vous y rendre seul ? Le capitaine et moi avons tout prévu : il sera chez moi demain matin à sept heures, avec une voiture, un chirurgien et une paire d'épées de combat ; si vous voulez venir nous prendre, j'habite faubourg Saint-Honoré, vous le savez, nous partirons tous trois : sinon, nous nous trouverons à l'heure et au lieu qui vous conviendraient.

— J'irai vous prendre demain chez vous à huit heures, dit Maurice.

— D'ici là puis-je vous être bon à quelque chose ?

— Mille remerciments ; je ne veux pas davantage abuser de vos bontés. Tout ce que je vous recommande instamment, c'est le silence le plus absolu à propos de cette rencontre ; ma femme, ma belle-sœur, mes amis mêmes ignorent ce duel, et je veux leur épargner toute inquiétude. Il faudra même que je trouve un prétexte pour m'éloigner, car, par suite d'un effet du hasard, je devais précisément demain accompagner à onze heures, ma femme, ma belle-sœur et mon beau-frère, et vous comprenez que la rencontre ayant lieu à dix heures, quoi qu'il arrive, je ne puis être revenu à onze heures à Paris.

— Voulez-vous que je fasse changer l'heure ? dit avec empressement M. de Roquefeuille.

— Non, inutile ; je trouverai le prétexte et je serai exact au rendez-vous : à demain huit heures et, encore une fois, je suis votre obligé.

— Allons donc, colonel ! c'est moi qui suis le vôtre : je suis fier de vous donner la main en telle occasion. »

Et, avec un geste d'une grâce infinie, M. de Roquefeuille offrit sa main ouverte au colonel.

C'était bien un véritable gentilhomme français de la fin du dix-huitième siècle ce M. de Roquefeuille : il offrait parfaitement ressemblant le portrait de ceux de sa caste à cette époque : absurde alors qu'il s'agissait de politique, ridicule à l'endroit de son amour pour les modes, trop facile sur la question des mœurs, mais retrouvant subitement toutes les qualités de la vieille noblesse française alors que le mot honneur, dans l'acception que lui avaient donnée les *roués* de la Régence, était prononcé.

Maurice redescendit au salon : sa femme et ses amis s'étaient aperçus de son absence, bien que cette absence eût à peine duré dix minutes.

« D'où viens-tu donc ? demanda le comte d'Adore en regardant fixement le colonel.

— De chez Ferdinand, répondit Maurice. Je voulais revoir cette tête de vierge qu'il a achetée dernièrement et qui, je le crois bien maintenant, est une peinture de l'école florentine.

— Eh bien, quelque plaisir que tu aies pris à regarder la peinture, dit Lucile, tu as certes perdu, car si tu n'étais pas monté, tu aurais assisté à une scène charmante qui vient d'avoir lieu entre M. de Charney et le docteur Dupuytren, à propos de cette pauvre petite fille si miraculeusement échappée.

— Cela est vrai ! dit Maurice, je connais la démarche qu'a faite M. de Charney, démarche qui l'honore, mais qui certes ne saurait m'étonner de sa part. »

Annibal s'inclina :

« Ainsi, reprit le colonel, vous avez voulu adopter cet enfant.

— Si ce que j'ai fait est une bonne action, répondit M. de Charney, ce n'est pas moi qu'il faut louanger, colonel, c'est madame Geoffrin et mademoiselle Amélie. Je me suis inspiré d'elles en agissant ainsi que je l'ai fait...

— Mais où donc est Dupuytren ? demanda Maurice en cherchant autour de lui.

— Il est reparti, répondit madame Chivry. Il n'était monté ici qu'en passant. Vous savez que le travail absorbe tous les instants du jeune docteur : il est retourné chez lui pour étudier, et c'est à propos de ce départ qu'a eu lieu la scène dont vous parlait votre femme.

— Oui, dit Lucile. M. de Charney a remis au docteur un acte en bonnes formes qu'il avait fait dresser aujourd'hui chez maître Raguideau, le notaire de madame Geoffrin, acte par lequel il constitue sur la tête de la jeune orpheline, dont il déclare prendre la tutelle, une somme de vingt mille livres aliénée, capital et intérêt, jusqu'à l'époque de sa majorité, ce qui aura presque triplée.

— C'est très-bien cela ! dit Maurice. C'est noblement agir !

— C'était notre avis à tous et celui surtout du docteur Dupuytren. Il a remercié M. de Charney au nom de sa petite protégée et il a trouvé, pour faire ces remercîments, des paroles qui nous ont tous attendris.

— Cela est vrai ! » dit madame Chivry en s'essuyant les yeux.

Madame Geoffrin tendit sa main à Annibal, qui la lui baisa respectueusement, puis comme le jeune homme s'éloignait lentement pour aller rejoindre Amélie, elle se retourna vers le docteur Corvisart, appuyé sur le dossier de son fauteuil :

« Doutez-vous encore ? demanda-t-elle à voix basse.

— Comment voulez-vous que je doute ! répondit brusquement le docteur, l'acte fait aujourd'hui, M. de Charney détruirait tous les soupçons, si ces soupçons eussent encore existé.

— Puis, reprit madame Geoffrin, tout ne s'est-il pas expliqué ? Et la présence du portefeuille et sa visite nocturne chez M. Chivry ; enfin, ce bruit de sa mort qui a effectivement pu courir. Vous avez vu tous les actes, tous les papiers, toutes les lettres, tous les documents enfin qu'il m'a remis ce matin, sans que je les lui demandasse, documents authentiques, signés des noms les plus honorables de la diplomatie européenne, visés par les autorités turques du Levant.

— Sans doute, sans doute ! dit Corvisart. Que voulez-vous, je me suis trompé !

— Et êtes-vous heureux de le reconnaître au moins ?

— Certainement ! Du moment qu'Amélie aime ce monsieur, que vous l'estimez et le désirez pour gendre, que voulez-vous que je vous dise ?

— Je veux de vous disiez que vous l'aimez aussi, fit madame Geoffrin en souriant.

— Oh cela, c'est une autre affaire. M. de Charney a le don de me déplaire, et de me déplaire souverainement encore.

— Pourquoi ?

— Le sais-je ; raisonne-t-on ses sympathies et ses antipathies ? Ce matin encore je croyais mon antipathie basée sur des motifs existants.

— Et ce soir, que vous êtes convaincu du contraire, cette antipathie ne cède pas ?

— Elle existe sans cause, voilà tout. »

Et le docteur, comme si cette conversation l'eût péniblement affecté, quitta brusquement madame Geoffrin et traversa le salon.

En ce moment, on annonça mesdames Bonchemin et le Bienvenu ; Charles les accompagnait.

Les politesses d'usage échangées, la conversation reprit son cours. M. d'Adore s'était rapproché des deux jeunes femmes des hardis corsaires :

« Eh bien, mesdames, dit-il en souriant, m'accordez-vous l'honneur que j'ai sollicité ?

— Oui, dit Blanche.

— Alors, je vous emmène dès ce soir ?

— Si vous le voulez bien.

— Ma voiture sera ici et à vos ordres à onze heures.

— Vous allez à Saint-Cloud ? dit madame Geoffrin.

— Mais oui, répondit Léonore. Nous ne savons pas où loger à Paris.

— Cela est vrai, vous ne pouvez retourner dans cette maison que vous habitiez et qui vient d'être le théâtre de ces crimes horribles.

— Oh ! certes !

— Pensant repartir promptement, dit Charles en s'avançant, nous ne nous étions pas préoccupés d'abord d'un domicile : nous étions à l'hôtel, mais la nouvelle du retour du général Bonaparte a changé nos projets. Nous voulons attendre et demeurer à Paris.

— Et Charles et Henri ne voulurent pas nous laisser dans un hôtel garni avec nos enfants, ajouta Blanche.

— Ces messieurs ont raison ! dit Léopold.

— Nous avons bien trouvé un appartement, mais cet appartement ne sera prêt à nous recevoir que dans huit jours. M. d'Adore, qui est venu nous voir tantôt, nous a invitées à aller passer ces huit jours auprès de lui et nous avons accepté.

— Vos chambres sont prêtes à Saint-Cloud, dit le vieillard, et vous y coucherez dès cette nuit, c'est convenu. Vous venez aussi, Charles ?

— Non, répondit le Bienvenu, Henri et moi demeurons à Paris, des affaires importantes absorbent tous nos instants, et c'est précisément parce que nous sommes constamment occupés hors du logis, que *la proposition que vous avez bien voulu nous faire* nous arrange si fort. En sachant nos femmes et nos enfants dans votre maison, auprès de vous, nous serons tranquilles.

— Et vous pourrez l'être, dit en riant le comte, car je réponds de mes hôtes corps pour corps. Au reste, ces dames auront de la distraction, car demain, Lucile, Uranie, Maurice et Léopold viennent passer la journée chez moi et peut-être même maître Raguideau sera-t-il aussi des nôtres, s'il a le temps !

— A propos de maître Raguideau, dont vous parlez, M. d'Adore, dit madame Chivry, est-ce qu'il ne devait pas venir ce soir ?

— Si fait vraiment, répondit Amélie.

— Oh ! ajouta Caroline en riant, à quelle heure a-t-il dit qu'il viendrait ?

— A neuf heures et demie, dit Amélie.

— Il n'est que neuf heures vingt-deux minutes, il n'est pas étonnant que maître Raguideau ne soit pas arrivé.

— Il sera ici à neuf heures et demie, je le parierais, dit Lucile en riant.

— Je le crois, ajouta Ferdinand sur le même ton ; maître Raguideau est, ainsi qu'il le dit lui-même, exact comme une échéance.

— Écoutez ce portrait du général Bonaparte, dit vivement M. de Signelay en s'avançant, un journal à la main.

— Qu'est-ce que c'est ? demanda-t-on.

— C'est le numéro de *l'Amanach des gens de bien*, qui a paru ce soir ; écoutez ce passage placé en tête de sa première colonne :

« Être général par mérite ; animer tout par sa présence ; étonner par son génie et par son audace ; être impénétrable dans ses projets ; toujours heureux dans leur exécution ;

calme et confiant au milieu du danger; redoutable même dans son repos ; savoir récompenser à propos et avec choix ; punir avec justice; être sobre au sein des plaisirs et des jouissances de toutes espèces; grand, magnanime, généreux envers les vaincus, toujours égal : à ces traits, qui pourrait méconnaître le héros de la France, le général Bonaparte ? »

— Et un homme si jeune d'années! dit le comte d'Adore.
— Mais si vieux de gloire, ajouta Maurice. Vous êtes émus par la manifestation de l'amour du peuple pour mon général, mais si vous assistiez à l'expression de l'amour de ses soldats. Oh ! il n'y a pas de paroles capables de peindre cette adoration, ce culte.
— Étrange incarnation de toutes les vertus puissantes, que ce général Bonaparte, reprit Corvisart. Quoi qu'il arrive maintenant, il laissera dans l'histoire un nom que nos petits-enfants répéteront avec fierté et avec amour.
— Voici ce qu'a dit en plein conseil des Anciens l'un des membres les plus influents, reprit Signelay, qui parcourait toujours son journal.

Et il lut à haute voix :

« C'est aujourd'hui qu'il faut faire retentir le chant des victoires! c'est aujourd'hui qu'il faut parer de fleurs la statue de la Liberté! Peuple français, c'est aujourd'hui la fête ; le héros dont la gloire est inséparable de l'indépendance et de la grandeur vient de toucher le sol de la République. »

— Qui a dit cela ? demanda Uranie.
— Ce n'est pas moi, répondit une voix enjouée, mais si je ne l'ai pas dit, je vous affirme que je le pense!
— Ah! maître Raguideau, » dit madame Geoffrin en se levant pour saluer le nouveau venu.

La pendule sonna.

« Neuf heures et demie » cria Ferdinand en riant.

## XXXII. — MAITRE RAGUIDEAU.

Maître Raguideau, notre ancienne connaissance du *Roi des gobiers*, était toujours, et plus que jamais, le notaire à la mode parmi la société parisienne. D'une loyauté et d'une droiture de conscience reconnues par tous, le digne notaire trouvait chez ses clients, non-seulement une sympathie basée sur l'estime qu'il méritait, mais encore une affection véritable. On l'aimait et pour ses excellentes qualités et pour la brusque franchise avec laquelle il donnait ses conseils.

Depuis que nous avons rencontré maître Raguideau, une récente maladie avait fait tomber son embonpoint naissant et avait altéré son teint. Plus élancé, plus pâle, maître Raguideau avait dans ses manières un parfum de l'ancienne cour, qui faisait sourire d'aise ses belles clientes. C'était la distinction même qui et spirituel tabellion, qui, après avoir dressé le contrat de mariage du général Bonaparte, devait stipuler un jour les actes de dotation d'un empereur à une impératrice.

« Eh bien! dit en souriant Lucile, vous devez être joyeux, cher maître ; voici votre illustre client qui revient. »

Le notaire fit une légère grimace.

« Bum! dit-il, si le général Bonaparte est aujourd'hui mon illustre client, comme vous le dites si bien, madame, ce n'est pas ma faute.
— Et le général, vous a-t-il gardé rancune de la triste opinion que vous manifestiez jadis à son égard? demanda Lucile.
— Le général! s'écria maître Raguideau; j'ai l'honneur d'être au mieux avec lui. Le général Bonaparte est l'un de ces hommes extraordinaires à qui l'on peut tout dire parce qu'ils sont aptes à comprendre tout. Avant son départ pour l'Égypte, et alors que je venais de dresser pour lui quelques actes, je lui rappelai moi-même l'opposition que j'avais manifestée jadis à propos de son mariage. Il me laissa dire; puis comme il ne me répondait pas :

« A ma place, qu'eussiez-vous fait, mon général ? lui demandai-je.
« — Ma foi, me répondit-il en souriant, j'eusse fait comme vous si j'eusse été le notaire au lieu d'être le mari!
« Puis, prenant un ton plus sérieux, il ajouta :
« — C'est précisément parce que vous vous êtes opposé à mon mariage, que j'ai en vous la plus grande confiance. — Mais, reprit maître Raguideau en s'avançant vers madame Geoffrin, quelque importante que soit la nouvelle de l'arrivée en France de mon illustre client, il est une autre nouvelle, madame, que j'ai hâte de vous communiquer.
— Qu'est-ce donc? » demanda madame Geoffrin.

Et voyant l'hésitation discrète de ceux qui l'entouraient :

« Oh! ajouta-t-elle vivement, ce que maître Raguideau a à m'apprendre, il doit pouvoir le faire devant mes meilleurs amis, n'est-ce pas?
— Sans doute, répondit le notaire.
— Alors qu'est-ce que c'est? prenez un siège ! asseyez-vous là, et parlez vite.
— Madame, commença le notaire d'une voix grave, il s'agit encore de ces crimes commis à quelques pas de chez vous...
— Ah! fit madame Geoffrin avec un mouvement de répulsion.
— Pardonnez-moi, mais il faut que je vous en parle. Vous savez que les deux familles étaient celles des deux frères, MM. Louis et Arnold de Courmont?
— Oui, j'ai appris leurs noms.
— Lorsque M. de Charney est venu ce matin chez moi, poursuivit le notaire au milieu de l'attention générale, et qu'il me pria de faire dresser un acte de donation d'acceptation de tutelle en faveur de l'enfant échappé aux meurtriers, je me mis en quête immédiatement de tous les papiers appartenant aux victimes afin de savoir les noms, prénoms, qualités, et être à même enfin d'accomplir toutes les formalités requises.

En vertu de l'excellente action que voulait accomplir sur l'heure M. de Charney, les magistrats ne firent aucune difficulté de me confier, sur le reçu que j'en donnai, tous les papiers recueillis sur le théâtre du crime et appartenant à la famille de Courmont. Je connus ainsi le nom de la famille des deux hommes et celui de la famille des deux jeunes femmes, car toutes deux étaient sœurs et se nommaient Sophie et Élisabeth Romilly. Dans les papiers je trouvai également les deux contrats de mariage remontant à quelques années de date, et accompagnés de donations en bonnes et dues formes, par lesquelles donations les deux ménages s'abandonnaient réciproquement tout ce qu'ils pouvaient avoir pour le présent et l'avenir, en cas de mort d'eux et de leurs enfants.

Au reste, continua le notaire, ces donations me parurent tout d'abord devoir être sans valeur pour l'unique héritière subsistant, car, d'après un double d'inventaire de la maison de commerce remontant seulement à l'année dernière, l'actif dépassait à peine le passif pour les deux négociants. Selon les preuves que j'avais devant les yeux, les citoyens de Courmont étaient de fort honnêtes gens, pouvant vivre de leur industrie, mais n'ayant pas encore pu amasser un capital.

Dans ces circonstances, l'acte généreux que voulait faire M. de Charney était donc un bienfait sans nom pour la malheureuse petite fille qui allait se trouver à la fois sans parents et sans fortune. Je m'empressai donc de faire dresser cet acte, et M. de Charney le signa.

Vous n'ignorez pas, mesdames, poursuivit maître Raguideau, que, d'après les lois qui nous régissent, tout acte notarié, pour être valable, doit être passé, ainsi que l'explique la formule : « devant maître un tel et son collègue? »

Voulant faire le dépôt de l'acte que M. de Charney venait de signer, je me rendis donc chez mon collègue pour satisfaire à la dernière formalité légale. Desmont prit le papier et le parcourut des yeux, tandis que je me chauffais encore en lui expliquant en quelques mots le motif qui avait présidé à la généreuse action de M. de Charney.

« Ange-Adeline-Armande de Courmont, dit mon collègue en lisant la teneur de l'acte, mais j'ai connu particulièrement une famille de Courmont...
— Où cela ? demandai-je.
— En Normandie.
— Cela est vrai ! dis-je frappé d'un souvenir qui naissait subitement. Vous avez été notaire à Louviers avant de l'être à Paris.
— Et c'est mon gendre qui a repris ma charge à Louviers.
— Eh bien ! mais ces deux malheureux Courmont habitaient Elbeuf!
— Elbeuf! s'écria Desmont, ce sont les Courmont d'Elbeuf ce sont d'anciens clients de mon étude! C'est mon gendre qui les a mariés et, pour une affaire récente, j'ai même ici un dossier les concernant.
— Quelle affaire? demandai-je.
— Un procès qu'ils ont eu à soutenir contre un oncle.

— Un oncle de qui? d'eux ou de leurs femmes, car les deux dames de Courmont étaient sœurs, n'est-ce pas?
— Oui! c'est bien cela. C'était effectivement un oncle de leurs femmes, mais oncle par alliance, le plus étrange et le plus singulier personnage que tu puisses imaginer. Je n'ai beaucoup connu! Le procès était fort important: il s'agissait de cent trente-deux mille livres sterling!
— Deux millions trois cent mille livres argent de France! m'écriai-je avec stupéfaction. »

## XXXIII. — UN COUP DU SORT.

Insensiblement tous les personnages rassemblés dans le salon de madame Geoffrin s'étaient rapprochés de maître Raguideau, et, attirés par l'attrait de sa parole facile, entraînés par l'intérêt que provoquait son récit, tous formaient un cercle attentif dont le notaire était le point central.

Pour mieux se faire entendre et comprendre de tous, maître Raguideau se penchait, en parlant, à droite, à gauche, se retournait à demi, mais à chaque point important de ses phrases il s'adressait plus directement à madame Geoffrin.

Il était évident que le dénoûment encore ignoré de l'histoire devait intéresser particulièrement la mère de Ferdinand d'Anctie. En entendant prononcer la somme réellement formidable que le notaire venait d'énumérer, chacun s'était récrié, en ouvrant de grands yeux:

« Deux millions trois cent mille livres! répétait-on avec un accent de doute.

— Cent trente-deux mille livres sterling! reprit maître Raguideau en appuyant sur les mots, cela fait bien deux millions trois cent mille francs, sans compter le change qui, par le temps qui court, est encore de trois et demi en faveur de la livre anglaise, ce qui ne laisse pas que de faire un assez joli appoint.

— Mais pourquoi parlez-vous de livres sterling, monsieur Raguideau, puisqu'il s'agit de Français, et par conséquent d'argent français? demanda Léopold.

— Il s'agit de Français, soit, cher monsieur, mais il s'agit d'argent anglais. Le but du procès était, pour M. de Rostange, l'oncle par alliance des deux dames de Courmont, de se faire déclarer par le tribunal français seul et unique propriétaire de cette somme considérable placée jadis sur la banque d'Angleterre par le père des dames de Courmont, M. Romilly, il y a déjà quelques années.

— A qui revenait cet argent? demanda Maurice.

— Là était précisément la question, car M. Romilly était mort sans tester.

— Alors ses enfants devaient hériter.

— Oui, si la fortune de M. Romilly eût été sienne propre; mais M. Romilly avait une sœur, laquelle, son frère mort, réclama la totalité de cette fortune comme lui appartenant. Suivant elle, son frère n'avait été que le dépositaire de cet argent, qu'elle l'avait chargé de porter en Angleterre; elle montrait à l'appui de son assertion une foule de lettres de M. Romilly qui, effectivement, semblaient rendre fondée son assertion. Malheureusement pour la clarté du procès, cette sœur de M. Romilly mourut subitement, alors que l'affaire était plus que jamais en suspens. Elle s'était mariée récemment, quoique n'étant plus tout à fait jeune: elle avait épousé M. de Rostange; ils n'avaient pas d'enfants.

La femme morte, M. de Rostange exhiba un acte de donation entre-vifs, acte parfaitement légal, indiscutable, et en sa qualité d'unique héritier de la défunte, il continua le procès, qui dès lors devenait le sien.

Sur ces entrefaites, la famille de Courmont retrouva d'autres lettres de la sœur de M. Romilly, lettres qui annihilaient toutes ses assertions relativement à la possession de la fortune et qui montraient que des fonds lui avaient été confiés jadis à son frère, mais que ces fonds ne montaient qu'à la somme de cinquante mille francs.

« Cela est possible, dit l'avocat de M. de Rostange, mais c'est avec ces cinquante mille francs que M. Romilly a acquis l'immense fortune dont il était détenteur. Il n'a agi que comme intermédiaire, comme agent de sa sœur: elle seule courait les chances de perte, elle seule devait courir les chances de gain. Il n'y a pas eu d'acte d'association entre eux, et la preuve que M. Romilly n'avait point de fortune, c'est que ses filles ont épousé MM. de Courmont sans dot.

— Cela était vrai, poursuivit maître Raguideau, mais ce qui était vrai également, ce qui résultait de la correspondance de M. Romilly, c'est qu'à plusieurs reprises il avait essayé de faire parvenir à ses enfants des sommes importantes, et que les circonstances seules de la guerre s'y étaient opposées.

Or, en annonçant successivement ces différents envois, M. Romilly parlait de cet argent comme lui appartenant en propre. Dans sa nombreuse correspondance avec ses gendres et avec ses filles, jamais un mot concernant cette fortune comme appartenant à sa sœur ou provenant d'elle n'était prononcé.

Ces lettres étaient donc en opposition directe avec celles exhibées par madame de Rostange.

Bientôt de singuliers bruits circulèrent: on dit, et des médecins déclarèrent, que feu madame de Rostange n'avait pas la tête bien saine; on affirma qu'elle était absolument sous la tutelle de son mari. Enfin il fut prouvé que jamais, en aucune circonstance, avant l'époque de son mariage, madame de Rostange n'avait parlé de cette fortune immense dont son frère était détenteur à l'étranger.

L'avocat des Courmont alla plus loin, il fouilla dans la vie passée de M. de Rostange; il prouva que cet homme avait été un ancien mauvais sujet perdu de dettes, qu'il paraissait s'être rangé depuis plusieurs années, il est vrai; mais de tous ses antécédents peu honorables il conclut que les prétendues lettres de M. Romilly à sa sœur, et servant de base au procès, étaient fausses; et il paraît que le tribunal de Louviers fut de son avis, car il débouta M. de Rostange de sa demande, le condamna aux dépens, et déclara mesdames de Courmont seules héritières de leur père, reconnu seul propriétaire de l'immense fortune demeurée placée sur la banque d'Angleterre.

Inutile de vous dire, poursuivit maître Raguideau, que tout ce que j'ai l'honneur de vous apprendre là, c'était mon confrère qui m'en donnait connaissance. Je l'écoutais avec un intérêt croissant.

« Et quand ce jugement a-t-il été rendu? lui demandai-je.

— Il y a dix jours seulement, me répondit-il. Mon gendre m'a envoyé toutes les pièces du procès, que j'ai reçues avant-hier; il m'annonçait également la prochaine arrivée à Paris de MM. de Courmont, qui venaient ici afin de s'entendre sur les moyens à employer pour faire rentrer en France cette immense fortune déclarée leur. Je ne les attendais, d'après la lettre de mon gendre, que dans quelques jours. J'ignorais complètement leur arrivée à Paris.

— Ainsi, dis-je sans pouvoir revenir encore de mon étonnement, cette petite orpheline en faveur de laquelle je viens de faire signer une donation de vingt mille francs est archi-millionnaire?

— Sans doute! c'est l'unique héritière des deux familles de Courmont auxquelles revenait toute cette fortune.

— Confiez-moi ce dossier, que je l'examine, cher maître, dis-je à mon collègue. » Il me donna toutes les pièces; je passai quatre heures à les compulser. J'y avais et tous les renseignements désirables sur les familles de Courmont et Romilly. J'allais avoir achevé, et je m'apprêtais à clore les notes que j'avais prises, quand tout à coup je laissai échapper une exclamation de surprise. »

Et se plaçant en face de madame Geoffrin, qu'il regarda fixement.

« Votre cher mari, poursuivit le notaire en changeant de ton, vous a souvent parlé de sa famille, n'est-ce pas?

— Sans doute, répondit madame Geoffrin très-étonnée; mais je ne vois pas...

— Son grand-père avait deux frères?

— Oui, l'un mort à Paris, dans son lit, l'autre tué en Amérique auprès de M. de la Fayette. Le premier se nommait Jules, le second Alfred.

— Cet Alfred s'était marié en Amérique et il avait eu un enfant, une fille?

— Oui, dit encore madame Geoffrin; mais cette jeune cousine germaine de mon mari, nous ne l'avons jamais connue; tout ce que j'ai su, c'est qu'elle était revenue en France. A cette époque, c'était avant 1780, j'étais en Allemagne avec mon mari. Il paraît qu'ensuite elle est retournée en Amérique avec sa mère. Depuis je n'en ai jamais entendu parler, et cela se comprend, les troubles des dernières années ont occupé tous les esprits.

— Eh bien! dit maître Raguideau d'un ton triomphant,

Louis déposa sur son front un baiser sonore. (Page 58.)

savez-vous ce qu'elle est devenue cette cousine germaine?
— Elle est revenue une seconde fois en France?
— Oui; et cette fois elle y a épousé M. Romilly.
— Le père des dames de Courmont?
— Précisément; elle était leur mère, et par conséquent la grand'mère de cette malheureuse petite orpheline que M. de Charney voulait si charitablement doter. »
Il y eut un moment d'étonnement général.
« Ah! voilà qui est étrange, dit madame Geoffrin.
— Mais, s'écria Ferdinand, cette petite fille est notre parente, alors.
— Elle n'a même absolument que vous pour parents, j'en réponds, dit maître Raguideau.
— C'est ma cousine? dit Amélie.
— A un degré assez éloigné, ajouta Lucile en souriant.
— Mais mon père était le cousin germain de sa grand'mère; sa mère était donc notre cousine issue de germain, et elle est, elle, notre parente au quatrième degré.
— Ce qui, dit en riant le comte d'Adore, vous permettrait d'en hériter si vous étiez plus jeune qu'elle, puisque la loi renvoie l'héritage jusqu'au cinquième degré.
— Mais, dit madame Geoffrin, si cette enfant est ma cousine et qu'elle n'ait que moi pour unique parente, j'en prendrai soin. Cependant, non; je ne puis le faire, ajouta madame Geoffrin après avoir réfléchi.
— Pourquoi? demanda Corvisart.
— Elle est trop riche, » dit simplement la veuve.
Il n'y eut qu'un mouvement parmi tous les auditeurs.
« Ah! s'écria Lucile, tout le monde vous connaît trop pour ce que vous êtes, madame, pour qu'une hésitation de votre part soit permise.
— D'ailleurs, qui veillerait sur cette enfant? dit Corvisart.
— M. de Charney adoptait bien l'enfant pauvre, ajouta maître Raguideau; cet acte dressé par moi répondrait à tout si une voix s'élevait. M. de Charney ne va-t-il pas être de votre famille? »
Amélie rougit violemment.
« Allons! allons! continua en souriant le notaire, ne m'en veuillez pas de mon indiscrétion, ma belle petite cliente. J'ai dans ma poche votre contrat de mariage, que j'avais préparé et que je voulais communiquer ce soir même à votre mère. »
Et maître Raguideau, prenant le bras de madame Geoffrin, l'entraîna doucement à l'écart. La conversation générale continua sur les événements si différents et cependant si extraordinaires de la journée.

Aidé par la concierge, je procédai à la visite des plaies. (Page 66.)

Maurice, que le comte d'Adorc avait essayé maintes fois d'engager dans un entretien particulier, semblait d'une gaieté et d'un entrain merveilleux. Tenant le dé de la conversation, il charmait les dames qui l'entouraient, lorsque la pendule sonna l'heure.

« Ah mon Dieu! minuit, dit madame Chivry.
— Minuit déjà, » répéta-t-on.

Et, comme toutes les dames se levaient pour prendre congé, un violent coup de sonnette retentit à la porte d'entrée de la maison.

« Qui donc peut venir à cette heure? » dit madame Geoffrin avec étonnement.

Maurice avait fait un geste d'inquiétude; on attendait. Des pas rapides retentirent dans le vestibule précédant le salon, et comme Mariette, la camériste, ouvrait la porte, le battant s'écarta violemment et Dupuytren fit irruption dans le salon.

Le jeune médecin était extrêmement pâle; ses regards étaient sombres et une émotion violente se lisait sur sa physionomie.

Corvisart courut au-devant de lui.

« Qu'avez-vous donc? » lui demanda-t-il.

## XXXIV. — ARMANDE.

Tout le monde entourait Dupuytren, et les questions pleuvaient sur lui avec la rapidité et la profusion de la grêle. Dupuytren, quoique toujours fort pâle, parut avoir recouvré son sang-froid.

« Quand je suis parti d'ici, commença-t-il, quelle heure pouvait-il être?
— Neuf heures! répondit vivement Ferdinand. Je puis vous l'affirmer d'autant plus sûrement que quelques instants après je fis la remarque, à propos de l'exactitude de maître Raguideau, qu'il serait ici à neuf heures et demie, et une demi-heure environ s'est écoulée entre votre départ et son arrivée.
— C'est bien cela, reprit Dupuytren. En quittant ce salon, je me rendis chez moi. Je demeure assez loin d'ici, vous le savez, puisque j'habite la rue de la Harpe. Il me fallut plus d'une demi-heure pour regagner mon domicile, de sorte qu'il était environ dix heures moins un quart lorsque la femme du concierge, que j'avais laissée à la garde de l'enfant, m'ouvrit ma porte.

5

Lorsque j'avais quitté la petite fille, elle allait aussi bien que possible. Le pansement que j'avais opéré sur ses blessures était en bonne voie, et j'espérais combattre victorieusement la fièvre naissante, qui jusqu'alors n'avait fait aucun progrès. Quand je rentrai, au contraire, je fus frappé du changement subit qui s'était opéré dans l'état de la malade.

Son front était rouge, ses joues empourprées, ses lèvres fortement carminées. Sa respiration difficile, gênée, sifflante ; la fièvre s'était emparée d'elle avec une violence que je ne pouvais m'expliquer. Je voulus visiter et examiner les blessures.

Ces blessures, continua Dupuytren en changeant de ton, je ne sais si je vous l'ai dit, consistaient en deux coups d'un instrument tranchant, portés l'un à l'épaule, à la naissance de la clavicule, et l'autre à la poitrine, dans la région du cœur. La première blessure était profonde, la plaie, béante et large, avait rendu beaucoup de sang ; la seconde était de beaucoup moins grave : la lame de l'instrument avait glissé sur les côtes et n'avait fait que déchirer les chairs, sans attaquer un organe spécial.

Je le répète, alors que j'avais pansé ces blessures pour la dernière fois, c'est-à-dire quelques heures auparavant, elles m'avaient paru être dans l'état le plus satisfaisant. La cicatrisation devait s'opérer avec cette rapidité qu'elle acquiert chez les jeunes enfants, dont les tissus cellulaires ont une si grande élasticité et sont d'un rapprochement si facile. Il n'existait pas la moindre trace d'inflammation ; c'était là ce qui m'avait donné le meilleur espoir et m'avait fait supposer que la fièvre, toujours si pernicieuse à la suite d'une blessure, ne se développerait pas.

Aidé par la concierge, je procédai à la visite des plaies, mais je n'avais pas achevé d'enlever les bandages, que je poussai un cri d'étonnement.

« Que s'est-il passé en mon absence ? demandai-je à la concierge.
— Rien, docteur, me répondit-elle.
— Vous avez défait ces bandages !
— Moi ! s'écria la femme. Je vous jure que je n'ai rien défait du tout.
— Ces bandages ont été déplacés par vous ou par un autre.
— Mais non ! Personne n'est entré ! »

Cependant j'étais certain de ce que j'affirmais, continua Dupuytren ; les bandages n'étaient plus placés ainsi que je les avais mis. La main qui y avait touché devait, quoique habile, être étrangère à la chirurgie, car les bandes de toile n'étaient plus disposées suivant mes habitudes.

J'insistai de nouveau auprès de la concierge.
« Je suis certain que vous avez touché à ces bandages ! répétai-je.
— Mais non ! puisque je vous jure, répondit la femme avec un accent de sincérité auquel je ne pouvais refuser de croire.
— Vous vous êtes absentée alors ?...
— Mais, docteur...
— Répondez ! Vous avez quitté cette chambre ?
— Eh bien ! oui, mais je n'ai été absente qu'une minute.
— Enfin vous avez laissé seule la petite ?
— Une minute à peine.
— Je vous avais défendu de la quitter ! dis-je avec colère.
— Mais, docteur, c'est le propriétaire qui m'a appelée pour me donner un ordre. »

Je n'écoutais plus la femme.
« Qui donc a pu s'introduire ici ? » me demandais-je.

Comme l'enfant paraissait souffrir, je me rapprochai.
« Et les plaies ? demanda Corvisart.
— Elles étaient dans l'état le plus alarmant. Les chairs étaient tuméfiées, les orifices d'un brun bleuâtre, des points noirs se montraient çà et là, et l'enflure se manifestait avec les caractères les plus précis de la gangrène.
— Et vous n'aviez rien remarqué avant ?
— Rien, absolument rien.
— Voilà qui est étrange ! La gangrène ne se développe chez les jeunes enfants blessés par accident que dans les circonstances les plus exceptionnelles... Que fîtes-vous ?
— Je m'apprêtai à cautériser. Je cherchai du nitrate d'argent, et, bien que je fusse certain d'en avoir placé dans mon bureau le matin même, je ne pus retrouver mes crayons.

Impatienté, je descendis rapidement pour courir chez le pharmacien voisin. J'allais atteindre sa boutique, lorsque des pas précipités retentirent derrière moi, et j'entendis une voix haletante m'appeler distinctement.

Je me retournai : un homme, à bout d'haleine, épuisé par une course récente, se cramponna à mon bras :

« Docteur ! docteur ! me cria-t-il d'une voix suppliante. Ah ! c'est vous enfin !
— Que voulez-vous ? demandai-je en faisant un effort pour me débarrasser.
— Venez ! venez ! »
Et l'homme voulait m'entraîner.
« Qui êtes-vous ? que voulez-vous ? repris-je.
— Je suis un malheureux dont la femme se meurt ! s'écria mon interlocuteur. Elle vient de tomber frappée d'une attaque d'apoplexie ; il n'y a pas une minute à perdre pour la sauver !...
— Mais... dis-je en hésitant.
— Il n'y a pas à hésiter. Venez, docteur, c'est à deux pas ; d'ailleurs, j'ai là ma voiture. Je viens de chez vous, on m'a dit que vous sortiez à l'instant, je me suis élancé sur vos traces ; je vous ai rejoint, je ne vous quitte pas ! Venez ! j'ai quatre enfants qui béniront le sauveur de leur mère. »

En parlant ainsi, l'homme m'entraînait vers une voiture qui se voyais effectivement stationnaire à quelque distance. Que devais-je faire ? Je ne pouvais refuser. Une attaque d'apoplexie ne pardonne pas et demande à être combattue sans retard. Je pensai que la gangrène, chez l'enfant, ne pouvait pas faire des progrès tellement rapides que je ne revisse pas à temps un quart d'heure plus tard, et je me décidai à suivre l'homme, qui se tenait toujours cramponné à moi.

« Je vais monter auprès du cocher pour lui indiquer la route, » me dit-il en me poussant dans la voiture et en refermant la portière.

Les chevaux partirent au galop dans la direction de la rue de Grenelle. La nuit est très-noire, et je ne me rendis pas compte, dans le premier moment, de la direction que je suivis. Cependant, au bout de quelques instants, il me sembla, au train dont nous roulions que nous avions dû faire déjà une assez longue route. Je mis la tête à la portière et je reconnus les abords des Invalides. J'appelai mon homme.

« Nous arrivons ! » me cria-t-il.

La voiture roula plus rapidement et bientôt nous longeâmes le champ de Mars. Passant derrière l'École militaire, nous sortîmes de Paris et nous entrâmes dans Grenelle. La voiture s'arrêta, je descendis, mon guide était déjà à terre. Il ouvrit la porte d'une main et me guida de l'autre dans un escalier tortueux. Il avait allumé un rat de cave.

Nous atteignîmes le quatrième étage et je pénétrai dans une espèce de galetas. Une femme était étendue sur un lit de sangle. Je m'approchai : la malheureuse créature avait la face violacée, la bouche contractée et la respiration embarrassée. Je poussai un cri de colère.

« Cette femme n'est pas malade, dis-je, elle est ivre !
— Ivre ! répétèrent les auditeurs de Dupuytren.
— Oui, la misérable était ivre morte, dans l'incapacité absolue de tenter un mouvement ni de prononcer un mot. En regardant autour de moi, j'aperçus un éventaire dans un coin et des fruits entassés sur une table boiteuse, tout l'attirail d'une revendeuse de quatre-saisons. L'homme ne disait mot et paraissait tout honteux.

« Cette femme est ivre ! répétai-je. Elle n'a besoin que de sommeil. Le diable vous emporte, pour m'avoir dérangé à propos de cette ivresse !...
— Je vous demande pardon, mille pardons ! me dit mon interlocuteur. Jamais ma femme ne se grise, voyez-vous, ce qui fait que dans le premier moment j'ai été effrayé... Monsieur le médecin, pardonnez-moi, je vous en supplie. »

Je me dirigeai vers la porte, l'homme me suivit en me demandant timidement de fixer le prix de ma visite.

« Je ne veux rien ! dis-je en descendant les escaliers.
— Au moins, docteur, poursuivit l'homme, qui me suivait, veuillez reprendre, pour vous en retourner, la voiture qui vous a amené ; je l'ai gardée exprès, et vous n'en trouveriez plus dans Paris à cette heure. »

Cette fois je ne refusai pas, car ce qu'il disait était vrai. Je sautai dans la véhicule en criant au cocher :

« Rue de la Harpe, et brûle le pavé ! »

La voiture repartit avec une vitesse plus grande encore que celle avec laquelle elle m'avait conduit. Bientôt même cette vitesse acquit une telle violence, qu'elle devint inquiétante.

« Moins vite ! » criai-je au cocher.

Il ne me répondit pas. J'apercevais les murs de Paris quand, au lieu de pénétrer dans la capitale, la voiture s'élança à droite.

« Mais, tu n'es donc plus maître de tes chevaux? criai-je encore.

— Non, me répondit le cocher, mais n'ayez pas peur : quand ils auront couru un peu, ils se fatigueront...

— Vous étiez emporté? dit madame Chivry en frissonnant à la pensée de l'accident du matin.

— J'étais emporté, reprit Dupuytren. Que vous dirai-je? la voiture finit par se briser. Comment ne fus-je pas brisé moi-même? je l'ignore. Je revins à pied chez moi; j'étais demeuré absent plus d'une heure.

Quand je regagnai mon domicile, poursuivit Dupuytren après un silence, quand j'arrivai auprès de l'enfant malade, je trouvai la concierge tout en larmes. Durant mon absence, la gangrène avait fait des progrès si étrangement rapides, que l'enfant était mort.

— Mort? m'écriai-je...

— Mort? répéta maître Ragnideau en s'avançant.

— Oui, la petite fille si morte, reprit Dupuytren, et cette mort me paraît telle, ent extraordinaire, que je viens prier le docteur Corvisart de venir avec moi en constater les causes. C'est parce que je savais trouver le docteur ici que j'y suis venu.

— Mort! mort! répéta-t-on avec stupeur.

— Mort! disait maître Ragnideau, comme s'il n'eût pu revenir de son étonnement. L'enfant que vous avez recueilli, docteur, est bien l'enfant réchappé la nuit dernière aux assassins, la fille de M. Arnold de Cournont, celle que M. de Charney, ici présent, avait voulu adopter?

— Sans doute! répondit Dupuytren, étonné lui-même de l'insistance du notaire.

— Et cette petite fille est morte à cette heure, vous en êtes certain?

— Que trop certain. »

Et se tournant vers Corvisart :

« Venez-vous? » ajouta Dupuytren.

Les deux médecins sortirent précipitamment.

« Oh! quelle affreuse aventure! dit madame Geoffrin. Le bon Dieu n'a pas voulu que je prisse soin de cette pauvre chère petite!

— Madame, dit gravement maître Ragnideau en s'avançant, je déplore comme vous cette pénible catastrophe, mais vous héritez de deux millions trois cent mille livres! »

## XXXV. — L'HÉRITAGE.

Madame Geoffrin était demeurée stupéfaite, comme foudroyée; tous ceux qui l'entouraient la regardaient avec un ébahissement presque comique, et tous ces regards se reportaient ensuite vers le docteur. Amélie et Ferdinand eux-mêmes ne paraissaient pas comprendre. Maître Ragnideau prit sa tabatière, y puisa longuement et, se barbouillant vigoureusement les narines, signe infaillible chez lui de la plus grande préoccupation :

« J'ai l'honneur de vous répéter, reprit-il, que vous héritez de deux millions trois cent mille livres, sans compter le golage. »

Et comme personne ne répondait encore.

« Ainsi que je vous l'ai expliqué, poursuivit le notaire, vous êtes la seule et unique héritière de la famille de Courmont, partant vous héritez, eux morts, de tous leurs biens, argent liquide, contrats, meubles et immeubles. Cela est parfaitement clair?

— Quoi! s'écria enfin madame Geoffrin après un nouveau silence, cette fortune...

— Est la vôtre.

— Impossible!

— Parfaitement possible, heureusement pour vous et vos enfants.

— Non, non, cela ne se peut!... D'ailleurs êtes-vous certain que je sois parente de cette famille de Courmont?

— Très-certain, chère madame. Faut-il reprendre mes explications? Cette petite fille qui vient de mourir était votre cousine, et elle n'avait pour vous pour unique parent.

— Cependant son oncle, ce Rostange... fit observer le comte d'Adore.

— Celui-là n'a aucun droit à la succession, dit vivement le notaire. Le jugement du tribunal a déclaré nulles ses prétentions à ladite succession, et les prétendues lettres reconnues fausses ne lui permettent pas de tenter la plus légère réclamation. Je vous répète que j'ai visité tous les papiers de la famille, et le doute ne saurait être permis. Vous êtes bien, madame, je l'affirme, la seule et unique parente de l'enfant décédé, et partant la seule et unique héritière de son immense fortune.

Un nouveau silence, plus profond, plus solennel encore, suivit cette explication si claire et dont la conclusion faisait de la maîtresse de la maison l'une des femmes les plus riches de France.

« Il faudra réaliser cette somme en Angleterre, poursuivit maître Ragnideau, et aviser aux moyens de la faire parvenir en France, ce qui ne saurait offrir de grandes difficultés. Dès demain, madame, je vais m'entendre avec mon collègue et procéder aux démarches nécessaires pour établir d'abord vos droits incontestables, puis pour vous mettre en possession enfin de ce splendide héritage.

Madame Geoffrin regardait ses amis, qui la regardaient à leur tour, et tous ces regards se croisaient au milieu du mutisme général avec une éloquence intraduisible. Enfin, emportée par l'un de ces sentiments si compréhensibles en semblables circonstances, madame Geoffrin saisit dans ses bras sa fille Amélie, qui était près d'elle, et, tendant la main à son fils, elle pressa ses deux enfants sur sa poitrine en éclatant en sanglots.

« Oh! dit-elle en s'arrêtant soudain et comme obéissant à un sentiment qui se faisait subitement jour dans son âme, Dieu m'est témoin que ce n'est pas de joie que je pleure!... Quelque magnifique que soit le destin fassé le sort de mes enfants, je renoncerais de grand cœur et sans hésiter à cette fortune, si je pouvais rendre la vie à l'innocente créature dont l'âme vient de s'envoler vers le ciel! »

Tous les assistants étaient très-émus, et de larmes perlaient au bord des cils de Lucile, d'Uranie, de madame Chivry et de sa fille. Par un même élan, les quatre femmes se rapprochèrent du groupe formé par madame Geoffrin, sa fille et son fils.

« Oh! chère amie, dit vivement madame Chivry, nous vous connaissons trop bien tous pour douter de vos nobles sentiments. L'instant ne saurait être heureusement choisi pour se réjouir; mais cependant permettez à vos meilleurs amis de vous dire que, puisqu'un désastre aussi grand devait frapper et entraîner toute une malheureuse famille, il y a une sorte de consolation pour les cœurs honnêtes à voir cette immense fortune placée entre des mains généreuses et charitables comme les vôtres. »

Les hommes étaient demeurés un peu en arrière. M. de Charney, l'œil pensif, le front sombre, l'expression du visage soucieuse et péniblement affectée, se tenait plus encore à l'écart.

Ferdinand remarqua cette attitude du futur époux de sa sœur. Quittant madame sa mère, qu'il força doucement à se rasseoir dans son fauteuil et que ses amies entouraient, il marcha vers Annibal et lui tendit les mains avec un geste empreint d'une vraie cordialité.

M. de Charney répondit à l'amicale démonstration du jeune homme.

« Mon frère, dit Ferdinand.

— Chut! répondit Annibal en secouant doucement la tête, ne dites pas ce mot : il me fait mal!

— Comment? s'écria Ferdinand avec étonnement.

Annibal ne répondit pas; paraissant prendre une brusque résolution et quittant son interlocuteur, il se dirigea vers madame Geoffrin. Chacun s'écarta : tous les regards étaient fixés sur cet homme dont la situation, en présence de l'événement inattendu, paraissait bien difficile.

« Madame, dit Annibal d'une voix émue, vous êtes à cette heure entourée d'amis trop dévoués, dont j'apprécie trop bien l'honorabilité et l'affection qu'ils vous portent, pour hésiter à parler ainsi que je vais le faire, ainsi que ma conscience exige que je le fasse. »

M. de Charney s'arrêta : son émotion allait croissant et ne paraissait pas lui permettre d'être maître de lui-même.

« Je vous écoute, mon ami, dit madame Geoffrin d'une voix douce; mais je ne comprends pas, je vous l'affirme, où vous voulez en venir.

— Vous allez me comprendre, madame, reprit Annibal. Lorsqu'il y a quelques mois j'eus l'honneur d'être accueilli dans votre maison, je m'aperçus promptement que le plaisir, le bonheur même (permettez-moi d'employer ce mot) que j'éprouvais à franchir le seuil de votre porte avait une cause qu'il était de mon devoir d'honnête homme de vous révéler promptement...

Je n'hésitai pas, vous pouvez me rendre justice, madame, et sans employer de grands détours, je vins un matin m'agenouiller devant vous, et là, mes mains dans les vôtres, puisant du courage dans vos bienveillants regards qui me caressaient si doucement, je vous dis que j'avais toujours été privé de la tendresse d'une mère, que pas une bouche féminine ne m'avait appelé *mon fils*, et que je venais vous supplier, au nom de mon bonheur à venir, de me rendre, à moi, homme, cette part de tendresse dont le ciel m'avait privé enfant.

Oh ! je vous vois encore, madame ! J'étais là, devant vous, anxieux, hésitant, attendant mon sort... Vous étiez émue, vous rougissiez, et vos mains frissonnaient dans les miennes, mais ces mains ne se retiraient pas... Enfin votre tête se pencha vers la mienne, vos lèvres s'approchèrent de mon front, et ce fut dans un baiser que je reçus, pour la première fois, ce titre si doux qui émeut si fort et qui me fit vous prendre dans mes bras en vous disant avec des larmes : « Ma mère ! » C'était la première fois aussi que ce nom sortait de mes lèvres.

En ce moment mademoiselle Amélie entrait ; j'étais toujours agenouillé. Elle accourut vers vous, je me tournai vers elle, et, joignant les mains, je lui dis que je l'aimais !

Oh ! continua M. de Charney avec véhémence, je vivrais cent ans que jamais le souvenir de cette scène ne s'effacera de ma mémoire.

Annibal s'arrêta de nouveau plus ému encore que précédemment. Son émotion, au reste, avait gagné tous ceux qui l'entouraient, et qui l'avaient écouté dans un religieux silence. Il avait parlé avec un tel accent de simplicité et de conviction sincère, que les dames n'avaient pu s'empêcher d'approuver de la paupière, et les hommes avaient souri doucement.

Madame Geoffrin tenait sa fille par la taille ; Amélie avait enfoui sa jolie tête dans la collerette de sa mère ; Ferdinand avait l'œil humide.

« Je me rappelle toute cette scène, mon ami, dit madame Geoffrin, je me la rappelle avec une douce émotion, et elle ne sortira non plus jamais de ma mémoire ; mais, encore une fois, je ne puis comprendre où vous voulez en venir. »

Annibal se redressa comme s'il eût fait provision nouvelle de courage.

« Lorsque j'osai vous demander la main de mademoiselle Amélie, reprit-il d'une voix plus ferme, lorsque vous consentîtes à me nommer votre fils, vous étiez alors madame Geoffrin, veuve d'un honnête homme ayant honnêtement acquis par son travail une heureuse aisance. J'avais deux cent mille livres à moi, provenant de la succession de mon père ; mademoiselle Amélie avait cent mille francs de dot ; sous le rapport de la fortune, l'union paraissait donc être parfaitement assortie...

— Et bien ? demanda madame Geoffrin.

— Eh bien ! poursuivit Annibal, cette union ne l'est plus. »

Amélie se redressa vivement, sa mère la serra contre elle.

« Si, continua Annibal, M. de Charney riche de deux cent mille livres était un parti convenable pour mademoiselle Geoffrin ayant cent mille francs de dot, il ne peut, sans être taxé de folle ambition, aspirer à la main d'une jeune fille dont la mère est maintenant l'une des plus grandes fortunes de Paris. J'aime mademoiselle Amélie, madame, je l'aime profondément, sincèrement !... mais je vous rends, devant tous ceux qui m'entourent, à vous, madame, la parole que vous avez bien voulu me donner et dont la réalisation eût fait la joie de ma vie, et à elle la liberté de rencontrer un parti plus digne d'elle ! »

Et s'inclinant noblement devant madame Geoffrin, M. de Charney fit un pas en arrière comme pour se retirer.

L'émotion de tous les assistants avait grandi. Hommes et femmes approuvaient du regard et du geste.

« Bien ! très-bien ! dit Signelay.

— C'est d'un homme de cœur, murmura le comte d'Adore.

— Oh ! comme il doit souffrir ! » dit Lucile en regardant son mari.

Madame de Chivry ne disait mot. Elle s'appuyait contre le dossier de son fauteuil. Caroline, sa fille, assise près d'elle, était devenue d'une pâleur de marbre, et si l'attention n'eût pas été concentrée sur M. de Charney et sur madame Geoffrin, on eût certes cru, en remarquant l'état de pâleur du visage de la jeune fille, qu'elle allait se trouver mal.

Sur un signe de sa mère, Ferdinand s'était vivement avancé et, prenant Annibal par la main, il l'avait ramené vers madame Geoffrin.

« Mon ami, dit la veuve, je comprends et j'apprécie le sentiment d'extrême délicatesse auquel vous obéissez, et qui me fait vous estimer et vous aimer plus encore. En venant me rendre ma parole en de telles circonstances, vous faites ce que mon fils eût fait à votre place ; mais, mon cher enfant (car vous m'avez permis de vous nommer aussi mon fils), je n'ai que quelques mots à vous répondre. Lorsque je vous accueillis chez moi, lorsque je vous reçus, lorsque surtout, m'apercevant de ce qui se passait en vous, je continuai, moi, mère, à vous recevoir, c'est que j'avais compris ce qu'il pouvait y avoir dans votre cœur de nobles et beaux sentiments. Dans l'union convenue, je ne m'arrêtai pas un seul instant à la question de fortune ; vous eussiez eu cent mille livres de rente ou rien, je n'eusse pas hésité à vous donner ma fille, parce que ma conviction était que vous la rendriez heureuse. Si je ne me suis pas arrêtée à cette question de fortune jadis, pourquoi donc m'y arrêterais-je aujourd'hui qu'un hasard me met précisément à même de jouir d'une liberté plus grande encore à cet égard ? Vous aimiez ma fille avant l'événement de ce soir, vous ne l'en aimez pas plus certes parce qu'elle est plus riche, mais vous ne pouvez aussi l'en aimer moins. D'ailleurs je n'ai qu'une question à vous adresser : si ces deux millions fussent devenus subitement vôtres comme ils sont devenus miens, eussiez-vous renoncé à votre union avec Amélie ?

— Ah ! madame, s'écria Annibal, une telle supposition...

— Vous offense, n'est-ce pas ? Pourquoi alors la vôtre ne nous offenserait-elle pas ? Vous aimez ma fille, ma fille vous aime, vous deviez être mon gendre avant que je fusse riche. Devenue riche, je veux que vous le soyez plus que jamais. Me refuserez-vous à votre tour ? »

Et, avec un geste charmant, madame Geoffrin tendit la main à Annibal. Celui-ci s'inclina, baisa cette main, mais se redressant en secouant la tête :

« L'homme doit être le chef de la communauté, dit-il en souriant tristement ; c'est lui qui doit, par son intelligence et son travail, apporter l'abondance dans le ménage ; ici, au contraire...

— Ah ! interrompit madame Geoffrin, prenez garde ! je vais voir là une ridicule question d'amour-propre.

— Madame, pardonnez-moi de ne pas accueillir vos excellentes paroles comme elles le méritent, reprit M. de Charney, mais j'ai peur... oui, j'ai peur d'un mouvement de précipitation... j'ai peur qu'obéissant à votre excellent cœur, vous ne calculiez pas ce soir... Songez donc ! si vous alliez regretter un jour ! Que pourrais-je faire ?... me tuer !

— Ah ! s'écria Amélie.

— Annibal ! dit madame Geoffrin.

— Je m'en rapporte à maître Raguideau, votre notaire et votre ami, reprit Annibal ; je vous ai rendu votre parole, demeurez libre jusqu'à demain.

— Monsieur a parfaitement raison, dit le notaire en s'avançant, vingt-quatre heures de réflexion ne peuvent jamais nuire, et d'ailleurs vous aurez toujours le temps, ma chère cliente, de...

— Non, non, dit vivement madame Geoffrin, une telle attente serait une insulte pour un homme du caractère de M. de Charney. Je vous ai nommé mon fils, Annibal, et vous êtes mon fils comme Ferdinand, qui est votre frère. »

Puis, se levant et poussant doucement sa fille en avant :

« Parle, Amélie, dit madame Geoffrin. Tu es ici devant ta mère et tes meilleurs amis : la moitié de cette fortune immense que Dieu nous envoie est ta propriété. Tu es riche de douze cent mille francs, je te laisse absolument libre, mon enfant, parle ! nous t'écoutons !... »

Amélie s'avança tremblante, le front baissé, le visage empourpré, ne paraissant presque de force. Charney était en face d'elle. Il paraissait en proie à l'émotion la plus vive. Ses traits étaient horriblement crispés et ses joues étaient d'une pâleur livide, ses lèvres n'avaient plus de couleur.

« Parle ! » dit encore madame Geoffrin.

Amélie redressa la tête. Elle fit un effort, et, tendant sa petite main à Annibal :

« Je vous aime ! » murmura-t-elle.

Un frémissement accueillit cet aveu fait avec l'accent le plus chaste et dans une circonstance aussi solennelle. Annibal paraissait foudroyé, il ne répondit pas. Madame Geoffrin s'avança vers lui :

« Mon ami, dit-elle avec des larmes d'attendrissement dans la voix, c'est moi, à mon tour, qui vous demande d'être mon fils!... Annibal, devant nos amis, embrassez votre femme!... »

Et elle poussa Amélie vers Annibal. Un cri rauque s'échappa de la gorge de M. de Charney, et il se laissa tomber à deux genoux devant la jeune fille et sa mère; il avait la tête baissée et des sanglots faisaient frissonner ses épaules.

« Annibal! » s'écria madame Geoffrin en se baissant pour le relever.

M. de Charney se redressa lentement; son visage était inondé de larmes et un cri de stupéfaction fut prêt de s'échapper de toutes les bouches, tellement était grand le changement opéré dans l'expression de la physionomie du jeune homme.

M. de Charney était ce que l'on nomme un joli garçon; son visage était régulier, agréable, bien que d'ordinaire on le trouvât un peu froid, mais, en cet instant, Annibal était réellement fort beau ; son visage rayonnait, ses yeux lançaient des éclairs, ses narines étaient dilatées. Saisissant, d'un même geste, les mains de madame Geoffrin et celles d'Amélie :

« Sur mon sang! sur ma vie! dit-il d'une voix étranglée, je vous jure d'être digne de vous! »

Et se penchant vers Amélie, il l'embrassa sur le front, au milieu de l'émotion générale. Ferdinand s'était rapproché de sa mère et il lui parlait rapidement, à voix basse, avec une grande animation.

### XXXVI. — AMÉLIE ET CAROLINE

L'émotion à laquelle Annibal était en proie paraissait telle, que personne n'osait en interrompre le cours. L'âme de cet homme devait effectivement recevoir quelque choc puissant; il devait se passer en son être quelque chose de réellement extraordinaire.

Une autre personne encore de la société rassemblée dans le salon de madame Geoffrin était visiblement sous l'impression d'une émotion presque aussi vive : c'était Caroline, la fille de madame Chivry. Se cachant à demi derrière l'épaule de sa mère, la pauvre enfant n'osait lever les yeux, dans la crainte qu'on ne vît ses larmes, ni avancer son visage, dont on eût remarqué l'extrême pâleur. Madame Chivry se tourna à demi vers elle :

« Du courage, mon enfant! dit-elle à voix basse, et viens, nous allons partir ! »

Caroline fit un effort pour se lever, mais en ce moment madame Geoffrin et Ferdinand s'avançaient vers elle et sa mère.

Madame Geoffrin prit les mains de madame Chivry avec un geste empreint de la plus vive affection.

« Chère amie, lui dit-elle, j'ai deux fils, n'en voulez-vous pas un ? »

Caroline poussa un léger cri et se jeta au cou de sa mère. Ferdinand joignit les mains :

« Si la fortune devait causer mon malheur, dit-il d'une voix ferme, je vous donne ma parole que j'y renoncerais sur l'heure, sans hésiter. Je suis homme, je suis fort et le travail a de l'attrait pour moi ! »

Madame Chivry embrassa son fils :

« Mon mari est le maître ! dit-elle.

— Eh bien, reprit madame Geoffrin, prévenez-le que demain j'irai le voir. »

Maurice, M. d'Adore, Léopold et maître Raguideau causaient dans un angle.

« Mais, disait Maurice, si Dupuytren ne s'est pas trompé à propos de ses bandages, savez-vous, messieurs, que la mort de cet enfant ressemblerait à un assassinat ?

— Cela est vrai, dit maître Raguideau en secouant la tête.

— Qui a pu s'introduire dans cette chambre ?
— Qui avait intérêt à ce crime ? dit Léopold.
— La question d'intérêt n'a pas pu guider dans cette circonstance, et là l'axiome judiciaire est évidemment faux, car en faisant mourir cet enfant on faisait hériter madame Geoffrin. Je crois plutôt, moi, à la sotte curiosité de quelque commère, comme il en pullule, qui, voulant soulager la blessée, aura examiné la plaie.

— Cela est en effet probable, dit le comte d'Adore.
— Néanmoins, toutes ces successions d'événements sont bien étranges, dit Léopold.
— Bien étranges en effet ! » dit Maurice.

Un silence suivit cet échange de paroles. Le comte se rapprocha du colonel, et l'entraînant à l'écart :

« Avez-vous revu Jacquet ? lui demanda-t-il.
— Non, répondit Maurice.
— Lui aviez-vous confié la rencontre que vous avez faite rue de la Victoire ?
— Oui.
— Et que vous avait-il dit ?
— Rien ; il a paru réfléchir, mais il ne m'a rien dit. »

Madame Chivry et sa fille prenaient congé de madame Geoffrin. Il était tard ; chacun songea à se retirer.

M. d'Adore alla offrir la main à Léonore et à Blanche.

« Mesdames, dit-il en souriant, vous savez qu'à partir de cette heure, je suis votre chevalier et que vous êtes placées sous ma protection. Je vous emmène ce soir à Saint-Cloud. Charles a dû faire conduire ce soir chez moi vos deux charmants enfants et leur gouvernante Brigitte. Il vous a dit, en vous quittant, que tout avait été convenu entre nous, n'est-ce pas ? Votre appartement est préparé là-bas. »

Il était près de deux heures du matin, lorsque madame Geoffrin, demeurée seule avec ses enfants, achevait de construire les magnifiques châteaux en Espagne dont les événements de la soirée pouvaient leur faire rêver à tous trois la splendide édification.

« Oui, disait l'excellente mère en embrassant avec effusion son fils et sa fille, oui, Amélie, tu seras la femme d'Annibal ; oui, Ferdinand, tu épouseras Caroline et je vous verrai tous quatre heureux !

— Chère mère ! s'écrièrent à la fois les deux enfants en s'agenouillant devant elle.

— Mais il est tard, il faut songer à nous reposer. Demain, Ferdinand, nous irons ensemble chez M. Chivry. Maintenant embrasse-moi, mon ami, embrasse ta sœur et dis à Mariette de m'apporter un verre de sirop, car j'ai grand'soif. Toutes ces émotions m'ont horriblement altérée.

— Je vais te servir moi-même ! » dit Ferdinand en quittant la chambre de sa mère.

On sait que l'office, adossé à la salle à manger, donnait dans le vestibule, puis sur le couloir longeant le mur de l'escalier et faisant communiquer ensemble le cabinet de toilette de madame Geoffrin et celui d'Amélie.

Comme Ferdinand ouvrait l'armoire de l'office pour y prendre ce qui lui était nécessaire, Mariette apparut sur le seuil de la salle à manger. Elle achevait de ranger les porcelaines et les cristaux.

« Monsieur désire quelque chose ? demanda-t-elle.
— Ma mère désire, répondit Ferdinand, et je vais lui préparer son sirop.
— Que monsieur ne se donne pas la peine, dit vivement Mariette, je vais...
— Non, non, interrompit Ferdinand ; laisse-moi faire. Je veux servir ma mère tout seul.
— Mais, monsieur...
— Va, va finir ton affaire. Ah ! dis-moi seulement où est le sirop d'ananas, je ne le trouve pas.
— Le sirop d'ananas ? répéta Mariette ; mais monsieur sait bien qu'il n'est chez lui. Je l'ai monté dans sa chambre avant-hier, et monsieur m'avait même défendu de le redescendre.
— Ah ! c'est pardieu vrai, dit Ferdinand. Je ne sais vraiment plus où j'ai la tête. Je vais le chercher.
— Je vais y aller, dit Mariette.
— Non, reste, je monterai plus vite. »

Et Ferdinand s'élança rapidement. En atteignant l'étage supérieur, il trouva sa porte ouverte : Joseph était sur le seuil, une lumière à la main.

« Voilà une lettre que j'allais porter à monsieur, dit le valet de chambre.
— Une lettre ? » fit Ferdinand en prenant la missive que lui tendait Joseph et en interrogeant l'adresse. Pourquoi ne pas me l'avoir remise plus tôt ?
— Mais, monsieur, elle vient d'arriver.
— Comment ! s'écria Ferdinand, à pareille heure ?
— Oui, monsieur ; c'est un domestique sans livrée qui

me l'a donnée, il n'y a pas cinq minutes, avec l'ordre de la remettre à monsieur en main propre.

— Je verrai cela tout à l'heure, dit Ferdinand en entrant dans sa chambre ; ma mère attend. »

Puis, s'adressant à Joseph tout en jetant la lettre encore cachetée sur son bureau :

« Éclaire-moi, ajouta-t-il, que je prenne cette bouteille de sirop d'ananas. »

Joseph obéit ; Ferdinand retrouva le flacon placé sur l'étagère d'un petit *bonheur du jour*, et il redescendit rapidement. Sans vouloir que Mariette lui prêtât son concours, il confectionna lui-même le breuvage avec une attention tellement minutieuse, que la camériste, qui allait et venait dans la salle, et qui, par l'entre-bâillement de la porte, regardait de temps à autre son jeune maître, dit à Joseph, lequel venait de descendre :

« Ma foi, si madame ne trouve pas son sirop bon, ce ne sera pas la faute de monsieur ; il y met tous ses soins. »

Ferdinand repassa dans la chambre de sa mère, lui offrit le breuvage rafraîchissant, et, embrassant tendrement madame Geoffrin et Amélie, il prit congé d'elles après leur avoir souhaité une bonne nuit.

Remontant dans sa chambre, le jeune homme décacheta la lettre arrivée à une heure aussi indue, et, la parcourant rapidement, il poussa un léger cri.

« Ah ! par exemple, dit-il, voilà qui est curieux. Que diable veut dire... »

Rouvrant sa porte et courant sur le palier de l'escalier :

« Joseph ! appela-t-il à voix basse.

— Monsieur ! répondit le valet de chambre en avançant la tête ; que désire monsieur ?

« Monte vite ! »

Joseph escalada rapidement les marches.

« C'est le valet de chambre de M. de Charney qui t'a remis cette lettre ? demanda Ferdinand.

— Non, monsieur. Un domestique que je n'ai jamais vu au service de M. de Charney.

— Et tu ne le connais pas, ce domestique ?

— Oh ! fit Joseph en se dandinant avec un air précieux, je crois l'avoir déjà rencontré, et monsieur doit bien le connaître aussi.

— Eh bien ! qui est-ce ?

— C'est Duval, l'ami de Jérôme, le cocher que madame a chassé il y a huit jours ; le petit Duval, monsieur sait bien, qui était il y a deux mois au service de la citoyenne Aspasie, la comédienne du théâtre de la Nation.

— C'est Duval qui t'a remis cette lettre ?

— Oui, monsieur. À preuve qu'il m'a dit bonsoir et qu'il m'a demandé de mes nouvelles, et de celles de Jérôme, qu'il n'a pas revu et qu'il croyait toujours ici.

— Mais Duval est donc maintenant au service de M. de Charney ?

— Dame, fit Joseph en ouvrant ses grands bras, je ne sais pas, moi.

— C'est bien ! Donne-moi ma redingote à collet, mes bottes et ma canne.

— Monsieur sort ?

— Oui.

— À pareille heure, tout seul, dans Paris, quand avant-hier les chauffeurs... »

Ferdinand fit un geste d'impatience.

« Monsieur, dit Joseph, ce n'est pas prudent.

— Il faut que je sorte, dit Ferdinand ; donne-moi ce que je te demande.

— Si monsieur voulait au moins que je l'accompagne.

— Tu es fou ! Laisser seules dans cette maison, ma sœur et Mariette. Trois femmes seules dans cette maison, isolée, après l'événement de l'avant-dernière nuit.

— Mais, monsieur, raison de plus pour...

— Obéis, te dis-je ; je ne serai pas longtemps. Ne fais pas de bruit surtout. Que Mariette même ignore mon absence, dépêche-toi ! »

Joseph poussa un profond soupir ; mais il se décida à obéir cependant. Il prépara pour son maître les vêtements nécessaires et les fameuses bottes à la Souwaroff, si fort de mode à cette époque.

« Descends m'attendre en bas, dit Ferdinand en achevant de s'habiller. Tu refermeras la porte sur moi, afin que je ne fasse aucun bruit.

— Et pour rentrer, j'attendrai monsieur ?

— Non ! Tu me donneras la seconde clef. »

Joseph descendit. Ferdinand procéda aux derniers apprêts de sa toilette ; puis, revenant vers la lettre qu'il avait laissée tout ouverte sur son bureau, il la prit, se plaça près de la lumière et se mit à lire à demi-voix :

« Mon cher Ferdinand,

« Ne vous inquiétez pas tout d'abord en recevant cette missive imprévue. Cependant accordez-lui, je vous prie, toute l'attention qu'elle mérite. J'ai besoin de vous voir, de vous parler... Les événements inattendus de ce soir exigent que cette conversation ait lieu cette nuit.

« Je n'ose pas aller vous trouver dans votre chambre, car ma présence, en éveillant l'attention, nous enlèverait toute liberté, et il faut que je cause avec vous à cœur ouvert.

« Je voulais vous prier ce soir, en quittant votre demeure, de m'accompagner, mais je n'ai pu trouver le moment de vous adresser deux mots sans témoins. Cela vous explique ma lettre.

« Venez sur l'heure, n'est-ce pas ? Je vous attends et je compte sur vous. Inutile de vous recommander la discrétion à l'égard de cette lettre. La conversation que nous devons avoir ensemble est toute confidentielle : votre mère et votre sœur doivent l'ignorer.

« Encore une fois, excusez-moi, mon cher ami, mais je prends l'avance, vous le voyez, et j'agis avec vous comme étant

« Votre frère dévoué,

« ANNIBAL DE CHARNEY. »

« Que diable peut-il avoir à me dire de si pressé qu'il faille me parler cette nuit ? » se demanda Ferdinand.

Puis, après un silence :

« N'importe ! ajouta-t-il. Il s'agit peut-être du bonheur d'Amélie ! »

Et rejetant la lettre sur le bureau, sans même se donner la peine de la refermer, Ferdinand quitta sa chambre, ferma sa porte dont il retira la clef et se mit à descendre l'escalier avec des précautions infinies.

« Cette petite Amélie qui entend tout ce qui se passe ! » murmura-t-il en souriant et en passant sur le palier du premier étage.

Joseph attendait son jeune maître sous le vestibule ; la porte donnant sur la cour était entr'ouverte. Ferdinand traversa cette cour et atteignit la porte de sortie donnant sur la rue Saint-Lazare.

« Monsieur, dit Joseph, j'ai visité et chargé les pistolets de poche ; les voici.

— Ah ! merci, répondit Ferdinand en prenant une mignonne paire de pistolets de la manufacture royale de Versailles, et qui, comme modèles, ressemblaient absolument à nos pistolets coups de poing, si ce n'est qu'ils se chargeaient par le canon, à balle forcée.

— Voici la clef de la porte d'entrée et celle de la porte du vestibule, reprit Joseph en remettant les deux clefs à son jeune maître. Décidément, monsieur ne veut pas que je l'attende ?

— Non ! inutile ! monte te coucher ! »

Ferdinand descendit dans la rue.

« Que monsieur fasse attention à lui toujours, dit Joseph en refermant doucement la porte. Quand donc serons-nous débarrassés de ces brigands de chauffeurs ! »

Et tout en maugréant, le valet de chambre rentra dans la maison.

Demeuré seul dans la rue, Ferdinand gagna le milieu de la chaussée et se dirigea vers la rue Le Peletier. La nuit était entièrement noire. Il venait de tomber une pluie fine, ce qui avait causé une boue grasse et glissante.

À cette époque, l'éclairage de la capitale laissait fort à désirer, et les allumeurs de lanternes faisaient d'autant plus mal leur service, que la commune les payait moins bien. C'était dans une véritable mer de ténèbres que s'avançait Ferdinand. Au reste, le silence le plus profond régnait autour de lui...

## XXXVII. — LES ARMES.

Ainsi que Rossignolet l'avait expliqué au citoyen Thomas, en prenant le punch au café du Boulevard voisin du pavillon de Hanovre, Maurice et Léopold habitaient chacun un appartement situé au même étage d'une maison de la rue Neuve-des-Petits-Champs. Ces deux appartements communiquaient ensemble à l'aide d'une grande pièce formant salle d'attente et qui était située entre les deux. C'était dans cette pièce que, suivant l'ordre de leur colonel, Rossignolet et Gringoire avaient dressé leur tente.

En quittant la maison de madame Geoffrin, le comte d'Adore avait pris dans sa voiture Lucile, Uranie, Blanche et Léonore; Maurice et Léopold étaient revenus à pied.

Le comte avait déposé les deux jeunes femmes à leur porte, se disposant, en dépit de l'heure très-avancée de la soirée, à retourner dans sa maison de Saint-Cloud.

« A demain, avait-il dit : je vous attends de bonne heure, vous le savez.

— La voiture est commandée pour onze heures, avait répondu Lucile; nous serons chez vous à une heure au plus tard.

— A demain donc ! » avait répété le comte en saluant encore les deux jeunes femmes.

La voiture qui emmenait avec Blanche et Léonore partit au grand trot.

Quelques instants après, Maurice et Léopold rentrèrent à leur tour.

Les deux maris et les deux jeunes femmes gagnèrent l'appartement de Lucile.

« Demain, dit Uranie, nous déjeunerons à dix heures et nous partirons à onze, ainsi que nous l'avons promis à M. d'Adore : c'est bien convenu, n'est-ce pas ?

— Oui, dit Maurice ; Gringoire a commandé la voiture pour onze heures, ainsi vous pourrez partir aussitôt que vous le voudrez.

— Comment, *nous* pourrons partir ? fit Lucile avec étonnement. Est-ce que tu ne viens pas avec nous ?

— J'irai vous retrouver.

— Mais il était convenu que nous partirions ensemble tous les quatre.

— Sans doute, ma chère amie, cela avait été convenu hier, mais tu oublies la grande nouvelle apportée ce matin; si le général allait arriver demain ?

— Oh ! fit observer Signelay, cela est matériellement impossible; il a débarqué hier, comment veux-tu supposer qu'il soit à Paris demain ?

— Je ne suppose pas cela précisément. Mais qui sait ce que cette nouvelle peut produire ? Vous avez vu l'agitation de Paris aujourd'hui.

— Eh bien ? dit Lucile.

— Il faut absolument que j'aille demain de très-bonne heure au ministère ; si je puis être revenu à temps pour déjeuner, nous partirons ensemble, sinon, partez sans moi : j'irai vous rejoindre, je vous le promets.

— Quoi ! nous irons sans toi ?

— Léopold vous accompagnera.

— Oh ! fit Lucile avec tristesse, cela me contrarie, Maurice ! »

Son mari lui prit les mains :

« Tu n'es pas raisonnable ! lui dit-il. Puis-je paraître indifférent en telle circonstance ?... ne dois-je pas me tenir au courant des moindres nouvelles ? Quitter Paris toute une journée, dans ce moment et dans ma position, serait une inconséquence des plus grandes. J'en appelle à Signelay.

— Sans doute, répondit Signelay en hésitant, je ne puis vous blâmer... Mais si nous reculions l'heure de notre départ.

— Et le comte qui nous attend de bonne heure ! Il sera inquiet, tourmenté.

— Ah ! dit Lucile je regrette bien de lui avoir promis.

— Pourquoi ? Tu te faisais une fête de cette partie.

— Nous devions la faire tous quatre.

— Mais nous la ferons tous quatre aussi, puisque j'irai vous rejoindre : c'est un retard de quelques heures, voilà tout ; je ne sens bien que je ne puis faire autrement. »

Lucile n'insista plus, mais elle soupira tristement ; elle embrassa sa sœur.

« Eh bien, dit Maurice à Signelay, il est convenu que si je ne suis pas rentré demain à dix heures, vous déjeunerez et vous partirez sans moi.

— Nous ne nous verrons donc pas demain matin ? demanda Léopold.

— Je sortirai de très-bonne heure, je vous le répète ; il faut que je sois chez le ministre à huit heures au plus tard.

— Si j'allais avec vous ? » dit Léopold.

Maurice fit un petit geste d'impatience.

« Inutile, dit-il ; pourquoi risquer de retarder ces dames ?

— Bien, fit Léopold, je n'insiste plus ; au revoir et à demain. »

Les deux hommes se serrèrent la main, et Léopold et Uranie se dirigèrent vers leur appartement ; Maurice conduisit sa femme dans sa chambre, où l'attendait une camériste.

« Je vais écrire quelques lettres, lui dit-il, et donner des ordres à Rossignolet et à Gringoire ; je reviens dans un instant. »

Refermant la porte, Maurice traversa le salon, la salle à manger, et se dirigea vers le salon d'attente devenu la chambre à coucher des deux soldats de la 32e.

Comme Maurice atteignait le seuil de cette pièce, des ronflements sonores retentirent à ses oreilles ; il ouvrit la porte et entra tenant à la main une petite lanterne. Les deux soldats étaient, suivant leur habitude, couchés tout habillés sur deux lits à peu près semblables à des lits de camp. Lorsqu'ils étaient arrivés à Paris, Lucile avait voulu leur faire goûter les douceurs d'une couche moelleuse ; mais en se trouvant en contact avec un lit de plume, Rossignolet et Gringoire avaient déclaré, avec un ensemble parfait, qu'ils n'avaient jamais passé de plus mauvaise nuit. Après avoir vivement remercié la colonelle de ses excellentes intentions, ils avaient demandé la permission de s'aménager à leur guise, et, permission pleine et entière leur ayant été accordée, ils avaient organisé une sorte de petit campement bien plus d'accord avec leurs habitudes que le luxe des appartements parisiens.

« Rossignolet ! Gringoire ! » dit Maurice en entrant.

Les ronflements lui répondirent seuls.

« Major ! grenadier ! » répéta le colonel sur un ton plus élevé.

Et comme aucun des deux dormeurs ne bougeait :

« Allons, debout ! commanda-t-il d'une voix impérieuse.

— Hein ?... quoi ? balbutia une voix.

— La diane ! dit l'autre.

— Debout ! debout ! reprit le colonel.

— Mon colonel !... les ennemis !... présent ! dit le major en faisant craquer sa couchette sous l'effort qu'il fit pour sauter sur le plancher.

— La République a besoin de nous ! ajouta Gringoire.

— Non pas la République, mes amis, mais votre colonel a besoin de vous. »

Les deux soldats à demi réveillés s'approchèrent.

« La caisse d'armes est dans votre chambre ? demanda Maurice.

— Oui, mon colonel, répondit Rossignolet.

— Où donc ?

— Là ! dit Gringoire en désignant une caisse sur laquelle était appuyée l'extrémité de son lit.

— Ouvrez-la, Rossignolet, et sortez-en la paire d'épées de combat que m'a donnée le général Junot à Alexandrie. »

Rossignolet se dirigea vers la caisse, mais, s'arrêtant comme saisi par une réflexion subite :

« La paire d'épées de combat ? répéta-t-il.

— Oui ! dit Maurice.

— Sans indiscrétion, mon colonel, pourquoi est-ce que c'est faire ces joujoux-là ?

— Parbleu ! répondit Maurice, c'est pour s'en servir !

— S'en servir ?... qui ça ?... Comme qui dirait vous, mon colonel ?

— Certainement !... Allons, fais vite ! »

Rossignolet regarda Gringoire ; tous deux secouèrent la tête. Gringoire s'avança timidement :

« Mon colonel sait que nous l'aimons et l'estimons comme pas un ! dit-il, aussi il excusera la chose !... Mais est-ce que c'est avec un ami qu'il va se flanquer, parlant par respect, un coup de torchon ?

— Non, répondit Maurice, c'est avec un muscadin que je ne connais pas.

— Alors son affaire est claire au pékin. Du moment que ce n'est pas un officier supérieur en grade... »

Les deux soldats s'occupaient à dégager la caisse et à l'ouvrir ; ils en tirèrent une paire d'épées, fines, bien montées, admirablement en main.

« C'est un vrai plaisir que de se larder avec ça ! » dit Rossignolet en tombant en garde avec l'aplomb et l'assurance d'un tireur consommé.

Puis, se redressant vivement et saluant le colonel en abaissant sa lame :

« Mon colonel, reprit-il, je n'ai jamais eu celui de vous voir faire une botte, mais si vous vouliez vous refaire la main un peu cette nuit, histoire de rire et de s'amuser, Rossignolet est là, et, je peux le dire, il n'y en a pas un dans la 32ᵉ pour me passer un dégagement !

— Inutile, répondit Maurice ; demain matin, avant que personne soit levé dans la maison, vous prendrez ces épées et vous irez les porter chez M. Roquefeuille, faubourg Saint-Honoré ; voici l'adresse.

— Oui, mon colonel, dit Rossignolet.

— Surtout que personne ici ne puisse se douter…

— Compris !… Motus, mon colonel ! »

Gringoire s'avança, saluant militairement.

« Mon colonel nous permettra de le suivre là-bas ? demanda-t-il.

— Non, dit Maurice, j'ai mes témoins et je ne puis me faire accompagner par vous.

— Mais, ajouta le major, sans vous accompagner, mon colonel, on peut se promener… la promenade est libre !

— Cela ne se peut pas, vous dis-je ! Demain matin portez ces épées à sept heures à l'adresse que je vous ai donnée. A propos, Gringoire, tu as bien commandé la voiture pour demain onze heures ?

— Oui, mon colonel, et une guimbarde un peu ficelée encore ! C'est le frère du citoyen Thomas, un particulier bien aimable et qui vous aime bien, qui nous a servis. Vous serez content.

— Bien. Maintenant dormez, et pas un mot. »

Le colonel fit un geste amical et se retira emportant la lanterne. La chambre demeura de nouveau plongée dans une obscurité profonde. Le silence qui y régnait n'était troublé que par le bruit de la respiration des deux soldats.

« Cré mille millions de n'importe quoi ! dit enfin Rossignolet, c'est tout de même particulièrement crânement embêtant de penser que le colonel va se flanquer un coup de torchon avec un olibrius de je ne sais qui !

— Le colonel est-il fort au moins ? demanda Gringoire.

— Dame ! il doit l'être. Pour être brave, nous savons ce qu'il en retourne ; mais le terrain et le champ de bataille ça fait deux. Dans un duel, c'est quelquefois le plus mazette qui… Ah ! cré mille millions de n'importe quoi, c'est embêtant !

— Avec ça qu'on ne sait pas avec qui qu'il se bat !

— Je voudrais pourtant bien le savoir.

— Et moi aussi.

— Alors va lui demander.

— Je t'en fiche ! il me recevra bien.

— A qui qu'il faut s'informer pour lors ?

— Ah ! voilà le hic ! »

Les deux soldats demeurèrent un moment silencieux, ils réfléchissaient profondément.

« Cré mille millions de… toutes sortes de choses ! fit le major avec impatience.

— Une idée ! dit Gringoire.

— Quoi ?

— Bibi, ton ancien tapin, est là-haut ?

— Oui, il demeure au quatrième ; tu sais bien que le colonel l'a ramené ce tantôt dans la maison.

— Il n'est pas bête, lui. Si nous allions le trouver et lui raconter la chose, peut-être qu'il nous donnerait une idée ?

— Ça va !… Mon pauvre colonel !… Vois-tu, on allait lui larder le casaquin !

— Et son épouse qui est si bonne et qui l'aime tant.

— Et puis mourir comme ça, dans un coin de Paris, de la main d'un mirliflore, c'est trop bête ; si c'était sur le champ de bataille.

— Oui, mais avec tout cela nous ne l'empêcherons pas de se battre, bien sûr.

— Je ne veux pas l'empêcher ; d'abord ça ne se peut pas ; mais tout ce que je veux, c'est de savoir avec qui et où-qu'il va se flanquer le susdit coup de torchon ; on irait se promener par là et on assisterait à l'évènement. Comment saurons-nous cela, je n'en sais rien ; mais le petit Niorres, notre sergent, est plus rusé qu'un Arabe, il trouvera un joint.

— Alors, allons-y et marchons en danseurs ! Pas de bruit, cré mille n'importe quoi ! »

Et les deux soldats, pieds nus pour éviter d'éveiller l'attention des autres habitants du logis, se glissèrent doucement hors de la pièce. Gagnant la porte d'entrée de l'appartement, ils l'ouvrirent avec précaution et franchirent le seuil du carré.

Qui les eût ainsi surpris au milieu de la nuit, eût certes pu croire à la présence de deux hardis malfaiteurs.

## XXXVIII. — LA MALADE.

En écrivant le chapitre premier de cette quatrième partie, j'ai essayé de donner de la maison habitée par madame Geoffrin un plan exact. En suivant ce plan, on doit se rappeler que le premier étage était consacré aux deux appartements de madame et de mademoiselle Geoffrin, situés dans les ailes et séparés par le salon ; la salle à manger, derrière laquelle passait le couloir, formait vestibule à son centre. Ce couloir donnait de chaque côté dans un cabinet de toilette. La distance qui séparait la chambre de la mère de celle de la fille était donc encore assez grande pour que la voix à son diapason ordinaire ne pût la franchir.

En quittant sa mère, après le départ de son frère, Amélie s'était retirée dans sa chambre. Longtemps la jeune fille avait veillé, immobile et silencieuse, la joie au front, l'espérance dans le regard. Elle pensait à sa mère, à son frère, à celui qu'elle aimait et qui bientôt allait être son mari.

La nuit passait rapidement. Quatre heures du matin sonnèrent. Amélie se décida à se mettre au lit, et elle procéda à sa toilette tout en continuant de faire défiler devant ses yeux l'attrayant panorama de l'avenir.

Amélie avait au fond de sa chambre, placée entre les deux fenêtres donnant sur le jardin, une grande psyché d'ancien modèle ; les bougies garnissant les candélabres de la psyché étaient allumées. Tout en se décoiffant et en déroulant sous le peigne sa magnifique chevelure, la jeune fille se souriait à elle-même.

« Oh ! disait-elle en se faisant la révérence que lui renvoyait la glace, comme il faudra que Caroline et moi soyons jolies le jour de notre mariage, car nous nous marierons le même jour. Je conviendrai de cela demain avec Ferdinand et M. de Charney. Et ma mère ! ah ! je lui ferai mettre tous ses diamants ce jour-là ! Je… »

Amélie s'arrêta en écoutant, comme si elle eût cru entendre quelque bruit lointain, mais elle reconnut sans doute qu'elle s'était trompée, car elle reprit après quelques instants :

« Je vais écrire dès demain à mademoiselle Clémence, qu'elle m'apporte en fait de robes tous les meilleurs modèles qu'elle… »

Amélie s'arrêta encore.

« Il me semblait entendre… » murmura-t-elle en écoutant.

Un profond silence régnait dans la maison. Le vent même ne soufflait pas au dehors.

« Je me serai trompée, reprit Amélie en achevant sa coiffure de nuit. C'est singulier comme je suis demeurée dans un état de surexcitation nerveuse depuis cette affreuse nuit… »

Elle frissonna, et ses beaux sourcils se rapprochèrent avec une expression d'alarme.

« Oh ! reprit-elle, quand je serai mariée, j'oserai avouer à Annibal que j'ai cru un moment reconnaître sa voix parmi celles des monstres… J'étais folle, bien sûr, ou je dormais et je rêvais, ainsi que me l'affirmait le docteur. Pauvre Annibal ! oh ! il faudra bien qu'il me pardonne, je lui dirai tant que je… »

Une troisième fois la parole demeura suspendue sur les lèvres de la jeune fille.

« Je ne me trompe pas ! dit-elle en devenant fort pâle, j'entends des cris plaintifs… »

Amélie se dirigea rapidement vers son cabinet de toilette. Là elle écouta encore avec une anxiété visible. De faibles sons, ressemblant en effet à des plaintes telles qu'en poussent les malades, parvinrent jusqu'à elle.

« Mon Dieu ! s'écria la pauvre enfant saisie par un effroi subit, il me semble que c'est ma mère qui appelle ! »

Prenant un flambeau, Amélie s'élança dans le couloir qu'elle parcourut rapidement. A mesure qu'elle approchait de la chambre de madame Geoffrin, les cris inarticulés devenaient effectivement plus distincts. Amélie atteignait le cabinet de toilette :

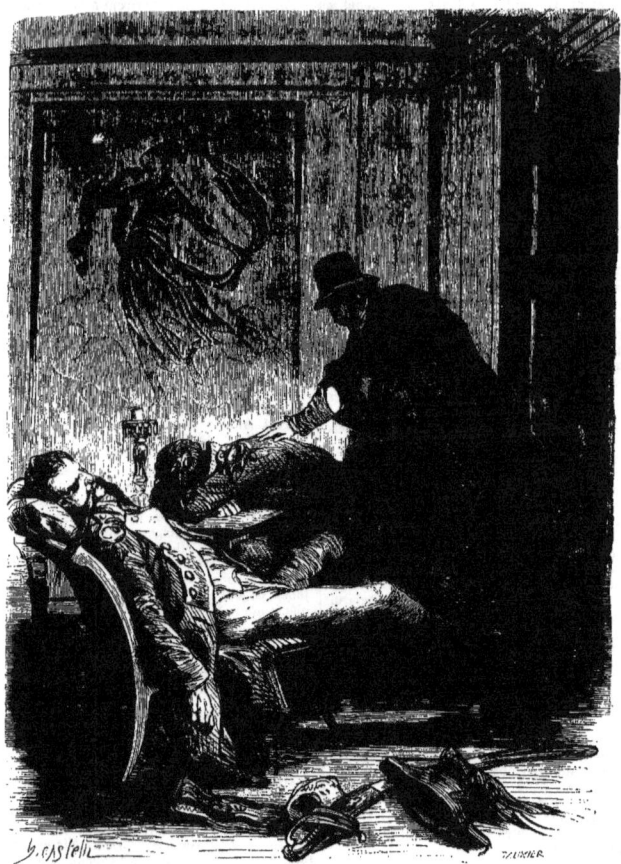

Il ouvrit la porte et entra tenant à la main une petite lanterne. (Page 71.)

« Ma mère! Qu'as-tu, ma mère? » s'écria-t-elle en ouvrant la porte de la chambre à coucher de madame Geoffrin.

Des plaintes répondirent seules. Amélie s'était précipitée. Madame Geoffrin, en costume de nuit, le corps à demi enveloppé dans une grande robe de chambre dont elle n'avait pas même passé les manches, était étendue presque évanouie dans un fauteuil. Elle paraissait être en proie à une violente souffrance.

Le lit à demi défait attestait que la veuve s'était levée seulement depuis quelques instants, mais le désordre qui régnait dans la chambre prouvait cependant que l'indisposition n'était pas absolument récente. Des flacons débouchés d'eau de fleur d'oranger et d'éther étaient sur la petite table voisine du lit et sur laquelle brûlait encore la veilleuse.

Sur une autre table, placée entre les fenêtres, une carafe, un verre à demi rempli, un sucrier. Les meubles roulants étaient dérangés, placés au hasard comme les dérange et les place une personne qui souffre et qui tente d'alléger ses souffrances à l'aide d'une promenade.

« Ma mère, qu'as-tu? » s'écria Amélie en courant se jeter à genoux devant la malade qui ne paraissait pas avoir recouvré le sentiment.

Et comme madame Geoffrin continuait à se plaindre en portant les deux mains sur sa poitrine, Amélie, prise de terreur, courut vers le lit et agita à la fois cinq ou six cordons de sonnette qui se trouvaient placés dans la ruelle.

Ces cordons communiquaient avec les différents étages de la maison, notamment avec la chambre de Ferdinand et d'Amélie, et avec celles des domestiques situées dans les combles.

Bien certaine que son frère, Joseph et Mariette avaient dû l'entendre, Amélie revint vers sa mère à laquelle elle se mit à prodiguer les soins les plus empressés. Madame Geoffrin paraissait violemment souffrir, et le siège de ces souffrances aiguës était évidemment dans l'estomac et les intestins; car elle portait à la fois ses deux mains sur ces organes avec des contractions nerveuses.

Elle était d'une pâleur effrayante : ses traits étaient décomposés, sa bouche crispée et ses yeux fixes et sans regards.

« Mon Dieu! mon Dieu! disait Amélie avec désespoir, que faire? Ma mère! ma bonne mère! réponds-moi. C'est Amélie, ta fille! Qu'as-tu? que t'est-il arrivé? où souffres-tu?

— Madame est malade? s'écria Mariette en entrant, à demi endormie encore, dans la chambre.

— Mon frère! où est mon frère? dit Amélie.

— M. Ferdinand? Il doit être dans sa chambre.
— Mais il n'a donc pas entendu! appelez-le qu'il vienne! Il nous aidera à recoucher ma mère!
— Joseph! Joseph! cria Mariette, réveillez donc M. Ferdinand, madame est malade; qu'il descende vite!
— Mais, dit Joseph, monsieur n'est peut-être pas rentré.
— Mon frère est sorti la nuit? s'écria Amélie, qui, tout en parlant, ne cessait d'entourer de soins sa mère, et de tout tenter pour la faire revenir à elle.
— Oui, mademoiselle. Au moment où il allait faire le verre de sirop de madame, vous savez, il lui est arrivé une lettre et il m'a dit qu'il fallait qu'il sortît. Depuis il n'est pas rentré.
— Mais ma mère ne revient pas à elle! Mon Dieu! qu'a-t-elle donc? s'écria Amélie avec un violent désespoir.
— Madame a l'air de souffrir de l'estomac, fit observer Mariette.
— Joseph! cria Amélie, allez chercher le docteur Corvisart. Réveillez-le; qu'il vienne sans perdre une minute! Dites-lui que ma mère est bien malade et que nous ne pouvons pas savoir ce qu'elle a. »
Joseph s'élançait.
« Ah! fit Amélie en le rappelant, M. de Charney demeure à côté du docteur. Montez chez lui, Joseph, et voyez si mon frère n'y est pas; allez vite! »

## XXXIX. — LE VERRE DE SIROP.

Une demi-heure s'était écoulée. Corvisart venait de pénétrer dans la chambre de la malade. Le docteur, prévenu en toute hâte, avait fait telle diligence, qu'il était arrivé avant Joseph, lequel, il est vrai, s'était rendu chez M. de Charney, à la recherche de son maître.
Madame Geoffrin était étendue sur son lit; elle paraissait toujours violemment souffrir. Elle continuait à se plaindre sans formuler un son distinct. Mariette se tenait dans la ruelle du lit, Amélie au chevet, les regards anxieux, attendant, avec une émotion croissante, la décision du docteur qui, tenant dans l'une de ses mains le poignet de la malade, appuyait le revers de l'autre sur le front.
« Hum! fit-il en secouant la tête, hum!... Il y a évidemment... »
S'interrompant brusquement et se retournant vers Amélie:
« A quelle heure madame Geoffrin a-t-elle dîné? demanda-t-il.
— A l'heure ordinaire; à cinq heures, répondit Amélie.
— Qu'a-t-elle mangé?
— Mon Dieu!... je ne sais plus... Qu'avions-nous pour dîner, Mariette?
— Un potage, répondit Mariette, des filets sautés, du macaroni, un poulet...
— Et madame Geoffrin a mangé de tout?
— De tout, excepté du macaroni, répondit la jeune fille.
— Vous et votre frère avez dîné avec elle?
— Oui, docteur.
— Avez-vous tous deux mangé de tous les plats?
— Oui, docteur.
— Et Mariette et Joseph également?
— Oui, monsieur, dit la servante.
— Et aucun de vous quatre n'a été souffrant, malade, indisposé depuis le dîner?
— Aucun, docteur, dit vivement Amélie; mais que supposez-vous donc?
— Rien... je cherche la cause de cette indisposition. Enfin, votre mère ne s'était fait préparer aucun aliment dont elle ait mangé seule?
— Aucun, docteur.
— A-t-elle soupé?
— Non; nous ne soupons jamais.
— Et durant la soirée elle n'a rien pris?
— Rien, docteur.
— Absolument rien, vous en êtes sûre?
— Rien que le verre de sirop que madame a bu avant de se coucher, dit Mariette.
— Un verre de sirop, répéta le docteur; quel sirop? où est-il?
— Mais, monsieur, je ne sais; c'est M. Ferdinand qui... Ah! s'écria Mariette en s'interrompant, voilà encore le reste là sur la petite table. »
Et la camériste fit un mouvement pour aller prendre un verre posé sur un petit plateau, et contenant encore environ un dixième de liquide. Le docteur l'arrêta par un geste impérieux.

S'emparant du verre, il s'approcha de la lampe, examina le contenu avec une minutieuse attention, puis trempant dans le liquide le bout de son petit doigt, il le porta à ses lèvres. Il fit un soubresaut violent, puis il recommença l'expérience.

« Mon Dieu! docteur, que faites-vous donc? qu'avez-vous donc? » s'écria Amélie avec une sorte de terreur.
Corvisart ne répondit pas; fouillant dans sa poche, il y prit sa trousse qu'il ouvrit et de laquelle il tira un petit paquet renfermant de la poudre blanche.
« Donnez-moi un demi-verre d'eau pure, » dit-il à Mariette.
La servante s'empressa d'obéir; le docteur prit le verre et y versa sa poudre blanche.
« Qu'est-ce que c'est que cela, docteur? demanda Amélie.
— Deux grains d'émétique, chère enfant.
— Et pourquoi donnez-vous de l'émétique à ma mère?
— Pour provoquer les vomissements, pardieu! Tenez, faites-lui prendre cela!
— Mais...
— Faites donc!
— Mademoiselle, dit Joseph qui entrait en ce moment, je n'ai pas trouvé M. Ferdinand, mais M. de Charney, en apprenant la maladie de madame, a voulu absolument venir avec moi; il attend dans le salon.
— Qu'il attende! dit Corvisart. Mais où donc est Ferdinand?
— Je ne sais, docteur, répondit Amélie; il paraît qu'il est sorti après nous avoir quittées cette nuit.
— Donnez-moi du vinaigre et du citron. »
Le docteur prépara une boisson acidulée; madame Geoffrin paraissait en proie aux plus atroces souffrances.
« Quand les vomissements commenceront, dit le docteur à Amélie, vous lui ferez prendre cela, de cinq minutes en cinq minutes, une gorgée de ce breuvage. Mariette et Joseph vont venir avec moi; si vous avez besoin de nous, nous sommes dans le salon, à côté. Du courage, mon enfant! »
Et, d'un geste impérieux le docteur, se faisant suivre par les deux domestiques, passa dans le salon. M. de Charney était debout dans la pièce et paraissait en proie à une violente agitation. En voyant entrer le docteur, il courut à lui.
« Qu'y a-t-il donc? demanda-t-il. Madame Geoffrin est malade?
Le docteur lui fit signe de s'asseoir. Corvisart tenait à la main le verre contenant le reste du sirop pris par madame Geoffrin; il posa ce verre sur une petite table placée devant lui.
« Qui a préparé ce sirop? demanda-t-il à Mariette.
— M. Ferdinand, répondit la camériste.
— Tout seul?
— Oui, monsieur, il n'a pas voulu que je l'aidasse. Comme je me proposais pour servir madame, M. Ferdinand m'a positivement défendu d'agir; mademoiselle le sait bien; c'est M. Ferdinand qui a pris lui-même à l'office le verre, la carafe et la cuiller.
— Et le sirop?
— Il était dans sa chambre.
— Dans sa chambre? reprit le docteur avec étonnement.
— Oui, monsieur; il m'avait ordonné, il y a trois jours, de monter la bouteille de sirop d'ananas dans sa chambre, et depuis ce moment elle y était restée.
— Qui est allé chercher cette bouteille?
— M. Ferdinand lui-même, n'est-ce pas Joseph?
— Oui, dit Joseph; monsieur est monté, il a pris la bouteille et il est redescendu avec.
— Alors, reprit Mariette, il a fait le sirop avec une grande attention.
— Où était-il?
— Tout seul dans l'office.
— Comment l'avez-vous vu?
— En allant et venant dans la salle à manger. Quand M. Ferdinand a eu préparé le sirop, il l'a porté lui-même à madame et nous a ordonné, à Joseph et à moi, d'aller nous coucher.
— Et depuis ce moment, qu'est devenu Ferdinand?
— Je l'ignore, monsieur, mais Joseph le sait peut-être. »
Joseph, interrogé, parla alors de la lettre apportée la nuit même.

« Qui avait apporté cette lettre? demanda Corvisart.
— Un domestique que j'ai connu jadis au service de mademoiselle Aspasie.
— L'actrice?
— Oui, monsieur.
— Et Ferdinand est sorti, et depuis ce moment il n'est pas rentré?
— Non, monsieur.
— Voilà qui est étrange!
— Mais qu'y a-t-il donc, docteur? demanda M. de Charney.
— Il y a, répondit Corvisart, il y a que je voudrais voir Ferdinand sur l'heure.
— Ne peut-on savoir où il est?
— Dame! dit Joseph, monsieur est allé sans doute où lui disait d'aller la lettre.
— Cette lettre, l'a-t-il emportée? demanda le docteur.
— Je ne sais pas.
— Avez-vous une clef de la chambre de Ferdinand?
— Oui, monsieur; j'ai de doubles clefs de toutes les portes de la maison.
— Alors ouvrez-nous la porte de la chambre de Ferdinand. Monsieur de Charney, vous allez monter avec moi; vous, Mariette, retournez auprès de votre maîtresse, et ne dites pas un mot devant mademoiselle Amélie de la conversation que nous venons d'avoir, vous m'entendez? »

Mariette rentra dans la chambre de madame Geoffrin. Corvisart, suivi de Charney et précédé par Joseph, gagna l'étage supérieur.

Joseph ouvrit la porte de la chambre de Ferdinand; le docteur avait repris le verre contenant le résidu du sirop : il semblait ne pas vouloir s'en séparer.

« Ah! dit Joseph en courant vers le bureau, voici la lettre que monsieur a reçue ce soir, je la reconnais à la couleur du papier; et puis, voici l'enveloppe. »

Corvisart prit les papiers.

« Il faut absolument et dans l'intérêt de l'existence de sa mère que je sache sur l'heure où peut être Ferdinand, dit-il en se tournant vers de Charney, cela vous explique l'indiscrétion que je vais commettre. »

La lettre était tout ouverte; le docteur lut à haute voix :

« Cher Ferdinand,

« Je quitte à l'instant le théâtre; j'ai avec moi quelques amis et amies qui me demandent à souper. C'est une réunion de gens spirituels : votre place y est donc marquée et vous ne pouvez la laisser vide. Venez vite! nous vous attendons, quoiqu'il soit tard.

« ASPASIE. »

Cette lettre, que le docteur venait de lire, quoique différant essentiellement comme contenu de celle qu'avait lue Ferdinand quelques heures plus tôt, était absolument identique avec elle cependant sous le rapport du format, du papier et même de l'écriture. Joseph avait bien pu s'y tromper.

Maintenant Ferdinand avait-il emporté la lettre véritable? l'avait-il serrée avant de partir? celle trouvée sur son bureau y était-elle demeurée par un effet du hasard, et même hasard avait-il établi une telle similitude entre les deux billets? Le docteur ne pouvait même pas faire toutes ces suppositions.

« Ferdinand est chez mademoiselle Aspasie? dit-il.
— Voulez-vous que j'aille l'y chercher? demanda Charney.
— Oui; prenez ma voiture; elle est en bas; courez vite et brûlez le pavé. »

Charney se précipita; Corvisart redescendit auprès de la malade. Madame Geoffrin était un peu dégagée. Sa fille lui prodiguait ses soins les plus empressés. Le docteur examina la malade.

« Faites une légère infusion de thé, dit-il à Mariette, et préparez du café noir très-fort.
— Mais qu'a donc maman? demandait Amélie avec désespoir.
— Rien... presque rien, répondit le docteur qui tenait toujours son verre de sirop. Une fausse digestion sans doute, jointe à un commencement d'inflammation...
— Et mon frère?
— Le voilà sans doute, j'entends la voiture qui revient. M. de Charney était allé le chercher. »

Et, quittant la pièce, le docteur descendit précipitamment.

« Eh bien? » demanda-t-il à de Charney.

Celui-ci était extrêmement pâle.

« Je ne comprends rien à ce qui arrive, répondit-il. Mademoiselle Aspasie dormait quand je suis arrivé chez elle; elle n'avait personne à souper; elle n'a pas joué hier; elle est rentrée chez elle à sept heures; elle n'a pas écrit à Ferdinand et elle ne l'a pas vu!
— C'est elle-même qui vous a dit cela? s'écria le docteur.
— Elle-même.
— Alors, je suis comme vous, je ne comprends pas. »

Le docteur remonta auprès de la malade. Trouvant son état plus satisfaisant, il donna quelques prescriptions à Amélie; puis il quitta la maison en promettant de revenir le lendemain de bon matin.

« Au ministère de la police! » dit-il brusquement à son cocher en s'élançant dans la voiture qui partit rapidement.

## XL. — L'AXIOME DE DROIT.

Fouché tenait de la nature un don précieux pour un homme qui, comme un ministre de la police, doit avoir toujours un œil ouvert et ne se reposer jamais : il n'avait pas besoin de sommeil. Deux heures lui suffisaient pour se remettre de ses fatigues. D'ordinaire il se couchait à trois heures du matin et il se levait à cinq.

Lorsque la voiture de Corvisart s'arrêta devant la porte du ministère, il était cinq heures et demie. Fouché était déjà dans son cabinet, dont les lampes ne s'éteignaient jamais du soir au lendemain. Corvisart fut introduit immédiatement.

« Qu'est-ce qu'il y a, docteur? demanda le ministre.
— Un fait grave que j'ai voulu vous communiquer moi-même, répondit Corvisart.
— Quel fait? Un fait politique?
— Non; un empoisonnement.
— Commis sur qui?
— Tenté sur la personne de madame Geoffrin.
— Expliquez-vous, je vous écoute. »

Le docteur raconta rapidement ce qui venait d'avoir lieu.

« Et qui pensez-vous qu'il faille accuser?
— Vous répondre à cet égard n'est pas mon affaire. Je viens de constater une tentative d'empoisonnement qui sera probablement suivie de mort, car madame Geoffrin est au plus mal. J'ai cru devoir venir vous avertir, vous, ministre de la police, qui devez veiller à la sécurité générale. Je vous ai dit ce que je savais, maintenant je ne puis rien induire même de vos propres paroles.
— Mais ce que vous venez de me dire est assez clair. La victime a été empoisonnée par l'absorption de ce verre de sirop contenant le poison. Or, une seule personne, d'après les témoins, a préparé ce verre de sirop.
— Un fils! s'écria Corvisart.
— Est-ce lui, oui ou non, qui a préparé seul ce verre de sirop?
— Oui, je l'avoue.
— Eh bien! je ne dis pas qu'il soit coupable, mais évidemment l'accusation doit peser sur lui et je vais donner l'ordre de l'arrêter. D'ailleurs, sa disparition est étrange. Se cache-t-il ou fuit-il, pressé par les remords?
— Mais pourquoi eût-il commis ce crime?
— Pour avoir plus vite sa part du fameux héritage; car, d'après ce que vous m'avez dit, c'est sa mère qui héritait, et il eût fallu attendre près de le million. Il n'y a qu'une autre personne dans la famille qui aurait un plus grand intérêt encore à la mort de madame Geoffrin et à celle même du jeune homme : ce serait la sœur, car alors elle hériterait seule.
— Amélie! s'écria le docteur; elle!
— Eh! je n'accuse pas, très-cher; je cherche et je sais l'axiome du droit : « Cherche à qui le crime profite! »
— Eh bien! dit Corvisart après un temps, Amélie doit se marier...
— Ah! ah! et avec qui?
— Avec M. de Charney.
— Très-bien... Et vous pensez, vous, docteur?
— Ma foi! dit brusquement Corvisart, je pense que si madame Geoffrin mourait, si Ferdinand ne reparaissait plus, la dot d'Amélie serait bien belle!...
— Eh! eh! fit Fouché en piquant son bureau avec la

pointe de son canif. Voilà des millions qui, depuis quelques jours, auraient souvent changé de destinataire ! Si on remontait du point d'arrivée au point de départ, on trouverait peut-être quelque chose, savez-vous ! »

Fouché se leva et sonna : un secrétaire entra dans le cabinet : le ministre lui donna des ordres à voix basse : le secrétaire s'inclina et sortit précipitamment.

« Vous allez dresser procès-verbal de cette tentative d'empoisonnement, dit Fouché en s'adressant au docteur. Je viens de donner les ordres nécessaires pour que l'affaire soit suivie avec le plus grand soin.

— Jacquet n'est pas ici ? demanda Corvisart.

— Non, mais je vais le faire prévenir. Revenez dans deux heures : il y sera. »

Et Fouché, adressant à Corvisart un geste de congé, retourna vers son bureau devant lequel il s'installa.

Corvisart quitta le cabinet : le secrétaire l'attendait dans la pièce voisine. Le jour n'était pas encore levé.

## XLI. — LE BOIS DE BOULOGNE.

Il n'y a pas cinq cents ans, au quatorzième siècle, le bois de Boulogne (alors bois de Saint-Cloud) ce parc charmant aujourd'hui, le rendez-vous de l'aristocratie du monde entier, était infesté de voleurs et d'aventuriers et avait une réputation tout aussi mauvaise et plus justement méritée peut-être que celle de la forêt de Bondy, de sinistre mémoire : la preuve, c'est qu'un convoi, qui contenait les bagages de l'illustre Duguesclin, y fut attaqué et pillé en plein jour. Il fallait, certes, que messieurs les bandits eussent une singulière audace.

« C'est grande pitié, Sire, écrivait le connétable au roi Charles V, qu'à deux lieues de votre capitale, on ne puisse voyager en sûreté et qu'on soit exposé aux coups de mains des larrons. A la paix prochaine, je ferai avec mes hommes d'armes, si Votre Majesté le permet, une chevauchée durant laquelle je purgerai la contrée de cette vermine. »

Mais malheureusement le temps manqua à Duguesclin pour tenir sa promesse et pour corriger ces malandrins « qui ne respectaient pas, selon les expressions de Charles V, les nippes de ses capitaines et qui dépouillaient son peuple. »

Il appartenait à Louis XI, ce roi si singulièrement jugé, de purger les environs de Paris des brigands qui les infestaient. Louis XI avait donné le bois de Saint-Cloud à Jacques Coitier, son médecin ; mais, le roi mort, le parlement s'empressa de dépouiller Coitier de sa propriété et le rendit au domaine sous le nom, conservé depuis lors, de bois de Boulogne.

François I$^{er}$, le chasseur par excellence, fit enclore le bois de Boulogne, le peupla de gibier et y éleva le château de Madrid dans lequel, plus tard, Henri II et Diane de Poitiers y donnèrent des fêtes brillantes. Charles IX y construisit la Muette et Henri IV y fit planter des mûriers pour y acclimater l'industrie de la soie.

Mais Louis XIII eut Saint-Germain, Louis XIV Versailles, Louis XV les Trianons, de sorte que le bois de Boulogne se vit abandonné. Ce fut sous Louis XVI qu'il reprit sa vogue. Les premières courses de chevaux y eurent lieu, puis on y construisit d'élégants châteaux, ceux de Bagatelle, de Neuilly, de Boulogne, de Madrid-Maurepas, de Saint-James, du Ranelagh.

Les duels contribuèrent alors à rendre le bois célèbre, entre autres celui du comte d'Artois et du duc de Bourbon, et celui de deux dames, une Française et une Polonaise, qui, paraîtrait-il, se disputèrent à la porte des Princes, l'épée à la main, le cœur d'un chanteur de l'Opéra nommé Chassé.

La Française fut blessée et enfermée ensuite dans un couvent, et la Polonaise renvoyée de France. Quant à Chassé, le duc de Richelieu le pria, au nom du roi, de ne plus provoquer de tels esclandres.

« Dites au roi, monseigneur, répondit Chassé, que ce n'est pas ma faute, mais celle de la Providence, qui m'a créé l'homme le plus aimable du royaume.

— Drôle ! s'écria le duc, apprends que tu ne viens qu'en troisième ! Le roi passe avant toi, et moi après le roi ! »

La révolution, en éclatant, avait dispersé, détruit même la société aristocratique qui peuplait alors le bois de Boulogne, elle avait même détruit les habitations et abattu, pour se procurer du combustible, d'immenses taillis qui ne furent jamais replantés.

Négligé comme promenade par les élégants du Directoire, abandonné par l'État qui ne s'occupait pas de l'entretenir, offrant un asile facile à ceux qui avaient intérêt à se cacher, le bois de Boulogne était redevenu, en 1799, un repaire de brigands, de bandits, de malfaiteurs fort capables de recommencer les prouesses de leurs prédécesseurs et de piller les bagages d'un général en chef.

Mais ce que les rares promeneurs d'alors ne savaient pas plus que ne le savent probablement les nombreux promeneurs d'à présent, c'est que le bois de Boulogne avait failli devenir un cimetière. C'était Henri III qui, avec ses goûts bizarres, avait eu l'idée de cette agréable transformation. Il voulait faire élever dans un point central, auquel auraient abouti six grandes allées, un superbe mausolée pour y déposer son cœur. Chaque chevalier du Saint-Esprit eût été obligé de se faire construire un beau tombeau avec des visages funèbres.

« Dans cent ans, disait Henri III, ce sera une promenade *bien charmante* : il y aura au moins quatre cents tombeaux dans ce bois »

Henri III, heureusement, ne put accomplir son rêve, mais en 1799, le pauvre bois était dans un état d'abandon tel, qu'il était certes d'apparence aussi triste qu'un champ de repos. Les allées étaient à peine tracées, car elles n'avaient pas été entretenues : on allait alors à Saint-Cloud par Sèvres; aussi à peine quelques grandes avenues étaient-elles demeurées praticables, rien n'était plus rare que d'y voir apparaître un véhicule quel qu'il fût.

Ce matin-là cependant du jour où nous sommes arrivés, une voiture, entrant dans le bois par la porte Maillot, s'engagea dans l'allée qui, coupant alors le bois en ligne diagonale, allait aboutir à la porte de Longchamps. C'était le lendemain de ce jour durant lequel l'annonce inattendue de l'arrivée du général Bonaparte avait causé dans Paris une si violente émotion.

Il pouvait être neuf heures, le ciel était assez beau, mais le terrain, détrempé par une pluie fine et abondante qui était tombée toute la nuit, présentait un aspect fangeux et triste. Les feuilles jaunies, arrachées des arbres et s'envolant par tourbillons, jonchaient la terre : les branches dénudées commençaient à étendre leurs grands bras noirs et maigres comme les milliers de pattes d'un insecte couché sur le dos.

La voiture qui s'avançait dans ce bois morne et solitaire, était un fiacre à la caisse peinte en jaune et ornée de son numéro gigantesque blanche sur fond noir. Deux maigres chevaux le tiraient tant bien que mal, luttant contre le terrain amolli et délayé dans lequel les roues creusaient des ornières énormes.

*Cahin-caha*, suivant une expression encore de mode alors, le véhicule de louage s'avançait faisant crier les cailloux de la route. La voiture contenait trois hommes dont on apercevait les têtes dans la pénombre.

En atteignant le rond-point de la porte de Longchamps le fiacre s'arrêta et le cocher, se penchant sur son siège et se retournant à demi, approcha autant qu'il le put sa face vermillonnée de la portière :

« C'est-y là qu'il faut s'arrêter ? demanda-t-il.

— Porte de Boulogne ! cria une voix partant de l'intérieur du carrosse, tourne à gauche et tout droit. »

Le cocher obéit : la voiture se remit en marche, suivant la route qui alors conduisait de la porte de Longchamps à celle de Boulogne et, après une grêle de coups de fouet tombée sur l'échine des pauvres chevaux, elle atteignit l'endroit désigné.

« C'est-y là ? demanda encore le cocher.

— Oui ! » répondit-on.

Et une main passant en dehors fit jouer la poignée de cuivre servant à ouvrir la portière. Un homme s'élança sur la route boueuse.

« Hum ! fit-il en appuyant son pied, mauvais terrain ; on glisse là-dessus comme sur un champ de terre glaise.

— Bah ! dit un second personnage en sautant à son tour, on trouvera bien un endroit un peu plus sec et un peu plus sablonneux. »

Le troisième voyageur était également descendu. Tournant sur lui-même en interrogeant le rond-point dans tous les sens :

« Personne ! dit-il, nous sommes les premiers. »

Puis, tirant sa montre :

« Dix heures moins vingt ! ajouta-t-il, il n'y a rien à dire; nous sommes en avance.

— Où faut-il vous attendre, citoyens ? demanda le cocher.

— Où tu voudras ! lui répondit-on.

— Est-ce que je peux aller jusqu'à Boulogne faire boire mes chevaux et leur donner l'avoine ?

— Non pas, on peut avoir besoin de toi et de ta voiture. Tu vas attendre ici, et quand il arrivera tout à l'heure une autre voiture, tu diras à ceux qui en descendront que nous sommes là, dans cette clairière, de l'autre côté de l'allée, près du mur du bois ; tu comprends ? »

Le cocher fit un signe affirmatif et rangea sa voiture. Les trois hommes, qui n'étaient autres que le citoyen de Mesnard et ses deux témoins, les citoyens Almant et Surville, s'enfoncèrent dans la direction indiquée par l'un d'eux.

« Il s'agirait de trouver un endroit convenable, » dit le capitaine Almant.

Le citoyen Surville portait sous son bras deux longues épées enveloppées dans un manteau.

« Voilà notre affaire, » dit de Mesnard en frappant du pied le sol.

Effectivement l'endroit paraissait merveilleusement choisi pour un duel : c'était une petite route qui devait être fort ombragée pendant l'été, mais dont les grands arbres qui la bordaient avaient perdu leurs feuilles. Le sol était recouvert de ce sable jaune qui se mouille, absorbe l'eau sans devenir glissant et ne fait jamais boue.

« On tient là-dessus comme sur le plancher d'une salle d'armes ! dit Mesnard en se mettant en garde et en faisant le simulacre de se fendre.

— Alors, attendons, » dit Surville.

Le capitaine Almant s'était rapproché de celui auquel il servait de témoin.

« Quand le colonel va venir, dit-il, si par hasard, ce que je ne crois pas, ses témoins proposaient un arrangement, que devons-nous faire ?

— Tout refuser, pardieu ! Est-ce que je me serais dérangé pour rien ! Allons donc ! s'écria Mesnard avec un geste dédaigneux.

— Oh ! dit Almant, sois sans crainte, citoyen, je connais le colonel mieux que je ne te connais, puisque je t'ai vu hier pour la première fois, mais il fera ta partie tant que tu le voudras ! Là n'est pas la question. Je voulais dire qu'hier soir, alors que tu as parlé, tu n'avais évidemment pas l'intention d'insulter le colonel, et si ce matin ses témoins....

— J'avais parfaitement l'intention d'insulter le colonel ! dit Mesnard d'un ton tranchant.

— Oh ! fit l'officier.

— Est-ce que tu regrettes de me servir de témoin ?

— Non pas ! tu es brave, je le sens, je le vois et tu me feras honneur. Ce que j'en disais était pour te tâter... Quelquefois sur le terrain les idées changent, cela s'est vu.

— Les miennes ne changent pas !

— Alors, très-bien ; attendons.

— J'entends le roulement d'une voiture ! » dit Surville.

Effectivement on pouvait distinguer le bruit des roues écrasant les cailloux de la route. Quelques instants après, ce bruit cessa ; la voiture s'était évidemment arrêtée.

« Voici le colonel et ses témoins ! » dit Surville en désignant du geste trois personnes qui s'avançaient.

Mesnard demeura en place, ses deux témoins firent quelques pas en avant et saluèrent.

Le colonel rendit le salut, mais il s'arrêta et demeura à distance. Ses deux témoins, MM. de Roquefeuille et Volnac, s'approchèrent de Surville et d'Almant.

« Ce terrain vous convient-il, citoyens ? » demanda Surville.

Roquefeuille examina le sol avec une sollicitude minutieuse, il fit attention à l'endroit d'où venait le vent, dont une bouffée peut quelquefois, en dérangeant une boucle de cheveux et en la chassant sur les yeux, causer la perte d'un homme. Il interrogea le soleil qui s'élevait rapidement et s'assura qu'il ne pouvait gêner en rien les combattants.

« Nous enlèverons les pierres et les gros cailloux ! » dit vivement Surville en répondant par avance à une objection qu'allait faire Roquefeuille.

Celui-ci regarda Volnac :

« Ce terrain me semble convenable, capitaine, dit-il, qu'en pensez-vous ?

— S'il convient également au colonel, répondit Volnac, il me convient parfaitement à moi. Il faut le lui demander. »

Roquefeuille alla causer avec Maurice, puis revenant vers le petit groupe qui occupait alors le point central entre les deux adversaires, debout, immobiles, à distance :

« Le colonel n'a aucune objection à faire, dit-il. Le terrain est donc adopté. Nous allons le nettoyer, tandis que ces messieurs vont mesurer les armes, car je m'aperçois que vous avez également apporté des épées. »

Almant fit un signe affirmatif, et, détachant le manteau qui enroulait les lames, il prit une épée qu'il tendit à Volnac. Celui-ci, de son côté, détachait également deux épées qu'il tenait sous son bras.

Pendant ce temps, Roquefeuille et Surville nettoyaient le terrain, le préparaient, c'est-à-dire qu'ils enlevaient les pierres, les gros cailloux dont la rencontre sous le pied eût pu faire trébucher l'un des adversaires, qu'ils effondraient à coups de talon de botte les saillies du sol qui eussent pu détruire l'équilibre et qu'ils arrachaient çà et là quelques touffes d'herbes glissantes.

Les deux adversaires paraissaient fort peu se préoccuper de ce que faisaient leurs témoins et ils attendaient avec une impatience manifeste.

Enfin, Roquefeuille et Surville revinrent vers les deux officiers. Ceux-ci avaient mesuré les épées.

« Tout est prêt ! » dit Roquefeuille.

Les témoins, se séparant, revinrent vers chacun des deux adversaires, qu'ils conduisirent sur le terrain préparé.

## XLII. — LE DUEL.

Les deux adversaires étaient aussi calmes, aussi froidement impassibles que s'ils eussent été dans une salle d'armes au lieu d'être sur ce sol humide que le sang de l'un d'eux allait rougir dans quelques minutes.

Maurice, debout près d'un jeune arbre, avait saisi l'extrémité d'une branche flexible et il s'amusait à en arracher machinalement les dernières feuilles qu'il laissait ensuite retomber à ses pieds. Bien évidemment il n'avait pas conscience de ce qu'il faisait, et sa pensée était bien loin de sa main : Maurice songeait à Lucile qu'il aimait, à son général qui allait revenir, à ses amis qui l'attendaient, et il se disait que cette femme qui avait tout son amour, ce général qui possédait toute son adoration, ces amis qui avaient toute son affection, il ne les reverrait peut-être pas.

Certes, Maurice était brave, il avait donné tant de preuves de cette bravoure du soldat, que personne ne pouvait douter de lui ; mais si la bravoure consiste dans le mépris de la mort, elle ne consiste pas à nier la possibilité de cette mort, et c'est précisément cette possibilité admise par ceux qui tremblent le moins qui rend la bravoure véritable plus grande et plus belle. Les fanfarons seuls prétendent le contraire.

D'ailleurs, la bravoure a ses phases comme tous les autres sentiments, elle n'est pas toujours, en tous temps et en toutes circonstances, la même. On n'est pas également brave sur le champ de bataille et dans un duel, ou du moins le sentiment de la bravoure n'est pas excité de même en présence des ennemis et en face d'un adversaire.

Maurice était brave : le sentiment qu'il éprouvait alors n'était pas même un sentiment d'inquiétude, mais sa pensée se livrait à des réflexions auxquelles permettaient de surgir les froids apprêts du duel, et qu'eussent effacées le bruit de la mitraille et celui des cris des soldats.

Quant à M. de Mesnard, il avait cette froide indifférence de l'homme qui regarde le duel comme un acte ordinaire de la vie, et qui, confiant dans sa force et dans sa bonne chance, ne doute pas de son succès.

Les témoins, la démarche grave, s'étaient rapprochés de chacun des deux adversaires. Le capitaine Volnac et le capitaine Almant tenaient à la main les épées mesurées.

« Êtes-vous prêt, colonel ? » demanda M. de Roquefeuille.

Pour toute réponse Maurice déboutonna son habit d'uniforme et, l'enlevant vivement, il l'accrocha à la branche qu'il tenait tout à l'heure dans ses mains. Il demeura alors en culottes et en chemise. Le citoyen de Mesnard avait également dépouillé son habit.

Alors les témoins placèrent les deux adversaires à distancé convenable et leur remirent à chacun l'une des deux épées nues. Puis le capitaine Volnac et le capitaine Almant prirent les deux fers, les croisèrent, et se reculant à la fois :

« Allez, citoyens ! » dirent-ils en même temps.

Les deux adversaires tombèrent à la fois en garde, les deux épées se choquèrent de nouveau, et il y eut un silence, silence terrible qui glace les spectateurs du combat qui va s'engager. Il faut avoir assisté à l'une de ces scènes émouvantes pour comprendre ce que ce premier moment d'attente a d'effrayant et contient d'angoisses.

Un duel à l'épée n'est jamais long : à peine, d'ordinaire, dure-t-il une ou deux minutes, mais il n'y a pas de siècle aussi long que chacune de ces minutes pour les témoins qui assistent et voient les coups.

A la première attaque il fut possible de comprendre que les deux adversaires étaient tous deux d'habile force à l'escrime. De Mesnard, même, ne put réprimer un certain mouvement d'étonnement en rencontrant à la parade, après une vive attaque, l'épée du colonel.

Alors de Mesnard s'écrasa subitement, fit un pas de retraite après une fausse attaque, et marchant brusquement sur son adversaire, il lui porta le coup fameux qu'Alcibiade avait, l'avant-veille, démontré au citoyen Thomas.

Maurice demeura immobile, puis son épée tomba et sa main gauche se porta sur sa poitrine. M. de Roquefeuille s'était élancé et l'avait reçu dans ses bras.

« Courez ! dit-il au capitaine Almant, nous avons laissé le médecin dans la voiture. »

De Mesnard enfonçait son épée dans la terre humide pour essuyer le sang qui coulait sur la lame. M. Surville s'était précipité.

Maurice avait les yeux fermés, une écume sanglante s'échappait de ses lèvres. Roquefeuille, soutenant le corps du bras droit, avait, de la main gauche, écarté la chemise : entre la cinquième et sixième côte environ, il y avait une blessure étroite, d'où s'était échappé tout d'abord un petit ruisseau de sang ; mais le sang s'était aussitôt arrêté et ne coulait plus. Maurice râlait.

« Il va mourir ! dit Roquefeuille avec une émotion terrible.

— Mon colonel ! » s'écria une voix rauque.

Au même instant le capitaine Volnac et le citoyen Surville étaient violemment écartés, et un jeune soldat se précipitait vers le corps presque inanimé que soutenait M. de Roquefeuille.

Maurice se roidissait, son visage se violaçait et les muscles de la face se contractaient d'une manière horrible.

« Dupuytren, venez vite ! cria M. de Roquefeuille.

— Mais il étouffe ! reprit le jeune soldat ; la blessure ne coule plus ! »

Et se jetant sur le corps du colonel, l'enfant colla ses lèvres sur la blessure et aspira fortement le sang qui, ne coulant plus, engorgeait les poumons.

En ce moment Dupuytren arrivait en courant, sa trousse à la main.

« Bravo ! dit-il au jeune soldat, tu l'as sauvé ; sans toi, j'arrivais trop tard : encore une demi-seconde et il y avait rupture d'un vaisseau.

— Mon colonel ! » disait le jeune soldat en se redressant.

En ce moment Maurice, la poitrine un peu dégagée, rouvrit les yeux. Le premier visage qu'il rencontra fut celui du jeune soldat ; il lui sourit et fit un effort pour lui tendre la main.

« Merci..... Niorres !... balbutia-t-il.

— Il faut le transporter à Boulogne, dit Dupuytren, je le panserai là. »

De Roquefeuille, les deux capitaines et le jeune soldat se proposèrent à la fois pour emporter le blessé.

« Allez chercher des coussins de la voiture, dit Dupuytren, on couchera le colonel dessus et le transport sera plus facile. »

Louis et Volnac s'élancèrent pour obéir.

Pendant ce temps de Mesnard, après avoir essuyé son épée, se rhabillait tranquillement. Surville était revenu auprès de lui ; tous deux parlaient bas et avec des gestes significatifs. Enfin Surville, quittant Mesnard, s'approcha de Dupuytren, et l'entraînant doucement à l'écart :

« Docteur, lui dit-il à voix basse, M. de Mesnard, l'adversaire du colonel, n'ose s'adresser à vous, aussi m'a-t-il prié d'être son interprète et de vous demander ce que vous pensez de la blessure ?

— Elle est grave, très-grave, dit Dupuytren.

— Est-ce qu'elle peut devenir..... mortelle ?

— Je le crains. »

Surville s'inclina avec un geste douloureux. En ce moment Niorres et Volnac revenaient avec les coussins. On y installa le blessé, puis Niorres et Roquefeuille l'enlevèrent avec précaution et se dirigèrent vers Boulogne, dont les premières maisons blanches apparaissaient à travers les branches dénudées.

Dupuytren, veillant sur le blessé, marchait près de lui, soutenant sa tête et étanchant la blessure avec un linge fin. Les capitaines Volnac et Almant suivaient le triste convoi. En passant devant de Mesnard et Surville, qui s'étaient reculés, Almant s'arrêta :

« Vous n'avez plus besoin de moi ? dit-il.

— Nullement, capitaine, répondit Mesnard avec empressement, il ne me reste qu'à vous prier de recevoir mes plus sincères remercîments.

— Alors, je vais auprès du colonel qui peut avoir besoin de nous. »

De Mesnard et Surville demeurèrent seuls sur le lieu du combat.

« Eh bien ! dit de Mesnard, l'affaire est faite et proprement faite, hein ?

— Je l'avoue, répondit Surville.

— Le papa Thomas sera content.

— Et voilà la preuve de sa satisfaction qu'il m'a chargé de te remettre, mon cher Alcibiade. »

Surville tendit à son compagnon une bourse de soie aux flancs suffisamment arrondis.

« Bravo ! dit Alcibiade en faisant sauter sa bourse. Si papa Thomas le désire, je lui en servirai autant tous les matins pour son déjeuner, au même prix. Quand je lui disais que mon coup était bon. As-tu vu ? une, deux, pest, enfoncé ! C'est immanquable.

— Crois-tu ? » dit une voix railleuse.

Alcibiade et Surville se retournèrent à la fois ; mais l'un et l'autre firent en même temps un bond en arrière, car ils avaient en face d'eux la pointe fine et acérée d'une longue épée tenue horizontalement à hauteur de poitrine.

Deux soldats venaient de sortir d'un taillis voisin, et se tenaient immobiles en face de Surville et d'Alcibiade.

Celui qui tenait l'épée en dardait ses petits yeux sur l'adversaire heureux du colonel, tout en se frisant, avec les doigts de la main gauche, une gigantesque paire de moustaches.

« Qu'est-ce que c'est ? que veulent ces soldats ? dit Alcibiade d'un ton hautain.

— Ils veulent te dire deux mots et connaître ton coup, estimable mirliflore, » répondit l'homme à l'épée en abaissant la pointe et en la piquant dans la terre.

## XLIII. — DEUXIÈME PARTIE.

Surville s'était avancé croyant son intervention nécessaire

« Qui êtes-vous et que voulez-vous ? demanda-t-il.

— Qui je suis ? répondit le premier des deux soldats : Rigobert Rossignolet, tambour-major de la 32ᵉ demi-brigade, ancien de l'Italie et de l'*Égypte*, et pour le quart d'heure en congé d'agrément. Cet autre est Gringoire, grenadier de la 1ʳᵉ du 3ᵉ, un luron. Ce que nous voulons, j'ai eu celui de te l'avouer nonobstant, et voilà !

— Tu veux que je l'apprenne mon coup ! dit Alcibiade avec un ton railleur.

— Comme tu le dis ; mais avec des épées pointues et pas avec des fleurets boutonnés. Ah ! c'est un crâne coup que celui qui rapporte des *picaillons*, comme ceux que tu faisais danser dans ta main. Je voudrais le connaître, l'ancien ; on ne sait pas ce qui peut arriver. »

Et comme Alcibiade et Surville se regardaient en fronçant les sourcils :

« Cré mille millions de n'importe quoi ! dit Rossignolet avec colère, on paye donc à cette heure, à un mauvais chenapan de rien du tout, la vie d'un brave colonel qui n'a pas son pareil dans l'armée. Nous avons tout vu et tout entendu. Si nous ne nous sommes pas fait voir plus tôt, c'est que ça aurait contrarié le colonel ; mais à cette heure c'est d'un autre payement qu'il s'agit. En garde ! t'as un coup à m'apprendre, mais avant, faut que je te montre et démontre le mien.

— Prenez garde, soldat, cette provocation...

— Fait trop d'honneur à ton ami, entends-tu ! hurla Rossignolet. On reconnaît l'oiseau : c'est l'ancien maître d'armes des gardes suisses !

— Vous ne savez pas ce que vous dites. Le citoyen de Mesnard est...

— Un rien du tout, interrompit Rossignolet ; mais, tel qu'il est, je veux lui pousser une botte. Toi, particulier, tu seras son témoin comme Gringoire sera le mien.

— Et si le particulier veut également faire joujou ? ajouta Gringoire.

— Silence ! dit Rossignolet ; ces témoin, tu n'as rien à dire.

Et se tournant vers Alcibiade qu'il regarda en face :

« Veux-tu te battre ? » dit-il.

Alcibiade haussa les épaules.

« Une, dit Rossignolet, deux, trois ! »

Un sifflement se retentit dans l'air, et la lame du major fouetta le visage du maître d'armes. Alcibiade poussa un hurlement furieux.

« Régard ! » s'écria-t-il avec une série de formidables jurons, je te vais saigner !

— Prends ta loucette, alors ! » répondit le major redevenu imperturbable depuis qu'il voyait son adversaire furieux.

Alcibiade avait arraché des mains de Surville l'une des deux épées, celle dont il venait de se servir si fatalement contre Maurice.

« En garde ! en garde ! » hurlait-il avec des gestes furieux.

— Minute ! minute ! dit Rossignolet... Tu es bien pressé, maintenant, pour un miscreant qui l'était si peu tout à l'heure. Enlève-moi un peu cet habit superbe que je ne veux pas abîmer, et, pour ces que le plie le mien avec le soin et l'attention dont il est digne. Cet habit-là, vois-tu, estimable propre à rien, est un habit comme il y en a peu ! Il a fait la campagne d'Égypte, il a contemplé les Pyramides accompagnées de leurs siècles, il a été caressé, j'ose le dire, par les obélisques octroiant le trompier et, en fin de compte, il a eu celui d'être frotté par la main du général en chef, qui s'est appuyé un jour sur son épaule ! C'est une relique, et il faut le conserver ! »

Et, tandis qu'Alcibiade arrachait son habit, Rossignolet enlevait le sien lentement. Certes, pour qui eût assisté d'un œil indifférent aux apprêts du combat, la pose du gigantesque major eût été d'un effet comique achevé. Voulant enlever son habit vénérable et vénéré qui, il faut le dire, avait toujours été le premier devant l'ennemi, à la tête de la terrible demi-brigade, voulant donc enlever cet habit avec toutes les précautions dont il était digne, Rossignolet dut lâcher l'épée qu'il tenait ; l'idée ne lui vint pas de la confier à Gringoire, et, ne voulant pas non plus la mettre sur le sable humide, il la plaça entre ses jambes, la pommeau en haut, pliant un peu sur les jarrets pour mieux maintenir la lame avec les genoux. Alors, jetant ses deux bras en arrière pour dépouiller les manches, il avança la tête et demeura ainsi quelques instant, présentant, de profil avec son long corps, la contexture d'une S renversée.

Alcibiade, brandissant son épée, faisait des appels furieux du pied droit.

« Eh ! eh ! fit Rossignolet en pliant avec soin son habit d'uniforme, il paraîtrait voir qu'il ne s'agissait que de te mettre en train. Patience, mon fils, on va te faire ton affaire dans quelques instants, histoire de flâner un peu pour mieux savourer le nanan de la chose ! »

Puis, après avoir placé son habit dans un endroit assez sec, il déboutonna sa chemise, découvrit sa poitrine qui ressemblait à un dos d'ours, retroussa ses manches jusqu'à l'épaule, frotta sa longue main dans le sable humide pour que le pommeau de l'épée ne glissât pas, et, s'avançant avec un geste superbe, il tomba en garde.

« En avant le coup de torchon ! » dit-il.

Alcibiade était en face de lui, frémissant de rage et d'impatience.

Rossignolet se releva lestement dans la position d'un homme qui, en tirant le mur, fait les trois saluts d'usage.

« Faut être poli ! » dit-il en saluant Surville d'abord, Gringoire ensuite.

Puis, saluant son adversaire :

« Maintenant, petit, méfie-toi ! ajouta-t-il. Si tu as été maître d'armes des gardes suisses, je suis, moi, prévôt de la 32e ! »

Et il tomba en garde.

« Y es-tu ? demanda-t-il en froissant le fer de son adversaire.

— Oui ! » répondit Alcibiade d'une voix rauque.

Gringoire et Surville s'étaient reculés, l'un à droite, l'autre à gauche des combattants ; le grenadier, la main derrière le dos, l'œil attentif et la contenance assurée ; Surville, les lèvres serrées, le front plissé, et lançant des regards sinistres sur le gigantesque tambour-major.

Alcibiade, au froissement du fer, avait compris qu'il avait en face de lui un adversaire dangereux. Se repliant sur lui-même, effaçant la poitrine, se recouvrant avec l'avant-bras droit, la gauche relevée pour faire contre-poids au corps, les yeux dans les yeux du major, il attendit...

Rossignolet était ce qu'on nomme un beau tireur : il avait une garde superbe, le corps bien assis sur les hanches, et portant tout entier sur la jambe gauche savamment repliée, les pieds sur une même ligne, la pointe à la hauteur de l'œil, le coude bien rentré et protégeant la poitrine.

Deux secondes s'écoulèrent... les deux hommes se tâtaient... Rossignolet fit une feinte de dégagement qui eût passé dans une bague, Alcibiade arriva à la parade avec un contre de quarte tellement serré que son poignet bougea à peine.

« Joli ! » murmura Rossignolet.

Il n'achevait pas qu'Alcibiade, gagnant rapidement le fer, menaça en haut et tira dessous en se fendant à fond. C'était le coup qui lui avait si bien réussi avec Maurice. Rossignolet était arrivé à une parade de quinte avec une prestesse sans égale.

Alcibiade était découvert. Le major tira en plein à son tour, mais il rencontra l'épée en prime de son adversaire.

Ces coups différents avaient été portés dans l'espace de quelques secondes à peine, et cependant les deux hommes avaient le front couvert de sueur comme s'ils se fussent livrés à un long et pénible exercice. Ils firent à la fois un pas en arrière en relevant l'épée.

« Ouf ! » fit Rossignolet en s'apprêtant à retomber en garde.

Alcibiade ne dit rien, mais sa respiration sifflait dans sa gorge. D'un commun accord, les deux hommes s'approchèrent, et les fers se croisèrent de nouveau.

Cette fois Alcibiade attaqua avec une agilité et une violence effrayantes : les coupés, les dégagés, les une, deux pleuvaient comme grêle. Rossignolet était à toutes les parades rompant lentement, mais ne trouvant pas jour à lancer une riposte.

C'était un duel réellement effrayant, car on pouvait comprendre que la mort seule devait mettre un terme à ce combat. Les deux hommes soufflaient comme deux bêtes fauves aux prises.

Plus le combat se prolongeait, plus Alcibiade s'animait, plus Rossignolet paraissait maître de lui-même. Les deux témoins, anxieux et attentifs, frémissaient d'émotion. Sur leur physionomie se reflétaient tous les sentiments tumultueux qui s'agitaient dans leur âme.

Une seconde fois, les deux adversaires, dont aucun n'avait reçu une égratignure, s'arrêtèrent d'un commun accord pour prendre un instant de repos. Pas une parole prononcée ne troubla le silence qui régnait alors : on entendait seulement le bruit de la respiration, l'air se faisant difficilement passage dans la gorge aride.

« Tonnerre ! il faut pourtant en finir ! » s'écria Alcibiade au comble de l'exaspération.

Il se jeta sur son adversaire, qui le reçut l'épée haute. Cette fois la furie d'Alcibiade était devenue telle, qu'oubliant toutes les règles il précipita ses attaques ; l'épée du Rossignolet, en lui effleurant l'épiderme, lui rendit son sang-froid. À son tour, il fit un pas en arrière... il rompit... Rossignolet le chargea... Alcibiade continua à rompre, quand tout à coup il se fendit de la jambe gauche, étendant le bras droit, les ongles en tierce : la pointe arriva à la hauteur du ventre du major.

« Le coup italien ! c'est défendu en France ! » hurla le major.

Il n'achevait pas, qu'enlevant le fer de son ennemi, à l'aide d'un froissé de seconde, il se fendit à fond à son tour.

Le coup devait arriver à la hanche, mais, Alcibiade étant fendu alors, ce fut au-dessous de la clavicule que le fer pénétra, et avec une telle violence que la pointe de l'épée ressortit dans le dos sous l'omoplate.

Alcibiade écarta les bras, laissa échapper son épée et

Dupuytren, veillant sur le blessé, marchait près de lui. (Page 78.)

tomba lourdement à terre. Un flot de sang noir s'échappait de la double blessure. Alcibiade avait perdu connaissance.

« Là! dit Rossignolet ; mon colonel est vengé, et je ne me fais pas payer mes coups d'épée, moi ! »

Puis, se tournant vers Surville qui s'était précipité sur le corps d'Alcibiade :

« Gringoire va t'envoyer le cocher de ta voiture, dit-il, et moi je cours à Boulogne, car mon colonel peut avoir besoin de moi. »

Les deux soldats se précipitèrent et disparurent. Surville, son mouchoir à la main, s'efforçait d'étancher le sang. Alcibiade se roidissait dans les suprêmes convulsions de l'agonie.

En ce moment les branches d'un épais taillis qui formait le fond de la petite clairière s'écartèrent doucement, un homme s'élança en avant et fut en deux bonds sur le blessé, près duquel était agenouillé Surville.

Celui-ci manifesta par ses gestes un profond étonnement, mais il ne dit rien. Le nouveau venu examinait la blessure avec attention et en homme connaisseur. Il se redressa après un minutieux examen :

« Avant cinq minutes il sera mort ! dit-il froidement.

— Tu crois ? dit Surville.

— J'en réponds. Le poumon a été traversé de part en part. Écoute! tu entendras, en te penchant, l'air siffler par le trou de la blessure. Il est perdu et bien perdu!

— Quel malheur !

— Sot ! dit le nouveau venu en haussant les épaules.

— Il faut cependant essayer de le soigner.

— Il n'y a rien à faire, te dis-je. Il faut nous en aller et le laisser mourir là ! Cette mort-là nous sert merveilleusement, et Rossignolet vient de nous rendre le plus signalé service. »

Et comme Surville ne paraissait pas comprendre :

« Alcibiade n'aurait-il pas pu dire un jour, murmura le personnage à l'oreille de son compagnon, que c'est pour gagner mon argent qu'il s'est battu avec le colonel ? Tu vois bien que Rossignolet nous a rendu service. C'est bien cela que j'espérais. Crois-tu que j'eusse assisté tranquillement au duel sans m'y opposer s'il en eût été autrement. Allons, viens ! quittons la place. Il se meurt et il n'a plus besoin de nous ! »

Et passant son bras sous celui de Surville, l'homme l'entraîna rapidement sans même jeter un coup d'œil sur le malheureux qui râlait. Ils rencontrèrent le cocher, qui accourait vers eux.

Un des convives entonna une chanson. (Pages 91.)

« Il y a un blessé ? dit l'automédon en faisant de grands bras.
— Non ! répondit l'homme, il y a un mort et ce n'est pas ton affaire. Tu vas nous ramener à Paris au galop, et il y aura deux écus pour toi !
— En route ! » cria le cocher en retournant vers sa voiture.

Alcibiade était demeuré étendu sans mouvement, baigné dans une mare de sang : il se mourait, mais au moment cependant où les deux hommes l'abandonnaient si lâchement, il ouvrit un œil, et faisant un effort il tourna un peu la tête à gauche. Alors cette prunelle ternie s'anima, les muscles de la face se contractèrent.

« Tho...mas..., murmura-t-il d'une voix inintelligible, je... »

Un flot de sang qui s'échappa de ses lèvres bleuies l'empêcha de formuler un autre mot. Il se roidit et ses doigts crispés s'enfoncèrent dans le sable humide. Ses yeux étaient hagards, sa bouche horriblement contournée. Ainsi que l'avait dit celui qui venait de l'abandonner, il se mourait.

## XLIV. — LA SŒUR.

Il était huit heures du soir au moment où la voiture de Corvisart s'arrêtait devant la porte de l'hôtel de madame Geoffrin. Le docteur gravit lestement les degrés conduisant au premier étage. Sur le seuil du cabinet de toilette de madame Geoffrin il rencontra Mariette :

« Comment va-t-elle ? demanda-t-il.
— Toujours de même, répondit la camériste, qui avait les yeux gonflés et les joues tirées.
— Elle sommeille ?
— Oui, monsieur. »

Corvisart frappa du pied avec impatience :

« Il faudrait pourtant triompher de cette somnolence ! dit-il. A-t-elle pris du café ?
— De quart d'heure en quart d'heure, oui, docteur. »

Corvisart entra dans le cabinet, puis il passa dans la chambre. Amélie était au chevet de sa mère ; la jeune fille était dans un état d'abattement profond. Madame Chivry était assise près d'elle et lui parlait à voix basse. Plus loin, Caroline préparait une boisson dans une tasse.

En voyant entrer le docteur, madame Chivry et Amélie se levèrent. Corvisart les salua de la main et s'approcha du lit. Madame Geoffrin était étendue et paraissait en proie à une somnolence qui la privait de toutes ses facultés. Corvisart l'examina attentivement.

« Eh bien ? demanda doucement madame Chivry, comment la trouvez-vous ?
— Moins mal que ce matin : la circulation se fait évidemment mieux. »

Amélie poussa un soupir de soulagement. Corvisart prescrivit le régime à suivre pour la nuit, puis faisant signe à Amélie de l'accompagner jusqu'à l'extrémité de la pièce :

« Et votre frère ? » demanda-t-il.

La jeune fille étouffa un sanglot.

« Il n'est pas revenu ! répondit-elle.
— Pas rentré depuis la nuit dernière ?
— Non, docteur.
— Et vous n'avez aucune nouvelle ?
— Aucune ! dit Caroline en retenant ses larmes et en s'avançant de l'autre côté du docteur.
— Que peut-il être arrivé à Ferdinand ?
— Mon père et M. de Charney sont encore ressortis, ce soir, pour avoir des nouvelles. Ils ont dû continuer à fouiller Paris : ils ont dû voir le ministre de la police.
— Voilà qui est vraiment étrange ! » dit Corvisart en secouant la tête.

Puis il murmura à part lui :

« Fouché aurait-il donc raison ? Cette absence inexplicable ressemble effectivement à une fuite ! Mais non ! ce serait trop odieux...
— Que pensez-vous, docteur ? demanda Amélie.
— Je me demandais, mon enfant, ce que pouvait être devenu votre frère. »

En ce moment, Mariette entra et se dirigea vers la jeune fille :

« Mademoiselle ! lui dit-elle à voix basse, M. de Charney est au salon.

— J'y vais ! » dit Amélie en entraînant Caroline.

Le docteur demeura seul avec madame Chivry dans la chambre de la malade.

« Mais que peut être devenu Ferdinand ? reprit-il. Que signifie cette lettre évidemment fausse et trouvée dans sa chambre ?

— Ferdinand est sorti la nuit, dit madame Chivry en frissonnant. Et les chauffeurs ont déjà ensanglanté ce quartier ! »

Corvisart quitta la chambre après avoir encore examiné la malade et donné ses dernières prescriptions.

« Cette lettre ! se dit-il à lui-même en s'arrêtant dans le cabinet de toilette. Pourquoi Ferdinand aurait-il laissé tout ouverte cette lettre sur son bureau, si ce n'eût pas été pour qu'on la lût ? Mais pourquoi faire lire une lettre évidemment fausse ? Il y a là bien positivement un point mystérieux qu'il faudrait éclaircir. »

Le docteur entra dans le salon : il trouva les deux jeunes filles en larmes et M. de Charney au milieu d'elles.

« Eh bien ? demanda-t-il.

— Aucune nouvelle ! répondit Charney.

— Pas un indice ?

— Pas un seul. J'ai fouillé tout Paris, j'ai été dans tous les endroits où Ferdinand a l'habitude d'aller, chez toutes les personnes qu'il connaît, et je n'ai pu obtenir le moindre renseignement, pas le plus léger indice. Personne n'avait vu Ferdinand.

— Et Fouché ?

— M. Chivry a dû le voir.

— Ah ! voici mon père ! s'écria Caroline en se précipitant au-devant d'un homme d'âge respectable qui venait d'entrer.

— J'ai vu Fouché, dit M. Chivry en s'asseyant ; depuis ce matin il a mis tout son monde en campagne, mais il n'a aucune nouvelle.

— Oh ! mon Dieu ! mon Dieu ! mon pauvre frère ! s'écria Amélie avec des sanglots.

— Il aura été assassiné ! dit Caroline au milieu de ses larmes.

— Mademoiselle ! de grâce, calmez-vous ! dit M. de Charney avec une émotion profonde, n'exagérez pas vos craintes ; en admettant qu'il soit arrivé un accident à Ferdinand, cet accident peut ne pas être dangereux.

— Mon frère ! mon frère ! répétait la jeune fille.

— Je le retrouverai, je vous le jure ! » dit Annibal avec véhémence.

Pendant ce temps Corvisart et M. Chivry causaient tous deux à voix basse.

« Cette disparition de Ferdinand est inexplicable ! disait Corvisart ; je ne la comprends pas. Où a-t-il pu aller ?

— Nous n'avons aucun renseignement à cet égard, répondit M. Chivry ; et cependant M. de Charney a fait tout ce qu'il était humainement possible de faire.

— En vérité ?

— Je l'ai vu à l'œuvre : il a été admirable ! »

Le docteur ne répondit pas.

Amélie s'était jetée dans les bras de Caroline qu'elle étreignait en pleurant.

« Ma mère mourante ! mon frère perdu !... disait-elle avec des accents déchirants. Oh ! que je suis malheureuse ! »

## XLV. — LE BLESSÉ

En remontant dans sa voiture qui l'attendait à la porte de madame Geoffrin, Corvisart donna l'ordre au cocher de le conduire rue Neuve-des-Petits-Champs ; c'était là qu'habitait le colonel Maurice Bellegarde.

Arrivé à destination, Corvisart fut reçu dans l'antichambre par Rossignolet, lequel, l'air abattu et la physionomie attristée, salua profondément le docteur.

« Dupuytren est là ? demanda Corvisart.

— Oui, citoyen, » répondit le major en ouvrant la porte du salon.

Quelques instants après les deux docteurs étaient en présence.

« Vous m'avez fait appeler en consultation ? dit Corvisart en serrant la main de son jeune confrère.

— Oui, répondit Dupuytren ; j'ai besoin de vos conseils. Le colonel est gravement atteint.

— Sa blessure est mauvaise ?

— Oh ! c'est moins la blessure elle-même qui m'inquiète que les suites de cette blessure. »

Et, entrant aussitôt dans les détails les plus minutieux en se servant des expressions techniques, Dupuytren éclaira son collègue ; puis, pour le mettre mieux encore au courant de la situation, il lui raconta ce qu'il savait du duel du matin et ce qu'il avait cru devoir faire après être accouru sur le terrain.

« Je fis transporter le colonel à Boulogne, dit-il ; le jeune soldat dont je vous ai parlé, le petit Niorres, et les deux capitaines, me furent d'un grand secours. Je visitai la blessure que je trouvai profonde et grave, et je procédai à un premier pansement. »

Corvisart approuva de la tête.

« Tout eût été pour le mieux, poursuivit Dupuytren, si le colonel eût pu demeurer là où il était, mais malheureusement le lieu où je l'avais fait transporter n'était pas convenable : c'était un mauvais cabaret de village ; tout y manquait. Ensuite le colonel avait recouvré connaissance, et il exigeait, pour ne pas effrayer sa femme, qu'on le ramenât à Paris. Il fallut s'y résigner. Je le fis transporter dans la voiture, et nous nous mîmes en route.

— C'est ce voyage qui a aggravé l'état de votre blessé ?

— Sans doute. La plaie était violemment irritée lorsque nous arrivâmes à Paris, bien que nous eussions été au pas tout le long de la route, et une fièvre violente amena au transport un cerveau qui me donne en ce moment les plus vives inquiétudes. Voilà pourquoi je vous ai fait appeler. Maintenant que vous savez tout, voulez-vous venir voir le malade ?

— Et madame Bellegarde ? demanda Corvisart.

— Elle n'est pas arrivée.

— Comment ? Où donc est-elle ?

— A Saint-Cloud, il paraît, chez M. d'Adore ; c'est Gringoire qui me l'a appris, car en arrivant ici et en ramenant le colonel blessé, je craignais de porter un coup terrible à madame Bellegarde, et en ce moment surtout, ajouta Dupuytren en appuyant sur les mots, il faut absolument lui éviter toute émotion violente.

— Ah ! fit Corvisart en souriant.

— Je voulais donc prendre les plus grandes précautions, et j'hésitais d'autant plus à quitter Boulogne pour revenir à Paris, quand Gringoire, qui était venu nous retrouver, m'annonça que le matin même madame Bellegarde, sa sœur et son beau-frère étaient partis pour Saint-Cloud dans une voiture qu'il avait retenue la veille. Le colonel devait aller les rejoindre. Bien que nous fussions près de Saint-Cloud, je ne voulus pas, par le motif que je vous indiquais tout à l'heure, envoyer prévenir la jeune femme.

— Je vous comprends ; vous avez voulu lui épargner le pénible de cette route si longue accomplie près d'un blessé.

— Oui, et je pensai que le coup serait moins violent lorsque, prévenue progressivement, elle arriverait à Paris et trouverait son mari dans sa chambre, dans son lit.

— Alors vous l'avez fait prévenir ?

— J'ai écrit un mot à M. d'Adore et j'ai envoyé Gringoire le porter.

— Et personne n'est arrivé encore ?

— Il était tard lorsque Gringoire est parti ; nous n'avons quitté Boulogne qu'à une heure passée, nous n'étions ici qu'à quatre heures. Le temps que j'installe le blessé, que j'écrive, Gringoire n'est pas parti avant cinq heures. »

Corvisart interrogea sa montre.

« Deux heures pour faire la route, sept heures, dit-il ; une heure au comte d'Adore pour préparer doucement madame Bellegarde, huit ; il est dix heures moins vingt ; ils vont arriver d'une minute à l'autre. En attendant, allons voir le blessé. »

Dupuytren conduisit son confrère ; tous deux entrèrent dans la chambre de Maurice ; Louis veillait au chevet du blessé. Dupuytren désigna du geste le sergent-major.

« Voici le jeune soldat, dit-il, qui, par son intelligente et courageuse initiative, a sauvé la vie à son colonel. »

Corvisart adressa un salut amical à Louis, puis les deux médecins s'approchèrent du lit, le tirèrent en avant, se firent éclairer par Louis et par Rossignolet, et, chacun d'un côté, détachant les bandes, ils se mirent en mesure d'examiner la plaie.

Comme ils venaient d'achever le pansement et qu'ils causaient tous deux à l'écart, on entendit le rapide roulement d'une voiture retentir dans la rue, puis ce roulement cessa soudain : la voiture venait de s'arrêter devant la porte de la maison.

— C'est ma femme ! » murmura Maurice, auquel les médecins avaient imposé silence durant le pansement.

Et, faisant un effort pour se soulever :

« Dupuytren, continua le malade, allez au-devant d'elle, prévenez-la !... dites-lui qu'il n'y a aucun danger... que la blessure est légère.

— Soyez tranquille, colonel, répondit le docteur.

— Et pour Dieu ! ajouta brusquement Corvisart, ne vous agitez pas ! Demeurez calme. »

Dupuytren était passé dans la pièce voisine, dont une porte donnant sur l'antichambre s'ouvrit au même instant.

« Monsieur d'Adore ! dit-il avec étonnement.

— Eh bien ! qu'y a-t-il donc ? demanda le comte avec une émotion visible. Maurice est donc blessé, il s'est battu ?... Je me doutais qu'hier soir il me cachait quelque chose...

— Mais madame Bellegarde ? demanda Dupuytren.

— Lucile ? répéta le comte, eh bien ! mais elle est ici ?

— Ici ? dit Dupuytren avec un nouvel étonnement.

— Sans doute.

— Elle arrive donc avec vous ?

— Mais non, elle était partie deux heures au moins avant moi.

— Comment ? elle a donc été prévenue avant que ma lettre arrivât ?

— Avant que votre lettre arrivât, elle n'avait pas été prévenue, mais elle était partie avec Uranie et Léopold. Ils étaient arrivés chez moi à une heure, Maurice devait venir les rejoindre ; nous l'avons attendu toute la journée, supposant que les événements du jour pouvaient le mettre en retard. Enfin, ne le voyant pas, nous dînâmes sans lui ; mais après le dîner, Lucile, rendue inquiète par ce manque de parole de son mari, voulut à toutes forces retourner à Paris. Léopold demanda la voiture et ils partirent tous trois. C'est une demi-heure après leur départ que Grégoire est arrivé avec votre lettre. En apprenant le duel de Maurice, sa blessure, et pensant à la douleur de Lucile ; je fis atteler et, prenant Grégoire avec moi, je courus sur Paris... Me voici. J'arrivais, pensant trouver Lucile, Uranie et Léopold.

— Mais à quelle heure madame Bellegarde était-elle partie ?

— A sept heures moins un quart à peu près.

— Sept heures moins un quart, il en est dix ; plus de trois heures pour venir de Saint-Cloud à Paris !

— Comment ne sont-ils pas arrivés encore ? » reprit le comte.

En ce moment la porte de la chambre s'ouvrit.

« Le colonel s'impatiente et demande madame Bellegarde, » dit Louis en avançant la tête.

Le comte et Dupuytren se regardèrent.

« Que lui dire ? dit le docteur.

— Ce qui est, répondit le comte ; que Lucile est en route, qu'elle aura été retardée, ce qui doit être, et qu'elle va arriver d'un moment à l'autre. Le cocher aura peut-être pris par Passy, ce qui est plus long.

— Par où êtes-vous venu, vous ?

— Par le bois de Boulogne, que j'ai traversé en biais, et les Champs-Élysées. Ce n'est pas la route la plus sûre la nuit, mais c'est la plus courte ; et comme Grégoire et moi n'avions pas peur d'être arrêtés et qu'il fallait arriver vite, nous n'avons pas suivi le bord de l'eau par Auteuil.

— Voyez le colonel, mais ne lui faites pas trop parler. »

Les deux hommes entrèrent dans la pièce.

Le comte s'approcha du lit, sourit à Maurice et lui pressa les mains.

« Et Lucile ? demanda le blessé.

— Elle est en route, elle va venir... mais je l'ai devancée...

— Je voudrais la voir.

— Vous n'attendrez pas longtemps. »

Une demi-heure s'écoula, puis une heure... Le comte, Dupuytren et Corvisart qui était resté se regardaient avec inquiétude.

« Lucile !... et Lucile !... Elle n'arrive donc pas ? répétait Maurice avec une impatience croissante. Qu'on aille la chercher !... je veux la voir !

— Je vais au-devant d'elle ! » dit le comte en se levant.

Il passa dans le salon, les deux médecins le suivirent.

« Bien certainement il est arrivé un accident sur la route ! dit M. d'Adore, sans quoi ils seraient ici tous trois. »

Grégoire était là qui écoutait.

« Si j'allais chez le loueur de voiture, dit-il, savoir si la voiture est rentrée. »

Le comte fit un signe affirmatif ; le soldat s'élança et disparut.

« J'ai gardé ma voiture, dit le comte, si dans un quart d'heure ils ne sont pas arrivés, je retourne à Saint-Cloud et j'explore la route jusqu'à ce que j'aie des nouvelles.

— Prenez garde ! dit Corvisart, les environs de Paris ne sont pas sûrs la nuit et les chauffeurs abondent, dit-on, au bois de Boulogne et dans les environs.

— Bah ! fit le comte avec insouciance ; d'ailleurs, mon cocher m'est dévoué...

— Et puis je vous emboîte le pas, moi ! dit Rossignolet en s'avançant, et si nous rencontrons des chauffeurs, ils feront une causette avec le briquet du sentiment. »

Grégoire rentrait.

« La voiture n'est pas revenue, dit-il, et même le patron paraît très-inquiet. »

Louis ouvrait la porte de la chambre.

« Le colonel demande sa femme, dit-il à voix basse, et il a le visage bien animé ; il me semble que la fièvre augmente.

— Faites-lui prendre un calmant avec quelques gouttes d'opium, dit Corvisart à Dupuytren ; il faut qu'il dorme, sans quoi l'émotion augmenterait la fièvre. »

Dupuytren passa dans la chambre.

« Allons, je vais partir ! dit le comte : viens, Rossignolet.

— Où allez-vous ? demanda le sergent-major.

— Explorer la route, répondit le comte, et savoir ce qui est arrivé.

— Je vais avec vous ! » dit le jeune soldat d'un ton si résolu qu'il n'admettait pas de refus.

## XLVI. — LE POINT-DU-JOUR.

S'il existe dans l'univers une route connue de la grande majorité des habitants du globe, c'est à coup sûr celle de Paris à Auteuil ; car elle a sur les autres routes conduisant à d'autres lieux de plaisance l'immense avantage d'être parcourue depuis deux cents ans, non-seulement par tous les Français venus à Paris, mais encore par tous les étrangers venus en France.

Sous Louis XIV, sous Louis XV, sous Louis XVI, pour aller à Versailles, il fallait suivre la route de Paris à Auteuil, et tout le monde allait à Versailles, même ceux qui n'avaient pas à y aller. Depuis la Révolution, les souverains de la France ont presque tous habité successivement Saint-Cloud, et c'est encore la route de Paris à Auteuil qu'il faut suivre pour aller de Paris à Saint-Cloud.

Enfin cette foire de septembre, si renommée pour sa poussière et ses bonbons, cette antique foire de Saint-Cloud qui a fait la joie de nos grands-pères et qui fera peut-être encore celle de nos petits-fils, conduit chaque année tous les habitants de Paris, sédentaires ou de passage, sur cette route d'Auteuil dont les voies ferrées n'ont pu heureusement triompher.

Beaucoup se rappellent sans doute le parcours de cette route dans ses moindres détails, et chacun sait que l'endroit où la route qui longe la rivière, après avoir suivi le cours la Reine et passé devant le couvent des Bonshommes, se bifurque pour continuer en droite ligne vers Sèvres, et à droite vers Auteuil, se nomme le Point-du-Jour.

Tout le monde connaît le Point-du-Jour, mais bien peu se sont enquis du motif qui avait fait donner jadis à cet endroit assez peu pittoresque un nom presque prétentieux. Le motif cependant original, et le doux nom de Point-du-Jour cache un souvenir sanglant.

« Il était trois heures après minuit, dit M. de Laborde, le jeu de la reine se ralentissait et n'était plus soutenu que par des paris considérables entre le prince de Dombes, fils du duc du Maine, et le marquis de Coigny. Ce dernier, perdant d'un coup une somme assez forte, s'écria : « Il faut être bâtard pour avoir un tel bonheur ! » Le prince, se penchant à son oreille sans discontinuer son jeu, lui dit : « Vous pensez bien que nous allons nous voir tout à l'heure, n'est-ce-pas ? — Où et quand ? — Mais sur la route, au point du jour. » Les voitures partent: le jour paraît; on s'arrête. Le prince de Dombes est heureux à ce jeu comme à l'autre : il tue son adversaire, et le lieu où se passa cette scène en a conservé le nom de *Point-du-Jour*. »

En 1799, la route qui suivait la rivière et passait à la barrière des Bonshommes n'avait certes pas l'aspect uni qu'elle possède aujourd'hui. Il y avait à la hauteur du champ de Mars, en face l'endroit où devait s'élever, six ans plus tard, le pont d'Iéna, une certaine montagne excessivement rude, dont les pentes, successivement abaissées, n'existent plus de nos jours.

De plus, à cette époque, cette partie de Paris n'était pas éclairée, et à l'approche de l'hiver, les brouillards de la Seine aidant, la route, on le comprend, était fort peu sûre; la nuit venue, elle était donc absolument déserte.

Le comte avait pris Louis et Rossignolet dans sa voiture, et il avait donné l'ordre au cocher de suivre la route de Saint-Cloud par le cours la Reine et Auteuil, en s'arrêtant à chaque voiture ou à chaque maison que l'on rencontrerait pour avoir des renseignements.

La voiture partit, atteignit la place de la Révolution, alors vaste et déserte, sur laquelle on ne passait qu'en frissonnant, tant les sanglants souvenirs étaient récents encore, et, tournant à droite, elle prit l'ancienne allée du cours la Reine.

A cette époque, le quai n'existait pas et le lit de la Seine était beaucoup plus porté à droite. La berge arrivait à la première rangée d'arbres de l'allée, ce qui rétrécissait énormément l'espace et rendait la circulation impossible tout autre part que dans l'allée du cours. On ne pouvait donc pas alors se croiser sur la route comme on le peut aujourd'hui (dans l'allée et sur le quai) ; et, en remontant le cours, M. d'Adore était certain d'avoir des renseignements s'il lui était permis d'en obtenir.

La voiture parcourut toute l'étendue de la promenade sans rencontrer qui que ce fût. Arrivée à la hauteur de la pompe à feu de Chaillot, elle s'engagea sur la montée dont je parlais plus haut. (C'était en gravissant cette côte que, quatorze ans plus tôt, Léonard, l'élégant coiffeur de la reine, avait raconté à ses compagnons de voyage du *carrabas* de Versailles, l'histoire alors toute fraîche des empoisonnements de la famille de Niorres.)

La route était absolument déserte et silencieuse. La nuit était noire; aucune des rares maisons qui s'élevaient de loin en loin, au bas de la côte de Chaillot, n'avait de fenêtre éclairée ; tout dormait.

« Il est évident qu'il ne peut être arrivé sur cette route, dit le comte d'Adore, depuis deux ou trois heures, d'accident aussi grave que celui qui eût empêché d'avancer une voiture attelée de deux chevaux et contenant trois personnes sans compter le cocher. Il y aurait trace d'un semblable accident, on verrait une voiture brisée, une roue cassée, un cheval mort.

— Et la route est unie comme un miroir, dit Louis.

— Lisse comme ma glace, » murmura Rossignolet qui, le coude en dehors, l'avant-bras appuyé sur la portière dont la glace était abaissée, dardait ses regards investigateurs sur le pavé qui faisait cahoter la voiture.

On atteignit la barrière, et le comte, faisant arrêter, réveilla les commis de l'octroi pour les interroger. Aucun n'avait vu passer, depuis la tombée de la nuit, une voiture telle que celle que dépeignait M. d'Adore. L'un d'eux se rappela effectivement avoir remarqué cette voiture le matin se dirigeant vers Sèvres, mais il déclara ne l'avoir pas vue repasser depuis.

Le comte remonta en voiture, et on continua la route. Cette partie du *Port-de-Passy*, ainsi que l'on disait alors, était tout aussi sombre, tout aussi déserte que la route longeant le faubourg de Chaillot.

« Rien !... rien !... disait Louis avec impatience et en interrogeant l'horizon.

— Pas un indice ! murmura le comte.

— Monsieur ! dit le cocher en se penchant sur son siége.

— Qu'est-ce que c'est, Claude ? demanda le comte.

— J'aperçois là-bas une lumière...

— Où cela ?

— Oh ! bien loin... ça doit être près du Point-du-Jour...

Seulement on dirait que c'est sur la rivière que la lumière se promène...

— Je ne vois rien ! » dit le comte en s'efforçant en vain de percer les ténèbres.

Rossignolet s'était dressé, passant tout son long torse par l'ouverture de la portière, de sorte que sa tête, grâce à sa taille gigantesque, arrivait jusqu'à la hauteur de celle du cocher élevé, lui, sur son siége.

« L'olibrius a raison ! dit le major, j'entre-perçois un point rougeâtre qui ressemblerait assez à une lanterne allumée.

— Vite ! vite, Claude ! » dit le comte.

Le cocher fouetta ses chevaux, et la voiture, roulant rapidement, se rapprocha bientôt de l'endroit où se trouvait le feu désigné.

Claude ne s'était pas trompé : c'était précisément au Point-du-Jour, en face la route d'Auteuil, que brillait la lumière, et cette lumière provenait bien d'un petit bateau qui courait le long de la berge.

Mais ce que les quatre hommes n'avaient pu distinguer jusqu'alors, car un bouquet de peupliers et une maison construite sur le bord même de la Seine le leur avaient dérobé complètement, c'était un groupe de quinze ou vingt personnes qui paraissaient extrêmement animées.

Plusieurs portaient des torches, d'autres tenaient des cordes, d'autres de longues perches, et toutes allaient venaient, s'agitaient, avec une émotion extrême.

La voiture s'était arrêtée. Le comte, Louis, Rossignolet, sans échanger une parole, s'étaient élancés presque à la fois à terre.

Les gens attroupés sur le bord de la rivière paraissaient tellement préoccupés, qu'aucun n'avait fait attention à l'arrivée de la voiture.

— Là-bas ! là-bas ! disait l'un.

— Non ! non ! criait une autre voix. Ce n'est pas en aval, c'est en amont.

— Je te dis que j'aperçois quelque chose qui remue !

— Là-bas ! en face...

— C'est des herbes.

— Eh oui ! dit une autre voix.

— Faudrait avoir des grands filets ! disait une femme. Avec cela on les repêcherait peut-être.

— Oh ! quel malheur !

— Et quel événement !

— Et dire qu'on n'aura pu en sauver un seul !

— Ils sont dans le tourbillon pour sûr ! »

Le comte, Louis et Rossignolet avaient entendu toutes ces paroles prononcées rapidement et qui les glaçaient d'épouvante.

Se précipitant sur la berge, ils coururent vers les hommes et les femmes qui tous, le corps penché sur les eaux de la rivière, semblaient vouloir en fouiller le lit. Un bateau parcourait la Seine en tous sens. C'était ce bateau, muni d'une grosse lanterne, qui avait attiré l'attention du cocher.

« Eh bien ? cria un des hommes de la berge.

— Rien ! rien ! je ne vois pas même un corps ! répondit-on du bateau.

— Pauvres gens ! dit une femme. Faut-il mourir comme cela !

— Qu'est-il donc arrivé ? » demanda le comte d'Adore d'une voix frémissante.

Hommes et femmes se retournèrent.

« Ah ! citoyen ! reprit la femme, un bien malheureux événement qui s'est accompli là devant nous !

— Quel événement ? Parlez vite !

— Une voiture dont les chevaux avaient pris le mors aux dents, et qui est venue se jeter dans la Seine.

— Une voiture ! s'écria le comte en frissonnant, tandis que ses compagnons pâlissaient et se rapprochaient vivement.

— Oui, une voiture qui contenait trois voyageurs, deux citoyennes et un citoyen... Il n'y a que le cocher qui a pu se sauver.

— Deux femmes et un homme ! répéta le comte d'une voix étranglée. Où sont-ils ?

— Dans la rivière, hélas ! avec la voiture et les deux chevaux ! On a tout fait pour les sauver, mais on n'a pas pu. Là, il y a un grand trou, et le malheur a voulu que la voiture soit tombée dedans. Tiens ! on ne la voit même pas ! Regarde !

— Mais, quand cela est-il arrivé !... demanda le comte, qui ne pouvait en croire ses oreilles.

— Il y a trois heures.

— Comment? comment? répétez! Qu'avez-vous dit? des détails.

— Voilà, citoyen. Il y a trois heures à peu près, il pouvait être comme huit heures ou neuf heures, je ne sais pas au juste, j'étais là, sur ma porte, car c'est moi qui...

— Après? interrompit le comte avec impatience.

— J'étais donc là, sur ma porte, quand j'entends un roulement de voiture. Je regarde et je vois venir par la route d'Auteuil un beau carrosse avec de beaux chevaux et j'appelle mon homme pour qu'il le voie passer. Il arrive et nous étions là à regarder, quand... tout à coup un cheval s'élance comme s'il avait le *vertigo*. L'autre le suit. Le cocher tire sur ses rênes et il crie... Et puis il perd la tête le pauvre cher homme, et au lieu de retenir ses bêtes il tape dessus, et les chevaux se cabrent et courent droit sur la rivière... et les pauvres dames qui étaient dans la voiture poussaient des cris qui déchiraient le cœur, et le monsieur qui ouvre la portière pour sauter, et mon mari qui s'élance pour arrêter les chevaux, je me cramponne à lui... La voiture passait comme une flèche, car tout cela avait eu lieu en deux secondes, et au moment où le citoyen allait s'élancer, les chevaux sautent dans la rivière, juste dans le trou. Il n'y a que le cocher qui s'en soit tiré, quoi ! »

Le comte levait les bras et les yeux vers le ciel.

« Ce cocher sauvé, où est-il? demanda-t-il comme un homme qui se rattache à une dernière espérance.

— Là ! dit la femme. Le voici ! Il sort de la maison. »

Le comte courut vers le personnage désigné, mais, en arrivant en face de lui, il poussa un cri terrible et il tomba comme foudroyé.

« Le cocher de la voiture! hurla Rossignolet. Oh!... »

Le tambour-major demeurait atterré, foudroyé, sans plus pouvoir parler.

Louis arrachait ses vêtements avec une violence et une rapidité inexprimables.

« Que veux-tu faire? lui cria-t-on.

— Pardieu ! répondit-il d'une voix brève, je veux plonger et retrouver les cadavres !

— Mais l'eau est froide !... tu vas te noyer, pauvre enfant ! disaient les femmes. Il y a là un tourbillon qui emporte tout !

— Eh bien ! il m'emportera ! » s'écria le brave soldat.

Et, avant que Rossignolet fût revenu de sa stupéfaction douloureuse, avant que personne des assistants ne pût s'opposer à son dessein, Louis s'élançait d'un bond et disparaissait sous les eaux noirâtres et glacées qui se refermaient sur lui...

## XLVII. — SAINT-CLOUD.

« Après-demain 19 vendémiaire, avait dit le citoyen Thomas à Gorain et à Gervais, le président de l'association des munitionnaires secrets ira te demander à dîner avec toi et de nos collègues dans ta maison de Saint-Cloud, et à cette occasion il t'est permis de déchirer enfin le mystère dont tu enveloppes ta qualité de propriétaire campagnard et de te faire connaître dans le pays. »

On se rappelle le sentiment de joie qu'éprouva le vaniteux bourgeois en pensant qu'il allait enfin pouvoir faire montre de son domaine. Le 19 vendémiaire était précisément le jour où avait eu lieu le duel de Maurice et d'Acibiade, et à l'heure où le colonel tombait blessé sur le sol humide, Gorain et Gervais donnaient un coup de plumeau suprême à la maison.

Gorain et Gervais étaient venus seuls dès le matin, résolus à tout faire par eux-mêmes. D'abord Gorain n'avait pas de domestique et ne voulait pas en avoir. Toujours défiant, inquiet et peureux, il prétendait que les domestiques n'étaient que des espions et des sangsues qui médisaient de leurs maîtres et suçaient le plus pur de leur sang.

Depuis qu'il était retiré des affaires, depuis qu'il était veuf (et il n'avait jamais eu d'enfants), depuis enfin que, suivant son expression, il n'avait rien à désirer, Gorain avait voulu durant quelques jours se donner les soins d'une bonne cuisinière. Il avait cherché longtemps le phénix qu'il convoitait, il avait cru le rencontrer. C'était une grosse et grasse Auvergnate, excessivement laide, plus forte qu'un fort de la halle et âgée d'une quarantaine d'années.

Gorain avait choisi une Auvergnate parce que les enfants de l'Auvergne ont la réputation d'être économes; il l'avait prise grasse et grosse, attendu que l'embonpoint étant acquis, elle n'avait pas à s'engraisser aux dépens de la cuisine de son maître; forte, afin qu'elle pût le protéger au besoin ; laide, pour que les amoureux ne courussent pas après elle ; d'un âge respectable, afin qu'elle eût passé celui des folies.

Toutes ces qualités reconnues avaient d'abord paru satisfaire le digne bourgeois ; mais quelques jours ne s'étaient pas écoulés que son esprit défiant avait trouvé la source des plus vives inquiétudes dans ce qui devait être celle de la sécurité.

« Si elle est si économe, s'était-il dit, elle doit être intéressée ; si elle est intéressée, elle doit désirer avant tout augmenter son pécule : et qui me dit, dès lors, qu'elle ne cherchera pas à l'augmenter à mes dépens ? Qui me dit qu'elle ne soit pas capable de me faire danser l'anse du panier ! Une femme si grosse doit manger énormément; elle est si forte qu'au besoin elle m'assommerait d'un coup de poing ; ce sont souvent les plus laides qui courent après les aventures, parce que les aventures ne courent pas après elles ; et enfin si quarante ans n'est pas l'âge des folies, c'est celui des passions, ce qui est bien autrement dangereux ! »

A partir de ce moment, chaque fois que Gorain sortait, il frémissait en songeant que sa maison pouvait demeurer livrée à la merci de l'Auvergnate, et il rentrait au plus vite. Puis, une fois dans son appartement, avec la servante aux mains puissantes, une autre crainte l'assaillait : si, ayant de mauvaises intentions, elle allait lui faire un mauvais parti. Et Gorain, reprenant sa canne et son chapeau, se hâtait de ressortir. Cette existence n'était pas tenable : aussi Gorain pria-t-il Gervais de mettre sa bonne à la porte.

Gorain songea alors à remplacer la bonne par une femme de ménage qui vînt passer quelques heures le matin, et il jeta les yeux sur sa *citoyenne concierge*; mais Gorain n'était pas un maître facile à servir.

Gorain n'avait jamais compris la femme qu'à un point de vue : celui de l'économie domestique. *Défunt son épouse*, ainsi qu'il avait coutume de le dire, avait été pour lui le modèle type du genre de ces pauvres créatures dont l'existence n'est qu'un pénible labeur, et qui sacrifient santé, plaisir, distraction, au bénéfice de l'intérêt de la communauté.

« Mon épouse y est morte à la peine ! avait encore coutume de dire Gorain, mais aussi en vingt ans nous avons fait *notre affaire*. »

Pour être juste et vrai, c'était *mon affaire* qu'eût dû prononcer Gorain. Toujours est-il que ce dévouement à l'intérêt domestique de feu madame Gorain avait rendu son mari d'une exigence insoutenable à propos du travail de la femme. La citoyenne concierge déclara bientôt qu'elle renonçait à l'honneur de servir son propriétaire pour deux écus par mois, sans nourriture et sans aucun profit. Gorain qui, à chaque fin de mois, regrettait ses deux écus, ne tenta rien pour conserver sa femme de ménage. Depuis ce temps, il faisait ses petites affaires lui-même, sans aide et sans inquiétude, ce qui explique pourquoi il était venu à Saint-Cloud sans domestique.

Quant à Gervais, comme la partie de Saint-Cloud frisait pour lui la partie fine, il n'avait voulu rien dire à sa femme, et il avait prétexté une petite absence pour affaires importantes. Madame Gervais, qui, il faut l'avouer, elle, regrettait parfois que son mari n'allât pas de temps en temps aux Antilles, madame Gervais ne trouva pas la plus légère objection à faire quand son mari lui annonça, en partant le matin, qu'il ne reviendrait que le soir ou même le lendemain.

Gervais s'était donc élancé dans le coche de Saint-Cloud, avec son ami Gorain, en se frottant les mains et en disant avec une émotion joyeuse :

« Libre comme l'air ! Dieu ! allons-nous nous amuser ! nous ne serons que des hommes ! »

Mais une réflexion avait un moment paralysé sa bonne humeur.

« Et le dîner ? qui est-ce qui le fera?

— Nous! avait répondu Gorain.

— Nous allons faire la cuisine ?

— Non, mais nous mettrons le couvert.

— Le couvert ! le couvert !... ça ne suffit pas pour satisfaire l'estomac.

— Laisse donc ! Il y a un gargotier à Saint-Cloud, et un

fameux encore ; nous lui ferons sauter un lapin, avec une matelotte et une belle omelette au lard...
— Ça sera bien maigre !
— Bah ! à la campagne.
— Je te dis que ce sera maigre.
— La maison est si jolie que c'est déjà un plaisir de la regarder.
— Enfin, je crois que ce n'est pas convenable. Pour recevoir le président, nous devrions faire des frais, car...
— Écoute donc ! interrompit Gorain, si nous faisions des frais, si nous agissions trop grandement, on dirait : « Ces gaillards-là sont riches, ils n'ont pas besoin de gagner de l'argent, » et on pourrait nous faire les parts moins belles.
— Oui, et si nous agissons mesquinement, on dira : « Bah ! ils savent se contenter de peu, donc ils n'ont pas besoin de gagner davantage ! »
Gorain regarda Gervais avec un ébahissement comique.
« C'est peut-être vrai, murmura-t-il.
— Et puis, ajouta Gervais, l'eau vient toujours à la rivière.
— Nous commanderons un bon dîner ! » avait conclu Gorain.
Et, comme toujours, obéissant à son premier mouvement, en arrivant à Saint-Cloud, le digne bourgeois avait été chez le restaurateur à la mode et avait arrêté lui un menu des plus distingués. Puis, comme toujours encore, à peine rentré au logis, les regrets avaient assailli Gorain.
« C'est de la folie ! disait-il avec mauvaise humeur et tout en aidant Gervais à ranger l'intérieur de la maison ; ça nous coûtera les yeux de la tête !
— Oui, mais ça nous rapportera gros ! répondait Gervais.
— D'ici à ce que ça rapporte !
— Il faut de la patience ! N'allons-nous pas être munitionnaires en second en premier : le citoyen Thomas nous l'a affirmé.
— Je suis sûr que le cabaretier a raconté cela à tout le monde, je n'entends parler de moi dans tout Saint-Cloud.
— Eh bien ! tu voulais qu'on t'y connaisse.
— Oui, mais je n'aime pas qu'on s'occupe tant de moi que cela.
— Où est le mal ? tu ne dois rien à personne !
— Oh ! je sais bien que tu auras toujours raison, toi !
— Tiens ! j'aurai toujours raison tant que je n'aurai pas tort !
— On voit bien que c'est moi qui ai tout le mal !
— Comment ?
— Après tout, je trouve cela drôle, moi, dit Gorain en se montant. Chez qui vient-on ? chez moi ! Chez qui dépose-t-on les marchandises ? chez moi ! Qui est-ce qui est obligé de venir la nuit ici pour les livraisons et les emmagasinements ? Moi, et toujours moi ; et toi, pendant ce temps-là, tu ne fais rien !
— Je ne fais rien ! s'écria Gervais avec colère, et qui est-ce qui tient les livres ? qui est-ce qui entretient les relations avec la province ?
— C'est bien malin cela !
— Ce qui eût été plus malin, dit Gervais vexé, c'eût été de trouver la chose à toi tout seul, puisque tu fais tout ; mais tu oublies que, quand notre excellent ami le comte de Sommes nous a fait nommer munitionnaires en second, ç'a été pour m'indemniser de mon voyage aux Antilles, et toi, tu as passé par-dessus le marché !
— Par exemple ! s'écria Gorain.
— C'est comme ça !... ah !
— C'est pas vrai !
— Gorain !
— Gervais ! »
Un silence gros de menaces suivit cet échange de noms propres renvoyés comme deux balles qui se croisent. Les deux amis se regardaient, suivant l'expression vulgaire, en véritables chiens de faïence.
Enfin Gorain, suivant sa coutume, tourna sur les talons en grommelant et quitta la chambre. Gervais haussa dédaigneusement les épaules, puis, demeuré seul, il commença à s'occuper des préparatifs du couvert, car la petite scène avait eu lieu dans la salle à manger, et, bien qu'il fût encore de bonne heure, Gervais pensa judicieusement que, le couvert mis, il n'y aurait plus rien à faire jusqu'à l'instant du dîner.
Encore sous l'impression de son escarmouche avec Gorain, Gervais allait, venait en maugréant à part lui :

« C'est pourtant vrai, disait-il en prenant une nappe dans un tiroir, que c'est à moi qu'il doit de gagner autant d'argent aujourd'hui. Avec cela qu'il a l'air d'en être reconnaissant... »
Un claquement de fouet sonore retentissant dans la rue et accompagné du roulement rapide d'une voiture interrompit les réflexions de Gervais.
Poussé par la curiosité, le bourgeois ouvrit vivement la fenêtre et s'appuya sur la barre. La salle dans laquelle se trouvait Gervais était au rez-de-chaussée. A l'instant où le nez pointu du bonnetier s'avançait en dehors, une fenêtre du premier étage s'ouvrait également, et la face assombrie de Gorain se dessinait dans l'encadrement de pierres.
Un peu plus haut dans la rue que la maison du bourgeois de Paris et ayant son jardin mur mitoyen avec le sien, s'élevait une fort belle maison de grande apparence et qui avait conservé ce cachet de distinction et d'élégance que les architectes du dernier siècle savaient si bien donner aux habitations seigneuriales.
Comme Saint-Cloud est bâti en amphithéâtre, la grande maison dominait celle de Gorain, et la rue sur laquelle s'ouvraient les deux entrées offrait une pente très-rapide.
Les coups de fouet qui avaient éveillé l'attention des deux amis retentissaient plus violents et plus rapprochés : au tournant de la rue, deux chevaux apparurent, se roidissant sur leurs jarrets pour faire gravir la petite côte à une lourde voiture, sorte de vieux carrosse échappé aux désastres de la Révolution, et dans l'intérieur duquel on apercevait deux jeunes femmes et un jeune homme, tous trois élégamment vêtus suivant la mode de l'époque.
La voiture passa devant la maison de Gorain et s'arrêta en face de la maison suivante. Un valet vint ouvrir la grille, et les chevaux s'apprêtaient à tourner, lorsque deux jeunes femmes, belles et gracieuses, s'élancèrent légères et empressées de l'intérieur du jardin.
« Lucile et Uranie ! dirent-elles à la fois.
— Blanche et Léonore ! » répondirent les deux jeunes femmes de l'intérieur de la voiture.
Le cavalier qui les accompagnait ouvrit lestement la portière, sauta à terre et aida les deux jeunes femmes à descendre. Les quatre charmantes personnes s'embrassaient avec effusion, tandis que la voiture entrait à vide.
« Bonjour, monsieur de Signelay ! dit Blanche.
— Et le colonel ? demanda Léonore.
— Il viendra nous rejoindre, répondit Uranie, il a été retenu à Paris. »
Les cinq personnages disparaissaient en ce moment derrière la grille ; Gorain ni Gervais ne purent entendre la suite de la conversation ébauchée.
« Il paraît qu'il y a du monde à dîner chez le citoyen d'Adoré ! dit Gervais en levant le nez vers Gorain.
— Oui ! grommela celui-ci en disparaissant brusquement.
— Gros ours ! murmura Gervais. Ah ! que je sois munitionnaire encore une fois, et si jamais je fais quelque chose pour... »
Un petit coup frappé aux carreaux de la fenêtre que Gervais venait de refermer interrompit le bourgeois :
« Eh ! citoyen ! » criait-on en dehors.
Gervais alla ouvrir : il se trouva nez à nez avec un grand gaillard revêtu d'une livrée de fantaisie et qui n'était autre que le cocher du carrosse qui venait d'entrer dans la maison voisine.
« Qu'est-ce que tu veux ? demanda Gervais.
— Pourriez-vous pas m'indiquer une écurie par ici ?
— Une écurie ? répéta Gervais avec étonnement. Pour quoi faire ?
— Tiens ! pour y mettre mes chevaux, donc ! Figure-toi, citoyen, que je ne peux pas les mettre dans les écuries d'à côté.
— Oh ! par exemple ! Elles sont pourtant assez grandes, et il y en a deux !
— Oui, mais dans l'une il y a les chevaux du citoyen propriétaire, et plus de place pour les miens, l'autre écurie a son sol défoncé par suite d'un accident arrivé justement hier, à ce que m'a dit le cocher ; de sorte que, comme je pensais donner la provende à mes bêtes, bernique ! pas un coin. On veut bien me laisser ma voiture dans la cour, mais mes chevaux, faut que je les mette quelque part.
— Et alors tu cherches une écurie ?

— Oui, et, comme je m'ennuyais en pensant à mes chevaux, le cocher m'a dit comme ça : « Dans la maison d'à côté il y a une écurie vide, va-t'en demander la permission d'y mettre tes chevaux pour une demi-journée, » alors je suis venu, et voilà, citoyen. »

Gervais regardait le cocher sans répondre.

— Dame ! continua le cocher, si tu voulais, tu rendrais un fier service au citoyen Signelay, un colonel Bellegarde.

— Le colonel Bellegarde ! dit Gervais ; c'est donc lui qui était là ?

— Eh ! non, c'était sa femme ; lui, il viendra tantôt.

— Ah ! c'est pour la citoyenne Bellegarde...

— Alors tu veux bien me prêter ton écurie ?

— Dame !... je... d'abord ce n'est pas à moi.

— Comment, pas à toi ?

— Eh ! non, je ne suis pas propriétaire, c'est mon ami qui... Attends, je vais l'appeler et lui demander. »

Et Gervais appela à voix haute :

« Gorain !... Gorain !... »

Un grognement sourd lui répondit.

« Descends donc ! reprit Gervais, il y a quelqu'un qui demande ton écurie.

— Mon écurie ? répéta Gorain en entrant d'un pas lourd et majestueux et en jetant un regard défiant sur le nouveau venu. Mon écurie, pour quoi faire mon écurie ?

— Pour y mettre mes chevaux, donc ! » dit le cocher.

En quelques mots, il exposa sa requête, en s'appuyant sur le nom du colonel Bellegarde.

« Dame ! dit Gorain en regardant Gervais, je... c'est que... le colonel ne le connaît pas... une voiture de louage...

— Oh ! reprit le cocher, c'est seulement pour jusqu'à la nuit ; nous retournons à Paris après dîner... et puis je suis d'une bonne maison, une maison connue... rue Gaillon... le citoyen Thomas...

— Ah ! dit Gorain, je me rappelle. Dis donc, Gervais, c'est le frère de notre ami qui a loué la voiture ; tu sais bien, c'est Thomas qui a dû conduire le soldat... Ils en parlaient encore hier en déjeunant à la halle...

— Oui, oui ! fit Gervais.

— Alors, reprit Gorain en s'adressant au cocher, je veux bien te prêter mon écurie, amène tes chevaux ; seulement, toi, tu n'entreras pas dans l'intérieur de la maison, je n'aime pas cela. »

Le cocher, qui était toujours demeuré en dehors, les mains appuyées sur la barre de la fenêtre, remercia et se retira. Ce petit incident avait probablement dissipé la mauvaise humeur de Gorain, car il s'approcha de Gervais et lui offrit une prise.

Gervais regarda Gorain, puis il puisa dans la tabatière ouverte. La paix était faite.

« Eh bien ! c'est drôle ça, compère ! dit Gorain en se bourrant le nez avec une persistance qui prouvait en faveur de la solidité de cet organe.

— Ma foi, oui, répondit Gervais ; je suis sûr que Thomas te connaît ce soir.

— Après cela, reprit Gorain en secouant la tête, Thomas ne connaît peut-être pas ce cocher, et j'ai peut-être eu tort, dans un bon mouvement, de...

— Puisqu'il n'entrera pas dans la maison.....

— C'est égal... si j'avais réfléchi... il y a des auberges dans le pays, pourquoi n'y va-t-il pas ?

— Pour être plus près, sans doute.

— Enfin, je regrette...

— Tiens, interrompit Gervais, si tu ne veux plus, voilà le cocher qui revient, dis-le-lui. »

Effectivement le cocher apparaissait dans la rue suivi de M. de Signelay, auquel il adressait de grands gestes en désignant la maison. Léopold s'avança vers la porte ouverte et pénétra dans l'intérieur.

« Eh bien ! oui, dit Gorain, je vas lui dire que l'écurie est embarrassée...... on ne sait pas... »

Un coup discret fut frappé à la porte de la salle.

« Entrez ! » dit Gervais.

Léopold entra et salua gracieusement. Gorain et Gervais se regardèrent, ils ne comprenaient pas le motif de cette visite d'un inconnu. Cependant ils saluèrent, mais avec un embarras comique.

« Messieurs, dit Léopold avec l'aisance d'un homme du monde, je viens vous remercier du service que vous voulez bien nous rendre, en mon nom et en celui de madame Bellegarde, et surtout de l'empressement si gracieux dont, m'a dit le cocher, vous aviez fait preuve.

— Mais... citoyen, balbutia Gorain, je suis... parce que... enchanté....... »

(Quand Gorain était intimidé ou surpris, il ne pouvait plus trouver les mots.)

« Il n'y a pas de place effectivement chez mon ami, M. d'Adore, pour mettre les chevaux de notre voiture à l'abri, poursuivit Léopold. Le cocher vient de me dire que lorsqu'il s'était adressé à vous pour vous demander où il trouverait une écurie vacante dans le pays et qu'il avait par hasard prononcé le nom du colonel Bellegarde, vous lui aviez offert si spontanément de mettre ses chevaux dans votre maison qu'il n'avait pas osé refuser, et il est accouru me prévenir afin que je puisse venir vous remercier moi-même du dérangement involontaire que je vous cause. »

Gorain roulait ses petits yeux ronds comme quelqu'un qui ne comprend pas. Gervais demeurait bouche béante.

« C'est-à-dire que... balbutia Gorain, je n'ai pas dit que... mais, d'un autre côté... enchanté... de pouvoir...

— Je vous prie donc, monsieur, reprit Léopold, de recevoir mes sincères remerciements. »

Gorain voulut parler, mais il ne trouva rien. Gervais vint à son secours.

« Oh ! dit-il, on se rend comme ça un tas de petits services dans la vie..... c'est bien naturel et ça ne vaut pas une chiquenaude.

— M. d'Adore, mon ami, dit Léopold, m'a prié de joindre ses compliments aux miens à propos des remerciements que je viens vous faire ; en sa qualité de voisin, il se déclare votre obligé.

— Nous sommes infiniment flattés, répondit Gervais, qui décidément avait l'élocution plus facile. Précisément, le citoyen Gorain, mon ami, me parlait du désir qu'il avait d'aller rendre une petite visite de voisinage à M. d'Adore. Maintenant que Gorain se décide à venir souvent à Saint-Cloud, il ne serait pas fâché de faire connaissance..... vous comprenez... et il voulait justement y aller aujourd'hui..... mais nous ne savions pas alors que le citoyen avait du monde...

— Oh ! dit Léopold, que notre visite ne soit pas un obstacle à la vôtre ; nous sommes des amis et non des étrangers cérémonieux. M. d'Adore sera enchanté de vous voir.

— Eh bien ! dit Gervais en regardant Gorain, si le citoyen voulait nous présenter, puisque...

— Très-volontiers ! dit Léopold avec une légère grimace.

— Alors allons-y tout de suite !

— Mais... balbutia Gorain.

— Quoi donc ?

— Ça va peut-être déranger...

— Nullement, dit Léopold en faisant contre fortune bon cœur.

— Alors je vais m'apprêter. ...

— Vous êtes très-bien ainsi.

— Je vais toujours me repasser un coup de brosse, dit Gorain tout ému à la pensée qu'il allait se rendre chez son riche voisin.

— Bah ! bah ! viens donc comme cela ! dit Gervais d'un air décidé.

— À vos ordres, messieurs, » dit Léopold en se dirigeant vers la porte, qu'il ouvrit.

Les trois hommes traversèrent la cour ; en ce moment, le cocher arrivait trainant ses deux chevaux par le licou.

« Mets les chevaux à l'écurie, lui dit Léopold, et ne t'éloigne pas avant que je ne t'aie précisé l'heure du départ.

— Mais... Mais... balbutia Gorain, il va donc être tout seul ici...

— J'ai fermé les portes de la maison, voici les clefs, dit Gervais. Il ne pourra aller que dans la cour et dans l'écurie.

— Mais pourquoi tant nous presser d'aller chez le citoyen Adore ?

— Tu sais bien, notre ami Thomas nous l'a recommandé, en nous disant qu'il fallait nous faire voir, bien voir de lui et des autres voisins aujourd'hui.

— Pourquoi cela ?

— Je ne sais pas, moi ; il a dit que c'était pour le bien de l'association. »

## XLVIII. — LA MAISON DE CAMPAGNE.

Lucile et Uranie étaient, en ce moment, seules dans le jardin : en voyant venir Gorain et Gervais suivant Léopold, elles eurent grand'peine à retenir leur sérieux. L'air gauche, emprunté, empesé des deux bourgeois, l'opposition de leur structure, leurs manières timides eussent offert deux types excellents à un caricaturiste habile.

« Mon Dieu ! dit Lucile en se tournant vers Uranie pour cacher son sourire, l'un a l'air de rouler et l'autre de sauter !

— Une boule et un piquet ! ajouta Uranie en portant son mouchoir à ses lèvres.

— Les citoyens Gorain et Gervais, dit Léopold, qui viennent rendre une visite de bon voisinage à notre ami Adore.

— M. d'Adore va venir, dit Lucile, il est allé avec Blanche et Léonore, donner quelques ordres.

— Ces messieurs habitent Saint-Cloud ? demanda Uranie.

— Oui ou non, citoyenne, répondit Gervais, c'est-à-dire que moi et mon ami habitons Paris, mais Gorain a une propriété ici, celle d'à côté.

— Où il y a une écurie qui... que... balbutia Gorain.

— Et vous venez souvent à Saint-Cloud ? demanda Lucile.

— Mais... citoyenne.... deux ou trois fois par semaine.

— Alors vous êtes continuellement en voyage, car pour un Parisien, la route de Saint-Cloud est un véritable voyage.

— Oh ! fit Gervais en se redressant, en fait de voyage, j'en ai fait de plus longs. Tel que vous me voyez, mesdames, j'ai traversé les mers, moi qui vous parle...

— En vérité ! dit Uranie, incrédule.

— J'ai été aux Antilles...

— Aux Antilles !... s'écrièrent les deux femmes.

— Mon ami dit vrai ! affirma Gorain.

— Et pourquoi avez-vous été aux Antilles ? demanda Uranie.

— Je ne sais pas.

— Comment ?

— C'est encore vrai qu'il n'en sait rien, dit Gorain qui commençait à se mettre plus à l'aise. Non, citoyenne, il n'en sait rien, ni moi non plus....

— Mais monsieur est donc marin ? demanda Lucile.

— Moi ! madame ! jamais ! s'écria Gervais avec une indignation comique.

— Mais cependant, pour avoir été aux Antilles, vous, un Parisien ? »

Pour bien comprendre l'étonnement des deux femmes, il faut se reporter à cette époque où le bateau à vapeur, les chemins de fer, le service même bien réglé des postes n'existaient pas ; à cette époque où l'on mettait deux heures et demie pour aller de Paris à Saint-Cloud, et où un bourgeois de Paris qui franchissait les limites du département de la Seine était un phénomène. Quant à ceux qui avaient vu la mer, on en parlait, mais on ne les connaissait pas. A juste droit, Gervais pouvait donc passer pour une rareté parmi ceux de sa classe.

« Oui, oui, mesdames, mon ami a été aux Antilles ! répéta Gorain avec une certaine fierté.

— Mais, comment ? mais pourquoi ? répéta Uranie.

— Ah ! voici ! dit Gervais en se posant, c'est toute une histoire. Figurez-vous, mesdames, qu'un soir j'étais dans mon arrière-boutique avec ma femme, en train d'examiner les beaux habits brodés d'or qui nous restaient encore et dont la République, une et indivisible, paralysait la vente, lorsque tout à coup......

— Ah ! voici M. d'Adore ! » interrompit Léopold.

Effectivement le vieillard s'avançait avec Léonore et Blanche. Gorain et Gervais saluèrent gauchement : M. d'Adore les accueillit avec son exquise politesse.

« Ah ! monsieur Gervais, dit Blanche, donnez-nous vite des nouvelles de la *jolie mignonne*. Elle va bien ?

— Très-bien, fort bien, citoy... madame, mon épouse en est enchantée.

— Mais vous connaissez donc M. Gervais ? dit Lucile.

— Oh ! répondit Léonore en souriant, nous sommes de vieilles connaissances. Quand je suis allée aux Antilles, j'ai rencontré monsieur à la Guadeloupe, et c'est Charles qui me l'a présenté.

— Le citoyen le Bienvenu en personne ! ajouta Gervais, tout fier de voir l'attention fixée sur lui.

— Monsieur allait nous raconter les causes de son voyage, dit Uranie.

— Le fait est que je ne les ai jamais connues, je crois, répondit Léonore. Deux fois M. Gervais a dû me confier cette histoire, et deux fois il a été arrêté dès le début. N'est-ce pas pour avoir voulu vous rendre à Saint-Cloud que vous êtes allé aux Antilles ?

— Oui, madame.

— Comment ? dit Lucile. Pour aller de Paris à Saint-Cloud vous avez passé par la Guadeloupe !

— Oui, citoyenne.

— Mais ce n'est pas possible !

— C'est pourtant parfaitement vrai.

— Racontez-nous donc cela ! dit M. d'Adore, c'est une histoire qui doit être curieuse à entendre. »

Il y avait des chaises de jardin : tout le monde prit place, Gervais au milieu dans la position d'un orateur.

« Figurez-vous, citoyens et citoyennes, commença-t-il, qu'un soir j'étais dans mon arrière-boutique avec ma femme, en train d'examiner les beaux habits brodés d'or dont la République, une et indivisible, paralysait la vente, lorsque tout à coup..... »

Gervais s'arrêta de lui-même, regardant autour de lui avec une certaine inquiétude.

« Qu'avez-vous donc ? demanda Léopold.

— Rien... citoyen... il me semblait qu'on m'avait interrompu.

— Mais personne : nous vous écoutons !

— Ah ! voilà qui est étonnant ! fit Gervais qui semblait ne pouvoir revenir de sa surprise.

— Continuez donc ! dit Lucile.

— Figurez-vous... reprit Gervais.

— Vous en étiez à : tout à coup..., interrompit Léonore en souriant.

— Ah !... oui, citoyenne... je disais quand tout à coup... on frappe à ma porte ! Nous nous regardons ma femme et moi, et je vais ouvrir. C'était un commissionnaire qui m'apportait une lettre de la part de l'un de mes amis, et quel ami ! un protecteur comme il n'y en a plus !... Il est mort !... enfin !...

J'ouvre la lettre et j'y trouve l'invitation de me rendre à Saint-Cloud dans le plus bref délai. « Il s'agissait d'une affaire d'or, me disait mon ami, hâtez-vous ! ne perdez pas une minute ! »

Nous étions alors en 1792 et l'émigration était à la mode. Toute la noblesse partait et beaucoup en partant vendaient qui son mobilier, qui sa garde-robe, qui ses bijoux. Il y avait alors à faire de véritables affaires d'or.

La lettre me disait qu'il s'agissait de la garde-robe complète d'un grand seigneur, lequel en partant avait fait don de cette garde-robe à son valet de chambre, et ce valet de chambre était à Saint-Cloud : il voulait réaliser et vendre à tout prix.

Mon ami me pressait parce que, disait-il, d'autres pourraient arriver avant moi et faire l'affaire à ma place.

— Je vais partir ! dis-je.

— Il est tard, me répondit mon épouse.

— Bah ! je prendrai une voiture, dussé-je la payer coûte que coûte.

Mon épouse insistait pour que je ne partisse que le lendemain, et Dieu sait si elle avait raison, car alors... mais enfin, je ne l'écoutai pas et je partis.

J'arrivai à Saint-Cloud vers dix heures du soir et je me dirigeai vers l'endroit indiqué dans la lettre.

— Monsieur Vincent ? demandai-je.

(C'était le nom que mon ami m'avait dit dans la lettre.)

— Il est parti ! me répondit-on.

— Et depuis quand ?

— Depuis une demi-heure, mais il a dit que si vous veniez, vous preniez aussitôt la poste et que vous couriez après lui sur la route de Mantes.

— Moi ! dis-je étonné.

— Sans doute ; vous êtes celui à qui on a écrit ce soir ?

— Oui.

— Il vous attendait !

— Il devait m'attendre.

— Alors c'est bien vous. Ne perdez pas de temps, partez

Les Tuileries en 1799.

au plus vite! Route de Mantes, une berline bleu de ciel. »

Il s'agissait d'une affaire de dix mille livres, continua Gervais, avec un bénéfice du double au moins : cela en valait la peine. Je courus chez un aubergiste qui me loua une carriole, et je me dirigeai vers Saint-Germain pour y prendre la poste, espérant rattraper mon M. Vincent.

La nuit était noire, la carriole mauvaise, les chemins affreux; je ne vous cacherai pas que, bien qu'il n'y eût pas encore de chauffeurs alors, j'avais une peur épouvantable.

— C'est bien naturel, dit Lucile en souriant.

— N'est-ce pas, madame ? D'ailleurs je ne suis pas brave, moi : ce n'est pas mon affaire, je ne suis pas soldat.

— C'est juste! dit gravement le comte.

— Pour lors, je tremblais, je tremblais que mes dents en claquaient.

Nous allions atteindre Saint-Germain et nous traversions le bois de Marly, quand tout à coup j'entends un craquement épouvantable : je pousse un cri, je veux m'élancer, mais je tombe comme une grosse bête le visage dans une ornière. Il avait beaucoup plu, l'ornière était remplie d'eau, et en voulant crier... vous comprenez, je ne pouvais plus...

— La voiture avait versé ? dit Lucile.

— Oui, citoyenne.

— De sorte qu'il vous fallut rester là jusqu'au lendemain ?

— Oui, madame, et dans quel état ! Ce qui m'inquiétait, c'était de passer la nuit dans un bois ; j'avais dix mille livres dans ma poche pour acheter la garde-robe et les bijoux. Enfin la nuit se passa sans événement, et le lendemain de grand matin j'arrivai à Saint-Germain, moulu, brisé et mourant de faim; je déjeunai et je demandai s'il y avait une voiture pour aller à Mantes.

« La diligence va passer, » me répondit-on.

Effectivement, la diligence passa : il y avait de la place dedans, j'y montai, et dans l'après-midi j'arrivai à Mantes. Je cours à l'endroit où j'espérais trouver M. Vincent.

« Il vient de partir il n'y a pas dix minutes, me dit-on : courez après, vous le rattraperez aisément : route de Vernon, une berline bleu de ciel. »

Il n'y avait pas de voiture; je me décide à prendre un bidet de poste, moi qui ne sais pas monter à cheval, et je pars, et je roule, je tombe, je me raccroche, je retombe : je ne me sentais plus; et tout le long du chemin je demandais à tout le monde :

« Une berline bleu de ciel ?

— Elle vient de passer il n'y a pas dix minutes, » me répondait-on encore.

Et je courais. Enfin, n'en pouvant plus, je me décidai à marcher et à tirer mon cheval après moi; j'atteignis alors un gros village : c'était Rosny.

Je demandai encore la berline : on me dit qu'elle venait de passer, qu'elle devait à cette heure monter la côte, et qu'en me dépêchant je la rejoindrais pour sûr.

Comme j'allais plus vite à pied qu'à cheval, je laissai ma bête à Rosny et je courus vers la côte; j'aperçus dans le lointain un nuage de poussière avec du bleu dedans.

« Voilà mon affaire! » m'écriai-je, et je courus en appelant.

Mais la berline allait plus vite que moi ; je voulus aller plus vite qu'elle, je m'obstinai. On m'indique un chemin de traverse qui devait me faire gagner du terrain, je le prends, c'était dans la forêt, je me perds, je m'égare ; je n'en pouvais plus, je mourais de fatigue et de faim.

J'arrive dans une petite ville, sans savoir où j'étais; je ne demande que deux choses : un dîner et un lit. Je mange, je me couche. On frappe à ma porte, on crie, je me réveille : il y avait dix-sept heures que je dormais! J'étais à Chambray, entre Évreux et Louviers, et il y avait quarante heures que j'avais quitté mon épouse pour aller à Saint-Cloud.

— Le fait est qu'il y avait de quoi se désoler, dit Lucile en riant.

— Ce n'était que le commencement, poursuivit Gervais. Ah ! si ça s'était arrêté là!... mais non ! le mauvais sort devait me poursuivre, et tout cela parce qu'un ami, un parfait galant homme, une perle enfin, s'était intéressé à moi! Oh! ce n'était pas sa faute ; aussi le ciel est témoin que jamais, au grand jamais, je n'ai accusé cet excellent comte de Somme, ce parfait gentilhomme, ce... »

Un faible cri interrompit Gervais.

« Taisez-vous, monsieur, taisez-vous ! » lui disait en même temps à l'oreille une voix impérative.

Gervais se retourna tout effaré, M. d'Adore était près de lui et du geste il lui désignait Blanche qui se tenait le visage dans ses mains, tandis que Léonore, Uranie et Lucile s'empressaient autour d'elle.

« Quoi donc? qu'est-ce que c'est ? balbutia le bourgeois tout étonné.

— Quand vous vous trouverez en présence de ces dames, dit Léopold d'un ton sévère, ne prononcez jamais le nom du misérable que vous dites être votre ami.

— Un misérable ! répéta Gervais; mais...

— Oui, un misérable, que vous ne devriez pas vous flatter de connaître!

— Ah ! voilà qui est fort!

— Je vous demande pardon, messieurs, dit M. d'Adore en s'avançant, mais, après ce qui vient d'avoir lieu, je craindrais que votre présence ne réveillât des souvenirs qui doivent dormir à jamais. »

Et, du geste, M. d'Adore invita poliment les deux amis à se retirer.

Gorain et Gervais se reculèrent en trébuchant, en saluant, avec un embarras d'autant plus grand que ni l'un ni l'autre ne comprenaient effectivement la cause de ce congé si brusque.

Ils gagnèrent la porte du jardin sans que l'on fit attention à eux, et rentrèrent tout penauds dans la maison voisine.

« Qu'est-ce que tu as donc dit, toi? demanda Gorain avec humeur.

— Moi ? répondit Gervais.

— Oui, tu as dû dire quelque bêtise, bien sûr !

— Comment ? pourquoi aurais-je dit quelque bêtise?

— Pour qu'on nous ait mis à la porte, car enfin on nous a mis à la porte ! Aussi, c'est ta faute, et si ça ne regardait que toi je dirais : Tant pis ! c'est bien fait !

— Par exemple ! dit Gervais avec indignation.

— Oui, ce serait bien fait ! Est-ce que je voulais y aller, moi, chez ton M. d'Adore? C'est toi qui m'as forcé.

— Mais... je te dis...

— Il n'y a pas de mais, c'est toi, c'est bien toi, et voilà encore une avanie que tu me causes.

— Mais puisque c'était Thomas qui nous avait recommandés...

— J'y aurais été un autre jour; c'est ta faute.

— Ah ! tu m'ennuies à la fin.

— Gervais !

— Gorain ! »

Les deux bourgeois croisèrent encore leurs regards comme deux épées nues ; puis, comme cela était déjà arrivé,

Gorain tourna sur ses talons en grommelant et quitta la salle à manger dans laquelle Gervais demeura fièrement, comme un vainqueur sur le champ de bataille.

Le reste de la journée se passa convenablement, les deux amis ne s'adressant que rarement la parole et dans les cas d'extrême urgence. Vers cinq heures, au moment où l'on recommençait à venir, M. Thomas arriva avec deux amis. D'autres leur succédèrent à six heures; le garçon du restaurateur avait dressé le dîner, on se mit à table.

On était quatorze en tout. M. Thomas et le président des munitionnaires en second, que l'on appelait que par son petit nom d'Hector, dix invités et Gorain et Gervais. Le dîner était bon, les vins abondants ; la gaîté prit bientôt des proportions voisines de l'exagération.

A neuf heures, il y avait une montagne de bouteilles vides gisant dans un coin, et le café et les liqueurs venaient d'être apportés.

« Maintenant, dit Thomas à Gorain, il faut congédier les garçons qui nous ont servis. Ils reviendront demain enlever tout cela ; nous avons à causer. »

Gorain essaya de se lever, mais il ne put y parvenir ; ses jambes étaient singulièrement alourdies. Il appela du geste un des garçons du restaurateur.

« Va-t'en, lui dit-il, va-t'en avec ton camarade; tu reviendras demain, je payerai...... je.....

— Très-bien, fit le garçon en se retirant.

— Et ferme bien la porte surtout, lui cria Gorain.

— Est-ce que tu as peur, citoyen? demanda Thomas en riant.

— Dame... oui... répondit Gorain.

— Et de quoi peux-tu avoir peur ?

— Mais... des chauffeurs ! »

Un immense éclat de rire accueillit cette réponse.

« Eh bien ! mais... dit Gervais en faisant de petits yeux, tu as dit qu'on ferme la porte ; et le cocher?

— Quel cocher? demanda Thomas.

— Celui d'à côté qui a mis ses chevaux ici.

— Bah ! il est parti depuis longtemps ; tu ne l'as pas entendu?

— Ah ! si... j'ai cru entendre un roulement de voiture tout à l'heure...

— A boire ! cria Thomas ! A ta santé, Gervais ! à la santé, Gorain ! »

Puis, tandis qu'on buvait, se penchant vers l'un de ses voisins qui, sorti quelques minutes plus tôt, rentrait à l'instant.

« Eh bien ? demanda-t-il à voix basse.

— Signelay et les deux femmes sont partis à sept heures sans nouvelles de Maurice, répondit le voisin.

— Le cocher avait ses dernières instructions ?

— Oui.

— Et le comte ?

— Un soldat est arrivé de Paris porteur d'une lettre pour lui, et il vient de partir aussi.

— Bravo ! Que t'avais-je dit, Pick ?

— Décidément tu es le diable.

— Les deux femmes sont seules ?

— Avec les domestiques, moins le cocher qui est parti avec son maître.

— Tu vois bien qu'il n'y avait pas lieu d'acheter celui-là.

— C'est encore vrai.

Il ne s'agit plus maintenant que de rendre ivres morts Gorain et Gervais, ce qui sera facile, et, grâce à ces deux machines, l'abbé sera établi d'une façon indiscutable ! »

## XLIX. — LE SOUVENIR

S'il était dans le calendrier républicain un nom de mois bien significativement vrai, c'était certes celui de ventôse. Seulement, et n'en déplaise aux inventeurs du calendrier, ventôse n'occupait pas la place qu'il devait avoir. Ventôse correspondait à février et mars, et février et mars ne sont pas les mois du vent par excellence ; c'est bien plutôt septembre et octobre qui entendent souffler les bruyantes rafales. Mais septembre et octobre sont l'époque des vendanges, et vendémiaire fut préféré à ventôse lors de la discussion. Ventôse fut renvoyé en mars ; mais le vent dont il était le patron n'en continua pas moins ses fureurs à l'époque adoptée. Chacun sait comment naissent ces rafales d'automne sans indice atmosphérique qui les précède, véritable simoun de nos pays du nord.

Cette journée du 20 vendémiaire avait été assez belle; le soleil s'était montré brillant et couché sans nuages, et à l'heure où le comte d'Adore, qui venait de recevoir la nouvelle apportée par Grégoire du duel malheureux de Maurice, se mettait précipitamment en route pour Paris (deux heures après le départ de Lucile, de sa sœur et de Léopold), la nuit paraissait belle.

Moins d'une demi-heure après, cependant, le ciel se couvrait subitement, et de violentes rafales du nord-ouest amenaient, des hauteurs de Meudon et de Ville-d'Avray, de gros nuages noirs qui s'amoncelaient sur Saint-Cloud et sur Paris, interceptant la pâle lumière des étoiles.

Le vent, devenant de plus en plus fort, mugissait avec des grondements sinistres, emportait des tourbillons de feuillages jaunis et de branchages morts arrachés aux arbres, et, heurtant ensemble bois et feuilles, causait un bruit lugubre.

« Rien n'est plus triste que ce vent d'automne balayant dans sa course folle la splendeur de l'été, ce glas funèbre qui sonne pour la nature la mort de l'été et l'annonce de la saison de deuil, disait Léonore, qui, assise près de sa sœur dans le petit salon de la maison de M. d'Adore, écoutait la rafale ébranlant les volets.

— C'est comme un long suaire qui enveloppe la pensée, répondit Blanche.

— Oh! chère sœur, ce vent nous impressionne d'autant plus toutes deux, que nous sommes femmes de marins.

— C'est le nord-ouest, comme dit notre bon Malurec.

— Heureusement, Charles et Henri ne sont pas en mer.

— Faut-il nous en réjouir, Blanche ? Le sol de Paris est peut-être plus mouvant aujourd'hui que les vagues de la mer; et les orages politiques sont souvent plus dangereux que les tempêtes du ciel. Aussi, vois-tu, chère sœur... »

Un cri de Blanche interrompit brusquement Léonore. Celle-ci releva la tête, sa sœur était debout dans l'attitude d'une personne effrayée.

« Qu'as-tu donc ? demanda Léonore.

— Rien !... rien ! balbutia Blanche, je me serai trompée.

— Comment ?

— C'est ce coup de vent qui a fait claquer la persienne qui m'a effrayée.

— Si tu as peur, veux-tu que j'appelle Brigitte ?

— Non, elle est auprès des enfants; elle dort sans doute, et puis ce n'est rien, c'est cette persienne qui m'a fait peur.

— D'ailleurs il est tard, bientôt dix heures ! Nous allons monter dans notre chambre. Quelle idée M. d'Adore a-t-il eue d'aller à Paris ce soir par ce temps exécrable ?

— On est venu le chercher.

— Qui donc ?

— Je ne sais pas, il ne me l'a pas dit. Quand il est venu m'annoncer son départ si brusque, tandis que tu étais auprès des enfants, il m'a dit que l'un de ses vieux amis venait de tomber gravement malade et le faisait demander en toute hâte. Au reste, il a ajouté qu'il ne serait pas longtemps absent et que très-probablement il serait rentré à minuit.

— Alors il faudrait peut-être l'attendre ?

— Si tu le veux.....

— Mais oui, nous sommes aussi bien ici pour causer que dans notre chambre; d'ailleurs, on entend moins le vent ici, au rez-de-chaussée, qu'on ne l'entend là-haut, au second. Je vais ranimer le feu.

— Veux-tu que je sonne ?..... George doit être là ?

— Non, il est monté dans sa chambre il y a une demi-heure au moins. »

Le feu ranimé, les deux femmes se placèrent chacune dans un vaste fauteuil de chaque côté de la cheminée. Au dehors, le vent redoublait de rage et de violence; on entendait les arbres craquer, les feuilles sèches ratisser le sable des allées, et parfois la maison tremblait de sa base à son sommet comme si le terrible nord-ouest eût tenté de la démolir.

« Cet homme, reprit Blanche après un long silence, en prononçant devant moi ce nom qui a fait si longtemps la torture de ma vie, a réveillé des souvenirs de douleur dont, en dépit de tous mes efforts, je ne puis me débarrasser. Oh ! chère sœur, avons-nous assez souffert, et ces dix plus belles années de la vie pour les autres, ces années de jeunesse, d'insouciance et de bonheur, ont été pour nous des années de larmes et de sang !

— Pourquoi revenir sur cette époque que nos joies présentes doivent effacer ? dit Léonore avec un accent de reproche.

— Je te l'ai dit, ce nom prononcé par ce Gervais a rouvert des plaies...

— Qui doivent être cicatrisées, ma sœur, interrompit Léonore. Dieu n'a-t-il pas su, dans sa bonté suprême, placer un baume sur nos blessures. Il y a là-haut, Blanche, près de Brigitte, deux anges dont la venue a effacé bien des larmes.

— Ah ! dit Blanche en tressaillant, cette fois j'ai entendu marcher dans le jardin. »

Les deux femmes écoutèrent avec anxiété.....

Le vent avait cessé pour un instant de mugir, un silence profond, ce silence de la nuit dans la campagne, régnait sans que rien le troublât.

« Tu te seras trompée, dit Léonore; d'ailleurs, qui veux-tu qui marche dans le jardin à cette heure ?... tous les domestiques sont couchés.

— Tu as raison.

— Mon Dieu ! que tu es peureuse ce soir, ma pauvre Blanche, toi si brave d'ordinaire.

— Je l'avoue... c'est ce maudit homme de tantôt qui, avec sa sotte histoire, m'a rendue horriblement nerveuse.

— Eh bien ! montons auprès des enfants, nous attendrons M. d'Adore dans leur chambre.

— Je veux bien, » dit Blanche en se levant.

Léonore prit un flambeau placé sur une table, tandis que Blanche arrangeait le feu, dans la crainte d'un incendie.

Le salon dans lequel s'étaient tenues jusqu'alors les deux femmes formait une pièce de forme carrée et placée dans l'un des angles de la maison. Deux gros murs l'entouraient donc de deux côtés, percés chacun de deux fenêtres, toutes quatre donnant sur le jardin, au centre duquel la maison avait été construite.

Un troisième gros mur séparait le salon de la salle à manger avec laquelle une porte à deux battants lui permettait de communiquer : c'était l'entrée principale.

Une petite porte de dégagement était pratiquée dans la cloison formant le quatrième côté, et par cette porte on pouvait passer dans le grand vestibule qui, traversant la maison dans toute sa profondeur, avait une entrée à chacune de ses extrémités, donnant toutes deux également sur le jardin. Au centre de ce vestibule, à gauche, était la cage du grand escalier conduisant aux appartements de maître des étages supérieurs.

La cheminée avait été établie entre deux des fenêtres dans le gros mur placé en regard de la cloison. Blanche et Léonore avaient donc à traverser la pièce pour gagner cette porte donnant sur le vestibule. Léonore marchait la première, tenant son flambeau allumé à la main ; elle arriva près de la porte et posa sa main sur le bouton.

« Tiens, dit-elle avec étonnement, la porte est fermée.

— La porte est fermée ? répéta Blanche d'un air de doute.

— Oui, elle est fermée en dehors ! reprit Léonore en faisant un nouvel effort pour faire jouer le bouton.

— Impossible.

— Essaye toi-même. »

Léonore se recula; Blanche tenta, mais en vain, d'ouvrir la serrure.

« Passons par la salle à manger. »

Les deux femmes revinrent alors vers la porte indiquée, cette fois Blanche devançait sa sœur: elle tendit la main pour prendre le bouton, mais au même instant un claquement sec, retentissant dans la serrure, indiqua que la porte venait d'être fermée de l'autre côté.

Les deux femmes demeurèrent foudroyées, se regardant toutes deux avec des regards vagues; puis un même sentiment se fit jour au même instant dans leur âme et un même cri jaillit à la fois de leur bouche :

« Mon enfant !... ma fille !... mon fils ! » s'écrièrent-elles entraînées par un même élan.

Toutes deux s'étaient précipitées follement vers les fenêtres... Mais comme elles atteignaient le centre du salon, un bruit formidable retentissait... Les quatre fenêtres volaient en éclats comme brisées par une même main.

Léonore laissa échapper le flambeau allumé qu'elle tenait, la bougie s'éteignit en tombant sur le parquet ; la flamme encore ardente du foyer éclaira seule alors la pièce, et ses lueurs rougeâtres donnèrent à la scène un éclat plus sinistre.

Dans chacune des embrasures des fenêtres ouvertes se tenaient deux hommes, tous vêtus de même, du costume des hussards, tous masqués, tous tenant à la main une arme menaçante.

Blanche et Léonore se saisirent les mains et restèrent l'une près de l'autre dans une fiévreuse étreinte. Blanche soutenait sa sœur... Léonore faiblissait domptée par la terreur... Blanche redressait sa tête à l'expression fière et courageuse... Elle qui tremblait tout à l'heure à un souvenir, en présence du danger, elle sentait renaître son énergie si puissante.

## L. — MINUIT.

Minuit sonnait. La salle à manger de la maison de Gorain présentait l'aspect le plus étrange. Quelques bougies presque entièrement consumées éclairaient une scène qu'un peintre de genre eût certes aimé à rendre.

Tout autour de la pièce étaient les indices d'un joyeux festin venant d'avoir lieu : ici, c'était des monceaux de bouteilles vides... là, sur une petite table servante, des débris d'entremets sucrés, plus loin sur une autre table des piles d'assiettes entassées pêle-mêle , plus loin encore toute la desserte d'un beau dessert.

Au centre était une grande table recouverte d'une nappe blanche (avant le dîner). Sur cette table était tout un service de café avec une profusion de bouteilles de formes bizarres portant, pour la plupart, l'étiquette si fameuse de l'illustre madame Amphoux.

Une douzaine au moins de tasses et plusieurs douzaines de petits verres très-grands gisaient de tous les côtés. Ainsi que je l'ai dit : les bougies mouraient dans les candélabres.

Quatorze sièges entouraient cette table ; mais sur ces quatorze sièges, placés à distance égale, douze étaient vides : deux seuls étaient occupés.

Les deux sièges occupés étaient placés vis-à-vis l'un de l'autre : sur chacun était un homme dont il était impossible de distinguer les traits, car l'un avait les deux bras arrondis sur la table et la tête enfouie dans le vide de ce rond, position que connaissent et apprécient les écoliers cancres et pleurnicheurs.

L'autre avait les deux coudes dans son assiette, les deux mains ouvertes et le visage dans les deux mains. L'immobilité des deux était complète : un double ronflement bien caractérisé, bien sonore, décelait, seul, leur existence. Une myriade de petits verres se pavanait devant les deux dormeurs, mais tous étaient vides.

La salle à manger était construite en parallélogramme : deux fenêtres l'éclairaient, toutes deux sur un même plan. Ces deux fenêtres étaient entre-bâillées et le courant d'air résultant de cette double ouverture faisait vaciller la flamme des bougies.

L'un des deux dormeurs était placé précisément au point de rencontre du double courant, auquel l'âpre fraîcheur de la nuit devait enlever toute la douceur de ses caresses.

« Atch !... » fit le dormeur en éternuant fortement.

Mais cet éternument n'eut pas le don d'interrompre le sommeil.

« Atch !... » fit-il encore en secouant la tête, mais sans ouvrir les yeux.

Le ronflement de son compagnon lui répondit.

« Atch ! atch ! atch ! » fit le dormeur, et cette fois avec une telle énergie de secousses et de sonorité, qu'il sauta sur sa chaise comme un volant sur une raquette.

Cependant les yeux étaient toujours clos. Étendant vaguement les mains comme un homme qui cherche quelque chose dans l'obscurité :

« La... cou...verture... balbutia-t-il. Madame... Gervais !... qu'est-ce que tu as fait... de la... cou...verture ?... j'ai froid dans le dos... »

Ne trouvant pas la couverture, par un excellent motif, le dormeur reprit sa position première, quand une série de nouveaux éternuments le fit encore bondir sur son siège.

Son compagnon, placé précisément en face, abaissa alors une main et cette main, rencontrant un verre, s'en saisit :

« A... ta... santé... les citoy...ens... balbutia une voix à peine intelligible... Du... punch... Ah ! tu veux du punch...

— Je te dis de ne pas tirer comme ça la couverture, madame Gervais ! reprit l'autre... Je la veux... la !... je suis le maître... peut-être... je... »

Et d'un geste énergique Gervais crispant ses doigts saisit la nappe et la tira violemment à lui. Ce mouvement si brusque entraîna l'assiette dans laquelle Gorain avait encore un coude appuyé, celui du bras qui soutenait la tête. Le point d'appui manquant, le coude glissa, le bras, sans vigueur, s'étendit et le dormeur, qui n'était pas absolument réveillé, tomba le nez sur la table.

« Oh ! la ! la ! fit-il avec un cri de douleur.

— Qu'est-ce que c'est, madame Gervais ! » demanda l'autre.

Gorain s'était un peu redressé, Gervais aussi ; tous deux entr'ouvrirent les yeux et leurs regards se rencontrant, ils se sourirent niaisement comme deux hommes à peu près privés de l'usage de leur raison, puis ces regards retombant devant eux s'arrêtèrent sur les verres.

Gorain en saisit d'une main et de l'autre prit un flacon vide avec lequel il crut remplir son verre :

« A ta... santé... Thomas !... dit-il d'une voix éteinte. A ta santé... citoyen... président...

— Je vas faire... un discours ! murmura Gervais.

— A ta sant... »

Gorain s'interrompit en promenant son regard autour de lui.

« Tiens ! fit-il sans paraître avoir parfaitement conscience de ce qu'il disait. Où donc... es-tu... les citoyens... où donc... es... »

Mais la force manqua à Gorain qui laissa échapper son verre et retomba le nez sur la table, mais cette fois, sans crier.

« Je veux parler... disait Gervais. Je vais me lever... Citoyens ! »

Et faisant un effort, Gervais se leva ; il promena, lui aussi, son regard sur les places vides, et demeura bouche béante.

Puis, soit qu'il voulût se rasseoir, soit qu'il perdît l'équilibre, il flageola sur ses jambes et il tomba brusquement sur le plancher, disparaissant sous la table. Bientôt, un nouveau et double ronflement témoigna que le sommeil avait repris ses droits.

Les deux fenêtres s'ouvrirent à la fois, poussées toutes deux du dehors et douze hommes sautèrent successivement dans la salle. Tous se remirent à table dans l'ordre qu'ils occupaient au dîner, car ces douze hommes étaient les convives de Gorain et de Gervais.

« Allons, chantons ! » cria Thomas en prenant un verre qu'il remplit.

Un des convives entonna aussitôt une chanson bachique dont le refrain fut répété en chœur.

« Eh ! Gorain ! eh ! Gervais ! hurla Thomas. Ramassez Gervais ! »

Gervais fut relevé, assis, et on lui mit un verre à la main, tandis que Thomas donnait un coup de point sur l'épaule de Gorain :

« Tu dors, Gorain ! cria-t-il.

— Moi ?... balbutia le bourgeois. Je dors... peut-on dire !... je pensais...

— La preuve que je ne dormais pas, moi, reprit Gervais, c'est que... nous n'avons fait que chanter... depuis le dessert. C'est Gorain qui dormait...

— C'est pas vrai ! j'ai pas dormi !...

— Un démenti ! une provocation en duel ! entre amis ! hurla Thomas en scandant sa phrase. Y pensez-vous ? A boire, citoyens. Raccommodez-vous le verre en main et chantons !

— Chantons ! » répétèrent les convives en reprenant le refrain.

Gorain et Gervais, parfaitement réveillés par le bruit, chantèrent aussi.

## LI. — LES TUILERIES.

Nicolas de Neuville, sieur de Villeroi, secrétaire des finances, possédait, en 1512, hors Paris, une maison avec cour et jardin, dans un lieu voisin de celui où l'on fabriquait de la tuile, lieu que, dans les titres du quatorzième siècle, on nommait *la Sablonnière*, et que Charles VI, en 1416 qualifia pour la première fois du nom de *Tuileries*. Une ordonnance du Louvre porte que toutes les *tueries* et *escorcheries* de Paris seront transférées « hors les murs de la ville, près des Tuileries Saint-Honoré, qui sont sur ladite rivière de Seine, outre les fossés du château du Louvre. »

En 1518, Louise de Savoie, mère de François I$^{er}$, trouvant malsain le séjour de l'hôtel des Tournelles, le roi acheta la *maison des Tuileries* et les terrains avoisinants pour y loger sa mère ; mais Louise ne se plut pas davantage dans cette habitation qu'elle disait être *trop loin de Paris*, et, en 1525, elle la donnait à Jean Tiercelin, maître d'hôtel du dauphin, et à Julie Dutrot sa femme, pour en jouir durant leur vie. Les deux époux morts, maison et terrains revinrent à la couronne. On était alors en 1564. Catherine de Médicis avait cessé d'habiter le palais des Tournelles depuis la mort d'Henri II, et était venue s'établir au Louvre, auprès de son fils Charles IX, et personne ne supposait que la reine voulût se séparer de ce fils avec lequel elle était au mieux.

Jusqu'à cette époque, l'année, suivant le calendrier et les traditions adoptées, commençait le samedi-saint après vêpres, et le chancelier de L'Hôpital voulait que l'année datât à l'avenir du 1$^{er}$ janvier. On sait combien ces réformes sont généralement difficiles à établir et ce qu'elles soulèvent d'oppositions et de réclamations.

Catherine, soit pour contrarier le ministre, soit par conviction sincère, fut une des premières à s'opposer à ce changement ; mais L'Hôpital, ce *Caton le Censeur*, comme dit Brantôme, n'était pas homme à abandonner une idée qu'il croyait bonne : il tint ferme et fit si bien, que le roi, alors en voyage, rendit la fameuse ordonnance de Roussillon que le parlement ne consentit à enregistrer que trois ans plus tard, en 1564, et par laquelle il était décidé que dorénavant l'année commencerait le 1$^{er}$ janvier.

Catherine, blessée dans son amour-propre, voulut bouder, et elle se résolut à quitter le Louvre. Mais où aller? le roi, par un édit du 28 janvier (même année), avait ordonné la démolition du palais des Tournelles, toujours à cause de la mort d'Henri II. Catherine voulait bien quitter le Louvre, mais elle ne voulait pas aller trop loin ; elle jeta les yeux autour d'elle et elle aperçut la maison des Tuileries, dans laquelle elle alla s'installer : ceci se passait au mois de mai 1564.

Bientôt la maison parut bien petite à la puissante reine mère, qui résolut de faire construire un palais plus digne d'elle. Commençant par acheter des jardins qui avaient la Seine pour limite, elle les entoura de murs et elle fit construire un bastion (comme moyen de défense) là où devait plus tard exister le trop fameux pont Tournant.

En même temps elle faisait jeter les fondations d'un bâtiment dont le roi son fils posa la première pierre ; mais l'argent manquait pour continuer l'œuvre. Catherine réalisa les fonds nécessaires en faisant vendre les terrains vacants des hôtels des Tournelles et d'Angoulême, et chargea Philibert de Lorme et Jean Bullan de l'édification du nouveau palais.

Le palais achevé ne se composait que de ce gros pavillon de l'Horloge, couronné alors par un dôme haut, circulaire et couvert en ardoises en dépit du nom que portait le château. (Depuis on changea la forme de ce dôme qui, aujourd'hui, a la forme quadrangulaire.) De chaque côté du pavillon central on prolongea les bâtiments en forme de galeries, mais ces bâtiments avaient fort peu d'étendue (ils s'arrêtaient à droite et à gauche, à peu près au tiers du développement qu'ils ont acquis depuis).

Tel qu'il était et entouré de ses grands arbres, avec sa vue sur la Seine et sur la campagne, le nouveau palais reçut les éloges de tous, et on le trouva si beau que l'on crut que Catherine y séjournerait toute sa vie, lorsque brusquement, sans raison apparente, sans cause expliquée, la reine mère abandonna les Tuileries pour aller habiter l'hôtel de Soissons (depuis halle aux blés), dont elle venait de faire l'acquisition.

Catherine, il faut l'avouer, avait la manie des emménagements et des déménagements ; car, si je compte bien, la reine mère eut cinq résidences royales en l'espace de moins de trente ans. Mais si ces premiers changements de demeure avaient eu pour cause des motifs politiques, il n'en fut pas ainsi du dernier.

Pourquoi Catherine, après avoir fait bâtir le beau château des Tuileries, y avoir employé des sommes considérables, les talents des plus célèbres artistes et toutes les recherches et les commodités du luxe, l'abandonna-t-elle presque aussitôt qu'il fut achevé pour aller s'installer dans une autre demeure beaucoup moins vaste, beaucoup moins belle ? C'est que Catherine était fort superstitieuse, que son astrologue, qu'elle contraignit à tirer son horoscope, lui annonça qu'elle mourrait dans un lieu appelé Saint-Germain, et que les Tuileries étaient situées dans la paroisse Saint-Germain l'Auxerrois. Épouvantée, la reine mère eut même un moment la pensée de faire démolir son œuvre.

Ainsi le château des Tuileries, cette première résidence royale de la terre, a eu pour cause de son érection une discussion à propos d'un changement dans le calendrier, et il faillit avoir pour cause de ruine la prédiction d'un astrologue. Heureusement la fantaisie désastreuse de Catherine fut absorbée par des pensées d'une autre importance.

C'était en 1575 que Catherine avait abandonné les Tuileries ; depuis cette époque jusqu'en 1596, le palais demeura désert et abandonné.

La façade du palais des Tuileries, telle qu'elle existe aujourd'hui, se compose de *neuf corps de bâtiment* bien tranchés. Catherine avait donc fait bâtir le centre, c'est-à-dire le pavillon de l'Horloge et les deux bâtiments s'étendant à droite et à gauche, qui devaient se terminer eux-mêmes par deux pavillons. Lorsque la reine mère abandonna cette résidence, les deux pavillons des deux extrémités étaient à peine ébauchés.

Henri IV, maître de Paris et ayant pacifié son royaume, songea aux embellissements de la capitale, et l'une de ses premières pensées se reporta sur les Tuileries ; il fit terminer les deux pavillons commencés par Catherine, et il ajouta les deux grands corps de bâtiment suivants, et il songea à rattacher le Louvre aux Tuileries par cette galerie si belle qui longe le bord de la Seine. La façade des Tuileries, qui primitivement n'avait que quatre-vingt-six toises de développement, en avait alors cent soixante-huit. Cependant ce ne fut que sous Louis XIII que le pavillon de Flore et le pavillon de Marsan furent terminés. Mais une remarque singulière et qui peint bien les usages et les mœurs de l'époque : sous Louis XIII on voyait encore, dans l'enclos du château des Tuileries, les chantiers de bois, fours et autres objets nécessaires à la fabrication des tuiles.

Bien que Louis XIV affectionnât peu le séjour de Paris, sa dignité royale voulut cependant y faire achever la résidence à laquelle avaient fait travailler ses prédécesseurs. Levau fut chargé de réparer et de terminer les Tuileries. Ce fut lui qui remplaça le dôme circulaire du pavillon de l'Horloge par un dôme quadrangulaire ; il exhaussa ce pavillon et il termina la galerie du bord de l'eau.

En écrivant l'épilogue de l'*Hôtel de Niorres*, j'ai donné de la cour du Carrousel et de la façade des Tuileries sur cette cour une description exacte à laquelle je renvoie mes lecteurs. Au reste, ce n'est pas de ce côté des bâtiments royaux que je les prie de m'accompagner aujourd'hui, c'est du côté des jardins.

Avant Louis XIV, ce jardin des Tuileries, entouré de fortes murailles, flanqué d'un fossé profond et d'un bastion qui le protégeait, était une promenade absolument indépendante du château. Une grande rue, nommée rue des Tuileries, et un espace de terrain assez considérable (tout l'espace occupé aujourd'hui par les jardins particuliers) séparaient le château des jardins, ce qui fit dire à un rimeur d'alors, en parlant de ce jardin dans son *Paris ridicule* :

> Qu'il est beau, qu'il est bien muré!
> Mais d'où vient qu'il est séparé
> Par tant de pas du domicile?
> Est-ce la mode dans ces jours
> D'avoir la maison à la ville
> Et le jardin dans les faubourgs?

Près du bastion, Louis XIII avait placé sur le quai une porte de la ville appelée porte de la Conférence. Alors, le jardin des Tuileries renfermait une vaste volière, un étang, une ménagerie, une orangerie et une garenne qui en occupait l'extrémité.

En 1665, le Nôtre fut chargé de dessiner le jardin des Tuileries. Il changea tout : il le réunit d'abord au palais en faisant raser la rue ; puis il fit élever les deux terrasses, celle de la Seine et celle des Feuillants, et creuser trois bassins (ceux conservés depuis). A cette époque, le jardin se composait de parterres ornés de massifs d'ifs, de buis et d'un bosquet. Quant aux arbres, on les planta à l'état de bouture. Longtemps le jardin fut exposé aux ardeurs du soleil; mais, aucun roi n'habitant le palais, personne ne se souciait d'en rendre agréables les dépendances.

Les années de la révolution ne contribuèrent pas, ainsi qu'on le pense, à l'embellissement du jardin : absolument délaissé de 1789 à 1795, il était dans un état de dégradation épouvantable, lorsqu'en 1796 la commission des inspecteurs du conseil des Anciens y fit exécuter d'utiles réparations. Les deux terrasses furent plantées de nouveaux arbres; les bassins et les escaliers furent reconstruits et des grilles furent substituées aux portes de maçonnerie qui existaient depuis Louis XIV.

A notre époque, où tout se métamorphose comme sous l'impulsion de la baguette d'une fée, il est curieux (ne serait-ce que pour mieux apprécier notre Paris merveille) de reconstruire fidèlement le Paris de nos pères.

Bien peu, par exemple, peuvent se représenter aujourd'hui le jardin des Tuileries tel qu'il était en 1799. Comme de nos jours, il était bordé, à droite et à gauche, par la terrasse des Feuillants et par la terrasse du bord de l'eau, et avait pour fond la façade du palais. Jadis toute la largeur du jardin, du côté des Champs-Élysées, était protégée par le vaste bastion dont j'ai parlé. Le Nôtre avait fait disparaître ce bastion en continuant les pentes douces de ses terrasses; mais il avait soutenu ces mêmes terrasses par une forte muraille que défendait un large fossé.

Une sortie étant pratiquée entre les deux terrasses, il avait fallu songer à établir un moyen pour franchir le fossé, et, en 1717, on avait établi là le fameux pont Tournant, inventé et construit par un augustin, Nicolas Bourgeois. Ce pont était composé de deux parties en planches qui, réunies pendant le jour, remplissaient la largeur du fossé et formaient passage. La nuit ces deux parties s'ouvraient, et chacune, tournant sur son pivot, allait s'appliquer contre le mur de terrasse et laissait le fossé découvert. Le pont Tournant existait encore en 1799.

Du côté de la terrasse des Feuillants, le jardin était clos par un vieux mur en partie recouvert de charmilles. Alors la rue de Rivoli n'existait pas. Le terrain qu'elle occupe aujourd'hui jusqu'à la place Louis XV, était occupé par les anciens enclos et les jardins des Capucins et des Feuillants, et par une longue cour qui aboutissait aux manèges couverts et découverts des Tuileries, manèges contigus à la terrasse du jardin.

Ce fut sur l'emplacement de cette célèbre cour des manèges que l'on avait construit, en 1790, la salle où l'Assemblée constituante termina sa session, où l'Assemblée législative tint la sienne tout entière, où elle fut remplacée par la Convention qui y siégea jusqu'en avril 1793, époque où elle la quitta pour occuper une salle dans le château des Tuileries.

Enfin, cette salle du manège, souvent réparée, avait servi encore, sous le Directoire, aux séances du conseil des Anciens, qui l'avait occupée jusqu'en 1798, époque où la salle actuelle (Chambre des députés) fut construite.

En 1799, le jardin des Tuileries n'avait donc que quatre entrées : celle du pont Tournant, celle de la terrasse du bord de l'eau, celle du pavillon de l'Horloge, et, du côté où est maintenant la rue de Rivoli, l'entrée située en face de la rue Saint-Roch, qui seule arrivait jusqu'au jardin.

Le lendemain du jour où se sont accomplis les événements rapportés dans les précédents chapitres, et à l'heure où la promenade, qui commençait à redevenir de mode, se voyait encombrée par les gens de la société élégante, un homme richement vêtu, descendant la rue Saint-Honoré, arriva à la porte des Tuileries et pénétra dans le jardin.

Cet homme se mêla à la foule, allant, venant, cherchant des yeux et paraissant en quête de quelqu'un ou de quelque chose. Tout à coup il traversa en droite ligne l'allée des orangers, et il se dirigea vers un personnage qui marchait, le front penché, comme un homme accablé sous le poids d'un violent chagrin.

Ce promeneur, c'était le comte d'Adore, mais le comte d'Adore vieilli de vingt ans depuis la veille. Ses yeux étaient caves, son front ridé, ses joues pâlies, ses traits tirés, sa démarche presque chancelante. En apercevant celui qui se dirigeait vers lui, ses yeux eurent un éclair dans leurs prunelles; mais cet éclair s'éteignit aussitôt.

« Et Ferdinand? demanda-t-il.

— Rien ; aucune nouvelle, répondit l'autre. Impossible de deviner ce qu'il est devenu?

— Et madame Geoffrin?

— Elle est peut-être un peu mieux, si toutefois on peut nommer mieux l'état de prostration dans lequel elle se trouve.

— A-t-elle repris connaissance?

— Je ne crois pas. Elle regarde, mais sa physionomie n'a aucune expression.

— Elle parle?

— Elle balbutie quelques mots.

— A-t-elle demandé son fils?

— Non, heureusement.

— Mais, enfin, Corvisart la sauvera?

— Il n'ose dire encore qu'il l'espère. »

M. d'Adore leva les yeux vers le ciel, comme pour implorer sa pitié.

## LII. — LE LENDEMAIN.

Après un moment de silence, le vieillard abaissa ses regards sur son interlocuteur.

« Et vous avez fouillé tout Paris, monsieur de Charney? reprit-il.

— Oui, monsieur, et en vain répondit Annibal. Je n'ai pu obtenir aucune nouvelle de ce pauvre Ferdinand.

— Et Amélie?

— Elle pleure, elle se désole! Sa douleur me navre, et ce qui m'exaspère, c'est que je ne puis rien! Au milieu de ces épouvantables malheurs qui la frappent, elle trouve une énergie étrange, c'est elle seule qui soigne sa mère, elle ne la quitte pas, et elle puise dans les soins qu'elle prodigue une sorte de consolation à ses maux. »

Le vieillard porta les mains à son front comme un homme absorbé par des pensées douloureuses qu'il ne peut chasser. Annibal lui prit respectueusement la main :

« Et vous, monsieur? demanda-t-il.

— Moi! fit le comte en tressaillant, je ne regrette qu'une chose, monsieur, c'est d'avoir échappé à l'échafaud révolutionnaire. Pourquoi la mort m'a-t-elle épargné?...

— Monsieur!...

— J'ai vu mourir tout ce que j'aimais sur la terre, tout ce qui m'attachait à la vie : ce que je demande à Dieu, maintenant, c'est de me réunir à ceux que j'aime!

— Ah! dit Annibal, voici le docteur Corvisart!

— Oui, répondit le comte, je l'attendais, c'est pourquoi je suis venu ici et je vous ai fait dire d'y venir. »

Corvisart arrivait en saluant les deux hommes.

« Et le colonel? demanda le comte.

— Il est dans un état affreux, répondit brusquement le docteur. Je crains le tétanos. Si une grande amélioration ne se manifeste pas dans sa position, c'est un homme perdu! Avant deux fois vingt-quatre heures, il ne sera plus ou il sera fou!

— Fou! s'écria le comte.

— Fou! » répéta Annibal en frissonnant.

Corvisart fit un signe affirmatif.

« Quoi! reprit M. d'Adore, les facultés mentales seraient attaquées à ce point que vous craindriez une perturbation...

— Le colonel adore sa femme, vous le savez, et il sent avec une vivacité dangereuse. Oui, sa position est horrible, et je ne puis rien! La science est vaine et impuissante! Que faire pour remédier au coup terrible qui l'a frappé? En apprenant la mort de sa femme, de sa sœur et de son beau-frère, il a arraché les bandes qui couvraient sa plaie, il a eu un premier accès de délire!

— Mais pourquoi lui avoir dit?...

— Et le moyen de lui cacher la vérité? A chaque heure, chaque minute il demandait sa femme! On l'a trompé aussi longtemps qu'on a pu, mais il a fallu céder à ses instances.

— Mais est-on donc sûr de la mort des trois personnes?

— Comment pourrait-on en douter. La voiture qui les contenait tombe dans la Seine et ils ne reparaissent pas.

— Mais a-t-on retrouvé les cadavres?

— Non, et cela est compréhensible! L'accident arrive la nuit et par des eaux très-fortes, à un endroit précisément où le fleuve ne rend pas sa proie.

— On a repêché la voiture... elle devait les contenir.
— Une des portières était ouverte. Sans doute M. de Siguelay aura voulu les sauver toutes deux.
— Oh! mon Dieu! mon Dieu! quelle série d'effroyables malheurs!
— Et le petit Niorres! comment était-il ce matin? demanda Corvisart.
— Aussi bien que possible, quoique très-affaibli encore, répondit le comte. Pauvre enfant, j'ignore comment lui et Rossignolet ne se sont pas noyés, comment nous n'avons pas deux noms de plus à ajouter à notre liste funèbre. Le brave enfant voulait sortir ce matin : je l'ai laissé en garde à Rossignolet avec défense absolue de lui permettre de se lever.
— Vous avez fait sagement. »
Puis après un silence :
« Vous rentrez? » demanda le docteur à M. d'Adore.
Le vieillard secoua tristement la tête :
« Non! dit-il. Je n'ose plus rentrer. A Paris, chez Maurice, sa douleur me brise le cœur et m'épuise. A Saint-Cloud, j'ai peur de voir Charles et Henri me demander leurs femmes. »
Corvisart prit la main du comte :
« Vous ne les avez donc pas revus? dit-il.
— Non... je n'ai pas osé les voir...
— Ils savaient tout, cependant?
— Oui.
— Oh! que ceux-là doivent souffrir aussi !
— Je vous quitte, messieurs, dit Annibal. Je vais encore tenter quelques démarches pour obtenir des nouvelles de Ferdinand, puis ensuite je me rendrai auprès de madame Geoffrin et d'Amélie. »
M. de Charney salua et s'éloigna :
« Oh! dit Corvisart avec un geste énergique, pourquoi Jacquet m'a-t-il fait douter de cet homme!
— Parce que Jacquet ne se trompe pas! » répondit une voix sifflante.
Corvisart et le comte se retournèrent mus par un même mouvement : un homme ayant tout à fait la mise, la tournure, les allures d'un vieil émigré nouvellement rentré, se tenait debout devant eux les mains derrière le dos.
« Monsieur! dit Corvisart avec colère. De quoi vous mêlez-vous?
— De mes affaires et des vôtres! répondit l'homme en souriant.
— Qui êtes-vous? demanda le comte.
— Vous ne me reconnaissez pas! » dit l'homme en changeant brusquement de voix, et, portant la main à son front avec un geste rapide, il souleva lestement la perruque qui lui couvrait le crâne.
Ce mouvement fut exécuté avec une adresse et une dextérité telles que les deux hommes placés devant l'inconnu purent seuls s'en apercevoir.
Corvisart et le comte étouffèrent un même cri de surprise.
« Jacquet! murmurèrent-ils à la fois.
— Eh, oui! reprit l'agent de police.
— Tiens! vous étiez là... dit le comte.
— J'suis partout! Parce que vous n'entendez pas parler de moi, avez-vous pu croire que je cessasse d'agir?
— Alors, vous avez entendu?
— Tout ce que vous venez de dire avec M. de Charney.
— Et vous concluez? demanda Corvisart.
— Que M. de Charney est l'associé de Cumparini, le Roi du bagne, le chef des chauffeurs ! répondit très-nettement Jacquet, mais à voix très-basse.
— Impossible! impossible! dirent à la fois Corvisart et le comte.
— Impossible! dites-vous, et pourquoi?
— Mais, depuis le commencement de tous ces épouvantables événements, dit Corvisart, M. de Charney n'a pas fait un pas, une démarche qui nous fussent ignorés de nous. On a pu le suivre heure par heure!
— Mais encore ce matin, il a fouillé Paris pour retrouver Ferdinand, ajouta le comte.
— Sa douleur est évidente, patente, sérieuse ! Je me connais en comédie et on ne m'attrape pas !
— D'abord, M. de Charney ne s'appelle pas M. Charney, reprit Jacquet. Cet homme-là porte un nom volé, un titre volé et des papiers de famille volés !
— Êtes-vous certain de ce que vous dites là? s'écria Corvisart.

— Parfaitement certain.
— Les preuves?
— Elles sont en route : elles arriveront.
— Quand?
— Bientôt.
— Eh bien ! dit le comte, quand j'aurais devant les yeux les preuves de ce que vous m'affirmez, il y a une chose que je ne croirais pas !
— Laquelle?
— C'est que M. de Charney ait l'âme vile et ignoble !
— Et pourquoi ne croiriez-vous pas?
— Parce que j'étais là, avant-hier soir, quand madame Geoffrin lui a offert la main de sa fille, alors que, dans sa délicatesse, il croyait devoir rendre une parole donnée. Il a eu l'un de ces élans qui vont au cœur parce qu'ils en partent réellement, sincèrement! Quand il a fait le serment à madame Geoffrin et à sa fille d'être digne d'elles, cet homme-là ne mentait pas, j'en mettrais ma main au feu ! »
Jacquet secoua la tête.
« Je soutiens mon opinion, dit-il. Au reste, les faits avant peu parleront pour moi.
— Qu'avez-vous donc, monsieur? » demanda brusquement Corvisart au vieillard en le voyant pâlir subitement d'une façon effrayante.
M. d'Adore s'appuya sur le bras du médecin.
« Voici Charles, » dit-il simplement.
Charles d'Herbois ou plutôt Charles le Bienvenu s'avançait effectivement vers le petit groupe. Lui aussi était d'une pâleur mortelle, lui aussi paraissait avoir horriblement souffert.
En le voyant s'avancer, M. d'Adore fit un geste comme pour se cacher la tête dans ses mains, mais le marin saisit la main du vieillard et la pressa énergiquement.
« Henri et moi savons ce que vous souffrez, dit-il d'une voix vibrante ; pardonnez-moi d'être venu vous faire souffrir encore, mais il le fallait. J'avais à vous parler, j'ai su que vous étiez aux Tuileries, je vous y ai cherché.
— Que puis-je faire? demanda le comte.
— Me donner des détails douloureux à décrire, affreux à entendre, mais absolument utiles dans cette horrible circonstance.
— Interrogez-moi, mon ami, je vous répondrai. »
Charles réfléchit un moment. Ses trois compagnons le regardaient avec une expression de commisération profonde, mais chez chacun des trois cette commisération était évidemment accompagnée de sentiments différents.
M. d'Adore paraissait plus que jamais sous l'empire de ce chagrin effrayant dont la présence du capitaine corsaire avait certainement augmenté le poids. Puis à ce chagrin, à cette commisération, se joignait un sentiment de honte rempli d'anxiété : le vieillard paraissait craindre d'être contraint à rougir, ses yeux étaient baissés et ses mains tremblaient en s'appuyant sur sa canne.
Corvisart avait les sourcils froncés, le front plissé, la physionomie menaçante. L'impassibilité du médecin, habitué à contempler froidement toutes les douleurs bruyantes, s'effaçait devant cette douleur concentrée de cet homme dont la vie, à quelques années près, n'avait été qu'une longue souffrance.
Jacquet fixait sur le marin ses yeux si vifs, habitués à aller chercher la pensée vraie dans les replis les plus cachés de la dissimulation. Jacquet plaignait certes ceux qui souffraient, mais comme toutes les natures dominées par une passion qui annihile toutes les autres, il cherchait dans cette souffrance comme pour s'assurer s'il n'en pouvait jaillir un jet de lumière inattendu.
Charles releva lentement la tête et d'un ton posé comme pour se graver toutes ses paroles dans le cerveau :
« A quelle heure cette nuit êtes-vous retourné à Saint-Cloud? demanda-t-il.
— C'est ce matin à cinq heures et demie que je suis rentré chez moi, répondit le comte.
— Comment étaient les abords de votre maison?
— Comme d'ordinaire, silencieux et déserts ; à cette heure et à cette époque de l'année personne n'est levé. Lorsque la voiture arriva, le cocher descendit de son siège et ouvrit la grille avec la clef qu'il prend lorsque nous devons revenir tard, afin de ne forcer aucun autre domestique à veiller.
— La rue était déserte?
— Je le crois : cependant je n'accordai pas une grande attention à ce qui se passait autour de moi. J'étais en proie

à un accès de douleur folle qui annihilait toutes mes facultés.
— Pauvre ami ! murmura Charles. Oh oui ! vous avez cruellement souffert, vous aussi ! »

Le comte leva les yeux au ciel.

« Je n'accuse pas la Providence, dit-il, mais je me demande quelquefois ce que j'ai pu faire pour être ainsi puni !
— Ainsi, dit Jacquet avec cette fébrile impatience de l'homme pratique qui ne voit que le but à atteindre et regarde comme oiseuse et inutile toute digression qui ne fait pas avancer; ainsi vous n'avez pu remarquer si la rue était déserte ?
— Non ! dit le comte.
— Poursuivez ! nous vous écoutons. »

Le comte d'Adore reprit :

« Nous entrâmes dans la cour sans que rien pût déceler ce qui s'était passé. J'avais également sur moi les clefs de mon habitation. Je montai l'escalier, tenant une bougie que j'avais allumée sous le vestibule, et je gagnai ma chambre, encore sous l'horrible impression des événements qui venaient de me frapper. Je ne voyais devant moi que les cadavres de Lucile, d'Uranie, de Léopold, qui se dressaient comme dans un abominable cauchemar...
— De sorte, interrompit Charles, que depuis l'instant de votre arrivée jusqu'à celui où vous êtes entré dans votre chambre, vous n'avez rien vu, rien remarqué qui pût vous éclairer?
— Rien absolument encore, je le répète, et mon cocher n'avait non plus rien vu ni rien remarqué, car, tandis que j'étais absorbé dans mes pensées poignantes, il dételait et remplissait ses fonctions avec le calme et la quiétude accoutumés. Je l'entendais aller et venir sans que ce bruit pût m'arracher à ma rêverie.
— Vous demeurâtes longtemps ainsi ?
— Près d'une heure.
— Ensuite ?
— Je me demandais ce que je devais faire, s'il me fallait réveiller Blanche et Léonore pour leur confier mes douleurs. Ce sentiment de consolation suprême qui pousse celui qui souffre à épancher ses chagrins m'engageait à monter près d'elles. La crainte de les affliger, de torturer encore leur pauvre cœur, car toutes deux aimaient Lucile et Uranie, m'arrêtait au contraire dans ma résolution ; mais, l'égoïsme triomphant, je me décidai à monter dans leur chambre.

Au moment de frapper, je m'arrêtai, pensant qu'un réveil trop brusque pouvait les effrayer. Je résolus de passer par la chambre de Mariette et des enfants. J'avais le double des clefs de la maison, j'ouvris la porte de Mariette avec de grandes précautions... »

## LIII. — CHARLES.

« Après ?... après ? » demanda Charles en voyant le vieillard s'arrêter.

M. d'Adore domina l'émotion qui venait de s'emparer de lui et qui lui avait coupé brusquement la parole :

« J'appelai avant d'entrer, reprit-il, personne ne me répondit. Impatienté, je franchis le seuil de la pièce en appelant encore pour prévenir Mariette de ma présence... même silence...

J'étais près du lit, j'abaisse ma lumière et je vois avec étonnement le lit désert. Cependant Mariette avait dû s'y coucher, car les draps étaient défaits et froissés. Je me retournai vers les couchettes des enfants, elles étaient vides... mais, comme le lit de leur gouvernante, elles portaient l'empreinte de leurs petits corps.

Il était six heures et demie, le jour n'était pas levé encore ; il faisait nuit complète, il n'y avait donc aucune raison pour que la gouvernante et les enfants eussent quitté leur chambre. Je ne m'expliquais pas le vide de cette pièce, quand je songeai que Blanche ou Léonore avaient pu demander les enfants et que Mariette était allée les leur porter au lit.

Je me dirigeai aussitôt vers la porte de leur chambre, j'écoutai ; un profond silence régnait. Je frappai un léger coup, puis, ne recevant pas de réponse, j'entrai... La chambre était plongée dans une obscurité profonde... Les lits étaient déserts, et ils n'avaient même point été foulés. Évidemment ni Blanche ni Léonore ne s'étaient couchées.

— Vous êtes sûr de cela ! interrompit Charles.
— Parfaitement sûr ! répondit le comte.
— Les lits de ces dames étaient intacts ? reprit Jacquet ; c'est un point très-important à constater dans l'instruction.
— Ensuite ?... ensuite ? dit Charles.
— Je ne savais que penser, reprit le vieillard, ce que je voyais me donnant à supposer que Léonore et Blanche étaient parties au milieu de la nuit, elles et leurs enfants ; mais parties pourquoi ?... comment ?... Je me dis aussi que vous et Henri pouviez être venus les chercher, mais ce départ si brusque en mon absence eût présagé quelque nouveau malheur... Impatient, je résolus d'interroger les domestiques et je montai...
— Pardon, interrompit Jacquet, avant d'aller plus loin, il y a un point important à éclairer. La chambre de Mariette et des enfants offrait-elle quelques traces de désordre ?
— Aucune trace ! répondit le comte.
— Rien qui décelât une lutte, une surprise, la venue de plusieurs hommes ?
— Rien, absolument rien.
— Et l'autre chambre, celle de ces dames ?
— On ne paraissait pas même y être entré depuis qu'elle avait été faite.
— Très-bien ! continuez ! »

Le comte reprit après un moment de silence :

« Je montai donc à l'étage supérieur, là où logent les domestiques, et j'appelai... Personne ne me répondit... J'appelai plus fort... même silence... Je heurtai aux portes, on ne m'ouvrit pas... Je crus entendre une plainte... Mon inquiétude augmentait. Je pris mes doubles clefs et j'ouvris la chambre de la cuisinière. Je trouvai la malheureuse femme garrottée et bâillonnée sur son lit. Je coupai les liens qui la retenaient, je voulus l'interroger, mais elle ne me répondit pas : elle paraissait encore sous l'impression de quelque terreur folle qui lui avait troublé la raison...

Deux autres domestiques habitaient dans le même couloir, c'étaient le valet de chambre et la fille de basse-cour composant, avec le cocher qui était en bas, près de ses chevaux, et la cuisinière que je venais de délivrer, tout le personnel de la maison. J'ouvris successivement leurs portes, et je les trouvai tous également attachés et bâillonnés sur leur lit.

Le valet de chambre me raconta que, surpris dans le sommeil, il avait été saisi et garrotté sans pouvoir opposer la moindre résistance. Tout ce qu'il avait pu distinguer des hommes qui s'étaient introduits dans sa chambre, c'est qu'ils étaient masqués et qu'ils portaient une espèce de costume militaire.

« Les chauffeurs ! c'étaient les chauffeurs ! » murmurait la fille de basse-cour, dont les dents claquaient.

Mes alarmes étaient extrêmes. Je redescendis précipitamment appelant le cocher, et décidé à fouiller toute la maison. Je voulus pénétrer dans le salon ; toutes les portes étaient fermées. Nous passâmes par le jardin ; les volets du rez-de-chaussée étaient ouverts, et les domestiques assuraient les avoir fermés comme d'ordinaire, à neuf heures. Je poussai l'une des fenêtres, je m'élançai... Un grand feu brûlait encore dans la cheminée et éclairait la pièce. Là s'offraient les traces du plus effrayant désordre... là étaient les preuves évidentes d'une lutte. Les meubles étaient renversés, un rideau déchiré, les tapis froissés, une table à ouvrage brisée...

— Et... c'était tout ? pas d'autres indices ? dit Charles sur le front duquel une sueur froide perlait à grosses gouttes.
— Je fouillai la maison, reprit le comte, et je ne trouvai rien qui pût me mettre sur la trace de ce qu'étaient devenues... ?

Le vieillard s'arrêta comme suffoqué.

« De quel côté sont sortis les monstres ? demanda Charles.
— Voilà ce qu'il a été impossible de savoir, dit Jacquet. J'ai exploré le jardin moi-même ce matin. Le sable était uni, ratissé avec soin tout autour de la maison, comme si le jardinier fût venu de travailler. Pas une trace de pas n'apparaissait plus loin que l'endroit où M. d'Adore et ses domestiques avaient marché. Le jardin ne décelait rien ! Pas une allée n'offrait l'empreinte d'un pas, pas une plate-bande n'était foulée, pas une branche n'était brisée, pas un seul mur ne présentait la plus légère dégradation. Les espaliers et les treillages étaient intacts, aucune serrure n'avait été forcée. Le jardin a deux grandes portes et deux petites. De l'autre côté de chacune de ces portes, le sol ne présentait aucune empreinte révélatrice. Par où avaient pénétré les

Cassebras saisit la main de Thomas et la serra avec force. (Page 101.)

bandits, par où avaient-ils fui avec leurs victimes? Voilà ce qu'il est matériellement impossible d'établir.
— Matériellement peut-être, dit Charles, mais moralement? »
Jacquet lui adressa un signe expressif.
« Ce fut dans un petit bosquet à gauche, reprit le comte, que nous trouvâmes la malheureuse Mariette évanouie, étouffant sous ses bâillons, ayant un bandeau humide sur les yeux, et les pieds et les mains solidement attachés. La pauvre fille ne savait rien, si ce n'est qu'elle avait été surprise dans son sommeil par des gens masqués, qui, étouffant ses cris, l'avaient placée dans l'état où nous la trouvâmes.
— Permettez, dit Jacquet, il est une série de questions que je n'ai pas voulu vous adresser ce matin et qu'il faut que je vous pose.
— Questionnez!
— Cela concerne les domestiques. Ils étaient là ce matin, ils nous entouraient, et j'ai dû être prudent.
— Que voulez-vous savoir?
— La cuisinière, le valet de chambre et la fille de basse-cour composaient, avec Mariette, tout le personnel aux ordres des deux dames?
— Oui.
— On les a tous retrouvés garrottés et bâillonnés?
— Oui.
— Mariette même était aveuglée?
— Vous le savez.

7.

— C'est vous qui les avez détachés tous successivement?
— Oui.
— Vous pourrez alors me donner les éclaircissements que je réclame. Mariette était évanouie?
— Oui.
— A-t-elle été longtemps à revenir à elle?
— Fort longtemps : ce n'est qu'en employant les moyens les plus énergiques que j'ai réussi à lui faire reprendre connaissance.
— Les liens qui l'attachaient avaient-ils meurtri les chairs?
— Très-violemment : il y avait des plaies aux poignets; elle avait dû beaucoup souffrir.
— Bien! Et les autres domestiques, dans quel état étaient-ils? La cuisinière?
— Demi-folle, elle pouvait à peine parler et on l'avait bâillonnée avec une telle barbarie, qu'elle avait deux dents brisées.
— Et le valet de chambre?
— Il était solidement attaché aussi ; mais je ne remarquai aucune trace de violence en le détachant.
— Ah! Et la fille de basse-cour?
— Non plus. L'un et l'autre étaient dans l'impossibilité de pouvoir bouger, mais ils n'avaient pas dû beaucoup souffrir.
— Très-bien!
— Comment? fit le comte d'Adore avec étonnement, que concluez-vous donc de tout cela?
— Rien pour le moment : mais j'irai à Saint-Cloud demain et ensuite nous causerons.
— A vos ordres. »
Un court silence suivit cet échange de paroles.
« C'est là tous les renseignements que vous pouvez me donner? dit Charles.
— Malheureusement oui, mon ami, reprit le comte, mais ce que je puis ajouter...
— C'est que vous êtes le meilleur des amis et le plus noble des hommes ! interrompit Charles avec chaleur. Le malheur ne doit pas rendre injuste. Croyez-vous qu'Henri et moi nous vous ayons accusé une seule minute d'être l'une des causes de nos douleurs? Non, certes! nous vous avons plaint, car nous savions ce que vous deviez souffrir. Maintenant, mon ami, donnez-moi la main et ayez du courage... Peut-être... à bientôt !
— Qu'allez-vous faire? demanda le comte.
— Mon devoir d'époux, de père et de citoyen, » répondit simplement Charles.
Et saluant le comte, Corvisart et Jacquet, il s'éloigna, le visage calme, la démarche fièrement assurée. Corvisart le regarda s'éloigner, le suivant longtemps des yeux :
« Cet homme-là a dans l'esprit une résolution inébranlable, dit-il. Que veut-il faire? je l'ignore, mais ce doit être quelque chose de terrible, et il le fera. Il est trop calme et trop froid pour un homme qui doit autant souffrir, s'il adorait sa femme et son fils.
— Et M. de Renneville? » dit le comte à Jacquet.
Celui-ci ne répondit pas : son regard investigateur explorait la foule et venait de s'arrêter sur deux promeneurs qui, le nez au vent et l'air fort satisfaits d'eux-mêmes, s'avançaient bras dessus, bras dessous, en marchant à contre-mesure.
Jacquet fit un signe à M. d'Adore, puis il quitta ses deux interlocuteurs, et, se perdant dans la foule, il s'arrangea de façon à croiser les deux promeneurs. En arrivant en face d'eux, il poussa une exclamation de surprise joyeuse et adressa un petit geste amical d'une suprême insolence.
« Eh! fit-il, c'est Gervais, mon fournisseur !
— Monsieur le baron de Briges! dit Gervais en saluant jusqu'à terre, moi de mes meilleures pratiques, bien que des plus nouvelles !
— Bonjour, Gervais! bonjour! reprit Jacquet avec de véritables airs de grand seigneur.
— Monsieur le baron veut-il me permettre de lui présenter mon ami Gorain? dit Gervais.
— Comment donc! je suis enchanté de faire la connaissance du citoyen Gorain.
— Monsieur... je... bien obligé! balbutia Gorain intimidé suivant sa coutume.
— Monsieur Gorain, propriétaire, reprit Gervais.
— A Paris et à la campagne, ajouta Gorain.

— Ah! ah! et à quelle campagne? demanda Jacquet.
— A Saint-Cloud.
— A Saint-Cloud! répéta Jacquet en faisant un soubresaut. Et dans quelle partie de Saint-Cloud?
— La ci-devant rue de l'Église.
— Ah! mon Dieu! Est-ce que ce serait votre maison qui aurait été envahie la nuit dernière par les chauffeurs?
— Hein? quoi? balbutia Gorain.
— Les chauffeurs! répéta Gervais.
— Mais oui ! vous ne savez donc pas la nouvelle? »
Les deux bourgeois se regardaient en frissonnant.
« Quand avez-vous donc été à Saint-Cloud? continua Jacquet.
— Cette nuit, dit Gorain ; nous y étions encore à trois heures du matin, nous sommes revenus à Paris à quatre heures.
— Ah! alors ce n'est pas votre maison qui a été la proie des bandits. C'est cependant bien rue de l'Église qu'ils ont fait le coup.
— Mais, rue de l'Église, il n'y a que ma maison et celle du citoyen Adore !
— C'est donc l'une des deux alors que s'est passée la scène.
— Mais quelle scène? s'écria Gervais.
— Une scène abominable, la nuit dernière! des femmes et des enfants disparus ! une maison au pillage...
— Ah! mon Dieu!... mon Dieu! » balbutiait Gorain en frissonnant.
Gervais joignait les mains avec un sentiment de terreur peint sur le visage. Jacquet les regardait tous deux très-attentivement.
« Vous ne saviez rien? dit-il.
— Absolument rien! répondit Gervais.
— Je vous raconterais bien tout cela en détail, mais j'aperçois un ami qui m'attend. Au revoir, messieurs. »
Et saluant les deux bourgeois avec un geste protecteur, Jacquet se perdit dans la foule. Il n'avait pas fait dix pas qu'il se trouvait face à face avec un homme vêtu de noir des pieds à la tête.
« Ils ne savent rien, ils ne se doutent de rien, mais ils pourront peut-être donner certains éclaircissements, dit Jacquet à l'oreille du personnage.
— Alors faut-il agir?
— Oui, le ministre le veut ; mais dis à Fouché qu'il suive la voie que je lui ai indiquée : qu'il agisse de son côté, tandis que je vais agir du mien. »
Depuis que Jacquet les avait quittés, les deux amis étaient demeurés immobiles, ébahis, terrifiés, n'osant pas s'adresser la parole.
« Les chauffeurs ! dit enfin Gervais.
— Dans la maison voisine de la mienne ! ajouta Gorain.
— La nuit dernière... tandis que nous étions... »
Un frisson coupa la parole au pauvre bonnetier. Les deux amis se regardaient avec une sorte d'épouvante. En ce moment un grave personnage, vêtu de noir, s'approcha d'eux.
« Le citoyen Gervais? dit-il, le citoyen Gorain?
— C'est... moi ! dit Gervais en frissonnant plus fort.
— C'est... moi !... dit Gorain avec une émotion nouvelle.
— Alors, citoyens, veuillez me suivre.
— Hein? » firent les deux bourgeois.
L'homme répéta son injonction.
« Vous suivre... et où ? demanda Gervais.
— Au ministère de la police.
— Au ministère de... dit Gorain dont les cheveux se dressèrent.
— Le citoyen ministre veut vous parler sur l'heure.
— Mais...
— Une voiture nous attend à la porte du bord de l'eau.
— Cependant...
— Pas d'hésitation, sinon je vous fais enlever de vive force. »
Les deux amis jetaient l'un sur l'autre des regards hébétés : ils avaient peur sans se rendre compte des causes de cette peur. L'agent de police passa au milieu d'eux, et, les prenant familièrement chacun par un bras, il les entraîna dans la direction de la porte donnant sur le bord de la Seine, près du château.

## LIV. — LE CABARET DU GROS-CAILLOU.

A l'extrémité ouest-sud-ouest de Paris, entre l'esplanade des Invalides à l'est, le champ de Mars à l'ouest, la Seine au nord et l'École militaire au sud, s'élève un quartier depuis longtemps compris dans l'enceinte de la grande ville, et qui cependant a toujours formé une partie distincte de la ville elle-même ; ce quartier, connu sous le nom de Gros-Caillou et qui, il y a dix ans encore, avant les embellissements qui l'ont métamorphosé, était presque exclusivement habité par les marchands de bois à brûler, les employés de la manufacture des tabacs et les amis et amies des invalides.

Si, il y a dix ans seulement, ce quartier se rattachait encore difficilement à la grande ville, il y a soixante et quelques années il en faisait à peine partie. Le soir venu surtout, l'esplanade des Invalides d'un côté, le champ de Mars de l'autre, formaient comme deux steppes déserts et dangereux que pas un promeneur n'osait franchir.

La nuit venue, les invalides rentrés, les boutiques closes, pas une ombre ne se glissait sous les grands marronniers, et un silence solennel régnait tout autour de ce quartier absolument isolé.

Cette nuit-là cependant où nous sommes arrivés, deux hommes, se promenant bras dessus, bras dessous, descendaient la rue de l'Université, traversaient la place du ci-devant palais Bourbon, et continuaient leur route dans la direction de l'esplanade des Invalides.

Il pouvait être alors minuit ; la rue était déserte et silencieuse et l'esplanade offrait un fond noir qui n'avait certes, pour des promeneurs, rien de bien rassurant à l'œil.

Les deux hommes cependant s'avançaient sans paraître se soucier de l'obscurité profonde.

Ils étaient tous deux de même taille à peu près, carrés des épaules et vigoureusement charpentés. Leur tournure avait quelque chose à la fois de traînard et de dégagé qui pouvait paraître extraordinaire au premier abord.

Ils atteignaient les premiers arbres de l'esplanade, au moment où minuit et demi sonnait à l'horloge des Invalides. Sans hésiter et en gens connaissant admirablement leur chemin, ils suivirent la rue et atteignirent le Gros-Caillou.

« C'est-il bientôt ? demanda l'un des hommes.
— La première à droite ! » répondit l'autre.

La première à droite, pour nous servir de l'expression du nocturne promeneur, était la rue Nicolet, sorte de ruelle étroite et fangeuse faisant communiquer la rue de l'Université avec le quai. A l'angle formé par la rencontre des deux rues, s'élevait une maison d'antique construction, tendant le ventre, rentrant la base et le faîte, à toit pointu, à murailles noircies percées de petites fenêtres ornées de châssis à guillotine.

Au rez-de-chaussée de cette maison d'assez mauvaise apparence, était une boutique borgne, cabaret de bas étage aux vitraux épaissis par la poussière et derrière lesquels flottaient quelques loques roussâtres, dits rideaux rouges.

Un bruit sourd incessant, attestant une nombreuse réunion de causeurs, partait de l'intérieur du cabaret ; tout autour les boutiques fermées, les maisons sombres et noires.

Les deux nocturnes promeneurs s'étaient arrêtés à quelques pas de ce cabaret dont ils regardaient la porte, comme s'ils eussent hésité à en franchir le seuil.

« Quelle heure ? reprit le premier.
— Un peu plus de minuit, répondit l'autre.
— Alors, il doit être à son poste ?
— Naturellement.
— Eh bien ! entrons dans la cambuse. En voilà une cassine qu'à un relèvement d'hutte de castor ! Allons-y, Maucot !
— Espère ! dit l'autre en posant sa main sur l'épaule de son compagnon. Le point est relevé, mais faut voir si le déguisement est suffisamment paré. Eh ! matelot ! on joue le grand jeu à cette heure ! attention !
— Alors, trouvons un coin. »

La nuit était très-obscure : la lune ne s'était pas montrée, pas une étoile ne brillait au ciel. Les deux hommes, depuis l'instant où nous les avons rencontrés, étaient donc plongés dans les plus épaisses ténèbres et il eût été difficile, même en se plaçant le plus près d'eux possible, de deviner les traits de leur visage.

Bien qu'ils ne pussent rien distinguer à dix pas, hormis le cabaret dont les lumières intérieures faisaient faire transparents aux rideaux rouges, ils regardaient autour d'eux comme s'ils eussent été en quête de quelqu'un ou de quelque chose.

« Une idée ! fit l'un. Vire de bord et affale-toi dans mon sillage. J'ai relevé le point, qué !...
— Quoi donc ?
— Espère un brin et file dans mes eaux que je te dis. »

Et le premier de deux hommes, prenant son compagnon par le bras, revint sur ses pas, forçant l'autre à le suivre. Remontant la rue de l'Université comme s'il eût voulu regagner l'esplanade des Invalides, il s'arrêta devant une muraille de planches s'élevant à sa gauche.

Cette muraille servait d'enclos à un chantier de bois à brûler. Au-dessus d'elle et la dominant, on voyait se dresser dans les ténèbres la masse noire de gigantesques piles de bois.

« Une ! deux ! en haut les gabiers ! reprit celui qui avait conduit l'autre, en lâchant les mains de son compagnon et en s'élançant pour franchir la muraille de planches. Pomoie-toi, l'ancien ! »

Avec une agilité merveilleuse, il fut en un clin d'œil sur le faîte étroit de la palissade. En ce moment, de formidables aboiements éclatèrent dans l'intérieur du chantier. C'était le chien de garde qui se précipitait dans l'étroit couloir régnant entre l'enclos et la première pile.

L'homme qui, par un miracle d'équilibre, se maintenait sur le faîte des planches, ayant à dix pieds au-dessous de lui le chien furieux, lui montrant ses dents menaçantes, l'homme s'élança en avant et d'un seul bond franchit la largeur du couloir, pour aller retomber sur le premier étage de la pile. Le chien aboyait toujours, mais il ne pouvait rien.

« A toi, Mahurec ! » dit le matelot en se retournant vers son compagnon.

Mahurec exécuta la manœuvre accomplie par son camarade avec le même succès. Les deux hommes étaient debout sur une sorte de corniche que faisait le tour du premier étage de la pile. Le second étage s'élevait au-dessus d'eux. Chacun sait que lorsqu'on construit des piles de bois, on ménage de distance à l'intérieur du chantier, des corridors étroits servant à faire pénétrer l'air sous les piles.

Un de ces corridors se trouvait en face des deux marins : ils s'y engagèrent à la suite l'un de l'autre et ils atteignirent un second couloir se croisant avec le premier. Ce second couloir qui parcourait la pile en sens inverse, donnait, lui, par les deux bouts sur les deux autres piles, de sorte que de la rue ou même des maisons voisines, l'œil ne pouvait plonger dedans.

Les deux matelots s'arrêtèrent au milieu de ce second couloir, sans se préoccuper des hurlements du chien, qui continuaient plus féroces et plus bruyants. Le Maucot tira de sa poche une lanterne sourde, tandis que Mahurec faisait du feu avec un briquet. Bientôt la mèche fut allumée.

Mahurec prit la lanterne et tournant le verre vers son compagnon :

« Voyons ! que je relève le point ! dit-il. Superbe ! T'as l'air d'un failli chien de terrien du premier choix ! »

La nuit si profonde qui régnait au dehors n'avait pas jusqu'alors, permettre d'examiner l'extérieur des deux hommes : cet extérieur était loin d'être celui qui leur était familier. Le Maucot et Mahurec avaient subi une transformation complète, transformation de vêtements, d'allure, de visage même : les deux gabiers avaient absolument disparu pour faire place l'un à un ouvrier maçon, l'autre à un humble chiffonnier.

Mahurec était un ouvrier maçon. Il avait le bourgeron, le pantalon couvert de plâtre, les mains blanchies. Son front rasé, et lui donnant l'apparence d'un homme chauve, défigurait absolument le haut de son visage, tandis qu'une longue paire de moustaches, artistement posées, donnait à l'expression de sa physionomie quelque chose de complètement différent de celle qu'elle avait toujours eue.

Quant au Maucot, le chiffonnier de bas étage, car il n'avait même pas une hotte, mais un sac jeté sur son épaule, une grande barbe rousse lui cachait le bas du visage, tandis qu'une forêt de cheveux de même nuance couvrait à moitié le front.

Ainsi accoutrés, les deux hommes étaient absolument méconnaissables. Tous deux se regardaient mutuellement à la lueur rougeâtre de la lanterne et paraissaient fort satisfaits de leur examen.

« Pour lors, reprit Mahurec, à partir de cette heure, plus d'expressions maritimes ; faut jaboter comme un terrien. Connais pas plus la mer que s'il y en avait pas, t'a compris, gabier ?
— C'est dans le sac, tu verras, qué !
— Maintenant, vieux, il est probable qu'il y en aura un de nous deux qui cette fois ne reviendra pas, faudra que l'autre dise de sa part à nos commandants qu'il a avalé sa gaffe avec contentement.
— Oui, mais avant qu'il avale sa gaffe, celui-là l'aura fait avaler à d'autres ?
— Naturellement... T'es paré ?
— Oui.
— Alors, en avant, et cette fois, matelot, il faut que ça y soit !
— Ça y sera. »

La lanterne fut éteinte et les deux hommes regagnèrent la rue, sautant encore par-dessus le chien, dont les aboiements ne parurent pas les préoccuper un seul instant. Le cabaret se dressait en face d'eux ; mais ils n'avaient pas fait trois pas vers la porte de l'établissement qu'un vacarme épouvantable éclatait à l'intérieur.

On entendit des cris confus, des vociférations, des brisements de verres, de bouteilles et de bancs... Toute la devanture craqua comme si on eût voulu la défoncer, puis la porte s'ouvrit brusquement toute grande et deux hommes, se tenant à bras-le-corps, luttant avec rage, se frappant, se poussant, vinrent rouler sur le pavé de la rue en poussant des hurlements formidables.

Une nuée de spectateurs, à l'aspect hideux, se précipita à leur suite et vint former un cercle autour des deux combattants ; la porte du cabaret, demeurée ouverte, laissait pénétrer une traînée lumineuse sur le pavé, et cette traînée lumineuse éclairait la scène qui était en train de s'accomplir.

Les deux hommes qui luttaient ensemble paraissaient couverts de haillons et de vêtements en lambeaux : ils se frappaient avec une rage effrayante. La foule qui les entourait, loin de chercher à les séparer, semblait les exciter au contraire : chacun regardait le combat avec un plaisir visible.

« Hardi, Carmagnole ! criait-on.
— A toi, Paille-de-Fer ! disaient d'autres voix.
— Tue ! tue ! » disait la foule.

La foule s'écarta, l'un des deux hommes venait d'achever de terrasser l'autre. A cheval sur la poitrine de son ennemi étendu au milieu du ruisseau, l'homme étreignait le cou de la main gauche et levait son énorme poing droit au-dessus de la tête qu'il maintenait immobile... mais le vaincu se dégagea une main...

La foule fit un mouvement, une lame nue venait de briller dans les ténèbres.

## LV. — UN JOUR DE NOCES.

La noce telle que l'entendaient nos pères avait certes son côté trivial, mais elle avait aussi son côté excellent. Quand ils avaient passé dix-huit heures ensemble, tous les invités se connaissaient, car aux noces d'autrefois on ne se quittait pas, et de midi à six heures du matin on demeurait en société indissoluble. Souvent il y avait un lendemain et un surlendemain.

A l'époque surtout où se passent les événements de ce récit, dans les années qui suivirent le grand cataclysme révolutionnaire, la société, qui éprouvait l'impérieux besoin de se reconstituer dans toutes les classes, saisissait avidement les occasions que lui offraient les circonstances, et un mariage devenait une fête véritable pour les parents et les amis. Mais si la fête était grande déjà parmi les classes élevées, elle prenait les proportions d'un événement parmi le peuple. La pensée d'une noce à laquelle on assisterait préoccupait tous les esprits quinze jours à l'avance et était le sujet de toutes les conversations. Dès lors, on pense ce qu'avait dû être aux halles la préoccupation du mariage de Rosette, la *belle écaillère*.

C'était le 22 vendémiaire que Rosette devait devenir la citoyenne Spartacus devant la loi.

Ce matin-là, le siège de la *belle écaillère* était demeuré désert, les bourriches vides étaient amoncelées sous la table et la porte du marchand de vin était solitaire. A onze heures, un groupe de commères et de compères superbement ondimanchés, séjournait devant la porte d'une maison de la rue de la Fromagerie, encombrant la chaussée étroite et boueuse.

Les hommes étaient costumés avec la suprême élégance des citoyens des halles ; mais chaque costume décelait une catégorie différente de la grande société des forts, des porteurs, des vendeurs et des crieurs. Les uns avaient le pantalon gris-blanc, la veste de même nuance, la grande ceinture bleue et l'énorme chapeau blanc, au bord collé sur le dos, des porteurs de farine de la halle aux blés ; d'autres avaient revêtu les plus belles vareuses bleu foncé que le marché aux poissons eût jamais contemplées. Celui-là avait le simple bourgeron de toile et la casquette de loutre de la halle aux légumes ; celui-ci étalait sa carrure herculéenne dans les atours des forts de la halle.

Les femmes resplendissaient d'or, de bijoux et de parures éclatantes. Des robes remontant sur le ventre et descendant à mi-jambe formaient avec la jupe, à la hauteur du mollet, comme une arcade sous laquelle on apercevait des bas bien blancs modelant une cheville osseuse et s'enfonçant dans des souliers cirés à l'œuf et garnis d'une boucle en argent.

Depuis le vert le plus tendre jusqu'au rouge le plus vif, toutes les couleurs les plus voyantes étalaient leurs nuances criardes parmi ces cotillons qui allaient, venaient, arrivaient, traversaient la foule et disparaissaient sous une allée sombre pour reparaître bientôt.

A onze heures un quart la rue était encombrée, les voisins étaient aux fenêtres et les marchands sur le pas de leurs boutiques. On se parlait, on s'interpellait, on criait d'un côté de la rue à l'autre : c'était un brouhaha au milieu duquel on ne pouvait évidemment s'entendre ni se comprendre.

Comme onze heures sonnaient, un bruit de musique se fit entendre du côté des halles.

« Voilà les violons ! glapit un gamin.
— Voilà les violons ! » répéta la foule en s'arrêtant afin de laisser libre le milieu de la rue.

Les sons discordants d'instruments criards retentissaient plus aigus ; enfin, au tournant de la rue, on aperçut deux hommes la tête recouverte d'un énorme tricorne, le torse disparaissant sous un habit trop large, le col garni d'une énorme cravate blanche retombant sur un jabot de grosse toile, lequel ressortait par l'ouverture d'un gilet également blanc ; une culotte verte et des bas chinés complétaient le costume. Chapeaux, boutonnières d'habit et de gilet, jarretières de la culotte, ruisselaient de flots de rubans de toutes couleurs. Un violon, tenu d'une main et raclé de l'autre, indiquait la profession de chacun des deux hommes.

Derrière eux s'avançaient, bras dessus bras dessous, marchant à la file par deux de front, une vingtaine de personnes, dix hommes et dix femmes. Les dix hommes étaient la crème des forts de la halle ; les dix femmes représentaient la fine fleur des poissardes. Aussi il fallait voir ces faces enluminées, ces nez en l'air, ces yeux ronds et éveillés, ces bouches vermeilles, ces mains énormes, ces poings sur la hanche. Et quelles toilettes ! un véritable fonds de quincaillerie : tous, comme les musiciens, ruisselaient de rubans multicolores des pieds à la tête.

Le premier des hommes, celui qui s'avançait immédiatement après les musiciens, donnant le bras à une fort belle fille de vingt-cinq ans, était remarquable par sa stature colossale, même auprès des forts de la halle qui le suivaient. Arrivés et arrivants criaient, chantaient joyeusement ; seul celui-là ne disait rien ; il ne paraissait même pas s'occuper de sa superbe compagne. Au tournant de la rue, celle-ci avait senti le bras de son cavalier frissonner sous sa main rouge aux doigts écourtés.

« Qu'as-tu donc, Cassebras ? » avait-elle demandé.

Un grognement sourd lui avait seul répondu. Le fort était devenu d'une pâleur extrême, et un moment il avait paru s'arrêter comme cloué sur le sol ; puis il s'était remis en marche.

Le petit cortège était arrivé devant l'allée dans laquelle étaient entrées et ressorties précédemment toutes les commères. On se rangea en demi-cercle, et les violons, placés au centre, se mirent à grincer de plus belle.

« Vive la mariée ! » cria la foule.

Une fenêtre du premier étage (fenêtre à guillotine) fut

ouverte aussitôt, et une tête fraîche et charmante, aux cheveux bouclés tout parsemés de fleurs d'oranger, la tête si mignonnement gracieuse de Rosette, apparut pour saluer les amis qui l'acclamaient.

« Vive Rosette! vive la belle écaillère! vive la mariée! » reprit la foule.

Les violons grinçaient de plus fort en plus fort.

« Et le marié! criaient les femmes; où sq'est le marié?

— Présent, mes commères! » répondit une grosse voix.

Rosette s'était retirée de la fenêtre et la figure épanouie de Spartacus apparaissait à la place de la tête si jolie de la jeune femme.

« Allons, les mariés, en route! le municipal attend! cria une voix.

— Voilà les mariés! voilà les mariés! » répéta-t-on.

On entendit effectivement un grand bruit dans l'escalier obscur. La foule s'avança curieuse, puis les violons firent entendre une nouvelle aubade, et une jeune et charmante créature, vêtue de blanc de la tête aux pieds, apparut sur le seuil de l'allée si sombre. Un homme costumé comme un bon gros bourgeois lui tenait la main : cet homme c'était M. Thomas qui, on se le rappelle, s'était invité lui-même l'avant-veille, promettant de payer son écot en faisant ouvrir force bourriches d'huîtres.

Spartacus suivait, donnant le bras à une vieille marchande des quatre-saisons qui avait voulu servir de mère à Rosette dans cette solennelle occasion.

« Vive la mariée!... vive la mariée!... » criait-on.

En ce moment la belle poissarde qui donnait le bras au fort de la halle, quitta son cavalier et s'avança vers Rosette pour lui offrir un bouquet blanc magnifiquement énorme, qu'elle tenait à la main. Rosette, rouge, émue, balbutia quelques paroles de remerciement et enfouit aussitôt son joli visage dans les gerbes de fleurs odoriférantes.

« Vive la mariée! » cria-t-on encore.

Au même instant M. Thomas avisant Cassebras, marcha vers lui, et lui frappant rudement sur l'épaule :

« Je t'avais bien promis, lui dit-il d'une voix railleuse, de venir voir comment tu remplirais les fonctions de témoin le jour du mariage de Rosette et de Spartacus. Eh bien, cela va mieux que je ne l'espérais, sais-tu bien? Tu as l'air fort content, mon garçon. »

Cassebras ne répondit pas, mais ses yeux roulèrent avec des éclairs dans la prunelle.

« Allons! allons! reprit Thomas de plus en plus railleur, ne te monte pas la tête! Rosette est bien jolie, oui, certes, et je comprends tes regrets; mais enfin, c'est que tu l'as bien voulu, puisqu'on te l'avait proposé. »

Cassebras saisit la main de Thomas et la serra avec force.

« Faudra que j'étrangle quelqu'un d'ici à ce soir! » murmura-t-il.

— J'y compte bien! » se dit Thomas en souriant.

Puis, se tournant vers la mariée :

« Allons! dit-il, le municipal nous attend pour faire signer sur ses registres, et ensuite au *Vainqueur de Lodi*. J'espère que les huîtres seront ouvertes! Tu sais Rosette, que j'en paye tant qu'on en voudra! Allons! donne-moi ton bras, je fais fonction de père!

— En avant les violons! cria Spartacus.

— Vivent les mariés! » hurla la foule.

Les musiciens reprirent la tête du cortège et on se mit en marche.

Cassebras était de plus en plus pâle : ses yeux étaient enfoncés, ses dents claquaient ; le malheureux devait souffrir toutes les tortures de l'enfer. Sa compagne chantait, toute fière de s'appuyer sur ce bras qui passait pour être le plus puissant de la halle.

Quelques instants après on arrivait à la municipalité, et l'officier, en écharpe, s'apprêtait à unir les deux conjoints par des liens indissolubles. Rosette était de plus en plus rieuse ; Spartacus semblait de plus en plus joyeux ; quant à Cassebras, il avait l'air égaré d'un homme qui ne comprend pas ce qui se passe sous ses yeux. M. Thomas le regardait en souriant du plus mauvais sourire.

## LVI. — LE VAINQUEUR DE LODI.

L'établissement portant pour enseigne : *le Vainqueur de Lodi*, était un de ces nombreux cabarets-gargotes qui pullulent autour des halles, et peut-être le plus achalandé et le plus connu. Situé rue des Deux-Écus, près le marché aux farines, il occupait tout le rez-de-chaussée et le premier étage d'un ancien hôtel de conseiller au parlement, devenu propriété de rapport.

Une grande pièce, se prolongeant jusqu'aux cuisines et toute garnie de tables et de tabourets, servait de salle commune. Au premier étage était le fameux salon de *cent cinquante couverts* que promettait l'affiche. Ce salon dans lequel on eût, au besoin et en se gênant beaucoup, fait tenir soixante à peine, était bas de plafond et éclairé sur la rue par trois fenêtres dont une avait été supprimée lors de la pose récente de l'enseigne. (C'était un tableau représentant ou ayant l'intention de représenter le vainqueur de Lodi conduisant ses soldats sur le chemin de la gloire.) La rue des Deux-Écus étant très-étroite, et les maisons étant très-hautes, le jour pénétrait difficilement jusqu'au premier étage, de sorte que l'enseigne en bouchant l'une des trois fenêtres rendait le salon à peu près obscur ; mais le *Vainqueur de Lodi* avait une telle réputation pour les civets, la poitrine de veau et les matelotes, que les fins amateurs passaient volontiers par-dessus l'inconvénient de la rareté du jour : ils trouvaient même un certain charme à *festiner* dans la pénombre, et ils riaient des mauvaises langues qui prétendaient que le propriétaire de l'établissement n'avait étouffé son jour qu'afin que ses pratiques regardassent de moins près ses fameux sautés de lapins.

Calomniée ou non, la réputation du *Vainqueur de Lodi* n'en était pas moins grande, et une noce célébrée là avait, suivant les commères, toutes les *chances de bien tourner*.

A une heure, une table fumante occupait le centre du grand salon. Les convives n'avaient pas encore pris place ; ils allaient, venaient, criant, chantant, s'amusant, entourant la mariée et débitant force propos de circonstance avec un entrain, une verve, une bonne humeur qui rendaient la joie générale.

Un seul, sombre, triste, s'isolant au milieu de la foule, paraissait ne prendre aucune part à l'animation générale, et chaque élan de cette joie qui éclatait autour de lui faisait froncer ses sourcils épais, et ses doigts claquaient en se choquant comme s'ils eussent été agités par un tremblement convulsif : cet homme était Cassebras. Il se tenait loin de Rosette, près de l'une des fenêtres, le dos tourné au salon, le front appuyé contre l'une des vitres. Il était là, immobile, sans que personne prît garde à lui.

« Eh bien! et le dîner? Quand donc qu'on va servir? s'écria une voix.

— J'ai faim! j'ai faim! répéta-t-on de tous côtés.

— A table, la mariée! voilà le fricot!

— Minute! fit Spartacus, nous attendons du monde!

— Qui ça? demanda-t-on.

— Eh! le citoyen Thomas, donc! Il nous a quittés après la municipalité pour aller chercher des amis qu'il a invités, des lurons, il paraîtrait, qui nous amuseront.

— Voilà les huîtres! » cria une voix.

Effectivement, trois garçons faisaient à la fois leur entrée, portant des plats énormes surchargés d'huîtres ouvertes.

« A table! à table! » dit Thomas en entrant brusquement. J'amène du renfort! Rosette, ce sont des amis qui vont boire à ta santé! »

Huit à dix hommes pénétraient alors dans le salon, à la suite du citoyen. Tous paraissaient appartenir à la classe de la petite bourgeoisie. C'étaient les convives que Thomas avait invités en son nom. Derrière ces hommes, et fermant la marche, s'avançaient deux personnages d'allure un peu timide et légèrement embarrassée.

« Tiens! c'est *Poule-d'eau* et *Hareng-sec*! cria la vieille marchande qui servait de mère à Rosette en allant faire la révérence aux deux derniers arrivés.

— Ah! le citoyen Gervais! dit la mariée. Je suis enchantée de vous voir pour vous remercier. La citoyenne m'a fait mon cadeau, et c'est Cassebras qui me l'a apporté.

— Tiens! c'est ma connaissance d'avant-z'hier! » cria une voix puissante.

Deux hommes qui se tenaient devant Gorain s'écartèrent, poussés par une main herculéenne, et une énorme commère, richement vêtue, se campa, les poings sur les hanches.

Gervais ne put retenir un cri d'effroi, et Gorain fit un geste de frayeur.

« Tu ne me reconnais pas, mon poulet? dit l'énorme poissarde avec un sourire aimable. C'est avec moi que t'as évu des mots avant que tu ne fasses l'omelette dans la voiture à la Grinchue. C'était proprement battu ! T'as du talent tout de même : tu fais une omelette sans y voir !

— Je... parce que... balbutia Gervais qui paraissait fort mal à l'aise.

— Eh bien ! eh bien ! dit Thomas en s'approchant, tu remercies les citoyens d'être venus avec moi, mère Garbouillot ? Tu as raison. J'espère qu'ils ne t'en veulent plus.

— Ah ! Seigneur ! m'en vouloir ! cria la marchande, et à quelle cause ! On est ami comme coups de poing, à cette heure. Pas vrai, père Hareng-sec, que tu ne m'en veux pas ! »

Et la marchande plaça sous le nez de Gervais une main capable d'assommer un bœuf.

« Certainement, certainement, dit le bourgeois.

— A table ! cria Thomas. Gervais, mets-toi là, à ma gauche ; toi, Cassebras, viens ici, à ma droite, en face de la belle mariée.

— Et moi je me campe à côté de Poule-d'eau ! hurla la volumineuse marchande de marée en saisissant Gorain par le bras.

— A table ! à table ! » répétait-on.

Rosette prit la place d'honneur, au centre. De chaque côté de la mariée se placèrent deux des hommes qui venaient d'arriver avec Thomas, et auxquels celui-ci avait recommandé que l'on fît honneur comme étant des personnages très influents.

De l'autre côté de la table, en face de la mariée, le marié s'installa, ayant à sa droite la vieille marchande servant de mère à Rosette, et à sa gauche, la citoyenne Garbouillot, la monstrueuse revendeuse de marée. Celle-ci, ayant pris Gorain par le bras, avait forcé le bourgeois à se placer à côté d'elle. Après Gorain s'asseyaient Gervais, puis M. Thomas, lequel avait pour voisin de gauche le pauvre Cassebras. La poissarde, vive et jolie, qui avait été sa dame lors du cortège, avait pris place à côté du fort de la halle.

Chacun placé, après un mouvement de brouhaha général, les huîtres furent attaquées avec vigueur, le chablis coula dans tous les verres : le banquet commençait... il était alors près de deux heures.

A huit heures du soir, on servait le dessert, et la joie était telle que les habitants des maisons voisines jugèrent inutile de penser à se mettre au lit, supposant avec raison qu'ils ne pourraient dormir. Il y avait soixante convives à table, et les garçons avaient déjà redescendu près de deux cents bouteilles vides.

On avait allumé les quinquets suspendus au-dessus de la table et accrochés aux murailles. La lumière donnait encore plus d'animation à la fête ; c'était un bruit à ne pas pouvoir distinguer un mot.

« Dépêchons-nous pour qu'on puisse danser ! criaient les femmes.

— Tout à l'heure ! répondaient les hommes ; encore une santé ! encore une chanson ! »

Et le troubadour de l'assemblée entonnait une complainte que les convives reprenaient aussitôt en chœur. Thomas s'était levé et venait de demander du champagne qu'il priait les convives de vouloir bien accepter.

Les bouchons sautaient ; la mousse débordait des verres, l'entrain redoublait. Thomas, son verre plein à la main, faisait le tour de la table, adressant à chacun une parole aimable. Tout le monde fêtait cet excellent M. Thomas, si gracieux, si affable, si peu fier ; mais la joie était tellement bruyante qu'on voyait bien Thomas s'approcher de chacun, mais personne, à l'exception de celui auquel il s'adressait, ne pouvait entendre le bruit de ses paroles.

Arrivé auprès de la mariée, Thomas parut redoubler d'amabilité, et, attirant à lui un siège, il s'assit un peu en arrière des convives, mais assez près cependant pour pouvoir appuyer ses deux mains réunies sur le dossier de la chaise du voisin de droite de Rosette, lequel, une demi-heure auparavant, avait quitté la table durant quelques minutes et était descendu dans la rue sans que personne se fût aperçu de sa courte absence.

Celui-ci, se renversant sur son siège, laissa aller sa tête en arrière avec un mouvement des plus naturels, de sorte que la bouche de Thomas fut à la hauteur de son oreille.

Thomas adressa un clignement d'yeux au voisin de gauche de la mariée : aussitôt celui-ci saisit son couteau, heurta son verre avec la lame, afin d'obtenir un cliquetis sonore, et, profitant de ce que pour un moment l'attention générale était attirée sur lui :

« Une chanson ! cria-t-il, et attention ! tous ensemble ! »

Et il entonna d'une voix formidable le refrain de cette complainte si fort de mode alors :

Qu'un moment de vivacité
Peut causer de calamité ;
Sexe chéri pour qui les larmes
Sont un besoin rempli de charmes ;
Ah ! qu'au récit de mes malheurs
Vos beaux yeux vont verser de pleurs !

L'assemblée entière, à laquelle la romance était familière, répéta en chœur avec un ensemble tel que la maison en tremblait sur sa base. Rosette, dont la gaieté paraissait des plus vives, était l'une des premières et des plus intrépides à joindre sa voix à celle du chanteur.

Thomas et le voisin de droite de la mariée paraissaient faire chorus également, mais après avoir répété le premier vers, et tandis que les autres convives continuaient :

« Tout est prêt ? demanda Thomas à voix basse sans que Rosette pût l'entendre.

— Tout ! répondit laconiquement l'autre.

— Quand tu es sorti tout à l'heure, tu as vu Roquefort ?

— Oui.

— Où était-il ?

— En face de la rue des Vieilles-Étuves, au coin de la rue de Viarmes. On agira quand tu voudras.

— Premier couplet, reprit le chanteur en voyant les convives s'arrêter :

Mon père était un savetier
Fort estimé dans son métier,
Et ma mère était blanchisseuse,
Moi, déjà, j'étais ravaudeuse
Gagnant jusqu'à dix sols par jour ;
Mais qu'est l'or sans un peu d'amour ?

Le refrain fut repris et vociféré en chœur.

« Faut-il prévenir Roquefort ? reprit l'interlocuteur de Thomas : le signal peut être donné de la fenêtre de gauche.

— Pas encore, reprit Thomas ; tous ces hommes ne sont pas suffisamment ivres.

— Si tu attends qu'ils le soient complètement, tu pourras attendre longtemps.

— Bah ! laisse-leur boire le champagne.

— Oh ! oh ! fit l'autre avec un sourire d'intelligence ; c'est bon alors.

— Troisième couplet ! cria le chanteur.

Sur le même carré que nous
Logeait un jeune homme fort doux.
Soit que j'entre ou que je sorte,
Toujours il était sur la porte,
A chaque heure il suivait mes pas :
Mais mes parents ne l'aimaient pas.

— Mais avant tout, continua Thomas tandis que le chant reprenait, il faut que Cassebras quitte le cabaret. Cet homme est d'une force réellement effrayante ; c'est à ce point que si je n'avais pour moi l'adresse, je n'oserais lutter avec lui. Quelque ivre qu'on parvienne à le rendre, s'il voit Rosette crier, il retrouvera sa vigueur, et alors il peut réellement être dangereux.

— Mais s'il s'en prenait à Spartacus alors ? dit l'interlocuteur de Thomas.

— Il est trop niais pour cela ; j'ai tout tenté : il verrait Spartacus dans la Seine que, par amour pour Rosette, il lui repêcherait son mari. Tu ne saurais comprendre ces natures-là, toi !

— Ma foi ! non, répondit l'autre.

— Donc avant d'agir, il faut que Cassebras s'éloigne.

— Sous quel prétexte et comment le forcer à s'éloigner ?... Il faudrait un moyen adroit qui...

— Quatrième couplet ! poursuivit le chanteur :

Un jour j'étais innocemment
Dans la chambre de mon amant ;
Mon père vient, frappe à la porte.
Grands dieux ! que le diable l'emporte !
Hélas ! ne pourrons-nous jamais
De nos amours jaser en paix.

Thomas s'était levé.

« Excite les coquetteries de Rosette envers son mari, dit-il au voisin de la mariée ; je fais mon affaire du reste. Tu donneras le signal et tu iras à la fenêtre quand j'inviterai Rosette à danser.

— Ah ! ce n'est pas pour tout de suite alors ?

— Non, l'heure n'est pas venue : mais Roquefort n'attendra pas longtemps... Tu m'as compris? excite les agaceries de Rosette. »

Puis Thomas continua sa ronde, chantant avec les autres ce cinquième couplet :

> Mon père, comme un furieux,
> Prend mon ami par les cheveux :
> Mon ami, quoique doux et tendre,
> Contraint enfin de se défendre,
> D'un coup de poing sur le museau,
> Jeta papa sur le carreau.

Thomas avait repris sa place entre Gervais et Cassebras. Gervais, mis en gaieté par le champagne, chantait à tue-tête, et il avait une voix de fausset des plus désagréables. Cassebras avait essayé de chanter, mais le son avait expiré sur ses lèvres ; sa tête était retombée sur sa poitrine et de ses deux mains il tordait sa serviette sans se rendre compte de ce qu'il faisait.

Thomas examina attentivement cette physionomie sombre et lugubre, puis il adressa un clignement d'yeux significatif à la jolie poissarde, la voisine de gauche de Cassebras, laquelle, tout en chantant, ne perdait pas de vue le citoyen Thomas. Au clignement d'yeux qui l'interrogeait, elle répondit, sans cesser de chanter, par un petit signe négatif.

Thomas posa le doigt sur l'épaule de Cassebras.

« Je parie que tu regrettes d'avoir refusé la proposition qui t'a été faite ? » lui dit-il à voix basse.

Cassebras tressaillit et redressa la tête comme un homme qu'on réveille.

« Quoi ? dit-il d'un ton presque menaçant.

— Si l'homme qui t'a proposé quinze cents livres en or revenait en cet instant te refaire cette proposition et que tu pusses rompre le mariage de Rosette, que ferais-tu ?

— Ce que j'aurais dû faire, répondit nettement le fort, je casserais les reins au brigand.

— Oh ! tu es un brave garçon, mais .. tu n'aimes pas Rosette. »

Cassebras se retourna brusquement.

« Je n'aime pas Rosette ? dit-il d'une voix rauque.

— Non, si tu l'aimais tu n'hésiterais pas.

— Une canaillerie !

— Bah ! Rosette te consolerait.

— Je la connais, elle me mépriserait !

— En attendant la voici la femme de Spartacus... et tu n'y peux rien !... Ils vont danser ensemble, voilà l'heure... ils vont se dire des paroles d'amour, et demain ils se promèneront bras dessus bras dessous...

— Tais-toi !... tais-toi ! dit Cassebras en tenaillant tellement sa serviette tordue qu'il la déchira en deux.

— Iras-tu leur faire ta visite du lendemain de noces ? reprit Thomas d'une voix railleuse.

— Tais-toi ! dit Cassebras qui pâlissait à vue d'œil et dont les yeux s'injectaient de sang.

— Bois donc pour t'étourdir au moins ! lui dit Thomas.

— Oui, » balbutia le colosse.

Et saisissant une bouteille, il approcha le goulot de ses lèvres et la vida d'un trait.

« Dis donc ! reprit Thomas en se penchant vers l'oreille de Cassebras, si tu assommais Spartacus à cette heure, Rosette serait veuve sans avoir été trop mariée... »

Cassebras avait saisi son couvert, et machinalement, sans se rendre compte de ce qu'il faisait, il tordait ensemble cuiller et fourchette, les réunissant dans une natte.

« Si je tuais Spartacus, dit-il, Rosette ne voudrait plus me voir. D'ailleurs, pourquoi tuerais-je Spartacus qui a été mon ami et qui ne m'a jamais fait de mal ?... Je ne suis pas une bête féroce...

— Alors, puisque tu ne peux rien, que tu ne veux rien, bois donc pour t'étourdir et pour oublier !... Bois encore !... bois toujours !...

— Non, dit résolûment Cassebras, je ne boirai plus !

— Pourquoi ?

— Parce que si je buvais encore, je ne serais plus maître de moi, et si je n'étais plus maître de moi...

— Que feras-tu ?

— Un mauvais coup, peut-être !

— Sixième couplet ! glapit le chanteur :

> Aux cris du vieillard moribond
> Ma mère, avec un gros bâton,
> Arrive comme la tempête,
> Frappe mon amant à la tête.
> Ah ! pour moi quel funeste sort!
> Mon amant tombe roide mort.

Pendant la reprise en chœur du refrain, Thomas se pencha en arrière sur sa chaise et adressa à la jolie poissarde un signe que celle-ci parut comprendre, car appuyant sa main sur l'épaule de Cassebras :

« C'est gentil tout de même une noce, dit-elle ; regarde donc comme Rosette est jolie en mariée. »

Cassebras poussa un grognement sourd.

« Hein ! qu'elle a l'air d'être contente ! reprit la poissarde. Oh ! c'est qu'elle aime joliment Spartacus, il paraît ; tu dois savoir cela, toi, leur ami ? »

Cassebras ne répondit pas ; il avait pris son couteau, toujours machinalement, et il en éteignait le manche avec une énergie extrême.

« Oh ! vois donc comme Rosette regarde son mari, reprit la poissarde ; c'est amusant à contempler les amoureux ! »

## LVII. — LE BAL.

« Dieu du ciel ! que c'est amusant les noces ! disait Gorain en vidant son verre.

— Je les ai toujours aimées, moi ! répondit Gervais que la digestion rendait expansif. Ainsi, tiens, Gorain ! quand j'étais aux Antilles, sais-tu ce que tu crois que je regrettais le plus ?

— Oh ! je ne sais pas, moi ! répondit Gorain en homme incapable de regretter quelqu'un ou quelque chose.

— Eh bien ! ce n'était ni ma boutique, ni mes amis, ni ma femme...

— Je comprends cela, balbutia Gorain.

— Ah si ! j'ai quelquefois regretté ma femme, reprit Gervais comme mû par une réflexion subite.

— Et moi aussi, dit Gorain. Je me suis pris, tel que tu me vois, à regretter mon épouse quand j'ai eu l'idée de prendre une bonne... on a beau dire : la liberté, la liberté ! j'aime encore mieux une femme, c'est plus économique... Une femme ça peut gagner de l'argent, et une bonne ça ne fait qu'en dépenser.

— Ça, c'est vrai ! moi je regrettais ma femme quand il me manquait des boutons à mes chemises. Jamais mon épouse ne m'en a laissé manquer... Elle comprend son devoir, et là-bas aux Antilles... »

Se tournant vers la droite, Thomas avait passé son bras derrière Gorain et Gervais, qui continuaient à échanger des confidences que le champagne rendait de plus en plus sincères, et sa main avait touché légèrement l'épaule de la volumineuse marchande de marée. La mère Garbouillot se pencha en arrière et regarda Thomas ; celui-ci lui désigna le marié.

« Eh ! Spartacus, dit aussitôt la grosse marchande en tapant sur l'épaule de son voisin, regarde-moi un peu ta petite femme, et dis-moi donc pourquoi que tu n'as pas envie d'aller l'embrasser ?

— Dernier couplet, reprit le chanteur.

> Pour ce fatal coup de bâton,
> On conduit ma mère en prison :
> On la pend, et le commissaire
> M'envoie à la Salpêtrière...
> Qu'un moment de vivacité
> Peut causer de contrariété.

— Avec tout cela, poursuivait Gorain, tu ne m'as pas fini ton histoire.

— Quelle histoire ? demanda Gervais.

— Celle de ton voyage chez les sauvages.

— Comment, je ne t'ai pas fini...

— Mais non !

— Ah ! voilà qui m'étonne, moi qui l'ai si souvent commencée...

— Eh bien ! tu ne me l'as pas finie.
— Attends ! je vais me rappeler !
— J'écoute !
— Eh bien? figure-toi qu'un soir j'étais dans mon arrière-boutique avec ma...
— Je connais ! je connais ! interrompit Gorain, c'est la suite !
— La suite? c'est ma femme, en train d'exam...
— Mais non ! Je dis la suite de l'histoire... Tu en étais à Chambray...
— Chambray ?
— Oui.
— Où prends-tu cela, Chambray ?
— Tu m'as dit que c'était entre Évreux et Louviers à trois ou quatre cents lieues...
— Ah oui ! Le nombre des lieues ne fait rien... J'avais dormi dix-sept heures ?
— C'est cela ! Après ?
— Dis donc, Cassebras, continuait la poissarde en contraignant son voisin à l'écouter, tu sais que cette nuit, après le bal, nous irons reconduire la mariée. On gardera les musiciens pour lui donner une aubade ; c'est convenu. »

Cassebras lardait la table avec la pointe de son couteau.
— J'étais donc entre Louviers et Évreux, reprit Gervais et il y avait quarante heures que j'avais quitté mon épouse..
— Pour aller à Saint-Cloud, interrompit Gorain.
— Oui.
— Après, compère ?
— Je me dis alors... Tu comprends ? quand on est tout seul on est obligé de se parler à soi-même...
— Oui... je comprends.
— Je me dis alors : mais il faudrait ou revenir à Paris ou finir par rattraper M. Vincent.
— C'est juste.
— Là-dessus, je veux partir : je voulais aller à Paris et attendre le coche... Mais on me dit que si j'attends, je ne trouverai pas de place.
— Pourquoi ?
— Parce que le coche de Rouen est toujours plein, paraît. On me conseille d'aller à Pont-de-l'Arche. J'y vais. J'attends... le coche vient, pas de place, plein comme un œuf !...
— Ah ! c'était du malheur.
— J'attends encore vingt-quatre heures, ça faisait soixante-dix !
— Soixante-dix heures pour aller de Paris à Saint-Cloud ! C'était long !
— Oui, mais j'avais fait un détour...
— Enfin ?
— Le coche revient : pas de place encore ! Je me décide à aller à Rouen !
— Fichtre !

« C'est égal, Rosette n'a jamais été si jolie qu'aujourd'hui, continuait la belle poissarde en forçant Cassebras à concentrer son attention sur la mariée ; regarde-moi ces couleurs si fraîches. Ah ! et puis il faut le dire, rien ne rend plus jolie que la joie, et on voit que Rosette est joyeuse. Dame, elle doit être contente, elle aime tant Spartacus. »

Cassebras avait la main gauche enfoncée sous son gilet et il se labourait la poitrine. La sueur inondait son front. Par moment ses yeux devenaient hagards et une expression de sauvagerie effrayante se peignait sur sa physionomie.

« Que tu dois être content, toi, leur ami, ajouta la poissarde. Oh ! mais vois donc comme Rosette regarde Spartacus ; lui fait-elle assez les yeux en coulisse, hein ?
— A sa place le mariê ! cria-t-on en ce moment.
— Je veux embrasser ma femme ! dit Spartacus qui s'était levé.
— Si tu l'embrasses, tu payeras l'amende !
— Ça m'est égal !
— A sa place le marié ! hurla-t-on.
— Eh ! cria le voisin de droite de Rosette, maintenant sa place est auprès de sa femme ; je lui cède la mienne ! »

Et, se levant vivement, il écarta sa chaise. Spartacus, retenu par les uns, poussé par les autres, luttait en riant avec la foule qui le séparait de Rosette.

« Il l'embrassera ! chantaient les uns.
— Il ne l'embrassera pas ! répondaient les autres.
— Je crois qu'il l'embrassera, moi, » dit Thomas en se penchant vers Cassebras.

Celui-ci avait le visage livide ; ses yeux flamboyaient ; son couteau était presque levé.

« Va donc aider ton ami, Cassebras ! » lui cria la poissarde.

Le fort se leva ; sa chaise retomba bruyamment en arrière. En ce moment Spartacus parvenait à se frayer un passage, et il venait d'atteindre la chaise laissée libre à côté de la mariée.

« Il l'embrassera !
— Il ne l'embrassera pas !
— Je l'embrasserai ! » cria le marié d'une voix éclatante et avec un gros rire.

Ouvrant les bras, il saisit sa jeune femme, la pressa tendrement contre lui et déposa un baiser sonore sur chacune de ses joues.

« A l'amende ! cria-t-on ; il faut qu'il paye l'amende !
— Eh bien ! nous la payerons à nous deux, » dit Rosette en riant et en rougissant.

Et à son tour elle effleura de ses lèvres les joues brunies de son époux. Thomas s'était retourné vers Cassebras. Celui-ci, immobile, le dos appuyé à la muraille, son couteau à la main, paraissait être changé en statue.

L'expression de sa physionomie n'avait plus rien d'humain. Le bruit des applaudissements, qui avaient suivi la réponse de Rosette, ne parut pas le tirer de sa stupeur ; mais quand il vit la jeune femme se hausser sur ses pointes pour amener sa bouche à la hauteur des joues de Spartacus, un cri de bête fauve déchira sa gorge et il bondit en avant. L'œil de Thomas lança un éclair de triomphe.

Cassebras s'était arrêté. Prenant son couteau des deux mains, il le brisa avec un geste de fureur d'une énergie sauvage ; puis, tournant sur lui-même, il s'élança vers la porte donnant sur l'escalier, et il disparut en franchissant cet escalier d'un seul bond.

Thomas courut à la fenêtre, l'ouvrit et se pencha en dehors pour explorer la rue. Il aperçut une ombre surgir brusquement, puis cette ombre s'élança en courant dans la direction du Palais-Royal et disparut rapidement dans les ténèbres.

« Un moment, murmura Thomas, j'ai cru qu'il allait être à nous ; il n'en est fallu de bien peu. Allons ! il ne me gênera pas au moins, s'il ne me sert pas encore. »

Puis se tournant vers les convives :
« Il faut danser, maintenant, s'écria-t-il.
— Dansons ! dansons ! » répétèrent les femmes.

Et s'adressant aux garçons :
« Enlevez la table, continua Thomas, mais laissez le champagne, et rapportez-en même, toujours de celui que j'ai choisi. »

Une heure après le bal était à l'apogée de sa gaieté et de son entrain. Les musiciens, juchés sur une table placée dans un angle, essayaient, mais en vain, de couvrir le bruit fait par les danseurs. Quelques bouteilles et des verres étaient placés à leurs pieds.

Thomas avait renouvelé la provision de champagne, et la gaieté augmentait dans des proportions qui eussent pu devenir inquiétantes pour le propriétaire de l'immeuble. S'approchant de la mère Garbouillot, qui, par son obésité, était destinée à faire espalier, Thomas lui désigna Gorain et Gervais, lesquels dansaient avec une verve tout à fait en dehors de leurs habitudes.

« Tu te charges d'eux, toi, lui dit-il.
— Oui, répondit la marchande.
— Tu sais qu'ils ont été interrogés hier par Fouché ?
— Oui ; qu'ont-ils dit ?
— Ce qu'ils pouvaient dire, des sottises.
— Ils n'ont pas dit qu'ils avaient dormi au souper ?
— Comment eusses-tu voulu qu'ils le dissent, ils ne le croient pas eux-mêmes ?.
— Alors l'alibi est prouvé ?
— Parbleu ! c'est bien ce qui damne Fouché. Au reste, il m'a fait venir aujourd'hui !
— Toi ?
— Moi, le citoyen Thomas.
— Et tu as dit ?...
— Que quoique ayant passé une partie de la nuit dans la maison de Gorain, je n'avais pas entendu le moindre bruit provenant de la maison voisine.
— Alors tout va bien ?
— Parbleu !
— Et il y a conseil ?
— Tu le sauras demain. En attendant, l'heure approche

La foule des buveurs faisait cercle autour des combattants. (Page 110.)

Veille sur ces deux imbéciles, qu'ils continuent encore à nous servir.

— Sois tranquille ! répondit la marchande. J'en réponds !

Thomas s'approcha de la fenêtre de gauche. L'ouvrant comme pour respirer un peu l'air frais de la nuit, il s'appuya sur la barre. Onze heures venaient de sonner, et ce point de la capitale était absolument désert et silencieux. On n'était plus aux heures bruyantes de la journée dans ce quartier commerçant par excellence, et on n'en était pas encore à celles tout aussi bruyantes de la nuit où les maraîchers commencent à arriver aux halles.

Thomas, se penchant en dehors, sifflotait un air de chasse en paraissant examiner la rue à droite et à gauche. Le même air, chantonné à mi-voix, lui répondit dans la direction de la halle aux blés.

Thomas se retourna, sans quitter la fenêtre, et lança un regard rapide dans l'intérieur du salon. La joie tenait du délire : tous les esprits paraissaient sous l'entraînement du plaisir, une ivresse générale semblait s'être emparée de presque tous ces danseurs et ces danseuses qui poussaient des clameurs frénétiques.

Thomas saisit alors un verre d'une main, une bouteille de champagne de l'autre, et, emplissant le verre qu'il vida d'un trait :

« Vive la mariée ! cria-t-il.

— Vive la mariée ! » lui répondit-on.

Et, brandissant verre et bouteille, vides tous deux, il les lança par la fenêtre. On les entendit se briser sur le pavé...

Presque au même instant, une musique aigre, criarde, discordante, retentit au loin, se rapprochant. C'était un orgue de barbarie exécutant un air connu.

Tout à coup l'orgue cessa de se faire entendre et une voix humaine tout aussi discordante que l'instrument se mit à crier :

« La lanterne magique ! Qui est-ce qui veut voir la lanterne magique ? Prenez vos billets ! On y voit la *création du monde*... et puis le *passage de la mer Rouge* par les citoyens hébreux, tel que vient de l'opérer l'armée française... On y voit la *bataille d'Arcole* et le *temple de Sémiramis*...

Et l'orgue reprenait son refrain.

« Oh ! dit la jolie poissarde, comme ça doit être amusant la lanterne magique. N'est-ce pas, la mariée ?

— Je ne l'ai jamais vue, moi ! » dit Rosette.

## LVIII. — LE FORT DE LA HALLE.

En quittant la salle du cabaret du *Vainqueur de Lodi*, Cassebras s'était rué comme un fou. Dans l'escalier il avait rencontré un garçon qu'il avait renversé dans sa course furieuse ; passant comme un trait par-dessus le malheureux jeune homme qui criait à pleins poumons, Cassebras avait traversé la salle du rez-de-chaussée, bousculant bancs et tables sans paraître remarquer les buveurs et les buveuses, et, atteignant la porte, il s'était précipité dans la rue sans tourner la tête, sans avoir conscience de ce qu'il faisait, exactement comme une bête fauve frappée subitement d'un accès de rage.

Tournant brusquement à gauche, il suivit la rue des Deux-Écus en fournissant une course furieuse jusqu'à la rue de Grenelle, dont les maisons du côté droit lui barrèrent brusquement le passage. Cassebras s'arrêta, non pas obéissant à un sentiment de la pensée, mais à un besoin de la machine humaine : il ne pouvait plus respirer, l'haleine lui manquait.

Il demeura un moment immobile, soufflant comme un sanglier qui vient de fournir une longue traite devant une meute, et qui, après l'avoir dépistée, essaye de prendre haleine.

Quiconque eût pu alors contempler le visage du fort de la halle, eût été épouvanté. Sa chevelure était hérissée, son front était baigné de sueur, et les veines de ses tempes étaient tendues comme des cordes ; ces veines, noirâtres, se détachaient en saillie sur la peau luisante et violacée. Les yeux étaient démesurément ouverts, fixes, hagards, hébétés. Les narines, violemment dilatées, donnaient une expression féline à la physionomie. La bouche était contractée par un rictus horrible. Les joues étaient empourprées, les veines du cou tendues comme celles des tempes. La respiration sifflante s'échappait bruyamment de la gorge sèche : on eût dit des rugissements.

Le colosse était à demi replié sur lui-même, comme s'il eût voulu s'élancer. En brisant le couteau, Cassebras s'était fait une profonde coupure aux doigts sans s'en apercevoir : le sang coulait avec une certaine abondance, et, en portant la main à son visage, il avait empreint de traînées sanglantes. Cassebras avait l'aspect effrayant d'un fou furieux qui vient de rompre ses liens. Il était tard, heureusement (il était près de neuf heures, et, à cette époque, Paris, qui était loin de posséder le féerique éclairage qu'il doit aux progrès de la civilisation et du luxe, Paris était sombre et désert durant la soirée, et peu de promeneurs sillonnaient son pavé fangeux après l'heure du souper, car on soupait encore); la rue était donc déserte, et personne ne passa qui pût remarquer l'étrange état dans lequel était le fort de la halle.

Tout à coup, et sans qu'il eût paru avoir davantage conscience de ce qu'il faisait, Cassebras reprit son élan et sa course. Descendant la rue de Grenelle comme une flèche lancée par un bras puissant, il atteignit la rue Saint-Honoré, qu'il suivit, sous l'empire d'une course désordonnée, dans son long parcours jusqu'au faubourg. Il s'arrêta au coin de la rue des Champs-Élysées. Cette fois encore c'était la nature et non sa volonté qui mettait un terme à cette course furieuse.

Cassebras, haletant, épuisé, les mains frémissantes, se laissa aller sur une borne qui se trouvait placée à l'angle du faubourg, et de la rue. Le dos appuyé contre la muraille de la maison, s'arc-boutant avec ses pieds sur le pavé fangeux, il laissa retomber rudement sa tête sur sa poitrine, et, levant les bras, il emprisonna son visage sous ses deux énormes mains réunies.

Plus d'une demi-heure s'écoula sans que le fort de la halle changeât de position. La tête toujours cachée, il demeurait immobile. De temps à autre, quelques secousses nerveuses ébranlaient ses épaules, et on entendait comme un rugissement sourd s'échapper de la poitrine.

Durant cette demi-heure, personne ne passa dans cette partie du faubourg (fort peu habité alors, il est vrai); personne ne put donc remarquer cet homme à la structure colossale, à l'organisation puissante, cet homme doué d'une force physique si extraordinaire et qui, vaincu par la douleur, par l'amour, par la jalousie, était là, brisé, épuisé, sans énergie, comme un enfant malade.

Un soupir rauque retentit dans le silence de la nuit... les mains de Cassebras s'écartèrent, ses bras retombèrent le long de son corps, et il releva lentement la tête. Un réverbère suspendu à l'angle de la rue de la Madeleine (qui venait d'être percée) projetait son jet de lumière jusque sur le fort de la halle, et, quand le visage reçut le rayon rougeâtre, il apparut tout inondé de larmes... Oui ! Cassebras, le fort de la halle, l'Hercule du carreau, Cassebras, cette nature puissante, Cassebras avait pleuré et il pleurait encore, et de rauques sanglots déchiraient sa poitrine.

Il devait bien souffrir cet homme qui, deux ans plus tôt, à la suite d'un accident qui lui avait broyé la jambe gauche, avait supporté opération sur opération en fumant sa pipe, en causant avec ses amis, sans pousser un cri, sans verser une larme. Et celui qui l'eût vu en 95, lors de l'incendie de la rue de la Tonnellerie, quand, pour sauver un enfant, le fort avait eu les chairs du bras brûlées jusqu'à l'épaule, celui-là qui se fût rappelé l'athlète ne voulant pas abandonner son travail pour une *pareille bêtise*, pour une petite brûlure, et continuant à porter ses fardeaux à l'aide de sa seule main valide, celui-là, en le voyant pleurer comme une femme, la nuit, dans la rue, eût certes dit : « Ce n'est pas Cassebras. »

Et cependant, c'était bien Cassebras; c'est que c'était aussi l'image de la force physique vaincue par la douleur morale, la vieille fable d'Hercule et de l'Amour qui se retrouve dans les légendes de tous les peuples, parce qu'elle a toujours été et qu'elle sera toujours éternellement vraie.

Cassebras était plus calme, son regard était triste, mais il avait retrouvé l'expression. Il se redressa et fit quelques pas en avant; sa démarche était presque chancelante, mais elle avait perdu ce caractère de sauvagerie qui tout à l'heure la rendait effrayante. Le colosse paraissait indécis, anxieux, presque étonné. Il était évident que les pleurs, en dégageant le cerveau, n'avaient pas suffi cependant pour lui rendre la plénitude de ses facultés.

Tout à coup cependant Cassebras parut revenir à la réalité : il se trouvait alors en face du réverbère et la lumière tombait en plein sur lui; il avait les mains étendues : ses regards venaient de se fixer sur ses mains.

« Du sang! s'écria-t-il d'une voix rauque, du sang !... »

Et, secouant ses doigts avec une expression de désespoir épouvantable, il demeura comme foudroyé, tandis que ses yeux interrogeaient toute sa personne.

« Du sang! du sang !... répétait-il avec une altération nouvelle dans la voix à chaque tache qu'il apercevait sur son pantalon ou sur sa veste; du sang !... oh! je les ai tués !... je les ai tués !... »

Et, saisi d'une horreur inexprimable, le malheureux demeura, la main levée, comme prêt à se maudire lui-même. Durant quelques secondes, le pauvre Cassebras demeura ainsi immobile; puis il poussa un cri en rapprochant ses doigts de son visage.

« Ce sang ! ce sang !... le mien, murmura-t-il avec des élans joyeux. Ce n'était pas... oh ! moi qui croyais... »

Et tombant subitement à genoux, au milieu de la rue, levant les mains vers le ciel :

« Oh! Seigneur, mon Dieu ! s'écria le fort de la halle avec cet accent de conviction profonde qui prouve la foi chez celui qui prie, je voulais les tuer! vous ne l'avez pas permis !... vous avez eu pitié de moi... Merci, Seigneur, mon Dieu ! Je suis toujours un brave homme ! »

Cassebras se releva en faisant le signe de la croix; il paraissait de plus en plus calme, mais sa tristesse semblait augmenter à mesure que la lucidité se faisait dans son esprit.

Descendant la rue des Champs-Élysées d'un pas plus ferme, il atteignit la place de la Révolution, qu'il traversa avec cette allure décidée de l'homme qui a un but à sa promenade.

A cette époque, la place de la Révolution était loin d'offrir le coup d'œil que présente aujourd'hui la place de la Concorde, l'une de nos merveilles modernes. Ses fossés, ses pavillons, dont j'ai donné une description exacte en décrivant l'*Hôtel de Niorres*, et qui la divisaient en huit parties, n'étaient pas surchargés de luminaires comme l'est de nos jours la place actuelle. La statue de Louis XV, qui s'élevait jadis au centre, avait été remplacée, en 1792, par une figure colossale de la Liberté, faite de maçonnerie et de plâtre, statue provisoire, qui, exposée à l'intempérie des saisons, sans avoir la force de consistance nécessaire pour y résister, menaçait ruine de toutes parts.

A droite de la place s'élevaient les arbres des Champs-Élysées, formant une masse noirâtre dans la nuit; à gauche, se divisaient les massifs des jardins des Tuileries, en face on apercevait vaguement l'ex-pont Louis XVI, devenu pont de la Révolution.

Pour traverser la place, Cassebras avait suivi la ligne extrême des Champs-Élysées, et, longeant le pied des arbres, il avait atteint l'ancien cours la Reine. Le silence le plus solennel régnait dans cette partie de la capitale; on entendait seul, le murmure incessant causé par les flots de la Seine qui se ruaient tumultueusement.

Il y avait une crue récente; les eaux étaient très-hautes et un vent du sud-ouest, qui commençait à souffler avec force, excitait encore la course furieuse du fleuve.

Cassebras, traversant l'allée du cours la Reine, s'approcha de la berge et s'arrêta presque les pieds dans l'eau. Dans cette situation, il avait en face de lui, se déroulant sous ses yeux, la large nappe noire formée par les eaux de la Seine. Il voyait ces eaux se ruant sous les arches du pont, heurtant les piles, se tordant sur les brise-lames, écumant et roulant en tourbillonnant avec un bruit sinistre et monotone.

Cassebras regardait l'eau couler; il entendait le fleuve mugir, et ses sourcils rapprochés attestaient la concentration de ses pensées.

« Comme l'eau est noire, murmura-t-il, comme elle coule vite! »

Un amas de longues perches gisait sur le sol à deux pas. Le fort de la halle en ramassa une et se mit à sonder la rivière. En cet endroit la berge était extrêmement douce, de sorte que la perche enfonça à peine.

« Ce n'est guère profond, » reprit Cassebras en secouant la tête.

Il jeta sa perche sur le sol, puis il revint sur ses pas, re-

remonta vers la place, mais tournant à droite, il gagna le pont de la Révolution sur lequel il s'engagea. Comme la place et les Champs-Élysées, le pont paraissait être absolument désert.

Cassebras suivait le côté droit du pont. Comme il approchait du centre, il aperçut une espèce de masse noire obstruant le passage. Au même moment quelque chose de grisâtre se détachait de la masse noire et s'avançait vers le fort de la halle : c'était un pauvre chien caniche tenant dans sa gueule une sébile.

« La charité, mon bon citoyen, » dit une voix plaintive.

La masse noire était un aveugle accroupi et adossé au parapet.

Cassebras fouilla dans sa poche, y prit toute la monnaie qu'elle contenait et la déposa dans la sébile du caniche.

« Je prierai le ciel pour le bon citoyen, dit l'aveugle.

— Prie-le pour que Rosette et Spartacus soient heureux, » murmura Cassebras.

Et, traversant le pont, il gagna l'autre côté ; là, s'appuyant sur le parapet, ses deux coudes sur la pierre, son front dans ses mains, il laissa errer ses regards sur les flots sombres qui se précipitaient sous le pont.

« Comme l'eau est noire, dit-il encore, et comme elle coule vite. »

Et Cassebras reprit sa contemplation. A mesure qu'il regardait les flots tumultueux qui se ruaient avec le même bruit monotone, ses prunelles devenaient plus fixes, son front se plissait, et une expression étrange envahissait sa physionomie.

« Quand on est mort on n'aime plus Rosette, dit-il encore après un silence ; et puis on n'a plus ces pensées qui vous rendent lâche ! Mourir ! ça ne doit pas être difficile ! »

Cassebras était toujours appuyé sur le parapet, et il commençait à subir cette fascination étrange qu'ont éprouvée tous ceux qui, la nuit, ont, du haut d'un pont, contemplé longuement la rivière : il lui semblait que les flots, grossissant peu à peu, montaient, montaient et allaient venir jusqu'à lui.

« On dirait que la rivière m'appelle, » murmura-t-il en se penchant en avant.

### LIX. — LE RÊVE DE PIERRE.

Cassebras se redressa brusquement :

« C'est dit ! fit-il d'une voix ferme et assurée, je vais mourir. Comme ça, je serai tranquille et je n'aurai plus la lâche pensée de tuer une femme qui ne m'a fait que du bien et un homme qui a été mon ami ! »

Puis, après un nouveau silence :

« On me repêchera dans les filets de Saint-Cloud, murmura-t-il, et les camarades iront à mon enterrement et on dira : Ce pauvre Cassebras ! c'était un bon garçon tout de même ! »

Il releva doucement la tête, le fort de la halle regarda le ciel ; pas une étoile ne brillait, de gros nuages noirs s'amoncelaient menaçants et augmentaient par leur opacité la profondeur des ténèbres de la nuit.

Cassebras était immobile, le menton dans ses mains : son corps était là sur le pont, près de l'abîme ; sa pensée voltigeait fugitive. Le fort de la halle rêvait. Au moment de dire un éternel adieu à cette terre qu'il allait abandonner pour un humide et froid linceul, il jetait un coup d'œil en arrière ; au moment où il allait interrompre si brusquement le livre de la vie, il feuilletait les premières pages de son existence. Involontairement il obéissait à cet irrésistible désir qu'éprouve l'homme, dans les circonstances suprêmes, de peser ses actions passées pour se demander si toutes ont été justes.

Là, comme un panorama qui se déroule, il revoyait ses années d'enfance, alors que, fils unique d'un ancien palefrenier du duc de Mouchy, il courait dans les écuries de l'hôtel, doué déjà de cette constitution puissante, de cette force physique extraordinaire qui le mettait au-dessus de ceux de son âge. Il revoyait son père, François Raymond, auquel il servait d'aide, sa mère qui travaillait dans sa chambrette, dans les combles de l'hôtel, qui le corrigeait quand il avait fait quelques sottises et qui l'embrassait ensuite quand il pleurait trop fort.

Tout à coup dans le rêve qu'il faisait tout éveillé, il vit un homme ensanglanté, couché sur un lit de douleurs, la face contractée, râlant dans les convulsions suprêmes de l'agonie. Cet homme, c'était son père qui mourait des suites d'une horrible blessure reçue en pansant un cheval vicieux.

Cassebras était un tout jeune enfant alors, n'ayant pas reçu encore le surnom que devait lui mériter plus tard sa force merveilleuse, il se nommait Pierre. Il avait à peine six ans, et cependant cette scène se retraçait vivante sous ses yeux, comme si elle venait de s'accomplir. Il voyait sa mère agenouillée et pleurant, le prêtre bénissant le mourant, et le vieux duc de Mouchy venant serrer la main à son pauvre serviteur et lui promettant d'avoir soin de sa veuve et de son enfant.

Le gentilhomme avait tenu parole. Il avait recueilli la malheureuse femme et pris l'enfant à son service. C'était en 1780 cela. Tout alla bien jusqu'à l'époque de l'émigration. Le duc partit en 91 : Pierre avait seize ans accomplis. Grand, bien fait et vigoureux, c'était un palefrenier excellent, mais personne n'avait plus de chevaux de luxe alors. L'orage révolutionnaire commençait à s'abattre sur les fortunes et les dispersait au loin.

Privée de la pension que lui faisait le grand seigneur, la pauvre veuve s'était vue en face de la misère. Elle s'était résolue alors à travailler et elle avait été trouver une cousine, marchande aux halles, qui l'avait prise avec elle.

Pierre aussi voulait travailler ; il se fit porteur pour ne pas s'éloigner de sa mère, car la pauvre femme était déjà malade. Les tourmentes politiques eussent dû, certes, respecter ces existences infimes, mais il n'en fut pas ainsi. Chacun a ses ennemis ; la veuve avait les siens, un mauvais sujet entre autres, nommé François Raymond avait jadis refusé de faire entrer au service du duc.

Devenu l'un des pourvoyeurs du tribunal révolutionnaire, cet homme dénonça deux fois la veuve comme ayant des tendances aristocratiques en sa qualité d'ancienne pensionnaire d'un gentilhomme. On voulut arrêter la malheureuse femme.

Ici il s'était produit un fait curieux dans l'existence de Pierre et qui lui avait valu son surnom. Pierre était fort, mais il n'avait jamais jusqu'alors soupçonné la puissance véritable de cette force si extraordinaire. Aucun de ceux qui le connaissaient n'avait, non plus, été à même de constater cette vigueur des muscles. On disait que Pierre était robuste, qu'il portait de lourds fardeaux ; mais il y en avait bien d'autres aux halles qui avaient cette réputation.

Quand on vint pour arrêter la veuve, c'était un jour de marché. Pierre était près de la boutique de sa mère. Les sans-culottes, il faut le reconnaître, étaient recrutés dans cette écume de la nation vouée au mépris par toutes les classes et surtout par la classe laborieuse. Aux halles on était franchement républicain ; mais si on acclamait la liberté, on huait la guillotine : aussi détestait-on les aides volontaires du bourreau. La venue des sans-culottes chargés d'arrêter la veuve avait produit un mouvement d'indignation ; mais telle était cependant la terreur qu'inspirait ce régime qu'on n'a pu trouver pour le peindre d'autre nom que celui du sentiment qu'il inspirait ; telle était cette terreur que jamais les monstres ne trouvaient d'opposition sérieuse dans l'accomplissement de leur hideuse tâche. On se détournait, on murmurait, et c'était tout. Les sans-culottes emmenaient leurs victimes.

Cependant, aux premiers mots qui avaient été prononcés, Pierre avait bondi près de sa mère. Un cercle de curieux s'était formé. Les sans-culottes procédaient brutalement à l'arrestation, quand Pierre se plaça entre sa mère et les satellites de Fouquier-Thinville :

« Ma mère n'est pas une aristocrate ! avait-il dit. Laissez-la !

— Va-t'en, ou je l'incarcère avec elle ! répondit le chef des sans-culottes.

— Arrêtez-moi à sa place, j'y consens !

— Eh bien ! prenez-les tous les deux ! » dit le sans-culotte enchanté de sa bonne fortune.

Ses compagnons s'avancèrent ; la veuve criait et suppliait : la pauvre femme déjà malade ne pouvait supporter une émotion si forte, car l'arrestation alors c'était la mort, chacun le savait. Elle tomba évanouie. Les sans-culottes, sans pitié, la brutalisèrent.

Alors un rugissement furieux retentit et trois hommes roulèrent sur le pavé, tandis que les autres reculaient épouvantés. Pierre était debout, devant sa mère, la protégeant cictus horrible. Les joues étaient empourprées, les veines du cou tendues comme celles des tempes. La respiration sifflante s'échappait bruyamment de la gorge sèche : on eût dit des rugissements.

Le colosse était à demi replié sur lui-même, comme s'il eût voulu s'élancer. En brisant le couteau, Cassebras s'était fait une profonde coupure aux doigts sans s'en apercevoir : le sang coulait avec une certaine abondance, et, en portant la main à son visage, il l'avait empreint de traînées sanglantes. Cassebras avait l'aspect effrayant d'un fou furieux qui vient de rompre ses liens. Il était tard, heureusement (il était près de neuf heures, et, à cette époque, Paris, qui était loin de posséder le féerique éclairage qu'il doit aux progrès de la civilisation et du luxe, Paris était sombre et désert durant la soirée, et peu de promeneurs sillonnaient son pavé fangeux après l'heure du souper, car on soupait encore); la rue était donc déserte, et personne ne passa qui pût remarquer l'étrange état dans lequel était le fort de la halle.

Tout à coup, et sans qu'il eût paru avoir davantage conscience de ce qu'il faisait, Cassebras reprit son élan et sa course. Descendant la rue de Grenelle comme une flèche lancée par un bras puissant, il atteignit la rue Saint-Honoré, qu'il suivit, sous l'empire d'une course désordonnée, dans son long parcours jusqu'au faubourg. Il s'arrêta au coin de la rue des Champs-Élysées. Cette fois encore c'était la nature et non sa volonté qui mettait un terme à cette course furieuse.

Cassebras, haletant, épuisé, les mains frémissantes, se laissa aller sur une borne qui se trouvait placée à l'angle du faubourg et de la rue. Le dos appuyé contre la muraille de la maison, s'arc-boutant avec ses pieds sur le pavé fangeux, il laissa retomber rudement sa tête sur sa poitrine, et, levant les bras, il emprisonna son visage dans ses deux énormes mains réunies.

Plus d'une demi-heure s'écoula sans que le fort de la halle changeât de position. La tête toujours cachée, il demeurait immobile. De temps à autre, quelques secousses nerveuses ébranlaient les épaules, et on entendait comme un rugissement sourd s'échapper de la poitrine.

Durant cette demi-heure, personne ne passa dans cette partie du faubourg (fort peu habité alors, il est vrai); personne ne put donc remarquer cet homme à la structure colossale, à l'organisation puissante, ce colosse doué d'une force physique si extraordinaire et qui, vaincu par la douleur, par l'amour, par la jalousie, était là, brisé, épuisé, sans énergie, comme un enfant malade.

Un soupir rauque retentit dans le silence de la nuit... les mains de Cassebras s'écartèrent, ses bras retombèrent le long de son corps, et il releva lentement la tête. Un réverbère suspendu à l'angle de la rue de la Madeleine (qui venait d'être percée) projetait son jet de lumière jusque sur le fort de la halle, et, quand le visage reçut le rayon rougeâtre, il apparut tout inondé de larmes... Oui ! Cassebras, le fort de la halle, l'Hercule du carreau, Cassebras, cette nature puissante, Cassebras avait pleuré et il pleurait encore, et de rauques sanglots déchiraient sa poitrine.

Il devait bien souffrir cet homme qui, deux ans plus tôt, à la suite d'un accident qui lui avait broyé la jambe gauche, avait supporté opération sur opération en fumant sa pipe, en causant avec ses amis, sans pousser un cri, sans verser une larme. Et celui qui l'eût vu en 93, lors de l'incendie de la rue de la Tonnellerie, quand, pour sauver un enfant, le fort avait eu les chairs du bras brûlées jusqu'à l'épaule, celui-là qui se fût rappelé l'athlète ne voulant pas abandonner son travail pour une *pareille bêtise*, pour une petite brûlure, et continuant à porter ses fardeaux à l'aide de sa seule main valide, celui-là, en le voyant pleurer comme une femme, la nuit, dans la rue, eût certes dit : « Ce n'est pas Cassebras. »

Et cependant, c'était bien Cassebras ; c'est que c'était aussi l'image de la force physique vaincue par la douleur morale, la vieille fable d'Hercule et de l'Amour qui se retrouve dans les légendes de tous les peuples, parce qu'elle a toujours été et qu'elle sera toujours éternellement vraie.

Cassebras était plus calme ; son regard était triste, mais il avait retrouvé l'expression. Il se redressa et fit quelques pas en avant ; sa démarche était presque chancelante, mais elle avait perdu ce caractère de sauvagerie qui tout à l'heure la rendait effrayante. Le colosse paraissait indécis, anxieux, presque étonné. Il était évident que les pleurs, en dégageant le cerveau, n'avaient pas suffi cependant pour lui rendre la plénitude de ses facultés.

Tout à coup cependant Cassebras parut revenir à la réalité : il se trouvait alors en face du réverbère et la lumière tombait en plein sur lui ; il avait les mains étendues : ses regards venaient de se fixer sur ses mains.

« Du sang ! s'écria-t-il d'une voix rauque, du sang !... »

Et, secouant ses doigts avec une expression de désespoir épouvantable, il demeura comme foudroyé, tandis que ses yeux interrogeaient toute sa personne.

« Du sang ! du sang !... répétait-il avec une altération nouvelle dans la voix à chaque tache qu'il apercevait sur son pantalon ou sur sa veste ; du sang !... oh ! je les ai tués !... je les ai tués !... »

Et, saisi d'une horreur inexprimable, le malheureux demeura, la main levée, comme prêt à se maudire lui-même. Durant quelques secondes, le pauvre Cassebras demeura ainsi immobile ; puis il poussa un cri en rapprochant ses doigts de son visage.

« Ce sang ! ce sang !... le mien, murmura-t-il avec des élans joyeux. Ce n'est pas... oh ! moi qui croyais... »

Et tombant subitement à genoux, au milieu de la rue, levant les mains vers le ciel :

« Oh ! Seigneur, mon Dieu ! s'écria le fort de la halle avec cet accent de conviction profonde qui prouve la foi chez celui qui prie, je voulais les tuer ! vous ne l'avez pas permis !... vous avez eu pitié de moi... Merci, Seigneur, mon Dieu ! Je suis toujours un brave homme ! »

Cassebras se releva en faisant le signe de la croix ; il paraissait de plus en plus calme, mais sa tristesse semblait augmenter à mesure que la lucidité se faisait dans son esprit.

Descendant la rue des Champs-Élysées d'un pas plus ferme, il atteignit la place de la Révolution, qu'il traversa avec cette allure décidée de l'homme qui a un but à se promener.

A cette époque, la place de la Révolution était loin d'offrir le coup d'œil que présente aujourd'hui la place de la Concorde, l'une de nos merveilles modernes. Ses fossés, ses pavillons, dont j'ai donné une description exacte en décrivant l'*Hôtel de Niorres*, et qui la divisaient en huit parties, n'étaient pas surchargés de luminaires comme l'est de nos jours la place actuelle. La statue de Louis XV, qui s'élevait jadis au centre, avait été remplacée, en 1792, par une figure colossale de la Liberté, faite de maçonnerie et de plâtre, statue provisoire qui, exposée à l'intempérie des saisons, sans avoir la force de consistance nécessaire pour y résister, menaçait ruine de toutes parts.

A droite de la place s'élevaient les arbres des Champs-Élysées, formant une masse noirâtre dans la nuit ; à gauche, se divisaient les massifs des jardins des Tuileries, en face on apercevait vaguement l'ex-pont Louis XVI, devenu pont de la Révolution.

Pour traverser la place, Cassebras avait suivi la ligne extrême des Champs-Élysées, et, longeant le pied des arbres, il avait atteint l'ancien cours la Reine. Le silence le plus solennel régnait dans cette partie de la capitale ; on entendait, seul, le murmure incessant causé par les flots de la Seine qui se ruaient tumultueusement.

Il y avait de l'orage une crue récente ; les eaux étaient très-hautes et un vent du sud-ouest, qui commençait à souffler avec force, excitait encore la course furieuse du fleuve.

Cassebras, traversant l'allée du cours la Reine, s'approcha de la berge et s'arrêta presque sous les pieds dans l'eau. Dans cette situation, il avait en face de lui, se déroulant sous ses yeux, la large nappe noire formée par les eaux de la Seine. Il voyait ces eaux se ruant sous les arches du pont, heurtant les piles, se tordant sur les brise-lames, écumant et roulant en tourbillonnant avec un bruit sinistre et monotone.

Cassebras regardait l'eau couler ; il entendait le fleuve mugir, et ses sourcils rapprochés attestaient la concentration de ses pensées.

« Comme l'eau est noire, murmura-t-il, comme elle coule vite ! »

Un amas de longues perches gisait sur le sol à deux pas. Le fort de la halle en ramassa une et se mit à sonder la rivière. En cet endroit la berge était extrêmement douce, de sorte que la perche enfonça à peine.

« Ce n'est guère profond, » reprit Cassebras en secouant la tête.

Il jeta sa perche sur le sol, puis il revint sur ses pas, re-

remonta vers la place, mais tournant à droite, il gagna le pont de la Révolution sur lequel il s'engagea. Comme la place et les Champs-Élysées, le pont paraissait être absolument désert.

Cassebras suivait le côté droit du pont. Comme il approchait du centre, il aperçut une espèce de masse noire obstruant le passage. Au même moment quelque chose de grisâtre se détachait de la masse noire et s'avançait vers le fort de la halle : c'était un pauvre chien caniche tenant dans sa gueule une sébile.

« La charité, mon bon citoyen, » dit une voix plaintive.

La masse noire était un aveugle accroupi et adossé au parapet.

Cassebras fouilla dans sa poche, y prit toute la monnaie qu'elle contenait et la déposa dans la sébile du caniche.

« Je prierai le ciel pour le bon citoyen, dit l'aveugle.

— Prie-le pour que Rosette et Spartacus soient heureux, » murmura Cassebras.

Et, traversant le pont, il gagna l'autre côté ; là, s'appuyant sur le parapet, ses deux coudes sur la pierre, son front dans ses mains, il laissa errer ses regards sur les flots sombres qui se précipitaient sous le pont.

« Comme l'eau est noire, dit-il encore, et comme elle coule vite. »

Et Cassebras reprit sa contemplation. A mesure qu'il regardait les flots tumultueux qui se ruaient avec le même bruit monotone, ses prunelles devenaient plus fixes, son front se plissait, et une expression étrange envahissait sa physionomie.

« Quand on est mort on n'aime plus Rosette, dit-il encore après un silence ; et puis on n'a plus ces pensées qui vous rendent lâche ! Mourir ! çà ne doit pas être difficile ! »

Cassebras était toujours appuyé sur le parapet, et il commençait à subir cette fascination étrange qu'ont éprouvé tous ceux qui, la nuit, ont, du haut d'un pont, contemplé longuement la rivière : il lui semblait que les flots, grossissant peu à peu, montaient, montaient et allaient venir jusqu'à lui.

« On dirait que la rivière m'appelle, » murmura-t-il en se penchant en avant.

## LIX. — LE RÊVE DE PIERRE.

Cassebras se redressa brusquement :

« C'est dit ! fit-il d'une voix ferme et assurée, je vais mourir. Comme ça, je serai tranquille et je n'aurai plus la lâche pensée de tuer une femme qui ne m'a fait que du bien et un homme qui a été mon ami ! »

Puis, après un nouveau silence :

« On me repêchera dans les filets de Saint-Cloud, murmura-t-il, et les camarades iront à mon enterrement et on dira : Ce pauvre Cassebras ! c'était un bon garçon tout de même ! »

Et relevant doucement la tête, le fort de la halle regarda le ciel : pas une étoile ne brillait, de gros nuages noirs s'amoncelaient menaçants et augmentaient par leur opacité la profondeur des ténèbres de la nuit.

Cassebras était immobile, le centon dans ses mains : son corps était là sur le pont, près de l'abîme ; sa pensée voltigeait fugitive. Le fort de la halle rêvait. Au moment de dire un éternel adieu à cette terre qu'il allait abandonner pour un humide et froid linceul, il jetait un coup d'œil en arrière ; au moment où il allait interrompre si brusquement le livre de la vie, il feuilletait les premières pages de son existence. Involontairement il obéissait à cet irrésistible désir qu'éprouve l'homme, dans les circonstances suprêmes, de peser ses actions passées pour se demander si toutes ont été justes.

Là, comme un panorama qui se déroule, il revoyait ses années d'enfance, alors que, fils unique d'un ancien palefrenier du duc de Mouchy, il courait dans les écuries de l'hôtel, doué déjà de cette constitution puissante, de cette force physique extraordinaire qui le mettait au-dessus de ceux de son âge. Il revoyait son père, François Raymond, auquel il servait d'aide, sa mère qui travaillait dans sa chambrette, dans les combles de l'hôtel, qui le corrigeait quand il avait fait quelques sottises et qui l'embrassait ensuite quand il pleurait trop fort.

Tout à coup dans le rêve qu'il faisait tout éveillé, il vit un homme ensanglanté, couché sur un lit de douleurs, la face contractée, râlant dans les convulsions suprêmes de l'agonie. Cet homme, c'était son père qui mourait des suites d'une horrible blessure reçue en pansant un cheval vicieux.

Cassebras était en tout jeune enfant alors, n'ayant pas reçu encore le surnom que devait lui mériter plus tard sa force merveilleuse, il se nommait Pierre. Il avait à peine six ans, et cependant cette scène se retraçait vivante sous ses yeux, comme si elle venait de s'accomplir. Il voyait sa mère agenouillée et pleurant, le prêtre bénissant le mourant, et le vieux duc de Mouchy venant serrer la main à son pauvre serviteur et lui promettant d'avoir soin de sa veuve et de son enfant.

Le gentilhomme avait tenu parole. Il avait recueilli la malheureuse femme et pris l'enfant à son service. C'était en 1780 cela. Tout alla bien jusqu'à l'époque de l'émigration. Le duc partit en 91 : Pierre avait seize ans accomplis. Grand, bien fait et vigoureux, c'était un palefrenier excellent, mais personne n'avait plus de chevaux de luxe alors. L'orage révolutionnaire commençait à s'abattre sur les fortunes et les dispersait au loin.

Privée de la pension que lui faisait le grand seigneur, la pauvre veuve s'était vue en face de la misère. Elle s'était résolue alors à travailler et avait été trouver une cousine, marchande aux halles, qui l'avait prise avec elle.

Pierre aussi voulait travailler ; il se fit porteur pour ne pas s'éloigner de sa mère, car la pauvre femme était déjà malade. Les tourmentes politiques eussent dû, certes, respecter ces existences infimes, mais il n'en fut pas ainsi. Chacun a ses ennemis ; la veuve avait les siens, un mauvais sujet entre autres, que François Raymond avait jadis refusé de faire entrer au service du duc.

Devenu l'un des pourvoyeurs du tribunal révolutionnaire, cet homme dénonça deux fois la veuve comme ayant des tendances aristocratiques en sa qualité d'ancienne pensionnaire d'un gentilhomme. On voulut arrêter la malheureuse femme.

Ici s'était produit un fait curieux dans l'existence de Pierre et qui lui avait valu son surnom. Pierre était fort, mais il n'avait jamais jusqu'alors soupçonné la puissance véritable de cette force si extraordinaire. Aucun de ceux qui le connaissaient n'avait, non plus, été à même de constater cette vigueur des muscles. On disait que Pierre était robuste, qu'il portait de lourds fardeaux ; mais il y en avait bien d'autres aux halles qui avaient cette réputation.

Quand on vint pour arrêter la veuve, c'était un jour de marché. Pierre était près de la boutique de sa mère. Les sans-culottes, il faut le reconnaître, étaient recrutés dans cette femme de la nation vouée au mépris par toutes les classes et surtout par la classe laborieuse. Aux halles on était franchement républicain ; mais si on acclamait la liberté, on haïait la guillotine. Aussi détestait-on les aides volontaires du bourreau. La venue des sans-culottes chargés d'arrêter la veuve avait produit un mouvement d'indignation ; mais telle était cependant la terreur qu'inspirait ce régime qu'on n'a pu trouver pour le peindre d'autre nom que celui du sentiment qu'il inspirait ; telle était cette terreur que jamais les marchands ne trouvaient d'opposition sérieuse dans l'accomplissement de leur hideuse tâche. On se détournait, on murmurait, et c'était tout. Les sans-culottes emmenaient leurs victimes !

Cependant, aux premiers mots qui avaient été prononcés, Pierre avait bondi près de sa mère. Un cercle de sans-culottes s'était formé. Les sans-culottes procédaient brutalement à l'arrestation, quand Pierre se plaça entre sa mère et les satellites de Fouquier-Tinville.

« Ma mère n'est pas une aristocrate ! avait-il dit. Laissez-la !

— Va-t-en, ou je l'incarcère avec elle ! répondit le chef des sans-culottes.

— Arrêtez-moi à sa place, j'y consens !

— Eh bien ! prenez-les tous les deux ! » dit le sans-culotte enchanté de sa bonne fortune.

Ses compagnons s'avancèrent ; la veuve criait et suppliait : la pauvre femme déjà malade ne pouvait supporter une émotion si forte, car l'arrestation alors c'était la mort, chacun le savait. Elle tomba évanouie. Les sans-culottes, sans pitié, la brutalisèrent.

Alors un rugissement furieux retentit et trois hommes roulèrent sur le pavé, tandis que les autres reculaient épouvantés. Pierre était debout, devant sa mère, la protégeant et faisant le moulinet, à bras tendu, avec un énorme banc de bois qu'il venait de saisir par l'un des pieds.

Les sans-culottes n'osaient avancer : la foule applaudissait. Pierre se rua sur ses ennemis et les mit en fuite. Puis il emporta sa mère qui ne pouvait plus marcher. La pauvre femme garda le lit, Pierre s'installa près d'elle et la soigna. Or, à cette époque de disette, on sait ce que valaient le pain, le sucre, les aliments délicats convenant aux malades. Non-seulement l'argent manquait, mais le travail lui-même manquait et la misère était à son comble.

Pierre voyait la situation sous son véritable jour, et cependant il la cachait à sa mère pour ne pas l'inquiéter.

Bientôt les petites économies s'épuisèrent, il fallut emprunter aux amis ; mais la misère était générale, ces ressources-là firent vite défaut. Pierre ne pouvait travailler, car la malade ne savait pas se passer de lui, et rendue exigeante par les souffrances, ne voulait pas que son fils la laissât seule quelques instants.

Pierre se soumettait aux caprices de sa pauvre mère : il demeurait au logis, remplissant les fonctions de garde-malade attentive.

Pierre vendit d'abord quelques meubles sans que la malade s'en aperçût ; mais le produit de ces ventes était si minime, qu'il ne put suffire bien longtemps.

Le médecin venait d'ordonner un nouveau traitement qui, assurait-il, rendrait la santé à la pauvre femme. Ce traitement exigeait toute une série de médicaments qu'il fallait bien se procurer.

Pierre ne pouvait plus emprunter aux amis. Il vendit tous ses vêtements un à un pour subvenir aux premiers frais. Un matin, il n'avait pas un liard, ni sa cousine non plus.

Sur le même carré que lui il y avait un garçon à peu près de son âge, à qui il disait bonjour et bonsoir en le rencontrant. Celui-là se nommait Spartacus, et, comme Pierre, il était porteur au carreau des halles.

Spartacus et Pierre se connaissaient pour s'être aperçus à la halle, pour s'être croisés dans l'escalier. Ils avaient échangé de ces paroles sans importance qui font qu'entre gens de même classe on se parle sans savoir souvent le nom de son interlocuteur.

Spartacus était un bon et joyeux garçon très-gai, très-confiant, ne refusant, suivant l'expression d'un de ses amis, ni un bon dîner ni un coup de poing. Spartacus était seul, sans parents, sans famille. Il avait la réputation d'un excellent travailleur, et effectivement c'était un travailleur infatigable.

Spartacus, comme voisin, avait appris la maladie de la mère de Pierre, et souvent il avait demandé de ses nouvelles, mais il ne connaissait en aucune manière la situation précaire des pauvres gens.

Ce matin-là, où Pierre rencontra Spartacus, il était pâle.

« Ta bonne femme de mère, dit Spartacus, comment qu'elle va ?

— Mieux, répondit Pierre, mais elle a faim.

— Et tu vas acheter du pain ?

— Je vas tâcher d'en avoir à crédit.

— Comment ?

— Plus un sou ! j'ai tout vendu ! Tu vois, je n'ai que ma culotte et ma chemise ! »

C'était vrai. Spartacus regarda Pierre : il voulut parler, mais il ne put pas. C'était une bonne nature que celle de Spartacus, un véritable homme du peuple dans la belle, grande et généreuse acception du mot, un homme bon, simple, naïf, se contentant de peu et vivant honnêtement de son travail, aimé des honnêtes gens et haï des vauriens, pour lesquels il affectait le plus profond mépris.

En écoutant Pierre, Spartacus avait vu tout à coup cette pauvre malade manquant de pain pour réparer ses forces épuisées et ce bon fils demi-nu et ayant tout vendu pour soigner sa mère. L'émotion lui coupait la parole. Enfin il fit un effort :

« Attends ! » dit-il à Pierre.

Et tournant brusquement sur lui-même, il rouvrit sa porte, entra dans sa chambre et en ressortit presque aussitôt tenant un pot de grès dans les mains :

« Tiens ! dit-il en le renversant. Il y a là deux écus de six livres, toutes mes économies. Va acheter du fricot à ta mère ! »

Et pour empêcher Pierre, stupéfait, de le remercier, il se sauva. Pierre acheta du pain, soigna sa mère et, le soir venu,

il se mit en sentinelle auprès de la porte entre-bâillée, pour attendre son voisin. Il attendit longtemps.

Spartacus, tout honteux de sa bonne action, n'osait pas rentrer, dans la crainte de subir les remerciements de Pierre. Il attendit la nuit, espérant échapper ainsi à la scène qui le menaçait. Quand il rentra, il monta l'escalier à pas de loup, suivant la muraille pour ne pas faire de faux pas dans l'obscurité profonde et retenant son haleine.

En approchant du carré le silence le rassura, mais comme il cherchait du doigt sa serrure, une porte s'ouvrit brusquement et Pierre courut à Spartacus, qui demeura coi comme un homme surpris en flagrant délit de mauvaise action.

« Ma mère dort, dit Pierre. Elle a dîné comme une ci-devant reine. Donne ta main, Spartacus, que je te dise merci.

— C'est bon ! c'est bon ! je vas me coucher ! répondit Spartacus avec une mauvaise humeur affectée.

— Je suis ton ami, reprit Pierre.

— Laisse-moi donc aller me coucher !...

— C'est entre nous à la vie, à la mort...

— C'est dit...

— Et je... »

Pierre ne put en dire davantage. Spartacus avait ouvert sa porte et s'était glissé dans sa chambre pour échapper aux remerciements du jeune homme. La porte en se refermant sur le nez de Pierre lui avait coupé la parole.

Le lendemain, Spartacus était parti avant l'aurore et Pierre le guetta en vain quatre jours durant, mais Spartacus ne rentra pas. Le cinquième jour, et comme la veuve allait de mieux en mieux Pierre s'apprêtait à sortir pour aller travailler, il entendit un grand bruit au rez-de-chaussée de la maison. Il écouta, il regarda, il vit une troupe de sans-culottes qui montaient.

Pierre, surpris et inquiet, ferma la porte de la chambre de sa mère à double tour, sans avertir la malade, et il mit la clef dans sa poche, puis il attendit... Les sans-culottes montaient toujours et on entendait au dehors, dans la rue, un grand brouhaha comme celui causé par la foule qui s'amasse...

Quand les sans-culottes gravirent le dernier étage de l'escalier, Pierre reconnut parmi eux le chef de la troupe qu'il avait si vertement repoussée quelques jours plus tôt. Comprenant l'intention de ces hommes, Pierre se plaça résolument en tête de l'escalier, de façon à obstruer complètement l'accès du carré.

« Qu'est-ce que vous voulez ? demanda-t-il.

— Incarcérer les vieilles aristocrates et les mauvais citoyens qui les défendent ! répondit le chef des sans-culottes.

— Celle dont tu parles n'est pas une aristocrate, c'est ma mère !

— Elle a servi un brigand...

— Le duc de Mouchy n'est pas un brigand !

— Hein ? entendez-vous ? cria le sans-culottes triomphant.

— Au tribunal ! au tribunal ! hurlèrent les sans-culottes.

— Minute ! dit Pierre. Ma mère est malade et a besoin de moi. A cette heure je ne me laisse pas prendre.

— Arrêtez-le ! » cria le chef en brandissant sa pique.

En ce moment la malade fit entendre des cris aigus :

« Pierre ! Pierre ! cria-t-elle en cherchant à ébranler la porte. Laisse-moi arrêter ! ils se guillotineront !

— N'aie pas peur, mère ! » dit le jeune homme en se précipitant.

Les sans-culottes se ruaient sur lui. Heureusement l'escalier était étroit et trois hommes pouvaient seuls passer de front. Pierre reçut le choc des trois premiers. Etendant les bras, il ramassa ces mains qui voulaient le saisir, les étreignit, les secoua avec une rage folle... Des hurlements de douleur retentirent. Les sans-culottes se jetaient en arrière... Pierre en saisit un par les hanches, l'enleva et le jeta sur ses compagnons...

Alors ce fut un tumulte épouvantable, alors la puissance musculaire du jeune homme se révéla dans toute son irrésistible grandeur. Les dix sans-culottes roulèrent sur les marches, ils furent littéralement jetés du haut en bas de l'escalier. Pierre était superbe de colère et de puissance. La maison tremblait sous les efforts de cette lutte de un contre dix......

Quand Pierre arriva à l'entrée de l'allée, laissant l'escalier vide après lui, six sans-culottes gisaient à ses pieds sans connaissance : les autres prenaient la fuite, hués par la foule. Par un hasard étrange, ces six sans-culottes renversés avaient tous un bras cassé.

Au moment où Pierre s'arrêtait, regardant s'il voyait encore un ennemi à combattre, Spartacus se précipita par l'allée à la tête d'une vingtaine de forts de la halle. Le brave homme avait appris la tentative d'arrestation, il avait recruté ses amis et il accourait pour défendre Pierre.

Cette affaire fit grand bruit, mais les autorités révolutionnaires n'osèrent entrer en lutte, car on savait que la halle entière aurait pu prendre le parti des accusés. D'ailleurs les forts avaient juré de ne pas laisser arrêter Pierre, ou plutôt Cassebras, car, à partir de cette mémorable journée, le fils de la veuve ne fut plus désigné autrement.

Cassebras et sa mère ne furent plus inquiétés, mais ces émotions successives avaient si rudement éprouvé la pauvre femme qu'elle demeura paralysée pour le reste de ses jours. Son fils lui loua une petite chambre, l'y installa et travailla avec une énergie nouvelle pour subvenir à ses besoins. Spartacus était devenu son ami intime.

Le lendemain du jour de la défaite des sans-culottes, Cassebras et Spartacus avaient adopté une place, celle du carreau, où nous les avons rencontrés au début de cette quatrième partie. La réputation de force physique de Cassebras était vite devenue populaire, et cette réputation lui avait valu souvent des surcroîts de travaux dont le jeune homme ne s'était jamais plaint, car cela lui permettait de mieux venir en aide à sa pauvre mère.

Les années de la Terreur s'étaient écoulées et le Directoire était venu.

Un soir, en revenant ensemble après une rude journée de travail, les deux forts s'arrêtèrent pour dîner chez un marchand de vin de la rue Montorgueil. Depuis quelques jours Spartacus avait l'air soucieux, embarrassé, inquiet comme un homme qui a une confidence à faire et qui n'ose l'entreprendre. Ce soir-là, le dîner le rendant sans doute plus expansif, il prit la main de son compagnon en lui disant :

« J'ai un secret à te conter. »

## LX. — CASSEBRAS

« Quoi donc ? avait demandé Cassebras avec une curiosité naïve.

— Eh bien ! vieux, reprit Spartacus en détournant la tête comme pour cacher sa honte, faut que je te dise que j'ai le cœur pincé.. Je suis amoureux comme une bête !

— Et de qui ?... Je parie que je le sais !

— Oh ! que non, tu ne la connais pas !

— Dis son nom tout de même.

— Rosette.

— Rosette ! répéta Cassebras, qui est-ce ?

— La petite bouquetière des Innocents.

— Connais pas.

— Ah ! si tu savais comme elle est jolie !

— Et elle t'aime ?

— Dame ! je n'en sais rien, mais je l'espère, car elle ne me regarde pas trop de travers. C'est la petite qui a été recueillie dans les temps, tu sais ? »

Et Spartacus avait raconté à Cassebras la courte histoire de l'enfant trouvée par la vieille marchande des quatre-saisons.

« Et tu veux l'épouser ? demanda Cassebras.

— Oh ! oui, répondit Spartacus : si elle le veut aussi, elle ! J'ai quelques cents francs d'économie et elle veut se mettre écaillère sur le carreau.

— Tiens, c'est une belle position, avait répondu Cassebras.

— Veux-tu la voir ? avait demandé Spartacus, qui, comme tous les amoureux, était empressé de recevoir les compliments que lui paraissaient mériter les charmes de l'objet de sa passion.

— Mais oui, je veux la voir ! répondit Cassebras ; d'ailleurs, si tu te maries, je serai ton témoin.

— C'est dit.

— Alors quand est-ce que je la verrai ?

— Ce soir ; elle vend ses bouquets sur le boulevard, allons-y faire un tour. »

On était à la fin de l'été, les deux amis se prirent bras dessus bras dessous et gagnèrent la promenade alors à la mode. Rosette y débitait ses fleurs avec un succès étourdissant.

« Attends, dit Cassebras, je ne la vois pas bien ; il y a un tas d'incroyables devant elle, je vais lui acheter un bouquet, reste là. »

Et, laissant son ami près de la chaussée, Cassebras se glissa dans la foule jusqu'à la bouquetière. Chemin faisant, Cassebras avait bâti dans sa tête le plan de la petite scène qu'il préparait.

Tenant une grosse pièce de deux sous dans sa main, il se promettait de choisir longuement les quelques roses auxquelles il aurait droit, afin de bien contempler l'idole de son ami, car jusqu'alors il n'avait pu la voir complètement.

Cassebras arriva en face de l'éventaire sur lequel Rosette disposait sa marchandise ; il leva les yeux sur la jolie bouquetière et il demeura comme fasciné.

« Qu'est-ce que tu veux, citoyen ? des roses ? des marguerites ? » avait demandé Rosette.

Cassebras n'avait pu répondre : il regardait toujours la charmante enfant. Celle-ci attendit ; puis, impatientée du silence et de l'inaction du fort de la halle, elle fit une moue dédaigneuse et elle tourna sur ses talons, offrant ses fleurs à d'autres.

Cassebras était demeuré à la même place et comme stupéfié. Spartacus vint le rejoindre.

« Eh bien ! lui dit-il, n'est-ce pas qu'elle est jolie ?

— Oh ! oui ! » répondit Cassebras en poussant un énorme soupir.

Le lendemain et les jours suivants, les deux amis ne parlèrent que de Rosette. Bientôt même la jolie bouquetière fut le seul et unique sujet de toutes leurs conversations. Spartacus ne s'apercevait pas de ce qui se passait dans l'âme de son compagnon, et Cassebras, qui n'avait jamais aimé, ne se rendait pas compte lui-même de ce qu'il éprouvait.

Rosette avait revu les deux amis. Elle avait apprécié ces deux bonnes, franches et généreuses natures comme elles méritaient de l'être. La pauvre enfant, seule au monde, sans famille et sans protecteur, se sentait calme et tranquille, à l'abri de tout danger, de toute insulte, sous l'affection des deux amis.

Si Spartacus adorait Rosette, Rosette se sentait disposée à accueillir favorablement l'expression de cette passion honnête et vraie. Aux projets de mariage ébauchés d'une voix timide, elle avait d'abord répondu par un sourire, mais elle n'avait rien promis.

C'était alors que Rosette avait établi son fonds d'écaillère. C'était sur les recommandations de Cassebras et de Spartacus qu'elle avait obtenu l'emplacement désiré chez le marchand de vin.

Protégée et servie avec un dévouement sans bornes par les deux amis, Rosette avait vu peu à peu sa position sociale prendre à la halle des degrés ascendants.

Personne, même parmi les plus malintentionnés, n'eût osé manquer de respect à une femme que Cassebras servait à genoux. C'était à peine si on osait regarder la belle écaillère, et chacun même s'empressait de lui être agréable tant était grand l'ascendant sur la masse de l'Hercule de la halle.

L'existence de Rosette était réellement heureuse alors.

La pauvre orpheline, recueillie par charité, n'avait jamais connu avec sa mère adoptive les aimables joies de la famille.

Passant sa vie dans la rue, elle avait ignoré absolument les douceurs de la vie d'intérieur.

Depuis qu'elle avait l'âge de raison, Rosette avait quitté sa demeure au lever du jour, puis le soir elle était allée retrouver sa mère dans quelque cabaret, et elle avait lutté avec les charmes de la dive bouteille pour contraindre la marchande des quatre-saisons à rentrer dans son grenier.

Quand Rosette perdit sa mère adoptive, elle était tellement habituée à cette existence nomade, qu'elle ne songea pas un instant à quitter sa demeure moins que modeste.

N'étant jamais chez elle, ne recevant jamais personne, Rosette n'avait pas senti le désir de parer son intérieur. Ce ne fut que lorsque Cassebras et Spartacus lui demandèrent un jour la permission d'aller lui rendre visite, qu'elle songea à embellir sa chambre. Elle acheta une glace, deux vases de porcelaine pour mettre sur la cheminée, un bout de tapis de pied pour mettre devant le lit, et une flèche et des rideaux pour orner ce lit.

Cette occupation d'un moment éveilla en Rosette l'amour du bien-être intérieur, et elle songea bientôt à embellir son *chez-elle*, ce qui lui faisait paraître plus souriante l'idée d'un ménage bien organisé.

Bref, et ainsi que je le disais, la belle écaillère était heureuse.

Comme il arrive toujours en telle circonstance, chacun s'apercevait de ce qui se passait, excepté les parties intéressées qui, elles, ne voyaient rien. Spartacus adorait Rosette, il le criait sur les toits et il regardait, sans éprouver de jalousie, les attentions de Cassebras pour la belle écaillère, attentions qu'il attribuait à une belle et bonne amitié et dont il était même reconnaissant.

Rosette, en dépit de son intelligence féminine, Rosette, dans sa naïveté de jeune fille, ne voyait elle-même dans les soins de Cassebras que la preuve du sentiment fraternel qu'elle lui portait et qu'elle pensait lui avoir inspiré. D'ailleurs Rosette aimait Spartacus, et la femme qui aime réellement ne s'aperçoit pas d'ordinaire de l'amour qu'elle inspire à un autre qu'à celui qu'elle aime.

Quant à Cassebras, il allait, entraîné sur la pente, obéissant à la passion, sans se rendre compte de ce qu'il ressentait, sans apercevoir l'abîme qu'il creusait sous ses pieds. Un coup fatal, le frappant brusquement, devait lui ouvrir les yeux.

Jusqu'alors Spartacus avait bien rêvé mariage, mais jamais Rosette ne s'était exprimée nettement à cet égard. Contente de sa situation, elle se plaisait à la prolonger sans réfléchir, dans son innocente naïveté, aux conséquences que cela pouvait avoir. Un matin, elle était seule ; Spartacus et Cassebras travaillaient au loin, Rosette eut une querelle avec une marchande de marée, et celle-ci, furieuse, lui cria en lui mettant le poing sous le nez :

« Va donc, la belle ! T'es forte parce que tu as tes deux amoureux à tes ordres ! C'est donc joli, ce que tu fais là ! »

Rosette était demeurée atterrée, au point de ne pouvoir répondre. Jamais elle n'avait supposé qu'on pût mal interpréter sa conduite, car elle savait que cette conduite était irréprochable.

Au reproche de la poissarde, voisins et voisines s'étaient mis à rire, car tous et toutes jalousaient Rosette, et le propos de la marchande de marée était dans tous les esprits si la crainte des poings formidables de Cassebras l'empêchait d'être sur toutes les lèvres.

Lorsque Spartacus revint dans l'après-midi, il trouva Rosette rêveuse et triste. Cassebras n'était pas là. La belle écaillère accueillit assez mal Spartacus, mais celui-ci était trop épris pour avoir de l'amour-propre, et en véritable amoureux il insista au lieu de se fâcher.

« Vous m'aimez ! vous m'aimez ! lui dit enfin Rosette. Eh bien ! quand nous marierons-nous alors ?

— Quand ? s'écria Spartacus transporté. Quand vous voudrez !

— Eh bien ! que ce soit le plus vite possible. Si vous voulez de moi pour femme, je veux bien de vous pour mari. »

Spartacus était fou de bonheur. Le soir, quand il retrouva Cassebras, il lui confia sa joie et lui apprit que son mariage était arrêté pour le 20 vendémiaire.

« Tu seras mon témoin enfin ! s'écria-t-il ; il y a assez longtemps que c'est convenu. »

Cassebras ne put parler. Spartacus était trop ému lui-même pour s'apercevoir de l'émotion de son ami : il ne remarqua rien. Cette nuit-là, Cassebras souffrit des tortures que l'homme le plus féroce ne saurait souhaiter à son plus cruel ennemi. Il ne put demeurer en place, il quitta sa mansarde et il erra dans Paris.

« Je l'aime ! s'écria le malheureux avec une angoisse horrible. J'aime la fiancée de mon ami, de celui qui a donné du pain à ma mère malade. Oh ! je suis un lâche ! »

Au point du jour, Cassebras avait pris son parti :

« Je ne les verrai plus ! s'était-il dit. Je vais m'enrôler et je ne ferai tuer à l'armée... Allons ! j'embrasse ma mère et je pars !... »

Il monta chez la pauvre veuve pour lui faire ses adieux. Quand la paralytique apprit la résolution de son fils, elle fondit en larmes.

« Tu m'abandonnes ! dit-elle. Qui donc aura soin de moi ?

— Mère ! s'écria le fort de la halle en se mettant à deux genoux ; c'est pas vrai ! je ne pars pas ! je te dis c'était pour rire ! »

Il s'en alla décidé à rester à Paris auprès de sa mère, mais le cœur ulcéré. Spartacus vint dans la journée lui demander de s'occuper des apprêts de la noce.

A partir de ce jour, tout ce que la jalousie, cette passion effrayante qui engendre les plus odieuses actions, a de tortures, d'angoisses, de douleurs, de rage folle, Cassebras le subit.

Rosette et Spartacus étaient trop occupés de leurs amours pour faire attention aux souffrances de leur ami. Rien ne rend égoïste comme la joie : elle empêche de voir les douleurs d'autrui.

Se sacrifiant à sa mère malade, le malheureux Cassebras eut le courage de supporter l'horrible supplice que lui imposait la vue du bonheur des deux futurs époux ; mais le cœur a sa dose de force que la somme des tourments ne saurait dépasser, et la jalousie est certes l'une des passions les plus corrosives que l'enfer ait inventées.

Bientôt une transformation parut s'être opérée dans la manière d'être de Cassebras. Il devint sombre, triste, taciturne.

A mesure que l'époque du mariage approchait, Cassebras sentait, plus poignante et plus terrible, cette jalousie qui le torturait.

Par moments il constatait, avec une honte effrayante de lui-même, que toute affection pour Spartacus s'était éteinte en lui. Là où était jadis l'amitié, il avait senti venir la haine. Les pensées les plus sauvages avaient surgi dans son cerveau malade. Enfin, le jour du mariage était venu.

De même que dans un panorama rapide, Cassebras venait de voir se dérouler toute sa vie passée, de même encore il vit repasser devant ses yeux tous les événements de la journée qui venait de s'écouler.

En songeant à l'instant fatal où, son couteau à la main, il avait eu un moment la pensée horrible d'accomplir un double meurtre, il frissonna et il éleva de nouveau les mains vers le ciel :

« Allons ! reprit-il, il faut en finir ! »

Il reporta ses regards sur la nappe d'eau noirâtre qui coulait au-dessous de lui, et il fit un mouvement comme pour enjamber le parapet du pont.

« Ma mère... dit-il en s'arrêtant. Qu'est-ce qu'elle va devenir sans moi ? »

Puis, après un silence :

« Cependant, dit-il résolûment, je ne puis pas vivre !... je les tuerais, je le sens ! »

Et regardant encore la rivière :

« Comme l'eau est noire ! dit-il. Dire que dans quelques minutes je ne souffrirai plus ! »

Il était alors près de minuit ; c'était l'instant où Malurec et le Maucot, se dirigeant vers le Gros-Caillou, venaient de traverser l'esplanade des Invalides, quelques moments avant celui où nous vous descendre de la pile de bois à brûler, quelques moments avant celui où la foule des buveurs, se précipitant hors du cabaret borgne, faisait cercle autour des deux combattants qui roulaient sur le pavé fangeux et assistait avec des cris de joie Broca à cette lutte terrible. L'un des deux hommes, celui qui était renversé sous l'autre, venait de faire briller la lame nue d'un long couteau.

## LXI. — LA LUTTE.

Celui des deux lutteurs qui dominait l'autre étreignait son adversaire sans se douter du danger imminent qui le menaçait. Pas un des spectateurs ne fit un mouvement pour l'avertir, ne poussa un cri. La lame aiguë se dressa brusquement et s'abaissa rapide...

En ce moment le personnage menacé se pencha pour mieux comprimer les mouvements de son adversaire. Ce geste inattendu le préserva d'une atteinte peut-être mortelle. Au lieu de rencontrer le corps dans lequel elle se fût enfoncée, la lame du couteau effleura le bras, dont elle déchira l'épiderme à un endroit jusqu'au coude.

« Ah ! chien ! ta joues du couteau quand je ne me sers que de mes poings ! » hurla le blessé avec un accent de colère furieuse.

Mais le mouvement que lui avait fait faire le contact de l'acier avait détruit l'équilibre de sa position. Il s'était penché à droite. Son adversaire se roidit en s'enlevant sur les reins, l'autre glissa complètement alors. La position des lutteurs était changée... Le vainqueur devenait le vaincu, et celui qui râlait tout à l'heure sous l'énergique étreinte de son ennemi, l'étreignait à son tour et à son tour le dominait.

Les deux hommes étaient étendus, l'un sur le dos, l'autre presque complètement couché à plat ventre sur le premier. La foule suivait avec un intérêt palpitant les péripéties de cette lutte, mais personne ne paraissait avoir intention de s'interposer. On applaudissait, on criait, on excitait les combattants... en se maintenant à distance du combat.

Celui des deux qui avait saisi son couteau et qui alors avait repris l'avantage, celui-là brandissait son arme :

« Ah ! s'écria-t-il d'une voix étouffée, je te tiens, Carmagnole ! tu vas la danser. »

L'autre rugissait en redoublant d'efforts ; mais sa position était difficile. En roulant sous son adversaire, il avait eu le bras droit engagé sous son propre corps et l'autre bras pouvait seul lui servir de défense, car son ennemi en pesant sur lui de tout son poids le contraignait à une immobilité presque absolue.

Le couteau étincela de nouveau dans l'espace : cette fois la lame acérée menaçait la poitrine et rien ne pouvait préserver de son atteinte mortelle.

« Carmagnole va la danser ! répéta l'homme avec un rire féroce.

— Qu'il la danse ! hurla la foule qui, mise subitement en gaîté, se prit à chanter l'horrible ronde à laquelle les paroles prononcées faisaient allusion. Vive Paille-de-Fer !

— Silence ! » cria le vainqueur.

Les spectateurs cessèrent de hurler.

« Avant d'être saigné, reprit Paille-de-Fer, faut qu'il avoue la chose ! Le Beau-François vaut mieux que Chat-Gauthier ! Dis-le, Carmagnole.

Un grognement sourd fut la seule réponse.

« Dis-le ! » reprit Paille-de-Fer.

Puis après un temps.

« Une fois, veux-tu ? deux fois... trois fois ?... Non ! alors !... »

Paille-de-Fer brandit de nouveau son arme menaçante : Carmagnole était dans l'impossibilité de tenter un mouvement pour se défendre. La lame s'abaissa rapide en sifflant.

« Tu ne le tueras pas ! » cria une voix.

Une femme venait de se précipiter sur les deux combattants et, saisissant le bras de Paille-de-Fer, elle avait détourné le coup. Des cris d'indignation retentirent.

« A bas la Provençale ! » hurla la foule.

Paille-de-Fer, abandonnant son ennemi, avait bondi et s'était rué, furieux, sur la femme. La saisissant d'une main par sa coiffure, il lui renversa le corps en arrière.

« Tu vois bien que tu l'aimes, hurla-t-il. Tu vas payer pour lui.

— Grâce ! cria la malheureuse en tombant à genoux. Ah ! caramba !...

— Caramba ! une payse, qué... Un rien du tout qui te le manque... As-tu fini, vieux, s'il l'en faut : à toi z'à moi !

Ces paroles, débitées avec une rapidité extrême comme un roulement de tonnerre, n'étaient pas achevées, que Paille-de-Fer reculait, repoussé violemment et abandonnant la Provençale, délivrée de tout danger.

« Hein ? quoi ? qu'est-ce que c'est ? dit Paille-de-Fer tout étourdi.

— Nous sommes deux, maintenant, s'écria Carmagnole en bondissant.

— Tu pourrais dire trois, » ajouta une autre voix.

La scène venait de changer subitement : la femme agenouillée était demeurée à demi renversée. Devant elle deux hommes, venant de surgir dans l'ombre, se tenaient comme deux puissants protecteurs. A côté d'elle était Carmagnole, l'adversaire de Paille-de-Fer. Celui-ci, étonné, la physionomie farouche, le couteau nu à la main, fauçait sur le groupe qui lui faisait face son regard empreint des plus hideuses passions.

La foule entourait les quatre hommes et les femmes, resserrant ses rangs pour mettre chacun à même de mieux voir. Un murmure menaçant se faisait entendre.

« Enfants du Beau-François, hurla Paille-de-Fer, laisserez-vous insulter votre chef ?

— Non ! non ! A mort ! crièrent hommes et femmes avec des gestes menaçants.

— Attention ! dit l'un des deux défenseurs de la Provençale ; tu as ton bâton, Maucot ?

— Laisse faire, qué ; on verra voir ! »

— C'est de la bande au Chat-Gauthier, reprit Paille-de-Fer en désignant les deux nouveaux venus.

— A mort ! à mort ! répéta la foule.

— En plein dans le gâchis, murmura Mahurec. J'aime assez cela, Maucot ! Tiens bon sur les terriens, moi je croche la femme et je l'emporte pour la faire jaser.

— A mort ! à mort ! hurlait la foule.

— C'est bien ! dit le Maucot en brandissant une énorme bûche de bois de chêne qu'il venait d'arracher d'une pile par-dessus la clôture du chantier.

— A mort ! à mort !

— On a bien entendu, bêtes ; et puis après ? »

Il était minuit un quart.

## LXIII. — LE PONT DE LA RÉVOLUTION.

Il était minuit un quart. Cassebras était agenouillé sur le trottoir du pont, les mains jointes, le front penché : il priait.

L'aveugle et son chien étaient partis ; le pont était absolument désert.

« Mon Dieu ! disait le fort de la halle avec une émotion profonde, quand j'étais petit, ma bonne mère me menait dans les églises et me faisait prier à deux genoux. Maintenant, il n'y a plus d'églises, mais il y a toujours un bon Dieu qui me voit, qui m'entend et qui me juge ! J'ai toujours été un bonnête garçon, je n'ai jamais fait de mal à personne... Je sais que c'est mal de se tuer... mais c'est encore plus mal de tuer les autres ; et... si je vivais... Oh ! si je vivais, je tuerais Rosette et Spartacus ! Alors, mon Dieu, pardonnez-moi et faites vite mourir ma pauvre vieille mère pour qu'elle ait du chagrin moins longtemps ! »

Cassebras se releva ; il était redevenu parfaitement calme ; il avait pu prier, et le sentiment de la prière (si je puis m'exprimer ainsi pour rendre l'effet produit) l'avait rappelé à lui-même. Il voulait se tuer ; mais cette résolution, fermement arrêtée, n'était plus celle d'un fou : c'était celle d'un homme réfléchi pesant sa dose de force et sa dose de douleur, et entraîné par le poids du plateau fatal.

Cassebras regarda encore la rivière.

« J'aurais voulu embrasser ma pauvre mère, murmurait-il ; mais, si je la revoyais, je ne pourrais plus mourir, et alors... Non ! non ! il faut que je meure cette nuit ! »

Puis après un silence :

« Oh ! reprit-il, pourquoi ma pauvre mère m'a-t-elle empêché de me faire soldat ! J'aurais été tué en Égypte ! »

Ses regards s'abaissaient toujours sur la nappe d'eau noirâtre.

« Quel bonheur que je ne sache pas nager ! » murmura-t-il.

Enfin, après une dernière réflexion :

« Allons ! » dit-il résolûment.

Il enjamba le parapet. Un bruit sourd et précipité retentit dans la direction de la place ; l'obscurité profonde empêchait de rien distinguer. Cassebras avait alors un pied posé sur cette sorte de corniche qui borde le pont extérieurement dans toute sa longueur, comme un étroit chemin suspendu au-dessus de l'abîme.

Surpris par le bruit, il écouta ; il était évident que la place, déserte tout à l'heure, était maintenant traversée par quelque promeneur retardataire désireux de regagner au plus vite son domicile.

Cassebras venait d'achever d'enjamber le parapet, et, les deux pieds sur la corniche, il allait s'élancer dans l'abîme quand une réflexion subite le retint.

« Si je me jette à l'eau, murmura-t-il, ceux qui viennent pourront m'entendre ou me voir, et s'ils m'entendent ou me voient, ils voudront venir à mon secours. Ils me repêcheraient peut-être, et je veux mourir ; je ne veux pas qu'on me sauve ! »

Et, résolu à attendre avec cette froide détermination de l'homme qui, décidé à mourir, calcule toutes les chances plus ou moins grandes de salut pour mieux les combattre et les détruire, Cassebras se blottit sur la corniche, derrière le parapet. Ainsi placé, il eût été impossible de deviner sa présence en passant près de lui, lors même que la nuit eût été moins sombre et les ténèbres moins épaisses.

Le bruit augmentait rapidement et devenait plus distinct : on eût dit celui causé par de gros souliers ferrés heurtant le sol dans une course furieuse. Enfin une ombre apparut

Il a été acclamé par la salle entière. (Page 117.)

assez rapprochée, se dessinant vaguement dans les ténèbres de la place... Puis l'ombre s'approcha, se précipitant avec vélocité, et un homme surgit à l'entrée du pont, se dirigeant vers la rive gauche de la Seine.

Cet homme, qui courait à perdre haleine, paraissait presque épuisé et sous le coup de la plus violente émotion : sa respiration sifflante comme le râle d'un cerf forcé indiquait la longueur de cette course furieuse. Ce n'était pas cependant la course d'un homme poursuivi qui fuit devant le danger. Non ! il n'y avait pas d'inquiétude dans cette démarche précipitée : c'était plutôt celle d'un homme qui, mû par un violent sentiment quelconque, a hâte d'atteindre un but.

Suivant la chaussée du pont, il passa à la hauteur de l'endroit où se tenait caché Cassebras, sans pouvoir soupçonner la présence du fort de la halle. Il atteignait alors l'extrémité de la montée : redoublant d'efforts et se précipitant avec un nouvel élan, il allait disparaître dans les ténèbres, quand un coup de sifflet sonore, strident, déchirant brusquement les airs, retentit soudainement dans la direction de la place de la Révolution.

Le coureur s'arrêta subitement comme s'il se fût heurté tout à coup contre un obstacle matériel s'opposant à son passage. Il demeura immobile, haletant et prêtant une oreille attentive.

Un second coup de sifflet retentit... Alors l'homme du pont écarta ses vêtements, fouilla dans son gilet, parut y prendre quelque chose et il porta la main à ses lèvres ; un troisième coup de sifflet retentit, mais celui-là partant du pont et paraissant répondre aux deux premiers venus de la place. Puis l'homme attendit...

Cassebras, surpris, avait légèrement avancé la tête, afin d'être à même de voir ; mais les ténèbres étaient tellement obscures qu'elles ne lui permettaient de distinguer que la masse noire et confuse formée par le personnage qui demeurait toujours stationnaire et immobile.

Cet homme semblait écouter avec anxiété et ses regards s'efforçaient aussi de lutter avec l'épaisseur de la nuit. Enfin le bruit d'un pas rapide retentit au loin, mais ce bruit attestait un pas léger, sans fatigue, comme celui des montagnards. Une nouvelle ombre surgit du côté de la place, s'engagea sur le pont et passa devant Cassebras avec une vélocité double de celle déployée par la précédente.

« C'est toi, Jonas? dit le nouvel arrivant.
— Oui, répondit l'autre en s'avançant.
— Tu n'as pas encore été au Gros-Caillou?

Cassebras prit un siège et s'assit en face de Thomas. (Page 122.)

— Non, je me dépêchais bien pourtant.
— Alors il est inutile que tu y ailles. Le chef t'ordonne de retourner sur l'heure rue des Deux-Écus.
— Et l'écaillère?
— L'affaire est faite.
— Enlevée.
— Oui.
— Et le mari?
— A demi assommé.
— Et les convives, la noce ?
— Tous ivres morts! Ç'a été fait avec une rapidité merveilleuse : ça a duré deux minutes au plus... Donc, il n'est plus utile que tu ailles chercher le renfort dont nous croyions avoir besoin. Retourne rue des Deux-Écus, il n'y a plus personne au *Vainqueur de Lodi*, il n'y a que les moutons, mais Jean Bretan te donnera des instructions ! Va et file vivement. Je vais au Gros-Caillou...
— Mais Rosette?
— Nous l'avons, te dis-je.
— Rosette ! vous avez Rosette ! hurla une voix formidable. Rosette enlevée !... »
• Deux mains, deux tenailles de fer venaient en même temps de s'abattre sur les deux causeurs, et les saisissant en même temps, les avaient heurtés l'un contre l'autre, face contre face, avec une violence telle qu'un double cri de saisissement et de douleur jaillit à la fois.
« Rosette ! où est Rosette ? reprit la voix.
— Cassebras ! murmura l'un des deux hommes.
— Rosette ! Rosette ! répétait le fort de la halle. Où est-elle?
— Je vais te le dire, ne serre pas si fort! dit le dernier venu.
— Parle ! dépêche-toi ! ou je te...
— *Cam !* » hurla l'homme en lançant ce nom biblique comme un signal.

L'autre fit un effort pour bondir en arrière. Cassebras le retint de la main droite, mais au même instant il sentit s'alléger singulièrement le poids qu'il maintenait de la main gauche... une manche d'habit lui restait seule dans la main... l'homme fuyait. Cassebras poussa un hurlement de rage folle, et, emporté par un premier mouvement, il s'élança sur les traces du fuyard, abandonnant l'autre prisonnier... Il se ruait avec une telle furie, qu'il allait certes en deux bonds atteindre celui qui se sauvait...

Tout à coup, comme sa main s'étendait déjà pour ressaisir sa proie, le colosse sentit quelque chose s'abattre dans ses

8

pieds... ses jambes s'embarrassèrent dans une corde... il voulait faire un effort pour se maintenir... il ne put... il roula sur le pavé...

Il se releva d'un seul bond, mais il était bien tard... Le premier des deux hommes disparaissait dans les ténèbres, s'enfonçant dans le quartier de la rive gauche. L'autre, celui qui, avec une présence d'esprit extraordinaire, avait pu lancer une corde dans les jambes de Cassebras alors que l'autre allait saisir son compagnon, l'autre s'enfuyait et il avait déjà atteint les abords de la place...

Toute cette scène s'était accomplie avec une rapidité telle qu'elle avait à peine duré deux secondes.

Cassebras parut hésiter un moment sur le parti qu'il devait prendre, à propos de l'homme qu'il devait poursuivre, mais cette hésitation fut courte :

« Il a dit au Gros-Caillou ! » murmura-t-il.

Et il bondit avec un élan furieux dans la direction de l'esplanade des Invalides.

## LXIII. — LE FANTOME.

A cette époque, les quais, n'existant pas sur la rive droite, ainsi que je l'ai précédemment expliqué, n'existaient pas davantage sur la rive gauche. Après avoir traversé le pont de la Révolution, on trouvait tout de suite la berge, une berge rapide même, dangereuse, que côtoyait le chemin de halage et qu'encombraient des bois flottés. Le Gros-Caillou, à cette époque déjà, avait le monopole des chantiers de bois à brûler et son port voyait venir échouer tous les trains de la Bourgogne, de l'Auxerrois et de l'Orléanais.

En s'élançant dans cette direction, c'est-à-dire en descendant la Seine, Cassebras avait aperçu une ombre se glissant rapidement au milieu du dédale des charpentes qui obstruaient la berge et la rendaient presque impraticable. Cette ombre devait être celle de l'homme qu'il poursuivait.

Mû par la réunion des sentiments les plus puissants qui peuvent électriser la machine humaine, obéissant au désir de préserver la femme qu'il aimait et qui (venait-il d'apprendre) était tombée victime d'un guet-apens, de venger cette femme, de la délivrer, de se grandir à ses yeux par un acte de générosité et d'écraser ceux qui l'avaient insultée, Cassebras sentait se centupler encore ses forces déjà si extraordinaires.

Il ne franchissait pas l'espace, il le dévorait ; il ne courait pas, il volait. Nul doute que celui qu'il poursuivait avec une énergie effrayante ne tombât promptement au pouvoir de ses mains herculéennes.

A peine vingt pas, une longueur de pile de bois flotté, le séparaient-ils de l'homme qu'il voulait atteindre, quand celui-ci s'élança d'un bond derrière la pile et disparut. Au même instant, un coup de sifflet retentit, et ce coup de sifflet fut répété immédiatement de cinq ou six côtés différents comme si autant d'échos l'eussent répercuté à la fois.

Cassebras avait tourné la pile... il ne voyait plus rien... ses yeux fouillaient les ténèbres. Il revint sur ses pas pensant avoir été le jouet d'une illusion. Effectivement, deux piles plus loin il vit surgir une ombre... Évidemment celui qu'il poursuivait l'avait trompé, et tandis que Cassebras tournait la première pile, l'homme avait réussi à gagner du terrain.

Le fort de la halle s'élança plus furieux : en quelques secondes il eut rattrapé le terrain perdu.

« Arrête, brigand, je t'étrangle ! » cria-t-il.

Mais au même instant il faillit perdre l'équilibre : il était arrivé sur l'extrême bord de l'un de ces conduits d'égout, sortes de ruisseaux creusés dans les terres, qui alors conduisaient les immondices dans la rivière.

Cassebras n'avait pu, à cause de l'obscurité, apercevoir cette excavation profonde et assez large. Lancé comme il l'était, il ne pouvait se retenir... ses deux pieds étaient sur l'extrême bord de l'abîme dont l'arête croulait sous le poids...

Le fort de la halle n'hésita pas, il plia sur ses jarrets et il s'élança comme les enfants qui sautent à pieds joints.

Telle fut la vigueur de l'élan donné qu'il franchit le petit canal ; mais, quelque court qu'eût été ce temps d'arrêt, il avait donné un peu d'avance au fuyard. En retombant de l'autre côté, Cassebras ne vit plus une seconde fois celui qu'il poursuivait.

Un formidable juron s'échappa de ses lèvres, ses yeux fouillèrent anxieusement les ténèbres. Un moment il crut apercevoir quelque chose derrière une pile voisine à droite, mais au même instant il voyait un homme fuir à gauche à cent pas devant lui ; celui-là courait en remontant la berge. Cassebras, infatigable, s'élança plus rapide.

Le fort de la halle était alors arrivé à la hauteur de l'esplanade des Invalides, et les grands arbres se dressaient en face de lui. C'était vers ces grands arbres que s'était précipité le poursuivi, lequel paraissait redoubler, lui aussi, d'énergie et de vélocité. Bientôt il atteignit le premier rang des châtaigniers.

Cassebras était sur ses traces, mais les arbres, avec leurs gros troncs noueux, protégeaient la fuite et rendaient la poursuite plus difficile. Le fuyard gagna un peu de terrain. La nuit était plus noire encore, les ténèbres étaient plus opaques sous les branchages aux feuilles jaunies. Un moment le fort de la halle perdit de vue le coureur. Il hésita, cherchait à percer l'obscurité, quand il crut voir une ombre se détacher à gauche ; mais au même instant un bruit sec comme celui de feuilles froissées retentit à droite. Cassebras se retourna précipitamment. Dans une éclaircie, il aperçut distinctement un homme courant avec rapidité, mais sans doute le fuyard avait senti s'accroître ses forces, car maintenant la distance qui le séparait du fort était double.

Cassebras se rua de nouveau. L'autre prenait la direction de la rivière, suivant la ligne des arbres qui vont de l'esplanade au champ de Mars formant une promenade peu distante de la berge. Cassebras écumait de rage... Il bondissait avec des élans furieux, et bientôt il fut presque sur celui qu'il poursuivait. Celui-ci luttait encore, mais il était évident que cette fois il allait être atteint... Cassebras emporté dans sa course effleurait à peine le sol. Il entendait la respiration sifflante de son ennemi, il était presque à portée de le saisir... Faisant un suprême effort, il redoubla de rapidité et il étendit à la fois les deux mains...

L'homme allait être pris, saisi, il ne pouvait plus distancer celui qui le poursuivait, quand, s'arrêtant avec un arrêt d'une brusquerie subite, il se baissa et glissa sous le bras tendu du fort de la halle... Cassebras, emporté par l'impulsion, continua sa course et fit trois ou quatre pas avant de pouvoir se retourner.

Il ne vit plus rien... Son ennemi avait disparu comme s'il se fût abîmé soudainement dans les entrailles de la terre. Cassebras demeura un moment haletant, immobile.

Un coup de sifflet retentit à droite... Cassebras vit une ombre se dessiner dans une direction diamétralement opposée à celle qu'il croyait la bonne... Il hésitait... Un second coup de sifflet déchira les airs à gauche, une autre ombre surgissait de ce côté à vingt pas de distance.

Puis ce fut un troisième coup de sifflet... et un quatrième... un cinquième... et de trois autres côtés différents des hommes s'élancèrent de derrière les troncs d'arbres paraissant fuir dans des directions opposées.

Cassebras étreignit son front dans ses mains crispées. Il craignit qu'il ne devenait pas fou... Que signifiaient ces ombres surgissant tout à coup de tous les côtés à la fois et glissant sur le sol comme des fantômes ?

Au même instant des cris furieux éclatèrent au loin sur la gauche, dans la direction du quartier du Gros-Caillou, dont Cassebras longeait alors l'extrémité nord. Ces cris paraissaient provenir de l'extrémité d'une rue étroite et tortueuse, en face de laquelle le fort de la halle s'était arrêté.

En ce moment un pas rapide retentit et un homme, accourant de la berge, se précipita vers cette rue. Il arriva devant le fort de la halle avec une agilité tenant du miracle.

Cassebras demeurait stupéfié, atterré, comme n'ayant plus conscience de son étrange situation.

« Viens ! » lui dit l'homme sans ralentir sa course.

## LXIV. — LE CABARET.

Celui qui venait de passer si rapidement devant Cassebras s'était engagé dans la rue Nicolet, cette rue fangeuse et tortueuse à l'extrémité de laquelle paraissaient retentir des clameurs menaçantes.

La ruelle était absolument plongée dans les ténèbres les plus obscures ; mais celui qui la parcourait en connaissait sans doute le pavé difficile, car il redoublait de vitesse sans faire le moindre faux pas, en dépit des excavations et des saillies qui abondaient.

En quelques secondes, il eut franchi la longueur de la voie sinueuse, et il atteignit l'endroit où elle se relie à angle droit avec la rue de l'Université.

C'était au sommet de cet angle que se dressait la maison de sombre apparence dont j'ai parlé, et dont le rez-de-chaussée était occupé par le cabaret, sur le seuil duquel avait eu lieu la rixe entre les citoyens Carmagnole et Paille-de-Fer.

En ce moment la place, où quelques instants plus tôt luttaient les deux ennemis, était encombrée par une foule paraissant en proie à l'exaltation la plus vive.

Hommes, femmes, enfants criaient, hurlaient, vociféraient en entourant la boutique du marchand de vin avec des gestes furieux. Sur le seuil de la porte de cette boutique, un homme se tenait, une sorte de massue à la main, et paraissait défendre l'accès du cabaret.

Le réverbère accroché dans la rue avait été brisé et éteint, de sorte que la rue était plongée dans les ténèbres.

Seule la boutique du marchand de vin était éclairée, et comme la lumière provenant de l'intérieur filtrait difficilement à travers les rideaux rouges et les vitres couvertes d'une couche épaisse de poussière qui finissait par les défendre, comme la carapace défend le corps des chéloniens, la porte étant ouverte, l'homme et la massue se détachaient en noir sur le fond lumineux, et cette façon d'être éclairé donnait à ses mouvements quelque chose de bizarre et de fantastique.

La foule, formant demi-cercle en face de l'entrée de la boutique, semblait être en proie à l'exaltation la plus frénétique.

C'était un bruit épouvantable, indicible ; la foule furieuse paraissait se disposer à faire le siège de la maison au moment où le nouveau venu arrivait et se glissait, sans être remarqué, parmi les rangs serrés des assaillants. Ce nouveau venu, c'est-à-dire celui qui avait traversé si rapidement la berge et qui s'était élancé dans la rue Nicolet en disant à Cassebras de le suivre, ce nouveau venu paraissait chercher, demander, examiner avec une attention scrupuleuse. Il atteignit un petit groupe formé par trois hommes, qui criaient et gesticulaient avec une véhémence croissante.

« Paille-de-Fer, dit-il, rallie tes hommes et conduis-les sur l'heure au village.

— Hein ! fit l'un des trois hommes.

— Rallie ton monde, et à Grenelle ; c'est l'ordre du chef.

— Je veux ma nièce, répondit Paille-de-Fer.

— Où est-elle ?

— Là ! »

Et il désignait le cabaret.

« Là ! dit l'autre avec étonnement ; eh bien ?

— Elle est là avec Carmagnole, celui qu'elle veut épouser. Ah ! j'aurais dû le saigner, celui-là, quand je le tenais sous mon genou ; et puis il m'a échappé et il s'est ensauvé comme un lâche avec deux amis qui sont venus à son aide ; mais on les tuera tous, et la Cagnotte n'aura pas pour mari un de la bande de Chat-Gauthier ! »

Puis se tournant vers les autres :

« A mort ! à mort ! hurla-t-il d'une voix puissante.

— A mort ! En avant répéta la foule.

— A mort, té ! Qu'est-ce qui en veut ? caramba ! on va servir chaud, chaud ! » répondit l'homme à la massue en faisant tournoyer son arme.

Tous criaient, mais chacun se tenait à distance respectueuse du trop gigantesque gourdin.

« Entrez, vous autres ! commanda Paille-de-Fer.

— Eh ! fit un homme en reculant pour éviter d'être atteint par la massue, celui-ci se fera assommer comme un bœuf ; il faudrait un pistolet.

— Et dire que le chef ne veut pas d'armes à feu, dit en frémissant de rage Paille-de-Fer.

— Il a raison, dit le nouveau venu, cela fait trop de bruit. D'ailleurs, je te répète son ordre : à Grenelle et fils vite !

— Je veux ma nièce, répéta Paille-de-Fer.

— Bah ! tu la retrouveras après.

— Non !

— Ordre du chef, te dis-je ! »

Paille-de-Fer saisit son interlocuteur par le bras.

« Il faut que la Cagnotte vienne avec moi, dit-il à voix basse, comprends. Elle sait tous les secrets de la bande à Beau-François ; je lui ai tout révélé un soir que j'avais bu

plus qu'il ne fallait. Si elle parle, elle peut me vendre moi et les miens. Et Carmagnole me hait, et la bande à Chat-Gauthier est maintenant ennemie de la nôtre. Laisser la Cagnotte avec lui, c'est... »

Un coup de sifflet, accompagné de modulations bizarres, retentit brusquement. Au même moment, tous les cris s'éteignirent, et un silence profond régna là où tout à l'heure éclataient des hurlements furieux.

« A la raille ! » dit une voix sourde.

Les lumières qui éclairaient l'intérieur du cabaret disparaissaient au même instant.

« Je veux la Cagnotte ! » s'écria Paille-de-Fer en se précipitant.

Mais, sur un geste de son interlocuteur, quatre mains vigoureuses l'arrêtèrent, le saisirent et l'entraînèrent.

La petite place était déserte ; tout ce monde qui, quelques secondes plus tôt criait, hurlait, menaçait et gesticulait, tous, hommes, femmes, enfants s'étaient évanouis subitement comme des ombres chinoises, alors que l'on change de place la lumière.

Les ténèbres épaisses qui régnaient permettaient à peine de distinguer la maison, dont le rez-de-chaussée était occupé par le cabaret, maintenant absolument sombre et silencieux.

Un bruit de pas réguliers retentissait à une courte distance. Le personnage à la massue avait disparu également ; la porte du cabaret était close, pas la plus légère lueur intérieure ne décelait que quelqu'un veillait dans l'établissement.

L'interlocuteur de Paille-de-Fer était demeuré à la même place, abrité par les murailles de planches du chantier, jetant un regard rapide autour de lui, il aperçut une forme humaine se dressant immobile à quelques pas en arrière.

D'un bond rapide, il fut près du personnage à demi dissimulé dans l'obscurité de la nuit.

« Rosette a été enlevée ce soir, dit-il, et tu veux savoir où elle est ? »

Une sorte de rugissement sourd se fit entendre.

« Suis-moi, tu vas peut-être le savoir. »

L'homme traversa rapidement la rue ; l'autre le suivit. Arrivés tous deux devant la porte du cabaret, le premier fit entendre probablement un signal, car la porte s'ouvrit aussitôt ; il se retourna, poussa son compagnon devant lui, entra à son tour, et la porte se referma.

Tout demeura dans une obscurité complète et un silence profond. Une petite troupe d'hommes, s'avançant avec ordre, se dessinait alors dans la rue de l'Université, venant de l'esplanade des Invalides.

# CINQUIÈME PARTIE

LE CHEMIN DU TRONE.

## I. — LE COLONEL.

« Le général en chef de l'armée d'Égypte, ce héros dont la France entière a acclamé le nom, dont la gloire émeut le monde entier, dont la République est justement fière, a donc enfin foulé de son pied vainqueur le sol de la patrie !... Parti le 18 vendémiaire de Fréjus, il a passé successivement par Aix, Avignon, Valence et Lyon.

« Décrire l'enthousiasme extraordinaire, immodéré, qui éclatait dans chacune de ces villes, qui transportait la population entière des campagnes et des villages, qui tonnait sur tous les points à la fois, qui faisait battre tous les cœurs, agiter toutes les mains et pousser le même cri d'amour ; décrire cet enthousiasme, qui n'a pas de précédent dans l'histoire, serait chose impossible.

« Partout, les cloches sonnaient, les maisons étaient pavoisées, les troncs d'arbres garnis de guirlandes faites à la hâte et pendant la nuit, des feux immenses étaient allumés tout le long de la route, tandis qu'une foule attentive, tenue éveillée par le sentiment que lui inspirait celui qui allait venir, attendait palpitante et émue.

« A Lyon surtout, les élans provoqués par la présence du jeune héros furent tels, qu'il n'est pas dans l'antiquité d'exemple d'une pareille émotion populaire. On peut le dire et il faut que l'avenir le croie, le voyage de Fréjus à Lyon ne fut qu'une même et incessante ovation. Partout les preuves d'adoration et de confiance éclataient plus sincères et plus vraies.

« De toutes les bouches jaillissait un même cri, répété avec frénésie : « Voilà le sauveur de la France ! » Nous ignorons ce que l'avenir réserve de grandeur et de destinée brillante au général Bonaparte, mais nous le défions, quelle que soit la hauteur à laquelle il gravisse, d'oublier jamais ces jours si glorieux pour lui où une population entière est accourue librement sur son passage, où des départements entiers l'ont salué et acclamé en bénissant son nom !... »

Un soupir interrompit le lecteur.

« Vous souffrez, Maurice ?

— Non ! je pleure d'émotion, mais continuez ! continuez ! Cela me fait du bien ! Oh ! mon général ! il est aimé comme il mérite de l'être.

— Le journal ne donne plus de bien grands détails. Voici cependant ce qu'il ajoute :

« L'enthousiasme devenait si expansif que le général comprit qu'il ne pourrait continuer sa route qu'avec une lenteur excessive. Les courriers expédiés pour lui préparer les relais étaient eux-mêmes acclamés, reçus, fêtés, et de dix lieues de la route que le général devait suivre, toute la population se précipitait dans l'espoir de le voir passer. La Bourgogne entière était en proie au plus ardent délire. On ne parlait de rien moins que de supprimer les chevaux et de traîner à bras la chaise de poste du général de Lyon à Paris !

« Voulant précipiter sa course et désireux d'arriver à Paris, le général prit la résolution de changer la route indiquée et de voyager incognito pour se soustraire à l'ovation provoquée par l'amour de tout un pays... »

— C'est ce qui explique pourquoi madame Bonaparte n'a pu rencontrer le général.

— Sans doute.

— Oh ! comme il a dû être péniblement surpris de trouver déserte sa maison de Paris, lui qui devait... Mon Dieu !... que je souffre !

— Maurice !

— Je voudrais mourir, mais mourir sur l'heure ! Oh ! si j'avais un pistolet... une épée... un poignard... un couteau... mais non ! vous ne voulez pas me donner d'armes... Oh ! vous êtes de faux amis... vous ne m'aimez pas ! je veux mourir, vous dis-je. Laissez-moi donc me tuer... je la reverrai au moins. Oui ! oui ! Lucile... me voilà... Tiens ! je vais mourir... je vais...

— Le général Bonaparte est arrivé à Paris le 24 vendémiaire ! reprit le lecteur. Il a demandé le colonel Bellegarde.

— Mon général !... » dit Maurice en se calmant tout à coup.

Cette scène avait lieu dans une chambre de la maison habitée par le colonel Bellegarde et dans laquelle nous avons déjà pénétré.

Dans un lit, tiré au milieu de la pièce, le colonel était étendu, le front pâle, les yeux très-ardents, les lèvres d'un rouge de sang, les traits fortement contractés, les joues caves et flétries.

Depuis le matin du duel, Maurice avait vieilli de dix ans et il y avait par moments dans son regard quelque chose d'étrange, d'effrayant, pour ainsi dire, qui paraissait déceler une perturbation violente des organes du cerveau.

Deux fortes lanières entourant le lit par-dessus la couverture fixaient le drap sans pouvoir blesser le malade, mais le mettaient évidemment dans l'impossibilité absolue de s'élancer hors de sa couche. Les bras étaient emprisonnés sous la couverture, disposée comme sont celles des lits d'infirmerie dans les hôpitaux de fous.

Près du lit était une petite table surchargée de fioles, de flacons, de verres et, assis devant cette petite table, se tenait le comte d'Adore. Cinq ou six journaux gisaient sur le tapis aux pieds du vieillard.

Il pouvait être alors deux heures de l'après-midi.

« Le général me demande ? dit le colonel dont le regard devint fixe et inquisiteur.

— Oui ! dit le comte.

— Quels ordres a-t-il à me donner ?

— Il voulait vous voir, mais on lui a dit que vous étiez souffrant. Il est arrivé à Paris, dit un autre journal, avant que personne dans la capitale se doutât de sa présence. On le croyait encore sur la route de Bourgogne.

— Après ?... après ?... qu'a-t-il fait ? qu'a-t-il dit ?

— Deux heures après son arrivée, continua le comte en lisant un second journal, le général se rendait sans escorte au palais du Directoire. Bien qu'il se fût enfoncé dans l'angle de sa voiture pour ne pas être vu, la garde le reconnut, et au moment où il mettait pied à terre, un immense cri de : « Vive Bonaparte ! » le saluait avec amour.

« Le président Gohier, prévenu en toute hâte, se précipita au-devant du jeune héros et il fut convenu que le lendemain 25, le Directoire recevrait officiellement le général. »

— Et je ne suis pas près de lui ! dit Maurice avec un soupir. Oh ! comme je voudrais le voir ! comme je... mais non ! je veux mourir ! »

Et se roidissant sous les courroies qui le retenaient captif, le malade poussa des cris inarticulés, puis s'arrêtant brusquement :

« Lucile ! cria-t-il. Je te vois... tu m'appelles... tu me tends les mains... me voilà... je t'aime.. je vais mourir... je te tue... je me... »

Des cris déchirants et de nouvelles convulsions interrompirent le colonel. Un roulement de tambour retentit brusquement dans la pièce voisine : Maurice s'arrêta et redevint calme par une transition si brusque, que quelqu'un n'ayant assisté à la scène précédente, eût pu se croire le jouet d'une illusion.

« Le général ! » dit-il.

La porte s'ouvrit et Corvisart entrait suivi de Gringoire.

« Le général ! ce n'est pas lui ! reprit Maurice en grinçant des dents. Je veux... »

« Hier, 25, reprit le comte qui déployait un nouveau journal, le Directoire reçut en audience solennelle le général Bonaparte... »

Maurice s'était tu et écoutait. Corvisart s'approcha du malade et l'examina attentivement, tandis que M. d'Adore passant le journal à Gringoire, lui faisait signe de continuer la lecture commencée :

« Dans un de ces discours rapides et concis, tels que le général Bonaparte sait seul en faire, lut le soldat, il dit qu'après avoir consolidé l'établissement de son armée en Égypte, par les victoires du Mont-Thabor et d'Aboukir, et avoir confié son sort à une armée capable d'en assurer la prospérité, il était parti pour voler au secours de la République, qu'il croyait perdue. »

Maurice écoutait, anxieux, suspendu, pour ainsi dire, aux paroles prononcées par le lecteur. Il ne paraissait pas avoir conscience de ce qui se passait autour de lui, il ne paraissait même pas voir Corvisart ni le comte.

Le docteur examinait le malade avec une extrême attention, tandis que Gringoire continuait sa lecture :

« Le général trouvait la France sauvée par les exploits de ses frères d'armes, continua Gringoire. Il avait appris en débarquant la victoire de Zurich et il s'en était réjoui, mais il regrettait amèrement la perte de l'Italie... »

« Faites entrer Dupuytren, » dit Corvisart.

Dupuytren entra. Les deux médecins se mirent en devoir d'examiner le blessé, toujours absorbé par l'attention qu'il accordait à la lecture du journal que Gringoire ne discontinuait pas. Le soldat lut entièrement le discours du général, tandis que Corvisart et Dupuytren détachaient les courroies, écartaient les draps et les couvertures et enlevaient l'appareil qui recouvrait la blessure.

« Jamais, dit le général en mettant la main sur son épée, continuait Gringoire, jamais je ne la tirerai que pour la défense et la gloire de la patrie... »

« Tout est dans le meilleur état ! murmura Dupuytren. Les chairs reprennent consistance, la cicatrisation avance à grands pas.

— Oh ! dit Corvisart, si la tête était libre... »

« Le président, disait Gringoire, adressa alors des compliments au général sur ses récents triomphes et sur son retour et il lui donna l'accolade fraternelle. Tous les spectateurs de cette scène étaient profondément émus, le général... »

— Les crises sont les mêmes ? demanda Dupuytren.

— Toujours ! » répondit le comte.

Les deux médecins avaient achevé le pansement et ils

rebouclaient les courroies qui s'opposaient aux mouvements du malade, sans que celui-ci parût leur accorder la moindre attention, ni avoir remarqué les soins dont il était l'objet, car Gringoire n'avait pas cessé de lire.

« Lorsque, après une longue apathie, les hommes se réveillent et s'attachent à quelque chose, c'est avec passion, continuait Gringoire en lisant les réflexions du journaliste. Dans ce néant où étaient tombés les opinions, les partis et toutes les autorités, on était demeuré depuis longtemps sans s'attacher à rien. Le dégoût des hommes et des choses était universel, mais à l'apparition de l'homme extraordinaire que l'Orient vient de rendre à l'Europe d'une manière si imprévue, tout dégoût, toute incertitude, ont aussitôt cessé. C'est sur lui que se fixent les regards, tous les vœux, toutes les espérances...

— C'est vrai! c'est vrai! » murmura Maurice.

Corvisart, Dupuytren et le comte d'Adore s'étaient retirés à l'une des extrémités de la chambre et ils examinaient attentivement le malade.

« Il comprend parfaitement! disait Dupuytren. Il est lucide en ce moment...

— Oui, dit le comte, pour tout ce qui concerne le général Bonaparte.

— Singulier état du cerveau! reprit Corvisart. Depuis le moment où, apprenant la mort de sa femme, il a voulu se tuer ; depuis l'instant où, garrotté et mis hors d'état d'attenter à ses jours, l'aliénation mentale s'est déclarée, il n'a été maintenu calme qu'en lui parlant du général Bonaparte.

— Oui, dit M. d'Adore; dès qu'on cesse de s'occuper du général, il devient furieux, il n'a plus qu'un désir : la mort... et, dans ses crises les plus effrayantes, le nom du général prononcé le calme subitement.

— C'est singulier!

— Regardez-le en ce moment : il est parfaitement lucide, mais pourtant il ne nous voit ni ne nous entend. »

« Tous les généraux, à quelque opinion qu'ils appartiennent, employés ou non employés, patriotes ou modérés, tous ceux présents à Paris, continuait le lecteur, sont accourus chez le général qui a autour de lui un superbe cortége. Les généraux Lannes, Murat et Berthier sont revenus avec lui. On cite, parmi les nombreuses visites que le général a reçues aujourd'hui, les généraux Jourdan, Augereau, Macdonald, Leclerc, Beurnonville, Moreau. Bonaparte et Moreau se sont rencontrés ce matin chez le président Gohier, et le général en chef de l'armée d'Égypte, après avoir fait à son frère d'armes l'accueil le plus amical, lui a offert un magnifique damas enrichi de pierreries... »

Gringoire s'arrêta. Dupuytren venait de lui faire signe...
Un grand silence régna dans la chambre...

« Après ? après ? » demanda Maurice.

Gringoire regarda son colonel sans répondre. Celui-ci demeura un moment immobile et comme absorbé par des pensées diverses. Les deux médecins s'étaient rapprochés et l'examinaient avec une attention extrême.

Maurice avait les sourcils contractés, le front qui se plissait. Tout à coup ses joues se gonflèrent, ses yeux s'animèrent d'un nouvelle éclat, et il fit un soubresaut si brusque et si violent que les lanières craquèrent.

« Lucile!... Uranie!... Léopold! dit-il d'une voix rauque et sifflante et en se tordant avec des convulsions horribles, je vous entends, je vous vois... Oui ! je viens ! je viens !... mais il me faut une arme pour la route !... Une arme !... Oh ! les monstres ! ils veulent que je souffre... ils me prennent mes armes ! .. Mes armes ! Gringoire ! Rossignolet !... je veux mes armes !... mourir ! qu'on me tue !... je veux mourir !... je veux... »

La parole nette et bien prononcée s'éteignit dans un râle convulsif. Des cris horribles déchirèrent la gorge, le visage était empourpré, les veines du cou horriblement saillantes, les yeux gonflés.

« Lis ! » dit vivement Dupuytren à Gringoire.

« Le général Bonaparte s'est rendu hier à l'Opéra, reprit aussitôt le soldat, et il a bien voulu honorer la représentation de sa présence. Dès son entrée dans sa loge, il a été acclamé par la salle entière avec une frénésie impossible à décrire... »

Les cris avaient cessé instantanément : le colonel était redevenu subitement calme, son regard s'était adouci, les nerfs de la face s'étaient étendus, le sang circulait plus librement.

« Étrange caractère de folie ! » murmura Dupuytren.
Puis, faisant un signe à Gringoire.
« Continue de lire quelques mots, et cesse, » dit-il.

« Les hommes criaient et applaudissaient, continua le soldat, les femmes agitaient leurs mouchoirs et leurs bouquets... »

Gringoire s'arrêta. Maurice écoutait toujours. Il demeura immobile... puis ses sourcils se rapprochèrent de nouveau, son visage se crispa, des éclairs brillèrent dans ses prunelles, sa bouche se contracta...

« Lis ! » dit Dupuytren.

« Le général saluait, poursuivit le soldat, il saluait avec grâce et paraissait désireux de se soustraire à cette ovation de toute une salle. On a remarqué que le visage du général était devenu plus sec, son teint plus foncé. Il portait une petite redingote grise et un sabre turc attaché à un cordon de soie. Ce sabre est l'emblème qui rappelle l'Orient, les Pyramides, le Mont-Thabor, Aboukir...

— Voyez! disait Dupuytren, les muscles se détendent... l'œil s'adoucit... le front se dégage...

— C'est étonnant, » dit Corvisart.

« La France est justement fière de son héros, poursuivit le lecteur, et elle a le droit d'espérer en lui.

« Que Bonaparte a dû souffrir en voyant dans sa situation présente cette France qu'il avait laissée si forte, si grande : car il ne faut pas se faire illusion, la patrie est plus menacée maintenant qu'elle ne l'était il y a trois ans, alors que le général Bonaparte se révélait au monde.

« Sans doute la victoire de Zurich a repoussé l'ennemi et éloigné momentanément le danger, mais nos soldats se trouvent encore une fois dans le dénûment le plus absolu. Ils ne sont ni payés, ni habillés, ni nourris.

« L'armée du Rhin, celle d'Helvétie, sont plongées dans la plus affreuse misère.

« L'armée d'Italie, repliée sur l'Apennin, dans un pays stérile, ravagé par les guerres, est en proie aux maladies et à la disette la plus affreuse.

« Ces soldats, qui avaient soutenu les plus grands revers sans en être ébranlés et avaient montré dans la mauvaise fortune une constance à toute épreuve, couverts de haillons, consumés par les fièvres et la faim, demandent l'aumône sur les routes de l'Apennin, réduits à dévorer les fruits des haies !

« On a vu des corps entiers quitter leurs postes sans ordre de généraux et aller en occuper d'autres dans l'espoir d'y vivre moins misérablement.

« Que vont dire ces hommes quand ils vont apprendre le retour en France du génie de la victoire ? Les armées entières vont acclamer Bonaparte et le demander à leur tête. Bonaparte revenu, c'est la confiance renaissant pour tous...

— Oh oui ! oui ! cela est vrai ! dit Maurice. Après ? après ?

« Ces pauvres soldats de cette nouvelle armée d'Italie, combien ils seraient heureux, dit Gringoire en continuant sa lecture, de voir revenir, pour les mener à la victoire, le héros de Rivoli et d'Arcole !

« Quant à la France elle-même, quant à la population sédentaire, quant aux campagnes et aux villes, tous et toutes saluent le retour du héros avec amour, avec confiance. Le pays se sent malade, mais il sent aussi qu'il est arrivé à cet excès du mal qui souvent amène le retour du bien, quand les forces ne sont pas entièrement épuisées, et Dieu merci, la France est forte encore !

« Non ! non ! quoi qu'on en dise, la nation n'est pas épuisée au point de pouvoir se résigner à voir les Autrichiens et les Russes envahir son territoire. Elle s'indigne au contraire à cette idée. Ses armées fourmillent de soldats, d'officiers, de généraux qui, malgré les privations, sont prêts à se battre, et qui ne demandent qu'un chef.

« Toutes ces forces sont prêtes à se réunir dans une seule main, pourvu que cette main sache les diriger, et qui doute de Bonaparte ? Aussi comment s'étonner de l'enthousiasme que provoque son retour. Bonaparte en France, c'est pour le pays un gage de sécurité, de victoire, de gloire et de bonheur ! »

« Que faire alors ? disait Dupuytren.

— Ce que je vous ai proposé, dit Corvisart.

— C'est effectivement ce qu'il y a de mieux suivant moi.

— Quoi donc ? demanda le comte.

— Raconter au général Bonaparte l'état dans lequel est le colonel, le prier de venir le voir, et peut-être que la vue du général redonnera de la force à ce cerveau ébranlé. »

Gringoire continuait sa lecture, que Maurice écoutait avec une attention plus grande encore. Les trois hommes quittèrent la chambre et passèrent dans le salon.

Rossignolet, assis dans un vaste fauteuil, un tambour près de lui, paraissait plongé dans une méditation douloureuse. Au moment où les trois hommes entrèrent, le gigantesque major se leva et les salua militairement.

« Et mon colonel ? demanda-t-il.
— Toujours dans le même état, mon pauvre Rossignolet, dit Corvisart.
— Il veut encore se tuer ?
— Oui.
— Cré mille millions de n'importe quoi ! et dire que sa pauvre petite femme...
— Eh bien ? dit Dupuytren, a-t-on retrouvé les cadavres ?
— Non, dit le comte ; on a repêché les chevaux morts, la voiture, mais on n'a retrouvé aucun corps.
— Pas même dans les filets de Saint-Cloud ?
— Non.
— Cela est bien étonnant, savez-vous ? Qu'un corps disparaisse ; cela peut s'expliquer, mais trois corps noyés en même temps...
— On prétend que le tourbillon dans lequel ils sont tombés engloutit tout.
— Est-ce certain cela !
— Je m'en assurerai, dit le comte.
— C'est fait, dit une voix claire.
— Niorres ! s'écria le comte en voyant le jeune sergent-major entrer dans le salon, d'où viens-tu ?
— Du Point-du-jour ; je voulais sonder le gouffre.
— Eh bien ?
— Je l'ai sondé ; je me suis fait attacher par des cordes et j'ai plongé.
— Mais tu pouvais te noyer cent fois !
— Oh ! que non ; j'avais avec moi deux amis qui ont plongé aussi : Mahuret et le Maucot.
— Eh bien ?
— Rien ; le gouffre ne contient pas un seul cadavre.
— Voilà qui est décidément étrange, dit Dupuytren.
— Et nous avons sondé la rivière, je vous en réponds : rien, pas un corps ; j'ai repêché le coussin de la voiture. »

Les trois hommes se regardaient avec étonnement.

« Qu'en pensez-vous ? demanda le comte aux deux médecins.
— Je pense, dit Corvisart, qu'il faudrait causer de cela avec Fouché.
— C'est mon avis, ajouta Dupuytren.
— Je vais demander une voiture, dit M. d'Adore.
— Inutile, fit Corvisart en s'avançant, j'ai la mienne ; venez. »

M. d'Adore et Corvisart quittèrent aussitôt la pièce : Dupuytren s'était approché de Louis.

« Vous ne vous ressentez plus de votre indisposition ? demanda-t-il.
— Non, répondit le sergent-major, mon col mel a besoin de moi ; je me porte bien. »

Dupuytren regarda fixement le jeune homme.

« Qu'est-ce que vous pensez, lui demanda-t-il, depuis que, après avoir exploré la Seine, vous n'avez retrouvé aucun cadavre ?
— Je ne sais pas, répondit le sergent-major ; mais j'ai parfois de bien singulières idées... et il y a à l'horizon comme une lueur d'espérance...
— Cré mille millions de n'importe quoi ! si ça se pouvait, dit le major.
— Au revoir, » dit Dupuytren en saluant les deux soldats.

Louis et Rossignolet, demeurés seuls, se regardèrent.

« Veux-tu voir le colonel, sergent ? dit le major.
— Non, dit Louis en secouant la tête ; ça me fait trop de mal de le voir comme cela. D'ailleurs, il faut que je sorte.
— Pourquoi faire ?
— J'ai une idée.
— Eh bien ! où vas-tu ?
— Je vais voir le général donc.
— Le général Bonaparte ? s'écria Rossignolet.
— Eh oui.
— Où cela ?
— Parbleu ! chez lui.
— Comment, tu vas comme ça chez le général en chef,

qui a un cortège d'habits brodés autour de lui, pire qu'un sérail de bédouin ; et tu crois qu'il va te recevoir ?
— Tiens, certainement.
— Ah ouich ! compte là-dessus.
— Mais oui j'y compte ; il me recevra et il me parlera.
— C'est bon au coup cela ; mais à Paris, avec le Directoire à ses trousses, les conseils sur ses talons et tous les citoyens brodés pendus à ses manches. Va donc te pousser là dedans avec tes sardines de major ; on te signera ta feuille de route sans se faire prier.
— Je verrai le général, dit résolûment Louis.
— Quand cela ?
— Aujourd'hui ; oui je le verrai, dussé-je me coucher en travers de sa porte pour qu'il ne puisse pas rentrer ni sortir sans me reconnaître. Il n'a pas oublié son tambour de la 32e, va, j'en suis sûr.
— Je crois bien, murmura Rossignolet, il n'oublie rien. »

Deux minutes après le major était seul, arpentant le salon avec impatience.

« Cré mille millions de n'importe quoi ! disait-il, ils font tous quelque chose et moi je ne fais rien de rien ; c'en est honteux. Voilà Gringoire qui lit au colonel, et moi je ne sais pas lire une lettre ; le citoyen d'Adore qui s'en va chez le citoyen ministre de la police ; Bibi qui va présenter les armes au général, et moi je reste planté là, bon ni à rôtir ni à bouillir, comme un... »

Rossignolet s'arrêta ; il venait de sentir une main s'appuyer sur son épaule ; il se retourna vivement.

« Le citoyen Jacquet, dit-il ; comment diable es-tu entré sans que...
— As-tu toujours le poignet solide ? dit Jacquet.
— Hein ? fit Rossignolet.
— Je te demande si tu as toujours le poignet solide ?
— Dame, je crois que oui.
— Alors viens avec moi.
— Tout de suite ?
— Oui.
— Pour aller où ? »

Jacquet regarda fixement le major.

« Pour aller, répondit-il, dans un endroit où se trouvent réunis déjà trois autres hommes aussi forts que toi.
— Eh bien ! quand j'y serai aussi, ça fera deux belles paires de gaillards.
— Oui ; mais il faut que ces quatre-là en assomment peut-être trente autres.
— Sept et demi chacun ; bah ! j'en prendrai bien huit ! Mais, minute, le colonel a besoin de moi.
— C'est pour lui ce que tu vas faire.
— Alors, dit Rossignolet, à gauche par quatre, comme disent ces gros talons de cavaliers. »

## II. — LE CARREAU.

On se souvient sans doute de cette boutique de marchand de vins de la rue Montorgueil dans laquelle Thomas avait réuni Gorain, Gervais, Rossignolet et Gringoire le jour même où la nouvelle inattendue du débarquement en France du général en chef de l'armée d'Égypte était arrivée à Paris comme une étincelle électrique ; c'était là que trônait la jolie Rosette, la belle écaillère.

A droite du cabaret s'ouvrait la boutique d'un marchand de salaisons ; et à gauche celle d'un marchand de beurre et d'œufs.

Le jour où nous revenons dans cette partie des halles, quelques instants après avoir quitté la maison du colonel, l'aspect de la pointe Saint-Eustache était toujours le même.

Même animation dans les rues adjacentes, dans les boutiques, sur le marché. Partout une foule empressée, agile, remuante, s'écoulant et se renouvelant sans cesse.

La boutique du marchand de vin de la rue Montorgueil était aussi remplie de ses habitués, mais cependant une préoccupation constante semblait s'être emparée de tous les buveurs. Tous à chaque instant tournaient leurs regards vers la porte et paraissaient examiner avec une attention inquiète et chagrine la grande chaise et la petite table de Rosette. C'est que sur la petite table on ne voyait que quelques bourriches éventrées et que la grande chaise était vide. Tout décelait l'abandon là où quelques jours plus tôt nous avons vu trôner la belle écaillère. Effectivement, depuis le jour de son mariage, Rosette avait disparu, et depuis cet instant personne ne l'avait revue. Sa place était donc demeurée vide, et la halle entière s'était occupée et s'occupait encore de cette étrange et inexplicable disparition.

Devant chacune des deux boutiques voisines du cabaret, la place occupée depuis des années par les deux forts de la halle était également déserte; mais si les deux hommes avaient abandonné leur poste favori, on savait au moins ce qu'ils étaient devenus. Depuis l'avant-veille Spartacus avait reparu sur le carreau de la halle, et depuis la veille Cassebras était revenu à son tour.

En se revoyant, les deux forts, que la jalousie avait failli rendre ennemis irréconciliables, s'étaient tendu la main avec un même mouvement, et une étreinte énergique avait, à défaut de paroles pour exprimer la pensée, rendu clairement tout ce qui se passait dans leur âme.

Cassebras et Spartacus étaient de vieux amis; l'amour de Rosette pour l'un d'eux avait failli les désunir à jamais; la disparition mystérieuse de la belle écaillère avait resserré ces liens près à se rompre. Spartacus, au reste, avait constamment ignoré l'amour de son ami pour Rosette; et dans le premier moment, en voyant l'expression de la fureur que ressentait Cassebras, il avait mis cette fureur sur le compte de l'amitié.

Ce jour-là, les deux hommes qui avaient refusé toute participation au travail, qui avaient assez mal reçu les curieux toujours avides de nouvelles et les faux amis heureux d'avoir une occasion de compatir à une misère humaine, pour se débarrasser et des uns et des autres, les deux hommes étaient à l'angle même de la pointe Saint-Eustache, le dos adossé à la muraille de l'église et les regards fixés sur la boutique du marchand de vin, qui avait servi de siège à l'établissement de Rosette.

Cassebras et Spartacus portaient le costume qui leur était habituel; rien ne pouvait donc paraître changé au premier abord; mais, en les examinant plus attentivement, on demeurait saisi de la métamorphose subie par leur visage.

Spartacus avait les yeux flétris, le front chargé de nuages, l'air abattu, triste, désespéré; il avait vieilli de dix ans depuis quelques jours.

Cassebras était presque méconnaissable : ses regards brillaient d'un feu sombre, sa bouche était crispée, ses lèvres pâlies; une expression de haine, et presque de férocité, avait remplacé celle de bonté et de franchise qui était le caractère particulier de cette physionomie énergique.

« Écoute, mon vieux, disait Cassebras en appuyant sur chacune de ses paroles, qu'est-ce qu'est devenue Rosette? Tu n'en sais rien ni moi non plus. Qu'est-ce qui l'a enlevée et pourquoi l'a-t-on enlevée? Voilà encore ce que nous ignorons; mais ce que je jure, entends-tu, c'est de la délivrer si elle est encore vivante et de la venger si elle est morte. Après, je mourrai.

— Oh! dit Spartacus, ce qu'un chrétien peut faire je le ferai.

— Mais vois-tu, pour agir, il faut bien nous entendre.

— Je voulais aller chez le ministre de la police, moi.

— Tu iras; mais pour cela faut mettre les idées en ordre; et moi aussi faut que je les range dans ma tête. D'abord, depuis hier, tu ne m'as jamais expliqué bien clairement comment ça s'était passé.

— Quoi?

— L'enlèvement de Rosette. Moi, j'ai quitté la table comme qui dirait sur le coup de neuf heures; ma mère était malade, je l'ai dit, et je voulais aller la voir.

— Eh bien! dit Spartacus, quand tu as été parti on a continué à chanter et à boire, chacun à boire, chacun a bientôt été en brindezingue, et on a dansé... quand tout à coup, dans la rue, on entend un charivari numéro un... De la musique et la lanterne magique, enfin. « Tiens, la lanterne magique on crie l'un de nous. — Oh! je voudrais la voir; je ne l'ai jamais vue, que dit Pomponne, la belle poissarde. — Est-ce que ça vous amuserait, mes enfants? demanda Thomas. — Oui! oui! qu'on lui répond — Alors, je la paye; c'est dit. » Et il appelle l'homme à la lanterne, qui monte avec sa boutique et sa musique. Moi, j'étais près de Rosette et le vin m'avait monté à la tête, et je ne savais plus ce que je disais. L'homme installe son appareil dans un bout de la pièce... nous étions là rangés... nous attendions... « Faut boire un coup d'abord! » que dit le montreur de lanterne. Et nous buvons tous que nous en étions plus gais que des pinçons. « Éteignez les lumières! » que crie l'homme. Voilà les quinquets éteints. Il faisait noir comme dans un four... j'étais auprès de Rosette... je lui tenais la main... mais je ne voyais pas grand'chose. Mes yeux se fermaient comme malgré moi et il y avait une musique qui m'endormait... et je ne sais pas quand le spectacle a commencé; mais enfin je dormais...

— Mais les autres? demanda Cassebras.

— Ils étaient tous ivres, il paraît, et le lendemain ils ne se souvenaient de rien.

— Après? Continue.

— J'étais donc là, près de Rosette, quand tout à coup je sens quelque chose qui me pousse, me bouscule; je tombe avec ma chaise, et puis des cris et un bacchanal numéro un. Je me débarrasse, je reviens à moi, je me lève : j'étais tout étourdi, tu penses, et un moment je ne me rappelais rien. Il faisait noir ; toutes les lumières étaient éteintes... on criait toujours et on aurait juré que tout le monde se battait... Je m'élance à tâtons en appelant : « Rosette! mon épouse, où es-tu? » Mais personne ne me répond, quand enfin les garçons montent avec des lumières. Alors je vois la salle de danse toute bousculée, les sièges renversés, les hommes et les femmes entassés pêle-mêle dans un coin, et plus de lanterne magique. « Rosette! » que je crie encore. Tous les autres me répondaient en hurlant, mais je n'entendais pas Rosette. « Rosette! Rosette! » que je répète, sans avoir encore beaucoup d'inquiétude.

— La mariée! où qu'est la mariée? » que crient les autres.

Et chacun l'appelle et elle ne répond pas, et tous la cherchent et on ne la trouve pas. Plus de Rosette, plus de mariée. Je crois à une niche qu'on veut me faire, je ris; et puis comme il me semble qu'on se moque de moi, je me fâche... je jure... Enfin on me dit que ce n'est pas une farce.

Alors nous fouillons la maison, nous interrogeons tout le monde, quand un garçon de cuisine qui se tenait coi dans un coin, et à qui je tire les oreilles pour le faire parler, me dit qu'il a vu descendre la mariée par la fenêtre.

« Par la fenêtre! s'écria Cassebras.

— Oui! le petit dit cela.

— Comment? Elle se sauvait?

— Eh non! il paraît qu'on la descendait de force.

— Et je n'étais pas là! s'écria Cassebras en fermant ses poings herculéens. Et j'étais... oh! pourquoi me suis-je en allé? »

Puis après un silence gros de muettes menaces :

« Après? après? reprit-il.

— Après? poursuivit Spartacus, nous fouillâmes encore la maison sans trouver d'indice.

— Mais d'autres que le gâte-sauce avaient vu enlever Rosette?

— Non!

— Quoi! parmi les gens de la noce.

— Au moment où on commençait la lanterne, presque tous s'étaient endormis comme moi.

— Presque tous s'étaient endormis?

— Oui.

— Allons donc! ce n'est pas possible. Qu'il y en ait beaucoup qui aient dormi, je veux bien, mais presque tous!

— Oui : il y en a quelques-uns qui ne dormaient pas, mais ceux-là n'ont pu rien voir. D'abord tout le monde avait bu, et puis il faisait nuit.

— Mais enfin, comment Rosette a-t-elle été enlevée?

— Voilà ce que je n'ai pu savoir en détail. Les uns disent d'une façon, les autres de l'autre.

— Comment?

— Il y en a qui prétendent qu'au milieu du spectacle et pendant que je dormais, la fenêtre a été brisée du dehors, que des hommes montés sur des échelles se sont précipités dans la salle et qu'avant qu'on ait pu faire un mouvement, ils étaient tombés sur les invités à grands coups de gourdin, puis ils avaient disparu presque aussitôt.

D'autres disaient que c'était le montreur de lanterne magique et ses compagnons qui avaient brisé les fenêtres du dedans et qui s'étaient sauvés en volant les bourses. Effectivement il y avait eu des bourses de volées et entre autres celle du père Gorain. Aussi, il criait, fallait l'entendre !

Mais ce qu'il y avait d'extraordinaire, c'est que personne n'avait vu disparaître Rosette, et cependant Rosette n'y était pas.

— Et depuis ce moment plus de nouvelles?

— Pas une seule ! Oh ! mais c'est ma femme à cette heure et j'ai le droit de la chercher partout ! Aussi je la chercherai et je la trouverai !

— Oui ! dit Cassebras, nous la retrouverons, j'en fais serment, et quant à ceux qui l'auront fait souffrir...

— Ceux-là !... s'écria Spartacus, je...

— Ceux-là, interrompit Cassebras avec un geste énergique, c'est mon affaire et on verra ! »

Puis changeant de ton et reprenant la main de Spartacus.

« Tu veux aller chez le citoyen ministre de la police ? reprit-il.

— Oui ! dit Spartacus, mais avant je vas aller autre part.

— Chez qui donc ?

— Tu te rappelles la voiture que tu as arrêtée avec ce grand soldat, l'autre jour ?

— Oui.

— Tu sais que je m'étais jeté avant toi à la tête du cheval et que j'ai failli être écrasé ?

— Oui ! oui ! je me rappelle. Eh bien ?

— Eh bien ! la dame de la demoiselle qui a manqué d'être tuée m'a fait un tas d'amitiés et m'a donné son adresse en me disant d'aller la voir. Je n'y ai pas été, tu penses, et je ne voulais pas y aller, quand tout à l'heure l'idée m'est venue que cette citoyenne qui a l'air d'être la bonté même et d'avoir sa place bien haut, pourrait peut-être m'être utile en ce moment pour retrouver Rosette.

— Comment se nomme la citoyenne ?

— Chivry, et elle demeure rue de la Victoire, qu'elle m'a dit, près de l'hôtel Bonaparte.

— Eh bien, vas-y !

— Tu ne viens pas avec moi ?

— Non, je reste ici.

— Pour quoi faire ?

— D'abord je ne connais pas la citoyenne, et puis je veux rester ici, car, si Rosette s'échappe, c'est ici d'abord qu'elle reviendra.

— C'est vrai ! Alors, à ce soir ! »

Et Spartacus, après avoir serré la main de son ami, s'éloigna en jetant un regard furtif et voilé de larmes sur l'endroit où quelques jours tôt trônait la belle écaillère.

Cassebras, demeuré seul, parut se plonger dans un flot de réflexions pénibles. De temps à autre, cependant, il se redressait, interrogeait d'un regard ardent la rue Montorgueil, puis il faisait un geste d'impatience et il reprenait son immobilité première.

Près d'une heure s'écoula sans que le fort de la halle parût songer à quitter la place, et personne parmi tous ceux qui le connaissaient n'aurait osé troubler sa solitude en s'approchant de lui.

Tout à coup cependant Cassebras sentit une main s'appuyer sur son épaule. Il tressaillit et se retourna brusquement.

« Le citoyen Thomas ! dit-il.

— Tu m'attendais ? reprit le nouveau venu.

— Oui.

— Alors tu veux bien que nous causions ?

— Oui.

— Eh bien ! viens avec moi au cabaret voisin : nous serons mieux pour causer dans une salle que dans la rue. »

Cassebras fit un signe affirmatif. Quelques minutes après les deux hommes étaient installés dans un cabinet étroit attenant à la boutique d'un marchand de vin traiteur. Une table était entre eux, sur cette table on voyait deux verres et deux bouteilles, mais les verres demeuraient vides, et on comprenait que la présence des bouteilles était plutôt un prétexte qu'une nécessité.

Thomas s'était assis le dos tourné au jour, plaçant Cassebras en pleine lumière. Le pied posé sur le bâton de son tabouret, le coude appuyé sur le genou, le menton dans la main, Thomas était dans une pose toute méditative, mais son regard d'aigle, rivé sur le fort de la halle, ne quittait pas celui-ci.

Cassebras soutenait parfaitement, et en homme qui n'a rien à redouter, ce regard qui pesait sur lui. Il attendait.

Un silence profond régnait dans la petite pièce. Enfin Thomas, fixant plus encore Cassebras, se décida à prendre la parole.

« Quand tu as quitté la noce, l'autre nuit, commença-t-il, pourquoi étais-tu parti si brusquement ?

— Pour ne pas commettre un crime ! répondit nettement le fort de la halle; tu le sais bien.

— C'est possible ! mais j'étais bien aise que tu me le disses. Alors tu as eu un moment la pensée de tuer Spartacus ?

— Oui.

— Et... peut-être Rosette ?

— Oui !

— Eh bien, mais cela ne m'étonne pas. Ce qui m'étonne, je te l'avoue, c'est que tu aies trouvé assez de force en toi pour l'arrêter et te sauver. C'était fort aimable pour les mariés ce que tu faisais là.

— J'étais fou.

— Où allais-tu ?

— Je n'en savais rien.

— Mais enfin que voulais-tu faire ?

— Je voulais me tuer.

— Ah !... et pourquoi ne l'as-tu pas fait ?

— Parce que j'ai pensé à ma mère,

— Au moment de te jeter à l'eau ?

— Oui.

— Et tu n'as pas eu d'autre motif pour te rattacher à l'existence.

— Non ! dit nettement Cassebras.

— Et où étais-tu quand tu as voulu te jeter à l'eau ?

— Sur la berge du cours la Reine.

— Tu n'étais pas sur le pont ?

— Non.

— Tu en es sûr ?

— Parfaitement sûr. »

Thomas sourit :

« Tu ne sais pas mentir ! » dit-il.

Cassebras le regarda sans sourciller.

« Pourquoi ? demanda-t-il.

— Parce que tu cherches à me tromper et que tu ne peux y parvenir.

— Comment ?

— Tu étais sur le pont et non sur la berge, et ce n'est pas parce que la mère qui t'a empêché de te noyer, c'est parce que tu as appris l'enlèvement de Rosette... Est-ce vrai ?

— Peut-être.

Thomas regarda fixement son interlocuteur.

« Ah çà ! dit-il, est-ce que tu serais plus fort que je ne le supposais, toi ?

— Je ne sais pas ! répondit Cassebras.

— Enfin, qu'est-ce que tu as fait ces jours derniers, depuis le jour de la noce jusqu'à hier où tu as seulement reparu.

— Ce que j'ai fait ?

— Oui, où as-tu été ? Comment les as-tu passés, ces jours-là ?

— Dame ! tu dois le savoir, puisque tu sais tout.

— Tout, hormis cela, je l'avoue, dit Thomas, et c'est pourquoi je veux le savoir.

— Pourquoi ?

— Parce que j'ai une proposition à te faire qui dépend de la franchise de tes réponses.

— Quelle proposition ? »

Thomas regarda fixement Cassebras, puis se penchant en avant, il appuya ses deux coudes sur la table, glissa son torse en avant et donnant plus de fixité encore à sa prunelle :

« Tu aimes Rosette, lui dit-il, et Rosette en a épousé un autre. Elle était perdue pour toi, mais Rosette a été enlevée le jour même de son mariage. Elle a été enlevée, et elle peut ne jamais revoir le mari qu'elle a à peine connu quelques heures !

— Eh bien ? dit Cassebras d'une voix haletante.

— Eh bien, mon cher ami, s'il existait dans le monde un individu pouvant te dire à toi, Cassebras : « Cette Rosette que tu aimes, je vais te mettre à même de la voir et de lui plaire. Je t'apprendrai ce qu'il faut faire pour la séduire, lui faire oublier Spartacus et te faire aimer toi-même. Bref : tu étais malheureux et je t'apporte le bonheur... tu voulais mourir et je t'offre la vie ! »... Si un être humain venait te tenir ce langage, Cassebras, que répondrais-tu ? »

Le colosse s'était dressé subitement : ses yeux étincelaient.

### III. — LE MARCHÉ.

« Que répondrais-tu ? reprit Thomas en voyant Cassebras immobile et frémissant de tout son être.

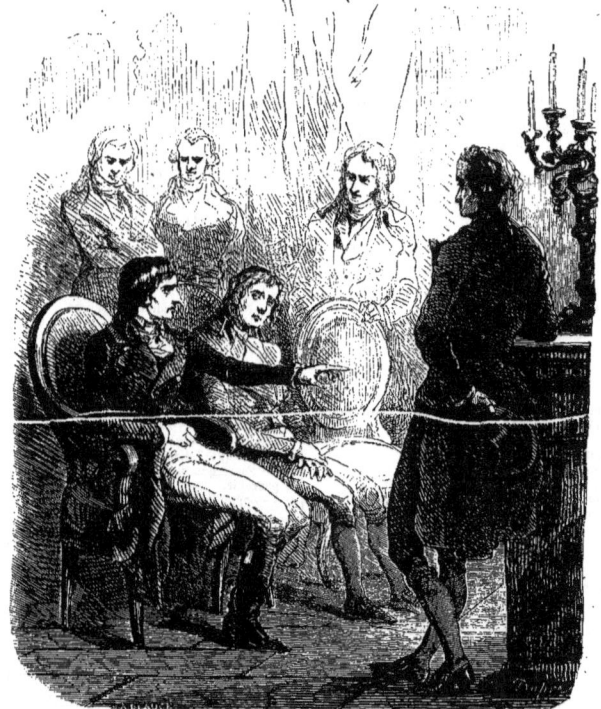

Une réunion chez Fouché.

— Celui qui me dirait cela saurait où est Rosette et je lui dirais : Tu vas m'apprendre où elle est !
— Et s'il ne voulait pas ?
— Je l'étranglerais !
— Alors, tu ne saurais rien ! »

Puis, après un silence et jetant sur son interlocuteur un regard de commisération :

« Je suis venu ici pour te raconter un rêve que j'ai fait la nuit dernière, reprit Thomas.
— Un rêve ? répéta le fort de la halle.
— Oui, un rêve, et tu vas voir s'il est intéressant. Il s'agissait de toi.
— Comment ?
— C'était le jour de la noce de Spartacus et de Rosette, je te voyais comme tu étais réellement alors, pâle, défait, jaloux, souffrant toutes les tortures de l'enfer, mais n'ayant pas assez d'énergie pour mettre un terme à tes souffrances. Oh ! tu endurais d'affreuses tortures, je le sentais. »

Cassebras soupira.

« Tu voyais Rosette, cette femme que tu aimais, parée de ses plus beaux atours, plus belle qu'elle ne l'avait jamais semblé, entourée d'admiration et d'hommages ; tu la voyais riante, fêtée, heureuse, et en face d'elle tu voyais celui qu'elle te préférait, celui qu'elle nommait déjà son mari, celui qui allait être désormais le but de toutes ses affections et de toutes ses tendresses.

— Tais-toi ! murmura Cassebras.
— Mais non ! il faut que je parle. Je comprenais tout ce qui se passait en toi, poursuivit Thomas, et je cherchais en vain un moyen de te venir en aide, quand tout à coup, il me sembla que j'étais doué du pouvoir nécessaire pour faire disparaître Rosette...

— Hein ?... s'écria Cassebras.
— Attends donc ! Je te dis que je raconte un rêve... »

Cassebras, qui s'était soulevé sur son siège, se laissa retomber lourdement, serrant les poings et en proie à une émotion des plus fortes qu'il parvenait cependant à dominer.

« Après ? dit-il. Continue, je t'écoute !
— Alors, reprit Thomas, usant de la faculté qui m'était accordée, je fis disparaître la belle Rosette, sans que tu pusses même t'apercevoir de cette disparition, car dans mon rêve, tu ne l'étais pas sauvé.

— Après ? après ?
— Après... il y a une lacune à la suite de ce premier événement. Je ne me souviens plus. Tout ce que je sais, c'est qu'ensuite j'apercevais un petit bois bien frais, bien touffu, avec un beau soleil dorant les feuilles des arbres. Dans ce bois, un couple se promenait, homme et femme, bien amoureux tous deux, cela se devinait à la façon dont ils étaient penchés l'un vers l'autre. Ils parlaient bas, ils chuchotaient. Que se disaient-ils ? je ne pouvais entendre. Enfin, ils se retournent, et je reconnais... Rosette et Cassebras... tous deux le visage épanoui, les mains dans les mains, le verbe aimer sur les lèvres.

— Tais-toi ! tais-toi ! dit encore Cassebras.
— Bah ! c'est un rêve ! Laisse-moi raconter ! En me voyant, tu poussais un cri de joie et tu m'appelais ton ami en me disant : « Merci ! » C'est là-dessus que je me suis réveillé... Eh bien ? que penses-tu de mon rêve ?

— Que c'est un rêve ! » dit Cassebras en baissant la tête.

Thomas se rapprocha de lui :
« Si ce n'était pas un rêve, dit-il. Ou s'il dépendait de toi de faire de ce rêve une réalité ?
— Thomas !
— Aimes-tu Rosette ? »
Cassebras hésita à répondre : il paraissait violemment souffrir. Thomas répéta sa question en accentuant les paroles d'une manière plus incisive encore :
« Réponds ! Aimes-tu Rosette ?
— Oui ! dit Cassebras.
— Tu as voulu mourir pour elle... mais si je te proposais de vivre pour elle, maintenant ? Si je te disais : Cassebras, l'avenir peut être beau ! Rosette ne reverra jamais Spartacus... elle est libre... fais-toi aimer !
— Est-ce vrai, ce que tu dis là ? s'écria le fort de la halle.
— Je n'en sais rien... suppose que ce soit vrai !
— C'est toi qui aurais fait enlever Rosette... pour me la garder ?
— Si cela était, tu avouerais qu'il n'existerait pas de meilleur ami que moi ? »
Cassebras se leva brusquement comme agité par l'émotion la plus vive, puis, revenant vers Thomas qui n'avait pas bougé et qui attendait :
« Qu'est-ce qu'il faudrait faire pour que cela soit ? » demanda-t-il d'une voix rauque.
Thomas le regarda fixement :
« Si tu aimes Rosette, dit-il, tu dois être prêt à tout faire.
— Et si je fais tout ce que tu me dis de faire...
— Je te dirai où est Rosette.
— Tu le sais, alors ?
— Oui ! »
Cassebras serra les poings. Thomas tira une paire de pistolets de sa poche :
« Comme tu voudras ! » dit-il simplement.
Cassebras fit un effort pour se contenir, mais son regard ne s'abaissa pas devant celui de son interlocuteur.
« Écoute, reprit celui-ci, nous en sommes arrivés à nous expliquer carrément, ne perdons pas notre temps en vaines menaces. »
Cassebras prit un siège, le plaça en face de Thomas, s'assit en homme décidé et, appuyant ses deux mains sur la table :
« Tu as raison ! Thomas, dit-il, parlons clairement.
— Eh ! eh ! fit Thomas en l'enveloppant dans un regard scrutateur, je crois que tu te formes.
— Va toujours, je t'écoute !
— Mais d'abord et avant tout, où as-tu passé les quelques jours qui viennent de s'écouler ?
— Où je les ai passés ? répéta Cassebras.
— Oui ! réponds sans chercher ! dit Thomas avec un accent impérieux.
— Je les ai passés à chercher Rosette.
— Où cela ?
— Dans les bois de Ville-d'Avray, de Saint-Cloud, de Clamart, de Versailles, partout enfin...
— C'est bien ! tu ne mens pas ? »
Cassebras regarda fixement Thomas :
« Pourquoi croirais-tu que je veuille mentir ? dit-il.
— Pour me tromper, parbleu !
— Où est Rosette ? reprit Cassebras.
— Dans un endroit d'où seul je puis la faire sortir. »
Cassebras réfléchit un moment, puis il reprit avec une énergie extrême :
« Demande-moi ce que tu voudras !
— C'est décidé ?
— Oui !
— Un mois de soumission absolue, et je te conduirai là où est Rosette, et... elle sera libre, je te le promets, moi ! »
Cassebras tressaillit violemment.
« Rosette souffrira-t-elle d'ici là ? demanda-t-il.
— Sa seule souffrance sera la privation de sa liberté.
— Tu me le jures ?
— Je te le jure. D'ailleurs, si je mens, tu te vengeras ! Nous sommes le 26 vendémiaire, le 26 brumaire tu seras réuni à Rosette, et pour toujours si tu le veux, car j'arrangerai les choses de façon à ce que tu aies l'air de la sauver, et elle te devra de la reconnaissance. Est-ce dit ?
— C'est dit !
— A partir de cette heure, tu es à moi ?
— Oui ! dit Cassebras sans hésiter. Je te vends un mois de ma vie pour Rosette. »

Thomas se leva :
« C'est bien ! dit-il. Tu vas sortir d'ici, quitter la halle sans parler à personne, sans chercher à revoir Spartacus... Tu vas aller à Grenelle, dans la maison où tu as porté la caisse. Tu monteras au second, tu trouveras une porte ouverte, tu entreras dans une chambre, et tu m'y attendras. Tu as compris ?
— Oui.
— Va alors, et compte sur ma promesse. »
Cassebras sortit.
« Cet homme-là est à moi ! dit Thomas en étendant le bras.
— Il s'est décidé bien vite ! » dit une voix.
Thomas se retourna sans manifester le moindre étonnement : Pick venait d'entrer par une petite porte percée au fond du cabinet.
« Tu trouves ? dit Thomas.
— Oui.
— Et que conclus-tu de cette vivacité ?
— Qu'elle pourrait cacher un piège.
— C'est possible, mais que nous importe le piège tendu si nous sommes certains de n'y pas tomber ! Tu as donné les ordres pour la prochaine expédition ?
— Oui.
— Cassebras en fera partie.
— Avec toi alors ?
— Oui, je le mettrai à l'œuvre. Il payera sa dette comme chacun a payé la sienne, et, l'expédition achevée, il sera à nous, je te le promets.
— J'y compte, car ce sera un puissant auxiliaire qui, par la position qu'il occupe à la halle, pourra nous être du plus grand secours. »
Un silence suivit cet échange de paroles. Thomas releva la tête.
« As-tu les rapports ? demanda-t-il.
— Oui ; je les ai tous pris, pensant te voir à l'heure indiquée, répondit Pick.
— Donne-les-moi.
— Ici ? dit Pick avec étonnement ?
— Eh, oui ! il n'y a aucun danger : tout le monde de cette maison est à moi. Donc, pas de surprise possible. »
Pick fouilla dans sa poche et en retira, non pas une liasse, mais une pincée de papiers (si je puis me servir de cette expression). Ces papiers étaient nombreux, mais d'une finesse extrême et pliés avec un art tel, qu'ils eussent pu facilement tenir dans le creux de la main.
Thomas les prit, les plaça sur la table et en ouvrit quelques-uns : ceux-là et les autres étaient recouverts d'une écriture très-fine et très-serrée, mais formée de caractères bizarres qui s'entrelaçaient les uns aux autres.
« Veux-tu les grilles ? demanda Pick.
— Inutile ! » répondit Thomas.

## IV. — LES RAPPORTS.

Thomas avait feuilleté les papiers et les avait reposés ensuite à l'exception d'un seul qu'il continuait à tenir entre ses mains et qui paraissait absorber toute son attention.
« Y a-t-il des notes à prendre ? demanda Pick.
— Peut-être ! » répondit Thomas.
Et, tandis que celui-ci continuait sa lecture à voix basse, Pick prit dans sa poche un carnet, un crayon et un petit paquet de forme longue, enveloppé d'un papier bleu.
« Quelle grille ? demanda-t-il.
— N° 7, » dit Thomas.
Pick ouvrit son petit paquet et en tira une plaque de cuivre qu'il choisit au milieu d'autres. Cette plaque était extrêmement mince et percée çà et là d'ouvertures irrégulières. Il ouvrit son carnet et appliqua cette grille sur une page blanche, puis il attendit, se tenant prêt à écrire.
« Epsilon ! » dit Thomas.
Pick traça aussitôt le caractère de l'alphabet grec sur l'une des places de la page laissées vides et blanches par la grille de cuivre.
« Tout marche à merveille ! dit Thomas. A*** est de plus en plus folle de lui... Très-fort... Si je viens à mourir, je le recommande à mon successeur... Il en sait assez... ne pas en dire davantage... Les doutes soulevés à propos de son identité sont dissipés... Redoubler d'attention à son égard...

Qu'il soit constamment convaincu qu'il ne peut rien seul. »

Thomas avait rejeté le papier et en avait pris un second :

« Ah! ah! fit-il après avoir lu quelques lignes. Renneville et d'Herbois commencent à se lasser, ils sont près à céder... Eh bien! qu'ils attendent quelques jours, on verra...

— Rien à noter pour eux alors?

— Toujours même surveillance.

— Et les Gorain et Gervais?

— Fouché les a interrogés : ils ont balbutié, ils ont eu peur, ils ont dit bêtises sur bêtises... Le ministre les a placés sous la surveillance de deux agents, mais il n'a rien pu tirer d'eux de bien clair.

— Mais ne peut-il les interroger de nouveau?

— Si fait; il les fera revenir demain sans doute.

— Et, cette fois, s'ils allaient parler.

Pick regarda son interlocuteur avec un ébahissement profond.

« Note, dit Thomas : la grille nº 2, cette fois.

— Pour Chivasso, alors? demanda Pick.

— Oui. »

Pick tourna la feuille de son carnet, prit une autre grille et se tint prêt à écrire; Thomas commença en séparant ses phrases :

« Que Chivasso voie aujourd'hui Gorain et Gervais... qu'il leur ordonne de dire tout ce qu'ils savent... qu'ils racontent en détail l'affaire des munitionnaires, en second...

— Mais... s'écria Pick.

— Ils peuvent d'autant mieux dire cela, que Jacquet et Fouché connaissent à fond cette comédie des munitionnaires.

— Cependant...

— Écris! »

Pick cessa de formuler ses objections.

« Qu'ils entrent surtout dans des détails tels, que Fouché comprenne qu'ils servent de recéleurs à une bande...

— Mais, encore une fois...

— Écris donc! » interrompit Thomas avec violence.

Puis il reprit d'un ton sec et mesuré :

« Qu'ils citent tous les noms qu'ils connaissent ; enfin qu'ils n'omettent rien.

— Mais Fouché les fera arrêter.

— Fouché fera ce qu'il voudra.

— Cependant ils savent, ce, s'ils parlent...

— Je te dis qu'il faut qu'ils parlent, que diable! J'ai mon plan tracé et c'est moi qui distribue les rôles! Tu feras parvenir cette note à Chivasso, au plus vite.

— Il l'aura avant une heure, à moins que tu ne me retiennes...

— Non. Ces rapports-ci sont insignifiants. Madame Geoffrin ne mourra pas, probablement... c'est stupide! Voilà encore une opération mal faite ; et pourquoi? faute de soins, faute de réflexion! Ma parole, il faudrait que je fisse tout moi-même, que je ne m'en rapportasse qu'à moi... »

Thomas passa à un autre papier.

« Le petit Niorres est amoureux de Rose. Je le savais, et cela nous sert à merveille. Écris, Pick, écris! Cela est pour Roquefort ; prends la grille nº 9 et les caractères grecs. »

Pick obéit.

« Exciter cet amour, dicta Thomas... le développer par tous les moyens possibles... s'en faire un levier pour agir sur le j'une homme. Troubler l'esprit de Rose... lui faire entrevoir un avenir brillant... qu'à un moment donné elle puisse tout sans regret ne pas être séparée de Niorres. Tu a écrit?

— Oui ; c'est tout?

— Pour le moment ; plus tard, j'aurai d'autres ordres à donner. »

Thomas feuilletait les papiers tout en parlant.

« Ah! » fit-il tout à coup en s'arrêtant comme s'il éprouvait un vif sentiment de surprise.

Puis, se tournant vers Pick :

« La grille nº 4 bis? » demanda-t-il.

Pick fouilla dans le petit paquet.

« Tu as peur de te tromper? dit-il en tendant la plaque de cuivre demandée.

— Peut-être. »

Thomas appliquait la grille sur le papier, et étudiait les caractères qui apparaissaient par les jours réservés.

« Ce rapport, dit-il vivement, qui l'a signé?

— Tu le vois bien, répondit Pick.

— Et qui te l'a remis?

— Lui-même. »

Un silence complet suivit ce rapide échange de paroles. Thomas paraissait plongé dans des réflexions profondes, que faisait naître la lecture du rapport qu'il tenait. Enfin, replaçant le papier et redevenant parfaitement maître de lui-même :

« Exécute sur-le-champ les ordres que je viens de te donner, dit-il.

— Et pour ce qui concerne ce dernier rapport? demanda Pick.

— Rien à faire faire ; je me charge d'agir. »

Thomas accompagna cette phrase d'un geste impérieux, que son interlocuteur comprit sans doute car, se levant vivement, il quitta le cabinet.

Thomas, demeuré seul, resta un moment immobile, comme si les réflexions auxquelles il venait de se livrer l'eussent absorbé de nouveau. Ses sourcils étaient contractés et des jets lumineux jaillissaient de ses prunelles. Se levant, il fit lestement le tour de la pièce.

Près de la fenêtre donnant sur une petite cour intérieure était suspendu, accroché à la muraille, un de ces baromètres de dimension gigantesque, tels que les aimaient nos pères et tels qu'on en trouve encore dans les campagnes. Ce baromètre, à ornements dorés, avait un cadran sur lequel étaient tracées les indications ordinaires. Une longue aiguille indiquait naturellement la marche du mercure, et son extrémité, terminée en flèche, pronostiquait la pluie ou le beau temps, la tempête ou le variable. Une aiguille mobile, indépendante, et se distinguant de l'autre par sa forme, aiguille que le doigt pouvait mettre facilement en mouvement à l'aide d'un petit piton extérieur, complétait l'ensemble de l'instrument.

Jusque-là rien que de fort simple, et le baromètre, ainsi disposé, ressemblait à la foule des instruments du même genre, qui se débitaient chaque année chez les opticiens du quai des Lunettes.

Thomas s'était approché de ce baromètre et en paraissait examiner attentivement les aiguilles. L'aiguille barométrique était en plein variable; son autre extrémité était donc sur le point opposé du cadran, cette partie veuve d'indication et qui porte d'ordinaire l'adresse du fabricant. L'aiguille mobile avait été fixée sur le chiffre 8 correspondant au *beau fixe*.

Thomas souleva alors le baromètre de la main gauche, de façon à le détacher du mur suffisamment pour donner passage à la main droite ; glissant l'index de cette main, il parut opérer une certaine pression ; puis il remit l'instrument dans sa position primitive. La baguette ronde formant le cercle du cadran s'était détachée, se relevant sur elle-même, par quart, et maintenue par une succession de charnières très-fines et parfaitement dissimulées. Au reste ce mécanisme semblait ne cacher aucun mystère, car la baguette relevée ne laissait voir qu'une bande de papier blanc collée à l'endroit où s'arrêtait le contour du verre du cadran.

Thomas prit un canif dans sa poche, appuya la pointe de la lame juste sur l'endroit indiqué par l'extrémité de l'aiguille mobile, et enleva lestement la bande de papier blanc correspondant, comme étendue, à la longueur de l'indication thermométrique : beau fixe, placée au-dessus.

Le papier enlevé délicatement, Thomas rabaissa la baguette ronde; puis il alluma une bougie placée sur la cheminée. Le papier qu'il tenait à la main paraissait d'une blancheur immaculée. Il ne laissait certes soupçonner aucun vestige d'écriture.

Thomas, le tenant par ses deux extrémités, le présenta à la lumière, non pour le brûler, mais pour le chauffer. Bientôt, et à mesure que l'action de la chaleur augmentait, des caractères jaunâtres commencèrent à apparaître sur le papier, qui finit par se couvrir d'une écriture large tracée à grands traits.

Thomas éteignit alors la lumière et s'approcha de la fenêtre pour lire, puis revenant vers la table, il prit un couteau et frappa avec la lame l'un des verres posés devant lui. Un garçon marchand de vin entra :

« J'ai faim, dit Thomas ; qu'as-tu à me donner tout de suite, sans attendre?

— Ce que voudra le citoyen, répondit le garçon.

— Tu as donc de tout? dit Thomas en regardant le garçon avec une expression de physionomie indéfinissable.

— De tout, non, mais de pas mal de choses; j'ai à ta disposition des huîtres, des harengs, du fromage, des œufs...

— Des pommes? dit Thomas.

— Pas encore ; il y en a eu ce matin, mais il n'y en a plus ; on en attend.

— Donne-moi du fromage alors.
— Duquel ?
— Dis à la marchande du troisième pilier qu'elle m'envoie celui que je prends d'habitude, je payerai la course à la fille.

Le garçon sortit précipitamment.

« Des huîtres, du hareng, du fromage, des œufs, murmura Thomas quand il fut seul. Très-bien ! Garbouillot, Isidore, Chat-Gauthier et Beaufrançois sont à leur poste. Pourquoi Rainette n'est-elle pas revenue ? »

Thomas s'était assis et avait repris le papier arraché au baromètre et il interrogea de nouveau les caractères tracés qui apparaissaient vaguement. Il demeura absorbé dans sa lecture jusqu'au moment où un pas lourd retentit au dehors. La porte du cabinet s'ouvrit et une femme (si toutefois ce nom peut être donné à la créature qui s'avançait) apparut sur le seuil.

Une jupe courte de laine rayée rouge et noir, un corsage à basques de même étoffe, un tablier de grosse toile à bavette, décelaient effectivement un costume féminin ; mais il eût été difficile, tant la laideur du visage était grande, de dire à quel sexe pouvait appartenir ce monstre. Ce visage hideux était rendu plus horrible encore par une forêt de cheveux blonds non peignés qui s'échappaient par mèches incultes de dessous un mouchoir de couleurs voyantes drapé sur le crâne.

Des bras nus, secs et nerveux, une jambe qui eût été assez fine pour une jambe d'homme, des épaules osseuses complétaient l'ensemble.

En entrant dans le cabinet dans lequel Thomas se tenait assis devant la table, la femme fit un geste rapide.

« Ferme donc la porte ! » lui cria Thomas d'une voix rude.

La femme obéit en affectant une assez significative mauvaise humeur. Puis, quand elle se vit seule avec Thomas, elle s'avança vivement et se plaça en face de lui.

« Je serais passé dix fois devant toi, sans t'avoir reconnu, Bamboulâ, dit Thomas à voix basse.

— C'est le plus bel éloge que tu puisses m'adresser, répondit la femme, mais nous ne sommes pas ici pour nous adresser des compliments. Tu as lu mon rapport ?

— Ton rapport, ta note, tout ; j'ai tout lu et je voulais te voir pour que tu me confirmasses de vive voix tes assertions écrites.

— Ce que je t'annonce est de la plus stricte vérité.
— Ainsi, ils partiront demain soir ?
— A minuit, demain, ils seront à dix lieues de Paris.
— Alors il a été trompé ?
— Complétement cette fois. Comment ne l'eût-il pas été ? Ton plan était si habilement fait, la comédie a été si artistement jouée que moi-même j'ai été dupe. Il a fallu que la note lui m'ouvrir les yeux.

— Oui, dit Thomas en se levant avec un geste de domination, je réussirai encore comme j'ai réussi déjà. Cette fois rien ne saura m'arrêter. Il y aura réunion la nuit qui suivra leur départ, Bamboulâ ; là, tout sera enfin expliqué.

— A quelle heure ? demanda Bamboulâ.
— Au lever du jour.
— As-tu prévenu ?
— Non, tu préviendras ; que personne ne manque, car d'ici là bien des faits seront accomplis ! »

## V. — LA MAISON DE LA RUE DE LA VICTOIRE.

« Le citoyen Rœderer ! le citoyen Boulay de la Meurthe ! le citoyen Lemercier ! » annonça une voix sonore.

Les trois hommes, dont l'un était alors membre de l'Institut et les deux autres membres du conseil de Cinq-Cents, passèrent dans le petit salon.

« Le général Augereau ! le général Leclerc ! l'amiral Bruix ! le citoyen Talleyrand ! » reprit le valet.

Et tandis qu'au dehors cette rue Chantereine, peu de jours avant encore si calme et si déserte, était encombrée d'équipages et de voitures de tous genres, le vestibule et les salons du petit hôtel situé au centre de la rue ne désemplissaient pas d'une foule avide de voir et de se faire voir, de parler et de se faire entendre.

Ce soir-là donc, nous glissant dans les rangs de cette foule brillante et empressée, nous nous introduisons dans les salons de cet hôtel, devenu le point de mire de tous les regards, l'élite de la France semblait s'y être donné rendez-vous.

Du moins, c'était la réflexion que faisait un homme qui, placé dans le grand salon, le coude appuyé sur le chambranle de la cheminée et dominant de là la foule des arrivants, causait à demi-voix avec deux autres personnages qui se tenaient debout également. Ces trois hommes avaient l'aspect froid, imposant et sévère de diplomates lancés à pleine voile sur le dangereux océan politique.

« Le général Moreau ! le citoyen Regnaud de Saint-Jean d'Angély ! » annonçait le valet.

— Sur ma parole ! dit l'observateur placé près de la cheminée, le salon du général Bonaparte est comme un terrain neutre sur lequel tous les partis peuvent se rencontrer.

— Cela est vrai ! dit l'un des deux interlocuteurs. Voyez Rœderer, l'ancien procureur de la Commune, qui vient de coudoyer Chénier et Chazal, qui jadis l'ont proscrit.

— Ah ! voici Regnaud de Saint-Jean d'Angély, notre brillant et fécond orateur.

— Et Dubois-Crancé, le ministre de la guerre.

— Vous savez qu'il a, pour ainsi dire, transporté son portefeuille ici ; il passe toutes ses matinées avec l'illustre général.

— Voici le ministre de la justice.

— Cambacérès ? le grand jurisconsulte : il aime le général Bonaparte comme le lierre aime le chêne, et le général l'affectionne beaucoup, dit-on.

— Cela est vrai.

— Ah ! c'est Béal, le commissaire près le département de la Seine.

— Savez-vous, messieurs, que ce qui a lieu est véritablement extraordinaire et sans précédent dans l'histoire ! Ainsi que je vous le disais tout à l'heure, l'élite de la France se presse ici chez un jeune homme de trente ans à peine. Ce jeune homme est à Paris depuis quinze jours seulement, et déjà le gouvernement des affaires lui arrive presque involontairement. A défaut de sa volonté, qui n'est rien encore, on lui demande ses avis !

— Et quelle contenance il sait avoir, quelle réserve il sait tenir au milieu de ces empressements dont il est l'objet.

— C'est à peine s'il consent à se montrer depuis son retour. Il ne peut, pour ainsi dire, qu'à la dérobée.

— Vous savez que les officiers de la garnison de Paris lui ont envoyé une députation pour le prier de passer une revue ? Le général n'a pu refuser, mais il diffère de jour en jour...

— Que dit-il, le général ? demanda l'un des trois hommes à voix basse.

— Il écoute, il observe, mais il ne s'est ouvert à personne... il attend...

— Quand on est nécessaire, il ne faut pas craindre d'attendre, dit une voix.

— Bonsoir, Talleyrand.
— Bonsoir, Fouché. »

Les deux hommes, le nouvel arrivé et celui qui était accoudé sur la cheminée, se serrèrent la main.

— Bonsoir, Corvisart, bonsoir, Lebrun ! » continua M. de Talleyrand en saluant les deux autres hommes.

Puis, se tournant vers Fouché :

« Que m'a-t-on appris, continua-t-il en baissant la voix, que le général a été fort dur avec Barras, aujourd'hui ?

— Oui ! dit Fouché.
— Comment cela ?

— Vous savez que nos chers directeurs, Sieyès excepté, n'ont qu'un désir : celui de fournir au jeune général l'occasion d'acquérir une gloire nouvelle en le mettant à la tête du commandement d'une armée.

— Ne parlait-on pas de l'envoyer en Italie ?

— Précisément, et Barras ajouta, avec son mauvais goût ordinaire, que le général y avait une première fois assez bien fait ses affaires pour n'avoir pas envie d'y retourner. Le propos revint aux oreilles du général, et bien qu'il ne pût être atteint par cette parole du *chef des pourris*, comme il nomme Barras, il se rendit au Directoire.

— Mais on l'avait fait demander, je crois, pour lui offrir un commandement à son choix.

— Cela est vrai, et là, en plein conseil, le général, regardant fixement Barras, lui répéta son propos et ajouta que s'il avait su faire ses affaires en Italie, ce n'était pas du moins aux dépens de la République, mais bien à son profit.

— Qu'a répondu Barras ?
— Rien ! il s'est tu.
— Et qu'a répondu le général à la proposition du commandement ?

— Qu'il n'était pas encore assez reposé de ses fatigues et qu'il lui fallait quelque temps pour achever de se remettre.
— Il a raison.
— L'avez-vous vu, ce soir?
— Oui, je viens de le saluer, il est dans le petit salon avec madame Bonaparte. »
Corvisart, remarquant un signe échangé entre Fouché et Talleyrand, les quitta sans affectation. Le ministre de la police se rapprocha alors de Talleyrand et de Lebrun.
« Savez-vous quelle est la phrase qui est dans toutes les bouches en France, à cette heure? dit-il. C'est celle-ci : Que va faire le général Bonaparte?
— Il peut faire ce qu'il veut, dit Lebrun, car tous les partis s'offrent à lui et le demandent pour chef : les patriotes, les modérés, les royalistes sont prêts à l'acclamer. Il n'a qu'à choisir.
— L'embarras du choix ne saurait exister, dit Talleyrand. Les patriotes ne voudraient se servir du général que dans l'intention d'abattre ce qui est. Ce sont toujours ces forcenés qui, sans cesse mécontents de ce qui existe, regardent le soin de détruire comme le plus précieux de tous. Ceux-là estiment le général, ils se plaisent à reconnaître son génie, mais ils craignent son esprit d'ordre. Ils redoutent sa fermeté dans les affaires, ils sentent enfin que, le général Bonaparte une fois au pouvoir, on ne saurait le briser et le renverser comme on a fait de tous les héros d'un jour depuis huit ans.
— Cela est vrai, dit Lebrun; maintenant il y a ce parti dont Bonaparte est le chef...
— Et que le général a surnommé si énergiquement et si justement les *pourris*?
— Oui.
— Oh! les pourris n'existent pas au point de vue politique. Qu'est-ce? des intrigants qui cherchent à faire fortune et qui sont déshonorés en la faisant, des fripons toujours aux expédients, des hommes incapables, sans énergie et sans passion noble. Il y a de tout parmi eux : des jacobins, des modérés, des royalistes, et cependant ce parti n'est ni jacobin, ni modéré, ni royaliste.
— Ce n'est pas même un parti, dit Fouché, c'est une coterie nombreuse.
— Certes, reprit Talleyrand, ceux-là ne sauraient compter pour le général, car il a pour eux le plus profond mépris, ce mépris de l'honnête homme pour le fripon, de l'homme actif et laborieux pour le paresseux et l'indifférent. Quant aux royalistes, ils sont annulés depuis le 18 fructidor. Restent les modérés, le parti qui représente la grande majorité du pays. Les modérés qui craignent les fureurs des jacobins, qui n'espèrent plus rien d'une constitution usée et violée, qui veulent un changement et qui souhaitent que ce changement s'accomplisse sous les auspices d'un homme assez puissant pour qu'il assure enfin repos et tranquillité au pays. Ce parti-là a la minorité dans les Cinq-Cents, c'est vrai, mais il a pour chef Sieyès! Jusqu'ici il lui a manqué la force pour agir : que le général consente à lui prêter son bras, et il agira.
— Ce qu'il faudrait donc, dit Fouché, ce serait mettre en rapport le général et le directeur.
— Oui, mais malheureusement jusqu'ici ils ne font rien pour s'entendre, dit Lebrun. Il y a entre eux incompatibilité d'humeur. »
Talleyrand haussa les épaules.
« Qu'importe l'incompatibilité d'humeur! dit-il. La gravité des intérêts et l'adresse des intermédiaires doivent suffire pour pallier cet inconvénient... du moins pour un moment...
— Quand nous reverrons-nous? » demanda brusquement Fouché.
Talleyrand se pencha vers lui :
« Demain, j'irai vous voir en sortant de chez Sieyès, dit-il, mais il faudrait que d'ici là le général consentît à promettre qu'il est prêt à répondre aux vœux de la France.
— Je lui parlerai, » dit Fouché.
Et profitant d'un mouvement qu'un nouveau flot de visiteurs produisait dans le salon, il quitta la place pour se frayer un chemin vers un boudoir dont la porte subissait un véritable siège.
Dans ce boudoir était réuni ce que la société féminine française comptait alors de plus charmantes, de plus jolies et de plus spirituelles femmes. Madame Bonaparte, mademoiselle Hortense, sa fille, madame Leclerc, madame Méchin, madame de Caseaux, toute cette cour de beauté enfin et d'élégance dont la réputation devait bientôt devenir universelle.
« Eh quoi! disait le général Bonaparte en souriant à sa femme, ce n'est pas une plaisanterie? Il y a encore des chauffeurs en France.
— Mais il y en a à Paris! dit madame Bonaparte avec impatience, et la preuve, c'est que dans cette rue, à deux pas de cet hôtel, on a assassiné toute une famille... Demande plutôt au citoyen Fouché.
— Si j'avais une demande à lui adresser à ce sujet, ce serait pour savoir s'il a arrêté les coupables.
— Les coupables n'ont même pas été inquiétés, dit Corvisart, qui se tenait près des dames.
— En vérité! dit le général avec un froncement de sourcils. Quoi! des crimes se commettent en plein Paris, et trois semaines après les auteurs de ces crimes ne sont pas arrêtés?
— C'est ainsi, général.
— Je n'adresserai pas mes félicitations au citoyen Fouché. »
En ce moment Lannes, se glissant dans la foule, parvint jusqu'auprès de son général et lui parla bas rapidement.
« Qui cela? demanda Bonaparte.
— Le petit tambour de la 32ᵉ.
— Niorres, le sergent-major qui a failli se noyer pour me suivre?
— Oui, mon général.
— Et il demande à me parler?
— Sur l'heure; il est dans un état de surexcitation extraordinaire. On ne voulait pas le recevoir d'abord : il a tellement insisté que les domestiques ont cru devoir venir me chercher, car il me demandait aussi. Quand il m'a vu, il m'a juré que s'il ne vous parlait pas sur l'heure, il se brûlerait la cervelle cette nuit. Ma foi! il avait l'air tellement déterminé, que je n'ai pas osé le renvoyer. Il est brave, cet enfant, et....
— Tu as bien fait; fais-le conduire dans mon cabinet, je vais aller le voir : pour qu'il insiste ainsi, il faut qu'il se passe quelque chose de grave. »
Le jeune sergent-major de la 32ᵉ était debout, devant le bureau, attendant que son général lui adressât la parole. Bonaparte était entré dans son cabinet, un sourire bienveillant sur les lèvres.
« Bonsoir, Niorres, dit-il de cette voix qu'il savait rendre si douce et si terrible suivant les circonstances.
— Mon général! balbutia le jeune homme.
— Qu'as-tu? qu'est-il arrivé? Le général Lannes m'a dit que tu avais insisté d'une façon extraordinaire pour me parler ce soir. Qu'as-tu à me demander?
— Mon général, il s'agit de mon colonel.
— De Bellegarde?
— Oui, mon général.
— Ne va-t-il pas mieux?
— Non, mon général, au contraire; le docteur Corvisart disait ce matin qu'il aurait de la peine à en revenir, ou que, s'il en revenait, il resterait fou.
— Eh bien! que puis-je?
— Le sauver, mon général.
— Comment?
— En lui ordonnant de vivre : il vous écoutera, mon général. »
Bonaparte haussa les épaules.
« J'aime Bellegarde, dit-il, et il le sait bien, mais quel que soit mon ascendant sur lui, crois-tu donc que je puisse l'empêcher de mourir en lui ordonnant de vivre?
— Oui, mon général! » répondit le jeune soldat.
Et, aussitôt dans de minutieux détails, Louis raconta l'état singulier de la folie du colonel. Bonaparte s'approcha de la cheminée et agita un cordon de sonnette; un valet entra :
« Voyez si le docteur Corvisart est encore là, dit-il, et priez-le, s'il est dans le salon, de passer sur-le-champ dans mon cabinet. »
Quelques instants après, Corvisart entrait.
« Que me dit ce soldat? demanda le général en racontant en quelques mots ce que venait de lui confier le sergent-major.
— Il a dit la vérité, répondit le docteur.
— Croyez-vous donc, docteur, que ma *présence* puisse sauver le colonel? »

— Je ne l'affirme pas, général, mais on peut l'espérer.

— Alors conduisez-moi près de lui, sur-le-champ. J'aime Bellegarde, qui est l'un de mes meilleurs officiers, et ce que je pourrai faire pour lui, je le ferai.

— Une visite de vous sans préparation pourrait être fatale, dit vivement Corvisart ; comme médecin, je m'y oppose.

— Quand pensez-vous que je puisse le voir ?

— Je ne sais encore ; mais, demain général, je vous le dirai.

— Très-bien, docteur, et souvenez-vous que je suis à votre entière disposition. »

Puis, se tournant vers le sergent-major :

« Tu as entendu ? reprit le général ; cela ne dépend plus de moi maintenant, mais du docteur.

— Oui, mon général, » balbutia le soldat, qui paraissait embarrassé, comme s'il eût encore à formuler une demande qu'il n'osait faire.

Bonaparte devina ce qui se passait dans l'esprit du sergent.

« Que veux-tu encore ? » demanda-t-il.

Louis, paraissant de plus en plus embarrassé, tournait son bonnet de police dans ses mains.

« Parle donc ! reprit le général avec impatience. Que veux-tu encore ?

— Un congé, mon général.

— Un congé ? répéta Bonaparte avec étonnement.

— Oui, mon général, un congé.... illimité, pour moi, Rossignolet et Gringoire. »

Le général fronça le sourcil.

« Un congé illimité ? dit-il. Voulez-vous donc tous trois quitter le service ?

— Oh ! non, mon général.

— Eh bien alors, que signifie cette demande ?

— C'est pour pouvoir soigner mon colonel, et au besoin nous absoudre s'il le fallait, mon général.

— Dans ce cas, dit Bonaparte, vous n'avez pas besoin de congé, puisque, par le fait, vous êtes tous trois détachés de votre corps et en mission en France. Enfin cela ne dépend plus de moi, mais du ministre de la guerre.

— Mon général, si vous n'avez pas besoin de nous pendant quelques jours, c'est tout. »

Bonaparte réfléchit.

« Je vous accorde à tous trois un congé jusqu'au 15 brumaire, dit-il. Soyez à Paris le 16, car à partir de ce moment vous serez incorporés tous trois dans le 21e chasseurs, le régiment que Murat commandait en Italie. Va, jusque-là tu es libre. »

Et Bonaparte, adressant un geste amical au sergent-major, prit le bras de Corvisart et quitta avec lui le cabinet.

« J'aime cet enfant, dit le général ; c'est un de ces soldats destinés à devenir chefs : intelligence, courage et générosité sont de puissants moteurs. Il adore Bellegarde.

— Pauvre colonel ! murmura Corvisart.

— Est-il donc perdu ?

— Je le crains ; la disparition de sa femme a été pour lui un coup terrible.

— Oui, reprit Bonaparte ; M. d'Adore, que j'ai connu jadis en Italie, m'a parlé de cette affaire en détail. Il prétend que la mort de ces malheureuses jeunes femmes doit être mise sur le compte d'un crime.

— Il a raison.

— Ainsi, vous aussi croyez...

— Je crois aux chauffeurs, général, et pour moi, ce que vous disiez maintenant à l'heure, à propos de madame Geoffrin, n'était que l'expression de la plus stricte vérité.

— Il n'y avait pas exagération ?

— Je ne le crois pas. »

Le général et le docteur rentraient alors dans le salon. Tous s'écartaient respectueusement sur leur passage. Bonaparte saluait avec cette grâce qui lui était familière et qui le rendait irrésistible lorsqu'il voulait l'être. Fouché, qui s'était glissé sur le premier rang, frappa les regards du général. Il s'arrêta devant lui :

« Savez-vous ce qui m'étonne le plus depuis mon retour en France ? lui dit-il.

— Non, général ! répondit Fouché en s'inclinant.

— C'est d'entendre parler à tous propos de l'organisation des chauffeurs.

— Mais, général, dit le ministre en se mordant les lèvres, vous n'en entendrez plus parler longtemps, car on est sur la trace de ces bandits.

— Hélas ! dit Regnaud en souriant, voici bien longtemps que l'on est sur leurs traces !

— C'est qu'on y reste ! » murmura Talleyrand.

Le général, qui avait entendu le mot, lança au diplomate un regard profond. Talleyrand, se glissant comme une couleuvre, était près du général au moment où celui-ci atteignait l'embrasure d'une fenêtre.

« La France insultée au dehors ! dit-il d'une voix sifflante, ses conquêtes perdues, l'Italie replacée sous la domination autrichienne, les Prussiens sur le Rhin, à l'intérieur l'anarchie, le vol, le pillage ! Pas une route sûre ! Partout défiance et inquiétude... Général ! général ! la France a besoin de vous ! »

Bonaparte tressaillit, mais il ne répondit pas.

« J'aurai l'honneur de vous voir demain ? » reprit Talleyrand en s'inclinant.

Le général lui adressa un geste affirmatif, puis il passa. Le diplomate se glissa dans la foule : il rencontra Fouché, qui lui prit le bras et l'entraîna vers la porte de sortie :

« Vous partez ? lui dit Talleyrand.

— Je vais au ministère !

— Pourquoi ?

— Pardieu ! pour en finir avec les chauffeurs. N'avez-vous pas vu le mécontentement du général ? Je veux lui prouver avant quinze jours ce que peut la police dans mes mains. »

Talleyrand le regarda attentivement :

« Sérieusement, dit-il, pensez-vous pouvoir débarrasser la France de cette plaie ?

— Oui ! dit Fouché ; depuis un mois mon plan est fait, et je réponds de la réussite. »

Tous deux atteignaient alors le vestibule de l'hôtel ; les valets s'étaient précipités pour faire avancer les équipages. Talleyrand avait sa main appuyée sur le bras du ministre.

« Savez-vous ce que c'est que la République ? lui dit-il en souriant de ce pâle sourire qui lui était particulier.

— Quelle question me faites-vous là ? répondit Fouché, qui évidemment ne voulait pas répondre.

— Consultez l'histoire grecque et l'histoire romaine, vous me répondrez.

— Qu'est-ce que c'est ?

— La République ?... C'est le trait d'union entre la royauté et l'empire ! »

La voiture venait d'avancer, la portière était ouverte : Talleyrand s'élança dans l'intérieur sans regarder son interlocuteur.

## VI. — L'HOMME MASQUÉ.

Ce soir-là, et quelques instants avant que Talleyrand et Fouché quittassent l'hôtel du général Bonaparte, une voiture, roulant rapidement, remontait la rue Saint-Honoré, se dirigeant vers la rue de la Ferronnerie. Arrivée à la hauteur des halles, la voiture tourna brusquement à droite, s'engagea dans cet enchevêtrement de ruelles inextricables qui formaient jadis le quartier des Bourdonnais, et continua sa course dans la direction du Pont-Neuf.

En atteignant la rue Boucher, elle tourna encore à droite, traversa la rue de la Monnaie et elle vint s'arrêter place de l'École. La portière s'ouvrit, et un homme s'élança légèrement sur le pavé. Cet homme portait l'un de ces vêtements très-larges, très-amples, à triple collet, que la mode avait adoptés alors et qui, se mettant par-dessus un autre costume, le cachaient entièrement et dissimulaient toutes les formes.

Triple collet voulait dire une douzaine au moins de collets retombant les uns sur les autres jusqu'à la taille. Le dernier collet ou le premier, c'est-à-dire celui placé au-dessus des autres, était droit, entourant le cou comme un de nos gros cache-nez. Il cachait à lui seul la moitié de la cravate blanche dont l'autre moitié montait jusqu'aux narines. Un chapeau à larges bords, des cheveux retombant en cadenettes et couvrant tout le front, et une paire de lunettes vertes formant masque rendaient le signalement du promeneur nocturne fort difficile à prendre. Une canne colossale, un véritable rotin tordu comme une vis sans fin et fixé au poignet à l'aide d'une lanière de cuir, terminait l'ensemble du costume.

En voyant descendre son maître, le cocher se pencha sur son siège, comme pour demander ses ordres.

« Attends ! » lui fut-il dit simplement.

L'homme au rotin traversa la place, gagna le quai, gravit la montée, et, tournant à droite, il s'engagea sur le Pont-Neuf.

Arrivé sur le terre-plein, il s'arrêta et regarda autour de lui : le pont était absolument désert et plongé dans une obscurité complète. L'incroyable s'approcha de l'escalier de bois placé le long de la muraille et qui fait communiquer le pont avec l'épier. S'assurant encore que personne ne pouvait l'épier, il commença sa descente lentement, avec précaution, en ayant soin de ne pas faire craquer les marches.

Après avoir franchi le premier tiers de la descente, il s'arrêta, se pencha sur la balustrade et parut examiner attentivement au-dessous de lui.

L'obscurité était profonde ; cependant on pouvait remarquer, en dépit des ténèbres, une ombre noire glissant lentement sur le petit îlot qui forme la pointe de la Cité, la proue du vaisseau de la bonne ville de Paris. Cette ombre paraissait par ses dimensions être celle d'un homme se promenant à pas lents.

L'incroyable fouilla dans la poche de son habit et en tira un mignon pistolet de poche à deux coups, tel que la manufacture royale de Versailles avait su les faire sous le règne de Louis XVI, le roi mécanicien.

S'assurant que les pierres étaient bien ajustées, que le bassinet était garni, l'incroyable enfonça le pistolet sous la manche de son bras gauche, tenant la crosse dans la paume de sa main, le pouce sur les chiens prêts à armer.

Le colossal rotin se balançait toujours au poignet droit. Ainsi préparé, l'incroyable reprit son mouvement de descente ; bientôt il atteignit le terre-plein.

L'ombre qu'il avait aperçue du haut de l'escalier se tenait à peu de distance, rasant la muraille.

L'endroit était certes lugubre : ce grand pont, qui élevait ses arcades tristes et sombres au-dessus de lui ; sous les pieds cette terre humide rarement foulée ; tout autour, les eaux du fleuve se brisant tumultueusement sur les piles ; ces deux bras de la Seine s'avançant à droite et à gauche, pour se réunir dans une puissante étreinte, écumant, bouillonnant, tourbillonnant ; puis la nuit profonde, solennelle, sans une étoile qui vint diminuer l'épaisseur des ténèbres opaques.

L'incroyable s'était arrêté sans manifester la moindre émotion, et il attendait.

L'ombre parut hésiter un moment, puis elle glissa lentement dans la direction de l'incroyable. Bientôt une forme humaine se dessina nettement en dépit de l'obscurité.

Le personnage qui s'avançait avait le corps recouvert d'un vaste manteau dont l'extrémité des pans retombait sur les chevilles, et dont le gigantesque collet engonçait le cou et la tête. Un bonnet de laine noire, semblable à ceux des pêcheurs napolitains, recouvrait entièrement le crâne et descendait sur le front jusqu'aux sourcils. Le menton n'était pas enfoncé, comme celui de l'incroyable, dans les plis d'une cravate de huit pouces de haut, mais il disparaissait entièrement sous une barbe très-épaisse et très-noire.

Au premier abord, l'aspect de cet homme était étrange et avait quelque chose de fantastique, car on ne pouvait rien distinguer de toute sa personne. En s'avançant plus près de lui, on remarquait que le visage, de la lèvre supérieure aux sourcils, était recouvert d'un masque de satin couleur claire, tel qu'on en portait à Venise durant l'époque interminable du carnaval.

La forme du nez, celle des joues, étaient si parfaitement réussies, qu'il fallait un second coup d'œil pour comprendre la cause de cette immobilité du visage.

L'incroyable et l'homme masqué étaient à quelques pas l'un de l'autre, immobiles, silencieux et s'examinant réciproquement. L'incroyable étreignait la crosse de son pistolet de poche.

L'homme masqué comprit sans doute le sentiment de défiance que ressentait son compagnon, car écartant brusquement les longs plis de son manteau, il découvrit ses mains nues et vides, et le vêtement grossier qui lui recouvrait le corps et qui ne décelait la présence d'aucune arme.

« Tu vois que tu n'as rien à craindre, dit-il avec un accent d'emprunt évidemment destiné à cacher l'accent véritable.

— Je ne crains rien non plus, répondit froidement l'incroyable d'une voix au diapason trop aigu pour être sincère.

— Est-ce toi que j'attendais ?
— Interroge, tu verras.
— Où est la bande à Chat-Gaultier ?
— Boulevard Saint-Jacques.
— Combien a-t-elle d'hommes ?
— Deux cent trois.
— Le mot de passe ?
— Dragon, à la bombe ! Et le mot de rencontre ?
— Rouge d'Auneau en gaffre !
— Tu vois que nous ne nous étions pas trompés. »

Un silence suivit ce rapide échange de phrases bizarres.

« Tu as confiance en moi ? reprit l'homme masqué.

— Oui, dit l'incroyable. Pour le moment, j'ai confiance en toi, car je dois reconnaître que tu ne m'as pas trompé ; mais, si tu ne m'as pas trompé jusqu'ici, qui me dit que tu ne me tromperas pas dans l'avenir ?

— Tu te verras.
— Et s'il n'est plus temps d'agir quand j'aurai vu ?
— Alors cessons nos relations.
— Non, j'ai besoin de toi.
— Alors aie confiance !
— M'as-tu apporté les instructions ?
— Toutes celles qui te sont nécessaires ; attends-moi sans bouger. »

L'homme masqué s'éloigna en suivant le terre-plein jusque sous l'arche du pont. Là, il disparut un moment complètement dans les ténèbres ; puis il reparut tenant un petit paquet à la main.

« Tout est là, » dit-il en tendant le paquet à l'incroyable.

Celui-ci le prit et le mit dans sa poche.

« Tu n'as rien de plus à m'apprendre cette nuit ? demanda-t-il.

— Rien, répondit l'homme masqué.
— Si j'avais besoin de te voir ?
— Le signal convenu ; de même que si j'avais à te parler en cas d'urgence, le même signal, au même endroit ; mais retourné.
— J'aurai un homme qui veillera.
— Bien ! agis, et souviens-toi de la promesse.
— Et toi de la tienne.
— C'est convenu.
— Qui de nous deux partira le premier ? demanda l'incroyable.

— Toi, répondit l'homme masqué. Remonte sans t'occuper de moi et ne t'inquiète que d'une chose : c'est de ne pas être observé. »

L'incroyable fit un signe affirmatif ; puis, quittant son interlocuteur, il gravit lestement l'escalier de bois. Arrivé à l'extrémité supérieure, il s'assura, avant d'avancer, que la place était déserte. Bien convaincu qu'aucun œil curieux ne l'espionnait, il passa alors sur le pont, reprenant la direction de la place de l'École.

L'homme masqué était demeuré seul et immobile sur le terre-plein. Il resta longtemps sans faire un mouvement. Appuyé contre la muraille, absolument dissimulé dans l'ombre, il paraissait soit attendre patiemment, soit être absorbé dans des réflexions profondes.

Près de trois quarts d'heure s'écoulèrent ainsi. Enfin, quittant la place qu'il avait occupée, l'homme passa de l'autre côté du terre-plein, et s'avança sur la petite berge, jusqu'à l'endroit où, s'unissant à la pile du pont, elle cesse de présenter un point d'appui praticable.

Le murmure incessant de l'eau se ruant avec furie sous l'arche, et que la sonorité de la voûte rendait plus formidable encore, avait quelque chose de fantastiquement terrible, qui eût pu intimider les esprits les plus forts. L'homme masqué ne paraissait pas éprouver, lui, la moindre émotion.

Avançant la main droite, il prit un bout de corde qui était passé dans un anneau scellé dans la pile et il tira dessus. Bientôt une légère embarcation se détacha au milieu des ténèbres. L'homme la hala avec précaution, puis, quand son bordage fut à portée, il s'élança dans la barque, mais sans lâcher la corde, qui l'empêcha d'être emporté par le courant.

La nuit était extrêmement noire en cet endroit, surtout où la masse de la voûte de l'arche projetait encore son ombre épaisse.

L'homme masqué, se retenant toujours à la corde, se pencha en avant comme pour interroger les eaux tumultueuses.

Au nom de la loi, tu es invité à me suivre. (Page 134.)

## VII. — L'INCONNU.

L'homme masqué demeura longtemps dans la même situation, se retenant de la main gauche à la corde passée dans l'anneau, le corps penché en avant.

« Rien ! dit-il. Maintenant, le terre-plein. »

Sautant sur le rivage étroit, il longea la muraille, demeurant dans les ténèbres, et il explora le terre-plein avec une attention des plus minutieuses, mais en ayant soin de ne pas se détacher du pied du mur.

« De ce côté, aucun danger ! murmura-t-il. Si j'eusse été espionné, j'eusse surpris l'espion, j'en suis certain. »

Revenant alors sur ses pas, toujours en longeant la muraille, il franchit toute la largeur du terre-plein, et il regagna l'endroit où il avait laissé le petit bateau amarré presque sous la grande arche.

Reprenant la corde, il ramena l'embarcation et il sauta dedans comme la première fois, et toujours sans lâcher la corde, ce qui l'empêchait d'être emporté par le courant.

Halant de nouveau sur cette corde, mais en sens opposé cette fois, il remonta sous le pont jusqu'à la hauteur de l'amarre. Alors, saisissant deux avirons, il lâcha le bordage et continua sa route, résistant au courant, remontant le grand bras de la Seine. Ramant avec une énergie et une habileté remarquables, l'homme atteignit le pont au Change d'abord, puis le pont Notre-Dame.

De temps à autre, le rameur s'arrêtait brusquement, et, se retournant sur son banc, il examinait la rivière derrière lui, puis, la voyant unie et déserte, il reprenait ses avirons. Arrivé à la hauteur du quai de la Grève, l'homme masqué s'approcha de la rive, et, amarrant son embarcation à une pierre plantée dans la terre, il sauta par-dessus le bordage. De la main gauche il saisit son masque, de la droite il balança un pan de son manteau, et, d'un même mouvement, enlevant le masque et lançant le pan du vêtement sur son épaule, à l'italienne, il ne donna pas à son visage le temps d'être baigné par l'air. Un curieux placé là, quelque attention qu'il eût apportée, n'eût certes pas distingué, même vaguement, la coupe de la figure.

Ainsi drapé, l'homme franchit le port aux blés, gagna le quai, en faisant force détours et en inspectant toujours soigneusement de tous côtés terrain et horizon.

Bien certain de n'être pas suivi ni épié, il précipita sa marche et atteignit la rue de la Mortellerie. Courant alors avec une rapidité merveilleuse, il déboucha sur la place de l'Hôtel-de-Ville.

Quelques fiacres stationnaient près l'arcade Saint-Jean. L'homme fit signe à l'un des cochers, qui ouvrit précipitamment sa portière.

« Tu as de bons chevaux ? demanda-t-il.
— Dame ! ça dépend ! répondit le cocher.
— Si on te paye double ?
— Ils courront double aussi. Nous allons ?
— Faubourg Montmartre. Je t'arrêterai. »

La voiture partit rapidement. Arrivé à destination, l'homme au manteau paya le cocher et le renvoya, en s'arrêtant devant une porte, comme s'il eût eu l'intention d'y frapper; mais dès que la voiture fut partie, il revint sur ses pas, gagna le boulevard et le descendit précipitamment dans la direction du faubourg Saint-Honoré. Se retournant brusquement, il attendit.

« Allons ! personne ne m'a suivi ! » murmura-t-il avec un soupir de satisfaction.

Il était alors devant une maison d'assez belle apparence, bâtie sur le boulevard. Prenant une clef dans sa poche, il l'introduisit dans la serrure de la porte cochère, et il entra.

Une demi-heure ne s'était pas écoulée que la porte se rouvrait de nouveau et qu'un homme, entortillé des pieds à la tête dans une grande houppelande rayée, s'élançait sur le boulevard. Cet homme arriva lestement jusqu'au pavillon de Hanovre. Il y avait bal ce soir-là, et une file de voitures attendant pratique stationnait sur le boulevard.

Les alentours du pavillon étaient brillamment éclairés

Seront condamnés à la peine de mort tous ceux qui auront profité de ces crimes. (Pages 135.)

L'homme parut un moment hésiter avant d'entrer dans ce cercle lumineux, mais il se décida.

Les cochers et les commissionnaires ouvreurs de portière qui stationnaient là purent alors remarquer que l'homme à la houppelande portait sur l'œil droit un large bandeau de taffetas noir qui, montant sur le front d'un côté et descendant sur la joue de l'autre, rendait l'inspection du visage difficile, car de longues mèches de cheveux tombaient en *oreilles de chien* de chaque côté des joues.

L'homme à la houppelande, dont on ne pouvait pas plus distinguer les traits qu'il n'eût été possible de distinguer ceux de l'homme au manteau, appela un cocher et monta dans une voiture.

« Rue du Petit-Pont ! » dit-il.

Le cocher fouetta ses chevaux, et le véhicule se mit en devoir de gagner la destination indiquée. Là, l'homme descendit, paya généreusement le cocher, et s'enfonça dans la rue Galande pour atteindre bientôt cette petite ruelle percée en contre-bas du quai actuel, que l'on nomme la rue du Fouarre et qui faisait communiquer la rue Galande avec la rue de la Bûcherie.

Au milieu de cette rue, à gauche en entrant par celle de la Bûcherie, s'élève une maison à pignon aigu et dont l'érection remonte bien certainement au quinzième ou au seizième siècle.

L'homme s'arrêta devant cette maison et frappa un coup sec à la porte qui s'ouvrit aussitôt. L'homme se glissa dans l'intérieur.

« Pigolet est là-haut ? demanda-t-il, sans écarter le collet de sa houppelande, à une sorte de vieille sorcière aux cheveux jaunâtres et épars, qui avançait sa tête par l'ouverture d'un carreau pratiqué dans une porte.

— Pigolet est là-haut, oui ! répondit la vieille femme.
— Et le meg ?
— Pas encore arrivé.
— Et Beau-François ?
— Il est là-haut aussi, avec Mesnard le boucher et Pigeon Belle-Pince.
— Le meg devrait être ici ! » reprit l'homme à la houppelande avec impatience.

On frappa de nouveau.

« Voilà le meg ! dit la sorcière, je le reconnais à sa manière de frapper. »

Elle courut ouvrir la porte.

Un homme grand, gros et vigoureusement charpenté franchit le seuil. La vieille tenait une lampe allumée à la main, et la lumière, portant en plein sur le visage du nouveau venu, éclaira la physionomie expressive du citoyen Thomas.

En apercevant l'homme à la houppelande et au bandeau, Thomas lui adressa un geste amical.

« Tu es en avance ! dit-il.
— Oui ! dit l'autre, je pensais te trouver seul en venant plus tôt.
— Tu voulais me parler ?
— A propos d'Alcibiade. Il guérira !
— Bah !
— Je te l'affirme. »

Thomas fit un geste d'impatience.

« J'ai fait une sottise ! dit-il. Il aurait dû mourir sur le terrain : c'était si facile ! C'est une école !
— Que veux-tu ! on ne pense pas à tout.
— Mais on peut réparer le mal.
— Comment ?
— Il est dans son lit, qu'il n'en sorte pas !
— Eh ! le moyen ! C'est Dupuytren qui le soigne à l'hôpital, et depuis l'affaire de la petite...
— Il est difficile à tromper.
— Oui.
— Bah ! c'est égal. Si tu veux t'en charger... mais viens là-haut, que nous causions plus à l'aise. D'abord j'ai de grandes nouvelles à vous donner.
— Concernant l'affaire ?
— Oui.
— C'est pour bientôt alors ?
— Oui.
— Hein ! fit l'homme au bandeau en tressaillant brusquement.
— Pour plus tôt que tu ne crois ! répéta Thomas.
— Comment ? »

Thomas se pencha vers lui :

« Ils partent ! dit-il.
— Ils partent ? répéta l'homme.
— Oui, tous cinq doivent bientôt quitter Paris.
— Tu en es sûr ?
— Parfaitement certain. »
Puis après avoir réfléchi un moment :
« Montons ! » dit l'homme au bandeau.

## VIII. — LA CAGNOTTE.

« Alors, tu aimes la Cagnotte ?
— Oui que je l'aime et l'adore !
— Et la Cagnotte est la nièce à Paille-de-Fer ?
— Comme tu dis.
— Et Paille-de-Fer ne veut pas de toi pour neveu ?
— Par le motif qu'il veut de sa nièce pour sa femme. Tu comprends, hein ? La Cagnotte, elle, en veut bien pour son oncle, mais pas pour son mari, et c'est pourquoi Paille-de-Fer voulait m'étrangler, quand toi et le camarade vous êtes venus me donner un coup de main.
— Et puis il parlait de la bande à Chat-Gauthier et de celle à Beau-François.
— Ah oui ! les deux bandes rivales, moi, je suis de celle à Chat-Gauthier : voilà encore un motif.
— Et c'est la bande à Chat-Gauthier qui a fait le coup de Saint-Cloud, hein ?
— T'en veux savoir trop long, toi, pour un nouveau !
— Réponds tout de même !
— Non !
— Réponds, que je te dis !
— Je ne peux pas !
— Eh, bien ! tu vas pouvoir. Allons, Maucot ! un coup de main ! »

C'était dans une pièce longue et étroite de cette maison du Gros-Caillou, que les lecteurs connaissent, que se passait la scène au début de laquelle nous venons d'assister.

Deux hommes, l'un vêtu en maçon, l'autre en chiffonnier, en maintenaient un troisième entre eux deux. Ces deux hommes, c'étaient Maburec et le Maucot : le troisième c'était Carmagnole, l'ancien adversaire de Paille-de-Fer, Carmagnole, l'amoureux de la citoyenne Cagnotte.

Il faisait nuit noire au dehors : il pouvait être alors trois heures du matin, et tout le reste de la maison, hormis la pièce dans laquelle nous venons d'entrer, était plongé dans une obscurité complète.

Un silence profond, que rien ne troublait, régnait au dehors. A l'intérieur, on n'entendait que le bruit d'une respiration sifflante.

La pièce, aux murailles recouvertes d'un papier délabré, était triste, d'aspect misérable et faiblement éclairée par une mauvaise lampe à la mèche charbonnant et dégageant une fumée épaisse et nauséabonde qui s'en allait en spirales lécher les solives saillantes du plafond.

Une mauvaise table, une mauvaise armoire, de mauvaises chaises de paille, composaient l'ameublement. Sur la table il y avait, pêle-mêle, des verres éborchés, des pots égueulés, des assiettes fêlées, tous les débris d'un festin de gargote de bas étage.

Ce qu'il y avait de bon dans cette pièce où tout paraissait si détestablement mauvais, c'était un paquet de cordes posé sur une chaise, mais quelles cordes ! Quelles amours de cordes ! comme elles étaient fines, serrées, bien tordues ! Comme elles étaient suivées, goudronnées, astiquées ! Un gabier en eût mangé, au maître voilier se fût pendu avec !

Aussi comme Maburec, le vieux de la cale, les caressait amoureusement de la main gauche, ces cordes si mignonnes et si dures, tandis que de la droite il contraignait Carmagnole à une immobilité complète en lui faisant, à l'aide de ses doigts de fer, ce qu'il nommait pittoresquement un *tour mort sur la barre du cou !*

« Amarre à quatre amarres, vieux ! dit-il au Maucot. S'il tente seulement de ralinguer, je le mets en machemoure ! Ficelle la carène... et un nœud plat ! là ! ça y est ! Proprement astiqué que je dis. »

Maburec et le Maucot se redressèrent en reculant pour être mieux à même d'examiner leur œuvre. Carmagnole solidement garrotté à l'aide de la corde si fine et si dure, était fixé sur sa chaise et dans l'impossibilité de tenter un mouvement.

« Une ! deux ! reprit Maburec. Amène la citoyenne ! »

Maucot tourna sur lui-même, il atteignit une petite porte à l'aide d'une seule enjambée, ouvrit cette porte, disparut dans un cabinet sombre, puis reparut presque aussitôt en portant une chaise sur laquelle une femme était garrottée comme l'était Carmagnole, mais, de plus que Carmagnole, elle était bâillonnée. Le gabier provençal plaça la chaise de la femme à côté de celle occupée par l'homme. Prenant un couteau, il en approcha la lame du bâillon qui recouvrait la bouche :

« Attention, estimable paroissienne, de mon cœur, dit le Maucot, je vais couper l'amarre, qué ! mais si tu pousses tant seulement un ouf ! je manque de respect à ton sexe en te faisant avaler ta gaffe ! Comprends, té ? »

Et d'un coup net et ferme, il trancha les liens du bâillon. Le visage empourpré de la Cagnotte apparut alors en pleine lumière.

Maburec avait assisté à cette scène sans y prendre part. Quand le Maucot eut terminé, il prit un siège et se plaça carrément en face des deux personnages qui le contemplaient avec des yeux hagards.

« Pour lors, commença le vieux gabier en posant sa main formidable sur son genou, en voilà assez de carnaval et tâchons de nous larguer la vérité en grand ! Pour commencer, l'ami et moi, pas plus maçon que chiffonnier, pas plus terriens qu'un cachalot. Matelots finis ! gabiers premier choix et qui ont juré la pendaison des faillis chiens de ton acabit !

Pour lors nos commandantes, deux femmes au cœur d'or, deux madones de Brest, ont été crochées une nuit à Saint-Cloud par un tas de pirates de ta société. Tu en étais ! ne nie pas ! nous le savons et le particulier qui nous a mis dans tes eaux est un fier pilote !

Pour lors le matelot et moi avons dit à nous-mêmes : nos commandants ont le cœur chaviré en grand, l'espérance est dans la vase, faut courir un bord pour la remettre à flots.

Et que nous nous sommes déguisés et que le matelot et moi avons mis le cap sur la cassine où que nous sommes arrivés à point pour le tirer, toi et la particulière, des grappins d'un autre citoyen pirate. Tu te souviens, hein ! Allons, réponds !

— Oui ! murmura Carmagnole.

— Pour lors, reprit Maburec, le matelot et moi avons d'abord employé la douceur et l'amitié en, masquant nos manœuvres ; pour lors, tu nous as fait faire fausse route, mais le matelot et moi qu'est pas plus bête qu'un terrien, ouvrait l'œil.

La vigie te signalait toujours, vieux caïman, et les gabiers ont le grappin solide. A cette nuit on t'a repincé en grand ! Te voilà ficelé, amarré, toi et ta particulière, et nous te disons : faut larguer la vérité en grand, sinon, les gabiers vont aller la crocher au fond de ta carène. Comprends, hein ?

Voilà des jours et des nuits que tu nous fais courir des bords sans fin ! En panne, cette fois ! Tu étais des gredins qui, à Saint-Cloud, ont enlevé nos commandantes ; si on ne t'a pas mis encore le pouce sur la lumière, c'est que le citoyen Jacquet l'avait défendu : il voulait te faire jaser. Mais assez causé pour ne rien dire.

Tu as enlevé nos commandantes, tu sais où elles sont, tu vas nous le dire sur l'heure, ou toi et ta particulière vous allez jouir d'un agrément dont les sauvages s'en voudraient pas pour leur dessert. »

Maburec s'arrêta.

« C'est dit, qué ! ajouta le Maucot en s'avançant.

— Alors entonnons l'entretien, reprit Maburec.

— Une idée, qué ! le caïman va jaser, c'est convenu ; mais s'il masque en grand, qui est-ce qui nous le prouvera ? »

Maburec se frappa le front et réfléchit.

« Autre idée ! reprit-il ; calfate-moi le pertuis de l'entendement à si celle citoyenne, recale-la dans le coin noir, et causons amicalement ici avec le caïman. Ensuite on fera jaser la pirate, et si elle donne le même point que l'autre, c'est qu'il aura largué la vérité ; sinon, je lui tortille le cou en deux temps. Compris, hein, corsaire de malheur. »

Le Maucot avait enlevé de nouveau la Cagnotte et l'avait retransportée dans le petit cabinet. Là, il prit une couverture de coton dont il coupa un morceau et l'appliqua en mentonnière sur les oreilles de la femme ; puis, avec une poignée d'étoupe qu'il avait dans sa poche, il acheva, suivant son expression, de *calfater* les oreilles de la compagne du chauffeur, de manière à ce qu'il lui fût impossible de distinguer un son. Puis il rentra dans la pièce, et pour plus de sécurité, il referma la porte.

« C'est paré ! dit-il à Mahurec.
— Or donc, reprit celui-ci, en avant la causette ! »

Et s'approchant de Carmagnole qui n'osait formuler une plainte :

« Je vais t'interroger, lui dit-il ; le Maucot, qui est un citoyen éduqué, écrira les demandes et les réponses. Ensuite de quoi on interrogera la particulière, et si, entre vos deux réponses, il y a tant seulement une hésitation... je te coule, le temps de hisser une flamme ! As-tu bien compris ?... Réponds !
— Oui, murmura Carmagnole.
— Pour lors, attention à la manœuvre !... T'étais à Saint-Cloud.
— Oui.
— Combien que vous étiez en tout ?
— Onze.
— Qui vous commandait ?
— Le meg.
— Ça veut dire le commandant en chef des brigands ?
— Oui.
— Comment avez-vous fait ?
— Le meg avait tiré son plan d'avance. Quand les deux *pigolets* furent ivres...
— Les *pigolets* ? qui ça ?
— Les receleurs, quoi, ceux qui reçoivent les marchandises.
— Le Gorain et le Gervais en sont donc ?
— Oui.
— Ah ! les gueux ! si je mets jamais le grappin dessus !... Enfin, continue.
— Quand les *pigolets* furent ivres, nous passâmes dans la cour, nous nous habillâmes, et ensuite dans le jardin. Je ne sais pas où étaient les autres, mais moi et trois camarades nous attendîmes dans une allée. Ce ne fut pas long ; bientôt le meg revint avec les camarades qui portaient les deux femmes et les deux enfants...
— Brigands ! murmura le Maucot dont les yeux étincelaient.
— Canailles ! fit Mahurec. Après ?
— Une voiture attendait de l'autre côté de la rue avec des amis ; on y conduisit les deux femmes et les deux enfants qu'on y fit monter, et la voiture partit.
— Ensuite ?
— Deux camarades et moi allâmes faire disparaître toutes les traces, ratisser toutes les allées, et nous revînmes nous mettre à table.
— Ensuite ?
— Nous avons continué à souper.
— Et puis ?
— Nous sommes revenus à Paris chacun de notre côté, C'est tout ce que je sais.
— Et les deux femmes, qu'est-ce qu'on en a fait ?
— Je ne sais pas.
— Et les deux enfants ?
— Je ne sais pas davantage.
— Sont-ils encore vivants au moins ?
— Je le crois, mais je n'en sais rien. »

Mahurec regarda le Maucot.

« Qu'est-ce que tu en dis ? demanda-t-il.
— Je dis, s'écria le Provençal, que celui-là est un chauffeur, une de ces canailles qui chauffent les pieds des honnêtes gens pour leur faire dire où est leur trésor. Si on lui chauffait un peu les os des jambes, à celui-là, pour lui faire larguer la vérité ? »

Mahurec se retourna vers Carmagnole.

« Tu en sais plus long ? dit-il.
— Non, répondit le bandit, je le jure !
— Tu ne sais pas où sont nos commandantes ?
— Non.
— Eh bien ! il faut que tu le saches cependant, ou que je te déralingue comme un gabier de poulaine ! »

Mahurec s'était levé avec rage.

« Apporte la femme ! » dit-il.

Le Maucot obéit, on recommença sur la Cagnotte l'interrogatoire de Carmagnole. La femme avoua, sans hésiter, qu'elle faisait partie de la bande des chauffeurs, qu'elle se costumait d'ordinaire en homme, et que le jour de l'*affaire* de Saint-Cloud, comme elle appelait l'attentat, elle avait rang parmi les invités de Gorain et de Gervais.

Ses réponses furent en tous points identiquement conformes à celles de Carmagnole, et de même que le bandit avait nié savoir ce qu'étaient devenus les femmes et les enfants après être montés en voiture, elle déclara qu'elle n'en savait pas plus long.

Mahurec et le Maucot frémissaient d'impatience. Menaces, prières, ordres, rien ne pouvait faire changer le système des prisonniers. Disaient-ils la vérité ? Cela était possible, mais Mahurec ne le croyait pas.

Emporté par la fureur, le Maucot bondit sur Carmagnole et la Cagnotte.

« Puisqu'ils ne savent rien, s'écria-t-il, faut les tuer ! »

Et ses poings formidables s'élevaient menaçants.

« Jacquet l'a défendu ! » s'écria Mahurec en retenant le Maucot.

En ce moment un sifflement aigu, absolument pareil à celui des serpents, retentit dans la rue.

« La Caraïbe ! » dit Mahurec en courant vers la fenêtre qu'il ouvrit.

Saisissant un bout de corde attaché au pied de la table et préparé d'avance, il le lança dans le vide. Quelques instants après, une tête à la physionomie expressive apparut dans l'encadrement de la croisée, et un jeune homme costumé en matelot s'élança légèrement sur le plancher de la chambre.

Mahurec retira la corde et referma la fenêtre. Le jeune matelot dardait ses regards sur les deux prisonniers.

« Ce sont ceux-là ? demanda-t-il avec un accent guttural.
— Oui, Fleur-des-Bois, répondit Mahurec.
— Qu'ont-ils dit ?
— Rien de nouveau que ce que nous savions.
— Ils refusent de parler ?
— Oui ! ils disent qu'ils ne savent pas. »

La Caraïbe approcha son visage de celui de Carmagnole d'abord, et de celui de la Cagnotte ensuite ; elle examina minutieusement ces deux physionomies à l'expression hideuse. Sa sagacité de sauvage lui fit concentrer toute son attention sur la Cagnotte.

« Celle-là doit parler ! dit-elle.
— Elle ne sait rien ! répondit Mahurec.
— C'est possible ; mais si elle ne sait rien, elle en connaît d'autres qui doivent savoir. Ce sont ces autres-là qu'il faut qu'elle nous nomme, et elle les nommera !
— Moi ! jamais ! hurla la Cagnotte avec une expression farouche.
— Ah ! ah ! fit la Caraïbe, tu avoues que *tu peux* nous instruire ! »

La Cagnotte ne répondit pas, elle se mordait les lèvres.

« Tu parleras ! » dit Fleur-des-Bois.

La Cagnotte releva la tête :

« Jamais ! dit-elle avec un accent de défi. J'ai juré, je ne dirai rien ! D'ailleurs je ne sais rien ! J'ignore ceux qui savent... Et puis, tue-moi si tu veux, je ne parlerai pas ! »

Fleur-des-Bois regarda froidement la femme.

« Tu parleras ! dit-elle lentement. Tu parleras ! tu révéleras ce sont ceux que nous cherchons ; tu feras plus encore, misérable ! tu me mettras sur la route de celui que je ne puis rencontrer, de celui dont le sang m'appartient tout entier ! Oui, tu parleras ! Et si tu ne sais rien, tu me diras ceux qui savent ! »

La Cagnotte supporta le regard acéré de la Caraïbe, mais elle ne baissa pas la tête.

« Troun de l'air ! hurla le Maucot, et dire que Jacquet a défendu de leur aplatir la carène.
— Mais il faut qu'elle parle ! s'écria Mahurec.
— Elle parlera ! » dit Fleur-des-Bois.

La Cagnotte fit entendre un ricanement sourd.

« On m'appelle la *muette* ! dit-elle, et je ne perdrai pas mon nom. Tue-moi ! je ne dirai rien !
— C'est ce que nous allons voir ! » dit simplement la Caraïbe.

## IX. — LES MOTS DE PASSE.

Fleur-des-Bois s'approcha des deux prisonniers, et après un instant d'examen attentif :

« La Cagnotte aime Carmagnole, dit-elle, et Carmagnole

aime la Cagnotte. S'ils étaient riches, ils pourraient être heureux... Ils peuvent être riches. »

Puis, s'adressant à la Cagnotte :

« Veux-tu parler ? » dit-elle.

L'autre ne répondit pas.

« Où sont celles que nous cherchons ? »

Même silence.

« Qui peut nous apprendre où elles se trouvent ? »

Les lèvres de la Cagnotte ne firent pas un mouvement. Ses regards fiers lançaient des gerbes d'étincelles.

« Ton oncle ne veut pas que tu épouses Carmagnole, reprit la Caraïbe ; ton oncle est méchant, cruel, implacable ! Si tu refuses de répondre, tu seras livrée à lui... »

Carmagnole fit un mouvement, la Cagnotte le contint du regard.

« Tu seras livrée à lui, reprit Fleur-des-Bois. Maintenant parle, et tu demeureras libre avec Carmagnole et je payerai chacune de tes paroles au poids de l'or. »

La Caraïbe s'arrêta :

« Cent francs ! » reprit-elle.

Un silence profond régna dans la pièce. Personne ne bougeait. Tous attendaient, demeurant immobiles.

« Où sont les femmes et les enfants ? demanda la Caraïbe.

— Je ne sais pas ! répondit la Cagnotte.

— Et toi ? reprit Fleur-des-Bois en s'adressant à Carmagnole.

— Je ne sais pas !

— Où est celui qui peut nous le dire ?

— Je ne sais pas !

— Il faut que l'un de vous sache !... Deux cents francs... cinq cents... mille... Veux-tu parler ? »

Carmagnole lança un regard ardent sur sa compagne. Il était évident que l'appât d'un or si facilement gagné commençait à exalter le bandit : il pâlissait, il rougissait tour à tour, il était sur le point de parler.

« Veux-tu parler ? dit Fleur-des-Bois.

— Non ! rugit la femme.

— Et toi ?

— Non ! dit Carmagnole après une hésitation nouvelle.

— Quinze cents ! » dit Fleur-des-Bois.

Carmagnole tressaillit.

« Veux-tu parler ? reprit la Caraïbe.

— Non ! non ! vociféra la Cagnotte, ne parle pas, je te le défends, tu me dis rien !

— Deux mille ! dit Fleur-des-Bois, ou rien !

— Je parlerai ! s'écria Carmagnole.

— Parle donc ! dit la Caraïbe ; parle sans hésiter, ou, je te le jure à mon tour, dans une heure tu seras mort, et la Cagnotte sera en la puissance de son oncle.

— Je parlerai ! répéta Carmagnole.

— Lâche ! dit la Cagnotte.

— Je parlerai !... Je t'aime ! dit le bandit ; je ne veux pas que tu retournes auprès de Paille-de-Fer qui te fera souffrir ; je veux l'argent promis.

— Tais-toi ! je te l'ordonne ; qu'on me tue !

— Parle ! dit Fleur-des-Bois.

— Tais-toi ! tais-toi ! hurla la Cagnotte.

— Parle ! ou je n'hésite plus : dans une minute, il sera trop tard ! Parle ! réponds !... Où sont celles que nous voulons sauver ?

— Je l'ignore, répondit Carmagnole d'une voix entrecoupée, mais il y en a un qui le sait.

— Qui ?

— Chat-Gauthier.

— Où est-il ?

— A Grenelle.

— Comment peut-on le trouver ?

— Dans la rue Violet, la seconde ruelle à droite, la troisième boutique, celle d'un épicier. Chat-Gauthier est là.

— Comment faut-il le demander ?

— Frapper un premier coup en disant : Grenoble, un second coup en disant : Marseille, et un troisième en disant : Gap.

— Grenoble, Marseille, Gap ? répéta la Caraïbe.

— Oui.

— Et il viendra ?

— En lui donnant le mot de passe et le mot de rencontre.

— Et ces mots ?

— Je vais vous les apprendre ! » dit une voix brève.

La porte venait de s'ouvrir sans bruit et un homme entrait.

« Jacquet ! dirent à la fois Mahurec et le Maucot.

— Ils parlent enfin ! s'écria Jacquet en courant vers les deux prisonniers.

— Oui : je les ai contraints ! dit la Caraïbe. Pourquoi ne m'as-tu pas laissée agir plus tôt ? Pourquoi avoir attendu ?

— Il le fallait. Crois-tu que j'aie moins hâte que toi d'arriver au but ? Mais il fallait attendre, car il faut non-seulement venger nos amis, mais la société entière. »

Puis, se tournant vers Carmagnole :

« Réponds sans hésiter ! » dit-il.

Et d'une voix vibrante il prononça cette phrase :

« Dragon à la bombe ! »

Carmagnole et la Cagnotte tressaillirent en se lançant un regard rapide.

« Réponds ! dit Jacquet.

— Rouge-d'Anneau en gaffre ! » répondit Carmagnole en baissant la tête et comme terrifié par quelque événement inattendu.

Jacquet se redressa : son œil intelligent lança un regard de triomphe et une expression joyeuse illumina, rapide comme l'éclair, sa physionomie mobile.

« Maucot et toi, Mahurec, dit-il, vous allez demeurer ici à la garde de ces deux personnages. Il faut les séparer et les placer dos à dos afin qu'ils ne puissent échanger ni un signe, ni un regard, ni un jeu de physionomie. Qu'ils ne prononcent pas un mot jusqu'à mon retour.

« Compris ! » dit Mahurec.

Jacquet se tourna vers Fleur-des-Bois :

« Viens à Grenelle ! dit-il.

— Vous allez crocher le Chat-Gauthier ? dit le Maucot.

— Oui !

— Eh qué ! je vais avec vous !

— Non ! demeure !

— Mais t'es pas solide l'ancien, et pour crocher le Chat...

— Attends ici, te dis-je. D'ailleurs nous ne serons pas seuls ; Rossignolet m'attend en bas.

— Le major ! ah ! que les mistrals me démâtent ! Tire ta coupe en double ! As pas peur, vieux !

— Veillez sur ceux-là ! dit Jacquet, et quoi qu'il arrive, quelle que soit la longueur du temps que nous demeurerons absents, ne quittez pas cette pièce, attendez et songez que la réussite de notre entreprise est peut-être dans ce qui va s'accomplir avant une heure !

— Va ! dit Mahurec. Je me charge des deux oiseaux, et si tu ne les retrouves pas entiers, tu auras toujours les morceaux ! »

Jacquet fit signe à la Caraïbe, et tous deux disparurent, s'élançant dans l'escalier.

## X. — UNE QUERELLE DE MÉNAGE.

M. Gervais avait pour habitude prise de se réveiller tous les matins à huit heures ; il se dressait sur son séant, il étendait les bras, il ouvrait la bouche en murmurant :

« Quelle heure est-il ?

— Huit heures ! répondit madame Gervais qui était déjà à sa toilette.

— Bon ! ajouta Gervais, je vais me lever ! »

Il se retournait, il s'allongeait et... il se rendormait. A neuf heures la bonne montait : le bruit réveillait Gervais :

« Quelle heure est-il ? demandait le bourgeois.

— Neuf heures !

— Ah ! voilà qui est un peu fort ! mon épouse vient de me dire qu'il était huit heures.

— Monsieur, il en est neuf !

— Et vous m'avez laissé dormir ! mais je ne suis qu'un paresseux ! »

Et Gervais se levait en maugréant, en criant après la bonne qui l'avait laissé dormir, après sa femme qui l'avait trompé, après lui-même, après tout le monde. Cette scène se reproduisait tous les matins depuis un bout de l'année jusqu'à l'autre, de sorte que jamais Gervais ne s'était levé de bonne humeur.

Habillé, il descendait, toujours de mauvaise humeur, prendre son café au lait, puis après quelques mots aigres échangés avec son épouse, il s'en allait tête nue et en pantoufles chez le perruquier voisin , se faire raser. L'opération durait généralement de deux heures à deux heures et demie, car Gervais connaissait toutes les pratiques du barbier et aimait à causer avec chacune d'elles.

Gorain survenait et les deux amis allaient faire leur tour aux halles, jusqu'à ce que Gervais se sentît l'estomac tiraillé par la faim, ce qui lui aigrissait aussitôt le caractère et le mettait de fort mauvaise humeur.

Gervais rentrait pour déjeuner : il commençait invariablement, après avoir franchi le seuil de sa boutique, par ce qu'il nommait *donner une chasse* à Antoine, le commis, sous un prétexte quelconque, et trouvait moyen d'infliger un blâme.

Avait-on fait beaucoup d'affaires dans la matinée, on avait *gaspillé*, on avait vendu trop bon marché.

N'avait-on rien fait, au contraire, c'est qu'Antoine ne savait pas attirer la clientèle, c'est que la montre était mal faite et une foule d'autres excellentes raisons.

Gervais avait pour principe qu'un maître de maison ne doit jamais être content de ses employés.

« Il faut bien tenir son monde en haleine ! » disait-il encore.

Quand Gervais avait fini de maugréer après Antoine, il grondait la jolie mignonne, puis comme le repas n'était pas toujours prêt, il criait après la cuisinière.

Cela durait jusqu'au moment où madame Gervais, impatientée, prenait le haut ton et criait à son tour après son mari : alors Gervais se taisait, puis on déjeunait : après déjeuner, Gervais mettait les deux mains dans les poches de son gilet, se renversait en arrière, bâillait, se tournait et se retournait et, se plongeant tout à coup dans les réflexions les plus profondes, il dormait sur sa chaise. Quand il se réveillait, il se sentait la tête lourde et prenant son chapeau et sa canne (s'il faisait beau, son parapluie rouge à anneau, s'il pleuvait) il allait respirer l'air tantôt aux Tuileries, tantôt sur les boulevards, tantôt au Palais-National. Là, on rencontrait des amis, on causait, on échangeait les nouvelles, on voulait toujours s'en aller, mais le temps marchait si vite !

Enfin Gervais redevenait sombre, il avait faim ! Il était taquin, morose, tracassier, irritable. Il rentrait son chapeau sur l'oreille et le sourcil froncé. Il criait en rentrant parce que le dîner n'était pas prêt, et madame Gervais, qui était assez peu patiente, l'invitait avec énergie à aller reprendre sa promenade. Invariablement, le repas du soir commençait par une dispute, comme avait commencé celui du matin.

Enfin on se mettait à table et la faim en s'apaisant permettait à l'amabilité de se montrer ; mais en voulant être aimable, Gervais devenait bavard et il ne permettait pas, quand il parlait, que l'attention ne fût pas concentrée exclusivement sur lui, ce qui impatientait madame Gervais au point que la dispute, qui avait cessé au rôti, reprenait généralement au dessert.

Après dîner, Gervais, pour se calmer, redormait sur sa chaise. Quand il se réveillait, il reprenait son chapeau et sa canne ou son parapluie rouge et il allait faire un tour au café. Là, on se retrouvait entre amis, on se rappelait ses folies de jeunesse tout en faisant un domino ou un piquet voleur.

Gervais, qui jouait fort mal tous les jeux, perdait régulièrement la consommation, ce qui le remettait de fort mauvaise humeur. Et en quittant ses amis, il disait en leur serrant la main et en levant les yeux au ciel :

« Voilà pourtant trente ans que je suis dans les affaires ! Quand donc pourrai-je me reposer ? »

Quant à madame Gervais, qui faisait tout, on se contentait de demander parfois des nouvelles de *l'état de sa santé*.

Gervais, irrité par l'argent perdu, rentrait donc de mauvaise humeur. Quelquefois madame Gervais dormait, alors le calme régnait dans le ménage ; mais quand la digne citoyenne était encore éveillée, la moindre étincelle servait à mettre le feu aux poudres et la bombe éclatait avec fracas.

La dispute commencée le matin au lever se prolongeait donc souvent jusqu'au coucher, mais comme on s'en bornait aux tracasseries orales, on avait coutume de dire en parlant des deux époux : « C'est un bien bon ménage ! »

Ce soir qui avait précédé les événements rapportés dans les précédents chapitres, Gervais était rentré son chapeau placé plus sur l'oreille que jamais et sa canne portée horizontalement sous l'aisselle, ce qui était le signe invariable d'une mauvaise humeur caractérisée. C'est que ce soir-là Gervais avait été poussé à jouer, avec la sienne, la consommation des amis et que, suivant sa coutume, il avait perdu. Deux écus ! Gervais ne se pardonnait pas à lui-même : on comprend ce qu'il devait être à l'égard des autres !

Madame Gervais ne dormait pas : elle n'avait même pas commencé à se déshabiller. Elle venait de terminer des comptes avec Rose qui prenait congé d'elle.

« Bonsoir, monsieur Gervais ! dit Rose en regagnant sa chambre.

— Comment, dit Gervais en fronçant les sourcils, tu n'es pas encore couchée, toi ?

— Tu le vois bien ! » répondit aigrement madame Gervais.

Rose refermait la porte : les deux époux se retournèrent l'un vers l'autre et se regardèrent mutuellement : Gervais son chapeau sur sa tête, sa canne sous le bras ; sa femme un bougeoir à la main. Les effluves magnétiques qui se dégageaient des prunelles indiquaient l'irascibilité naissante du système nerveux :

« Ah çà ! dit Gervais, est-ce que je n'ai plus le droit de faire une observation chez moi ?

— Ah ! répondit madame Gervais en haussant les épaules, vous savez bien que si, car vous en abusez assez de ce droit-là ! Vous n'êtes ici que pour crier !

— Madame Gervais !

— Oh ! laissez-moi donc tranquille avec vos gros yeux ! vous savez bien que je n'en ai pas peur ! Qu'est-ce que vous a fait cette petite Rose pour lui parler avec une voix de croquemitaine. Est-ce sa faute, si vous avez encore perdu comme un imbécile ?

— Madame Gervais !... madame Gervais ! » s'écria le bourgeois en voulant devenir imposant.

Madame Gervais, qui avait posé son bougeoir sur une table, était en train de dégrafer sa robe.

« Croyez-vous, reprit-elle, que je ne sache pas ce que vous faites tous les soirs à votre café ! Un bel établissement ! Vous perdez votre argent comme un dindon que vous êtes. »

Gervais, qui venait d'ôter son chapeau et qui le déposait avec sa canne sur le marbre de la commode, se retourna en prenant un air solennel :

« Citoyenne Gervais ! dit-il, souvenez-vous que si je sais perdre quelque argent le soir pour me distraire, j'ai su aussi en gagner beaucoup en travaillant ! Ah !

— Eh bien, et moi ! riposta madame Gervais en enlevant sa robe qu'elle tenait suspendue au-dessus de sa tête, est-ce que je me suis croisé les bras par hasard ?

— Il n'aurait plus manqué que cela ! J'aurais peut-être dû me tuer à travailler tout seul !

— Oh ! vous tuer ! Si vous mourez jamais, ce ne sera pas de fatigue, bien sûr ! »

Gervais enlevait son habit et, les bras tendus derrière le dos, il faisait des efforts inouïs pour faire glisser les manches sans y parvenir. Il avait oublié de détacher les boutons des poignets :

« Suis-je donc si gras ? dit-il.

— Oh ! riposta vivement madame Gervais, si vous êtes maigre, ce n'est pas pourtant faute de manger !

— Madame ! Il me semble qu'on oublie un peu trop ici que je suis le maître ! »

Madame Gervais était demeurée en jupons et en corset. Détachant le lacet avec cette merveilleuse adresse de la femme civilisée, elle avait commencé à placer que quelques médecins nomment (peut-être avec raison) *l'instrument de torture*.

En entendant la phrase prononcée par son mari, elle fit un pas en avant, mais sans cesser ses fonctions, et avançant le cou en agitant la tête avec des signes de menaces :

« Le maître ! répéta-t-elle d'une voix railleuse. La maison sait s'en passer, alors donc ce cas ! Quand vous étiez aux Antilles, chez les sauvages, au *diable au vert* enfin, est-ce que la maison avait besoin de vous pour marcher ?

— Qui sait ? dit ironiquement Gervais en déboutonnant son gilet. Elle n'en marchait peut-être que mieux ?

— Mais certainement !

— Citoyenne Gervais ! s'écria le bourgeois demeuré en culotte et en chemise.

— Tiens ! dit madame Gervais ! à vous *entendre*, ne croirait-on pas que je ne suis bonne à rien ?

— Si vous n'aviez été bonne à rien, je ne vous eusse pas prise ! dit Gervais en détachant sa cravate.

— Plaît-il ?
— Dame ! vous n'aviez pas de dot ! »

Madame Gervais était assise près de la table, une jambe croisée sur l'autre, un démêloir d'une main, tandis que de l'autre main elle détachait les épingles noires et le peigne de sa coiffure et qu'elle posait le tout sur ses genoux.

Gervais, debout en face d'elle, toujours en culotte et en chemise, était en train de se couvrir le crâne à l'aide d'un bonnet de coton très-blanc, très-haut, très-pointu et orné à sa base d'une fontange bleu de ciel.

En entendant son mari formuler le reproche qu'il semblait lui adresser, madame Gervais qui se tenait une mèche de cheveux de la main gauche, tout en passant dedans son peigne à l'aide de la main droite, afin de la contourner pour la faire passer à l'état de papillotte, madame Gervais releva les yeux sans relever le front.

« Pas de dot ! s'écria-t-elle. Vous osez me reprocher !...
— Je ne reproche pas, dit Gervais, je constate, madame !
— Eh ! j'étais si gentille, et vous étiez si laid ! D'ailleurs, reprit la citoyenne, qu'est-ce que vous aviez, vous, quand vous m'avez épousée ?
— J'avais mon fonds.
— Il ne valait rien, et s'il est relevé aujourd'hui, ce fonds, c'est bien grâce à moi ! Ah ! je vous engage à parler, à me faire des reproches, vous qui depuis des années n'êtes bon ni à rôtir ni à bouillir !
— Madame Gervais ! madame Gervais !
— Eh ! bien quoi ? Est-ce que vous croyez que vous m'empêcherez de parler avec vos grands airs et vos grands bras !
— Mais, je...
— Qu'est-ce que vous avez fait depuis votre retour de la Cochinchine ? Vous avez couru la prétantaine avec votre Gorain, un gros hérisson qui a fait mourir sa pauvre femme à force de travail ! Ah ! vous voudriez peut-être en faire autant, vous, et devenir veuf un jour ! mais, jour de Dieu ! ne vous réjouissez pas si cela arrivait ! je viendrais la nuit vous tirer par les pieds !
— Madame Gervais... ma bonne amie... ne plaisantons pas... dit Gervais qui n'aimait pas ce genre de conversation.
— Ah ! vous voudriez peut-être que je sois morte pour mieux faire vos farces ! reprit madame Gervais ; mais ne l'espérez pas ! J'ai bon pied, bon œil, et je...
— Mais, madame Gervais, encore un coup... Ah ! mais savez-vous que parfois je regrette les Antilles ?
— Eh ! il fallait y rester ! Je ne vous regretterais pas, moi !
— Comment ? Que voulez-vous dire ? Madame Gervais, je vous somme de vous expliquer ! »

Les deux époux, se menaçant des yeux, le visage empourpré, les mains frémissantes, étaient dans l'attitude de deux coqs de combat prêts à s'élancer l'un sur l'autre.

Un coup sec retentissant dans le silence de la nuit vint métamorphoser subitement la scène. Gervais et sa femme continuèrent à se regarder, mais l'expression du regard n'était plus la même. Un étonnement profond mêlé d'inquiétude se peignit sur leur physionomie.

« Il me semble... qu'on frappe ! dit Gervais.
— Oui ! » dit madame Gervais.

Un second coup frappé plus rudement que le premier retentit aussitôt.

« Ah ! mon Dieu ! qui ça peut-il être à pareille heure ! s'écria Gervais.
— Qui est là ? que veut-on ? demanda madame Gervais qui, plus hardie que son mari s'était avancée vers une pièce voisine (celle servant d'entrée) et avait entre-bâillé la porte de communication avec la chambre.
— Ouvrez ! cria-t-on du dehors.
— Qui êtes-vous ? répéta la marchande.
— Ouvrez ! au nom de la loi ! »

Gervais et sa femme se regardèrent encore en ouvrant des yeux et une bouche énormes.

## XI. — UNE ARRESTATION.

nom de la loi ! avait répété Gervais. Ah ! mon Dieu ! que ça peut être ?

— Ouvrez donc ! cria-t-on du dehors.
— Mais... citoyens...
— Ouvrez ! ou je fais enfoncer la porte. »

Un coup de crosse retentissant bruyamment appuya la menace. Madame Gervais avait lestement passé ses pantoufles et enfilé une robe du matin. Elle courut ouvrir.

Un homme, la taille ceinte d'une écharpe tricolore, s'avança sur le seuil ; dans l'ombre on pouvait distinguer la tête de plusieurs soldats. L'homme entra, et s'adressant à Gervais qui, toujours en chemise et pieds nus, demeurait immobile et comme métamorphosé en statue, il lui posa la main sur l'épaule :

« Le citoyen Gervais ? dit-il.
— C'est moi, balbutia Gervais.
— Au nom de la loi, tu es invité à me suivre. Habille-toi !
— Mais... pour aller où ?
— Cela ne te regarde pas ! Habille-toi, ou je te fais enlever ainsi.
— Mon mari ! mon pauvre mari !... s'écria madame Gervais en se précipitant dans les bras du bourgeois qui demeurait comme hébété.
— Allons ! reprit l'homme à l'écharpe, pas de scène et dépêchons-nous. »

Madame Gervais voulut insister, mais prières, supplications, instances, tout fut inutile. Le bourgeois était toujours immobile à la même place et paraissant ne pas avoir conscience de ce qui se passait sous ses yeux.

Au moment où on avait frappé, le bourgeois avait achevé sa toilette de nuit, c'est-à-dire qu'il était en simple chemise, pieds nus et la tête recouverte de son superbe bonnet de coton à la fontange bleu de ciel.

Surpris, atterré, foudroyé par la visite inattendue, il n'avait pas fait un mouvement.

« Allons ! habille-toi ! » reprit le fonctionnaire public.

Et comme Gervais ne paraissait pas comprendre, l'homme à l'écharpe saisit un vêtement que le bourgeois avait placé sur une chaise et il le lui lança à la volée.

Le contact du drap, qui atteignit Gervais en pleine poitrine, parut lui rendre enfin l'usage de ses facultés.

« M'ha.... m'ha.... m'habil.... ler.... murmura-t-il d'une voix chevrotante ; et pourquoi faire ?
— Eh ! pardieu ! pour me suivre !
— Mais tu arrêtes donc mon mari, citoyen ! s'écria madame Gervais.
— Voici l'ordre, signé du ministre de la police, dit le fonctionnaire public en exhibant un papier qu'il tira de sa poche.
— L'arrêter ! lui, mon mari ! s'écria madame Gervais qui paraissait ne pouvoir en croire ni ses yeux ni ses oreilles.
— Eh oui !... Allons, dépêchons !
— Mais pourquoi arrête-t-on ?... reprit la femme en secouant vigoureusement son mari ; qu'est-ce que tu as fait ?... Tu es donc un vaurien, un brigand ?
— Mais..... mais,.... je ne sais pas ! balbutia Gervais ahuri.
— Comment tu ne sais pas ?
— Allons, habille-toi ! ou je te fais enlever comme tu es là.
— Mais, citoyen, de quoi accuse-t-on mon mari ?
— Tu le sauras plus tard.
— Mon mari ! mon pauvre mari !
— Corbleu ? finissons-en ! » s'écria l'homme à l'écharpe. Gervais s'habillait machinalement sans paraître savoir ce qu'il faisait. Enfin, tant bien que mal, il acheva sa toilette. L'homme à l'écharpe le saisit par le bras pour l'entraîner.

Alors la scène menaça de tourner au tragique ; madame Gervais, revenue un peu du saisissement qu'avait causé cette arrestation nocturne, madame Gervais se jeta au cou de son mari, qu'elle ne voulait pas laisser partir. C'était des cris, des sanglots, des prières.

La maison tout entière retentit des éclats de cette scène ; Rose, Antoine, la bonne accoururent, ne sachant ce qui se passait.

« Dépêchons ! » dit le fonctionnaire public.

De la main il fit signe à deux soldats d'emmener Gervais ; les soldats obéirent : Gervais fut enlevé en dépit des cris de sa femme et des prières de Rose.

Il était tard déjà ; un fiacre attendait à la porte de la rue. Gervais, qui avait à peine conscience de ce qu'il faisait, tellement la peur paralysait ses facultés mentales, Gervais se laissa hisser dans cette voiture. Celui qui l'avait arrêté monta près de lui ; deux soldats s'installèrent sur le devant, et tandis que madame Gervais pleurait et sanglotait, le fiacre partait au galop.

Il arriva rapidement au ministère de la police. Gervais fut invité à descendre et il obéit. Deux soldats le conduisirent dans une pièce faiblement éclairée et le laissèrent en face d'une banquette sur laquelle le pauvre bourgeois tomba plutôt qu'il ne s'assit.

Il était là sans pouvoir se rendre compte encore de ce qui lui était arrivé, quand un bruit assez violent retentit à sa gauche : une porte opposée à celle par laquelle il était entré s'ouvrit avec fracas, et un homme fut poussé vigoureusement dans la pièce.

« Gorain ! s'écria Gervais.
— Gervais ! » dit Gorain.

Les deux amis se regardèrent plus hébétés que jamais, la physionomie consternée, l'air hagard.

« Qu'est-ce que tu viens faire ici ? demanda Gervais.
— Et toi ! dit Gorain.
— On m'a arrêté cette nuit dans mon chez-moi.
— Et moi pareillement.
— Mais pourquoi faire ? qu'est-ce qu'on nous veut ?
— Je ne sais pas ?
— Où sommes-nous d'abord ?
— Ah !... il me semble... Attends donc !... Ah ! mon Dieu ! Nous sommes au ministère de la police ! Fouché veut encore nous parler.
— Moi qui ai eu si peur la première fois. »

Une porte en s'ouvrant en face d'eux interrompit les deux bourgeois. Une sorte d'huissier se présenta à eux :

« Entrez ! » leur dit-il.

Gorain et Gervais obéirent en tremblant. Ils franchirent le seuil d'une pièce grande, bien meublée, au centre de laquelle était placée une énorme table-bureau surchargée de liasses, de livres, de dossiers.

Deux autres tables placées contre la muraille étaient également encombrées de papiers et de livres. Des sièges étaient placés, çà et là. Un grand feu brûlait dans une magnifique cheminée, et des lampes posées de distance en distance sur les meubles éclairaient splendidement l'intérieur de ce cabinet de travail.

Un homme, les deux mains enfoncées dans les poches de sa culotte, la tête courbée, le front penché en avant, dans l'attitude d'une méditation profonde, se promenait dans toute la longueur de la pièce, tournant le dos aux deux amis.

Ceux-ci étaient demeurés, pâles et émus, à l'entrée du sanctuaire, dont l'huissier avait refermé sur eux la porte, n'osant ni avancer ni reculer, ni tenter un mouvement, ni formuler un son, les deux bourgeois restaient comme deux statues du dieu Terme.

Enfin le promeneur, arrivé à l'extrémité du salon se retourna, et la physionomie si intelligente de Fouché, le ministre de la police, apparut alors en pleine lumière. Il s'avança jusque sur les deux amis sans prononcer un mot ; puis les toisant d'un regard courroucé qui augmenta le malaise des pauvres bourgeois :

« Ah ! dit-il, encore vous ! Nous n'en avons pas fini, il paraît avec votre interrogatoire.... »

Marchant vers son bureau, il attira à lui son fauteuil, prit place et, invitant d'un geste impérieux Gorain et Gervais à s'avancer :

« Écoutez, dit-il, cette disposition de la loi. »

Fouché avait pris une grande feuille de papier timbrée aux armes de la République.

« Seront condamnés à la peine de mort tous ceux qui auront été convaincus de faire partie de l'une de ces misérables bandes de chauffeurs qui désolent la France.

« Seront considérés comme faisant partie de cette bande tous ceux qui non-seulement en sont membres actifs et opérants, mais encore tous ceux qui, par un moyen quelconque, auront facilité aux assassins l'accomplissement d'un crime, tous ceux qui auront profité de ces crimes, tous ceux qui, sciemment, auront donné un abri aux bandits, tous ceux enfin qui, à quelque titre que ce soit, auront servi ou protégé ces monstres dont la patrie doit être purgée. »

« Avez-vous compris ? » continua Fouché en s'arrêtant et en rejetant la feuille.

Gorain et Gervais regardèrent le citoyen ministre de la police ; ensuite ils se regardèrent eux-mêmes, puis ils abaissèrent leurs regards vers le plancher.

« Lors de votre premier interrogatoire, poursuivit Fouché, je n'avais pas cru devoir vous rappeler ces dispositions d'un décret nouveau pris et arrêté par le gouvernement en vue des attentats qui désolent le pays ; mais avant de fouiller vos consciences, j'ai voulu cette fois vous éclairer la route. Il s'agit donc, citoyens, de la peine de mort ! ceci est bien posé ! »

## XII. — UNE NUIT AGITÉE.

Les deux bourgeois demeurèrent interdits, incapables de formuler un son ; à peine avaient-ils pu comprendre. Fouché les examinait attentivement.

« Vous avez entendu ? reprit-il. Seront condamnés à mort tous les chauffeurs, et seront considérés comme chauffeurs tous ceux qui, par un moyen quelconque, auront facilité aux assassins l'accomplissement d'un crime ; tous ceux qui auront profité de ces crimes. Comprenez-vous pour vous la portée de ce que je viens de dire ? »

Gorain et Gervais, l'œil fixe et le cou tendu, ne firent pas un mouvement. Rien en eux ne témoignait, au reste, qu'ils eussent parfaitement compris ce que venait de leur dire le ministre de la police.

« Vous êtes sous l'inculpation d'un des crimes les plus graves, poursuivit de nouveau Fouché.

— Nous ? balbutia enfin Gervais.
— Eh oui ! vous deux, Gorain et Gervais.
— Eh ! mon Dieu, mon Sauveur, de quoi nous accuse-t-on ?
— De faire partie de l'association des chauffeurs. »

Gervais fit un tel soubresaut, qu'il faillit tomber à la renverse. Gorain se prit à trembler avec une violence si grande que ses dents claquèrent.

« Des... des chauf... chauffeurs... Nous... dit Gervais en sentant ses jambes se dérober sous lui.

— Chauffeurs ! dit Gorain devenu plus blême qu'un linceul.

— Oui, reprit Fouché, vous êtes accusés d'être associés à la bande dont les principaux chefs vont être entre mes mains.

— Mais... mais... dit Gervais, je serais... donc chauffeur... sans le savoir.

— Je jure mes grands dieux, sur ma vie et par tous les saints... commença Gorain.

— Vous niez ?
— Oh oui ! dit Gervais.
— Alors, comment expliquez-vous la présence, dans votre maison de Saint-Cloud, des draps volés lors des crimes accomplis rue de la Victoire ?

— Des draps volés, répéta Gorain ; mais je n'ai jamais volé...

— Avez-vous une maison de campagne à Saint-Cloud, rue de l'Église ?

— Oui, citoyen.
— Reconnaissez-vous avoir emmagasiné dans cette maison quarante-deux pièces de drap d'Elbeuf ?

— Oui.
— Eh bien ! ces draps étaient volés.
— Volés !
— Oui, et en les recevant dans votre maison, en les y emmagasinant, en les y cachant, vous avez fait métier de recéleur.

— Ah ! par exemple, citoyen, je jure...
— Avez-vous acheté ces draps ?
— Non.
— Comment en étiez-vous propriétaire ou dépositaire alors.

— Mais... citoyen... nous sommes des munitionnaires en second ou premier. Nous l'avons déjà dit. »

Fouché haussa les épaules avec impatience.

« Lors de votre premier interrogatoire, reprit-il, vous m'avez déjà fait cette réponse. Depuis lors, je me suis fait donner tous les renseignements nécessaires, et il résulte qu'en prétendant être ce que vous affirmiez, vous cherchiez à détourner les soupçons qui planaient sur vous. »

Gorain et Gervais se regardèrent avec un embarras indicible.

« Nous voulions détourner les soupçons? reprit Gervais.

— Eh! sans doute, s'écria Fouché. Le moyen de supposer que vous soyez assez sots tous les deux pour vous être laissé berner ainsi depuis des années. D'ailleurs, vous avez profité des bénéfices de cette criminelle association, et pourquoi vous aurait-on admis au partage si vous n'aviez pas été utiles dans l'entreprise?

— Mais... mais... je ne comprends pas, s'écria Gorain.

— Ni moi, ni moi, » dit Gervais.

Il était évident que les deux amis commençaient à perdre la tête. Pâlissant et rougissant tour à tour, ouvrant des yeux énormes, balbutiant, la respiration leur faisant défaut, sous l'empire enfin d'une terreur qui annihilait leurs facultés intellectuelles; il voulait leur faire voir les précipices qui les entouraient, et leur montrer que la seule voie de salut à suivre était celle de la vérité.

Fouché avait parfaitement réussi dans la première partie de son système; il avait affolé les deux malheureuses dupes du *Roi du bagne*; mais augmenter leur terreur eût été causer leur hébétement, et dès lors on n'eût plus pu rien tirer d'eux.

Aussi Fouché, prenant place devant son bureau dans son fauteuil, apaisa-t-il le feu de ses prunelles pour adresser un regard de commisération à Gorain et à Gervais.

« Voyons, dit-il après un silence, ne tremblez pas ainsi. Je vous accuse, il est vrai, mais si vous êtes innocents, vous pouvez me prouver votre innocence, je suis prêt à vous entendre. Parlez, répondez. Comment avez-vous connu ces misérables dont vous êtes devenus les complices?

— Mais, balbutia Gorain, c'est Gervais qui...

— Ce n'est pas vrai! interrompit Gervais, c'est Gorain qui...

— C'est toi qui as eu la lettre.

— Mais c'est toi qui as la maison.

— C'est à cause de toi qu'on nous a nommés munitionnaires en second.

— En second, oui; mais c'est à cause de toi que nous sommes devenus munitionnaires en second en premier.

— Enfin Camparini était ton ami.

— De Sommes était le tien. »

Fouché laissait discuter les deux bourgeois sans essayer de les interrompre. Il pensait que de cette dispute jaillirait peut-être l'étincelle lumineuse qu'il voulait voir produire.

« Lors de votre premier interrogatoire, reprit-il, vous m'avez expliqué la façon mystérieuse dont vous arriviez, la nuit, les marchandises s'emmagasiner, et celle non moins étrange dont l'expédition de ces mêmes marchandises était ensuite faite. M'avez-vous dit la vérité?

— Oui, oh! oui, dirent à la fois Gorain et Gervais avec un accent qui n'admettait pas le doute.

— Et quel est ce Thomas?

— C'est un chef... du moins il l'a prétendu, dit Gervais.

— Où demeure-t-il?

— Nous ne le savons pas.

— Et ce Camparini, votre ancien ami, qu'est-il devenu celui-là?

— Ah! je ne sais pas, je crois qu'il est mort, dit Gorain.

— Oui, il est mort, ajouta Gervais.

— Et comment touchiez-vous l'argent résultant des bénéfices de l'association?

— Tous les trois mois on nous apportait notre part dans les bénéfices.

— Qui cela?

— Nous ne savons pas.

— Comment?

— Oui, citoyen ministre, cela arrivait dans une lettre : c'était un mandat sur un banquier de Paris.

— Toujours le même banquier?

— Toujours le même, oui, citoyen ministre.

— Et ce banquier, qui est-il?

— Le citoyen Chivry.

— Mais par qui étaient signés les mandats tirés sur lui?

— Par lui-même; ce n'était pas des billets ni des traites, c'étaient des bons sur sa caisse, revêtus de sa signature et payables au porteur.

— Et quelle signature portaient les lettres qui vous envoyaient ces bons?

— Aucune, citoyen ministre; il n'y avait pas de lettre même : les bons étaient placés dans un grand papier blanc, plié comme une missive, avec l'adresse de Gorain à Saint-Cloud, voilà.

— Et ces bénéfices, à combien montaient-ils par an?

— Dame! cela dépendait, dit Gervais qui avait pris la parole en homme décidé à tout dire, il y avait des années où c'était meilleur, et d'autres où c'était moins bon.

— A combien montaient les moins bonnes?

— Comme qui dirait quatre mille livres chacune.

— Et les meilleures?

— Oh! il y en a eu une qui a été à neuf mille cinq cents!

— Mais comment gagniez-vous cet argent?

— En étant munitionnaires en second.

— Mais que faisiez-vous?

— Rien... c'était l'avantage du métier! dit vivement Gervais; sans cela... s'il avait fallu travailler...

— C'est-à-dire que nous recevions les marchandises, ajouta Gorain, et qu'ensuite nous les rendions.

— Oui, oui, dit Fouché, je comprends. Mais Camparini, vous ne l'avez pas revu?

— Jamais depuis trois ans, quand il est parti pour l'Italie.

— C'est-à-dire au moment où le chauffage commençait à s'organiser, » pensa le ministre.

Puis reprenant à voix haute :

« Depuis son départ de France, vous ne l'avez donc pas revu?

— Jamais.

— Et reçu de ses nouvelles?

— Non plus; c'est pourquoi je crois qu'il est mort, le brave homme!

— Le brave homme! s'écria Fouché; savez-vous ce qu'il était?... Un ancien forçat, condamné jadis pour assassinat, vol et incendie, et qui a rompu ses chaînes il y a vingt ans!

— Un... un... un... forçat!... dit Gervais en frémissant.

— Condam...né... pour assas...si...nat!... dit Gorain.

Les deux amis se regardèrent en joignant les mains.

« Et quand j'y pense, s'écria Gorain, que c'est toi, Gervais, qui...

— Ce n'est pas vrai! c'est toi!... hurla le bonnetier.

— Silence! fit Fouché avec autorité; écoutez mes demandes et répondez. Outre ce Camparini, vous avez connu d'autres membres de ce que vous nommez l'association des munitionnaires?

— Oui, citoyen ministre, répondit Gervais; il y avait d'abord ce bon Chivasso, et puis cet excellent Pick, et puis Jonas... et puis deux ou trois autres.

— Que sont devenus ces hommes?

— Je ne sais pas.

— Ni moi, dit Gorain.

— Vous ne les avez pas revus depuis le départ de Camparini?

— Non, citoyen!

— Mais qui avez-vous vu depuis?

— Des amis, des munitionnaires intermédiaires qui venaient nous voir avec les preuves que nous pouvions avoir confiance en eux...

— Ce Thomas est un de ceux-là?

— Oui, citoyen ministre.

— Et vous ne l'aviez pas vu avant 1797.

— Non, citoyen ministre.

— L'un de vous doit avoir des notes relatives à ces hommes avec lesquels vous avez été en relations depuis la disparition de Camparini?

— Oui, dit Gorain, c'est-à-dire que nous les voyions sans savoir leur nom ni leur adresse; mais cependant je ne sais pas comment cela se fait, mais j'ai retrouvé l'autre fois, il y a deux jours, un papier sur lequel il y avait le nom de quelques-uns de ces citoyens avec leur adresse à Paris, et j'ai beau me creuser la tête, je ne me suis pas souvenu où et comment j'avais eu ce papier.

— Ce papier! où est-il? » demanda vivement Fouché.

Gorain fouilla dans sa poche et en tira un volumineux portefeuille qu'il ouvrit et dans lequel il prit un papier plié qu'il présenta au ministre.

Le juif se contenta de les estimer et d'en offrir un prix. (Page 144.)

Fouché prit le papier d'une main et le portefeuille de l'autre. Il plaça le portefeuille sur son bureau et il ouvrit le papier, qu'il se mit à lire avec une extrême attention.

Se levant alors et repoussant le fauteuil qu'il venait de quitter, il se mit à marcher lentement dans la pièce, paraissant réfléchir profondément sans se préoccuper de la présence des deux bourgeois, qui demeuraient tremblants et immobiles, osant à peine respirer.

« Je comprends! je comprends! murmurait Fouché en se pinçant le menton entre le pouce et l'index, tant que la désorganisation a régné en France, tant que le crime a pu affronter la lumière du soleil, Camparini et les siens ont marché à visage découvert. Puis, l'ordre un peu rétabli, quand il a fallu nouer les fils de cette immense intrigue du chauffage, ils se sont retirés dans l'ombre, laissant en avant seulement les pantins qu'ils sacrifiaient.

Gorain et Gervais ont dû servir d'éclaireurs à cette bande infernale, ainsi que le pensait Jacquet. C'est cela que depuis trois années aucun ancien visage ne s'est montré à eux, que la police a été trompée et que n'ayant retrouvé aucune note, aucun rapport relatifs à ces deux hommes, j'ai pu croire que l'organisation du chauffage leur était étrangère.

Oh! ce Camparini! qu'a-t-il pu devenir? Est-il mort réellement? Cet homme, cette incarnation du mal, où est-il à cette heure? On ne le voit pas, et cependant on le sent derrière cette association si puissante.

Jacquet avait raison d'entrer dans la voie qu'il voulait suivre, c'était la seule bonne et j'ai eu tort de le retarder... Oh! cependant il faut que je réunisse entre mes mains tous les fils de ces épouvantables intrigues!... Le général Bonaparte trouve ma police mal faite... et, pardieu! il faut l'avouer, il a raison ; mais patience, qu'on me laisse le temps d'établir et de faire fonctionner les rouages que je rêve... »

Fouché s'arrêta en réfléchissant.

« Ces deux niais ne savent évidemment rien... mais pourquoi les avoir employés dans ces derniers temps? reprit Fouché. Pourquoi surtout leur avoir confié les draps d'Elbeuf quand on devait savoir que ces draps seraient facilement saisis... Il y a là une intrigue mystérieuse qu'il faudrait dévoiler... Puis pourquoi cette réunion bruyante dans la maison de Gorain la nuit de l'enlèvement des deux femmes et des deux enfants? Tels que ces enlèvements étaient organisés, il était facile de procéder sans bruit, sans esclandre... Le souper était absolument inutile au point de vue du crime à accomplir... Il y a là encore un point qui demeure pour moi dans les ténèbres... Enfin cette liste de noms que vient de me remettre Gorain... Comment a-t-on laissé entre ses mains un document de cette importance? Camparini est plus fort que cela... »

Un coup léger frappé à la porte interrompit les réflexions de Fouché.

## XIII. — LE MINISTRE DE LA POLICE.

« Entrez! » dit le ministre, qui se trouvait alors à deux pas et en face du battant contre lequel on venait de gratter, ainsi que l'on disait jadis à l'Œil-de-Bœuf.

Un huissier se présenta discrètement et s'avança vers Fouché.

« Le citoyen Jacquet! dit-il à voix basse.

— Là! dans le cabinet vert! » dit Fouché vivement et en désignant une porte placée à droite.

Puis, se dirigeant rapidement vers un timbre posé sur une table, il fit jouer le ressort : un autre huissier apparut sur le seuil d'une troisième porte, celle par laquelle étaient entrés Gervais et Gorain.

« Laissez cette porte ouverte! dit le ministre, et gardez ces deux hommes à vue!

— Oui, citoyen! » répondit l'huissier en s'inclinant.

Gorain et Gervais, poussés par un même sentiment, la crainte de voir disparaître Fouché sans que leur sort fût décidé, se précipitèrent à la fois vers lui.

« Citoyen ministre! s'écrièrent-ils.

— Attendez-moi! je reviens! » dit Fouché avec un geste impérieux qui cloua sur la place les deux malheureux amis.

Le ministre traversa le salon et disparut par la porte qu'il avait indiquée en désignant le cabinet vert. Jacquet entrait précisément par une autre issue.

« Eh bien ? lui demanda vivement Fouché. Tout marche ?
— A merveille ! répondit Jacquet.
— Celui dont tu m'as parlé ?...
— Doit être fidèle, j'en répondrais !
— Mais tu n'en réponds pas cependant...
— Je ne réponds que de moi. J'ai à vous communiquer des nouvelles de la dernière importance et qui nécessiteront mon départ dans quelques heures peut-être...
— Qu'est-ce donc ?
— Je suis sur la voie qui doit me conduire au lieu où sont détenues les citoyennes d'Herbois et de Renneville.
— Tu as pu découvrir cela ? s'écria Fouché avec étonnement.
— Oui... cette nuit même, il y a une heure... au Gros-Caillou. »

Jacquet raconta rapidement la scène qui venait d'avoir lieu dans le cabaret entre les deux gabiers, Carmagnole, la Cagnotte et Fleur-des-Bois. Il dit comment il était arrivé au moment où la Caraïbe venait de contraindre les deux bandits à parler.

« J'avais les mots de passe et de rencontre, continua Jacquet, tandis que le ministre l'écoutait avec la plus grande attention ; ces mots, qui m'avaient été confiés cette nuit au terre-plein du Pont-Neuf, je les prononçai d'une voix ferme, ce qui détermina Carmagnole à parler.
— Que t'apprit-il ? demanda Fouché.
— Il me dit que Chat-Gauthier pouvait me faire des révélations importantes. Il s'agissait donc de m'emparer adroitement de Chat-Gauthier et de l'interroger à propos de ce que je voulais savoir.

Je laissai Carmagnole et la Cagnotte à la garde des deux matelots. La vie des deux affiliés à la bande des chauffeurs devait répondre de mon existence et de celle de la Caraïbe.

Je partis avec Fleur-des-Bois et Rossignolet, qui m'attendait. Je me rendis à l'endroit indiqué par Carmagnole, et je fis aussitôt les signaux convenus.

Chat-Gauthier vint lui-même me reconnaître. Comme je lui envoyai sans hésiter les mots de passe et de rencontre, il m'ouvrit, croyant avoir affaire à un envoyé du chef.

C'était dans une allée noire... je m'avançai franchement... Au même instant, Fleur-des-Bois, tapie dans l'ombre, se rua avec la rapidité de la foudre et appliqua sur la bouche de Chat-Gauthier le morceau de peau enduit de poix que j'avais préparé. Elle avait agi avec une telle vigueur, une telle adresse, une vélocité si grande, que Chat-Gauthier ne put pousser le plus léger cri. Il tomba suffoqué, comme frappé par le fluide électrique. Je lui appuyai le canon d'un pistolet sur le cœur.

« On va te rendre la respiration libre, lui dis-je, mais si tu fais entendre le plus petit sifflement, je te brûle sans hésiter ! »

Fleur-des-Bois, pour plus de précaution, dégagea un peu les narines sans dégager la bouche.

Tandis que j'appuyais mon pistolet sur la poitrine du chauffeur, Rossignolet lui attachait solidement les mains derrière le dos.

Nous fîmes relever Chat-Gauthier. Je me tenais à sa gauche, mon pistolet menaçant ; Fleur-des-Bois se tenait à sa droite, son poignard à la main ; Rossignolet tenait la corde qui lui liait les bras derrière le dos.

« La lame est empoisonnée avec le suc de mancenillier, avait dit simplement la Caraïbe ; une égratignure est mortelle ! »

J'avais ordonné à Chat-Gautier d'avancer.

« Nous allons au Gros-Caillou, lui dis-je. Tu connais le chemin : c'est à toi à nous conduire. Si nous tombions par hasard dans une embuscade, tu mourrais avant que nous soyons attaqués. »

Sans doute Chat-Gauthier, qui m'avait reconnu, savait à quoi s'en tenir sur une promesse de ce genre formulée par moi, car il baissa la tête et sembla résigné.

Nous le conduisîmes sans fâcheuse rencontre à la maison où nous attendaient les matelots et leurs deux prisonniers.

« Tu vas me révéler où sont à cette heure les deux femmes et les deux enfants enlevés à Saint-Cloud ! » lui dis-je.

Et comme Chat-Gauthier hésitait :

« Il parlera ! » s'écria la Caraïbe.

Effectivement Chat-Gauthier fut contraint à parler. Alors il raconta longuement, minutieusement, l'enlèvement des deux femmes et des deux enfants, qui s'est bien opéré ainsi que je l'avais supposé...

— Et Thomas ? interrompit Fouché.
— C'est un chef ! dit Jacquet. C'est là tout ce que j'ai pu savoir.
— Après ?
— Bref, Chat-Gauthier finit par m'avouer que les deux dames et les deux enfants enlevés étaient à Thomery, dans la forêt de Fontainebleau. C'était lui-même et les siens qui les y avaient conduits et les avaient laissés sous bonne garde.
— Pourquoi cet enlèvement ?
— Chat-Gauthier ne put me le dire, et je compris clairement qu'il n'en savait pas plus long qu'il n'en disait.
— Alors ?
— Muni de ce renseignement, j'hésitai un moment sur ce que je devais faire. Je pensai à prévenir sur l'heure MM. d'Herbois et de Renneville, et à partir avec eux sans perdre un instant, ainsi que le voulaient Maluree et le Maucot, mais une réflexion subite me retint..... et je suis venu près de vous...
— Tu as bien fait ! s'écria Fouché. Sans doute, nous devons secourir ceux qui souffrent, mais avant de devoir à quelques-uns, nous nous devons à tous. La situation acquise est bonne, sachons en profiter. Avant que la nouvelle de l'arrestation ou de la disparition de Chat-Gauthier, de Carmagnole et de la Cagnotte se répande parmi les chauffeurs et les mette sur leur garde, il faut faire parler les prisonniers, profiter de leurs révélations et, les interrogeant séparément, faire vérifier les assertions de l'un par les deux autres.
— Je me charge de ce travail, qui ne peut avoir lieu ici, dit Jacquet. Les chauffeurs doivent avoir leur contre-police ; nous devons tous être surveillés. Aussi ai-je agi de ruse pour venir du Gros-Caillou ici. Mes traces n'ont pu être suivies, j'en réponds. Je vais retourner là-bas, faire un nouvel interrogatoire en partie triple et agir en conséquence.
— Mais il te faudrait des hommes avec toi pour agir en cas de besoin !
— J'en ai ; Maluree et Maucot, Rosignolet et la Caraïbe suffiront dans tous les cas. Du reste, s'il le fallait, je vous ferais prévenir. Seulement, si nous voulons partir, notre voyage est retardé de douze heures. Il est cinq heures du matin, nous ne pourrons nous mettre en route qu'à cinq heures du soir, afin d'être protégés par la nuit.
— Il faudra veiller à ce départ, dit Fouché ; qu'il ne puisse en quoi ce soit éveiller l'attention. Il faut surprendre les chauffeurs. Je ferai prévenir les citoyens le Bienvenu et Bouchemin, afin qu'ils se trouvent prêts à l'heure fixée, mais sans que personne suppose leur intention de partir. C'est de la dernière importance. Avec la merveilleuse organisation du chauffage, la moindre indiscrétion pourrait nous devenir fatale.
— Rapportez-vous-en à moi, j'agirai. D'ailleurs, j'ai les pouvoirs en blanc que vous m'avez remis. »

Jacquet fit un pas comme pour sortir. Le ministre le retint du geste.

« Je viens de t'interroger Gorain et Gervais, dit-il.
— Ah ! fit Jacquet, on les a repris ?
— Oui.
— Libres, cependant, ils pouvaient continuer à nous être utiles.
— Non. Les chefs du chauffage se défient d'eux sans doute, ou n'en ont plus besoin, car ce tantôt, aux Tuileries, un homme que je suppose fort, d'après le signalement relevé, être ton ancien ennemi, ce Roquefort, qui s'était fait passer jadis pour toi, cet homme enfin qui causait avec les deux amis, leur conseillait, dans le cas où je les ferais redemander, de me dire tout ce qu'ils savaient. Les deux niais sont surveillés depuis quelque temps. Lorsque ce soir je lus le rapport les concernant, je compris que désormais les chauffeurs pouvaient se passer d'eux, et que, si on les poussait à parler, c'est que les aveux devaient servir à quelque chose. A quoi ? je l'ignorais, mais je le pressentais, et cependant j'espérais le savoir, le deviner en les interrogeant.
— Et rien ? vous n'avez rien surpris ?
— Peu de chose ; ainsi, j'ai compris que les chauffeurs ont un intérêt certain à attirer l'attention sur l'affaire des draps d'Elbeuf.
— Eh ! fit Jacquet.
— Cela t'étonne ?
— Non.

— Comment? dit Fouché avec surprise.
— On a attiré l'attention sur les draps pour donner le change. Le crime avait pour but de faire disparaître la famille entière des Renneville et d'Herbois au lieu de celle qui a été immolée; cela n'est pas douteux.
— Et le coup manqué, pour donner le change, ainsi que tu le dis, on a mis l'affaire du vol en évidence?
— Oui; telle est mon opinion.
— Cela peut être... mais... ce n'est pas tout.
— Vous croyez?
— Certes! Maintenant, pourquoi ce souper bruyant, dans cette même maison qui sert de dépôt, la nuit où un crime va être accompli; un souper dont le retentissement dans le pays a pour résultat d'attirer l'attention de tous, quand, au contraire, l'auteur veut qu'on écarte cette attention?
— Cela est vrai, dit Jacquet en réfléchissant.
— Enfin cette liste de noms.
— Quelle liste? »
Le ministre expliqua rapidement à Jacquet ce qui concernait cette liste trouvée sur Gorain et remise à Fouché. Jacquet réfléchit longuement:
« Cette liste de munitionnaires doit être une liste de chauffeurs, dit-il.
— Évidemment, » répondit Fouché.
Jacquet réfléchit encore:
« Gorain et Gervais sont là? demanda-t-il.
— Oui, dit Fouché.
— Voulez-vous que nous les interrogions ensemble?
— Oui, viens.
— Un moment! je ne veux pas qu'ils me voient ainsi. Laissez-moi passer quelques minutes dans mon cabinet, puis je reviens. Veuillez recommencer à les interroger et donner l'ordre qu'on me laisse entrer sans m'annoncer. Vous verrez, je crois avoir une idée. »
Et Jacquet, clignant de l'œil en homme content de lui-même, quitta rapidement la pièce, tandis que Fouché s'apprêtait à rentrer dans le salon où étaient demeurés Gorain et Gervais.

## XIV. — FOUCHÉ.

S'il est encore aujourd'hui une tâche difficile à remplir, c'est certes celle qui a pour but l'appréciation de ces hommes qui, après avoir traversé les orages de la Révolution, ont eu des existences différentes pour ainsi dire. L'une en quelque sorte multiple, pleine de contrastes; l'autre brillante et dorée, parce qu'elle reflétait les rayons glorieux de l'auréole d'un génie. Dans leur cours varié, toutes ces existences touchèrent à tant de passions, à tant d'intérêts, subsistant encore même, que l'heure de la postérité n'est pas encore venue pour elles, c'est-à-dire qu'on les traite encore avec passion, avec une injustice de parti plus prononcée, soit en bien, soit en mal.

À mesure que j'avancerai dans mon œuvre, je serai à même de prouver ce que je viens de dire, et j'essayerai de me tracer une voie impartiale pour arriver à une appréciation juste et vraie. Ainsi à propos de Fouché, que n'a-t-on pas dit pour et contre cet homme qui fut le régénérateur, pour ne pas dire le créateur, de cette œuvre utile entre toutes: la police de la France.

Pour les uns, Fouché est un monstre toujours teint du sang des martyrs de Lyon; pour les autres, Fouché est un Richelieu. Certains écrivains le posent en parjure, sans foi politique, en traître même; certains autres font de lui, au contraire, l'homme méconnu du gouvernement qu'il servait. Des deux côtés même exagération.

Un mot de Napoléon I$^{er}$ caractérise du même coup et Fouché et Talleyrand: « Fouché est le Talleyrand des clubs, disait l'Empereur, et Talleyrand le Fouché des salons. »

Si la première partie de la vie politique de Fouché est blâmable, s'il est difficile de l'excuser aujourd'hui, même au point de vue de l'entraînement et de la folie révolutionnaire, il faut reconnaître que la seconde moitié de sa vie racheta la première, qu'il sauva plus d'une existence, qu'il adoucit beaucoup de misères, et que parmi ses détracteurs acharnés il aurait pu reconnaître plus d'un ingrat.

Une qualité, indiscutable aujourd'hui, du fameux ministre de la police, fut une extrême loyauté dans ses engagements. Qualité naturelle ou moyen employé considéré comme le meilleur, il est certain que jamais Fouché n'abandonna ceux auxquels il avait promis son appui.

Comme homme privé, Fouché a droit à de justes éloges; il avait les qualités précieuses de l'ami et du père de famille. Comme homme politique, comme administrateur surtout, il fit preuve d'un savoir-faire porté au plus haut degré, d'une sagacité presque infaillible dans les aperçus, d'une habileté soutenue dans l'exécution.

Entre autres qualités administratives, Fouché en avait une précieuse : il savait reconnaître la valeur des hommes qu'il employait, et il mettait chacun à sa place, s'effaçant lui-même au besoin, quand il le fallait. Ceux qui connaissaient bien le ministre de la police, comprenaient à merveille l'infaillibilité de son coup d'œil, et Jacquet surtout était de ceux-là: Jacquet qui connaissait Fouché depuis quinze ans; Jacquet qui l'avait eu d'abord pour ennemi, qui avait presque lutté avec lui, et qui l'avait enfin deviné; Jacquet qui saisissait la pensée la plus secrète de son chef dans le reflet de sa prunelle voilée.

Aussi était-ce en devinant ce qui se passait dans l'esprit du ministre qu'il lui avait proposé de recommencer avec lui l'interrogatoire des deux bourgeois. Fouché avait acquiescé immédiatement à cette demande. Il savait que mieux que lui Jacquet était au courant de cette affaire qui, commencée avec les crimes accomplis jadis sur les Niorres et l'enlèvement de la fille du teinturier Bernard, avait pris depuis quinze années des proportions gigantesques. Durant quatorze de ces quinze années, si Fouché, aidé de Jacquet, avait pour ainsi dire établi les bases d'une police occulte, il avait été trop entraîné par les événements publics pour accorder une grande attention à des événements particuliers qui, au reste, ne le concernaient personnellement point. Jacquet, au contraire, n'avait pas un instant laissé tomber dans l'oubli cette affaire dont il avait fait presque le but de sa vie. Fouché le savait, aussi n'avait-il pas hésité à donner pleins pouvoirs à son agent alors que celui-ci les lui avait demandés, et n'hésitait-il pas davantage en lui abandonnant presque, en sa présence, la direction de cette affaire si difficile.

Fouché était donc rentré dans le salon où il avait laissé Gorain et Gervais éperdus et tremblants, à demi morts de frayeur et d'angoisses, et il allait recommencer l'interrogatoire, ainsi qu'il l'avait dit à Jacquet, quand une pensée subite parut surgir brusquement dans son esprit. Tournant sur lui-même et revenant sur ses pas, il rentra dans le cabinet vert qu'il venait de quitter, laissant de nouveau seuls les deux malheureuses dupes du citoyen Thomas.

Cette apparition si rapide du ministre, qui avait failli un moment réveiller les espérances des deux amis, renouvela au contraire leur douleur.

« Il ne veut plus nous écouter! dit Gervais.
— Ah! Jésus! ma bonne sainte Vierge! mon bon saint patron! murmurait Gorain.
— Qu'est-ce qui va nous arriver?
— Tu n'as donc pas entendu?
— Quoi?
— Ce qu'a dit le citoyen ministre?... Ah! vois-tu, Gervais, je ne sais pas comment je me tiens encore debout!
— Mais qu'est-ce qu'il a donc dit?
— Que ceux qui tenaient aux chauffeurs par le plus petit lien étaient passibles d...
— Ah! tais-toi!
— Vois-tu, c'est notre dernière heure!... Eh bien! ce n'est pas juste! reprit Gorain après un silence gros de réflexions; s'il y en a un de nous deux qui doit être puni, il est sûr et certain que c'est toi et pas moi!
— Comment!... et pourquoi donc? s'écria Gervais indigné.
— Parce qu'au fond tu es peut-être coupable...
— Hein?
— J'ai mon idée!
— Gorain!
— Oui, j'ai mon idée! D'abord c'est toujours toi qui m'a entraîné... moi, je ne voulais jamais, et puis, tu me poussais, tu me...
— Mais c'était pour ton bien!
— Oui, je le vois aujourd'hui; tu as fait mon malheur toute ma vie!
— Moi?... peux-tu dire...
— Oui, toi! Quand dans l'ancien régime tu m'as fait dépenser déjà un tas d'argent pour me faire nommer échevin, j'ai été comme un imbécile... et crac! la Révolution est

arrivée, et comme nous avions voulu être nommés échevins, on nous a poursuivis, et pour ne pas être poursuivi j'ai prêté de l'argent à Danton qui ne me l'a jamais rendu, et comme il m'appelait son ami, j'ai failli être incarcéré quand il a été condamné.

— Mais est-ce ma faute ?
— Certainement !
— Je n'étais plus à Paris alors. Est-ce ma faute encore si tu as été acheter la maison où demeurait Robespierre, pour être son propriétaire, et si tu es devenu acquéreur juste le 5 thermidor ? Tu es encore perdu de l'argent là, et ce n'est pas moi qui en suis cause.
— Oui, mais les œufs rouges, est-ce toi ?
— C'est-à-dire que...
— Tiens ! tais-toi ; je ne peux plus te regarder en face !
— Ah ! cela m'apprendra à avoir été bon pour toi.
— Comment ?
— Oui ! car enfin tu as toujours l'air de me reprocher l'affaire des œufs rouges ! Et l'argent que cela t'a fait gagner ?
— J'ai travaillé.
— A quoi ?
— Mais... mais...
— Tu n'as rien fait...
— Et toi ?
— Moi non plus, mais je ne me reproche rien ! c'est toi qui reproches et je trouve cela drôle.
— Drôle ! comment drôle ! Tu seras cause de ma mort, et tu trouves cela drôle !
— Tais-toi, tais-toi... balbutia Gervais. Si j'étais cause de ta mort, je serais donc cause de la mienne !... Ça me fend le cœur !
— Eh bien ? eh bien ? chers amis, qu'est-ce que tout cela veut dire ? fit une voix caressante. Vous vous disputez, je crois, vous vous désolez ! »

Gorain et Gervais se retournèrent à la fois : un personnage venait d'entrer par une porte placée derrière eux.

« Le citoyen Roger ! s'écrièrent les deux amis en ouvrant les yeux et la bouche avec une expression de saisissement impossible à traduire.
— Toujours moi, votre ami, qui vous apparais dans les situations difficiles. Ah çà ! qu'est-ce que vous avez à me regarder ainsi ?
— Mais... balbutia Gorain.
— Voyons, pourquoi cette émotion pénible peinte sur vos visages ? Ah ! je devine... Ce cher Fouché vous a fait peur... Allons ! chers amis, je suis arrivé à temps pour vous rassurer, n'est-il pas vrai ?
— Monsieur Roger ! dit Gervais avec une lueur d'espoir dans les yeux.
— Mais vous ne savez donc pas ? s'écria Gorain, que la peur faisait parler. Nous sommes accusés d'être des chauffeurs, d'avoir commis un tas de crimes... Nous allons être jugés, condamnés, exécutés... et c'est la faute de Gervais ! Oh ! c'est affreux ! c'est horrible !
— Que diable me chantez-vous là ? dit Roger avec étonnement.
— Mais la vérité, hélas ! la pure vérité ! c'est ce que le citoyen ministre nous disait.
— Oui ! oui ! je sais. Fouché ne m'avait pas vu alors, moi, votre ami !
— Eh bien ? demanda Gervais avec anxiété.
— Eh bien, maintenant il m'a vu !...
— Et... alors ?... dirent à la fois les deux amis en se suspendant, pour ainsi dire, aux paroles qui allaient sortir des lèvres de Roger.
— Alors... Vous étiez prisonniers tout à l'heure, n'est-ce pas ? Il y avait des gendarmes dans ce vestibule...
— Oui !...
— Vous ne pouviez sortir d'ici ?
— Non !...
— Alors maintenant, prenez mon bras tous les deux et venez avec moi ! »

Gorain et Gervais regardèrent Roger avec un étonnement croissant, puis, passant en même temps l'un son bras droit, l'autre son bras gauche sous les deux bras de leur interlocuteur, ils se laissèrent entraîner. Tous trois gagnèrent ainsi la pièce servant de vestibule ou de salle d'attente.

« Où sont les gendarmes ? » dit Roger.

Gorain et Gervais ouvraient de grands yeux : la salle était absolument déserte.

« Voyons, cherchons-les ! reprit Roger. Nous les trouverons peut-être ! »

Et il alla ouvrir une porte :

« Ah ! dit-il, c'est l'appartement particulier de Fouché ! Bah ! entrons ! »

Et il poussa devant lui les deux amis, qui marchaient sans paraître avoir conscience de ce qu'ils faisaient. On passa d'abord dans une fort belle pièce disposée en salon. Cette pièce était absolument déserte. Roger la traversa, ne ouvrit une porte dissimulée sous une portière de velours, en homme connaissant admirablement les êtres du logis.

Il s'arrêta sur le seuil d'une jolie petite salle à manger au milieu de laquelle se trouvait une table merveilleusement éclairée et supportant le menu délicat d'un souper savoureux.

« Ah ! fit Roger, quelle aimable surprise !
— Quoi ? demanda Gorain.
— Un souper ! nous allons souper !
— Souper ! souper ! répétaient les deux amis, qui, après la frayeur terrible dont ils venaient d'être victimes, ne pouvaient comprendre ce qui se passait depuis quelques instants.
— Eh oui, souper ! répéta Roger. Je suis sûr que c'est pour nous que le citoyen ministre a fait préparer ce petit ambigu ! N'est-ce pas, Germain ? »

Un valet venait d'entrer :

« Le citoyen ministre prie les citoyens de l'excuser, dit Germain, et de vouloir bien commencer à souper sans lui : il viendra tout à l'heure.
— Vous voyez bien, s'écria Roger.
— Mais... mais... je ne comprends pas, moi ! » dit Gorain.

Roger haussa les épaules ; prenant les deux amis par le bras, il les entraîna à l'écart.

« Vous savez bien, dit-il à voix basse, que moi aussi je fais partie de la grande association.
— Les chauffeurs ! » dit Gorain en faisant un effort pour se reculer.

Roger partit d'un immense éclat de rire.

« Mais non ! dit-il. Qui vous parle des chauffeurs ? je dis la grande association... celle des munitionnaires.
— C'est donc vrai, alors ? demanda Gervais.
— Comment, si c'est vrai ? tu me demandes cela, toi qui fais partie de l'association depuis qu'elle est fondée !
— Mais c'est que le citoyen ministre... »

Roger de la main imposa silence.

« Écoutez ! dit-il à voix basse et avec un accent confidentiel, vous allez savoir la vérité. La grande association des munitionnaires est tellement importante qu'elle est sous la surveillance du ministre. Or, depuis quelque temps, on avait fait courir certains bruits sur certains membres de l'association... Si bien même qu'on avait des doutes. On prétendait effectivement que des chauffeurs avaient eu l'audace de se glisser parmi nous...
— Ah ! fit Gervais en levant les yeux au ciel.
— Tu comprends ? Le citoyen ministre a cru de son devoir d'interroger successivement chacun des membres et... il a voulu sonder les esprits, intimider...
— Oh ! fit Gorain en joignant les mains.
— C'est-il Dieu possible ? dit Gervais.
— Mais oui ! le ministre vous a interrogés, il vous a reconnus innocents, il m'a envoyé vers vous pour vous le dire et il désire, pour effacer jusqu'à l'ombre du souci que vous a causé cette affaire, que vous soupiez avec lui ! Vous comprenez tout à fait, hein ? Eh bien ! à table et à la santé du citoyen ministre ! »

Et poussant les deux amis, Roger les força à prendre place autour du souper servi.

## XV. — L'HÔTEL-DIEU.

Au septième siècle, une grande route traversait la Cité. Cette route partait du Petit-Pont, s'avançait dans l'intérieur de l'Ile et suivait la direction de la rue du Marché-Palud jusqu'au point où vinrent plus tard y aboutir les rues Saint-Christophe et de la Calandre.

Arrivée à ce point la route, tournant à gauche et presque à angle droit, suivait la rue de la Calandre qui, dans un titre du treizième siècle, est désignée par ces mots : « Route qui va du Petit-Pont à la place Saint-Michel. » Au bout de cette rue de la Calandre était la place du Commerce (depuis place Saint-Michel). La route alors tournait à droite, suivait la direction de la rue Saint-Barthélemy et aboutissait au Grand-Pont.

A l'est de cette route, disent les légendes du temps, s'élevaient l'église cathédrale, la maison de l'église, le baptistère, l'école et la maison des pauvres, c'est-à-dire un lieu destiné à la nourriture des pauvres inscrits sur la matricule de l'église. Ces pauvres, nommés matriculaires, étaient logés dans cette maison et y étaient soignés lorsqu'ils étaient malades : telle fut l'origine de l'Hôtel-Dieu, ce magnifique hôpital, universellement connu, et auquel presque tous les écrivains ont donné saint Landri pour fondateur, sans s'appuyer sur aucune preuve.

Dès son origine, l'hôpital fut reconnu trop petit pour le nombre de ceux qui se présentaient. Les lits manquaient pour recevoir les malades, et l'église Notre-Dame dut y pourvoir par un statut de 1168, qui porte que chaque chanoine, en mourant ou en quittant sa prébende, sera tenu de donner un lit à l'Hôtel-Dieu.

Puis vinrent les donations et entre autres celle-ci, d'Adam, clerc du roi (à la date de la dernière année du douzième siècle), qui faisait don de deux maisons dans Paris à l'hospice, à la condition qu'au jour anniversaire de sa mort on fournirait chaque année aux malades tous les mets qu'ils pourraient désirer, dussent-ils leur faire le plus grand mal.

Philippe-Auguste est le premier roi qui ait fait quelques libéralités à l'hôpital de l'Hôtel-Dieu. Dans ses lettres du mois de mars 1208, il est dit : « Nous donnons à la maison de Dieu de Paris, située devant la grande église de la bienheureuse Marie, pour les pauvres qui s'y trouvent, *toute la paille de notre chambre et de notre maison de Paris* chaque fois que nous partirons de cette ville pour aller coucher ailleurs. »

Saint Louis et Charles V exemptèrent d'impôt l'Hôtel-Dieu et lui donnèrent même des bénéfices. A partir de ce moment, l'hôpital augmenta rapidement d'importance et fut bientôt à même de rendre à la population de grands et importants services.

En 1535, Antoine Duprat, légat du pape, fonda une salle entière à l'hôpital, salle qui porta le nom du Cardinal-Légat.

En 1606, Pomponne de Bellivore fit bâtir la salle Saint-Charles, et le roi Henri IV la salle Saint-Thomas.

En 1737 (la nuit du 1er au 2 août), le feu prit subitement à l'Hôtel-Dieu : il dura cinq jours. Plus de 2,500 malades furent transportés dans la nef de Notre-Dame. En 1772 (nuit du 29 au 30 décembre), le feu éclata encore et plusieurs centaines de malades périrent dans les flammes.

Jusque sous Louis XVI, cet hôpital, qui offre de si grandes irrégularités dans ses constructions, était plus irrégulier encore, et le service y était dans des conditions telles qu'on y comptait un mort sur quatre malades entrant, tandis qu'à la Charité on comptait un mort sur sept.

« Les lits, dit un rapport du temps, sont entassés dans les salles et les malades entassés dans les lits. Il y en a souvent quatre et quelquefois six couchés ensemble. Dans certaines occasions extraordinaires de presse, on va même jusqu'à placer les malades les uns sur les autres par le moyen de matelas superposés... »

Louis XVI ordonna alors la construction de quatre nouveaux hôpitaux pour dégager l'Hôtel-Dieu, et il invita tous les bons citoyens à envoyer des dons pour activer l'érection de ces établissements utiles ; mais le ministre Calonne, mais les événements précurseurs de la Révolution, mais la disette des finances, absorbèrent les capitaux.

Ce ne fut qu'en 1793 que l'Hôtel-Dieu fut dégagé de son trop-plein journalier de malades et que le nombre des lits diminué rendit l'hospice plus salubre.

Aujourd'hui que le gaz illumine Paris et permet à peine de regretter les rayons du soleil, on se fait difficilement une idée de ce qu'était jadis Paris la nuit, quand les lanternes à l'huile, allumées souvent une sur deux dans les quartiers riches, ne l'étaient que rarement dans les quartiers pauvres.

C'étaient les bords de la Seine, la Cité, qui étaient alors sombres et d'aspect sinistre. La nuit, le parvis Notre-Dame, avec ses abords si étroits à cette époque, ses grands bâtiments des hôpitaux, lugubrement étendus et paraissant ramper aux pieds de cette colossale cathédrale, le parvis avait quelque chose d'effrayant ; aussi était-il rare d'entendre son pavé résonner sous le pas d'un promeneur.

Cette nuit-là cependant et tandis que le citoyen Roger invitait Gorain et Gervais, stupéfiés par le changement subit de leur situation, à prendre part au souper servi, un homme, enveloppé dans un grand manteau, traversait le Petit-Pont et, s'enfonçant dans l'intérieur de la Cité, s'avançait vers le parvis Notre-Dame.

Cet homme marchait d'un pas rapide, comme quelqu'un qui a hâte d'atteindre un but, et qui se soucie fort peu des fâcheuses rencontres auxquelles il serait exposé. Une canne énorme, l'une de ces massues telles qu'en portaient les incroyables, était attachée à son poignet par une forte lanière de cuir.

Le pan du manteau était lancé sur l'épaule et recouvrait tout le bas du visage, dont un chapeau enfoncé sur les yeux dérobait tout le haut. Comme le promeneur achevait de traverser la place du parvis, se dirigeant vers la porte de l'hôpital, cette porte s'ouvrit au moment même où il allait frapper, et deux hommes en sortirent, marchant rapidement, en gens fort affairés et se tenant la main comme pour se dire adieu.

L'homme au manteau n'avait pas eu le temps de se rejeter en arrière, de sorte que les deux hommes qui sortaient furent obligés de s'écarter pour le laisser passer au milieu d'eux. Le promeneur nocturne fit un mouvement d'impatience, hésita, puis passa rapidement et disparut dans l'intérieur de l'hospice.

« Qu'est-ce que celui-là ? » dit l'un des deux hommes avec étonnement.

Ils écoutèrent, mais ils n'entendirent aucun bruit.

« C'est quelqu'un de l'hospice sans doute, car sans cela le concierge ne l'eût pas laissé entrer à pareille heure.

— Est-ce que vous avez vu son visage, Corvisart ?

— Ma foi non, mon cher Dupuytren ; son manteau l'enveloppait si bien que je ne l'ai pas vu. Et vous ?

— Je l'ai vu, ou du moins j'ai cru voir.

— Comment ?

— Une distraction bizarre sans doute, un effet d'optique. Quand cet homme a passé près de moi, je ne sais comment cela se fit, son manteau s'écarta un peu et il me sembla lui voir un masque sur le visage.

— Un masque ?

— Oui ; vous voyez bien que j'ai été le jouet d'une illusion, puisque nous ne sommes pas en carnaval.

— Et dans tous les cas, on n'entre pas à l'Hôtel-Dieu masqué. Mais que pensez-vous de mon malade ?

— Ma foi, c'est un cas des plus bizarres, et je vous remercie de m'avoir fait venir pour assister à cette étrange agonie. »

Les deux docteurs s'étaient pris par le bras et s'éloignèrent dans la direction du Grand-Pont, disparaissant dans les ténèbres.

L'homme qui les avait croisés était entré dans l'hospice et s'était dirigé aussitôt, en personnage connaissant les lieux, vers le petit poste occupé par le surveillant en chef des gardiens de nuit.

Sans abaisser son manteau et enfonçant plus encore son chapeau sur son front, de manière qu'il était littéralement impossible de distinguer les traits de son visage, il tendit la main et présenta sans mot dire un papier tout ouvert au gardien.

« Très-bien, citoyen, dit celui-ci en se levant vivement ; j'étais prévenu. Veux-tu que je te conduise ?

— Non; donne l'ordre seulement qu'on me laisse circuler librement dans les salles, » répondit l'homme au manteau.

Le gardien en chef appela un surveillant d'un ordre subalterne et lui parla bas ; l'autre fit un signe affirmatif et se prit à courir. L'homme au manteau s'enfonça dans l'intérieur de l'hospice et gagna la première salle, qu'il parcourut ; puis il passa dans la seconde, dans la troisième, et enfin il atteignit la quatrième, celle réservée à la catégorie des blessés par accident.

Une fois entré dans cette salle, il marcha lentement, paraissant chercher et examinant les lits avec la plus grande attention. Dans l'une des rangées placées au centre de la salle et la coupant dans toute sa longueur, était un lit occupé par un malade, dont l'état devait être assez satisfaisant, car il dormait d'un sommeil profond et calme.

L'homme au manteau s'était arrêté devant ce lit ; une des lampes-veilleuses, accrochées au plafond de distance en distance, jetait sa pâle clarté sur cette partie de la salle et permettait de distinguer les malades : celui étendu dans le lit devant lequel s'était arrêté l'homme au manteau était éclairé suffisamment pour qu'on pût l'examiner en détail.

Ce malade avait le visage extrêmement pâle, mais non pas de cette pâleur aux reflets verts qui décèle l'envahissement de la bile : il avait cette pâleur mate et marbrée provenant d'une trop grande perte de sang. L'une de ses mains, étendue sur le lit, témoignait également de cette cause de la blancheur du visage.

Tel qu'il était, le malade n'était pas beau, dans l'acception propre du mot ; mais il avait cependant cette distinction que donne la pâleur mate, et une expression de bonté et d'insouciance, imprimant à ses traits calmes plus de calme encore, rendait l'ensemble attrayant et aimable à contempler.

Une forêt de cheveux retombait en tous sens sur l'oreiller et de grandes moustaches aux bouts pointus, allant déjà rejoindre l'oreille, menaçaient, pour peu qu'on les y aidât, de faire une rosette derrière le cou.

L'homme au manteau demeura un moment immobile, absorbé dans sa contemplation, puis il laissa retomber les plis de son lourd vêtement et il souleva un peu son chapeau. Alors apparurent des moustaches énormes allant s'enfouir dans une bouche touffue et des sourcils formidables tout hérissés et se croisant sur le front. Le nez était droit, les joues saillantes ; mais ce qu'il y avait d'étrange, de saisissant au premier abord, c'est que pas la moindre animation ne régnait sur cette figure tellement impassible qu'on pouvait la prendre pour du carton ou de la cire.

L'homme se pencha et mit doucement son doigt sur l'épaule du dormeur. Celui-ci ouvrit les yeux.

« Alcibiade ! dit l'homme.
— Hein ? qu'est-ce qu'on me veut ? » fit le dormeur en se frottant les yeux.

Ce mouvement fut accompagné d'une grimace :

« Aïe ! dit-il. Ma satanée blessure me fait mal ! Est-ce que le temps va changer ?
— Réveille-toi bien ! lui dit l'inconnu.
— Me réveiller... mais... Ah çà ! dit Alcibiade en ayant enfin conscience de la situation, qu'est-ce que tu me veux donc, toi ?
— Tu le sauras plus tard.
— Mais avance un peu, que je voie ta frimousse.
— Je suis masqué ! dit l'homme à voix basse. Tu ne saurais me reconnaître.
— Masqué ! voilà qui est fort ! Est-ce que nous sommes en carnaval ?
— Ne crie pas si fort ! tu vas réveiller tes voisins !
— Eh bien ! qu'est-ce que ça me fait ?
— Il ne faut pas qu'ils entendent ce que j'ai à te dire.
— Pourquoi cela ? je n'ai rien à cacher.
— Très-bien ! dit froidement l'homme masqué, alors parlons tout haut. Je vais te raconter une histoire, une vieille histoire, elle a quelque chose comme une dizaine d'années, peut-être plus même... c'était, je crois, en... 1788 ou 1789... sur les côtes de Syrie, dans les environs de Beyrouth...
— Beyrouth ! dit Alcibiade en tressaillant.
— Il y avait précisément dans cette ville, poursuivit l'homme masqué, un renégat nommé Ali, homme fort peu estimable et servant d'interprète, de guide, de banquier même à deux excellents chrétiens dont il avait su capter la confiance et qui se nommaient, si j'ai bonne mémoire, MM. de Charney ; c'était le père et le fils, je crois...
— Plus bas ! plus bas ! dit vivement le malade. Ça pourrait réveiller les voisins ! »

## XVI. — LE BLESSÉ.

L'homme masqué s'était arrêté en regardant fixement le malade.

« Ah ! dit-il, tu crains de réveiller les voisins, maintenant ?
— Oui, oui, parlons plus bas.
— Sois tranquille, tous les lits qui t'entourent sont vides.
— Comment ! mais ce soir encore ils étaient garnis !
— Oui, mais cette nuit je devais venir, j'avais à causer avec toi, et je ne voulais pas d'oreilles indiscrètes autour de nous.
— Mais qui es-tu donc ?
— Tu n'as pas besoin de le savoir. Demande-moi, non pas qui je suis, mais qui j'étais, et je te répondrai qu'il y a dix ans, à Beyrouth, j'étais l'ami de ce misérable Ali le renégat. »

Le malade tressaillit encore, et plus violemment que la première fois.

« Qu'as-tu donc ? » demanda l'homme masqué.

Le malade ne répondit pas.

« Un soir, poursuivit l'homme en se penchant sur le lit afin que pas une de ses paroles ne fût perdue, un soir, Ali et un chrétien nommé Dowski, réfugié russe, se promenaient sur la plage. Ali paraissait sombre, inquiet, tourmenté ; parfois il regardait Dowski et il entr'ouvrait les lèvres comme un homme qui a une confidence à faire et qui s'apprête à parler ; mais ses regards se détournaient et sa bouche demeurait muette. Dowski remarquait sa pantomime sans en deviner la cause. Il attendait, ne voulant pas provoquer une explication que cependant il désirait fort voir commencer. Enfin Ali parut prendre une résolution et, se penchant vers son ami, après l'avoir conduit dans un endroit désert :

« Veux-tu gagner mille sequins ? » lui dit-il.

Dowski regarda Ali avec une expression d'étonnement qui fit deviner ce qui se passait en lui, car Ali ajouta aussitôt :

« Nous les aurons demain, si tu le veux.
— Tu en auras donc deux mille ? lui demanda Dowski.
— Oui, répondit-il.
— Et que faut-il faire pour gagner cette somme ?
— Obliger un chrétien en en faisant disparaître deux autres.
— Deux assassinats ! s'écria Dowski.
— Non, dit Ali en souriant, deux accidents qu'il faut provoquer. »

Dowski réfléchit longuement, et il dit ensuite à Ali :

« Je refuse. Je n'ai jamais fait couler le sang dans un guet-apens, je ne commencerai pas pour mille sequins.
— Et pour deux mille ? lui demanda Ali.
— Pour deux mille non plus. »

Ali lui prit les mains et les serra avec une tendresse hypocrite.

« C'était une épreuve, dit-il ; pardonne-moi. On avait voulu me faire douter de toi, mais maintenant que je t'ai sondé et que j'ai pu t'apprécier, je saurai répondre à tes calomniateurs. »

Les deux hommes se séparèrent alors. Les circonstances les éloignèrent l'un de l'autre depuis ce moment, et ils furent longtemps sans se rencontrer. »

L'homme masqué s'interrompit.

« Je ne sais, dit-il en regardant Alcibiade, si ce que je te raconte là t'intéresse beaucoup ?
— Oui, murmura le malade d'une voix rauque, mais on peut nous entendre.
— Non, les lits qui nous entourent sont vides, je te l'ai dit, et je parle assez bas pour que mes paroles ne puissent aller frapper aucune oreille indiscrète, lors même que ceux qui sont dans cette salle ne dormiraient pas. »

Alcibiade poussa un soupir qui ressemblait à un grognement sourd.

« Les années s'écoulèrent, reprit l'homme masqué ; on atteignit 1791. Il y a donc huit ans maintenant. Dowski s'était fait marin, et il était devenu même assez bon pilote pour avoir une réputation à Beyrouth.

Dowski était économe de sa nature, et le peu d'occasions de dépenses qu'il avait dans sa profession, joint à cette économie naturelle, lui avait permis d'amasser quelques centaines de sequins à l'aide desquels il avait frété un petit navire pour faire le commerce des marchandises asiatiques entre les côtes de Syrie et l'Adriatique.

Dowski avait un but : il voulait amasser trois mille sequins, puis, cette somme acquise, il devait cesser son commerce et aller s'établir à Tarente, où une belle jeune fille l'attendait prête à accepter son nom et sa main.

Cette jeune fille était d'une excellente famille et assez riche pour que ses parents exigeassent que son mari apportât de son côté une belle fortune. Dowski était jeune : il avait vingt-deux ans, il en paraissait dix-huit au plus, et il était joli garçon. Dès qu'il avait vu la belle Italienne, il en était devenu passionnément épris. Elle, de son côté, l'avait trouvé à son goût, et il avait été convenu que l'union aurait lieu aussitôt que le marin aurait trois mille sequins dans la caisse de son navire.

En 1791, Dowski était à la veille d'être propriétaire de

cette somme. Il avait deux mille sequins à lui en numéraire, et il était certain de réaliser plus de douze cents sequins de bénéfice avec la vente de sa cargaison. Il arrivait donc à Beyrouth le cœur joyeux, comptant faire sa vente sous peu de jours, réaliser la somme ambitionnée, et remettre à la voile pour retourner à Tarente, épouser enfin celle qu'il adorait.

Ce jour où Dowski jetait l'ancre dans la rade de Beyrouth, le temps était superbe et la mer tellement calme qu'on eût pu laisser le navire sans amarres.

Dowski était descendu à terre, empressé de se mettre en rapport avec les marchands juifs qui devaient acheter sa cargaison. Après quelques démarches infructueuses, Dowski se rendit chez Abraham, le juif le plus riche de Beyrouth. Là il entama l'affaire ; mais l'on était loin de s'entendre, lorsque survint Ali, que Dowski n'avait pas revu depuis le soir où avait eu lieu la conversation que je viens de citer.

Ali témoigna la plus vive joie en revoyant Dowski : il lui dit qu'il arrivait de Damas, où il avait longtemps séjourné ; puis, quand il fut au courant de l'affaire qui se traitait, il se mêla de l'opération, et il fit si bien que le juif consentit au marché aux conditions que voulait Dowski.

Paroles échangées pour terminer l'affaire le lendemain, Ali emmena Dowski et lui demanda pour tout remerciement de venir dîner avec lui. Dowski ne pouvait refuser ; d'ailleurs, il était tellement joyeux en pensant à son avenir qu'il était enchanté de rencontrer quelqu'un dont il pût faire le confident de son bonheur.

Le dîner fut donc pour Dowski l'occasion d'un long récit, dont la belle Italienne était l'héroïne. Ali complimenta son ami, le fêta et déboucha pour lui les meilleurs flacons de ses caves.

Dowski but à son bonheur futur, à sa belle fiancée, à sa famille à venir, bref, il but tant et à tant d'occasions qu'il s'enivra et qu'il s'endormit sur la table.

Tout à coup Dowski fut tiré de ce sommeil par deux mains qui le secouaient énergiquement, et il entendit une voix crier à son oreille :

« Ton navire brûle ! »

Dowski fut dans la rue en un clin d'œil ; il courut à la rade comme un fou, et il arriva trop tard : son navire embrasé, coulant sans qu'on pût sauver un cordage.

Le malheureux demeura comme fou : le navire contenait tout ce qu'il possédait ; les deux mille sequins amassés, les marchandises qu'il devait livrer le lendemain à Abraham, tout, jusqu'à ses vêtements et ses bijoux !

Plus tard on apprit que l'équipage s'était enivré, et que c'était dans un moment d'ivresse que l'un des hommes avait mis le feu au navire.

Ali ramena son ami chez sa maison et essaya de lui prodiguer des consolations, mais Dowski ne pouvait rien entendre : il était hébété, il ne pensait plus.

Enfin il reprit conscience de la situation, et sa douleur éclata terrible. Son mariage était rompu. Il ne pouvait retourner à Tarente, et sa future l'attendrait cependant... Tout ce qu'un homme dans une pareille situation peut souffrir, Dowski le souffrit.

Enfin ne voyant plus de remède à ses maux, il était résolu à se tuer, quand Ali, s'approchant de lui, prit sa main et lui dit à voix basse :

« Console-toi, Dowski, tout n'est peut-être pas perdu !

— Comment ? s'écria Dowski.

— Tu peux encore épouser ton Italienne. D'ailleurs, quand je dirai que j'avais les trois mille sequins lorsque mon navire a brûlé, on ne me croira pas ; on dira que je veux profiter de la circonstance ! Oh ! non ! non !

— Mais que te faut-il pour épouser ton Italienne ? Trois mille sequins ?

— Oui.

— Si un ami t'avançait cette somme ? »

Dowski bondit sur son siège : une lueur d'espérance illumina son cerveau :

« Toi ! s'écria-t-il. Tu pourrais...

— Non, pas moi, répondit Ali : malheureusement je ne suis pas assez riche, mais j'ai des amis qui le sont, un entre autres qui pourrait t'obliger...

— Oh ! dit Dowski avec élan, si cet homme me rendait un tel service, je ferais tout ce qu'il me demanderait.

— Lors même qu'il s'agirait de... »

Ali s'arrêta. Dowski le regarda avec étonnement.

« Quoi donc ? » demanda-t-il.

Ali parut hésiter, puis, prenant son parti :

« Écoute ! dit-il. L'ami dont je te parle est riche, mais il pourrait le devenir plus encore. Il y a en ce moment, dans ces parages, deux hommes qui, s'ils venaient à mourir, laisseraient à l'ami dont je te parle une fortune magnifique et dont tout le monde ignore l'existence.

— Comment ? demanda Dowski.

— Ces deux hommes sont le père et le fils, chrétiens tous deux et voyageurs. Le père vient de découvrir dans le royaume de Perse une mine d'émeraudes d'une grande richesse, et, pour le remercier de sa découverte, le shah lui a accordé à lui et à son fils ce qu'ils pouvaient emporter de pierres brutes dans leurs chapeaux. Il y en avait pour six millions de francs !

— Six millions ! répéta Dowski.

— Oui. Les deux hommes ont accepté, et ils ont quitté la Perse avec leurs millions en pierreries. Le shah leur avait fait donner une escorte qui les accompagna jusqu'à Latakieh. Là ils se sont embarqués sur un navire qui fait voile pour Alexandrie, car à Alexandrie ou au Caire ils trouveront facilement le moyen de vendre leurs pierreries.

— Eh bien ? dit Dowski en voyant Ali s'arrêter.

— Eh bien !... ce navire va relâcher à Beyrouth... je sais que son pilote vient de mourir en mer... Si tu t'offrais pour le remplacer ?

— Moi !... dit Dowski.

— Eh ! oui, toi ! n'es-tu pas assez bon matelot pour faire un pilote présentable ?

— Si, mais pourquoi...

— Le navire est petit, dit Ali, il n'a pas d'autres passagers que les deux hommes, son équipage se compose de huit matelots...

— Eh bien ?

— Six millions de pierreries sont faciles à sauver en cas de naufrage, et... »

Ali s'arrêta encore en regardant Dowski et en attendant l'effet produit.

Bref, l'infâme renégat finit par proposer clairement au pauvre marin le plus affreux des crimes. Dowski et Ali devaient se rendre à bord du navire quand il relâcherait à Beyrouth, Dowski se présentant comme pilote, ce qui lui serait facile, puisqu'il avait exercé effectivement cette profession, et Ali comme passager.

Une fois embarqué, on profiterait d'un moment favorable pour empoisonner l'équipage, puis on volerait les pierreries et on ferait échouer le navire, en se sauvant dans la chaloupe. De cette manière, la mort des deux hommes et celle de l'équipage seraient mises sur le compte d'une catastrophe maritime, à laquelle Ali et Dowski auraient échappé par miracle.

En entendant ces propositions faites d'une voix insinuante, Dowski demeura atterré... il ne pouvait répondre. Ali parla longuement, il lui exposa dans des termes chaleureux l'horrible de sa situation présente... il lui fit voir sa fiancée l'oubliant, en aimant un autre... Bref, il lui tourna la tête. Dowski, rendu presque fou par ce qui lui était arrivé, oublia qu'il avait été jusqu'alors honnête homme... il accepta l'infâme proposition qui lui était faite.

Le lendemain le navire signalé touchait à Beyrouth, et prenait à son bord les deux associés. Le soir même il reprenait la mer, confiant dans la science de Dowski, le nouveau pilote.

Le commencement de la navigation fut heureux : le temps continuait à être superbe et calme. Cette pureté de l'atmosphère, en rendant toute pensée de naufrage simulé impossible, faillit sauver Dowski, car la réflexion, en surgissant, le détournait de l'action qu'il devait commettre, mais Ali était toujours là... il excitait l'amour, la jalousie, toutes les passions enfin qui peuvent exalter les plus mauvais sentiments comme les plus sublimes.

Le navire cependant avançait rapidement vers Alexandrie ; et on eût dit que le ciel voulût le protéger en s'opposant à tout prétexte de tentative de perte, quand une saute de vent subite vint tout à coup provoquer l'événement si impatiemment attendu par les deux complices.

Le navire, chassé par le vent du sud irrésistible, fut obligé de revenir sur sa route. La tempête augmenta de fureur et dura plusieurs jours. L'équipage était épuisé. Le capitaine du navire fut tué par accident. Dowski, en sa qualité de pilote, dut prendre le commandement.

Pardon, excuse, citoyenne, et la société, de vous déranger, balbutia Spartacus. (Page 152.)

Enfin la nuit vint où tout était préparé par les deux complices pour l'accomplissement de leur œuvre infernale..... Un narcotique violent avait été mêlé par les soins d'Ali aux boissons alcooliques de l'équipage... Dowski appela sur le pont les deux passagers en réclamant leur aide dans ce moment critique : ceux-ci accoururent avec empressement.

Tandis que le pilote les occupait, Ali descendait dans leur cabine, forçait les meubles, brisait les serrures et s'emparait des pierreries et de tous les papiers des voyageurs.

Alors, remontant sur le pont, il se rua sur le père, qu'il précipita dans la Méditerranée.... Puis, tandis que le fils, surpris, affolé, cherchait à sauver son père, les deux complices, poussant le navire sur un écueil, l'abandonnaient en s'élançant dans un canot préparé.

Poussé par le vent, le navire avait rétrogradé, et, au moment où il sombra, il se trouvait à la hauteur de Beyrouth.

## XVII. — UN SOUVENIR D'ORIENT.

« Eh bien ? reprit l'homme masqué après un silence, que penses-tu de cette histoire ? »

Alcibiade ne répondit pas. Se soulevant peu à peu à mesure que son compagnon parlait et attiré, pour ainsi dire, par une action magnétique, il s'était presque dressé et il se tenait sur son séant, suspendu aux lèvres de l'orateur. Son visage était devenu cramoisi : ses yeux étincelaient, il avait la main frémissante, et les secousses imprimées aux draps du lit attestaient les commotions nerveuses qui agitaient tout son être.

« Ah çà ! dit l'homme masqué avec un ton de voix persifleur, cette aventure paraît t'intéresser au suprême degré ? Veux-tu que je continue ?

— Oui ! murmura le blessé.

— On retrouva sur la plage le cadavre de l'un des voyageurs, celui du père, et l'on constata son identité, puis on constata également la mort du fils, que l'on put reconnaître bien qu'il eût eu le corps déchiré par les aspérités des brisants sur lesquels l'avaient jeté les vagues.

Les autorités du pays dressèrent les actes de ces décès, et la perte du navire fut mise sur le compte du naufrage.

Quant aux deux amis, les deux seuls qui eussent échappé au désastre, puisque l'équipage entier avait péri, ils atteignirent la plage à quelque distance de Beyrouth.

« Ils avaient pu, racontèrent-ils aux habitants du pays, se sauver dans une petite chaloupe, après avoir fait tout au monde pour sauver leurs compagnons. Au reste et par suite de l'un de ces hasards qui viennent quelquefois en aide aux crimes, un navire était passé en vue de celui qui se perdait au moment du désastre.

L'équipage de ce navire n'avait pu supposer un seul instant que le naufrage avait lieu causé par une fausse manœuvre : on avait cru à l'un de ces événements si fatalement fréquents en mer et on avait tout fait, mais en vain, pour essayer d'envoyer du secours : le temps s'y était opposé.

L'incident de ce vaisseau passant sur le lieu du sinistre, la déposition des officiers et des matelots, venant confirmer le dire de Dowski et d'Ali, furent d'un effet puissant. Personne ne savait à Beyrouth que les deux voyageurs étaient possesseurs d'un trésor aussi considérable que celui des pierreries, de sorte que pas l'ombre du plus léger soupçon ne vint planer sur la tête des deux assassins. Bien au contraire, ils se virent accueillis, fêtés, entourés, recherchés par la société européenne de Beyrouth, pour le dévouement dont ils prétendaient avoir fait preuve en voulant sauver les deux voyageurs qui avaient péri sous leurs yeux.

Dowski et Ali ne s'étaient pas quittés un seul instant depuis l'heure où le crime avait été accompli ; aucun des deux n'avait confiance en l'autre : il fallait faire le partage... On y procéda...

Une nuit, dans la maison d'Ali, les deux hommes firent venir Abraham. Le juif, sans s'enquérir de la façon dont Dowski et Ali étaient devenus propriétaires des pierreries, se contenta de les estimer et d'en offrir un prix. Il procéda

Carnot.

minutieusement, puis il offrit d'acheter le tout cinq cent mille livres de France.

C'était le dixième de la valeur à peu près. Dans son premier mouvement, Dowski refusa : il voulait le double au moins et il proposa à Ali d'aller à Smyrne, mais le renégat s'opposa à ce dessein : il fit ressortir tous les dangers d'une solution retardée.

On pouvait, disait-il, finir par connaître la vérité ou du moins la soupçonner : il fallait donc quitter le pays au plus vite et aller vivre heureux en retournant en Europe. Bref, Ali convainquit son complice.

Plus tard, continua l'homme masqué en changeant de ton, Dowski apprit qu'Ali l'avait volé : qu'il avait passé un marché avec le juif sans que Dowski le sût et que, par ce marché, il s'engageait à faire accéder son compagnon au prix de cinq cent mille livres, à condition qu'Abraham l'indemniserait en arrière par une somme égale à la moitié qu'il devait légalement toucher.

Ali était donc doublement misérable : après avoir volé deux voyageurs, il volait son complice !

— Ce n'est pas vrai ! » s'écria le malade avec indignation. Son interlocuteur le regarda longuement :

« Ah ! » fit-il.

Alcibiade fit un effort pour se retourner sur sa couche « Eh bien !... après ? dit-il.

— Le marché fut fait, poursuivit l'homme masqué. Abraham compta l'argent : Dowski et Ali se séparèrent. Depuis ce moment, je crois qu'ils ne se revirent plus.

Dowski s'embarqua le lendemain pour Malte, comptant de là gagner facilement Tarente.

Une chose difficile à croire aujourd'hui et qui est cependant, c'est que Dowski, tout en aidant à accomplir le crime, tout en prenant sa part du vol, avait ignoré les noms des deux voyageurs. Il savait que c'étaient le père et le fils, et c'était tout. Cela s'explique cependant, car Dowski, sous le coup du terrible événement qui, en le frappant, l'avait précipité dans la voie fatale, Dowski avait l'esprit malade... Il n'avait pas songé un seul instant à s'enquérir du nom de ceux dont il convoitait l'héritage. Ali ne les avait jamais nommés devant lui autrement que les deux voyageurs, et pour les désigner séparément, il avait employé les deux qualifications de père et de fils.

En s'embarquant pour Malte, Dowski s'aperçut qu'il avait emporté avec lui tous les papiers relatifs aux voyageurs, papiers qu'il avait pris à bord du navire et qui étaient demeurés depuis ce jour dans la poche de l'un de ses vêtements.

Dowski interrogea alors ces papiers avec une curiosité avide ; il les lut, les étudia, les classa et il finit par établir la position sociale de ses victimes. Les deux voyageurs étaient deux gentilshommes français se nommant MM. de Charney et appartenant à une vieille famille à peu près éteinte.

Il sut qu'ils avaient quitté tous deux la mère patrie plusieurs années auparavant, que le fils était alors un tout jeune enfant et qu'il avait grandi en Orient près de son père.

Il y avait en outre des déclarations de naissance, actes de mariage du père, etc. ; il y avait de nombreux papiers, des lettres, des notes donnant les détails les plus précis sur la famille, les relations, la position sociale. Dowski classa ces papiers, et sans se rendre compte de la pensée à laquelle il obéissait, il les serra précieusement, bien décidé à les garder.

Dowski arriva à Malte, puis il partit pour Tarente, heureux de revoir sa fiancée... Mais en Italie, un malheur terrible l'attendait... La jeune fille était morte...

Dowski comprit que c'était Dieu qui le punissait : alors les remords, qui à peine s'étaient fait jour, déchirèrent son âme et son cœur. Il eut peur... il se sauva ne sachant où aller pour calmer ses souffrances et ses angoisses.

En proie à la plus violente douleur, Dowski en était arrivé aux pensées de suicide, quand il fit la rencontre d'un homme... dont le nom ne doit pas être prononcé ici, continua l'homme masqué en baissant la voix. Cet homme, je me contenterai de le désigner par son titre : le marquis.

Le marquis parut touché de la situation pénible de Dowski ; il voulut le consoler, et pour lui faire oublier ses malheurs, il le lança à pleines voiles sur la mer des plaisirs. Dowski se grisa dans une folle orgie... il vit qu'en se grisant il pouvait oublier, et comme Dowski était lâche, comme il avait peur de la mort, comme, en pensant au suicide, il avait songé à échapper aux tortures morales et qu'il avait reculé en présence du sacrifice matériel, Dowski songea à se griser chaque jour pour oublier et être heureux !

Il était riche ; il quitta Tarente avec le marquis son ami et il se rendit à Naples.

Là, la vie de débauche fut continuée avec plus d'entraînement encore. Dowski fut présenté partout comme un riche seigneur étranger ; le marquis le forma aux belles manières et acheva de le perdre en lui faisant obtenir quelques succès d'amour-propre.

On jouait chaque nuit. Dowski finit par tout perdre ; au bout de six mois de cette existence de débauche, il n'avait plus rien !

Un matin le marquis le trouva pâle, défait, et ses regards anxieusement fixés sur un sequin de Venise placé sur une petite table. Ce sequin c'était toute la fortune de Dowski.

« Tu n'as plus rien ? dit en riant le marquis.

— Un sequin, répondit Dowski. Il me faut donc abandonner la vie que je mène.

— Non pas ; il faut la continuer, au contraire.

— Comment ?

— Par Dieu ! comme tu l'as menée jusqu'ici. Et pour cela faire, écoute-moi, *carissimo* ! Connais-tu Florence ?

— Non, répondit Dowski.

— Eh bien ! je pars demain pour Florence. Prépare-toi, ma voiture viendra te prendre à dix heures. A Florence, il existe un banquier fort riche et fort célèbre, nommé Capricci. Il y a douze ans aujourd'hui, c'était donc avant que la révolution éclatât en France, Capricci vit entrer un matin dans son cabinet un gentilhomme français voyageur qui, à la veille de se lancer dans une pérégrination lointaine, voulait déposer une partie de sa fortune liquide entre les mains d'un banquier sérieux. Il remit à Capricci deux cent mille livres de France sans vouloir accepter de reçu. « Ecrivez sur vos livres, dit-il simplement, que je dépose cette somme entre vos mains. Je n'ai qu'un fils ; lui ou moi viendrons vous réclamer cette somme un jour, capital et intérêts. Si, dans vingt ans aucun de nous n'est venu, c'est que nous serons morts. Alors vous garderez la somme ; je vous déclare mon héritier. » Le gentilhomme partit ; il n'est pas revenu.

— Eh bien ! » dit Dowski.

— Eh bien ! il faut qu'il revienne, lui... ou son fils. Ce gentilhomme se nommait de Charney. »

En entendant prononcer ce nom, Dowski devint plus pâle qu'un linceul.

« Mais, balbutia-t-il, ces hommes sont morts.

— Je le sais, répondit le marquis. La preuve, c'est que voici leurs extraits d'acte mortuaire qui me sont arrivés hier de Beyrouth.

— Tu les avais fait demander ? s'écria Dowski avec effroi. Mais tu sais donc...

— Je sais que tu es fort intelligent, *carissimo*, et je vais mettre à profit cette intelligence dont t'a doué la prodigue nature. De ces deux actes mortuaires, nous allons en conserver un, celui du père, et brûler l'autre, celui du fils. Tout le monde, en Italie, ignore la catastrophe dont ils ont été les victimes. Tu as tous les papiers de la famille, tu peux te donner l'âge du fils... Tu iras trouver Capricci à notre arrivée à Florence, tu te présenteras comme le seigneur de Charney, tu établiras ton identité à l'aide des papiers que tu possèdes, tu montreras l'acte de décès de Charney père, et, si tu es adroit, tu ne sortiras de l'hôtel du banquier qu'avec les deux cent mille livres et les intérêts accumulés dans ta poche. Comprends-tu ? »

Dowski comprit effectivement, et, comme il était sur une pente fatale, il accepta. Le lendemain, il partait pour Florence, et huit jours après, il faisait revivre le nom de Charney en se déclarant leur unique héritier. Capricci n'avait aucune raison pour douter de l'identité du jeune homme ; il paya...

Depuis ce moment Dowski s'effaça complètement pour faire place à M. Annibal de Charney. Que devint-il depuis ce moment, il est inutile que tu le saches. Qu'il te suffise de savoir qu'il apprit, lui, ce qu'était devenu Ali, le renégat de Beyrouth, son infâme complice ou l'instigateur du crime accompli.

Ali avait quitté l'Orient pour rentrer en France ; il était arrivé au commencement de la révolution... Ali, qui avait habité Paris jadis ; Ali, qui avait même été militaire et qui s'était fait chasser de son corps pour escroquerie ; Ali avait renoué bientôt avec toutes les mauvaises connaissances de sa jeunesse.

Il gaspilla l'argent provenant du vol en folies de tous genres, et bientôt la misère le prit à la gorge ; il avait commencé par habiter un appartement doré, et aujourd'hui il est... à l'hôpital. »

## XVIII. — LA SIGNATURE

L'homme masqué s'était arrêté. Alcibiade se pencha vers lui avec des regards étincelants :

« Mais qui donc es-tu ? demanda-t-il.

— Qui je suis ? Tu le sais bien : je suis celui qui t'a fait relever sur le terrain humide du bois de Boulogne, alors que le citoyen Thomas t'abandonnait comme n'étant plus qu'un cadavre. »

Alcibiade fit entendre un rugissement sourd. L'homme masqué se pencha plus encore vers lui :

« Je t'ai parlé d'un acte passé jadis avec Abraham, le juif de Beyrouth, dit-il à voix très-basse, acte par lequel Ali était assuré de recevoir le double de la somme offerte à lui et à Dowski pour la vente des pierreries volées : cet acte, le voici ; regarde-le. »

Et, tirant un papier de sa poche, l'homme masqué le présenta tout ouvert au malade, mais sans lui permettre d'y toucher.

« Or, poursuivit-il, suppose qu'en ce moment quelqu'un aille trouver le citoyen Fouché, ministre de la police, et lui dise, après lui avoir raconté les particularités que tu connais et d'autres encore : « Cet Ali, ce misérable voleur, cet infâme assassin, est devenu un spadassin mettant son épée au service de tous ceux qui veulent fouiller dans leur bourse ; cet Ali est affilié à une bande de malfaiteurs ; cet Ali se nomme Alcibiade, et il est à cette heure cloué par la souffrance sur un lit de l'Hôtel-Dieu. » Qu'est-ce que tu penses que ferait le citoyen Fouché ?

— Mais qui donc es-tu ? répéta Alcibiade.

— Pardieu ! je suis celui qui peut te faire rendre un terrible compte à la société, ainsi que tu le comprends.

— Oh ! fit le malade en se rattachant à une suprême espérance, si tu es venu me trouver, c'est que tu as un intérêt quelconque à ne pas me livrer !

— C ela est possible.

— Tu ne me livreras pas ? Vois, ce serait une lâcheté, je ne puis me défendre.

— Peste! il paraît que tu en as lourd sur la conscience. Tu as peur de la justice?
— Tu ne me livreras pas?
— Cela dépend.
— De quoi? de qui? Parle vite!
— Réponds sans hésiter aux questions que je vais t'adresser. Est-ce vrai que Dowski avait une certaine ressemblance avec le fils de M. de Charney?
— Oui, dit Alcibiade. Ils se ressemblaient beaucoup; c'est-à-dire que, placés à côté l'un de l'autre, on eût reconnu aussitôt la différence; mais, vus séparément et à distance, on eût pu les prendre l'un pour l'autre.
— La première fois que tu as proposé à Dowski l'accomplissement d'un crime, alors que, te voyant repoussé, tu as prétendu n'avoir voulu que tendre un piège, il s'agissait déjà des MM. de Charney, n'est-il pas vrai?
— Que gagnerai-je à te répondre? dit Alcibiade.
— Si tu me réponds franchement, sans chercher à me tromper, ce dont je m'apercevrais, je t'en préviens, je te livrerai cet acte signé jadis par toi et par Abraham, et qui est l'une des preuves les plus accablantes de ta culpabilité.
— Interroge, je répondrai.
— Eh bien! il s'agissait de MM. de Charney?
— Oui.
— La pensée de les assassiner venait-elle alors de toi?
— Non, elle venait... du chef.
— Et ce chef d'une association formidable dont le siège était en France, ce chef qui continuait à correspondre avec toi en Orient et qui t'envoyait ses instructions, n'était-ce pas le Roi du bagne?
— Oui, dit Alcibiade en courbant la tête.
— C'est lui qui l'avait engagé à pousser Dowski dans la voie du crime?
— C'était lui.
— Et pourquoi?
— Parce que Dowski ressemblait au fils de M. de Charney et que cette ressemblance pouvait être utilement exploitée.
— Maintenant... répondit encore. N'est-ce pas toi qui as fait mettre le feu au navire de Dowski après avoir enivré l'équipage?
— Oui, dit encore Alcibiade.
— Toujours par l'ordre du chef?
— Toujours.
— Il était donc à Beyrouth alors?
— Non, mais il avait là quelqu'un qui le représentait et auquel je devais obéir.
— Quand Dowski te fit part de ses projets de mariage en dînant avec toi, quelqu'un écoutait ces confidences, n'est-ce pas?
— Cela est vrai.
— De sorte que la fiancée de Dowski a été empoisonnée?
— Je le crois.
— Oui, il fallait contraindre Dowski à entrer dans l'association pour y jouer le rôle qu'il devait remplir. »
Alcibiade fit un signe affirmatif. L'homme masqué se leva.
« C'est tout ce que je voulais savoir, » dit-il.
Alcibiade tendit vivement la main.
« Et le papier que tu m'as promis? dit-il.
— Le voici, » répondit l'inconnu.
Le blessé prit la feuille, la parcourut rapidement des yeux et la cacha ensuite sous sa couverture. Puis, redressant la tête avec une certaine expression de fierté:
« Écoute, dit-il d'une voix ferme, je ne sais pas qui tu es, car, si tu étais Dowski, il y a certaines choses que tu as dites et que tu te fusses certes bien gardé de dire. Je ne sais pas qui tu es, mais je ne veux pas cependant que tu emportes de moi une opinion contraire à la vérité. Je suis un chenapan, je l'avoue, mais je n'ai jamais eu peur ni du diable ni des hommes. Si j'ai répondu à tes questions tout à l'heure, sache donc que ce n'est pas tout à fait par l'intimidation que me causait cet acte. Qu'est-ce que ça me fait d'être jugé et condamné? je saurais mourir. Non, en agissant ainsi que je l'ai fait, en te disant la vérité, j'obéissais un peu à la crainte, mais beaucoup au désir de la vengeance.
— Ah! ah! fit l'homme masqué.
— Oui, poursuivit Alcibiade, le jour de mes deux duels, Thomas, qui croyait que je n'en reviendrais plus ou du moins que je n'entendrais pas, Thomas m'a laissé comprendre ce que j'étais pour lui... et j'ai juré de me venger! »
L'homme masqué sourit sous son masque.
« Je savais cela, dit-il.

— Comment? fit Alcibiade avec étonnement.
— J'ai assisté aux deux duels, caché derrière un buisson. Personne ne m'a vu, pas même Thomas que je voyais, moi. J'ai entendu ce qu'il disait, j'ai compris ce que ses paroles produisaient sur toi à l'expression de ta physionomie. Aussi, après le départ de Thomas, t'ai-je relevé évanoui et emporté pour te prodiguer des soins. C'est précisément parce que je t'avais deviné, Alcibiade, que je suis venu aussi cette nuit ici... Tout ce que tu viens de m'apprendre, je le savais. En veux-tu la preuve? Tiens, lis ce papier qui relate tous les événements que tu viens de raconter. »
Alcibiade prit un cahier de papier tout chargé d'écriture que son interlocuteur plaçait sous ses yeux. La pâle clarté de la lampe-veilleuse qui éclairait cette partie de la salle permettait au blessé de lire. Quand il eut achevé de parcourir le cahier, il laissa retomber ses bras avec un geste de stupéfaction profonde et ses regards se relevèrent anxieusement inquiets sur son compagnon.
« C'est bien cela, dit-il; mais qui donc es-tu?
— Celui qui peut te perdre ou te sauver, à ton choix, tu le comprends?
— Comment sais-tu?
— N'interroge point, je ne répondrai pas; seulement, puisque tu trouves cette narration écrite conforme à la vérité, approuve-la et signe-la de tes deux noms: celui que tu portais à Beyrouth et celui que tu portes à Paris; signe en écriture arabe et en écriture française, là et là. »
En achevant ces mots, l'homme prit dans la poche de son gilet un encrier portatif dont il dévissa le couvercle, et une plume qu'il présenta au malade après l'avoir trempée dans l'encre.
Alcibiade tenait le papier de la main gauche, la plume de la main droite, mais il hésitait à signer.
« Ce qui est écrit là est-il l'expression la plus exacte de la plus stricte vérité? demanda l'homme masqué.
— Oui, dit Alcibiade.
— Alors approuve et signe, et n'hésite pas, ou, je te le jure, quoique tu aies entre tes mains tout acte signé avec Abraham, je saurai trouver assez de preuves de tes crimes pour te faire punir ainsi que tu le mérites. Approuve et signe, et, au lieu de te livrer, je te protège. »
Alcibiade parut hésiter encore, mais enfin il prit son parti et il signa.
L'homme au manteau reprit la déclaration, la replia et la remit dans sa poche; puis, adressant un signe d'adieu au malade, il quitta la salle, après avoir rejeté le pan de son manteau sur son épaule et avoir abaissé son chapeau afin de dissimuler le masque qui lui couvrait le visage.
En passant devant le chef des inspecteurs de nuit, il reçut un profond salut qu'il rendit avec une certaine légèreté et il disparut en s'élançant sur la place.
« C'est un employé supérieur du ministère de la police! dit l'inspecteur avec un accent de profond respect en s'adressant à l'un de ses subordonnés qui avait regardé avec étonnement sortir de l'hôpital le nocturne visiteur.
— Un employé du ministère de la police! répéta-t-il, comment sais-tu cela?
— Tiens, voilà son laisser-passer qu'il a oublié de reprendre; lis un peu ce qu'il y a écrit là-haut. »
L'autre lut à haute voix:
« Ordre à tous fonctionnaires publics, à tous employés du gouvernement ou de grandes administrations en dépendant directement ou indirectement, d'obéir sans réserve au porteur du présent sans exiger de lui aucun renseignement sur son nom, sa position sociale et ses intentions.
Signé: Fouché, ministre de la police générale de la République une et indivisible. »
« Bigre! dit le lecteur en s'arrêtant, en voilà un qui peut faire tout ce qu'il voudra avec un pareil papier! Faut le garder ce papier-là et ne pas le perdre, car on reviendra le chercher. »

### XIX. — LE CLOITRE SAINT-MERRY.

En quittant l'Hôtel-Dieu, l'homme masqué traversa la Seine et s'élança d'un pas rapide dans la direction du quartier du Temple. Bientôt il atteignit la rue Chapon et, s'engageant dans cette voie étroite, il s'arrêta devant une petite maison basse, à la porte de laquelle il frappa quatre coups irréguliers.

La porte s'ouvrit aussitôt comme si quelqu'un se fût tenu derrière, attendant le visiteur. L'homme masqué pénétra dans une première pièce, située au rez-de-chaussée et plongée dans les plus obscures ténèbres, mais presque aussitôt un rayon lumineux surgit d'une pièce voisine et indiqua la route à suivre pour arriver à une petite salle de mesquine apparence dans la cheminée de laquelle brûlait un feu clair. C'était la lueur de ce foyer qui éclairait seule la pièce.

Un homme était assis dans un grand fauteuil, se tenant dans la demi-ombre. L'homme masqué avait rejeté son manteau. Sans prononcer une parole, il prit un siège et s'installa en face de l'homme au fauteuil.

« Vous l'avez vu? demanda celui-ci.
— Oui! répondit l'homme masqué.
— Quand cela?
— Cette nuit. Je le quitte à l'instant.
— Eh bien?
— Tout ce que j'avais supposé est vrai. »

L'interlocuteur de l'homme masqué fit un bond violent sur son fauteuil; puis, se rejetant en arrière comme s'il eût voulu comprimer ses élans nerveux, il appuya ses mains aux doigts crispés sur les bras du siège.

« Tout est vrai! répéta-t-il.
— Tout! dit l'homme masqué.
— Ainsi, lors de la première proposition faite par Ali?...
— Il s'agissait bien des deux MM. de Charney.
— Et l'ordre d'agir venait de France?
— Oui.
— Du Roi du bagne?
— De lui-même.
— C'est horrible!
— Toutes les confidences de Dowski, relatives à son mariage avaient été entendues lors de son dîner avec Ali.
— Alors... Dowski a été victime d'un plan infernal tracé d'avance?
— Évidemment!
— Son navire perdu?
— Il a été brûlé, incendié, coulé, corps et biens, pour mettre Dowski à la merci de ceux qui avaient besoin de lui. Il se grisait chez Ali tandis que son navire était dévoré par les flammes...
— Infamie! »

Puis après un silence, l'interlocuteur de l'homme masqué, qui était demeuré le front penché et baigné de sueur, releva la tête: ses yeux étincelaient.

« Dis-moi tout! s'écria-t-il.
— Tu le veux?
— Oui!
— Eh bien!... je ne m'étais pas trompé dans mes suppositions...
— Quoi!...
— La fiancée de Dowski est morte empoisonnée! »

L'homme fit un mouvement tellement brusque que, se levant à demi, il envoya son siège rouler au loin.

« Empoisonnée! répéta-t-il d'une voix rauque.
— Oui!
— Et par qui?
— Par l'ordre du Roi du bagne, cela est facile à supposer.
— Les preuves! oh! donne-moi les preuves de ce que tu m'affirmes.
— Tu connais l'écriture d'Ali, sa signature?
— Oui.
— Tiens alors! lis! »

L'homme masqué fouilla dans la poche de son habit, prit le cahier de papier que venait de signer Alcibiade et il le présenta à son compagnon en lui désignant du doigt l'endroit portant les signatures.

L'autre s'empara du cahier avec une sorte d'avidité fiévreuse, il se pencha, le front en avant, pour mieux présenter le manuscrit à la lueur du foyer et il demeura absorbé dans sa lecture. L'homme masqué, appuyé sur le dossier d'un siège, demeurait immobile, sans prononcer un mot et paraissait conserver une impassibilité de glace.

Le lecteur s'arrêta et redressa la tête. (Cette tête pouvait être celle d'un homme de trente ans au moins, horriblement fatigué soit par la débauche, soit par un travail au-dessus des forces humaines.) Il demeura un moment immobile, puis un cri rauque s'échappa de ses lèvres et il froissa le cahier de papier avec une rage fébrile.

« T'avais-je trompé? dit l'homme masqué.
— Et celui-là vit? s'écria l'autre, celui-là est à Paris?
— Tu le vois.
— Il doit mourir.
— Pas encore, il faut attendre.
— Pourquoi?
— J'ai besoin de lui.
— Mais je veux...
— Silence! interrompit l'homme masqué avec un signe impératif, moi seul commande ici, et tu dois obéir! Celui dont tu parles sera puni comme il mérite de l'être, mais l'heure de la punition n'est pas encore sonnée et, je te le répète, il faut attendre. »

Puis, rejetant son manteau sur son épaule avec un geste d'une élégance extrême, l'homme masqué posa la main sur l'épaule de son compagnon:

« Demain, dit-il, à l'heure convenue je serai ici. Si je manquais, à onze heures du soir au cimetière de la Madeleine. D'ici là, pas la plus légère imprudence. Le moment approche où il faudra recueillir le fruit de ses labeurs et de ses peines; ne compromettons rien par trop de précipitation. A demain. »

Et l'homme masqué, regagnant rapidement la porte de la rue, l'ouvrit et franchit le seuil de la maison sans même se retourner.

Une fois dans la rue, il la descendit en courant dans la direction de la rue Saint-Martin. Arrivé dans cette rue populeuse, déserte et silencieuse à pareille heure, il tourna à gauche et atteignit bientôt le cloître de Saint-Merry.

Longeant l'église, il s'arrêta dans l'endroit le plus obscur et il se mit à siffler doucement. Un silence profond lui répondit seul. Il attendit quelques instants, puis il siffla de nouveau doucement, mais avec des modulations de son d'un effet extrêmement bizarre.

Cette fois un sifflement pareil lui répondit, produisant l'effet d'un écho. L'homme masqué s'appuya contre la muraille et attendit sans bouger.

Une ombre se dessina dans l'obscurité de l'autre côté de la rue; cette ombre passa rapide sur la chaussée et, franchissant le pavé fangeux, surgit presque instantanément auprès du promeneur nocturne.

« Où est le chef? demanda l'homme masqué.
— Au quartier! répondit le nouveau venu.
— Y a-t-il du nouveau?  »

Le nouveau venu se pencha vers l'oreille de l'homme masqué et lui parla bas avec une animation très-vive.

L'homme masqué fit un mouvement brusque, comme un homme éprouvant une violente surprise.

« C'est décidé? demanda-t-il.
— Oui! dit l'autre.
— Quand?
— Demain.
— C'est bien! je suis prêt. »

## XX. — LE SOUPER.

Au moment où avait lieu au cloître Saint-Merry la conversation par fragments rapportée dans le précédent chapitre, Gorain et Gervais, un peu remis de leur frayeur, goûtaient, en le déclarant parfait, le madère du citoyen ministre de la police.

Jacquet, ou plutôt cet excellent M. Roger, était assis entre les deux amis, les couvant (pour me servir d'une expression vulgaire, mais qui rend admirablement la pensée) sous son regard aimable et faisant les honneurs de la table en homme heureux de fêter de bons convives.

Le valet de chambre était sorti, et les trois hommes pouvaient manger et causer tout à leur aise.

« Alors, disait Gervais, c'est donc vrai? Il y a bien une association de munitionnaires en second...
— En premier! dit vivement Jacquet en appuyant sur le mot. C'est on ne peut plus exact, et la preuve c'est que nous trois que voici en faisons partie de cette belle association. Eh! eh! c'est une belle affaire, hein?
— Dame! je ne sais pas! dit Gorain en dévorant à belles dents une aile de poulet rôti. Je ne sais pas si c'est si beau

que ça ; le citoyen ministre de la police avait l'air de dire que nous étions des oies parce que nous croyions être munitionnaires.

— C'était pour vous éprouver! et la preuve, c'est que nous soupons chez lui. Est-ce qu'on a l'habitude de faire souper à sa table les gens que l'on veut arrêter?

— Non... c'est vrai, mais pourquoi...

— Ah! voilà! vous ne réfléchissez pas non plus. Que diable! il faut que les choses soient bien faites, et on devait vous effrayer pour qu'à l'avenir vous soyez plus sérieux!

— Comment! comment! dirent à la fois les deux bourgeois.

— Eh oui! vous avez été fort imprudents!

— Quand cela? demanda Gervais.

— Eh bien! à propos de la dernière affaire... celle des draps d'Elbeuf.

— Ah! c'est Gorain que cela regarde!

— Moi! s'écria Gorain, mais qu'est-ce que j'ai donc fait?

— Voyons! reprit Jacquet, rappelle-toi un peu, citoyen, comment tu as reçu ces draps? dans quelle circonstance?

— On m'a prévenu, comme on me prévient quand il doit arriver des marchandises, pour les emmagasiner à Saint-Cloud. Je me suis rendu dans ma maison, et les marchandises sont arrivées...

— Le jour?

— Non! la nuit, comme d'ordinaire.

— Et ces marchandises, tu les as rangées comme d'ordinaire?

— Oui.

— Dans la cachette habituelle?

— Dans la... » commença Gorain en ouvrant de gros yeux. Puis, après s'être interrompu, il reprit en changeant de ton : « Comment!... tu sais...

— Qu'il y a une cachette dans ta maison pour les marchandises?... mais certainement que je le sais!

— Tu sais donc tout?

— Parbleu! Et tu soutiens que ces marchandises-là, les draps d'Elbeuf, ont été serrées comme de coutume?

— Oui... c'est-à-dire... pas tout à fait ; on en a laissé des pièces dans la salle à manger et dans le salon.

— Pourquoi?

— Dame! je ne sais pas.

— Qui les avait fait laisser?

— Le citoyen qui les amenait ; il nous dit que c'étaient des pièces d'échantillon don on pouvait avoir besoin d'un instant à l'autre, et qu'il ne fallait pas les serrer.

— De sorte que c'est le citoyen qui vous les a fait laisser bien en vue?

— Oui.

— Et quel est-il ce citoyen-là?

— Ah! nous ne savons pas. Ceux qui viennent la nuit sont toujours masqués, tu sais bien.

— C'est vrai. Je comprends maintenant pourquoi les pièces étaient en évidence... Mais le dîner? parlons du fameux dîner que vous avez donné à Saint-Cloud et qui valait bien ce souper du ministre.

— Ah! le fait est que c'était beau! dit Gorain.

— Pourquoi n'y étais-tu pas, toi? demanda Gervais.

— On ne peut pas être partout. Mais ce souper a dû faire du bruit dans Saint-Cloud?

— Oh! oui.

— Vous en aviez donc parlé avant?

— Certainement, puisque Thomas nous avait dit d'agir à ciel découvert, et même d'aller voir tous nos voisins.

— Ah! c'est Thomas qui... je comprends de mieux en mieux... Et vous vous êtes grisés, hein?

— Moi!... jamais! dit Gervais.

— Ni moi non plus! dit Gorain.

— Comment! tu as la tête si solide que cela, toi, Gorain? mais Gervais me disait que tu ne savais pas boire.

— Ah! par exemple! Est-ce que j'ai dormi, moi, à Saint-Cloud?

— Il a donc dormi, lui?

— Ce n'est pas vrai! dit Gervais, c'est Gorain qui dormait.

— Allons, dit Jacquet, je vois que vous avez dormi tous les deux. Avez-vous dormi longtemps?

— Mais... je... attendez, dit Gervais en faisant un effort de mémoire. Quand je dis que je n'ai pas dormi... mais si... j'ai même rêvé... oui, j'ai rêvé que... attendez donc!... Ah!... il me semble que nous n'étions plus que tous les deux à table, Gorain et moi!

— Ah! dit Jacquet, tu as rêvé!... Et toi, Gorain.

— Moi, je ne rêve jamais! dit Gorain.

— Et ce cocher dont vous m'avez parlé, ce cocher qui avait conduit M. Signelay et qui a mis ses chevaux à l'écurie chez toi... il connaissait Thomas, je crois?

— C'est-à-dire que... il me semble qu'ils se sont parlé! dit Gorain, mais je ne suis pas sûr...

— Très-bien! très-bien, je comprends tout cela, mais il reste encore quelque chose à m'expliquer. Qu'est-ce que c'est que cette liste des munitionnaires que tu as remise à Fouché?

— C'est celle que j'ai trouvée.

— Quand donc?

— Il y a trois jours; je ne sais pas comment cela se fait... je ne me rappelais pas avoir ce papier, et puis je l'ai trouvé, comme cela, chez moi... sans savoir.

— Parfait! dit Jacquet en se levant ; je comprends tout. Mais attendez-moi quelques instants, je vous prie ; je vais causer avec le ministre, et je reviens ensuite vous chercher afin que vous lui présentiez vos hommages. Mais quant à être munitionnaires, vous l'êtes bien certainement et vous le serez toujours ainsi. Donc, soyez tranquilles!... Finissez de souper en m'attendant. »

Et Jacquet sortit en refermant sur lui la porte. Demeurés seuls, Gorain et Gervais échangèrent un regard empreint d'une joie profonde.

« Ah! fit Gervais, je savais bien, moi... Est-ce qu'on pouvait vouloir me faire du mal?

— Est-ce qu'il y a apparence qu'on puisse nous dindonner comme cela? s'écria Gorain.

— Moi, je n'ai pas douté un seul instant!

— Ni moi non plus!

— Et tu vois bien que tu avais tort et grand tort de te plaindre et de gémir!

— C'est-à-dire que c'était toi qui gémissais et qui geignais!

— Ah bah! ne nous disputons pas. Si le citoyen ministre arrivait, ça le vexerait peut-être. D'ailleurs, je ne te cacherai pas que je suis content d'être sûr et certain que nous serons munitionnaires en second et en premier, toute notre vie. Le citoyen Roger vient de le dire.

— Ça, c'est vrai!

— Dieu! que mon épouse va être contente quand je vais rentrer tout à l'heure. Je suis sûr qu'elle est dans les larmes et dans des transes!

— Oui, ajouta Gorain, il faut avouer que cela fait plaisir de penser qu'on est libre, quand on a cru un moment...

— Moi, j'éprouve le besoin de prendre l'air! dit Gervais.

— Et moi aussi!

— Eh bien! si nous allions... »

La porte qui s'ouvrit interrompit Gervais. Un homme vêtu en officier de police s'avança sur le seuil :

« Venez, citoyens! » dit-il.

Gorain et Gervais se levèrent avec empressement et se disposèrent à suivre l'officier.

« Le citoyen ministre veut nous voir? » dit Gervais.

L'officier ne répondit pas. Il venait de gagner un grand vestibule dont il referma la porte sur les deux bourgeois.

« Peut-être, dit Gorain, que le citoyen ministre s'est couché, il est si tard! on nous fait reconduire et il nous invitera à revenir demain.

— C'est cela! dit Gervais. Son souper était bon.

— Oui.

— Je regrette de ne pas avoir revu le citoyen Roger!

— Par ici! » dit l'officier d'une voix brève.

Une porte venait de s'ouvrir et un homme tenant à la main une lanterne sourde, se dressait à la tête d'un escalier dont on apercevait les premières marches.

« Allons! avancez donc! dit l'officier avec impatience.

— Voilà! mon Dieu! nous marchons! » dit Gervais.

Et se penchant vers l'oreille de Gorain :

« C'est égal! dit-il, nous nous en allons plus gaiement que nous ne sommes venus. »

Ils avaient atteint le bas de l'escalier.

« Tiens! dit Gorain, je ne vois pas la porte de sortie, moi.

— Entrez-là! » dit l'homme à la lanterne en ouvrant une grosse porte toute bardée de fer.

Et comme les deux bourgeois se regardaient sans paraître avoir compris, il les poussa rudement par l'épaule.

« La! dit-il. Demain matin vous déjeunerez. En attendant, je vais vous faire donner à boire. »

Et élevant la voix :

« Antoine! cria-t-il, apporte une cruche au 26 et 26 *bis !* »

## XXI. — LES DÉDUCTIONS.

« Je m'appuie sur des faits patents, disait Jacquet ; et je vous affirme, citoyen ministre, que je crois être enfin dans le vrai.

— Tu connais cette affaire beaucoup mieux que moi, répondit Fouché. Elle est infiniment plus présente à ta pensée. Certains détails m'échappent, et je ne vois que l'ensemble. Voyons, partons d'un même point de départ et descendons l'échelle des déductions.

— Le point de départ ce sont les pièces de drap. Nous avons parfaitement constaté que ces pièces de drap étaient bien les mêmes que celles apportées à Paris par la famille de Courmont.

— Oui ; cette constatation est indiscutable.

— Or, ces pièces ont été trouvées lors de la première perquisition faite à la maison de Saint-Cloud.

— Oui.

— Maintenant, comment et à quel propos cette perquisition a-t-elle été faite ? A la suite d'un dîner bruyant donné par Gorain. Or, Gorain est propriétaire de cette maison depuis plusieurs années, et toutes précautions pour cacher cette possession avaient été si bien prises, que personne ne la connaissait. Si Gorain n'avait pas un intérêt particulier à cacher cette possession, d'autres devaient être intéressés à ce que le public ignorât la vérité. Comment admettre que ces autres, gens assez adroits pour avoir réussi à tromper tout le monde depuis des années, agissent aussi niaisement précisément à l'heure où ils devaient avoir le plus grand intérêt à continuer de tenir voilée la vérité. Franchement, cela s'explique-t-il ?

— Non, dit Fouché, cela ne s'explique pas.

— Quant à moi, j'ai une opinion faite et arrêtée et je la crois bonne. Qu'est-ce que ce Thomas, qui évidemment est le chef caché de cette intrigue ? Est-ce le successeur de Camparini? est-ce Camparini lui-même? Je l'ignore ; je n'ai jamais pu rien découvrir touchant cet homme, mais nous nous occuperons de lui tout à l'heure. Pour le présent, il s'agit de l'affaire de la famille de Courmont.

— Oui ; faisons nos déductions sans nous laisser entraîner. Parle, je prends des notes.

— Que Camparini soit mort ou qu'il soit vivant, reprit Jacquet, c'est toujours le *Roi du bagne*, c'est-à-dire le chef des chauffeurs, notre ennemi de quinze ans. S'il est mort, comme tout a semblé nous le prouver depuis trois années, son successeur est un autre lui-même.

— Évidemment.

— Donc le chef actuel des chauffeurs, quel qu'il soit, a le même instinct qu'avait jadis le *Roi du bagne*. De pareils vautours n'abandonnent pas facilement une proie comme celle que présentaient les millions réunis des Niorres, des d'Horbigny et des Cantegrelles. Plus ils se sont acharnés à la poursuite de cette proie, plus les obstacles ont hérissé la route, plus leur fureur de possession du bien d'autrui est devenue grande. Ils n'ont qu'une pensée, j'en réponds : celle d'assouvir enfin cette passion en devenant propriétaires de ces millions, but de tant de crimes. Pour moi, les assassinats de la rue de la Victoire étaient dirigés (je suis revenu à cette opinion) contre les familles d'Herbois et de Renneville, tout le prouve. Ce n'est qu'après l'accomplissement des crimes que l'erreur a été reconnue. Pour suivre plus sûrement la route tracée, il importait aux meurtriers de ne pas faire croire à cette erreur commise ; pour détourner les soupçons, ils devaient donner les preuves d'un crime vulgaire ; c'est ce qu'ils ont fait. Les draps enlevés et laissés à Saint-Cloud en pleine évidence, sont des témoignages certains que je suis dans le vrai.

— Mais la pièce d'or trouvée par le général Lefebvre, dit Fouché, le papier qui enveloppait cette pièce ?

— Eh bien ! ce ducat d'Autriche, ce fragment de lettre écrite en allemand, ont été des pièces de conviction perdues exprès *pour donner le change*.

— Tu crois ?

— Je le prouverai le moment venu. »

Fouché sourit.

« Si je te prouvais, moi, que cette pièce et cet écrit sont au contraire une mystification terrible ? dit Fouché.

— Comment ? s'écria Jacquet.

— J'ai découvert un double secret, que ni toi ni les autres n'aviez soupçonné.

— Je ne comprends pas. Quel secret y avait-il dans ce ducat et dans ce fragment de lettre ?

— Le ducat était creux.

— Oui ; mais son creux ne contenait rien.

— Si fait.

— Comment ! je l'ai ouvert.

— Tu n'as pas su trouver le moyen de soulever une mince feuille d'or qui formait le fond, et cette feuille, passée au feu, a fait surgir quelques caractères tracés sur le métal à l'aide d'une composition chimique.

— Et qu'y avait-il écrit ?

— Ordre à la banque de Vienne de payer au porteur cent mille florins.

— Ah !

— Oui, continua Fouché. Cette découverte, que je fis ce matin en travaillant avec un chimiste, me mit en goût. Je pris le papier et je l'examinai plus attentivement. Tout d'abord je ne pus rien découvrir ; je le passai soigneusement au feu ; il demeura tel qu'il était. Enfin, j'eus recours à différentes combinaisons chimiques, et, après de longues expériences, je réussis à faire disparaître l'écriture allemande, et à faire surgir à sa place d'autres caractères. Or, sais-tu ce que renfermait ce papier. Jacquet : c'étaient des notes confidentielles adressées au baron de Grafeld pour sa cour, et ces notes étaient signées d'un C..., d'un C... pareil à celui qui nous connaissons si bien.

— Camparini !

— Tu vois bien qu'il n'est pas mort.

— Oh ! dit Jacquet, la lumière, la lumière.

— Elle se fera. Poursuis, nous reviendrons sur Camparini ensuite. Pourquoi le souper ?

— Pour établir un alibi en faveur de Thomas.

— C'est mon avis.

— Quant à la liste des munitionnaires trouvée sur Gorain, dans quel but nous a-t-on fait faire cette découverte ? Voilà ce que je ne puis comprendre.

— Ni moi. Cependant, il doit y avoir là un indice sérieux.

— Avez-vous fait arrêter tous ceux dont les noms sont sur cette liste ?

— Non, c'eût été une faute. L'on m'a fait parvenir cette liste, c'est qu'on avait intérêt à me faire agir contre ceux qu'elle désignait. Donc j'ai dû m'abstenir.

— Et vous avez sagement fait. Mais c'est ce Thomas, dont il faudrait absolument connaître et l'origine et les intentions. D'où vient cet homme ? quel est-il ?

— Les rapports sur cet homme sont nombreux et tous se ressemblent. Thomas est un négociant de la rue des Arcis, à la tête d'une maison de quincaillerie depuis dix ans. Tous ses voisins le connaissent, l'aiment et l'estiment. Il a souvent et longtemps voyagé pour sa profession. Il est marié, père de quatre enfants, et il passe pour un fort honnête homme. Comment, à quel titre agir contre un personnage ainsi posé dans son quartier ? D'ailleurs quelles preuves avons-nous contre lui ? Les témoignages de Gorain et de Gervais. Et encore à quoi aboutissent ces témoignages : à dire que Thomas a dîné avec eux à Saint-Cloud, car, pour ce qui est des marchandises consignées successivement dans la maison de Gorain, jamais Thomas ne s'en est mêlé. Il y a trois ans que Gorain et Gervais font ce métier, et ils ont vu Thomas il y a quelques jours à peine pour la première fois.

— Cela est vrai.

— Agir contre Thomas est donc impossible tant que nous n'aurons pas de preuves contre lui.

— Alors, dit Jacquet en se levant, il faut laisser les choses où elles en sont à cet égard et agir ainsi que je voulais le faire.

— Tu pars ?

— Pour aller délivrer Blanche et Léonore. Peut-être pourrai-je obtenir là-bas de précieux renseignements.

— Quand vous mettez-vous en route ?

— Ce soir à cinq heures.

— Alors la nuit prochaine tu seras revenu ?

— Oui. »

Fouché s'était levé aussi, il parcourait la pièce d'un pas rapide.

« Il faut agir vigoureusement et rapidement, dit-il enfin,

les circonstances exigent une prompte solution. Les paroles du général Bonaparte ont été claires et précises relativement aux chauffeurs. Que penserait-il de mon administration, si je ne tenais pas ma promesse ? Jacquet ! notre avenir à tous deux, avenir de puissance et de gloire, est peut-être là ! Tu m'as promis de triompher, il faut que tu triomphes !

— Combien ai-je encore ? »

Fouché regarda son interlocuteur.

« Ne comprends pas dans ce que je vais te dire autre chose que ce que j'aurai dit ! » fit-il d'un ton de voix incisif.

Jacquet répondit par un signe affirmatif.

« Il faut que tout soit terminé, reprit le ministre, le 15 brumaire ; il faut que le 17, tu sois ici, entièrement libre et prêt à recevoir mes ordres. »

## XXII. — MADAME CHIVRY.

Madame Chivry et sa fille rentraient quand un valet de chambre les prévint que M. de Charney attendait au salon.

« Je vais le recevoir, dit vivement la mère ; viens-tu, Caroline ?

— Non, dit la jeune fille en secouant tristement la tête, je ne veux voir personne. »

Madame Chivry poussa un soupir en levant les mains vers le ciel ; puis, après avoir embrassé sa fille en la pressant sur son cœur, elle se dirigea vers le salon, tandis que Caroline montait les marches de l'escalier conduisant au premier étage.

Annibal attendait, se promenant dans la pièce et paraissant plus sombre et plus affecté encore que de coutume.

« Ferdinand ! dit madame Chivry en courant vers le jeune homme.

— Pas de nouvelles ! répondit Charney.

— Oh ! ma pauvre fille en mourra !... Quoi ! est-il possible qu'un jeune homme de l'âge de Ferdinand disparaisse au milieu d'une ville comme Paris, sans laisser aucune trace, sans qu'on puisse soupçonner même ce qu'il est devenu ? Mon Dieu ! à quelle époque vivons-nous donc !... Oh ! ma fille ! ma pauvre Caroline !... C'est qu'elle l'aime, monsieur de Charney !... elle l'adore !... elle en mourra !

— Ferdinand mérite cet amour, madame, je vous jure, moi qui l'ai souvent entendu, moi qui ai souvent été le confident des épanchements de son cœur, je vous jure qu'il aime sincèrement, profondément votre fille !

— Mon Dieu ! mon Dieu ! mais qu'est-il devenu ?

— C'est ce que je finirai par savoir, ou j'y perdrai mon nom ! dit une voix forte.

— Mon mari ! » s'écria madame Chivry en courant vers le banquier qui venait d'entrer.

M. Chivry embrassa sa femme et serra les mains d'Annibal.

« Dussé-je y perdre ma fortune et ma vie, j'éclaircirai ce mystère ! reprit-il ; ne s'agit-il pas du bonheur de mon enfant ?

— Monsieur, dit gravement Annibal, j'ai juré hier à Amélie de ne devenir son mari que le jour où, mort ou vif, je lui aurai rendu Ferdinand !

— Oh ! dit M. Chivry en serrant les mains d'Annibal, je sais que vous êtes le meilleur des hommes, vous me l'avez prouvé !

— Monsieur... dit Annibal avec un peu d'embarras.

— Pourquoi m'interdire la reconnaissance ?

— Je préfère votre amitié !

— Mais l'une est la fille de l'autre ou du moins elle devrait l'être. Monsieur de Charney, non-seulement vous êtes mon ami, mais encore vous devez épouser celle qui sera la sœur de ma fille. Il y aura entre nous des liens de famille dont je suis fier. Puis je n'oublierai jamais le dévouement dont vous faites preuve en vous efforçant de retrouver Ferdinand.

— Hélas ! monsieur, ce dévouement dont vous parlez n'est malheureusement pas couronné de succès !

— Désespérez-vous ? Quant à moi, j'aurai espoir tant que je n'aurai pas rencontré le cadavre de Ferdinand.

— Mais, fit observer madame Chivry, comment se fait-il que de si grands malheurs aient frappé en un si court espace de temps trois familles que nous connaissons intimement ? Savez-vous, messieurs, que j'ai souvent fait concorder dans ma pensée la disparition de Ferdinand avec celle de Blanche et de Léonore, et de mesdames Signelay et Bellegarde, ainsi que celle de M. de Signelay lui-même.

— Mais n'est-ce pas dans l'espace de vingt-quatre heures que ces trois malheureux événements se sont accomplis ? dit le banquier.

— Oui, répondit Annibal avec un regard sombre.

— Les femmes des deux marins, on peut conserver encore l'espoir de les sauver ; mais Lucile ! mais Uranie ! mais Léopold !

— Quoi ! mon ami, s'écria madame Chivry, tu supposes...

— Qu'ils ont péri !... Hélas ! quelle autre supposition est admissible ! Demande à M. de Charney. »

Annibal fit un geste affirmatif. Puis, se retournant vers madame Chivry :

« Vous venez de chez madame Geoffrin ? demanda-t-il.

— Oui, répondit la femme du banquier, je suis allée avec Caroline faire à la pauvre malade et à sa fille ma visite quotidienne. Elle m'a même dit qu'elle vous attendait et elle a dit cela comme attendant votre visite avec une certaine impatience.

— En vérité ! Je vais alors vous prier de m'excuser... Est-ce que mademoiselle Amélie ?...

— Amélie va bien, rassurez-vous. La chère enfant nous donne les preuves de sa grandeur d'âme dans ces crises douloureuses, nous savons tous combien elle aime son frère ; eh bien ! pour consoler sa mère, elle sait refouler en elle la douleur qui lui ronge le cœur. Elle paraît confiante dans l'avenir... elle sourit presque devant sa chère malade... Elle voit aussi ce que souffre Caroline et elle cherche à ramener l'espérance dans son cœur. C'est une femme dans toute la délicate et consolante expression du titre que cette excellente Amélie... Elle est digne de vous, monsieur de Charney. »

Annibal était devenu d'une pâleur extrême. Il porta la main sur son cœur comme pour en comprimer les battements.

« Si vous aviez assisté comme moi à la scène qui vient d'avoir lieu, reprit madame Chivry, vous eussiez senti votre cœur déborder. Tout à l'heure, chez madame Geoffrin, Amélie, placée entre sa mère qui pleurait son fils et Caroline qui pleurait celui qu'elle aime, Amélie leur prodiguait ses tendresses et ses consolations avec une délicatesse exquise. Enfin, à force de soins, d'attentions, de ruses, de déductions et de suppositions, elle parvint à ramener l'espoir dans ces deux cœurs brisés. Alors, mue par un mouvement bien naturel, ma fille, qui était assise près du lit de madame Geoffrin, se leva vivement et se jeta dans les bras de la malade en roulant en larmes et s'écriant : Oui ! oui ! nous le reverrons ! Il reviendra ! » Et, pendant ce temps, Amélie se jetait à mon cou en pleurant, elle aussi, la chère enfant, et en murmurant à mon oreille ces paroles déchirantes : « Je ne crois pas à ce que je dis ! Mon frère est mort, je ne le reverrai plus ! » Et quelques secondes après elle retrouvait l'énergie nécessaire pour paraître confiante dans l'avenir. Voyez-vous, monsieur de Charney, continua madame Chivry avec une émotion qu'elle ne cherchait pas à cacher, j'aime Caroline, mon unique enfant, comme on aime quand on est mère, eh bien ! à partir de cette heure, j'aime Amélie presque autant que ma fille.

— Je le comprends ! » dit M. Chivry qui avait les larmes aux yeux.

Annibal ne prononça pas un mot. Seulement sa pâleur avait augmenté dans des proportions telles, qu'en le regardant madame Chivry poussa un cri d'effroi et que M. Chivry s'élança pour le soutenir et le forcer à s'asseoir.

« Oh ! dit madame Chivry avec l'un de ces élans sublimes qui n'appartiennent qu'à la femme, ce chef-d'œuvre suprême de la création, comme vous l'aimez !

— Oui ! dit Annibal d'une voix brisée, je l'aime et je ne savais pas qu'on pouvait aimer ainsi ! »

En ce moment un coup léger fut frappé à la porte, et une femme de chambre entra discrètement.

« Madame, dit-elle à sa maîtresse, c'est un homme qui demande à parler à madame.

— Je ne reçois pas ! dit madame Chivry en faisant signe à la camériste de sortir.

— Mais, madame, reprit la femme de chambre en insistant, c'est l'homme qui est déjà venu hier sans rencontrer madame, celui qui a insisté si longtemps...

— Le fort de la halle? celui qui a sauvé ma fille? s'écria madame Chivry.
— Oui, madame.
— Faites-le entrer alors. »

Puis, se tournant vers Annibal, tandis que la camériste sortait vivement :

« Vous m'excuserez, poursuivit madame Chivry, mais cet homme a sauvé Caroline en risquant sa vie, et je lui dois toute ma reconnaissance... »

La porte se rouvrait, et Spartacus entrait, roulant ses gros yeux, l'air intimidé, la démarche gênée, et glissant sur le parquet ciré avec ses gros souliers à clous. Cependant il y avait sur la physionomie du brave homme une telle expression de tristesse et de douloureuse mélancolie que sa tournure embarrassée ne provoqua aucun sourire.

« Pardon, excuse, citoyenne et la société, de vous déranger, balbutia-t-il, mais j'étais déjà venu hier et, comme je voulais avoir celui de parler à la citoyenne qui est si bonne, je...
— Qu'aviez-vous à me dire, mon ami? demanda madame Chivry de l'air le plus engageant.
— C'est par rapport à Rosette...
— Rosette? répéta madame Chivry en voyant Spartacus s'arrêter comme s'il ne pouvait continuer à parler.
— Oui, citoyenne... Rosette... la belle écaillère... mon épouse...
— C'est vrai! vous êtes marié! reprit madame Chivry; je voulais aller assister à votre mariage, mais des circonstances douloureuses...
— Rosette! dit brusquement M. Chivry, comme quelqu'un dont le souvenir s'éveille : mais... j'ai lu dans les journaux qu'une jeune femme de ce nom avait été enlevée dans les circonstances les plus extraordinaires...
— Oui! dit Spartacus.
— C'est votre femme qui a été enlevée?
— Oui, citoyen!
— Votre femme! répéta madame Chivry. Mais comment? mais par qui?
— Je vais vous dire, citoyenne, reprit Spartacus encouragé par l'intérêt dont il se voyait l'objet. D'ailleurs c'est pour vous dire tout que je suis venu hier et que je reviens aujourd'hui.

Alors Spartacus raconta dans son langage trivial, mais avec un accent qui partait du cœur et avec une expression de vérité saisissante, tous les événements qui étaient arrivés le jour de son mariage. Il n'omit rien... Il entra dans tous les détails.

« Et, ajouta-t-il en achevant, Cassebras me dit bien qu'il a son idée, j'ai bien la mienne aussi, mais je me suis dit : « Les gens éduqués ça a quelquefois plus d'esprit que nous autres. La citoyenne est si bonne, qu'elle se mettra en quatre pour retrouver Rosette, et puis elle a de belles connaissances, et peut-être bien qu'elle me donnera un bon conseil et comme qui dirait un coup d'épaule... »

Madame Chivry regardait son mari et Annibal.

« Comprenez-vous cela? dit-elle.
— Mais, dit M. Chivry, dans quel temps vivons-nous donc? On viole le sanctuaire des familles! On peut arracher un fils des bras de sa mère, des femmes des bras de leurs maris, sans que de telles monstruosités à accomplir rencontrent un obstacle!
— Que doit faire Spartacus pour retrouver sa femme? reprit madame Chivry.
— Il faut voir le ministre de la police! dit le banquier.
— Il ne veut pas me recevoir! répondit Spartacus.
— Il te recevra, mon ami, car nous irons ensemble.
— Vrai? s'écria Spartacus.
— Oui! je te le promets. Fouché saura tout s'il ne sait rien encore, ce qui m'étonnerait. Il verra à éclaircir ce mystère, à recueillir des indices... Il est impossible que de semblables attentats aient lieu à la face de la société entière et que les auteurs demeurent dans l'ombre. »

Un nouveau petit coup frappé à la porte interrompit la conversation.

« Madame, dit la camériste en passant la tête par l'entre-bâillement de la porte, c'est Mariette, la femme de chambre de madame Geoffrin, qui demande si M. de Charney est ici.
— Oui, sans doute, M. de Charney est ici, vous le savez.
— C'est que madame Geoffrin prie monsieur de se rendre tout de suite auprès d'elle.

— Dites à Mariette que je la suis! dit vivement Annibal en prenant son chapeau.
— Est-ce qu'il serait arrivé quelque chose de nouveau chez madame Geoffrin depuis mon départ! dit avec inquiétude madame Chivry.
— Si cela était, je vous ferais prévenir immédiatement, madame. »

Et Annibal, prenant congé du banquier et de sa femme, s'élança hors du salon en adressant un geste d'amicale commisération au pauvre Spartacus.

## XXIII. — LA CONFIDENCE.

Grâce aux soins éclairés de Corvisart, madame Geoffrin avait pu triompher de la maladie dont la cause, inconnue d'elle encore, était l'objet d'actives recherches demeurées vaines jusqu'alors.

Madame Geoffrin était sauvée, mais le poison absorbé avait fait de terribles ravages dans l'organisme de la pauvre femme. Ces quelques jours de souffrances, ces quelques heures passées dans une lutte effrayante entre la vie et la mort, avaient affaibli la malade.

Le docteur, bien que satisfait de l'état de convalescence succédant à l'état aigu de l'affection, avait formellement défendu toute fatigue, et madame Geoffrin n'avait pu encore se lever.

Son visage, si jeune encore quelques jours auparavant, portait les traces des douleurs physiques et des affections morales : la malheureuse femme avait eu doublement à souffrir, et, des deux douleurs qui l'assaillaient, la mère eût consenti à endurer le double des tortures physiques si son fils eût été là, près d'elle, à lui prodiguer ses soins.

Il avait fallu user des plus grandes précautions pour apprendre à madame Geoffrin la disparition de Ferdinand. Dès qu'elle put parler, elle avait demandé ses enfants, et ne voyant qu'Amélie, elle avait insisté pour qu'on fit venir Ferdinand.

On lui avait répondu d'abord que Ferdinand était sorti, puis qu'il était en voyage; puis il avait fallu céder à ses instances, lui apprendre la vérité, car un moment elle avait cru que son fils était mort, tué en duel.

Depuis l'instant où elle avait eu connaissance de la vérité, les angoisses de la mère avaient retardé la guérison de la femme. Et cependant un ange de bonté et de consolation veillait au chevet de madame Geoffrin : cet ange c'était Amélie, sa fille, Amélie qui avait voulu veiller seule sa mère et qui seule avait suffi pour l'entourage de soins délicats et incessants.

En sentant redoubler sa tendresse pour sa fille, madame Geoffrin avait senti augmenter encore la douleur qui déchirait son cœur, car le dévouement que témoignait Amélie lui faisait penser au dévouement qu'eût déployé Ferdinand.

Quand Mariette, revenue, annonça l'arrivée de M. de Charney, Amélie était auprès de sa mère et s'occupait à procéder aux derniers arrangements de la toilette de sa chère malade. Madame Geoffrin avait voulu se faire habiller pour recevoir Annibal, c'est-à-dire que sa fille l'avait parée de son mieux en l'entourant de flots de mousseline et de dentelles.

« Fais entrer! » dit madame Geoffrin en s'étayant sur ses oreillers.

Amélie courut ouvrir la porte; Annibal attendait sur le seuil.

« Je ne sais ce qu'a ma mère, ce qu'elle vous veut, dit rapidement la jeune fille à voix très-basse, mais elle vous a demandé vingt fois au moins depuis ce matin.

Annibal adressa un geste d'intelligence à Amélie et, s'avançant dans la chambre, il alla prendre la main de la malade, qu'il porta à ses lèvres avec une douce expression de respectueuse tendresse.

« Mon enfant! dit la malade à sa fille, puisque M. de Charney est là près de moi et que je me sens aussi bien que possible, tu peux te retirer dans ta chambre et prendre quelques instants de repos. M. de Charney t'excusera, n'est-ce pas? »

Annibal s'empressa de faire un signe d'assentiment.

« Tu dois être fatiguée, pauvre chère fille! continua la malade, tu passes toutes les nuits; va donc te reposer un peu, ma chère garde-malade !... tu dois avoir confiance dans ton remplaçant ! »

Les quatre chiens étaient réunis devant la porte. (Page 164.)

— Oh! certes! dit Amélie.
— Alors, va vite... embrasse-moi, donne ta main à M. de Charney, et va, mon enfant!... Songe, hélas! que je n'ai plus que toi!
— Ma mère! s'écria Amélie avec des sanglots.
— Madame! dit vivement Annibal.
— Oui, oui, j'ai tort de douter de la bonté de la Providence! reprit la malade; je reverrai mon Ferdinand... Va, ma fille, va, mon enfant! »

Et, embrassant encore Amélie, madame Geoffrin la poussa doucement, tendrement; Amélie donna sa main à baiser à Charney, puis elle quitta la chambre.

« Quel ange consolateur que cet enfant! » dit madame Geoffrin en s'essuyant les yeux humides de larmes.

Et avant qu'Annibal eût pu lui répondre:

« Veuillez fermer la porte de la chambre, » dit-elle.

Le jeune homme s'empressa d'obéir.

« Asseyez-vous là, maintenant, près de moi, » continua la malade.

Charney prit un siége et se prépara à s'asseoir, le dos tourné à la fenêtre.

« Non, dit vivement madame Geoffrin; pas ainsi, de l'autre côté, mettez-vous en pleine lumière... c'est cela! que je puisse bien voir votre visage.

— Mon Dieu! chère madame, dit Annibal en souriant tristement, vous avez l'air d'un juge en face d'un accusé.

— Peut-être! » murmura madame Geoffrin.

Puis, après un silence:

« Répondez-moi! dit-elle. Aimez-vous toujours ma fille?

— Si j'aime mademoiselle Amélie? s'écria de Charney, dont le visage s'empourpra et dont l'expression de la physionomie décela une émotion intérieure des plus vives.

— C'est bien! je vois que vous l'aimez, dit madame Geoffrin.

— Aviez-vous pu douter de mon amour?

— Non pas de votre amour, peut-être...

— De moi alors? »

Madame Geoffrin ne répondit pas; ses regards, empreints d'une expression indéfinissable, errèrent dans la chambre, autour d'elle, puis revinrent se reposer sur le jeune homme. Annibal avait pâli légèrement.

« Vous avez douté de moi? » reprit-il.

Madame Geoffrin ne répondit pas encore, et un silence assez long suivit cet étrange début de conversation; ce silence, en se prolongeant, devenait pénible pour les deux interlocuteurs. La malade le comprit ; aussi, faisant un effort et tendant la main à Annibal :

« Promettez-moi que vous me pardonnerez ! » dit-elle.

Annibal la regarda avec étonnement.

« Vous pardonner ?... reprit-il ; je ne vous comprends pas, madame. Que puis-je donc avoir à vous pardonner ?

— Vous le saurez ensuite, mais promettez d'abord !

— Oh ! dit Annibal en souriant, vous savez bien qu'une mère n'a jamais rien à se faire pardonner par son enfant, et ne m'avez-vous pas dit que je serais votre fils, moi qui, hélas ! ignore ce que sont les tendresses d'une mère !

— Bien ! je reçois votre parole et j'en prends acte, comme dit Raguideau. Écoutez-moi, maintenant, mon cher monsieur de Charney, je vais vous donner la plus grande preuve d'estime qu'une femme dans ma position puisse donner à un homme.

— Je vous écoute, madame, dit respectueusement Annibal.

— Monsieur de Charney, commença madame Geoffrin avec un ton très-net et très-décidé, on vous a calomnié près de moi, et je veux vous mettre à même de réfuter ces calomnies, cela vous convient-il ? »

Annibal avait tressailli brusquement, comme s'il eût été piqué par un serpent.

« Que vous a-t-on dit, madame ? » demanda-t-il.

Madame Geoffrin appuya ses mains croisées sur le bord de son lit, pour être à même de regarder de plus près son interlocuteur.

« On m'a dit, reprit-elle avec une émotion qu'elle ne cherchait pas à contenir, on m'a dit... que MM. de Charney père et fils étaient bien réellement morts dans leur naufrage...

— Après ? demanda Annibal.

— On m'a dit... que ce nom de Charney... vous n'aviez pas même le droit de le porter...

— Ensuite, madame ? dit Charney impassible, continuez, je vous le demande en grâce ! Je dois tout savoir !

— On m'a affirmé... que les papiers que vous m'avez communiqués devaient être...

— Devaient être faux, dites-le moi ! madame, dit Charney en voyant son interlocutrice s'arrêter et hésiter à continuer.

— On m'a dit cela, je l'avoue !

— Qu'y a-t-il encore ? »

Charney était devenu très-pâle en écoutant madame Geoffrin, mais une froide résolution se lisait sur sa physionomie et le calme qu'il affectait avait quelque chose d'effrayant.

« Continuez, je vous en supplie ! reprit-il en voyant la malade hésiter encore. Songez que mon honneur est en cause et que vous n'avez plus le droit de renoncer à formuler l'accusation, car il faut que je me justifie !

— Eh bien ! reprit madame Geoffrin d'une voix brisée par l'émotion et en courbant la tête, ce qu'on m'a dit encore est horrible.

— Parlez, madame !

— On m'a dit... Oh ! vous me pardonnerez, n'est-ce pas ? car tout cela n'est pas vrai...

— Que vous a-t-on dit ?

— Que, devant épouser ma fille, vous aviez eu intérêt à me faire hériter des Courmont, et que, cet héritage acquis, vous aviez eu intérêt encore à ce qu'Amélie devînt mon unique héritière... »

Charney s'était levé avec un geste tellement violent, qu'il faillit renverser sa chaise.

« Annibal, dit madame Geoffrin en joignant les mains... oh ! ce n'est pas vrai... Parlez... mais excusez-moi, je suis une pauvre femme... seule avec deux enfants qu'elle adore, sur le bonheur desquels elle doit veiller... Mon fils m'a été ravi... ma fille... mon Amélie... mon devoir est d'assurer son bonheur... »

M. de Charney s'était assis de nouveau, et paraissait parfaitement maître de lui-même.

« Madame, dit-il avec une voix atterrée, je vous remercie de m'avoir parlé comme vous venez de le faire. Quelque outrageant que soit le doute que vous manifestez, en me faisant part de ce doute, vous prouvez encore que vous avez pour moi une partie de l'estime que je mérite tout entière.

— Annibal, monsieur de Charney, » dit madame Geoffrin.

Le jeune homme l'interrompit respectueusement du geste. Il porta la main sur sa poitrine et demeura un moment le front courbé, comme absorbé par des pensées pénibles. Puis après un court silence, qui parut un siècle à la malade, il releva la tête.

« Vous avez parlé, dit-il, maintenant je vais vous répondre. »

## XXIV. — L'ACCUSÉ.

Madame Geoffrin se pencha encore en avant avec une anxiété poignante :

« Je vous écoute, murmura-t-elle.

— Madame, commença Annibal, je ne vous demanderai pas le nom de l'homme qui vous a fait ces confidences, car cet homme, si je le connaissais jamais, je serais obligé de le tuer sans miséricorde.

— Annibal !...

— Faites que ce nom je l'ignore toujours, madame ; car, je dois le dire, celui qui vous a parlé ainsi est votre ami. »

Madame Geoffrin regarda le jeune homme avec une expression d'étonnement manifeste.

« Oui, reprit Annibal, cet homme est votre ami, je le reconnais. »

En prononçant ces mots, le jeune homme fit un geste comme pour se lever.

« Annibal, dit vivement madame Geoffrin, mettez-vous à la place d'une pauvre mère désolée comme je le suis. Songez, mon ami, que ma fille est la moitié de mon trésor ; songez encore une fois que je suis seule au monde pour veiller sur mes enfants, qu'en mourant, mon mari m'a légué ce pieux héritage du bonheur d'Amélie et de Ferdinand ; songez que je vous connais depuis une année seulement, que durant cette année j'ai été à même, il est vrai, d'apprécier vos excellentes qualités, de vous aimer, de vous désirer pour fils... Mais supposez qu'au moment d'unir votre enfant chéri, votre fille, l'amour de toute votre existence, supposez qu'on vienne vous dire que celui auquel vous allez confier son bonheur, que celui que vous avez cru longtemps un honnête homme, vous a trompé, qu'il est un infâme, supposez cela, Annibal, et dites-moi, si vous étiez femme et mère, qu'eussiez-vous fait ? Oh ! répondez-moi franchement.

— Ce que vous avez fait vous-même, madame, » répondit M. d" Charney.

Un silence assez long suivit cette réponse prononcée d'une voix émue, mais assurée. Enfin Annibal releva la tête, et reportant son regard sur madame Geoffrin qui, elle, le dévorait des yeux :

« Pour réponse aux premières accusations, dit-il, je n'ai qu'à en appeler aux actes et aux pièces toutes relatives à ma famille, et que j'ai remises à maître Raguideau, votre notaire.

— Maître Raguideau, je l'avoue, trouve toutes ces pièces en ordre.

— Cela ne suffit pas, madame ; il faut que maître Raguideau écrive à Beyrouth.

— Il le fera si vous l'exigez.

— Reste une autre accusation, reprit Annibal, la plus grave de toutes et la plus adroitement portée cependant, car il est difficile de la combattre. Si, par un malheur que je ne veux même pas prévoir, Ferdinand venait à mourir avant sa sœur, elle hériterait de lui et le mari d'Amélie profiterait évidemment de cet héritage. Donc ce mari pourrait être accusé, puisqu'il profiterait. Eh bien ! il est une façon bien simple et bien naturelle de faire taire ces suppositions si indignement déshonorantes.

— Comment ?

— Je jure de ne devenir l'époux de mademoiselle votre fille que si votre fils peut assister au mariage ! »

Puis, se levant avec un geste d'une majesté remarquable !

« Madame, continua M. de Charney, le mariage projeté entre mademoiselle Amélie et moi est donc rompu à partir de cette heure. Agissons comme si aucune parole n'avait été échangée entre nous ; considérons-nous comme entièrement dégagés, entièrement libres. Je vous prie de m'accorder vingt jours cependant avant d'engager la main de votre fille à un autre...

— Annibal !... dit madame Geoffrin... Que signifie... Pourriez-vous supposer...

— Rien d'offensant pour vous, madame. Laissez-moi continuer : je vous supplie de m'accorder vingt jours, et durant ces vingt jours de ne m'adresser aucune question sur

ce que je fais ou ne fais pas, de ne pas croire à tout ce qu'on pourra ou pourrait vous dire de moi ou sur moi, d'attendre enfin pour me juger... Dans vingt jours j'aurai l'honneur de venir vous demander la main de mademoiselle Amélie, et alors vous me donnerez votre réponse..
— Pourquoi ces vingt jours ?
— Il le faut, madame.
— Mais...
— Je vous supplie de ne pas insister. »
Madame Geoffrin réfléchit quelques instants :
« Vingt jours, soit ! dit-elle enfin. Mais est-ce que durant ces vingt jours je ne vous verrai pas ?
— Non ! madame !
— Cependant...
— Madame, songez à l'accusation terrible que vous venez de lancer contre moi, dit Annibal avec l'accent ferme d'un homme qui vient de prendre une résolution inébranlable. A mon tour, je vous dirai : Mettez-vous à ma place ! Puis-je revenir dans cette maison où je sais que l'on doute de moi, sans apporter les preuves convaincantes qui doivent écraser la calomnie. Si nos rôles étaient intervertis, agiriez-vous autrement que je le fais ?
— Non ! dit madame Geoffrin, et j'avoue que je ne saurais vous blâmer ; mais mon cœur souffre, Annibal, car je ne vous crois pas coupable ; non, je ne le crois pas, je vous le jure... S'il ne s'agissait que de moi, je repousserais ces calomnies sans même vouloir les combattre... Il s'agit de ma fille, mon ami, je lui dois, à elle qui va mettre son honneur en garde sous le vôtre, de ne pas laisser planer sur cet honneur l'ombre d'un soupçon. Vous me comprenez, n'est-ce pas ?
— Oui, madame ! dit Annibal. Donc, vous m'accordez vingt jours ?
— Vingt-cinq, si vous le jugez nécessaire.
— Vingt me suffiront. Nous sommes le 4 brumaire : le 24 je reviendrai frapper à votre porte.
— Mais Amélie ?... dit madame Geoffrin. Que lui dirai-je pour justifier votre absence ?
— La vérité !
— La vérité ! mais c'est impossible, Annibal ! Lui dire la vérité, c'est lui avouer que moi, sa mère, j'ai pu avoir un doute sur l'homme qu'elle aime, car elle vous aime !
— Quoi ! s'écria Annibal avec un élan de joie, elle ne sait donc pas —
— Rien de ce que je viens de vous dire. »
Le jeune homme porta la main sur son cœur.
« Ah ! dit-il avec un accent ému, vous m'avez fait bien mal, madame ; j'ai souffert cruellement tout à l'heure en vous écoutant, maintenant la souffrance s'efface ! Amélie n'a pas douté de moi ! »
Il y avait tant de simplicité, tant de noblesse, tant d'amour dans l'accent avec lequel Annibal avait prononcé ces paroles, que madame Geoffrin ne put retenir ses larmes. Entraînée par son excellent cœur, elle tendit les mains vers le jeune homme.
M. de Charney se recula respectueusement :
« Jusqu'au 24 brumaire, dit-il, je suis un étranger pour vous.
— Mais Amélie ? que lui dirai-je ?
— Que j'ai dû m'absenter... Un voyage... je trouverai un prétexte...
— Annibal ! ne me quittez pas ainsi !
— Il le faut, madame ; vous quittant, je vous dirai : A bientôt ! oui, à bientôt ! car ma vie, mon âme, mon amour, je laisse tout ici... sous votre garde... et c'est à ma mère que je viendrai redemander ce dépôt ! »
Puis, avant que madame Geoffrin eût pu prononcer une parole pour le rappeler, ni même tenter un mouvement pour le retenir, Annibal s'était glissé hors de la chambre, passant par le petit cabinet de toilette pour gagner plus rapidement le palier.
Une fois dans l'escalier, il descendit vivement les marches sans s'arrêter, sans tourner la tête, et il atteignit la rue, comme un homme qui a hâte de fuir.
Madame Geoffrin était demeurée seule, en proie aux réflexions les plus pénibles.
« Reviendra-t-il ? se demandait-elle. Oh ! s'il ne revenait pas ! Si on m'avait dit vrai... si celui que Corvisart m'a amené ne m'a pas trompée... Amélie mourrait !... Ma fille !... mon fils... Oh ! qu'aurais-je donc fait pour que le ciel me frappât aussi cruellement, pour être aussi malheureuse !... »

## XXV. — LE DÉPART.

Il était cinq heures du soir et il faisait nuit close (on était au commencement de brumaire, c'est-à-dire à la fin d'octobre). Une voiture attelée de deux vigoureux bidets de poste descendait la rue Montmartre dans la direction des halles. Passant devant le marché au poisson et la halle à la viande, elle prit la rue de la Tonnellerie, qu'elle parcourut dans toute sa longueur, et après avoir traversé la rue Saint-Honoré, elle s'engagea dans la rue du Roule.

Cette voiture avait la forme des anciennes chaises à six places, véhicules aussi vastes que solides. Un cocher placé sur le siège la conduisait au pas : on devinait la voiture louée d'avance allant chercher ses voyageurs, et se rendant à l'endroit indiqué avec cette lenteur et cette indifférence qui indiquent l'habitude.

Après avoir gravi doucement la première moitié du Pont-Neuf, la voiture tourna à gauche et s'élança au petit trot de ses chevaux sur le pavé du quai des Lunettes.

Arrivée devant une maison qui s'élevait au milieu du quai, la voiture s'arrêta et demeura stationnaire. Le cocher alluma sa pipe, s'étendit sur son siège et attendit.

Dix minutes après, un homme, arrivant par le côté opposé du quai, c'est-à-dire par celui sur lequel donne le pont au Change, se glissait dans l'ombre, longeant le pied des bâtiments de la Conciergerie ; cet homme, qui marchait d'un pas rapide, s'arrêta précisément à la hauteur de la porte de la maison devant laquelle stationnait la voiture de poste.

Il ouvrit la porte en pressant le ressort et entra. Un escalier s'offrit à lui, il gravit les marches avec une rapidité et une assurance décelant l'habitude et il atteignit le palier du deuxième étage : une porte s'ouvrit aussitôt, un rayon lumineux se glissa sur le carré, et l'homme entra dans une pièce où étaient réunis quatre autres hommes qui paraissaient attendre.

« Je suis en retard, dit le nouveau venu, mais j'avais à parler au ministre. Voici les passe-ports dont nous pouvons avoir besoin ; la voiture est en bas, nous pouvons partir.
— Oui, oui, dit l'un des quatre hommes.
— Attends, Charles, il faut que je parle à Jacquet, ajouta vivement un troisième personnage.
— A vos ordres, citoyen Bonchemin ; mais si nous devons demeurer encore ici quelques minutes, il serait prudent de faire descendre Maturex et le Maucot, afin qu'ils puissent veiller tous deux sur la voiture.
— Compris, ou s'affale ; en bas, Maucot ! »
Les deux gabiers ouvrirent la porte et s'élancèrent dans l'escalier. Henri, Charles et Jacquet demeurèrent seuls.
« Où est Rossignolet ? demanda Henri.
— Il nous attend à la barrière de Charenton.
— Seul, sans Louis, n'est-ce pas ?
— Oui, Louis de Niorres ne sait même pas que nous devons partir ce soir.
— Maintenant il faut tout prévoir, reprit Bonchemin. Un événement préparé, un accident inattendu, peuvent nous séparer. Donnez-nous donc, mon cher Jacquet, des renseignements précis, afin que, dans tous les cas, l'un de nous puisse arriver et sauver nos femmes et nos enfants.
— Les renseignements obtenus sont précis, dit Jacquet, et il est impossible de commettre une erreur. J'ai interrogé séparément la Cagnotte, Carmagnole et Chat-Gauthier, tous trois avaient pris part à l'enlèvement, tous trois m'ont dit exactement la même chose. Chat-Gauthier était le seul qui pût m'apprendre où les chauffeurs avaient conduit leurs prisonnières. Elles sont dans la forêt de Fontainebleau, là où campe une bande dont il faut que nous ayons raison.
— Elle est nombreuse ?
— Trente hommes au moins.
— Nous avons des armes, dit Charles, et dussions-nous avoir à renverser une armée...
— Oh ! dit Jacquet, mes précautions sont prises ; non-seulement il nous faut sauver mesdames d'Herbois et de Renneville, mais encore il faut nous emparer de toute cette bande sans en laisser échapper un seul homme.
— Mais il nous sera impossible d'arrêter trente hommes à nous six...

— Mes précautions sont prises, et voilà pourquoi j'ai dû tromper votre légitime impatience et pourquoi je ne vous ai révélé que tantôt ma connaissance de l'endroit où étaient retenues prisonnières celles que nous devons sauver.

— Quoi! vous saviez...

— Depuis vingt-quatre heures je connais le secret des chauffeurs.

— Et vous n'avez rien dit.

— Vous eussiez voulu partir sans tarder, vous eussiez refusé de m'entendre et de comprendre, vous eussiez tout perdu par votre précipitation. Mahurec et le Maucot savaient tout également, mais ils ont compris qu'ils ne devaient rien dire. Je leur avais défendu de parler.

— Mais pourquoi ?

— Vos femmes ne sont pas les seules prisonnières de ces monstres... Mesdames de Signelay et Bellegarde...

— Quoi! elles ne seraient pas mortes!

— Je ne sais, mais j'espère. Avais-je le droit de risquer cette espérance? La vie de trois êtres, celle même du fils de madame Geoffrin, pouvaient dépendre de ma manière d'agir. J'ai cru devoir attendre, et j'ai attendu.

— Qu'avez-vous fait ?

— Oh! j'ai bien employé mon temps. J'ai choisi parmi mes hommes les plus dévoués et les plus solides, cinquante dont je réponds. Quarante sont partis ce matin, un à un, par des chemins différents, sous différents prétextes, sous différents déguisements, tous se rendant à Fontainebleau. Tous seront cette nuit réunis et cachés à l'endroit que je leur ai indiqué.

— Où cela?

— Vous le saurez tout à l'heure. Les dix autres sont en ce moment avec Rossignolet à la barrière de Charenton.

— Pourquoi ?

— Pardieu! pour garder cinq hommes de la bande de Chat-Gauthier que j'ai fait enlever ce matin. Vous ne comprenez pas. J'avais besoin pour arriver plus sûrement au but de ne pas faire fausse route. Il s'agit de nous emparer par un seul coup de filet de trente hommes armés, déterminés et qui savent bien que pour eux, entre l'arrestation et l'échafaud, il y a la distance d'un procès. Il faut non-seulement arrêter ces trente hommes, mais encore délivrer les prisonnières et ne pas laisser le temps aux monstres de se livrer à quelque acte de violence.

En arrivant dans la forêt, je diviserai mes cinquante hommes en cinq corps, car ceux qui sont à la barrière de Charenton vont nous suivre. Deux voitures sont prêtes à les emmener avec Chat-Gauthier et les siens. Elles nous suivent, nous arriverons tous ensemble. Mes cinq bandes formées, vous, Bonchemin, vous prenez le commandement de l'une, les quatre autres obéiront à le Bienvenu, à Mahurec, au Maucot et à moi. Rossignolet veillera sur Chat-Gauthier, lequel donnera des ordres à ses hommes et sera responsable de tout. Rossignolet s'en charge.

Chacun des hommes de Chat-Gauthier sera le guide de l'une des cinq bandes, qui toutes devront arriver ensemble à l'endroit désigné. Nous surprendrons d'un seul et même coup les bandits... Vous comprenez?

— Parfaitement! » dit Henri.

Jacquet fouilla dans ses poches et y prit trois cahiers de papier; il en remit un à Henri, un autre à Charles, et il garda le troisième.

« J'ai prévu ce que vous aviez prévu vous-mêmes, dit-il, le cas où un accident, un événement, viendraient à nous séparer. Chacun de ces cahiers, copiés tous trois l'un sur l'autre, contient le plan de la forêt de Fontainebleau, l'endroit où est établi le repaire des chauffeurs, les routes et les sentiers qui y conduisent. Ces indications sont de la plus grande exactitude et ne permettent pas une erreur. De plus, sont encore inscrits sur ces papiers les mots de passe et de rencontre que je me suis fait donner par Chat-Gauthier. Maintenant, tout est entendu, tout est préparé, il est l'heure, partons! »

Les trois hommes se levèrent et se dirigèrent vers la porte. Jacquet marchait en tête. Au moment où il posait sa main sur le bouton de la serrure, la clef tourna une fois extérieurement. Jacquet se recula, la porte s'entr'ouvrit et une *ombre* glissa rapidement le long du chambranle.

Un personnage, enveloppé dans un manteau noir, venait de pénétrer dans la pièce. A peine entré, ce personnage écarta son manteau et la lumière éclaira le visage au teint bistré de la Caraïbe.

« Fleur-des-Bois! s'écria Henri avec étonnement.

— Que viens-tu faire ici ? dit Charles.

— Demander à mes frères, répondit la jeune fille de sa voix cuivrée, en quoi leur sœur a démérité d'eux.

— Mais nous n'avons jamais eu cette pensée, Fleur-des-Bois, dit vivement Henri.

— Mes frères ont dû avoir cette pensée!

— Pourquoi ?

— Ils partent et ils me laissent! Ils vont au danger et ils ne m'emmènent pas.

— Nous allons sauver nos femmes et nos enfants, dit Henri, nous n'avons pas le droit de risquer ta vie pour servir notre cause. »

Fleur-des-Bois allait répondre quand Jacquet, qui paraissait réfléchir profondément, s'avança, prit la Caraïbe par le bras et, l'entraînant rapidement :

« Il faut que tu restes à Paris, lui dit-il à voix basse.

— Pourquoi ? demanda Fleur-des-Bois.

— J'ai besoin de toi ici. »

Et se penchant vers l'oreille de la jeune fille, il prononça rapidement quelques paroles. La Caraïbe tressaillit.

« Veux-tu ? dit Jacquet.

— Oui, répondit Fleur-des-Bois.

— Alors je puis compter sur toi ?

— Je le jure!

— Demeure ici et attends pour quitter cette maison que la voiture soit éloignée. »

Les trois hommes descendirent et arrivèrent sur le seuil de la maison. Mahurec et le Maucot veillaient cachés dans l'ombre : le cocher dormait sur son siège.

« Le quai a été désert depuis que nous sommes descendus, dit Mahurec; pas une ombre n'a glissé dans les ténèbres.

— Monte à côté du cocher, » lui dit Jacquet.

Le gabier allait s'élancer, Jacquet le retint par le bras :

« Je crierai route de Lille, dit-il à voix basse, le cocher va prendre le pont au Change, traverser la place du Châtelet, et monter la rue Saint-Denis; arrivé à la hauteur de la rue Grenatat, tu lui feras prendre à droite, et qu'il gagne par les rues du faubourg Saint-Antoine, et qu'il se dirige alors droit vers la barrière de Charenton. Tu as compris ?

— Ça y est! »

Mahurec s'élança auprès du cocher; le Maucot, Charles et Henri étaient déjà dans la voiture.

« Route de Lille! » cria Jacquet en montant à son tour.

La portière se referma et la voiture partit au galop. Le quai demeura désert. Dix minutes s'écoulèrent. Alors, derrière le parapet de quai, on vit surgir une ombre; cette ombre était celle d'un homme de haute taille. Il traversa rapidement et courut dans la direction de la petite rue du Harlay; arrivé à la hauteur de la deuxième maison, il frappa à la porte qui s'ouvrit. Un cheval tout sellé était dans la cour; l'homme s'élança sur l'animal. Descendant le quai, il traversa le pont que venait de franchir la voiture; mais au lieu de suivre la même route, il tourna à droite et partit à fond de train dans la direction du port de Bercy.

⁂

Vingt minutes après la voiture, emportée au grand trot de ses deux chevaux, atteignait l'endroit où dans la rue Saint-Antoine débouche la rue du Petit-Musc. Mahurec était toujours sur le siège; les quatre autres hommes étaient dans l'intérieur, Charles et le Maucot sur la banquette de devant, Henri et Jacquet sur le côté de derrière. Jacquet était placé en face de Charles, la glace de la portière était relevée de leur côté.

Comme la voiture passait rapide se dirigeant vers la place de la Bastille, un coup sec retentit, la glace vola en éclats, et Charles porta vivement la main à son front.

« Qu'est-ce donc ? dit Henri surpris.

— On vient de briser cette glace, et un morceau de verre m'a sauté à la tête.

— Tu es blessé?

— Ce n'est rien.

— Caramba! dit le Maucot, quel est le paroissien...

— Silence! » dit Jacquet qui venait de se baisser et qui ramassait une pierre à laquelle un morceau de papier servait d'enveloppe.

## XXVI. — LA PATRIE EN DANGER.

« La patrie est en danger, général ! Oui ! si jamais ce cri, qui fait accomplir des miracles, peignit une situation de la France, c'est à cette heure qu'il doit être dans toutes les bouches ! »

C'était M. de Talleyrand qui parlait ainsi dans le petit salon de l'hôtel de la rue de la Victoire. Il était six heures du soir et, malgré cette heure peu avancée, le dîner était terminé chez le général Bonaparte qui, suivant sa coutume, restait à peine un quart d'heure à table et forçait ses convives à être aussi rapides mangeurs que lui. Une société composée d'une dizaine de personnes, tous hommes du jour, occupait de grands sièges autour d'une table recouverte d'un tapis.

Un seul était debout ; celui-là était le général en chef de l'armée d'Égypte, le héros que la France acclamait, le général Bonaparte, revêtu de sa simple redingote grise. Il était adossé contre la cheminée, le bras gauche derrière le dos, la main droite enfoncée sous le revers de sa redingote. Il avait la tête légèrement inclinée en avant, et sur son front uni et vaste se reflétaient les rayons des bougies d'un petit lustre accroché au centre du salon.

Le général avait la physionomie non pas soucieuse, mais sérieuse, les pensées les plus grandes se heurtaient dans ce cerveau en travail, le reflet du génie illuminait ce visage expressif. Ses regards étaient abaissés vers le tapis. Son attitude enfin était celle d'un homme qui écoute avec attention et qui réfléchit profondément.

Les dix hommes assis en face de lui pouvaient représenter à peu près l'élite de la société d'alors. La politique, les arts, les sciences, la guerre, avaient là leurs représentants les plus justement renommés. C'était d'abord Lucien, le président des Cinq-Cents, le frère du général ; c'était Talleyrand, c'était Fouché, le ministre de la police ; c'était Regnaud de Saint-Jean-d'Angély, Bruix, Rœderer, Lemercier, Daunou, Macdonald et quelques autres.

Talleyrand, assis à l'extrémité de la table, jouant avec un coupe-papier, parlait de cette voix lente, incisive qui faisait de lui non pas un grand orateur, mais un causeur fascinant.

« Comptons bien, reprit-il. Depuis sept ans nous avons eu huit révolutions, sans compter celle de 89. Le 31 mai, la chute des Girondins. Le 5 avril, la chute des Cordeliers et la mort de Danton. Le 9 thermidor, la chute de Robespierre. Le 12 germinal, la défaite du Barrère, Collot-d'Herbois et Billaud-Varennes. Le 1ᵉʳ prairial, la défaite des Jacobins. Le 13 vendémiaire, l'établissement du Directoire. Le 18 fructidor, la réémigration des émigrés, et le 30 prairial enfin, la lutte dans le Directoire même. Que prouvent ces huit changements de gouvernement dans le cours de sept années et qui tous ont obtenu l'assentiment populaire ? Cela prouve, messieurs, que le peuple, la France ont constamment compris que le gouvernement qui dirigeait les affaires n'était pas établi sur des bases solides, qu'un changement était désirable, car mais ce changement on pouvait espérer une amélioration que chacun sentait être nécessaire.

— Cela est vrai ! dit Rœderer.

— Et, ajouta Regnaud, les hommes qui, après les orages de la Convention, ont imaginé le Directoire, n'étaient pas bien convaincus, soyez-en certains, de l'excellence et de la solidité de leur ouvrage.

— C'était une transition qu'ils établissaient ! dit Bruix.

— Sans doute, reprit Talleyrand. L'ombre du comité de salut public était encore là pour effrayer les esprits. Puis on avait fait l'essai de la Terreur, on avait vu ce que pouvait ou plutôt ce que ne pouvait pas faire une république sanglante, consistant dans une assemblée unique, despotique et concentrant tous les pouvoirs entre ses mains ; on voulut alors essayer d'un régime modéré avec des pouvoirs divisés et on a établi le Directoire.

— Et voilà quatre années que ce gouvernement continue son essai, dit Rœderer. Voyons où il a conduit la France : au dehors les ennemis sur nos frontières, nos conquêtes perdues, l'Europe liguée contre nous. Au dedans des factions désunissant les villes et les chauffeurs désolant les campagnes !

— Oui ! ajouta Talleyrand, nous avons moins de cruauté, mais autant d'anarchie.

— On ne guillotine plus, dit Rœderer, mais on déporte !

— On n'oblige plus à recevoir les assignats sous peine de mort, ajouta Regnaud, mais on ne paye plus personne.

— Nos soldats sont sans armes et sans pain ! dit Macdonald.

— Nos flottes sans matelots ! dit Bruix.

— Partout nos armées jadis victorieuses ont été battues. Qu'est devenue l'Italie ? Reconquise par les Autrichiens. Partout la guerre civile menace d'éclater ! La Vendée et la Bretagne se soulèvent, les brigands infestent les grandes routes !

— A la terreur véritable, dit Fouché, a succédé un malaise général et intolérable.

— Oui, dit Talleyrand, et comme la faiblesse a aussi ses emportements, ce gouvernement si modéré a fini par adopter deux mesures de la plus effrayante tyrannie. L'emprunt forcé et la loi des otages usent la France et révoltent tous les esprits.

— Et les chauffeurs ! s'écria Lemercier. Est-il possible que sous un gouvernement organisé se commettent de pareils brigandages ? On arrête, on assassine, on pille par toute la France, jusque dans les villes, jusque dans Paris !

— Et les finances, dans quel état sont-elles ? dit Daunou ? Les assignats n'existent plus depuis longtemps, les mandats qui les ont remplacés ont disparu aussi. Les fonctionnaires publics ne sont pas payés, ils n'ont rien reçu depuis dix mois. Aux rentiers on délivre des *bons d'arrérages* dont l'unique valeur consiste à être reçus comme argent dans le payement des contributions seulement, on peut mourir de faim avec. La solde n'existe plus et, pour nourrir les armées, on paye au payement des *bons de réquisition* recevables seulement aussi en acquittement d'impôt !

— Cette situation financière, dit Macdonald, est la principale cause du revers de nos armées, et la démoralisation est partout !

— Quant à notre situation à l'extérieur, reprit Talleyrand, elle est pire encore. En dépit de la récente victoire de Zurich, l'Autriche occupe le Piémont, la Toscane, les États romains, et elle n'a rappelé ni le roi de Sardaigne à Turin, ni le grand-duc à Florence, ni le pape à Rome. L'Autriche triomphe à cette heure en Italie et elle veut garder pour elle sa récente conquête ! L'Angleterre, riche de ses deux cent millions de l'*incom-taxe*, prodigue l'argent pour entretenir nos dissensions intérieures et pour seconder nos ennemis. Sa marine bloque nos ports et nous prive des denrées coloniales. La Prusse ne nous attaque pas encore, mais elle fait ses préparatifs et elle nous menace. La Russie arme avec ardeur pour venger son désastre de Zurich. L'Espagne est prête à rompre notre traité d'alliance. Et pourquoi cet acharnement redoublé de nos ennemis, pourquoi cette apathie de nos amis ? C'est que personne, au dehors comme au dedans, n'a confiance dans le gouvernement que chacun sent près de succomber. C'est qu'ainsi que je l'ai dit, général, la France est menacée sur ses frontières et dans ses provinces, c'est qu'ainsi que je l'ai dit, la patrie est en danger ! »

Un silence profond suivit aussi ce cri de détresse, tous les regards demeuraient fixés sur le général Bonaparte qui, toujours réfléchi, ne paraissait pas vouloir se hâter de prendre la parole. Enfin, relevant lentement la tête :

« Oui, messieurs, dit-il d'une voix grave, oui, vous avez raison, la patrie est en danger ! Oui, vous avez peint fidèlement et sans exagération la situation déplorable de la France. Oui, je le dis comme vous, la patrie est en danger ; mais que puis-je faire pour la sauver ? Je suis prêt à donner mon sang...

— Il nous faut plus, dit Talleyrand, il nous faut votre génie. Il faut une main ferme pour aider les gouvernants à tenir les rênes de l'État. Cette main, c'est celle qui montrait à ses soldats les pyramides contemplant leurs succès.

— Une place de directeur ! dit le général.

— Non, vous n'avez pas l'âge, général, et jamais Gohier et Moulins ne consentiront à vous faire accorder une dispense ; je les ai sondés à cet égard, je suis certain de ce que je vous dis.

— Alors, messieurs, que voulez-vous donc que je fasse ?

— Que vous sauviez la France ! cria Rœderer.

— La nation entière a confiance en vous, ajouta Regnaud.

— Votre nom est dans toutes les bouches, votre amour dans tous les cœurs : peuple, bourgeoisie, armée, vous attendent et vous appellent, dit Daunou. C'est la souveraineté du peuple qui vous pousse, général, et cette souveraineté-là est la seule qui offre une base solide.

— D'ailleurs, reprit Talleyrand, il ne s'agit pas de renverser. Le Directoire est un gouvernement de transition, il le sait, *il le comprend*. Son temps est fait, il va crouler...

— Général, reprit Rœderer avec animation, pourquoi ces hésitations, ces discussions ? Je n'ai qu'un cri à faire entendre : La patrie est en danger ! Vous vous devez à elle, marchez à notre tête ! »

Ces paroles, prononcées d'une voix vibrante, produisirent un effet impossible à rendre. Par un même mouvement, toutes les mains se tendirent vers le jeune général. Bonaparte demeura immobile, mais très-ému.

— Si la patrie a besoin de moi, dit-il, je ne lui faillirai pas, et dans les orages politiques comme sur le champ de bataille, je serai toujours prêt à marcher à la tête de ceux qui la défendront.

— Merci au nom de la France, général, dit Rœderer en s'inclinant ; que l'auréole de gloire qui vous entoure soit enfin pour la patrie qui souffre le symbole de la force, de l'unité et l'espoir d'un avenir heureux. »

Quelques instants après, le général Bonaparte quittait le petit salon avec son frère Lucien, laissant livrée à elle-même la petite réunion des hommes célèbres qui venaient de lui exprimer leurs vœux. A peine fut-il parti, que toutes les têtes se rapprochèrent.

« Acceptera-t-il ? disait l'un.

— Consentira-t-il à agir ? disait l'autre.

— Oui, oui, dit Macdonald, car M. de Talleyrand a prononcé le mot magique qui suit faire obéir le général, il a dit : La patrie est en danger ! »

Talleyrand se pencha vers Fouché :

« Avez-vous vu Barras ? demanda-t-il.

— Oui. Il est fou !

— Comment ?

— Il veut renverser le Directoire et se faire nommer président de la République ! »

Talleyrand haussa les épaules.

« On l'achètera, dit-il. J'ai vu Sieyès, il consent ; il entraînera avec lui Roger Ducos, son ami. Le Directoire se trouvera donc réduit à Gohier et à Moulins, c'est-à-dire à une minorité impuissante. Sieyès a une constitution toute faite et la majorité au Conseil des anciens. Le général Bonaparte et lui à la tête d'un gouvernement peuvent accomplir de grandes choses. L'un a l'activité, l'audace, l'héroïsme, le génie, la fougue et l'entrain de la jeunesse ; l'autre a l'expérience de l'âge et des hommes, l'habitude de juger, l'esprit de ruse nécessaire à un diplomate.

— Le général et Sieyès ne s'aiment pas, dit Rœderer.

— Qu'importe, ils s'estiment, et pour deux hommes de leur valeur, c'est là le point essentiel. »

En quittant le petit salon, le général, suivi de son frère, était passé dans celui où madame Bonaparte, sa fille et ses belles-sœurs étaient rassemblées écoutant le célèbre Garat qui, assis devant un clavecin, chantait de sa voix si belle quelqu'une de ces romances en vogue qui ont fait sa réputation.

Au moment où Bonaparte entrait, Lannes courut à sa rencontre.

« Mon général, dit-il, je n'ai pas osé vous faire prévenir, mais il y a en bas quelqu'un qui vous demande ; c'est encore le petit Niorres, vous savez ? le sergent-major de la 32e ? Il veut vous parler toujours à propos du colonel Bellegarde.

— De Maurice ? Oui, j'ai promis de le voir, répondit Bonaparte. Corvisart m'avait dit qu'il me ferait prévenir. Je veux voir Niorres sur-le-champ. Donne l'ordre qu'on le fasse monter.

— Ah ! mon général, dit Lannes en souriant, ce pauvre enfant va perdre la tête au milieu de tout ce beau monde !

— Bah ! un soldat habitué au feu ! D'ailleurs il est brave. Je l'aime cet enfant et je veux le présenter à ma femme. »

Lannes appela un domestique et lui donna un ordre à voix basse, puis l'excellent homme alla se placer près de la porte d'entrée pour attendre l'enfant et le conduire lui-même au général en chef. Quelques instants après, Louis, rouge d'émotion, faisait son entrée dans le salon d'un pas timide. Il portait l'uniforme de la célèbre demi-brigade, et cet uniforme usé, terni, indiquait toute une existence de fatigues et de dangers.

« Viens ! » lui dit Lannes en lui faisant signe de le suivre. Bonaparte était près de la cheminée, au milieu d'un groupe de dames. Louis se glissa doucement jusqu'à son général et demeura en face de lui, immobile, le corps droit, les pieds sur la même ligne, dans la position du soldat sans armes, la main au front.

« Bonsoir, sergent, dit Bonaparte en souriant et en tirant l'oreille de Louis avec ce geste qui lui était si naturel, et qui transformait en cri de joie le cri de douleur qu'eût provoqué le tiraillement assez rude de l'organe de l'entendement, tu viens me demander de payer ma dette ? Tu fais bien, je te dois un souper depuis longtemps.

— Mon général ! » balbutia Niorres, dont le visage était devenu cramoisi.

Tous les regards étaient fixés sur le jeune sergent. Madame Bonaparte, toujours empressée de témoigner son affection à ceux qui aimaient son mari, et que son mari paraissait aimer, s'était avancée vivement vers le jeune soldat.

« Ma chère amie, lui dit le général en affectant un air de gravité solennelle, j'ai l'honneur de te présenter M. Louis de Niorres, sergent-major dans la 32e demi-brigade, et plus connu à l'armée sous le nom de Bibi-Tapin. Nous sommes de vieilles connaissances, nous avons été nommés caporaux le même jour.

— En vérité ? dit madame Bonaparte ; mais monsieur a monté en grade depuis.

— Oui, il est même mon supérieur, car je ne suis que sergent, moi. Il paraît que mes braves d'Arcole et de Lodi ne m'ont pas jugé digne des doubles sardines. En attendant, j'ai une dette à payer envers le sergent-major. Il m'a invité à dîner un jour sur le bord de la mer Rouge, et j'ai accepté sans façon, je dirai même avec reconnaissance. Je m'étais engagé à rendre la politesse au Caire, au retour de l'expédition de Syrie, mais je crois n'avoir jamais tenu ma parole. Heureusement que ce soir l'occasion se présente de réparer cet oubli. Sergent, vous souperez avec nous.

— Mon général... balbutia Louis, qui pouvait à peine parler.

— On dirait que tu as peur, dit Bonaparte.

— Oui... mon général, je l'avoue.

— Peur, un soldat, dit mademoiselle Hortense en souriant.

— Oh ! reprit le général, il n'est pas ici sur le champ de bataille. En face de l'ennemi, je me porte garant pour lui. »

Les aimables paroles du général avaient attiré l'attention de tous et de toutes sur le jeune soldat, et chacun se plaisait à remarquer l'air modeste et noble de Louis, la jolie coupe de son visage, le feu qui brillait dans ses beaux yeux.

« Niorres, dit madame Hamelin en s'avançant ; mais il existait jadis une famille de la magistrature de ce nom.

— Ce jeune homme en est aujourd'hui l'unique représentant, dit le général.

— Tiens ! fit une voix enjouée, c'est Bibi. Comment que tu te la passes, maroufle ? Excusez, le voilà dans le salon de ton général ni plus ni moins qu'un colonel.

— Ah ! madame Lefebvre, vous connaissez mon sergent ? » dit le général en souriant et en allant au-devant de la femme du commandant de la division de Paris.

Le général aimait beaucoup madame Lefebvre, et ne laissait jamais échapper une occasion de lui témoigner cette affection, dont l'excellente femme était profondément reconnaissante.

« Si je connais l'enfant ? dit-elle. Ah ! il y a beau temps ! Dis donc, Bibi, tu sais que si tu contes fleurette à la *jolie mignonne*, c'est moi qui me charge de te tirer les oreilles, tout sergent-major que tu *soyes*.

— Mais, citoyenne...

— Cours la prétentaine tant que tu voudras, mon garçon ; mais quant à la *jolie mignonne*, bernique ! elle est sous ma protection immédiate. A-t-on jamais vu un blanc-bec qui va embrasser les demoiselles.

— Quel âge avez-vous, sergent ? demanda madame Bonaparte.

— Seize ans passés, madame, répondit Louis.

— Combien as-tu de service ? demanda Bonaparte.

— Huit ans, mon général, si les années de campagne comptent double. »

Bonaparte sourit ; et s'avançant vers Louis :

« Mesdames, dit-il d'un ton sérieux et en posant la main sur l'épaule du sergent, regardez cet enfant, c'est déjà un vieux soldat. S'il n'a que des galons dorés sur les manches, c'est qu'il est trop jeune encore pour avoir des épaulettes sur les épaules, car ces insignes de l'honneur il les a gagnés. C'est un de mes enfants d'Italie ; nous avons fait nos premières armes ensemble. Tambour de la 32e, c'est lui qui, à Medolano, a battu la charge seul au milieu d'une forêt, sous une grêle de balles autrichiennes, et qui a fait croire à toute une division ennemie qu'elle avait un régiment sur ses flancs. A Bassano il a plongé dans un torrent, sous le feu, pour repêcher le rouge du drapeau de la 32e qui avait été déchiré par un boulet. A Arcole il a été, sous une pluie de boulets, traverser une colonne autrichienne pour porter un ordre. Enfin, à Jaffa, il est arrivé le troisième sur la brèche. Ai-je bonne mémoire, Bibi-Tapin ?

— Oui, mon général, dit le sergent avec une émotion qu'il ne pouvait plus dominer.

— C'est l'histoire de pareilles enfances qu'il faudrait faire publier à l'étranger, poursuivit le général avec animation. Les Autrichiens et les Russes apprendraient alors ce que peut être un soldat français par ce qu'est un enfant de troupe. Mesdames, le sergent Niorres est un brave, et vous savez que je ne prodigue pas ce titre.

— Ah ! tant pis, je l'embrasse, le marmouset ! s'écria madame Lefebvre dont les larmes d'attendrissement inondaient le visage. Viens, mon fiston. »

Tout le monde riait et applaudissait.

« Il est orphelin ? dit madame Bonaparte à son mari.

— Oui, répondit le général.

— Oh ! dis-lui qu'il vienne nous voir alors, souvent, bien souvent, je veillerai sur lui. »

Bonaparte fit un signe affirmatif ; puis appelant le sergent de la main.

« Que voulais-tu me demander ce soir ? dit-il.

— Mon général, répondit Louis, c'est pour mon colonel.

— Comment va-t-il ?

— Bien mal ; on n'espère plus.

— Pauvre Maurice, dit le général avec un soupir.

— Le docteur Corvisart, reprit Louis, m'a envoyé vers vous, mon général, pour vous prier de tenir la promesse que vous avez bien voulu lui faire. Il n'espère plus, mais enfin il dit qu'il faut tout tenter, et que peut-être votre présence...

— Quand Corvisart a-t-il dit que je pourrais voir Maurice ?

— Ce soir si vous voulez, mon général. Le docteur vous attend. »

Bonaparte sonna ; un domestique parut.

« Ma voiture, commanda-t-il.

— Tu sors ? dit vivement madame Bonaparte.

— Oui ; je vais avec le sergent rendre visite au colonel Bellegarde. Corvisart me fait demander. Pauvre Maurice, un brave officier. »

On entourait le jeune sergent, dont le général venait de tracer une si courte et si brillante biographie. Louis devenait le héros du salon.

« La voiture du général ! annonça le valet.

— Viens, » dit vivement Bonaparte au sergent.

Puis, se retournant vers sa femme :

« Nous reviendrons souper, » ajouta-t-il.

Louis, tout honteux de tant d'honneur, suivait son général avec un peu moins d'assurance que si c'eût été sur le champ de bataille. Le général s'élança lestement dans sa voiture et fit signe à Louis de le suivre. La voiture partit rapidement.

« Ainsi, dit le général, le colonel Bellegarde est au plus mal ?

— Hélas ! mon général, répondit Louis, le docteur ne lui donne pas vingt-quatre heures. »

## XXVII. — FONTENAY-SOUS-BOIS.

En allant de Vincennes à Nogent-sur-Marne, en suivant la nouvelle route, qui a à peu près le tracé de l'ancienne, on laisse à gauche une charmante partie de bois, admirablement plantée et d'une végétation attestant une belle qualité de sol.

C'est derrière cette belle futaie que se dresse en amphithéâtre le petit village de Fontenay-sous-Bois, illustré par le séjour qu'y fit jadis Dalayrac, le compositeur.

En 1799, le bois de Vincennes et ses alentours étaient loin, bien loin de ressembler à ce qu'ils sont aujourd'hui, depuis que le bois est devenu parc anglais et que les villages environnants se sont transformés en réunion de villas attrayantes. Il y a soixante-deux ans, le parc était une véritable forêt, fort mal hantée, ayant une réputation plus qu'équivoque : on prétendait que certaines bandes de chauffeurs, ayant pour but l'exploitation de cette partie du département, avaient établi leur campement au milieu du bois. Quant aux villages de Nogent-sur-Marne et de Fontenay-sous-Bois, ils offraient le plus triste coup d'œil. Deux ou trois belles et vastes propriétés, ruinées, saccagées, aux plantations ravagées, aux constructions à demi en ruine, témoignages de l'antique splendeur des seigneurs du précédent régime, s'étendaient désertes et silencieuses, incultes et désolées. Tout autour se groupaient de pauvres chaumières, de misérables demeures avoisinant ces prairies maigres et étiolées qui forment la campagne des environs de Paris.

Le soir où nous avons assisté au départ de Jacquet et de ses compagnons et où nous venons de passer quelques instants dans l'hôtel du général Bonaparte, un homme monté sur un bon cheval normand galopait sur la route de Vincennes et, après avoir traversé le village, s'engageait dans le bois sans paraître se soucier de la mauvaise réputation dont il *jouissait* (ainsi que le disaient les habitants des environs).

La lune venait de se lever et, éclairant la route, elle éclairait aussi de ses rayons le visage du cavalier, qui n'était autre que le comte d'Adore.

Le vieillard se tenait merveilleusement en selle en dépit de son âge déjà avancé, et il conduisait sa monture en cavalier consommé. S'engageant dans la route de Nogent, il ne ralentissait pas l'allure de son cheval, qu'il maintenait à un bon galop de chasse. Le bois était absolument désert et silencieux et plongé dans d'obscures ténèbres que ne parvenaient pas à dissiper les faibles rayonnements de l'astre des nuits...

Arrivé à la hauteur de l'endroit où la route se bifurque pour s'élancer à droite vers Saint-Maur et en face vers Nogent, le cavalier tourna brusquement à gauche, abandonnant la grande route, et courut sous bois en suivant un petit sentier.

Ce sentier aboutissait à l'entrée de Fontenay-sous-Bois, que M. d'Adore atteignit sans avoir fait la plus vulgaire rencontre. Arrivé aux premières maisons du village, le cavalier mit sa monture au pas.

Il gravit lentement cette rue montueuse qui existait alors aussi, et qui se nommait déjà la rue du Parc, par le motif qu'elle longeait à cette époque l'enclos du grand parc du ci-devant seigneur de Fontenay.

M. d'Adore contourna cette immense propriété et atteignit le sommet de la colline sur le versant de laquelle est bâti Fontenay, là où s'élève aujourd'hui le fort de Nogent-sur-Marne.

Un peu sur la gauche de l'endroit où se dresse ce fort, longeant la route qui descend vers la Marne, s'étendaient à cette époque de vastes terrains bien cultivés et qui indiquaient, de la part de leurs propriétaires, une exploitation active et bien entendue. Ces terrains, ensemencés de légumes, de blés, de toute espèce de racines, entouraient de vastes bâtiments construits sur le modèle de ceux des fermes de grande importance. Il y avait là des étables, des granges, les écuries, les remises, tout ce qui constitue un établissement agricole de première valeur.

Au centre des communs se dressait un bâtiment plus élevé, plus élégant, et qui devait être l'habitation principale des maîtres ou des fermiers.

Une grande cour, formée par ce corps de logis et les bâtiments des écuries et des granges, s'ouvrait en face de l'habitation principale. Un mur bas, percé à son centre par une grande porte charretière, fermait le quatrième côté. Cette cour contenait des monceaux de paille et de fumier ; une charrette était dans un angle, des brouettes, des instruments aratoires grossiers, des échelles, des poutres, des auges gisaient de tous côtés.

On comprenait, en contemplant ce désordre, que le travail n'avait été interrompu que par la chute du jour, et que derrière ces hautes murailles abritées par les toitures de chaume, dans ces grands bâtiments aux larges fenêtres, il devait y avoir toute une population laborieuse et active qui attendait le chant du coq pour se remettre au travail.

M. d'Adore était arrivé en face de cette belle ferme à l'aspect placide et doux ; forçant son cheval à quitter la

Thomas s'approcha du prisonnier. (Page 170.)

route, il lui fit sauter un petit fossé, et le lançant sur une pièce de terre fraîchement remuée, ce qui rendait la course pénible, il galopa en droite ligne vers l'habitation principale sans se soucier de chercher un sentier frayé.

Le comte atteignit le mur de la cour et il mit pied à terre. Aussitôt un aboiement terrible retentit de l'autre côté de la porte en face de laquelle se tenait M. d'Adore, et cet aboiement fut répété au même instant de quatre ou cinq côtés différents.

« Allons, allons, César ! tu ne reconnais pas les amis ? » dit le comte.

Le formidable aboiement cessa brusquement et un grognement sourd, aimable, amical, lui succéda; puis un souffle puissant passa sous le jour du pied de la porte.

« Oui, oui, César ! c'est moi, et j'ai du pain pour toi dans ma poche ! » disait le comte en réunissant ses forces pour faire tourner l'énorme anneau de la serrure.

Enfin la barre se leva, le comte poussa, et la porte s'entr'ouvrant, il entra dans la cour, tirant après lui son cheval qu'il tenait par la bride.

Un gigantesque bouledogue, l'un de ces chiens de garde qui attaqueraient au besoin la panthère et le tigre, se dressa sur ses pattes de derrière, montrant un collier tout hérissé de clous acérés et se livrant aux démonstrations les plus passionnées.

M. d'Adore, passant ses rênes dans la main gauche, caressa le dogue de la main droite. Alors l'animal, heureux de ce témoignage de tendresse, tourna sur lui-même et s'élança, décrivant bonds sur bonds, avec des hurlements joyeux. Puis il revint vers le comte, se roula à ses pieds, reçut encore une caresse et recommença le même manège. On eût dit qu'il faisait les honneurs de la ferme et qu'il invitait le visiteur à l'accompagner jusqu'au corps de logis principal.

M. d'Adore avait refermé la porte, et, tenant toujours son cheval par la bride, il s'avançait suivant César qui gambadait avec des élans furieux. Au moment où le comte atteignait à la moitié de la cour, trois autres hurlements retentirent, et, de trois côtés différents, se précipitèrent trois nouveaux chiens tout aussi puissants que le premier.

Deux de ces trois chiens étaient exactement semblables à César, ils étaient de la même race, mais un peu moins gros cependant. A la façon dont ils s'approchèrent en regardant César du coin de l'œil, il était facile de voir qu'ils reconnaissaient la suprématie du formidable bouledogue. Ils semblaient lui demander la permission d'aller souhaiter la bienvenue au visiteur.

César ne se préoccupait pas le moins du monde des deux chiens; toute son attention était concentrée sur le troisième : celui-là n'était pas de même race, c'était l'un de ces lévriers à poils ras, à reins de fer, à membres d'acier, à dents de diamant, qui, aux colonies d'Amérique, ne reculent devant aucun animal, qui triomphent de la panthère et qui tombent en arrêt devant le serpent à sonnettes, qu'ils broient d'un coup de mâchoire. Ce lévrier était énorme et son aspect véritablement imposant.

En voyant M. d'Adore, le lévrier s'était rué comme un fou, témoignant sa joie par des sauts prodigieux. César avait poussé un grognement sourd et jaloux, son poil s'était hérissé et ses lèvres s'étaient relevées avec un rictus effrayant. Au grognement du bouledogue, le lévrier s'était arrêté et était demeuré les pattes de devant tendues, le corps replié en arrière, l'œil fixe et comme lançant à César un regard d'audacieux défi.

« Eh bien ! César ! Eh bien ! Coumâ ! dit le comte d'une voix menaçante et en se plaçant entre les deux chiens. Voulez-vous !... »

En ce moment, une fenêtre du rez-de-chaussée de l'habitation s'ouvrait et une tête d'homme apparaissait éclairée par la lueur d'une lampe qu'une main avançait dans la cour. César s'élança d'un bond et courut avec les deux autres bouledogues dans la direction de cette fenêtre.

Le lévrier ne quitta pas M. d'Adore, qu'il paraissait dévorer des yeux.

« Oui, Coumâ, lui dit le comte, ta maîtresse m'a dit de te caresser pour elle. Viens, mon bon chien ! Fleur-des-Bois ne l'oubliera jamais ! Si elle n'est pas venue, c'est qu'elle est auprès d'un pauvre malade... »

Pendant que le comte caressait le lévrier qui se couchait

Un gouffre engloutissait chevaux, voiture et voyageurs. (Page 172.)

sous la main du vieillard avec des ondulations gracieuses, le bruit de verrous tirés dans leurs gâches retentissait avec fracas, la porte de la maison s'ouvrait, et l'homme qui tout à l'heure était à la fenêtre s'avançait dans la cour, sa lampe à la main.

« Bonsoir, Hamelin ! dit le vieillard.

— Ah ! mon doux Jésus ! c'est vous, mon bon maître ! tout seul et à pareille heure ! dit l'homme qui portait le costume des fermiers des environs de Paris.

— Eh oui ! c'est moi. Au reste, tu devais savoir que c'était un ami, tes chiens t'ont averti.

— Ah ! pour ce qui est de ça, j'étais tranquille. Si ç'avait été un inconnu, il n'aurait pas fait deux pas dans la cour. »

— Ils font toujours bonne garde ?

— Oh ! je vous en réponds ! La semaine dernière, César a à moitié étranglé un particulier que je suppose être un brin chauffeur... mais s'il s'est ensauvé, il n'a pas emporté toute sa chair, il y en avait un fier morceau dans un fond de culotte que César avait dans sa niche. Pas vrai, mon chien ?»

César répondit par un grognement joyeux.

« Avec ces quatre chiens-là, voyez-vous, mon bon maître, continua Hamelin, je défierais toutes les bandes du département, car le lévrier que vous m'avez donné est aussi une crâne bête ! L'autre soir il a appuyé une chasse à deux je ne sais qui ; il a cassé le poignet à l'un d'un coup de mâchoire ; l'autre a crié et il a filé sans demander son reste.

— En vérité ?

— C'est comme Pyrame et Dur-à-cuir! En voilà encore de fameux! ».

Hamelin caressait les deux autres bouledogues.

« Il y a trois jours, reprit-il, Pyrame m'a rapporté dans sa gueule un bâton qu'il avait arraché, et il y avait un doigt après.

— Un doigt?

— Oui ! il l'avait coupé sans doute ; et ce matin, au petit lever du jour, Dur-à-cuir avait franchi la haie du verger, et il chassait un grand gredin qui courait dans les vignes et qui a été obligé de lui abandonner son habit que le bouledogue avait happé par un pan.

— Ah çà ! dit M. d'Adore en réfléchissant, est-ce que ces quatre prouesses de tes chiens ont été accomplies en un court espace de temps ?

— Mais… en trois jours !

— En trois jours ?… Sais-tu que cela prouve que ta ferme a besoin d'être défendue?

— Aussi j'ai de bons fusils là-haut, de la belle poudre et du plomb qui est quasi comme des balles de calibre. Celui qu'en recevrait un grain dans le nez en aurait tout son comptant, que je dis !

— Entrons ! dit le comte. Nous causerons mieux.

— Voulez-vous souper, monsieur le comte?

— Oui, mon ami. La huche n'est pas vide?

— Oh ! que nenni ! Elle ne l'est jamais. Je vais appeler Françoise et les autres.

— Non ! non ! n'appelle personne. Tu me serviras toi-même.

— Comme vous voudrez, monsieur.

— Mets mon cheval à l'écurie et viens me rejoindre, je vais t'attendre dans la grande salle. Il y a du feu ?

— Et un bon ! »

M. d'Adore monta les quelques marches qui précédaient l'entrée de la maison et disparut, tandis que Hamelin, prenant le cheval par la bride, s'apprêta à conduire l'animal vers l'un des grands bâtiments formant aile à droite et à gauche. Un grognement menaçant du gros bouledogue lui fit tourner la tête.

« Eh bien, César ! qu'est-ce que tu as, mon vieux ? dit le fermier avec étonnement. Ah ! je devine, gros jaloux ! Tu grognes parce que Conma est entré avec le maître… Allons ! viens vers moi !… viens, mon chien ! »

Cinq minutes après, Hamelin rentrait dans la maison, tenant entre ses bras une énorme charge de sarments bien secs qu'il jeta dans l'âtre de la vaste cheminée de la salle.

La flamme jaillit rapide et claire, illuminant l'intérieur d'une grande pièce meublée comme les grandes salles de ferme. Un plafond à poutres saillantes dans l'intervalle desquelles étaient accrochés des jambons, des quartiers de gibier, des morceaux de lard fumés pendant au-dessus de la tête et menaçant de tomber dru comme la manne des Hébreux à sa première averse.

De grands bahuts, garnis de vieille vaisselle, étaient adossés aux murailles. La huche au pain se dressait dans un coin. Tout autour, accrochés aux murs, des instruments aratoires se mêlaient aux ustensiles de ménage. Au centre, une grande table de chêne massif, épaisse comme un billot et solidement assise sur des pieds contournés.

Deux bancs de même force que la table, des tabourets, des chaises étaient placés çà et là, la plupart devant la table ; quelques chaises en face de la cheminée. Cette cheminée occupait à elle seule presque tout un côté de panneau, son manteau monumental, qui eût pu abriter toute une société, projetait sa corniche en saillie très-vive. Son âtre énorme, garni de deux chenets à crans, noircis par l'usage, eût pu dévorer des souches entières. On apercevait à demi dans la cheminée, la chaîne de la crémaillère dont le croc eût pu soutenir un bœuf.

Quand Hamelin eut jeté sa brassée de sarments dans l'âtre, il courut à l'un des bahuts, l'ouvrit, y prit tout ce qui est nécessaire pour dresser un couvert, et en quelques secondes le souper de M. d'Adore était préparé sur l'une des extrémités de la grande table, celle avoisinant la cheminée.

Le vieillard s'installa et commença à souper.

« Mon cher Hamelin, dit-il tout en mangeant avec appétit, tu m'as déjà donné de grands témoignages d'affection et de dévouement, il faut que tu m'en donnes cependant de plus grands encore. Le veux-tu ?

— Dame ! mon bon maître, s'il ne s'agit que de se faire couper en morceaux pour vous…

— Oui, je sais que je puis compter sur toi. Tu as voulu me suivre à Paris quand j'ai quitté ma province. Toi, paysan breton, habitué aux usages de ton pays, tu n'as pas reculé devant l'étude d'une nouvelle culture pour utiliser ton séjour ici et faire valoir ma fortune en achetant cette ferme dont tu as fait le plus bel établissement des environs de la capitale.

— Dame ! mon bon maître, je ne voulais pas vous quitter ; n'êtes-vous pas tout pour moi ? N'étais-je pas un pauvre enfant orphelin quand vous m'avez recueilli pour me placer chez le père Kergonoë, votre fermier, qui m'a appris mon état à coups de gourdin et qui m'a si bien battu que je suis devenu le meilleur garçon de ferme du pays en même temps que l'amoureux de Marile, sa fille? Et quand je lui ai demandé à être le promis de Marile et qu'il a voulu me tuer le père Kergonoë, vous êtes venu, mon bon maître; vous saviez que Marile m'aimait, et vous avez dit au fermier : « Ton bail expire, tu es trop vieux pour en recommencer un autre, je donne la ferme à Hamelin à la condition que tu demeureras avec lui et que tu l'appelleras ton fils ! » Et j'ai épousé Marile qui m'aime toujours et j'ai à cette heure cinq enfants qui se portent bien, sans compter ceux qui viendront… et je suis heureux, et c'est vous qui avez fait tout cela… et vous dites que je vous suis dévoué? Un peu plus que la cognée au manche ! Aussi ils ont eu beau abolir les nobles, les seigneurs, et détruire ce qu'ils appellent l'esclavage, vous êtes toujours mon maître, mon seigneur, monsieur le comte, et pour ce qui est corvée et dévouement…… voilà mes bras…… voilà mon cœur…… c'est à vous ! »

Le brave fermier avait débité cette petite tirade avec une animation croissante, mais en même temps que sa parole devenait plus passionnée, son accent demeurait empreint de cette naïve simplicité qui est l'expression du vrai.

M. d'Adore tendit sa main à Hamelin avec un geste d'une ineffable bonté.

« Encore une fois, fit-il, j'ai en toi la confiance que je dois avoir et je vais t'en donner une nouvelle preuve. Assieds-toi près de moi et écoute. »

Hamelin obéit. Le vieillard posa sa fourchette et, se retournant vers le fermier :

« Mon ami, commença-t-il, tu te rappelles tout ce que j'ai souffert lors de la mort de ma femme et de ma fille ?

— Oh ! murmura Hamelin en fermant les poings, les brigands de Nantes !

— Eh bien ! ces plaies toujours saignantes, l'inflexible fatalité qui me les rendre plus douloureuses encore. Deux jeunes femmes que j'aimais, deux anges consolateurs qui, durant quelques années, ont veillé à mon chevet, viennent de m'être ravies…

— Je le sais, mon bon maître.

— Tu connais toute ma vie, Hamelin, reprit le comte avec une énergie brusque, tu connais tous mes secrets… Tu as connu le vieux marquis d'Horbigny… mon beau-frère…

— Oui… Pauvre marquis !

— Tu as entendu parler de son fils, Hamelin ? de ce monstre qui a fait mourir son père de chagrin, qui a abreuvé sa vieillesse de dégoûts et d'infamies… C'est celui-là, n'est-ce pas, Hamelin, qui a fait monter sur l'échafaud ma femme et ma fille…

— Oui, oh ! oui, je le sais ! dit le fermier avec énergie.

— Eh bien ! c'est encore celui-là, j'en suis sûr, qui a fait périr les deux anges qui avaient hérité de toute notre tendresse.

— Encore celui-là.

— Toujours ! Cet homme, ce génie du mal vomi par l'enfer, s'attache à sa proie jusqu'à ce qu'il l'ait dévorée.

— Mais cet homme où est-il ?

— Le sait-on !… On le dit mort… Je soutiens, moi, qu'il est vivant… Oui, ce monstre existe encore et je ne suis pas le seul qui pense ainsi. Fleur-des-Bois, la maîtresse de Conmä, affirme que cet homme est à Paris, qu'elle l'a vu… qu'elle l'a poursuivi et qu'il lui a échappé… »

## XXVIII. — LES TRÉSORS.

« Écoute-moi, Hamelin, et que pas une de mes paroles ne s'efface de ta mémoire, reprit le comte après un silence.

En parlant du monstre qui a été le démon exterminateur de sa famille, j'ai réveillé tous les souvenirs du passé.

« Tu connais en détail toutes ces ténébreuses affaires de la famille de Niorres, toutes celles de la famille de Morandes et celles aussi de la famille de Cantegrelles... Tu sais que le but poursuivi par ce soi-disant marquis de Camparini était l'accaparement successif de toutes ces immenses fortunes ?

— Oui ! oui ! dit Hamelin. A l'époque de la Terreur, vous m'avez tout raconté en détail, mon bon maître. Vous disiez que vous pouviez être pris et guillotiné, et vous vouliez laisser après vous quelqu'un qui, connaissant tous ces infâmes mystères, pût continuer à protéger les innocents et à faire punir les coupables. Tout ce que vous m'avez raconté, il me semble que vous venez de le faire et que je l'entends encore.

— Donc, reprit M. d'Adore, tu sais que le petit-fils du conseiller de Niorres a été retrouvé par miracle. Cet enfant, reconnu pour ce qu'il était réellement, devait être mis en possession de la fortune de ses pères. Malheureusement une partie de cette fortune avait été confisquée par les commissaires de la Convention, et la question de restitution est encore pendante. Tu te rappelles aussi le procès qui eut lieu jadis à propos de cette fortune, alors que l'on croyait la ligne directe des Niorres éteinte, entre un certain comte de Sommes et les demoiselles de Niorres, nièces du conseiller. Un premier jugement avait mis ce de Sommes en possession de cette fortune, mais ce jugement fut vite cassé. Cependant de Sommes avait été propriétaire un temps suffisant pour pouvoir tenter de réaliser. Il avait fait vendre plusieurs domaines pour la somme de deux millions de francs qui avaient été versés entre les mains du notaire. Le second procès, cassant le premier, arriva juste au moment où de Sommes allait toucher... Naturellement il ne toucha pas, et, la chose demeurant pendante, le notaire demeura détenteur de la somme versée, car les transactions, ayant été opérées de bonne foi, avaient été déclarées valables. Les nouveaux acquéreurs étaient entrés en possession de leurs domaines, et les deux millions devaient être rapportés à la succession. Le notaire fut chargé de veiller sur ces deux millions, et un arrêt l'en rendit dépositaire en bonne forme.

La Révolution en éclatant suspendit tous les procès et arrêta toutes les affaires. Le notaire avait conservé le dépôt, mais, effrayé de l'énorme responsabilité qui pesait sur lui en présence des agitations de tous les partis, il se résolut à soustraire cette somme énorme à toutes les mauvaises chances et il l'ensevelit dans une cachette connue de lui seul.

Ce notaire était le prédécesseur de maître Raguideau. Celui-ci, en prenant la charge, reçut communication de tous les secrets, et entre autres de celui relatif aux deux millions. Sur ces entrefaites, on retrouva l'héritier des Niorres.

Tu sais encore ce qu'il fallut de temps pour prouver l'identité de l'enfant ; près d'une année s'écoula, et ce ne fut que le jour même de son départ pour l'Égypte que le jugement rendu le déclara seul et unique descendant de la famille de Niorres. La question des deux millions ne fut même pas présentée. Maître Raguideau n'en avait parlé à personne.

Enfin, il y a quinze jours, l'enfant est revenu. Ce fut alors que maître Raguideau, faisant appeler les deux nièces du conseiller, les deux cousines de Louis, les femmes enfin de MM. Bouchemin et le Bienvenu, leur révéla l'existence de ces deux millions. Toutes les pièces des précédents procès avaient été détruites pendant la Révolution : rien n'attestait l'existence de cette fortune. Cette révélation inattendue nous causa à tous la plus grande surprise. Le lendemain nous devions revoir le notaire... le lendemain mesdames Bouchemin et le Bienvenu disparaissaient à leur tour.

Ce fut alors que maître Raguideau s'adressa à moi, me disant que des circonstances impérieuses l'empêchaient de demeurer plus longtemps dépositaire de ces deux millions. La maison dans les caves de laquelle ils étaient enfouis allait être démolie... elle menaçait ruine.

Je parlai de cela alors à Henri et à Charles : dans leur douleur, ils me supplièrent de me charger seul de cette affaire.

— Mais, dit Hamelin, pourquoi ne pas déclarer hautement cette somme, puisque l'enfant est reconnu : on peut la déposer en son nom.

— Oui, mais déposer cette somme en son nom, c'est déclarer Niorres possesseur de deux millions ! Or, Camparini n'est pas mort, j'en suis sûr. Déclarer Louis riche de deux millions, c'est jeter l'enfant sous les coups de l'infâme bandit.

— Cependant, mon bon maître, il faudra le faire tôt ou tard.

— Plus tard, Niorres sera en état de se défendre. Maintenant il est trop jeune... Puis, écoute, Hamelin, je vais te confier tous nos secrets !... Cette fois, Jacquet affirme être sur les traces de la société du Roi du bagne; cette fois, il jure que quinze jours ne seront pas écoulés avant que la société soit purgée de ces mi-érables... Il faut donc attendre, Hamelin, et si dans quinze jours le jeune Niorres n'a rien à redouter, on le déclarera hautement possesseur de ces deux millions.

— Je comprends, monsieur.

— Ce qu'il faut en ce moment, c'est retrouver une cachette sûre pour cette somme importante. A cette heure, Paris n'est pas tranquille... un mouvement peut éclater un jour ou l'autre : ces deux millions doivent être mis en sûreté.

— Et où seront-ils mis alors ?

— Ici, sous ta garde !

— Ici ? s'écria Hamelin.

— Oui, maître Raguideau, qui te connaît, est tout à fait de cet avis.

— Mais deux millions en or ou en argent... c'est lourd et c'est embarrassant...

— Il n'y a que cinq cent mille francs en or. Quinze cent mille francs ont été jadis convertis en diamants. Le transport sera facile. Il sera effectué demain matin, par des hommes sûrs que j'accompagnerai. Tu auras préparé une cachette que toi seul connaîtras... Tu as compris ?

— Parfaitement.

— Tu n'auras la charge de ce dépôt que quelques jours...

— Il sera bien gardé, je vous en réponds.

— Ce n'est pas tout, dit M. d'Adore. Qu'as-tu fait du coffret que j'ai apporté hier ?

— Celui que vous m'avez ordonné de garder à vue jusqu'à votre retour ?

— Oui.

— Il est là, il ne me quitte pas. Tenez, le voici sur ce bahut. Si je sortais, Marie demeurait auprès : elle et moi n'avons pas cessé de le veiller. Vos ordres ont été strictement exécutés.

— Donne-moi ce coffret. »

Hamelin alla le prendre et le plaça sur la table devant M. d'Adore. Aux efforts que fit le fermier pour le soulever et l'apporter, il était facile de juger que ce coffret devait être extrêmement pesant. Le comte le contempla longuement et deux larmes débordant de ses paupières glissèrent sur ses joues.

« Ce coffret ! dit-il avec un douloureux soupir, c'est un héritage !

— Un héritage ! répéta Hamelin.

— Hélas ! ce sont les bijoux des d'Horbigny et des Saint-Gervais joints à ceux des Sarville et des Cantegrelles ! Ce coffret appartenait à M. de Signelay et à Uranie, sa femme. La valeur de ce qu'il renferme est immense. Dans ces temps de trouble, Signelay avait, le plus qu'il avait pu, converti sa fortune et celle de sa femme en pierreries, afin de pouvoir, si besoin était, quitter Paris et la France en emportant leurs richesses. Il y a là, mon ami, pour plus de quatre millions peut-être de pierreries précieuses. C'est encore un dépôt que je confie à la loyauté et à la vigilance !

— Mais, dit Hamelin, pourquoi, mon bon maître, ne pas garder tout cela vous-même.

— Oublies-tu donc que ma maison de Saint-Cloud vient d'être violée par des chauffeurs ? D'ailleurs, puis-je répondre de moi-même ? Sais-je si, après s'être attaqué à ceux que j'aime, demain on ne s'attaquera pas à moi ?

— A vous !

— Pourquoi non ! Dois-je dès lors laisser cette fortune, cet héritage enfin à la merci de mes ennemis ? Puis, suppose un moment l'accomplissement d'un miracle, suppose qu'Uranie, que Signelay, que Lucile aient échappé... qu'ils vivent encore, qu'ils reviennent !... Ne dois-je pas leur conserver intact ce qui est leur bien ? Ce coffret, Hamelin, tu vas le cacher comme tu cacheras demain les deux millions des Niorres. Je ne veux même pas savoir où tu les enfouiras. Que toi et ta femme connaissiez seuls ce secret. Je t'ai dit tout, je ne t'ai rien laissé ignorer, afin que si je mourais tu pusses savoir à qui tu dois remettre ces trésors dont tu es dépositaire. Si je mourais, Hamelin, tu irais trouver maître Raguideau le notaire et tu lui raconterais tout ce que je viens de te dire : il agirait, lui, et tu obéirais.

— Oui, mon bon maître.

— Maintenant, reprit le comte, moi seul et toi connaissons jusqu'ici ce dépôt. Ainsi que je te l'ai dit, que Marile, ta femme, soit la seule confidente. Par ces temps de chauffeurs et de bandits, il serait imprudent de laisser même soupçonner dans la ferme la présence d'un tel trésor. Lorsque je t'ai apporté cette cassette hier dans ma voiture, j'ai la certitude que personne n'a pu soupçonner son importance, ni même sa présence. Je l'ai prise chez le colonel Maurice Bellegarde. Gringoire l'a descendue, sans savoir ce qu'il portait, car elle était entortillée de toile comme un petit ballot. Maurice et moi connaissons seuls l'existence de ce trésor. Donc personne ne peut soupçonner, je te le répète, la présence de ces valeurs énormes dans ta ferme.

— Oh! dit Hamelin en relevant la tête, quand même on la soupçonnerait, ma ferme est bien gardée! Mes chiens dévoreraient toute une bande de chauffeurs et j'ai ici dix fusils en bon état et dix serviteurs fidèles, des Bretons que j'ai fait venir et qui recevraient les chauffeurs, comme jadis ils recevaient au plaicis les sans-culottes de Carrier!

— N'importe, dit M. d'Adore, il est plus prudent de garder un secret absolu. Personne ne sait ce qui est, que personne ne le sache! Demain les deux millions seront transportés avec la même précaution, je m'en charge.

— A quelle heure viendrez-vous?

— Vers neuf... »

Un aboiement formidable et répété interrompit brusquement le comte. Coumà, le lévrier caraïbe, qui s'était jusqu'alors tenu couché aux pieds de M. d'Adore, se redressa d'un bond en faisant entendre un grognement sourd.

« Eh bien! qu'est-ce donc? » dit Hamelin en allant ouvrir la porte.

Coumà s'élança d'un seul bond, passa comme une flèche devant le fermier et, se précipitant dans la cour, joignit ses aboiements à ceux de César et des deux autres bouledogues.

« Qu'ont donc tes chiens? demanda le comte qui s'était avancé près du fermier.

— Je ne sais pas, je vais voir. »

Hamelin descendit dans la cour et prit au passage une fourche plantée dans un tas de fumier, dont il s'arma par précaution. Il s'avança vers la porte d'entrée. Les quatre chiens étaient réunis devant la porte en un seul groupe, hurlant à qui mieux mieux.

Hamelin s'approcha de cette porte et, montant précipitamment sur une borne, il passa sa tête par-dessus le mur bas formant clôture. La plaine était déserte. Au reste, les chiens avaient cessé d'aboyer, ils flairaient la terre.

Le fermier descendit et s'avança, les quatre chiens se reculèrent avec une sorte de terreur comme s'ils eussent craint d'avoir mécontenté leur maître. Hamelin se baissa et explora la terre.

« Ah! » dit-il en ramassant un gros morceau de viande qui gisait devant la porte.

Et tenant le morceau de la main gauche, il le montra à ses chiens en les menaçant du manche de la fourche qu'il brandissait de la main droite. Les chiens reculèrent l'oreille basse et tremblants. Hamelin jeta sa fourche et rentra dans la maison en tenant toujours son morceau de viande à la main. S'approchant de la lumière, il l'examina avec attention. Le morceau de viande était saupoudré d'une poudre fine et blanche.

« Ah! ah! fit Hamelin, on a voulu empoisonner mes chiens! C'est bon à savoir.

— Empoisonner tes chiens! s'écria le comte.

— Oui. C'est de l'arsenic cela, j'en suis sûr.

— Mais si on y parvenait... cela est facile.

— Oh! que nenni! mon bon maître. Les Bretons sont plus malins que cela! Mes chiens sont dressés à ne manger que ce que moi ou ma femme leur donnons. On pourra leur présenter tout ce qu'on voudra, ils mangeront, ils flaireront, mais, si je ne leur dis pas de manger, ils mourront de faim à côté. Quant au lévrier, c'est bien autre chose lui; avant de manger, il regarde sa nourriture, il la tourne et retourne, il la flaire... Si on l'attrape jamais celui-là, faudra être malin. Mais, n'empêche, on a voulu empoisonner mes chiens, c'est un mauvais coup... Demain soir j'organiserai mon af-

faire. Je ménagerai une sortie pour César et je veillerai avec un fusil... Nous verrons bien... Si on vient... on n'en reviendra pas! »

## XXIX. — LA ROUTE DE BRUNOY.

Les Parisiens ont pour habitude d'aller chaque année admirer, à grands frais, les paysages du Rhin, ceux de la Suisse ou des Pyrénées. Certes, je ne veux pas médire à propos de cette mode de locomotion qui a bien son côté avantageux; je ne veux pas prétendre que les coteaux du Rhin, les montagnes de la Suisse et des Pyrénées n'aient pas un grand charme et un attrait puissant; mais, ce que je ne puis m'empêcher de regretter, c'est que les trois quarts des Parisiens voyageurs qui vont explorer par amour du pittoresque des contrées lointaines, ne connaissent pas, ou presque pas, ces ravissants paysages qui se dessinent à quelques kilomètres de leur résidence habituelle. Subissant la loi commune, j'ai, moi aussi, commencé par visiter l'Europe, puis ensuite j'ai été me promener aux environs de Paris, et je soutiens aujourd'hui qu'il n'existe pas de ville au monde qui offre, dans un rayon de dix lieues, une série aussi gracieusement pittoresque de points de vues saisissants que notre grande ville. Le tort de ces splendides paysages de la vallée de la Seine et de celle de la Marne est, pour les Parisiens, d'être à la portée de tous les promeneurs. Si les environs de Paris étaient seulement à cent lieues de la capitale, de quelle vogue ne jouiraient-ils pas? Mais ils demeurent à l'ombre, absorbés qu'ils sont par l'éclat de la splendide cité.

Entre autres merveilles inconnues, parce qu'il est trop facile de les connaître, je ne crois pas qu'il existe en Suisse ou en Allemagne une route plus jolie, plus accidentée, plus pittoresque que celle qui, après avoir traversé le bois de Vincennes, passe la Marne à Joinville, court à Champigny, monte à Chennevière et s'en va par Ormesson et Sucy à Boissy-Saint-Léger. De la côte de Chennevière, l'œil peut, par un temps clair, contempler un panorama bien supérieur à celui si vanté de la terrasse de Saint-Germain.

(En quittant Boissy la route, passant entre le château de Grosbois et celui de Lagrange, descend aux Camaldules pour de là remonter vers Brunoy.)

Par un soleil couchant, alors que les rayons rougeâtres glissent obliquement sur ce panorama magnifique, l'œil se perd dans une série de plans tous plus pittoresques les uns que les autres, et l'on se prend à contempler ce merveilleux tableau sans pouvoir s'arracher à l'extase qu'il cause.

La nuit venue, quand le ciel est clair et parsemé d'étoiles, quand la lune monte radieuse dégageant sa lumière argentée, l'aspect change, mais il est toujours aussi saisissant, aussi grandement splendide.

Le soir où se sont accomplis les événements racontés dans les précédents chapitres, sans doute deux hommes subissaient cette fascination du paysage, car ils étaient tous deux immobiles en haut de la côte de Chennevière : le ciel était superbe, l'atmosphère d'une limpidité extrême, et, en dépit de la nuit, le regard pouvait planer au loin, ne rencontrant pas de limites.

Au pied de la côte s'étendait la double vallée de la Marne venant de Champigny et coulant vers Créteil et Charenton. Au second plan se détachait, en noir, la presqu'île de Saint-Maur, puis le bois de Vincennes, puis une zone lumineuse couvrait un espace considérable : c'était Paris. Les gigantesques silhouettes de Notre-Dame, du Panthéon, formaient des points sombres sur cet horizon rougeâtre qui avait pour bornes le mont Valérien et les coteaux de Saint-Cloud. La lune, brillant dans un ciel sans nuages et répandant au loin sa clarté, éclairait ce magique tableau.

Les deux hommes, appuyés sur le petit parapet de terre de la côte, paraissaient absorbés dans leur contemplation.

« L'heure est passée et rien encore, dit l'un. Regarde la route aussi loin que l'œil puisse s'étendre, elle est déserte.

— Il faut attendre encore cependant, répondit l'autre.

— Attendre, attendre, mais l'heure s'écoule; mais, tandis que nous attendrons ici, ils arriveront là-bas, eux. S'ils arrivent, tout est perdu; tu le sais bien, Pick.

— Crois-tu donc, Roquefort, que le chef ne le sache pas

comme toi. S'il nous a donné l'ordre d'attendre ici sans bouger, c'est qu'il entre dans son plan que nous devons demeurer inactifs. Tu connais cet homme : nous avons tous voulu lutter successivement avec lui et il nous a tous broyés, brisés, contraints à redevenir ses esclaves. Vois Bamboula ! Et d'ailleurs, il faut le reconnaître, son intelligence est dix fois supérieure à la nôtre. Aussi, ai-je pris une détermination dont je me trouve fort bien : j'obéis passivement sans discussion, sans arrière-pensée.

— Mais, ce soir, il s'agit d'un coup de fortune pour l'association.

— Raison de plus pour que le chef ait pris toutes ses précautions. Ecoute... j'entends un roulement lointain.

— Oui, dit Roquefort en prêtant l'oreille.

— Ne distingues-tu pas un point noir là-bas sur la route ? Oui, je ne me trompe pas, c'est lui. »

Quelques instants après, effectivement, une berline, enlevée par l'effort de quatre chevaux admirablement appareillés, montait la côte avec une vitesse dénotant une vigueur extraordinaire de la part de l'attelage : la route était alors fort mauvaise et autrement rude qu'elle ne l'est aujourd'hui, où on l'a abaissée de plus d'un quart d'élévation.

Pick et Roquefort se tenaient immobiles dans l'ombre. Quand la voiture fut précisément à la hauteur de l'endroit où ils se trouvaient, ils s'avancèrent vivement tous deux à la fois. La portière s'ouvrit aussitôt, mue par un ressort intérieur. La voiture avait ralenti sa course; les chevaux marchaient au pas.

« Montez ! » dit une voix.

Les deux hommes s'élancèrent successivement sans que la voiture s'arrêtât.

« Par Boissy, Grosbois, Yères et Brunoy ! reprit la voix en s'adressant au cocher ; au galop.

— Courez ! » cria le postillon en enveloppant ses quatre bêtes dans un coup de fouet artistement administré.

Les quatre chevaux s'élancèrent à fond de train, et la voiture fut enlevée avec une vitesse qui tenait du prodige.

Lorsque Roquefort et Pick étaient montés dans la berline, deux des quatre places de l'intérieur étaient déjà occupées par deux hommes, dont l'un se tenait enfoncé dans un angle, immobile et disparaissant presque dans l'ombre, et dont l'autre, le corps penché en avant, présentait son visage à la clarté des astres de la nuit. Celui-là, qu'il était facile de reconnaître, était le citoyen Thomas.

« Nous n'avons rien vu ! avait dit Pick en s'asseyant.

— Vous ne pouviez rien voir ! répondit Thomas. Ils ont pris l'autre route.

— Où peuvent-ils être maintenant ?

— A Maisons-Alfort.

— Alors, à peine avons-nous une avance suffisante !

— Nous arriverons à temps ! »

Un silence suivit ce rapide échange de paroles : la voiture continuait sa course avec une vélocité de plus en plus effrayante. Bientôt les premières maisons de Boissy-Saint-Léger se dessinèrent à l'horizon. Thomas se tourna vers son compagnon, celui qui se tenait immobile et dans l'ombre.

« Cassebras, lui dit-il, aimes-tu toujours Rosette ?

— Oui ! répondit l'homme sans faire un mouvement.

— Alors, tu es prêt ?

— Je suis prêt !

— Tu sais que si tu hésites, le moment venu, si tu n'obéis pas sans réserve, tout sera dit. Rosette payera pour toi.

— J'obéirai, te dis-je ! »

## XXX. — LE GARDE-BARRIÈRE.

La voiture venait d'atteindre Brunoy et elle descendait la côte sur laquelle se dresse la petite ville, aujourd'hui si jolie, jadis si splendidement fastueuse, mais alors si triste et si désolée. A proprement parler, Brunoy n'existait en 1799 qu'à l'état de ruines entourées d'un humble village. Tout offrait l'aspect de la plus effroyable désolation.

Tout le monde connaît la folle histoire des prodigalités du célèbre marquis, fils de Pâris de Montmartel, l'un des héros de la finance du dix-huitième siècle. Quand ce marquis eut dévoré les vingt millions que lui avait laissés son père, Brunoy fut vendu et acheté par le comte de Provence qui embellit encore le château. A cette époque, la propriété princière s'étendait sur les deux rives de l'Yères, enfermant la rivière dans son parc et prodiguant ses eaux pour faire jouer les cascades qui rivalisaient avec celles de Saint-Cloud et de Versailles. Rien n'était plus beau que ce château, ces forêts, ces bois, ces cascades, ces parterres peuplés de statues, disent les mémoires du temps.

Puis s'était élevé le souffle révolutionnaire, qui, passant sur les châteaux, forêts, bois, cascades, parterres et statues comme un simoun destructeur, n'avait laissé après lui que ruines, débris, anéantissement.

Rien ne s'était encore élevé sur ces ruines : les murs avaient été abattus, une route avait été tracée à travers le parc, aboutissant à un pont qui permettait de franchir le petit ruisseau. De l'autre côté de ce pont situé au fond de la vallée, se dressait la côte des Beausserons, longeant une partie du parc que Talma, déjà célèbre, venait récemment d'acquérir.

La voiture franchit le pont et s'engagea sur la route à peine tracée conduisant aux Beausserons. La montée était pénible : cependant les chevaux ne ralentirent pas leur allure, et bientôt ils atteignirent le sommet sur lequel se dressent les premiers arbres de la forêt de Sénart.

Cette année de 1799, l'automne avait été magnifique et menaçait de prolonger l'été jusqu'au cœur de l'hiver : le temps était ce qu'on nomme un temps doux : aussi les feuilles des arbres avaient-elles commencé à jaunir, mais n'étaient-elles pas encore toutes tombées. La forêt n'offrait donc pas cet aspect si triste et désolé que présentent les hautes futaies alors que les rafales de novembre ont enlevé dans leurs tourbillons les dernières feuilles.

Les arbres déjà dégarnis à leur cime, mais encore garnis à leurs rameaux inférieurs, formaient une voûte sombre, masse imposante s'étendant à perte de vue. La voiture s'était arrêtée sous les branchages d'un bouquet de hêtres qui bordait la route.

La portière s'ouvrit, Thomas descendit le premier : Pick et Roquefort le suivirent, puis Cassebras sauta à son tour. Sur un signe de Thomas, les trois hommes s'avancèrent le suivant pas à pas, Cassebras placé entre Roquefort et Pick.

Tous quatre s'étaient enfoncés sous bois, marchant sur un lit de feuilles sèches, au milieu des ronces et des broussailles et tournant le dos à Brunoy. Après une marche rapide accomplie dans le plus religieux silence, on aperçut à peu de distance une sorte de traînée lumineuse se détachant à travers les troncs noueux des arbres : on eût dit de loin un grand sillon blanchâtre tracé sur la terre au centre de la forêt. C'était la grande route qui, coupant effectivement la forêt de Sénart d'un bout à l'autre et presque par le milieu, dans sa longueur, part de Montgeron et Lieusaint pour de là continuer à se dérouler à travers la France, vers Melun et Fontainebleau d'abord, vers Lyon et Marseille ensuite.

Thomas, marchant toujours en tête et dirigeant ses compagnons, suivit les abords de cette route, sans s'avancer sur la chaussée, marchant toujours sous bois, à l'ombre des grands arbres, et se dirigeant vers le village de Lieusaint, où s'était accompli quelques années auparavant le crime trop justement célèbre du courrier de Lyon.

Bientôt ils s'approchèrent d'un grand carrefour situé presque au centre central de la forêt où s'élevait déjà et où s'élève encore aujourd'hui une sorte d'obélisque ou de pyramide élancée à quatre faces donnant chacune sur une route différente : la première venant de Paris par Montgeron, la seconde allant à Melun par Lieusaint, celle de gauche conduisant à Brie-Comte-Robert, celle de droite à Corbeil.

En arrivant près du carrefour, Thomas ralentit sa marche et invita du geste ses compagnons à étouffer le bruit de leurs pas. Tous quatre, glissant avec précaution, atteignirent l'extrémité du fourré épais qui les plongeait dans une obscurité complète, et Thomas écartant avec précaution une branche qui gênait sa vue, avança doucement la tête.

Le carrefour, au centre duquel se dressait la pyramide, était coupé par deux baies se croisant et se coupant en croix de Saint-André : mais autour de la pyramide était réservée une petite place, un espace libre, ayant la voie facilement pour deux voitures et permettant de tourner autour du petit monument.

Cet espace était enfermé dans quatre barrières, se rejoignant à angles droits et formant une place carrée autour de la pyramide. C'était de chacun des quatre angles que présentait la réunion des quatre barrières que partait une haie vive, haute et très-fournie, qui, divisant le carrefour, ainsi que j'ai dit, allait aboutir au fourré et interdisait toute communication pour un véhicule, si léger qu'il fût, entre les quatre routes qui, resserrées chacune entre deux haies, formant entonnoir, venaient forcément aboutir à l'une des quatre barrières enceignant la pyramide.

Tout autour du carrefour, et à l'endroit même où se terminait chaque haie, était creusé un fossé très-profond, rempli d'un sol liquide composé de boue et de vase, et d'où se dégageait une odeur pestilentielle.

Près de la barrière à laquelle aboutissait la route venant de Paris, placée un peu sur le côté de façon à n'entraver en aucune manière le passage du grand chemin, se dressait une modeste cabane en planches, recouverte en chaume, sorte de cahute de sauvage, que l'on eût pu prendre, placée comme elle l'était au milieu de la forêt, pour un abri établi par des chasseurs. Ce qui eût détruit cette supposition cependant, c'était le voisinage des quatre haies dont il était difficile au premier abord de comprendre et de définir l'usage.

Or, presque toutes les routes de la République, dans un rayon de cinquante lieues autour de Paris, étaient garnies ainsi de haies vives placées de distance en distance et flanquées d'une cabane identique à celle que je viens d'esquisser, et posée là comme une sentinelle.

C'était une mesure prise depuis deux années seulement qui avait établi cet état de choses sur les grandes routes de la République française. Et d'abord, quand je dis *route*, c'est que je ne trouve pas d'autre expression pour rendre plus convenablement ma pensée. *Route*, telle que nous l'entendons aujourd'hui, signifie une voie soigneusement tracée et entretenue, au terrain uni, sur lequel les voitures peuvent rouler sans accident. *Route*, à la dernière année du précédent siècle, signifiait à peu près tout l'opposé. C'était bien en effet une voie destinée à conduire d'un lieu à un autre (comme le dit si judicieusement le Dictionnaire de l'Académie), mais que cette voie fût praticable, c'était une tout autre affaire.

Sans être ingénieur des ponts et chaussées, on sait combien peu de temps il faut pour changer en fondrières ce sol artificiel que l'on nomme route. Or, en 1799, il y avait dix années que les routes étaient abandonnées. Sous la monarchie on avait pourvu à l'entretien des routes au moyen des corvées, mais la Révolution ayant aboli les corvées, il avait fallu songer à un autre moyen, et la Convention avait porté au budget général une somme destinée aux voies de communication pour les maintenir en bon état, mais l'argent avait manqué pour ce service comme pour les autres.

Le Directoire était venu et il avait trouvé les routes dans un tel état que, dans certaines contrées de la France, il était littéralement impossible de voyager autrement qu'à pied ou à cheval. On pense quel effroyable préjudice cela causait aux relations commerciales, et bien que l'industrie fût loin d'être développée comme elle l'est aujourd'hui, cette impossibilité de communication était pour elle un coup de grâce.

Il fallait donc absolument trouver un moyen de remédier au mal. Or le Directoire n'était pas plus riche que la Convention : les fonds manquaient absolument et on ne pouvait rien faire, car il fallait de grosses sommes.

Ce fut alors que l'on eut l'idée d'une ressource spéciale qu'on ne pût pas aliéner, qui ne pût pas faire défaut, et, pour arriver au but, on avait imaginé une taxe à l'entretien, et créé des barrières pour la percevoir. Cette taxe avait été affermée aux entrepreneurs des routes eux-mêmes et elle avait été perçue avec acharnement, mais les routes n'y avaient rien gagné : les entrepreneurs, mal surveillés, fraudaient à la fois et sur la perception de la taxe et sur l'emploi de ses produits. D'ailleurs, cette taxe avait rapporté à peine 12 millions et il en eût fallu plus de 100 au moins pour réparer les ravages causés par le temps. Donc les barrières étaient établies, mais les routes n'en étaient pas meilleures.

C'était un bureau de perception qui était établi au centre des quatre haies, en face de la petite pyramide autour de laquelle devaient forcément défiler les voitures, venant soit de Paris ou de Melun, soit de Brie-Comte-Robert ou de Corbeil.

Thomas et ses compagnons s'étaient arrêtés sur le bord du fossé fangeux qui enceignait le carrefour. Thomas, Pick et Roquefort semblaient examiner avec une attention profonde le carrefour et la cabane du percepteur de la taxe. Cassebras, demeuré un peu en arrière, paraissait attendre avec cette indifférence profonde de l'homme qui, ayant un parti pris fortement arrêté d'avance, ne s'intéresse à rien.

Thomas se pencha vers Roquefort et Pick et leur parla rapidement à l'oreille. Les deux hommes firent un signe affirmatif, comme pour prouver qu'ils avaient compris, puis s'élançant l'un à droite, l'autre à gauche, en suivant le fossé sans le franchir, ils disparurent rapidement et sans bruit au milieu des ténèbres.

Thomas s'avança alors vers Cassebras qui était demeuré immobile à la même place.

« Tu vois cette cabane ? demanda Thomas à voix basse et en désignant la modeste cahute qui se dressait en face de la pyramide, à cinquante pas au plus de l'endroit où se tenaient les deux hommes absolument et complètement dissimulés dans l'ombre, tu vois cette cabane ? répéta Thomas.

— Oui ! répondit le colosse.

— C'est celle du percepteur de la taxe.

— C'est possible.

— Pour ce que nous avons à faire ici, il faut que cette cabane soit libre. »

Cassebras ne répondit pas.

« Or, dans cette cabane, il y a un homme de trente ans bien armé et bien décidé, je te l'affirme, à se défendre. Tu comprends ?

— Oui. Après ?

— Eh bien, je te répète qu'il nous faut cependant cette cabane, afin que nous pas un œil indiscret ne puisse nous surprendre. »

Cassebras fit un mouvement comme pour franchir le fossé. Thomas l'arrêta du geste.

« Où vas-tu ? lui demanda-t-il.

— Parbleu ! répondit le colosse avec un calme effrayant, je vais tuer l'homme qui nous gêne. »

Thomas enveloppa Cassebras dans un coup d'œil scrutateur qui perça l'obscurité pour aller saisir sur la physionomie du fort de la halle l'expression de la pensée la plus secrètement enfouie dans les replis de son cerveau.

« Eh ! eh ! fit-il en souriant, je crois que décidément tu te formes chaque jour de mieux en mieux.

— Faut-il y aller ? répondit simplement Cassebras en désignant la cahute.

— Attends ! j'ai oublié de te dire que cet homme n'est pas seul.

— Ah ! il a un compagnon ! tant mieux ! ils pourront se défendre.

— Ce n'est point un compagnon qu'il a, c'est une compagne. »

Cassebras tressaillit.

« Une femme ? dit-il.

— Oui, répondit Thomas, dont les regards étaient rivés sur ceux de son interlocuteur. Oui, une femme est avec lui : cette femme, c'est la sienne, et elle a auprès d'elle un jeune enfant de quelques années.

— Eh bien ? dit Cassebras.

— Eh bien ! tu ne comprends plus?... Il faut tuer l'homme, la femme et l'enfant, voilà tout ! »

Thomas avait prononcé ces paroles avec un calme et un sang-froid effrayants. Cassebras avait fait un mouvement en arrière, et se croisant les bras sur la poitrine :

« Non ! dit-il.

— Quoi ! fit Thomas d'une voix sifflante, tu refuses ?

— De tuer une femme et un enfant, oui !

— Eh bien ! pendant que tu tiendras l'homme, je tuerai la femme et l'enfant, moi !

— Non ! dit encore Cassebras.

— Comment, non ?

— Je ne pourrais pas voir tuer sous mes yeux deux êtres faibles et sans défense. J'aurais beau le promettre, je ne pourrais pas ; je ne connais, vois-tu... en entendant crier la femme et l'enfant, j'oublierais tout !... et... vois-tu... je t'étranglerais !

— Et Rosette, dit froidement Thomas, tu l'oublies ?

— Non ! dit Cassebras avec énergie. Mais écoute, ne demande pas plus que je ne puis faire ; j'aime Rosette, et pour la délivrer, pour en faire ma femme, j'ai consenti à devenir aussi misérable que tu me le proposas. Oui, je suis un misérable, mais je ne suis pas un lâche, entends-tu ! Il y a un homme qui te gêne, il faut le tuer, je veux bien... mais cet homme est armé, mais il est jeune, mais il est fort, peut-être... je ferai du bruit en m'approchant, il m'entendra, je l'insulterai, et nous nous battrons, et je le tuerai. Mais tuer une malheureuse femme et un pauvre petit enfant, ou les voir assassiner sous mes yeux... sans venir à leur secours... ce serait une lâcheté que je ne comprends pas qu'un homme de ta force puisse commettre !... Ne me demande pas ça, je ne pourrais pas !

— Mais Rosette ! dit l'impitoyable Thomas.

— Eh bien ! dit Cassebras avec énergie, elle serait là, elle devrait mourir, que je ne pourrais pas frapper une femme et un enfant... je laisserais mourir Rosette et je me tuerais après ; d'ailleurs Rosette me remercierait, j'en suis sûr... elle aussi aimerait mieux mourir ! »

Thomas sourit ironiquement.

« Et si Rosette ne devait pas mourir ? dit-il, si elle devait vivre et souffrir tous les martyres de l'enfer pour te punir de ta désobéissance ? Si tout ce qu'on peut enfanter de tortures, je l'enfantais pour prolonger les douleurs de celle que tu aimes, à chaque heure, à chaque minute elle te maudissait pour ne l'avoir pas délivrée, elle que tu prétends adorer, si elle...

— Tais-toi ! dit Cassebras d'une voix sourde, je te tuerais, vois-tu !

— Bah ! si tu me tuais, tu ne saurais jamais où est Rosette, car moi seul connais le secret de sa prison ! »

Cassebras serra ses poings avec une telle énergie que les os des jointures craquèrent.

« Eh bien ! reprit Thomas après un silence, que décides-tu ? »

Cassebras s'avança et posa son doigt sur le bras de son compagnon :

« Écoute ! dit-il, depuis quelques jours j'ai pris mon parti, tu le sais ; je suis avec vous, soit, puisqu'il le faut pour être heureux ; mais encore une fois ne me demandes pas plus ! Encore une fois, réfléchis ! n'essaye pas !... J'aurais beau te promettre que, le moment venu, je prendrais la défense de la femme et de l'enfant... Maintenant je t'ai dit tout, fais ce que tu voudras ! »

Et le colosse, croisant ses bras sur sa poitrine, se renferma dans un profond silence. Thomas l'examina du coin de l'œil, puis, relevant lentement la tête :

« La mort de la femme et de l'enfant n'étant pas absolument utile, je veux bien consentir à les laisser vivre, dit-il avec un geste indifférent. Quant à l'homme, il peut vivre aussi... seulement, il faut qu'aucun des trois ne puisse voir ni entendre. Tu nous aideras à les arrêter et à les garrotter, à les bâillonner, puis on les gardera à vue...

— Oui, dit Cassebras, dont l'œil lança un éclair joyeux.

— Ah ! fit Thomas qui surprit cet éclair rapide, tu es heureux ? Ne te réjouis pas, cependant, car tu n'as pas payé la dette à l'association dont il faut que tu fasses partie, si tu veux revoir Rosette libre et te tendant la main... Écoute à ton tour et apprends à me connaître, Cassebras, afin que dans l'avenir tu saches quel est celui qui te commande. Dans cette cabane il n'y a qu'un homme seul, et je n'ai jamais eu l'intention honnête de faire tuer cet homme, car si je n'hésite jamais devant la mort, alors que cette mort peut m'être utile, je ne fais pas tuer pour le plaisir de tuer. Non ; si je t'ai parlé ainsi que je l'ai fait, c'était pour te sonder, pour t'éprouver. J'ai vu ce que je voulais voir. Tu as peur de répandre le sang ; il faut te guérir de cette faiblesse, Cassebras, car il faut, je te le répète, que tu payes ta dette de sang à la grande association. Réfléchis !... Tout à l'heure je vais te mettre à l'épreuve ; mais cette fois, si seulement tu hésites, je te jure, entends-tu, je te jure qu'à l'instant même Rosette sera perdue pour toi ! Oh ! ne prends pas un air menaçant ! Non, il ne sera plus temps de revenir sur ton hésitation, Cassebras !... Je veux être obéi, sans discussion !... Quant à la force physique, ne compte jamais sur elle pour lutter avec moi... Tiens ! tu vois cette bague ! Le chaton contient un poison asphyxiant qui ne pardonne jamais ; à un geste de toi, Cassebras, ce chaton s'ouvrirait et tu tomberais frappé, pour ne plus te relever ! Oui, tu tomberais, et peut-être tomberais-je aussi, mais mes précautions sont prises... toi mort, je ferais endurer à Rosette tous les supplices imaginables, et si je mourais avec toi, Rosette souffrirait encore, car celui qui me succéderait trouverait toutes mes instructions écrites, et il n'y faillirait pas. Tu m'as compris ? Tout à l'heure je vais te donner un ordre, ordre terrible : il faudra obéir. Maintenant, attends-moi ici, attends sans bouger, sans faire un pas, et quoi que tu voies, quoi que tu entendes, demeure immobile. Encore une fois, songe à Rosette ! »

Et, accompagnant ces dernières paroles d'un geste expressivement menaçant, Thomas quitta le fort de la halle et disparut dans les ténèbres, suivant la direction que Pick avait prise quelques minutes auparavant.

Contournant le carrefour, il atteignit les abords de la route de Paris. Cette partie de la forêt de Sénart étant située sur une élévation de terrain, la pyramide formait le sommet de la côte. La route de Paris descendait donc rapidement dans la direction de Montgeron.

Au moment où Thomas arrivait sur le bord de la route, un homme surgit de derrière un tronc d'arbre : c'était Pick.

« Eh bien ! agira-t-il ? demanda le lieutenant du *Roi du bagne*.

— Oui, dit Thomas, mais ce ne sera pas sans peine.

— Et l'autre affaire ?

— Je l'ai sondé pour les femmes et les enfants ; j'ai inventé celle du receveur des taxes et son petit... Il n'y a rien à faire : il ne faut pas compter sur lui.

— Ah ! fit Pick avec un désappointement manifeste.

— Tu sais que je me connais en hommes ? Eh bien ! tu torturerais celui-là autant que tu le pourrais, qu'il ne consentirait jamais à commettre ce qu'il nomme une lâcheté.

— Mais l'affaire de cette nuit.

— Oh ! il s'agit d'hommes, il les tuera.

— Ainsi, quant à ce qui est des femmes et des enfants, il faut y renoncer !

— Oui, un autre agira.

— Qui ? »

Un bruit de feuilles sèches foulées aux pieds empêcha Thomas de répondre ; Roquefort s'avançait dans l'ombre.

« Le signal, dit-il.

— Ah ! fit Thomas, attention ; tiens l'échelle. »

Roquefort se baissa et parut ramasser quelque chose au pied d'un chêne gigantesque. Il se recula avec précaution et se se tenant à dos courbé vers la terre. Alors, en dépit de l'obscurité, on eût pu remarquer une échelle de cordes, mais de cordes extrêmement fines, dont l'extrémité supérieure devait être accrochée au faîte de l'arbre, et dont Roquefort maintenait l'autre extrémité sur laquelle il appuyait pour roidir l'échelle.

Thomas s'élança, gravit lestement les échelons et disparut bientôt dans les branches touffues de l'arbre. Il redescendit quelques instants après.

— Il y a un feu vert à Montgeron, dit-il. La voiture vient donc de quitter Villeneuve-Saint-Georges ; dans une demi-heure elle sera ici. Il est temps d'agir ; vous vous rappelez nos instructions ?

— Oui, dit Pick : moi à la barrière de Lieusaint, Roquefort à celle de Brie-Comte-Robert.

— C'est cela : moi à celle de Paris, et Cassebras à celle de Corbeil ; c'est lui qui agira.

— Mais voudra-t-il ?

— Oui, je t'en réponds maintenant ; il ne s'agit que d'hommes. »

Pick soupira.

« C'est dommage, dit-il, qu'on ne puisse l'employer dans l'autre affaire.

— Bah ! fit Thomas avec légèreté, peut-être ! Qui sait ? En attendant, terminons celle-ci. Roquefort est certain que le receveur est seul dans sa cabane.

— Oui ; mais il est toujours armé, tu le sais, dit Roquefort, et il est brave. »

Thomas fit entendre un sifflement railleur.

« A vos postes, mes enfants, » dit-il.

Puis, se glissant de nouveau sous les arbres, il atteignit l'endroit où se tenait Cassebras.

« Je t'ai ordonné de prendre un paquet de cordes, dit Thomas.

— Le voilà, répondit l'Hercule de la halle en tirant de la poche de sa veste un petit paquet de cordes fines et solides.

— Alors viens, et aie bonne mémoire, Cassebras. Pas d'hésitation. Songe à la bague, et surtout à Rosette. »

## XXXI. — LA PYRAMIDE.

Cassebras avait suivi Thomas sans la moindre hésitation ; et tous deux franchirent le fossé qui bordait le carrefour, suivant l'une des haies, ils se dirigèrent vers la cabane du receveur des taxes.

Thomas avait recommandé à son compagnon le plus profond silence ; ils marchaient sans faire le plus léger bruit, et bientôt ils atteignirent la muraille de planches de la cabane sans avoir éveillé l'attention du receveur, car personne ne se montra.

Thomas se pencha vers Cassebras.

« Cache-toi derrière la haie, lui dit-il à voix basse. Dissimule-toi de façon à ce qu'on ne puisse te voir en sortant de la cabane. »

Il n'achevait pas, qu'un chant monotone retentit de l'autre côté de la pyramide, sur la route de Lieusaint ; puis le chant fut interrompu, et une voix enrouée se mit à crier :

« Ohé ! la barrière. Est-ce qu'on ne passe pas, cette nuit ?
— Attends, attends, on y va ! répondit une autre voix partant de l'intérieur de la cahute.
— Dépêche-toi, l'ancien, je suis pressé.
— Me voilà, te dis-je ; une minute.
— Que l'on ne te voie pas, murmura Thomas à l'oreille de Cassebras. Pas un mot, pas un geste ; attends ! »

La porte de la cabane s'ouvrait et un homme de haute taille, d'apparence vigoureuse, apparut sur la petite place entourant la pyramide. Cet homme, qui paraissait être dans toute la vigueur de l'âge, portait un uniforme dans lequel le côté civil se disputait avec le côté militaire.

Une veste marron à collet et à parements verts, une culotte marron, un tricorne orné de la cocarde nationale, un sabre d'infanterie retenu par une buffleterie jaune passée en bandoulière formaient l'ensemble. L'homme tenait à la main un fusil de munition.

« Pourquoi donc que tu fermes ta barrière ? C'est bon pour les voitures, criait la voix partant de la route de Lieusaint. Je suis à pied, moi, et j'ai rien à payer !
— Possible ! possible ! murmura le percepteur en s'avançant, mais si je laissais mes barrières ouvertes la nuit, les voitures fileraient quand je dors, et la nation serait filoutée proprement.
— Ah ouich ! la nation ! on sait ce qu'elle en touche de la taxe. C'est pour vexer le pauvre monde et engraisser un tas de freluquets...
— C'est pourtant pas moi qu'elle engraisse ! dit en riant le percepteur, qui était sinon maigre dans l'acception maladive du mot, mais fort sec.
— Allons, ouvres-tu ?
— On y va ! Attends un peu : faut bien que je choisisse mes clefs. J'étais tout endormi, moi... »

L'employé tournait le côté droit de la pyramide, passant devant la barrière de la route de Corbeil.

« Apprête tes cordes ! » dit Thomas à l'oreille de Cassebras.

Le colosse fit un signe affirmatif. Le receveur continuait sa marche, tenant ses clefs à la main. En ce moment une troisième voix retentit tout à coup à droite, près de la barrière de la route de Corbeil :

« La porte ! criait-on. Eh ! percepteur ! ouvre-moi donc un brin ! »

Le percepteur, interpellé si brusquement, s'arrêta et regarda : un homme portant un pesant fardeau sur les épaules venait de surgir de la forêt et attendait, appuyé contre la balustrade de la barrière.

« Attention ! dit Thomas toujours à voix extrêmement basse ; à mon signal, tu te baisseras et tu te glisseras sous la haie ; là, par ce trou qui est pratiqué à tes pieds ! Quand je te dirai : Va ! tu t'élanceras d'un seul bond sur le percepteur, tu l'étreindras et tu le garrotteras. Prends garde seulement à son fusil. »

Un grognement sourd répondit seul à Thomas.

« Il faut le prendre vivant, il ne faut même pas qu'il soit blessé, » poursuivit Thomas.

Les deux voyageurs placés aux deux barrières différentes continuaient à réclamer passage avec des appels énergiques.

« Tu es venu le second, tu attendras ! » dit le percepteur à l'hom. ne au lourd fardeau.

Et reprenant sa marche, il atteignit la barrière de la route de Lieusaint dont il fit jouer la serrure. La barrière ouverte, un homme s'avança dans l'obscurité.

« Merci ! dit-il à l'employé, maintenant tu peux aller ouvrir au camarade. »

Le receveur de la taxe referma sa porte et se dirigea vers celle de la route de Corbeil. Le voyageur venant de Lieusaint avait franchi le seuil de la barrière et marchait à la suite de l'employé. Celui-ci, tenant son fusil de la main gauche, et ses clefs de la main droite, s'avança vers la barrière de la route de Corbeil.

L'homme au fardeau pesant attendait philosophiquement, toujours appuyé sur l'extrémité de la balustrade. L'employé ouvrit la barrière, l'homme s'avança pour passer ; mais sans doute il fit un faux pas, sans doute son pied rencontra une pierre qui fit dévier son centre de gravité, car il trébucha comme quelqu'un qui perd l'équilibre.

Le percepteur fit un mouvement pour le retenir, mais le poids de la charge que portait le voyageur l'entraîna malgré lui, et si malheureusement qu'en voulant se rattraper au bras secourable de l'employé des routes, il l'entraîna avec lui dans sa chute.

« Va ! » dit une voix brusque.

Trois hommes venaient de surgir autour des deux hommes renversés. Le receveur voulut faire un mouvement pour se relever, mais des mains de fer le clouèrent sur le sol. Son fusil et son sabre lui étaient arrachés, et en même temps il sentait des cordes fines et solides entourer ses chevilles et serrer ses poignets.

« Faut-il le bâillonner ? dit une voix.
— Inutile ! répondit-on ; s'il pousse un cri, tu l'étrangleras. Maintenant emporte-le et veillez-le tous trois dans la cabane : vous me répondez de lui. Allez ! »

L'un des trois hommes se baissa, prit le corps du receveur dans ses bras et l'enleva aussi facilement que s'il se fût agi d'une botte de paille ; puis il se dirigea avec son fardeau vers la cabane dans l'intérieur de laquelle brillait la lueur d'une petite lampe. Les deux autres le suivirent.

Tout cela s'était accompli avec une rapidité telle qu'à peine la scène avait-elle duré l'espace d'une seule minute.

Le percepteur n'avait pu tenter un seul geste pour se défendre. Il avait été garrotté avant d'avoir eu conscience de ce qui se passait.

Il avait voulu pousser un cri, mais des doigts d'acier s'étaient apposés sur sa gorge et avaient étouffé le son avant qu'il en jaillît.

Demeuré seul, Thomas lança autour de lui un rapide coup d'œil. Le carrefour était absolument désert. Alors, tirant de sa poche un mince sifflet d'or, il le porta à ses lèvres et en tira brusquement un son clair, aigu, accompagné d'une série de modulations bizarres et stridentes. Remettant le sifflet dans sa poche, il demeura immobile et il attendit.

L'attente ne fut pas longue : presque au même instant, et à la fois des quatre parties de la forêt divisée par les quatre routes, surgirent des ombres qui, passant rapides comme dans un cauchemar par-dessus les haies et les barrières, enveloppèrent le pied de la pyramide. Plus de cinquante hommes étaient là tous immobiles, tous vêtus d'un costume sombre, presque uniforme pour la coupe et la nuance.

Tous étaient masqués.

Deux s'avancèrent vers Thomas, comme pour aller aux ordres : c'étaient évidemment deux chefs.

Thomas désigna successivement du geste la barrière ouvrant sur la route de Brie-Comte-Robert et celle établie en face de la route de Lieusaint :

« Encombre ce côté de la place, autour de la pyramide, que le passage soit impraticable ! dit-il en s'adressant à l'un des deux hommes. Ne laisse sa route libre que pour la voie d'une voiture de l'autre côté, une seule communication entre la barrière de Montgeron et celle de Lieusaint, ici, à droite. Tu boucheras également l'accès de la route de Corbeil ; que la voiture, une fois engagée, ne puisse tourner et qu'elle soit absolument obligée de continuer sa route. Tu m'as entendu, Paille-de-Fer ? tu m'as compris ?
— Parfaitement ! » répondit l'oncle de la Cagnotte.

Et se tournant vers ses hommes :

« Coupez des branches et des taillis ! ordonna-t-il. En avant ! »

Une vingtaine d'hommes s'élancèrent à sa suite. Tous avaient des haches et des pioches. Thomas se tourna vers le second personnage, qui attendait.

« Viens ! » lui dit-il.

Il se dirigea avec son compagnon vers la barrière qui fermait la route de Lieusaint. Un coup de hache ouvrit cette barrière. Tous deux s'engagèrent sur la route. Thomas s'arrêta et parut examiner attentivement le sol.

Monsieur! cria Rosette, je veux m'en aller d'ici. (Page 179.)

« Ce doit être ici! dit-il.
— C'est à la hauteur de ce platane! dit l'autre en désignant du doigt un arbre dont la cime dominait la futaie, et qui se trouvait précisément en face de l'endroit où Thomas s'était brusquement arrêté.
— C'est bien là, alors?
— Oui! j'en suis sûr.
— Le travail est achevé?
— Complétement.
— Quelle largeur estimes-tu qu'a le trou?
— Quinze pieds.
— Quelle profondeur?
— Dix au moins.
— Et l'eau a coulé?
— Elle coule depuis quatre heures. J'ai détourné la source: le trou doit être absolument plein, j'en suis certain.
— Quelle épaisseur de sol avez-vous laissée?
— Deux pieds au plus, mais la question n'est pas là. Les charpentes que j'ai fait établir pour soutenir le sol sont disposées de telle sorte qu'en attaquant le terrain dans un endroit, l'effondrement sera général.
— Maintenant tu as tes indications sur le sol?

— Toutes sont placées.
— Les bascules?
— Sont prêtes,
— Où sont-elles?
— Dans la forêt: dix hommes les remontent, car elles ont été transportées pièce à pièce.
— Très-bien.
— On les met toujours au même endroit?
— Naturellement. Et les feuilles, les branches, la terre?
— Tout sera fait avant dix minutes.
— Fais travailler sans perdre un instant! Que tout soit prêt dans un quart d'heure alors. Je compte sur toi! Allons! Beau-François, gagne ta lieutenance!
— Tu seras content, répondit Beau-François. J'aurai accompli tes ordres de point en point!
— À l'œuvre, donc! »
Et tandis que Beau-François appelait à lui les trente hommes qui étaient demeurés auprès de la pyramide, Thomas se dirigea vers la cabane du percepteur de la taxe et y entra précipitamment.
L'employé solidement garrotté était assis dans un fauteuil. Pick et Roquefort étaient de chaque côté du siège. Casse-

bras se tenait au fond de la cahute. Thomas s'approcha du prisonnier :

« Ta vie est entre nos mains, tu le vois, lui dit-il. Il faut que tu la rachètes. Une voiture roule en ce moment sur la route de Montgeron... dans une demi-heure elle sera ici. Quand elle s'arrêtera à la barrière, tu seras libre; tu iras toucher le prix de passage comme tu as l'habitude de le faire. La taxe acquittée, la voiture tournera à droite, car l'autre route est impraticable. Tu diras au cocher que l'on fait de grandes réparations et qu'il aille au pas. Tu lui recommanderas cela spécialement, tu entends? Tu as dû comprendre? Ne réponds pas! Dans quelques instants tu seras donc seul et libre devant ta cabane, mais n'espère pas me désobéir. Je serai, à vingt pas de toi, dans l'ombre, avec ces deux pistolets... et je coupe à vingt-cinq pas une balle sur une lame de rasoir, je t'en préviens! D'ailleurs le carrefour sera cerné. Tu m'as compris, je le répète, et tu obéiras. »

Pick se leva et, s'avançant vers Thomas, l'entraîna un peu à l'écart.

« Pourquoi nous servir de cet homme? dit-il.

— Parcequ'il le faut, répondit Thomas. Le cocher connaît la barrière, il s'arrêtera naturellement, et s'il ne voit pas le percepteur de la taxe, il l'appellera.... Qui sait ce que pourrait amener un retard? Ces six hommes ne sont-ils pas nos plus acharnés ennemis, et trois de ces six hommes ne sont-ils pas doués d'une force capable d'accomplir des miracles. Oh! ne négligeons aucun détail! Le succès est certain, ne risquons pas de compromettre un plan si habilement conçu! Il faut que la voiture atteigne la barrière de Lieusaint : il faut donc qu'elle franchisse celle de Montgeron sans que rien paraisse inquiétant. Le percepteur recevant sa taxe est le plus grand symptôme de tranquillité que nous puissions offrir.

— Mais alors, pourquoi Roquefort ne jouerait-il pas ce rôle? Qu'il prenne les vêtements du percepteur.

— Le cocher doit le connaître. En voyant un nouveau visage il pourrait manifester son étonnement, adresser une question qui ferait perdre du temps ou qui élèverait des soupçons. Jacquet n'est-il pas toujours en éveil.

— Tu as raison, mais il est regrettable d'être obligé d'employer un étranger....

— Je l'aurai au bout de mes pistolets: D'ailleurs, il ne pourra même pas avoir la pensée de fuir! »

En ce moment le bruit d'un galop rapide retentit au loin et un coup de sifflet aigu déchira les airs.

« C'est le borgne de Jouy! dit Thomas. La voiture doit le suivre de près. »

Thomas s'élança hors de la cabane : un cavalier arrivait à fond de train. Il arrêta brusquement sa monture et sauta à terre :

« Ils viennent de relayer à Villeneuve-Saint-Georges! dit-il. J'ai sur eux vingt minutes d'avance au moins.

— Tu les as vus? demanda Thomas.

— Oui.

— Comment sont-ils placés?

— Jacquet est à la portière de droite, assis au fond de la voiture, de manière à pouvoir jeter un coup d'œil sur la route. Mahuree est à côté de lui. D'Herbois vient ensuite à la portière de gauche. Le Mancot et de Renneville sont sur la banquette de devant, Renneville en face de Jacquet.

— Très-bien! Mahuree n'est plus sur le siège?

— Rossignolet y est à sa place. Il a monté à Villeneuve-Saint-Georges et le matelot s'est placé dans l'intérieur.

— Tu es certain de la position que tu indiques pour chacun?

— Je suis certain qu'ils étaient placés ainsi au relais de poste : en attelant les chevaux avec le garçon d'écurie, je les ai parfaitement vus. Maintenant, sont-ils encore ainsi, je l'ignore. Ont-ils changé de place en route, je ne puis affirmer le contraire.

— Cela est probable. Jacquet est à la portière de droite, dis-tu? Il faudra que le percepteur se place à la portière de gauche. »

Thomas se retourna vers l'entrée de la cabane sur le seuil de laquelle il s'était tenu. Adressant un signe impérieux à Cassebras:

« Viens! » dit-il.

Le colosse, qui paraissait sombre et résolu, s'avança aussitôt. Thomas l'attira hors de la cabane et le menant au pied de la pyramide :

« Regarde! » lui dit-il.

Cassebras promena ses regards autour de lui, mais il demeura calme et impassible, bien que le spectacle qui frappait ses yeux eût quelque chose d'étrangement saisissant.

Quiconque eût vu le carrefour quelques instants plus tôt et y fût revenu alors, eût certes pu croire être devenu subitement le jouet de la plus singulière illusion.

Tout à l'heure le carrefour était calme, désert, silencieux, présentant son dessin régulier avec ses quatre baies qui le coupaient en quatre parties égales comme les enfants tranchent une galette. Les quatre routes se dessinaient nettes, en rubans posés à plat et ayant à la pyramide à leur point central de réunion.

Maintenant des ombres allaient, venaient, se mouvaient de toutes parts; on entendait un bruit incessant de branchages brisés, de pierres heurtées, de coups de pioches attaquant le sol.

La route contournant la pyramide à gauche n'existait plus : des encombrements de bois, de rochers en interdisaient l'accès. Pour aller de la barrière de Montgeron à celle de Lieusaint, le passage par-devant celle de Brie-Comte-Robert était devenu absolument impraticable. Il fallait de toute nécessité aller passer devant la barrière de Corbeil, encore la route était-elle de ce côté à demi embarrassée, et une voiture qui s'y fût engagée eût certes été contrainte à avancer ou à reculer, mais elle n'eût pu tourner.

Thomas saisit le bras de son compagnon :

« Tu sais ce que je t'ai dit? commença-t-il à voix basse et du ton le plus bref. Le moment est venu où tu vas décider toi-même du sort de Rosette. »

Cassebras ne répondit pas.

« Le moment est venu, poursuivit Thomas, où tu vas pouvoir prendre enfin dans l'association la place qui t'est due! Cassebras, jusqu'ici tu as été malheureux, tu n'as connu que la misère et les privations, tu n'as vécu que pour travailler comme la brute, tu n'as pu secourir, comme tu l'eusses voulu, la vieille mère malade et infirme; tu n'as pu enfin te faire aimer de la femme que tu aimais. Aujourd'hui, Cassebras, le temps des misères et des douleurs est passé! Tu peux être heureux, tu peux vivre dans le luxe et dans l'abondance, sans travail forcé ni régulier, tu peux donner à ta mère tout ce qui lui est nécessaire ; tu peux enfin rêver à cette Rosette qui bientôt sera veuve et qui bientôt sera contrainte à t'aimer! Dis, Cassebras, le passé te paraît-il assez laid? l'avenir te semble-t-il assez beau? »

En écoutant Thomas, la physionomie du fort de la halle s'était animée d'un feu étrange ; ses yeux brillaient, lançant de fulgurants éclairs, sa bouche se crispait et une expression impossible à rendre se reflétait sur son visage aux tons cuivrés.

Thomas considéra un moment son compagnon avec une attention profonde, puis, se penchant vers lui, sans le perdre des yeux :

« Je suis le chef des chauffeurs, dit-il d'une voix stridente. Veux-tu enfin devenir l'un des miens?... Veux-tu plonger tes mains dans des cuves pleines d'or? Veux-tu donner à la vieille mère des valets qui la servent, à elle qui ne peut plus se servir? Veux-tu parer Rosette? Veux-tu satisfaire sa coquetterie de femme en jetant à ses pieds les bijoux les plus beaux, les parures les plus riches? Veux-tu qu'en échange de ces joies de la terre que tu lui prodigueras, elle te fasse un collier de ses bras, en te disant merci?

— Oui! oui! grommela sourdement le colosse, je veux cela!

— Alors tu veux être chauffeur?

— Oui!

— Tu es prêt à payer ta bienvenue dans l'association?

— Oui! oui! dit encore Cassebras qui paraissait à demi affolé.

— Alors tu vas savoir ce qu'il faut que tu fasses, tu vas connaître l'importance de la dette qu'il faut que tu payes?

— Je suis prêt! dit Cassebras.

— Tout à l'heure, reprit Thomas en désignant la route de Montgeron qui s'étendait lugubre et déserte au milieu des ténèbres, tout à l'heure, par cette route, tu vas voir accourir une voiture se dirigeant vers nous ; cette voiture contient six hommes, tous six les ennemis les plus dangereux, les plus acharnés, les plus forts que nous ayons jamais eu à combattre. Il y a quinze ans bientôt que je lutte avec eux ; j'ai eu mes jours de triomphe et mes jours de défaite : aujourd'hui je veux une action décisive, je veux écraser pour toujours mes ennemis, je ne veux pas que le jour se lève avec un d'entre eux vivant ! Tu m'as compris, Cassebras, cette voiture qui va s'avancer, il ne faut pas qu'elle passe, et elle ne passera pas ! »

Le fort de la halle fit entendre un grognement sourd.

« Regarde maintenant ce que j'ai su faire, et juge de ma puissance ! poursuivit Thomas. A gauche, la route est obstruée ; la voiture devra forcément passer à droite et s'engager sur la route de Lieusaint où se tenant toujours sur la droite ; la première barrière franchie, la voiture ne peut ni retourner, ni prendre un autre chemin, tous sont rendus impraticables : donc elle s'avance... »

En achevant ces mots, Thomas avait pris le bras de son compagnon et l'avait entraîné avec lui.

« Depuis huit jours mon plan était fait, continua-t-il, et depuis huit jours on y travaille. Oui, j'étais certain que ceux que je veux anéantir passeraient sur cette route ; j'étais certain qu'ils iraient à Fontainebleau, car j'avais un moyen sûr, infaillible de les contraindre à entreprendre ce voyage, et ce moyen je l'ai employé !... Ils croient aller délivrer des femmes.... Eh bien ! dit Thomas après un court silence, depuis huit jours des hommes à moi étaient cachés dans cette forêt de Sénart, dans cette forêt où les sources abondent, où l'eau jaillit si facilement. Durant huit nuits, mes hommes, se relayant, ont travaillé sans relâche ; ils ont miné le sol, ils ont creusé un souterrain profond s'avançant sous ce carrefour ; ils ont maintenu les terres à l'aide de charpentes qui toutes reposent sur une même poutre, clef de voûte soutenant l'édifice. Le travail accompli, j'ai fait détourner les eaux d'une source, et à cette heure un lac souterrain, profond de dix pieds, est prêt à engloutir ceux qui ont osé soutenir la lutte contre ma puissance.

Vois ! à cette heure, une mince couche de terre soutenue par de fragiles étais cache à l'œil le précipice : un coup de hache sur la poutre, et la terre s'effondre, et voiture et voyageurs disparaissent dans l'abîme. Ce coup de hache, Cassebras, c'est toi qui le donneras, car il faut un bras tel que le tien pour achever l'œuvre ! »

Et comme Cassebras paraissait hésiter :

« Tu te demandes si je me joue encore de toi, poursuivit Thomas, et pourquoi, ayant cinquante hommes sous mes ordres, je ne fais pas simplement attaquer la voiture et massacrer les voyageurs ? Tu te demandes pourquoi j'ai choisi pour exécuter mon plan cet endroit de la forêt plutôt qu'un autre. Je vais te répondre, Cassebras, car je ne veux pas qu'il y ait un doute dans ton esprit : je veux que tu comprennes, comme les autres, la puissance de mes vues ! Il y a dans cette voiture six hommes, Cassebras, dont deux sont, je le reconnais, des plus braves et des plus intrépides, dont le troisième est des plus rusés et des plus adroits, et dont les trois derniers sont de la force. Oui, de la force, à toi, Cassebras ! Comprends-tu ce qu'une lutte à main armée, contre de pareils ennemis peut avoir de terrible, et ce que son issue a de douteux ? La voiture engloutie, tous périssent, et pas un des miens n'est sacrifié. Oui, tous périssent, car, vois-tu ces amas de fascines placées de chaque côté du gouffre ? Derrière ces fascines seront blottis mes hommes, et, au moment où la voiture s'abîmera, fascines, branchages et troncs d'arbres retomberont sur elle, comblant l'abîme, et s'opposeront à ce qu'un miracle même puisse s'accomplir pour sauver un seul de ceux qui doivent périr ! Et c'est pour rendre ce plan d'exécution plus facile que j'ai dû choisir cet endroit de la forêt. Ici la route, encore plus resserrée par les haies et les barrières, était plus facile à encombrer sans exciter les soupçons du cocher. Ensuite il faut que la voiture s'avance au pas pour que tu aies le temps de frapper la poutre au moment précis où elle arrivera sur l'abîme. Tu as compris l'ordre que j'ai donné il y a quelques instants au percepteur des taxes, tu sais tout maintenant. Es-tu prêt ? »

Cassebras releva la tête : une résolution terrible se reflétait sur sa physionomie.

« Oui ! dit-il d'une voix ferme.
— Tu n'hésiteras pas ?
— Non !
— Songe qu'une hésitation si légère qu'elle fût pourrait tout perdre, et que la voiture, en franchissant cette barrière, assurerait les tortures de celle que tu aimes.
— Je suis prêt ! dit encore Cassebras. Donne-moi une hache, indique-moi l'endroit où il faut que je frappe, et, le moment venu, je frapperai ! »

Thomas posa sa main sur l'épaule du fort de la halle :
« Écoute ! » dit-il.

Et se penchant vers la terre, il prêta une oreille attentive. Se redressant ensuite, il jeta un coup d'œil investigateur tout autour de lui.

Beau-François et Paille-de-Fer étaient près de lui :
« Tout est prêt ! dirent-ils.
— Alors chacun à son poste ! » dit Thomas.

En ce moment et au commencement de la montée de la route on put apercevoir dans les ténèbres la lueur rougeâtre de deux de ces lanternes énormes à verres grossissants, telles qu'avaient pour principe d'en porter les voitures courant la poste.

Thomas prit une hache, et la présentant à Cassebras :
« Je vais te placer ! » dit-il.

## XXXII. — LA POUTRE.

Thomas, prenant son compagnon par le bras, l'entraîna rapidement. Le fort de la halle, sa hache à la main, obéit sans opposer la moindre résistance.

Un nouveau changement à vue s'était opéré sur le carrefour. Tous les hommes, tout à l'heure occupés au travail, avaient disparu comme par enchantement : un silence absolu avait succédé au bruit, et la route, laissée libre, était complètement déserte.

Thomas franchit la haie placée entre la barrière de la route de Montgeron et celle de la route de Corbeil ; Cassebras le suivit. Le fort de la halle paraissait obéir à une résolution que rien ne pouvait désormais ébranler.

Cette partie du carrefour était à demi obstruée par des amas de pierres, de terre remuée fraîchement et de branches d'arbres coupées ; il n'y avait de libre autour de la pyramide que la voie d'une voiture : cette partie du chemin respectée reliait la barrière de Montgeron à celle de Lieusaint.

Thomas et son compagnon avaient atteint la haie partant de cette barrière ; ils la suivirent, mais en demeurant en dehors ; après quelques pas, Thomas s'arrêta.

« Vois ce pieu à tête rouge enfoncé au pied de la haie, dit-il, c'est là que commence l'abîme que j'ai fait creuser sous la route ; là-bas un second pieu indique la fin. »

Tous deux étaient debout près de la haie, qui leur montait à la hauteur du menton ; de l'autre côté était la route de Lieusaint, celle que devait suivre la voiture attendue, la route minée, ainsi que l'avait déclaré Thomas.

En face d'eux, sur le bord gauche de la route, la rétrécissant et s'étendant sur toute la longueur de l'espace contenu entre les deux pieux à tête rouge, se trouvait un énorme amas de terre, de branches, de feuillages, de cailloux disposé comme ont l'habitude de le faire les ouvriers travaillant aux réparations de route.

Au reste, rien dans le carrefour ne décelait autre chose que des travaux entrepris. Les routes obstruées l'étaient comme le sont les chemins en réparation, et il était évident que les voyageurs de passage ne pouvaient soupçonner l'ombre d'un guet-apens dans cet amas de terre, de pierres et de branches.

« Tu as remarqué la distance qui sépare ces deux pieux ? continua Thomas en s'adressant à son compagnon.
— Oui, dit Cassebras.
— Maintenant compte cinq pas à partir de l'endroit où tu es et en longeant la haie. »

Cassebras obéit.
« Cinq ! » dit-il en s'arrêtant.

Thomas se baissa, se mit à genoux et écarta avec précaution le pied de la haie.

« Creuse ici doucement avec ta hache, » dit-il.

Cassebras se baissa à son tour et fit ce que lui commandait Thomas. Il écarta avec précaution la terre à l'endroit indiqué ; après un court travail, le fer de la hache rencontra un obstacle solide.

« C'est là qu'il faudra frapper ! dit Thomas ; quand la voiture se sera arrêtée pour que ceux qu'elle contient puissent acquitter la taxe, elle s'avancera au pas, car je le recevrai l'aura recommandé au cocher à cause de l'état de réparation des routes. Quand les chevaux se seront engagés là, qu'ils auront franchi la hauteur du premier pieu à tête rouge, un coup de sifflet retentira : alors tu donneras un coup de hache sur cette tête de poutre, puis, te baissant rapidement, tu saisiras cet anneau de fer que tu dois sentir, là, à côté de la poutre, et tu tireras à toi. Concentre tes forces, Cassebras, car tu auras besoin de toute la puissance de tes muscles pour réussir.

— Et alors, dit le colosse, la terre s'effondrera ?

— Oui ; ton coup de hache aura détruit l'un des arcs-boutants établis sous la galerie souterraine, et cet anneau de fer est fixé à une poutre qui est la clef de voûte. Oh ! tout est merveilleusement combiné !... Si tu peux me répondre de ta force, je te réponds, moi, du succès.

— Je te réponds de moi ! dit Cassebras avec un accent d'une énergie sauvage.

— Alors tu es décidé ?

— Oui !

— Le moment venu, tu ne reculeras pas ?

— Non !

— Écoute ! je te jure sur mon sang et ma vie que si tu m'obéis sans restriction, cette nuit même, tu sauras où est Rosette ; mais je te jure aussi que si la voiture qui vient franchit cet endroit pour continuer sa route, Rosette subira toutes les tortures de l'enfer, et ma mort même ne pourrait la délivrer. Maintenant je te laisse. Songe à mes recommandations !... Attends pour frapper que les chevaux aient franchi le premier pieu, puis, en entendant mon coup de sifflet, frappe et tire ! Si ton coup de hache est vigoureux, peut-être sera-t-il suffisant, c'est pourquoi il faut, pour le donner, attendre que la voiture soit engagée, afin qu'aucune chance de salut ne puisse exister pour elle. Tu m'as entendu, tu m'as compris... Vois ! les lanternes se rapprochent, tu n'auras pas longtemps à attendre. »

Thomas, accompagnant ces paroles d'un geste impérieux, fit un mouvement comme pour s'éloigner, mais, revenant vers Cassebras :

« Le carrefour est cerné, ajouta-t-il, tu ne saurais échapper, donc, n'aie pas la pensée de me trahir ; d'ailleurs, songe à Rosette : dans deux heures tu seras près d'elle, ou vous serez séparés à jamais ! »

Et Thomas, tournant rapidement sur lui-même, courut vers la cabane du percepteur. Le malheureux employé était toujours garrotté, Pick et Roquefort veillaient sur lui.

« Chacun à votre poste ! leur dit Thomas en rentrant. Toi, Roquefort, avec Beau-François ; toi, Pick, avec le Borgne-de-Jouy. Allez ! Je me charge du receveur. »

Les deux hommes s'élancèrent hors de la cabane. Thomas avait pris un pistolet à deux coups de la main gauche, de la droite il trancha, à l'aide d'un couteau, les liens qui retenaient captif le percepteur de la taxe.

« Un geste équivoque, et tu es mort ! dit-il, tu as compris ?... Maintenant te voici libre... lève-toi et sors. »

L'employé, tremblant et terrifié, obéit comme eût pu le faire une machine intelligente : il franchit le seuil de la cabane. Thomas était sur ses pas, le tenant au bout du canon de son pistolet.

« Mets-toi à l'endroit où tu as l'habitude de te mettre pour percevoir le droit alors que passe une voiture, » dit-il.

L'employé obéit encore, sans oser prononcer une parole. Quand il fut placé près de la barrière ouverte :

« La voiture vient, poursuivit Thomas ; tu vas recevoir le prix du passage comme de coutume ; si les voyageurs te parlent, tu ne leur répondras pas... seulement tu t'adresseras au cocher et tu lui ordonneras d'aller au pas, à cause de l'état de réparation des routes. Tu as bien compris ?

— Oui, balbutia le malheureux, qui se sentait plus mort que vif.

— Ne bouge pas de la place que tu occupes ; demeure là immobile, mais absolument immobile. Je vais m'éloigner à reculons en te tenant toujours au bout de mes pistolets. Si tu fais un seul geste, tu es mort ! Si tu ne m'obéis pas de point en point quand la voiture arrivera, tu es mort !

— J'obéirai ! » balbutia encore le percepteur.

La lumière que Thomas avait signalée sur la route, dans la direction de Montgeron, avançait rapidement vers le carrefour. On entendait distinctement le bruit du galop des chevaux et le lourd roulement du véhicule.

Thomas adressa un geste impérieux au percepteur ; puis, le pistolet abaissé à la hauteur du pauvre homme, il recula lentement jusqu'à ce qu'il se fût dissimulé entièrement dans l'ombre de la cabane, derrière laquelle il s'arrêta. Quinze à vingt pas le séparaient à peine de celui qu'il menaçait.

Un silence profond régnait dans le carrefour, silence que troublait seul le bruit de la voiture courant rapidement vers la pyramide.

Quelques secondes s'écoulèrent, secondes qui parurent de longs siècles d'angoisses effrayantes au malheureux percepteur. Le bruit devenait plus fort ; la nuit était plus sombre ; des nuages voilaient le reflet brillant des astres.

Dans les ténèbres on put apercevoir bientôt, cependant, l'ombre des chevaux projetée en avant sur la route par la lumière des lanternes. La voiture paraissait, à mesure qu'elle approchait, ralentir son allure.

Cette voiture était une grande berline de voyage, attelée de deux chevaux vigoureux, que conduisait un cocher grimpé sur son siège élevé. C'était bien le véhicule que nous avons vu venir stationner sur le quai des Lunettes.

Thomas avança doucement la tête, et, sans perdre de vue le percepteur, il lança un rapide regard sur la voiture. On ne pouvait rien voir de ce qui se passait à l'intérieur, mais il était facile de distinguer deux hommes placés sur le siège.

« C'est bien cela, murmura Thomas, Rossignolet est près du cocher. Enfin, le moment du triomphe est donc venu ! »

La voiture atteignait presque à la hauteur de la première barrière, celle devant laquelle se tenait le percepteur des taxes. Celui-ci fit un pas en avant en élevant le bras comme pour ordonner au cocher d'arrêter ; mais il ne put achever son mouvement. Un cri de détresse déchira les airs, une masse noire jaillit du faîte de la voiture, le percepteur poussa un hurlement de douleur et tomba renversé : c'était le cocher qui venait d'être précipité du haut de son siège.

En même temps un claquement sonore retentit ; l'homme demeuré seul sur le siège se tenait debout, lançant les chevaux au galop. Les animaux, hennissant de douleur sous la grêle de coups qui pleuvaient si inopinément sur eux, se ruèrent avec un élan furieux.

La voiture passa comme une flèche, s'engageant dans l'endroit de la route demeuré libre.

Un coup de sifflet aigu traversa l'espace. Au même instant un bruit effrayant retentit, la terre parut trembler. La voiture atteignait l'entrée de la route de Licusaint. Les chevaux, lancés à fond de train, bondissaient, quand tout à coup le terrain parut s'abîmer sous eux. Ils disparurent : un gouffre s'ouvrant spontanément engloutissait chevaux, voiture et voyageurs.

Un nuage de poussière s'éleva, des cris déchirants éclatèrent pour s'éteindre presque aussitôt. Une ombre passa un moment rapide comme celle d'un corps qui eût été lancé par une force irrésistible et disparut derrière la haie.

Un clapotement sourd, sinistre, des craquements secs, des froissements de branchages, se firent entendre à la fois, se mêlant pour former un tumulte indescriptible.

Voiture, chevaux, voyageurs, tout avait disparu, tout s'était abîmé, et, au moment où les chevaux enfonçaient, où la voiture roulait dans l'abîme, l'énorme amas de terre, de pierres et de branchages établi sur la route roulait sur la voiture, et, comblant le gouffre, effaçait jusqu'aux traces de l'événement.

Il était bien impossible qu'aucun de ceux qui venaient d'être engloutis pût revoir la lumière...

## XXXIII. — LE BULLETIN DE PARIS.

Aujourd'hui, que la plupart des journaux du *jour* paraissent la *veille*, ce qui prouve certes combien la presse est avancée ; aujourd'hui, que des multitudes de petits établissements portatifs ou en plein air inondent la voie publique de journaux de tous les formats, il est difficile, pour ne pas dire impossible, de se faire une idée de ce qu'était jadis la vente des journaux dans Paris.

Sous le Directoire, avant que l'esprit d'ordre du Consulat fût venu organiser la société, il y avait dans tout ce qui existait une sorte d'anarchie qui empêchait, pour ainsi dire, chaque chose d'être en son temps ou à sa place.

On comprend si dans cette époque de perturbation générale l'expression de la pensée devait se créer des organes. Dire ce qui est né et mort de journaux de 1795 à 1800, serait entreprendre une tâche bien difficile ; aussi ne l'entreprendrai-je pas. Ce que je désire constater seulement, c'est qu'à cette époque la plupart des journaux, non-seulement ne paraissaient pas la *veille*, mais qu'ils paraissaient rarement le jour, et le plus souvent le lendemain, ce qui, à bien prendre, est infiniment plus logique.

À cette époque encore les journaux n'avaient pas d'heure pour paraître : c'était l'enfance de l'art. Le journal composé et imprimé, on le lançait sur la voie publique, et crieurs et crieuses s'en allaient courant Paris.

En 1799 l'une des feuilles les plus aimées et les plus lues était le *Bulletin de Paris*, sorte de recueil politique et anecdotique, dont la lecture passait pour être aussi instructive qu'émouvante. Aussi le *Bulletin de Paris* voyait-il ses porteurs assiégés dès leur entrée dans les quartiers populeux, et se tirait-il à des nombres extraordinaires pour cette époque, où tant de gens ne savaient pas encore lire.

Ainsi ce jour-là où nous sommes arrivés, l'un des crieurs du *Bulletin*, quittant les halles, s'engageait dans la rue Saint-Denis, qu'il remontait au pas en distribuant sa marchandise. Le crieur s'était arrêté.

« Donne-moi un *Bulletin*, dit une voix.

— Voilà, mon sergent, » répondit le crieur en échangeant l'un de ses numéros contre quelques pièces de monnaie.

Celui qui venait d'acheter le *Bulletin de Paris* s'éloignait rapidement. Il portait l'uniforme de sergent-major d'infanterie, et sa bonne tournure faisait sourire les commères qui tricotaient sur le seuil de leurs magasins.

Le jeune homme s'arrêta devant une boutique de bonnetier, ouvrit la porte et s'élança dans l'intérieur.

« Vous avez le journal, *jolie mignonne*? demanda une gracieuse jeune fille qui était assise dans le comptoir principal.

— Oui, ma bonne petite Rose, répondit le soldat avec un gros soupir, j'ai le journal, le *Bulletin de Paris*, et nous allons enfin connaître l'affreux événement en détail.

— Antoine ! Thérèse ! appela Rose, venez écouter.

— Et madame Gervais ? demanda Louis.

— Elle est sortie, répondit Rose, elle est retournée chez madame Lefebvre pour tâcher qu'elle s'intéresse à M. Gervais... Mon Dieu ! c'est affreux de ne pas savoir ce qu'il a pu devenir depuis trois jours qu'il a été arrêté !

— Hélas ! dit Louis, madame Gervais peut douter... elle peut espérer... tandis que moi, Rose, je n'ai plus qu'à pleurer sur mes amis ! »

— Mon Dieu ! reprit Rose en joignant les mains, ne peut-on rien espérer ?

— Et que voulez-vous qu'on espère ?

— Oh ! lisez vite, ce journal, Louis, peut-être vous trompez-vous ! »

Louis secoua douloureusement la tête. Prenant le journal qu'il venait d'acheter, il le déplia, l'ouvrit et se disposa à lire.

Antoine, le commis, et Thérèse, la bonne, s'avancèrent doucement, se préparant à entendre.

« Un affreux événement, peut-être sans précédent dans nos annales, commença Louis, vient de s'accomplir à quelques lieues de Paris.

« L'avant-dernière nuit, six de nos plus illustres capitaines corsaires, de ceux qui ont rendu de services à la France et qui se sont faits la terreur de l'Angleterre, les citoyens Bonchemin et le Bienvenu enfin, quittaient Paris pour se rendre à Marseille, où les attendait leur navire.

« Ils avaient avec eux deux matelots dévoués qui ne les quittent jamais.

« Deux autres personnes les accompagnaient aussi. L'une était le citoyen Jacquet, l'un des employés supérieurs du ministère de la police, se rendant en mission à Lyon ; l'autre un soldat, celui-là même dont nous tenons tous les détails qui vont suivre et dont il peut garantir au besoin l'authenticité.

« La voiture, traînée par des chevaux de poste, franchit tout d'abord la route de Paris à Montgeron, sans le moindre accident, sans que rien pût déceler l'existence de l'épouvantable plan ourdi contre la sécurité des voyageurs.

« La nuit était noire et les ténèbres fort épaisses alors que la voiture s'engagea dans la forêt de Sénart... »

— Oh ! mon Dieu ! interrompit Rose en joignant les mains, cela me fait peur !

— Après, après, monsieur ! » dit Antoine, qui était tout oreilles.

« La voiture, poursuivit le lecteur, parvint jusqu'au milieu de la forêt sans encombre. Au centre de la forêt à peu près s'élève une pyramide sur laquelle viennent aboutir quatre routes y compris celle de Paris.

« C'est là que l'administration a fait placer une cabane de percepteur des taxes.

« La voiture allait atteindre cet endroit : le soldat, qui se nomme Rossignolet, et qui est tambour-major de la 32e demi-brigade, était placé à côté du cocher.

« Au moment où la voiture allait s'arrêter, le soldat crut remarquer de l'autre côté de la pyramide un groupe d'hommes à demi dissimulé dans les ténèbres ; en même temps il reconnaissait que la route était presque impraticable.

« Il en fit l'observation au cocher, qui lui répondit qu'il devait se tromper, car il était passé à cet endroit le matin même, et la route était absolument libre.

« Cette réponse fit glisser un doute dans l'esprit du soldat. Il crut remarquer de la part du cocher de la difficulté à lui répondre, un peu d'embarras et enfin un échange de signes avec le receveur des taxes qui s'avançait alors au-devant de la voiture.

« Au même instant, Rossignolet vit, et très-distinctement cette fois, plusieurs hommes qui paraissaient être placés en embuscade sur la lisière du carrefour. Les histoires des chauffeurs sont tellement connues de tous à l'heure où nous écrivons ces lignes, que les esprits les plus indifférents et les cœurs les plus braves sont tenus en éveil par les récits qui abondent chaque jour.

— Oh ! c'est bien vrai ! dit Thérèse, n'est-ce pas, mademoiselle ? »

La *jolie mignonne* fit un signe affirmatif.

Louis reprit :

« Rossignolet, saisi d'une inspiration soudaine et convaincu, à tort, il est vrai, que le cocher devait s'entendre avec les chauffeurs, Rossignolet, voulant soustraire au danger ses compagnons, saisit le cocher, le précipita à bas de son siège, et, prenant les guides, il lança les chevaux au galop dans l'intention de passer devant ce qu'il croyait être une embuscade de bandits.

« Effectivement les chevaux s'élancèrent, la voiture fut enlevée rapidement, et déjà elle atteignait la route de Lieusaint, lorsque, par suite d'un événement encore inexpliqué aujourd'hui, la terre s'effondra et s'entr'ouvrit tout à coup sous les pieds des chevaux, et un abîme se présenta béant...

« En voyant le danger, Rossignolet descendit de son siège... Un miracle lui permit de franchir la haie et d'atteindre le sol...

« Quand il se retourna... il n'était plus temps de secourir ses compagnons... Voiture, chevaux et voyageurs étaient engloutis, et, par suite d'un événement encore plus extraordinaire que celui de cet effondrement du sol, un amas énorme de branchages, de pierres et de terre, placé sur le bord de la route, avait été jeté, comme renversé à l'aide d'une force puissante, sur l'abîme qui venait d'engloutir les malheureuses victimes.

« Rossignolet n'était pas encore revenu de sa stupeur qu'il s'était vu entouré par vingt hommes... Il était sans armes... Un hasard le rendit maître d'un bâton... Il se rua pour forcer le passage, et il y parvint...

« Poursuivi et ne pouvant lutter seul contre des ennemis nombreux, il courut vers la forêt dans l'espoir d'y trouver un asile... Il atteignait les premiers arbres, quand d'autres ennemis surgissaient autour de lui, quand un bruit de galop de chevaux retentit au loin.

« Un coup de sifflet se fit entendre. C'était un signal, car tous les bandits disparurent aussitôt et comme par enchantement... »

— Pauvre Rossignolet, comme il a dû avoir peur ! dit Rose.

— Peur, lui ! répondit le sergent-major. Oh ! ne croyez pas cela !

— Après, après, monsieur Louis ? » demanda Antoine en désignant le journal.

« Les cavaliers qui survinrent, reprit le lecteur, étaient des gendarmes de Brunoy qui se rendaient à Lieusaint. Ils étaient nombreux heureusement et leur présence avait suffi pour mettre en fuite les misérables.

« Rossignolet courut à eux et leur raconta rapidement ce qui venait d'arriver, les suppliant de venir au secours de ses amis. On se précipita... mais au premier coup d'œil on put reconnaître que le travail de sauvetage était impossible, car il était absolument impraticable.

« Cependant on commença. Le capitaine commandant le

détachement dépêcha des gendarmes à Paris et à Melun pour avoir des secours et des renforts.

« Il fallut dix heures de travaux continuels pour arriver au but. Enfin le gouffre dégagé, l'eau détournée, on put retirer la voiture. Cinq cadavres étaient placés dans l'intérieur, et il fut facile de constater l'identité de ces cadavres. Tous étaient parfaitement reconnaissables. Les citoyens Bonchemin et le Bienvenu, les deux matelots Maburec et le Maucot, et enfin le citoyen Jacquot avaient dû faire des efforts inouïs pour s'efforcer d'échapper à la mort, à en juger par les contractions effrayantes constatées sur les corps des malheureuses victimes.

« La voiture contenait une somme en or assez importante. Nul doute que les chauffeurs n'eussent eu connaissance de la présence de cette somme dont ils voulaient s'emparer, c'est là la seule explication plausible à donner de cette machination effrayante et sans nom, et dont le but atteint a été de priver notre marine de deux de ses meilleurs représentants.

« Procès-verbal de cette épouvantable catastrophe a été dressé sur les lieux par les soins des autorités compétentes et adressé au citoyen ministre de la police, qui a mis aussitôt en campagne ses agents les plus fins et les plus rusés. La justice informe, et on espère être même déjà sur les traces des principaux coupables.

« Il s'agit d'une bande de malfaiteurs à détruire, et si le chef... »

« Puis deux colonnes de réflexions, dit en s'interrompant le sergent-major.

— Ainsi, dit Rose, cela est vrai !

— Hélas ! oui, ma jolie mignonne. J'ai perdu en une même nuit quatre autres des hommes qui me portaient l'intérêt le plus vif... Et mon colonel se meurt à l'heure où je vous parle... Tout ce qui m'aimait sur cette terre menace de m'abandonner... Mon Dieu ! peut-être bientôt serai-je seul au monde... sans personne qui m'aime !...

— Ingrat ! » dit vivement la jeune fille.

## XXXIV. — LE RETOUR.

Louis regarda Rose : celle-ci avait ses joues empourprées et deux larmes brillaient dans ses beaux yeux.

« Vous dites que si le colonel venait à mourir, reprit-elle d'une voix émue, vous seriez seul sur la terre et que personne ne vous aimerait ? »

Le jeune sergent-major fit un geste d'assentiment douloureux.

« Hélas, oui, reprit-il, ma pauvre Rose, je dis cela et ce que je dis encore, c'est que je crois que je porte malheur à tous ceux qui m'aiment ou que j'aime !

— Louis ! s'écria la jeune fille, comment portez-vous malheur à ceux qui vous aiment ou que vous aimez ?

— Comment ? Le sais-je ? mais cela est ! Songez à mon passé, ma pauvre Rose. Rappelez-vous les événements ! Enfant, je devais être la joie de ma famille, et je fus une cause de douleurs pour tous ceux qui m'entouraient ! Je fus l'instrument dont se servit pour torturer les miens. Enlevé, volé, emporté avant que j'eusse même l'âge de comprendre, je fus donné à un vieux pêcheur qui m'éleva à coups de garcette. Le pauvre homme fini par m'aimer cependant, à sa manière c'est vrai, mais enfin il m'aimait... quand il mourut dans un naufrage !

— Oui ! dit Rose. C'était à Saint-Vincent.

— J'étais seul, reprit Louis, quand Étoile-du-Matin me recueillit... Elle aussi m'aimait... elle aussi mourut de mort violente, sous mes yeux, en voulant me défendre !... Vous voyez, Rose, combien j'étais déjà fatal à ceux qui m'aimaient...

— Ne dites pas cela, Louis ! dit la jeune fille avec émotion.

— Et pourquoi ne le dirais-je pas, puisque cela est ? Qui donc m'a aimé encore sans souffrir ? Fleur-des-Bois, ma seconde sœur ? Elle a vu livrer aux flammes son carbet, assassiner son père et sa sœur, mourir ou capturer les siens ! Les citoyens le Bienvenu et Bonchemin, Blanche et Léonore, mes cousines ? Oh oui ! Ceux-là m'ont aimé aussi... et que sont-ils devenus ? Henri et Charles sont morts... Léonore et Blanche sont mortes aussi, peut-être... Et Maburec et le Maucot ? Morts aussi ! Enfin, mon colonel ne va-t-il pas mourir ? et puis-je le plaindre ? Il souffre tant ! Vous voyez bien, Rose, que je porte malheur à tous ceux qui m'aiment...

— Mais pourquoi dire cela, Louis ? Est-ce par votre faute, si ces malheurs arrivent ?

— Oui ! car c'est celui qui a voulu me frapper d'abord qui les a frappés tous, parce qu'ils voulaient me défendre ! Oh ! vous connaissez toute cette lugubre histoire, Rose, car cette histoire est aussi celle de vos parents. Tous deux nous avons été faits orphelins par les mêmes mains infâmes. Nos mères sont mortes de douleur et de chagrin, et cette douleur, ce chagrin ont été provoqués par le même monstre... Aussi, Rose, ai-je fait un serment... Je suis jeune et je ne mourrai pas sans l'avoir accompli. »

Puis, changeant de ton brusquement :

« Vous voyez bien, ma petite Rose, reprit le sergent-major en souriant doucement et avec mélancolie, vous voyez bien que je porte malheur à tous ceux qui s'intéressent à moi. »

Rose secoua doucement la tête.

« Ce que vous dites là ne peut être, Louis, répondit-elle. Pourquoi, vous, qui n'avez jamais fait de mal à personne, porteriez-vous malheur à ceux qui vous aiment ? Dire cela, c'est douter de la miséricorde divine, savez-vous ?

— Hélas ! Rose, ce que je vous dis est-il vrai ?

— Oui ! les malheurs dont vous parlez sont arrivés, mais êtes-vous la cause de ces malheurs ? Je ne le crois pas !

— Cependant, Rose... »

La jeune fille interrompit du geste le jeune soldat :

« Louis, dit-elle, vous m'avez dit souvent que j'étais votre sœur ?

— Oh oui, ma jolie Rose, et une sœur dont je suis fier.

— Alors, comme je suis votre sœur aînée, vous devez avoir confiance en moi ?

— Naturellement. Quelle preuve voulez-vous que je vous donne de cette confiance ?

— C'est de me jurer de ne rien faire tous ces jours-ci, en dehors des actes de la vie ordinaire, sans me prévenir.

— Comment ?

— Comprenez-moi bien, Louis. Vous soignerez votre colonel, vous demeurerez près de lui, vous irez chez le général Bonaparte et vous viendrez ici, mais ce sera tout.

— Je ne vous comprends pas, Rose. »

La jeune fille fit un geste d'impatience.

« Vous-moi qu'en dehors des soins à donner au colonel et des visites à faire au général, vous ne ferez rien sans me prévenir.

— Mais...

— Voulez-vous me jurer ?...

— Cependant, si le colonel me donne un ordre...

— Avant de l'exécuter, vous viendrez me prévenir...

— Mais si le général me commande...

— La même chose.

— Cependant...

— Ah ! je le veux ! »

Et la jolie mignonne, fronçant les sourcils et avançant le doigt avec un geste impérieux, se retourna pour se mettre bien en face de son interlocuteur ; Louis secoua la tête.

« Ma petite sœur ! » dit-il avec un accent qui dénotait l'intention de lutter.

Rose joignit les mains.

« Je vous en prie ! dit-elle avec des larmes dans la voix.

— Ah ! s'écria Louis, je jure tout ce que vous voudrez ! »

Rose lui saisit les mains.

« Merci ! dit-elle en les lui pressant. Ainsi, il est bien convenu qu'en dehors des soins à donner à votre colonel, des visites à faire à votre général, vous ne ferez rien, mais absolument rien, sans que je sois prévenue avant ?

— C'est convenu !

— Vous ne ferez même pas une promenade sans m'avertir ?

— Je vous le jure !

— Enfin, Louis, quoi qu'on vous dise, quoi qu'il vous arrive, vous me promettez de ne suivre aucun conseil, de n'écouter aucun ordre, de ne rien tenter enfin sans être venu me demander conseil ?

— Mais pourquoi ?

— Jurez !

— Je jure ! ma petite Rose. A partir de cette heure vous êtes mon chef de file, comme dit Rossignolet ; je ne ferai rien sans votre permission... Mais dites-moi pourquoi vous me faites faire cette belle promesse ?

— Je ne veux pas vous le dire, Louis, mais j'ai votre serment et je le garde, et pour le mieux sceller... embrassez-moi.

— Oh ! bien volontiers ! »

Et Louis, se penchant vivement vers la *jolie mignonne*, déposa un baiser sonore sur chacune de ses joues.

« Ah ! satané freluquet ! je t'y pince encore ! » cria une voix vibrante.

La porte venait de s'ouvrir précisément au moment où Louis embrassait Rose, et la générale Lefebvre, faisant irruption dans la boutique, s'avançait de l'air le plus menaçant.

« Tiens ! ma générale ! cria Louis.

— Ah çà ! petit je ne sais quoi, reprit la citoyenne, je ne pourrai donc pas entrer ici une fois sans te voir embrasser ma *jolie mignonne*?

— Dame ! c'est ma sœur.

— Ta sœur... ta sœur !... Et moi, est-ce que je suis ta sœur ?

— Dame !... non ! dit Louis en riant, mais je vous embrasserais bien tout de même, allez !

— Eh bien ! viens m'embrasser alors, blanc-bec ! »

Et la générale, ouvrant ses deux bras, ce qui lui fit brandir dans les airs le *ridicule* et l'ombrelle qu'elle tenait de chaque main, sourit au petit sergent, de ce sourire si franc et si charmant qui indique l'excellence du cœur.

Louis embrassa la générale avec une émotion véritable ; la citoyenne appuya sa main droite sur l'épaule du sergent, et le regardant fixement :

« Je l'aime, ce gamin-là ! » dit-elle.

Et se tournant vers Rose qui était demeurée, elle aussi, émue et rougissante :

— T'a-t-il raconté comment son général l'avait reçu ? dit-elle.

— Le général Bonaparte ? demanda la jeune fille avec étonnement ; non, Louis ne m'a rien dit.

— Comment ! il ne t'a pas dit qu'il avait soupé chez le général ?

— Oh ! si... mais il ne m'a pas dit autre chose.

— Ah ! si tu avais vu le gamin, comme il était fêté, entouré, cajolé !... toutes les belles pimbêches de l'endroit lui faisaient des amabilités...

— Vraiment ? dit Rose en pâlissant un peu.

— Eh oui ! poursuivit la générale ; ce freluquet-là était devenu la coqueluche du salon : c'était à qui des plus belles et des plus calées ferait des grâces au citoyen...

— Ah !... fit Rose en cessant de regarder Louis.

— C'est qu'aussi, poursuivit madame Lefebvre, le général lui a tiré l'oreille et l'a présenté à l'assemblée d'une façon un peu numéro un !... Il a raconté un tas de choses sur Bibi... Ah ! c'était une belle soirée pour toi, pas vrai, petit ? C'est malheureux que tu n'aies pas été plus grand et que tu n'aies pas de moustaches sous le nez, sans cela, je suis sûre qu'on t'aurait demandé en mariage.

— Oh ! » fit Louis en riant.

Puis, changeant brusquement d'expression :

« Citoyenne générale, reprit le jeune homme, ne me faites pas sourire... j'ai le cœur trop gros ! »

Madame Lefebvre lui tendit la main :

« C'est gentil ce que tu dis là ! répondit-elle avec émotion. Oui, mon garçon, je sais tout ce que tu dois avoir là ! Ah ! les Bonchemin et les Bienvenu, c'étaient de crânes gaillards !... Lefebvre les regrette, et son ami Maburée donc ! Pauvre homme !... avoir fait cinquante fois le tour du monde pour venir se noyer comme une grenouille... J'ai pleuré comme une bête quand j'ai appris cela !...

— Alors, dit Rose, c'est décidément bien vrai ?

— Bien certainement.

— C'est singulier, je ne puis me le persuader !

— Et le Gervais ? reprit madame Lefebvre après un silence.

— Il n'est pas revenu, répondit Rose.

— Pas depuis la nuit de son arrestation ?

— Non, citoyenne.

— Ah ! voilà qui est fort ! Qu'est-ce qu'il a pu faire, ce cornichon-là, pour que Fouché s'en soit emparé ?... Et le Gorain ?

— Pas de nouvelles non plus.

— Celui-là, je m'en moque, et je ne le regretterais guère... et quant au Gervais, si je le regrettais, ce ne serait pas pour lui, ce serait pour sa femme, et encore... »

La porte en s'ouvrant coupa la restriction qu'allait évidemment formuler la générale.

« Ah ! s'écria madame Lefebvre, c'est toi, citoyenne Gervais ?... Eh bien ! et ton homme ?

— Est-ce qu'il n'est pas ici ? demanda madame Gervais.

— Mais non, maman, dit Rose.

— Comment ! il n'est pas rentré ?

— Mais il est donc libre ?

— Oui, depuis deux heures ; je viens de l'apprendre au ministère de la police où j'étais allée le réclamer encore. Il a enfin été relâché ce matin même avec son ami Gorain ; et je le croyais rentré...

— Madame la générale, pourquoi l'avait-on arrêté, qu'est-ce qu'il avait fait ?

Madame Gervais haussa les épaules :

« Je crois qu'il n'en sait rien lui-même, dit-elle.

— Madame ! madame ! cria Antoine, voilà monsieur ! »

Et, levant le bras, le commis désignait l'autre côté de la rue. Les trois femmes et le soldat avaient tourné aussitôt leurs regards vers l'endroit indiqué.

Antoine ne s'était pas trompé : c'était Gervais qui s'avançait, mais Gervais changé, métamorphosé, transformé, presque méconnaissable ; Gervais, qui d'ordinaire marchait les mains dans les poches, le nez baissé, se faufilant en craignant toujours de bousculer ou d'être bousculé ; Gervais qui se faisait petit, humble pour éviter toute discussion ; Gervais, cette fois, portait la tête haute, il avait le nez au vent, le visage épanoui, l'air dominateur ; Gervais, brandissant sa canne comme s'il eût tenu une épée, marchait les coudes écartés, le jarret tendu, sans paraître se préoccuper de ceux qu'il bousculait au passage et les accablant du poids de son regard méprisant et protecteur.

Rose, madame Gervais et la générale, après avoir examiné le bourgeois, se regardèrent entre elles avec une expression d'étonnement manifeste.

« Ah mon Dieu ! dit Rose. Qu'a donc M. Gervais ? Il paraît tout fier et tout heureux !

— Allons ! qu'est-ce qu'il y a encore ? dit madame Gervais en haussant les épaules.

— Il aura trop déjeuné, c'est ce qui lui donne tant d'aplomb ! dit la générale.

— Ah ! cria Antoine, voilà le citoyen patron qui s'achète un bouquet !

— C'est, ma foi vrai ! » dit la générale.

Effectivement Gervais, au moment de traverser la rue, venait de s'arrêter devant une marchande qui traînait une petite voiture remplie d'oranges naturelles et de fleurs artificielles, qu'elle débitait l'une portant l'autre à la plus grande joie des enfants.

Gervais avait acheté un bouquet, et mettant l'orange dans sa poche, il passait la queue du bouquet dans la boutonnière de son habit.

« Il a l'air d'un marié ! dit Louis.

— Il est fou ! murmura madame Gervais.

— Mais qu'est-ce qu'il peut avoir pour être si content de lui-même ! s'écria la générale.

— Nous allons le savoir ! le voici ! »

Gervais mettait alors la main sur le bec-de-cane de la serrure et faisant tourner la porte, il entrait : Rose courut au-devant de lui : Gervais la considéra un moment en clignant les yeux comme s'il ne l'eût pas complètement reconnue, puis lui adressant un petit signe protecteur :

« Bonjour, petite ! bonjour ! » lui dit-il.

Madame Gervais ouvrait des yeux énormes : madame Lefebvre partit d'un franc éclat de rire, Gervais se retourna vers la générale :

« Oh ! citoyenne générale, dit-il en saluant légèrement. Enchanté de vous voir... »

Puis, sans transition aucune, Gervais tourna sur lui-même, plaça ses mains derrière le dos et se mit à marcher dans toute la longueur de la boutique, en homme subitement absorbé dans les réflexions les plus sérieuses.

« Ah çà, qu'est-ce qui lui prend, à ton imbécile de mari ? » dit madame Lefebvre à la citoyenne Gervais.

Celle-ci fit signe qu'elle ne comprenait rien. S'avançant vers Gervais, elle se plaça de manière à l'arrêter au passage ; mais Gervais arrivé en face de sa femme, l'écarta avec un geste empreint d'une supériorité écrasante.

« Dis donc ! dis donc ! qu'est-ce que tu as ? cria madame Gervais cramoisie de colère.

— Chut! fit Gervais avec solennité.
— Veux-tu me répondre?
— Chut! madame Gervais.
— Qu'est-ce que c'est? veux-tu m'imposer silence, à présent? vociféra la bonnetière. Ah! m'empêcher de parler quand je voudrai! voilà qui serait fort!
— Au fait! qu'est-ce que tu as, Gervais? cria la générale de l'autre côté. Tu as l'air d'être enflé comme si tu avais avalé un potiron!
— Chut! chut! chut! fit Gervais en secouant la tête.
— Mais il a un coup de marteau, ce grand nigaud-là! » cria la générale.

Gervais s'arrêta en se redressant avec une expression de dignité superbe :

« Citoyenne! dit-il, je vous prie d'être assurée que je jouis en ce moment de toutes mes facultés!

— Alors, tu vas me répondre! » reprit madame Gervais.

Gervais se tourna vers elle et avec un petit geste protecteur :

« Chut, madame Gervais! » fit-il encore.

Cette persévérance à lui imposer silence parut pousser au paroxysme l'état d'irritabilité dans lequel était la citoyenne Gervais.

— Ah! s'écria-t-elle, c'est un peu fort. Comment! monsieur même, il paraît, une vie de bonnet de coton; on vient l'arrêter dans son domicile... on l'emmène sans que sa malheureuse femme puisse savoir seulement ce qu'il a fait, et quand monsieur revient, quand il a l'air de sortir de je ne sais où... quand sa pauvre épouse l'interroge, monsieur lui fait : « Chut! » avec des airs de matou fâché! Mais je veux savoir d'où vous venez, entendez-vous! Je veux savoir ce que vous avez fait et ce que vous voulez faire, car je suis sûre que vous ruminez encore quelque bêtise dans votre cervelle, quelque niaiserie comme vos œufs rouges, qui n'étaient seulement pas bons à mettre dans une salade!...

— Madame Gervais! madame Gervais! je crois que vous allez vous oublier! dit Gervais, qui paraissait être dans le septième ciel.

— D'où venez-vous? cria madame Gervais.

— Chut!... fit le bourgeois.

— D'où venez-vous? je veux le savoir! ah! parlez, répondez, Gervais, ou, jour de Dieu! je ne sais pas de quoi je serai capable.

— Eh oui! dites donc d'où vous venez, ce ne doit pas être de commettre un crime! ajouta madame Lefebvre.

— D'où je viens? reprit Gervais avec une pose emphatique. Je viens de passer quelques instants avec un homme d'une haute capacité, j'ose le dire!

— Qui?

— Vous le saurez plus tard!

— Voyons! vous avez été en prison? reprit madame Lefebvre après un moment de silence et en faisant signe à madame Gervais de se calmer.

— En prison? répéta Gervais, mais jamais, au grand jamais...

— Cependant on t'y a conduit! cria la bonnetière. On est venu t'arrêter, je l'ai bien vu! J'ai assez crié, pleuré et gémi. Ah! je le regrette bien, même!

— Et vous avez raison, citoyenne Gervais, il eût fallu vous réjouir!

— Ah! si je n'étais pas si bête, certainement que je me fusse réjouie. Mais pourquoi vous a-t-on arrêté?

— Encore une fois, on ne m'a pas arrêté!

— Par exemple! Et les soldats...

— C'était une garde d'honneur! »

Madame Gervais, madame Lefebvre et le jeune sergent se regardèrent : les deux derniers sans pouvoir conserver leur sérieux.

« Une garde d'honneur! s'écria la générale. Et pourquoi faire?

— Pour me conduire souper! »

Tous se regardèrent encore, avec une expression qui voulait dire clairement : Il est fou!

Madame Gervais exaspérée courut à son mari, lui prit le bras qu'elle lui secoua vigoureusement et lui criant dans les oreilles :

« Voulez-vous me dire tout de suite ce que cela signifie!

— Chut! chut! fit Gervais.

— Il n'y a pas de chut! je veux savoir!

— Madame Gervais!

— Je veux savoir!

— Mais...

— Jour de Dieu! parlerez-vous!

— Non! dit Gervais avec résolution! c'est un secret! »

Madame Gervais était cramoisie. La colère et l'impatience mettaient son sang en ébullition. Saisissant son mari par le bras, elle l'entraîna précipitamment.

Gervais se laissa emmener sans opposer la moindre résistance. Sa femme, le traînant toujours à sa suite, lui fit traverser la boutique, monter l'escalier conduisant au premier étage, et poussant une porte, elle le contraignit à pénétrer avec elle dans une chambre dépendant de leur logement particulier.

Là, quittant son mari et se croisant les bras sur la poitrine avec un geste d'une grande énergie :

« Monsieur Gervais, dit-elle, maintenant que nous voici seuls, j'espère que vous allez m'expliquer le mystère de votre conduite.

— Chut! chut! fit Gervais.

— Ah! ne recommençons pas; vous allez parler.

— Mais, ma bonne amie...

— Vous allez parler.

— Cependant...

— Parlez! parlez! » cria madame Gervais au comble de l'exaspération.

Gervais fit un geste comme pour calmer sa femme ; puis, se redressant et reprenant sa pose d'homme important :

« Citoyenne Gervais, dit-il enfin, qu'est-ce que vous diriez si je vous disais que peut-être à cette heure le général Bonaparte s'entretient de ma personne?

— Qu'est-ce que tu me chantes là?

— Que peut-être, poursuivit Gervais, il se félicite intérieurement, l'illustre général, de m'avoir pour admirateur.

— Mais tu es fou!

— Enfin, madame Gervais, je vous prie d'avoir dorénavant pour moi, votre mari, le respect et les attentions auxquels peuvent et doivent avoir droit des citoyens de ma compétence. Car, sachez-le bien, je consens à vous le dire : tel que vous me voyez en ce moment, moi votre époux, moi qui vous parle, moi Gervais, je suis sûr le point de rendre à la patrie un de ces services qui gravent votre nom en lettres d'or sur les tables de la postérité. »

Madame Gervais ouvrit de grands bras, et de grands yeux et elle considéra son mari comme on considère un phénomène.

Gervais secoua doucement la tête de haut en bas, comme un homme enchanté de lui-même et qui se félicite intérieurement.

« Maintenant, reprit-il, ne m'en demandez pas davantage, vous n'en saurez pas plus.

— Mais, dit madame Gervais, pourquoi me cacher?...

— Les lois de l'association s'y opposent, chère amie.

— Quelle association?

— Eh! la grande, la fameuse, la seule!

— Encore! s'écria madame Gervais. Comment! tu crois encore... »

Et tournant sur ses talons en levant les bras au ciel :

« Ah! décidément, il est fou! » ajouta-t-elle.

Gervais haussait les épaules avec un air de dédain superbe.

En ce moment, et tandis que dans la chambre des deux époux avait lieu la scène qu'on vient de lire, le sergent-major prenait congé dans la boutique de la générale Lefebvre et de la *jolie mignonne*.

« Adieu, mauvais sujet, disait la générale en souriant. Tâche de grandir vite pour mériter les épaulettes que le général t'a promises l'autre soir. Allons! dis adieu à la *jolie mignonne* et dépêche-toi. »

Et l'excellente femme, pour ne pas embarrasser les adieux des deux jeunes gens par sa présence, se retourna, et, s'adressant à Antoine, elle se fit montrer quelques échantillons de marchandises, tandis que Louis s'approchait de la *jolie mignonne.*

« Louis, dit la jeune fille à voix basse, souvenez-vous de votre serment. Vous allez en ce moment auprès de votre colonel : ne quittez sa demeure que pour venir ici, quelque ordre que vous ayez reçu, quelque impérieuses que vous paraissent les circonstances qui pourraient se présenter. Vous me l'avez promis.

— Je vous le jure! Rose.

— Alors, au revoir. »

Louis lui adressa un geste amical, puis il sortit. Madame

L'homme, garrotté et suspendu, tournait sur lui-même. (Page 187.)

Lefebvre revint vers la *jolie mignonne*, et s'asseyant près d'elle familièrement dans le comptoir :
« Il est gentil, hein ! le petit ? dit-elle.
— Mais... sans doute... » répondit Rose en rougissant.
La générale la regarda bien en face.
« Quand j'ai dit que, l'autre soir chez le général, les belles dames s'arrachaient le sergent, reprit la générale, qu'est-ce que tu as ressenti là ? »
La générale passa sa main sur le cœur de Rose.
« Mais... balbutia la *jolie mignonne* avec embarras.
— Allons, réponds.
— Citoyenne...
— Réponds, mon enfant. Tu sais combien je t'aime, réponds comme tu répondrais à ta mère. Qu'as-tu ressenti ? »
Rose baissa la tête comme si elle eût eu honte de ce qu'elle allait dire.
« J'ai ressenti un froid douloureux, » murmura-t-elle.
La générale la prit dans ses bras et la baisa sur le front.
« C'est tout ce que je voulais savoir, » dit-elle.
Puis, se levant pour quitter le comptoir :
« Maintenant, ma petite Rose, continua-t-elle, quand tu verras Louis, tu me l'enverras, j'ai à lui parler. »
En ce moment madame Gervais, descendant précipitamment, entrait comme un ouragan dans la boutique.

« Eh bien ! et ton imbécile de mari ? demanda madame Lefebvre.
— Plus fou qu'avant, dit madame Gervais en levant les yeux au ciel. Cette fois, il a totalement perdu la raison.
— Comment ?
— Il se figure être l'ami du général Bonaparte, et il prétend que lui, Gervais, va sauver la France !
— A quel propos ?
— Ah ! voilà ; je n'ai pas pu lui arracher autre chose. Il y a là-dessous un mystère auquel je ne comprends rien ! »

## XXXV. — A GRENELLE.

La nuit était avancée ; tout le quartier, devenu maintenant quartier de Paris, mais jadis banlieue de la capitale, et qui s'étendait sur la rive gauche à l'extrême ouest de la grande cité, ce quartier de Grenelle enfin était plongé dans une obscurité profonde, dans un silence absolu.
Deux hommes, longeant le mur d'enceinte de la ville, suivaient le boulevard extérieur de la barrière de la Cunette à la barrière de Grenelle. Tous deux étaient de haute taille, tous deux costumés comme les ouvriers aisés.

Le côté droit du boulevard était bordé par une série de maisonnettes basses, irrégulières, toutes d'aspect différent, se succédant les unes aux autres. C'étaient des guinguettes, des cabarets borgnes, des bals publics, tous lieux mal réputés, mal hantés, sortes de cloaques infâmes à l'usage de l'écume de la société parisienne.

Tous les soirs, ces établissements sans nom étaient encombrés par une foule déguenillée ; puis de minuit à une heure du matin toute cette foule s'écoulait, disparaissait dans les ombres de la nuit sans qu'on pût savoir ce qu'elle devenait.

A une heure, les lumières s'éteignaient, les portes se fermaient, les cabarets, les guinguettes, les bals, si animés quelques instants plus tôt, devenaient déserts : le silence le plus profond succédait au bruit.

A l'heure donc où les deux promeneurs s'avançaient, parcourant le boulevard, pas une lumière ne brillait aux fenêtres des maisons, rien ne troublait la tranquillité de la nuit. Les deux hommes longeaient le mur d'enceinte sans échanger un seul mot.

Au moment où ils atteignaient à peu près le point central de la distance qui sépare les deux barrières, le premier des deux hommes, c'est-à-dire celui qui précédait son compagnon, paraissant le conduire, s'arrêta au pied d'un gros arbre. Se penchant en avant, il parut essayer de percer les ténèbres pour examiner l'autre côté du boulevard.

En cet endroit, la ligne des cabarets était interrompue et une voie étroite et sinueuse montait, s'enfonçant entre deux murailles, dans l'intérieur de Grenelle.

De chaque côté de cette voie, il n'y avait pas de maisons mais deux murailles en fort mauvais état et servant d'enclos à deux jardins maraîchers dépendant de cabarets voisins. Ces deux jardins s'étendaient à droite et à gauche, à la distance d'environ soixante pas:

A gauche, il y avait alors un renfoncement de forme demi-circulaire, fermé par une grille en bois et donnant sur un petit jardin couvert; à travers les arbres duquel on apercevait une maison de modeste apparence.

A droite, s'élevait, sur le bord de la ruelle, un petit pavillon à deux étages avec un toit pointu, surmonté d'une girouette. Ce pavillon, qui avait deux fenêtres de façade, était percé à sa base par une porte bâtarde peinte en bleu foncé et munie d'un lourd marteau de fer mobile reposant sur une énorme tête de clou.

La muraille du jardin potager s'étendait jusqu'à la petite construction. De l'autre côté du pavillon, reprenait une autre muraille en fort mauvais état et percée à son centre par une brèche qui permettait l'accès d'un verger d'assez grande étendue.

Les deux hommes s'étaient arrêtés en face de cette ruelle. Le premier la désigna du geste à l'autre, et, sans mot dire, tous deux traversèrent le boulevard et s'engagèrent dans la voie sinueuse.

En atteignant la hauteur du pavillon, ils s'arrêtèrent encore. Le premier se baissa, examina minutieusement la porte, souleva le marteau et le reposa ensuite sans avoir fait entendre le plus léger choc. Se retournant vers son compagnon, qui paraissait attendre avec une anxiété visible et douloureuse, il lui fit encore signe de le suivre.

Ils longèrent le mur jusqu'à la crevasse pratiquée. Le premier des deux hommes escalada la muraille chancelante, passa par la crevasse et sauta de l'autre côté. Son compagnon le suivit sans hésiter.

Ils se trouvèrent alors dans un grand verger absolument désert. Le plus profond silence régnait autour d'eux. Une petite allée étroite longeait le mur se dirigeant vers le pavillon qu'elle contournait. Ils prirent cette allée qui aboutissait à une petite porte percée parallèlement à celle donnant sur la rue.

Le premier des deux hommes prit une clef dans sa poche et l'introduisit dans la serrure de cette porte. Au moment de faire jouer la serrure, il se retourna vers son compagnon :

« Tu vas voir Rosette, lui dit-il. Je tiens ma promesse, songe à tenir la tienne ; mais rappelle-toi qu'à la moindre tentative de désobéissance, Rosette tombera frappée sous tes yeux ! Maintenant, suis-moi. »

L'homme ouvrit la porte en achevant ces mots et pénétra dans un couloir sombre, ténébreux et auquel on ne voyait aucune autre issue.

## XXXVI. — LA VISION.

Les deux hommes ayant franchi le seuil du couloir, la porte se referma sur eux. L'obscurité la plus complète les entourait.

« Souviens-toi de mes paroles, Cassebras, reprit la voix qui avait déjà parlé ; dans quelques secondes tu vas voir Rosette... Tu vas *la voir*, continua l'homme en appuyant sur ce dernier mot, mais elle ne te verra pas, elle !... tu comprends ?... tu ne pourras ni lui parler, ni lui faire soupçonner ta présence. »

Un grognement sourd répondit à ces paroles.

« Si tu ne veux pas la voir, il est temps encore.
— Je veux la voir, dit Cassebras, je veux m'assurer que tu ne m'as pas menti, Thomas !
— Cela est facile ; tu vas avoir la certitude que Rosette est vivante, tu la verras, tu l'entendras parler, tu entendras sortir de sa bouche les paroles confirmant l'assurance que je t'ai donnée qu'elle n'était en butte à aucune torture physique, à aucune autre souffrance que celle d'être privée de sa liberté. Mais encore une fois, elle doit ignorer absolument que tu es près d'elle... si elle te soupçonnait là, elle mourrait à l'instant ! Au reste, tu auras la preuve de ce que je te dis.
— Je veux voir Rosette ! dit Cassebras d'une voix sourde.
— Approche-toi de cette muraille. »

Cassebras obéit.

« Monte sur cette pierre que tu sens à tes pieds. »

Cassebras fit encore ce qu'on lui ordonnait.

« Maintenant, reprit Thomas, suis avec les doigts de la main gauche cette arête pratiquée dans le mur... La sens-tu ?
— Oui ;
— Suis-la jusqu'à ce que tu rencontres une solution de continuité.
— C'est fait.
— Que rencontres-tu sous ton doigt?
— Un espèce de trou, un petit fond avec un trou au milieu, répondit Cassebras.
— Applique ton œil sur ce trou et attends. »

Thomas fit un pas en arrière, comme avec l'intention de s'éloigner, mais s'arrêtant brusquement :

« Souviens-toi de mes paroles ! dit-il avec un accent menaçant. Si tu laisses soupçonner ta présence, Rosette tombe frappée sous tes yeux ! Attends maintenant sans bouger, et ne descends même pas de cette pierre avant que je te l'aie ordonné. La vie de Rosette me répond de ton obéissance. »

En achevant ces mots, Thomas s'éloigna sans faire aucun bruit, sans que Cassebras pût deviner même de quel côté il se dirigeait. Il lui sembla entendre au bout de quelques instants un petit craquement sec, mais ce fut tout. Le silence le plus parfait régnait dans le petit pavillon et n'était troublé, dans le couloir, que par le bruit de la respiration sifflante du fort de la halle.

Cassebras, toujours monté sur sa grosse pierre, l'œil appliqué sur l'endroit indiqué de la muraille, Cassebras haletant, frémissant d'impatience, inquiet, anxieux, souffrant toutes les tortures de l'angoisse la plus horrible, Cassebras attendait... Chaque seconde qui s'écoulait lui semblait plus longue que des siècles.

Dix minutes environ se passèrent ; Cassebras pensa que Thomas avait voulu se jouer de lui ; mille suppositions différentes se firent jour dans sa cervelle épaisse.

« Si Rosette était morte, murmura-t-il, si on m'avait attiré dans un piège pour me tuer, moi aussi, plus sûrement, si... »

Un rayon de lumière, en frappant soudainement l'œil du fort de la halle, arrêta la parole sur ses lèvres et la pensée dans son cerveau. Cassebras, surpris, avait tressailli.

C'était par le trou pratiqué dans la muraille que la lumière venait de jaillir, comme si l'obstacle qui jusqu'alors l'eût obstruée fût subitement tombé à l'aide du jeu d'un ressort secret.

Tout d'abord Cassebras ne distingua rien, puis sa prunelle ardente s'habitua à l'intensité de la clarté. Cassebras vit l'intérieur d'une chambre de petite dimension, chambre proprement, même confortablement meublée. Des rideaux de perse garnissaient la fenêtre unique qui donnait sans doute sur le jardin ; au fond était un lit, petit, placé *debout*, comme les anciens lits Louis XV, en bois peint en blanc et entouré de rideaux semblables à ceux de la fenêtre.

Quelques fauteuils, une table, un petit bonheur-du-jour, un tapis, composaient le reste de l'ameublement avec une pendule rocaille et deux candélabres chargés de bougies allumées placés sur la cheminée, dans laquelle brillait un feu vif et ardent.

Tout dans la chambre était dans un ordre parfait, mais cette chambre était déserte. Pas un être humain ne s'y tenait.

A droite, au fond, était pratiquée, dans l'épaisseur de la muraille, une petite porte garnie de deux rideaux retombant en draperies.

De l'endroit où était placé Cassebras, il avait précisément en face de lui la cheminée, au-dessus du manteau de laquelle se dressait une jolie glace de Venise.

Cassebras examinait avec une attention minutieuse et profonde cette pièce solitaire à l'aspect doucement agréable ; son œil cherchait dans les angles, derrière les rideaux, fouillait les coins les plus reculés avec l'ardeur de l'œil du chasseur cherchant la proie qu'il voulait faire sienne, quand un bruit sonore et sec retentit et attira brusquement son attention vers la cheminée.

Sans que personne fût entré, sans que rien eût décelé ce qui venait d'avoir lieu, la glace de Venise venait d'être enlevée et elle se trouvait suspendue à un pied au-dessus de l'endroit où elle était primitivement appliquée.

La partie de la muraille mise à nu était dénuée de papier de tenture : la pierre apparaissait avec ses tons gris et ses jointures jaunâtres. Une pierre, celle du centre, se détacha et disparut comme attirée en arrière par une force irrésistible ; un trou noir demeura béant à sa place, et par ce trou apparut le canon d'une carabine.

Ce canon, dont on n'apercevait que l'extrémité menaçante, se mit à se mouvoir dans tous les sens comme pour prouver qu'il pouvait être dirigé vers toutes les parties de la chambre, même dans les recoins les plus éloignés. Effectivement, la construction de la pièce était telle que de la cheminée on dominait tous les plans des murailles.

Cette cheminée était dans une sorte de niche percée dans le mur, non pas une niche arrondie comme celle d'un poêle, mais une niche carrée formant encadrement. La muraille, à droite et à gauche, n'était pas droite : elle s'avançait obliquement comme les deux côtés d'un triangle dont le sommet obtus eût été occupé par la cheminée.

Grâce à cette construction, le canon de la carabine pouvait, ainsi que je disais, menacer tous les coins de la pièce. La porte était placée à droite de la cheminée, dans l'un des pans de la muraille : elle avait pour pendant une jolie commode de nouveau modèle.

Quand le canon se fut mû dans tous les sens, il demeura immobile ; alors la glace s'abaissa lentement et vint reprendre sa place, encadrant le canon dans l'un des jours de la bordure dorée, et l'encadrant de telle sorte qu'elle le dissimulait presque complètement et qu'il fallait centres connaître sa présence pour la deviner.

Il était évident que le déplacement de la glace de Venise n'était pas nécessaire pour le placement du canon de carabine, et que si ce déplacement avait eu lieu, cela avait été uniquement dans le but de faire bien constater par l'œil du fort de la halle la présence de l'arme meurtrière.

A peine la glace venait-elle de reprendre sa place sur la cheminée que la porte s'ouvrit, la portière s'écarta et une femme entra. La porte se referma et un bruit de verrous poussés extérieurement attesta que cette femme, si elle était entrée librement, ne pouvait sortir de même.

Cassebras avait étouffé un cri : dans la femme qui s'avançait il venait de reconnaître Rosette. Son regard se reporta rapide sur la cheminée ; le canon de la carabine se tenait immobile à la hauteur de la tête de la belle écaillère.

Cassebras enfonça ses ongles dans la muraille avec une telle violence que le plâtre se détacha sous la pression.

Rosette s'avançait lentement vers un siège placé près de la petite table. La belle écaillère était bien changée, mais le changement qui s'était accompli avait peut-être donné un charme de plus à la jolie jeune femme.

Rosette était amaigrie, son teint était pâle, ses yeux tristes et langoureux ; la souffrance morale lui avait donné une certaine distinction physique dont Cassebras demeura frappé sans pourtant s'en rendre compte.

La belle écaillère appuya sa tête dans ses mains et demeura rêveuse. En ce moment un bruit de clef tournant dans la serrure retentit. Rosette tressaillit et se redressa : une expression de terreur se peignit sur son visage.

La porte s'ouvrit toute grande, un homme entra, Rosette regarda cet homme : elle demeura un instant encore immobile et fascinée ; puis, poussant un cri de joie, elle s'élança en avant vers le visiteur :

« Monsieur Thomas ? cria-t-elle, je suis sauvée ! »

C'était effectivement Thomas qui venait d'entrer.

« Eh ! ma belle Rosette, dit-il avec l'accent familièrement bonhomme qu'il savait prendre en certaines occasions, qu'il y a donc longtemps que je n'ai eu le plaisir de te voir !...

— Allons, partons ! dit Rosette avec une agitation extrême, emmenez-moi.

— Et où cela ?

— Hors d'ici !

— Hors d'ici ? répéta Thomas en riant, tu n'y songes pas ! »

Rosette se recula.

« Oh ! dit-elle, vous aussi, vous êtes donc de mes ennemis ?

— De tes ennemis, non pas, ma belle, dit Thomas ; je suis de tes amis, et de tes meilleurs encore !

— Monsieur ! monsieur ! cria Rosette, je veux m'en aller d'ici !... Pourquoi me retient-on prisonnière ?... Qu'ai-je fait ?... que me veut-on ?

— La ! la ! la ! dit Thomas en la calmant du geste ; les beaux cris que tu fais, ma mignonne ! Voyons, es-tu donc si malheureuse ?... Est-ce qu'on te maltraite ici ?

— Non, dit Rosette.

— Qu'est-ce qu'on te fait ?

— Rien, je ne vois personne, qu'une femme qui me paraît être sourde et muette. A midi, elle entre ici ; elle me fait passer dans la pièce d'à côté, dans laquelle je demeure toute la journée, et le soir venu on me ramène ici.

— Te laisse-t-on manquer de quelque chose ?

— Non.

— Alors de quoi te plains-tu ?

— D'être retenue prisonnière ! »

Thomas se mit à rire.

« Ma parole d'honneur ! dit-il, quelqu'un qui pourrait t'entendre croirait que tu es réellement la plus malheureuse des femmes !

— Je veux être libre ! s'écria Rosette.

— Pour revoir ton mari ? dit Thomas.

— Oui.

— Le fait est que tu ne l'as pas vu longtemps.

— Mais qu'ai-je fait ?... que me veut-on ?... pourquoi me retenir ici ? cria la belle écaillère avec une fureur sourde.

— Tu n'as rien fait, ma belle enfant ; ce qu'on veut, c'est faire ton bonheur, et si on te retient ici, tu n'y as pas beaucoup à souffrir.

— Je veux être libre !

— Tu le seras. Peut-être plus encore que tu ne le penses... »

Rosette s'approcha vivement de Thomas :

« Que voulez-vous dire ?

— Je veux dire que tu pourras bientôt être libre... très-libre même.

— Comment ?

— Si tu es rivée ici, n'es-tu pas rivée aussi, comme dit la chanson, dans les chaînes du mariage ?

— Eh bien ?

— Eh bien !... si toutes tes chaînes se rompaient, tu serais libre... »

Rosette était devenue fort pâle.

« Spartacus ? mon mari ?... balbutia-t-elle avec un accent qui alla torturer le cœur du fort de la halle, qui voyait tout, qui entendait tout et qui n'osait pousser un cri ni faire un mouvement.

— Spartacus ? reprit Thomas.

— Il est mort ? s'écria Rosette.

— Lui ? il se porte à merveille. »

La belle écaillère poussa un soupir de soulagement.

« Mais s'il se porte à merveille aujourd'hui, il peut mourir demain, reprit Thomas, cela s'est vu. »

Rosette parut hésiter un moment, elle demeura immobile pressant son front dans ses mains crispées ; puis courant vers Thomas, elle se laissa glisser à deux genoux devant lui :

« Par grâce ! par pitié ! dit-elle d'une voix suppliante et tandis que des larmes inondaient son visage, délivrez-moi !... rendez-moi libre ! je vous en supplie, je...

— Regarde la pendule ! » dit vivement Thomas en désignant la cheminée.

Rosette obéit en relevant la tête.

« Il est deux heures du matin, poursuivit Thomas. Dans cinq jours à pareille heure, tu peux être libre.

— Libre ! s'écria Rosette, mais pourquoi attendre ?... qu'ai-je fait?

— Tu sauras tout cela. En attendant, réponds.... Aimes-tu Spartacus?

— Oh ! oui ! dit Rosette sans hésiter.

— Et Cassebras ?

— Oh ! je l'aime bien aussi.

— Si tu n'avais pas épousé Spartacus, tu aurais épousé Cassebras?

— Dame... oui ! dit Rosette étonnée de cette question faite en telle circonstance.

— De sorte que si demain tu devenais veuve, tu pourrais après-demain épouser Cassebras !

— Taisez-vous !... oh ! taisez-vous ! » cria la belle écaillère, devenue d'une pâleur livide.

Thomas la regarda bien en face.

« Tu aimes donc bien Spartacus? demanda-t-il.

— Oui, je l'aime de toute mon âme, de tout mon cœur, comme une honnête femme doit aimer son mari ! s'écria Rosette.

— Alors si tu devenais veuve ?

— Je ne me remarierais pas !

— Jamais ?

— Non, jamais ! » dit Rosette avec un accent de fermeté étrange.

Thomas sourit.

« Bah ! dit-il, ne jure pas !.... il ne faut jurer de rien ! »

Thomas, qui s'était assis, venait de se lever. Rosette courut vers lui :

« Emmenez moi ! s'écria-t-elle.

— Pas aujourd'hui, dit Thomas, mais bientôt tu seras libre, je te le promets.

— Je veux sortir, reprit la belle écaillère avec un élan furieux, je veux... »

Cassebras, qui se tenait haletant, immobile, l'œil appuyé contre la muraille, Cassebras fit tout à coup un mouvement en arrière comme s'il eût été frappé par une commotion électrique. Reprenant son équilibre, il se cramponna et se remit en même position... mais il ne vit rien.

L'interstice pratiqué dans la muraille avait disparu... Cassebras ne voyait rien, Cassebras n'entendait rien.... Il était plongé dans une obscurité profonde : le plus grand silence régnait autour de lui. Ses mains interrogèrent le mur, ses doigts crispés et frémissants se promenèrent sur la pierre humide... Aucun indice d'ouverture ne se présentait.

Un moment Cassebras crut qu'il venait d'être le jouet d'une illusion : il se dit que ce qu'il croyait avoir vu et entendu, il n'avait pu ni le voir ni l'entendre :

« J'ai rêvé, » murmura-t-il avec une expression impossible à rendre.

En ce moment une main se posa sur son épaule :

« Viens ! » dit une voix.

Cassebras obéit sans répondre. Il sauta à terre, des doigts lui étreignirent le poignet, et il se laissa entraîner.

Bientôt la porte s'ouvrit et l'air extérieur baigna les tempes du fort de la halle. Thomas était près de lui. Tous deux quittèrent le verger et, repassant par la brèche, atteignirent la ruelle.

Thomas avait pris le bras de son compagnon et l'entraînait rapidement.

« Eh bien ! dit Thomas après avoir regagné le boulevard extérieur, tu as vu Rosette, tu sais qu'elle est vivante ?

— Oui, murmura Cassebras.

— Tu l'as entendue, elle aime toujours Spartacus, et tant que Spartacus vivra, elle n'aimera que Spartacus.

— Oui, dit encore Cassebras d'une voix rauque.

— Alors, que dis-tu ?

— Je dis... je dis qu'il faut que Spartacus meure.... et il mourra !

— Et qui le tuera ?

— Moi, dit Cassebras sans hésiter.

— Allons donc ! s'écria Thomas. Décidément, je crois que tu te formes.

— Oui, » dit le fort de la halle en redressant la tête et avec un éclair dans les yeux.

Puis, changeant de ton brusquement :

« A propos, continua Thomas de sa voix la plus incisive, à propos, tu sais que Rosette n'est plus à cette heure là où tu viens de la voir? N'espère donc pas la retrouver sans ma permission ; et si quelquefois tu avais eu la pensée de me prendre pour dupe, efface cette espérance de ton cerveau. Rosette sera à toi, mais quand je voudrai vous rapprocher l'un de l'autre. »

Et regardant fixement Cassebras :

« Quand mourra Spartacus ? » dit-il.

Le fort de la halle s'était arrêté.

« Spartacus mort, Rosette sera libre ? demanda-t-il.

— Spartacus mort, répondit Thomas, Rosette sera libre ; je te l'ai promis, je te le promets encore.

— Eh bien ! quand faut-il que Spartacus meure ?

— Tu es décidé ? tu n'hésiteras pas ? Réponds nettement !

— Non !

— S'il fallait le tuer cette nuit ?

— Je le tuerais.

— Dans une heure ?

— Je le tuerais !

— Dans une minute, là... à l'instant ?

— Je suis prêt ! »

Cassebras avait répondu sans la moindre hésitation en homme plus désireux de voir approcher l'instant fatal que de le voir reculer.

« C'est bien ! dit Thomas.

— Quand faut-il qu'il meure ? reprit Cassebras.

— Nous sommes le 15 brumaire ?

— Oui.

— Le 20, Spartacus ne doit plus exister.

— Pourquoi le 20 ?

— Parce que ce terme est le délai suprême imposé aux affaires dont je m'occupe.

— Le 20 ?

— Oui. Ce soir-là, je partirai, je quitterai Paris, peut-être la France pour longtemps. Tu me suivras....

— Moi ?

— Il le faut, et si tu veux que Rosette te suive, elle aussi, il faut qu'elle soit libre.

— Eh bien ! elle le sera !

— Le 20 brumaire, dans cinq jours, Spartacus sera mort ? répéta Thomas, en insistant sur chaque mot.

— Oui ! » dit Cassebras en serrant ses poings énormes.

## XXXVII. — LE NÈGRE.

Il était deux heures du matin au moment où Cassebras et Thomas atteignaient l'entrée de la ruelle donnant sur le boulevard extérieur, quelques instants avant qu'ils franchissent le seuil du petit pavillon.

A cette même heure, et dans un autre quartier de Paris, deux autres promeneurs causaient à voix basse en marchant rapidement. Ces deux hommes venaient de traverser le Pont-Neuf, et, suivant le quai Conti, ils descendaient le cours de la Seine, se dirigeant vers le quai de la Grenouillère (maintenant quai d'Orsay).

Ces deux hommes paraissaient appartenir à deux classes différentes de la société. L'un était de haute taille, l'autre était petit. Le plus grand était costumé en incroyable, et il portait ce costume dans sa plus ridicule exactitude : chapeau rabattu sur le nez, cravate montant jusqu'aux lèvres, oreilles de chien, boucles d'oreilles ; rien n'y manquait, pas même le lorgnon gigantesque qui pendait, suspendu sur la poitrine par un ruban noir large de trois doigts, comme une décoration de commandeur ; bottes pointues, habit à basques pointues, gilet à revers pointus, complétaient l'ensemble. C'était un véritable costume de bal, une véritable mascarade même, car un demi-masque cachait le visage.

Le compagnon de celui-là avait les allures d'un homme de la basse classe. Ses vêtements étaient salis, déguenillés, presque en lambeaux.

Comme ils passaient tous deux sous un réverbère allumé, la lueur de la lanterne les éclaira en plein, et permit de constater la couleur noire de la peau du visage du compagnon de l'incroyable : c'était un nègre.

A cette époque, la renommée de Toussaint Louverture était dans tout son éclat. Toussaint, qui se déclarait le *premier des noirs*, comme il appelait le général Bonaparte le *premier des blancs*, Toussaint avait en France un parti qui reportait sur les hommes de couleur l'affection qu'il avait pour le chef. Un nègre, en ce moment où il y en avait fort peu à Paris, était donc un personnage d'une certaine importance.

Celui qui accompagnait l'incroyable offrait le type parfait de ces enfants de l'équateur nés dans une colonie européenne ; il n'avait de noir que la peau ; les traits du visage étaient ceux d'une autre race que la race africaine.

Les deux hommes marchaient précipitamment en causant avec animation, et en suivant leur route en gens se dirigeant vers un but connu arrêté d'avance.

En arrivant à la hauteur du pont de la Révolution, tous deux s'arrêtèrent.

« Répète-moi tes instructions, dit le nègre d'une voix basse, afin que je m'assure de t'avoir bien compris. »

L'incroyable fit un signe affirmatif.

« Tu sortiras de Paris, dit-il, par la barrière de Grenelle, et tu suivras le chemin de ronde jusqu'à la barrière des Paillassons.

— Très-bien.

— Tu prendras, en face la barrière, la première ruelle à ta droite ; une fois dans cette ruelle, tu compteras vingt-cinq pas.

— Alors, je m'arrêterai ?

— Oui ; tu prendras le sifflet que je t'ai donné et tu en tireras la modulation que je t'ai indiquée.

— Et j'attendrai ?

— Un homme viendra dans l'ombre, s'arrêtera à quelques pas de toi et lèvera la main droite. Aussitôt voici le dialogue qui s'établira entre vous. N'oublie pas un mot ! Si tu hésites, si tu te trompais, tu mourrais à l'instant.

— Je le sais.

— Et n'espère prendre aucune précaution contre cette mort, qui arriverait comme la foudre.

— Répète les paroles. »

L'incroyable demeura un moment immobile, puis il commença rapidement un dialogue étrange, accentuant demandes et réponses sur deux tons absolument distincts ;

« Mère Escobille ?

— Vivante.

— Non ! morte.

— Où ?

— A Vienne !

— Quand ?

— La nuit dernière.

— L'heure ?

— Minuit deux minutes. »

L'incroyable s'arrêta.

« Répète ! dit-il.

— Je commence ? dit le nègre.

— Naturellement. »

Le nègre formula aussitôt la première interrogation de ce rapide dialogue, et il le continua, demandes et réponses, sans se tromper, sans hésiter.

« Très-bien ! dit l'incroyable.

— C'est cela.

— Et il le laissera passer.

— Alors, je continuerai ma route en me dirigeant vers la rue de l'École. Quand j'aurai atteint le petit chemin des Paillassons, je compterai trois grilles à gauche.

— Et si dans ta route tu rencontres quelqu'un, que feras-tu, que diras-tu ?

— Je lèverai la main droite en tenant l'index replié et j'attendrai. On me dira : « Fleur-d'Épine est malade ; » je répondrai : « Le médecin vient, » et on me laissera passer.

— Très-bien ; tu n'as rien oublié.

— Quand j'aurai compté les trois grilles, reprit le nègre, je m'arrêterai, et reprenant mon sifflet, je ferai la seconde modulation.

— Une femme ouvrira une fenêtre.

— Je lui enverrai le troisième mot de passe, puis...

— Puis, interrompit l'incroyable, le reste te regarde ; je ne peux davantage.

— C'est bien ; j'en fais mon affaire.

— Maintenant, je te quitte.

— Où et quand te reverrai-je ?

— Demain, rue Plumet, ou après-demain à la halle.

— Quant à ce qui concerne la grande affaire....

— Tu auras la lettre et les notes à l'endroit convenu. »

Les deux hommes échangèrent un geste amical et se séparèrent aussitôt. L'incroyable, masqué, continua sa route dans la direction de l'esplanade des Invalides ; le nègre demeura un moment sur le quai, paraissant hésiter sur ce qu'il avait à faire. Puis, quand il eut vu son compagnon s'éloigner et disparaître, il courut vers la rue de Bourgogne, qu'il remonta avec une agilité extraordinaire.

Arrivé à la hauteur de la rue Saint-Dominique, il s'arrêta devant une porte cochère et frappa deux coups. Aussitôt la porte s'ouvrit et une voiture attelée de deux chevaux vigoureux déboucha dans la rue.

« N° 4 ! » cria le nègre au cocher qui était sur le siège.

Ouvrant la portière d'une main rapide, il bondit dans l'intérieur du carrosse, qui partit au galop.

La voiture continua à remonter la rue de Bourgogne qu'elle parcourut dans toute sa longueur : arrivée en face de l'hôtel Biron, elle tourna à droite et gagna le boulevard des Invalides, qu'elle suivit dans une partie de son parcours. Tout à coup la voiture s'arrêta brusquement. On était au coin de la rue Neuve-Plumet.

Le nègre ouvrit la portière, s'élança sur le pavé et se retournant vers le cocher qui le regardait attentivement :

« N° 7 ! » dit-il.

La voiture repartit au grand trot et disparut bientôt dans les ténèbres, se dirigeant vers l'hôtel des Invalides en descendant l'avenue de Villars.

Le nègre prit la rue Neuve-Plumet et gagna la place Breteuil (nommée alors place des Abattoirs), et sur laquelle s'ouvraient et s'ouvrent encore les abattoirs de Grenelle.

Naturellement, la place était, à cette heure de la nuit, absolument déserte et silencieuse. Le nègre la traversa et longea les bâtiments des abattoirs dans la direction de la barrière de Sèvres.

Entre les abattoirs et le mur d'enceinte que l'on apercevait à peu de distance, se dressait une belle maison, de grande apparence, en cours de construction. Quatre étages étaient déjà sortis de terre, mais la toiture n'avait pas encore été posée. Les charpentes destinées à recevoir les tuiles ou les ardoises se dressaient, formant de capricieux dessins auxquels la nuit donnait quelque chose de fantastique. Une enceinte de planches blanchies par la poussière du plâtre enfermait la maison et un morceau de terrain y attenant, destiné sans doute à faire un petit jardin d'agrément. Ce jardin avait pour limite, à sa partie sud, le mur d'enceinte de la ville.

Le nègre, en arrivant en face du mur de planches, lança autour de lui un regard rapide, puis il poussa une petite barrière à claires-voies, sans fermeture, et il passa dans la cour de la maison en construction. Cette cour était encombrée de tous les outils nécessaires aux maçons, aux charpentiers, aux plombiers, aux couvreurs, à tout ce monde enfin de travailleurs dont la réunion est également nécessaire pour l'édification d'un palais et pour celle d'une humble maisonnette.

Le nègre traversa cette cour et s'engagea dans le rez-de-chaussée, dont les planchers n'étaient pas encore terminés. Après avoir erré durant quelques secondes, en homme connaissant les lieux, dans une succession de pièces non fermées, il arriva au pied d'un escalier dont la cage s'élevait au-dessus de sa tête. De l'autre côté de cette cage, qui s'élançait vers les étages supérieurs et perçait la maison de sa base à son faîte, on voyait une sorte d'excavation noire, précipice béant ayant une planche mince jetée de l'un de ses bords à l'autre. C'était évidemment l'entrée de la cave.

Le nègre s'était approché de cette excavation, quand tout à coup il disparut comme une évocation fantastique s'évanouissant soudain. Qu'était-il devenu ? Certes, nul n'eût pu le dire.

Quelques minutes s'écoulèrent ; le silence était toujours aussi profond, la nuit aussi noire. Les murailles fraîchement achevées se dessinaient en masses blanches au milieu des ténèbres épaisses.

Une ombre se détacha sur ce fond plusclair des gros murs et un homme s'avança se tenant à demi courbé : c'était le nègre qui venait de reparaître.

D'un seul bond, il s'élança dans l'ouverture de la cave, se retenant pour ne pas tomber à une corde qu'il saisit au passage et dont il devait certainement connaître la présence. Ses pieds une fois posés sur les marches, il descendit précipitamment l'escalier et s'aventura, sans hésiter, en homme certain de la route qu'il doit suivre, dans un dédale de corridors.

Sa main étendue rencontra une porte qu'il ouvrit, sans doute à l'aide d'une clef qu'il venait de tirer de sa poche. Il franchit le seuil et referma la porte. L'endroit dans lequel il se trouvait était envahi par des ténèbres tellement épaisses que, littéralement, il eût été impossible de distinguer un objet placé à deux pas. On ne pouvait voir ni les parois du caveau, ni la voûte, ni le sol.

Le nègre s'appuya contre la porte qu'il venait de refermer, paraissant chercher à s'orienter dans l'obscurité. Puis, il fit quelques pas en droite ligne, les mains étendues. Ses doigts rencontrèrent un obstacle solide : c'était une seconde porte, mais celle-ci n'était pas fermée à clef.

Le nègre l'attira à lui, et passant dans un second caveau, il frappa dans ses mains cinq coups à intervalles irréguliers. Au même instant une lueur rougeâtre apparut au fond dans le lointain, puis cette lueur s'approcha, grandit, se répandit, éclairant une sorte de grande cave voûtée formant comme une grande galerie souterraine.

Le nègre se trouva alors en face d'un homme tenant à la main une lampe assez semblable à celles dont se servent les mineurs pour descendre dans les puits.

« Tu es seul ici, Bamboulà ? dit vivement le nègre.

— Oui, répondit l'homme à la lampe. Tu m'as fait prévenir que tu avais à me parler et je suis accouru, bien que je ne pusse disposer que de quelques minutes.

— Tu as bien fait : au reste tu vas être libre.

— Que voulais-tu ?

— Opérer une vérification.

— Comment ?

— Tu vas me répondre, c'est tout ce que je te demande.

— A tes ordres ! dit Bamboulà avec indifférence.

— Je viens de quitter la barrière des Paillassons, commença l'autre, je traverse le chemin de ronde, je prends une ruelle s'enfonçant à droite, je compte vingt-cinq pas et je m'arrête.

— Ensuite ? » dit Bamboulà.

Le nègre venait de fouiller dans sa poche et reportait vivement la main à ses lèvres : un son clair, très-doux, retentit aussitôt et se termina par une série de modulations d'un effet des plus bizarres.

Bamboulà tressaillit brusquement comme si quelque chose d'extraordinaire l'eût subitement frappé.

« Qui t'a donné ce sifflet ? s'écria-t-il. Qui t'a appris ces modulations ? »

Bamboulà avait fait ces questions en homme entraîné par la force des événements : évidemment, dans son premier mouvement, il n'avait pas obéi à la réflexion. Sans doute, il le sentit et le comprit, car il s'arrêta en se mordant les lèvres.

Le nègre sourit :

« Ne faut-il pas que je sache tout, répondit-il, ne fût-ce que pour te prouver que tu ne m'apprends pas tout, Bamboulà ? »

Bamboulà baissa la tête.

« Au reste, reprit le nègre, je ne suis pas venu ici pour t'adresser des reproches, mais, je te le répète, pour opérer une vérification. Réponds : le sifflet a retenti, qu'arrive-t-il ?

— Un homme s'avance ! dit Bamboulà en faisant un pas en avant et en levant la main droite.

— Mère Escobille ! dit le nègre.

— Vivante ? répondit Bamboulà.

— Non, morte !

— Où ?

— A Vienne !

— Quand ?

— La nuit dernière.

— L'heure ?

— Minuit deux minutes. »

Ces échanges rapides de phrases hachées s'étaient opérés avec une vivacité incroyable.

La demande n'était pas achevée que la réponse arrivait. Les deux hommes se renvoyaient phrase contre phrase comme deux enfants qui jouent à la balle.

« C'est cela !

— Alors, passe ! »

Un silence suivit cet échange de paroles.

« Fleur-d'Épine est malade, reprit le nègre.

— Le médecin vient ! répondit aussitôt Bamboulà.

Le nègre fit un geste de satisfaction.

« C'est tout ! dit-il. Maintenant ouvre-moi l'autre barrière. »

Bamboulà tourna sur lui-même, et, précédant le nègre, il parcourut le souterrain. Les deux hommes atteignirent un escalier, en descendirent encore les marches et se trouvèrent dans un autre couloir continuant à s'enfoncer sous terre. Depuis la courte conversation rapportée plus haut, ils n'avaient point échangé une seule parole. Bamboulà paraissait être en proie à une préoccupation des plus vives.

Enfin ils atteignirent une porte que Bamboulà se disposa à ouvrir.

« Il est inutile que tu ailles plus loin, dit le nègre ; je connais la route. »

Bamboulà s'effaça, tenant toujours la main sur la clef passée dans la serrure.

« Quels ordres ? demanda-t-il.

— Tu les auras demain. A deux heures, Fouché t'attendra. Ouvre ! »

Bamboulà fit tourner la clef.

« Dis-moi de qui tu tiens le sifflet et les mots de passe, dit-il.

— Pourquoi ? demanda le nègre.

— Parce que ce sifflet est un sifflet de chef, et qu'il n'y en a que trois semblables.

— Tu en as un ? dit le nègre.

— Oui.

— Eh bien ! celui-ci c'est le tien !

— Le mien ! » s'écria Bamboulà.

Il fouilla précipitamment dans ses poches. Puis il demeura immobile en poussant une exclamation sonore. Le nègre le contempla un moment en souriant :

« Ne cherche pas ! dit-il : ceci est ton sifflet. Comment l'ai-je ? cela ne te regarde pas... Quant aux mots de passe, c'est toi qui me les as donnés.

— Moi ! s'écria Bamboulà.

— Toi-même ! dit le nègre en appuyant sur les deux mots.

— Allons donc !

— Tu ne crois pas ? cela importe peu : ce qu'il importe, c'est que d'autres croient, et d'autres croiraient si besoin était... c'est ton affaire ! Allons ! ouvre la porte, Bamboulà, et demain sois près de Fouché, à l'heure que je viens de t'indiquer. »

Bamboulà obéit : la porte s'ouvrit et le nègre disparut. La porte refermée, Bamboulà, demeuré seul dans le souterrain, revint sur ses pas, marchant lentement, en proie aux réflexions les plus sérieuses.

« Décidément, dit-il, cet homme est plus fort que moi, plus fort que lui ! Il triomphera, cela est évident... Que devrais-je faire ? Tromper l'un, tromper l'autre et recueillir pour moi seul le fruit de la lutte serait certainement ce qu'il y aurait de plus beau, mais suis-je assez fort pour triompher ? »

Bamboulà marcha avec agitation :

« Plus d'illusions ! dit-il encore. J'ai gaspillé ma jeunesse, je veux désormais avoir un avenir solide sur mes folies passées. Lequel de ces deux hommes est supérieur à l'autre ? Lequel sera pour moi le meilleur ? Depuis quinze ans que nous luttons, les chances sont demeurées à peu près égales... Qui triomphera ? »

Puis, après un silence :

« Comment m'a-t-on pris ce sifflet ? continua-t-il. Qui lui a donné les mots de passe, ces mots transmis il y a deux heures à peine ?... Qui trahit ? Dans quel but trahit-on ? »

Le timbre d'une horloge retentissant au loin arriva jusqu'à la galerie souterraine.

« Deux heures et demie ! murmura Bamboulà : c'est l'heure... Oh ! cette réunion, cette nuit, il faut qu'elle m'éclaire ! il faut qu'elle m'indique la voie que je dois suivre ! »

## XXXVIII. — LA BARRIÈRE DES PAILLASSONS.

Après avoir quitté le souterrain dans lequel il venait d'avoir avec Bamboulà la singulière conversation rapportée dans le précédent chapitre, le nègre s'était trouvé dans un corridor long et étroit, comme ces corridors de couvent qui parcourent tout un corps de bâtiment, desservant toutes les cellules d'un même étage.

Ce corridor n'était pas plongé dans des ténèbres aussi

épaisses que celles qui envahissaient les caves. Des ouvertures pratiquées de distance en distance dans la muraille permettaient aux rayons argentés de la lune d'envoyer leurs pâles reflets jusque sur le plancher de chêne qui recouvrait le sol.

Le nègre parcourut le couloir dans toute sa longueur : à son extrémité il trouva une porte qu'il ouvrit en faisant jouer un ressort caché dans la muraille. Un escalier descendait en spirale : une petite lanterne, accrochée dans un angle, éclairait les premières marches. Le nègre décrocha la lanterne et descendit vivement. A l'extrémité de cet escalier était encore un couloir plus étroit que le couloir supérieur, puis, au bout de ce couloir, un autre escalier remontait.

Quand le nègre eut gravi les degrés de ce second escalier, il se trouva en présence d'une trappe placée à plat, comme celles des anciennes entrées de cave. Il éteignit sa lanterne, puis il prêta l'oreille. Sans doute le silence le rassura, car il appuya doucement son épaule contre la trappe qu'il souleva lentement, avec précaution. Quand l'ouverture fut assez grande, il fit glisser son corps et s'élança au dehors. La trappe se referma d'elle-même, sans bruit.

Le nègre regarda autour de lui : il était sur le chemin de ronde : le souterrain qu'il venait de traverser passait sous le mur d'enceinte de la capitale. La trappe ouvrait sur ce chemin était dissimulée derrière un petit hangar bâti sur le bord de la route.

Le nègre était alors près de la barrière des Paillassons. En face de lui s'ouvrait une petite rue. Il paraissait réfléchir et hésiter.

« Allons ! murmura-t-il, il faut agir ! Il ne m'avait pas trompé, puisque Bamboula a confirmé tous ses renseignements. Voici la ruelle qu'il m'a indiquée... Quelle heure est-il ?... Deux heures et demie. Cassebras sera bientôt au poste que je lui ai indiqué. »

Le nègre fit un mouvement comme pour traverser le boulevard, mais une nouvelle réflexion le retint.

« Si l'on s'entendaient !... se dit-il, si j'allais tomber dans un piège... je suis seul... faire naufrage au port !... être vaincu au moment de triompher... Non ! non ! cela n'est pas possible !... »

Puis, après un silence :

« D'ailleurs, il faut en finir ! ajouta-t-il : il y en a assez qui souffrent pour que toute hésitation doive cesser... »

Et il traversa rapidement le boulevard, s'engageant dans la ruelle ; il la remonta en comptant vingt-cinq pas.

« Vingt-cinq !... » dit-il à voix haute et en s'arrêtant.

Alors, reprenant dans sa poche le sifflet qu'il y avait replacé, il le porta à ses lèvres et il en tira un son aigu accompagné des modulations originales qui venaient de faire entendre dans le souterrain : mais cette fois ces modulations, au lieu d'être douces, furent vibrantes et sonores.

Cela fait, il attendit : tout était rentré dans un profond silence. Tout à coup un bruit retentit à droite : le nègre se tourna de ce côté. Un homme était près de lui, sans qu'il fût possible de dire comment ni d'où cet homme avait surgi.

C'était une sorte de colosse tenant à la main un sabre nu et ayant une paire de pistolets passés à sa ceinture. La lune, qui resplendissait au ciel, permettait de constater ces détails :

« Mère Escobille ! dit le nègre d'une voix impérative.

— Vivante ? répondit le colosse.

— Non, morte !

— Où ?

— A Vienne !

— Quand ?

— La nuit dernière.

— L'heure ?

— Minuit deux minutes. »

L'homme fit un signe de satisfaction en reculant et en abaissant la pointe de son sabre.

Le nègre passa devant lui et continua sa marche. Tournant à gauche, il quitta la ruelle pour suivre une voie adjacente.

Depuis quelques instants, depuis que le nègre avait échangé avec l'homme au sabre les paroles que l'on vient de lire, le silence, qui jusqu'alors avait régné profond et absolu, était troublé de minute en minute par une succession de bruits lointains dont il était difficile de définir la cause.

Le nègre s'avançait, marchant en homme certain de la route qu'il a à suivre. Les rues qu'il suivait, et qui certes étaient fort peu dignes de ce nom, ressemblaient à ces chemins de campagne qui parcourent les villages. Bordées souvent par des murailles délabrées, ici par un simple fossé séparant la voie d'un champ, là par une haie, plus loin par une succession de masures basses à l'aspect misérable, ces ruelles étroites s'enchevêtraient les unes dans les autres.

Bientôt le nègre atteignit une rue plus large et bordée de maisons dans tout son parcours ; à l'extrémité de cette rue, qui était courte, se dressaient de grands arbres aux cimes dénudées, bordant un chemin qui devait couper la rue à angle droit.

« Voilà le petit chemin des Paillassons ! se dit le nègre en inspectant le terrain tout autour de lui. Est-il à son poste ? »

Le nègre s'approcha de la première maison à droite, et, s'appuyant contre la muraille, il regarda attentivement ; la rue était absolument déserte : on entendait dans l'air ce bruit vague et sans nom qui avait succédé au silence profond de la nuit.

« Personne ne m'a suivi, murmura le nègre, personne ne m'espionne, donc personne ne se doute de ma présence ici. Ah ! décidément, je crois que cette fois la bonne cause triomphera ! Allons ! il faut qu'il vienne, lui. »

Quittant la façade de la maison, le nègre suivit le mur à droite. Cette première maison, comme les suivantes, était bâtie sur la rue, mais elle avait ses derrières élevés sur un terrain en friche, sorte de champ sauvage qui s'étendait à perte de vue et tel qu'en présentait alors la plaine de Grenelle, ce Sahara parisien devenu de nos jours une cité animée.

Le champ venait aboutir au pied même des murs des maisons ; aucune route ne les séparait. Une sorte de petit sentier tracé par les piétons indiquait seul le passage choisi par les habitants. Le nègre s'avança sur ce sentier, qu'il parcourut rapidement.

En atteignant la hauteur de la quatrième maison, il s'arrêta de nouveau, interrogea encore les alentours pour s'assurer qu'il était bien seul, et qu'aucun regard indiscret ne planait sur lui. Certain de n'être ni observé, ni épié, il se baissa vers la terre. Sa main droite, en suivant la muraille, passa derrière une touffe de mauvaises herbes et rencontra l'ouverture d'un soupirail garnie d'une croix de fer. Le nègre appuya sa main et parut faire un effort.

« Il est venu ! » dit-il avec une expression de satisfaction évidente.

Et s'agenouillant pour se pencher plus encore, il écarta les broussailles et avança la tête.

« Cassebras ! murmura-t-il à voix basse.

— Voilà ! répondit-on. Tu peux entrer, citoyen, la maison est déserte. »

Le nègre tira à lui la croix de fer qui, montée sur charnières, s'ouvrit comme une porte. L'ouverture du soupirail demeura large et béante : le nègre y introduisit ses jambes et se laissa glisser. Deux bras vigoureux le reçurent et l'aidèrent à reprendre son aplomb.

« Là-haut, il y a de la lumière, » dit Cassebras.

Les deux hommes quittèrent la cave et remontèrent par un escalier intérieur. Bientôt ils se trouvèrent dans une pièce du rez-de-chaussée, aux rideaux des fenêtres soigneusement fermés, et éclairée par une lampe placée sur une petite table au centre de la chambre.

« Eh bien ? demanda le nègre en fixant sur le fort de la halle son œil inquisiteur, et qui parut vouloir aller fouiller jusque dans les replis les plus cachés du cerveau.

— Eh bien !... j'ai vu Rosette... répondit le fort de la halle.

— Ce soir ?

— Oui.

— Où cela ?

— Dans une maison sur le chemin de ronde.

— Près de la barrière de la Cunette ?

— Oui.

— Où je t'avais dit qu'elle était ?

— C'est vrai.

— Tu vois bien que je ne m'étais pas trompé. Ah ! tu l'as vue ? Tu lui as parlé ?

— Non.

— Quoi ! tu ne lui as rien dit ?

— Je n'ai pas pu. »

Et Cassebras raconta alors sans rien omettre, mais aussi

sans rien ajouter, sa visite au pavillon situé près du chemin de ronde.

« Ah ! ah ! fit le nègre, réfléchissant à ce qu'il venait d'entendre, Thomas a pris toutes ses précautions, il paraîtrait ; il a prévu même le cas où tu eusses voulu délivrer Rosette de force. Un canon de carabine braqué sur elle d'une part, et ensuite il t'a averti que Rosette quittait le pavillon, sans doute pour t'enlever la fantaisie de tenter un coup de main. Décidément Thomas est fort. Il faut que tu tues Spartacus, maintenant. Eh bien, mais c'est fort logique, cela ? Quand tu auras accompli de point en point tout ce qu'on veut te faire faire, tu appartiendras pieds et poings liés aux chauffeurs. Un garçon de ta force, c'est une jolie acquisition pour la bande. »

Cassebras avait pris une énorme pelle à feu placée dans la cheminée, et il s'amusait, tout en réfléchissant, à en tortiller la tige, qu'il redressait ensuite.

Le nègre le regarda fixement.

« Es-tu toujours décidé à demeurer honnête homme ? » demanda-t-il brusquement.

Cassebras tressaillit et regarda à son tour son interlocuteur.

« Est-ce que tu en doutes ? dit-il en fronçant ses épais sourcils.
— Non... mais tu aimes Rosette.
— Eh bien ?
— Travailler à la délivrer, c'est travailler à la rendre à Spartacus.
— Qu'elle soit heureuse, et ensuite... »

Cassebras n'acheva pas. Un silence suivit cette phrase commencée et interrompue. Le nègre ne disait rien ; il paraissait attendre.

Tout à coup Cassebras se leva et repoussa son siège ; puis, se mettant à marcher rapidement, il fit plusieurs fois le tour de la chambre avec les allures d'un lion enfermé dans une cage dont il s'apprête à briser les barreaux.

Revenant vers son interlocuteur, il s'arrêta tout aussi brusquement qu'il s'était levé.

« Eh bien ! oui, j'ai vu Rosette, dit-il d'une voix rauque ; eh bien ! oui, je l'ai entendue. Elle parlait de Spartacus qu'elle aime ; elle a dit que, si elle devenait veuve, elle ne se remarierait pas ; elle a dit qu'elle était malheureuse ; elle a pleuré ; elle a gémi ; elle a prié. Je l'ai vue à deux genoux sanglotant, elle que j'aime plus que ma vie. Alors, j'ai tout compris. Elle ne m'aime pas, elle ne m'aimera jamais. Je veux qu'elle soit heureuse ; je la délivrerai. Oui, je la ferai libre ; mais je ne veux pas même qu'elle le sache ; je ne veux pas qu'elle me dise merci ! Spartacus a donné à manger à ma pauvre mère... je lui rendrai sa femme, nous serons quittes.
— Tu ne tueras donc pas Spartacus ? demanda le nègre.
— Moi ! Est-ce que c'est possible !
— Tu l'as promis, cependant.
— Oui ! j'ai promis de le tuer, mais c'est pour le sauver. Si j'avais dit non, qui sait si Thomas n'aurait pas donné l'ordre à un autre.
— C'est vrai, dit le nègre.
— Non, reprit Cassebras avec une sorte de rage sourde, non, je ne tuerai pas Spartacus ; non, je ne frapperai pas celui qui a été mon ami et l'ami de ma mère ; mais si je ne tue pas celui-là, vois-tu, il faut que j'en tue un autre. Ah ! j'ai trop souffert ; j'ai besoin de faire souffrir à mon tour. Tu entends ? il faut que je frappe, car si je ne frappe pas un autre, ce sera moi que je frapperai, et ma pauvre mère me maudira pour l'avoir lâchement abandonnée. »

Le nègre se dressa vivement. Saisissant la main puissante de son interlocuteur :

« Garde ta colère, dit-il d'une voix frémissante. Oui, tu frapperas, mais tu frapperas comme frappe le glaive de la justice ; tu tueras comme tue la main armée par Dieu pour venger la société humaine. Écoute, Cassebras, Thomas t'a promis Rosette si dans cinq jours tu as tué Spartacus. Thomas est un monstre, un être infernal, une de ces créatures sans nom que la nature forme de siècle en siècle, pour prouver jusqu'où elle peut atteindre en mal, comme elle forme de siècle en siècle aussi les génies, pour prouver que sa puissance en bien n'a pas de limites ; Thomas est l'ennemi de tout ce qui est bon et généreux, de tout ce qui est loyal et honnête ; c'est l'incarnation des vices. Depuis quinze ans, cet homme est parvenu à échapper au châtiment que lui réserve la justice humaine. Il faut que cet homme soit puni cependant ; il faut que la justice triomphe. Tu t'es fait jusqu'ici l'instrument de tes passions, Cassebras ; tu as agi uniquement dans le but de sauver la femme que tu aimes. Veux-tu faire plus aujourd'hui ? veux-tu devenir l'instrument de cette justice qui doit triompher ?
— Oui, dit le fort de la halle, je suis prêt.
— Alors, si tu veux frapper, si tu veux tuer, tu frapperas et tu tueras, car je serai la loi et tu seras le glaive ! »

## XXXIX. — LE PAPIER.

L'esprit humain pourrait-il calculer jamais la somme d'événements divers qui peuvent s'accomplir à la même heure, je ne dirai pas sur la surface du globe (ce qui serait un champ trop vaste), mais sur un même coin de ce globe ? Que de fois a-t-on accusé l'écrivain d'exagération, parce qu'il paraissait entasser faits sur faits, événements sur événements. Rien n'est plus injuste cependant qu'un semblable reproche.

Qu'est donc l'invention, si féconde qu'elle soit, auprès de la réalité de chaque jour ! Je n'en veux pour preuve que les faits divers des grands journaux. Ces faits racontent chaque matin ce qui s'est accompli la veille, à Paris seulement, c'est-à-dire ce qui, dans les faits accomplis, est venu à la connaissance publique. Eh bien ! prenez votre journal, cher lecteur, additionnez la série de vols, de crimes, d'événements, d'accidents accomplis en vingt-quatre heures chaque jour, ajoutez au chiffre total des faits connus le chiffre des faits inconnus du public, mais connus seulement de nous seuls, c'est-à-dire ces catastrophes intimes que l'on se raconte d'ami à ami, mais auxquelles la publicité est interdite, et ensuite dites-moi franchement si l'écrivain qui passerait pour être le plus exagéré peut être encore taxé d'exagération ?

Et nous sommes à une époque d'ordre, de tranquillité, à une époque où la sage administration de la police veille sur nous et préserve les honnêtes gens ; que l'on se figure dès lors ce que pouvaient être les plaies sociales de l'espèce de celle qui nous occupe en un temps de révolution, de désorganisation et de faiblesse.

Que le lecteur réfléchisse, et il ne m'accusera certes pas d'exagération, alors que je fais tous mes efforts pour composer une peinture exacte des mœurs, des faits et des coutumes d'une époque si voisine de la nôtre, et cependant si différente de celle dans laquelle nous vivons.

A cette époque où la Révolution avait tout détruit et où le Consulat, à la veille de son avènement, n'avait pu encore, par conséquent, reconstruire, la police, telle que nous l'entendons aujourd'hui, n'existait pas. Fouché en rêvait l'institution, il avait ses plans arrêtés, mais les circonstances ne lui avaient point encore permis de donner un corps à sa pensée.

Or, si Paris était mal gardé, que penser de ce que devait être la banlieue. C'était un peu comme au temps du bon roi Henri : le soleil couché, les voleurs se levaient et les honnêtes gens n'avaient plus qu'à trembler. La nuit surtout (les patrouilles grises n'existaient pas alors), le pavé de la capitale et celui des banlieues devenait l'empire des chauffeurs de tous rangs et de toutes bandes. Ceux qui se hasardaient seuls la nuit dans les environs de Paris devaient être ou bien braves, ou bien fous, à moins qu'ils ne fussent de hardis malfaiteurs.

Aussi, qu'eussent pensé les habitants du faubourg Saint-Germain de cet homme, cet incroyable élégant que nous avons entendu causer avec le nègre, s'ils eussent pu supposer qu'à deux heures et demie du matin cet homme se promenait, solitaire et tranquille, jouant avec les chaînes de ses montres qui pendaient à ses côtés, et paraissait aussi peu soucieux du danger qu'il affrontait en s'engageant sous les arbres de l'esplanade des Invalides que s'il eût porté ses pas sur le boulevard en plein midi.

Il marchait lentement, se dirigeant vers l'hôtel qui dressait en face de lui sa masse noire et son dôme magnifique. Arrivé devant la grille, il s'arrêta, se retourna comme s'il eût cherché ou attendu quelqu'un ; mais ne voyant rien sans doute, il tourna à droite et longea le côté droit de la rue de Grenelle.

Pressant le pas, il atteignit les abords du champ de Mars,

Le Corps législatif est transféré à Saint-Cloud. (Page 192.)

prit une allée qu'il remonta jusqu'à la hauteur de l'École-Militaire, et là, il attendit encore. Deux heures et demie sonnèrent à l'horloge.

« Allons ! murmura l'incroyable en portant la main à son masque qu'il assura sur sa figure. Encore une épreuve, la dernière... et ensuite je serai convaincu. »

Prenant sa course, il passa comme un trait devant la façade de l'École : au moment où il atteignait l'extrémité opposée, quelque chose de blanc, un objet mince et léger, parut se détacher de l'une des poches de son habit et tomba en voltigeant sur la terre. L'incroyable ne s'aperçut pas sans doute de la disparition de cet objet, qui n'était autre qu'une feuille de papier pliée en forme de lettre.

Arrivé à l'angle de l'avenue qui suit le côté droit de l'École, il continua sa course en la ralentissant un peu cependant, jusqu'à ce qu'il eût atteint l'autre avenue coupant celle qu'il suivait et qui se dirigeait, elle, vers la barrière de la ville.

Alors, tournant précipitamment sur lui-même, il reprit sa course avec une vélocité plus grande et, revenant sur ses pas, parcourut la distance qu'il venait de franchir. Quand il eut de nouveau commencé à longer la façade de l'École-Militaire, il s'arrêta et regarda attentivement à terre, autour de lui.

Un point blanchâtre attira ses regards : il se baissa, ramassa un papier et, l'examinant rapidement, le mit dans sa poche.

« Décidément, dit-il avec un soupir de satisfaction, personne n'est sur mes traces. Si j'eusse été suivi, le premier soin de l'espion eût été de ramasser ce papier et de s'assurer de ce qu'il contenait. Or, ce papier écrit en chiffres eût paru certes trop précieux pour qu'on ne s'en fût pas emparé. On ne l'a pas ramassé, donc la route est libre ! »

Alors, au lieu de tourner à gauche et de reprendre le chemin qu'il avait suivi, l'homme masqué suivit l'avenue se dirigeant vers la barrière de Grenelle.

Deux heures trois quarts sonnèrent :

« La réunion est pour trois heures ! murmura l'incroyable ! J'arriverai à temps. »

## XL. — LA POUDRIÈRE.

Cinq ans avant l'époque où s'accomplissent les événements de ce récit, le 31 août 1794, au moment où sept heures sonnaient à l'horloge de l'École-Militaire, tout le territoire sur lequel s'élevait Grenelle (alors composé, il est vrai, de quelques rares maisons seulement), tout le territoire recevait une commotion terrible. On eût dit une secousse de tremblement de terre, secousse effrayante. Un nuage de poussière s'élevait montant vers le ciel, des maisons s'écroulaient avec fracas, des cris déchirants retentissaient, et des corps déchirés, des membres noircis, venaient retomber sur la terre frémissante.

C'était la poudrière de Grenelle, cet établissement créé depuis quelques années seulement, et dirigé par Chaptal, qui venait de faire explosion.

Par un hasard providentiel, la plupart des ouvriers n'étaient pas encore au travail, et cependant le nombre des victimes fut si grand, qu'on n'en connut jamais le chiffre exact.

Le gouvernement s'empressa de réparer le désastre : on avait besoin de poudre alors. Les bâtiments furent relevés, mais une partie des ruines subsista; car, pour construire sur le même lieu, il eût fallu d'abord déblayer, et ce déblayement eût demandé un temps énorme. La plaine conserva donc le stigmate du terrible événement.

Quelques rares maisons se groupèrent autour de la nouvelle poudrière; mais les ruines de l'ancienne demeurèrent isolées. On eût dit qu'une vague terreur empêchait de s'en approcher.

En 1799, ces ruines noircies présentaient l'aspect le plus triste et le plus désolé; on comprenait, en les voyant, toute l'horreur de l'événement, et on se disait que des squelettes de victimes non encore dégagés devaient être ensevelis sous ces pierres amoncelées, dans ces souterrains pratiqués jadis et que personne n'avait pu visiter depuis.

La nuit surtout, ces ruines offraient le spectacle le plus triste et le plus imposant. Éclairées seulement par la lueur des astres, elles semblaient l'antre de la désolation.

Cette nuit-là, où nous sommes arrivés, les ruines se dressaient sombres et noires, se détachant difficilement au milieu des ténèbres. Il était près de trois heures quand, au milieu du silence, un bruit léger de pas retentit. Un homme surgit tout à coup du sein de ces ruines amoncelées. D'où venait cet homme? personne n'eût pu le dire. Il paraissait être sorti de dessous terre. Un large manteau l'enveloppait des pieds à la tête. Son aspect avait quelque chose d'étrange et de fantastique; car son visage était recouvert d'une toile noire à demi flottante, et ayant à la hauteur des yeux une ouverture comme celle du haïk des femmes arabes.

Marchant rapidement au milieu des décombres, cet homme atteignit un pan de muraille demeuré debout, et il se perdit dans l'ombre que projetait cette muraille; un amas de pierres était voisin; il se dirigea vers cet amas, au pied duquel était une excavation semblable à l'ouverture d'une caverne.

Sans hésiter, l'homme se coucha à plat ventre, et engageant sa tête d'abord, ses mains ensuite dans cette excavation, il se glissa lentement, rampant comme un reptile. Bientôt l'espace devint plus large et plus haut, car il put se relever à demi et se mettre sur ses genoux.

L'obscurité était profonde et l'air rare dans cette espèce de grotte formée par la réunion de débris de murailles, que l'explosion avait jadis balayés en cet endroit.

Tâtant le sol avec ses mains, il parut chercher un moment; puis il demeura immobile. Un léger coup de sifflet retentit. Aussitôt la terre s'effondra et l'homme disparut, s'enfermant dans le sol.

Au même instant la pâle clarté d'une lampe jaillit, et la trappe, cessant son mouvement de descente, déposa l'homme au manteau sur le sol d'une grande cave. L'homme se redressa, et marcha vivement vers une grande armoire de chêne placée à peu de distance, et appuyée à la muraille de la pièce souterraine.

Ouvrant cette armoire, il en tira une sorte de longue robe en étoffe noire toute garnie de flammes rouges découpées. Passant rapidement cette robe par-dessus son costume, il rabaissa sur son visage déjà caché un énorme capuchon taillé comme ceux des pénitents, dont la pointe descendait jusqu'à la taille, et percé à la hauteur des yeux par des trous ronds.

Ainsi drapé, l'homme revint vers l'armoire, ouvrit les deux battants, se plaça dans le meuble qui était précisément de la grandeur de sa taille, et fit jouer un ressort placé sous sa main; le fond de l'armoire s'écarta tout à coup, un passage se présenta : sans hésiter l'homme se glissa par l'ouverture.

Il se trouva alors dans une grande salle, qui avait dû servir jadis de magasin à salpêtre. Cette salle, éclairée par quatre grosses lampes accrochées à la muraille par des bras de fer, était de forme ronde; elle n'offrait pas un angle.

Son plafond était un dôme pointu ressemblant à un entonnoir renversé. Le sommet de ce dôme était plat.

Rien n'était plus étrange que l'aspect de cette salle : appuyée contre la muraille, se dressait une grande tribune à laquelle on montait par quatre marches; cette tribune était garnie d'un énorme fauteuil recouvert en cuir noir, et devant lequel était placée une petite table de chêne.

Six autres tribunes de deux marches plus basses que la première, mais, sauf ce détail, en tous points semblables à celle que je viens de décrire, garnissaient à intervalles égaux le tour de la salle.

Entre deux de ces tribunes, une porte de fer se découpait dans la muraille; il y avait donc sept portes : c'était par l'une de ces sept portes que l'homme à la robe noire venait d'entrer.

Entre chacune de ces portes et chacune des tribunes, un énorme anneau de fer était scellé dans la muraille, à hauteur d'homme; sous cet anneau était un banc de bois fait comme un billot.

Puis, au-dessus de chaque table de chaque tribune, tombait du dôme une longue corde de soie de couleurs différentes, terminée par un gland dont les franges frôlaient le dessus de la petite table.

La corde de soie et le gland, appendant au-dessus de la grande tribune qui dominait les autres, étaient rouges. Les autres cordes et les autres glands étaient verts, jaunes, noirs, blancs, bruns et bleus.

Au moment où l'homme entrait, la salle était absolument déserte. L'homme s'avança; la porte se referma sur lui. Se dirigeant vers la principale tribune, celle qui dominait toutes les autres, il gravit les marches et alla prendre place dans le fauteuil de cuir noir.

Deux paires de pistolets, à double coup chacun, étaient placés sur la table. L'homme prit les armes, les examina attentivement, les unes après les autres, s'assura qu'elles étaient chargées et en fort bon état, et il les replaça ensuite devant lui, sur la table, à portée de sa main.

Alors, demeurant immobile comme une statue, il parut attendre. Le tic tac régulier d'une horloge se faisait entendre : effectivement, enchâssé dans le bois de la seconde tribune, se dessinait un cadran. La grande aiguille approchait du chiffre XII, tandis que la petite était sur le chiffre III.

D'où il était, l'homme ne pouvait voir le cadran, mais il entendait parfaitement la marche de l'horloge. Tout à coup retentit ce claquement qui précède l'instant suprême où la grande aiguille, passant son extrémité sur le point qui sépare, dans le chiffre XII, le X du II, indique que l'heure va sonner.

L'homme saisit l'un de ses pistolets et en heurta avec la crosse une plaque de métal placée à sa portée; un son prolongé retentit au moment même où trois heures du matin sonnaient à la pendule.

Un bruit sec se fit entendre partant à la fois de cinq points différents de la salle ronde. Cinq des sept portes de fer venaient de s'ouvrir et cinq personnages, tous revêtus d'un costume identiquement semblable à celui de l'homme occupant la grande tribune, apparurent sur le seuil.

Tous avaient le corps enveloppé dans une robe noire semée de flammes rouges, tous avaient le grand capuchon retombant jusqu'à la ceinture.

Tous cinq firent à la fois un pas en avant et les cinq portes se refermèrent à la fois sur eux, puis, sans prononcer un mot, sans faire un geste, tous cinq se dirigèrent chacun vers chacune des cinq premières tribunes et ils s'y installèrent gravement.

La sixième tribune, elle, avoisinant la grande à gauche, demeurait libre et déserte. L'homme dont la position indiquait évidemment les fonctions de président se leva le demiment.

« Citoyens! dit-il d'une voix nette et ferme, la réunion de cette nuit doit être décisive, c'est pourquoi je vous ai tous convoqués. J'ai à vous exposer tout le plan de conduite qu'il nous faut suivre, mais avant il faut que nous interrogions ceux que nous avons à interroger. »

Les cinq hommes firent un même signe d'assentiment.

Alors le président se rassit, et, saisissant le cordon rouge qui tombait sur la table, il l'agita violemment. Un sifflement aigu retentit, paraissant provenir du haut de la voûte, et le sommet plat du dôme s'ouvrit comme mû par un ressort.

Deux pieds apparurent par cette ouverture, puis deux jambes, un corps, une tête : un homme garrotté était descendu lentement par un cordage.

## XLI. — LA SALLE RONDE.

La descente s'opéra avec précaution. L'homme, garrotté et suspendu, tournait sur lui-même, obéissant au mouvement de rotation que lui imprimait le cordage. Bientôt ses pieds atteignirent la terre : alors la corde qui avait servi à le descendre fut lâchée d'en haut. Elle tomba en s'enroulant sur elle-même, ayant toujours l'une de ses extrémités fixée au corps du prisonnier.

La trappe du dôme qui s'était ouverte se referma sur elle-même. Un silence profond régna dans la pièce voûtée. Les cinq hommes assis dans les tribunes, le président les dominant dans la sienne, paraissaient autant de statues bizarres placées là pour l'ornementation de cette salle basse. Pas un ne faisait un mouvement, pas un ne prononçait un mot, et on n'entendait même pas le bruit de leur respiration. C'était à se croire dans un palais d'enchanteur.

Rien, en effet, ne pouvait être plus extraordinairement étrange que l'aspect que présentait cette salle ronde, au dôme arrondi, avec ses sept portes de fer et ses sept tribunes, dont la dernière dominait les autres.

Puis, dans six de ces tribunes, un personnage enveloppé dans une robe noire ornée de flammes rouges et dont un énorme capuchon de pénitent recouvrait le visage. A voir l'immobilité de ces six personnages, on pouvait se demander si ces robes étranges recouvraient des corps vivants ou enveloppaient des cadavres.

Les lampes attachées à la muraille éclairaient cette scène qui avait quelque chose de fantastique.

Le personnage qui venait d'être introduit d'une façon si extraordinaire demeurait placé au milieu de la salle, à l'endroit même où la corde l'avait descendu.

Ce personnage était un jeune homme pouvant avoir de vingt-cinq à vingt-huit ans, aux traits paraissant réguliers, aux yeux qui devaient être intelligents, à l'expression enfin d'ordinaire sans doute bonne et sympathique ; mais cette régularité des traits que l'on pouvait facilement deviner, cette intelligence du regard, ce reflet de bonté et d'amabilité que l'on pouvait deviner aisément encore, disparaissaient à demi alors pour faire place à une expression de terreur profonde.

Le visage était décomposé : les yeux étaient presque hagards, le teint verdâtre, les veines du front et du cou tendues, les cheveux hérissés, les traits bouleversés ; les dents qui claquaient attestaient toute l'horreur de l'angoisse que devait éprouver l'âme.

Le costume était celui adopté à cette époque par toute classe de jeunes gens de la bourgeoisie aisée qui aspirent à jouer un rôle dans le maniement des finances ; mais l'état de ce costume décelait ou une lutte récente soutenue avec énergie, ou les fatigues d'un pénible voyage accompli depuis peu, ou même peut-être les deux cas réunis.

La cravate blanche était déchirée, défaite, en lambeaux, le gilet était débutonné, l'habit marron foncé avait des crevasses aux manches, non causées par la vétusté, mais très-certainement par quelque accident.

Les cheveux étaient défaits, épars. Enfin une épaisse couche de poussière blanchâtre, comme en rapportent, avant l'établissement des chemins de fer, les voyageurs revenant d'une extrémité de la France, se voyait des pieds à la tête sur toutes les parties des vêtements et du corps.

Le jeune homme demeurait immobile, mais cette immobilité ne pouvait être attribuée à sa volonté. Une forte corde lui garrottait les jambes et soudait les chevilles l'une à l'autre, tandis qu'une autre, entourant le torse, fixait les deux bras le long du corps et ne lui permettait pas de tenter un mouvement.

Tel qu'il était placé, le prisonnier se trouvait précisément en face de la grande tribune du président.

Un silence lugubre continuait à régner dans cette salle, silence que troublait seule, à intervalles irréguliers, la respiration rauque et sifflante du jeune homme garrotté et placé au milieu de la salle.

Un bruit de froissement d'étoffe retentit enfin : le président venait de lever la main droite :

« Jeune homme ! dit-il d'une voix lente et dont le capuchon rabattu, en en tamisant le son, devait changer le caractère : jeune homme, tu sais en quelles mains tu te trouves ! Tu n'ignores pas que ceux-là qui sont aujourd'hui tes maîtres ne menacent jamais en vain et ne pardonnent jamais ! Tu dois la vérité au tribunal que je préside : cette vérité, tu vas la dire. Réponds sans hésiter à mes questions ! D'abord, es-tu prêt à m'entendre et à me comprendre ? »

Le jeune prisonnier avait écouté ces paroles avec une émotion croissante : sa physionomie avait reflété les expressions les plus bizarrement opposées, et son visage avait passé par une succession de teintes démontrant le cours étrange que suivaient le sang et la bile. Tout d'abord, il voulut parler, mais il ne le put pas. La terreur à laquelle il était en proie paralysait évidemment la langue.

Il demeura un moment immobile, les lèvres agitées par des contractions nerveuses. Enfin il fit un effort violent.

« Oui ! murmura-t-il d'une voix à peine distincte.
— Rassemble tes idées ! reprit le président.
— Oui... citoyen. »

Après un nouveau silence, le président reprit :
— Comment te nommes-tu ?
— Alfred Paulin, répondit le jeune homme.
— Quel âge ?
— Vingt-sept ans.
— As-tu ton père et ta mère ? »

Le jeune homme hésita.

« Réponds ! dit vivement le président avec un accent impérieux.

— J'ai perdu mon père, murmura Alfred, mais j'ai encore ma mère... Oh ! continua-t-il d'une voix suppliante, ne lui faites aucun mal, messieurs ! Elle est si bonne !... Et puis elle est toujours malade, elle...
— Est-elle riche ? interrompit le président.
— Non...
— Tu mens !
— Mais... je... jure...
— Elle a une fortune de trois cent mille livres, et tu es son fils unique. »

Alfred courba la tête et un soupir rauque se fit jour à travers ses lèvres à demi fermées.

« Ta mère est riche ! reprit le président. Et toi, que fais-tu ?
— Je suis employé dans les bureaux du citoyen Chivry, le banquier.
— D'où revenais-tu quand on t'a arrêté ?
— De Londres, où j'étais allé depuis quelques jours.
— Comment, toi, Français, avais-tu pu te rendre en Angleterre et en sortir ensuite, quand la guerre s'oppose à toute relation entre ce pays et le nôtre.
— J'avais obtenu un sauf-conduit.
— Par quelle entremise ?
— Par celle de madame Chivry, qui est l'amie de la lady Ellen.
— Pourquoi allais-tu en Angleterre ?
— Pour accomplir une mission dont m'avait chargé le citoyen Chivry.
— Raconte cette mission en détail. »

Le jeune homme demeura un moment plongé dans des réflexions profondes, évidemment il s'efforçait de recueillir ses idées pour mieux répondre.

« De quoi s'agissait-il ? reprit le président.
— D'une somme importante à faire rentrer en France. C'était maître Raguideau, le notaire, qui avait chargé le citoyen Chivry de ce soin. Une cliente de maître Raguideau venait d'hériter d'une somme de 132,000 livres sterling.
— Sais-tu le nom de cette héritière ?
— Madame Geoffrin.
— Continue.
— La succession établie, il s'agissait de faire passer d'Angleterre en France la somme énorme qui revenait à l'héritière. Emporter cette somme en banck-notes n'était pas possible, car en traversant la mer, outre les risques maritimes qu'il fallait affronter, en dehors des accidents naturels, il y avait les chances de tomber entre des mains ennemies : sur un navire français on pouvait être capturé par un navire anglais, qui eût certes fait retourner l'argent en Angleterre... Sur un navire anglais on eût pu être pris par un corsaire français, pour qui les banck-notes anglaises eussent été d'excellente prise... Pour faire rentrer cet ar-

gent en France, il n'y avait qu'un moyen en ce temps de guerre, et ce moyen était l'emploi des traites.

— Il avait donc été convenu, dit le président, que des traites seraient lancées de Paris sur Londres.

— Oui, et ce sont ces traites que j'emportai pour les faire accepter.

— Qui les avait tirées ?

— M. d'Adore.

— Pourquoi M. d'Adore ?

— C'était le résultat d'une combinaison faite par maître Raguideau. La somme à négocier est de deux millions trois cent mille francs, argent de France. Or aucun banquier ne pouvait accepter une telle responsabilité, car l'état de guerre rendait chanceux le payement, même après acceptation. Pour faire rentrer cette somme sans péril, il fallait agir par l'entremise d'une puissance étant en paix avec l'Angleterre. Madame Geoffrin, femme d'un ancien fournisseur de la République, madame Geoffrin dont on connaît l'affection pour le gouvernement, ne pouvait trouver facilement à entrer en relation avec des ennemis de la France, car tous les amis de l'Angleterre sont nos ennemis à cette heure. Ce fut alors que maître Raguideau pensa à M. d'Adore. M. d'Adore avait été émigré, il avait conservé de grandes relations avec d'autres nobles demeurés en Allemagne ; enfin, M. d'Adore est au mieux avec le baron de Grafeld, l'envoyé secret de l'Autriche. Le baron avait promis de faire accepter cette négociation par une maison de banque allemande, mais à la condition que le nom de madame Geoffrin ne figurerait pas sur les traites.

— Après ?

— Madame Geoffrin accepta ces conditions. Maître Raguideau fit faire les traites par M. d'Adore et je fus chargé d'aller, moi, les présenter à l'acceptation à Londres avec un clerc de maître Raguideau.

— Ces traites acceptées là-bas par la maison de banque dépositaire des fonds, qu'en avez-vous fait ?

— Je les ai remises au clerc de maître Raguideau.

— Vous n'êtes pas revenus ensemble ?

— Non.

— Est-ce là tout ce que tu as à dire sur cette affaire ?

— Oui.

— Tu le jures ?

— Je le jure !

— Si tu as menti, malheur à toi !

— Suis-je libre maintenant ? s'écria le jeune homme. Oh ! citoyen... par pitié !... »

Un coup sonore frappé sur une plaque de métal interrompit Alfred. Une des portes de fer, celle placée à la gauche de la tribune du président, s'ouvrit ; deux hommes masqués apparurent sur le seuil.

Le président leur fit un geste en désignant le jeune homme. Les deux hommes s'élancèrent, saisirent Alfred et, l'emportant en dépit de ses cris, disparurent avec lui.

« Sa mère l'aime ! dit le président. Elle est riche. Nous avons l'enfant, nous aurons la fortune. Un échange sera proposé demain. Elle n'hésitera pas ! »

Le président, en achevant ces mots, fit un geste : l'un des personnages placés dans les tribunes inférieures agita le cordon qui pendait sur sa table.

Aussitôt un craquement sourd retentit : la plaque fermant le sommet du dôme s'ouvrit, et un second prisonnier fut descendu comme l'avait été le premier.

Celui-là, un peu plus âgé que le précédent et comme lui paraissant sous l'empire d'une terreur qui ne lui permettait pas de chercher à éluder les réponses nécessitées par les questions, celui-là déclara être second clerc de maître Raguideau le notaire.

Ses réponses, relativement à l'affaire des traites, furent en tous points semblables à celles d'Alfred Paulin. C'était lui qui avait accompagné Alfred à Londres pour faire faire les acceptations.

« C'est toi qui as rapporté les traites ? dit le président.

— Oui.

— Quelle route as-tu suivie ?

— Celle de Boulogne à Paris.

— Tu as passé par Amiens ? demanda le président avec une expression d'intérêt qu'il ne chercha pas à cacher.

— Non, répondit le clerc. Je devais passer par Amiens, mais ma famille habite Péronne et, sans que maître Raguideau le sût, j'ai fait un détour pour aller embrasser les miens.

— Qu'as-tu fait des traites ?

— Je les ai déposées à l'étude.

— Maître Raguideau a vu le citoyen Adore aujourd'hui même, lui a-t-il remis ces traites ?

— Il le voulait, mais le citoyen Adore a refusé obstinément.

— Pourquoi ? »

Le clerc garda le silence.

« Parle ! dit le président.

— Ces secrets ne sont pas les miens, dit le second clerc.

— Il faut qu'ils soient nôtres.

— Je ne puis parler ! »

Un silence suivit ces paroles.

« Parle ? reprit le président.

— Je ne puis, dit le clerc d'une voix assez ferme.

— Que sont devenues ces traites ?

— Demandez-moi toute autre chose me concernant personnellement et je dirai tout, mais ce secret que vous me demandez n'est pas le mien, je ne puis le livrer !

— Veux-tu me contraindre à employer la violence ?

— Ne me forcez pas à parler ! » s'écria le clerc d'une voix lamentable.

Le président prit un des pistolets placés sur son bureau et en abaissa le canon dans la direction du clerc.

Celui-ci devint pâle comme un linceul et se mit à trembler de tous ses membres.

« Veux-tu parler ? reprit le président.

— Non ! balbutia le clerc.

— Je vais t'interroger trois fois... Si, à la troisième question, tu n'as pas donné de réponse, je fais feu sans t'avertir.

— Grâce ! » dit le clerc.

Le président maintint son arme à la hauteur de la poitrine de celui qu'il voulait interroger.

« Que sont devenues ces traites ? » dit-il.

Le clerc garda le silence.

« Que sont devenues ces traites ? » reprit le président.

Le clerc frissonna... les nerfs de son cou se tendirent... une sueur froide inonda ses tempes... il parut sur le point de s'évanouir.

« Qu'est-ce que le citoyen Adore a fait de ces traites ? » reprit le président en accentuant ses paroles avec une expression terrible.

Un silence de mort suivit cette question... on entendait le bruit rauque de la respiration sifflant dans la gorge... Le pistolet fit un mouvement.

« Il a demandé à ce qu'on fît un paquet cacheté de ces traites, s'écria le clerc sous l'empire de la plus effrayante terreur, et à ce qu'on les gardât en dépôt jusqu'au moment où il pourrait les expédier sans crainte.

— Ah ! fit le président avec un geste de satisfaction. Après ?

— Je ne sais...

— Continue... ou je ne t'avertis plus !

— Eh bien ! maître Raguideau a refusé d'accepter un dépôt de cette importance, alors le citoyen a donné l'ordre d'envoyer ce paquet cacheté à un endroit désigné.

— Et cet endroit, c'est ?... Parle... réponds ! c'est toi qui as porté les traites, tu dois le savoir.

— Fontenay-sous-Bois.

— C'est tout ce que tu as à dire ?

— Oui, citoyen. »

Et comme le jeune clerc semblait faillir et ne plus même avoir la force de se soutenir sur ses jambes, une autre porte s'ouvrit et il fut entraîné comme l'avait été le commis du banquier.

« Numéro 3 ! » dit le président.

Un autre des membres de la silencieuse assemblée agita le cordon de soie placé devant lui. La voûte de la salle s'ouvrit encore et un troisième personnage fut descendu. Celui-là ne ressemblait en aucune manière à ceux qui l'avaient précédé.

C'était un gros paysan dans l'acception la plus rustique du mot. Sans doute il avait essayé de tous les moyens de résistance, car non-seulement il était étroitement garrotté, mais encore un épais bâillon lui couvrait la bouche et devait gêner singulièrement la respiration, car il avait le visage violacé et les veines gonflées à faire croire qu'elles allaient se rompre.

Comme le paysan touchait le sol de ses pieds garnis de

souliers ferrés, l'une des portes s'ouvrit et un homme masqué apparut. Cet homme tenait d'une main un pistolet, de l'autre un couteau à lame courte et large.

« Appuie le canon de ton pistolet sur le cœur de ce drôle ! dit le président ; tu vas trancher les liens du bâillon : s'il pousse un cri, tu feras feu ! »

L'homme obéit aussitôt ; le paysan tremblait de tous ses membres, comme la feuille d'automne agitée par le vent ; ses dents claquaient convulsivement : il avait l'air de ne pouvoir se tenir debout.

« Tu habites Fontenay-sous-Bois ? » demanda le président.

Le paysan ne répondit pas.

« S'il hésite à parler, feu ! » cria le président.

Puis, reprenant :

« Tu habites Fontenay-sous-Bois ?

— Oui ! dit le paysan d'une voix étranglée ; mais, mon bon citoyen, je...

— Tais-toi !... Réponds !... Tu connais la ferme ?

— Oui... je...

— Tu y es employé ?

— Comme garçon de charrue, parce que...

— Combien gagnes-tu ?

— Oh !... je suis si malheureux... vingt sous par jour...

— Veux-tu être riche ?

— Si je veux être riche !... s'écria le paysan en changeant de ton. Oh ! que oui !

— Veux-tu gagner cinq cents livres ?

— Cinq cents livres ! s'écria encore le paysan avec un accès de joie subite. Ah ! Seigneur ! et moi qui criais, qui gémissais, qui croyais... Cinq cents livres !... mais qu'est-ce qu'il faut faire ?

— Sais-tu suivre un plan ?

— Un plan de quoi, mon bon monsieur ?

— Un plan... de pays... de ferme...

— Oh ! que oui !... Je suis un savant, moi !... Quand le maître d'école a, dans les temps, tiré un plan pour rebâtir l'église, c'est moi qui l'ai aidé ! Je connais cela, les plans !

— On va t'en présenter un de la ferme de Fontenay : sauras-tu reconnaître s'il est exact ?

— Et j'aurai cinq cents livres si je reconnais ça ?

— Oui.

— Oh ! qu'alors oui, je le reconnaîtrai. »

Le président s'adressa à l'homme masqué qui, le pistolet levé, menaçait toujours la poitrine du paysan.

« Délie-lui les mains ! » dit-il.

L'homme obéit ; le paysan reprit l'usage de ses membres supérieurs. Sa physionomie avait changé d'expression ; la terreur s'était dissipée et un air de convoitise régnait sur cette figure aux traits indécis.

« Le plan de la ferme ! » commanda le président.

L'un des cinq hommes occupant les tribunes se leva, descendit de son siège et se dirigea, toujours son capuchon rabattu, vers le paysan que l'homme masqué continuait à menacer.

## XXII. — LE CONCILIABULE.

« Comprenez-vous enfin où je voulais en venir ? comprenez-vous où m'ont conduit quinze années de peines, de labeur, de réflexions et d'inventions ? Combien de fois ai-je failli être vaincu durant ces quinze années de lutte !... Je me suis courbé, mais jamais je n'ai été renversé, et aujourd'hui je me redresse plus fort, plus puissant, vainqueur enfin ! »

Et rejetant en arrière, avec un geste empreint d'une énergie dominatrice, les longues manches de sa robe de soie, le président promena sur la petite assemblée ses regards ardents qui filtraient à travers les trous du capuchon rabaissé comme deux jets de lave incandescente.

Les cinq personnages formant auditoire demeuraient dans la même attitude calme et réservée.

Une demi-heure s'était écoulée depuis l'instant où on avait présenté au paysan le plan de la ferme de Fontenay. Le paysan venait d'être emmené à son tour après qu'il eut donné tous les détails qu'il était capable de fournir. Maintenant la salle voûtée ne contenait plus que les six hommes revêtus de la longue robe noire au capuchon rabaissé sur la poitrine. Une tribune, la dernière des six petites, celle placée à la droite du président, demeurait toujours libre.

Après cet exorde prononcé d'une voix sonore, le président, qui s'était levé, reprit sa place dans son fauteuil.

« Avant d'aller plus loin, messieurs, reprit-il avec un accent plus calme, il faut procéder au partage du trimestre ; avant de rappeler le passé et de songer à l'avenir, faisons les comptes du présent, car d'ici à huit jours la répartition doit avoir été faite dans toute la France. »

En achevant ces mots, le président ouvrit le tiroir de sa table, y prit un cahier de papiers manuscrits, et, descendant lentement, se dirigea avec majesté vers une table de chêne qui, lors du départ du paysan, avait été apportée par des hommes masqués et avait été placée au centre.

Il déposa sur cette table le cahier, qu'il ouvrit. Ce cahier avait l'aspect d'un grand livre de commerce ; il portait sur ses pages rayées des dates, des désignations, des chiffres, les comptes enfin.

Laissant le cahier sur la table, le président se recula, regagna sa tribune et reprit place dans son fauteuil.

« Vous cinq, messieurs, dit-il, êtes les cinq têtes des cinq branches dont la réunion forme la grande association dont je suis le seul et unique chef ! Il y a six semaines encore, vous étiez six : le sixième est mort. Celui que j'ai nommé pour le remplacer, et qui n'est pas encore connu de vous, n'assistera pas à cette séance. Tout à l'heure, je vous expliquerai la cause de cette absence. D'ailleurs, cette présence n'est pas absolument nécessaire, puisque, d'après nos lois, la délibération est valable quand cinq membres sont présents en conseil, et nous sommes six. »

En achevant ces mots, le président ouvrit un grand registre relié en maroquin rouge et placé devant lui.

Avant d'aller plus loin et afin que le lecteur ne m'accuse pas d'exagération, il faut qu'il se reporte avec moi à cette époque de trouble et de perturbation où la police n'existait pas, ainsi que je l'ai dit déjà, où les associations les plus bizarres et les plus dangereuses se formaient de toutes parts, correspondaient les unes avec les autres, existaient presque en plein jour enfin, sans que le gouvernement eût la force de s'y opposer.

Le Directoire était trop faible pour rétablir alors la paix et la tranquillité. Il fallut pour cela la puissance d'ordre et de volonté du Consulat, et certes la destruction des redoutables bandes des chauffeurs (bien que les historiens de Napoléon 1er ne lui en aient jamais fait un titre de gloire) n'est pas l'un des moindres services que le premier consul ait rendus au pays.

Que le lecteur juge donc les événements qui vont suivre non plus au point de vue de notre administration, si habilement organisée, mais en se reportant à cette époque de désordre et d'anarchie qui a précédé l'ère de tranquillité et de prospérité.

Le président avait donc ouvert le grand registre placé devant lui :

« Suivant l'usage, reprit-il, je dois avant tout vous lire les articles du règlement qui vous concernent, afin qu'ils soient toujours présents à votre mémoire. »

Le président posa un doigt sur le livre de maroquin rouge.

« Article premier de la constitution des chauffeurs ! lut-il à voix haute. Outre le chef suprême, reconnu roi par tous les enfants des galères, six chefs secondaires seront nommés.

2° La France sera divisée en six parties, et chacune de ces parties aura pour chef un des six désignés.

3° Tous ces six chefs ne correspondront qu'avec le chef suprême ; ils n'auront jamais aucune relation entre eux ; ils ne se prêteront jamais aide ni assistance sans un ordre exprès du chef suprême : ils ne doivent pas se connaître.

4° Tous les bénéfices résultant des travaux de l'association seront dirigés vers la caisse commune. Le chef suprême sera dépositaire de cette caisse, qui ne pourra être ouverte qu'en présence des six chefs secondaires.

5° Chaque trois mois, le conseil s'assemblera : les résultats des trois mois écoulés seront mis au jour, et le partage des bénéfices sera fait.

6° Pour se rendre à cette assemblée, chacun des six chefs prendra une route différente, et ils arriveront tous à des heures différentes, afin de ne pas se rencontrer ; ils seront tous masqués et ils revêtiront l'uniforme adopté pour la séance. Aucun ne doit connaître les autres. Ils doivent pouvoir se rencontrer le lendemain sans se reconnaître. C'est là la cause principale de la sécurité dont doit jouir l'association.

7° Le chef seul aura le droit, s'il le trouve bon, de se montrer à visage découvert. Lui seul adressera la parole à chacun des six autres : ceux-ci lui répondront à lui seul, mais ne parleront jamais entre eux. Ils ne doivent même pas échanger un seul signe.

8° La séance terminée, le partage fait, chacun des six reprendra la route qu'il aura parcourue, tous ne devant partir que successivement et sur l'ordre du chef.

9° La plus légère infraction à ces lois sera punie de mort. »

Le président s'arrêta et referma son grand registre ; puis il frappa deux coups sur le timbre qu'il avait placé près de lui.

Aussitôt, sur la façade de chacune des cinq tribunes occupées, apparut une bande lumineuse, un transparent de verre de couleur sur lequel un nom était peint en rouge sur fond noir.

Le nom que portait la première tribune était : *Mesnard le Boucher* ; celui de la seconde : *Dragon de Bouvray* ; celui de la troisième : *le Poitevin grêlé* ; celui de la quatrième : *Charles de Lyon* ; de la cinquième : *Ville sauvage*.

« Voici vos noms de correspondance pour les trois mois qui viennent, reprit le président. Mesnard le Boucher, vérifie les comptes du Nord. »

Le premier personnage, c'est-à-dire celui occupant la tribune à la droite du président, se leva, descendit et se dirigea vers la table où était le cahier de papiers manuscrits. Il prit dans sa poche une liasse d'autres papiers et parut compulser avec soin. Ce travail dura près d'un quart d'heure, sans que rien troublât le silence qui régnait dans la pièce.

Quand Mesnard le Boucher eut achevé, il se tourna vers le président et prononça à voix très-haute et très-distincte la phrase suivante :

« Je jure que les lois de l'association ont été observées, et je déclare n'avoir aucune observation à faire.

— Signe ta déclaration, » dit le président.

L'homme obéit : il se mit à écrire, puis il retourna à sa place.

« Dragon de Bouvray, vérifie les comptes de l'Alsace, de la Franche-Comté et des Vosges ! » reprit le président.

Le chef indiqué se leva à son tour et il alla procéder, sans mot dire, à la vérification du registre. Quand il eut achevé, il s'avança vers le président, comme l'avait fait son prédécesseur, et, comme lui, il dit de la même voix sonore et bien accentuée :

« Je jure que les lois de l'association des chauffeurs ont été observées, et je déclare n'avoir aucune observation à faire.

— Signe ta déclaration, » dit ensuite le président.

Dragon de Bouvray obéit et il retourna ensuite à sa place.

Puis, après celui-là, ce fut au troisième. Les cinq chefs présents enfin allèrent tour à tour vérifier les comptes, et tous firent le même serment, tous signèrent la même déclaration.

« Maintenant, reprit le président, le partage. »

Quittant alors sa place, il appela, du geste, autour de lui les cinq personnages, qui obéirent avec un ensemble parfait. Le président revint vers la tribune de laquelle il venait de descendre ; la façade de cette tribune était en chêne massif ; au centre du panneau était une grande plaque de fer percée de six entrées de serrure différentes, placées à intervalles inégaux ; au centre de cette plaque était un trou rond, offrant à son orifice des découpures bizarres : saillies et creux tracés le plus capricieusement qu'il soit possible d'imaginer.

Sur un signe du président, l'un des cinq chefs s'avança, prit une clef qu'il tenait à la main et l'introduisit dans l'une des entrées, puis il fit jouer un ressort et il se retira sans enlever la clef, qui demeura dans la serrure.

Après celui-là, ce fut au tour d'un autre : tous cinq firent jouer une clef différente dans cinq des six entrées. Ensuite le président introduisit la sixième clef dans la sixième serrure.

Alors, soulevant sa robe, il tira de dessous ses vêtements une tige d'acier, longue de six pouces au moins et assez forte : il présenta cette tige en face de l'ouverture dentelée placée au centre de la plaque et l'introduisit.

Opérant des posées en sens différents, il se livra pendant quelques instants à un travail incessant. Puis, réunissant ses forces, il saisit la tige d'acier de ses deux mains réunies et appuya avec une vigueur de muscles soutenue.

Le panneau de chêne formant la façade de la tribune s'abaissa lentement, retenu à sa base par des charnières invisibles. En s'abaissant, ce panneau, doublé de fer, découvrit une grille très-serrée, au centre de laquelle était encore une série de combinaisons assez semblables, en apparence au moins, aux grands appareils de combinaisons de nos caisses modernes.

Chacun des personnages présents s'avança une seconde fois, à tour de rôle, et fit jouer une des combinaisons : alors la grille s'ouvrit toute grande et un spectacle étrange, merveilleux, fascinateur, resplendit à la lueur des lampes accrochées aux murailles.

En s'ouvrant, la grille laissa à découvert l'intérieur d'une armoire, et au fond de cette armoire, toute doublée de plaques de fer énormes, étincelait un amas de métaux aux ruisselants reflets ; lingots d'or et d'argent épurés, piles de pièces de métal, bijoux, diamants, argenterie, objets d'art précieux, gisaient là entassés les uns sur les autres.

Le président s'avança et procéda au partage ; puis, après avoir laissé dans la caisse de fer ce qui, prélevé sur chaque partage, constituait le trésor de l'association, on se mit en mesure de refermer les deux portes, et on agit dans le même ordre que celui qui avait été observé pour leur ouverture. Chacun des six personnages replaça sous ses vêtements la clef qu'il retira de la serrure. Durant l'opération du partage, pas une objection n'avait été faite ; le président avait seul parlé.

Sur un signe de lui, tous reprirent leur place et la séance continua.

« Messieurs, commença le président en se tenant debout devant son fauteuil, il y a quinze ans, en 1785, deux affaires furent présentées à l'association. Ces deux affaires étaient : l'une, celle de Niorres ; l'autre, celle des d'Horbigny. Vous vous rappelez tous comment ces deux affaires ont tourné après les péripéties sans nombre, et comment, en 1790, vous les considériez comme à jamais perdues. Moi seul, votre chef, moi seul j'espérais... Cependant alors, et comme compensation à ces affaires que vous regardiez comme terminées, je vous proposai celle de la famille de Cantegrelles. Vous savez encore comment cette opération, si habilement menée, vous échappa par deux fois. Celle-ci aussi vous la considérez comme perdue pour nous ! »

Les cinq personnages firent à la fois un même geste affirmatif.

« Reste l'affaire des Geoffrin : celle-là est en bonne voie, ainsi que vous venez de l'entendre. Quant aux affaires précédentes que vous avez considérées comme perdues, et auxquelles je n'ai jamais renoncé cependant, ces affaires-là sont en aussi bonne voie que la dernière ; et si j'ai su attendre quinze ans, si je n'ai jamais désespéré, si j'ai toujours poursuivi avec acharnement le même but, c'est que, ce but, j'étais certain de l'atteindre... et à cette heure, je le vois, je le touche. Savez-vous bien que les millions des Niorres, joints à ceux des d'Horbigny et des Cantegrelles, forment, avec ceux des Geoffrin, plus de quinze millions de francs ? Savez-vous qu'une partie de ces fortunes réalisées représente, à cette heure, six millions au moins tant en numéraire, qu'en bijoux et en pierreries. Or, ces quinze millions sont à nous, et cette fois nous les tenons ; ils ne sauraient nous échapper. A cette heure, Signelay, Lucile et Uranie sont morts pour nous, et le colonel Maurice Bellegarde va mourir ; à cette heure, nous tenons entre nos mains tous ceux qui sont dépositaires des trésors que nous voulons posséder ; à cette heure, nous sommes vainqueurs, ainsi que je vous le disais. L'instant est venu d'agir, et d'agir sans tarder, sans perdre une seconde ; l'instant est venu où vous allez recevoir chacun communication du plan qu'il faut suivre. »

Et le président, s'interrompant brusquement, frappa sur le timbre trois coups sonores : aussitôt six des sept portes de fer s'ouvrirent, et un homme masqué apparut sur le seuil de chacune d'elles.

« Aux cellules ! » commanda le président d'une voix forte.

Les cinq personnages placés dans les tribunes descendirent à la fois ; chacun d'eux se dirigea vers la porte placée à sa gauche, sur le seuil de laquelle se tenait l'un des hommes masqués qui venaient d'apparaître.

Tous disparurent à la fois, et les cinq portes se refermèrent ; la sixième demeura seule ouverte ; l'homme masqué, auquel elle avait donné accès en s'ouvrant, était toujours sur le seuil. Le président quitta à son tour sa tribune, et, descendant lentement, il se dirigea vers la porte demeurée ouverte.

« Le clerc de notaire ? demanda-t-il.
— Là, répondit l'homme masqué en désignant le fond.
— Veille sur lui et prépare-le au rôle qu'il faut qu'il joue ! »

L'homme masqué fit un signe d'assentiment.

## XLIII. — L'AURORE D'UN GRAND JOUR.

Le ciel était magnifique et le soleil radieux venait de se lever, et cependant on était alors en plein hiver, en brumaire, le matin du 18.

Dans cet appartement de la rue Neuve-des-Petits-Champs dans lequel nous avons déjà pénétré, dans cette chambre que nous connaissons, un homme à demi vêtu était étendu sur une chaise longue : cet homme, c'était le colonel Maurice Bellegarde.

Maurice était horriblement changé, il était devenu presque méconnaissable. Ses joues étaient amaigries, ses yeux avaient quelque chose de hagard, son teint était blême et ses cheveux épars retombaient autour de son front aux rides précoces.

Près de lui, le fidèle Gringoire, assis sur un tabouret, tenait à la main un journal qu'il était en train de lire.

« Ensuite ? ensuite ? disait Maurice.
— Le banquet offert par le conseil au général Bonaparte, lut Gringoire, a eu lieu avant-hier 15. Le nombre des souscripteurs étaient de sept cents.

C'est dans l'intérieur de l'ancienne église Saint-Sulpice que ce banquet a eu lieu. Le général est arrivé à l'heure fixée et a pris place au milieu de l'empressement de tous les convives.

Le général paraissait sombre et préoccupé. Le banquet fut triste : tous les convives paraissaient s'observer et garder la plus grande réserve vis-à-vis les uns des autres.

Au quart du repas, le général, qui, suivant son habitude, ne peut demeurer longtemps à table, s'est levé, et, donnant le bras au général Berthier, son chef d'état-major, il fit le tour des tables, adressant à presque tous les députés quelques paroles froidement aimables. Puis il s'est retiré précipitamment. On prétend qu'en sortant du banquet le général s'est rendu chez le directeur Sieyès...
— Et on prétend juste ! dit une voix sonore.
— Ah ! docteur ! dit Maurice en tendant la main à Corvisart qui venait d'entrer.
— Bonjour, colonel, comment allez-vous ce matin ?
— Toujours de même, docteur.
— Oui, la santé physique se rétablit, mais le moral...
— Hélas ! je souffre !
— Et du courage ?
— Je n'en ai plus.
— Vous, un soldat !
— Eh ! mettez-moi en face des ennemis de mon pays, et tant que mon bras pourra se lever, il se lèvera pour frapper, mais la blessure que j'ai reçue au cœur est de celles pour lesquelles votre science est impuissante.
— Colonel !
— Elle est inguérissable, docteur ! Lucile était ma vie... L'existence est partie avec elle. Je suis comme une lampe qui s'éteint faute d'huile. Je le sens. Regardez-moi, je vis encore par suite d'un miracle. Mon général est venu tous les jours... Sa vue m'a guéri de mes accès de folie, elle me soutient un peu... mais, dès que je suis seul, je ne puis plus lutter.
— Parlons du général.
— Oh ! volontiers, dit Maurice en souriant tristement.
— Vous savez qu'il a vu Sieyès ?
— Non.
— Il l'a visité en quittant le banquet, ainsi que le journal le dit.
— La conférence a été longue ?
— Oui, et surtout décisive.
— Sait-on ce qu'on a décidé ?
— Je le sais, et tout Paris le saura ce soir. Un nouveau gouvernement doit être substitué à celui existant. Les conseils doivent être suspendus pour cinq mois : trois consuls remplaceront provisoirement les cinq directeurs, et pendant ces trois mois, les consuls, jouissant d'une sorte de dictature, s'engageront à maintenir le pays en paix et à lui préparer une nouvelle constitution qui replacera la France au rang qui lui est dû.
— Mais, dit Maurice avec inquiétude, comment ?... par quels moyens exécuter ce projet ?
— Sieyès a la majorité aux Anciens. Or, ce conseil, usant de son droit que lui donne la Constitution, va proposer ce matin même et décréter la translation du Corps législatif à Saint-Cloud en confiant le soin de protéger cette translation au général Bonaparte.
— Les Anciens ont décrété cela ce matin ?
— Oui.
— Mais à quelle heure donc ?
— A sept heures. La commission, que présidait Corne., a travaillé toute la nuit. On a fait fermer les volets et les rideaux des fenêtres pour que rien ne pût déceler le travail auquel on se livrait dans les bureaux. Les Cinq-Cents n'étaient convoqués que pour onze heures ; de cette façon, et toute délibération étant interdite par la Constitution à l'instant où le décret de translation est promulgué, on ferme par cette promulgation la salle des Cinq-Cents. Demain, ils se réuniront à Saint-Cloud pour discuter.
— Et le général ?
— Il doit passer en revue ce matin une partie des régiments de la garnison.
— Comment ?... que fera-t-il ?
— Ah ! mon cher Maurice, vous m'en demandez plus long que je n'en sais. Attendez ! ayez le courage de vivre encore un peu et vous verrez. N'irez-vous pas ce matin auprès de votre général ? Vous pouvez monter à cheval maintenant. D'ailleurs vous lui devez une visite de remerciement pour toutes celles qu'il vous a faites. Je reconnais qu'il a été plus puissant que moi, car il a su vous guérir de vos accès de folie, et ma science eût certes échoué là où il a réussi. Au revoir, colonel, ce soir nous reverrons et nous causerons des événements de la journée. »

Maurice ne répondit pas. Le docteur le regarda un moment, puis, lui adressant un geste amical, il quitta la pièce.

Dans le salon, il retrouva Gringoire qui paraissait l'attendre avec anxiété.

« Eh bien ? demanda vivement le soldat garde-malade.
— J'espère qu'il vivra encore cette journée, répondit le docteur, mais je n'en suis pas sûr. »

Gringoire était devenu très-pâle.

« Quoi ! dit-il d'une voix frémissante, vous croyez, docteur...
— Une seule chose m'étonne, Gringoire, c'est que le colonel ne se soit pas tué encore. Il faut que l'affection qu'il ressent pour son général soit bien extraordinairement puissante, car c'est à cette affection seule, c'est aux visites quotidiennes du général que nous devons jusqu'ici l'existence de Maurice. »

Le soldat fit un signe affirmatif.

« Veille sur lui, continua le docteur, et efforce-toi de le déterminer à monter à cheval et à se rendre auprès du général. »

Le docteur adressa un geste amical au soldat et quitta l'appartement.

Après le départ du docteur, Maurice avait paru réfléchir longuement. Demeuré seul, le colonel s'était soulevé lentement, et réunissant ses forces il s'était mis à parcourir la chambre d'un pas tremblant. Le front penché, les mains pendantes, le regard vague, il paraissait toujours être en proie aux réflexions les plus péniblement douloureuses.

« Pourquoi vivrais-je ? dit-il en s'arrêtant. Le général n'a plus besoin de moi. La révolution qu'il va tenter est approuvée d'avance par toute la France. Demain il sera acclamé par la population tout entière... Il n'a pas besoin de moi... Pourquoi donc m'obstiner à vivre. »

Un court silence suivit ces réflexions, puis Maurice reprit :

« Lucile m'attend, elle m'appelle... Nous nous sommes jurés de ne nous quitter jamais, je la rejoindrai. »

Le colonel était alors en face d'un meuble sur lequel était une boîte de forme plate, il attira cette boîte et l'ouvrit : elle contenait des pistolets de tir richement ornés.

Maurice en prit un et l'examina : le pistolet n'était pas chargé. Prenant dans une poire une charge de poudre qu'il versa dans le creux de sa main gauche, il s'apprêtait à faire glisser cette charge dans le canon, quand des fanfares éclatèrent soudainement au dehors, dans la rue. En même temps la porte de la chambre s'ouvrit.

« Mon colonel ! cria Gringoire en se précipitant.
— Qu'est-ce donc ! demanda Maurice sans rien tenter pour cacher les préparatifs auxquels il se livrait.
— C'est le 9ᵉ dragons, avec votre ami le colonel Sébastiani à sa tête, qui passe en ce moment dans la rue.
— Que m'importe ! » dit Maurice en reprenant son arme.

## XLIV. — LES AFFICHES.

« Louis ! Louis ! mais venez donc !
— Tout à l'heure... je reviens...
— Non, monsieur, tout de suite. Descendez !
— Mais... ma petite Rose...
— Voulez-vous entrer, ou je me fâche !
— Entre donc, citoyen...
— Ah ! monsieur de Niorres qui est maintenant dans la cavalerie !
— Louis ! si vous n'entrez pas, je ne vous aimerai plus !... Antoine tiendra votre cheval ! »

Et la *jolie mignonne*, rouge de colère, frappa de son petit pied un coup violent sur la dalle servant de seuil à la boutique de Gervais. Madame Gervais, Antoine et la bonne étaient groupés derrière la jeune fille, allongeant le cou et ouvrant les yeux comme pour mieux voir.

Un jeune maréchal des logis des chasseurs à cheval venait d'arrêter son cheval devant le magasin et demeurait indécis, la main appuyée sur la poignée de son sabre, paraissant ne pas savoir s'il devait avancer ou reculer.

La rue Saint-Denis avait toutes ses boutiques ouvertes et la foule habituelle de ce quartier, remuant par excellence, encombrait ses bas côtés, tandis que les voitures faisaient jaillir l'eau du ruisseau unique qui divisait la chaussée en deux parts égales.

Çà et là des groupes étaient formés, beaucoup de marchands étaient sur le seuil de leur boutique ; on regardait, on parlait, on causait avec cette animation particulière aux Parisiens, alors que, suivant l'expression d'un grand écrivain du siècle dernier, ils *flairent* dans l'air de la capitale avec cet instinct qui leur est propre, quelque événement se formant à l'horizon politique.

Un régiment de cavalerie, qui, traversant les halles, venait de remonter la rue Saint-Denis pour se diriger vers le boulevard, avait attiré l'attention des habitants du quartier ; mais, le régiment passé, les curieux étaient demeurés causant entre eux sous le coup de cette préoccupation dont je parlais tout à l'heure.

C'était un maréchal des logis de ce régiment, n'ayant pas rang dans les escadrons, qui venait de s'arrêter devant la boutique de Gervais, et ce maréchal des logis n'était autre que Louis Niorres, l'ancien sergent-major de la 32ᵉ.

Il était à peine huit heures du matin, et le soleil s'élevait de plus en plus radieux.

Après avoir hésité, Louis mit lestement pied à terre.
« Tiens mon cheval, » dit-il à Antoine.
Il entra dans le magasin. Rose faisait une jolie petite moue.
« Je vais lui donner un verre de vieux vin à ce beau soldat, dit madame Gervais en riant, ça lui fera du bien. »
Et la citoyenne courut vivement vers l'arrière-boutique.
« Il paraît qu'il faut se fâcher pour vous faire entrer, monsieur ! dit Rose d'un ton un peu sec.
— Mais non, ma petite Rose, répondit Louis ; seulement je ne puis quitter ainsi mon régiment.
— Même quand je vous en prie ?
— Vous voyez bien que si. »
Rose se pencha vers lui :
« Et votre serment ! dit-elle à voix basse.
— C'est vrai, » dit le jeune maréchal des logis en rougissant.

En ce moment, Gervais descendait l'escalier conduisant à la boutique.

« Ah çà ! dit-il, qu'est-ce qu'il y a, tout Paris est donc en éveil ce matin ? On ne peut pas dormir, c'est insupportable ; ça fait que je me suis réveillé de mauvaise humeur.
— Eh bien ! ça t'étonne ? dit madame Gervais qui rentrait tenant à la main un verre posé sur une assiette et rempli à déborder d'un vin blanc limpide et doré. Si tu t'es levé d mauvaise humeur, ça ne sort pas de tes habitudes !
— Comment de mes habitudes ! dit aigrement Gervais, on dirait à vous entendre que je suis comme un porc-épic ! »

Madame Gervais s'avança en haussant les épaules.
« Tiens ! reprit Gervais, tu as pensé à m'apporter un petit verre de...
— N'y touchez pas ! cria vivement madame Gervais en se reculant, ce n'est pas pour votre nez que je me suis dérangée. »

Gervais, qui s'avançait le sourire sur les lèvres et la face épanouie, se recula à son tour avec un geste de déception. Madame Gervais offrait le verre au jeune cavalier.

« Mais, disait Rose, il y a donc une revue ce matin ?
— Oui, dit Louis en souriant, il y a une revue et puis autre chose...
— Quoi donc ?
— Il y a que nous allons escorter le conseil des Anciens à Saint-Cloud.
— Le conseil des Anciens ! s'écria Gervais.
— Eh oui ! vous ne connaissez donc pas le décret qui vient d'être rendu tout à l'heure ?
— Non. Quel décret ?
— Celui qui transfère les conseils à Saint-Cloud et qui donne tout le commandement de la division au général Bonaparte ? on est en train de le placarder partout... Et tenez !... tenez ! voici qu'on vient l'afficher en face de chez vous ! »

Un grand tumulte avait lieu dans la rue. De toutes parts, on accourait, on se pressait, on se bousculait... Un homme, vêtu en afficheur, appuyait son échelle contre la muraille d'une maison située précisément en face de celle de Gervais. Montant lestement les échelons, il tira de la poche de son tablier une grande affiche à fond blanc qu'il enduisit de colle et qu'il placarda.

Alors la foule se pressa plus compacte.
« Lisez tout haut ! lisez tout haut ! » cria-t-on à ceux qui étaient les plus près de la muraille.

A cette époque effectivement la lecture n'était pas répandue et beaucoup étaient incapables de déchiffrer l'affiche, bien que l'impatience d'en connaître le contenu fût dans tous les regards.

Louis, Gervais, madame Gervais et Rose avaient traversé la rue et étaient venus se joindre au groupe des curieux. Le maréchal des logis s'était avancé au premier rang.

« Je vais lire, citoyens, cria-t-il.
— Silence ! silence ! nous écoutons ! » dirent plusieurs voix.

Un silence profond s'établit.

« Séance du conseil des Anciens, le 18 brumaire an VII, commença Louis, décret promulgué à sept heures du matin.

Vu l'état de la situation actuelle, le conseil des Anciens, sur le rapport de sa commission chargée de veiller à la sûreté générale, ayant appris que des projets sinistres se tramaient, que des conspirateurs accouraient en foule à Paris, y tenaient des conciliabules et y préparaient des attentats contre la liberté de la représentation nationale, a décrété et décrète ce qui suit :

1° Le Corps législatif est transféré dans la commune de Saint-Cloud : les deux conseils y siégeront dans les deux ailes du palais.

2° Ils y seront demain 19 à midi. Toute continuation des fonctions, des délibérations, est interdite ailleurs et avant ce temps.

3° Le général Bonaparte est chargé de l'exécution du présent décret. Il prendra toutes les mesures nécessaires pour sûreté de la représentation nationale. Le général Lefebvre, commandant la 17ᵉ division militaire, la garde du Corps législatif, les gardes nationales sédentaires, les troupes de ligne qui se trouvent dans la commune de Paris, dans l'arrondissement constitutionnel et dans toute l'étendue de la 17ᵉ division, sont mis immédiatement sous ses ordres et tenus de le reconnaître en cette qualité. Tous les citoyens leur prêteront main-forte à la première réquisition.

4° Le général Bonaparte sera appelé dans le sein du conseil pour y recevoir l'expédition du présent décret et y prêter serment. Il se concertera avec la commission des inspecteurs des deux conseils. Le présent décret sera de suite transmis par un messager du conseil des Cinq-Cents au Directoire exécutif ; il sera imprimé, affiché et envoyé

*Le général Bonaparte au conseil des Cinq-Cents.*

dans toutes les communes de la République par des courriers extraordinaires.

Le conseil des Anciens use du droit qui lui est délégué par l'article 102 de la Constitution, de changer la résidence du Corps législatif. Il use de ce droit pour enchaîner les factions qui prétendent subjuguer la représentation nationale, pour vous rendre la paix intérieure.

Il use de ce droit pour ramener la paix extérieure que nos longs sacrifices et l'humanité réclament.

Le salut commun, la prospérité commune, tel est le but de cette mesure constitutionnelle; il sera rempli.

Et vous, habitants de Paris, soyez calmes : sous peu la présence du Corps législatif vous sera rendue. Français ! les résultats de cette journée feront bientôt foi si le Corps législatif est digne de préparer votre bonheur et s'il le peut. »

Un silence suivit la lecture de cette affiche. Tous se regardaient avec étonnement : il était évident qu'il y avait hésitation dans la foule sur la façon dont elle devait accueillir ce décret qui, à bien prendre, la touchait fort peu. Que lui importait que le conseil des Cinq-Cents siégeât à Paris ou à Saint-Cloud ?

L'afficheur venait de poser une autre affiche au-dessous de la première.

« C'est une proclamation du général Bonaparte ! cria une voix.

— Du général Bonaparte ! » répéta la foule en frémissant.

Ce nom illustre avait déjà la propriété d'électriser tous les cœurs :

« Lisez ! lisez ! » cria-t-on.

« Citoyens ! commença Louis d'une voix frémissante, le conseil des Anciens, dépositaire de la sagesse nationale, vient de rendre le décret ci-joint !

Il y est autorisé par les articles 102 et 108 de l'acte constitutionnel.

Il me charge de prendre des mesures pour la sûreté de la représentation nationale.

La translation est nécessaire et momentanée.

Le Corps législatif se trouvera à même de tirer la représentation du danger imminent où la désorganisation de toutes les parties de l'administration nous conduit.

Il est besoin, dans cette circonstance essentielle, de l'union et du concours des vrais patriotes...

Ralliez-vous autour de lui : c'est le seul moyen d'asseoir la République sur les bases de la liberté civile, du bonheur intérieur, de la victoire, de la paix.

*Signé* : BONAPARTE.

*Contre-signé* : ALEXANDRE BERTHIER,
*sous-chef d'état-major.* »

Louis, en achevant, se tourna vers la foule haletante :
« Vive le général Bonaparte ! cria-t-il.

— Vive le général Bonaparte ! répéta la foule avec ce

même élan qui, quelques décades auparavant, avait fait vibrer les échos du quartier, alors que l'annonce du retour du général en chef de l'armée d'Égypte arrivait aux halles de Paris.

— Mon Dieu! mon Dieu! mais qu'est-ce qui va donc se passer! murmura Rose avec inquiétude.

— Rien de mauvais, ma jolie mignonne! répondit Louis en se glissant à travers les rangs de la foule.

— Louis, vous allez rester!

— Non, Rose! je vais remonter à cheval et rejoindre mon régiment.

— Mais.... commença la jeune fille.

— Oh! il le faut, Rose, interrompit Louis; je suis soldat, et mon général a peut-être besoin de moi!

— Quand viendrez-vous, au moins?

— Ce soir, je vous le promets!

— Jurez-le-moi, quoi qu'il arrive, vous viendrez!

— Je vous le jure.

— Alors, retournez à votre régiment! » dit Rose en étouffant un soupir.

Louis lança à la jeune fille un regard tellement expressif que Rose ne put en supporter l'éclat; elle devint rouge comme une fraise en mai, et elle détourna la tête.

Louis s'était élancé à cheval et partait au grand trot. Rose, revenue sur le seuil de la boutique, le suivait des yeux avec une attention telle qu'elle ne vit pas madame Gervais s'approcher de l'endroit où elle se tenait. L'excellente femme regarda Rose, surprit la direction de ses yeux, sourit doucement, et pressant Rose dans ses bras:

« Tu l'aimes? » murmura-t-elle.

Rose tressaillit, et l'émotion intérieure qu'elle ressentit fut telle qu'elle frissonna et parut sur le point de s'évanouir.

« Enfant! dit madame Gervais avec une adorable expression de sympathique tendresse. Crois-tu que je veuille te gronder? Non; ce que je veux, c'est que tu n'aies pas de secret pour moi qui suis ta mère. Réponds-moi, jolie mignonne: tu l'aimes? »

Rose avait le visage enfoui dans l'épaule de madame Gervais; relevant doucement la tête avec un mouvement empreint d'une grâce adorable, elle approcha ses lèvres roses de l'oreille de son interlocutrice:

« Je ne sais pas si je l'aime, murmura-t-elle; tout ce que je sais, c'est que si je ne devais plus le revoir... je mourrais!

— Chère enfant!

— Est-ce que c'est de l'amour cela? » dit Rose avec une naïveté charmante.

Madame Gervais sourit.

« Dame!... fit-elle, je crois que oui!

— Oh! dit Rose avec une expression de pudeur angélique.

— Bah! dit madame Gervais en lui caressant les cheveux, tu peux l'aimer!

— Pourquoi? demanda Rose en se dégageant tout à coup et en regardant fixement madame Gervais.

— Tu veux le savoir?

— Oh!... oui... Pourquoi puis-je... l'aimer?

— Parce qu'il t'aime, lui? »

Rose étouffa un cri et cacha de nouveau sa tête dans le sein de madame Gervais.

Pendant que cette petite scène intime se passait dans le magasin du bonnetier, la foule, grossissant, recommençait la lecture du décret et de la proclamation, et à chaque lecture, comme à la première, le nom du général adoré électrisait la foule.

Dans ce cri de: *Vive Bonaparte!* qui s'échappait de toutes les bouches, il y avait une telle expression d'amour, de confiance, de joie, que certes celui qui inspirait cet amour, cette confiance, cette joie, eût pu avoir le droit de se dire à cette heure le maître adoré de la France.

Gervais était demeuré avec les plus tenaces lecteurs; il épelait la proclamation, il en pesait tous les mots, il en analysait toutes les expressions avec son intelligence ordinaire.

« Oh! disait-il, le général Bonaparte! Quand je pense que mon épouse lui a vendu des bas! oui, des bas! car il porte des bas comme vous et comme moi... voilà ce qu'il y a d'étonnant!

— Et dire que nous avons pourtant voyagé en carrabas avec lui! » dit une voix.

Gervais se retourna.

« Tiens! Gorain! s'écria-t-il. C'est ma foi vrai, ce que tu dis là!

— Nous avons été à Versailles avec le général, qui n'était pas général alors...

— Pas plus que nous n'étions munitionnaires nous-mêmes, dit Gervais en prenant le bras de son ami et en l'entraînant loin des groupes tumultueux.

— A propos, as-tu revu Fouché, toi?

— Non; et toi?

— Moi non plus. Fouché, cet excellent Fouché, ce parfait Fouché! dit Gorain en arrondissant les coudes avec complaisance. En voilà un ami! Aussi, tant pis! je ne dis plus le citoyen Fouché, je dis Fouché tout court.

— Ah! quel cœur! s'écria Gervais.

— Et dire que grâce à lui nous allons être des munitionnaires en premier, en vrai premier!

— C'est pourtant vrai!... ce sera superbe!

— Décidément ce Thomas se moquait de nous!

— Il nous eût fait languir dans la seconde classe.

— Tandis que maintenant...

— Dame! avec Fouché pour ami et avec le général Bonaparte!... Décidément c'est un bien grand homme!

— Oui, je n'avais pas voulu le dire jusqu'ici, mais bah! je le dis tout de même.

— A propos! il faut penser à ce que nous a recommandé Fouché.

— Oui, je ne l'oublie pas! Allons tout de suite au rendez-vous.

— Tu es sûr que Thomas y sera?

— Tiens! il me l'a promis, pas plus tard qu'hier.

— Mais il faut être adroit.

— Oh! tu penses! »

Tout en causant et en se tenant bras dessus, bras dessous, les deux bourgeois avaient remonté la rue Saint-Denis et atteignaient le boulevard.

Le boulevard était encombré de troupes qui se dirigeaient vers la rue du Mont-Blanc. Infanterie et cavalerie avançaient lentement: c'était toute la 17e division qui se rendait à la place de la Révolution et aux Champs-Élysées, pour y être passée en revue par le général Bonaparte.

Des temps d'arrêt, résultant, comme toujours, de la marche d'une foule imposante, rendaient souvent la colonne stationnaire.

Au moment où Gorain et Gervais débouchaient sur le boulevard, le régiment de chasseurs, auquel appartenait le jeune de Niorres, était à la hauteur de la porte Saint-Denis. Sur l'un des bas-reliefs de la porte même, on voyait une grande affiche jaune fraîchement collée.

En dessous de cette affiche, placée très-haut, étaient deux bornes de pierre. Un soldat, un gigantesque tambour-major, en grand uniforme avec ses plumets retombant, se dressant, se mêlant et s'emmêlant, était monté sur ces deux bornes, un pied sur l'une, un pied sur l'autre, dans la position du colosse de Rhodes.

Les deux mains derrière le dos et les tenant réunies, sur la pomme de cuivre d'une canne gigantesque, le tambour-major dessinait sa longue silhouette sur la muraille noircie et sur l'affiche jaune.

« C'est ici comme en Italie et en *Égypre!* criait-il. Attention, vous autres! Le *général* en chef vous fait la politesse de s'intéresser à vos aimables personnes; c'est adressé péremptoirement et radicalement à l'armée de Paris dont auquel nous avons celui d'appartenir. Attention! mes amis...

— Nous t'écoutons! crièrent des cavaliers en entourant le tambour.

— Et dire, reprit Rossignolet en se redressant, qu'il n'y a pas dans toute la cavalerie une seule peau d'âne! C'est humiliant pour vous, mes enfants, je comprends et j'apprécie votre chagrin sincère!

— De quoi! de quoi! fit un vieux brigadier en s'avançant. On s'en fiche et on s'en contre-fiche de la peau d'âne... on a ses trompettes!

— Hein? dit Rossignolet en se retournant et en toisant son interlocuteur. Ne médis pas de la peau d'âne, l'ancien: ça pourrait écorcher la tienne!

— Est-ce que c'est avec ton briquet que tu te chargerais de l'agrément? dit le brigadier avec un sourire moqueur.

— Mon briquet est peut-être plus court que ton bancale, répondit le tambour-major, mais il est aussi solide; et la preuve c'est qu'il revient des Pyramides, tandis que le tien a baguenaudé en France... comme un propre à rien!

— Ouich! Voyez-vous ces *relintintins* de l'Égypte! ça

se donne l'agrément de se moquer des anciens du Rhin ! Et pendant que ça se graissait la carcasse avec les nègres, nous nous brossions aux frontières, nous !

— De quoi ? Crois-tu pas qu'on se croisait les bras sur les bords du Nil ?

— Ça vous a la langue dorée parce que ça revient de loin !

— Va donc manger de la choucroute avec tes *quinze-reliques !*

— Tiens ! le Rhin vaut bien le Nil.

— Et ceux du Rhin valent peut-être mieux que ceux d'Italie ?

— C'est mon avis !

— Tonnerre !

— De quoi ? »

Ces deux répliques, lancées avec une intonation menaçante, se croisèrent dans l'air comme deux boulets se rasant.

« Pousse-cailloux de malheur ! dit le brigadier.

— Gros-talons de je ne sais quoi ! répondit le major.

— Demain, si on allait au bois de Vincennes ?

— On ne m'y trouverait pas, vu que je suis de service ; mais après-demain, comme qui dirait sur le coup du matin.

— Route de Fontenay-sous-Bois !

— Ça va, l'ancien !

— J'aurai des amis.

— Et moi aussi.

— Et on prouvera que les gros talons savent mettre au pas les pousse-cailloux !

— On verra voir ! »

Et, après cet échange de paroles aimables, Rossignolet, adressant un geste gracieux au brigadier, se retourna vers la muraille. Il était toujours demeuré grimpé sur les deux bornes ; il avait donc l'affiche à la hauteur des yeux.

« Attention ! dit-il, et puisqu'il n'y a pas de caisse... on s'en passera ! »

## XLV. — LA RUE CHANTEREINE.

« Soldats, commença Rossignolet en lisant la proclamation, le décret extraordinaire du conseil des Anciens est conforme aux articles 102 et 103 de l'acte constitutionnel.

Il m'a remis le commandement de la ville et de l'armée.

Je l'ai accepté pour seconder les mesures qu'il va prendre, et qui sont toutes en faveur du peuple.

La République est mal gouvernée depuis deux ans.

Vous avez espéré que mon retour mettrait un terme à tant de maux ; vous l'avez célébré avec une union qui m'impose les obligations que je remplis ; vous remplirez les vôtres et vous seconderez votre général avec l'énergie, la fermeté et la confiance que j'ai toujours vues en vous.

La liberté, la victoire et la paix replaceront la République française au rang qu'elle occupait en Europe, et que l'ineptie ou la trahison a pu seule lui faire perdre.

Signé : le général commandant la 17e division militaire : BONAPART.

Contre-signé par le chef d'état-major général : BERTHIER. »

« Enlevez, un roulement ! » cria Rossignolet en s'interrompant.

Et, pour remplacer la batterie du tambour qu'il regrettait si fort, le major exécuta avec sa langue et ses doigts une série de *ra* et de *fla* à rendre enragé, ainsi qu'il le disait lui-même.

« Vive le général !

— Les beaux jours vont donc revenir ! reprit Rossignolet.

— En attendant que les beaux jours reviennent, tu te souviendras de notre rendez-vous, pousse-cailloux, dit le vieux brigadier.

— On tâchera, » répondit Rossignolet en se redressant.

Gorain et Gervais, qui s'étaient approchés, avaient entendu ces deux dernières phrases.

« Un rendez-vous, dit Gervais en souriant d'un air aimable. Encore quelque partie fine, citoyen Rossignolet.

— Juste ! dit le major en se retournant. Tiens ! c'est les an.is, le grand sec et le petit gros !

— Ah ! dit Gorain, nous vous surprenons au moment où vous tirez votre plan pour aller vous amuser.

— Comme tu dis, l'ancien, partie fine premier choix ; agrément en grand !

— Ah ! que vous autres guerriers vous savez vous amuser ; ce n'est pas nous autres, pauvres bourgeois, qui saurions...

— Avoir ce genre d'agrément ? interrompit Rossignolet. C'est probable... Mais au fait, une idée, voulez-vous en être ?

— De quoi ? demanda Gervais.

— De la partie, avec le camarade et d'autres amis ; ce sera amusant !

— Dame... nous voulons bien, dit Gervais, de plus en plus aimable.

— Tôpe là ! convenu. C'est pour après-demain matin J'irai vous prendre chez vous et nous filerons ensemble !

— Convenu ! dit Gervais.

— Ce sera drôle ! » dit le vieux brigadier en mordant sa moustache.

La colonne se remettait en marche. Les deux bourgeois, effrayés de se trouver au milieu des chevaux qui piaffaient, se hâtèrent de se réfugier sur le bas côté du boulevard.

En avançant vers la rue de la Chaussée-d'Antin, l'affluence augmentait dans des proportions considérables. A chaque instant on voyait passer, au milieu des curieux qui se pressaient, des généraux à cheval, en grand uniforme, entourés de leur état-major. Officiers de tous grades et de toutes armes se saluaient et marchaient, suivant tous un même direction : celle de la rue Chantereine.

De tous côtés, sur tous les murs, on voyait coller des affiches, les unes imprimées, les autres écrites à la main, qui toutes exprimaient un même vœu, témoignaient un même désir, celui de voir le peuple entier se rattacher à la fortune du héros dont « le nom, la gloire, le génie, pouvaient seuls assurer l'existence de la République. »

Puis à ces placards s'ajoutaient deux autres proclamations, l'une de l'administration centrale du département de la Seine :

« Ce jour n'est point un jour d'alarmes, disaient les magistrats du peuple ; c'est celui qui proclame, au contraire, une restauration générale. »

L'autre proclamation était signée de Fouché, le ministre de la police générale :

« Que les faibles se rassurent, disait-elle, ils sont avec les forts. »

« Mais, disait Gorain, qu'est-ce que cela veut dire tout ce qui se passe ?

— Dame, je ne sais pas, répondit Gervais ; allons toujours, nous verrons. »

Et les deux amis continuaient leur marche, pressés par la foule qui les entourait, dans la direction de la rue Chantereine. Plus ils avançaient et plus ils voyaient défiler des groupes brillants d'officiers, tous le visage animé, l'air joyeux et le regard assuré.

Comme ils atteignaient l'endroit où la rue de la Chaussée-d'Antin se croise avec la rue de Provence, Gervais poussa un cri :

« Ah ! voilà le petit Niorres, dit-il en désignant un jeune cavalier qui demeurait stationnaire au milieu de la rue ; je vais lui demander si... »

Un choc violent, reçu par le bourgeois, arrêta la parole sur ses lèvres.

« Eh bien ! eh bien ! » fit-il en se rattrapant à Gorain pour ne pas tomber.

C'était un soldat courant à toutes jambes, qui venait de se heurter contre les deux amis. En ce moment Louis s'était retourné ; en apercevant le soldat, il poussa son cheval vers lui.

« Gringoire ! cria le jeune maréchal des logis, tu as quitté le colonel ?

— Ah ! maréchal, dit le soldat en s'arrêtant, quelle chance de te retrouver. Je courais chez le général pour...

— Mais qu'y a-t-il ?

— Il y a que le colonel veut se tuer !

— Se tuer ! s'écria Louis.

— Oui ; il a préparé ses pistolets et il est en train de faire son testament.

— Mon Dieu ! s'écria Louis en frémissant.

— Tout ce que j'ai pu dire ou faire n'a servi à rien, poursuivit Gringoire. Le colonel ne m'a pas caché sa résolution, qu'il dit être inébranlable. Alors, ne sachant que faire, je me suis mis à courir après toi et après Rossignolet.

— Le colonel, dit Louis ; où l'as-tu laissé ?

— Dans sa chambre, en train d'écrire, avec ses pistolets à côté de lui !
— Je vais !... » s'écria Louis en lançant son cheval.

Mais il arrêta l'animal avec une saccade tellement brusque, que le cheval faillit manquer des quatres pieds. Le contraignant à faire une tête à la queue, il partit au galop dans la direction de la rue Chantereine, laissant Gringoire seul au milieu de la rue.

Louis passait au milieu des groupes, les tournant, les traversant, les dépassant avec une adresse merveilleuse. La rue Chantereine était tellement encombrée que Louis fut forcé de modérer l'allure de son cheval.

Bientôt même, il s'élança à terre, confia l'animal aux mains d'un soldat qui passait et se précipita vers l'hôtel du général Bonaparte.

Les abords étaient obstrués, mais le jeune soldat parvint néanmoins à se glisser jusque dans la cour, qui regorgeait de généraux et d'officiers.

Louis gravit les marches du perron et voulut entrer dans l'hôtel; mais l'encombrement des salons était tel qu'il ne put passer.

« Je veux voir le général, dit-il, d'une voix forte; il faut que je lui parle !
— Attends, il va venir, » répondit une voix.

Effectivement, un frémissement parcourut la foule des généraux, des officiers de tous rangs et de toutes armes qui se trouvaient là réunis. Moreau, Macdonald, Berthier, Lannes, Murat, Leclerc, toute l'élite enfin de ce brillant état-major qui entourait l'illustre général était là rassemblée. C'était un véritable cortège d'étoiles venant saluer le soleil levant.

Au moment où Louis s'arrêtait, ne pouvant passer, un homme, vêtu en habit bourgeois et dont la tenue contrastait autant avec les uniformes qui l'entouraient qu'avec ses allures essentiellement militaires, se fit jour jusqu'au premier salon.

« Sérurier ! s'écria Lannes en voyant le nouveau venu. Comment se fait-il que tu ne sois pas en uniforme ?
— Je ne savais pas, répondit le général; mais, attends, ce ne sera pas long. »

Et redescendant dans la cour :
« Donne-moi ton habit, mon brave, » dit-il à un soldat qu'il jugea être de sa taille.

Le soldat obéit avec empressement. En ce moment un mouvement se manifesta dans les rangs serrés de la foule.

## XLVI. — LA REVUE.

« Le général ! le général ! » cria-t-on de toutes parts.

Les groupes s'écartèrent et le général Bonaparte apparut sur le perron. Il tenait à la main un papier ouvert. Le citoyen Cornet, messager d'État, était près de lui; c'était ce citoyen qui venait d'apporter au général le décret rendu par le conseil des Anciens et qui l'investissait du commandement de la 17e division.

Bonaparte, d'une voix ferme, lut le décret dans son entier, puis, quand il eut achevé :

« La France est en danger! ajouta-t-il ; j'ai juré de sauver la patrie : puis-je compter sur vous pour me donner votre aide ?
— Oui! oui ! » s'écria-t-on de toutes parts, et des épées nues s'agitèrent dans les airs, pendant que des acclamations frénétiques s'échappaient de toutes les poitrines.

Alors le général s'avançant vers Lefebvre, qui avait commandé jusqu'alors la division et que le décret venait de placer sous ses ordres :

« Eh bien ! Lefebvre, lui dit-il, vous, l'un des soutiens de la patrie, la laisseriez-vous périr ?... Non, n'est-ce pas ? Unissez-vous à moi pour m'aider à la sauver.
— Oui, oui! dit Lefebvre avec émotion.
— Tenez ! continua Bonaparte en présentant un sabre qu'il tenait à la main, voilà le sabre que je portais aux Pyramides : je vous le donne comme un gage de mon estime et de ma confiance.
— En avant ! » cria Lefebvre en agitant le sabre.

Il n'achevait pas, qu'au milieu de l'émotion qui s'était saisie de tous les assistants, au milieu du va-et-vient, du tumulte qui régnait dans la cour, un homme surgit et s'élança comme une flèche sur le perron.

« Fouché ! » dit Bonaparte en entraînant le nouveau venu dans un petit salon voisin.

Talleyrand était là, seul assis devant une table et écrivant.

« Général ! dit Fouché, permettez-moi encore de vous renouveler l'assurance de mon profond dévouement.
— La patrie a besoin de tous nos efforts ! répondit le général ; qu'avez-vous fait ce matin?
— J'ai dû prendre des mesures de sûreté et de prudence en vue des événements. J'ai ordonné la fermeture des barrières de Paris afin que personne ne puisse entrer ni sortir, et j'ai suspendu le départ des courriers et des voitures publiques jusqu'à nouvel ordre. »

Bonaparte fit un geste d'impatience.

« Ces précautions sont inutiles ! s'écria-t-il avec colère. Pourquoi fermer les barrières ? pourquoi attenter ainsi à la liberté de la ville, pourquoi suspendre le cours ordinaire des choses ? Est-ce donc un complot qui éclate ? Non, c'est la volonté de tout un peuple qui s'énonce, et cette volonté peut se manifester au grand jour. Je marche avec la nation, je ne veux qu'elle pour guide et pour appui, je ne veux, je ne dois compter que sur elle ! Faites ouvrir les barrières et laissez partir les courriers. Je monte à cheval et je vais aux Tuileries prêter serment au conseil des Anciens, ainsi que mon devoir l'exige. »

Bonaparte quitta le petit salon. Fouché et Talleyrand se regardèrent.

« Vous répondez de Paris ? dit vivement le diplomate.
— Pardieu ! tout Paris est pour le général, comme toute la France, » répondit le ministre de la police.

Puis, se penchant vers l'oreille de Talleyrand :

« Quoi qu'il arrive, dit-il à voix basse, me promettez-vous de me conserver mon portefeuille ?
— Oui, si vous me promettez, à titre de réciprocité, de me conserver aussi celui que je vais prendre.
— C'est une alliance.
— Offensive et défensive.
— Vous avez ma parole !
— Et vous la mienne. »

Les deux hommes rentrèrent dans le grand salon. Le général descendait le perron pour aller monter à cheval.

En ce moment un jeune maréchal des logis se précipita pour tenir l'étrier.

« Ah ! c'est toi, Niorres, dit le général en s'élançant en selle.
— Mon général, dit le jeune homme avec une émotion intraduisible, mon colonel veut se tuer !
— Bellegarde ?
— Oui, mon général ! Il va se brûler la cervelle : sauvez-le !
— Qu'il vienne !
— Il ne veut pas ! »

Le général se retourna vers l'un de ses officiers d'ordonnance :

« Marmont, dit-il, rendez-vous sur l'heure chez le colonel Bellegarde ; dites-lui que je lui ordonne de monter à cheval et de venir aux Tuileries : que je le veux, entendez-vous ? »

L'officier d'ordonnance s'élança.

« Merci, mon général ! » balbutia Louis.

Le général, entouré de Moreau, de Lannes, de Macdonald, de Berthier, de Murat, de Leclerc, quitta alors son hôtel au bruit d'acclamations frénétiques. Quelques instants après, il arrivait aux Tuileries.

Le conseil des Anciens l'attendait, réuni dans la salle des séances. L'entrée de ce jeune héros, entouré de ses lieutenants, produisit sur l'assemblée la sensation la plus forte.

« Citoyens représentants, s'écria le général en se présentant à la barre, la République allait périr, un vrai décret vient de la sauver !... Malheur à ceux qui voudraient s'opposer à son exécution : aidé de tous mes compagnons d'armes rassemblés ici autour de moi, je saurai prévenir leurs efforts. On cherche en vain des exemples dans le passé pour inquiéter vos esprits ; rien dans l'histoire ne ressemble au dix-huitième siècle, et rien dans ce siècle ne ressemble à sa fin... Nous voulons la République, nous la voulons fondée sur la vraie liberté, sur le régime représentatif. Nous l'aurons, je le jure en mon nom, et au nom de mes compagnons d'armes.
— Nous le jurons ! » crièrent les généraux et les officiers formant cortège.

Ce discours achevé et accueilli par de chaleureuses acclamations, la séance fut levée aussitôt.

Dans le jardin des Tuileries, une partie de la garnison de Paris était rassemblée attendant que le général commandant la passât en revue. L'affluence était extraordinaire ; un soleil splendide éclairait cette scène imposante.

L'agitation régnait partout, les nouvelles circulaient avec la rapidité de la foudre, se contredisant souvent, comme il arrive toujours en telle circonstance.

Parmi les curieux, Gorain et Gervais étaient au premier rang, écoutant, racontant, questionnant et interrogeant.

Tout à coup Gorain poussa Gervais :

« Voilà Thomas ! dit-il à voix basse.

— Thomas ! répéta Gervais en tressaillant et en cherchant des yeux.

— Oui ; rappelle-toi ce que nous a dit le citoyen ministre.

— Eh ! chers amis, s'écria Thomas en s'avançant vers les deux bourgeois, je vous retrouve donc enfin ! Eh bien ! vous savez les nouvelles ? Les Cinq-Cents viennent de quitter leur salle de délibération, mais ils courent les uns chez les autres, ils forment des conciliabules, ils s'indignent en commun... Ah ! ah ! les événements prennent les proportions les plus graves, savez-vous ! »

Des cris frénétiques interrompirent Thomas.

« Vive Bonaparte ! » vociférait-on de toutes parts.

Les soldats venaient de reprendre leurs rangs et le général s'avançait à cheval pour les passer en revue. L'enthousiasme de ces troupes, qui avaient presque toutes fait la campagne d'Italie sous ses ordres, était immense, c'était une véritable ovation qui était faite au héros.

En voyant apparaître le général, la foule s'était précipitée. Le mouvement opéré avait séparé Thomas des deux bourgeois. Thomas s'était reculé, et sans attirer sur lui l'attention, il avait atteint le tronc d'un gros arbre planté sur le bord de la grande avenue, celle qui coupe le jardin des Tuileries en deux parties égales dans sa longueur et dans laquelle les troupes étaient rassemblées.

Comme Thomas touchait l'arbre contre lequel il s'adossait, deux hommes se détachant de deux points différents de la foule s'avancèrent vivement vers lui.

Un tumulte extraordinaire éclatait alors : on saluait le général et les cris semblaient provenir non-seulement de la surface de la terre, mais encore du ciel, car toute une population s'était emparée des arbres et se pressait sur les grosses branches comme étant là aux premières loges.

« Et bien ! dit vivement à Thomas l'un des deux hommes, avec un accent de reproche, est-ce ainsi que vous agissez ?

— Attendez ! » répondit Thomas.

Et se retournant vers l'autre :

« Que font les faubourgs ? » demanda-t-il.

— Ils s'ameutent, dit l'autre. On les excite, on les pousse. Ceux du faubourg Antoine se rassemblent autour de Santerre. Partout on sème l'argent à pleines mains...

— Mais il faut agir ! reprit le premier des deux personnages.

— On agira, monsieur le baron, gardez-vous d'en douter. La partie est rude à jouer, mais elle le sera. Tout est prêt pour demain.

— Demain ? Que fera-t-on ?

— On aura organisé la révolution : seulement, il faut de l'argent.

— Vous en aurez.

— Quand ?

— Ce soir, venez me trouver.

— Service pour service maintenant, cher monsieur de Grafeld, reprit Thomas. Vous avez promis au comte d'Adore de faire négocier ses traites sur Londres ?

— Oui.

— Si vous le voyez aujourd'hui, dites-lui que vous ne pourrez faire partir votre courrier que dans trois jours. Qu'il garde donc les traites jusque-là ?

— Pourquoi ?

— Je ne puis vous le dire, mais je fais de cela une question *sine qua non*. Si vous refusez, je refuse de servir l'Autriche et l'Angleterre.

— J'accepte !

— C'est entendu. Demain Paris sera en pleine révolution, et avant huit jours les frontières seront dégarnies, mais ce soir vingt mille florins !

— Vous les aurez ! »

Les cris continuaient : le général achevait de passer sa revue. Le baron de Grafeld quitta les deux hommes et se perdit dans la foule.

« Pick ! dit Thomas à son compagnon, regarde quel est l'homme qui tient son cheval immédiatement derrière celui du général Bonaparte.

— Le colonel Bellegarde ! dit Pick avec étonnement.

— Je t'avais bien dit qu'il ne se tuerait pas.

— Alors ?

— Alors il faut agir. Lui seul et le petit Niorres sont demeurés libres : Rossignolet a échappé, il faut qu'avant deux fois vingt-quatre heures ces trois hommes soient en notre pouvoir, et alors... nous aurons complètement triomphé.

— Ils y seront ! »

Les deux hommes se séparèrent profitant d'un mouvement qui agitait la foule. Le général venait de rentrer au palais des Tuileries et la circulation un moment interrompue reprenait dans tous les sens.

Les curieux qui avaient envahi les branches descendaient et sautaient à terre. De l'une des basses branches du gros arbre contre le tronc duquel était appuyé Thomas quelques instants auparavant, s'élança un jeune homme au teint basané, aux grands yeux noirs pleins de feu.

Ce jeune homme portait des moustaches longues et fines, qui abritaient la lèvre supérieure et s'en allaient en pointe.

Suivant de l'œil la direction qu'avait prise Thomas, il allait bondir, quand un nègre mal vêtu, débraillé, se glissa dans la foule et apparut au loin, suivant la direction prise par Thomas.

Alors le jeune homme s'arrêta et, tournant ses regards d'un autre côté, il aperçut Pick traversant le jardin. Sans hésiter il se précipita sur les traces de l'ex-agent de M. Lenoir.

Ce moment le jeune maréchal des logis des chasseurs à cheval quittait le jardin des Tuileries, disparaissant au galop dans la direction des Champs-Élysées.

## XLVII. — AUX TUILERIES.

Pour bien comprendre la portée de cet acte immense dans l'histoire moderne de notre pays et qui, sous la simple dénomination *du 18 brumaire*, peut être considéré à bon droit comme l'ouverture d'une ère nouvelle, il faut se reporter par l'esprit et la pensée à cette époque, où la désorganisation était complète sous tous les rapports et faisait désirer impérieusement par toutes les classes le rétablissement de l'ordre.

Battue au dehors par la coalition, presque bouleversée au dedans par les partis, la République semblait menacée d'une chute prochaine. Il fallait nécessairement qu'une force surgît quelque part, soit pour dompter les factions, soit pour résister aux étrangers.

Cette force, on ne pouvait plus l'espérer d'un parti vainqueur. « Il ne faut plus de bavards, avait dit Sieyès, il faut une tête et une épée. »

Pour Sieyès, la *tête*, c'était lui ; l'*épée*, c'était Bonaparte : il ne se doutait pas que le général devait être l'une et l'autre.

Une tête et une épée, c'était effectivement ce qu'il fallait pour sauver la France. Une épée, car la lutte avec l'Europe entière ne pouvait être que passagèrement suspendue ; tout le monde le pensait, le devinait. Cette lutte devait recommencer bientôt. La victoire de Zurich n'avait pas sauvé la France. C'était un accident, un répit, et au premier revers les partis se fussent tous soulevés.

Une tête ; car il fallait plus que des succès militaires, il fallait une réorganisation puissante à l'intérieur ; il fallait enfin un chef politique à côté d'un général.

Or, comme homme politique, la réputation de Sieyès était alors immense. Comme chef militaire, le général Bonaparte n'avait rien à envier. C'est pourquoi l'accord de ces deux grands personnages paraissait être une garantie pour l'avenir ; c'est pourquoi l'enthousiasme était grand parmi la population parisienne, et c'est pourquoi la proclamation de la commune avait eu raison de dire : « Ce jour n'est pas un jour d'alarmes, c'est celui d'une restauration générale. »

En laissant les soldats encore sous l'impression que venait de produire sa présence, le général Bonaparte était rentré aux Tuileries et s'était rendu à la commission des inspecteurs des Anciens ; celle des Cinq-Cents était également réunie.

En entrant dans la salle, le général déclara les commissions en permanence. Cambacérès, le ministre de la justice, prit la vice-présidence. Tous les généraux qui formaient l'état-major étaient présents.

Sieyès et Ducos, les deux directeurs qui venaient de donner leur démission, étaient là, causant au milieu d'un groupe.

« Il importe d'avoir une autre démission que la nôtre, disait Sieyès. Trois directeurs, formant la majorité, peuvent siéger : il faut que l'un des trois qui restent se démette pour éviter toute collision de pouvoirs.

— Gohier ni Moulins ne consentiront, dit Roger Ducos.

— Reste Barras.

— Je m'en charge, dit Talleyrand, en s'avançant. Je vais, avec l'amiral Bruix, lui faire entendre raison. »

Sieyès parla bas à Talleyrand, qui sourit finement et partit avec l'amiral.

Pendant que ce colloque avait lieu rapidement dans un angle, le général Bonaparte, faisant asseoir Berthier devant lui, dictait des ordres rapides.

« Le général Murat, avec sa cavalerie et un corps de grenadiers, occupera Saint-Cloud, disait le général. Sérurier, avec la réserve, campera au Point-du-Jour. »

Puis, se tournant vers le premier des deux généraux :

« Murat, continua-t-il, prenez pour ordonnance le maréchal des logis Niorres. Je vous le recommande ; c'est lui que vous m'enverrez si besoin est. Je viens de l'expédier à Saint-Cloud pour donner des ordres au château. Vous l'y retrouverez. »

Les deux généraux sortirent vivement.

« Lannes, continua Bonaparte, je te donne le commandement des Tuileries. »

Lannes s'élança au dehors ; Moreau était près du général Bonaparte. Celui-ci le prit par le bras et l'entraîna dans une embrasure de croisée.

« A vous, Moreau, lui dit-il, la mission la plus importante : il s'agit d'éviter un conflit qui pourrait être fatal à la France dans la situation actuelle. Je compte sur votre prudence et sur votre dévouement pour agir dans cette occasion difficile. Vous allez vous rendre au Luxembourg avec cinq cents hommes, afin de veiller à la sûreté des deux directeurs, Gohier et Moulins, qui, au milieu de l'effervescence populaire, pourraient courir quelque danger. J'estime ces deux hommes, bien qu'ils ne m'aiment pas. Faites-leur comprendre que le bien de la patrie veut qu'ils n'essayent pas de combattre les décisions prises par le conseil des Anciens. »

Moreau s'inclina et promit d'obéir avec tous les ménagements désirables, et sortit pour aller exécuter les ordres reçus.

« Gohier et Moulins refusent de se démettre, dit Sieyès en s'avançant.

— Eh bien ! répondit Bonaparte, Moreau saura empêcher que la guerre civile ne soit provoquée. Il s'agit de sauver la France et l'entêtement de deux hommes ne saurait la perdre.

— Maintenant, reprit Sieyès, que fera-t-on demain à Saint-Cloud ? Proposera-t-on l'ajournement des conseils avec un consulat provisoire ?

— Sans doute ; la constitution ne peut plus marcher, il faut une autorité plus concentrée et surtout un ajournement de tous les débats qui agitent la République.

— Général, dit un huissier en se présentant, le citoyen Bottot, secrétaire du directeur Barras, demande à être introduit.

— Qu'il entre ! » s'écria Bonaparte.

Puis, se tournant vers ceux qui l'entouraient :

« Barras voudrait-il résister, continua-t-il, lui qui s'est proposé pour faire tout ce qu'on voudrait lui ordonner ? »

Bottot entrait, la tête haute, l'air arrogant. Les inspecteurs des conseils eurent un moment d'émotion, car de la démission de Barras dépendait peut-être la sécurité publique. Sans lui le Directoire, réduit à deux membres, n'existait plus.

« Vous m'apportez la démission du citoyen directeur ? demanda Bonaparte.

— Non, général, répondit Bottot d'un ton superbe ; je viens vous demander, au nom du citoyen Barras, ce que la France… ?

— La France, interrompit Bonaparte ; est-ce au nom de Barras que vous osez parler de la France ? Et qu'en a-t-on fait de cette France que j'avais laissée si brillante ? J'avais laissé la paix, j'ai retrouvé la guerre : j'avais laissé des victoires, j'ai retrouvé des revers ; j'avais laissé les millions de l'Italie, j'ai trouvé des lois spoliatrices et la misère. Que sont devenus cent mille Français que je connaissais, tous mes compagnons de gloire ? Ils sont morts !... »

Ces paroles superbes atterrèrent le secrétaire de Barras, qui se retira éperdu. Une heure après la démission du directeur arrivait aux Tuileries, au moment même où Gohier et Moulins, les deux derniers directeurs, se présentaient devant les commissions.

« Je suis heureux de vous voir, citoyens, dit le général en les recevant avec une exquise politesse. Vous connaissez la situation des affaires ; la République compte donc sur la démission de vos emplois que vous apportez sans doute, car elle vous croit trop bons citoyens pour vous opposer à une révolution inévitable et salutaire.

— Nous ne venons, répondit Gohier, que pour travailler comme directeurs à sauver cette République menacée.

— La sauver ! et avec quoi ? demanda le général ; avec les moyens de la constitution qui croule de toutes parts ?

— Qui vous a dit cela, général ? Des gens qui n'ont ni le courage ni la volonté de marcher avec elle ? »

Ainsi engagée, la conversation menaçait de devenir orageuse. En ce moment on fit demander Fouché ; le ministre sortit, puis, rentrant presque aussitôt :

« Général ! dit-il à Bonaparte, on dit que les faubourgs sont en agitation, que des émissaires, répandant à flots l'or de l'Autriche, cherchent à amener un soulèvement.

— Vous entendez ! s'écria le général en se tournant vers les deux directeurs ; la République est menacée, la République est en péril, il faut la sauver, et je la sauverai, je le veux ! Les directeurs Sieyès et Roger Ducos ont donné leur démission pour préserver la France de l'anarchie ; Barras vient de donner la sienne. Que pouvez-vous faire ?... vous êtes deux isolés, impuissants, vous ne pouvez rien ! Je vous engage à ne pas résister. »

Gohier redressa sa tête intelligente et fière.

« Général, dit-il, la patrie nous a nommés directeurs, nous ne déserterons pas notre poste, nous retournons au Luxembourg, où nous attendrons la décision de la volonté nationale. »

Et saluant avec une certaine majesté, Gohier et Moulins quittèrent la salle.

« Marmont, dit vivement le général, veillez à ce qu'on rende les honneurs militaires à ces deux citoyens. »

## XLVIII. — LE CAFÉ DE LA RUE COQUILLIÈRE.

« Ah ! citoyens, voilà encore un quatrain qui est bien joli.

— Lis-nous cela, Gervais ?

— Écoutez !

> Quand le héros s'embarqua pour l'Égypte,
> Combien de gens qu'intriguait son départ !
> Pour les uns il partit trop tard…
> Pour les autres il revient trop vite !

— Ah ! bravo ! bravo !

— Et celui-ci, dans le *Bien Informé*, écoutez, citoyens :

> Tel que Phébus naissant, dans un jour de brumaire,
> Dissipe d'un rayon les nuages épais,
> Tu fis sur l'horizon, dans ce jour salutaire,
> Briller l'aurore de la paix.

— Voilà le bouquet, citoyens, il y a un jeu de mots ravissant à la fin :

> Je me disais l'autre jour, *a parte*,
> Quand de nos maux verrons-nous donc le terme ?
> Lors un esprit me répond, *a parte*,
> Bientôt… bientôt… un héros juste et ferme
> Viendra chasser hors de votre cité
> Tous les brigands, les loups qu'elle renferme,
> Et vous rendra votre tranquillité.
> Ah ! vive Dieu ! c'est un *bon a parte* !

— Ah ! ah ! très-joli ! s'écria-t-on; dans lequel est-il celui-ci ?

— Dans le *Journal des hommes libres*.

— En voilà une journée !

— Est-ce que tu étais aux Tuileries, Gorain?
— Oui! j'y étais avec Gervais, à preuve que nous y avons rencontré notre ami Thomas, pas vrai, Thomas?
— Certainement. »

Cet échange de paroles, de quatrains, de pièces de vers, avait lieu dans la grande salle d'un café situé rue Coquillière; c'était là que Gorain et Gervais avaient depuis quelque temps pris l'habitude d'aller passer leurs soirées.

Ce soir-là était celui du 18 brumaire, et tout Paris était sous l'impression du grand événement en train de s'accomplir. De nombreux soldats occupaient les tables en compagnie des bourgeois, car cette journée mémorable avait amené une fusion entre ces deux classes de la société.

« Citoyens, reprenait Gervais qui, voulant dignement fêter la solennité, avait cru devoir offrir un punch à quelques amis, citoyens, vous voyez bien ce jeune maréchal des logis; eh bien! c'est un ami du général en chef, un héros; oui, citoyens! Ils ont été nommés caporaux le même jour; n'est-ce pas, mon ami Niorres?

— La preuve, c'est que j'y étais et que c'est moi qui ai donné les galons au général. Ah! dit une voix sonore.

— Alors, citoyen major, et toi, citoyen maréchal des logis, vous voudrez bien faire raison à un adorateur de votre général, qui vous propose de vider ce verre de punch à sa santé.

— Accepté, papa Thomas, dit Rossignolet.

— Volontiers, citoyen, » ajouta Louis en s'avançant.

Les trois hommes trinquèrent; Thomas se pencha vers Louis :

« A la santé de la jolie mignonne ! » dit-il à voix basse.

Le petit soldat se redressa vivement ; il avait le visage plus rouge que le revers de son uniforme. Ses yeux lancèrent des éclairs rapides.

« Est là! dit Thomas; je n'ai pas voulu vous offenser, mon jeune ami. Je vois souvent Rose ; je la trouve charmante et je dis que vous êtes un heureux coquin ! »

Puis, avant que Louis eût eu le temps de lui répondre, Thomas s'adressa à Rossignolet :

« A propos, major, ajouta-t-il, qu'est-ce qu'on m'a dit, que tu avais failli être victime d'un accident ? »

Rossignolet fronça les sourcils.

« Motus, dit-il, ne parlons pas de cela.

— Pourquoi?

— Parce que ça m'est impérieusement désagréable.

— Dites donc, respectable major, dit Gorain en s'avançant, c'est toujours après-demain que nous allons faire notre partie de Fontenay, pas vrai?

— Toujours, ami de mon cœur; et, toi-z-et ton compère, vous aurez de l'agrément, je vous le promets. Nous sommes vingt-quatre : douze Égyptiens et douze du Rhin. Ah ! quel maman !

— Je m'en réjouis d'avance! dit Gorain.

— Et moi donc, ajouta Gervais. Seulement, je ne le dirai pas à ma femme. »

La porte du café venait d'être poussée et un homme s'était glissé lentement jusqu'à l'endroit où se tenait Thomas. Celui-ci adressa au nouveau venu un coup d'œil significatif.

Le nouveau venu tira de sa poche un mince papier, dont il fit voir l'extrémité passant entre ses doigts. Thomas se dirigea vers lui, et, prenant le papier, il le fit disparaître dans la paume de sa large main.

« Très-bien, dit-il après avoir examiné furtivement le papier, qu'il rendit à l'homme.

— Est-ce toujours pour cette nuit? » demanda celui-ci.

Thomas désigna du regard Louis de Niorres et Rossignolet.

« Tu le vois bien, répondit-il, je suis prêt, moi; à vous à agir. J'attends; ils sont ici, je réponds d'eux! »

Rossignolet, qui avait bourré sa pipe, cherchait du feu pour l'allumer. Traversant le café encombré de consommateurs, il était arrivé près de l'office au moment où Thomas et son compagnon échangeaient leur rapide dialogue. Un garçon de café, ou plutôt un garçon de cuisine, se dessinait dans la demi-ombre de l'office, rinçant des verres et des tasses avec un entrain parfait.

Ce garçon avait une énorme mentonnière lui entortillant la tête; une joue gonflée d'une façon effrayante justifiait cette précaution. Tel qu'il était, l'homme devait être méconnaissable.

En voyant le major s'avancer sa pipe à la main, le garçon s'empressa de prendre un morceau de papier et de le présenter tout enflammé au major.

« Voilà, citoyen, » dit-il à voix haute.

Puis, à voix basse :

« Souviens-toi de ce que je t'ai dit, » murmura-t-il.

Rossignolet fit un signe affirmatif.

« Louis ne sait rien ?

— Non.

— Il ne faut pas qu'il sache; il est trop jeune. »

## XLIX. — LE FEU DE CHEMINÉE.

« Mon cher et jeune ami, disait Thomas, qui était venu se rasseoir près de Louis, il faut que vous me donniez des nouvelles d'une personne à laquelle je m'intéresse au plus haut point, et que vous voyez fréquemment : je veux parler de cet excellent citoyen Maurice Bellegarde.

— Mon colonel ? dit Louis.

— Oui, j'ai appris qu'il était fort malade.

— Il va mieux.

— En vérité ? j'en suis enchanté. Mais, franchement, croyez-vous que le mieux se continue?

— Pourquoi non? dit Louis, qui se tenait évidemment sur la réserve.

— Mon Dieu ! parce que le colonel adorait sa pauvre femme, et que le coup cruel qui l'a frappé est de ceux qui, parfois, ne pardonnent pas.

— Hélas ! dit Louis en soupirant.

— Cependant il va mieux, c'est déjà quelque chose, et je fais des vœux ardents, croyez-le, pour que ce mieux se continue. »

Tandis que Thomas et Louis échangeaient ces paroles, Gervais, prenant sur une table voisine un plateau encombré de verres, au milieu desquels trônait un bol de punch aux trois quarts vide, Gervais s'était avancé vers la table occupée par le maréchal des logis et son interlocuteur :

« Vous voulez bien me faire une petite place ? dit-il d'un air tellement aimable, que les voisins du bonnetier le regardèrent avec une sorte de stupéfaction.

— Comment donc ! fit Thomas avec un empressement non moins grand.

— C'est cela ! dit Gorain en s'avançant à son tour : mettons-nous à côté des amis, et chantons de petites bêtises! Bah ! j'aime cela, moi!

Gorain ! » dit Gervais d'un air scandalisé.

Puis, changeant de ton :

« Après tout, continua-t-il, si cela amuse notre ami Thomas, chantons, je le veux bien ! Il n'y a pas de dames! »

Les deux bourgeois se placèrent alors en face de Thomas. Leur physionomie était épanouie, heureuse, souriante : il était évident que tout ce que la nature leur avait donné de facultés aimables, ils s'efforçaient de le déployer. Cela était tellement visible, que l'amabilité étrange des deux amis avait excité l'attention des consommateurs.

« Ah çà! disait l'un, avez-vous remarqué cet air de grandissement empreint sur la figure sèche de Gervais? Et Gorain ! ne dirait-on pas qu'il va embrasser Thomas !

— Cela est vrai! disait un autre. Ils ont l'air de faire la cour à Thomas tous les deux.

— Qu'est-ce qu'ils peuvent lui vouloir?

— On ne sait pas, mais il est bien certain qu'ils doivent lui vouloir quelque chose.

— Ça c'est sûr, car enfin ils ne seraient pas si aimables que cela sans cause. »

La réputation des deux amis était faite, ainsi qu'on le voit. Ils étaient donc installés tous deux à la table occupée par Thomas et Louis, au moment où Rossignolet, qui avait allumé sa pipe, revenait également prendre place auprès du jeune maréchal des logis.

Thomas promena lentement ses regards sur chacun des quatre personnages qui l'entouraient, comme s'il les eût comptés intérieurement, puis ce regard, à demi voilé, à demi railleur, se reporta sur la porte de l'office du café qui était placée en face de lui.

Aux tables voisines, tout autour des cinq consommateurs, la conversation continuait plus animée sur les événements du jour.

« Il paraît, dit Gorain, que nous n'avons plus de directeurs?

— Non, dit Gervais, nous aurons trois consuls. Ce sera décidé demain à Saint-Cloud.

— Oui, dit Thomas, s'il n'y a rien de nouveau d'ici à demain.....

— Comment? firent les deux bourgeois en se rapprochant curieusement.

— Dame !... les faubourgs se remuent...

— Mais pour qui se remuent-ils? demanda Gervais.

— Ah! voilà, on ne sait pas encore.... mais cela se devine. Au reste, je le saurai tout à l'heure.

— Tu le sauras? Oh! tu nous le diras, mon bon petit Thomas. A des amis on ne cache rien, et nous sommes tes amis, n'est-ce pas, Gorain?

— Si nous sommes ses amis ! c'est-à-dire que nous nous ferions couper en quatre pour lui ! »

Les deux bourgeois échangèrent un regard d'intelligence, comme pour se féliciter mutuellement.

« A propos, continua Thomas sans paraître avoir remarqué ce regard, comment va la *jolie mignonne*, mon cher Gervais? Voilà une jeune fille à laquelle je m'intéresse ! J'ai connu son père, le pauvre Bernard, le teinturier ! Et sa mère! ah ! quelle femme ! »

Puis, se tournant vers Louis :

« Tiens, continua Thomas, c'était précisément à l'époque où les malheurs qui frappaient votre famille occupaient alors tout le monde.

— C'est pourtant vrai ! dit Gorain.

— Je me rappelle cela comme si j'y étais ! » ajouta Gervais.

Louis avait tressailli, et une émotion très-vive se lisait sur ses traits.

« J'ai parfaitement connu le père et la mère de Rose, continua Thomas, et j'ai eu l'honneur de voir quelquefois M. le conseiller de Niorres.

— Mon grand-père ! s'écria Louis.

— Oui, je l'ai vu, ainsi que madame votre mère ! »

Louis poussa un soupir et pressa sa tête dans ses mains. Les paroles prononcées par Thomas réveillaient tous les cruels souvenirs d'un passé que Charles, Henri, Blanche et Léonore avaient jadis raconté en détail au jeune orphelin.

« Ah ! mon Dieu ! s'est-il accompli de choses depuis ce temps-là ! fit observer Gorain en secouant la tête.

— C'était l'époque où vous vouliez vous faire nommer échevins ! dit Thomas.

— Chut! fit Gorain avec effroi.

— Bah ! il n'y a plus de danger ! on peut l'avouer....

— Mais, on ne sait pas.....

— Et dire, reprit Gervais en faisant des gestes imposants, et dire que depuis cette année de 85, moi qui vous parle, je suis allé chez les sauvages !

— Est-ce que tu en as mangé? demanda Rossignolet.

— Mangé quoi ? répondit Gervais.

— Des sauvages ! on dit que là-bas on te croque un homme comme un lapin. Est-ce vrai?

— Par exemple ! s'écria Gervais avec indignation, je n'ai jamais mangé mon semblable !

— Ah ! tu n'en sais rien !

— Comment, je n'en sais rien ?

— Mais non ! Tu as pu manger du fricot de sauvage sans savoir avec quoi c'était fait, et, de même qu'à Paris on vous donne volontiers du chat pour du lapin, de même chez les sauvages on peut vous......

— Ah ! saperlotte! ne dis pas cela! s'écria Gervais en faisant la grimace ; ça me fait un remue-ménage...

— Ça se comprend ; poursuivit l'imperturbable tambour-major, d'autant que, si c'est fait, il n'y a plus moyen d'y revenir, n'est-ce pas? Si tu as mangé de ton semblable en la personne d'un nègre, tu l'as bien avalé.....

— Mais... mais... je n'avais jamais pensé à cela, moi ! dit Gervais en se démenant sur sa chaise avec inquiétude.

— Aussi, pourquoi as-tu été chez les sauvages !

— Est-ce que c'est de ma faute !

— Comment ! tu as été chez les sauvages sans le vouloir?

— Mais oui !

— Elle est forte celle-là.

— Mais c'est la vérité. Tiens, figure-toi qu'un soir j'étais dans mon arrière-boutique avec ma femme en train d'exam...

— Gervais, Gervais, interrompit Gorain, tu en étais plus loin que cela !

— Et où donc en étais-je alors ! dit Gervais, dont le punch embrouillait les idées ; car, ainsi qu'on a dû facilement le remarquer, Gervais n'avait pas la tête forte.

— Tu es resté à Rouen... tu sais? à Rouen, où tu voulais prendre le coche de Paris ?

— Ah ! oui, ah ! oui, je m'en souviens.

— Mais pourquoi étais-tu à Rouen ? demanda Rossignolet.

— Parce que j'avais été à Saint-Cloud.

— Qu'est-ce que tu me chantes là ?

— Je ne chante pas, je...

— Citoyen Gervais, interrompit une voix haletante, la citoyenne te demande à l'instant, sur l'heure. »

Gervais releva la tête; Antoine était en face de lui. Le garçon de magasin venait d'entrer ; il avait la figure pâle, très-émue ; il pouvait à peine respirer tant il avait dû courir.

« Qu'est-ce qu'il y a ? demanda Gervais.

— Le feu ! le feu ! dit Antoine.

— Le feu ? répéta Gervais en devenant plus pâle que le col de sa chemise ; le feu chez moi?

— Non ! non! dans la cheminée du voisin. Mais ça sort gros comme mon corps, et les flammèches retombent dru comme grêle sur notre toit, et la citoyenne a peur, et il n'y a pas de danger : mais enfin elle vous demande.

— Tu m'assures qu'il n'y a aucun danger ? dit Gervais en hésitant.

— Mais allez donc ! dit Thomas.

— Nous vous accompagnerons, ajouta Louis.

— C'est cela, dit Rossignolet en frappant sur l'épaule de Gorain, qui paraissait fort peu désireux de se bouger. Et toi, gros papa, leste et preste, en deux temps tu feras la chaîne ! »

Et comme Gorain ne paraissait pas se disposer, Rossignolet le prit sous le bras et l'enleva. Tous six quittèrent le café, se dirigeant vers la rue Saint-Denis.

En approchant de la partie de la rue où demeurait Gervais, on apercevait une foule compacte s'agitant dans les ténèbres où combattaient faiblement les quelques lanternes suspendues de distance en distance.

Au-dessus des toits voltigeaient des étincelles, et une colonne de fumée rougeâtre s'élevait dans les airs, tourbillonnant comme l'éruption d'un volcan.

« Ah ! mon Dieu, ah ! mon Dieu, disait Gervais en ralentissant sa marche ; mais il me semble que tout le quartier va brûler.

— Ce n'est pas la peine d'aller plus loin, ajouta Gorain en faisant des efforts pour soustraire son bras aux étreintes de Rossignolet.

— Mais allez donc ! cria Louis en poussant Gervais ; s'il y a du danger, il faut que nous soyons là.

— Ma femme y est... ça suffit... Elle est si intelligente, » balbutia Gervais.

Entraîné, poussé par le jeune soldat, le pauvre bonnetier n'en continua pas moins sa route en dépit de ses protestations. Enfin, ils atteignirent la boutique de Gervais. Là, l'émotion populaire était à son comble.

Le feu qui venait d'éclater dans une cheminée de la maison voisine était effectivement des plus violents. Cette maison était mitoyenne avec celle de Gervais, et ce qui rendait l'incendie plus dangereux, c'était que, précisément à l'étage où le feu avait pris, était établie une fabrique de cire à cacheter.

A cette époque le corps des sapeurs-pompiers n'existait pas encore. Il y avait à Paris l'administration des pompes avec son inspecteur général, obéissant encore aux lois insuffisantes de 1735. Toutes ces pompes se trouvaient réunies dans un même endroit, et il fallait employer un temps fort long et se heurter contre une foule de formalités, avant d'obtenir leur secours ; c'est là ce qui explique l'importance des incendies, qui parfois dévoraient tout un quartier, car une maison pouvait brûler dix fois avant que les pompes fussent en mesure de jouer.

Aussi, lorsque le feu prenait à une maison, la foule des voisins organisait le sauvetage, et rarement on dérangeait l'inspecteur général des pompes. Pour un feu de cheminée surtout, on n'allait jamais recourir à l'administration.

Ce soir-là donc les habitants de la rue Saint-Denis, comptant sur eux-mêmes, s'efforçaient d'organiser les moyens de combattre l'invasion du fléau destructeur, au moment où Gorain, Gervais et leurs compagnons arrivaient sur le lieu du sinistre ; mais jusqu'alors ces moyens paraissaient fort peu efficaces : le feu de cheminée prenait, de

La maison de Saint-Mandé. (Page 213.)

minute en minute, des proportions de plus en plus inquiétantes.

« Ah ! te voilà s'écria madame Gervais en voyant son mari. Vite ! vite ! il faut passer par chez nous pour s'assurer que le feu ne peut communiquer par les planchers. Viens, les voisins sont en haut !

— Et Rose, où est-elle ? demanda vivement Louis.

— Rose ? répéta madame Gervais ; mais elle était là tout à l'heure, mon garçon. Elle sera remontée dans sa chambre.

— Non, non, dit la bonne, qui avait entendu, mademoiselle est dans la rue ; elle vient de sortir.

— Rose ! Rose ! appela Louis en courant au milieu de la foule, tandis que madame Gervais entraînait son mari.

— Allons, montons, vieux, dit Rossignolet en poussant Gorain.

— Mais saperlotte, je ne puis rien, » dit Gorain en se défendant.

Le feu continuait plus intense ; la foule augmentait aux abords de la maison de Gervais, et elle devenait si compacte que la circulation était rendue impossible.

## L. — ROSE.

Une heure après le feu était éteint, le danger était passé, et la foule commençait à s'écouler en se livrant à force commentaires : l'incendie qui avait failli dévorer le quartier, et les événements de la journée, portaient suffisamment aux conjectures et aux propos, pour que propos et conjectures ne pussent tarir de sitôt.

Une douzaine de femmes étaient rassemblées dans la boutique de Gervais ; les volets étaient fermés, la porte était ouverte, et une chandelle, placée sur le comptoir, éclairait faiblement l'intérieur du magasin.

« Ouf ! disait Thomas, qui, assis sur une chaise au milieu de la boutique, s'éventait avec son mouchoir, comme un homme venant de supporter une grande fatigue, je n'en puis plus, ma chère madame Gervais.

— Le fait est que vous êtes un habile homme, citoyen Thomas, répondit la bonnetière. Sans vous, je ne sais pas comment on s'en serait tiré. Vous avez monté sur le toit avec une audace qui me glaçait le sang dans les veines.

— Vous êtes bien bonne, ma chère madame Gervais. Mais l'ami Rossignolet en a fait autant que moi : il ne m'a pas quitté.

— C'est vrai ! dit le major.

— Enfin, dit Gervais, le danger est passé : je pourrai dormir !

— Ah ! ce n'est pas celui que vous avez couru qui pourrait vous priver de sommeil, toujours ! dit aigrement madame Gervais.

— Comment ! ma bonne amie, mais il me semble que.. pendant que le feu...

— Laissez-moi donc tranquille ! Quand le feu était au grenier, vous étiez caché dans la cave !

— Mais... mais... dit Gervais avec dignité, si j'ai cherché

à préserver mes jours, ce n'est pas pour moi, grand Dieu! Ah! si j'étais garçon et libre! mais un homme marié, un commerçant, se doit à sa femme, à ceux qui l'entourent... Ce n'est certes pas pour moi que je chercherais à préserver mon existence, je le répète!

— Mais où donc est Rose? dit madame Gervais en cherchant de tous côtés.

— Tiens! dit une voisine, le fait est que je ne l'ai pas vue depuis le commencement de l'incendie.

— Rose! Rose! appela madame Gervais.

— Mademoiselle! crièrent à la fois Antoine et la bonne.

— Mais où est-elle? reprit madame Gervais. Dans sa chambre? ah! si la pauvre petite s'était trouvée mal de peur!... Je vais aller moi-même... »

L'excellente femme s'élança, tandis qu'Antoine et la bonne continuaient à appeler et à chercher dans la maison.

« Mais où donc est Gorain? demanda Gervais.

— Envolé! dit Rossignolet. Le gros papa s'est évanoui en voyant les flammèches, et, comme il était gênant, je l'ai déposé dans la rue; mais le grand air lui aura fait du bien, car il s'est mis à courir, et je crois qu'il court encore.

— Oui! dit Gervais d'une voix dolente, il ne peut pas voir ces choses-là... ni moi non plus, du reste!

— Mais Rose n'est pas là-haut! dit madame Gervais en redescendant.

— Madame, je ne trouve pas mademoiselle Rose! dit la bonne en entrant d'un autre côté.

— Ni moi! ajouta Antoine.

— Mais où peut-elle être?

— Où est le citoyen Niorrès? dit en riant Thomas.

— Ah! citoyen, dit madame Gervais d'un ton offensé.

— Rose! Rose! mais où donc est Rose? demanda une voix très-émue.

— Louis! s'écria madame Gervais en voyant entrer le jeune maréchal des logis, vous n'avez pas vu Rose?

— Non, citoyenne! Elle doit être ici!

— Mais non!

— Elle n'est pas rentrée?

— Non!

— Mais on m'a assuré qu'elle venait de rentrer!

— Qui vous a assuré cela?

— Je ne sais pas... des gens qui étaient là et qui me la voyaient chercher.

— Mais où l'avez-vous laissée?

— Je ne l'ai pas vue!

— Comment! vous n'étiez pas ensemble?

— Mais non, citoyenne! Quand nous sommes arrivés, j'ai demandé où était Rose. Vous m'avez répondu qu'elle était dans la rue. Je me suis élancé pour la retrouver et je l'appelais. « Elle est à droite! » me disait l'un; « elle est à gauche! » me disait l'autre. Et je courais à droite, et je courais à gauche, et je ne trouvais rien! J'ai parcouru toutes les halles; à chaque instant on me donnait des renseignements, mais tous étaient faux...

— Ah! voilà qui est curieux! dit Thomas.

— Et enfin vous ne l'avez pas trouvée? demanda madame Gervais.

— Non, répondit Louis. Comme je revenais on m'a dit qu'elle était rentrée, et...

— Mais je ne l'ai pas vue!

— Elle n'est pas dans la maison?

— Non!»

Tous se regardèrent avec une sorte de stupeur, puis tous se mirent à chercher, fouillant la maison des caves aux greniers.

« Courez chez les voisins, chez nos amis! » avait dit madame Gervais à Antoine et à la bonne.

Tous deux s'étaient élancés, tous deux revinrent: personne n'avait vu Rose depuis le commencement de l'incendie.

Plusieurs personnes se rappelaient qu'à cette heure où le feu éclatait, Rose s'était élancée dans la rue, appelant du secours.

La foule envahissait la rue. Rose avait été vue parlant à des gens de la halle, et puis c'était tout...

« Dis donc, major, dit Thomas en se penchant vers Rossignolet, la petite a beau être gentille; si on prétend qu'on l'a enlevée, je puis bien assurer que ce n'est pas toi, car je ne t'ai pas quitté d'une minute!»

. . . . . . . . . . . . . . . . . . . . .

Une heure s'écoula... Rose demeurait introuvable. On ne pouvait savoir ce qu'elle était devenue.

## LI. — A SAINT-CLOUD.

La nuit du 18 au 19 avait été fort calme. Le changement de gouvernement qui s'opérait était si bien dans l'esprit d'une immense majorité, que, le premier moment d'agitation passé, chacun attendait plein de confiance dans l'avenir.

Cet avenir cependant était encore incertain et gros d'orages. Les Cinq-Cents comptaient dans leur sein une soixantaine de jacobins renforcés, qui tous, désireux de revenir au bon temps de l'anarchie, devaient opposer la plus vive résistance à l'institution d'un gouvernement durable.

Irrités d'avoir été en quelque sorte exilés à Saint-Cloud par les Anciens, les Cinq-Cents se proposaient de tenter contre le coup d'État dont ils se prétendaient victimes.

Comme toujours, un accident infime faillit changer la fortune de cette mémorable journée.

Ce matin du 19 brumaire, le ciel était tout aussi radieux que la veille, et la route de Paris à Saint-Cloud était encombrée par les troupes, les voitures, les curieux qui se heurtaient, se pressaient, avançaient, causant sur les événements et en prédisant le cours.

Trois salles avaient dû être préparées au palais : l'une pour les Anciens, l'autre pour les Cinq-Cents, la troisième pour la commission des inspecteurs et pour le général commandant la division.

Les deux conseils étaient convoqués pour ce même jour, l'un à onze heures, l'autre à midi. Les ouvriers avaient travaillé toute la nuit pour achever de préparer les salles, et on avait affirmé que le travail serait terminé à dix heures du matin.

Les Anciens, en arrivant à onze heures, devaient donc trouver leur salle prête et entrer en séance immédiatement; et les Cinq-Cents, arrivant à midi seulement, tandis que les Anciens seraient en séance, ne pouvaient donc avoir aucun rapport avec eux.

Cette combinaison avait été établie dans un but d'ordre, toujours pour éviter une collision fâcheuse, car il devait évidemment y avoir un sentiment d'animadversion entre les deux conseils depuis le décret rendu la veille par les Anciens.

A neuf heures les travaux s'avançaient rapidement et les premières troupes vinrent occuper le parc, se rangeant sur la terrasse du château. A la tête des grenadiers, formant l'avant-garde de la division commandée par les généraux Murat et Leclerc, marchait, les coudes écartés, la tournure déhanchée, balançant les épaules, son gigantesque plumet fendant les airs, un tambour-major de tournure tellement superbe, que les femmes et les hommes, les femmes surtout, se retournaient sur son passage et ne parvenaient pas toujours à étouffer le cri d'admiration qui était près de s'échapper de leurs lèvres. Ce tambour-major magnifique, c'était Rossignolet.

Le premier il franchit la grille, faisant faire le moulinet à sa canne et la lançant victorieusement dans les airs. Quelques minutes après, il s'arrêtait en face du palais et se posait triomphalement, les mains appuyées sur sa pomme. Les tambours avaient cessé de battre.

« Or donc, dit le major en caressant sa gigantesque moustache et en désignant de l'œil les bâtiments dans l'intérieur desquels on voyait, à travers les fenêtres ouvertes, les ouvriers achever leur œuvre; or donc, c'est là que les avocassiers vont tout à l'heure se donner un coup de bec pour le bien du pays, en attendant qu'ils nous donnions, nous, un coup de torchon avec les Quinze-Reliques de l'Autriche. Chacun son idée, chacun son affaire; quant à moi, j dis que tous ces bavards-là ne servent pas à grand'chose et que tout le monde devrait être soldat.

— Oh! major, dit un tambour, si tout le monde était soldat, ce serait drôle!

— Ce serait joli, petit.

— Eh bien! quand nous défilerions tous, qui est-ce qui nous regarderait passer, si tout le monde était soldat?

— On se regarderait mutuellement, l'ancien, ou bien le gouvernement nous payerait des glaces en serre-file, comme

qui dirait une ribambelle, pour qu'un chacun se voie passer soi-même :
— Le fait est que ça ferait une fière armée si tout le monde était soldat ! Mais les femmes ?
— Toutes vivandières.
— Et les enfants ?
— Tous enfants de troupe.
— Ça en serait des régiments de longueur !
— Tiens ! reprit Rossignolet, si je n'ai pas la berlue, j'aperçois là-bas, se dirigeant de ce côté, une connaissance à moi !
Et, élevant la voix :
« Eh ! Thomas !... citoyen Thomas, cria le tambour-major, par ici !... je ne peux pas m'absenter. »
Thomas, car c'était effectivement lui qui se dégageait de la foule encombrant les abords du château, aperçut le major, et répondit à son appel par un geste amical. Thomas était alors avec un homme vêtu en incroyable dont il était difficile de reconnaître tout d'abord les traits du visage à demi enfoui dans la cravate, et qui n'était autre cependant que le baron de Grafeld, l'ex-agent autrichien de Venise.
« Toutes vos mesures sont prises ? disait Grafeld.
— Toutes ! répondit Thomas.
— Mais les faubourgs ?
— Impossible de les faire agir. Que voulez-vous, l'entreprise est difficile. J'ai passé la nuit à courir les cabarets et à me rendre compte de l'opinion des masses : cette opinion est favorable au général. Que voulez-vous, mon très-cher, il faut bien savoir se rendre à l'évidence : le général Bonaparte a pour lui toutes les classes de la société. Il a pour lui l'aristocratie d'argent et de places qui espère stabilité et grandes positions ; il a pour lui la bourgeoisie et le commerce qui ne demandent que calme et sécurité pour l'avenir ; il a pour lui enfin le peuple qui voit en lui le fils de ses œuvres et le favori de la gloire. Jamais dans aucun temps, à aucune époque, un homme ne s'est trouvé en situation telle. César à Rome, Cromwel à Londres, n'avaient chacun que la moitié du pays ; Bonaparte a tout, lui. Les autres ont fait la situation, et c'est la situation qui le pousse, lui. Il renverse ce qui est blâmé, méprisé et détesté...
— Mais alors, interrompit Grafeld, il n'y a aucun espoir.
— Si fait, il y a un espoir, c'est celui que les Cinq-Cents luttent et entraînent les Anciens ; alors le général, livré à lui-même, abandonné par ses amis, sera écarté du pouvoir. Cette division en haut entraînerait une anarchie effrayante dont les armées autrichiennes pourraient habilement tirer parti.
— Cela est vrai, mais croyez-vous donc cette lutte possible ! »
Thomas entraîna Grafeld et lui désigna du geste un bouquet d'arbres situé près de la porte de Sèvres.
« Baissez-vous, dit-il, et regardez ; qu'apercevez-vous entre les branches ?
— Il me semble apercevoir une voiture, répondit le baron allemand.
— Vous ne vous trompez pas. C'est une chaise de poste attelée des six meilleurs chevaux que l'on ait pu fournir. Là-bas, à gauche, il y en a une seconde que vous ne pouvez voir. La première est destinée à Sieyès, la seconde à Roger Ducos. S'il y a danger, le général est abandonné seul. Or, mon très-cher baron, si deux des trois parties intéressées, comme Sieyès et Roger, peuvent prévoir une défaite, il faut que la chance de cette défaite existe, et, si elle existe, pourquoi ne nous efforcerions-nous pas d'en profiter ?
— Cela est incontestable, mais ce qu'il y a de gênant dans cette affaire, c'est que, d'après les heures de séance indiquées, les Cinq-Cents n'arriveront ici qu'alors que les Anciens seront en discussion. Les deux conseils ne pourront donc pas communiquer, et s'ils ne communiquent pas, comment les uns pourront-ils entraîner les autres ?
— C'est mon affaire.
— Vous avez prévu cela ?
— Sans doute, et c'est pourquoi je vous ai répondu tout à l'heure, quand vous m'avez demandé si toutes les mesures étaient prises : Toutes.
— Alors ?.. dit Grafeld avec un clignement d'yeux.
— Agissez de votre côté contre le général. Si les Cinq-Cents entrent en lutte avec le général, peut-être pourrai-je réussir à entraîner une partie du peuple. »

Les deux hommes se quittèrent, et Thomas se dirigea vers Rossignolet, qui continuait à l'appeler avec des gestes énergiques.
« Eh ! major, dit Thomas en faisant un salut amical, te voilà donc à Saint-Cloud ?
— En propre personne naturelle, répondit Rossignolet, et enchanté de te rencontrer, car tu vas me donner des nouvelles.
— A quel propos ?
— A propos de la *jolie mignonne* donc... Ce matin j'ai voulu aller chez les Gervais, mais impossible, consigné au quartier. J'ai voulu aussi voir ce pauvre Bibi : pas plus de facilité. Donc, depuis hier soir, rien de rien, je ne sais rien et je veux savoir.
— Malheureusement je n'ai rien à t'apprendre.
— Bah !
— J'ai vu Gervais ce matin, j'ai vu sa femme, j'ai été avec eux chez leurs amis et leurs voisins, il n'y a pas de nouvelles.
— Comment ! on n'a pas revu la petite depuis hier, depuis le moment où elle a filé dans la rue, quand le feu de cheminée commençait !
— Non.
— Eh bien ! voilà qui est étonnant.
— Gervais, sa femme, Antoine, la bonne, les parents, les amis, ont cherché partout, je l'affirme : le quartier a été mis en révélation, et personne n'a pu donner de renseignements.
— Mais qu'est-ce qu'elle est devenue ?
— Ah ! si tu pouvais l'apprendre, tu serais bien habile. Au reste, la disparition de Rose ne peut être attribuée qu'à quelque accident que l'on connaîtra plus tard.
— Pourquoi pas un piège dans lequel elle serait tombée ? dit Rossignolet en relevant sa moustache d'une main et en regardant fixement Thomas, comme s'il eût voulu le fasciner.
— Un piège ? reprit Thomas avec bonhomie ; j'y avais d'abord songé, mais la citoyenne Gervais m'a elle-même démontré la sottise de ma supposition. Qui est-ce qui aurait pu tendre un piège à Rose, dans quel but ?... Elle n'est pas riche, elle est orpheline et pauvre, qui voudrait-on exploiter en la séquestrant ?... Ce n'est pas admissible. Maintenant, question d'amour : Rose n'a jamais été coquette avec personne, et la citoyenne Gervais ne s'est jamais aperçue de rien. Si la pauvre petite aimait quelqu'un, c'était bien le jeune Niorres, et ce n'est pas lui qui l'a enlevée... ou, dans ce cas-là, le petit diable cacherait joliment son jeu, et il serait bien malin. »
Thomas avait regardé Rossignolet en prononçant ces mots, comme s'il eût tenté une expérience ; le major secoua lentement la tête.
« Je ne crois pas, dit-il, que ce... »
Un bruit violent, comme la détonation d'une arme à feu de gros calibre, sourd comme celui de la chute d'une avalanche, interrompit soudainement le major ; en même temps un nuage de poussière s'élevait dans la direction du château, et la foule des curieux se précipitait comme appelée par un spectacle inattendu.
Au bruit, Thomas n'avait pu maîtriser un signe d'assentiment joyeux.
« Qu'est-ce que cela ? s'écria Rossignolet.
— Je vais voir ! » dit Thomas en s'élançant.
Rossignolet voulut le suivre, mais il se rappela la consigne qui le clouait à son poste. La foule se pressait autour du palais de l'intérieur duquel on entendait sortir des cris, des exclamations, des apostrophes véhémentes.
Enfin Thomas revint vers le major, que l'impatience et la curiosité commençaient à dévorer ainsi que ses camarades.
Effectivement, il était difficile de s'expliquer ce qui se passait dans les salles où les ouvriers travaillaient qu'avait lieu le tumulte, et ce tumulte avait pris des proportions singulières. La foule amoncelée empêchait les regards du soldat d'aller chercher la cause de cette agitation extraordinaire.
« Eh bien ! qu'y a-t-il donc ? demanda Rossignolet en voyant revenir Thomas.
— Il y a, répondit celui-ci, qu'il faut recommencer une partie du travail de la salle destinée aux Anciens ; une vis mal assujettie dans une poutre a fait crouler une partie des charpentes ; deux ouvriers sont blessés, et il faut recommencer, ainsi que je te le disais.

— Mais, dit Rossignolet, les Anciens vont arriver, il est dix heures et demie : où siégeront-ils ?
— Ils seront forcés d'attendre ; il n'y a pas d'autre salle prête que celle des Cinq-Cents. »

En ce moment un régiment de cavalerie vint se ranger au pied de la terrasse, dans le parc. C'était le régiment dont Louis de Niorres faisait partie. Rossignolet l'aperçut et lui adressa un geste amical ; la distance qui les séparait les empêchait de communiquer à l'aide de la voix. Thomas aussi avait aperçu le jeune homme, et son regard se riva sur lui avec une expression singulière.

Rossignolet se retournait vers Thomas : il surprit ce regard, il en suivit la direction, et un froncement de sourcils donna à sa mâle physionomie une expression menaçante. Un changement complet parut s'opérer instantanément sur ce visage noirci par le soleil d'Égypte et par la fumée de la poudre : une résolution soudaine se peignit sur ces traits heurtés.

S'approchant de Thomas, il lui prit l'avant-bras, et l'étreignant avec une violence extrême :

« Écoute ! dit-il en le regardant dans le *le blanc des yeux* (suivant l'expression adoptée), je ne suis pas bon diplomate, moi, je vais peut-être faire une bêtise ; mais puisque je suis décidé à la faire, faut qu'elle soit faite en grand. Bibi, celui qui est là, mon ancien *tapin*, aime la petite Rose, j'en suis sûr et certain ; hier je l'ai vu pâlir et frissonner quand il a su que la petite était perdue, puis il y avait des larmes dans ses yeux.... Bibi, vois-tu, c'est un crâne soldat, et pour qu'il pleure, faut qu'il ait du chagrin.... Il aime Rose....

— C'est possible, interrompit Thomas ; mais que veux-tu que j'y fasse ?
— Rose est perdue, enlevée, disparue....
— Que veux-tu que j'y fasse encore ?
— Ce que je veux que tu y fasses ? dit Rossignolet en se mordant la moustache ; je veux que tu nous aides à la retrouver !
— Volontiers, si je puis.
— Tu le peux !
— Hein ?
— Je te dis que tu le peux ! répéta Rossignolet avec un accent impérieux.
— Et comment le pourrais-je ?
— Je ne sais pas, mais tu le peux ; et la preuve, vois-tu, c'est que si d'ici à demain Rose n'est pas réinstallée dans le comptoir de la mère Gervais, je te tortille le cou comme à un vieux poulet de basse-cour. T'es solide, je le sais ; mais comprends! Quand Rossignolet en veut à un quidam, il faut que le quidam y passe ! Compris, hein ?
— A vos rangs! » commanda une voix sonore.

Rossignolet quitta brusquement Thomas et courut à ses tambours. Le président au conseil des Anciens venait d'arriver, et on s'apprêtait à lui rendre les honneurs militaires.

Thomas tourna rapidement sur lui-même et disparut dans la foule.

« Que veut dire cela! fit-il en s'arrêtant derrière un gros arbre. Comment ce soldat peut-il supposer que je sois pour quelque chose dans la disparition de Rose ? Comment pourrait-il en être arrivé à soupçonner mon individualité ? Depuis quand aurait-il cette pensée ? Cela est étrange ? Oh ! pourquoi a-t-il échappé, lui ? pourquoi n'est-il pas mort comme les autres ?.... Heureusement que demain.... »

Thomas s'interrompit pour adresser un geste à un homme, sorte de bon gros bourgeois, qui se faufilait dans la foule.

« Jonas, dit Thomas à voix basse et en entraînant le bon bourgeois, il faut que le tambour-major n'en revienne pas demain.

— Il n'en reviendra pas, dit Jonas.
— Tu as trouvé les dix hommes ?
— Oui ; ils coûteront cher, mais c'est ce qu'il nous fallait ; tous mauvais chenapans, mais tous excellents tireurs.
— Et le vieux brigadier ?
— Oh ! celui-là n'a pas son pareil. Il n'a jamais été sur le terrain sans tuer son homme. Il est autrement fort qu'Alcibiade. Il y a longtemps que je me promettais de me servir de la haine de ce vieux soldat de l'armée du Rhin pour ceux de l'armée d'Italie ou de celle d'Égypte. Dis que je n'ai pas su habilement me servir de cette haine quand Rossignolet a échappé par miracle ?
— Mais les dix hommes ?

— Tous de vieux prévôts de salle qui tueraient un homme pour un demi-écu ; tous ont fait partie des armées d'Allemagne ; aucun n'a servi sous le général Bonaparte, de sorte qu'ils ont accepté la partie avec d'autant plus de plaisir. Le vieux brigadier a un ami de sa force : ça fait douze. Demain Rossignolet amènera onze anciens de l'armée d'Italie, et le bois de Vincennes verra couler du sang.

— Tu es sûr de tes hommes ?
— Je les paye assez cher pour cela ! Et Gorain et Gervais que Rossignolet trouve plaisant d'amener sur le terrain, sans qu'ils sachent où ils vont.
— Gorain et Gervais, dit Thomas en réfléchissant ; ils savent bien des choses.... Ils ne peuvent plus nous être utiles.... Fouché les domine en ce moment.... ils ont fini de jouer leurs rôles.
— Alors ?.... »

Thomas fit un geste d'une énergie épouvantable.

« Très-bien ! dit simplement Jonas, ils ne reviendront pas à Paris ; j'y veillerai. »

## LII. — LES CONSEILS.

Midi allait sonner. Les membres des conseils des Anciens, qui devaient entrer en séance à onze heures, n'avaient pas encore pris possession de leur salle. L'accident survenu n'avait pu être réparé aussi promptement qu'on l'avait cru tout d'abord.

En combinant les heures différentes pour l'ouverture des deux conseils, Sieyès espérait avoir tourné une difficulté des plus graves : celle des discussions personnelles devant s'élever entre les membres des Anciens et des Cinq-Cents, discussions pouvant se terminer par un rapprochement fatal dans la circonstance. Il ne fallait pas que les opposants influents des Cinq-Cents pussent étendre cette influence sur la masse encore hésitante du conseil des Anciens. Sieyès savait par expérience à quel degré de versatilité peut atteindre une réunion d'hommes placés dans des conditions telles que les conditions présentes, et il avait agi prudemment. Par malheur, un accident vulgaire venait de détruire tous ses plans. Arrivant successivement, les membres du conseil des Anciens s'étaient tout d'abord présentés à l'entrée de la salle. On les avait priés d'attendre, ci on leur avait offert plusieurs salons provisoires pour s'y reposer jusqu'à l'heure où la salle serait entièrement prête.

Malheureusement encore, il faisait une de ces journées magnifiques, telles que le ciel en avait offert au général Bonaparte, et qu'il devait en offrir plus tard à Napoléon empereur, dans toutes les grandes circonstances de sa vie. Les premiers membres arrivés du conseil des Anciens refusèrent l'offre faite des salons d'attente, et se promenèrent dans le parc. L'exemple donné fut suivi par les survenants, et bientôt le conseil entier erra par groupes dans les allées.

Puis survinrent les membres du conseil des Cinq-Cents. Par un concours d'événements en apparence naturels, mais, on l'avouera, étrangement favorables au parti qui luttait contre celui du général, un accident, en tous points semblable à celui qui avait eu lieu dans la salle du conseil des Anciens, eut lieu dans celle des Cinq-Cents au moment où Lucien Bonaparte, le président, allait ouvrir la séance.

Force fut pour quelques instants d'abandonner cette salle encore aux ouvriers. Les membres des Cinq-Cents se répandirent aussitôt dans les jardins et dans le parc à la recherche de ceux des Anciens, et à la même minute, pour ainsi dire, la discussion si fort redoutée éclata sur tous les points.

Ceux des Cinq-Cents, irrités d'avoir été, en quelque sorte, déportés la veille par ceux des Anciens, avant même d'avoir pu prendre la parole, leur demandaient avec véhémence ce qu'ils voulaient, ce qu'ils projetaient, quelles étaient leur intentions.

En face de cette résistance que les Cinq-Cents laissaient facilement prévoir, les Anciens parurent ébranlés. Les terribles mots de guerre civile, prononcés par les plus ardents, jetaient l'effroi dans certains esprits. Ni Bonaparte, ni Sieyès ne pouvaient être là ; Lucien était près de son frère. Personne ne pouvait combattre cette influence qu'une opposition remuante prend toujours sur les masses dans les circonstances difficiles. Les instants précieux s'écoulaient. Deux heures venaient de sonner, et aucune des deux assemblées n'était encore en séance ; l'émotion de tous redoublait, et les esprits les plus exaltés s'exaltaient encore au sein de ces discussions éparses, en plein air, en présence de la foule des curieux.

Le moment était critique, difficile. Le succès de la veille paraissait fortement compromis.

Évidemment Sieyès et Roger Ducos devaient lancer, de temps à autre, un coup d'œil anxieusement inquiet vers cette porte de Sèvres près de laquelle stationnaient les deux berlines attelées.

Parmi les officiers généraux alors à Paris, trois seulement n'étaient pas dans le cortége qui entourait le général Bonaparte, encore ceux-là n'étaient-ils pas ses ennemis : ils étaient indécis. C'étaient Bernadotte, Jourdan et Augereau. Tous les trois faisaient partie du conseil des Cinq-Cents, ils étaient donc à Saint-Cloud.

Avec un esprit d'à-propos qui pouvait entraîner les plus graves conséquences, les agitateurs des Cinq-Cents placèrent ces trois généraux, à leur insu, en antagonisme avec Bonaparte.

Augereau, brave soldat s'il en fut, mais homme politique parfaitement nul, et qui ne comprenait pas grand'chose à ce qui se passait, Augereau, toujours habitué à marcher en avant, était effectivement l'un de ces hommes d'action dont les partis peuvent se servir, parce qu'ils sont faciles à entraîner.

Les choses en étaient là lorsqu'on vint enfin annoncer que les salles des conseils étaient préparées. Il était plus de deux heures et demie, et depuis trois heures, les Cinq-Cents avaient réuni tous leurs efforts pour faire revenir les Anciens à d'autres idées : toutes les têtes étaient montées, tous les cerveaux étaient tendus....

Les troupes, infanterie et cavalerie, étaient demeurées stationnaires, avec défense de quitter les rangs. Murat et Leclerc, qui les commandaient, ne quittaient pas leur front de bataille. Au reste, tous ces soldats qui étaient là avaient, pour la plupart, servi à l'armée d'Italie, et le général Bonaparte était pour eux un véritable dieu.

Deux heures et demie sonnaient donc au moment où les deux conseils entraient en séance. A cette même heure, Thomas, qui n'avait pas un seul instant quitté le parc, Thomas, qui deux fois avait rencontré dans des endroits écartés le baron de Grafeld et qui avait échangé avec lui quelques rapides paroles, Thomas s'approcha du régiment de cavalerie rangé au pied de la terrasse.

Un cri à demi étouffé jaillit, cri de joie et de douleur, cri empreint d'angoisse et d'espérance. Un jeune maréchal des logis s'élança à terre et se précipita vers Thomas :

« Et Rose ? quelles nouvelles ? » s'écria le jeune cavalier.

Thomas secoua la tête.

« Aucune, hélas ! dit-il d'une voix dolente. J'ai vu Gervais avant de quitter Paris, et il n'a pu rien me dire.

— Mon Dieu ! mon Dieu ! s'écria le jeune sous-officier, que peut-elle être devenue. »

Thomas se pencha vers le maréchal des logis.

« Voilà ce que j'espère savoir bientôt, » dit-il avec un accent mystérieux.

Le jeune soldat tressaillit.

« Si vous aimez Rose, citoyen Niorres, poursuivit Thomas, je l'aime aussi, moi. J'ai connu ses parents ainsi que je vous l'ai dit.... Bref ! je suis disposé à tout faire pour la retrouver. Voulez-vous que nous agissions ensemble ?

— Oui ! oui ! s'écria Louis.

— Alors, donnez-moi votre parole d'honneur que vous ne confierez à personne, même à votre meilleur ami, à votre plus intime confident, le projet que nous avons d'agir ensemble. Vous comprenez ?

— Mais, dit Louis avec étonnement, pourquoi ce mystère ?

— Il est essentiel.

— Je ne comprends pas.

— Écoutez, mon jeune ami, poursuivit Thomas en se rapprochant encore, on ne sait ce qu'est devenue Rose, n'est-ce pas ? Pour tenter de se mettre sur ses traces à cette heure, il faut être dépositaire d'un vieux secret de famille qu'elle ignore elle-même, que moi seul peut-être connais parmi ceux qui peuvent la sauver.

— Un secret de famille ! répéta Louis.

— Oui.... un secret ignoré de Rose, je le répète.

— Mais quel est ce secret ?

— Je ne puis vous le confier. Seulement, c'est à propos de ce secret que je dois exiger la promesse que je vous demande de me faire.

— Et si je refuse ?

— Alors, nous agirons chacun de notre côté.

— Mais cependant.... s'écria Louis, dont les prunelles étincelèrent.

— Oh ! interrompit Thomas avec un geste sévère, pas de menaces, jeune homme ; elles seraient inutiles. Vous êtes brave, je le sais, mais il s'agit de mon honneur. »

Louis courba la tête en paraissant hésiter. Thomas attendit quelques instants, puis, après un assez long silence :

« Je vais tout tenter pour sauver Rose, reprit-il. Je crois pouvoir espérer ; voulez-vous me laisser agir seul ou voulez-vous agir de concert avec moi ?

— Mais, s'écria Louis, vous parlez de la sauver. Selon vous, elle court donc un danger ?

— Oui.

— Lequel ? Qui a intérêt à lui faire courir ce danger, qui pourrait... »

Thomas interrompit Louis par un geste empreint d'une douce compassion.

« Ne connaissez-vous pas l'histoire de l'enfance de Rose ? dit-il.

— Oui ! dit Louis. Je la connais.

— La fille du teinturier Bernard n'a-t-elle pas été jadis victime d'un rapt ?

— Cela est vrai !

— Eh bien ? qui vous dit que ceux qui avaient eu intérêt à l'enlever jadis n'ont pas intérêt à l'enlever aujourd'hui ?

— Mais les mêmes causes n'existent plus...

— Qu'en savez-vous ? Il s'agit d'un secret, vous dis-je, secret que vous devez ignorer. Au reste, je n'insisterai pas davantage. Voulez-vous, oui ou non, me prêter votre aide pour essayer de sauver Rose ? »

Louis hésita un peu :

« Oui ! dit-il enfin.

— Alors, jurez-moi de ne dire à personne que nous devons agir ensemble.

— Je vous le jure !

— Il vous est impossible d'être libre aujourd'hui, mais demain nous pourrons nous revoir.

— Où cela ?

— A Saint-Mandé.

— A quelle heure ? »

Thomas réfléchit :

« Demain matin, dit-il, je vous le ferai savoir. »

En ce moment un officier arriva au galop sur le front du régiment : cet officier, c'était le colonel Maurice Bellegarde : il était extrêmement pâle et une expression froidement résolue se reflétait sur son visage.

« Niorres ! appela-t-il.

— Mon colonel ? dit Louis en sortant des rangs.

— Le général te demande, rends-toi sur l'heure auprès de lui ! »

Louis enleva son cheval et partit au galop.

Le matin de ce jour du 19 brumaire, qui devait laisser dans l'histoire un souvenir ineffaçable, le général Bonaparte avait quitté Paris à deux heures du matin. Un épais brouillard voilait alors les premiers rayons du soleil, mais le brouillard s'était promptement dissipé.

Le général avait pour escorte quelques-uns de ces *guides* déjà fameux, institués par lui en Égypte et revenus avec lui. Un état-major plus nombreux et plus magnifique encore que celui de la veille l'avait entouré à sa sortie de l'hôtel de la rue de la Victoire. Un escadron de dragons avait fermé la marche.

En traversant le bois de Boulogne, il avait rencontré les 8e et 9e dragons, auxquels il avait donné ses ordres.

Arrivé dans la cour du château de Saint-Cloud, tandis que les membres des deux conseils péroraient à qui mieux mieux dans les jardins et dans le parc, le général avait mis pied à terre et était demeuré calme et froid comme au matin d'une grande bataille.

Tout aussitôt, il s'était occupé de ses soldats et de la position des régiments. Les 6e, 79e et 86e demi-brigades, toutes composées de vieux soldats de l'armée d'Italie, occupaient les jardins du château et la terrasse.

Les 8ᵉ et 9ᵉ dragons prirent position dans la partie basse du parc située entre la façade du château et la lanterne de Diogène, en avant du bassin des Cygnes.

L'artillerie et les grenadiers des conseils occupaient la cour d'honneur du château. Ces dispositions prises, le général avait attendu l'ouverture des conseils.

. . . . . . . . . . . . . . . .

En quittant l'endroit où il venait d'échanger avec Louis de Niorres les paroles précédemment rapportées, Thomas avait regagné le parc et s'était de nouveau glissé dans les rangs serrés de la foule, qui grossissait de minute en minute.

Comme il atteignait l'endroit qui fait face à la grande pièce d'eau, il tourna à gauche et se dirigea vers un quinconce dans lequel se tenait un homme de haute taille et de fort belle mine, qui paraissait avoir la tournure, le costume et les allures d'un des riches financiers du jour :

« Demain, à Saint-Mandé, que tout soit prêt ! » dit Thomas.

L'autre tressaillit.

« Quoi ! dit-il, pour demain ?
— Oui.
— Tu as réussi ?
— Parbleu ! »

L'homme s'inclina avec une expression de profond respect.

« Prends des notes ! » ajouta Thomas.

L'homme prit dans sa poche un carnet et un crayon et il se tint prêt à écrire.

« La mère du petit Paulin, commença Thomas, l'employé du citoyen Chivry, est riche de trois cent mille livres. Il faut que deux cent cinquante mille soient déposées cette nuit en échange de la liberté de son fils, sinon, demain il sera mort.

— Très-bien ! Est-ce tout ?
— Oui. Remets cette note à Jonas, qu'il agisse sans retard.
— Ce sera fait. »

Thomas prit le bras de son compagnon :

« Cette nuit, dit-il à voix basse, réunion particulière : cette nuit, vous aurez communication complète de mes plans, et demain.... demain, Chivasso, nous n'aurons plus un ennemi vivant en face de nous !.... »

Un effroyable tumulte partant au même instant du château étouffa les dernières paroles prononcées par Thomas. Celui-ci tressaillit et, adressant un geste à son compagnon, il s'élança vers le palais.

Chivasso demeura un moment immobile, puis il partit à son tour dans une direction opposée ; alors un tas de feuilles sèches, près duquel les deux hommes avaient causé, fut agité violemment, et une tête de nègre apparut, se détachant en noir au milieu des feuilles brunes.

## LIII. — LA MÈRE DES GRACQUES.

Dans le grand et magique tableau du premier empire, il est une physionomie demeurée dans la demi-teinte, non qu'elle ne fût digne d'être mise au premier plan, mais parce qu'elle-même se plaisait à fuir la grande lumière. Cette physionomie est celle de cette femme qui, mère d'un héros, fut une héroïne elle-même.

La splendide majesté de l'auréole qui entoure Napoléon Iᵉʳ est telle qu'elle éblouit, fascine et empêche souvent l'œil de distinguer les détails. De même que l'éclat du soleil absorbe celui des autres astres, de même l'éclat de ce génie puissant qui rendit la France si glorieuse absorbe aussi la personnalité de ceux qui l'entourent, et cependant, pour quelques-uns, cette personnalité avait un mérite incontestable.

Certes, c'est un beau titre que celui d'être la mère de l'empereur Napoléon Iᵉʳ, le fondateur d'une dynastie aimée et puissante ; certes, ce titre peut suffire pour la gloire d'une femme, et cependant, quelque beau qu'il soit, ce titre n'est pas le seul qui doive rendre grande la mémoire de Madame mère.

Madame Lœtitia Bonaparte, disent unanimement ses contemporains, était l'une des plus jolies femmes que l'on pût voir.

« Il y a dans son regard quelque chose de son âme, et dans cette âme se trouvent de nobles sentiments à la plus haute élévation, » dit madame la duchesse d'Abrantès, dans ses volumineux Mémoires.

Puis, plus loin, elle ajoute :

« Douée d'une finesse d'aperçu assez ordinaire, au reste, à tous ceux de son pays, mais d'une nature encore plus exquise en elle, madame Lœtitia a l'amour du vrai poussé à l'extrême. Elle a un grand courage et un caractère entièrement formé. D'un cœur excellent, d'un extérieur froid et imposant, elle a un sens moral d'une justesse extraordinaire. »

Demeurée veuve avec de nombreux enfants, au printemps de la vie, dans un pays où le chef de la famille est tout, la jeune mère avait été contrainte par les circonstances à devenir de bonne heure une femme forte. Elle avait admirablement élevé ses enfants, et elle avait su leur inspirer à tous cette pieuse affection et ce profond respect dont tous, devenus princes, princesses, rois et reines, ne se sont jamais départis. Madame Lœtitia est l'un de ces grands caractères que les historiens laissent dans l'ombre, on ne sait pourquoi, et qui cependant doivent être mis en pleine lumière.

Madame Lœtitia était née le 25 août 1750. En 1799, elle avait donc quarante-neuf ans et elle était encore fort belle, bien que de nombreux chagrins et de grandes inquiétudes eussent déjà dévoré sa vie.

Lors de son arrivée à Paris, madame Lœtitia avait été s'établir chez son fils Joseph, qui habitait un ravissant hôtel de la rue du Rocher, rue qui était alors perdue dans les champs, en haut de la Petite-Pologne. C'est dans cette maison que nous retrouvons la grande figure de la mère du héros, à l'heure même où la destinée de celui dont la gloire avait fait le chef de la famille allait s'accomplir.

Il était quatre heures de l'après-midi. Madame Bonaparte, la mère, était assise dans le salon : autour d'elle il n'y avait absolument que des femmes.

Étendue sur une causeuse, madame Leclerc, cette femme si belle, « qu'il est impossible, disent ses contemporains, de se faire une idée de ce qu'était cette perfection de la nature, » madame Leclerc, vêtue avec une richesse extrême, s'éventait nonchalamment.

Assise sur un petit tabouret, une jeune fille de douze à quatorze ans se tenait gracieusement posée. Elle était charmante : jolis bras, petites mains, petits pieds, peau éblouissante, belles dents, fraîcheur de roses, tels étaient les principaux caractères de cette beauté juvénile. Cette jeune fille était mademoiselle Caroline, le dernier enfant de la famille Bonaparte.

De l'autre côté de madame Lœtitia étaient assises des femmes, la plupart jeunes et jolies, toutes groupées, toutes paraissant fort émues ; seule madame Bonaparte semblait calme et maîtresse d'elle-même.

En ce moment, la porte du salon s'ouvrit et un valet annonça :

« Madame et mademoiselle Geoffrin ! »

Madame Lœtitia laissa échapper une exclamation de surprise, et elle se leva avec un empressement affectueux.

« Quoi ! dit-elle à madame Geoffrin en lui tendant la main pour la soutenir, vous êtes venue...

— C'est ma première sortie, répondit madame Geoffrin en s'appuyant sur une chaise, mais c'est dans de telles circonstances que la sympathie doit se témoigner.... »

Madame Geoffrin s'assit : madame Chivry et sa fille, qui elles aussi étaient dans le salon, s'empressèrent autour de la malade et d'Amélie.

« Quelle imprudence ! dit madame Chivry à l'oreille d'Amélie.

— Ma mère a voulu venir absolument, répondit la jeune fille à voix basse. Elle dit que, si le général Bonaparte devient le maître, elle veut le supplier de lui rendre Ferdinand.

— Hélas ! le pourra-t-il ! »

Une dame s'était approchée de madame Geoffrin :

« Vous venez de traverser une partie de Paris, lui dit-elle. Que se passe-t-il ?

— Rien, chère madame Perinon, répondit madame Geoffrin. Tout ce quartier est dans un calme parfait.

— Et quelles nouvelles ?

— Aucune, que je sache. Madame Lœtitia n'en a-t-elle donc pas ?

— Mais non : il n'est pas encore arrivé un courrier de Saint-Cloud. C'est sans doute que tout va bien. Oh ! regardez madame Bonaparte ! comme elle est calme, et cependant comme on devine l'angoisse sous ce calme. Voyez son extrême pâleur et ces mouvements convulsifs qui s'agitent toutes les fois qu'un bruit inattendu vient frapper son oreille.... Tenez !... Elle ne dit rien, mais comme elle doit souffrir !... Depuis hier matin, elle est ainsi. Oh ! c'est la mère des Gracques ; mais son enjeu est encore plus fort que celui de la Romaine, car c'est le sort de trois de ses fils, c'est l'avenir de tous ses autres enfants qui se décide en cet instant !

— Oui, oui, je sais tout ce qu'elle peut souffrir ! dit madame Geoffrin en secouant la tête. Oh ! c'est bien la femme qui a su braver les privations, les fatigues et les dangers de la guerre pour suivre jadis son mari.

— C'est la femme qui, devenue veuve à trente ans, tandis que son fils aîné, Joseph, n'en avait que quatorze, a su devenir chef de famille. C'est la femme qui, suivant invariablement la ligne politique tracée par son mari, a vu ses propriétés dévastées deux fois par les ennemis de la France et a su répondre à Paoli, qui voulait l'entraîner dans le parti anglais : « Je ne connais pas deux lois, je ne connais que la loi de l'honneur et du devoir ! »

Cette conversation avait eu lieu à voix très-basse et sans presque troubler le silence qui régnait dans le salon. Ce silence était empreint d'un sentiment d'inquiétude poignante : c'était comme cet instant qui précède l'éclat de la foudre, alors que la nature est sous le coup de quelque cataclysme.

Une heure s'écoula sans que rien vînt troubler ce silence glacial. Madame Lætitia devenait de plus en plus pâle.

Enfin un bruit de galop de cheval retentit se rapprochant rapidement. Madame Lætitia fit un premier mouvement comme pour se lever, mais elle se contint et demeura assise, toujours calme et froide.

Le bruit du galop avait cessé. Quelques instants s'écoulèrent, puis la porte s'ouvrit et le valet annonça :

« Envoyé du général ! »

Aussitôt un jeune soldat, revêtu de l'uniforme des sous-officiers des chasseurs à cheval, se présenta respectueusement. S'avançant vers madame Bonaparte, il lui tendit un large pli cacheté qu'il tenait à la main.

Madame Lætitia prit le pli, l'ouvrit et, après l'avoir parcouru rapidement, elle leva les yeux au ciel :

« Mon Dieu ! dit-elle, soyez avec lui. »

Puis, se tournant vers le jeune cavalier :

« Votre nom ? demanda-t-elle.

— Louis Niorres, madame.

— Vous retournez à Saint-Cloud ?

— Oui, madame.

— Attendez-moi, je vais vous donner une lettre pour mon fils. »

Madame Bonaparte quitta la pièce. Toutes les dames entouraient Louis, le pressant de questions.

Le jeune maréchal des logis raconta rapidement les événements accomplis, mais il ne put satisfaire beaucoup la curiosité de ses auditrices, car il avait quitté Saint-Cloud au moment où le général entrait au conseil des Anciens, et il ne savait rien de ce qui s'y était passé.

Quand il eut achevé, il se pencha vers madame Geoffrin, et profitant d'un instant où l'attention n'était plus concentrée sur lui :

« Madame, dit-il à voix basse, il faut que je vous parle sur l'heure. »

Madame Geoffrin l'emmena dans une embrasure de fenêtre.

« Il s'agit de mon fils ? dit-elle d'une voix tremblante.

— Je ne sais, madame, de quoi il s'agit, mais voici ce que je suis chargé de vous remettre. »

Louis tendit un papier à madame Geoffrin, celle-ci l'ouvrit précipitamment.... Elle lut.... devint très-pâle et poussa un cri étouffé.

« Qu'as-tu ? » lui demanda Amélie en se précipitant vers elle.

Madame Geoffrin repoussa sa fille.

« Qui vous a remis cette lettre pour moi ? demanda-t-elle à Louis.

— Un soldat, qui m'a supplié de vous la donner en mains propres au moment où je m'élançais sur la route de Paris.

— Ce soldat, quel est-il ?

— Je l'ignore, mais je le saurai ; je n'ai pas pu entrer en explications.

— Mais que contient donc ce papier ? demanda Amélie.

— Tiens, lis et remercie Dieu ! »

Madame Geoffrin présenta la lettre ouverte à sa fille. Celle-ci la lut à son tour et un cri s'échappa de ses lèvres ; puis, tournant sur elle-même, elle courut, comme affolée, se jeter dans les bras de Caroline Chivry.

Madame Geoffrin demeurait immobile et comme paralysée.

« Ferdinand n'est pas mort ! dit Amélie en étreignant son amie.

— Ferdinand ! s'écria Caroline en frissonnant.

— Il n'est pas mort, répéta la fille de madame Geoffrin.

— Mais que signifie cela ? » demanda madame Leclerc.

Madame Bonaparte, la mère, rentrait alors dans le salon, tenant à la main une lettre qu'elle remit à Louis.

« Partez sur-le-champ ! dit-elle, et revenez promptement me donner des nouvelles. »

Louis reçut la lettre et s'inclina.

« Ce billet ! dit madame Geoffrin au moment où il passait près d'elle.

— Je ferai parler le soldat ! » dit Louis en s'élançant au dehors.

## LIV. — LES ANCIENS.

Il était trois heures et demie, rien ne se décidait nettement encore. Le général Bonaparte se promenait à pas précipités dans le salon du palais de Saint-Cloud réservé au commandant des forces militaires. Son esprit rapide, ennemi des lenteurs parlementaires, ne pouvait comprendre ces hésitations des conseils.

« De deux choses l'une, s'écriait-il, ou le gouvernement actuel est bon ou il est mauvais. S'il est bon, il faut le maintenir à tout prix ; s'il est mauvais, il faut le changer sans perdre une minute. Quoi ! l'opinion émise hier n'est-elle plus celle d'aujourd'hui ? Le pays attend, il attend avec calme et confiance, mais ces agitations des conseils peuvent détruire ce calme et cette confiance. Encore une fois, il faut agir ! L'inaction est le plus désastreux des états pour la France.

— Eh bien ! agissez, général ! » dit Sieyès.

Le général se leva précipitamment.

« Je vais au conseil des Anciens ! dit-il à son état-major, qui m'aime me suive ! »

Il y avait dans la voix, dans le regard, dans le geste, l'indication d'une telle résolution que tous, sans hésiter, se précipitèrent à la suite du général.

Au moment de pénétrer dans la salle du conseil, Bonaparte rencontra Augereau ; celui-ci hésitait encore sur le parti qu'il devait prendre.

« Les affaires sont embrouillées, dit-il en secouant la tête.

— Elles étaient bien plus mauvaises à Arcole, et vous devez vous en souvenir ! répondit Bonaparte.

— C'est vrai ! » dit Augereau en s'effaçant pour laisser passer son chef.

Le conseil des Anciens, depuis l'ouverture de sa séance, était dans un état de surexcitation pouvant présager les événements les plus graves. Les interpellations s'étaient croisées dans tous les sens : un membre venait d'annoncer que les Cinq-Cents prêtaient un nouveau serment à la Constitution ; cette annonce avait augmenté le trouble. Ces prestations perpétuelles de serment qui indiquaient le peu de confiance que l'on avait dans le serment prêté, puisqu'on était obligé de le renouveler sans cesse, troublaient les consciences et détruisaient toute sécurité.

En ce moment la démission de Barras fut transmise officiellement au conseil, puis à cette démission se joignirent celles de Sieyès et de Roger Ducos. Ces démissions étaient attendues, et cependant leur lecture produisit un effet profond.

« Il faut se hâter de pourvoir au remplacement des directeurs démissionnaires ! s'écria une voix.

— Il faut envoyer un message aux Cinq-Cents ! » ajouta une autre.

En cet instant on entendit dans les couloirs un grand bruit d'armes froissées, de talons de bottes éperonnées résonnant sur les dalles. L'Assemblée tout entière tressaillit. Les portières de tapisserie se soulevèrent, et le général Bonaparte apparut, vêtu de son simple et sévère costume d'Égypte, avec son habit à larges basques et ayant son riche damas suspendu à son cordon de soie cramoisie. Sa tête était découverte et ses cheveux plats encadraient sa figure pâle, mais si énergiquement caractérisée.

Les nombreux officiers formant le magnifique état-major qui l'entourait demeuraient à l'entrée de la salle. Quant à lui, il s'avança seul à la barre, au milieu d'un silence général.

« Représentants ! s'écria le général en domptant son émotion, vous n'êtes point dans des circonstances ordinaires, mais sur un volcan ! »

Des murmures éclatèrent, tous formant un concert d'assentiment.

« Permettez-moi de vous parler avec la franchise d'un soldat, avec celle d'un citoyen zélé pour le bien de son pays, reprit le général, et suspendez, je vous prie, votre jugement jusqu'à ce que vous m'ayez entendu. J'étais tranquille à Paris, lorsque je reçus le décret du conseil des Anciens qui me parla de ses dangers, de ceux de la République. A l'instant j'appelai, je retrouvai mes frères d'armes, et nous vînmes vous donner notre appui, nous vînmes vous offrir les bras de la nation, parce que vous en étiez la tête !

« On parle d'un nouveau César ! ajouta-t-il, on répand que je veux établir un gouvernement militaire. Si j'avais voulu opprimer la liberté de mon pays, si j'avais voulu usurper l'autorité suprême, plus d'une fois, dans des circonstances favorables, n'ai-je pas été sollicité de la prendre ?.... Après nos triomphes en Italie, j'y ai été appelé par le vœu de la nation, j'y ai été appelé par le vœu de mes camarades, par celui de ces soldats qu'on a tant maltraités depuis qu'ils ne sont plus sous mes ordres, de ces soldats qui sont obligés encore aujourd'hui d'aller faire dans les départements de l'Ouest une guerre horrible, que la sagesse et le retour aux principes avaient calmée, et que l'ineptie ou la trahison viennent de rallumer. Je vous le jure, représentants du peuple, la patrie n'a pas de plus zélé défenseur que moi ; mais c'est sur vous seuls que repose son salut, car il n'y a plus de Directoire, vous le savez ; le conseil des Anciens est investi d'un grand pouvoir, mais il est encore animé d'une plus grande sagesse...... Sauvons ces deux choses pour lesquelles nous avons fait tant de sacrifices : la liberté et l'égalité. »

Ici une agitation extrême interrompit le général : des cris, des bravos, des interpellations, des approbations éclatèrent sur tous les points de la salle.

« Sauvez la France ! reprit Bonaparte avec véhémence ; prenez les mesures nécessaires au bonheur du pays. Environné de mes frères d'armes, je saurai vous seconder : j'en atteste ces braves grenadiers dont j'aperçois les baïonnettes et que j'ai si souvent conduits à l'ennemi ; j'en atteste leur courage ! nous vous aiderons à sauver la patrie !.... Songez que je marche accompagné et du dieu de la fortune et du dieu de la guerre ! »

Des applaudissements frénétiques accueillirent ces paroles ; les Anciens étaient ramenés par la présence de cet homme extraordinaire, qui dominait si facilement tous ceux qui l'approchaient. On accorda au général Bonaparte les honneurs de la séance.

Au dehors, les troupes étaient toujours dans la même position, attendant avec impatience la fin de cette journée où leur chef adoré jouait une si grande partie. La foule se pressait anxieuse et cherchait à deviner les nouvelles.

Tout à coup des cris frénétiques éclatèrent : c'étaient les soldats qui saluaient Bonaparte à sa sortie de la salle des Anciens. Le général s'arrêta, promena un regard rapide et enflammé sur ces triples rangs de grenadiers : on eût dit qu'il se sentait renaître ; il respira librement et un sourire éclaira sa physionomie.

« Vive le général ! » hurla une voix tellement puissante que Bonaparte se retourna.

Rossignolet était devant lui, brandissant sa canne comme aux grands jours de bataille. La nuit venait rapidement, car il était tard, six heures avaient sonné. Un galop de cheval retentit et un jeune sous-officier se précipita vers le général, lui tendant une lettre.

« Bibi ! » murmura Rossignolet en se caressant la moustache.

Le général prenait la lettre et la lisait. Il adressa un geste de satisfaction au jeune sous-officier. Derrière le général se tenait un officier supérieur au front pâli, aux traits amaigris, aux yeux fatigués : c'était Maurice Bellegarde.

Louis Niorres, qui venait de remettre la lettre à son général, lançait sur le colonel des regards ardents que celui-ci ne paraissait pas remarquer. L'expression du visage du maréchal des logis avait une animation singulière ; quelque chose d'étrange devait se passer dans l'âme du jeune homme.

Le général s'était reculé et paraissait réfléchir. Rossignolet fit un pas pour se rapprocher de Louis.

« Le colonel ? dit Niorres au tambour-major, il faut que je parle au colonel.

— Qu'est-ce qu'il y a donc ? demanda Rossignolet avec étonnement.

— Il y a... Je te le dirai plus tard, car je ne sais si... Oh ! si tu savais, Rossignolet, qui je viens de rencontrer en traversant le bois de Boulogne.

— Qui donc ? Dis vite !

— Eh bien !... »

Louis s'arrêta brusquement et tressaillit comme si quelque événement inattendu eût suspendu la parole sur ses lèvres. Ses regards étaient fixes et ardemment fixés sur un même point.

Étonné de cette pantomime expressive, Rossignolet se retourna pour chercher à suivre la direction des regards du maréchal des logis. Il crut apercevoir comme une ombre rapide passant derrière un arbre.

« Qu'est-ce que c'est cela, dit-il, un nègre ? »

Il se retourna ; les regards de Louis avaient pris une autre direction. Le jeune sous-officier venait de mettre pied à terre. Confiant son cheval à un soldat, il courut vers le colonel Bellegarde. Rossignolet le suivit sans avoir l'air de comprendre ce qui se passait.

Bellegarde était tellement absorbé dans ses réflexions, qu'il ne parut pas remarquer la présence des deux soldats.

« Mon colonel, » dit Louis avec précaution, comme s'il eût craint de surprendre trop brusquement Maurice.

Celui-ci tressaillit et redressa la tête.

« Qu'est-ce ? que me veux-tu ? dit-il.

— Mon colonel... vous savez bien... le fils de la citoyenne Geoffrin ?

— Le fils de la citoyenne Geoffrin? répéta le colonel comme quelqu'un cherchant à rallier ses souvenirs. Ferdinand ?

— Oui, mon colonel.

— Il est mort, dit Maurice en secouant la tête.

— Eh bien ! non, mon colonel, il est vivant ! »

Maurice fit un soubresaut tel qu'il faillit tomber.

« Il n'est pas mort ! fit-il avec émotion ; et qui te l'a dit ?

— Une lettre que j'ai portée moi-même à sa mère, et que m'a remise un soldat.

— Un soldat ? Quel soldat ?

— Mon colonel, poursuivit Louis, est-ce vrai que la joie peut tuer ?

— Comment ? que veux-tu dire ?

— En apprenant à madame Geoffrin que son fils vivait... aurais-je eu tort ? »

Maurice dévorait Louis des yeux depuis quelques instants. De pâle qu'il était, il devint subitement cramoisi. S'élançant vers le maréchal des logis, il lui prit les deux mains, qu'il étreignit avec un geste convulsif.

« Louis ! s'écria-t-il, que veux-tu donc dire ? que me contes-tu ?

— Mon colonel... dit Louis très-ému.

— Réponds; mais réponds donc !

— Mon colonel, donnez-moi votre parole d'honneur que vous vivrez quarante-huit heures au moins !

— Pourquoi cette promesse ?

— Je vous dirai, mais...

— Maurice, dit Berthier en s'avançant vivement, le général se rend à la salle des Cinq-Cents ; il ne veut pas que son état-major l'accompagne. Pour Dieu, ne le quittez pas. Je suis cloué ici, moi. »

Maurice tressaillit.

« Mon général !... dit-il en s'élançant.

— Cré mille millions de je ne sais quoi ! dit Rossignolet, est-ce qu'il y aurait du danger ?

— Peut-être ! murmura Berthier.

— Alors, emboîtons le pas ! Viens, Bibi, et quand nous serons là... nous verrons bien ! »

Tous deux se précipitèrent à la suite de Maurice, qui venait de rejoindre le général.

Je suis Saint-Jean... Je suis le *Roi du bagne* enfin. (Page 214.)

## LV. — L'EXPLICATION.

« Que vous ai-je promis depuis quinze ans? De vous faire possesseurs des millions des Niorres, de ceux des d'Horbigny et des Saint-Gervais, de ceux des Sarville, de ceux enfin des Courmont ? Aujourd'hui, je veux tenir ma parole, aujourd'hui, 19 brumaire, je viens vous dire : Demain vous aurez enfin la récompense de vos travaux et de vos fatigues, demain vous aurez le bénéfice de mes ruses et de mon adresse ! »

Un hourra joyeux accueillit cet exorde du discours qu'évidemment Thomas s'apprêtait à prononcer devant cinq hommes rassemblés autour d'une table sur laquelle brûlait une grosse lampe.

Ces hommes étaient Pick, Roquefort, Chivasso, Bamboulà et un dernier qui se tenait dans l'ombre et dont le visage disparaissait, entièrement enfoui qu'il était dans une énorme cravate de mousseline blanche empesée, tandis que des mèches flottantes et les oreilles de chien d'une gigantesque perruque poudrée dissimulaient complètement le front et les joues.

C'était dans la salle de l'un des cabarets avoisinant les halles que se passait cette scène. Il était minuit, et Paris était aussi calme, aussi tranquille que si les événements de cette journée du 19 brumaire ne s'étaient pas accomplis.

« Les millions des Niorres ! reprit Thomas après un silence. Commençons par ceux-là. Ces millions, qui trois fois furent presque nôtres et qui trois fois nous échappèrent par une série de circonstances étrangement fatales ! Ces millions, où sont-ils aujourd'hui ? Ils doivent être la propriété de Louis Niorres, mais Louis est mineur et il n'a pas la libre disposition de ses biens. Dernièrement, M. d'Adore a été nommé son tuteur. En conséquence de cette position, M. d'Adore a reçu du notaire les deux millions en or et en bijoux dont le comte de Sommes n'avait pu jadis se rendre maître.

— Oui ! dit Bamboulà, le second procès intenté cassa le premier, précisément au moment où j'allais toucher.

— Je sais qu'il n'y a pas eu de ta faute.

— C'est ce que je tenais à constater.

— Ensuite ? ensuite ? dit Pick.

— M. d'Adore est donc, à cette heure, dépositaire de ces deux millions, reprit Thomas. Maître Raguideau lui-même l'a déclaré devant toi ! »

Thomas s'était tourné vers l'homme à la cravate gigantesque, s'adressant particulièrement à lui.

Celui-ci fit un geste affirmatif, mais il ne prononça pas une parole.

« Et ces deux millions, où sont-ils ? demanda Roquefort, dont les prunelles ardentes flamboyaient.

— Vous le saurez tout à l'heure, dit Thomas.

— Aux millions des d'Horbigny maintenant ! dit Pick.

— Ceux-là et ceux des Cantegrelles appartenaient à M. de Signelay et à sa femme. Or, Signelay, pour pouvoir, si besoin était, quitter Paris et même la France en emportant sa fortune et celle de sa femme, Signelay avait converti une partie de cette fortune immense en pierreries. Il avait plus de quatre millions de valeurs enfermées dans un coffre qui ne le quittait jamais. Ce coffre est demeuré entre les mains de M. d'Adore !

— Quatre millions ! s'écria Pick.

— Ils sont chez le vieux comte ! dit Roquefort.

— Vous saurez tout à l'heure où ils sont, reprit Thomas. Écoutez encore !

— Les millions des Courmont devenus ceux des Geoffrin, maintenant ! dit Bamboula.

— Pour ceux-là, l'affaire est plus facile encore à expliquer ! dit Thomas. Ces millions-là seront à nous dès que nous le voudrons, mais ils nous donneront plus que la puissance de l'argent, ils nous donneront la puissance de position. »

Thomas s'interrompit et appuyant son coude sur la table placée devant lui et encadrant son menton avec le pouce et l'index, il promena sur ses auditeurs un regard fin et dénonciateur.

« Laissez-moi vous rappeler l'histoire de ces millions, dit-il. Elle est instructive.

Ces deux millions trois cent mille livres, propriété de M. Romilly, devaient tout d'abord revenir à sa sœur. Vous vous rappelez le procès Rostange ? Tu avais bien joué ton rôle, Chivasso, mais les circonstances furent contre toi, et Rostange fut battu.

— Cela est vrai ! dit Chivasso.

— Les deux millions trois cent mille livres revenaient de droit alors aux Courmont, à leurs femmes et à leurs enfants. Comment pouvait-on s'emparer de cette fortune ?

Aucun de vous n'entrevoyait le moyen de réussir. Ce fut alors que je découvris la filiation qui existait entre les Courmont et les Geoffrin. Ce fut alors que j'ébauchai cette affaire Charney, à laquelle vous ne vouliez d'abord rien comprendre.

Aujourd'hui que les choses sont plus claires, que pensez-vous ? Applaudissez-vous des deux mains à mon œuvre ? »

Puis, s'adressant à l'incroyable :

« Allons, Charney, continua Thomas, viens confirmer mes paroles, viens prouver que j'ai agi habilement en allant te chercher au fond de la Syrie ? »

L'incroyable se leva lentement, s'avança, et, abaissant d'une main sa cravate gigantesque, tandis que l'autre il écartait les mèches de sa perruque poudrée, il présenta à la lumière le visage expressif et gracieux du futur mari d'Amélie Geoffrin.

« Ferdinand disparu, continua Thomas, Amélie devient seule héritière : partant elle a les deux millions trois cent mille livres. Or, tu épouseras Amélie, Charney, puisque j'ai su tout combiner pour amener ce mariage, et ta position sera dans l'avenir l'un de nos plus grands moyens d'action, en même temps qu'un puissant palliatif aux dangers à courir.

Depuis longtemps, je voulais avoir dans le monde un second moi-même, pouvant mettre à ma main cette société la plus riche et la plus puissante.

Moi, le *Roi du bagne*, moi, Camparini, car je rejette ici, devant vous, ce nom de Thomas, bon à tromper les dupes, je veux que Charney soit pour l'association aujourd'hui ce que de Sommes a été jadis !

Sous la monarchie, j'avais lancé de Sommes dans le monde des grands seigneurs, et si de Sommes a osé lutter contre son chef, que son exemple te serve de leçon ! Voici Bamboula, qui devrait être un autre moi-même, qui devrait être le premier après moi. Vois-le, courbant le front sous mon regard et reconnaissant ses fautes !

Écoute, Charney ! ton rôle est beau et, si tu sais le jouer, si tu le joues loyalement vis-à-vis de ton chef, tu peux rendre à l'association les plus grands services.

Époux d'Amélie Geoffrin, par ta position dans le monde de la belle-mère, tu peux continuer à fréquenter les meilleurs salons et les maisons les plus riches. Tu verras les puissants du jour et tu te feras leur ami.

Tu nous aideras dans le tracé de nos plans pour l'attaque, et tu nous serviras pour protéger la retraite. Personne en dehors de ceux qui nous écoutent ne pourra soupçonner que tu n'es pas ce que tu parais être.

Tu vivras ouvertement, grandement, tu feras bon ménage, enfin tu auras pour toi tout ce que l'on appelle les honnêtes gens ! Tu m'as compris ?

— Oui ! dit Charney d'une voix ferme.

— Tu jouiras des revenus de ces deux millions trois cent mille livres ; mais, poursuivit Thomas, ou pour mieux dire Camparini, je sais par expérience qu'un membre de l'association ne doit jamais posséder un grand capital : de Sommes m'a instruit par son exemple à cet égard. Si tu as nourri jusqu'à cette heure l'espoir d'accaparer pour toi cette fortune, tu t'es trompé ! »

Charney demeura impassible sous le regard ardent du *Roi du bagne*.

« Les deux millions trois cent mille livres, reprit Thomas en accentuant chaque mot, doivent rentrer en France au moyen de traites fournies sur le banquier allemand. Cette pensée vient de moi. Me servant de Grafelil, dont j'achetai l'obligeance au moyen de nouvelles adressées à sa cour, je le fis mettre en relation avec le comte d'Adore... vous savez le reste. Le clerc de maître Ragnideau et le commis du banquier Chivry vous ont suffisamment renseignés.

— Oui ! dit Pick.

— Maintenant, où sont ces traites qui ne sont pas encore négociées ? Elles sont là où se trouvent les deux millions des Niorres et les quatre millions des Signelay.

— Huit millions ! dit Roquefort.

— Huit millions ! répéta Camparini, qui demain, à pareille heure, seront entre nos mains !

— Demain ? où cela ?

— Demain, Pick, tu seras avec vingt-cinq hommes, tes meilleurs, au bois de Vincennes.

— À quelle heure ?

— À neuf heures du soir.

— Tous masqués ?

— Tous. Demain, le *Roi du bagne* s'efface encore pour être le chef des chauffeurs.

— Et qui chaufferons-nous ?

— La ferme de Fontenay-sous-Bois, car c'est là que sont les deux millions des Niorres, les quatre millions des Signelay et les traites du comte d'Adore. Demain, nous toucherons enfin le but, et demain, quand le soleil se couchera, nous n'aurons plus un seul ennemi à craindre ! »

Un quart d'heure après, Camparini et Chivasso étaient seuls dans cette même salle. Tous deux se levèrent sans mot dire, et, traversant la salle, gagnèrent une porte qu'ils ouvrirent. Cette porte donnait sur un escalier sombre.

Les deux hommes descendaient sans hésiter, en dépit des ténèbres qui les entouraient. Bientôt ils atteignirent la hauteur du sol, mais ils continuèrent à descendre encore comme s'ils eussent voulu s'enfoncer sous les fondations de la maison.

Un claquement sec retentit, une lumière rougeâtre jaillit : les deux hommes étaient sur le seuil d'une pièce voûtée, éclairée par une lampe accrochée à la voûte.

Ils traversèrent encore cette pièce, et la quittèrent pour suivre un long couloir à l'extrémité duquel ils rencontrèrent les premières marches d'un escalier.

Ils gravirent lestement les degrés : une porte s'ouvrit, et une petite pièce, garnie à son centre par une grande table-bureau flanquée de deux sièges seulement, s'offrit à eux.

Les deux hommes une fois entrés, la porte se referma d'elle-même. Des bougies éclairaient magnifiquement cette petite pièce aux murailles peintes d'une seule nuance unie et sans le moindre ornement.

Sur la table-bureau on voyait deux liasses de papiers. Camparini prit un siège et, attirant à lui une liasse, il l'ouvrit.

« *Nos ennemis !* » dit-il en lisant ces deux mots placés comme titre sur la première page.

Puis tournant ce premier feuillet :

« Jacquet, d'Herbois, de Renneville, reprit-il lentement.

— Morts ! dit Chivasso.

— Maburee, le Maucot ?

— Morts aussi.

— Maurice Bellegarde !

— Il mourra s'il ne devient pas fou.

— Rossignolet ?

— Il sera mort demain.
— Louis Niorres?
— Le piège est tendu à Saint-Mandé : il aime la *jolie mignonne*, il y tombera. »

Camparini haussa les épaules en souriant.

« La fille de Bernard nous aura enfin servi, dit-il. J'ai bien fait d'empêcher jadis Roquefort de la tuer ! »

Puis revenant au manuscrit, qu'il frappa du revers de la main :

« Quant aux autres noms inscrits ici, dit-il, ceux qui les portent ne sont plus nos ennemis : ce sont des instruments dont nous saurons nous servir. »

Un silence suivit ces paroles.

« Huit millions ! reprit Chivasso, comme quelqu'un qui a réfléchi longuement.

— Huit millions ! répéta Camparini en regardant fixement son interlocuteur.

— C'est peu.

— Tu trouves?

— La fortune des Niorres était autrefois de cinq millions au moins, celle des d'Horbigny de quatre, celle de la baronne de Sarville de trois millions passés : cela fait douze millions, sans compter ceux des Courmont.

— Eh bien ?

— Abandonnes-tu donc la différence, qui est d'au moins sept millions?

— Je n'abandonne rien ! dit Camparini d'une voix ferme.

— Comment?

— Nous aurons tout et à nous deux, Chivasso, car tu es le seul que j'aime !

— Hein ? fit le bandit en tressaillant.

— Sois là-bas demain à deux heures et tu auras l'explication de mes paroles !

— A Saint-Mandé?

— Oui !

— Alors ? demanda Chivasso.

— Tout est prêt ! »

## LVI. — LE CAFÉ MINERVE.

Le café Minerve était situé à l'extrémité du boulevard Beaumarchais, et était d'autant mieux achalandé qu'il était le lieu de rendez-vous habituel de tous les Parisiens voyageurs désirant faire une excursion jusqu'à Saint-Mandé, Vincennes et même Saint-Maur-les-Fossés.

Devant le café, sur la chaussée du boulevard, stationnaient, jour et nuit, deux longues files de voitures de toutes dimensions, de toutes formes, de toutes couleurs, ornées sur les côtés et à l'arrière de leur caisse de l'un de ces numéros gigantesques, noirs sur fond blanc, qui indiquaient une *voiture à volonté*. C'étaient de véritables *coucous* dans toute la pittoresque acception du mot.

Le café Minerve était flanqué de deux boutiques de marchands de vin, qui, l'une à droite, l'autre à gauche, ne désemplissaient pas plus que l'établissement qu'elles encadraient : mais si c'étaient les voyageurs qui garnissaient les banquettes du café, c'étaient les cochers des coucous qui faisaient la fortune des deux marchands de vin.

Dire le nombre de disputes et de rixes qui avaient lieu chaque jour entre les cochers et les voyageurs ou entre les cochers entre eux, serait chose impossible.

Tous les matins, l'agitation qui régnait à cet endroit du boulevard était grande ; mais ce matin du 20 brumaire auquel nous sommes arrivés, l'agitation était plus grande encore. Les événements accomplis la veille au soir à Saint-Cloud étaient alors dans toutes les bouches, et Paris entier était à l'affût des nouvelles.

Du cimetière de la Madeleine à la place de la Bastille, les boulevards étaient envahis par la foule des curieux ; mais plus on approchait du grand quartier populeux du faubourg Saint-Antoine, plus la foule était serrée, et devant le café Minerve elle était tellement compacte, que l'on avait peine à circuler, car les coucous encombraient la chaussée rendaient le passage plus étroit.

Devant la porte du café, au milieu d'un groupe, un soldat de taille colossale pérorait, gesticulait, concentrant sur lui l'attention de tous : c'était Rossignolet.

« Oui, que j'étais à Saint-Cloud ! disait-il, et j'ai tout vu comme je vous vois, et la preuve, c'est que le général a eu celui de me donner une cuisse de poulet *pour mon dîner*, à moi qui vous parle !

— Il a dîné avec le général ! s'écrièrent quelques voix avec admiration.

— Quand je dis que j'ai dîné, je pourrais dire que j'ai soupé, continua le major, ou même que j'ai déjeuné, car il était comme qui dirait trois heures du matin.

— Alors, dit une voix, nous avons trois consuls maintenant?

— Oui. Le général Bonaparte, le citoyen Sieyès et le citoyen Roger Ducos.

— Et la Constitution?

— Nous en aurons une autre, et une bonne. »

En ce moment huit heures du matin sonnèrent. Rossignolet tressaillit et, se tournant vers plusieurs hommes tous portant l'uniforme des soldats de la République, qui étaient attablés dans le café, il leur fit un geste impérieux. Tous se levèrent ensemble : Rossignolet appela le garçon et paya, puis, avisant un cocher de coucou qui brandissait son fouet :

« As-tu une bonne bête ? lui crin-t-il.

— Capable de te mener rondement sur le chemin de la gloire et de la victoire ! répondit le cocher.

— On n'a pas besoin d'elle pour ça, mais nous traînera-t-elle tous jusqu'à Vincennes, c'est tout ce qu'on lui demande.

— Montez et vous verrez ! Cocotte galope comme pas une !

— En route alors ! »

Les soldats s'avancèrent vers l'un des coucous et gravirent lestement le marchepied de fer au moyen duquel on pouvait se hisser dans l'intérieur du véhicule.

Pendant ce temps, Rossignolet était revenu vers le café et avait pénétré dans la salle. Gorain et Gervais étaient assis au fond prenant chacun leur tasse de café au lait. Gorain trempait ses mouillettes avec amour dans la crème frelatée (c'était Gervais qui devait payer), quand la main puissante du major tomba sur son épaule :

« En route ! dit-il, il est l'heure !

— Ah ! fit Gorain avec joie. La partie va commencer ?

— Oui, on n'attend plus que vous, les camarades sont dans le coucou.

— Nous sommes prêts ! Viens-tu, Gervais ?

— Le temps de payer ! »

Et tandis que le bonnetier cherchait dans sa bourse, Rossignolet s'approcha du maître de l'établissement qui se tenait près du comptoir, sa serviette sous le bras, et il lui parla à voix basse.

L'autre fit un signe affirmatif, quitta la salle et revint presque aussitôt portant dans ses bras un paquet volumineux, plus long que large et enveloppé dans une couverture rayée. Rossignolet prit le paquet en adressant un signe de remerciement au maître du café, et il s'en retourna auprès de Gorain et de Gervais.

« Venez ! leur dit-il.

— Tiens ! dit Gervais, qu'est-ce que tu portes donc sous ton bras ?

— C'est un paquet de gaules pour abattre des noix !

— Des gaules ! dit Gorain. Ah bien ! elles sont joliment dures ! »

Et il touchait du doigt le paquet que tenait le major.

« Elles sont excellentes, vous verrez ! c'est moi qui les ai choisies ! dit le major.

— Dieu ! allons-nous nous amuser ! » s'écria Gorain avec expansion.

Rossignolet les conduisit à la voiture. Les deux bourgeois montèrent et se placèrent sur la banquette de devant. Le major s'assit auprès d'eux et déposa le paquet à ses pieds.

« A Vincennes ! cria-t-il au cocher.

— Hue, Cocotte ! hurla le cocher en faisant pleuvoir une grêle de coups de fouet sur la maigre échine d'un pauvre cheval alezan qui aurait pu danser dans ses brancards comme Gervais dans une des manches de son habit.

Tout d'abord, le cheval ne bougea pas : il reçut la grêle de coups de fouet avec une impassibilité de statue : il ne tenta pas le plus petit mouvement. Le cocher fouettait toujours. Alors deux amis, deux autres automédons, le fouet à la main, se placèrent de chaque côté de la pauvre bête, et tandis que le cocher du haut de sa banquette attaquait le cheval dessus, les deux autres l'attaquèrent dessous.

Ce fut un concert de claquements de fouet à rendre sourd

l'homme le plus solidement doué sous le rapport des organes de l'ouïe.

« Mais..... mais..... dit Gorain ému, non pas de pitié pour le cheval, mais de crainte pour lui-même, mais ne tapez pas si fort!... s'il allait s'emporter!

— Il n'y a pas apparence, dit Rossignolet.

— Hue! criait le cocher, hue, Cocotte! »

Soit effet de la persuasion causée par les paroles entraînantes de son maître, soit désir, assez compréhensible, de se soustraire à la grêle de coups de fouet qui pleuvait sur elle; soit, ce qui est moins probable, sentiment du devoir, Cocotte fit un mouvement indiquant qu'elle était vivante... elle secoua la tête et remua l'oreille droite.

« Hue! hue! vociféra le cocher en tenant le manche de son fouet par les deux mains.

— Hue! » criaient les autres en redoublant d'ardeur.

Une douzaine d'autres cochers se réunirent derrière la voiture et se mirent à pousser avec un ensemble auquel ne résista pas Cocotte. La voiture la poussant, elle se décida à faire quelques pas en avant.

Les efforts redoublèrent de tous côtés. Alors Cocotte prit une espèce de petit amble qui n'avait rien de chevalin.

« La! ça y est! » dit le cocher.

Les coups de fouet cessèrent et le coucou roula entraîné par Cocotte cette fois. La machine était montée et elle marchait.

« Quel beau temps, compère! disait Gervais.

— Superbe! répondit Gorain. Dieu de Dieu! allons-nous nous amuser!

— Ah! je m'en promets, moi, du plaisir!

— A-t-il fini le gros père avec son air de n'y pas toucher! dit un soldat en riant.

— Dame! fit Gorain flatté de l'observation, j'aime les petites promenades du matin!

— Comme celle-ci, hein?

— Mais oui.

— C'est une vraie partie de plaisir! ajouta Gervais.

— On verra si les camarades de là-bas en diront autant.

— Les camarades? dit Gorain avec étonnement.

— Eh oui! dit un autre soldat à la mine farouche, ceux qui nous attendent!

— Comment, vous croyez qu'il y en a qui nous attendent!

— Farceur! dit le soldat croyant à une plaisanterie, sois tranquille, ils n'attendront pas longtemps! »

Rossignolet se mordait la moustache pour ne pas rire. Il n'avait pas prévenu ses camarades de l'ignorance où étaient Gervais et Gorain du but véritable de la promenade. Les deux bourgeois étaient convaincus qu'ils allaient, par ce beau temps, faire un déjeuner sur la mousse.

« Ah! murmurait le major en lançant un regard oblique sur ses deux compagnons, ah! vieux carottiers, vous avez été les amis d'un tas de canailles!... Jacquet a eu une fière idée de m'apprendre cela, vous aurez de l'agrément pour votre argent et... j'ai mon idée, mon vieux, on verra!

— Ah! camarades, écoutez! dit un soldat qui avait acheté un journal et qui le parcourait depuis que la voiture s'était mise en marche, cela s'appelle: *Épitaphe de nos trois sublimes Constitutions*:

De rouages confus réunion étrange,
La *première*, à Paris, périt au 10 août;
La *seconde*, pétrie de sang et de fange,
Sans avoir vu le jour, mourut sous le verrou.
La *troisième* semblait plus forte et mieux conçue,
Mais, partout invoquée et détruite partout,
Par de nombreux viols, en tous ses points rompue,
Elle vient d'expirer aux *filets de Saint-Cloud*.

Tous se mirent à rire. Rossignolet se pencha vers Gervais:

« Et la *jolie mignonne?* dit-il.

— Pas de nouvelles!... Comprend-on cela! répondit Gervais en levant les yeux au ciel. J'avais bien dit, moi, que cette enfant-là ne serait qu'une ingrate!

— Une ingrate! et pourquoi donc?

— Comment? n'a-t-elle pas abandonné la maison? Une maison où...

— Elle a peut-être été enlevée de force.

— De force! pourquoi? par qui? »

Rossignolet parut réfléchir quelques instants.

« Il y a *longtemps* que tu connais Thomas? demanda-t-il.

— Longtemps?... non... il y a... qu'est-ce qu'il y a?... il y a un mois peut-être... n'est-ce pas, Gorain?

— Dame!... dit Gorain, c'était... ah! attends donc! nous avons fait connaissance avec lui le jour où nous avons fait connaissance avec toi, à la porte du pavillon de Hanovre.

— C'est vrai, et depuis ce moment il a vu souvent la *jolie mignonne?*

— Mais... non... du moins, je ne crois pas! dit Gervais. Au reste, mon épouse sait cela mieux que moi... Ça ne m'inquiète guère.

— Eh! cocher! cria un soldat, arrête donc! Qu'est-ce qu'on colle sur le mur que tout le monde lit en criant: bravo! »

La voiture avait atteint le milieu du faubourg Saint-Antoine. Une masse de peuple était réunie en face d'une grande muraille sur laquelle on lisait toutes les proclamations affichées depuis la veille. C'était une dernière que l'on venait de placarder qui paraissait provoquer l'enthousiasme populaire.

« C'est la proclamation des trois consuls! dit Rossignolet en se dressant pour mieux voir.

— Vive le général Bonaparte! » crièrent les soldats.

La foule répéta le même cri. La voiture se remit en marche.

« Ah! dit un soldat, c'est qu'il sait tout faire notre général.

— Et ceux de l'armée du Rhin qui ont l'air de dire que, s'il gagne des batailles, c'est qu'il a une fière chance.

— Ceux-là sont jaloux de ne pas servir sous lui. D'ailleurs, ils ne l'ont pas vu à l'œuvre!

— Et nous allons les voir, nous!

— Ce n'est pas l'embarras, reprit un soldat, quand le général saura ce qui va avoir lieu ce matin, il ne sera pas content!

— Pourquoi? dit Gervais, il n'aime pas ces petites parties de plaisir-là?

— Pas précisément. En Égypte il les défendait joliment.

— En Égypte, c'est différent, dit Gorain d'un air capable, il faisait si chaud que ce devait être plus dangereux.

— Le fait est qu'on mourait plus vite!

— Voyez-vous cela! Ah! il ne faut pas s'amuser dans les pays chauds, j'en sais quelque chose! dit Gervais. Tandis qu'à Paris... Regardez Gorain et moi, ça nous est arrivé assez souvent de faire de petites parties comme celle-ci... et cependant nous ne nous en portons pas plus mal!

— Combien de fois ça vous est-il donc arrivé? demanda un soldat d'un air goguenard.

— Dame! dit Gorain, une trentaine de fois peut-être; n'est-ce pas, Gervais?

— A peu près.

— Bigre, quels gaillards!

— Nous sommes comme cela, dit Gorain d'un air capable.

— Et avez-vous été blessé? demanda un autre soldat.

— Moi? jamais, dit Gervais. Au reste je suis très-prudent.

— Ah! tu n'attaques pas?

— Attaquer! s'écria Gervais, jamais; je n'ai jamais attaqué personne!

— J'entends; tu romps et tu ripostes; c'est un beau jeu, c'est le meilleur. Et toi, gros papa?

— Moi, dit Gorain, j'ai été blessé une fois au doigt; j'en ai encore la cicatrice: c'était dans une partie dans les bois de Ville-d'Avray. Dieu! me suis-je amusé! j'étais plus jeune. Il y avait des dames; c'était avant mon mariage.

— Farceur! dit le soldat; et tu as été blessé?

— Comme tu vois. »

Et Gorain montrait le pouce de sa main droite qui, effectivement, portait près de la phalange une cicatrice très-visible.

— Comment le coup avait-il été porté? demanda un soldat.

— Comme cela, dit Gorain: je tenais mon couteau d'une main, ma pomme de l'autre, et en voulant enlever les pepins... crac. »

Tous les soldats se mirent à rire.

« En voilà un gaillard! dit un jeune grenadier avec admiration. Le major a joliment bien fait de les amener.

— Et tu n'as que cette blessure-là? dit un autre.

— Absolument, répondit Gorain avec modestie.

— C'est quelque vieux prévôt de salle de l'ancien régime, dit un soldat. Il n'en a pourtant pas l'air; mais, ces vieux lapins-là, ça vous a quelquefois une mine... Voyons, vieux, puisque nous sommes entre amis, tu peux bien parler : quel est ton coup de prédilection ? Chacun a le sien ; je te dirai le mien.

— Oh! dit Gorain, ç'a toujours été le coup du matin : moitié vin blanc, moitié eau, avec un citron et un morceau de sucre?

— Superbe, le pékin, » cria un soldat, tandis que ses camarades riaient à gorge déployée.

« Ces soldats sont bien aimables, » murmura Gorain à l'oreille de Gervais.

En ce moment le coucou, toujours entraîné à la même allure douce, atteignait le sommet de la montée du faubourg Saint-Antoine. Il était plus de dix heures ; la voiture avait mis une heure et demie à peu près pour traverser le faubourg dans toute sa longueur.

« Tonnerre! dit Rossignolet, faut se dépêcher, nous serons en retard. »

Sur l'observation de Rossignolet, le cocher prodigua les cris et les coups à Cocotte ; mais la pauvre bête parut demeurer absolument insensible aux uns et aux autres ; et, bien que la mèche du fouet cinglât plus ou moins vigoureusement son échine, elle n'en activa ni plus ni moins son allure.

La conversation se ranimait entre les soldats et tendait à devenir générale ; Gorain et Gervais continuaient à n'y rien comprendre et le quiproquo menaçait de prendre les proportions les plus ébouriffantes.

« C'est égal, dit en jetant un regard d'admiration sur ses compagnons et sur lui-même le soldat à la mine farouche, ceux qui contemplent le présent coucou et qui nous reluquent de l'œil tout le long du faubourg, ne se doutent guère que ce modeste véhicule contient la fine fleur des maîtres d'armes de l'armée.

— Bah! dit Gorain avec un étonnement empreint d'un sentiment d'admiration naïve. Tu es maître d'armes, toi, citoyen soldat?

— Comme tu dis, aimable pékin : Claude Lopimois-Nizar, qui te parle, prévôt de la 85e. »

Gervais se pencha à l'oreille de Gorain :

« C'est tout de même agréable de savoir cela, dit-il. Au moins, quand on a de tels compagnons, on n'a pas peur des mauvaises rencontres.

— Oui, répondit Gorain ; mais des maîtres d'armes ça doit toujours vouloir se battre. S'ils allaient nous chercher querelle ! .

— Par exemple ! » dit Gervais en pâlissant.

La voiture continuait sa route vers Vincennes ; les soldats se mirent à chanter en chœur, ce qui calma les alarmes naissantes des deux bourgeois. Enfin on aperçut le donjon, la grosse tour et la cime dépouillée des arbres du bois.

Onze heures du matin résonnaient au bronze de l'horloge du château, au moment où le coucou s'engageait dans la première avenue, celle conduisait à Nogent-sur-Marne.

« Les camarades doivent être arrivés », dit Rossignolet.

— Allons ! reprit le soldat qui avait déjà parlé, nous entrons douze dans le bois, nous verrons combien il en sortira?

— Hein ? fit Gorain en tressaillant.

— Qu'est-ce que c'est que cette plaisanterie ? » murmura Gervais.

## LVII. — SAINT-MANDÉ.

Le coucou atteignait les premières limites du bois de Vincennes, quand un jeune homme, enveloppé dans les plis d'un grand manteau, franchit les limites de la barrière du *Trône renversé* (comme on disait alors), et, tournant presque aussitôt à gauche, s'engagea dans l'avenue de Saint-Mandé, qu'il remonta d'un pas rapide.

A l'endroit où cette avenue se croise avec la rue du même nom, s'élevait une haute bâtisse, maison isolée se dressant comme l'I sans point de la ballade d'Alfred de Musset.

Cette maison, au premier coup d'œil, n'avait rien qui pût attirer le regard ; elle ressemblait à toutes les maisons isolées, mais en l'examinant attentivement on demeurait frappé, au bout de quelques instants, par certains détails de sa construction, régulière cependant dans son ensemble.

Cette maison n'avait que deux étages : toutes les fenêtres étaient fermées et les vitres étaient coloriées comme les vitraux d'église, ce qui ne pouvait permettre à l'œil de deviner ce qui se passait à l'intérieur.

Au-dessus des fenêtres du second étage, la muraille se dressait nue et sans ouverture jusqu'à la corniche du toit. L'espace compris entre ces fenêtres et cette corniche était assez élevé, et eût été suffisant pour la construction d'un troisième ; mais si cet étage existait réellement dans la maison, il ne prenait aucun jour sur la rue.

La porte était ce qu'on nomme une porte *bâtarde* : elle n'était flanquée d'aucune fenêtre : la muraille jusqu'au premier était nue.

Arrivé devant cette maison, le jeune homme parut chercher un moment, hésiter ; la porte était fermée : il s'approcha, et peut-être allait-il frapper quand la porte s'ouvrit d'elle-même ; alors il franchit le seuil de cette porte, qui se referma sur lui. Le jeune homme se trouvait alors dans un couloir aéré et bien éclairé par une grande ouverture donnant sur une cour voisine.

Les marches de pierre d'un escalier se dressaient en face de lui ; le jeune homme abaissa alors le pan de son manteau, et le joli visage du maréchal des logis des chasseurs à cheval apparut dans tout son mâle éclat.

« Monte ! » cria une voix paraissant venir du haut de l'escalier.

Louis obéit sans hésiter : il gravit d'un pas rapide un étage, et sur un grand palier qui s'offrit alors à lui, il rencontra le citoyen Thomas, lequel se tenait devant une porte ouverte.

« Entre ! » dit-il à Louis en s'effaçant.

Le maréchal des logis entra sans manifester la moindre émotion ; il se trouva alors dans une pièce carrée d'assez belle dimension et éclairée sur une cour intérieure.

Louis détacha son manteau, le rejeta en arrière, et il apparut alors en uniforme de sous-officier des chasseurs à cheval, son grand sabre accroché au crochet du ceinturon et un pistolet à double canon passé dans ce même ceinturon.

Sans y être invité, il prit un siège, s'assit, et attirant son sabre entre ses jambes, il s'appuya sur la poignée.

Thomas rentra dans la pièce, referma la porte, et, s'asseyant à son tour en face du jeune soldat, il l'enveloppa dans un regard profond.

« Tu viens me demander de t'aider à retrouver la *jolie mignonne ?* dit-il.

— Oui, répondit Louis : cela n'a-t-il pas été convenu hier ?

— Tu aimes cette jeune fille?

— Que t'importe ?... je veux la délivrer, tu m'as promis de m'aider : tiens ta parole !

— Je la tiendrai, tout de suite, si tu le veux ? »

Louis bondit sur son siège.

« Tout de suite, dis-tu ? » répéta-t-il d'une voix rauque.

Thomas fit un signe affirmatif.

« Tu peux sauver Rose maintenant ?... Alors tu vas le faire !

— Nous allons causer.

— Hein ?

— Ah ! tu ne me comprends pas, mon jeune ami? Eh bien ! avant tout il faut que nous fassions plus ample connaissance, car il est essentiel que tu me comprennes. »

En achevant ces mots Thomas se dressa vivement, et portant à ses lèvres un sifflet qu'il prit dans ses vêtements, il en tira un son clair et aigu.

Au même instant un bruit sourd retentit au dehors : on eût dit des masses de fer s'entre-choquant.

Louis s'était levé en portant une main sur la crosse de son pistolet, l'autre sur la poignée de son sabre.

« Ne crains rien, dit Thomas.

— Oh ! fit Louis avec un regard de défi, je n'ai pas peur!

— Oui, je sais que tu es brave, mais personne ne songe à t'attaquer ; c'est une simple mesure de précaution qui vient d'être prise : toutes les issues sont bouchées, afin que tu ne puisses même tenter de fuir!

— Je suis prisonnier? s'écria Louis.

— Oui.

— Et de quel droit attente-t-on à ma liberté ?

— Du droit du plus fort : cela suffit... Oh ! ne te roidis pas ainsi, enfant, tu ne pourrais lutter; d'ailleurs, tu n'es pas prisonnier pour longtemps, bientôt tu seras libre, oui, tu seras libre, et tu emmèneras avec toi celle que tu cherches. Donc, patience !

— La *jolie mignonne !* s'écria Louis, elle est ici ?

— Oui.

— C'est donc toi qui l'as fait enlever?
— Oui. Oh! ne menace pas, dit Thomas impassible, tu ne saurais lutter... d'ailleurs, la vie de la *jolie mignonne* ne répond de ton obéissance.
— Rose ici!... répéta Louis en faisant effort pour demeurer calme.
— Oui, Rose est ici dans cette maison, reprit Thomas, et encore une fois il dépend de toi de la faire libre.
— Mais pourquoi l'avoir enlevée alors!
— Pour te prendre au piège, toi.
— Moi? s'écria Louis avec étonnement.
— Oui, il fallait que tu fusses une heure en ma présence.
— Mais qui donc es-tu? »
Louis fit un pas vers son interlocuteur; celui-ci sourit railleusement.
« Qui donc es-tu? répéta Louis en fronçant les sourcils.
— Tu ne me connais pas?
— Non!
— Tu m'as vu cependant autre part qu'à Paris.
— En Égypte?
— Non; cherche, enfant, cherche dans tes souvenirs.
— En Italie?
— Peut-être... mais tu m'avais vu à une autre époque...
— Aux Antilles?
— Peut-être encore... mais remonte cependant vers une époque antérieure.
— Je ne me souviens pas!
— Eh bien! je suis celui qui t'ai préservé de la mort, celui qui t'a emporté enfant, celui auquel ton grand-père t'a confié une nuit... celle qui précéda la destruction entière de sa famille... je suis Saint-Jean enfin, le valet de chambre de M. le conseiller de Niorres. »
Louis frissonna, un tressaillement convulsif venait d'agiter tout son être.
« Saint-Jean! répéta-t-il.
— Oui, Saint-Jean, celui qui t'a emporté dans ses bras, continua Thomas.
— Saint-Jean, le valet de chambre de mon grand-père, Saint-Jean... mais Saint-Jean est celui qui a empoisonné mon père! s'écria Louis, dont les dents s'entre-choquaient de rage; Saint-Jean, c'est le *Roi du bagne!*
— Ah! tu sais cela?... dit Thomas en souriant.
— Saint-Jean! répéta encore Louis; oh! je crois que tu vas mourir!»
Et, dégainant son sabre par un mouvement plus rapide que la pensée, Louis se rua en avant en poussant un rugissement sonore : la main haute, la pointe menaçante, il fut sur Thomas avec la rapidité de l'éclair traversant l'espace.
Thomas se baissa, évita le coup, étendit la main, saisit avec une adresse inouïe le pistolet passé dans la ceinture de Louis, et avant que le jeune homme eût pu le frapper, il fit en arrière un saut prodigieux.
La muraille parut s'entr'ouvrir, ou plutôt s'affaisser sur elle-même ; à la place de cette muraille de toile venait de surgir une grille donnant sur une vaste pièce : Thomas était de l'autre côté de cette grille, qui le séparait du maréchal des logis.
Louis demeura un moment immobile et stupéfait. Il jetait un regard ardent sur cette cloison de toile si artistement dressée quelques instants auparavant, et ce regard se reportait ensuite sur la grille dont la porte venait de se refermer sur Thomas, mue par un vigoureux ressort.
Thomas avait arraché sa perruque et avait redressé sa haute taille :
« Tu as dit qui j'étais! reprit-il d'une voix rauque. Je suis Saint-Jean, celui qui a fait périr ta famille, je suis celui qui a livré Saint-Vincent aux Anglais, je suis celui qui a tout tenté depuis quinze ans pour s'emparer de la fortune, je suis le *Roi du bagne* enfin, ce Camparini dont Jacquet a dû te raconter l'histoire et que l'on croit mort depuis deux ans. Tu comprends que si je te parle ainsi, c'est que j'ai un motif pour le faire. »
Louis demeurait immobile, fasciné, comme sous l'empire du sentiment le plus puissant. Il froissait la poignée de son sabre, et ses yeux lançaient des gerbes d'étincelles lumineuses qui allaient se briser sur l'acier poli de la lame nue qui avait failli fendre le crâne du *Roi du bagne*.
« Écoute-moi, continua Thomas. Si je me suis dévoilé à toi aussi brusquement, c'est pour aller plus vite en besogne, car l'heure presse et il faut que j'agisse sans retard. »
Louis ne répondit pas.

« Je suis le *Roi du bagne*, reprit Thomas. Tu es bien certain de me reconnaître, n'est-ce pas? regarde-moi!
— Oui! dit Louis dont le sang empourprait le visage : tu es celui que j'ai vu à Saint-Vincent, tu es celui que j'ai retrouvé à Venise, celui que j'ai juré de tuer!
— Bah! fit Camparini en riant : bien d'autres que toi ont fait ce serment, et personne n'a jamais pu le tenir. »
Les doigts de Louis craquèrent, tellement fort ils serraient la poignée de cuivre du sabre de cavalerie.
« Regarde! » reprit Camparini : tu vas comprendre enfin pourquoi j'ai su t'attirer ici, tu vas savoir ce que je veux de toi. »
Et reportant son sifflet à ses lèvres, le *Roi du bagne*, qui semblait avoir reconquis tout l'éclat de son infernale majesté, tira de l'instrument un son modulé.
La pièce dans laquelle il se tenait, celle que la grille surgissant à la place de la muraille de toile séparait de la pièce dans laquelle était demeuré le maréchal des logis, était carrée, mais d'un carré parfait.
Alors que le mur de toile était remis en place, cette pièce devait être plongée dans une obscurité profonde, car ses murailles n'étaient percées par aucune ouverture : on ne pouvait même distinguer aucune trace de porte.
Les trois murailles (la grille formait le quatrième côté) étaient absolument noires et nues.
« Regarde! » dit encore Thomas en s'adressant à Louis et en désignant du geste la partie la plus proche de la grille.
Une partie de cette muraille tourna sur elle-même, comme roulant sur un pivot mobile. Une excavation se fit, puis cette excavation s'agrandit et permit à l'œil de pénétrer dans l'intérieur d'une sorte de petite cellule, ne possédant pour tout meuble qu'un lit garni d'un maigre matelas.
Sur ce matelas était étendue, les bras et le corps attachés, dans l'impossibilité de se redresser complètement, une jeune fille au visage pâli, aux yeux rougis par les larmes.
« Rose! » s'écria Louis avec un geste furieux.
Bondissant avec force, le jeune homme se rua sur les barreaux de la grille qu'il secoua frénétiquement sans parvenir à les ébranler même faiblement.
« Louis! » murmura la prisonnière.
— Tu vois qu'elle est entre mes mains! dit Camparini.
— Que faut-il faire pour que tu la laisses libre? demanda Louis en réunissant toutes les forces de son esprit, toute son énergie morale pour parvenir à comprimer la fureur qui grondait en lui et pour demeurer calme.
— Es-tu disposé à tout faire pour la voir libre, ainsi que Rose?
— Tout ce que l'honneur me permettrait de faire je le ferais!
— Tu renoncerais à ton nom, à ta fortune?
— Oui! sans hésiter.
— Eh bien! il faut plus encore.
— Et que faut-il donc? demanda Louis.
— Tu vas le savoir! »
Camparini, reportant son sifflet à ses lèvres, en tira un nouveau son aigu et terminé par une modulation étrange qui devait évidemment avoir une signification particulière.

## LVIII. — CAMPARINI.

« Regarde! regarde, Louis de Niorres! » disait Camparini avec un geste impérieux.
Alors il se passa dans cette salle dans laquelle se tenait le *Roi du bagne* quelque chose d'étrange et qui, au premier abord, pouvait faire douter de la réalité. On eût dit l'accomplissement de quelque rêve effrayant, rêve d'une imagination exaltée, d'un fou dans le paroxysme de son délire...
Tout autour de la grille, les murailles disparurent, se relevant sur elles-mêmes, comme les toiles de fond d'un théâtre. La pièce était évidemment machinée comme une scène de féerie de nos jours.
Louis porta les mains à ses yeux, comme s'il eût voulu s'assurer qu'ils fussent bien réellement ouverts, et un cri d'étonnement expira sur ses lèvres crispées.
« Regarde, regarde! reprenait Camparini avec sa voix métallique. Regarde, Louis de Niorres! et, puisque tu connais l'histoire de ta vie, remonte avec moi dans le passé pour te faire comprendre ce que j'exige dans le présent.

Je suis l'ennemi de ta famille !... je suis le *Roi du bagne*, qui a juré d'engloutir à son profit la fortune de tes pères !... je suis Saint-Jean, ancien valet de chambre du conseiller, celui qui a ourdi si habilement la trame dans laquelle tous les tiens moururent enserrés...

Regarde! vois-tu ces deux femmes, là... dans cette pièce... ces deux femmes, qui se sont dressées jadis entre moi et la fortune que je convoitais ; ces deux femmes qui m'ont échappé alors que je croyais triompher, les reconnais-tu ?... regarde-les, Louis, et parle-leur si tu le veux, car elles peuvent t'entendre ! »

Camparini s'était jeté de côté. A gauche de la grille, dans l'un des endroits où la muraille s'était relevée, à travers l'ouverture pratiquée, on apercevait deux femmes étroitement garrottées, dans l'impossibilité de tenter un seul mouvement.

« Blanche et Léonore! murmura Louis, qui paraissait ne pouvoir en croire ses yeux.

— Regarde encore! poursuivit Camparini; là, en face des deux mères, ne vois-tu pas les enfants en ma puissance ! »

Effectivement, en face même des deux pauvres mères et séparés d'elles par une mince cloison de glace, deux enfants étaient couchés dans un même berceau.

« Mon Dieu! mon Dieu! murmurait Louis dont le front était baigné d'une sueur froide, tout cela est-il donc réel!

— Regarde encore! regarde toujours! poursuivit le *Roi du bagne*, que vois-tu maintenant, là... devant toi ?... »

Louis poussa un cri étouffé.

« Tu la croyais morte! reprit Camparini.

— La femme de mon colonel !

— Et là !... et là ! dit encore le *Roi du bagne* avec un double geste impérieux.

— M. de Signelay !... madame Uranie ! murmura le maréchal des logis dont les doigts crispés, enfoncés sous le revers de l'habit d'uniforme, déchiraient les chairs de la poitrine.

— Ah! reprit Camparini, tu te demandes si tu es éveillé, si ceux-là que tu croyais morts sont réellement vivants !... Oui, ils vivent, ils respirent..... Ceux-là que la société a rayés de sa liste sont en ma puissance ! Ce sont les instruments dont il faut que je me serve pour atteindre le but que je me suis fixé ! »

Un silence suivit ces paroles prononcées d'une voix stridente. Louis demeurait immobile, fasciné, dans l'incapacité de tenter un seul mouvement. L'enfant qui dès son premier âge avait affronté les dangers de la mer, l'enfant qui avait dormi souvent bercé par les tempêtes, qui avait vu mourir son père adoptif emporté par une vague furieuse, qui avait bravé sans frissonner les dangers de l'équateur, devant qui avait été poignardée la femme qui lui avait servi de mère, le tambour qui avait battu la charge sous le feu des ennemis, qui avait affronté la mitraillade des Autrichiens et le cimeterre des janissaires de l'Égypte, était-là, haletant et comme frappé de vertige.

Oh! c'est que le spectacle qui fascinait ses yeux était bien autrement saisissant que celui de tous ces événements tragiques, c'est que l'âme la plus fortement cuirassée contre les émotions eût compris sa faiblesse.

Louis était là, dans une pièce, emprisonné, car il avait entendu grincer dans leur gâche les verrous de fer qui l'isolaient du reste du monde. En face de lui une grille infranchissable lui barrait le passage, le contraignant à l'inaction, rendant impuissants ses efforts.

Puis de l'autre côté de cette grille, hors d'atteinte de sa main frémissante, cet homme, ce monstre souillé de tant de crimes, ce bourreau de tant de victimes innocentes et qui s'avouait cyniquement l'auteur de tant d'abominables attentats.

Enfin dans des cellules, se succédant les unes aux autres, placées tout autour de cette pièce (sorte de cercle coupé en deux parties et dont la grille contre laquelle s'appuyait Louis eût été l'axe), séparées les unes des autres par des cloisons transparentes, étaient enfermés ceux qui avaient aimé le petit-fils du conseiller, et que ce descendant des Niorres aimait de toute la tendresse de son cœur.

C'était bien Blanche et Léonore, les cousines, les premières victimes du *Roi du bagne*, qu'il voyait devant lui ; c'était bien les enfants de Bonchemin et de le Bienvenu, ces deux innocentes créatures couchées dans leur berceau....

C'était bien la malheureuse Lucile, la femme du colonel Bellegarde, qui semblait attendre stoïquement la mort ;

c'était bien Uranie, c'était bien Léopold, dont lui, Louis de Niorres, avait cherché les cadavres au fond de la Seine....

C'était bien enfin la *jolie mignonne*, cette Rose qu'il aimait et qui jetait sur lui des regards éperdus et suppliants.

Tout à coup, sur un appel strident du *Roi du bagne*, une trappe joua dans le plancher, et huit hommes, tous masqués, tous armés d'un fusil à double coup, apparurent lentement, montant dans la pièce comme poussés par un contre-poids.

Sur un geste de Camparini, sept de ces huit hommes s'avancèrent vers chacune des cellules et les canons menaçants s'abaissèrent dans la direction de Blanche et de Léonore, des deux enfants réunis, de Lucile, d'Uranie et de Léopold, et enfin de la *jolie mignonne*.

Louis rugit et secoua violemment les barreaux des grilles... le huitième fusil menaça sa poitrine.

Pas un des malheureux que menaçaient les hommes masqués n'avait pu faire un mouvement ni jeter un cri : tous étaient garrottés, attachés, rendus impuissants, tous étaient bâillonnés, même les pauvres petits enfants, dont une mousseline couvrait la bouche.

Thomas se dirigea vers une table placée à peu de distance de la grille et sur laquelle étaient posées, avec tout ce qui est nécessaire pour écrire, des liasses de papiers manuscrits rangées symétriquement.

L'ouverture pratiquée dans le plancher et par laquelle étaient apparus les huit hommes masqués demeurait béante. Camparini, après avoir jeté un coup d'œil rapide sur les papiers placés sur la table, se pencha au-dessus de l'ouverture :

« Le clerc ! » dit-il simplement.

Quelques minutes s'écoulèrent dans un silence profond. Aucun des malheureux bâillonnés ne pouvait naturellement articuler un son, aucun de ceux qui les menaçaient de leurs fusils abaissés ne proférait une parole. Camparini attendait calme et impassible. Quant au jeune maréchal des logis, soit que l'émotion terrible qu'il devait ressentir le suffoquât, soit que le danger effrayant qui menaçait ceux qu'il aimait paralysât ses facultés, soit enfin qu'il eût assez de puissance sur lui-même pour dominer complètement durant ce moment terrible, il demeurait muet ; ses lèvres crispées s'agitaient sans qu'un son, quelque faible qu'il fût, s'échappât de sa gorge aride.

Un claquement sec retentit au milieu du silence, et une tête apparut à l'orifice de la trappe, puis un buste monta lentement, et enfin un homme fit son entrée dans la pièce.

Cet homme, c'était le jeune clerc de maître Raguideau que nous avons rencontré il y a peu de jours, dans les caveaux souterrains de l'ancienne poudrière de Grenelle.

Les vêtements en désordre annonçaient une lutte soutenue. Il avait les mains attachées derrière le dos, les chevilles liées ensemble, mais de façon à pouvoir marcher sans courir, et un bâillon lui couvrait le bas du visage.

Camparini leva le pistolet qu'il avait conservé dans sa main droite, et désignant la petite table surchargée de papiers et devant laquelle était une chaise :

« Mets-toi là, lui dit-il, et obéis sans hésiter, sinon, tu es mort ! »

Le clerc obéit en tremblant de tous ses membres.

« Je vais te délier les mains et te permettre de respirer, continua le *Roi du bagne*; mais si tu tentes un seul mouvement sans mon ordre, si tu murmures un son sans que je t'aie interrogé, je te brûle la cervelle ! Tu entends ? tu as compris ? »

Alors, prenant un couteau à lame aiguë et tranchante, Camparini coupa les liens qui retenaient les mains captives, puis il fit tomber le bâillon.

Le pauvre clerc respira, mais il n'osa même faire un mouvement pour aider la circulation à se rétablir dans ses avant-bras.

« Combien y a-t-il d'années que tu es clerc chez maître Raguideau ? demanda Camparini. Réponds sans hésiter à voix haute, que tous ceux qui sont ici puissent t'entendre clairement.

— Depuis qu'il exerce, depuis six ans, répondit le clerc.

— Avant cette époque, n'étais-tu pas chez son prédécesseur ?

— Oui, citoyen.

— Combien de temps y es-tu resté ?

— Sept ans.

— Il y a donc treize ans que tu es dans l'étude ?

— Oui, citoyen; j'y suis entré en 1787.

— Tu es alors au courant de toutes les affaires qui ont été traitées par maître Raguideau ou son prédécesseur ?
— Oh ! oui, citoyen.
— Tu n'en ignores aucune ?
— Aucune.
— Tu connais alors l'affaire de la succession des Niorres ?
— Parfaitement.
— Prends cette liasse de papiers, là, devant toi, compulse ces papiers, examine et regarde s'il en manque un seul. »

Le clerc obéit ; il prit une des liasses, déboucla la courroie qui retenait les papiers et les ouvrit ; mais à peine eut-il tourné la première page, qu'involontairement il poussa un cri de stupeur.

« Les papiers disparus de l'étude il y a quinze jours ! murmura-t-il.

— Oui, dit Camparini en souriant ; regarde si tous les actes concernant la famille de Niorres sont bien là, et si, par hasard, quelques-uns ne seraient pas restés à l'étude. »

Le clerc, en dépit de l'émotion terrible à laquelle il était en proie, se prépara à obéir ; il ouvrit le dossier et il se mit à le parcourir avec une attention minutieuse.

Pendant ce temps, Camparini s'était retourné vers les cellules à jour.

« Vous voyez ces fusils braqués sur vous, dit-il lentement ; à mon premier signal, la mort frapperait sans miséricorde. Je vais détacher les bâillons qui vous empêchent tous de parler, je vais trancher les liens qui vous privent de vos mains, car pour ce que vous allez avoir à faire, il faut que vous soyez libres; mais prenez garde ! à la moindre tentative d'action qui me semblerait suspecte, à la plus légère désobéissance à mes ordres, la mort frapperait ! oui, elle frapperait instantanément, sans pitié, ni merci, non pas celui qui aurait désobéi ou encouru ma colère, mais l'être que celui-là aime le plus... Blanche et Léonore, la vie de vos enfants est le garant de votre soumission ; Signelay, Uranie, la vie de chacun de vous me répond de l'obéissance de l'autre; Lucile, l'existence de ta sœur est entre tes mains... »

Et, se tournant brusquement vers Louis, qui ne bougeait pas :

« Quant à toi, poursuivit le Roi du bagne, à ta première hésitation, la jolie mignonne roulera frappée sous tes yeux !... Vous m'avez tous compris, n'est-ce pas ? poursuivit Camparini en faisant un pas en arrière pour mieux envelopper l'ensemble dans son regard de flammes. Vous êtes tous en ma puissance, vous savez que je ne menace pas en vain, que je ne pardonnerais pas... Maintenant vous allez savoir ce que je veux de vous ! »

## LIX. — SUR LE TERRAIN.

« Mais, citoyen tambour-major, si nous nous promenons maintenant, à quelle heure déjeunerons-nous donc ?

— Tout à l'heure, papa Gorain. La petite promenade d'abord, la gobichonnade ensuite. Rien ne creuse l'estomac comme un peu d'exercice au préalable de chaque repas. Or donc, exerciçons-nous !

— Mais, mon estimable ami, je n'aperçois pas même l'ombre d'un bouchon dans le voisinage, dit une voix piteuse.

— Peu importe l'ombre du bouchon, pourvu que l'on ait la personne d'une bouteille, illustre père Gervais, bonnetier mes amours.

— Mais la personne de la bouteille...

— On aura sa visite.

— Mais j'ai l'estomac creux.

— Histoire de folâtrer un brin pour mieux comestiquer ensuite.

— Mais on aurait pu...

— Mais... mais... mais... mais... vous m'ennuyez, estimables pékins ! » s'écria Rossignolet.

Puis, s'adressant au cocher :

« Arrête ta carriole ! ajouta-t-il. C'est ici que nous te quittons. »

Le cocher obéit et le coucou demeura stationnaire ! C'était vers le milieu du bois, dans l'avenue de Nogent-sur-Marne, au point où cette avenue se bifurque pour envoyer un de ses bras vers Joinville d'abord et Saint-Maur ensuite, que la voiture s'était arrêtée.

Rossignolet sauta lestement à terre : Gervais et Gorain le suivirent plus lentement, puis tous les soldats descendirent sautant comme une nuée d'écoliers en promenade.

« Passe-moi les joujoux ! » dit le major à l'un des soldats demeurés le dernier dans la voiture.

Celui-ci ramassa le paquet enveloppé d'une couverture que Rossignolet avait déposé dans le fond du coucou.

« Les joujoux ! murmura Gervais à l'oreille de Gorain. Quels joujoux ? A quoi donc allons-nous jouer ?

— Je ne sais pas ! répondit Gorain, mais je suis sûr que ce sera amusant. J'ai remarqué qu'il n'y a rien d'aussi aimable que MM. les militaires quand ils le veulent... Je suis certain qu'ils auront inventé quelque chose de drôle...

— C'est malheureux seulement qu'on ne commence pas par déjeuner.

— Est-ce que tu as l'estomac qui te tiraille ?

— Oui.

— Et moi aussi.

— Enfin ! ça ne peut pas être long ! mais si j'avais su, j'aurais mis un petit pain d'un sou dans ma poche. »

Pendant ce temps Rossignolet réglait ses comptes avec le cocher qui, remontant dans son véhicule, remit Cocotte en mouvement après de pénibles efforts et retourna vers Vincennes en faisant claquer son fouet et en criant de distance en distance :

« Paris !... Paris. »

Les soldats, demeurés seuls, gesticulaient, sautaient, dansaient, faisaient des appels du pied dans l'intention évidente de rétablir la circulation du sang vivement compromise par le voyage en coucou.

— Dieu de Dieu ! dit Gorain, allons-nous nous amuser !

— Oui ! dit Gervais, mais je ne vois pas les amis, moi !

— Quels amis ?

— Eh bien ! ceux que le major a dit que nous trouverions au bois.

— C'est ma foi vrai !

— Ils sont en retard !

— Oh ! nous ne les attendrons pas longtemps ! dit Rossignolet, qui avait entendu.

— Bigre de bigre ! Tu es fièrement pressé, l'ancien ! dit l'un des soldats en tapant sur le dos de Gorain.

— Oh ! fit le gros bourgeois en pliant sous la main qui lui étreignait l'épaule. Ne tape donc pas si fort ! Je suis très-douillet, moi !

— Vois-tu ça, mon bonhomme ! s'écria le soldat en riant. Tu as peut-être un rhumatisme ?

— Je le crains !

— Heureusement que c'est à l'épaule gauche, car si c'était à la droite, ça pourrait être gênant, surtout pour tout à l'heure.

— Oh ! non ! dit Gorain.

— Mais si... à moins que tu ne sois gaucher... Serais-tu gaucher ?

— Moi ? pas du tout ! s'écria Gorain. Je suis même bête comme tout de la main gauche.

— Et de la droite ?

— Oh ! de la droite... de la droite ! dit Gorain fort embarrassé pour répondre.

— Nous allons voir ça, gros papa ! reprit le soldat en riant. Ah ! gaillard ! Il paraît que tu caches ton jeu sous un air de sainte nitouche ! Une ! deux ! là ! ah ! ah !... Pare-moi ça...

— Veux-tu te taire ! veux-tu te taire !... je n'aime pas qu'on me chatouille ! cria Gorain en rompant, tandis que le soldat lui portait des bottes avec son index allongé.

— Sacrebleu ! disait Rossignolet en frappant du pied. Il paraîtrait voir que nous sommes subséquemment en avance, car les camarades ne sont pas encore venus.

— C'était-il bien ici ? demanda un soldat.

— Eh oui ! pas à se tromper : au coin de la route de Nogent et de celle de Saint-Maur, en face de la route de Fontenay. Voilà la route de Nogent, voilà celle de Saint-Maur, voici celle de Fontenay ; donc, c'est bien ici !

— Mais, dit Gervais, si nous ne les attendions pas !

— Comment ! fit le soldat.

— Ah ! voilà les camarades ! » fit un autre soldat qui avait fait quelques pas vers Vincennes et qui interrogeait la route.

*Les clefs du souterrain, dit-il. (Page 247.)*

Cette nouvelle causa une certaine émotion parmi les compagnons de Rossignolet. Tous se redressèrent, détirèrent leur uniforme et se donnèrent enfin ce que le troupier nomme dans son langage pittoresque *le suprême coup de fion,* coquetterie du brave en présence du danger qui vient, et qu'il veut recevoir comme une belle attendant son amant.

En ce moment, un couplet chanté à tue-tête par une douzaine de voix plus discordantes les unes que les autres retentit au loin. L'allée, qui formait alors un coude, ne permettait pas aux regards de s'étendre.

Le chant se rapprochait rapidement, et, au tournant de l'allée, on aperçut des uniformes. Une douzaine de soldats, marchant bras dessus, bras dessous, et tenant toute la largeur de la chaussée, s'avançaient sur une même ligne, soulevant un nuage de poussière.

Les amis de Rossignolet imitèrent aussitôt cette manœuvre, et se placèrent également sur une même ligne, barrant la route à vingt pas. Gorain et Gervais étaient sur le flanc gauche de cette ligne, faisant tache à la suite de tous ces uniformes.

En apercevant Rossignolet et les siens, les nouveaux venus interrompirent aussitôt leur chant et continuèrent à s'avancer, mais dans l'ordre le plus parfait et en observant le plus profond silence.

Arrivés à dix pas de la ligne stationnaire, ils s'arrêtèrent et saluèrent militairement, salut qui leur fut aussitôt rendu.

Puis Rossignolet s'avança, sortant du rang; le vieux brigadier avec lequel il s'était querellé en fit autant, et les deux hommes se rencontrèrent à égale distance des deux petites troupes.

« Ousqu'on va se donner le coup d'étrille ? dit le brigadier en frisant sa moustache.

— Ousqu'on va se repasser le coup de torchon ? répondit Rossignolet en renchérissant sur l'expression; mais je connais un endroit propice.

— Mènes-y-nous.

— Par file à gauche alors.

— A gauche, par quatre ! » dit le brigadier.

Les deux hommes se mirent en marche; *les deux petites* troupes les suivirent aussitôt.

Rossignolet avait confié à l'un de ses compagnons le paquet enveloppé de la couverture qu'il avait pris dans la voiture.

Un soldat venu avec le brigadier portait également un paquet de même forme et de même dimension; mais ce paquet était enveloppé dans un grand manteau de cavalerie.

« Tiens ! dit Gorain à Gervais, ils ont aussi des joujoux, les camarades.

— Naturellement, dit un soldat qui avait entendu ; chacun dit la sienne et chacun a les siens ! »

Gorain regarda comme quelqu'un qui ne comprend pas très-bien.

Rossignolet et le brigadier s'enfonçaient sous bois, dans la direction de Fontenay.

Les deux amis marchaient côte à côte, Gervais semblait tout guilleret ; Gorain chantonnait une complainte qu'il avait apprise jadis pour les grandes circonstances, les noces, par exemple ; et comme Gorain avait une grande puissance de poumons, comme il criait, qu'il beuglait même d'une façon remarquable, ses amis disaient de lui : « Il a de la voix ! » ce qui le flattait infiniment.

Convaincu de ses talents musicaux, il n'était pas fâché de se faire admirer par les soldats ses compagnons, et il chantait à demi-voix dans l'espérance qu'on solliciterait la voix haute, ce qui lui eût permis de déployer la splendeur de son organe. Effectivement, dans un tel moment, cette gaieté du bourgeois attira l'attention de ceux qui l'entouraient.

« Je disais bien que c'était un vieux pourfendeur du temps jadis ! murmura un soldat

— Quel gaillard ! dit un autre.
— En avant la romance !
— Dis donc ! eh ! vieux, tu vas peut-être en chanter une autre tout à l'heure.
— Ah ! dit Gorain en s'interrompant, je ne sais que celle-là, mais quand je l'aurai finie, je la recommencerai !
— C'est ça, vieux lapin !
— Comme ces soldats sont aimables ! dit Gervais à son ami.
— Adorables ! répondit Gorain, flatté des compliments qu'il venait de recevoir, je suis enchanté d'être venu !
— Et moi aussi !
— Je prévois une succession de plaisirs ! Ah ! Gervais ! Quand je vois les militaires de près, comme ça, il y a des moments où je voudrais être soldat !
— Pas moi, dit Gervais. Je n'aimerais pas être soldat... général, je ne dis pas !
— Oui, mais quand on se bat !
— Oh ! dit Gervais, je serais bien tranquille ! si j'étais général, je ne me battrais jamais. Je ne pourrais pas. Tu sais l'effet que ça me produit : une bataille, ça me rend malade !
— Moi, dit Gorain, ce que j'aimerais, si j'étais militaire, ce serait d'avoir un plumet : je trouve ça gracieux, mais je voudrais en avoir un qui traînât par terre !
— Avec tout ça, dit Gervais, quand donc déjeune-t-on ?
— Le fait est que j'ai l'estomac creux !
— Et moi donc !
— Ah ! reprit Gorain avec un accent de satisfaction, voilà que nous nous arrêtons ! C'est donc ici que nous allons déjeuner !
— Oui ! voilà un soldat qui défait le paquet où il y a la nourriture.
— Et le major qui ôte son habit pour mieux manger !
— J'ai envie d'en faire autant !
— Et moi aussi !
— Bah ! à la campagne ! »

Et les deux bourgeois, enchantés de la tournure que prenaient les choses, se mirent en devoir de se préparer à faire fête au repas. Rossignolet et le brigadier venaient effectivement de s'arrêter, et tous deux paraissaient inspecter soigneusement le terrain.

« Ils cherchent de bonnes places pour s'asseoir ! dit Gorain.
— Eh bien, cherchons-en aussi ! » ajouta Gervais.

## LX. — LA RUE DES MAUVAISES PAROLES.

A l'heure où s'accomplissaient les deux scènes racontées dans les précédents chapitres, la première dans la maison de Saint-Mandé, la seconde dans le bois de Vincennes, une troisième, tout aussi intéressante pour les événements de ce récit, s'accomplissait en plein Paris, non loin de ce quartier des Halles, toujours remuant, toujours agité.

Deux hommes, marchant côte à côte, venaient de s'engager dans la rue des Mauvaises-Paroles, débouchant par la rue des Bourdonnais. Une gargote de repoussante apparence ouvrait sa porte hospitalière au rez-de-chaussée d'une maison noircie par le temps et qui s'élevait au centre de la rue.

Les deux hommes s'arrêtèrent devant cette porte et l'un fit signe à l'autre d'entrer.

« C'est ici, Pick ? dit l'un.
— Oui, Cassebras ! » répondit l'autre.

Une salle enfumée, basse et mal éclairée, s'étendait jusqu'à une cour d'où elle tirait plus d'ombre que de lumière. La salle était déserte. Les deux hommes allèrent s'asseoir dans un angle devant une table.

« Du vin ! dit Pick.
— Non, dit vivement Cassebras.
— De l'eau-de-vie alors ?
— Pas davantage.
— Pourquoi ?
— Je ne veux pas boire. »

Pick fit un geste d'impatience et comme une servante accourait :

« Rien ! lui dit-il, mais on payera tout de même. »

La servante s'en retourna sans insister. Pick regarda longuement Cassebras :

« Tu hésites ? lui dit-il.
— Non, répondit le fort de la halle, mais je n'ai pas besoin de boire pour agir. »

Pick se rapprocha de lui :

« Songe à ce qu'a dit Thomas, continua-t-il à voix basse, et rappelle-toi que jamais Thomas ne manque à sa parole. Le 20 brumaire, t'a-t-il dit, Rosette sera libre, Rosette sera à toi, mais Spartacus sera mort ! »

Cassebras poussa un rugissement sourd.

« Veux-tu que Rosette soit libre, poursuivit Pick ? veux-tu qu'aucun obstacle n'existe plus entre toi et elle ? l'aimes-tu toujours enfin ?... réponds !
— Oui, murmura Cassebras.
— Alors il faut que Spartacus meure... mais qu'il meure aujourd'hui...
— Aujourd'hui ! répéta Cassebras.
— Avant la nuit venue... Ce soir, Thomas part. Tu ne le reverras pas avant ; si Spartacus est encore vivant et si tu laisses partir Thomas.... Rosette est perdue pour toi ! »

Cassebras heurtait ses poings l'un contre l'autre.

« Décide-toi, c'est l'instant ! poursuivit Pick d'une voix pressante. Il faut que Spartacus meure, tu l'as promis ; tiendras-tu ta promesse ?
— Oui, dit Cassebras après un silence.
— Avant deux heures il sera mort ?
— Oui.
— Comment t'y prendras-tu ?
— Je ne sais pas.
— Ne va pas l'étrangler dans la rue !
— Comment veux-tu que je fasse ?
— Écoute, continua Pick en se rapprochant encore, veux-tu que je te donne un bon avis ?
— Oui, dit Cassebras, qui paraissait sous l'empire de l'émotion la plus violente.
— D'abord, répète-moi que tu es bien décidé.
— Je le suis ! »

Pick regarda fixement le fort de la halle.

« Cette maison, reprit-il après un silence, cette maison dans laquelle nous sommes est à nous. Ce sont des amis qui l'habitent et ici nous sommes les maîtres absolus.
— Ah ! fit Cassebras en se rapprochant à son tour.
— Tu es décidé à tuer Spartacus et tu ne sais comment t'y prendre ? Tu vas sortir, tu attendras seul ici, et dans une heure Spartacus viendra te retrouver.
— Qui l'enverra ?
— Je me charge de cela. Il viendra, tu monteras avec lui au premier étage ; j'aurai donné des ordres.... Là, tu trouveras une grande pièce dont les murs sont assez épais pour étouffer le bruit d'une lutte et celui des cris...
— Ah ! fit encore Cassebras.
— Tu comprends ?
— Oui,... mais... je ne pourrai pas !
— Tu ne pourras pas ? s'écria Pick avec violence.
— Non, je le sens, je ne pourrai pas !.... Jamais je ne pourrai frapper lâchement Spartacus !
— Eh bien ! tu le combattras en face ! N'es-tu pas le plus fort ?
— Je ne pourrais pas non plus !
— Pourquoi ?
— Spartacus a donné du pain à ma mère.... Je me laisserais tuer.... »

Pick fit un geste d'impatience.

« Mais alors comment agiras-tu ? reprit-il.
— Je ne sais pas, dit Cassebras avec un air presque hébété.
— Tu ne pourras pas le frapper ?

— Non.... je le sens.... j'aurais beau le promettre, je ne pourrais pas.... Voir couler son sang.... le voir agoniser sous ma main.... Je ne pourrais pas !.... je ne pourrais pas !

— Eh bien ! dit Pick, si tu ne t'en charges pas, un autre s'en chargera. »

Cassebras saisit le poignet de son interlocuteur et l'étreignant avec violence :

« Tu sais ce que j'ai dit, dit-il avec des éclairs dans les yeux, tu sais ce que j'ai juré ? Spartacus est à moi ! S'il y en avait un autre qui osât porter la main sur lui, cet autre-là, je l'écraserais !

— Bien ! bien ! dit Pick en essayant de se dégager, je sais que tu t'es réservé Spartacus ; mais, je te le répète, il est l'heure d'agir. Si Spartacus est vivant ce soir, le chef part sans que tu saches où retrouver Rosette. Lui seul a le secret et ni toi ni moi ne savons où est le chef à cette heure, ni toi ni moi ne pourrons le voir s'il ne veut pas être vu ! »

Cassebras fit un signe affirmatif.

« Aimes-tu Rosette ? reprit Pick.

— Oui ! dit Cassebras.

— Alors il faut que Spartacus meure, et puisque toi seul peux le tuer, tue-le !.... tu as deux heures pour agir !

— Je ne pourrai pas voir couler son sang !

— Étrangle-le !.... étouffe-le !

— Je ne pourrai pas porter la main sur lui ! »

Pick écumait d'impatience.

« L'heure s'écoule, dit-il, que veux-tu faire ?

— Je ne sais pas !.... Ah ! si je pouvais tuer Spartacus sans le toucher !...

— Tu le ferais ?

— Oui.

— Sans hésiter ?

— Je te le jure. »

L'œil de Pick lança un éclair.

« Alors il va mourir ! s'écria-t-il.

— Comment ? dit Cassebras.

— Par le poison ! »

Le fort de la halle fit un mouvement brusque, mais il se contint. Un rayon lumineux, qui venait de passer sur son visage s'éteignit avant que son interlocuteur eût pu remarquer cette expression étrange qui avait pour un moment métamorphosé et comme poétisé la physionomie du colosse.

« Le poison ! dit-il en redevenant parfaitement calme, je n'en ai pas !

— Tu en auras !

— Quand ?

— Dans deux minutes, attends-moi.

— Où vas-tu ?

— Je ne sors pas de la maison. Attends-moi, te dis-je !

— Je vais prendre l'air dans la rue, dit Cassebras, j'étouffe ici ; je ne suis pas encore habitué à tuer les gens, moi, ça me fait mal ! »

Pick haussa les épaules.

« Sois ici dans cinq minutes ! dit-il.

— J'y serai ! » répondit Cassebras.

Pick s'élança, traversa la salle, et disparut, après avoir ouvert une porte située au fond du côté de la cour. Cassebras, lui, avait été ouvrir celle donnant sur la rue.

Le fort de la halle sortit, et commença à marcher comme un promeneur incertain de l'endroit vers lequel il dirigerait ses pas. Il remonta la rue, en se dirigeant vers la rue des Lavandières : là, il tourna à droite, paraissant moins obéir à sa pensée qu'au besoin de chercher un courant d'air plus vif pour y baigner son front, dont les veines saillantes semblaient des cordes bleuâtres se détachant sur une peau chaudement carminée et ruisselante de sueur.

Au coin de la rue des Lavandières et de celle des Deux-Boules était le tonneau d'une ravaudeuse qui, en dépit des orages révolutionnaires, était demeurée depuis dix années fidèle à son métier et à son poste. De huit heures du matin à six heures du soir, la vieille femme ravaudait régulièrement dans son tonneau, quelque temps qu'il fît. Tout le quartier la connaissait.

A l'heure où Cassebras se promenait, en longeant les maisons, la ravaudeuse travaillait donc avec son entrain ordinaire.

Le fort de la halle avait la main droite enfoncée dans la poche de sa culotte : en passant devant le tonneau de la ravaudeuse, il retira sa main, et une bille roussâtre, de fausse agate comme celles avec lesquelles jouent les enfants, vint tomber sur les genoux de la vieille femme.

Cassebras continua sa marche lente et indécise. Arrivé à la hauteur de la rue Jean-Lantier, il tourna sur lui-même et revint sur ses pas. Il repassa devant la ravaudeuse, il atteignit la rue des Mauvaises-Paroles, et il rentra dans le cabaret-gargote.

A peine en franchissait-il le seuil, qu'un homme assez mal vêtu, un nègre de la plus belle apparence, sortit d'un cabaret de la rue Perrin-Gasselin, chantonnant un air à la mode et roulant avec vivacité ses gros yeux blancs, à l'expression intelligente.

Débouchant dans la rue des Lavandières, avec les allures d'un homme que le bon vin vient de mettre en goguette, le nègre traversa tout droit et alla presque se heurter dans le tonneau de la ravaudeuse.

« Ohé, la mère ! cria-t-il d'une voix avinée, est-ce qu'il y a du liquide dans ton tonneau ?

— Qu'est-ce que c'est, mal blanchi ? dit la ravaudeuse en relevant son nez pointu, sur lequel se dressait une paire de lunettes de proportion gigantesque.

— Je demande s'il y a de quoi boire dans ton tonneau ?

— On tâche qu'il y ait de quoi manger. Est-ce que tu as de l'ouvrage à me donner ? Le citoyen porte peut-être des bas de soie ? on ne sait pas.

— Tu raccommodes les bas ?

— Et proprement ! regarde un peu cette maille ! Est-ce relevé, ça ? Faut-il de bons yeux pour une pareille reprise ? Eh ! regarde donc, vieux moricaud ! »

La ravaudeuse leva le bras et mit sous le nez du nègre une paire de bas de soie à laquelle elle était en train de travailler. Le nègre repoussa les bas, qui lui effleuraient le visage. Dans ce geste, les deux mains se rencontrèrent.

« Allons ! reprit le nègre, puisqu'il n'y a rien à boire dans ton tonneau, je ne le mettrai pas en perce ! Adieu, la mère !

— Adieu, mal blanchi ! »

Le nègre tourna sur lui-même et descendit la rue des Lavandières. Il n'avait pas fait dix pas, qu'il porta la main droite à sa figure, comme pour se caresser le nez : ses doigts étaient entr'ouverts et ses yeux purent examiner dans la paume de sa main une bille de fausse agate qui s'y trouvait enfermée.

Le nègre reporta la main à la poche de sa culotte : un éclair rapide venait de jaillir de sa prunelle et une expression de joie et de triomphe avait envahi sa physionomie.

Pressant sa marche, il gagna rapidement la rue Saint-Honoré qu'il suivit dans la direction du palais National. S'élançant dans la rue de Richelieu, il atteignit la rue Neuve-des-Petits-Champs, et se dirigeant en homme connaissant parfaitement ce quartier de Paris, il se trouva bientôt au carrefour Gaillon.

Une maison de belle apparence se dressait en face de lui : sans hésiter, il franchit le seuil d'une porte cochère.

« Eh ! moricaud ! où vas-tu ? cria le concierge en sortant précipitamment de sa loge.

— Le docteur Corvisart ! dit le nègre.

— Il vient de rentrer, mais il ne reçoit pas !

— C'est ce que je vais voir ! » dit le nègre en franchissant rapidement les marches d'un magnifique escalier de pierre,

## LXI. — LES PREMIÈRES ARMES DE GORAIN ET DE GERVAIS.

Sur la gauche de la route de Nogent-sur-Marne (en face l'endroit où l'on a depuis creusé le lac), il existe un quadrilatère qui avait alors pour limites, au nord : Fontenay-sous-Bois et le mur du parc ; au sud : la grand'route ; à l'est : Nogent, et à l'ouest : Vincennes. Ce quadrilatère, qui aujourd'hui offre des éclaircies charmantes, de belles prairies, avec des bouquets de chênes centenaires semés çà et là, était autrefois l'une des parties du bois les plus fournies et les moins fréquentées.

Près de l'endroit où s'arrête aujourd'hui la dernière limite du ravissant jardin entourant le chalet du maréchal commandant la division militaire, était alors une belle clairière, longue de deux cents pieds au moins, large d'environ cinquante, ombragée par des bouquets d'arbres et séparée par un frais gazon. En été, c'était le rendez-vous habituel des amateurs de dîners sur l'herbe. En hiver, la clairière était moins fréquentée, mais elle n'avait pas moins son cachet grandiose et imposant. Ses grands arbres dénudés, aux branches noires, entrelaçaient leurs rameaux comme les réseaux d'une vaste toile d'araignée, et le gazon jauni par les rayons du soleil d'automne disparaissait à demi sous un moelleux lit de feuilles sèches.

C'était dans cette clairière que Rossignolet et le brigadier avaient conduit les deux troupes.

« Tiens! dit Gorain en poussant Gervais, nous allons déjeuner sur l'herbe! Tu vois que j'avais raison de le dire.
— Mais les provisions! dit Gervais.
— C'est peut-être ce que les deux soldats portent dans les gros paquets qu'ils défont, ainsi que tu le pensais.
— C'est possible cela!
— Le terrain est-il bon? demanda à voix haute Rossignolet.
— Oui! oui! répondirent quelques voix.
— Il convient à tout le monde?
— Oui! oui!
— Alors, en avant la musique!
— Habits bas! dit le vieux brigadier.
— Hein? dit Gervais qui crut avoir mal entendu.
— Ah mon Dieu! Mais sont-ils échauffés! Les voilà qui mettent bas leurs habits! comme le major! »

Effectivement les soldats se dépouillaient de leurs uniformes et, les pliant soigneusement, les déposaient en tas sur deux points différents de la clairière.

Tous demeurèrent en pantalon et en chemise.

« Allons! allons, toi qui étais si pressé! dit le soldat à la figure rébarbative et en s'adressant à Gorain. Dépiaute-moi cela! En deux temps.
— Comment? comment? dit Gorain. Me déshabiller.
— Eh oui!
— Pourquoi faire? »

Le soldat regarda Gorain sous le nez.

« Farceur! dit-il. Tu veux être drôle jusqu'au bout!
— Mais, dit Gervais, je ne vois pas la nécessité d'enlever mon habit pour déjeuner. L'été, je ne dis pas, mais l'hiver! Je m'enrhume très facilement, moi!
— Les joujoux! » hurla une voix.

Un bruit de fers froissés retentit. C'étaient les deux paquets que l'on avait achevé d'ouvrir et que les soldats s'occupaient à débarrasser de leur contenu.

« Les provisions! dit Gorain.
— Voyons ce qu'il y a... ajouta Gervais en tendant le cou.
— Je voudrais qu'il y ait du pâté... »

La parole s'arrêta sur les lèvres de Gorain. Le gros bourgeois demeurait immobile et comme fasciné. Il était là, le corps penché en avant, le bras étendu, l'œil fixe et la bouche ouverte.

Gervais formait pendant, dans une situation presque identique. Seulement le visage de Gorain était devenu subitement cramoisi comme si tout le sang s'y fût porté d'un même coup, et celui de Gervais était blême et pâle comme celui d'un mort.

A quelques pas d'eux, les soldats attroupés s'occupaient à choisir leurs armes, car c'étaient des épées de combat que renfermait chacun des deux paquets.

Rossignolet s'était baissé et avait choisi trois épées : il en passa une sous son bras et, tenant les deux autres en croix, il s'avança vers Gorain et Gervais

« Allons! dit-il, chacun la vôtre, choisissez! »

Gorain et Gervais ne bougèrent pas, mais ils levèrent à la fois leurs yeux effarés sur le tambour-major.

« Choisissez! » répéta celui-ci.

— Choisir... quoi? eut enfin la force de dire Gervais.
— Eh bien! l'un de ces joujoux.... L'autre sera pour ton ami!
— Pour.... pour.... pour.... moi! balbutia Gorain d'une voix inintelligible.
— Mais.... mais qu'est-ce que nous allons donc faire? dit Gervais auquel la terreur commençait à rendre des forces.
— Nous allons nous battre! répondit simplement Rossignolet.
— Nous.. battre!
— Eh oui!
— Nous battre! répéta Gorain en chancelant. Et pour quoi faire, mon Dieu?
— Pour tuer son homme donc! » cria une voix.

Les deux bourgeois se regardèrent : ils échangèrent un coup d'œil empreint d'une telle désolation, qu'ils accrurent mutuellement leur effroi.

Enfin Gervais s'avançant vers le gigantesque major et les mains jointes, la figure piteuse, presque les larmes aux yeux :

« Respectable citoyen, s'écria-t-il, nous sommes gais, mon ami et moi, nous avons le caractère bien fait, nous entendons la plaisanterie, mais cependant il y a des limites... Ne continuez pas! nous n'en pouvons plus.
— Mais, dit Rossignolet, je ne plaisante pas?
— Tu... ne... plaisantes... pas! dit Gervais.
— Nullement. Nous allons nous battre et nous ne sommes même venus ici, les camarades et moi, que pour cela. Les amis qui sont avec moi ont tous fait partie de l'armée d'Italie, les autres étaient de celle du Rhin. On a eu des mots relativement aux hauts faits des uns et des autres, et pour s'accorder on est convenu de se repasser un coup de torchon! Voilà!...
— Un coup de torchon! dit Gorain, mais à cet égard, je ne vois pas grand inconvénient.
— Alors en garde!
— En... quoi?... je ne sais pas...
— Eh! major! cria un soldat, on tire ses adversaires au sort! Tous les noms dans un chapeau!
— Minute! dit Rossignolet en se retournant. Le brigadier et moi ne tirons pas. Nous nous choisissons mutuellement. Pas vrai, l'ancien?
— Naturablement! » répondit le vieux brigadier en fouettant l'air de son épée.

Gorain et Gervais avaient écouté cet échange de paroles avec un redoublement d'angoisse.

« Sauvons-nous! dit Gervais.
— Je ne peux pas bouger! répondit Gorain. J'ai des douleurs dans les jambes....
— Et moi aussi!
— Allons! il faut faire bonne contenance! dit Rossignolet. Vous m'avez demandé à m'accompagner. Il ne s'agit pas de me déshonorer maintenant. Cré mille n'importe quoi! pas de caponnerie sur le terrain, sinon je vous embroche comme deux poulets!
— Mais... mais... dit Gervais, je ne veux pas me battre!
— Tu te battras!
— Mon Dieu! mon Dieu! mais qu'est-ce que nous avons donc fait au ciel pour...
— Ce que vous avez fait, dit Rossignolet en relevant sa moustache avec un geste menaçant; je vais vous le dire, mes citoyens. Vous avez fait le malheur d'honnêtes gens en vous laissant prendre aux appâts des fripons et des bandits. Suffit, ce n'est pas la peine de vous en dire davantage; le moment n'y est pas; mais je ne vous ai pas en grande estime tous deux, et je n'ai pas été fâché de vous fourrer un tantinet dans le guêpier de ce matin. Ce sera leur punition, que je me suis dit.
— Comment? quoi? pourquoi notre punition? dit Gervais d'un ton lamentable.
— En garde! » cria une voix sonore.

Pendant que le major parlait aux deux malheureux bourgeois, les soldats avaient achevé de tirer au sort leurs adversaires. Chacun cherchait, avec l'ennemi qui lui était échu en partage, un terrain convenable. Ces hommes, qui tous avaient fait partie des deux armées héroïques qui, sur le Rhin et sur l'Adige, avaient accompli des merveilles; ces soldats éprouvés par cinquante combats, tous sachant admirablement manier l'épée, puisque tous étaient ou avaient été maîtres d'armes, regardaient un duel comme l'un de ces accidents vulgaires de l'existence, auxquels un homme de cœur ne doit pas accorder une attention exagérée.

Cependant, ce qui augmentait ce jour-là, à leurs yeux, l'importance de la rencontre, c'était que cette rencontre prenait, à cause du nombre des adversaires, les proportions d'un véritable combat. Puis ce n'était plus un duel entre particuliers pour une particulière : c'était un duel de corps d'armée à corps d'armée, et il s'agissait moins de l'honneur des combattants, que de celui de l'armée du Rhin et de l'armée d'Italie. Aussi, apportaient-ils tous le plus grand soin dans les apprêts du combat qui allait avoir lieu. Deux par deux, tous prenaient place, se partageant loyalement le terrain et l'exposition de la lumière. Comme Rossignolet quittait les deux amis pour se diriger vers le brigadier qui l'attendait, deux soldats s'avançaient vers Gorain et vers Gervais. Le major, avant de quitter les bourgeois, avait pris les deux épées qu'il tenait, et les avait placées chacune dans l'une des mains des deux amis. Gorain et Gervais étaient demeurés immobiles. Les deux soldats saluèrent du fer les deux bourgeois.

« Lequel est Gorain ? demanda l'un d'eux en clignant de l'œil.

— Lui ! lui ! dit vivement Gervais qui espérait, en désignant son compagnon, l'offrir en holocauste au danger.

— Alors, dit l'autre soldat en saluant Gervais, c'est toi qui es mon particulier. Flatté outre mesure... En garde ! »

Et il fit deux appels du pied. Les deux bourgeois tremblaient de tous leurs membres ; leurs dents claquaient ; ils ne pouvaient parler. Les deux soldats échangèrent un rapide regard d'intelligence. Les vingt autres adversaires étaient alors sur deux lignes, tous, le corps droit, les talons rapprochés, la main gauche tombant le long de la cuisse, le bras droit tendu, la pointe de l'épée basse : tous avaient la position du tireur émérite s'apprêtant à faire le salut d'usage. Un silence profond régna dans la clairière durant l'espace de quelques secondes. Rossignolet et le vieux brigadier étaient en face l'un de l'autre, au point central de la ligne des combattants, et paraissant être les *chefs d'emploi*.

« Attention ! dit Rossignolet en levant le fer.

— Attention ! » reprit le brigadier en imitant le même mouvement.

Tous le répétèrent.

« Vive l'armée d'Italie ! cria Rossignolet.

— Vive l'armée du Rhin ! vociféra le brigadier.

— En garde ! »

Les vingt épées nues se rencontrèrent avec une précision telle, que leur choc se confondit dans un même bruit ; puis à ce bruit succéda un instant de silence : chacun étudiait et *tâtait* son adversaire par cette pression de l'épée que peuvent seuls comprendre les bons tireurs.

La jambe gauche repliée, le corps effacé, les yeux dans les yeux de l'adversaire, la main haute et la pointe menaçante... tous demeurèrent un moment immobiles... puis des cliquetis retentirent... un mouvement se fit dans la double ligne des duellistes... le combat commençait...

« En garde ! » cria l'adversaire de Gorain en se mettant en position.

Le gros bourgeois demeura bouche béante, tenant son épée des deux mains, comme s'il eût tenu un cierge, et ne paraissant pas disposé à tenter le moindre mouvement.

« En garde ! » répéta l'adversaire de Gervais.

Le bonnetier tremblait comme la feuille du tremble agitée par le zéphyr : il maintenait la garde de son épée entre le pouce et l'index, comme s'il eût eu peur d'y toucher... sa figure était plus blême que jamais...

« En garde, morbleu ! » dit encore son adversaire.

Et comme le bourgeois demeurait immobile, le soldat fouetta vigoureusement le fer de Gervais... L'épée s'échappa des mains du bonnetier et s'en alla voltiger au loin. Ce désarmement, loin d'intimider Gervais, parut lui rendre toute sa vigueur.

Il tourna sur lui-même en poussant un cri inarticulé et se précipita, tête baissée, fuyant sous bois.

La fuite de Gervais sembla détruire le charme qui rendait Gorain immobile. En voyant fuir son compère, Gorain jeta son épée dans les jambes de son adversaire et se mit à fuir également... Tous deux disparurent à la fois dans la direction de Fontenay-sous-Bois.

« Eh ! fit l'un des soldats, leur peau vaut deux cents livres chaque.

— Faut les rattraper ! cria l'autre.

— En avant ! »

Tous les deux se mirent à la poursuite des deux amis.

En ce moment, le duel était engagé sur toute la ligne : les adversaires luttaient avec une égale science, une égale vigueur. Des étincelles jaillissaient au contact des épées.

### LXII. — LA CONSTATATION.

Il était quatre heures et demie, on était alors à l'époque des jours les plus courts de l'année, le ciel était sombre et la nuit descendait rapidement. Dans les anciens quartiers du vieux Paris surtout, l'obscurité était presque complète.

Une voiture venait de s'arrêter devant la porte de la gargote de la rue des Mauvaises-Paroles : cette voiture était un équipage évidemment de bonne maison, mais moins cependant un véhicule de luxe qu'un véhicule utile : c'était bien certainement la voiture d'un médecin ou d'un homme d'affaires.

La portière s'ouvrit, un homme s'élança lestement sur le pavé : c'était le citoyen Thomas ; mais un autre le suivit aussitôt : c'était le docteur Corvisart.

« C'est dans cette espèce de taverne que vous l'avez fait transporter ? dit le docteur, en lançant un regard de dégoût sur la boutique à l'apparence misérable.

— Naturellement, docteur, répondit Thomas : puisque c'est en franchissant le seuil de la porte de cette taverne que le malheureux est tombé. »

Thomas poussait la porte du cabaret.

« Entrez, docteur ! » ajouta-t-il on s'effaçant.

Corvisart franchit le seuil de cette grande salle dans laquelle nous avons assisté, quelques heures plus tôt, à la conversation entre Pick et Cassebras. Alors la salle était déserte, mais à ce moment elle était pleine : toutes les tables étaient envahies par une population de dîneurs et de dîneuses dont les aspects plus hideux les uns que les autres eussent pu donner une idée juste du degré de dégradation auquel peut descendre l'espèce humaine.

Là où a été bâtie la rue des Mauvaises-Paroles, était jadis une sorte de place, faisant partie du royaume des Argotiers, et qui avait été l'une des vingt-six cours des miracles qui pendant des siècles avaient été, dans Paris, les résidences privilégiées des bandits, des voleurs et des assassins ; mais, même à l'époque où elle justifiait sa plus hideuse renommée, la cour des miracles des Lavandières (ainsi qu'on la nommait) n'avait pu renfermer une troupe d'apparence plus effrayante que celle des gens qui se pressaient le 20 brumaire dans la salle enfumée de la gargote.

Les quinquets venaient d'être allumés, et les mèches fumantes répandaient une odeur nauséabonde qui se mélangeait désagréablement aux parfums plus qu'équivoques se dégageants des mets sans nom qui encombraient chaque table.

Le tumulte était grand : consommateurs et servantes s'adressaient de ces phrases vigoureusement accentuées qui excluent toute idée de mutuel respect. C'était un charivari horrible éclatant au milieu d'une atmosphère empestée, à la lueur douteuse de lampes répandant leur rouge clarté comme un pâle soleil d'hiver au milieu d'un nuage épais de brouillard.

Corvisart s'était arrêté sur le seuil de la porte et demeurait comme suffoqué. Le docteur, habitué à vivre au milieu des spectacles les plus poignants, habitué à parcourir journellement tous les rangs de la société, le docteur sentit son cœur se soulever de dégoût dans sa poitrine.

« Venez ! venez, docteur ! » dit vivement Thomas qui parut s'apercevoir de ce qui se passait dans l'esprit de son compagnon.

Et refermant la porte, il entraîna Corvisart et lui fit traverser la salle dans toute sa longueur. Buveurs et buveuses ne parurent pas accorder la moindre attention à ces deux hommes dont l'extérieur néanmoins contrastait si fort avec le leur.

Arrivé dans la cuisine, située au fond, Thomas désigna du geste un escalier construit en colimaçon et dont la rampe était garnie dans sa hauteur d'une sorte de draperie qui avait dû être rouge, à en juger par les tons qui couvraient encore quelques-unes des parties les moins réduites à l'état de loques.

Corvisart monta ; Thomas le suivit. Au premier étage deux portes étaient percées dans la muraille. Dans la chambre se tenait un homme court et gros, vêtu d'un costume blanc comme celui des cuisiniers, costume qui, par son état de délabrement et de souillure, décelait de nombreux services et un travail acharné de la part de celui qui le portait.

« Eh bien ? lui dit Thomas.

— Il n'a pas fait un mouvement ! dit l'homme en s'effaçant.

— Alors il est mort !

— Oh ! j'en répondrais.

— Entrez, docteur ! » dit Thomas.

Corvisart pénétra dans une pièce très-pauvrement meublée : un lit de sangle, une table de bois blanc, deux tabourets de paille, un mauvais poêle en faïence, au tuyau outrageusement contourné, composaient tout l'ameublement

Une chandelle éclairait tout cela, chandelle plantée dans

le goulot d'une bouteille, dont le suif avait coulé en abondance, décrivant sur le verre de fantastiques arabesques, et dont la mèche à l'extrémité charbonnée semblait implorer avec instance l'emploi des mouchettes de fer placées sur la table près de la bouteille.

Sur le lit, un homme était étendu : cet homme, qui gisait là tout habillé, portait le costume des forts de la halle. Il était sans mouvements, et ses membres paraissaient avoir la roideur cadavérique.

« Voilà le malheureux ! » dit Thomas.

Corvisart s'approcha du lit.

« Éclairez-moi ! » dit-il d'une voix brusque.

Thomas prit la bouteille servant de porte-chandelle et s'apprêta à éclairer le docteur.

Corvisart procéda à la constation de l'état du fort de la halle avec ce calme imperturbable du médecin, même en présence de la mort. Il interrogea successivement le pouls, la poitrine, les tempes ; puis, après un minutieux et attentif examen, il laissa retomber le bras inerte qu'il avait saisi.

« Cet homme est mort ! dit-il, et la mort remonte même à deux heures au moins.

— Cela est vrai, dit Thomas ; à quoi attribuez-vous cette mort ?

— A la rupture d'un vaisseau ; la mort a dû être foudroyante, instantanée...

— C'est cela, dit Thomas d'un air de grande bonhomie ; quand je l'ai vu, ce pauvre garçon, il n'avait pas l'air d'y penser : il était là à causer, et crac... tout à coup il s'est affaissé sur lui-même...

— Où causait-il ? demanda Corvisart.

— Dans la rue, là, avec moi.

— Ah ! vous le connaissez ?

— Mais oui, j'ai été à sa noce il n'y a pas si longtemps ; c'est Spartacus, le fort de la halle, celui qui a épousé la belle écaillère, vous savez, celle qui a été si singulièrement enlevée.

— Oui... oui... je sais, dit le docteur.

— Je ne l'avais pas vu depuis cette nuit-là même, quand je l'ai rencontré aujourd'hui, il y a deux heures dans cette rue. Je lui ai demandé de ses nouvelles, il m'a répondu ; nous avons parlé de Rosette. Il avait l'air tout pâle ; je lui ai demandé ce qu'il avait, il m'a répondu qu'il n'avait pas mangé depuis la veille. Le chagrin d'avoir perdu sa femme lui coupait l'appétit. J'ai voulu le faire dîner devant moi, et, comme je ne voyais pas d'autre endroit que cet établissement, je l'ai invité à entrer. Il a accepté, il est entré et, comme il venait de franchir le seuil de la porte, il est tombé foudroyé. Le maître de l'établissement et moi l'avons transporté dans cette chambre ; croyant d'abord à une indisposition, nous avons employé tous les moyens pour essayer de le faire revenir, et ce n'est qu'après avoir usé de tout et ne voyant rien réussir que j'ai couru vous chercher.

— Il était trop tard ! dit Corvisart.

— Alors le pauvre garçon est mort ?

— Et bien mort.

— Il faudra faire la déclaration de décès demain matin, n'est-ce pas, docteur ?

— Oui, » dit Corvisart.

Thomas tira sa bourse de sa poche avec un embarras manifeste.

« Docteur, dit-il, des soins comme ceux que vous savez prodiguer n'ont pas de prix, mais votre temps est précieux et le dérangement que je vous ai causé... »

Corvisart l'arrêta du geste.

« Je n'ai rien eu à faire, dit-il, cet homme est mort ! »

Le maître de la gargote, l'homme aux vêtements de chef de cuisine, était entré doucement dans la pièce, à la suite de Corvisart et de Thomas ; il n'avait rien dit, mais il avait paru suivre avec le plus grand intérêt tous les détails de cette petite scène.

Tandis que Corvisart parlait, il s'était approché du lit et avait examiné le cadavre. Quand on avait couché Spartacus, on avait rejeté le drap au pied du lit. Le corps était demeuré habillé n'avait pas eu besoin d'être recouvert, de sorte que le drap demeurait tamponné aux pieds du fort de la halle.

Par un mouvement machinal ou plutôt par suite d'une étrange habitude passée dans nos mœurs, l'homme prit le drap, le remonta et couvrit la tête de Spartacus.

Corvisart fit un geste d'impatience et, repoussant le gargotier, il rabattit le drap.

« Sotte manie ! dit-il. Je vous défends, à vous comme aux autres, de jamais enfouir sous les draps le visage d'un mort. »

Puis, se retournant vers Thomas :

« Puisque je n'ai plus rien à faire ici, dit-il, je vous quitte. »

Et il se dirigea vers l'escalier qu'il redescendit. Thomas l'accompagnait.

« Demain matin, dit Thomas, j'irai faire la déclaration de mort à la municipalité. Vous viendrez la signer, docteur ?

— Sans doute, » dit Corvisart en montant dans sa voiture.

La voiture s'éloigna rapidement. Thomas la regarda jusqu'à ce qu'elle eut disparu, puis rouvrant la porte de la gargote et avançant seulement la tête :

« A l'heure ! dit-il à un homme qui dînait assis à la première table.

— Bon ! » fit l'autre.

Thomas referma la porte et s'élança dans la rue ; se dirigeant au milieu de ce dédale de ruelles qui formaient alors le quartier des Bourdonnais, avec une habileté décelant une connaissance parfaite des lieux, il atteignit la rue de la Tour-Saint-Jacques-la-Boucherie. Une voiture attelée de deux chevaux vigoureux attendait au coin de la rue des Arcis.

Thomas ouvrit la portière de cette voiture et s'élança dans l'intérieur ; le véhicule partit aussitôt rapidement entraîné et se dirigeant vers la place de la Bastille.

Un homme était enfoncé dans l'un des angles de cette voiture. Thomas s'assit près de lui.

« C'est bien, dit-il d'une voix sifflante, tu as exécuté mes ordres, Cassebras ? je tiendrai mes promesses ; Spartacus est mort, et bien mort !... »

Un tressaillement violent du compagnon de Thomas interrompit celui-ci.

« Tu regrettes ce que tu as fait ? reprit Thomas avec un accent railleur ; tu aimerais mieux voir vivant l'heureux époux de la belle écaillère ?

— Non ! dit l'homme en se remettant.

— Je disais donc, poursuivit Thomas, que je tiendrai ma promesse, Cassebras ! Spartacus est mort, il n'a pas failli en lui versant le poison ; cette nuit tu seras libre d'apprendre cette mort à Rosette, car tu la verras !

— Je verrai Rosette ! s'écria Cassebras.

— Oui.

— Je lui parlerai ?

— Certainement, puisqu'elle te suivra.

— Où donc est-elle ?

— Oh ! fit Thomas en souriant, maintenant je puis te le dire, car maintenant, Cassebras, tu es bien réellement des nôtres ! Rosette est à Saint-Mandé ! »

Cassebras fit un geste comme pour ouvrir la portière et se précipiter. Thomas le retint d'une main ferme.

« J'ai encore besoin de toi ! dit-il.

— Où allons-nous ? demanda Cassebras.

— A Vincennes d'abord, à Fontenay après, à Saint-Mandé ensuite. »

La voiture, entraînée rapidement au grand trot de son attelage, venait d'atteindre la rue Saint-Antoine. Les chevaux parurent alors redoubler de vitesse.

Cassebras s'était rejeté dans son coin et ne paraissait plus disposé à parler ; Thomas regarda le cadran de sa montre.

« Cinq heures moins un quart, dit-il, j'arriverai à temps. »

## LXIII. — UNE SURPRISE.

En quittant la porte du cabaret de la rue des Mauvaises-Paroles, la voiture du docteur Corvisart était partie dans la direction de la rue Bétizy. Le docteur lança un double regard par les deux ouvertures des glaces abaissées des portières, puis, après avoir remonté ces glaces, ce qui plongea l'intérieur de la voiture dans une obscurité plus grande encore, il se pencha et, relevant la draperie qui tombait le long de la banquette de devant :

« Venez, dit-il, vous pouvez sortir. »

Une ombre apparut se détachant dans les ténèbres, et un homme qui était blotti sous la banquette se dressa lentement.

« Vous deviez être mal à l'aise là-dessous ? dit Corvisart, mais vous aviez raison, il ne s'est douté de rien.
— Racontez-moi vite en détail ce qui a eu lieu ! » dit l'homme en s'asseyant sur la banquette de dessous laquelle il venait de sortir.

Corvisart raconta, sans rien omettre, la petite scène qui venait d'avoir lieu auprès du cadavre du fort de la halle. Quand il eut achevé :

« C'est tout ? dit son interlocuteur.
— Oui, répondit Corvisart.
— Ainsi il a été trompé à son tour ?
— Certainement. Du reste, un médecin eût pu l'être lui-même. »

Puis, après un silence :

« Ces phénomènes léthargiques sont réellement effrayants, » ajouta-t-il en secouant la tête.

Le compagnon du docteur prit le cordon de soie correspondant au doigt du cocher et l'agita doucement. La voiture s'arrêta. Le compagnon du docteur lui adressa un geste amical, ouvrit la portière et s'élança. La voiture repartit au grand trot.

Le personnage qui venait de descendre était alors au milieu de la rue de l'Arbre-Sec ; il fit quelques pas en avant ; un réverbère allumé éclaira en plein son visage : ce visage était noir, cet homme était nègre.

La porte cochère d'une maison située au coin de la rue Bailleul était à demi ouverte ; le nègre se précipita dans l'intérieur. On entendait le piétinement impatient d'un cheval attaché dans la cour.

Cinq heures sonnaient. Le dîneur assis à la première table de la gargote de la rue des Mauvaises-Paroles, celui auquel s'était adressé Thomas, se leva, et tirant un sifflet de sa poche, il le porta à ses lèvres ; aussitôt un son aigu retentit et un profond silence succéda dans la salle au tumulte qui y régnait.

(De la rue, il était impossible de voir ce qui se passait dans l'intérieur de cette gargote ; elle n'avait pas de devanture comme les boutiques ordinaires : c'était un mur plein qui la séparait de la rue, et ce mur n'était percé que par deux ouvertures, celle de la porte et celle d'une fenêtre. La porte était pleine, ce qui ne permettait pas au regard de pénétrer, et la fenêtre était placée à une grande distance du sol, à une hauteur telle que la tête de l'homme le plus grand n'eût certes pu y atteindre. Par surcroît de précaution, cette fenêtre était garnie d'un rideau de laine rouge très-fort, très-épais et fixé, en haut et en bas, par deux tringles, ce qui l'empêchait de voltiger.)

Le silence régnait donc dans cette salle tout à l'heure si tumultueusement bruyante.

« Il est l'heure ! dit l'homme qui s'était levé et qui s'avançait au milieu des consommateurs. Apprêtez-vous ?
— Où allons-nous ? demanda une voix.
— Vous n'avez pas besoin de le savoir. Allons, j'ai les ordres du chef, obéissez. »

Par un même mouvement tous se levèrent.

« Ouvre la porte de communication, » reprit celui qui paraissait avoir le commandement de la bande des habitués de la gargote.

Un homme s'avança vers le fond ; mais, au moment où il allait atteindre la cuisine, il poussa un cri et fit un bond violent en arrière. Au même instant le gargotier bondit aussi dans la salle.

« Par la rue, filez ! Nous sommes pris ! » cria-t-il d'une voix tonnante.

Une sorte de stupeur s'était emparée des hommes et des femmes.

Celui qui avait parlé en chef se rua vers la porte de la rue ; il voulut l'ouvrir, mais elle résista à tous ses efforts.

« Trahis ! s'écria-t-il avec rage. Nous sommes trahis ! Défendons-nous ! »

Vingt lames nues brillèrent dans la demi-obscurité.

« Bas les couteaux ! dit une voix sonore ; bas les couteaux, ou je fais fusiller le premier bandit qui n'obéira pas ! Attention ; apprêtez... armes ! »

Ce bruit sec, sonore, strident, qui accompagne toujours un temps d'exercice militaire accompli par une troupe de soldats, retentit aussitôt. Vingt baïonnettes brillèrent dans la cuisine, et l'uniforme d'un lieutenant d'infanterie se dessina dans l'encadrement de la porte ouvrant sur la salle.

Au même instant le bruit sourd de crosses de fusils, retombant sur un pavé humide et fangeux, résonna dans la rue. La gargote était cernée, et les deux seules issues que possédait la salle du rez-de-chaussée étaient obstruées par les soldats.

« Bas les couteaux, répéta l'officier, et attention à la manœuvre. Vous allez défiler un à un de front par cette porte ; on vous garrottera solidement les pieds et les mains, et celui ou celle qui fera mine d'opposer la moindre résistance sera cloué sur la muraille d'un coup de baïonnette sans autre avis. Donc, attention ! »

La population hideuse de la gargote était enfin revenue de la stupeur qui l'avait frappée tout d'abord. Hommes et femmes se regardaient consternés, n'osant évidemment pas tenter la plus légère résistance. Au reste, toute tentative de résistance eût été folie, car les soldats avaient envahi la cuisine et toute une compagnie gardait la rue.

En ce moment les soldats s'écartèrent et un homme, qui venait d'entrer par la porte de la cour, passa rapidement se dirigeant vers l'escalier en colimaçon conduisant au premier étage : cet homme, c'était le docteur Dupuytren.

## LXIV. — LE TERRAIN DU DUEL.

La voiture qui emportait Camparini et Cassebras avait rapidement dépassé la barrière de la ville et elle courait, au grand trot de ses chevaux, dans la direction de Vincennes qu'elle atteignit et dépassa bientôt pour s'aventurer dans le bois, alors plongé dans une obscurité complète, car la nuit était venue et pas une étoile ne brillait au ciel.

Arrivée au milieu de la route de Nogent, la voiture s'arrêta brusquement, et Camparini, ouvrant la portière, s'élança sur le sol en faisant signe de la main à Cassebras de demeurer sur sa banquette.

Camparini était immobile à l'endroit même où il était tombé, paraissant écouter avec une attention profonde. Tout à coup il se baissa, approcha son oreille de la terre en penchant la tête à droite, et parut redoubler d'attention.

Il demeura ainsi l'espace de quelques minutes. Le silence le plus profond régnait autour de lui. Camparini se redressa avec le geste d'un homme qui croit s'être trompé.

« C'est quelque cavalier rentrant au quartier, » murmura-t-il.

Puis, se retournant vers la voiture :

« Attends ici, » dit-il au cocher.

Il disparut sous bois. Il n'avait pas fait vingt pas dans le fourré, qu'un bruit de branches cassées frappa son oreille.

« Qui ? dit Camparini en s'arrêtant.
— Moi, maître, » répondit une voix.

Une ombre se détacha au milieu de l'obscurité.

« Roquefort, dit Camparini.
— J'ai la lanterne ; faut-il éclairer ? demanda Roquefort.
— Non, pas de lumière qui puisse attirer les regards. Au reste, je n'en ai pas besoin ; je connais le bois, viens. »

Camparini continua sa marche suivi par Roquefort. Tous deux s'enfoncèrent en appuyant à gauche ; ils marchèrent ainsi durant dix minutes à peu près sans échanger une parole. Enfin Camparini s'arrêta. Les deux hommes étaient alors au milieu d'une petite clairière, car le ciel apparaissait distinctement, et sur la masse noire ne se découpaient pas les branchages dénudés des arbres.

« C'est ici ? dit Roquefort.
— Oui, » répondit Camparini en promenant autour de lui un regard investigateur qui s'efforçait de percer les ténèbres.

Tout autour de la clairière on pouvait voir les silhouettes des arbres, qui formaient comme une ronde de spectres gigantesques enceignant la terre que recouvrait un lit épais de feuilles sèches.

Çà et là, en dépit de l'obscurité, l'œil, en s'habituant aux ténèbres, pouvait distinguer des masses noirâtres éparpillées sur le terrain de la clairière ; il était impossible de définir ce que pouvaient être ces mas ses qui paraissaient s'étendre sur deux lignes différentes.

« La lanterne, » dit Camparini.

Roquefort présenta à son compagnon une lanterne sourde. Camparini fit jouer le ressort de la trappe et la lumière jaillit, répandant au loin sa clarté.

Camparini fit un pas en avant et abaissa sa lanterne; alors un horrible spectacle s'offrit aux regards des deux hommes, et certes il fallait qu'ils s'attendissent l'un et l'autre au hideux tableau qu'ils allaient contempler pour ne manifester aucune émotion.

En face d'eux, sur la terre humide, à leurs pieds gisait un double rang de cadavres, des flots de sang inondaient les feuilles sèches, et ce sang coagulé par la fraîcheur de la nuit formait çà et là des mares présentant l'aspect de larges taches brunes.

Tous ces cadavres étaient à demi vêtus; tous portaient un pantalon d'uniforme et une simple chemise ouverte sur la poitrine. Des épées gisaient à côté de chacun; quelques-uns étreignaient même encore de leurs doigts crispés et glacés le manche de ces épées dont la pointe s'étendait menaçante.

Les cadavres n'étaient pas placés en face les uns des autres : ils étaient bien sur deux lignes, mais jetés çà et là à intervalles inégaux.

Tous les visages de ces cadavres avaient un caractère martial, tous avaient une expression de colère, froide chez les uns; dégénérant en rage chez les autres, mais qui décelait évidemment que la mort qui avait roidi ces membres, pâli ces visages et glacé ces corps était venue à la suite d'un combat.

« Il y en a beaucoup, dit froidement Camparini en se tournant vers Roquefort.
— Il y en a sept ! dit celui-ci.
— Un tiers ! Combien de chaque côté?
— Trois du côté du brigadier et quatre de l'autre, mais il y a eu huit blessés dont la moitié au moins ne reviendra pas.
— Et lui, où est-il?
— Là-bas, le troisième à droite. »

Camparini s'avança encore éclairant ce champ de meurtre. A l'endroit que lui avait désigné Roquefort, un corps était étendu : la chemise était fermée sur la poitrine, mais une énorme tache de sang coagulé, qui devait coller le linge à la chair, couvrait tout le torse.

Au reste, cette blessure n'était pas la plus terrible ni la plus effrayante qu'offrit ce corps sans mouvement.

Le bras gauche du cadavre était passé sous le torse, le droit était appuyé contre la terre et les doigts de la main étreignaient le manche d'une épée dont la lame était encore teinte de sang. Une forêt de cheveux d'un brun roux ombrageait le front, le recouvrait et s'étendant jusque sur les yeux. Des moustaches énormes, extraordinairement longues, descendaient jusque sur les épaules, mais une affreuse blessure rendait ce visage horrible à voir. La pointe d'une épée était entrée dans la joue, à la hauteur de la bouche, et déchirant cette joue avait atteint l'œil qu'elle avait fait sauter de son orbite.

Une mare de sang s'était répandue sur cette tête mutilée, et imprégnant moustaches et cheveux les avait collés et roidis, rendant le visage méconnaissable. C'était épouvantable à voir.

Le cadavre était de taille gigantesque; les jambes étaient revêtues de culottes collantes en peau blanche, soutachées d'or aux coutures et garnies sur les cuisses d'arabesques artistement tracées. Des bottes noires à glands d'or, des bottes à la *Souwarouf*, comme on disait alors, chaussaient des pieds énormes.

En face de ce cadavre, mais un peu sur la droite, gisait un autre corps; ce corps était celui d'un homme d'un âge respectable, mais à la physionomie expressive ; il portait la culotte et les bottes d'ordonnance dans la cavalerie française.

Celui-là ne portait la trace que d'une blessure, mais l'effet de cette blessure avait dû être foudroyant, car à en juger par sa position c'était le cœur qui avait été atteint.

## LXV. — LES CADAVRES.

Camparini, baissant sa lanterne, examina attentivement la position des deux cadavres. Il se courba, posa sa main sur le corps de l'homme dont le visage avait été si abominablement déchiré.

« Celui-là aussi est mort, et bien mort ! dit-il, mais il y a une chose que je ne m'explique pas. La blessure du visage a dû précéder le coup porté au brigadier, car ce coup, en atteignant le corps, a dû avoir un effet foudroyant. Or, comment expliquer que Rossignolet, après avoir reçu ces deux blessures, celle de la poitrine et celle du visage, ai pu, après celle du visage surtout, avec un œil de moins porter un coup aussi sûrement mortel ? »

Roquefort ne répondit pas. Un silence suivit ces paroles.
« C'est bien simple ! » dit tout à coup une voix.
Camparini se redressa :
« Qui est là? dit-il en levant sa lanterne, tandis que Roquefort armait lestement une paire de pistolets qu'il prit à sa ceinture.
— Moi, maître! répondit la voix. Je t'attendais pour que tu payes ta dette. »

Ces paroles n'étaient pas achevées, qu'un homme, surgissant de derrière le tronc noueux d'un chêne séculaire, se dressait devant Camparini et son compagnon. Cet homme portait l'uniforme des soldats de la République.

« Paille-de-Fer, dit Camparini sans manifester le moindre étonnement.
— Moi-même ! répondit l'homme.
— Est-ce donc toi qui as tué Rossignolet?
— Oui.
— Comment?
— Il n'avait reçu que la blessure à la poitrine quand il a tué le brigadier. Alors, et comme j'avais dépêché mon adversaire, je revins sur le major et je l'attaquai brusquement. Il se défendit, et pour en finir plus vite, je tirai au visage.
— C'est donc avec intention que tu l'as défiguré ?
— C'était pour le tuer plus vite. »

Camparini releva sa lanterne, l'approcha du visage de Paille-de-Fer, afin d'envoyer en plein les rayons lumineux sur ce visage, et regardant fixement son interlocuteur :

« Que t'ai-je promis si Rossignolet était tué? demanda-t-il.
— Cinquante louis ! répondit le bandit.
— Et s'il échappait ?
— Que tu me casserais la tête de ta propre main.
— C'est bien ! Tu as bonne mémoire. Je tiendrai mes promesses. Relève la manche de chemise gauche de ce cadavre. »

Paille-de-Fer obéit sans hésiter. L'avant-bras de l'homme défiguré, mis à nu, laissa voir un tatouage bleu et rouge fait sur la peau. Camparini examina attentivement ce tatouage, puis se redressant :

« Roquefort, dit-il, donne cinquante louis à Paille-de-Fer. »
Roquefort se hâta d'obéir.

Quelques instants après, Camparini et Roquefort reprenaient sus la direction de l'endroit où la voiture était demeurée stationnaire.

« Pourquoi as-tu regardé le tatouage ? disait Roquefort. Doutais-tu donc? Si le visage était défiguré, il y avait assez d'indices : la taille, la forme du corps, la couleur des cheveux, la longueur des moustaches…
— Qu'importe ! répondit Camparini. Je devais m'assurer !
— Où vas-tu maintenant?
— A Saint-Mandé.
— Là aussi tout va bien ?
— Merveilleusement.
— A quelle heure auras-tu fini ?
— Dans une heure.
— Et le rendez-vous général ?
— A Fontenay, à onze heures.
— Tous les ordres sont donnés?
— Tous. Rien n'a été omis, j'en réponds. »

Un silence suivit ce rapide échange de paroles.
« De soir, reprit Roquefort, que demain le soleil en se levant ne verra plus debout un seul de nos ennemis !
— Demain, dit Camparini avec un geste superbe, tous mes plans seront accomplis : demain, nous aurons touché le but ! »

En ce moment, tous deux atteignaient les abords de la route, et on apercevait la voiture demeurant stationnaire à peu de distance.

. . . . . . . . . . . . . . . . . . . . . . . . . . .

En quittant Camparini et Roquefort, Paille-de-Fer, abandonnant ce terrain encore tout souillé de sang et pavé de cadavres, s'était élancé dans la direction de Fontenay-sous-Bois. Mais il n'avait pas fait vingt pas, qu'une main ferme le saisit au passage.

Adieu, la mère! — Adieu, mal blanchi! (Page 219.)

« Voici tes cent louis! » dit une voix.

Une bourse tomba dans la main de Paille-de-Fer.

« Maintenant, reprit la voix, maintenant que tu m'as prouvé que tu pouvais être fidèle, écoute, je vais te poser une question qui t'intéresse. Il s'agit de la Cagnotte!

— Ma nièce! dit Paille-de-Fer en tressaillant brusquement.

— Elle-même. Tu ne sais pas ce qu'elle est devenue depuis qu'elle a si brusquement disparu avec Carmagnole?

— Non!

— Que donnerais-tu pour le savoir?

— Tout!

— Tu l'aimes encore?

— Oui!

— De sorte que si on te mettait à même de retrouver la Cagnotte que tu adores et de te venger de Carmagnole que tu détestes et qui est ton rival...

— Je ferais tout! s'écria Paille-de-Fer dont les yeux étincelaient dans l'ombre.

— Alors, viens avec moi, dit la voix. Je crois décidément que nous pouvons nous entendre... »

## LXVI. — LES SIGNATURES.

Des candélabres chargés de bougies allumées éclairaient l'intérieur de cette salle si bizarrement distribuée, dans laquelle Camparini nous est apparu entouré de ses victimes.

Dans chaque cellule était toujours chacun des malheureux dont la vue faisait bondir dans les artères le sang du jeune maréchal des logis des chasseurs. Au centre de la pièce se tenait toujours une escouade d'hommes masqués, le fusil à la main et menaçant de mort chacun des assistants.

Assis devant la table, le clerc de maître Raguideau écrivait rapidement.

Rien n'était changé dans cette salle depuis l'instant où nous en sommes sortis, si ce n'est qu'alors Camparini, présent, présidait à la scène et qu'au moment où nous y rentrons, le Roi du bagne était absent.

En quittant la salle, en donnant ses ordres, il avait formellement commandé aux hommes armés de fusils de faire feu sans avertissement à la première infraction; mais, par un raffinement de cruauté et pour être plus certain encore de l'obéissance qu'il voulait provoquer, il avait ordonné de tuer non pas celui qui aurait désobéi, mais un des autres personnages, qui devait ainsi être la victime de la tentative d'autrui.

Cette manière cruelle de procéder avait porté ses fruits. Depuis l'instant où Camparini avait quitté la salle jusqu'à celui où nous y pénétrons de nouveau, pas un des prisonniers n'avait tenté de faire un geste ni de prononcer une parole. A peine même avaient-ils osé se lancer un regard fugitif, dans la crainte que ce regard n'entraînât quelque imprudence.

Depuis plusieurs heures, un profond silence régnait dans la salle, silence que troublaient seuls le bruit des respirations sifflantes et celui de la plume du clerc de notaire courant rapidement sur le papier.

C'était un horrible supplice que celui supporté depuis plusieurs heures par ces malheureuses victimes du *Roi du bagne*. Voir sans cesse la mort suspendue sur la tête d'un être chéri et penser que la plus légère imprudence peut provoquer cette mort sans que rien ne vienne l'empêcher : c'était une situation réellement affreuse que celle de ces pauvres femmes, de ces hommes, de cet enfant, car l'ombre même de l'espérance la plus folle ne pouvait se dessiner au loin.

Le clerc de notaire venait de s'arrêter et de poser sa plume. L'un des hommes masqués qui se tenait près de lui, son fusil menaçant à la main, se pencha vers la table.

« Tu as fini ? dit-il.

— Oui ! balbutia le clerc.

L'homme masqué prit les cahiers de papiers qui encombraient la table : il les réunit et se dirigeant vers la muraille dans laquelle était scellée la grille qui enfermait Louis Niorres, il ouvrit une petite porte pratiquée dans l'épaisseur de la pierre et il plaça les papiers sur un plan incliné qui s'offrait à lui.

Les papiers disparurent entraînés par leur propre poids ; l'homme masqué referma la porte et revint prendre sa place près du clerc de maître Raguideau.

Le silence régna de nouveau dans la salle : une heure s'écoula ainsi, nouvelle heure d'angoisses et de tortures à ajouter aux siècles de douleurs qui venaient de s'écouler.

A mesure que le temps s'écoulait, le spectacle que présentait cette scène muette augmentait de poignante anxiété. Les liens et les bâillons avaient été tranchés par Camparini, mais les fusils abaissés dans la direction de la poitrine d'un enfant, d'une femme, d'un époux, d'une sœur, d'un ami étaient autrement puissants que les plus solides liens de chanvre ou de fer pour contraindre à l'immobilité absolue, autrement forts que les bâillons les plus épais pour arrêter l'émission du son sur les lèvres.

Les deux enfants toujours attachés dans leur berceau, toujours endormis présentaient seuls sur leur charmant visage l'image du calme parfait.

A quelques pas d'eux, séparées par la cloison de glace, Blanche et Léonore agenouillées priaient, tandis que des larmes inondaient leurs joues et que leurs regards se portaient alternativement du ciel, vers lequel devaient monter leurs vœux, sur ces enfants, pour le salut desquels ces vœux étaient prononcés.

Dans la troisième cellule, Lucile dont la douce figure était amaigrie, dont les paupières rougies n'avaient plus de larmes, Lucile, les traits crispés, l'expression de la physionomie sombrement résolue, Lucile, était assise sur un tabouret, les mains sur les genoux, la tête penchée sur la poitrine. Ce que souffrait son âme, il était facile de le lire sur son visage.

Ces trois cellules formaient le côté gauche de la partie arrondie de la salle. Quatre hommes masqués étaient en face d'elles, tous quatre le fusil à la main et le canon de ce fusil appuyé sur une barre de bois formant meurtrière à la hauteur de la poitrine des trois femmes et du berceau des enfants.

De l'autre côté, Uranie étendue sur un siége, demi-morte de frayeur, incapable de retrouver la somme d'énergie nécessaire pour comprendre même ce qui se passait autour d'elle, Uranie presque inanimée gisait sans mouvement, à quelques pas de son mari qui, les regards dardés sur cette femme qu'il adorait, les mains crispées, la respiration sifflante, demeurait atterré, magnétisé par la gueule du canon de fusil abaissé dans la direction d'Uranie.

Plus loin, Rose, la *jolie mignonne*, agenouillée comme Blanche et comme Léonore, et comme elles priant avec la ferveur de la martyre.

Enfin, Louis Niorres pétrissant la poignée de son sabre inutile, Louis, le teint plus blanc que le parement de son uniforme, les yeux en feu et injectés de sang, les lèvres frémissantes, le corps en proie à des secousses convulsives, Louis qui, emporté par son ardente et jeune imagination, s'était demandé déjà s'il ne valait pas mieux mettre fin à ce supplice, s'il ne valait pas mieux essayer de forcer la grille qui le séparait des hommes masqués, et si, pour ceux-là mêmes dont les tortures morales déchiraient son cœur, il ne valait pas mieux provoquer l'éclat de la foudre qui devait tous les anéantir.

Deux fois Louis avait été sur le point de se laisser entraîner et deux fois la vue de Rose, priant à quelques pas de lui, avait arrêté l'élan de son désespoir.

Un bruit sourd retentit brusquement : une porte s'ouvrit, Camparini s'avança dans la salle. Il tenait à la main plusieurs liasses de papiers.

Sans dire un mot, il s'approcha du clerc de notaire et lui fit signe de se lever, puis lui remettant les papiers, il lui indiqua du geste Blanche et Léonore.

Le clerc comprit sans doute ce que le terrible *Roi du bagne* exigeait de lui, car, se levant brusquement, il prit d'une main les papiers que Camparini lui tendait, de l'autre son encrier et sa plume, et il se dirigea vers la cellule occupée par les deux jeunes mères.

## LXVII. — LE TRIOMPHE.

— Les millions en or et en pierreries qui sont dans la ferme vont être à nous, disait Camparini ; là encore nous trouverons les traités signées par le comte d'Adore. Toute cette fortune est facile à acquérir, puisque les murs seuls de la ferme s'élèvent entre nous et elle...

— C'est vrai ! dit une voix.

— Mais cette richesse était-elle suffisante pour nous récompenser des peines, des fatigues, des dangers de quinze années de lutte avec la société entière ?.... Récapitulez ce que toutes les fortunes réunies des Niorres, des d'Horbigny, des Cantegrelles, des Courmont devaient faire de millions. Déduction faite des pertes qu'a fait subir la Révolution, la fortune des Niorres peut encore être estimée aujourd'hui à cinq millions ; celle des Saint-Gervais et d'Horbigny à quatre millions ; celle des Cantegrelles et celle des Courmont réunies à huit millions au moins : soit, dix-sept millions, et de ces dix-sept millions moitié seulement est cachée dans la ferme de Fontenay. Fallait-il abandonner le reste ? fallait-il abandonner ces bois, ces terres, ces propriétés immenses qui, mises entre les mains d'hommes dévoués, peuvent étendre notre influence dans les provinces, nous y ménager des abris et des retraites sûrs, nous permettre enfin de jouer à la face de cette société, notre ennemie, le double rôle qui fait notre force ?.... Pour moi, les millions enfouis dans les caves de la ferme de Fontenay sont bons à prendre, certes, mais ils ne sauraient équivaloir, pour le bien de la cause, à ces millions en propriétés territoriales qui doivent devenir nôtres. Comprenez-vous toute l'étendue de mes visées ?

— Oui ! oui ! » s'écria-t-on avec une expression admirative.

C'était Camparini qui venait de parler ; Pick, Roquefort, Chivasso, Bamboula, un masque à la main, avaient écouté et avaient applaudi. Un sixième personnage, ayant son masque sur le visage, lui, se tenait près du grand chef.

C'était dans une grande salle splendidement éclairée qu'avait lieu cette conférence.

Au centre de la salle était dressée une grande table toute surchargée des débris d'un magnifique repas. Camparini, debout, les deux mains appuyées sur le dossier d'un siége retourné, jetait sur ses auditeurs son regard chargé d'effluves magnétiques.

« Maintenant, reprit-il avec un accent de triomphe, le but est atteint : tout a réussi, tous mes plans ont enfin été exécutés. A nous ces fortunes immenses que tant de fois nos mains ont cru saisir, et qui, cette fois, sont bien en notre possession.

— Mais, dit Pick, je comprends bien comment nous pourrons nous emparer des millions en or et en pierreries cachés dans la ferme de Fontenay, je comprends encore que nous nous emparions des traites fournies par le comte d'Adore et que nous les fassions encaisser... et à ce sujet, Camparini, il faut que je t'adresse en notre nom à tous les félicitations les plus sincères et les plus vraies. Nous comprenons enfin aujourd'hui pourquoi tu n'as jamais voulu laisser tuer le comte d'Adore, et pourquoi tu t'es fait l'ami du baron de Grafeld. L'histoire de ces traites, si habilement combinée par toi, de ces traites que tu es arrivé à faire faire et négocier comme tu voulais qu'elles fussent faites et négociées est la preuve la plus grande de ton adresse et de ton génie... »

Camparini s'inclina en souriant.

« J'accepte les félicitations, dit-il, bien qu'il ne soit pas l'heure des compliments à échanger, mais bien des explications à donner. Que voulais-tu dire?

— Je voulais dire que si je comprends bien ce qui concerne la ferme de Fontenay, je ne comprends pas comment nous pourrons devenir possesseurs des fortunes territoriales qu'il faut cependant que nous ayons entre nos mains pour assurer notre puissance.

— Ces fortunes, dit Camparini, n'avais-je pas trouvé moyen jadis, à une époque peu reculée, de nous en assurer la jouissance et la possession?

— Oui, en en faisant hériter Gorain et Gervais, mais Gorain et Gervais ont joué leur rôle, mais ils sont usés, mais nous ne pouvons plus nous en servir...

— Et la preuve, c'est qu'ils mourront cette nuit.

— Alors, que veux-tu donc faire?

— Suivre le conseil que m'a donné le plus dévoué de mes amis.

— Qui cela? »

Camparini posa sa main sur l'épaule de l'homme masqué.

« Ôte donc ton masque, Charney, dit-il, que nous puissions te voir en face! »

L'homme obéit, et la physionomie intelligente de M. de Charney resplendit aux lumières.

« Oui, reprit Camparini, il faut rendre à chacun la justice qui lui est due : c'est à Charney que je dois l'idée de la combinaison qui va faire notre force. La difficulté, n'est-ce pas, c'était dans la manière dont ces énormes fortunes territoriales devaient passer des mains de leurs possesseurs actuels dans celles de ceux qui doivent en être dépositaires à notre bénéfice?... La combinaison Gorain et Gervais avait pu exister jadis faute de mieux : à cette heure, elle était devenue impossible. Il fallait autre chose; il nous fallait des hommes qui nous fussent plus directement attachés, plus solidement dévoués. Charney s'est offert, et il m'a présenté un plan si habilement conçu, si parfaitement tracé que je n'ai pas dû hésiter à le suivre. Pour le mettre à exécution, il s'agissait seulement d'avoir entre les mains tous ceux qui étaient les héritiers de ces fortunes. Je me chargeai d'arriver à ce but, et, vous le voyez, j'ai tenu ma promesse... Écoutez donc maintenant, et ne perdez pas une de mes paroles. La fortune des Niorres appartient à Louis, le petit-fils du conseiller, mais Louis est mineur. Louis ne peut tester; s'il meurt, à qui revient cette fortune? Au colonel Bellegarde, son cousin, ou, à défaut du colonel, aux citoyennes Blanche et Léonore, ses cousines.

— Oui, dit Roquefort, la filiation est exacte.

— Louis est mort! poursuivit Camparini, Lucile est morte! le colonel Bellegarde meurt cette nuit! donc la fortune des Niorres revient aux citoyennes Blanche et Léonore. Bonchemin et le Bienvenu sont morts : procès-verbal de leur décès a été dressé, vous le savez, donc les deux femmes, seules héritières, étant veuves, peuvent disposer librement de leur fortune. Cette fortune, elles en disposent naturellement en faveur de leurs enfants, mais à défaut de ces enfants, elles déclarent toutes leurs biens à une jeune fille qu'elles aiment, à l'enfant de leur meilleure amie, à Amélie Geoffrin enfin! Est-ce clair?

— Parfaitement ! dit Pick.

— Louis et Lucile doivent donc mourir; cela est facile, ils sont entre mes mains. Le colonel sera mort demain matin ; toutes les précautions sont prises, et le poison qu'il absorbera n'étonnera personne, puisqu'il a déjà tenté de s'empoisonner, puisque chacun sait qu'il veut attenter à ses jours..... Voici l'acte signé par Blanche et Léonore, nées de Niorres, qui déclarent seul héritière Amélie Geoffrin; celles-là n'ont donc plus qu'à mourir avec leurs enfants, et tous quatre sont à notre merci.

— La fortune des Cantegrelles et celle des d'Horbigny? dit Roquefort.

— Ces deux-là appartiennent à Léopold et à Uranie sa femme. Uranie, elle aussi, l'amie d'Amélie, fait mademoiselle Geoffrin son héritière dans le cas où elle survivrait à son mari. Quant à Léopold Signelay, l'héritier des Saint-Gervais et des d'Horbigny, il abandonne toute cette fortune, dans le cas où il mourrait le dernier et sans enfants, à Rose Bernard, la jolie mignonne, cette petite fille qui a passé si longtemps pour l'héritière du vieux marquis d'Horbigny. Ce faisant, Léopold a tout l'air de vouloir réparer une injustice du hasard. Comprenez-vous?

— Oui, dit Chivasso ; mais Signelay et sa femme sont morts pour le monde depuis le 20 vendémiaire.

— Aussi les dispositions testamentaires sont-elles signées du 15.

— Tout cela est donc fait?

— Oui ; le clerc de maître Raguideau a dressé les actes.

— Alors, il faut que tous ces gens meurent cette nuit?

— Oui, dit Camparini d'une voix vibrante. Il faut qu'ils meurent tous : il faut que cette nuit voie anéantir tous ceux qui nous gênent, ou qui sont nos ennemis ! Oui, il faut qu'ils meurent, mais successivement, car la vie des uns nous répond de l'obéissance des autres : il faut qu'ils meurent, ils mourront. Le premier qui doit mourir est le colonel Bellegarde : celui-là sera mort cette nuit, je le jure. Un homme pouvait entraver l'exécution de mes projets, cet homme était le tambour-maître : son cadavre est à cette heure dans le bois de Vincennes. Donc le colonel mourra. Après lui, c'est Uranie et Léopold, dont la mort déjà connue de tous n'étonnera personne ; de Léopold qui lègue sa fortune à Rose Bernard. Celle-là aime Louis Niorres et son amour nous répond de son obéissance. Un poignard sur la gorge de Louis, je me charge de contraindre Rose à devenir la femme de Chivasso, qui est maître alors de la fortune des d'Horbigny et des Cantegrelles. Puis c'est Louis Niorres qui meurt, et après Louis ses héritiers. Charney, en épousant Amélie Geoffrin, hérite donc aussi, et toutes ces immenses fortunes se trouvent être les propriétés de Chivasso et de Charney, qui deviendront ainsi les chargés d'affaires de l'association. Ferdinand Geoffrin enfermé à Grenelle, Ferdinand, dont la vie est entre nos mains, nous répond de l'obéissance de sa mère et de sa sœur. »

Un silence suivit ces paroles. Tous les auditeurs se regardaient avec une expression d'admiration profonde.

« Allons, reprit Camparini, est notre dernière nuit d'action. Demain nous disparaissons tous et personne ne sait ce que nous sommes devenus ; car il faut que les circonstances arrivent d'elles-mêmes et que ces morts aient le temps d'être constatées. Un seul de nous demeurera en pleine lumière : celui-là c'est Charney. Il faut qu'il agisse, lui, qu'il agisse sans tarder, ce soir même. Il a promis à madame Geoffrin de lui donner des nouvelles de son fils le 20 brumaire. Nous sommes au 20 brumaire, il faut qu'il tienne sa promesse, afin qu'elle-même tienne la sienne.

— Je sais ce que je dois faire, dit Charney.

— Non, dit Camparini en souriant finement, tu ne sais pas encore tout ce qu'il faut que tu fasses. »

Charney regarda le Roi du bagne avec une expression d'étonnement manifeste.

« Il ne faut pas, reprit Camparini, qu'une seule discussion puisse s'élever une fois ces actes connus ; donc il faut tout prévoir et engager tout le monde. Que chacun de ceux dont nous voulons nous servir devienne notre complice, et nous aurons assuré notre triomphe et notre sécurité.

— C'est vrai, dit Pick.

— Louis de Niorres en notre pouvoir nous répond de l'obéissance de Rose, d'ailleurs, cette nuit même elle sera la femme de Chivasso ; le municipal de Brunoy fera ce que je lui ordonnerai de faire. La vie de sa femme, et celle de son fils que j'ai fait enlever, nous répondent de lui. Il rendra légal le mariage et il sera contraint à passer par-dessus les formalités. Donc, du côté de Rose, nous n'avons rien à craindre ; les actes d'abandon entre mari et femme sont faits et signés. Rose est mineure, mais elle est orpheline ; elle n'a aucun parent dont elle dépende.

— C'est parfaitement clair, dit Chivasso. Continue.

— La fortune des Gourmont revient de droit à madame Geoffrin, cela est légalement prouvé, nous n'avons pas à nous en occuper; d'ailleurs nous aurons les traites, mais cependant il ne faut pas qu'une opposition soit mise par les héritiers au payement de ces traites, par le motif qu'elles auraient été prises. Voici donc un acte en bonne forme, par lequel madame Geoffrin déclare avoir remis ces traites à M. de Charney, qui va être son gendre, et les lui abandonner pour la dot de sa fille. Voici un autre acte d'abandon en faveur de sa sœur par Ferdinand. Prends le premier de ces actes, Charney, et fais-le signer ce soir par madame Geoffrin. Quant à la signature du second, je m'en charge.

— C'est tout? dit Charney.

— Reste la fortune des Niorres. Il faut que madame Geoffrin déclare accepter, pour sa fille, cette fortune transmise par la filiation que j'ai expliquée. Amélie devra également accepter ce legs; cet acte sera signé en laissant les dates en blanc; car il doit forcément, pour être valable, être postérieur au décès de Louis Niorres, puisque ce n'est qu'après sa mort que Blanche et Léonore deviennent héritières. De cette façon, madame Geoffrin et sa fille deviennent nos complices, et ne peuvent rien contre nous dans l'avenir. Prends ces actes, Charney, et rapporte-les signés cette nuit même; la vie de Ferdinand répond de l'obéissance des deux femmes.

Charney prit les papiers que lui présentait le Roi du bagne.

« Je réponds de tout, dit-il.

— Tout est prêt, dit Camparini. Encore quelques heures et notre œuvre sera achevée. Nos hommes les plus dévoués et les meilleurs entourent en ce moment la ferme de Fontenay; ils se tiennent disposés à agir au premier signal.

— Le municipal de Brunoy? demanda Pick.

— Il sera ici dans une heure. »

Charney s'était levé.

« Je pars pour Paris, dit-il, et je jure que je tiendrai cette nuit le serment que je me suis fait et que je vous ai fait à vous-mêmes.

— A l'œuvre donc! s'écria Camparini. Toi, Charney, à Paris; toi, Pick, dans l'auberge voisine, à la garde de cette maison qui contient tous ceux que nous ne devons plus laisser vivre; Bamboula, Roquefort et moi à la tête de nos hommes, et à la ferme de Fontenay. En avant les chauffeurs! Pillons la ferme, enlevons les trésors qu'elle contient; puis, tous ici à quatre heures, et que chacun ait fait ce qu'il doit faire. Alors, tous ensemble, nous terminerons l'œuvre commune, nous rendrons valables ces actes d'héritage et naturelles ces morts, qui toutes doivent avoir lieu avant le lever du jour. »

## LXVIII. — LE 20 BRUMAIRE.

« M. de Charney! annonça Joseph.

— Qu'il entre! » dit vivement madame Geoffrin en se levant.

Elle courut au-devant du visiteur qui, le front pâli, l'œil animé, s'avançait évidemment en proie à l'émotion la plus vive.

Madame Geoffrin s'arrêta brusquement en voyant entrer M. de Charney. Elle demeura palpitante, anxieuse... Son visage, amaigri par la maladie, mais si charmant encore, changea successivement de couleur; on eût presque pu entendre les battements de son cœur; quand Annibal ne fut qu'à quelques pas d'elle, quand il s'inclina pour saluer, madame Geoffrin entr'ouvrit la bouche pour parler, mais le son expira sur ses lèvres, la force sembla l'abandonner et elle s'appuya sur le dossier de son fauteuil.

C'était dans la chambre de madame Geoffrin que se passait cette scène. Elle était seule alors que l'on avait annoncé M. de Charney.

Annibal fit un mouvement comme pour s'élancer et la soutenir, mais madame Geoffrin se redressa avec un effort suprême et l'arrêtant par un geste impérieux :

« Quel nom dois-je vous donner? » demanda-t-elle.

Charney s'inclina de nouveau et présenta à madame Geoffrin un papier plié en forme de lettre et qu'il tenait à la main. Madame Geoffrin s'en saisit avidement.

Elle se rapprocha de la lumière projetée par une lampe placée sur une table voisine, mais elle n'avait pas fait trois pas, mais ses yeux ne s'étaient pas abaissés sur l'adresse que portait l'enveloppe de la missive, qu'elle poussa un cri et qu'elle demeura comme foudroyée par une joie immense et subite.

« Mon fils! dit-elle enfin, l'écriture de Ferdinand! »

Et d'une main tremblante elle rompit le cachet de cire qui fermait la lettre.

Annibal s'était reculé et semblait attendre. Madame Geoffrin tenait le papier ouvert... Elle lisait... L'émotion la plus violente paraissait la dominer... Des larmes inondaient son visage, sa main tremblait, agitée par un mouvement convulsif... des soupirs rauques déchiraient sa gorge.

Relevant d'une main les bandeaux de ses cheveux qui voilaient son visage, elle tendit de l'autre la lettre à son visiteur :

« Lisez! dit-elle, lisez à voix haute, que j'aie la conviction que je ne suis point folle et que j'ai bien lu ce qui est écrit là!... lisez! lisez! »

Charney avait pris la lettre ouverte; il fit un pas en avant et il lut :

« Chère mère,

« Tu as dû horriblement souffrir, car je sais combien tu m'aimes... Je suis vivant... Bientôt, je l'espère, je te reverrai... C'est là tout ce que je puis te dire et t'apprendre, car il m'est interdit de te renseigner sur ma situation.

« Je ne puis que te répéter ces mots : Je suis vivant! et ajouter ceux-ci : Si tu veux que je sois libre bientôt et que j'accoure te presser dans mes bras, aie confiance absolue dans celui qui te remettra cette lettre.

« J'ai bien souffert en pensant à ce que toi et Amélie avez dû souffrir... Et Caroline?... Elle ne m'a pas oublié, n'est-ce pas? »

— « Oui, dit madame Geoffrin, tout cela est écrit! Cette écriture est celle de mon fils, je n'en puis douter... C'est bien sa signature. C'est lui... Oh! mais il est donc vivant. »

Un magnifique Christ était accroché dans l'alcôve, à la tête du lit. Madame Geoffrin courut s'agenouiller et elle pria avec des sanglots dans la gorge, avec des éclairs de reconnaissance dans les yeux... Elle priait, l'excellente femme, avec cette ferveur ardente de la mère qui remercie le ciel de lui avoir rendu son enfant dont elle s'était crue séparée à jamais.

Annibal était demeuré respectueusement et discrètement à l'écart. Il contemplait d'un regard doux et triste celle qui, s'isolant du monde, se suspendait à cet anneau céleste que l'on nomme la prière.

Tout à coup, madame Geoffrin se tourna vers Annibal et avec un geste adorable :

« Venez prier près de moi! » dit-elle.

Annibal tressaillit; mais, à l'instant même, sans hésiter, il s'avança d'un pas ferme pour venir s'agenouiller auprès de la veuve.

Celle-ci le contemplait, une pensée rapide jaillit dans son esprit :

« Oh! se dit-elle, si cet homme était un misérable, il n'oserait pas venir prier près de moi! »

Charney était agenouillé devant le Christ. Les bras pendants et le front penché, il paraissait abîmé dans un flot de pensées tumultueuses : tous deux prièrent ainsi, et durant quelques minutes la chambre demeura plongée dans le plus profond silence.

Enfin madame Geoffrin se releva la première. Elle couvrit de baisers la lettre qu'elle n'avait pas cessé de presser sur son cœur.

« Oh! Dieu est bon! dit-elle, il sait ce que j'ai souffert... il n'aurait pas voulu déchirer à jamais mon cœur en me privant de l'un de mes enfants!... Mon fils!... mon Ferdinand!... Oh! je pourrai donc le revoir. »

Et se tournant vers Annibal :

« Vous m'avez tenu parole! dit-elle. Mais cette lettre, comment l'avez-vous...

— Vous le savez, madame, répondit M. de Charney.

— Oui, oui! s'écria madame Geoffrin. J'ai confiance en vous! »

Et elle tendit la main au jeune homme. Celui-ci prit d'une main ces doigts effilés qui s'offraient à lui et, posant l'autre main sur son cœur, il s'inclina avec émotion pour effleurer de ses lèvres la peau satinée de la mère d'Amélie.

« Madame, dit-il en se redressant, votre fils est vivant,

vous le savez, mais il est prisonnier en ce moment et il faut qu'il soit libre...

— Et que faire? s'écria madame Geoffrin. Oh! parlez!... dites vite!... Tout ce qui doit être fait, je le ferai...

— Madame, dit Annibal, vous avez dit tout à l'heure que vous aviez confiance en moi.

— Je le répète.

— Eh bien! je vous donne ma parole d'honneur que si vous voulez me laisser agir sans vous opposer à ce que j'ai fait et à ce que je veux faire, votre fils sera libre avant que douze heures ne soient écoulées!

— Mais où est-il donc?

— Je ne puis vous le dire.

— Qui le retient captif?

— Un ennemi puissant.

— Quel ennemi?

— Il n'est pas l'heure de le nommer.

— Mais comment savez-vous?... expliquez-vous, Annibal!

— Promettez-moi de me laisser maître absolu de la situation durant douze heures, à partir de ce soir neuf heures, et vous saurez tout, et Ferdinand sera libre. »

Madame Geoffrin regarda son interlocuteur.

— Je vous le promets! dit-elle.

— Chacun dans cette maison m'obéira?

— Je vais en donner l'ordre.

— Je pourrai aller, venir, sortir, rentrer, quoi qu'il arrive, à toutes heures de cette nuit, sans exiger d'explication de ma conduite, recevoir qui je voudrai, employer vos gens ainsi que je le désirerai; vous me garantissez enfin liberté complète d'action et de paroles durant ces douze heures?

— Oui! vous serez le maître, je vous le jure!

— Alors, je vous jure aussi que demain, à six heures du matin, vous embrasserez votre fils. »

Un coup fut frappé à la porte de la chambre.

« Entrez! » dit madame Geoffrin.

Mariette passa la tête par l'entre-bâillement de la porte :

« Le colonel Bellegarde! dit la servante. Madame reçoit-elle? »

Madame Geoffrin regarda Annibal.

« Oui! oui! faites entrer au salon! » dit vivement Annibal.

Mariette regarda M. de Charney avec étonnement, puis se reporta sur sa maîtresse.

« Faites allumer au salon! dit Annibal.

— Obéissez à M. de Charney, ajouta madame Geoffrin. Tout ce qu'il vous ordonnera de faire, faites-le!

— M. d'Adore! dit Joseph en s'avançant.

— Faites entrer! dit Annibal. Les docteurs Corvisart et Dupuytren vont venir, vous les recevrez également, ainsi que d'autres personnes qui se présenteront encore. »

Joseph s'éloigna. Madame Geoffrin regardait Annibal avec une expression d'étonnement profond.

« N'accusez que moi de toutes ces visites, dit M. de Charney. J'ai écrit à tous vos amis que vous les attendiez ce soir.

— Vous avez écrit...

— Oui, madame. J'étais certain que vous m'approuveriez. Mademoiselle Amélie est chez madame Chivry, n'est-ce pas?

— Oui.

— Mariette! » appela Annibal.

La femme de chambre s'avança vivement.

« Courez à l'hôtel Chivry, dit-il. Priez mademoiselle Amélie de revenir auprès de sa mère. Priez également madame Chivry et mademoiselle Caroline d'accompagner mademoiselle Amélie. Si M. Chivry était sorti, qu'on l'envoie chercher partout où il serait. Vous direz que votre maîtresse insiste auprès de ces dames pour qu'elles se rendent sans tarder à son invitation, et vous ajouterez qu'il s'agit de M. Ferdinand dont madame Geoffrin a reçu des nouvelles.

— Des nouvelles de monsieur! s'écria Mariette.

— Oui! oui! dit madame Geoffrin. Il est vivant. Il va revenir. Allez, Mariette, obéissez vite! »

Mariette s'élança et disparut comme une flèche. Charney se retourna vers madame Geoffrin :

« Dites-moi encore que vous avez confiance en moi! reprit-il.

— Oui! j'ai confiance en vous, je le jure! » dit madame Geoffrin.

Annibal présenta son bras à la veuve :

« Venez recevoir ceux qui attendent dans votre salon, dit-il, et n'oubliez pas, je vous en prie, que c'est vous-même qui les avez fait prévenir. Je vous recommande spécialement le colonel Bellegarde... Je vous dirai pourquoi plus tard... »

Et Annibal, entraînant doucement madame Geoffrin, se dirigea avec elle vers le salon du rez-de-chaussée.

## LXIX. — LES AMIS.

Le salon de madame Geoffrin était splendidement éclairé. Un cercle d'amis se pressait autour de la maîtresse de la maison qui était étendue sur une grande chaise longue, la tête appuyée sur un coussin.

À ses pieds était assise Amélie sa fille, les mains dans les mains de sa mère. Près d'Amélie se tenait Caroline, les joues empourprées et les yeux fatigués par les larmes.

Plus loin, madame Chivry, son mari, puis le comte d'Adore, Corvisart et Dupuytren, et enfin, maître Raguideau, le notaire.

Madame Geoffrin formait le point central du demi-cercle tracé par ses amis autour de la cheminée, dans laquelle brûlait un feu clair. Debout devant cette cheminée, et placé sous le rayonnement des bougies, se tenait Annibal de Charney.

Neuf heures du soir venaient de sonner; un silence profond régnait dans la pièce. Tous, un seul excepté, paraissaient gênés, embarrassés, anxieux; tous, hormis un seul, échangeaient des regards inquiets et semblaient sous le coup d'une pénible attente. Seul Annibal de Charney souriait doucement et était absolument maître de lui-même.

Tout à coup Charney redressa la tête, ses yeux lancèrent un double éclair, et, s'appuyant sur le dossier d'une chaise placée près de lui :

« Madame, dit-il en s'adressant à madame Geoffrin, ainsi que je vous l'ai expliqué, mais ainsi que tous ceux qui nous entourent l'ignorent encore, je suis la cause de cette réunion qui vous place au milieu de vos plus dévoués amis. C'est moi qui, à votre insu, ai fait prévenir chacun de ces messieurs. C'est moi qui ai fait supplier M. et madame Chivry de se rendre dans ce salon... »

Un silence exprimant un étonnement profond suivit ces paroles : tous se regardaient, se demandant évidemment où M. de Charney voulait en venir.

« Je vous ai donné les preuves de l'existence de votre fils, poursuivit Charney, j'ai tari la source des douleurs qui déchiraient votre âme, je savais que cette nouvelle devait réjouir tous ceux qui vous aiment, mais je l'avoue néanmoins, ce n'est pas dans l'intention de leur donner moi-même cette nouvelle que je les ai rassemblés chez vous : c'est pour avoir avec vous, madame, devant eux, vos meilleurs confidents et vos plus intelligents conseils, une explication que les circonstances rendent absolument nécessaire. »

Un nouveau silence, plus profond encore que le premier, régna dans le salon. De nouveaux regards plus anxieux étaient échangés.

« Mais mon fils, Ferdinand, c'est de lui qu'il faut parler! s'écria madame Geoffrin.

— C'est pour parler de lui, madame, qu'il faut que je commence par parler de moi-même.

— Cependant... commença maître Raguideau en se levant.

— Pardon, monsieur, interrompit Annibal, avant d'aller plus loin, je dois rappeler ici, devant vous, à madame Geoffrin, la promesse qu'elle vient de me faire et qui vous engage tous : madame m'a promis solennellement de me laisser maître absolu de la situation douze heures durant à partir de l'heure qui vient de sonner ; de me laisser aller, venir, sortir, rentrer, quoi qu'il arrive, à toute heure de cette nuit sans exiger d'explication de ma conduite ; d'employer les gens de l'hôtel comme je le désirerais ; de me garantir enfin liberté complète d'action et de paroles durant ces douze heures. Madame Geoffrin m'a fait ce serment et je lui ai fait, moi, en échange, celui que, ces douze heures écoulées, Ferdinand lui serait rendu. Si je vous répète ici le serment prononcé par madame Geoffrin, c'est que ce serment, fait en de telles circonstances par la maîtresse de la maison, engage ceux qui sont abrités sous son toit.

— Oui, dit madame Geoffrin, je vous ai promis douze heures de liberté absolue ; il ne dépendra pas de moi que cette promesse ne soit tenue, et, en m'engageant, j'ai engagé tous ceux qui m'entourent.

— Sans doute, dit M. d'Adore, il s'agit de Ferdinand, mais cependant je fais une réserve : le présent ne saurait engager l'avenir, et si je n'ai pas le droit de demander cette nuit à M. de Charney quelques explications que je serais fort aise d'avoir, je prétends me réserver la faculté de les lui demander plus tard.

— Et je serai à vos ordres, monsieur, dit froidement Charney.

— Au fait, dit vivement maître Raguideau.

— Profitant de cette liberté qui m'est donnée, reprit Annibal, j'écarte donc, pour le moment du moins, tout ce qui peut avoir rapport à M. Ferdinand pour mener l'explication sur le terrain que je désire lui voir explorer. »

Madame Geoffrin fit un signe affirmatif.

« Madame, poursuivit Annibal avec une émotion assez vive dans la voix, vous savez que j'aime mademoiselle Amélie et que mon plus ardent désir est de la nommer ma femme. Jadis, alors que vous avez deviné ce qui se passait en moi, vous daignâtes ne pas éteindre la lueur d'espérance qui me laissait bercer mon âme des plus douces illusions. Vous fîtes plus, et vous me promîtes la main de celle que j'adorais, que j'adore et que j'adorerai toujours, quoi qu'il arrive. »

Amélie, qui sentait tous les regards dardés sur elle, enfouit sa jolie tête dans les genoux de sa mère.

« Permettez-moi, maintenant, madame, poursuivit Charney, de vous rappeler deux circonstances, qui toutes deux sont trop graves pour ne pas être présentes à votre pensée, car dans ces deux circonstances, madame, vous avez dû amener à douter de moi, et je dois l'avouer, vous n'avez fait, en doutant, qu'obéir à votre conscience ; le doute était effectivement permis. La première fois, ce fut le lendemain même de la nuit où furent accomplis ces horribles assassinats qui jetèrent à la fois dans votre famille le deuil et la richesse. Rappelez-vous, madame, l'histoire de ce portefeuille brodé par vous, que vous m'avez donné, et qui fut trouvé par le docteur Corvisart dans la chambre même des victimes quelques heures après l'accomplissement des meurtres. »

Madame Geoffrin tressaillit. Charney se retourna vers Corvisart.

« Docteur, lui dit-il, la situation est solennelle ; vous le reconnaissez, je vous adjure de dire la vérité. En trouvant ce portefeuille, n'avez-vous pas eu la pensée que son propriétaire pouvait faire partie des assassins ?

— Cela est vrai ! » dit le docteur avec un ton si ferme, que tous ceux qui étaient là frissonnèrent avec un mouvement de terreur.

Charney demeura impassible.

« Cette pensée, poursuivit-il, ne vous était-elle pas venue d'autant plus facilement, que vous aviez alors la conviction de la mort de MM. de Charney père et fils ?

— Oui, dit encore Corvisart.

— Et, reprit Annibal, celui qui avait cru devoir vous éclairer sur le compte du faux M. de Charney, ainsi qu'il le disait lui-même, celui-là, répondez-moi franchement, docteur, n'était-ce pas un des principaux employés du ministère de la police ? N'était-ce pas ce malheureux Jacquet qui vient de périr si tristement ?

— Oui, dit encore Corvisart avec étonnement ; mais comment savez-vous...

— Vous l'apprendrez. »

S'adressant alors à Amélie :

« Mademoiselle, continua Charney dont le visage s'empourprait, et dont la voix était devenue tremblante, mademoiselle, pardonnez-moi de réveiller l'un de vos plus douloureux souvenirs ; mais cette nuit fatale des assassinats commis dans la maison, n'avez-vous pas cru être le jouet d'un rêve étrangement horrible, n'avez-vous pas cru...

— Taisez-vous ! taisez-vous ! balbutia Amélie en couvrant son visage de ses mains.

— Il faut que je parle !

— Monsieur... dit madame Geoffrin.

— Il le faut, madame, et bientôt vous comprendrez pourquoi j'insiste avec cette énergie. »

S'adressant de nouveau à Amélie :

« Encore une fois, pardonnez-moi, mademoiselle, poursuivit Charney, et excusez-moi ! Mais je dois insister... Durant cette nuit horrible, n'avez-vous pas cru, parmi les voix des bandits qui avaient pénétré dans cette maison, reconnaître une voix qui vous était familière... ma voix enfin... »

Amélie frissonna.

« Répondez, je vous en conjure ! dit Annibal.

— Oui ! balbutia la jeune fille.

— Et, reprit M. de Charney, dont l'émotion semblait augmenter, en vous approchant de votre fenêtre, en assistant à l'une de ces scènes monstrueuses accomplies à quelques pas de vous, n'avez-vous pas cru encore reconnaître parmi l'un des assassins...

— Taisez-vous ! taisez-vous ! » s'écria Amélie.

Charney s'inclina et un soupir rauque s'échappa de sa gorge. S'adressant de nouveau à madame Geoffrin :

« Vous rappelez-vous, madame, reprit-il, la conversation que nous eûmes ensemble le 4 de ce mois ?

— Oui ! dit madame Geoffrin.

— Les premiers doutes qui avaient disparu, je les vis alors se redresser devant moi. On vous avait affirmé, et je vous remercie de me l'avoir déclaré franchement, que MM. de Charney père et fils étaient bien morts et que les pièces que je vous avais communiquées étaient fausses. De plus, on avait fait naître cette pensée dans votre âme que j'avais eu intérêt d'abord à vous faire hériter des Courmont et que, cet héritage acquis, j'avais eu intérêt encore à ce qu'Amélie héritât de son frère. »

Un cri terrible jaillit de la poitrine de mademoiselle Geoffrin.

« Monsieur ! s'écria la mère. Cette enfant devait toujours ignorer cette affreuse accusation.

— Je croyais que cela pouvait être, madame, répondit Charney ; mais cela est impossible. Il faut aujourd'hui que mademoiselle Amélie n'ignore rien. Enfin et pour comble, le ministre de la police, en approfondissant l'affaire de la disparition de Ferdinand, votre fils, en vint naturellement à m'accuser encore de la tentative d'empoisonnement dont vous avez été victime. »

Madame Geoffrin courba la tête. Un silence effrayant suivit ces paroles. Personne n'osait rompre ce silence qui décelait une poignante émotion de la part de tous les assistants. Amélie pleurait dans le sein de sa mère. Caroline, agenouillée près d'elle, pleurait avec elle.

Maître Raguideau se leva :

« Monsieur, dit-il d'une voix sévère à Charney, où donc voulez-vous en venir ? »

Charney soutint sans sourciller le regard profond et scrutateur du spirituel tabellion.

« Où j'en veux venir ? répondit-il lentement. A ceci, monsieur ; à formuler bien nettement, à poser bien carrément toutes les accusations dont depuis un mois j'ai été l'objet.

— Eh bien ! ces accusations posées, qu'avez-vous à répondre pour les combattre ?

— Peu de choses, car une partie de ces accusations sont justes ! »

Un cri de stupeur partit de toutes les bouches.

« Quoi ! fit Corvisart en s'avançant, vous auriez... .

— Que les pièces prouvant l'existence de M. de Charney fils, que je l'ai présentées, sont fausses ? Oui, je l'avoue !

— Horreur ! s'écria madame Geoffrin.

— Que mademoiselle Amélie a pu reconnaître ma voix parmi celles des bandits introduits dans cette maison la nuit du crime ? Oui ! Elle a pu la reconnaître, car j'étais parmi eux ! »

Un frémissement d'indignation accueillit cet aveu fait d'une voix très ferme.

« Que j'ai eu intérêt à la disparition de Ferdinand et que j'ai pu aider à cette disparition ? Eh bien, oui, je l'avoue encore, car cela est !

— Misérable ! » s'écria-t-on de tous les coins du salon.

Corvisart, Dupuytren, d'Adore, Raguideau, Chivry, s'avancèrent avec des gestes menaçants :

« Madame ! dit Charney en s'adressant à madame Geoffrin. Je vous somme de vous rappeler votre serment. Quoi que je dise, quoi que je fasse, j'ai, cette nuit, liberté absolue. Chacun doit, ici, m'écouter en silence et m'obéir sans réflexion ! Tenez votre serment ! je tiendrai le mien ! »

## LXX. — PÈRE ET FILS.

« Oui, continua Charney en se croisant les bras sur la poitrine, oui, je me reconnais coupable de quelques-unes de ces accusations, comme je nie être coupable des autres. Non, je n'étais pas parmi les assassins que mademoiselle

Amélie a vus ; non, je ne suis pas coupable de la tentative d'empoisonnement dont madame Geoffrin a été victime.

— Mais, Ferdinand ! vous savez où il est ? s'écria Dupuytren.

— Je l'ignore.
— Allons donc ! répondez !
— Je l'ignore, reprit Annibal, mais je le saurai.
— Quand ?
— Cette nuit même, avant que les douze heures que j'ai demandées à madame Geoffrin ne soient écoulées.
— Mais cette lettre que vous avez remise à sa mère, comment l'avez-vous eue ?
— Je la tiens de celui-là même qui a fait tomber Ferdinand dans le piège dont il a été victime.
— Pourquoi vous l'avoir remise à vous ?
— Parce que je suis l'ami de ceux-là, je suis affilié à leur bande. »

Un frémissement d'horreur accueillit cette terrible déclaration, faite avec un sang-froid effrayant.

« Voulez-vous des preuves ? dit Annibal d'une voix sifflante ; je vais vous en donner d'irrécusables. »

Prenant dans sa poche une liasse de papiers, qu'il tendit à maître Ragoideau :

« Examinez ces actes, poursuivit Annibal ; ils ont été dressés par un de vos clercs, dont la disparition a dû vous inquiéter : c'était celui qui avait été chargé de l'affaire des traites. Lisez ! »

Maître Ragoideau parcourait les papiers qu'il froissait d'une main convulsive.

« Et que voulez-vous faire de cela ? s'écria enfin l'honnête tabellion.

— Faire signer ces actes par madame Geoffrin, répondit Charney.
— Impossible !
— La vie de son fils répond de son obéissance et de celle de sa fille ! »

Un silence glacial suivit ce rapide échange de paroles ; puis, Charney, reprenant, expliqua très-clairement le but des deux actes qu'il avait apportés.

La stupeur était générale : l'anxiété, la douleur, la colère, la terreur se reflétaient sur tous les visages. Amélie avait des spasmes nerveux qui secouaient tout son corps. Annibal détournait les yeux d'elle comme s'il eût craint de contempler la souffrance de la pauvre enfant.

« Ah ! reprit-il en dominant du regard tous ceux qui l'entouraient, vous tous, qui êtes ici, la famille Chivry exceptée, vous m'avez accusé successivement de tous les crimes ; vous m'avez cru coupable d'assassinat, de faux, de vol, d'empoisonnement, et aujourd'hui que je vous dis que vous ne vous êtes pas trompés, aujourd'hui que j'avoue une partie de ces crimes, vous semblez frappés de stupeur ? Ne trouvez-vous pas l'aveu assez grand ? Si j'eusse été innocent de toutes ces accusations, que n'auriez-vous pas à vous reprocher à cette heure, vous tous qui avez douté de moi. Ne vaut-il donc pas mieux pour vous-mêmes que je sois coupable ?

— Monsieur ! monsieur ! s'écria Corvisart, une telle scène ne saurait se prolonger ; justifiez-vous !... prouvez que nous nous sommes trompés, que vous venez de nous tromper vous-même, prouvez-nous cela !

— Et si je ne le fais pas ?
— Si ce que vous avez dit est vrai, nous vous devons à la justice.
— Et le serment prononcé par madame Geoffrin, le lui ferez-vous trahir ? »

Madame Geoffrin s'élança vers M. de Charney.

« Vous êtes libre ! dit-elle, ce serment, je le tiendrai !... d'ailleurs, la vie de mon fils en dépend... Mais par grâce ! par pitié ! mettez fin à cette scène ! nous souffrons trop !

— Ah ! dit Annibal ; vous souffrez de me savoir coupable ? Songez donc à ce que j'eusse souffert, moi, depuis un mois, si j'eusse été innocent !

— Mais enfin que voulez-vous ? demanda M. d'Adore.
— Je veux que vous m'écoutiez, dit Annibal d'une voix ferme, et ce que je vous ai dit n'est que le prologue de ce qui me reste à dire ! »

Et, d'un geste impérieux, le jeune homme contraignit tous ceux qui l'entouraient à reprendre place.

Il demeura un moment immobile, puis, s'avançant vers Amélie qui était en proie à la plus violente douleur, il se laissa glisser à genoux.

« Mademoiselle, dit-il d'une voix extrêmement douce, votre cœur est brisé !... Pardonnez-moi le mal que je vous cause, mais je dois parler ainsi que je le fais... Attendez encore pour me juger !... D'ailleurs, songez que dans tous les cas et quoi qu'il arrive, votre frère sera près de vous dans quelques heures. Que cette pensée soit votre consolation ! »

L'accent avec lequel furent proférées ces paroles avait quelque chose de tellement suave, de tellement charmant que tous les auditeurs se regardèrent comme s'ils eussent eu peine à comprendre. Madame Geoffrin joignit les mains.

« L'homme qui nous a sauvés si généreusement ne saurait être un misérable ! s'écria madame Chivry emportée par l'émotion.

— Non ! non ! ajouta son mari.
— Attendez pour juger ! » reprit Annibal.

Il avait repris sa place devant la cheminée.

« L'histoire que j'ai à vous raconter remonte à près de dix ans, dit-il, et elle se passa sur les côtes de Syrie.

Un soir, un homme d'un âge mûr, à la physionomie intelligente et noblement expressive, se promenait sur le pont d'un navire en compagnie d'un jeune homme, âgé au plus de dix-huit ans.

C'étaient le père et le fils, c'étaient MM. de Charney. On était alors en 1791, et le navire à bord duquel se trouvaient les deux gentilshommes était l'un de ces petits bâtiments comme il en foisonne sur les côtes de la Syrie, contenant tout à dix hommes d'équipage, et faisant d'ordinaire le service entre Lataklé et Alexandrie, tout en touchant le long de la route à chaque point important de la côte.

Au moment où on allait arriver à Beyrouth, le pilote mourut ; il fut empoisonné par l'un des hommes de l'équipage, qui lui-même mourut à Beyrouth durant les heures de relâche qu'y passa le navire. On embarqua un autre pilote et un autre matelot, puis l'on reprit la mer.

MM. de Charney avaient à bord pour six millions de pierreries qu'ils devaient à la générosité du shah de Perse ; personne autre que les deux propriétaires ne devait connaître la présence à bord de cette fortune immense. Le père et le fils avaient donc tout lieu de se croire en pleine sécurité.

Un soir une tempête s'éleva ; durant plusieurs jours elle ne discontinua pas. Les hommes de l'équipage étaient épuisés. Le pilote embarqué à Beyrouth se nommait Dowski ; l'autre matelot s'appelait Ali.

Un matin, quelques heures après le lever du jour, MM. de Charney étaient dans leur cabine, secoués par la mer en fureur et se demandant à chaque minute si le navire n'allait pas être englouti.

On frappa à leur porte et l'on entra : c'était Ali, le matelot récemment embarqué par le pilote. Il avait le visage bouleversé, les yeux hagards, l'air épouvanté.

« Messieurs ! s'écria-t-il, les misérables matelots, qui devraient tout faire pour sauver le navire, méconnaissent leur devoir : ils se croient perdus, ils désespèrent de leur salut et ils se sont enivrés pour ne pas avoir peur. En ce moment ils sont ivres, incapables de rien faire, et cependant il faut agir, car la tempête redouble de rage. Le pilote est à son poste, je suis seul : voulez-vous me prêter votre aide pour essayer de nous sauver tous ? »

MM. de Charney se précipitèrent sur le pont. La tempête était horrible ; le ciel était noir, le vent furieux, la mer se ruait avec des mugissements effrayants ; dans le lointain on pouvait apercevoir la silhouette d'un autre navire luttant également contre la tempête.

Ali posta les deux voyageurs à l'avant du navire, puis il descendit sous prétexte de visiter la cale, car il craignait une voie d'eau.

MM. de Charney père et fils ne pouvaient quitter le poste qui leur avait été confié, car il s'agissait du salut du navire en maintenant l'un des cordages qui soutenaient la voile.

Dowski se tenait au gouvernail et ne proférait pas une seule parole. Enfin Ali reparut : il s'avança vivement vers les deux voyageurs. La tempête paraissait redoubler alors de violence. On apercevait à peu de distance, dans la brume, un point noir qui sortait de l'eau et dont l'écume des vagues faisait encore mieux distinguer la teinte sombre.

« L'écueil ! l'écueil ! cria Ali. Nous sommes perdus ! nous allons sombrer ! »

Et s'adressant à M. de Charney fils :

« Cours auprès du pilote ! lui dit-il. Joins tes forces aux siennes... Je resterai ici avec ton père... »

Le jeune homme s'élança... Comme il arrivait auprès du pilote, un cri déchirant lui fit retourner la tête... Il ne vit plus son père... Une vague énorme noyait l'avant du navire...

Le jeune homme se précipita sur les bastingages... Il aperçut, emporté par les flots, roulé par eux, se débattant et essayant de lutter contre la mort, son malheureux père que la mer allait engloutir... »

Annibal s'arrêta : il paraissait manquer de forces pour continuer à parler. Il était entièrement pâle, les veines de ses yeux étaient horriblement gonflées, et une sueur abondante perlait sur son front.

Depuis qu'il avait commencé à parler, un changement s'était opéré dans l'expression de ceux qui l'écoutaient.

Les révélations terribles que venait de faire Annibal avaient tout d'abord excité l'indignation, la colère, le mépris des amis de madame Geoffrin : un même sentiment d'horreur leur avait fait détourner leurs regards de cet homme qui se déclarait cyniquement associé de bandits infâmes, alors que, pour obéir à l'engagement pris par la maîtresse de la maison, il avait fallu se résoudre à l'écouter.

Mais à mesure qu'Annibal avait parlé, à mesure qu'il s'était avancé dans le récit entrepris, ses auditeurs avaient peu à peu changé d'attitude. On comprenait au début, écouté attentivement, que la suite de l'histoire de MM. de Charney allait bien certainement jeter une vive lumière sur ces événements ténébreux. Chacun examinait l'orateur avec une attention profonde...

« Cet homme est-il donc coupable ? »

Personne n'osait formuler cette question à l'oreille de son voisin, personne n'osait se l'adresser à soi-même, et cependant elle était dans tous les regards rivés sur Annibal, et quand, vaincu par une émotion poignante, alors que le jeune homme parlait de la mort de M. de Charney, il s'arrêta, manquant de forces, un même élan faillit faire tendre vers lui ces mains qui tout à l'heure s'en éloignaient avec dégoût et horreur.

Annibal redevint maître de lui-même, et, parvenant à dominer son émotion :

« En voyant l'effroyable danger que courait son père, continua Annibal, le fils de M. de Charney eut un moment de vertige. Il demeura glacé par la douleur et dans l'impossibilité de tenter un geste pour porter secours au malheureux que la mer entraînait.

Cet état de prostration dura l'espace de quelques secondes à peine... un craquement terrible, une secousse effrayante, rendirent au jeune homme conscience de la situation. Le navire venait de heurter un écueil... une pointe de rocher était devant lui... le jeune homme pouvait s'y cramponner, et peut-être là attendre un secours que le navire que l'on avait remarqué au loin et qui s'était avancé rapidement pouvait probablement lui donner... Mais il vit son père entraîné par une vague, il entendit son cri d'appel... il n'hésita pas... il s'élança à la mer et bientôt il fut près du vieillard... quelques brasses les séparaient à peine...

Alors s'établit entre ces deux hommes une de ces luttes sublimes, telles que l'œil du divin maître peut seul en contempler, car ces luttes-là ont toujours lieu loin du regard des hommes, et en face des grands spectacles de la nature.

Le courant, le vent, les vagues poussaient les deux nageurs vers la côte, qui était encore cependant à une assez grande distance... près de trois lieues !...

Le fils avait saisi son père par ses vêtements et le suppliait de se cramponner à lui. Le vieillard le repoussait avec des efforts héroïques :

« Je te ferai périr ! disait-il. Les forces m'abandonnent, et tu pourras me sauver en te sauvant... Laisse-moi mourir, mon fils, et tâche de gagner la terre... »

Ces paroles étaient prononcées par phrases hachées dont le vent et le bruit des vagues emportaient la moitié...

Le jeune homme, sans répondre, ne voulait pas abandonner son père, et, réunissant ses forces, il le soutenait malgré lui...

Oh ! je vous le jure, ce devait être une grande et noble scène que celle qui se passait alors sur la mer en furie. Ces deux hommes étaient là en face de la mort, et, à cette heure suprême, il n'y avait dans leur cœur que des pensées d'amour et de générosité... »

Annibal s'arrêta encore. Tous ceux qui l'entouraient étaient haletants, frémissants, n'osant l'interroger ni le presser de continuer... Il devait beaucoup souffrir, car ses traits étaient affreusement tirés et contractés.

« Quelles expressions pourrais-je trouver pour peindre cette situation poignante, reprit-il enfin. La langue est trop pauvre, et à peine la palette serait-elle assez riche... Une demi-heure s'écoula en efforts prodigieux, en lutte incessante, en combat d'un héroïsme sans nom...

Enfin M. de Charney père, se sentant épuisé, ordonna à son fils de l'abandonner... Le fils refusa d'obéir :

« Nous mourrons ensemble ! » dit-il.

La terre était éloignée, la mer plus furieuse, le vent plus violent, la tempête plus horrible... On sut plus tard que le navire avait voulu tenter de sauver les deux naufragés dont, du haut de sa dunette, on pouvait suivre la lutte courageuse, mais trois fois les embarcations qu'il voulut lancer à la mer furent submergées...

Le temps s'écoulait, aucun secours n'était à espérer, la mort était imminente.

« Sauve-toi ! je le veux, je te l'ordonne ! » s'écria M. de Charney en s'efforçant de repousser son fils et de le dégager de son propre poids.

Le jeune homme luttait avec l'énergie du désespoir.

« Non ! non ! répéta-t-il ; nous mourrons ensemble, je ne t'abandonnerai pas !

— Mourir !... toi !... si jeune !!... et pour me sauver ! » répétait M. de Charney avec des élans de désespoir effrayant. Tout à coup, un bout de vergue passa près d'eux : ils s'en saisirent. Malheureusement, ce bout de vergue était trop faible pour les porter tous deux : il eût basculé sous le poids. Le jeune homme voulut faire monter son père à cheval sur cette vergue que la Providence avait fait voguer vers eux, mais M. de Charney déclara être trop faible pour parvenir à se hisser au milieu de ces vagues furieuses qui se ruaient de toutes parts.

« Enfourche ce morceau de bois, dit-il à son fils, attache-toi solidement avec ta ceinture. Tu auras alors les deux mains libres et tu pourras te soutenir. »

Le fils obéit ; il n'avait pas à hésiter, chaque minute qui s'écoulait, c'était une avance donnée à la marche de la mort... Il parvint à se hisser et à s'attacher solidement sur la vergue, mais il comprit vite alors qu'un poids, quelque léger qu'il fût, ajouté au sien ferait sombrer le frêle radeau.

M. de Charney aussi l'avait compris... Voulant sauver son fils, il avait, dans ce moment suprême, trouvé assez d'énergie dans sa tendresse paternelle pour employer la ruse.

A peine le jeune homme fut-il attaché, qu'il se courba pour tendre ses mains à son père.

« Ce morceau de bois est trop faible pour nous porter tous deux ! s'écria M. de Charney, Dieu l'a envoyé pour te sauver !... Dieu est bon !... Sauve-toi... vis... je le veux, je l'ordonne... »

Une vague énorme arrivait : elle enleva sur sa crête M. de Charney. Ce mouvement le plaça à la hauteur de son fils... Avec un geste plus rapide que la pensée, il saisit le jeune homme et l'embrassa en murmurant :

« Adieu, je te bénis ! »

Le fils voulut s'attacher à son père, il ne put y parvenir... la vague les sépara... M. de Charney disparaissait sous un flot d'écume... Le jeune homme fit un effort pour s'élancer vers lui... mais les liens qui l'attachaient à la vergue le retinrent...

« Mon père ! » murmura-t-il.

Et dompté par ces effroyables émotions, qui l'assaillaient depuis un temps si long, il s'évanouit... Les vagues furieuses l'emportèrent. »

## LXXI. — L'ENFANT SANS NOM.

Annibal passa son mouchoir sur son front : sa respiration était devenue sifflante. Autour de lui, l'émotion avait augmenté dans des proportions témoignant de l'intérêt puissant que chacun apportait au récit entendu.

« Mon Dieu ! mon Dieu ! dit madame Geoffrin, tout cela est-il donc vrai ?

Camparini, baissant sa lanterne, examina la position des deux cadavres. (Page 224.)

— Vous aurez les preuves indiscutables de ce que j'avance, madame, dit M. de Charney.
— Après?... continuez! dit M. Chivry, il me semble que je devine... »
Annibal secoua la tête :
« Vous ne sauriez deviner ! dit-il.
— Après ?... après ? » reprit madame Chivry.
Amélie, les mains jointes, les regards douloureusement inquiets, n'osait prononcer une parole. Elle avait là, en face, devant elle, l'homme qu'elle aimait, dont elle avait eu la pensée de faire son époux, et elle était contrainte à se demander, du propre aveu de cet homme, si celui qu'elle aimait n'était point un misérable et un infâme ! La pauvre enfant souffrait, et souffrait cruellement.
Enfin, Annibal, qui n'osait regarder Amélie et qui détournait d'elle ses regards avec une obstination visible, Annibal reprit :
« Combien de temps M. de Charney fils, ou pour mieux dire M. de Charney, car il avait droit à ce titre étant désormais seul au monde de sa famille, combien de temps M. de Charney demeura-t-il évanoui, ballotté par les flots sur le bout de vergue qui fut son moyen de sauvetage ? Il ne le sut jamais, et jamais aucun être humain ne put le dire.
Quand il revint à lui, il sentit une chaleur intolérable qui lui brûlait les épaules... il ouvrit les yeux. Le ciel était d'un bleu céleste, de ce bleu que l'on ne contemple que sous la zone asiatique. Un soleil ardent, arrivé à son zénith, faisait tomber d'aplomb ses rayons sur la terre. Toute trace de tempête avait disparu, tout était calme.
Charney se dressa sur son séant, et regarda autour de lui comme un homme qui se réveille après un lourd sommeil et qui n'a pas encore parfaitement conscience de la situation.
Il était à demi couché sur un rocher... A sa gauche s'étendait une plaine, à droite la mer venait le baigner de ses vagues. C'était le soleil qui, en dardant ses rayons sur le rocher, avait tellement échauffé le granit sur lequel se trouvait étendue une couche de sel marin, que la chaleur trop forte avait causé une vive douleur au jeune naufragé.
Tout d'abord Charney ne se rappela rien. Un léger incident vint le rappeler à la réalité : sa jambe droite était encore attachée au bout de vergue qui l'avait sauvé.
La mémoire lui revint, et avec elle la douleur et les regrets.
« Mon père ! mon pauvre père ! murmura-t-il, c'est lui qui m'a sauvé ! »
Alors, obéissant à un pieux sentiment que vous comprendrez tous, Charney s'agenouilla, et son premier acte en revenant à la vie fut une prière.
Comment avait-il été sauvé ? Jamais il ne put le comprendre clairement. Le désastre avait eu lieu à plus de trois lieues en mer. Quand il s'était évanoui, il était au moins à deux lieues et demie de la côte. Il se rappelait que c'était le matin, quelques heures à peine après le lever du jour, c'est-à-dire vers sept heures, que le matelot Ali était venu les prévenir son père et lui.
Charney calculait que le temps écoulé, entre cet instant et celui où avait péri son pauvre père, pouvait équivaloir à près de trois heures de durée. Une heure et demie, deux heures au plus, avaient donc pu s'écouler depuis l'instant où était mort M. de Charney et celui où le fils de la victime se réveillait sur la côte.
Charney se leva et essaya de faire quelques pas : sa faiblesse était extrême. Il fut obligé de s'asseoir sur un rocher.
Tout autour de lui, ses regards ne rencontraient qu'une plage aride, sans maison, sans végétation, sans rien qui pût déceler la présence d'habitants, qu'une mer unie et calme, absolument déserte.
Où était-il ? Charney ne pouvait même le supposer. Sur deux cents lieues d'étendue, les côtes de Syrie n'ont qu'un seul et même aspect. A l'exception des points sur lesquels s'ouvrent les ports et se dressent les villes, tout est uniforme, tout indique l'aridité et l'abandon. On dirait que la Providence s'est plu à placer entre la mer par laquelle pouvaient

débarquer les aventuriers, et les magnifiques plaines de la Syrie et de la Perse, une barrière de désolation, comme l'avare qui, pour éloigner les envieux, cache son trésor et enfouit ses richesses derrière un mur de misérable apparence.

Charney devait donc absolument ignorer sur quel point de la côte il se trouvait. S'armant de courage, il marcha sous un soleil d'aplomb, sur une côte dénudée, sans trouver un puits, ni un ruisseau, il se traîna péniblement toute la journée. Il ne trouva pas un fruit, rien qui pût lui permettre de soulager sa faim ni d'étancher sa soif.

La nuit vint, Charney était épuisé. A bout de forces et de courage, il se coucha sur le sable, et un sommeil de plomb s'appesantit sur ses paupières. Combien de temps dormit-il? Il ne le sut pas encore.

Il fut éveillé par un grand bruit. Des Arabes l'entouraient, de ces Arabes des tribus sauvages et pillardes du désert, qui égorgent sans pitié leurs ennemis ou les emmènent en esclavage.

Avant que Charney eût pu faire un mouvement et tenter de se défendre, il fut garrotté, enlevé, jeté sur un cheval et emporté au galop. Sans doute les Arabes venaient de faire une *razzia* dans les environs, car ils regorgeaient de richesses évidemment volées.

Charney fut emmené par eux au fond de l'Arabie. Il demeura de longues années en captivité. Enfin un chef arabe, qui l'aimait et qui avait su apprécier l'éducation européenne de son esclave, l'emmena avec lui à Damas, où il allait tous les cinq ans, et là, il lui rendit la liberté en lui donnant même une somme d'argent assez importante.

Charney remercia l'Arabe, et, sans perdre un instant, il se mit en route pour Beyrouth. Il n'avait qu'une pensée depuis la nuit fatale où il avait été fait orphelin, pensée pieuse : il voulait savoir ce qu'était devenu le cadavre de son père et s'informer si, rejeté sur la côte, il avait reçu une sépulture chrétienne. Or, Charney se rappelait que, le matin même du naufrage, son père, en relevant le point sur une carte marine, avait estimé que le navire, drossé par le vent, avait dû rebrousser chemin et se trouver alors à la hauteur de Beyrouth. C'est pourquoi il se dirigeait vers cette ville.

De Damas à Beyrouth, il faut traverser le Liban. Charney connaissait parfaitement ce pays. Depuis son arrivée en Orient avec son père, c'est-à-dire depuis sa plus tendre enfance, il avait plusieurs fois parcouru toute la Syrie, la Palestine, le Liban et l'Anti-Liban. D'ailleurs, le séjour forcé qu'il venait de faire durant de longues années parmi des peuplades sauvages et nomades, avait achevé de l'habituer complétement à la vie du désert.

Forcé d'adopter les usages, les mœurs, les vêtements, le langage même des Arabes, Charney, dont le teint était bistré et noir, pouvait plus facilement passer pour un indigène que pour un Européen perdu sous ces climats brûlants. Un voyage tel que celui qu'il avait à faire n'avait donc rien de bien effrayant pour lui. Il l'entreprit avec ardeur.

Monté sur un bon cheval que lui avait donné le généreux Arabe, armé du fusil et du yatagan, Charney s'aventura seul dans le Liban, vivant du produit de sa chasse et couchant, la nuit venue, sur l'herbe de la montagne, quand quelque berger ne lui offrait pas l'abri de sa tente.

Il venait de quitter Deïr-el-Kamar, la sauvage ville des Druses, et il descendait le versant du Liban vers la côte, comptant arriver promptement à Beyrouth. Son cœur palpitait en songeant qu'il allait revoir cette mer qui avait englouti l'homme dont il pleurait la perte si cruelle. En approchant de cette côte, but de son voyage, objet de ses vœux cependant, il semblait plus encore la solitude profonde faite désormais autour de lui. Charney était seul, sans parents, sans amis.

Il ignorait absolument ce qui s'était passé en France; les dernières nouvelles étaient pour lui de 1790, et il était alors en 1797.

Plongé dans ses réflexions douloureuses, pensant à ce père dont il chérissait la mémoire, Charney descendait au pas de sa monture une pente rapide, quand tout à coup il entendit des détonations d'armes à feu retentir à peu de distance, et à ces détonations se joignaient de ces cris furieux comme ceux de gens qui attaquent, et d'autres cris plaintifs comme ceux de malheureux qui supplient.

Les bandits de toutes les races, de toutes les religions, de toutes les sectes, ont toujours abondé dans les montagnes du Liban. Rien n'est moins rare dans ces parages qu'un voyageur arrêté et égorgé.

Charney se précipita, espérant arriver à temps pour sauver quelque malheureuse victime des Druses ou des Arabes pillards. Au fond d'une vallée, il trouva un vieillard renversé, portant le costume juif, entouré de ses serviteurs tous à genoux et dans l'attitude de la prière. Puis autour d'eux une douzaine d'Arabes les fusils abaissés et tuant sans miséricorde.

Lorsque Charney arriva sur le lieu de la lutte, il roulait atteint par une balle. Charney se précipita sur les agresseurs : il en tua un d'un coup de fusil et en blessa deux autres avec son yatagan.

Cette attaque soudaine jeta la confusion parmi les bandits, qui, ne croyant pas à la présence d'un seul homme, se mirent à fuir, tandis que les serviteurs du juif, dont le courage avait été ranimé par ce secours inattendu, se jetèrent à leur poursuite.

L'homme que Charney venait de secourir était un juif de Beyrouth nommé Abraham. Ce juif, extrêmement riche, allait de Beyrouth à Deïr-el-Kamar avec une cargaison de pierreries, et des bandits, informés de son voyage, s'étaient embusqués sur son chemin et l'avaient surpris pour le tuer et le voler. Le juif, grâce à l'intervention de Charney, avait conservé ses marchandises ; mais il avait reçu une blessure qui ne lui permettait pas de continuer sa route.

Contraint de retourner à Beyrouth, il supplia Charney de l'accompagner, et comme Beyrouth était également le but du voyage de Charney, il consentit.

Charney, qui, grâce à son séjour parmi les Arabes, se connaissait en blessures, pansa celle du juif et entoura le vieillard des soins les plus empressés. On se remit en route.

Charney n'avait qu'une pensée, je vous l'ai dit, celle de savoir ce qu'était devenu le cadavre de son père, et s'il existait une tombe sur laquelle il eût la consolation de pouvoir aller s'agenouiller. Il pensa à interroger le vieillard.

« Il y a longtemps que tu habites Beyrouth ? lui demanda-t-il.

— Trente ans, » répondit Abraham.

Un vague souvenir faisait supposer à Charney que ce nom d'Abraham ne lui était pas absolument étranger. Il lui semblait que jadis son père avait eu quelque relation d'affaires avec un homme portant ce nom.

« S'il y a trente ans que tu habites Beyrouth, reprit-il, tu as dû connaître presque tous les voyageurs européens qui ont séjourné dans cette ville.

— Je ne crois pas, répondit le juif, que depuis trente ans il soit passé un voyageur européen à Beyrouth sans que je l'aie connu.

— Te rappelles-tu alors de deux hommes, le père et le fils, qui sont venus trois fois à Beyrouth, en 1787, en 1788 et en 1791 ?

— Leur pays et leur nom ?

— C'étaient deux gentilshommes français qui se nommaient Charney. »

Le juif tressaillit.

« Charney, répéta-t-il. Oui, j'ai connu un Français de ce nom ; il avait un fils... mais tous deux sont morts. Ils ont péri durant un naufrage devant Beyrouth, il y a six ou sept ans. Quelques jours après, on a recueilli leurs cadavres sur la plage.

— Ah ! s'écria Charney en saisissant les mains du juif. Le cadavre de M. de Charney a été recueilli. Où l'a-t-on enterré ?

— Dans le cimetière chrétien. Les autorités chrétiennes de la ville l'avaient réclamé, et comme beaucoup l'avaient connu, beaucoup le suivirent jusqu'à sa dernière demeure. Son fils a été inhumé près de lui.

— Son fils ! s'écria Charney avec étonnement. Mais son fils n'est pas mort !

— Si fait ! On a retrouvé son cadavre à côté de celui de son père. Il était mutilé, défiguré, il avait été déchiré sur les rochers ; mais cependant on put, il paraît, constater son identité, puisqu'il a été enterré près de son père. »

Charney avait écouté ces paroles avec un étonnement profond. Il ne dit rien au juif cependant.

On arriva à Beyrouth : Abraham souffrait beaucoup, et sa blessure, enflammée par la chaleur et la fatigue, prenait des caractères alarmants. Il n'avait de remèdes à ses souffrances que dans les soins que lui prodiguait Charney et qui le soulageaient beaucoup. Aussi supplia-t-il son sauveur d'accepter un logement dans sa maison et d'y vivre comme s'il eût été son fils.

En arrivant à Beyrouth, Charney avait couru au cimetière chrétien. Il avait trouvé la tombe de son père, il avait pleuré sur cette tombe, et il avait lu l'inscription constatant que le fils reposait à côté du père. Et cependant ce fils était vivant ! Qui donc avait été enterré sous ce nom ? qui donc avait en intérêt à faire constater sa mort ? Charney se perdait en conjectures. »

Le narrateur s'arrêta alors comme s'il eût voulut reprendre haleine, et il posa la main sur son cœur pour en atténuer les battements. Il ne parlait plus, qu'on l'écoutait encore.

Madame Geoffrin, surtout, semblait en proie à l'émotion la plus vive. Corvisart, Dupuytren et le notaire se regardaient. M. d'Adore se rapprocha d'eux : « Où veut en venir cet homme ? murmura-t-il.

— A nous dévoiler cyniquement quelque horrible mystère ! dit Corvisart.

— Peut-être ! » dit Dupuytren.

### LXXII. — LA MORT DU JUIF.

M. de Charney, ou du moins celui qui portait ce nom, fit signe qu'il allait continuer son récit :

« Avant d'aller plus loin, reprit-il, je dois vous rappeler, pour l'intelligence de ce qui me reste à vous apprendre, que M. de Charney le père avait reçu du schah de Perse six millions de pierreries en 1790, en récompense de l'exploitation d'une mine d'émeraudes qu'il avait su diriger au profit du gouvernement persan. Ces six millions étaient en émeraudes brutes, toutes enfermées dans douze sacs différents que Charney fils s'était amusé à confectionner lui-même.

Charney, demeuré seul au monde, n'avait pas eu un moment de regret pour ces trésors qu'il pensait, au reste, avoir dû être engloutis avec le navire.

Son premier soin avait été de désirer faire constater son identité, mais tous les papiers lui manquaient. Il n'avait rien, il ne possédait rien qui pût appuyer les paroles alors qu'il serait venu affirmer qu'il était bien le fils de M. de Charney et qu'il n'était pas mort.

Il cherchait en vain un moyen de faire jaillir la lumière et de se présenter devant les autorités chrétiennes de Beyrouth, pour les faire revenir sur la déclaration faite. Il n'y avait plus alors de consul français dans la ville. Au reste, c'était en arrivant à Beyrouth seulement que Charney avait appris la nouvelle de la révolution accomplie en France.

Tout en s'occupant de lui-même et de ses affaires, Charney continuait à prodiguer ses soins au juif, qui n'avait d'autres consolations que celles données par son sauveur. Le blessé allait de plus mal en plus mal, et en dépit des efforts de Charney, il sentit sa fin approcher.

Un matin, Abraham était couché dans son lit, le visage pâli et les mains déjà glacées. Charney était assis au chevet du mourant, l'exhortant par de bonnes paroles et s'efforçant d'adoucir ses derniers instants.

« Je n'ai pas d'enfants, dit Abraham, j'ai légué ma fortune au fils de mon frère de Jérusalem. Dans quelques jours ils seront ici, car je les ai fait prévenir que j'allais mourir ; mais je veux cependant, chrétien, te laisser en gage de ma reconnaissance. J'ignore qui tu es, mais je sais que tu es pauvre. Laisse-moi te faire un peu de bien en échange de celui que tu m'as fait. D'ailleurs, si je n'ai pas été dévalisé par les bandits, c'est à toi que je le dois, et, à bien prendre, les marchandises que tu as préservées devraient t'appartenir. Puis, je vais mourir, mes derniers vœux sont donc sacrés, tu n'as pas le droit de me refuser. »

Alors, Abraham indiqua au jeune homme une cachette dans laquelle il trouverait un grand coffre en bois.

« Apporte-moi ce coffre ! » lui dit-il.

Charney obéit. Le juif prit le coffre, l'ouvrit et fit signe à son garde-malade d'approcher. Charney s'avança vers le coffre ouvert, mais il n'avait pas fait trois pas qu'il poussa un cri terrible.

Le coffre contenait cinq sacs. Charney en saisit un qu'il brandit sous les yeux du mourant.

« D'où tiens-tu ces sacs ? s'écria-t-il.

— Ces sacs ? répéta Abraham avec étonnement.

— Oui, ces sacs, qui doivent contenir chacun des émeraudes brutes.

— Des émeraudes ? dit le malade, comment sais-tu cela ?

— Qui t'a donné ces sacs ? répéta Charney.

— On ne me les a pas donnés, on me les a vendus !

— Qui cela ? »

Le juif hésitait à répondre.

« Tu vas mourir ! dit Charney, tu vas paraître devant Dieu ! Ne mens pas, dis la vérité !

— Je les ai achetés à deux matelots, dit enfin Abraham.

— Qui se nommaient ?

— Ali et Dowski.

— Ali et Dowski ! les deux matelots embarqués sur le navire que montaient M. de Charney et son fils ?

— Oui.

— Ils ne sont donc pas morts ?

— Non.

— Et c'est après le naufrage qu'ils t'ont apporté ces sacs ?

— Oui. »

Charney se frappa le front avec un geste de désespoir et de rage folle.

« Oh ! s'écria-t-il, c'est Ali qui l'a assassiné, c'est Ali qui l'a précipité à la mer ! .. Les deux misérables ont voulu nous tuer et faire échouer le navire pour nous voler notre trésor !.. Je devine tout !

— Que dis-tu donc ? s'écria le mourant.

— Je dis que le fils de M. Charney n'est pas mort, car ce fils, c'est moi, et ces sacs d'émeraudes m'appartiennent ! »

Alors Charney raconta au mourant tout ce qui avait eu lieu. Abraham écouta tout, ensuite, relevant la tête, qu'il avait tenue baissée :

« Je t'aime et je te dois de la reconnaissance, dit-il ; puis je vais mourir, et l'on ne saurait mentir à l'heure suprême où on va paraître devant Dieu. »

Alors Abraham, d'une voix lente, raconta à Charney tout ce qu'il savait. Il le confirma dans la pensée du crime prémédité et accompli. Ali et Dowski étaient bien coupables.

Quelques heures après, Abraham mourait n'ayant plus rien à apprendre à de Charney et lui restituant les cinq sacs de pierreries, qui étaient restés de l'héritage de son père sur les douze enlevés du navire par Ali et par Dowski. Abraham avait trafiqué des pierreries enfermées dans les sept autres sacs.

Riche, Charney n'eut plus qu'une pensée : retrouver les assassins de son père et les punir. Il s'inquiéta peu de la déclaration de décès faite en son nom à Beyrouth. Il était vivant, il voulait retourner en Europe, et rien ne lui semblait devoir s'opposer à ce qu'il portât son nom. Cependant, pour rendre plus facile la poursuite qu'il allait entreprendre, pour ne pas mettre ses ennemis sur leurs gardes, il se résolut à prendre un faux nom et à agir dans l'ombre.

Les renseignements qu'il obtint à prix d'or lui apprirent que l'un des deux hommes qu'il voulait retrouver, Dowski, avait dû se diriger vers l'Italie pour aller rejoindre à Tarente une femme qu'il aimait et l'épouser.

Charney arriva à Tarente ; là, il apprit que le mariage n'avait pas eu lieu, que la femme était morte depuis longtemps et que, depuis longtemps aussi, on n'avait plus entendu parler de Dowski.

Charney se rendit à Naples, et de Naples à Rome, cherchant en vain sur sa route les traces des assassins de son père : il ne trouvait rien.

Bientôt il fut à Florence ; là il se souvint d'un banquier nommé Capricci, ancien ami de M. de Charney, et qui habitait la ville. Personnellement, le jeune homme n'avait jamais connu ce banquier ; mais son père lui en avait parlé souvent, et il se souvenait fort bien que M. de Charney lui avait dit jadis avoir déposé deux cent mille livres chez ce Capricci.

Charney, grâce aux émeraudes rendues par le juif, était assez riche pour ne pas avoir besoin de l'argent placé chez le banquier ; mais ne connaissant personne en Italie, même en Europe, il lui vint naturellement à l'esprit que cet ancien ami de son père pouvait lui être utile.

Il se résolut donc à aller chez le banquier, mais sans abdiquer l'incognito dont il s'était revêtu. Ce fut sous le nom de M. Desrieux (nom qu'il avait adopté) qu'il se fit annoncer.

Capricci le reçut en homme gracieusement obligeant. Charney fit tomber adroitement la conversation sur son père, afin de s'assurer que le banquier ne l'avait pas tout à fait oublié. Capricci se souvenait parfaitement de M. de

Charney, qu'il avait beaucoup aimé. Il dit que la nouvelle de la mort de son ami avait été pour lui un coup bien douloureux, mais que cette douleur avait été atténuée par la joie qu'il avait ressentie en apprenant que son fils avait été sauvé par miracle.

Charney demeura stupéfait en entendant cette déclaration.

« Quoi ! dit-il, vous avez su que Charney fils avait été sauvé ?

— Sans doute ! dit le banquier.

— Comment ! qui vous a donné cette nouvelle ?

— Mais lui-même.

— Qui donc ?

— Lui ? le fils de M. de Charney.

— Le fils de M. de Charney ! vous l'avez-vu ?

— Sans doute.

— Quand cela ?

— Il y a plusieurs années, lors de son retour de Syrie, à l'époque où il est venu me réclamer une somme de deux cent mille livres que m'avait jadis confiée son père. »

Le jeune homme ne comprenait pas ; il insista, et il finit par apprendre que plusieurs années auparavant un jeune homme de son âge s'était présenté à Florence, porteur de l'acte de décès de M. de Charney père et de tous les papiers constatant ses droits au nom et au titre des Charney.

M. Capricci avait remis à ce jeune homme, que tout attestait être le fils de son ancien ami, les deux cent mille livres dont il était dépositaire. Le jeune homme était parti, et depuis ce jour le banquier ne l'avait pas revu.

En écoutant ce récit, Charney fut sur le point de dire la vérité, mais une sage réflexion l'arrêta ; il quitta le banquier sans rien lui laisser soupçonner.

Tout ce qu'il apprenait le confirmait dans la pensée qu'il avait eue du crime dont son père avait été victime, et dont un miracle de la Providence l'avait seul empêché d'être victime lui-même.

Il devenait évident pour lui qu'Ali et Dowski, associés ensemble, avaient combiné et mis à exécution le plan horrible et fatalement dressé. Ils avaient rêvé la mort du père et du fils pour s'emparer des trésors dont ils avaient connaissance et des papiers enfermés dans le navire. Les circonstances avaient dû leur faire croire à la réussite complète de leurs infâmes projets, et cette croyance, qui faisait maintenant la *sécurité de Charney*, devait puissamment *l'aider à se venger des coupables*.

L'un des bandits s'étant revêtu du nom de Charney, la recherche devenait plus facile.

Le jeune homme vendit ses émeraudes, réalisa une somme importante, et, semant l'or à pleines mains, il finit par apprendre qu'un M. de Charney, après avoir parcouru l'Allemagne, avait été signalé pour la dernière fois à Munich.

Il allait quitter l'Italie et se mettre en route pour la Bavière, quand une rencontre faite fortuitement vint éclairer la route à suivre. C'était en 1797, le traité de Léoben venait d'être signé : la célèbre campagne d'Italie était terminée, le général Bonaparte allait rentrer en France.

En traversant les Alpes, Charney eut sa voiture brisée ; un voyageur qui passait le recueillit et lui offrit l'hospitalité dans sa chaise jusqu'à Grenoble. Charney accepta.

Comme on allait atteindre la ville, les deux voyageurs, qui avaient fait connaissance, déploraient déjà le moment où il allait falloir se quitter, quand à un relais, parmi la foule assemblée, Charney reconnut parmi les paysans Ali, l'ancien matelot, recouvert alors d'un costume européen.

Il ouvrit la portière, il s'élança, il parcourut la foule ; il ne trouva rien, ses recherches furent vaines. Quand il revint, la voiture était encore là, stationnaire, son compagnon l'avait attendu.

Charney témoigna sa surprise.

« Qui cherchiez-vous ? lui demanda le voyageur en le regardant fixement ; n'est-ce pas un homme maigre, au teint brun et revêtu d'un costume moitié civil, moitié militaire ?

— Oui ! dit Charney avec étonnement.

— Cet homme est votre ami ? »

Charney fit un geste tellement expressif que son compagnon sourit.

« Cet homme vous a fait souffrir ?

— Oui, dit Charney.

— Que vous a-t-il fait ?

— Je ne puis le dire. »

Le voyageur fit un geste d'impatience.

« Parlez ! dit-il, confiez-moi tout ; vous ignorez qui je suis, je vais vous l'apprendre : je me nomme Jacquet, et je suis inspecteur de police.

— Jacquet ! » s'écria Corvisart en interrompant Annibal.

Celui-ci allait répondre, quand un coup discret fut frappé à la porte du salon, puis cette porte s'ouvrit et Joseph, se glissant vivement, s'avança vers M. d'Adore et lui présenta une lettre :

« On vient de l'apporter ! dit-il.

— De quelle part ? demanda le comte.

— Je l'ignore : on m'a recommandé de la remettre sur l'heure à monsieur, puis on est parti. »

Le comte décachetait l'enveloppe. Prenant rapidement la lettre qu'il ouvrit, il la lut. Se levant vivement, il courut vers madame Geoffrin :

« Pardonnez-moi ! dit-il d'une voix émue. Mais il faut que je vous quitte à l'instant même.

— Mais il est dix heures du soir ! dit madame Geoffrin.

— Ma voiture est en bas ! N'insistez pas ! je vous demande encore de m'excuser, mais il faut que je vous quitte. »

Chacun se regardait avec étonnement. Annibal arrêta du geste le vieillard prêt à quitter le salon.

« Vous allez à Fontenay-sous-Bois ! » dit-il.

M. d'Adore se retourna vivement :

« Comment savez-vous ? s'écria-t-il.

— Répondez-moi, je vous prie !

— Oui ! dit le comte, je vais à Fontenay. »

Et il quitta précipitamment la pièce.

Un silence suivit son départ :

« Madame ! dit Annibal en s'adressant à madame Geoffrin, il est l'heure de vous rappeler votre promesse. Je pourrai aller, venir, sortir, rentrer durant douze heures, sans qu'il me soit demandé compte de mes démarches ?

— Oui ! dit madame Geoffrin.

— Alors, reprit Annibal, et au nom de la promesse que vous m'avez faite, je somme tous ceux qui m'écoutent de demeurer dans ce salon et d'y attendre mon retour.

— Mais... disent plusieurs voix.

— Je l'exige ! s'écria Annibal, je l'exige au nom de l'existence de Ferdinand ! »

Madame Geoffrin joignit les mains : tous demeurèrent un moment indécis et immobiles.

Puis, s'adressant directement à Maurice :

« Colonel ! dit Annibal, venez avec moi ! »

Maurice se leva précipitamment, et les deux hommes s'élancèrent hors du salon.

A peine étaient-ils sortis, que Corvisart et Raguideau firent un même mouvement comme pour s'élancer à leur suite, mais M. Chivry se plaça devant la porte :

« Restez ! dit-il. J'ai foi en lui ! »

## LXXIII. — COMMENT ON VA AUX ANTILLES.

« De sorte que je me promenais dans le Havre, regardant la mer que je n'avais jamais vue.

— C'est beau, Gervais !

— C'est superbe, Gorain !

— C'est grand surtout !

— Oh ! c'est très-grand !

— Et dire que je ne la verrai jamais ! Ma parole d'honneur, je n'ai pas de chance. Maintenant que tu en es revenu, je voudrais avoir fait ton voyage à ta place !

— Ah ! j'aurais consenti de bonne grâce.

— Vous avez donc eu bien des désagréments ?

— Ah ! » fit Gervais en répondant à cette question d'un personnage assis en face de lui, les pieds sur le rebord de la cheminée dans laquelle brûlait un feu ardent et clair.

Il était dix heures du soir, la nuit était noire, le vent s'élevait avec violence et soufflait par rafales qui faisaient crier les girouettes sur leurs tringles de fer.

Tous les bâtiments de la grande ferme de Fontenay étaient plongés dans d'épaisses ténèbres, à l'exception de deux fenêtres du rez-de-chaussée du corps de logis du centre, fenêtres éclairant cette grande salle que nous connaissons, dans laquelle nous avons pénétré jadis lors de la visite nocturne du comte d'Adore au fermier Hamelin.

C'était dans cette grande salle qu'avait lieu la conversation dont nous venons de surprendre un fragment. Un grand feu pétillait dans l'immense cheminée de la salle, et la lueur de la flamme, qui se tordait en spirales sur le fond noir de l'âtre, éclairait l'immense pièce bien mieux que ne pouvait le faire celle de deux lampes placées sur la grande table.

Devant la cheminée, se rôtissant agréablement les os des jambes (suivant leurs propres expressions), Gervais et Gorain se balançaient sur leurs chaises : Gervais, le corps renversé sur le dossier, les mains dans les poches de sa veste, la jambe droite croisée sur la jambe gauche; Gorain, le corps ramassé sur lui-même, la tête dans le cou, le cou dans les épaules, les épaules dans la poitrine, la poitrine dans le ventre et le ventre débordant sur les cuisses, Gorain avait l'attitude d'un homme absorbé par le travail d'une digestion lente mais heureuse.

Tous deux avaient la mine épanouie, l'air béat, le regard à demi voilé, l'expression de physionomie enfin qui leur était particulière chaque fois que l'estomac se déclarait satisfait. Évidemment les dignes amis venaient de faire un dîner à leur goût.

Dans un coin, fumant sa pipe et caressant la tête de Couma, qui, accroupi entre ses jambes, avait le museau allongé sur sa cuisse, Hamelin paraissait écouter avec une indifférence profonde.

Dans le fond de la pièce, dans l'un des angles les plus abrités, quatre femmes, quatre servantes, à en juger par leur costume au moins, dormaient profondément, assises sur des chaises appuyées le long de la muraille.

Deux garçons de ferme, l'un couché à plat ventre sur un banc qu'il embrassait de ses deux bras, le pressant contre son cœur; l'autre assis à califourchon sur une chaise retournée, les mains jointes sur le dossier et la tête appuyée sur les mains, dormaient également d'un sommeil calme et profond.

On n'entendait au dehors que le bruit du vent soufflant dans les arbres; le plus profond silence régnait autour de la ferme, et ce silence n'était même pas troublé par les aboiements des chiens. Sans doute César, Pyrame et Dur-à-Cuir, les trois bouledogues, ne flairaient rien qui éveillât leur attention.

« Tu disais donc que tu te promenais au Havre pour passer le temps et attendre le moment où le coche de Paris se remettrait en route? reprit Gorain.

— C'est cela, dit Gervais.

— Et tu contemplais la mer?

— Et je regardais un navire qui sortait du port, et je contemplais les passagers qui étaient sur le pont, et ça me donnait le mal de mer rien que de les voir monter, descendre, balancer enfin...

— Brrrr... fit Gorain, ça me le donnerait rien que d'y penser.

— J'étais donc là, quand, crac! je reçois un grand coup de poing sur l'épaule. Je me retourne, et je vois un grand gaillard que je connaissais.

— Qui ça? demanda Gorain.

— Devine.

— Dame, je ne sais pas; qui était-ce?

— Jobardot.

— Le voyageur du gros de la soie en bottes d'en face de chez toi?

— Juste.

— En voilà une farce !

— Tu sens si j'étais content, moi qui n'avais personne de connaissance, je retrouvais justement Jobardot. « Eh! me dit-il en riant, comment se fait-il que vous soyez au Havre? comment êtes-vous venu ici? — En allant à Saint-Cloud. » Et il rit plus fort encore. « Pour aller de Paris à Saint-Cloud vous passez par le Havre, qu'il criait. Eh bien! vous feriez un joli voyageur de commerce, vous. Plus que ça de frais de route. » Et il me tapait sur le dos, il me tapait sur le ventre, il me chatouillait, il me faisait des grimaces. Tu sais comme il est gai et amusant.

— Ah! dit Gorain, c'est un garçon bien spirituel. Il n'y en a pas dans la soie en bottes comme lui.

— Il me parlait, il m'interrogeait, il riait, poursuivait Gervais, si bien qu'il ameutait le monde autour de nous et qu'il y avait un rassemblement sur la jetée. « Et combien y a-t-il de jours que vous êtes parti? me demanda-t-il. — Douze jours, lui répondis-je; et mon épouse croit que je suis allé à Saint-Cloud en fiacre. — Bigre! elle trouvera que vous y mettez le temps. » Et Jobardot riait plus fort. Le navire que j'étais en train de regarder quand j'avais rencontré ce bon Jobardot, passait alors juste au-dessous de nous. Tout à coup je vis Jobardot qui faisait de grands bras et envoyait des saluts à quelqu'un qui était sur le vaisseau. « A qui donc dites-vous adieu? lui demandai-je. — A mon ami, dit-il en continuant de crier et de gesticuler. — Qui cela? — Vincent, mon ami Vincent! — Vincent, répétai-je avec une émotion bien grande; un ex-valet de chambre? — Eh oui! — Du duc d'Ayen? — Précisément. — Ah mon Dieu! dis-je en fléchissant. — Quoi! cria Jobardot en me retenant dans ses bras. — C'est après lui que je cours depuis douze jours, balbutiai-je; c'est pour lui que j'ai été à Saint-Cloud et que je suis venu au Havre. » Et je racontai tout à Jobardot. « Bigre! dit-il, c'est regrettable, car il a toute la garde-robe de son maître, couverte d'or, de bijoux, des pierreries, on aurait cela pour rien! » Je me désolais! poursuivit Gervais.

— Ça se comprend! dit Gorain.

— Le navire filait toujours. Je criais : Arrêtez! arrêtez! mais ça n'y faisait rien ! quand Jobardot a une idée :

— Le navire doit toucher à Dieppe, me dit-il. Il relâchera là un jour, car il doit suivre les côtes pour aller à Anvers. Allons au port voir s'il n'y a pas un autre navire qui parte : vous vous embarquerez et vous pourriez le rattraper et faire l'affaire. »

Cette idée me plaisait. Il s'agissait d'un beau bénéfice. Nous courons au port. Il y avait une barque de pêche qui allait prendre la mer. Je fais mes arrangements avec le patron; je le paye et nous partons.

— Tu as eu le mal de mer? dit Gorain.

— Tout le temps ! répondit piteusement Gervais.

— Et c'est pénible?

— Oh!... »

Gervais ne répondit que par cette simple exclamation; mais il y avait tout un poème de douleurs et de misères dans l'expression avec laquelle ce simple oh! fut lancé.

« Et tu rattrapas le navire? dit Gorain.

— Oui! avant même qu'il atteignit Dieppe. Je pus monter dessus en route. Tu penses, si j'étais heureux! Je nageais dans la joie. Je m'entends dire avec M. Vincent, malgré le mal de mer qui ne me quittait pas. J'achète les beaux habits brodés d'or, les bijoux, tout enfin, je paye et j'aperçois Dieppe!... Je pousse un cri de joie quand, crac! j'entends des cris de terreur!

— Qu'est-ce que c'était?

— On venait d'apercevoir un corsaire anglais qui nous barrait la route.

— Ah mon Dieu !

— Il fallait se battre... et nous n'avions pas de canons !

— Pauvre ami !

— J'étais dans des transes ! Ça redoublait mon mal de mer ! J'étais à moitié mort quand les Anglais nous ont pris.

— Tu as été pris?

— Eh oui!

— Et ils t'ont relâché?

— Ah ouiche! Ils m'ont dévalisé, les brigands de corsaires, et puis, comme ils allaient aux Antilles, ils m'ont emmené.

— Ah! par le Dieu! c'est donc comme ça que tu as été à Saint-Vincent?

— Juste.

— Eh bien! dit Hamelin en souriant, tu as fait un beau voyage !

— Ah! je m'en serais bien passé. C'est beau l'Amérique, mais j'aime mieux la rue Saint-Denis.

— Bah! dit Gorain, quand on en est revenu!

— Après cela, dit Gervais, ce n'est pas l'embarras! Le séjour de Paris n'est pas tellement agréable. Témoin ce qui nous est arrivé aujourd'hui. L'avons-nous échappé belle, hein! dis?

— Ne m'en parle pas! dit Gorain en frissonnant. J'en ai encore des sueurs froides.

— Et dire que ce grand Rossignolet nous avait promis une partie de plaisir... Et qu'il s'agissait de s'égorger!

— Oh! qu'est-ce qu'aurait dit mon épouse?

— Et ces deux brigands qui nous poursuivaient? As-tu vu quel acharnement?

— C'était épouvantable.

— Hein! est-ce une chance que j'aie découvert cette ferme! que le citoyen nous ait accueillis, et qu'il nous ait donné à dîner, et qu'il nous ait permis de passer la nuit ici, car jamais, au grand jamais, je n'aurais osé retraverser le bois de Vincennes ce soir.

— Ni moi ! Je serais mort de peur bien sûr !
— Silence ! » dit vivement Hamelin.

Les deux bourgeois se turent aussitôt et se regardèrent avec inquiétude.

Coumâ, le lévrier, s'était dressé en grognant, mais Hamelin, lui retenant le museau entre ses deux mains, l'empêcha d'aboyer.

« Tais-toi ! » dit-il d'une voix impérieuse.

Se levant en maintenant toujours le chien par son collier, il se dirigea vers la porte donnant sur la cour : il ouvrit cette porte et il écouta. Un bruit sourd comme celui causé par le roulement d'une voiture retentissait au loin.

Coumâ grognait sourdement et faisait des efforts pour s'élancer.

« Paix ! dit Hamelin. Ne bouge pas ! »

L'intelligent animal parut comprendre, car il poussa un soupir bruyant et battit ses flancs de sa queue.

Hamelin, tenant toujours le chien, traversa la cour et se dirigea vers la porte cochère. En arrivant, il entendit un bruit étrange provenant de l'autre côté. On eût dit d'un soufflet de forge aspirant l'air.

« César ! » murmura Hamelin.

Le bruit augmenta. Adressant un nouveau geste impérieux à Coumâ, le fermier ouvrit la grande porte ; aussitôt un énorme chien bouledogue se rua dans la cour.

Ce chien était muselé étroitement de façon à l'empêcher de crier, il portait autour du cou son collier hérissé de pointes : au bas de ce collier appendait un papier.

Hamelin referma la porte, et tandis que César se couchait devant lui, il détacha le papier. Courant vers la maison, il rentra dans la salle et lut le papier.

« Bien ! » dit-il simplement en refermant la lettre qu'il mit dans sa poche.

Il regarda autour de lui : Coumâ n'était pas rentré dans la salle.

« Qu'est-ce qu'il y a donc ? demanda curieusement Gorain.

— Rien ! dit Hamelin. Un cavalier qui passait. »

Les quatre servantes et les deux valets endormis avaient été réveillés sans doute par le bruit qu'avait causé la sortie du fermier, car ils avaient tous légèrement dressé la tête ; mais sur la réponse d'Hamelin, ils reprirent leur position.

En ce moment un hurlement sonore, joyeux, retentit. Hamelin se précipita au dehors. Il courut vers la porte cochère devant laquelle le lévrier faisait des bonds prodigieux. Hamelin, sans hésiter, ouvrit vivement la porte.

Un homme entra, mais cet homme n'avait pas fait trois pas en avant que Coumâ se roulait à ses pieds avec des élans de joie extraordinaire.

« Silence ! » dit Hamelin.

Coumâ s'arrêta. Le fermier doutait.

« J'entends distinctement le roulement d'une voiture ! dit-il.

— Oui ! répondit le nouveau venu. Sur la route de Paris !

— C'est bien cela ! On dirait le bruit de la voiture du maître. »

L'autre écouta.

« C'est vrai ! dit-il.

— Pourquoi viendrait-il ? » dit Hamelin avec étonnement.

## LXXIV. — LA ROUTE DES CARRIÈRES

Fontenay-sous-Bois est, ainsi que je l'ai dit, bâti sur une colline dont la ferme d'Hamelin formait le point culminant. Vincennes, Montreuil, Rosny-sous-Bois, Neuilly-sur-Marne, Nogent-sur-Marne et Joinville forment un cercle presque régulier dont Fontenay est le centre.

Aujourd'hui que ces environs de Paris font presque partie de Paris (en attendant qu'ils en deviennent positivement partie intégrante), ils sont occupés par une population qui, allant toujours croissant, et par conséquent étendant constamment ses conquêtes, a fini par relier presque chacun de ces villages les uns aux autres. Des maisons isolées, fort peu distantes les unes des autres, rattachent Vincennes à Montreuil, Montreuil à Rosny, Rosny à Neuilly, et Neuilly à Nogent. On passe d'un pays dans un autre sans s'en douter. Il y a soixante et quelques années, les choses n'en étaient pas là. Paris, tout en étant la ville la plus importante du monde, n'en était pas la plus grande, et ses environs, jadis appartenant à de grands propriétaires, n'avaient pas été morcelés comme ils l'ont été depuis.

Fontenay, tout en étant le point central d'une contrée habitée, n'avait pas de communications très-suivies avec les autres villages, et cela tenait à ce que le bois de Vincennes (alors forêt), d'un côté, la Marne de l'autre, et enfin les carrières de Montreuil l'encaissaient, pour ainsi dire, et en rendaient l'accès difficile le jour, dangereux la nuit.

Ces carrières, s'étendant à la droite de Montreuil et à la gauche de Fontenay, avaient été jadis assez grandement exploitées. Elles présentaient dans un bas-fond leurs entrées sombres, ressemblant à ces souterrains creusés par les bêtes venimeuses. Comme toutes les carrières, elles jouissaient dans leurs environs d'une réputation peu tranquillisante. Elles avaient leurs légendes sinistres que l'on racontait le soir au coin du foyer, en se serrant les uns aux autres pour avoir moins peur.

Les esprits faibles affirmaient qu'il y revenait des morts ; les esprits forts prétendaient qu'il s'y cachait des bandits. Toujours était-il que la réputation des carrières faisait faire, la nuit venue, un grand détour à tous ceux qui, venant de Fontenay ou de Rosny, suivaient la route de Montreuil.

Ce soir-là du 20 brumaire, quiconque eût passé à proximité des carrières, esprit fort ou esprit-faible, eût certes ajouté foi aux bruits répandus. Comme onze heures venaient de sonner, une longue ligne noire, se confondant presque dans les ténèbres, parut s'échapper de l'ouverture des carrières et s'avancer dans la vallée, comme un énorme serpent déroulant ses anneaux, en quittant le creux du rocher qui lui sert de repaire.

Cette ligne était composée d'hommes, se touchant presque et formant un tout compacte. Elle traversa ainsi, au milieu des ténèbres, toute la longueur de la vallée au fond de laquelle était l'ouverture des carrières ; puis, arrivée à un endroit où un petit bouquet de bois s'élevait en face et où la plaine s'étendait à droite et à gauche, la colonne, comme obéissant à un signal donné, disparut soudain, tous ceux qui la composaient se dispersant avec la rapidité de la foudre : on eût dit une opération magique.

De Montreuil à Fontenay, il existe une route coupant la plaine en biais et laissant les carrières sur sa gauche. Cette route était silencieuse et déserte.

Tout à coup, et quelques instants après celui où la colonne mystérieuse avait disparu comme par enchantement, deux hommes surgirent sur cette route, se dirigeant vers Fontenay. Ces deux hommes étaient masqués.

À peine ces deux hommes avaient-ils fait dix pas dans un profond silence, que deux autres, masqués aussi, surgirent également par l'un des sentiers en contre-bas de la route. Les deux premiers s'attendaient évidemment à la venue des deux autres, car ils ne manifestèrent aucun étonnement.

Tous quatre suivirent la route de Fontenay.

La nuit était sombre : les silhouettes des grands arbres bordant la chaussée se dessinaient à peine sur le ciel noir. Un silence de mort régnait dans la campagne.

L'un des quatre hommes, en atteignant l'endroit de la route où aboutissait celle allant à Vincennes, s'arrêta subitement. D'un regard rapide il explora les champs qui s'étendaient à droite jusqu'aux limites du bois de Vincennes, à gauche jusqu'aux carrières.

« Tous doivent être à leur poste ? dit-il.

— Tous ! répondit l'un des trois autres en s'arrêtant également.

— Mes ordres ont été exécutés ?
— De point en point.
— La ferme est alors entièrement cernée à cette heure ?
— Complètement.
— Les souterrains pratiqués dans les caves et qui passent sous le potager ?
— Leur extrémité est gardée. J'ai mis là dix hommes sûrs, ainsi que tu me l'avais recommandé.
— Combien y a-t-il d'hommes sur la route de Nogent ?
— Douze.
— Sur celle de Rosny ?
— Huit.
— Sur celle de Vincennes ?
— Six.
— Et sur celle-ci dix. En tout trente-six, plus les cinq de la route de Nogent et nous quatre, cela fait bien quarante-cinq.

— Et quarante-cinq solides. Suivant tes instructions, nous avons tous choisi l'élite de nos bandes : nos hommes les plus braves et les plus fidèles.

— Ensuite, reprit celui qui avait pris en premier la parole et qui paraissait être le chef, ensuite il y a les dix hommes à la sortie des souterrains.

— Et dix à la porte de Fontenay, près du bois, dit le second personnage.

— Et dix à celle de Nogent, ajouta un troisième.

— Enfin, dit le quatrième, j'ai dix hommes dans les carrières.

— En tout, quarante ; et quarante-cinq, cela donne quatre-vingt-cinq. C'est assez !

— Pour prendre cinq hommes ! dit le second personnage, cela me semble suffisant, Camparini.

— Oui, s'il n'y avait que cinq hommes, mon cher Chivasso ; mais, par un hasard étrange, il y en a plus à la ferme.

— Comment ? Avant-hier encore, Hamelin avait trois filles de ferme et quatre garçons : avec lui, cela ne fait que cinq hommes.

— Hamelin a repris des domestiques hier. Il a arrêté six garçons et quatre nouvelles servantes, ce qui fait onze hommes et sept femmes, sans compter la fermière ni ses enfants.

— Ni les chiens ! dit une voix.

— Oh ! Pick ne les a pas oubliés.

— Ils peuvent compter !

— Quand ils vaudraient cinq hommes chacun, dit Chivasso, cela ne saurait nous arrêter. Il y a là quatre chiens, onze hommes, huit femmes, et nous sommes quarante-cinq, et nous les surprenons dans leur sommeil, et nous avons quarante hommes de renfort prêts à nous secourir.

— Cela est vrai, mais ce n'est pas plus qu'il n'en faut.

— Allons donc, Camparini, je ne te reconnais plus ! Nous avons fait vingt expéditions avec moins de monde et dans des circonstances vingt fois moins favorables...

— Oui, mais ces expéditions n'étaient pas celles de cette nuit.

— Oh ! pour quelques millions de plus ou de moins !

— La question n'est pas là. Si je n'avais à enlever que les sept millions de diamants, de pierreries et de valeurs en tuant tous ceux qui les gardent, tu ne me verrais pas prendre autant de précautions. »

Les trois hommes relevèrent la tête avec un geste d'étonnement, et leurs regards filtrèrent comme des jets lumineux à travers les trous de leurs masques.

« Y a-t-il donc à la ferme autre chose que les millions en pierreries et en papiers que tu nous as indiqués ?

— Oui, il y a plus ! dit Camparini.

— Quoi donc ?

— Il y a un trésor qui vaut cent fois celui dont vous venez de parler : il y a dans cette ferme un trésor inestimable pour nous tous, car il y a notre sécurité à tous, il y a la sécurité de l'association entière !

— Hein ! » firent à la fois les quatre hommes en tressaillant.

Camparini les regarda en croisant ses bras sur sa vaste poitrine.

« Que dis-tu donc ? reprit Chivasso.

— Je dis qu'il est heureux pour vous tous que j'existe, car sans moi vous seriez tous perdus demain !

— Perdus ! dit Pick, comment ?

— Pardieu ! comment est-on perdu ?... en étant perdu !... c'est-à-dire, pour nous, en étant livrés aux gendarmes d'abord, aux juges ensuite, et en dernier au bourreau.

— Mais je ne te comprends pas !

— Tu ne comprends pas, Roquefort ?... tu ne comprends pas, Chivasso ? tu ne comprends pas, Pick ?... Eh bien ! oui, en effet, vous ne devez pas comprendre...

— Mais qu'y a-t-il donc ? dit Chivasso.

— Il y a que jamais l'association n'a été si près de sa ruine ; c'est pourquoi j'ai voulu rassembler autour de moi, à cette heure, nos plus braves et nos plus dévoués !... Il y a que depuis quinze ans, un traître est parmi nous, que ce traître a voulu dix fois nous perdre, qu'il a promis de nous vendre, qu'il nous a vendus et qu'il doit nous livrer cette nuit ; mais le lâche a compté sans ma prudence ! Au lieu de nous livrer, c'est lui qui sera pris ; au lieu de nous perdre, il nous aura sauvés ; au lieu de continuer à s'imposer parmi nous, il va nous rendre libres de le châtier et de nous venger ! »

Les trois hommes continuaient à regarder Camparini avec un intérêt croissant. Tous trois étaient demeurés à cet endroit de la route de Fontenay à Montreuil où aboutissait celle de Vincennes. Ce confluent des deux chemins était ouvert sur une hauteur dominant absolument le pays de tous les côtés.

Pas une broussaille, pas un abri ne pouvait permettre à un écouteur indiscret de dissimuler sa présence.

Camparini était donc certain, après avoir exploré du regard le petit carrefour où il se trouvait avec ses compagnons, qu'aucune oreille cachée ne pouvait surprendre ses paroles.

Un gros arbre se dressait près de lui ; il s'appuya contre le tronc en faisant signe de la main à ses compagnons de se rapprocher.

## LXXV. — LE PLAN.

« De qui donc parles-tu ? reprit Chivasso après un long silence.

— De Bamboula ! répondit Camparini.

— Bamboula ! s'écrièrent les trois hommes avec une même intonation de surprise et de colère.

— De Bamboula ! répéta le Roi du bagne, de Bamboula qui en 1785 m'a trahi et a trahi l'association dans l'affaire des Nierres ; de Bamboula qui en 1790 nous a trahis dans le procès d'Norbigny ; de Bamboula qui en 1794 nous a trahis à Paris et aux Antilles ; de Bamboula qui depuis 1797 nous trahit et aujourd'hui nous a vendus !

— Les preuves de ce que tu dis ! s'écria Pick.

— Elles sont dans la conduite même de Bamboula ! Employé par Fouché, il devait nous servir dans ce poste important : il a commencé par nous servir pour mieux capter ma confiance, puis maintenant il nous vend !

— Depuis quand sais-tu cela ? dit Chivasso.

— Qu'importe, je le sais !

— Quoi ! s'écria Pick, tu sais qu'un des nôtres nous trahit, nous vend, nous livre, et celui-là n'est pas mort ?

— Celui-là pouvait nous être utile, c'est pourquoi il a vécu.

— Bamboula ! un traître ! » dit Pick avec un geste menaçant.

Camparini s'était croisé les bras sur la poitrine, promenant sur ses compagnons un regard calme et dominateur.

« Si je vous révèle le danger, dit-il, c'est que le danger est conjuré. Ah ! bien que vous me connaissiez, vous ne me deviniez pas encore. Sachez que depuis trente ans, jamais la trahison n'a existé dans l'association des enfants du bagne sans que cette trahison je ne la devine et ne la punisse. Pick et Roquefort peuvent en témoigner : Bamboula en témoignera cette nuit en payant enfin sa dette.

Rappelez-vous ce qui a eu lieu en 1797, il y a deux ans, lors du retour de la campagne d'Italie.

J'avais Bamboula entre mes mains, et j'étais résolu à le punir ; toi aussi Roquefort tu étais là garrotté.

— Oh ! s'écria Roquefort, tu sais si depuis j'ai été fidèle, si je t'ai trahi !

— Non ; je savais aussi que chaque fois que tu avais trahi, c'est que Bamboula t'avait entraîné, c'est pourquoi je t'ai pardonné en dépit de nos lois.

Mais j'avais Bamboula au bout de mon pistolet, Bamboula allait mourir, Chivasso m'a détourné le bras !... il a bien fait. La trahison de Bamboula devait faire notre force : je n'avais pas deviné cela alors !

Que fut-il convenu ?... que Bamboula serait désormais un ami fidèle et l'un des chefs des chauffeurs. Bamboula devait continuer à être un agent du ministre de la police, et cette situation, en décuplant nos forces, nous garantissait la sécurité la plus profonde et la plus absolue.

Longtemps Bamboula fut fidèle, longtemps il servit la cause commune. Grâce à lui, pas une démarche ne fut tentée sans que nous fussions instruits à temps ; grâce à lui, nos soupçons furent si habilement détournés que Jacquet, que Fouché crurent que Camparini était mort, et vous savez tous si M. Thomas, le digne négociant, l'excellent père de famille, a jamais eu maille à partir avec la police.

Tout allait bien, tout eût été bien jusqu'au bout, si Bamboula avait pu se guérir de la fièvre d'ambition qui le poussa

Une vague enleva sur sa crête M. de Charney. (Page 232.)

à vouloir être le *Roi du bagne*. Depuis quinze ans, Bamboulà n'a qu'un rêve : celui de me succéder. Trois *fois* il a été vaincu dans la lutte, et une *quatrième* fois il tente encore le combat.

— Comment! dit Chivasso, quelles preuves as-tu?

— Depuis quinze ans que j'ai appris à me défier de Bamboulà, reprit Camparini, je l'ai suivi pas à pas. Bamboulà est habile. Il veut d'un même coup accaparer à son profit toutes les richesses que je vais placer enfin entre nos mains, nous détruire, moi et tous les chefs de l'association, se faire *Roi*, et capter à tout jamais la confiance de Fouché.

Oh! son plan est habile, je le répète, mais ce plan je l'ai deviné jusque dans ses moindres détails. Ecoutez! voici ce qui doit avoir lieu cette nuit. Nous allons nous rendre à la ferme. Là, nous trouvons Bamboulà qui s'y est introduit déguisé, ainsi que cela a été convenu entre nous.....

Nous forçons le fermier à nous livrer les trésors et les traites ; puis, ces trésors et ces papiers en notre puissance, au moment où nous croyons triompher, Bamboulà donne un signal : tous quatre nous tombons frappés de mort, et nos hommes sont faits prisonniers par quatre brigades de Fouché embusquées dans quatre endroits différents.

Nos hommes peuvent être pris, eux, car ils ne savent rien, et leur capture, importante pour le ministre de la police, ne l'est pas pour les intérêts personnels de Bamboulà. Nous, c'est différent, nous pourrions parler; aussi faut-il que nous mourions, et le plan de Bamboulà est arrêté à cet égard.

Alors, nos hommes livrés, Bamboulà, qui seul connaît le secret de la maison de Saint-Mandé, met à exécution le plan formé par moi. Seulement, au lieu que ce soit Chivasso qui épouse la *jolie mignonne*, ce sera lui qui alors héritera des millions des d'Horbigny et des Cantegrelles.

— Mais Charney? dit Pick.

— Charney est le complice de Bamboulà. A eux deux, après nous, la puissance, et, tandis que Charney prend dans le monde la place que je voulais lui donner, et qui est si importante pour l'avenir, Bamboulà, riche, se fait nommer *Roi du bagne*, tout en captant la confiance de Fouché et en prenant la place de Jacquet. Dès lors il est à l'apogée de la puissance. C'est la mort de Jacquet qui l'a décidé à agir ainsi.

— Bamboulà et Charney ! dit Chivasso. Ils s'entendent?

— Oui : tout leur plan est fait, et avouez que ce plan est habile !

— Mais de qui tiens-tu tous ces détails ? Ce n'est pas Bamboulà qui les a donnés : qui donc t'a éclairé?

— Moi-même.

— Comment ?

— Depuis longtemps je lisais dans le jeu de Bamboulà, depuis longtemps je me défiais de lui, et j'ai pris mes précautions. Charney n'a agi que par mes ordres : Charney a eu l'apparence de trahir, et il servait fidèlement la cause !

— Oh ! tu es grand ! dit Pick avec admiration.

— Mais pourquoi n'avoir pas tué Bamboulà ? » s'écria Chivasso.

Le *Roi du bagne* le regarda fixement en face :

« Pourquoi ? répéta-t-il. Parce que Bamboulà a entre les mains des papiers qui peuvent nous perdre tous.

— Ceux de la rue de Beaujolais ? mais je m'étais emparé de ces papiers !

— Tu n'avais violé que le secret d'une cachette, et il y en avait deux.

— Alors ces papiers qui existent encore....

— Sont les plus importants : c'est tout le secret de notre association.

— Où sont-ils?

— Bamboulà nous le dira cette nuit. Il faudra bien qu'il parle, et comme, cette fois, il est sûr du triomphe, car j'ai su lui donner toutes les apparences de la sécurité, Bamboulà, surpris, Bamboulà parlera !

— Mais pourquoi avoir attendu pour agir jusqu'à cette nuit ? »

Camparini haussa les épaules :

« Tu ne comprends pas ? dit-il. Les quatre brigades de police apostées sont composées des meilleurs hommes, c'est-à-dire de nos plus dangereux ennemis. Jamais occasion meilleure ne s'est présentée pour les anéantir. D'un même coup nous les détruisons tous, et la portée de ce coup est immense. Fouché a promis au général Bonaparte de détruire les chauffeurs, il s'y est engagé formellement. Or, au lieu de les détruire, ce sont ses brigades les plus fortes qui seront détruites. Le général sera furieux, il ne

Une longue ligne noire parut s'échapper de l'ouverture des carrières. (Page 238.)

pardonnera pas cet échec au ministre, et Fouché sera disgracié. Et Fouché, vous connaissez mon opinion sur son compte? C'est le génie de la police, c'est l'ennemi le plus formidable que nous ayons jamais eu à combattre. Lui renversé, c'est la sécurité pour nous!
— Mais ces brigades, de combien sont-elles fortes?
— De cinquante hommes chacune.
— Deux cents hommes, et nous ne sommes que soixante-trois! dit Chivasso. Que faire?
— Tout est fait! dit Camparini. J'avais envoyé porter des ordres à tous les chefs des départements. C'est pour cela que la grande conférence a eu lieu il y a peu de jours. Toutes mes mesures sont prises: s'il y a deux cents hommes prêts à nous attaquer, ces deux cents hommes sont entourés à cette heure par quatre cents autres, tous pris parmi les plus déterminés des bandes du centre de la France... »

Camparini s'arrêta : son regard était devenu fixe et semblait interroger l'horizon. Ses compagnons suivirent la direction de ce regard. Le clocher de l'église de Fontenay se détachait comme une flèche noire sur les nuages amoncelés. La base de cette flèche, plongée jusqu'alors dans les ténèbres, venait de s'éclairer. Une lueur comme celle d'une lanterne brillait à l'intérieur.

« Le comte d'Adore vient d'arriver à la ferme ! dit Camparini. Charney doit le suivre : maintenant, avançons ! Il est l'heure : nos hommes doivent être à leurs postes. »

Camparini et ses compagnons se dirigèrent vers Fontenay. Tout était calme, et le silence le plus absolu régnait dans la campagne.

« Qui as-tu chargé des chiens? dit Chivasso à Camparini.
— Beau-François ! » répondit celui-ci.

Tous quatre continuaient à s'avancer. Le Roi du bagne, qui dirigeait la marche, ralentissait son allure : on eût dit qu'il attendait quelque événement pour se précipiter ensuite.

On venait d'atteindre les premières maisons de Fontenay. Le petit village dessinait sa masse confuse que surmontait le clocher, dont la lumière était éteinte.

Suivant la rue, déserte alors, qui du bois de Vincennes conduit en haut de la crête, en traversant tout le village,

les quatre hommes se trouvèrent bientôt de l'autre côté de Fontenay. Les bâtiments de la ferme se dressaient à peu de distance. Camparini s'arrêta :

« Attendons ! » dit-il.

L'attente fut courte. Presque au même instant, et de quatre points différents de la campagne, s'élevèrent, sans détonation qui les suivit ou les précédât, quatre petits globes de feu de couleurs différentes : l'un rouge, l'autre bleu, l'autre jaune, le quatrième blanc.

« Les quatre brigades sont cernées ! dit vivement Camparini, à la ferme ! J'avais bien dit que cette nuit serait la nuit du triomphe ! Maintenant, en avant les chauffeurs ! »

## LXXVII. — LA SERVANTE.

Le feu pétillait dans la grande cheminée de la ferme avec un tel éclat qu'il inondait la salle de flots lumineux. Gorain et Gervais n'étaient plus à la même place : tous deux occupaient des sièges à gauche, et Gervais avait abandonné le fauteuil d'honneur, en face du foyer, à un nouveau personnage qui venait depuis quelques instants d'arriver à la ferme : ce personnage était le comte d'Adore.

Il était plus de minuit et depuis une heure une neige abondante tombait par flocons énormes sur la terre qu'elle recouvrait de son blanc linceul.

Hamelin n'était plus dans la salle : les valets de ferme et les servantes étaient toujours endormis, à l'extrémité de la pièce. M. d'Adore avait ses vêtements tout trempés d'eau : sans doute il avait reçu les atteintes d'une rafale de neige. L'ardeur du foyer devant lequel il se tenait, provoquant rapidement la volatilisation de l'eau, faisait dégager du drap un nuage de brouillard qui enveloppait le comte.

Gorain, renversé sur son fauteuil, les deux mains dans les poches de sa veste, subissait évidemment l'action narcotique du vin. Les yeux à demi fermés, la tête penchée sur l'épaule, la bouche entr'ouverte, l'air heureux et satisfait, le digne bourgeois était dans cet état qui n'est plus la veille, qui n'est pas encore le sommeil, qui cependant tient également de l'un et de l'autre et que l'on nomme, dans le langage vulgaire, roupiller.

Gervais, une jambe croisée sur l'autre, le corps penché en avant, le cou tendu, les deux bras levés et l'index de la main droite appuyé sur l'index de la main gauche, dans la position d'un homme qui compte sur ses doigts, Gervais paraissait être dans une animation tout à fait en dehors de son état normal :

« Oui, citoyen, disait-il au comte d'Adore, cela fait vingt-quatre ! Vous comprenez : douze contre douze, tous des maîtres d'armes, il paraît. Et nous qui étions venus croyant faire une partie de plaisir !

— De sorte, répondit M. d'Adore, que vous vous êtes sauvés ?

— Heureusement ! Sans cela, qu'est-ce que nous eussions pu faire ? Gorain, ni moi, ne savons pas tenir une épée. »

Hamelin rentrait dans la salle, tenant à la main un flambeau de cuivre dans lequel brûlait une énorme bougie de cire.

« Cher maître ! dit-il en s'inclinant devant le comte, la chambre est prête. »

M. d'Adore se leva en adressant un geste amical à Gorain et à Gervais, puis, il suivit le fermier. Tous deux passèrent dans une pièce voisine, et de là gagnèrent un escalier conduisant au premier étage.

Une chambre simplement mais confortablement aménagée avait sa porte ouverte. Le vieillard y entra suivi par le fermier. Se retournant alors vers Hamelin :

« Eh bien ? dit le comte. Je t'écoute. »

Hamelin regarda M. d'Adore avec une expression de surprise profonde :

« Vous m'écoutez ! dit-il.

— Sans doute. Qu'as-tu à me dire ?

— Mais rien, mon bon maître, si ce n'est que je vous suis plus attaché que jamais. »

Le comte frappa du pied avec impatience :

« Je le sais, dit-il, aussi n'est-ce pas pour me dire cela que tu m'as fait venir.

— Je vous ai fait venir ? reprit Hamelin.

— Sans doute.

— Quand cela ?

— Eh parbleu ! ce soir ! Ah çà ! mais, tu es donc devenu fou !

— Je ne comprends pas !

— Tu ne comprends pas ? Et ta lettre ?

— Quelle lettre ?

— Celle que tu m'as écrite ce soir, en me priant de me rendre à Fontenay sur l'heure, en toute hâte, et en ajoutant qu'il s'agissait de ce que tu savais bien. Tu as voulu me parler des dépôts, n'est-ce pas ? »

Hamelin ouvrait des yeux énormes :

« Je ne comprends pas ! » répéta-t-il.

Le comte fouilla dans sa poche, prit un papier, l'ouvrit et le plaça sous les yeux du fermier :

« Voici ta lettre, dit-il. Tu comprendras peut-être. »

Hamelin prit le papier et le considéra attentivement :

« C'est bien mon écriture, dit-il, et cependant je n'ai pas écrit.

— Tu n'as pas écrit ?

— Non, mon bon maître.

— Tu n'avais pas à me parler, tu ne m'as pas fait venir ?

— Mais non ! Qui vous a donc porté cette lettre ?

— Sébastien, ton garçon.

— Sébastien, s'écria Hamelin, mais il n'est plus à mon service depuis trois jours. Lui et tous les autres sont partis avec les filles, c'était comme un coup monté. J'ai repris du monde hier.

— Mais que signifie donc cette lettre, alors ? »

Le comte et Hamelin se regardaient avec une sorte de stupeur, mais l'expression du visage était bien différente chez l'un et chez l'autre.

Sous le regard clair et fixe de l'homme qui tend les facultés de son cerveau pour faire jaillir la lumière, le fermier paraissait être sous le coup d'une surexcitation extraordinaire : il pâlissait, il rougissait, ses lèvres frémissaient. Il semblait être sur le point de parler, puis, par un motif inconnu, la parole expirait sur ses lèvres. Enfin, faisant un effort violent pour s'arracher à cet état inqualifiable :

« Mon bon maître ! s'écria-t-il, pardonnez-moi ! »

Et il se jeta à deux genoux devant le comte d'Adore.

Celui-ci se recula avec un geste de stupéfaction.

« Que veux-tu donc dire ? fit-il avec inquiétude.

— Je veux dire, reprit Hamelin en se relevant, que j'ai voulu tout faire pour le bien, et que peut-être à cette heure je vais être la cause d'un grand malheur.

— Un grand malheur !

— Oui, pardonnez-moi. Oh ! j'aurais dû tout vous dire... mais est-ce que je supposais que vous viendriez ce soir...

— Hamelin, je ne comprends pas à mon tour, dit le comte. Que signifient donc tes paroles ?

— Elles signifient, maître, que vous avez peut-être le droit de maudire votre pauvre Hamelin.

— Mais, s'écria le comte avec impatience, explique-toi donc ! Qu'as-tu voulu faire ?

— Venger ceux que vous pleurez !

— Venger ceux que je pleure ! Comment ? de qui veux-tu parler ?

— De madame Bellegarde, de madame Signelay, de son mari.

— Lucile, Uranie et Léopold ?

— N'avez-vous pas, devant moi, dit plusieurs fois que vous ne croyiez pas à un accident naturel à propos de leur mort à tous trois.

— Cela est vrai ; mais quel rapport ?

— Un homme est venu me trouver qui, lui aussi, m'a dit que ces morts n'étaient pas naturelles.

— Qui t'a dit cela ? s'écria le comte avec une émotion extrême.

— Attendez, mon bon maître, vous allez tout savoir. Cet homme a ajouté que ces morts, qu'il disait être le résultat de crimes, n'avaient eu pour but qu'une pensée de vol, celui des trésors de M. de Signelay ; que ce vol n'avait pu avoir lieu, par une circonstance qu'il ignore, la nuit même de la mort des trois victimes ; que les assassins avaient su que ces trésors avaient été déposés ici, et qu'ils avaient pris la résolution de venir piller la ferme...

— Après, après ? dit le comte.

— Alors, poursuivit Hamelin, l'homme me proposa de tendre un piège à ces brigands.

— Mais quel est cet homme ?

— Un employé du ministère de la police. Oh ! je ne puis en douter, il m'a donné toutes les preuves.

— Il se nomme ?

— Lucien.

— Lucien ! s'écria le comte ; un homme horriblement défiguré ?

— Oui, c'est cela ; vous le connaissez ?

— Sans doute ; tu peux avoir confiance. Et c'est lui qui t'a dit que Lucile et Uranie étaient mortes victimes d'un crime et qu'il livrerait les assassins ?

— Oui ; mais il m'avait dit aussi que vous deviez absolument ignorer toutes ces circonstances, et que je ne devais vous instruire de rien sous peine de voir tout manquer.

— Mais quand ces bandits doivent-ils venir ?

— Cette nuit. En voici l'annonce dans ce billet que m'a apporté tout à l'heure l'un de mes chiens.

— Tout est prêt alors ?

— Oui ; des brigades de police doivent être embusquées. Oui, j'étais joyeux : je me disais que j'allais venger enfin ceux que vous aimiez, et vous donner ainsi une preuve nouvelle d'attachement et de dévouement ; j'allais agir, quand votre arrivée est venue détruire mes espérances.

— Comment ?

— Qui vous a écrit, puisque ce n'est pas moi ? Pourquoi vous avoir attiré ici cette nuit même ? dans quel but ? Cette fausse lettre ne serait-elle pas la révélation d'un piège, et en voulant vous servir, mon bon maître, aurais-je donc servi vos ennemis ? D'ailleurs, Lucien devait être ici à onze heures. Il est minuit, pourquoi n'est-il pas venu ? »

M. d'Adore réfléchissait.

« Que supposerais-tu donc ? demanda-t-il.

— Je ne sais, dit Hamelin ; mais je pense à ces traites tirées par vous et dont je suis dépositaire. Pour en toucher le montant, si on les volait, n'aurait-on pas besoin urgent de votre présence ?

— C'est possible ! » dit le comte.

Puis, après un silence :

« Où donc sont les chiens ? » reprit-il.

Hamelin allait répondre quand un son de cloche retentit au dehors dans la cour de l'habitation.

« On sonne à la ferme ! dit Hamelin vivement ; c'est Lucien, et nous allons savoir... »

Il n'achevait pas que la porte de la chambre s'ouvrait et qu'une femme costumée en servante de ferme entrait dans la pièce.

« Que veux-tu ? dit Hamelin avec colère ; je ne t'ai pas appelée. »

La servante tenait à la main une petite lampe portative à réflecteur de fer poli. Sans répondre à Hamelin, elle marcha droit vers le comte par un mouvement si rapide que le fermier ne put s'opposer à son intention, et s'arrêtant brusquement à deux pas de M. d'Adore, elle demeura immobile, plaçant la lampe qu'elle portait de façon à ce que la lumière fût renvoyée en plein sur son propre visage.

M. d'Adore ouvrit les yeux et la bouche comme un homme frappé subitement par un terrifiant spectacle. Son visage devint subitement d'une pâleur mortelle, ses mains tremblèrent et un cri expira sur ses lèvres.

La servante, lui saisissant alors le bras droit, l'entraîna brusquement à l'écart. Tout cela fut accompli avec une rapidité telle qu'Hamelin n'eut pas le temps de faire un mouvement.

La servante parlait bas et précipitamment, mais avec des gestes impérieux à l'oreille du vieillard. Celui-ci s'avança enfin vers le fermier, qui était demeuré stupéfait et comme cloué sur place.

« Quelle est cette femme ? dit-il en désignant la servante qui se tenait en arrière, paraissant attendre.

— C'est Paméla, dit Hamelin, une des nouvelles filles que j'ai engagées à la ferme.

— Eh bien ! reprit le comte, tu vas obéir à cette femme, Hamelin. Quoi qu'elle demande, quoi qu'elle dise, quoi qu'elle ordonne, tu le donneras, tu l'écouteras, tu obéiras.

— Hein ? » dit Hamelin qui paraissait ne pouvoir en croire ses oreilles.

Un second coup de cloche retentit au dehors. La servante s'avança précipitamment vers Hamelin.

« La clef du souterrain ? dit-elle.

— La clef ?... répéta le fermier.

— Donne-la ! dit le comte.

— Mais...

— Donne-la sans hésiter, je le veux ! »

Hamelin fouilla dans sa poche, et en tira une clef qu'il remit à la servante.

« Maintenant, reprit celle-ci d'une voix impérative, va ouvrir : c'est Lucien ; qu'il ne sache pas que le comte est ici, qu'il ne puisse supposer que tu aies confié le secret de l'entreprise ; agis enfin comme tu avais l'intention d'agir avant l'arrivée du comte. Va !

— Obéis ! » dit encore M. d'Adore.

Hamelin faisait aller ses yeux de son maître à sa servante, sans paraître comprendre ce que signifiaient les ordres qu'il recevait. Enfin, adressant un geste de soumission à M. d'Adore, il s'élança hors de la chambre et disparut dans les couloirs.

Le comte et la servante demeurèrent seuls. Le comte saisit la main de la femme avec un geste empreint d'une violente émotion.

« Explique-moi !... s'écria-t-il.

— Rien ! interrompit la servante : le temps manque, les minutes sont comptées ! Demeurez dans cette chambre, enfermez-vous, n'ouvrez à personne et attendez !

— Mais...

— Il le faut ! »

Et la servante sortit précipitamment.

## LXXVII. — LA NUIT.

La nuit était noire : c'est à peine si on pouvait distinguer les gros arbres qui bordaient la route. Cette route, suivant à peu près la direction de la voie stratégique que l'on a tracée depuis, descendait la côte courant vers Nogent-sur-Marne.

A quelque distance de la ferme s'élevait, le long de cette route, un bouquet de bois (là où un a bâti le fort) qui, à la saison des feuilles, devait être entièrement touffu. Au centre de ce petit bois était une grande hutte à demi délabrée.

Camparini et Chivasso s'approchaient de cette hutte.

(C'était à l'heure même où la singulière servante venait d'intimer à Hamelin l'ordre de lui donner la clef du souterrain.) Les deux hommes s'avançaient avec précaution : ils s'arrêtèrent.

Un léger coup de sifflet retentit : un autre lui répondit. Camparini et son compagnon se remirent en marche. Un homme masqué surgit tout à coup de derrière un tronc d'arbre :

« C'est fait ? dit simplement Camparini.

— Oui, maître ! » répondit l'homme masqué.

Camparini posa le pied sur le seuil de la hutte :

« De la lumière ! » dit-il.

Une clarté rougeâtre jaillit soudain et éclaira l'intérieur de la hutte. Au centre, entassés les uns près des autres, gisaient une dizaine d'hommes garrottés et bâillonnés. Deux hommes masqués étaient debout, entourant ces malheureux et paraissant les garder à vue.

Camparini examina cette scène dramatique d'un regard rapide. Il ne prononça pas un mot : il se contenta de faire un signe approbatif, puis il quitta la hutte. Chivasso, qui l'avait suivi, continua à marcher près de lui.

L'homme masqué, qui avait échangé avec le *Roi du bagne* les paroles rapportées plus haut, était demeuré dans le bois. Camparini se rapprocha de lui :

« Attends le signal ! dit-il ; jusque-là, le plus profond silence et fais bonne garde. »

L'homme fit un signe affirmatif. Camparini et Chivasso s'éloignèrent.

Quelques minutes s'écoulèrent dans le plus profond silence : l'homme masqué n'avait pas bougé de place. Un léger craquement retentit, une ombre passa rapide paraissant descendre du ciel. C'était un homme qui venait de s'élancer à terre du haut d'une branche.

Il s'approcha du personnage masqué : fouillant dans sa poche, cet homme en tira un objet qu'il fit passer dans la main de l'autre. Se penchant vers son oreille, il lui parla précipitamment et à voix tellement basse, que le silence qui régnait ne fut pas troublé. L'homme masqué fit un signe affirmatif : l'autre le quitta et disparut dans la direction qu'avaient prise Camparini et Chivasso.

Ceux-ci, après être ressortis du petit bois, avaient contourné la ferme et s'étaient rapidement dirigés vers la route de Fontenay. En face de l'entrée principale de la ferme, ils s'arrêtèrent devant un fossé servant d'enceinte à un champ. Deux hommes se dressèrent sortant de ce fossé.

« Tout a réussi ! dit Camparini à voix basse. Les quatre brigades sont en notre pouvoir. Toutes sont bien gardées. Où sont les hommes, Roquefort ?

— Au nord-est, derrière l'étable, répondit le lieutenant du *Roi du bagne*.

— Les tiens, Pick ?

— Ils attendent à côté du bâtiment des écuries.

— Tous sont prêts ?

— Au premier signal ils s'élanceront. »

Un silence suivit ces paroles. Camparini paraissait écouter attentivement.

« Les chiens ! reprit-il.

— Ils ont mangé ! dit Pick.

— Tu en es sûr ?

— L'endroit où j'avais jeté la viande est vide. D'ailleurs, s'ils n'avaient pas mangé, ils aboieraient. Nous sommes trop près pour qu'ils ne nous sentent pas.

— Alors, tout va bien... maintenant à l'œuvre. Chacun à son poste : allez et tenez-vous prêts à agir au premier signal ! »

Pick et Roquefort firent un signe affirmatif, puis ils s'élancèrent l'un à droite, l'autre à gauche et tous deux disparurent, se faufilant derrière une double charmille qui, servant de prolongement au mur faisant façade, enceignait les communs de la ferme.

Camparini et Chivasso demeurèrent seuls. Tous deux s'avancèrent avec précaution vers la porte. Pas un aboiement ne retentit : le silence était de plus en plus profond et avait quelque chose de lugubre.

« Pick avait dit vrai, dit Camparini, ces chiens ont mangé, sans quoi ils aboieraient ou nous éventeraient notre présence. »

En achevant ces mots, Camparini interrogea le cadran de sa montre : minuit et demi venait de sonner. Il fit un geste d'impatience :

« Charney ! dit Chivasso avec un ton d'interrogation marquée.

— Oui! répondit le *Roi du bagne*, il n'est point encore ici. N'aurait-il pas su réussir à Paris? Mordieu! si cela devait être, je....»

Camparini s'interrompit pour prêter une oreille attentive :

« Le voici! » dit-il.

Effectivement, sur la route qui dessinait son tracé comme un ruban blanc posé à plat sur l'herbe verte des prairies, on pouvait distinguer l'ombre d'un homme glissant rapidement. Cette ombre s'approcha, et arrivée à la hauteur de l'entrée de la ferme, elle s'arrêta comme paraissant hésiter.

Camparini fit entendre aussitôt un sifflement doux et modulé : l'ombre courut sans hésiter vers l'endroit d'où partait ce bruit.

« Charney! dit le *Roi du bagne*. Tu as réussi?

— Pas complétement, je n'ai pas eu le temps, mais tout est en bonne voie, répondit le nouveau venu. Cette nuit même je terminerai, et avant le lever du jour, j'aurai accompli ma tâche.

— Alors, à l'œuvre!

— Camparini, dit Charney en saisissant le bras du *Roi du bagne*, je ne suis pas venu seul : sais-tu pourquoi je suis en retard? C'est que j'ai conduit à Saint-Mandé le colonel.

— Bellegarde? dit Camparini avec un mouvement joyeux.

— Oui!

— Comment as-tu pu réussir...

— Tu le sauras : le moment serait mal choisi pour l'explication. J'ai pu me faire suivre par le colonel, et à cette heure, il est en notre puissance. Comprends-tu de quelle importance est cette capture, alors qu'il s'agit d'arracher à sa femme et à sa belle-sœur les signatures qu'il faut qu'elles donnent.

— Mais où l'as-tu laissé?

— A la garde de douze hommes.

— Tu n'as pas pu entrer dans la maison cependant. Moi seul ai le secret qui fait ouvrir la porte, et il faudrait démolir les murs pour forcer cette entrée.

— Aussi l'ai-je laissé au cabaret de Régulus.

— Mais il n'est pas en sûreté, mais il peut s'évader....

— Je n'avais pas le secret pour le faire entrer dans la maison ; veux-tu que je retourne à Saint-Mandé? donne-moi le secret. »

Charney s'était approché en formulant cette demande. Camparini le regarda :

« Non! dit-il, ce secret est le mien : il est à moi seul : personne ne doit l'avoir avant que tous ceux que renferme la maison de Saint-Mandé aient fait ce que je veux qu'ils fassent. Ce secret-là, Charney, c'est ma force! D'ailleurs voici trois fois que tu cherches à l'avoir. »

Charney à son tour regarda fixement le *Roi du bagne* :

« Que veux-tu dire? demanda-t-il.

— Rien que ce que je dis.

— Alors le colonel demeurera dans le cabaret de Régulus jusqu'à l'heure où nous retournerons à Saint-Mandé.

— Non!

— Cependant.... »

Camparini fit un geste de la main comme pour inviter Charney et Chivasso à demeurer immobiles. Chivasso avait écouté toute la conversation qui venait d'avoir lieu sans y prendre aucune part.

Camparini recula de plusieurs pas, puis il se baissa ; le cri de la chouette retentit. Ce cri fut répété à une faible distance dans la direction du fossé bordant les bâtiments des communs.

Camparini gagna le bord du fossé et se baissa : un homme, marchant le dos courbé dans le fond de ce fossé, arriva jusqu'à lui. Camparini se pencha plus encore, et sa bouche, se collant contre l'oreille de l'homme, murmura quelques rapides paroles. L'homme fit signe qu'il avait compris. Camparini lui parla encore, puis se redressant brusquement :

« Va! » dit-il.

L'homme gravit le bord opposé du fossé, s'élança et disparut dans la profondeur des ténèbres. Camparini revint vers Charney et Chivasso.

« Dans une demi-heure, dit-il, le colonel Bellegarde sera lui aussi un instrument puissant entre mes mains.

— Qui as-tu envoyé? demanda vivement Charney.

— Bernard.

— Ainsi tu livres à cet homme les secrets que tu refuses de me confier?

— Bernard vient de recevoir le secret de l'entrée de la seconde maison de Saint-Mandé. Bernard, aidé de deux des hommes que tu as laissés à la garde du colonel Bellegarde, l'y fera pénétrer : ils y pénétreront aussi, mais aucun des trois ne ressortira vivant. Ah! vous me regardez avec surprise? Mais il ne s'agit même pas de ma maison à moi, il s'agit seulement de l'autre ! Oh! soyez convaincus que vous ne saurez jamais que les secrets que je voudrai vous apprendre. Ma maison de Saint-Mandé est la sûreté de tous. Nul de vous n'y a jamais pénétré : nul de vous n'y pénétrera jamais sans moi.... ou, s'il y pénétrait, celui-là, il ferait comme Bernard dans ma seconde maison, il n'en ressortirait plus.

— Mais, dit Charney, quelle que soit la puissance des forces dont tu disposes et que tu aies réunies à Saint-Mandé dans cette maison, dans laquelle tu te retires sans que nous sachions comment te découvrir, cette maison ne saurait-elle être forcée?

— Non!

— Cependant, par des forces supérieures....

— Il n'y en a pas.

— Comment ?

— Celui qui du dedans voudrait sortir, ou du dehors voudrait entrer sans avoir reçu mes instructions, celui-là causerait sa mort et celle de tous ceux enfermés dans la maison. Quatre mines sont disposées de telle sorte qu'une tentative d'effraction opérée sur la porte ou sur les deux seules fenêtres perçant la façade et donnant sur la rue ferait tout éclater. »

Charney, que Camparini regardait avec une fixité étrange, ne sourcilla pas :

« Allons, dit-il simplement, le colonel va être en sûreté, c'est ce qu'il faut. Maintenant occupons-nous de la ferme.

— Il est l'heure! dit Camparini. Chivasso, donne le signal!.... »

L'homme auquel le *Roi du bagne* avait parlé à voix basse en se penchant au-dessus du fossé avait pris la direction de Fontenay. Courant avec cette allure régulière qui permet de fournir une longue traite, il traversa le petit village et atteignit les abords du bois de Vincennes.

Tournant à droite, il s'enfonça sous bois : tout à coup il trébucha, il étendit les bras, il battit l'air, il poussa un cri et il tomba lourdement la face contre terre. Il voulait se relever, mais il sentit un poids énorme s'appesantir entre ses épaules et le contraindre à l'immobilité. Il voulut tourner la tête : une main de fer le maintint, le visage appuyé contre l'herbe. En même temps une voix impérative murmurait à son oreille ces mots sinistres :

« Un geste, un cri, tu es mort ! »

## LXXVIII. — LA COUR.

La cour de l'habitation était déserte. Les grands bâtiments de la ferme à droite et à gauche étaient plongés dans une obscurité profonde. Seul celui du centre, le bâtiment principal, avait trois fenêtres de son rez-de-chaussée éclairées. C'était les trois fenêtres donnant air et jour à la grande salle basse.

Un profond silence régnait dans cette cour. Deux charrettes chargées de fumier étaient rangées le long du bâtiment de gauche. Quatre grandes niches à chien étaient, deux d'un côté, deux de l'autre de la cour. Les contrevents des fenêtres du principal corps de logis étant fermés, la lumière ne filtrait que par un mince interstice et n'éclairait pas la cour, qui demeurait plongée dans les plus obscures ténèbres.

Le ciel était chargé de nuages, l'air froid et pas une étoile ne brillait à l'horizon. La grande porte était fermée comme d'ordinaire.

On se rappelle que de chaque côté de cette porte s'étendait un mur assez peu élevé qui formait la façade de la ferme. Tout à coup, et sans qu'aucun bruit se fût fait entendre, une ombre apparut au-dessus de la crête de cette muraille. Une silhouette se dessina vaguement, et un homme surgit se tenant à califourchon sur le mur.

L'homme demeura immobile et comme attendant. Appuyant ses mains réunies sur l'arête du mur, il pencha son corps en avant et parut examiner attentivement l'intérieur de la cour....

Rien ne se fit entendre : le silence semblait redoubler de solennité. L'homme passa l'autre jambe, et se mettant à plat ventre tout en se retenant des deux mains à la crête, il se laissa glisser doucement sur un énorme tas de fumier qui était appuyé contre la muraille.

Là ! écouta encore et recommença son examen. Tout demeurait silencieux. L'homme porta la main à sa bouche : un sifflement léger, très-faible, retentit et s'éteignit presque aussitôt.

Des têtes surgissaient au-dessus de la muraille de chaque côté de la porte d'entrée. Bientôt des hommes s'élancèrent et vinrent rejoindre celui qui était entré le premier. L'obscurité profonde dans laquelle ils étaient enveloppés permettait à peine de distinguer leur personne. Ils avaient tous le visage masqué.

L'homme qui le premier avait pénétré dans la cour de la ferme s'avança vers la première niche placée à gauche. Il se baissa, avança la main et retira à demi de l'intérieur le cadavre d'un chien bouledogue de grande taille absolument roide, ce qui faisait évidemment remonter la mort à plusieurs heures. Sans attirer complètement à lui le corps, l'homme se redressa et se dirigea vers les autres niches, qu'il explora successivement.

Deux des trois autres contenaient également chacun une cadavre de chien, et bien que les ténèbres ne permissent pas d'examiner ces cadavres dans leurs détails, il était facile de reconnaître que c'étaient ceux de bouledogues, comme celui de la première niche.

La quatrième niche était vide.

« Le lévrier aura été mourir dans la maison, » murmura l'homme.

Il revint vers ses compagnons, dont quelques-uns s'étaient absolument dissimulés sous les charrettes, d'autres étaient couchés, le long d'un appentis, qui au pied d'un bâtiment, celui-ci sous une botte de paille, celui-là dans une auge. Tous enfin étaient disséminés habilement, et rien au premier coup d'œil ne décelait leur présence.

Celui qui venait d'explorer les niches se rapprocha d'un homme caché derrière un amas de planches.

« Les chiens sont morts? demanda l'homme.
— Oui ! répondit l'autre.
— Je t'avais bien dit qu'ils avaient mangé. Ça n'a pas été sans mal. Pour tromper le fermier, il a fallu substituer à chaque niche une soupe faite comme celle qu'il avait donnée et dans une écuelle toute pareille. Oh ! ç'a été bien fait.
— Oui, je suis content. Maintenant les boîtes à feu?
— Je viens d'en placer deux dans la grange. »

L'homme fit un geste approbatif, puis il traversa la cour en se baissant et se dirigea vers l'un de ceux qui habitaient la première des deux charrettes. Celui-là, au moment où l'autre arrivait, se dressa brusquement, monta sur la charrette, et étendant le bras, il parut placer un objet dans la toiture même de chaume qui recouvrait le bâtiment.

L'homme fit encore un geste approbatif, et se courbant de plus en plus pour mieux dissimuler sa présence, il longea les charrettes aux meilleurs endroits. Un autre homme était accroupi à l'entrée d'une énorme remise, vaste hangar rempli, à ne plus pouvoir les contenir, d'instruments, de charrues, de brouettes, d'échelles, de pieux, de planches et d'outillages.

« Tout est prêt? demanda l'homme.
— Oui ! répondit l'autre à voix basse. Les cinq boîtes sont placées aux meilleurs endroits.
— Elles communiquent ensemble?
— Toutes. En tirant cette corde, toutes éclateront à la fois. En cinq minutes tout sera en feu, j'en réponds. »

Il montrait un bout de corde qu'il tenait dans sa main.

« Bien ! dit l'homme qui semblait être le chef. Attends, pour agir, le signal. »

L'autre fit un signe affirmatif. Le chef le quitta et revint au milieu de la cour. Un sifflement tout aussi léger que le premier retentit pour s'éteindre aussitôt. Tous se glissèrent vers le bâtiment principal.

Arrivés à courte distance, tous demeurèrent sur une seule ligne, le corps plié sur lui-même, les jambes ramassées, prêts à bondir en avant....

On distinguait vaguement, dans l'ombre, ceux auxquels venait de parler le chef et qui, eux aussi, paraissaient attendre un signal.

## LXXIX. — L'ATTAQUE.

Gorain et Gervais sommeillaient. Gorain renversé sur sa chaise, Gervais la tête presque ensevelie dans les genoux, le corps offrant l'apparence d'une tabatière dont le couvercle se serait à demi refermé. Un double ronflement sonore attestait l'état de quiétude dans lequel se trouvaient les deux amis.

Le feu brûlait toujours dans la vaste cheminée : diminuant d'ardeur, sa flamme avait diminué de clarté, et la salle, ne recevant plus que la lumière des lampes, était plongée dans une demi-obscurité.

Cette obscurité cependant n'était pas telle qu'on ne pût distinguer dans la demi-ombre les silhouettes des garçons de ferme et des filles de ferme, toujours endormis et placés à l'extrémité de la pièce.

Près de la cheminée, en face de Gervais et de Gorain, Hamelin était assis auprès d'un personnage vêtu en paysan. Ce personnage, c'était Bamboulå. Hamelin et lui causaient à voix basse : le fermier paraissait écouter avec une extrême attention.

« Tout est préparé, disait Bamboulå. Les brigades sont à leur poste : à mon premier signal elles s'élanceront.
— Et il faut que je livre le secret des cachettes? dit Hamelin en regardant fixement son interlocuteur.
— Sans doute. Ils commenceront par toi : si tu refuses de révéler, tu mourras.
— Mais si je luttais?
— Tu succomberais.
— Cependant, tu es là, toi ! Les brigades nous entourent. Pourquoi n'arrêterait-on pas ces chauffeurs avant qu'ils eussent mon secret. »

Bamboulå, à son tour, regarda attentivement et fixement le fermier :

« Tu te défies de moi, lui dit-il.
— Pourquoi? demanda Hamelin.
— Ton hésitation le prouve.
— Quand cela serait?
— Si cela était.... »

Un bruit violent interrompit la conversation. Toutes les vitres des fenêtres, brisées à la fois, tombèrent dans la pièce en même temps que la porte volait en éclats....

Puis, par toutes ces ouvertures demeurées béantes, surgirent au même instant des hommes, le sabre nu d'une main, le pistolet de l'autre et masque rouge sur le visage. Tous s'élancèrent à la fois dans la salle basse, et au moment où ils quittaient l'appui des fenêtres ou le seuil de la porte, d'autres hommes également armés, également masqués, apparurent à leur place, obstruant chaque issue et la gardant.

Dans l'intérieur de la salle, cette invasion subite avait produit un effet saisissant. Bamboulå s'était levé précipitamment et s'était jeté de côté, obéissant évidemment non pas à un sentiment de crainte, mais à celui d'une attente d'événements intéressants. Il demeurait l'œil fixe, le cou à demi tendu, la main droite enfoncée dans le revers de l'habit comme s'il y eût cherché une arme.

Hamelin, se dressant subitement, s'était élancé vers un fusil accroché au-dessus de la cheminée, mais un incident l'empêcha de se saisir de l'arme.

Les valets de ferme et les servantes qui dormaient au fond de la salle s'étaient réveillés au bruit. Éperdus, ahuris, surpris, ne sachant probablement pas de quoi il s'agissait, hommes et femmes s'étaient précipités de tous les côtés comme pour fuir, mais toutes les issues s'étaient trouvées obstruées à la fois. Alors tous s'étaient rués les uns sur les autres ; une femme qui semblait plus terrifiée que ses compagnons s'était précipitée vers Hamelin au moment où celui-ci allait s'emparer du fusil, et se jetant dans ses bras comme pour lui demander aide et protection, l'avait empêché de se saisir de l'arme meurtrière.

Mais parmi les plus affolés, les plus stupéfiés, les plus terrifiés, il était deux dont l'expression de physionomie décelait un état du cerveau voisin de la folie : ceux-là, c'étaient Gorain et Gervais.

Plongés tous deux dans les douceurs du sommeil, au moment où les fenêtres et les portes avaient volé en éclats, ils avaient été arrachés à cet état de quiétude de la manière la plus violente. Réveillés en sursaut, à peine leurs yeux étaient-ils entr'ouverts, que le terrible spectacle de vingt hommes armés et masqués, s'élançant par toutes les issues et inondant la salle comme un flot envahisseur, avait frappé les deux bourgeois d'une terreur telle, que l'un et l'autre s'étaient trouvés dans l'impossibilité de formuler un son.

Galvanisés, stupéfiés, dans l'acception véritable du mot, ils demeuraient debout, la bouche et les yeux ouverts, les cheveux hérissés, les bras tendus, les mains ouvertes et les doigts écartés. Un moment, la frayeur fut telle, qu'ils n'eurent plus évidemment conscience de la situation : on eût pu les frapper sans qu'ils le sentissent.

Cependant un double cri jaillit à la fois de leur gorge sèche ; des mains nerveuses, en s'abattant sur leurs épaules et en les contraignant à se renverser en arrière, jusqu'à ce qu'ils fussent étendus sur le plancher, détruisirent l'espèce de charme causé par la violence même de la peur.

Hamelin gisait, garrotté solidement, dans un angle de la salle. Servantes et valets de ferme avaient été saisis également, sans opposer la moindre résistance, et garrottés et bâillonnés, ils avaient été entassés dans un coin. Bamboula était libre.

« A souper, et à l'œuvre les chauffeurs !
— A nous la ferme ! hurlèrent les bandits.
— Fermez les fenêtres et les portes ! »

La salle était envahie : personne de ceux qui s'y trouvaient quelques instants plus tôt ne pouvait tenter la moindre résistance. Les chauffeurs, sabres et pistolets au poing, se répandaient partout. Tous ces bandits étaient vêtus de même, d'une sorte d'uniforme ressemblant à celui des hussards en petite tenue ; les marques distinctives étaient dans les couleurs différentes du masque qui leur couvrait le visage.

Un homme de haute taille, celui qui, le premier, s'était élancé dans la salle, avait un masque de satin cerise. Quatre hommes portaient, l'un un masque blanc, le second un masque bleu, le troisième un masque jaune et le quatrième un masque brun. Tous les autres portaient uniformément un masque noir descendant jusqu'au-dessous du nez comme les loups de velours que l'on porte au bal de l'Opéra.

Le premier moment avait été un moment de confusion indescriptible, mais bientôt une sorte de régularité parut s'établir, et les chauffeurs commencèrent à opérer avec un ordre décelant une grande habitude de l'obéissance et un plan parfaitement arrêté.

L'homme au masque rouge s'était placé devant la cheminée : lui seul n'avait pas à la main une arme offensive. Les bras croisés sur la poitrine, il inspectait les mouvements de ses hommes avec l'aplomb et le sang-froid d'un commandant de navire sur son banc de quart pendant un branle-bas.

L'homme au masque blanc, auquel paraissait spécialement obéir une brigade de chauffeurs, avait fait enlever les prisonniers : Hamelin, Gorain, Gervais, les garçons de ferme, solidement garrottés, bâillonnés et attachés, avaient été placés dans un angle, et quatre hommes, le fusil au poing, veillaient sur eux avec des gestes menaçants.

Hamelin paraissait sombre, résolu et son regard fier ne s'abaissait pas devant celui de ses ennemis. Gorain s'était évanoui. Gervais avait les yeux ouverts, mais il était en proie à une terreur telle, qu'il n'avait plus conscience de sa propre situation : il regardait, il écoutait, mais il ne pouvait voir, il ne pouvait entendre.

Les valets de ferme n'avaient fait aucune tentative de résistance : ils avaient été pris et attachés sans chercher à fuir. Les servantes seules étaient demeurées libres. Des bandits les entouraient et veillaient sur elles.

Ces servantes étaient au nombre de cinq : placées en pleine lumière comme elles l'étaient maintenant, on pouvait contempler leur visage. Trois de ces cinq femmes étaient véritablement affreuses. Deux étaient extrêmement grosses, énormes ; elles avaient les cheveux roux, plantés fort bas sur le front, de petits bonnets bretons avec de grandes brides larges, s'attachant sous le menton : elles avaient le teint hâlé des femmes de pêcheurs. La troisième était plus petite, plus maigre, tout aussi laide et paraissait plus âgée, car ses cheveux étaient argentés ; elle portait le costume des paysannes des environs de Paris.

Les deux autres étaient plus jeunes, leurs traits étaient plus réguliers, et elles portaient le costume picard.

Ces femmes, qui avaient couru de tous les côtés, lors de l'envahissement de la salle par les bandits, s'étaient précipitées à la fois dans l'angle le plus obscur de la salle : c'était là où les avaient entourées les chauffeurs, paraissant obéir à l'homme au masque bleu.

Celui au masque jaune, appelant du geste dix hommes qui s'élancèrent, s'était précipité avec eux vers l'escalier conduisant aux étages supérieurs, et bientôt on put entendre leurs pas résonner sur les marches de bois et dans les couloirs.

D'autres, sous la surveillance de l'homme au masque brun, gardaient toutes les issues. Le nombre des bandits qui venaient d'envahir la ferme était de quarante. Dix menaçaient les servantes, dix venaient de quitter la salle à la suite de l'homme au masque jaune, dix gardaient les issues, cinq veillaient le fusil armé auprès des prisonniers, et enfin il y avait le chef au masque rouge et les quatre personnages aux masques de couleurs différentes qui semblaient servir d'intermédiaires entre le chef suprême et les bandits vulgaires. En tout quarante.

Au tumulte avait succédé l'ordre, au bruit succédait le silence. Chacun demeura immobile dans la salle basse. L'homme au masque rouge était toujours debout devant la cheminée, paraissant attendre.

On entendait le bruit des pas des chauffeurs qui parcouraient les étages supérieurs de la ferme. On entendait briser les serrures, forcer les portes et les meubles : c'était un second vacarme aux échos terrifiants.

Bientôt des cris éclatèrent ; Hamelin fit un mouvement, l'un des chauffeurs lui appuya sur la poitrine la gueule du canon de son fusil. Le fermier jeta sur le bandit un regard de flammes, mais il ne tenta plus de remuer. Au reste, tout ce que le malheureux eût pu faire eût été de se soulever, car il ne pouvait ni marcher ni tenter un autre mouvement : il avait les pieds et les poings étroitement garrottés.

Le bruit qui éclatait à l'étage supérieur redoublait : les cris et les trépignements devenaient plus violents. Ce bruit se rapprocha, il parut descendre.... La porte de la salle s'ouvrit et le comte d'Adore, garrotté et bâillonné, fut porté devant l'homme au masque rouge.

Celui-ci enveloppa le vieillard dans un double regard qui jaillit par les trous du masque comme deux rayons lumineux et il fit un geste de joie féroce. Levant le bras droit, il désigna lentement le groupe que formaient déjà Hamelin, Gorain, Gervais et les garçons de ferme. Le comte fut enlevé et jeté au milieu des prisonniers, près du fermier.

Tous deux avaient les bras attachés, tous deux étaient bâillonnés : ils ne pouvaient donc ni faire un geste, ni prononcer une parole, mais leurs regards, que rien ne voilait, se rencontrèrent et une pensée évidemment terrible s'échangea rapidement.

Les chauffeurs étaient tous alors dans la salle, immobiles et attendant. L'homme au masque jaune s'approcha du chef au masque rouge :

« J'ai tout fouillé, dit-il, tout est désert, j'en réponds.
— La fermière et les enfants ? demanda l'autre.
— Ils n'y sont pas. »

Le chef fit un geste d'impatience.

« Le fermier, » dit-il simplement.

Hamelin fut enlevé par quatre mains vigoureuses et placé devant le chef.

« Ôtez-lui son bâillon ! » dit encore l'homme au masque rouge.

On obéit ; Hamelin put respirer. Bamboula, qui était demeuré libre et qui depuis l'envahissement de la salle s'était placé dans un angle du vaste foyer, alors que le chef s'était rapproché de la cheminée, Bamboula se glissa entre le chambranle et l'un des chauffeurs, et vint se tenir debout deux pas du fermier.

« Ta femme, où est-elle ? dit l'homme masqué.
— Elle est à Paris, répondit Hamelin.
— Tes enfants ?
— Ils sont avec leur mère.
— Quand sont-ils partis ?
— Ce soir. »

L'homme au masque rouge regarda fixement le fermier :

« Écoute et réfléchis ! reprit-il. On fouillera la ferme, les bâtiments, les jardins, les alentours. Si ta femme et tes enfants y sont, on les trouvera! S'ils y sont, fais-les venir, et je te jure que leur vie sera respectée; mais s'ils y sont et que tu refuses d'obéir, ils mourront sous tes yeux!... Tu as entendu?... réponds!... Où est ta femme?... où sont tes enfants?

— A Paris! dit Hamelin d'une voix ferme.
— On peut fouiller la ferme?
— Oui.
— On les tuera....
— Oui, si on les trouve. »

Le chef regarda plus fixement encore le fermier.

« Cet homme ne ment pas ! » dit-il.

Bamboula s'était dressé.

« Hamelin dit vrai! dit-il à l'oreille du chef, sa femme et ses enfants sont à Paris ce soir; il me l'avait confié. »

L'homme au masque rouge fit un geste d'impatience:

« Il eût parlé plus vite et plus facilement, dit-il, car il est brave.
— Je le ferai parler, je m'en charge.
— Tu as un moyen?
— Infaillible.
— Alors tu l'interrogeras. »

Bamboula fit un signe affirmatif. En ce moment un sifflement aigu retentit du dehors. L'homme au masque rouge prit un sifflet d'argent qui était caché dans les plis de sa ceinture, et, le portant à ses lèvres, il répondit au sifflement par un autre sifflement, mais plus doux.

L'homme au masque brun, celui qui paraissait avoir pour mission de veiller sur les issues, se précipita vers la porte et la dégagea en écartant les chauffeurs. Cette porte s'ouvrit presque aussitôt, et un homme masqué s'avança vivement.

Le chef fit un pas à sa rencontre. Le nouveau venu lui parla rapidement et à voix très-basse. Le chef se redressa et un rayonnement joyeux brilla dans ses regards.

« Enfin, dit-il, cette fois rien n'a échoué.
— Tous sont pris!
— Veille sur eux!
— J'en réponds! »

Et le nouveau venu, faisant un geste auquel l'autre répondit, regagna lestement la porte et disparut, s'élançant d'un bond au dehors.

L'homme au masque rouge revint vers l'endroit où était demeuré Hamelin.

« Les clefs du souterrain! dit-il.
— Je ne les ai pas! répondit le fermier.
— Veux-tu être chauffé?
— Je ne les ai pas!
— Donne-les
— Je ne les ai pas!
— Du bois au feu! commanda le chef.
— Grâce! » cria une voix aigre.

L'homme au masque rouge se retourna : une des servantes, la vieille maigre et sèche, se débattait entre les mains des chauffeurs.

« Tu sais où sont ces clefs? lui demanda le chef sans bouger de place.
— Oui... citoyen, je les ai... c'est à moi que le maître les avait données... les voilà. »

Et la vieille agitait un trousseau de clefs que prit un chauffeur. En voyant ces clefs entre les mains de l'homme au masque rouge, Hamelin fit un soubresaut tellement violent que les liens qui le retenaient captif craquèrent : son visage devint d'une pâleur de marbre et une sueur froide inonda son front.

« Ah! fit l'homme au masque rouge, tu espérais conserver ce secret! »

Hamelin ne répondit pas : peut-être avait-il été sur le point de parler, mais il s'était mordu les lèvres avec une telle violence que le sang avait jailli. Son regard traversa la salle et alla se fixer sur la vieille servante avec une expression de mépris, de haine et de fureur impossible à rendre.

Le chef le considéra encore d'un œil attentif, puis il fit signe de la main qu'on replaçât le fermier parmi les prisonniers. Alors, s'adressant aux chauffeurs qui paraissaient attendre ses ordres :

« En avant! cria-t-il d'une voix rauque, en avant les chauffeurs! Fouillez les caves et les cuisines!.... A souper!... la ferme est à nous!... Nos amis veillent, rien ne peut nous surprendre et il y a des millions ici!... Du bois au feu et du vin sur la table ! »

Un hourra accueillit ces paroles : tous se ruèrent à la fois, à l'exception de ceux qui gardaient les prisonniers et les issues; chacune des cinq servantes fut placée entre deux bandits, et, le pistolet sur la gorge, on ordonna aux malheureuses de présider aux apprêts du repas.

Il était trois heures du matin. La table massive de chêne était surchargée de débris de mets de toutes sortes, de bouteilles vides et de bouteilles encore pleines, de cruchons cassés, de verres renversés. Des mares de vin, de liqueur gisaient çà et là au milieu des plats brisés. Des lampes placées aux extrémités de la table éclairaient cet abominable désordre.

Tout autour de cette table, assis sur des bancs, sur des tabourets, sur des chaises, sur des fauteuils, des hommes, les masques sur le visage, des pistolets armés à côté d'eux, buvaient, mangeaient, riaient, chantaient, hurlaient, s'envoyant les propos les plus grossiers, entre-choquant leurs verres, brisant les bouteilles et les carafons.

Aux portes, aux fenêtres, gardant toutes les issues, d'autres hommes armés veillaient sur ceux qui buvaient. D'autres encore gardaient les prisonniers, d'autres escortaient les servantes de la ferme, que l'on avait contraintes à faire le service. Tous se relayaient les uns les autres, quittaient tour à tour la table sur un signe du chef pour aller veiller, en abandonnant la garde des issues ou des prisonniers pour venir prendre place à table.

L'homme au masque rouge était assis au haut bout de la table, près de la cheminée dans laquelle brûlait un feu, véritable fournaise. Bamboula était à sa droite, celui au masque jaune à sa gauche, les trois autres hommes aux masques de couleurs différentes venaient ensuite.

Bamboula, qui seul avait le visage découvert, interrogeait avec une impatience visible le cadran de la montre, qu'il tirait à chaque instant de son gousset.

« La nuit s'avance! dit-il à l'homme au masque rouge; il est temps d'agir; pourquoi ne rien faire?
— Attends! répondit simplement l'autre.
— Pourquoi attendre?
— Il le faut. Tais-toi! Ne cherche pas à deviner. »

Bamboula courba la tête et se mordit les lèvres. En cet instant, un des hommes placés en sentinelle à la porte donnant sur la cour se glissa jusqu'à l'homme au masque rouge.

« Maître! dit-il, il est là !
— Qu'il entre! » répondit vivement le maître.

Un nouveau personnage, absolument costumé comme tous ceux qui encombraient la salle, masqué comme eux, fit son entrée au milieu du bruit, du tumulte, des chants, sans que personne parût remarquer sa présence. Cet homme parvint jusqu'au chef, qui se renversa en arrière sur sa chaise de façon à prêter plus facilement l'oreille. L'homme se courba et parla longuement à voix entièrement basse à son interlocuteur.

« Ah! » fit simplement l'homme masqué avec une intonation dénotant une approbation chaleureuse.

Puis, comme l'homme se redressait, le chef le rappela du geste. A son tour, il lui parla rapidement à l'oreille.

« Tu as compris? tu n'oublieras rien? » ajouta-t-il.

L'autre fit un signe affirmatif.

« Va donc, et, la chose faite, répète trois fois le signal ! Alors tu te contenteras de veiller et d'attendre. »

L'homme inclina la tête et s'élança vers la porte par laquelle il disparut. Le bruit, le tumulte, les cris, les chants, continuaient avec une épouvantable fracas. L'homme au masque rouge demeurait immobile sur sa chaise, paraissant absorbé dans un monde de pensées sinistres.

Bamboula, tenant son couteau à pleine main par le manche, déchiquetait la table avec la pointe acérée.

« Mais qu'attends-tu donc? » répétait-il avec une anxiété qu'il ne pouvait plus parvenir à faire passer pour de l'impatience.

Celui qu'on avait appelé le maître ne répondait pas : trois heures et demie sonnèrent... Tout à coup, dominant le vacarme infernal qui régnait dans la salle, un coup de sifflet strident retentit au dehors. L'homme au masque rouge tressaillit et écouta...

Un second coup de sifflet se fit entendre, puis un troisième. L'homme se leva avec un geste de triomphe. Saisissant une bouteille placée devant lui, il la brisa sur la table :

« Silence ! s'écria-t-il d'une voix formidable. L'heure est venue ! »

Il n'avait pas achevé, que tous demeuraient immobiles et silencieux. On eût dit qu'un coup d'une baguette magique eût paralysé subitement ces hommes, une seconde plus tôt vociférant, criant, hurlant. A ce vacarme sans nom, qui régnait dans la salle, succéda sans transition un silence lugubre.

L'homme demeuré debout, et dominant la scène, porta tout à coup la main à son masque, et l'arrachant avec un geste superbe, il le jeta loin de lui. Le visage aux traits accentués du *Roi du bagne* apparut alors dans tout son effrayant éclat.

Chacun de ceux qui entouraient la table demeura, pour ainsi dire, fasciné et haletant sous ce regard de flammes qui parcourait lentement les groupes et les fouillait avec une irrésistible puissance.

« Mesnard ! cria Camparini d'une voix forte, tes hommes sont à leur poste ?
— Oui, maître ! répondit une voix partant du dehors.
— Que personne ne puisse ni entrer dans cette salle ni en sortir jusqu'à nouvel ordre. La mort immédiate, sans pitié ni merci, pour qui tenterait de franchir le seuil de cette porte ou l'appui d'une de ces fenêtres. Tue ! fût-ce moi-même, si j'enfreignais cet ordre !
— Oui, maître ! dit la voix.
— Dragon de Bouvray, reprit Camparini, le Poitevin-Grêlé, Charles de Lyon, Ville-Sauvage, l'heure a sonné !
— Oui, maître ! » répondirent à la fois quatre voix partant de l'intérieur de la salle.

De chaque côté de Camparini et de Bamboulà étaient assis quatre bandits portant chacun un masque de couleurs différentes, un bleu, un blanc, un brun et un jaune. Ces quatre hommes, qui jusqu'alors étaient demeurés muets et immobiles, tressaillirent violemment en entendant Camparini donner ses ordres. Trois surtout (le masque blanc, le brun et le bleu) échangèrent un triple regard décelant une sorte d'anxiété subite ou d'étonnement extrême. Camparini sourit.

« Les cinq chefs de province, ici ! murmura l'homme au masque bleu.
— Oui ! dit Camparini d'une voix tonnante. Oui ! les cinq chefs de province sont arrivés ! oui ! toutes nos forces sont rassemblées à cette heure, car l'association était en danger, *et ce danger il fallait le conjurer*. L'heure est venue ! A l'œuvre ! »

Et, désignant d'un geste impérieux Hamelin, toujours gardé avec les autres prisonniers :
« Celui-là ! » dit Camparini.

Le fermier fut amené aussitôt devant le *Roi du bagne*.
« Tu savais que ta ferme serait attaquée ce soir par les chauffeurs ? » dit-il.

Hamelin ne répondit pas.
« Qui t'avait prévenu ? »
Même silence.
« Réponds ?
— Je ne savais rien ! dit Hamelin.
— Jure-le !
— Non !
— Tu le savais si bien que tu as éloigné ta femme et tes enfants, que jamais ne te quittent.
— C'est possible !
— Tu avoues donc !
— Quand cela serait, dit Hamelin résolûment. Je ne crains pas la mort !
— Qui t'avait prévenu ?
— Personne.
— Tu mens ! »

Hamelin ne répondit pas. Camparini haussa les épaules :
« Tu vas parler ! » dit-il.

Les filles de ferme, qui avaient été contraintes à servir les chauffeurs, étaient alors réunies à l'extrémité de la salle. Les deux femmes dont la laideur était si grande étaient appuyées contre la table, cette table en chêne massif et dont le poids devait être énorme.

Toutes deux avaient leurs mains appuyées sur le bord de cette table. En voyant une lame aiguë menacer la poitrine du fermier, les deux servantes parurent éprouver la plus vive émotion, mais cette émotion se traduisit de la façon la plus étrange. Échangeant un rapide coup d'œil, elles roidirent leurs bras : la table massive fut soulevée :

« Qui t'avait prévenu ? répétait alors Camparini en levant le poignard

— Cet homme ! » dit Hamelin en désignant d'un mouvement de tête Bamboulà, qui recula d'un pas.

La table soulevée retomba à sa place, car Camparini avait abaissé son arme. L'attention de tous avait été durant une minute si fortement concentrée sur Camparini et Hamelin, que personne n'avait remarqué l'action des servantes, action qui décelait une force réellement extraordinaire chez deux femmes qui paraissaient d'un âge mûr.

Camparini s'était retourné vers Bamboulà :
« Tu as entendu, dit-il, réponds !
— Que puis-je répondre? fit Bamboulà en reprenant son sang-froid. Cet homme a dit cela pour se sauver.
— Cet homme a dit vrai !
— Qu'en sais-tu ?
— Je le sais.
— Alors, si tu le sais, je n'ai rien à te répondre. »

En parlant ainsi, Bamboulà, soit intimidation, soit mouvement naturel, s'était reculé peu à peu, et il était arrivé à effleurer presque le chambranle énorme de la gigantesque cheminée. Se baissant rapidement, il demeura un moment presque à genoux.

« Cet homme est un traître ! cria Camparini, à mort ! »

Bamboulà s'était redressé d'un bond : un bruit de cloche retentissait au dehors... Bamboulà tenait de chaque main un pistolet armé à la gueule menaçante.

Au même instant, un grand tumulte éclatait dans la cour
« A moi ! » hurla Bamboulà avec un accent de triomphe.

## LXXX. — A FONTENAY.

Bamboulà gisait étendu : dix lames nues étaient levées sur sa poitrine. Camparini les bras croisés, le contemplait d'un regard farouche.

« Encore une fois tu as voulu me trahir ! dit-il ; encore une fois tu as échoué, mais cette fois tu payeras cher ta tentative de trahison. Bamboulà, tu as encore des papiers qui peuvent compromettre l'association : Bamboulà, tu vas me les livrer ! »

Bamboulà fit entendre un râle sourd.

« Tes complices sont entre mes mains ! reprit Camparini. Les brigades de Fouché, apostées par toi et qui m'entouraient, étaient, elles, entourées par les miens. Personne n'est venu à ton appel, Bamboulà, et le bruit qui a répondu à ton signal est celui du triomphe de mes hommes sur les tiens, sur ceux que tu avais fait cacher dans les étables pour nous surprendre. N'es-tu pas convaincu ? Veux-tu voir ? Qu'on te porte ? »

Bamboulà fut enlevé par quatre bras vigoureux qui le maintenaient énergiquement, et transporté jusque sur le seuil de la cour. La nuit était noire et on ne pouvait, au premier coup d'œil, rien distinguer au dehors ; mais tout à coup, et comme à un signal donné, quatre torches enflammées surgirent.

Un cri étouffé jaillit à demi de la gorge de l'ex-comte de Sommes : il voyait, là, devant lui, dans cette cour, des hommes garrottés, bâillonnés, étendus ; d'autres debout, armés, triomphants, menaçants. Dans les premiers, Bamboulà reconnaissait ceux sur l'appui desquels il avait compté; dans les seconds, les séides du *Roi du bagne*, ces chauffeurs qu'il savait bien être sans pitié ni merci.

« Les hommes que Fouché a mis sous tes ordres pour s'emparer de moi ! » dit Camparini avec un rire ironique.

Bamboulà fut ramené dans la salle.
« Le secret des papiers ! dit Camparini.
— Tu ne sauras rien ! s'écria Bamboulà.
— Le secret ! »

Bamboulà se redressa vivement :
« Ces papiers ! s'écria-t-il avec un accent terrible, eh bien ! oui, ils existent, je les ai ! »

Et s'adressant aux chauffeurs qui attendaient en silence :
« Ils existent ces papiers qui peuvent vous perdre tous, car ils contiennent une partie des secrets de l'association du bagne ; ils existent : cet homme a dit vrai. Moi et un autre savons seuls où sont enfermés ces papiers que Fouché payerait au poids de l'or. Si je suis prisonnier, cet autre est libre. Tuez-moi, et demain Fouché aura ces papiers, et vous serez tous perdus sans espoir. »

Se retournant vers Camparini :

« Tue-moi donc ! dit-il encore. Ma mort sera la perte de tous ceux qui t'entourent ! »

Camparini l'écrasa sous le poids d'un regard empreint du plus profond mépris.

« Cet homme ment ! dit-il d'une voix rauque ; ne craignez rien. Le plus mortel ennemi de l'association, c'est lui-même !... Enfants ! cet homme a nos secrets, il faut qu'il nous les rende !... il refuse... qu'il meure ! »

Un hourra accueillit cet ordre. Dix hommes se ruèrent à la fois sur Bamboulâ, qu'ils attachèrent sur un banc.

Les servantes, placées au fond de la salle, firent un mouvement en avant ; mais, sur un autre geste du *Roi du bagne*, douze chauffeurs se placèrent entre elles et la cheminée. En même temps douze autres se portèrent derrière les cinq femmes. Ces vingt-quatre chauffeurs étaient tous de taille gigantesque, ils étaient parfaitement armés : on eût dit que ces vingt-quatre bandits étaient des hommes choisis exprès dans la bande.

Telles qu'elles étaient placées, les cinq servantes étaient alors absolument entourées. Aucune cependant ne manifesta par un geste la terreur qu'elles devaient toutes ressentir.

En voyant cette manœuvre s'opérer, l'homme dont le visage était recouvert d'un masque jaune fit comme un mouvement involontaire vers la table qui le séparait des servantes ; mais Camparini le saisit par le bras.

« Reste là, Charney ! dit-il ; ne bouge pas. Tu connais nos lois. Dans les circonstances comme celle-ci, il faut obéir sous peine de mort. »

Alors, se retournant vers un gigantesque chauffeur placé derrière lui :

« Rappelle-toi mes ordres, poursuivit Camparini, et songe que la vie de Rosette me répond de toi. »

Les chauffeurs regardèrent Camparini, attendant ses ordres.

Le *Roi du bagne* s'approcha du comte d'Adore, et, se baissant, trancha d'un seul coup de couteau le bâillon qui lui recouvrait le bas du visage : le vieillard respira bruyamment. Son regard était fixé sur le visage du *Roi du bagne*. Un moment ce regard demeura froid et incisif ; puis il se détourna avec une expression de dégoût tellement prononcée que Camparini laissa échapper un geste d'impatience, presque de colère, et revint prendre sa place près de la table, à deux pas de Bamboulâ.

« Patience, dit Camparini, tout à l'heure tu parleras. En attendant, le secret des millions cachés ici ! Hamelin, veux-tu le livrer ?

— Non ! non ! Tuez-nous tous, hurla le fermier dans un paroxysme d'exaltation.

— Parle, Hamelin, je te veux, je l'ordonne ! cria le comte d'Adore. Où sont les coffrets que je t'ai confiés ?

— Dans la seconde cave, sous la troisième tonne de cidre, murmura le fermier d'une voix sourde.

— Va, Dragon de Bouvray ! » cria Camparini.

Le chauffeur s'élança suivi de plusieurs hommes.

Camparini délia les mains du comte d'Adore, puis, lui présentant une feuille de papier sur laquelle étaient tracées plusieurs lignes, une plume et un encrier portatif :

« Signez, » dit-il.

Le comte parcourut le papier.

« C'est la déclaration que vous faites d'avoir encaissé le montant des traites fournies sur vous pour le comte de la citoyenne Geoffrin : signez ! »

Le vieillard demeura immobile et lança autour de lui un regard rapide. Ce regard, qui effleura les bandits, s'arrêta quelques secondes sur les filles de ferme qu'entouraient les chauffeurs athlétiques.

Camparini surprit ce regard, et une expression de pitié méprisante se peignit sur sa physionomie.

« Moi, si fort, m'avoir cru si faible ! » murmura-t-il railleusement.

Le comte tressaillit, et ses yeux se reportèrent sur le *Roi du bagne*. Celui-ci indiqua le papier qu'il tenait.

« Signez ! reprit Camparini d'une voix forte ; je ne le répéterai plus ! »

M. d'Adore signa d'une main frémissante ; puis il laissa retomber sa tête sur son épaule avec une expression de découragement profond. Son regard se souleva lentement et se reporta sur les cinq femmes.

Dragon de Bouvray rentra dans la salle.

« Les coffres ? dit Camparini à voix basse.

— Ils sont en sûreté ! répondit le chauffeur sur le même ton. Tu les trouveras à Saint-Mandé... »

Camparini, l'œil en feu, revint vers Bamboulâ en lui montrant le brasier que les chauffeurs venaient d'allumer.

« Veux-tu parler ? dit-il.

— Grâce ! hurla le malheureux avec un accent qui n'avait plus rien d'humain.

— Ces papiers que tu possèdes encore ?

— Ils sont à Paris... balbutia Bamboulâ.

— Réponds ! où sont-ils ?

— Dans la maison de la rue de Beaujolais... la septième dalle... après la cheminée... dans l'arrière-boutique...

— Parle ! dis tout !

— Là est la cachette !

— Est-ce la seule ?

— Oui.

— Jure-le !

— Je le jure !

— Tous les papiers sont là ? reprit Camparini impassible.

— Tous ! balbutia Bamboulâ.

— Tu n'as pas d'autre secret ?

— Je le jure ! pas d'autre...

— Tu le jures ?

— Oui.... oui,... grâce !...

— Eh bien ! puisque tu n'as plus rien à m'apprendre, le *Roi du bagne* va payer sa dette ! Tu as trahi quatre fois, Bamboulâ, tu as mérité quatre fois la mort... Trois fois je t'ai fait grâce... cette fois tu vas mourir... »

Un frémissement avait parcouru la salle. Un cri rauque retentit :

« L'heure ! » vociféra une voix puissante.

Une double détonation d'armes à feu ébranla les échos de la ferme : huit ou dix chauffeurs roulèrent renversés. Un tumulte effrayant éclata dans la salle.

Camparini s'était rué sur l'homme au masque jaune, celui-ci essaya en vain d'opposer de la résistance, son masque tomba : le visage de M. de Charney apparut aux lumières. Camparini avait renversé son adversaire à l'aide d'une secousse puissante, le maintenant un genou sur la poitrine et un pistolet sur la gorge.

« Cassebras ! dit-il au chauffeur qui se tenait derrière lui, rappelle-toi mon ordre : tu me réponds de lui, Rosette me répond de toi ! »

Cassebras saisit Charney dans ses mains puissantes ; quelques secondes à peine avaient suffi pour l'accomplissement de cette scène. Camparini s'était redressé, un pistolet d'une main, un poignard de l'autre.

La salle de la ferme présentait le coup d'œil à la fois le plus effroyable et le plus étrange : une lutte terrible avait lieu.

C'était de la bouche de l'une des cinq servantes qu'était parti ce cri : « L'heure ! » qui avait été le signal de l'événement. A peine ce cri avait-il vibré que les servantes, se ruant à la fois avec un admirable ensemble sur les chauffeurs qui les enserraient, en avaient renversé dix d'un premier choc, puis, poignards et pistolets au poing, elles s'étaient retournées menaçantes et furieuses.

Cette attaque imprévue avait un moment porté la confusion parmi les bandits. L'une des femmes, la plus petite, profitant de ce premier moment, s'était glissée jusqu'aux prisonniers, et avec une adresse et une agilité véritablement extraordinaires, elle avait tranché les liens qui retenaient captifs le comte d'Adore et Hamelin. Libres , ils s'étaient empressés de couper à leur tour les liens qui retenaient captifs les valets de ferme. C'était alors que Camparini s'était retourné vers les assaillants, tandis que Cassebras emportait Charney, dont il contenait les efforts.

Au même instant une fusillade extrêmement vive retentit au dehors : les chauffeurs demeurèrent un moment indécis et comme frappés de stupeur.

« Courage, enfants ! hurla Camparini, ne croyez pas à une surprise ! Votre chef savait qu'un danger vous menaçait, toutes les précautions sont prises. En avant ! et, encore une fois, notre triomphe est assuré ! »

Cris et fusillade redoublèrent alors de fureur et d'intensité : aux abords de la ferme il devait se livrer une véritable bataille.

« Que personne ne puisse sortir ! hurla le *Roi du bagne*, pas un n'échappera ! »

Il s'élança, suivi de quelques-uns des siens. Les cinq femmes, cinq démons, s'étaient élancées vers les prisonniers : le comte d'Adore s'était joint à elles : Hamelin et ses garçons, libres aussi, entouraient la fermière et les enfants.

Près de quinze chauffeurs gisaient étendus, tués ou blessés; plus de quarante étaient là debout et menaçants.

La lutte avait pris subitement des proportions effrayantes : au dehors, la fusillade et les cris augmentaient encore.

« Tue! tue! » cria Camparini en se précipitant.

Quatre des cinq femmes se ruèrent à sa rencontre : quatre coups de feu retentirent, quatre chauffeurs tombèrent; puis deux femmes, les deux plus vieilles, les deux si outrageusement laides, bondirent comme des jaguars, elles rejetèrent leurs pistolets inutiles : l'une saisit une barre qu'elle enleva comme une baguette et qu'elle fit tournoyer, abattant les chauffeurs autour d'elle ; l'autre s'était emparée d'un fauteuil énorme en chêne massif, et elle s'en servait comme d'une arme offensive, écrasant tous ceux qu'elle frappait.

Les dalles ruisselaient de sang; on entendait les cris des agonisants et des blessés : les cadavres s'amoncelaient.

Camparini poussa un hurlement de rage :

« Qui es-tu ? s'écria-t-il, quels sont donc ceux-là ?

— Qui qu'on est, qué ? répondit la femme au fauteuil en écrasant deux nouveaux ennemis. Eh ! tu vas voir, caïman ! Relève le point ! »

Et faisant tournoyer son fauteuil d'une seule main avec une force incroyable, de l'autre, la femme arracha bonnet, perruque et fichu.

La seconde femme venait de fendre le crâne à un chauffeur : huit ou dix ennemis reculaient; retirée dans un angle, elle leva son banc au-dessus de sa tête et le lança avec une vigueur inouïe... Des cris de douleur, des râles épouvantables, des soupirs de mourants s'exhalèrent.

La femme, portant ses deux mains à la fois à son visage, arracha, comme avait fait sa compagne, perruque, bonnet et rubans.

« Tonnerre de Brest ! Me connais-tu ? » vociféra l'étrange personnage en faisant un mouvement pour s'élancer.

Un double cri de stupeur jaillit de la poitrine du *Roi du bagne*. Ses compagnons, les trois hommes aux masques de couleurs différentes, reculèrent avec une sorte d'effroi.

« Mahurec ! le Maucot ! » murmura Camparini.

— Oui ! Mahurec et le Maucot ! que tu croyais avoir lâchement assassinés ! hurla le vieux gabier. Mais le bon Dieu n'a pas voulu ! Maintenant c'est les vieux de la cale qui vont te crocher ! »

Et le gabier se rua sur Camparini, qu'il saisit par ses vêtements.

« Ne le tue pas ! cria une voix. La vie de cet homme est à moi !

— Oui, mon commandant, » dit Mahurec en reculant.

Ce mouvement délivra Camparini. Laissant un lambeau d'étoffe aux mains de Mahurec, il bondit en arrière. La salle était pleine de cadavres, les deux lampes avaient été renversées dans la lutte, et seul le feu qui brûlait dans l'âtre éclairait de ses lueurs rougeâtres la scène sanglante.

Plus des deux tiers des chauffeurs avaient été tués ou blessés : une quinzaine à peine restaient debout, mais ils ne luttaient plus qu'avec cette molle énergie qui indique absence de confiance.

La fusillade était moins vive au dehors : deux coups de sifflet retentirent... Camparini s'élança.

« Garde la porte ! » cria Mahurec.

Le Maucot s'était précipité. Camparini tourna sur lui-même et bondit vers la fenêtre ; les carreaux volèrent en éclats. Le vieux gabier rugit et, s'élançant, passa comme un trait à la suite du *Roi du bagne*... mais il ne touchait pas le sol, que ce sol remuait, ébranlé par une secousse violente...

Des jets de flammes surgirent dans les ténèbres de tous les coins de la cour intérieure... une colonne de fumée blanchâtre s'éleva de la base de l'étable et de la toiture des écuries et des granges... Une détonation effrayante fit résonner les échos...

Deux pans de mur s'écroulèrent... une nappe de flammes se dressa subitement... La toiture de l'habitation principale s'effondra avec des craquements effrayants...

Des vociférations furieuses, des appels, des cris de douleur et d'agonie éclatèrent de tous côtés... Des troupes d'hommes qui encombraient la cour se précipitèrent pour éviter le danger... ce fut un effrayant spectacle.

## LXXXI. — A SAINT-MANDÉ.

« La maison est cernée ; je ne sortirai pas d'ici, soit, mais aucun de ceux qui s'y trouvent n'en sortira vivant non plus ! Si on tente de forcer la porte ou les fenêtres, les ressorts sont disposés de la maison entière s'abîme. D'ailleurs, l'existence de tous ceux qui sont ici me répond de la mienne. Signe ce papier, Charney, je le ferai parvenir à ceux du dehors, et alors nous pourrons causer froidement, car nous aurons devant nous tout le temps nécessaire. »

Charney prit le papier que lui présentait le *Roi du bagne*; il écrivit rapidement quelques lignes et signa ; puis il tendit le papier à Camparini. Celui-ci le parcourut du regard. Il fit un signe approbatif et frappa sur un timbre : un homme masqué apparut.

Camparini remit le papier et fit un geste rapide. L'homme masqué disparut presque aussitôt. Quelques instants s'écoulèrent, puis le tumulte qui régnait au dehors cessa brusquement.

C'était dans la maison mystérieuse de Saint-Mandé que se passait cette scène. Camparini et Charney étaient en présence, seuls tous deux, libres tous deux. Le *Roi du bagne* avait une double paire de pistolets à deux coups passés à sa ceinture. Charney ne portait pas une arme.

« Donc, continue ton histoire, dit Camparini en s'arrêtant subitement. Je t'écoute, Charney. Ah ! le véritable fils de M. de Charney avait échappé. Le voilà revenu en Europe et apprenant qu'un autre Charney existe. Que fit-il ?

— Il chercha, dit Charney.

— Et il trouva ?

— Non pas celui qu'il cherchait, mais un autre..

— Qui cela ?

— Jacquet.

— Ah ! Je m'en doutais. Ensuite ?

— Jacquet conçut de la foi que celui-ci pouvait avoir en lui. A Paris, ils virent ensemble Fouché. Cependant Charney n'avait point encore osé se livrer entièrement, mais son hésitation ne pouvait durer.

— Il dit tout ?

— Oui.

— Alors, que fit Jacquet ?

— Jacquet prouva à Charney que son seul ennemi était le *Roi du bagne*. Le faux Charney fut arrêté. Confronté avec Annibal, il avoua tout ce qu'il avait fait. La lumière fut ! Il y avait deux ans que tu n'avais vu le faux Charney, Camparini. Tu avais bien choisi ton homme. Le faux et le vrai avaient entre eux des points de ressemblance d'autant plus grands que, ayant habité longtemps le même pays, la peau du visage avait pris les mêmes teintes et leurs habitudes étaient presque les mêmes. Annibal fit tout encore pour augmenter cette ressemblance qui devait te tromper; il fit parler son Sosie, et, maître des secrets qui devaient achever de te convaincre, il se présenta à toi. J'étais devenu l'allié de Jacquet. Toutes les précautions avaient été prises pour que rien ne pût nous trahir.

Il avait été convenu que, dans nos conférences les plus intimes même, nous paraîtrions constamment ignorer nos individualités réciproques, et que les paroles que nous échangerions auraient constamment la signification opposée à celle qu'elles exprimeraient. Tes propres desseins devaient nous servir, continua Charney en s'animant de plus en plus. Celui que tu avais fait passer pour moi, et qui avait servi à tromper les autres, devait te tromper à ton tour. Costumés identiquement l'un comme l'autre, les hommes nous prenaient alternativement l'un pour l'autre, et souvent ce don d'ubiquité me permettait d'avoir avec Jacquet des conférences que tu ne pouvais même soupçonner. »

Camparini se rapprocha de Charney.

« Qu'as-tu à me proposer ? » lui dit-il en le regardant fixement.

Charney redressa la tête.

« De finir par le bien après avoir commencé par le mal ! » dit-il.

Camparini haussa les épaules.

« As-tu donc espéré ma conversion ? fit-il en souriant, je te croyais plus fort !...

— Je parle intérêt ! dit Charney en appuyant sur le mot.

Pourquoi as-tu fait le mal jusqu'ici ? Pour que cela te rapporte ?

— Je l'avoue.

— Eh bien, si le bien te rapportait davantage ? »

Camparini le regarda curieusement.

« Après ? dit-il.

— Tu es le *Roi du bagne*, reprit Charney ; jusqu'ici tu as été l'ennemi de la société : si tu devenais son ami ?...

— Pardieu ! je lui rendrais d'importants services, je le reconnais.

— Oui, si tu voulais employer à son profit toute l'énergie et toute l'intelligence dont tu as fait preuve pour la combattre.

— Conclusion : que m'offre Fouché ?

— Sa confiance, l'oubli de tes fautes, le pardon de tes crimes, la sécurité dans le présent et l'avenir et une position qui grandira en raison des services que tu rendras.

— De mon côté, je rendrais libres tous ceux qui sont ici prisonniers, j'abandonnerais les millions en pierreries et en or, les traites, tout le bénéfice enfin que j'ai entre les mains.

— Naturellement.

— Et mes compagnons ?

— Pour eux, la justice aurait son cours.

— J'entends !

— Et tu comprends ? »

Camparini se leva avec un geste superbe.

« Me croyez-vous donc déjà si bas que je sois contraint à accepter un pareil marché ! s'écria-t-il. Servir la société après l'avoir attaquée, soit !... j'ai quelquefois eu cette pensée, c'est pour moi, l'attrait du fruit défendu ; mais pour manger ce fruit, mon cher, il ne faut pas qu'on m'écarte de force la mâchoire. Ce fruit-là, j'y goûterai quand bon me conviendra, s'il me convient jamais, mais l'heure n'est pas venue de m'imposer des conditions. Tu m'as demandé, il y a quelques minutes, ce que je pouvais faire ? Ecoute, Charney, tu vas le savoir. »

Puis, après un court silence :

« Roquefort, Pick, Chivasso, sont morts ! dit-il ; mes hommes sont ou tués ou prisonniers, et tu me crois perdu ! Allons donc ! je suis sauvé, Charney, sauvé ! et je vous dois à tous des remerciments, car vous avez affermi ma puissance. Me croyais-tu assez niais pour n'avoir jamais prévu le cas d'un événement comme celui qui vient d'avoir lieu ? Tous mes plans étaient faits, et pour toutes circonstances j'ai un palliatif. En tuant ceux que vous avez tués, en prenant ceux que vous avez pris, vous m'avez délivré. Aujourd'hui je suis libre et puissant. J'ai ici, dans cette maison, mes trésors amassés depuis des années et connus de moi seul ; à ces trésors sont maintenant enlevés à Fontenay, et que vous n'avez pas su préserver. Cette maison est encore, comme m'importent, à moi. La vie de tous ceux qui sont ici mes prisonniers ne répond-elle pas de ma liberté et de mon existence ? Elle répond de plus encore, Charney, elle répond de ma fortune. Tu vas retourner à Paris, tu vas te faire libre ; ces actes que madame Geoffrin devait signer, il faut qu'elle les signe ; tu me les rapporteras. Si, au lever du jour, je ne les ai pas, je meurs, mais je meurs en m'ensevelissant avec tous ceux qui sont ici ! Tu m'as entendu, tu m'as compris ?

— Mais, s'écria Charney, lors même que tu aurais ces actes signés, que ferais-tu ? pourrais-tu donc fuir de cette maison cernée ?

— Que t'importe ?

— Mais... »

## LXXXII. — LE ROI DU BAGNE.

Camparini saisit Charney par le bras :

« L'heure s'avance ! dit-il ; je joue une partie suprême, tu ne l'ignores pas ! Tu me connais, et tu sais si je suis homme à reculer devant quoi que ce soit... Va, obéis, pars, je te mettrai sur la route de Paris par un endroit connu de moi seul. Rapporte ces papiers signés et fais que les alentours de cette maison soient libres, sinon, je le jure, pas un de ceux qui sont ici n'échappera, et quant à moi... on ne me tient pas encore, Charney ! »

Ces paroles furent prononcées avec cet accent terrible qui donnait à la voix du *Roi du bagne* une expression de domination effrayante. On sentait que ce génie du crime ne mentait pas, et que ce qu'il voulait faire il le ferait.

« Réponds par oui ou par non ! dit-il encore, je suis las de ces discussions ; es-tu prêt ?

— Oui ! dit Charney.

— Alors viens que je te bande les yeux. »

Camparini prit un linge mouillé, le posa en bandeau sur le front de Charney, puis, lui prenant la main, après s'être assuré qu'il ne pouvait voir :

« Laisse-toi guider ! » dit-il.

Camparini appuyait son œil contre une ouverture pratiquée dans la muraille. La nuit était obscure au dehors, mais cependant, dans les ténèbres entourant la maison de leurs voiles opaques, on pouvait distinguer des masses d'ombres allant, venant, formant comme une chaîne compacte. De temps à autre, un éclair rayonnait dans ces ténèbres ; c'était le reflet de la pâle lumière d'une étoile sur un canon de fusil.

« Ils croient me tenir ! murmura Camparini en se reculant. Cependant ce que Charney vient de leur dire a dû leur faire comprendre que le *Roi du bagne* n'était pas encore leur esclave ! »

Il marchait à grands pas :

« Me tenir ! dit-il encore. Les niais ! me supposer assez sot pour m'être livré pieds et poings liés !... Ma force, c'est d'avoir partout et toujours tout prévu, tout supposé !... Me tenir ! mais ils m'ont rendu libre en me débarrassant de tous ceux qui m'entouraient ! Le chauffage était usé. Bonaparte au pouvoir, Fouché à la police, c'est la ruine de l'association... »

Camparini s'arrêta :

« Fouché me voudrait ! dit-il en portant la main à son menton : cet homme et moi, que ne pourrions-nous pas ?... Oui !... mais je serais le second !... D'ailleurs... qui sait ? Rien n'est établi solidement encore... »

La pièce dans laquelle était alors Camparini était une espèce de chambre à coucher. Ouvrant un meuble, il prit une paire de chaussures en peau de daim, avec des semelles extrêmement souples. Il passa ces souliers et se mit à marcher sans que le plus léger bruit retentît.

Il alluma ensuite une lanterne sourde, qu'il ferma ; puis, ouvrant la porte, il s'engagea sur l'escalier et descendit rapidement. Dix hommes masqués et armés veillaient dans un grand vestibule : Camparini passa au milieu d'eux sans leur adresser la parole.

Il gagna la cour intérieure, la traversa et descendit dans une pièce creusée en sous-sol. Au milieu de l'obscurité qui l'entourait, et en homme connaissant admirablement les lieux, il fit jouer un ressort : une ouverture demeura béante à ses pieds. Camparini s'y engouffra. Il se trouva dans une sorte de quinconce. Il s'éclairait à l'aide de sa lanterne. Cinq corridors creusés sous terre se présentaient à lui, s'enfonçant dans cinq directions différentes. Camparini s'engagea dans le premier. Au bout de cinq cents pas environ, il s'arrêta : le souterrain n'allait pas plus loin, et une porte de fer toute bardée de verrous et de serrures se dressait devant le *Roi du bagne*.

Camparini étouffa la lueur de sa lanterne ; puis il s'agenouilla, et avec des précautions infinies, il fit jouer un ressort, puis parut écouter avec une attention minutieuse.

« Gardé ! » dit-il en se relevant et en revenant sur ses pas.

Il parcourut successivement les quatre autres corridors, employant les mêmes précautions.

Quand il eut achevé ce quintuple parcours, il revint dans le quinconce, et, posant sa lanterne à terre, il demeura immobile, le front penché, les bras croisés sur la poitrine.

« Allons ! dit-il, tous les secrets ont été ou livrés ou devinés ; toutes les issues sont gardées... Un seul moyen de salut me reste : celui-là est infaillible, mais je ne puis que me sauver seul... »

Camparini réfléchit :

« Tous ces millions m'échappent ! dit-il. Quinze ans de travaux, de fatigues, de lutte, pour aboutir à quoi ?... à succomber à l'heure où je crois triompher ! Y a-t-il donc véritablement une Providence et dois-je croire... »

Le bandit passa sa main sur son front : de grosses gouttes de sueur perlaient à la racine des cheveux ; Camparini avait les sourcils contractés et la face blêmie.

« Dieu ! » répéta-t-il avec un frémissement qu'il ne put contenir.

Puis, frappant du pied avec rage :

« Allons ! s'écria-t-il ; je deviens faible ! »

Et il se mit à marcher précipitamment.

« Eh bien ! reprit-il en s'arrêtant tout à coup et avec un regard de défi, j'ai perdu la partie, voilà tout ! J'ai perdu : il faut payer ! Comment payerai-je ! avec de l'argent ou du sang ? »

Il réfléchit encore.

« Du sang ! le leur et le mien ! dit-il. Si j'ai perdu, personne ne gagnera ! Belle fin, Camparini ! Beau linceul à jeter sur la royauté du bagne ! Allons ! c'est dit ! L'heure est venue ! »

Camparini ramassa sa lanterne, et, contournant l'escalier à l'aide duquel il était descendu dans ces galeries souterraines, il s'approcha de la muraille. Se baissant, il prit l'extrémité d'une tige de fer couchée horizontalement. Cette extrémité était garnie d'un anneau. Camparini passa ses doigts dans cet anneau et tira fortement à lui.

Un bruit sourd se fit entendre, et les deux battants d'une porte de fer, recouverts de briques et admirablement dissimulés dans la muraille du souterrain, s'écartèrent brusquement. Camparini se trouva en face d'une sorte de petit cellier, dans l'intérieur duquel étaient entassés cinq tonneaux de dimension ordinaire, rangés les uns sur les autres, deux sur trois.

De chaque fond de chacun de ces tonneaux appendait une longue mèche : ces cinq mèches se réunissaient ensemble et s'enroulaient pour n'en plus former qu'une seule. Elles étaient toutes cinq enduites de poudre.

Camparini se baissa. De la main gauche, il tenait la lanterne dont il venait d'ouvrir la porte ; de la droite, il prit l'extrémité de la grosse mèche.

Les sourcils de plus en plus contractés, le front pâle, les lèvres rentrées, mais la main très-ferme, le *Roi du bagne* rapprocha lentement le bout poudré de la mèche de la flamme de la lanterne.

« Belles funérailles, murmura-t-il ; demain la France entière parlera de moi. »

Tout à coup Camparini s'arrêta. Un éclair rapide venu de passer dans ses regards ; son front s'illumina, et sa main, tremblant subitement, laissa échapper la mèche.

« Oh ! murmura-t-il, qu'elle pensée ! »

D'un geste rapide, Camparini referma brusquement les deux battants du cellier ; puis, s'élançant, il gravit les marches, gagna la cour et remonta lestement dans la chambre. S'approchant d'un timbre, il frappa un coup. Un homme masqué apparut.

« Cassebras, » dit simplement Camparini, qui avait repris tout son sang-froid.

L'homme disparut.

« Conserver le moindre débris de ces fortunes serait folie, murmura-t-il ; tout autre que moi tenterait, mais... »

Cassebras entrait ; le fort de la halle était d'une pâleur effrayante ; ses traits étaient crispés, ses lèvres rentrées ; une expression d'énergie sauvage se reflétait sur sa physionomie. Le *Roi du bagne* le considéra un moment.

« Tu as envie de me tuer ! » dit-il froidement.

Cassebras releva la tête ; un rictus formidable contractait son visage.

« Oui ! dit-il.

— Et tu as hâte d'avoir délivré Rosette pour m'étrangler de tes propres mains ? »

Cassebras ne répondit pas.

« Eh bien ! attends, reprit Camparini, dans un quart d'heure Rosette sera devant toi, et vous serez libres tous deux. »

Le fort de la halle poussa un rugissement.

« As-tu exécuté mes ordres ? dit le *Roi du bagne* en changeant de ton.

— Oui, dit Cassebras.

— Où as-tu transporté les cadavres ?

— A l'endroit que tu as indiqué.

— C'est bien ! Va m'attendre dans la chambre rouge, et dans un quart d'heure, je le répète, toi et Rosette vous serez libres ! »

Cassebras recula et sortit sans proférer une parole ; demeuré seul, Camparini se croisa les bras sur la poitrine, lança un regard menaçant vers le ciel et demeura durant quelques minutes dans l'immobilité d'une statue. Puis, s'avançant brusquement vers la porte donnant dans la salle où étaient enfermés les prisonniers, il l'ouvrit et entra précipitamment. Les gardiens masqués veillaient toujours.

Camparini fit un geste, et tous les hommes se retirèrent ; il demeura seul au milieu de ses victimes.

« Vous attendez la mort, dit-il ; eh bien ! dans dix minutes, vous serez tous libres ! »

Cette déclaration si inattendue frappa de stupeur ceux qui l'entendaient, au point de paralyser toutes leurs facultés.

« Libres ! répéta Camparini ; oui, vous allez être libres, sans rançon, sans promesse à faire, sans autres conditions que celle de n'oublier jamais que votre existence à tous a été entre mes mains, et que je vous ai épargnés. »

Puis, s'approchant vivement de Lucile.

« Appelez votre mari, dit-il ; appelez à voix haute. »

Lucile hésita.

« Appelez donc, si vous voulez le revoir, reprit Camparini.

— Maurice ! » dit Lucile.

Un cri déchirant retentit au dehors.

« Maurice ! » répéta Lucile en pâlissant.

Camparini s'était précipité vers l'une des portes. Dans une pièce voisine un homme haletant, à demi fou, paraissait être au paroxysme de l'exaltation, cet homme avait les mains attachées : c'était Maurice Bellegarde.

« Elle vit, dit Camparini en entrant.

— Lucile, rugit Maurice.

— Silence, si tu ne veux pas qu'elle meure sous tes yeux. Elle vit, tu le sais, tu l'as entrevue. Maintenant, si tu veux la revoir, suis-moi sans tenter de rompre les liens qui t'attachent. Obéis sans hésiter, sinon Lucile ne te reverra jamais. »

Maurice s'était levé ; il avait les jambes libres. Camparini siffla : deux hommes masqués accoururent, qui se placèrent de chaque côté du colonel. Du geste, Camparini leur ordonna de le suivre ; puis marchant en avant, il quitta la pièce, descendit l'escalier, traversa la cour et s'engagea dans les souterrains. Ce fut l'allée de droite qu'il prit.

Arrivé à l'extrémité, il ordonna aux deux hommes de s'éloigner, et il demeura seul avec Maurice.

« De l'autre côté de cette porte, dit-il en désignant la porte de fer, sont tes amis. Là t'attendent ceux que je croyais morts, et qui sont vivants. Tu vas sortir et aller trouver ceux qui me cernent, et qui déjà me croient en leur puissance. Tu leur diras que le *Roi du bagne* a entre ses mains neuf prisonniers : ta femme, ta belle-sœur, ton beau-frère, les femmes des deux marins, leurs deux enfants. Niorres et Rose. J'ai pour les garder dix-huit hommes. Cette maison est minée ; Charney le savait, il a prévenu ceux qui m'attaquent. C'est pourquoi je l'ai laissé libre. A la moindre tentative d'attaque, je mets le feu aux poudres. Nous sautons tous, et vous me connaissez assez pour savoir si je faiblirai. Je propose le rachat de la vie de ces neuf personnes.

Toutes les entrées de ces souterrains sont gardées, il faut qu'une devienne libre : celle du bois de Vincennes. Pour la vie de chacun de mes prisonniers, j'exige la vie de deux des miens.

Comprends bien, Maurice, l'entrée du souterrain du bois libre, deux des miens sortiront. Alors un de mes prisonniers sort, lui, par cette porte... Deux autres de mes hommes deviennent libres, un second prisonnier vous est rendu, et ainsi jusqu'aux deux derniers de mes hommes et au dernier de mes prisonniers.

Cinq minutes s'écouleront entre la liberté donnée à mes hommes et celle donnée au prisonnier, afin que je puisse comprendre par le signal de ceux qui seront dans le bois qu'aucune embûche n'a été tendue à distance. D'ailleurs, ta femme sortira la dernière, et elle me répondra de la vie de tous les miens, si on osait leur tendre un piège.

— Et toi, dit Maurice, quelle condition imposes-tu ?

— Aucune.

— Comment ?

— Que mes hommes soient libres et qu'ensuite on me prenne si on le peut, j'y consens. Je ne fais aucune condition pour moi-même. Cependant, reprit Camparini après un silence, viens ; il faut que tu puisses dire à ceux que tu vas retrouver : J'ai vu ! »

Et entraînant avec lui Maurice dont les mains étaient toujours garrottées, il le conduisit jusqu'au quinconce. Là, faisant jouer le ressort qui mettait à découvert les barils de poudre, il prit la mèche.

« Elle doit durer une heure, » dit-il.

Et il l'alluma ; puis, faisant sauter le crochet qui attachait la serrure à la chaînette du ressort secret, il referma les deux portes.

« Maintenant, dit-il, aucune force humaine ne saurait rouvrir ces portes, car le ressort ne peut plus jouer. Il y en a pour une heure ; dans une heure la maison sautera !... Va ! »

Maurice se précipita vers l'extrémité du souterrain, Camparini le suivit.

« Attends ! dit-il, il faut que tu te places sur cette marche de fer.

Effectivement, il y avait dans le bas de la pièce une marche de fer, ou plutôt une petite tablette de fer solidement attachée. Maurice se plaça sur cette marche. Camparini trancha les liens qui attachaient les mains du colonel.

« Passe tes doigts dans ces anneaux, ajouta le *Roi du bagne*, réunis toutes tes forces pour te tenir. »

Maurice obéit encore. Alors Camparini posa sa main sur un ressort.

« Songe que nous n'avons qu'une heure, dit-il. Pour me prévenir que nos conditions sont acceptées, ceux qui gardent la porte du bois se retireront ; je le saurai : va ! »

Camparini appuya sur le ressort, la porte de fer fit une bascule rapide, tournant sur un axe placé à son centre. Le colonel avait disparu. Camparini écouta ; des cris retentirent au dehors.

## LXXIII. — LE LIVRE ROUGE.

Fouché était assis devant son bureau ; il feuilletait un grand livre relié en rouge qu'il paraissait parcourir avec une minutieuse attention. Debout, appuyé contre le dossier du fauteuil du ministre, se tenait un homme suivant de l'œil, avec un intérêt manifeste, le travail auquel se livrait Fouché : cet homme était nègre.

« Tout est complet ? dit le ministre.

— Tout, répondit le nègre.

— Tu connais le général, le citoyen consul, veux-je dire ? Tu sais qu'il ne faut jamais demeurer court devant lui, paraître embarrassé ou embrouillé. Cette affaire des chauffeurs le préoccupe énormément, car il s'agit de la tranquillité intérieure du pays, de la sûreté des routes, du repos public enfin. Il est décidé à récompenser largement et à punir sévèrement : donc mes renseignements doivent être exacts. Réponds, Jacquet, es-tu certain de ces renseignements ?

— Je vous répète que tous ces renseignements sont de la plus grande exactitude. D'ailleurs, interrogez vous-même, et chaque feuillet de ce livre rouge vous répondra.

— Il est évident que la première question du général sera celle-ci : Pourquoi n'avoir pas agi plus tôt contre Camparini ? Pourquoi, depuis le moment de ton association avec Charney, avoir prolongé cet état de choses ? »

Jacquet, car c'était lui, c'était l'intelligent agent méconnaissable sous la teinte noire qui recouvrait son visage, tourna plusieurs feuillets du livre.

« Pour tous, dit-il, moi-même, Camparini a longtemps passé pour mort. Il fallut un temps bien long pour découvrir le *Roi du bagne* dans Thomas le bourgeois. Les doutes étaient permis, mais il fallait des certitudes pour agir. Le jour où la vérité fut enfin découverte n'est pas ancien : c'est celui des assassinats de la rue de la Victoire, assassinats dans lesquels Camparini eut l'art infernal de faire tremper Charney !

— Les preuves ?

— Tandis que Camparini envoyait Charney dans la maison Geoffrin et que celui-ci recevait ce poste sans savoir ce que le *Roi du bagne* devait faire, mais surtout pour être à même de veiller à la sûreté de celle qu'il aimait, Camparini, avec cet art infernal qui lui est propre, prenait, lui, le visage, les habits, l'apparence complète enfin d'Annibal, et il réussissait au point que mademoiselle Geoffrin, qui avait cru entendre la voix de son fiancé derrière la porte et qui l'avait entendue réclemment en effet, croyait encore le voir parmi les chauffeurs, parmi les assassins. De sorte que si à cette époque Camparini eût été pris, il perdait avec lui

Annibal. Oh ! le *Roi du bagne* savait attacher à lui ceux dont il avait besoin. A partir de ce moment, il fallut attendre, car le lendemain Ferdinand Geoffrin était entre les mains de Camparini, puis ce fut le tour de la femme du colonel, de Signelay, de sa femme, de Blanche, de Léonore. Agir contre le *Roi du bagne* eût été provoquer infailliblement la mort de ces malheureux. Il fallait tromper surtout Camparini pour mieux assurer le succès, c'est ce qui nous conduisit droit, Charney et moi, à l'idée de la chaise de poste.

— C'est cela surtout qu'il faut expliquer clairement au général.

— Rien de plus simple, les faits parlent d'eux-mêmes. Grâce à la Cagnotte, à Carmagnolle et à Chat-Gauthier, nous pûmes avoir des renseignements d'autant plus précieux qu'ils me mettaient à même de vérifier ceux donnés par Bamboula. Je connus à temps le projet de la forêt de Sénart, une idée lumineuse surgit : faire croire à Camparini qu'il avait réussi, faire supposer notre mort, c'était assurer le triomphe de notre cause, car il ne pouvait plus se tenir en garde contre nous. C'est ce qui eut lieu. Les chauffeurs de la bande de Chat-Gauthier surpris par nous, attachés et bâillonnés, furent jetés au fond de la voiture sur le siège de laquelle Rossignolet était demeuré, et ce sont ces misérables qui ont trouvé la mort à la place des victimes désignées. Au moins la justice divine a-t-elle permis que la fin de ces bandits servît à punir leur chef. Quant à Cassebras, sa conduite est facile à expliquer : il a servi dignement l'administration. Attribuez sa fidélité et son intelligence à l'amour, à ce que vous voudrez, il n'en est pas moins certain que la justice aura été puissamment secondée par lui.

— Tout cela est effectivement clair, dit Fouché.

— Ce qui est plus clair encore, dit Jacquet, c'est l'active participation de Charney. Grâce à son intelligence, Camparini, ce *Roi du bagne* qui avait trompé tout le monde jusqu'ici, a été trompé à son tour. A cette heure où je vous parle, la situation est nette : Roquefort, Pick, Bamboula, Chivasso son morts, et morts sous mes yeux. Le Poitevin Grêlé, Mesnard le Boucher sont morts aussi ; Dragon de Bouvray, Charles de Lyon, Ville-Sauvage sont prisonniers : tous les chauffeurs qui n'ont pas péri dans la lutte sont entre nos mains. Parmi ces hommes, il en est qui parleront. A cette heure encore des brigades fouillent les souterrains de Grenelle, dont Charney nous a encore donné le secret. A cette heure enfin Camparini est seul dans sa maison de Saint-Mandé, et l'échange qu'il a demandé doit s'opérer en ce moment. Donc le *Roi du bagne* est perdu, et cette fois il ne doit plus avoir d'espoir.

Fouché regarda Jacquet :

« Acceptera-t-il ? dit-il simplement.

— Peut-être, mais je ne le désire pas.

— Pourquoi ?

— Sans doute, un homme comme Camparini pourrait rendre de grands services, mais... je ne crois pas qu'il consente, car il doit avoir encore d'autres projets.

— Comment ? il est perdu cette fois.

— Oui, mais il peut espérer : et la preuve de cet espoir est dans ces duels qui viennent d'avoir lieu : ces duels entre les maîtres d'armes de l'armée du Rhin et ceux de l'ancienne armée d'Italie. Nous avions cru tous à un simple conflit entre deux corps différents. Il n'en était rien. Camparini nous avait joués encore : parmi ceux qu'il envoyait sur le terrain et qu'il savait bien faire tuer étaient quatre des siens que je devais achever d'acheter cette nuit et faire parler, les quatre seuls qui dataient dans la bande de l'époque de l'affaire de Niorres et qui eussent pu donner des renseignements si précieux. Ces hommes sont morts à cette heure. Oh ! ces duels avaient un autre but que la mort de Rossignolet, heureusement encore que cette mort sera précisément..... »

Un coup fut frappé à la porte interrompit Jacquet. Un homme entra et présenta au ministre un pli cacheté. Fouché ouvrit l'enveloppe.

« Cours à Saint-Mandé ! » dit-il à Jacquet en lui tendant la lettre ouverte.

## LXXXIV. — PÈRE ET FILLE.

« Tu me connais maintenant, Rosette, tu sais qui je suis tu sais quelle puissance est la mienne. Je ne t'ai rien caché. Tu comprends à cette heure ce qu'est le *Roi du bagne* ? »

En achevant ces mots, Camparini fit un pas en avant et s'arrêta avec un geste superbe. Rosette fascinée demeura immobile et tremblante comme l'oiseau-mouche sous le regard du serpent à sonnettes.

« J'ai perdu la partie que je jouais depuis quinze ans, poursuivit Camparini. Tout autre à ma place essayerait de s'illusionner ; je suis trop orgueilleux pour agir comme le commun des martyrs. J'ai perdu la partie, je l'avoue ; je l'ai perdue au point que je n'ai pu me venger de celui qui m'avait trahi. Charney m'échappe ; sa liberté était nécessaire pour assurer la mienne. Je l'ai fait libre... A cette heure où je te parle, tous mes amis sont morts, tous mes ennemis triomphent. L'association des chauffeurs est détruite, la royauté du bagne est vaincue. Tout autre que moi eût lutté jusqu'au bout... lutté follement... Tu sais ce que je viens de faire, Rosette ? A cet instant, j'échange la liberté des quelques hommes qui me restent contre celle de mes prisonniers... Dans un quart d'heure, je serai seul ici...

Dans un quart d'heure, cette maison s'abîmera, car elle est minée et j'ai mis le feu à la mine... Dans un quart d'heure, l'endroit où nous sommes ne sera plus qu'un monceau de ruines... Dans un quart d'heure, tous me croiront mort... et je serai libre !

Oui, je serai libre ! poursuivit le Roi du bagne avec une recrudescence d'énergie. Je serai libre, Rosette, et les hommes que j'aurai sauvés m'attendront pour marcher à ma suite, et les millions des cassettes de la ferme que j'ai pu préserver serviront de base à ma fortune nouvelle.

Pour toi, Camparini, le Roi du bagne, sera mort !... pour toi, il existera. Et sais-tu pourquoi, Rosette, je te parle ainsi que je le fais ? C'est que j'ai besoin, pour une opération nouvelle que je veux tenter, d'une femme jeune, belle et intelligente telle que toi. C'est qu'il y a là encore, dans mon cerveau, tout un monde de plans que je veux mettre à exécution. Maintenant que tu sais en quelles mains tu te trouves, Rosette ; maintenant que tu connais le Roi du bagne, réponds !... Veux-tu accepter le rôle qu'il te réserve ?

Tu as dix minutes à peine, poursuivit Camparini ; la mine jouera dans dix minutes. Ta fidélité me répondra de celle de Cassebras.

— Cassebras ! s'écria Rosette.
— Oui, Cassebras qui t'aime et qui t'a fait veuve !
— Tu mens ! » s'écria l'écaillère avec une expression impossible à rendre.

Camparini sourit comme le tigre qui joue avec sa proie. Saisissant Rosette par le poignet, il l'entraîna dans une pièce voisine. Dans cette pièce deux cadavres gisaient étendus sur deux lits placés le long des murailles. L'un de ces cadavres était celui de Spartacus, l'autre celui du major, ce cadavre défiguré que Camparini avait vu dans le bois de Vincennes quelques instants plus tôt.

Debout, au milieu de la chambre, se tenait Cassebras.
Camparini entra, ayant son bras gauche passé sous le bras droit de Rosette et la main droite appuyée sur le manche d'un poignard passé à sa ceinture.

« Voilà Rosette ! » dit-il à Cassebras avec un coup d'œil empreint d'une expression tellement menaçante que le fort de la halle demeura immobile sans oser faire un mouvement.

Puis, conduisant Rosette vers le lit de droite :
« Regarde ! » ajouta-t-il.

Rosette poussa un cri ; Camparini se retournait vers Cassebras :

« Qui a empoisonné cet homme ? continua le Roi du bagne avec une expression plus terrible ; parle ! nous avons à peine cinq minutes à vivre.

— C'est moi ! » dit Cassebras.

Rosette poussa un second cri plus effrayant que le premier ; Camparini se recula en lui lâchant le bras.

— Rosette ! dit-il en désignant Cassebras, cet homme va être ton mari, je te l'ai promis, et il faut que tu m'obéisses, car, moi, je suis ton père !...

— Vous ! » s'écria Rosette en faisant un effort pour résister à l'émotion.

Cassebras s'était élancé ; il avait saisi Rosette et sa main formidable se levait sur Camparini. Le fort de la halle, en se précipitant, s'était placé entre la jeune fille et le Roi du bagne ; la physionomie de Cassebras était effrayante. Camparini poussa un rugissement sourd ; il levait son poignard,

mais Cassebras brandissait une barre de fer qu'il venait de saisir.

A ce moment une horloge accrochée à la muraille fit entendre ce bruissement qui précède de quelques secondes l'instant de la sonnerie. Cassebras tressaillit ; laissant tomber sa barre de fer, il étendit à la fois les deux bras : il enveloppa de l'un la taille de Rosette, saisit de l'autre le corps inanimé de Spartacus, et, bondissant, il disparut par la porte, qui se referma lourdement.

Tout cela s'était accompli avec une rapidité telle que Camparini n'avait pu faire un seul mouvement. Demeuré seul, il se rua sur la porte qui venait de se refermer, mais cette porte avait été verrouillée en dehors.

Camparini poussa un cri rauque.

« L'heure !... dit-il ; la poudre va faire feu !... »

Il bondissait dans la chambre comme un jaguar ; il était effrayant à voir ; il chercha à ébranler la porte sans y parvenir ; une seule fenêtre existait : cette fenêtre était placée au-dessus du lit sur lequel gisait le second cadavre. Camparini se précipita, il sauta sur le lit ; mais ses cheveux se hérissèrent : la tête, détachée du tronc, roula à terre, et le corps se dressa comme s'il était mû par un ressort puissant ; les vêtements d'uniforme s'entr'ouvrirent, et un être d'apparence presque fantastique surgit debout et menaçant.

« La Caraïbe ! » s'écria Camparini.

C'était Fleur-des-Bois, l'œil en feu et le poignard à la main ; Fleur-des-Bois cachée sous l'uniforme du major. Camparini était demeuré comme fasciné ; la Caraïbe fit entendre un sifflement sourd et se précipita la main haute.

Une lueur rouge déchira les ténèbres, une secousse violente ébranla la terre, une détonation formidable retentit, un nuage de poussière s'éleva.

Le lendemain de cette nuit terrible, un amas de décombres fumants recouvrait l'espace occupé la veille par la maison mystérieuse. Des hommes entouraient les ruines, paraissant les fouiller avec une attention minutieuse.

Tout à coup une montagne de cendres fut agitée ; elle s'entr'ouvrit, et un lévrier apparut traînant un corps qu'il tirait par ses vêtements.

« Tonnerre de Brest ! s'écria l'un des assistants, c'est la Caraïbe. »

### ÉPILOGUE.

*Une lettre de France.*

Un joli navire était à l'ancre dans la baie de Cadix : c'était une belle corvette de guerre, bien gréée, bien astiquée, avec ses caronades luisantes montrant leurs gueules noircies qui se détachaient sur la ceinture blanche courant de la poupe à la proue.

Le soleil, un vrai soleil d'Espagne, se levait à l'orient, baignant ses rayons dorés dans les flots bleus.

Sur le pont du navire, une douzaine de matelots étaient assis à l'avant, formant cercle autour d'un vieux gabier à la physionomie bronzée et à la chevelure argentée : ce vieux gabier, qui était assis à cheval sur la culasse d'un canon, paraissait captiver l'attention de tout l'auditoire.

« Eh ! qué ! s'écriait-il, comprends ! chauffeur, caïman et pirate, tout un, qué ! Aussi, à cette heure, nos commandants et nos commandantes courent un meilleur bord dans leurs cabines que...

— Canot ! cria une voix.

— Eh ! Maucot, c'est Maburee qui revient de terre !!! ajouta un second marin.

L'orateur que le cri du matelot de veille avait interrompu s'était levé précipitamment et s'adressant à un jeune mousse :

« Cours prévenir le commandant ! » dit-il.

L'enfant se précipita ; quelques instants après un canot abordait, et Maburee grimpait lestement sur le pont.

« Eh qué ? » fit le Maucot.

— Ça y est, tonnerre de Brest ! » cria le vieux gabier en battant un entrechat et en agitant dans les airs des papiers qu'il tenait dans sa main droite.

Henri apparaissait à l'arrière ; Maburee courut vers lui.

« Mon commandant ! cria-t-il, le courrier est arrivé à Cadix ; nouvelles de France !

— Donne, matelot ! » dit Henri en s'emparant précipitamment des papiers.
Puis, redescendant vivement dans l'intérieur du navire.
« Charles ! cria-t-il, Léonore, Blanche ! voici une lettre de Louis !
— Une lettre de Bibi ? dit Charles.
— Oui.
— Lisez vite ! » dirent à la fois les deux femmes.
Tous quatre paraissaient fort émus. Henri prit parmi les papiers qu'il tenait une missive d'une énorme dimension. Il brisa le cachet et tira de l'enveloppe un cahier de papiers manuscrits. Comme il l'ouvrait, une autre lettre s'échappa de ce cahier.
« Ministère de la Justice ! dit Léonore, en ramassant la lettre et en interrogeant la suscription. Elle est adressée à M. Louis de Niorres. Qu'est-ce que cela veut dire ?
— Lis, Henri ! nous saurons tout ! » dit Charles.
Henri commença sa lecture :

« Mes amis,

Double, grande et heureuse nouvelle ! A l'heure où je vous écris ces mots, je viens d'assister au mariage de mademoiselle Amélie Geoffrin avec M. Annibal de Charney et à celui de M. Ferdinand Geoffrin avec mademoiselle Caroline Chivry.
Vous deviez vous attendre à cette double annonce, car, lors de votre départ de Paris, tout était arrêté et convenu, et je tiens ma promesse en venant vous instruire de tout ce qui s'est passé depuis votre absence.
Vous exprimer les éloges qu'ont suscités la conduite d'Annibal de Charney et celle de notre ami Jacquet serait chose impossible. On ne se lassait pas, on ne se lasse pas encore de se faire raconter les moindres détails de cette alliance de deux hommes, alliance demeurée mystérieuse au point de tromper les yeux les plus clairvoyants, et qui a eu pour résultat pour l'un le triomphe de la justice à laquelle il s'est dévoué, et pour l'autre la vengeance que le fils devait tirer de l'assassin de son père, car il est prouvé notoirement aujourd'hui que ce Camparini avait été l'instigateur du meurtre de M. de Charney père.
Quant à Jacquet, il y a ici des gens qui, alors qu'il passait pour mort, lui ont parlé sous son déguisement de nègre et qui ont été tellement abusés, qu'ils refusent presque aujourd'hui d'ajouter foi à leurs propres souvenirs.
Hier, j'ai été visiter à l'hôpital mon cher major. Il était presque guéri de ses blessures. Ce pauvre Rossignolet ne se console pas d'avoir été la cause involontaire de la mort de Fleur-des-Bois. Il prétend que lorsqu'on l'a relevé sur le terrain du duel, s'il avait eu la plénitude de ses facultés, il se serait absolument opposé à ce qui a eu lieu, et il garde rancune à Jacquet de ce que son uniforme a joué un rôle dans cette affaire.
Pauvre Fleur-des-Bois ! ma sœur ! Elle est auprès d'Etoile-du-Matin !... Oh ! le ciel avait donc abandonné les Caraïbes !...
Et cependant Fleur-des-Bois est morte en digne fille d'un grand chef. Elle est morte en vengeant les siens, en frappant son ennemi. Cette pensée de revêtir les habits de Rossignolet, afin de tromper les chauffeurs de la maison de Saint-Mandé, cette pensée a quelque chose de terrible, d'effrayant dans sa grandeur. Elle a dû maintenir dans ses mains, pour mieux tromper les autres, la tête ensanglantée du cadavre qui avait passé pour celui du major !
J'ai là Coumâ, qui ne me quitte plus ! Nous parlons ensemble de sa maîtresse : je dis nous parlons, et cette expression ne fait que rendre ma pensée, car Coumâ entend, Coumâ comprend, et quand je lui parle de Fleur-des-Bois, il me répond !
Spartacus et Rosette en étaient émerveillés hier. Spartacus est remis des suites de ce narcotique si violent qu'il avait absorbé. Quant à Rosette, on ne peut prononcer devant elle le nom de cet homme, de ce monstre qui a osé l'appeler sa fille. Jacquet a découvert que ce criminel effrayant avait basé tout un plan nouveau d'intrigues infernales sur l'assassinat de Spartacus par Cassebras et sur le mariage de Cassebras et de Rosette !...
Quant à Cassebras, qu'est-il devenu ? Personne ne le sait. On ne l'a pas revu depuis la nuit où la maison de Saint-Mandé a été détruite... Sans doute il a été surpris par l'explosion au moment où, après avoir mis hors de danger Spartacus et Rosette, il se précipitait pour aller combattre le bandit. L'explosion l'aura anéanti comme elle a anéanti le *Roi du bagne*... On a fouillé minutieusement les décombres, on a tout exploré, tout remué, on n'a découvert que quelques ossements épars dont les dimensions hors ligne attestaient qu'ils avaient appartenu à des êtres d'une taille au-dessus de la taille ordinaire, et vous savez que Cassebras et Camparini étaient fort grands. Aussi, n'y a-t-il pas de doute : l'un et l'autre ont succombé.
Le procès des chauffeurs a été terminé hier ; la loi a puni de mort ces monstres qui avaient un compte de sang à rendre à la société.
Ceux auxquels Camparini avait fait rendre la liberté en échange de la vie accordée à ses prisonniers, ont été en partie arrêtés, et avec leur concours les trésors volés ont été retrouvés. Ainsi, cette longue série de crimes qui a causé tant de douleurs, a eu pour résultat le triomphe de la justice ! et ces douleurs successives auront abouti au bonheur de celui qu'elles avaient torturé. Étrange loi du hasard ! Ce sont les crimes accomplis par Camparini qui ont mis le descendant des Niorres en rapport avec la fille de Bernard le teinturier... et si, comme je l'espère, j'ai bientôt le bonheur de nommer Rose ma femme, ce sera ce *Roi du bagne*, cet assassin, ce misérable bandit, que je devrai considérer comme la cause de ma félicité ! Ne faut-il pas conclure de là, qu'on ne doit jamais accuser la Providence ?
Rose, qui sait que je vous écris, me charge d'envoyer tous ses plus gros baisers à ses belles cousines, qui bientôt seront les siennes. Rose ne veut pas quitter madame Gervais jusqu'au jour où elle sera ma femme. La générale Lefebvre l'approuve.
Elle a été ravissante de grâce et d'affection lors de la maladie de Gervais, à qui la peur a failli faire perdre la raison ainsi qu'à Gorain. Tous deux sont remis, c'est-à-dire que les organes matériels ont repris leurs fonctions, mais je crois qu'ils auront grand'peine à guérir jamais leur cervelle. Au reste ce ne serait que demi-mal. Ils sont dans des frayeurs continuelles, ils ne peuvent plus demeurer seuls, ils n'osent pas sortir le soir, ils ont peur du vent, d'une porte que l'on ferme... Il est impossible de les regarder sans rire ; aussi je ne les regarde pas, car Rose m'a défendu de plaisanter le mari de celle qu'elle appelle sa mère...
Et maintenant, mes chers et bons amis, maintenant que je vous ai parlé de tout le monde, parlons de vous. Le procès des chauffeurs a jeté une lumière éclatante sur l'existence ténébreuse du *Roi du bagne*. M. de Charney a pu, avec Jacquet, s'emparer des papiers restés en la possession de Bambouk.
Que vous dirais-je ? J'ai voulu garder pour la dernière la meilleure de mes nouvelles, celle qui me fait regretter surtout qu'une grande distance nous sépare, car je voudrais être là, près de vous, pour vous remettre, à vous, mes belles cousines, cette lettre que le général Bonaparte m'a... »
— Mon Dieu ! » s'écria Charles en interrompant la lecture.
Tous quatre se regardèrent. Léonore tenait la lettre tombée du cahier de papiers. Un silence régna dans la cabine... Tout à coup ce silence fut rompu par un bruissement de papier déchiré... Léonore venait de décacheter l'enveloppe.
Tous quatre s'étaient penchés en avant... tous quatre tressaillirent... un même cri s'échappa de leur poitrine, et, par un même mouvement, tous quatre s'étreignirent en sanglotant...
En ce moment, Mahurec ouvrait la porte de la cabine ; en voyant la scène qui avait lieu, il demeura immobile et anxieux..
Charles l'aperçut : saisissant la lettre, il la présenta au vieux gabier. Celui-ci la parcourut... il chancela... Son visage devint successivement vert, rouge, bleu... ses yeux s'injectèrent, et la respiration lui manqua.
Tout à coup, s'arrachant à cet éclat effrayant, il tourna sur lui-même, se rua sur le pont, la lettre à la main :
« Tonnerre de Brest ! hurla-t-il. Maucot ! viens ! Maintenant nous pouvons mourir !
— Qué ? » fit le Provençal.
Mahurec lui présenta la lettre. Le Maucot fit un soubresaut tellement violent, qu'il alla heurter le pied d'un mât. Puis, bondissant vers Mahurec, il l'embrassa ; les deux matelots s'étreignirent, avec des cris de joie. Ce fut un concert sublime. Tous les entouraient sans comprendre.

Enfin Mahurec se dégagea, et saisissant le bras du Maucot, il s'agenouilla en le contraignant à s'agenouiller aussi. Et là, les yeux levés vers le ciel, les mains jointes, ces deux hommes qui avaient affronté cent fois tous les dangers et toutes les fatigues, se mirent à prier.

« Merci, mon amiral! dit Mahurec à voix haute. Vous avez entendu la *prière de votre vieux gabier*, et le bon Dieu, lui, ne pouvait pas repousser la prière du bailli de Suffren ! »

Dans la cabine, un doux concert de pleurs joyeux montait aussi vers le ciel. Charles avait ramassé la lettre de Louis, qu'il n'avait pas achevée.

« Ah ! dit Henri, il y a une chose qu'il ne dit pas : c'est qu'en Italie, à Arcole, lorsque le général Bonaparte avait promis à Bibi-Tapin de lui accorder la première grâce qu'il solliciterait, le tambour de la 32ᵉ avait demandé notre réhabilitation!

— C'est pour cela que le général lui a remis le jugement à lui-même, afin que Louis ait la joie de nous l'envoyer ! dit Charles.

— Réhabilités ! » répétaient les deux femmes.

Et, obéissant à une même pensée, toutes deux se précipitèrent dans une cabine voisine : deux enfants dormaient dans un même berceau... Les deux mères tombèrent à genoux, à la fois, de chaque côté du petit lit...

En ce moment, un bruit de pas réguliers retentit :

« Mes commandants ! dit Mahurec en entrant, l'équipage vous supplie de monter sur le pont. »

Les deux jeunes femmes prirent leurs enfants dans leurs bras et accompagnèrent *leurs maris qui*, très-émus, montaient sur le pont du navire. Tout l'équipage était rangé sur deux lignes : bâbordais et tribordais à leur poste. Quatre vieux matelots s'avançaient en tenant dans leurs mains un pavillon tricolore, noirci, troué, usé, sali, un vieux lambeau de gloire, enfin.

Mahurec et le Maucot marchaient en tête du petit cortége.

« Mes commandants, dit le vieux gabier, voilà le pavillon des corsaires Bonchemin et Bienvenu, un crâne pavillon, qui n'a jamais pris chasse devant l'Anglais et qui a toujours flotté bravement à sa drisse. Aujourd'hui que les corsaires Bienvenu et Bonchemin ont repris le nom de leurs pères, qu'est-ce que le marquis d'Herbois et le vicomte de Renneville veulent qu'on fasse du pavillon républicain ? »

Charles s'avança vivement :

« Ce pavillon, dit-il d'une voix frémissante, ce qu'il faut en faire ?...

— Voile ! cria-t-on du haut de la mâture.

— La frégate anglaise ! hurla le Maucot.

— Hourra ! cria Henri. Si les corsaires Bonchemin et Bienvenu ont bien mérité de la patrie, les commandants d'Herbois et de Renneville vont payer leur dette à la France. Hisse ce pavillon, Mahurec, et nous le saluerons par une bordée dans les flancs de l'ennemi ! Bonchemin et Bienvenu, ou d'Herbois et de Renneville, n'ont qu'un cri : Vive la France !

— Vive la France ! répétèrent les matelots.

— En haut tout le monde ! commanda Charles. Branle-bas de combat ! »

La frégate anglaise se dessinait nettement à l'embouchure de la baie. Léonore et Blanche présentèrent leurs enfants à Charles et à Henri. Les deux commandants embrassèrent ces chères créatures qui souriaient au milieu de l'effrayant tumulte.

« Embrasse-les, Mahurec ! » dit Charles en voyant le gabier s'arrêter au milieu d'une manœuvre pour regarder les enfants.

Le vieux matelot s'approcha et embrassa les enfants, mais dans son empressement il déchira la robe de la petite fille : l'enfant cria :

« As pas peur ! vociféra Mahurec. Si j'ai avarié ta robe, je te promets le pavillon de l'Anglais pour t'en faire une. »

Une secousse indiqua que le câble de l'ancre venait d'être coupé ; le corsaire, dont la voilure venait d'être larguée, s'inclinait sous la brise.

« Vive la France ! » cria l'équipage en regardant la frégate anglaise.

Le soir, la corvette rentrait au port, traînant à sa remorque un navire anglais dont le pavillon pendait au beaupré.

A l'arrière, deux hommes caressaient deux enfants qu'embrassaient deux femmes. A l'avant, deux vieux matelots, grimpés sur la poulaine, répondaient aux cris de la population accourue par le cri de : « Vive la France ! »

FIN DE BIBI-TAPIN.

Clichy. — Impr. Paul Dupont, 12, rue du Bac-d'Asnières.

www.ingramcontent.com/pod-product-compliance
Lightning Source LLC
Chambersburg PA
CBHW070618170426
43200CB00010B/1838